ESTUDOS EM MEMÓRIA
DO PROFESSOR DOUTOR
ANTÓNIO MARQUES DOS SANTOS

Prof. Doutor António Marques dos Santos retratado por Luís Guimarães (1997)

ESTUDOS EM MEMÓRIA
DO PROFESSOR DOUTOR
ANTÓNIO MARQUES DOS SANTOS

VOLUME I

COORDENADORES:

Prof. Doutor Jorge Miranda
Prof. Doutor Luís de Lima Pinheiro
Prof. Doutor Dário Moura Vicente

ALMEDINA
1955-2005

ESTUDOS EM MEMÓRIA
DO PROFESSOR DOUTOR ANTÓNIO MARQUES DOS SANTOS

COORDENADORES
JORGE MIRANDA
LUÍS DE LIMA PINHEIRO
DÁRIO MOURA VICENTE

EDITOR
EDIÇÕES ALMEDINA, SA
Rua da Estrela, n.º 6
3000-161 Coimbra
Tel.: 239 851 904
Fax: 239 851 901
www.almedina.net
editora@almedina.net

EXECUÇÃO GRÁFICA
G.C. – GRÁFICA DE COIMBRA, LDA.
Palheira – Assafarge
3001-453 Coimbra
producao@graficadecoimbra.pt

Setembro, 2005

DEPÓSITO LEGAL
232614/05

Toda a reprodução desta obra, por fotocópia ou outro qualquer processo,
sem prévia autorização escrita do Editor,
é ilícita e passível de procedimento judicial contra o infractor.

PLANO DA OBRA

VOLUME I

JORGE MIRANDA, *Prof. António Marques dos Santos* 11
Curriculum vitae *do Professor Doutor António Marques dos Santos* 13

I
Direito Internacional Privado

ALFONSO-LUIS CALVO CARAVACA, *Provisional and Protective Measures Granted by State Courts and International Arbitration* 23
ANABELA DE SOUSA GONÇALVES, *A evolução das regras reguladoras da competência internacional no âmbito do contrato de trabalho internacional na Convenção de Bruxelas, na Convenção de Lugano e no regulamento 44/2001* 35
ANTONIO ORTIZ-ARCE DE LA FUENTE, *Desde el "Antiguo Regimen" hasta la entrada y participación en la Comunidad Europea. Una visión paralela española y portuguesa en términos de derecho internacional privado"* 67
CLÁUDIA LIMA MARQUES e DANIELA CORRÊA JACQUES, *Normas de aplicação imediata como um método para o Direito Internacional Privado de proteção do consumidor no Brasil* 95
DÁRIO MOURA VICENTE, *Liberdade de estabelecimento, lei pessoal e reconhecimento das sociedades comerciais* 135
EDUARDO DOS SANTOS JÚNIOR, *Sobre o conceito de contrato internacional* .. 161
EUGÉNIA GALVÃO TELES, *Sobre o critério da «lei mais favorável» nas normas de conflitos* 193
HELENA MOTA, *A aplicação no tempo da regra de conflitos sobre o regime de bens e o controlo da sua (in)constitucionalidade. Breve reflexão a propósito de alguma jurisprudência recente* 239
JAVIER CARRASCOSA GONZÁLEZ, *Council Regulation n.º 44/2001 and the fight for provisional and protective measures* 263

Luís de Lima Pinheiro, *O Direito de Conflitos e as liberdades comunitárias de estabelecimento e de prestação de serviços* 273

Maria Helena Brito, *O Regulamento (CE) n.º 2201/2003 do Conselho, de 27 de Novembro de 2003, relativo à competência, ao reconhecimento e à execução de decisões em matéria matrimonial e em matéria de responsabilidade parental* 305

Mercedes Sabido Rodríguez, *El Derecho extranjero designado aplicable por la norma de conflicto del foro: soluciones adoptadas en los sistemas de Derecho Internacional Privado portugués y español* 357

Miguel Gardeñes Santiago, *Normas materiales imperativas o leyes de policía en materia de trabajo: sus problemas de aplicación en el espacio intracomunitario de relaciones laborales* 381

Miguel Teixeira de Sousa, *O casamento no Direito Internacional Privado: alguns aspectos* 415

Nuno Gonçalo da Ascensão Silva, *A Convenção da Haia de 25 de Outubro de 1980 sobre os aspectos civis do rapto internacional de crianças – alguns aspectos* 443

Paula Costa e Silva, *O título executivo europeu* 557

Rui Manuel Moura Ramos, *O Tribunal de Justiça das Comunidades Europeias e a regulamentação do direito ao nome nas relações privadas internacionais* 607

Rute Saraiva, *Direito Internacional Privado, responsabilidade e ambiente* 637

II
Direito Civil

António Menezes Cordeiro, *Da natureza civil do Direito do Consumo* . 675

João Zenha Martins, *O novo regime jurídico da adopção na encruzilhada reformista do Direito da Família e dos Menores* 713

Jorge Duarte Pinheiro, *Procriação medicamente assistida* 753

José de Oliveira Ascensão, *Direito de Autor versus desenvolvimento tecnológico?* 787

Nuno Oliveira, *Causalidade de adequada e previsibilidade: comentário ao artigo 7.4.4. dos Princípios UNIDROIT e ao artigo 9:503 dos Princípios de Direito Europeu dos Contratos* 797

Pedro Romano Martinez, *Análise do vínculo jurídico do árbitro em arbitragem voluntária ad hoc* 827

III
Direito Comercial

ADELAIDE MENEZES LEITÃO, *Publicidade comparativa e concorrência desleal* 845
CARLOS FERREIRA DE ALMEIDA, *Registo de valores mobiliários* 873
CARLOS OLIVEIRA COELHO, *Poluição marítima por hidrocarbonetos e responsabilidade civil* 961
JOSÉ ALBERTO VIEIRA, *O dever de informação do tomador de seguro em contrato de seguro automóvel* 999
LUÍS M. COUTO GONÇALVES, *Concorrência desleal* 1025
MANUEL JANUÁRIO DA COSTA GOMES, *Entre a salvação marítima e o reboque. A propósito do ac. STJ 05.06.2003 – O caso do "Ilha da Madeira"* 1053
PAULO CÂMARA, *A Directiva dos prospectos: contexto, conteúdo e confronto com o Direito positivo nacional* 1083

IV
Direito do Trabalho

LUÍS MANUEL TELES DE MENEZES LEITÃO, *Formas de cessação do contrato de trabalho e procedimentos* 1117
MARIA DO ROSÁRIO PALMA RAMALHO, *O poder disciplinar laboral no Código do Trabalho – Notas breves* 1133

V
Direito Processual Civil

ISABEL ALEXANDRE, *A execução laboral à luz da reforma da acção executiva* 1151
LUÍS CARVALHO FERNANDES, *O Código da Insolvência e da Recuperação de Empresas na evolução do regime da falência no Direito português* 1183
RUI PINTO, *Execução provisória no Acto Uniforme para a Organização dos Processos Simplificados de Cobrança e das Vias de Execução – Uma matéria actual no direito da OHADA* 1223

VOLUME II

VI
Direito Constitucional

ANA MARIA GUERRA MARTINS, *As Convenções de Filadélfia e de Bruxelas – Convergências e divergências do processo de formação das constituições americana e europeia* 13
ANTÓNIO CÂNDIDO DE OLIVEIRA, *Democracia local* 31
FLORBELA PIRES, *Fontes do direito e procedimento legislativo na República Democrática de Timor-Leste – alguns problemas* 101
IVO MIGUEL BARROSO, *A ausência geral de positivação das liberdades de reunião e de associação no Direito português, entre 1820 e 1870* ... 173
JORGE MIRANDA, *Grupos de sociedades e princípio da igualdade. Parecer.* 203
JOSÉ JOÃO ABRANTES, *A Constituição e o artigo 4.º do Código do Trabalho* 231
PEDRO DELGADO ALVES, *Sinais de identificação e simbologia religiosa na escola pública – Um olhar sobre a recente evolução jurisprudencial europeia* 241
RICARDO BRANCO, *Ainda a submissão do juiz à lei. Breve apontamento sobre os paradigmas clássicos da resolução do problema e sobre o modo como se coloca no Direito português*.. 271

VII
Direito Internacional Público e Direito da União Europeia

FERNANDO LOUREIRO BASTOS, *Uma conversa inacabada com o Professor Doutor António Marques dos Santos: a faceta jusinternacionalista do Professor Doutor José Maria Vilhena Barbosa de Magalhães*.... 295
MARIA JOÃO PALMA, *Principais alterações introduzidas pelo Tratado de Nice: a eterna catedral inacabada*.. 337
MARIA LUÍSA DUARTE, *O estatuto de cidadão da União e a (não) discriminação em razão da orientação sexual*.. 361

VIII
Economia, Finanças e Direito Fiscal

ANTÓNIO JOSÉ AVELÃS NUNES, *Mercantilismo/Mercantilismos*................... 393
EDUARDO PAZ FERREIRA, *Finanças públicas e contratos da administração* . 423
FERNANDO ARAÚJO, *Da tutela negativa da confiança ao «paradoxo da indemnização»: uma análise económica dos contratos*........................ 441

MANUEL PIRES, *Artigo 16.° n.° 2 do CIRS e as convenções destinadas a evitar a dupla tributação* 593

IX
Direitos emergentes

NAZARÉ DA COSTA CABRAL, *A reforma da Segurança Social em Portugal* .. 603
PEDRO CARIDADE DE FREITAS, *Bioética e legislação farmacêutica – A influência da ética nos institutos da legislação farmacêutica* 629
TIAGO ANTUNES, *Ambiente: um direito, mas também um dever* 645

X
História do Direito

ISABEL GRAES, *Oratória de Cortes: A arenga de 1562*........................... 665
RUI DE FIGUEIREDO MARCOS, *A administração romana peninsular*........... 695

XI
Vária

CARLA GOMES, *Desclassificação e desqualificação do património cultural: ideias avulsas* 713
CARMO D'SOUZA, *Doutor Santos: A Multi Faceted Personality* 755
MARSHALL J. BREGER, *A Short Tour of American Administrative Law* 759
PAULO OTERO, *Normas administrativas de conflitos: as situações jurídico-administrativas transnacionais* 781
VITALINO CANAS, *O segredo profissional dos advogados* 791

Colaboradores da obra 805

PROF. ANTÓNIO MARQUES DOS SANTOS

JORGE MIRANDA
*Professor das Faculdades de Direito da Universidade de Lisboa
e da Universidade Católica Portuguesa*

Foi apenas depois do seu doutoramento que convivi mais de perto com o Prof. António Marques dos Santos e que melhor pude apreciar a sua seriedade intelectual, o desassombro com que se insurgia contra tudo que achava mal, o seu sentido do rigor, assim como os laços que o prendiam à Faculdade de Direito de Lisboa, apesar de esta não ter sido a sua Faculdade de origem.

Dedicadíssimo, não faltava a nenhuma aula, teórica ou prática, não faltava a nenhum exame, não faltava a nenhuma reunião do Conselho Científico, estava sempre disponível para as tarefas que lhe eram pedidas e apoiava como se fossem seus filhos os assistentes que com ele colaboravam.

Homem de grande cultura e de vasta experiência em Portugal e em França (onde esteve exilado até 1974), as suas áreas científicas de predilecção eram o Direito Internacional Privado e o Direito Comparado. A ilustre Professora Isabel de Magalhães Collaço, com quem trabalhou, exerceu, por certo, sobre o seu pensamento profunda influência, mas António Marques dos Santos tinha uma visão própria dos problemas e sabia guardar a sua independência (como tem sido timbre, até agora, dos grandes professores da Faculdade).

Tendo vivido muitos anos fora do País em contacto estreito com os meios académicos e políticos europeus e sem nunca cortar os laços com esses meios, nem por isso era um " estrangeirado". Era constante o seu empenhamento na promoção da língua portuguesa, a que consagrou um estimulante escrito. Muito voltado para o Brasil e para os países africanos, foi um grande Presidente do Instituto da Cooperação da Faculdade.

A carreira de António Marques dos Santos ressentir-se-ia, naturalmente, das vicissitudes, quer políticas, quer de saúde, que o afectaram. Não chegou a catedrático, por causa da sua morte prematura, mas poucos, como ele, mereceriam sê-lo. Era um investigador escrupuloso e um prelector claro. Embora a sua obra escrita já fosse extensa e significativa, ainda estava a trabalhar, com entusiasmo, para as provas de agregação, que contava fazer dentro de pouco tempo.

Deixa um exemplo de dignidade de vida pouco frequente neste tempo de incertezas, de subterfúgios e de crise de valores. A Faculdade de Direito de Lisboa não o esquecerá.

CURRICULUM VITAE DO PROF. DOUTOR ANTÓNIO MARQUES DOS SANTOS

Nascido em Coimbra, em 10 de Maio de 1938.
Estudos secundários no Liceu Normal D. João III (Coimbra), 1956 (Prémio nacional); *Diplômé de l'Institut d'Études Politiques de l'Université de Paris (Sciences-Politiques),* 1964; Licenciatura em Direito pela Faculdade de Direito da Universidade de Coimbra, 1977 Mestrado em Direito (Ciências Jurídico-Económicas) pela Faculdade de Direito da Universidade de Lisboa, 1982; Doutoramento em Direito (Ciências Jurídicas) pela Universidade de Lisboa, 1992; aprovado por unanimidade no concurso para professor associado em 1997.
Principais actividades profissionais: Consultor (*Consultant*) (1967-1973) e posteriormente Administrador (*Administrateur*) (1973-1975) na Organização de Cooperação e de Desenvolvimento Económicos (OCDE) em Paris; Assistente no Instituto Superior de Ciências Sociais e Políticas da Universidade Técnica de Lisboa (1976-1977); Assistente (1977-1992), Professor auxiliar (1992-1997) e Professor associado (1997-2003) da Faculdade de Direito da Universidade de Lisboa.
Matérias ensinadas: Organizações Internacionais do Desenvolvimento, Introdução ao Estudo do Direito, Direito Internacional Privado, Direito Comparado, Direito do Comércio Internacional e Direito Processual Civil.
Colaboração no Departamento Autónomo de Direito [actualmente Escola de Direito] da Universidade do Minho, no curso de Licenciatura (por acordo com a Faculdade de Direito da Universidade de Lisboa), onde ensinou Direito Internacional Privado e Comercial Internacional (disciplina anual) em 1997-1998 (coordenação e regência da disciplina) e em 1998-1999 (coordenação e regência da disciplina).
Colaboração na Faculdade de Direito da Universidade do Porto, no curso de Licenciatura (por acordo com a Faculdade de Direito da Univer-

sidade de Lisboa), onde ensinou Direito Internacional Privado (disciplina semestral) em 1998-1999 (coordenação e co-regência da disciplina) e em 2000-2001 (coordenação e regência da disciplina); em 2001-2002 teve a coordenação da disciplina.

Principais publicações:
- "Utilisation des documents des Nations Unies dans le cadre du Service Question-Réponse-Développement du Centre de Développement de l'OCDE" – documento de trabalho apresentado nas *Journées d'Études Internationales sur la Documentation des Nations Unies et d'autres Organisations Intergouvernementales*, organizadas pelo *United Nations Institute for Training and Research (UNITAR)*, Genebra, 21-23.8.1972, documento UNITAR/ /EUR/SEM.1/WP.III/5, 9 p., copiograf.;
- "Les émigrés portugais et le retour au pays", in *Options méditerranéennes*, n.º 22 – *Migrations méditerranéennes*, Dezembro de 1973, *Centre International de Hautes Études Agronomiques Méditerranéennes/International Centre for Advanced Mediterranean Agronomic Studies*, pp. 67-69;
- "Transferência de tecnologia", in *Livro do Ano-1974*, Rio de Janeiro, Livraria José Olympio Editora, 1974, pp. 257-258; *Technologie peu coûteuse (low cost technology): revue de quelques problèmes, avec référence spéciale aux pays les moins développés d'Afrique*, Paris, Centre de Développement de l'OCDE, 1974, doc. CD/TI(74)16, 70 p., copiograf.;
- "La technologie appropriée: historique, portée et limites du concept", trabalho apresentado no Colóquio "Technologies Intermédiaires et Développement du Tiers-Monde", organizado pela *École Internationale de Bordeaux*, Bordéus, 18-20.3.1975, 22 p., copiograf.;
- "Les mécanismes actuels du transfert de technologie sont-ils favorables aux pays en voie de développement?", in *Actuel Développement*, Paris, n.º 9, Setembro-Outubro de 1975, pp. 26-34; "Contribution à la critique du concept de technologie intermédiaire", in *Revue Tiers-Monde*, Paris, Presses Universitaires de France, t. XVII, n.º 65, Janeiro-Março de 1976, pp. 63-80;
- "Aspectos gerais da estrutura jurídica do sector público português", documento apresentado no III Seminário da Associação Universitária de Estudos Europeus (AUROP), Coimbra, 4- -5.5.1979, 31 p., copiograf. (em colaboração com M. L. Macaísta Malheiros);

- *Recursos naturais e independência nacional – o caso do petróleo*, separata do n.º especial do *Boletim da Faculdade de Direito de Coimbra, Estudos em Homenagem ao Professor Doutor José Joaquim Teixeira Ribeiro*, vol. IV, VARIA, Coimbra, Faculdade de Direito, 1980, 134 p.;
- *Transferência internacional de tecnologia, economia e direito – alguns problemas gerais*, Lisboa, Centro de Estudos Fiscais, 1984, 514 p. (*Cadernos de Ciência e Técnica Fiscal*, n.º 132) [dissertação de pós-graduação en Ciências Jurídico-Económicas pela Faculdade de Direito da Universidade de Lisboa];
- *Algumas reflexões sobre a nacionalidade das sociedades em Direito Internacional Privado e em Direito Internacional Público*, Coimbra, Faculdade de Direito, 1985, 244 p. (separata do n.º especial do *Boletim da Faculdade de Direito de Coimbra, Estudos em Homenagem ao Professor Doutor A. Ferrer-Correia*, vol. I, Coimbra, Faculdade de Direito, 1986);
- *Direito Internacional Privado – Sumários das lições ao 5.º ano – Turma da Noite, da Faculdade de Direito de Lisboa, no ano lectivo de 1985-1986*, Lisboa, Associação Académica da Faculdade de Direito de Lisboa (AAFDL), 1985, 330 p., copiograf.;
- "Reconhecimento em Portugal de um casamento celebrado na China por cerimónia privada e seus efeitos em matéria de atribuição da nacionali – dade portuguesa aos filhos havidos desse casamento", *Revista Jurídica*, n.º 7, nova série, Julho-Setembro de 1986, pp. 39-82; "Prova da nacionalidade", in *Colectânea de Jurisprudência*, ano XI, tomo 2, 1986, pp. 32-38;
- *Direito Internacional Privado – Sumários das lições ao 5.º ano – Turma da Noite, da Faculdade de Direito de Lisboa, no ano lectivo de 1986-1987*, Lisboa, AAFDL, 1987, 316 p., copiograf. (com várias reimpressões);
- "Nota sobre a nova Lei portuguesa relativa à arbitragem voluntária – Lei n.º 31/86, de 29 de Agosto", *Revista de la Corte Española de Arbitraje*, 1987, pp. 15-50; *Breves considerações sobre a adaptação em Direito Internacional Privado*, Lisboa, Faculdade de Direito, 1988, 94 p. (separata dos *Estudos em memória do Professor Doutor Paulo Cunha*, Lisboa, Faculdade de Direito, 1989);
- *As normas de aplicação imediata no Direito Internacional Privado – Esboço de uma teoria geral*, dissertação de doutoramento, Coimbra, Livraria Almedina, 1991, 2 volumes, XVIII+1154 p.;

- "Les règles d'application immédiate dans le droit international privé portugais", in *Droit International et Droit Communautaire – Actes du Colloque – Paris, 5 et 6 avril 1990*, Paris, Fondation Calouste Gulbenkian – Centre Culturel Portugais, 1991, pp. 187-211;
- "Sur une proposition italienne d'élaboration d'un Code européen des contrats (et des obligations)", in *Documentação e Direito Comparado*, n.º duplo 45/46, 1991, pp. 275-285;
- "Le statut des biens culturels en droit international privé", in *XIVe Congrès International de Droit Comparé-Rapports portugais, Athènes, 31 juillet-6 août 1994*, Lisboa, separata do *Boletim Documentação e Direito Comparado*, n.º duplo 57/58, 1994, pp. 7-44;
- "Nacionalidade e efectividade", in *Estudos em memória do Professor Doutor João de Castro Mendes*, Lisboa, Faculdade de Direito da Universidade de Lisboa, [1995], pp. 427-453;
- "Testamento público", in *Colectânea de Jurisprudência – Acórdãos do Supremo Tribunal de Justiça*, ano III, tomo II, 1995, pp. 5-10;
- "Os seguros de saúde", in *Direito da saúde e bioética*, Lisboa, AAFDL, 1996, pp. 217-243;
- Recensão de *IPRG Kommentar – Kommentar zum Bundesgesetz über das Internationale Privatrecht (IPRG) vom 1. Januar 1989*, publicado por A. HEINI, M. KELLER, K. SIEHR, F. VISCHER et P. VOLKEN, Zurich, Schulthess Polygraphyscher Verlag, 1993, XXIII+1718 p., *Revista da Faculdade de Direito da Universidade de Lisboa*, vol. XXXV, n.º 2, 1994, pp. 487-491;
- "Projecto de Convenção do *UNIDROIT* sobre a Restituição Internacional dos Bens Culturais Roubados ou Ilicitamente Exportados", in *Direito do Património Cultural*, [Oeiras], Instituto Nacional de Administração, 1996, pp. 61-94;
- "Revisão e confirmação de sentenças estrangeiras no novo Código de Processo Civil de 1997 (alterações ao regime anterior)" *in Aspectos do novo Processo Civil*, Lisboa, LEX, 1997, pp. 105-155;
- *Direito Internacional Privado – Sumários das lições ao 5.º ano – Turma de Dia, da Faculdade de Direito da Universidade de Lisboa, no ano lectivo de 1996-1997*, Lisboa, AAFDL, 1997, copiograf., en vias de publicação;
- "Lei aplicável a uma sucessão por morte aberta em Hong Kong", in *Revista da Faculdade de Direito da Universidade de Lisboa*, vol. XXXXIX, n.º 1, 1998, pp. 115-134;

– *Defesa e ilustração do Direito Internacional Privado* [trabalho apresentado ao concurso para professor associado], suplemento da *Revista da Faculdade de Direito da Universidade de Lisboa*, 1998, 226 p.;
– *Estudos de Direito Internacional Privado e de Direito Processual Civil Internacional*, Coimbra, Almedina, 1998, 365 pp.;
– *Estudos de Direito da Nacionalidade*, Coimbra, Almedina, 1998, 311 pp.;
– "Constituição e Direito Internacional Privado – O estranho caso do artigo 53.°, n.° 1, do Código Civil", *in Perspectivas Constitucionais – Nos 20 anos da Constituição de 1976*, separata do vol. III, Coimbra, Coimbra Editora, 1998, pp. 367-390;
– "Citoyens et fidèles dans les pays de l'Union Européenne – Rapport portugais", *in Cittadini e Fedeli nei Paesi dell'Unione Europea – Una Doppia Appartenenza alla Prova della Secolarizzazione e della Mondializazzione/Citi-zens and Believers in the Countries of the European Union – A Double Membership to the Test of Secu-larization and Globalization – Atti del Colloquio – Università per Stranieri, Reggio Calabria, 12-15 Novembre 1998//Proceedings of the Meeting – Università per Stranieri, Reggio Calabria, November, 12-15, 1998*, Milan, Giuffrè Editore, 1999, pp. 231-297;
– "A criação de um Instituto de Direito Internacional Privado e de Direito Comparado e sua justificação", *Revista Jurídica*, AAFDL, n.° 23, Nova Série, Novembro de 1999, pp. 79-87;
– *Direito Internacional Privado – Colectânea de textos legislativos de fonte interna e internacional*, Coimbra, Almedina, 1999, 1584 pp. (2.ª edição, revista e aumentada, 2002);
– "The New Private International Law Rules of Macao", em vias de publicação em *Yearbook of Private International Law* II (2000);
– "A aplicação do direito estrangeiro", *Revista da Ordem dos Advogados*, Ano 60, II – Abril de 2000, pp. 647-668;
– "O ensino do Direito Internacional Privado na Faculdade de Direito da Universidade do Porto", *in Estudos em comemoração dos cinco anos (1995-2000) da Faculdade de Direito da Universidade do Porto*, Coimbra, Coimbra Editora, 2001, pp. 139--146;
– "A protecção dos bens culturais no ordenamento jurídico português", *in Estudos em homenagem ao Professor Doutor Manuel*

Gomes da Silva, edição da Faculdade de Direito da Universidade de Lisboa, Coimbra, Coimbra Editora, 2001, pp. 669-696;
- "Quem manda mais – a residência ou a nacionalidade?", *in Estatuto Jurídico da Lusofonia – Painel: Turista Lusófono, Cidadão Lusófono ou Trabalhador Lusófono*, organizado pelo *Jus Gentium Conimbrigae* – Faculdade de Direito da Universidade de Coimbra, 9-10 de Dezembro de 1999;
- "As relações entre Portugal, a Europa e o mundo lusófono e as suas repercussões no plano jurídico" – Revista da Universidade Lusíada de Lisboa;
- *Direito Internacional Privado – Lições ao 5.º ano – Turma de Dia, da Faculdade de Direito da Universidade de Lisboa, no ano lectivo de 2000-2001, Introdução*, I Volume, Lisboa, AAFDL, 2000--2001, copiograf., 334 pp.;
- "Direito Internacional Privado", *in Dicionário Jurídico da Administração Pública* – 2.º Suplemento, Lisboa, 2001, pp. 264--287;
- "Breves notas sobre o Direito Internacional Privado do ambiente", nos Estudos em homenagem ao Professor Doutor Jorge Leite Areias Ribeiro de Faria;
- "Alguns princípios de Direito Internacional Privado e de Direito Internacional Público do Trabalho", nos *Estudos do Instituto de Direito do Trabalho*;
- "Crónica de Direito Internacional Privado – Breve resenha de algumas obras recentes e relevantes nesta matéria" – *Revista da Faculdade de Direito da Universidade de Lisboa* – 2001;
- "Breves considerações sobre ao direito e a língua ou a ignorância dos juristas não aproveita a ninguém" – vol. L da *Scientia Iuridica*, Dezembro de 2001;
- "As novas regras de Direito Internacional Privado de Macau" – nas Actas da *Deutsch-Lusitanische Juristenvereinigung*;
- "Arrendamento urbano e arbitragem voluntária", – *Estudos em homenagem ao Professor Doutor Inocêncio Galvão Telles*, vol. III, p. 573-590, Almedina – Coimbra;
- "Arbitragem no direito do consumo" in *Estudos do Direito do Consumo*, pp. 281-296 – Almedina – Coimbra 2002;
- "Alguns princípios de direito internacional privado e de direito internacional público do trabalho" in Estudos do Instituto de Direito do Trabalho, pp. 13-47 – Almedina – Coimbra 2002;

- "Algumas considerações sobre a autonomia da vontade no direito internacional privado em Portugal e no Brasil" – *Estudos em Homenagem à Professora Doutora Isabel de Magalhães Collaço*, vol. 1, pp. 379-429, Almedina, Coimbra 2002;
- A convenção de Roma e as operações bancárias, nos *Estudos em homenagem ao Prof. Doutor Raúl Ventura*, vol. 2;
- O sistema jurídico de Timor-Leste – Evolução e perspectivas, nas actas da *Deutsch-Lusitanische Juristenvereinigung;*
- *Estudos de Direito Internacional Privado e de Direito Público*, Coimbra, Almedina, 2004.

Participação no XIV Congresso Internacional de Direito Comparado, Atenas, 31 de Julho-6 de Agosto de 1994; participação nas 4 sessões do Comité de Peritos Governamentais sobre a Protecção Internacional dos Bens Culturais (1991,1992,1993,1993) e na Conferência Diplomática que aprovou a Convenção do UNIDROIT sobre os bens culturais roubados ou ilicitamente exportados (7-24.6.1995) [membro do Comité de Redacção, em representação de Portugal]; representante de Portugal na Conferência da Haia de Direito Internacional Privado desde 1996; correspondente do UNIDROIT (*Institut pour l'Unification du Droit privé*, com sede em Roma) desde Abril de 2000.

Participação em Cursos e Seminários em Espanha (1993), em Angola (1995), no Brasil (1998, 2001), na Guiné-Bissau (1993 e 1997) e em Moçambique (1994, 1995, 1999 e 2003).

Participação em mais de 60 júris de provas académicas (mestrado e doutoramento) em Portugal, Espanha e França.

I
DIREITO INTERNACIONAL PRIVADO

PROVISIONAL AND PROTECTIVE MEASURES GRANTED BY STATE COURTS AND INTERNATIONAL ARBITRATION

ALFONSO-LUIS CALVO CARAVACA
Professor (Catedrático) of Private International Law
University Carlos III of Madrid (Spain)

SUMMARY: I. Preliminary Remarks. II. State Courts' International Jurisdiction to Grant "Provisional and Protective Measures" in the Context of an International Arbitration. III. Which "Provisional and Protective Measures" is the State Court Entitled to Adopt in the Context of an International Arbitration?. IV. May the Parties Exclude the Jurisdiction of the State Courts to grant "Provisional and Protective Measures" in the Context of an International Arbitration?

I. PRELIMINARY REMARKS.

1. The importance of arbitration in international trade is growing. That is why there are currently different legal instruments ruling International Arbitration. In Spanish Law the most important are the following: a) The new Spanish Arbitration Act (= Ley 60/2003, de 23 de diciembre, de arbitraje, in BOE [Spanish Official Legal Journal or *Boletín Oficial del Estado*] No. 309 of December 26th 2003, in force from March 26th 2004, hereinafter called "SAA 2003" = *Spanish Arbitration Act 2003*); b) The Convention on the recognition and enforcement of foreign arbitral awards, done in New York, June 10th 1958 (in force in Spain: August 10th 1977, hereinafter "NYC 1958"); c) European Convention on International Commercial Arbitration, done at Geneva April 21st 1961 (in force in Spain; May 12th 1975, and further mentioned simply as "GC 1961"). The Spanish texts of these legal instruments, as well as the Contracting States, can be consulted in: http://www.lanzadera.com/accursio.

2. In the course of arbitration proceedings one of the parties frequently requests from the arbitrators to grant "provisional and protective measures" (= also known as *Interim Measures Of Protection/Urgent Measures/Interim And Conservatory Measures*). According to the doctrine on this fascinating topic, the parties can ask for these measures either from *arbitrators* or from *State courts*[1]. In this work we will approach this

---

[1] M. VIRGÓS SORIANO/F.J. GARCIMARTÍN ALFÉREZ, *Derecho procesal civil internacional. Litigación internacional*, Civitas, Madrid, 2000, pp. 241-242; F.J. GARCIMARTIN ALFÉREZ, *El régimen de las medidas cautelares en el comercio internacional*, Madrid, Mc.Graw-Hill, 1996, pp. 185-209; PH. OUAKRAT, "L'arbitrage commercial international et les mesures provisoires: étude générale, *DPCI*, 1988, vol.14-2, pp. 239-273; B. LEURENT, "Garanties bancaires et arbitrage", *IBLJ*, 1990, pp. 401-420; CL. GOLDMAN, "Mesures provisoires et arbitrage international", *IBLJ*, 1993, pp. 3-26; F. KNOEPFLER/PH. SCHWEIZER, "Les mesures provisoires et l'arbitrage", en *Recueil de travaux sur l'arbitrage international*, Zürich, pp. 221-244; F. RAMOS MÉNDEZ, "Arbitrage international et mesures conservatoires", *Rev. Arb.*, 1985, pp. 51-70; ID., "Arbitraje internacional y medidas cautelares", *Arbitraje y proceso internacinal*, Barcelona, 1987, pp. 183 ss.; J. ROBERT, *L'arbitrage, droit interne et droit international privé*, 6ª ed., París, 1993, pp. 272 ss; M. DE BOISSÉSON, *Le droit français de l'arbitrage interne et international*, París, 1990, pp. 759 ss.; J.M. CHILLÓN MEDINA/J.F. MERINO MERCHÁN, *Tratado de arbitraje privado interno e internacional*, 2ª ed., Civitas, Madrid, 1991, pp. 875-878; K.P. BERGER, *International Economic Arbitration*, Kluwer, Deventer, 1993, pp. 331-351; J.D.M. LEW/L. A. MISTELIS/S.M. KRÖLL, *Comparative International Commercial Arbitration*, Kluwer Law International, The Hague/London/New York, 2003, pp. 585-625; S. BESSON, *Arbitrage International et Mesures Provisoires*, 1ª ed., Schultness, 1998; A. BÖTSCH (ED.), *Provisional Remedies in International Comercial Arbitration – A Practitioner Handbook*, De Gruyter, 1994; H.A. GRIGERA NAÓN, "Choice-of-Law Problems in international commercial arbitration", *RCADI*, 2001, vol. 289, pp. 9-396, pp. 161-166; J.C. FERNÁNDEZ ROZAS, "Le rôle des juristictions étatiques devant l'arbitrage commercial international", *RCADI*, 2001, vol. 290, pp. 9-224, pp. 161-177; P. MAYER, *"Imperium* de l'arbitre et mesures provisoires", *Études de procédure e d'arbitrage en l'honneur de Jean-François Poudret*, Lausanne, 1999, pp. 437-452; G. DE LEVAL, "Le juge et l'arbitre: les mesures provisoires", *Rev. Droit Int. et Droit Comp.*, vol.70, 1993, pp. 12 ss.; A. REINER, "Les mesures provisoires et conservatoires et l'arbitrage international, notamment l'arbitrage CCI", *JDI Clunet*, 1998, pp. 853--904; M.F. HOELLERING, "Conservatory and Provisional Measures in International Arbitration. The Practices and Experiences of the American Arbitration Association", *The Arbitration Journal*, vol. 47, 1992, pp. 40-45.

second possibility (= adoption by *State courts* of "provisional and protective measures" in the course of an international private arbitration).

II. STATE COURTS' INTERNATIONAL JURISDICTION TO GRANT "PROVISIONAL AND PROTECTIVE MEASURES" IN THE CONTEXT OF AN INTERNATIONAL ARBITRATION

3. Once the parties have expressly agreed to the possibility to request "provisional and protective measures" from State courts, their granting will be obviously possible, providing that it is allowed by the Law of the State on which such courts depend. On equal conditions, the possibility for the State courts to adopt "provisional and protective measures" is explicitly regulated and admitted, as CL. GOLDMAN writes, by certain Rules of some "permanent arbitral institutions": See Article 8.5 I ICC Rules, Art. 15.4 London Court of Arbitration Rules, Art. 26.3 I UNCITRAL Rules of arbitration[2]. If there is no agreement between the parties on this possibility (= they neither exclude nor allow the adoption of "provisional and protective measures" by State courts), the matter must be decided by the Law governing arbitration proceedings, as it can been noted in the Auto JPI No. 69 Madrid June 28th 1999 (= Opinion, First Instance Madrid June 28th 1999), as E. ARTUCH IRIBERRI has pointed out[3]). Frequently the Law governing arbitration proceedings expressly admits this possibility (PH. OUAKRA[4]).

4. This general principle (= each party can request the adoption of "provisional and protective measures" from *State courts*) is recognized by Article VI.4 GC 1961: *"A request for interim measures or measures of conservation addressed to a judicial authority shall not be deemed incompatible with the artibtration agreement, or regarded as a submission of the substance of the case to the court"*. This provision clearly leaves the door open for the adoption of "provisional and protective measures" even

---

[2] CL. GOLDMAN, "Mesures provisoires et arbitrage international", *IBLJ*, 1993, pp. 3--26, pp. 12-15.

[3] E. ARTUCH IRIBERRI, "La adopción de medidas conservatorias por el juez español en relación con el procedimiento arbitral: un conflicto se diluye", *RCEA*, vol. XIV, 1999, pp. 149-153.

[4] PH. OUAKRAT, "L'arbitrage commercial international et les mesures provisoires: étude générale, *DPCI*, 1988, vol.14-2, pp. 239-273, p. 252.

though an arbitration agreement was previously concluded between the parties. The above mentioned provision (= Article VI.4 GC 1961) shows an "expansive force": in order to adopt "provisional and protective measures", the arbitration agreement is not an obstacle for the international jurisdiction of the courts of a State different from the State where arbitration takes place. That happened in the above mentioned Auto JPI No. 69 Madrid June 28th 1999 (= Opinion, First Instance Madrid June 28th 1999): the Spanish courts accepted their international jurisdiction even though the arbitration took place in Switzerland[5].

5. Therefore, the Spanish Private International Law, and more specifically, the Spanish International Civil Procedure, is to be applied to decide *if* and in *what cases*, the Spanish courts will have international jurisdiction to adopt "provisional and protective measures" when the arbitration takes place outside Spain.

6. The key provision to be considered is, essentially, Article 31 Council Regulation No 44/2001 of 22 December 2000 on jurisdiction, recognition and enforcement of judgments in civil and commercial matters[6] (= hereinafter referred to as "CR No 44/2001"). Article 31 CR No. 44/2001 indicates in what cases the Spanish courts have "international jurisdiction" to grant "provisional and protective measures" in the context of an international arbitration taking place abroad. It should be noted that Article 31 CR CR No. 44/2001 is an "international jurisdiction direct rule". Thus, Article 31 CR No. 44/2001 prescribes that the courts of a Member State (= twenty-four Member States except Denmark) will have international jurisdiction to grant these "provisional and protective measures" when the assets are located in this State's territory. For example, if an arbitration takes place in London and the defendant's assets are located in Spain, the Spanish courts will have jurisdiction to adopt "provisional and protective measures" on these assets because they are located *in Spain*. The European Court of Justice (= further mentioned as ECJ) expressly accepted this interpretation in *Van Uden v. Deco-Line* (Case C-391/95). But two conditions must be fulfilled.

---

[5] Auto AP Cádiz, Sec.5ª, de 12 junio 1992, *Revista España de Derecho internacinoal*, 1994, vol.XLVI, pp. 393-395, and *observations* by E. ARTUCH IRIBERRI.

[6] *Official Journal* L 012 January 16th 2001.

First: it must be a "provisional and protective measure" covered by the *material scope of application* of CR No. 44/2001.

Second: in addition, the assets must be situated in the territory of the Member State on which the court depends.

The ECJ has affirmed that Article 31 CR No. 44/2001 applies to all "provisional and protective measures" irrespective of the arbitrators who have "international jurisdiction". In other words, Article 31 CR No. 44/2001 applies even if the arbitration takes place outside the UE (= the so-called "non-EU arbitrations"). Hence, Article 22.5 of Spanish *"Ley Orgánica del Poder Judicial"* is not to be applied. All "provisional and protective measures" adopted in the patrimonial area are covered by Article 31 CR No. 44/2001. There is no room for national Laws to determine the State courts' international jurisdiction for granting "provisional and protective measures". But let us go back to the wording of Article 31 CR No. 44/2001. This provision contains a "forum" to specify the "international jurisdiction" of the Member States' courts. In order to determine the so-called "territorial jurisdiction", national civil Procedure is to be considered. From the Spanish perspective, Article 8.3 SAA 2003 applies to this subject-matter (= territorial jurisdiction).

7. Despite its confusing words, the above mentioned Article 8.3 SAA 2003 contains *only* a rule of "territorial jurisdiction", not a rule of "international jurisdiction". Let us take a look at this provision: *"To grant "provisional and protective measures", the court of the place where the arbitral award is to be enforced, will have territorial jurisdiction. Failing that, the court of the place where the "provisional and protective measures" must be executed will have territorial jurisdiction, according to Article 724 Spanish Civil Procedure Code"*[7]. The State court will grant the "provisional and protective measures", and may also execute them by itself. Thus, Article 8.3 SAA 2003 applies only in the event that Spanish courts' international jurisdiction has been determined according to Article 31 CR No. 44/2001.

---

[7] Spanish version of Article 8.3 SAA 2003: *"Para la adopción judicial de medidas cautelares será tribunal competente el del lugar en que el laudo deba ser ejecutado y, en su defecto, el del lugar donde las medidas deban producir su eficacia, de conformidad con lo previsto en el artículo 724 de la Ley de Enjuiciamiento Civil"*.

8. As J.M. CHILLÓN MEDINA/J.F. MERINO MERCHÁN have correctly pointed out, that the State courts from which the "provisional and protective measures" have been requested *ex-novo* must not examine the validity or nullity of the parties' "arbitration agreement"[8] in order to grant these "provisional and protective measures". The reason is clear: these "provisional and protective measures" do not concern the substance of the merits, even though a State court may adopt some of these "provisional and protective measures". Hence, the validity or nullity of the arbitration agreement is only to be examined when a party brings legal proceedings before a State court on the substance of the dispute, but never when the party requests, exclusively, "provisional and protective measures" from a State court. Besides, the State court can demand a "special caution" to the petitioner in order to avoid subsequent prejudices that could arise from the requested "provisional and protective measures",

III. WHICH "PROVISIONAL AND PROTECTIVE MEASURES" IS THE STATE COURT ENTITLED TO ADOPT IN THE CONTEXT OF AN INTERNATIONAL ARBITRATION?

9. The "provisional and protective measures" that may be granted by State courts that have international jurisdiction according to Article 31 CR No. 44/2001, must be determined under the Civil Procedure of the State to which the State court belongs. This Civil Procedure is also to be applied to the requirements and procedure of the "provisional and protective measures". It is the well-known latin legal adagio *Lex Fori Regit Processum*, sanctioned by Article 3 of Spanish Civil Procedure Code. In this context the State court must take into consideration that no *other* "State court" has jurisdiction on the substance of the controversy. On the contrary, only *arbitrators*, and not State courts, have jurisdiction to decide the substance of the controversy. Hence, the adoption of these "provisional and protective measures" by the State court must take into account the fact that no other State court, but arbitrators, have jurisdiction on the substance of the dispute. In the Spanish case the list of "provisional and protective measures" that a Spanish court can grant in the context of an international arbitration taking place abroad as well as the requirements and procedure to

---

[8] J.M. CHILLÓN MEDINA/J.F. MERINO MERCHÁN, *Tratado de arbitraje privado interno e internacional*, 2nd ed., Civitas, Madrid, 1991, p. 877.

adopt them are issues to be decided under the Spanish Civil Procedure Code (= Ley de Enjuiciamiento Civil 1/2000). One of the most outstanding legal scholars in the field of international arbitration, P. SCHLOSSER, has added some important remarks: since the State courts' intervention has a "subsidiary character" with regards to that of the arbitrator, the "provisional and protective measures" that can be adopted by State courts must respect, in any case, the limits decided by arbitrators. Additionally the "provisional and protective measures" granted by State courts can be removed by arbitrators[9].

IV. MAY THE PARTIES EXCLUDE THE JURISDICTION OF THE STATE COURTS TO GRANT "PROVISIONAL AND PROTECTIVE MEASURES" IN THE CONTEXT OF AN INTERNATIONAL ARBITRATION?

10. A very complicated problem arises on the horizon of every arbitration: can the parties completely *exclude* the jurisdiction of State courts to adopt "provisional and protective measures" when the substance of the controversy has been referred to international arbitration? This is the heart of the matter. If the answer is "yes", the State courts will have no power to adopt "provisional and protective measures". On the contrary, if the answer is "no", the State courts would be able to adopt these "provisional and protective measures" even when the parties have excluded any State courts' intervention on this subject-matter. This problem is of great theoretical and practical importance. Hence, it is hardly surprising that two opposite theses on this issue have been supported.

11. First theory: possibility of "cancelling" the international jurisdiction of State courts in order to grant "provisional and protective measures" when there exists an international arbitration. This first theory is based on several arguments: a) In the same way the parties can "cancel" the jurisdiction of the State courts to decide on the substance of the dispute, they can also exclude the jurisdiction of any State court to grant "provisional and protective measures" (F.J. GARCIMARTÍN ALFÉREZ, PH. OUAKRAT,

---

[9] P. SCHLOSSER, *Das Recht der internationalen privaten Schiedsgerichtsbarkeit*, 2nd ed., Tübingen, 1989, p. 257.

J.D.M. LEW/L. A. MISTELIS/S.M. KRÖLL[10]). If the parties have the possibility of cancelling the jurisdiction of the State courts on the *substance* of the dispute, it can be admitted that they can also cancel the possibility of State courts to decide on other "outlying matters" such as "provisional and protective measures". Therefore, the parties might expressly agree that the possibility to ask for "provisional and protective measures" from the State courts is "prohibited" and "cancelled". They can also refer the question to the Rules of some permanent arbitral Institutions, such as ICC. Those rules can eliminate the parties' possibility to ask for these "provisional and protective measures" to the State courts; b) By cancelling State courts' international jurisdiction to grant "provisional and protective measures", mutual confidence between the parties is fostered (= none of the parties *suspects* that the other party can make his assets disappear); c) This possibility reduces the "procedural costs", since another process before a State court is a "parallel process" that is very expensive; d) Since the "provisional and protective measures" are adopted in the interest of the parties, the parties can agree on what they consider more appropriate to their interests. If they consider that there is no room for State courts to adopt "provisional and protective measures", such an agreement is to be respected. The parties assume that risk (= no State court will have jurisdiction to adopt "provisional and protective measures"). Hence, in accordance with the effects of arbitral agreement, the jurisdiction of arbitrators must always be the "rule", and the jurisdiction of State courts must be the "exception", as CL. GOLDMAN has correctly pointed out[11].

12. Second theory: under no circunstances can the parties "cancel" the jurisdiction of State courts to grant "provisional and protective measures". This theory relies on the following argument: the arbitrator can grant "provisional and protective measures", but they cannot enforce them at all. Since the legal system cannot deny Justice, the door must always remain open to allow the parties to request *effective* and *enforceable* "provisional

---

[10] F.J. GARCIMARTIN ALFÉREZ, *El régimen de las medidas cautelares en el comercio internacional*, Madrid, Mc.Graw-Hill, 1996, pp. 185-209; PH. OUAKRAT, "L'arbitrage commercial international et les mesures provisoires: étude générale, *DPCI*, 1988, vol. 14-2, pp. 239-273; J.D.M. LEW/L. A. MISTELIS/S.M. KRÖLL, *Comparative International Commercial Arbitration*, Kluwer Law International, The Hague/London/New York, 2003, p. 620.

[11] CL. GOLDMAN, "Mesures provisoires et arbitrage international", *IBLJ*, 1993, pp. 3-26.

and protective measures" from the State courts. Otherwise, the so-called "denial of Justice" will be inevitable. It should also be remembered that "denial of Justice" is prohibited by Article 24 of the Spanish Constitution and by Article 6 European Human Rigths Convention. Therefore, there is a *constitutional legal basis* for defending the permanent jurisdiction of the State courts to grant "provisional and protective measures" irrespective of the parties' will. This thesis has been sustained in Spain, in a particularly convincing manner, by Professor J.C. FERNÁNDEZ ROZAS[12]. To sum up, the State courts fill the "lackings" of international arbitration, even if the State courts must not interfere with the specific task of arbitrators, which is to decide the substance of the controversy, as PH. OUAKRA has pointed out[13]. Thus, with the intervention of the State courts that adopt "provisional and protective measures" in the context of an international arbitration, the real efficiency of the arbitral award is ensured (J.D.M. LEW/L. A. MISTELIS/S.M. KRÖLL[14]).

13. Which of the two above mentioned theories is the right one? The legal answer to the question can be found in the NYC 1958. Even if it has been said that the NYC 1958 does not mention anything about "provisional and protective measures", this is not really true. Such silence is only relative. Let us take a look at Article II.3 NYC 1958: *"The court of a Contracting State, when seized of an action in a matter in respect of which the parties have made an agreement within the meaning of this article, shall, at the request of one of the parties, refer the parties to arbitration, unless it finds that the said agreement is null and void, inoperative of being performed"*. Thus some different positions have been sustained, as C. GOLDMAN has shown[15]. First position: Some legal experts have sustained that the words of Article II.3 CNY 1958 must be interpreted as an "expansive force". The consequences of this interpretation are very clear: when "provisional and protective measures" are requested by one of the parties, a State court *must* declare that it has no international jurisdiction to grant

---

[12] J.C. FERNÁNDEZ ROZAS, "Le rôle des juristictions étatiques devant l'arbitrage commercial international", *RCADI*, 2001, vol. 290, pp. 9-224, p. 163.

[13] PH. OUAKRAT, "L'arbitrage commercial international et les mesures provisoires: étude générale, *DPCI*, 1988, vol.14-2, pp. 239-273.

[14] J.D.M. LEW/L. A. MISTELIS/S.M. KRÖLL, *Comparative International Commercial Arbitration*, Kluwer Law International, The Hague/London/New York, 2003, p. 619.

[15] CL. GOLDMAN, "Mesures provisoires et arbitrage international", *IBLJ*, 1993, pp. 3-26.

"provisional and protective measures", because the substance of the dispute has been referred to arbitration by the parties. This interpretation has been accepted by certain jurisprudence in the United States of America where arbitration is conceived as a *real and complete alternative* to litigation before the State courts, as O. MERKT has pointed out[16]. Thus, when the parties have referred their dispute to arbitration, each and every question that may arise from this dispute is referred to arbitration, leaving no room to State courts. Second position: on the contrary, the majority of legal experts consider that Article II.3 NYC 1958 deals only with the "substance" of the dispute, not with other aspects related to that "subastance", such as "provisional and protective measures". Therefore, this provision is not comprehensive. This provision does not prescribe anything about "provisional and protective measures", either in favor or against. This second position is to be preferred because it fits better than the previous one for the aims of Article II.3 NYC 1958.

14. Because of the lack in Article II.3 NYC 1958, the question will have to be solved by the National Civil Procedure of the State to which the court belongs. In Spanish Law, it is necessary to introduce several remarks: a) Article 11.3 SAA 2003 states that: "*the arbitral agreement will not avoid any of the parties to ask for "provisional and protective measures" to a State court, before the arbitration or during the arbitration. The State court will be entitled to adopt them*". This provision is directly inspired by Article 9 UNCITRAL Model Law 1985 (French version): "*La demande par une partie à un tribunal, avant ou pendant la procédure arbitrale, de mesures provisoires ou conservatoires et l'octroi de telles mesures par un tribunal ne sont pas incompatibles avec une convention d'arbitrage*"/(English version); "*It is not incompatible with an arbitration agreement for a party to request, before or during arbitral proceedigns, from a court an interim measure of protection and for a court to grant such measure*"; b) Article 23.1 SAA 2003 indicates that: "*Except when the parties have agreed otherwise, arbitrator will be able to grant the protective measures that consider appropriate related to the substance of the dispute, by request of any of the parties*". Combining both provisions, it can be said that when a party in an arbitration that takes place in Spain or abroad asks for "provisional and protective measures" from a Spanish court that has

---

[16] O. MERKT, *Les mesures provisoires en droit international privé*, Schulthess Polygraphischer Verlag Zürich, 1993, p. 149.

international jurisdiction on it, the court *must* examine the adoption of these "provisional and protective measures". Thus, the parties cannot "deactivate" the international jurisdiction of the State court to grant "provisional and protective measures" if the assets are located in Spain. In fact, as Article 23.1 SAA 2003 states, the parties can cancel *only* the international jurisdiction of the *arbitrator* to grant "provisional and protective measures" (= the parties can agree that the arbitrator will have no power to adopt "provisional and protective measures"). *A sensu contrario*, the parties in an international arbitration cannot cancel in any case the international jurisdiction of the Spanish courts to grant "provisional and protective measures".

A EVOLUÇÃO DAS REGRAS REGULADORAS DA COMPETÊNCIA INTERNACIONAL NO ÂMBITO DO CONTRATO DE TRABALHO INTERNACIONAL NA CONVENÇÃO DE BRUXELAS, NA CONVENÇÃO DE LUGANO E NO REGULAMENTO 44/2001

ANABELA SUSANA DE SOUSA GONÇALVES
Assistente da Escola de Direito da Universidade do Minho.

1. O contrato individual de trabalho plurilocalizado na CB e na CL

1.1. *A regra geral de competência e a regra especial relativa aos contratos na CB e na CL*

A redacção inicial da CB não previa o contrato de trabalho internacional. Esta ausência, como assinala Franco Mosconi[1], causa alguma estranheza face à importância axial do princípio da livre circulação de trabalhadores, no contexto comunitário[2]. O projecto de 1964 continha uma

---

[1] *V.* Franco Mosconi, «La giuridizione in materia di lavoro nel regolamento (CE) n. 44/2001» *in RDIPP*, Anno XXXIX – n. 1, Gennaio-Marzo 2003, p. 5.

[2] Há uma ligação estreita entre a CB e o direito comunitário. O art. 220.°, na versão original do TCE, atribuía aos Estados membros competência para tomar iniciativas com o objectivo de facilitar a execução e o reconhecimento de sentenças provenientes dos Estados membros da CE. A imposição de uma cooperação intergovernamental teria como objectivo, de acordo com o art. 5.° e art. 3.° da redacção original do TCE, a realização plena do mercado interno. Este só seria plenamente atingido com a livre circulação das decisões judiciais, e com a segurança jurídica inerente da tutela internacional de direitos emergentes de decisões judiciais nacionais. *V.* Paul Jenard, «Relatório sobre a Convenção, de 27 de Setembro de 1968, relativa à competência judiciária e à execução de decisões em matéria civil e comercial», *JOCE C 189*, 28.07.1999, pp. 122 e segs. É a esta luz que surge a Convenção de Bruxelas de 27 de Setembro de 1968 relativa à competência judiciária e à execução de decisões em matéria civil e comercial, celebrada pelos países membros ori-

norma referente ao contrato de trabalho internacional, mas esta não consta na versão final da CB[3]. Logo, na versão inicial da CB, o contrato de trabalho internacional não assume qualquer especificidade, sendo-lhe aplicáveis as regras gerais da mesma convenção. Quais são essas regras?

A regra geral de competência na CB é o princípio clássico do *sequitur forum rei* (art. 2.º da CB)[4]. Esta regra é justificada pela necessidade de

---

ginários da CE. A CB entrou em vigor em 1 de Fevereiro de 1973. No seguimento deste processo foi, ainda, acordado um Protocolo Relativo à Interpretação pelo Tribunal de Justiça da Convenção, de 27 de Setembro de 1968, Relativa à Competência Judiciária e à Execução de Decisões em matéria Civil e Comercial, celebrado no Luxemburgo, a 3 de Junho de 1971. *V.* Paul Jenard, «Relatório sobre o Protocolo, de 3 de Junho de 1971, relativo à interpretação pelo Tribunal de Justiça da Convenção, de 27 de Setembro de 1968, relativa à competência judiciária e à execução de decisões em matéria civil e comercial», *JOCE C* 189, 28.07.1999, pp. 180 e segs. *Cfr.* Fausto Pocar, «Il protocollo sull'interpretazione uniforme della convenzione di Bruxelles sulla competenza giurisdizionele e l'esecuzione delle sentenze» in *Studi in onore di Enrico Tullio Liebman*, Volume Secondo, Milano, Giuffrè Editore, 1979.

[3] *V.*, Franco Mosconi, «La giuridizione in materia...», pp. 6-8, sobre o teor da norma e as razões, que na opinião do A., determinaram o seu abandono.

[4] As regras de competência internacional, presentes na CB, aplicavam-se quando o réu tinha domicílio num Estado membro, independentemente da sua nacionalidade, nos termos dos arts. 2.º e 3.º, § 1 da CB. Este domicílio podia ser efectivo, ou presumido nos casos previstos nos arts. 8,§ 2 e 13.º, § 2 da CB. Estas normas designavam globalmente a ordem judiciária de um país. Competia às normas nacionais que repartem o poder jurisdicional em cada país a definição em concreto do tribunal que deve julgar a questão, territorial e materialmente. Quando domiciliado num Estado terceiro aplicavam-se as regras de competência internacional nacionais, de acordo com o art. 4.º, § 1, sem prejuízo das regras de competência exclusiva presentes no art. 16.º da CB. De notar, que o art. 53.º da CB equiparava a sede das pessoas colectivas e sociedades ao domicílio das pessoas singulares. No entanto, para efeitos de determinação concreta era necessário recorrer ao Direito Internacional Privado (DIP) da ordem jurídica do foro.

O reg. 44/2001 veio substituir parcialmente a CB, introduzindo-lhe alterações. A CB continua-se a aplicar quando o réu tem domicílio na Dinamarca (*v.* Considerando 9.º, 2ª parte e art. 1.º, n.º 3 do reg. 44/2001). A CB continuará a aplicar-se aos territórios dos Estados membros a que se referem o art. 68.º do reg. 44/2001 e o art. 299 do TCE. Para além das situações de domicílio do réu na Dinamarca, parece à partida que a CB será sempre aplicada pelos tribunais dinamarqueses, ainda que o réu esteja domiciliado noutro Estado membro. Ainda que estejam em causa tribunais de outro Estado membro, estes terão de aplicar a CB em tudo que se relacione com a possibilidade da Dinamarca ter a competência. Será o caso da acção ser suscitada perante tribunais dinamarqueses; no caso de ser pedido o reconhecimento de uma decisão na Dinamarca; nas hipóteses de litispendência e de conexão, que envolvam tribunais dinamarqueses; no caso das normas de competência exclusiva (art. 16.º da CB); e face a pactos atributivos de jurisdição a tribunais dinamarqueses (art. 17.º da CB). De notar, que no art. 60.º, o reg. 44/2001 fixa factores autónomos e uniformes de determinação da sede das pessoas colectivas.

favorecer o réu. A este são evitados os incómodos e as despesas de litigar em foro estrangeiro. No entanto, a CB estabelece um conjunto de competências especiais, para regular determinadas matérias[5]. Assim acontece em relação à matéria contratual, nos termos do art. 5.º da CB. Em questões contratuais, o legislador da CB estabeleceu uma competência electiva: o autor pode demandar o réu no Estado do seu domicílio, ou nos locais determinados no art. 5.º[6]. É necessário ter presente que as regras da CB (e do reg. 44/2001) somente têm aplicação se o requerido tiver domicílio num Estado contratante (art. 4.º da CB). Caso contrário, aplicam-se as disposições internas desse Estado.

De igual modo, as regras de competência especial só se podem aplicar, se os locais indicados pelo art. 5.º da CB se situarem num Estado membro. Caso contrário, só será aplicável a regra geral do domicílio do réu. Só quando a regra geral e a regra especial remeterem para um Estado contratante, o autor poderá escolher.

Como reconheceu o TJCE[7], os factores atributivos de competência especial reconhecidos na CB são fixados em função de um vínculo de pro-

---

[5] São normas especiais e de competência especial (v.g., art. 5.º e 6.º, da CB), porque designam directamente o tribunal nacional competente. Opõem-se à norma geral e regra de competência geral (art. 2.º, da CB), que designa apenas qual o Estado competente para julgar. Esta distinção, acolhida na CB, remonta a Bartin. Neste sentido, v. Martha Weser, *Convention communautaire sur la compétence judiciaire et exécution des décisions*, Bruxelles, C.I.D.C., Éditions Pedone, 1975, p. 270 e segs. Cfr. Manuel Desantes Real, *La competencia judicial en la Comunidad Europea*, Bosch, Alicante, 1986, p. 234, n. 250.

[6] De notar que o Protocolo anexo à CB fixa um privilégio a favor das pessoas domiciliadas no Luxemburgo: estas, se demandadas em função do art. 5.º da CB, podiam arguir a incompetência desse tribunal. A justificação parecia residir no carácter internacional da maioria das relações contratuais dos domiciliados no Luxemburgo, segundo P. Jenard, *Rapport...*, p. 63. Esta deferência, pouco justificável, criava uma discriminação positiva a favor dos domiciliados no Luxemburgo. O actual art. 63.º do reg. 44/2001 mantém a distinção, mas apenas por um período de seis anos, e com um conteúdo mais limitado: apenas pode ser arguida a incompetência «quando o local final da entrega da mercadoria ou fornecimento do serviço se situar no Luxemburgo». Esta discriminação positiva a favor dos domiciliados num Estado contratante era pouco razoável, nomeadamente atendendo à justificação que pouco justifica. Muito menos seria aceitável no âmbito de um acto comunitário. O período de transição concedido pelo reg. 44/2001 relaciona-se com a necessidade de acautelar as expectativas dos domiciliados no Luxemburgo.

De notar, que no âmbito de CL, o Protocolo n.º 1 relativo a determinados problemas de competência, de processo e de execução, concedia, também, a possibilidade da Suíça formular uma reserva ao art. 5.º, da CL, até final de 1999.

[7] V, v.g., ac. Industrie Tessili Italiano Como c. Dunlop AG, proc. 12/76, CJTJ 1976, pp. 1473 e segs.

ximidade existente entre a questão litigiosa e a jurisdição de determinado país. Proximidade espacial ou processual, o que garante: uma maior facilidade na condução da lide; na produção da prova; ligação entre o litígio e o foro; a protecção da parte mais fraca.

Nos termos do art. 5.º da CB, em matéria contratual a acção pode ser intentada «(...) perante o tribunal do lugar onde a obrigação que serve de fundamento ao pedido foi ou deva ser cumprida(...)». Isto na prática significa que, quando o lugar da execução da obrigação coincidir com o domicílio do autor, o *forum contractus* transforma-se num *forum actoris*[8], ainda que não seja este o espírito da CB.

Acerca deste normativo várias questões se colocaram, e foram sendo resolvidas pela jurisprudência do TJCE[9]: o que é matéria contratual para efeitos da CB; a noção de obrigação; como determinar o local de execução.

O TJCE cedo optou pela construção de noções autónomas para a aplicação da CB. Como a expressão matéria contratual delimita o âmbito de aplicação material da competência electiva do art. 5.º da CB, considerou o TJCE que outro tipo de procedimento redundaria em desigualdade de direitos e deveres emergentes das obrigações, consoante o Estado contratante em causa[10]. No entanto, a diversidade de situações que o TJCE foi incluindo no conteúdo da noção de matéria contratual, através de várias decisões jurisprudênciais, não nos permite definir com precisão as suas características. Resulta da jurisprudência da TJCE uma interpretação com um conteúdo muito fragmentado, e com poucas características comuns e compatíveis[11]. É claro, que esta impossibilidade de identificar um conteúdo uniforme cria dificuldades de aplicação do artigo e fomenta a inse-

---

[8] Ainda que não teoricamente, pois como é referido por Miguel Teixeira de Sousa-Dário Moura Vicente, *Comentário*..., p. 88, «(...) ela se funda numa conexão com o próprio objecto do litígio(...)».

[9] O art. 1.º do Protocolo Relativo à Interpretação pelo Tribunal de Justiça da Convenção, de 27 de Setembro de 1968, Relativa à Competência Judiciária e à Execução de Decisões em Matéria Civil e Comercial, anexo à CB, atribui competência ao TJCE para interpretar esta convenção.

[10] *V.*, neste sentido *v.g*, ac. Martin Peters Bauunternehmung Gmbh c. Zuid Nederlendse Aannemers Vereniging, proc. 34/82, CJTJ 1983, pp. 987 e segs; e o ac. Athanasios Kalfelis c. Banque Schröder, Hengst et Cie, proc. 189/87, CJTJ 1988, pp. 5579 e segs.

[11] *V.*, sobre a qualificação de matéria contratual segundo a jurisprudência comunitária, *v.* Miguel Teixeira de Sousa-Dário Moura Vicente, *Comentário*..., pp. 86-87.

gurança jurídica[12]. De referir, que o TJCE manifestou-se frequentemente a favor de uma interpretação restritiva desta disposição normativa, com o argumento desta constituir uma excepção à regra geral[13]. Podemos questionar a justeza deste tipo de interpretação com base no argumento invocado. Estamos perante normas especiais, que funcionam em alternativa à norma geral. Isto pode justificar a proibição da analogia, por uma questão de certeza e previsibilidade. Pode até justificar a proibição de uma interpretação extensiva. Mas parece-nos excessivo optar por uma interpretação restritiva.

Quanto ao local da execução o TJCE absteve-se de construir uma noção autónoma. A inexistência de coincidência de critérios legislativos entre os vários Estados membros e as várias convenções de unificação do direito material, a nível de obrigações contratuais, influenciaram esta decisão do TJCE[14]. O lugar da execução será determinado pelas normas de conflitos do foro[15]. De acentuar, neste domínio, a importância da CR, que contém normas unificadas, às quais os tribunais nacionais terão de recorrer para apurar o local de execução[16].

---

[12] O que é um resultado contrário à intenção do TJCE expressa em várias decisões, como v. g. Jacob Handte et Cie Gmbh c. Traitements mécano-chimiques des surfaces AS (TMCS), proc. C-26/91, TJCE 1992, pp. I-3967; ac. Mulox IBC Ltd. c. Hendrick Geels, proc. C-125/92, CTJC 1993, pp. I-4075 e segs.

[13] V., v.g., ac. Martin Peters, ac. De Bloos, SPRL c. Société en commandite par actions Bouyer, proc. 14/75, CJTJ 1976, pp. 1497 e segs.

[14] V. ac. Industrie Tessili Italiano Como c. Dunlop Ag, proc. 12/76, CJTJ 1976, pp. 1473 e segs.

[15] Id. ibidem. V., sobre as vantagens e inconvenientes desta solução, M. Desantes Real, La competencia judicial..., pp. 249 e segs; Luigi Mari, Il Diritto Processuale..., p. 30 e segs

[16] Luigi Mari, Il Diritto Processuale..., p. 330 e segs, considera que o risco de soluções divergentes nos vários Estados membros aumenta quando se recorre à CR devido ao seu carácter flexível e às valorações inerentes a certas normas, v.g., o art. 7.°, n.° 1, da CR. Chega a considerar a CR «(...) un potenziale fattore d'instabilità e d'insgiustizia del sistema».

É certo que a CR apresenta um compromisso, entre uma certa flexibilidade necessária à actual contratação internacional, e a necessidade de certeza e segurança. É nesta última vertente que encontramos consagrado o princípio da autonomia da vontade. Parece-nos ser preferível o recurso a uma convenção em vigor em todos os Estados comunitários, que unifica as regras de conflitos, ao direito conflitual do foro. Neste caso, haveria uma maior divergência e insegurança. Quanto ao direito uniforme, este apresenta a desvantagem de existir apenas em relação a um número restrito de matérias. Além disso, os Estados

O TJCE reconheceu as cláusulas inseridas num contrato que determinem o lugar de execução do mesmo, para efeitos de aplicação do art. 5.º da CB, desde que válidas segundo o direito aplicável ao contrato[17]. No entanto, para evitar a fixação de lugares de execução fictícios, para efeitos de aplicação do art. 5.º da CB é necessário a existência de uma correspondência real entre o lugar de execução fixado contratualmente e o lugar de execução efectivo[18].

Quanto à determinação da noção de obrigação, em causa no art. 5.º, houve uma preocupação de evitar a proliferação de jurisdições competentes[19]. Actualmente a CB, e no seguimento da jurisprudência do TJCE[20], determina que a obrigação relevante para efeitos de determinação do *forum contractus* é o lugar do cumprimento da obrigação litigiosa. Com o objectivo de limitar a atomização dos foros competentes, o ac. Shevenai[21] vem considerar, que no caso de existirem várias obrigações litigiosas, a obrigação relevante, para efeitos de aplicação do art. 5.º da CB, seria a obrigação principal.

O art. 5.º da CL coincide, nos aspectos referidos, com a CB. Ainda que, os tribunais dos países signatários não estejam submetidos à interpretação do TJCE, a obrigação de interpretação uniforme assumida[22],

---

membros não aderiram às mesmas convenções de uniformização do direito material. Para diminuir o risco de divergências contribuirá a entrada em vigor do protocolo que confere competência interpretativa ao TJCE em sede de CR, ou a adopção de um regulamento que venha substituir a CR.

[17] *V.* ac. Siegfried Zelger c. Sebastiano Salinitri, proc. 56/79, CJTJ 1980, pp. 89 e segs. *V.*, sobre este ac., M. Desantes Real, *La competencia judicial...*, pp. 258 e segs; P. Gothot-D. Holleaux, *La Convention...*, pp. 758 e segs.

[18] *V.* ac. Mainschiffahrts-Genosenschafts Eg (MSG) c. Les Gravières SARL, proc. C-106/95, CJTJ 1997, pp. I-932 e segs. O ac. fala de um «(...) lien effectif avec la réalité du contrat (...)» : *idem*.

[19] *V.* ac. De Bloos, SPRL c. Société en commandite par actions Bouyer, proc. 14/75, CJTJ 1976, pp. 1497 e segs. Como refere, P. Gothot-D. Holleaux, *La Convention...*, pp. 33 e segs, este ac. consagra uma «solução analítica» em que cada obrigação é considerada como única.

[20] *V. últ. n.. Cfr.* ac. Industrie Tessili..., pp. 143 e segs.

[21] *V. v.g.,* o ac. Hassan Shevenai c. Klaus Kreischer, proc. 266/85, CJTJ 1987, pp. 251 e segs. Sobre os problemas resultantes deste ac., *v.*, Hélène Gaudemet-Tallon, *La Convention...*, pp. 120-121; Luigi Mari, *Il Diritto Processuale...*, p. 316 e segs.

[22] De acordo com o art. 1.º do Protocolo n.º 2 Sobre a Interpretação Uniforme da Convenção, os tribunais de cada Estado contratante devem prestar especial atenção à interpretação e aplicação da CL pelos tribunais dos vários Estados contratantes. O objectivo será conseguir uma interpretação aproximada da CL nos vários Estados contratantes.

implica que as interpretações já referidas devam ser aplicadas nos Estados Lugano.

Apesar das várias dificuldades levantadas pelo art. 5.º da CB, e algumas dificuldades de aplicação, este mantém-se, com algumas alterações, no reg. 44/2001[23]. Isto justifica-se pela sua própria *ratio*: estamos perante uma norma especial, que se pretende o mais adequada possível à contratação internacional. Parece-nos que a regra geral do domicílio do réu poderá não o ser em determinadas circunstâncias. Basta não haver qualquer proximidade entre o contrato e o domicílio, ou não ser possível determinar o domicílio do réu, até por um comportamento que indicie má fé por parte deste.

1.2. *A influência da jurisprudência do TJCE na consagração do contrato de trabalho internacional na CB e na CL*

Como referimos, o contrato de trabalho internacional não teve imediatamente um tratamento autónomo na CB. O TJCE foi o primeiro a assinalar a especificidade do contrato de trabalho e a consagrar um critério atributivo de competência específico, ainda com base na regra estabelecida no art. 5.º da CB, para os contratos em geral. No ac. Ivenel[24], o TJCE, tendo em conta a teleologia das regras de competência especial[25], determinou que a nível do contrato de trabalho internacional o vínculo de proximidade estabelece-se entre a lei aplicável ao contrato e o tribunal do foro. Abandona-se, justificadamente, a construção atomísta do ac. De

---

[23] As noções referidas mantêm-se para efeitos do actual art. 5.º, n.º 1, do reg. 44/2001. Este art. na sua al. a) mantém o conteúdo do art. 5.º da CB. Já a al. b) introduz alguns critérios concretos e autónomos para a determinação do lugar do cumprimento da obrigação. O lugar do cumprimento da obrigação será, nos termos desta al. b), «(...) – no caso da venda de bens, o lugar num Estado membro onde, nos termos do contrato, os bens foram ou devam ser entregues, – no caso da prestação de serviços, o lugar num Estado--Membro onde, nos termos do contrato, os serviços foram ou devam ser prestados;(...)». Mantém-se a designação directa do tribunal competente dentro da ordem judiciária de cada Estado. Mas para estas duas categorias de contratos obvia-se aos inconvenientes da aplicação do direito internacional privado do foro. Basta determinar o local da entrega do bem ou prestação do serviço.

[24] Ac. Roger Ivenel c. Helmut Schwab, proc. 133/81, CJTJ 1982, pp. 1891 e segs. Esta ideia foi sendo reiterada pela jurisprudência comunitária. V. v.g., o ac. Shevenai.

[25] A proximidade entre o litígio e o tribunal.

Bloos, negando-se a proliferação de jurisdições competentes. Esta preocupação de coincidência *forum-ius* justifica-se porque o direito do trabalho é composto por um conjunto de normas de interesse público e social. Normas que se situam no limiar da distinção direito público/direito privado. O Estado do foro tem interesse em ver aplicado ao trabalhador as suas normas de protecção pública e social, assim como as normas resultantes de convenções colectivas de trabalho, que tenham aplicação nacional. Desta forma, diminuem-se as situações de não aplicação do direito do foro. Ora, segundo o art. 6.º da CR, a lei aplicável ao contrato é determinado pela prestação característica: lugar da prestação habitual do trabalho. Este é o elemento de conexão subsidiário para determinação da lei aplicável ao contrato, na falta de *electio iuris*. Contudo desempenha, ainda, uma função mais importante: ainda que haja escolha de lei, as suas normas imperativas serão sempre aplicáveis. A obrigação característica a cargo do trabalhador vai determinar o tribunal competente em matéria laboral. Do referido ac. resulta, também, a preocupação do tratamento unitário das obrigações emergentes do contrato de trabalho.

Esta orientação do TJCE teve como objectivo a protecção de uma parte contratual, o trabalhador, que é socialmente mais fraca[26]. A protecção do trabalhador, concedida no art. 6.º, n.º 1 da CR, foi estendida à CB. De sublinhar, que a CB já estabelecia regras de competência especial em função das partes intervenientes no litígio: no caso do contrato de consumo e de seguro. A CB e a CL, em relação ao contrato de seguro e ao contrato de consumo, previam uma protecção especial: não já em função do objecto do litígio, mas dos sujeitos intervenientes. A protecção de uma parte, considerada mais fraca, tende a compensar um desequilíbrio contratual natural. Este resulta da maior influência de uma das partes, na determinação da celebração e nos termos do contrato, o que viola o princípio da liberdade contratual. Esta protecção não se limita à fixação de factores determinativos de competência, em função dos sujeitos. Revela-se, também, na previsão de condições mais rigorosas para a celebração de pactos atributivos de jurisdição e a nível do reconhecimento de sentenças estrangeiras: não serão reconhecidas as decisões em violação das normas de competência especial[27].

---

[26] Esta preocupação resulta *v.g.* do ac. Six Constructions Ltd c. Paul Humbert, proc. 32/88, CJTJ 1989, pp. 358 e segs. Este ac. fala da posição particular do trabalhador, que cria um vínculo durável com a entidade patronal, encontrando-se inserido numa organização empresarial.

[27] Isto no caso dos contratos de consumo e de seguro.

Será que o trabalhador, na CB e CL, passou a gozar dos mesmos mecanismos de protecção presentes no contrato de consumo e seguro? E no reg. 44/2001? Será que a consagração do contrato de trabalho na CB, teve o mesmo intuito protector de um dos sujeitos processuais, como observamos no regime do contrato de consumo e de seguro? E no reg. 44/2001? Como nos contratos referidos, estamos perante um contrato em que o trabalhador não tem muito poder negocial, salvo os quadros altamente especializados. Além disso, é uma área com grande importância social, o que justifica o intervencionismo estadual acentuado, que se verifica a nível da sua disciplina jurídica interna. Adicionalmente, estamos perante um contrato de execução continuada, em que o vínculo de sujeição jurídica e dependência económica coarcta a liberdade de reacção do trabalhador durante a pendência do vínculo contratual.

1.3. *Evolução do tratamento do contrato de trabalho*

Antes de analisarmos a questão que acabamos de enunciar, temos de resolver uma questão preliminar essencial: avaliar que tipo de contrato está em causa no art. 5.º, n.º 1, 2ª parte da CB? Estamos perante contratos que criam um vínculo de subordinação durável entre as partes e as inserem numa organização empresarial, segundo interpretação retirada, *v.g.*, do ac. Ivenel, do ac. Shevenai, do ac. Rutten. Parece-nos que estamos a falar apenas do trabalho subordinado[28].

Como observamos, a CB originariamente não distinguia o contrato de trabalho da restante matéria contratual. O TJCE inovou e distinguiu onde a CB não distinguia[29]. No referido ac. Iventel[30] assiste-se a um aban-

---

[28] Neste sentido *v.*, Hélène Gaudemet-Tallon, *La Convention...*, p. 123; P. Jenard-G. Möller, «Relatório sobre a Convenção relativa à competência judiciária e à execução de decisões em matéria civil e comercial celebrada em Lugano em 16 de Setembro de 1988», *JOCE* C 189, p. 73. Luigi Mari, *Il Diritto Processuale...*, p. 355 considera que os contratos equiparados ao contrato de trabalho (previstos no art. 13.º do CT), apesar de não preencherem as características do contrato de trabalho, por razões económico-sociais e de similitude, devem estar sujeitos ao mesmo regime. Será o caso do trabalho no domicílio.
 Tendo em conta a *ratio legis* da norma e analisando estes contratos análogos, pensamos que através de uma interpretação extensiva, estes contratos deveriam estar incluídas no seu âmbito. No entanto, como referido *supra*, deparamos com a dificuldade do TJCE interpretar restritivamente as normas de competência especial.

[29] Reconhecemos, portanto, a crítica que M. Desantes Real, *La competencia judicial...*, pp. 268 e segs faz à interpretação do TJCE. Refere o A. que o legislador da CB, de

dono da perspectiva fragmentária, presente no ac. De Bloos[31]: a obrigação relevante será aquela que caracteriza o contrato. As questões, resultantes do mesmo contrato de trabalho, serão julgadas apenas por um só tribunal: o tribunal da execução habitual do contrato. Esta jurisprudência foi várias vezes reiterada até à revisão da CB.

Temos, então, uma jurisprudência consagrada não em função do objecto do litígio, mas dos sujeitos intervenientes[32]. No caso do lugar da prestação característica se situar fora do âmbito territorial da CB, voltaria-se à regra geral do domicílio do réu. Parece-nos que se deve respeitar a natureza de tratado internacional da CB, que só vincula os Estados contratantes[33]. Se o trabalhador presta o seu trabalho em vários países, prevalecia o lugar principal onde é prestado o trabalho[34]. Há aqui um desvio face à regra do art. 6.º da CR, que quebrava a coincidência *forum-ius*. O art. 6.º da CR, nestes casos, remete para o lugar da sede da entidade empregadora. No entanto, a posição compreende-se numa perspectiva de protecção do trabalhador. A aplicar a regra análoga à presente na CR, criaríamos um *forum actoris*, o que desvirtuaria a intenção protectora da jurisprudência.

---

início, não pensou em qualquer regime de competência espacial para o contrato de trabalho. O TJCE tem a característica de impulsionar o evoluir da legislação com a sua jurisprudência, como foi o caso. É certo que não estamos perante direito comunitário, e por isso, talvez se exigisse mais cautela ao TJCE. Todavia, segundo o art. 4.º, n.º 2 do Protocolo Interpretativo, as decisões do TJCE não eram vinculativas para os tribunais que as solicitavam. M. Desantes Real, *La competencia judicial...*, pp. 249 e segs.

[30] *V.* n. 24.

[31] *V.* n. 19.

[32] *V.* ac. Six Constructions *supra cit.*.

[33] Caso contrário, se o lugar de execução se situasse fora do espaço comunitário, poderiam surgir conflitos negativos de jurisdição: o Estado terceiro podia não se considerar competente. Neste sentido Peter Stone, *Civil Jurisdiction and Judgments in Europe*, Longman, p. 96. Em sentido contrário, André Huet, «La place de l'article 5 dans l'économie de la Convention. La compétence en matière contractuelle» in *Compétence Judiciaire et Exécution des Jugements en Europe*, Cour de justice des Communautés européennes, Luxembourg, Butterworths, 1993, p. 73. Este A. considera, que no caso descrito *supra*, o trabalhador não pode recorrer aos tribunais do seu domicílio. Logo a protecção que goza não é similar à do consumidor. Concordamos que a protecção entre os dois tipos de contratos não é equiparável (desde logo em sede de reconhecimento), mas não concordamos com a falta de opção.

[34] *V.* ac. Mulox IBC Ltd c. Hendrick Geels, proc. C-125/92, CJTJ 1993, pp. I-4075 e segs. De enfatizar, como veremos *infra*, que esta decisão já é posterior à alteração da redacção do art. 5.º da CB. Esta decisão é claramente inspirada no ac. Shevenai.

Finalmente, na Convenção de adesão de San Sebastián, a jurisprudência comunitária é consagrada como regra especial de competência, no art. 5.º, n.º 1, 2ª parte. De sublinhar que esta regra foi primeiro consagrada na CL, em 1988. Os Estados Lugano comprometeram-se a fazer uma interpretação de acordo com a aplicação da CL, nos outros Estados contratantes. No entanto, neste caso, além do contrato de trabalho ser matéria politicamente sensível[35], a interpretação do TJCE não tinha qualquer apoio na letra da lei.

Segundo esta alteração, o trabalhador pode litigar no tribunal que está mais próximo do contrato: no lugar onde habitualmente efectua o contrato de trabalho. Assim, obvia-se às dificuldades de aplicar disposições imperativas estrangeiras. No caso de execução do contrato de trabalho em vários locais, só o trabalhador se pode socorrer da jurisdição do lugar da sede do empregador. Veda-se esta possibilidade à entidade patronal, para não agravar a desigualdade contratual existente. De enfatizar, que esta preocupação, incompreensivelmente, não está presente na CL. Nos termos do art. 5.º, n.º 1 da CL, a entidade patronal, assim como o trabalhador, podem recorrer ao lugar da sede do empregador, se não for possível determinar o lugar habitual de execução do contrato de trabalho. Assim, na CL a protecção do trabalhador fica gorada: tem competência a jurisdição da parte mais forte no contrato. Criou-se um *forum actoris* a favor da entidade patronal. Do exposto, só podemos retirar a conclusão, que as disposições da CL não têm como objectivo principal a protecção do trabalhador: antes é-lhes inerente um objectivo de proximidade com o contrato. Ou seja, considerar competente o tribunal mais próximo com o contrato, o que facilitará a aplicação das disposições imperativas em matéria laboral, da lei mais próxima com aquele. Regra geral, esta será a lei do foro.

Quanto à CB chegaremos à mesma conclusão, comparando os foros e garantias ao dispor do consumidor e do segurado, referidos brevemente *supra*. Não nos parece, que a segunda parte do art. 5.º, n.º 1 da CB seja suficiente para elidir a referida conclusão.

Quanto à noção de estabelecimento, optou-se por um conceito amplo, de modo a abarcar a simples «entidade organizativa»[36].

---

[35] *V.* George A. L. Droz, «La Convention de Lugano parallèle à la Convention de Bruxelles concernant la compétence judiciaire et l'exécution des décisions en matière civile et commerciale», *RCDIP* 78 (1), janv.-mars, 1989, pp. 25 e segs.

[36] *V.* Luigi Mari, *Il Diritto Processuale...*, p. 358.

Já após a alteração operada na letra do art. 5.º da CB para prever o caso específico do contrato de trabalho, o TJCE foi chamado a pronunciar-se sobre a sua interpretação. No ac. Mulox IBC Ltd c. Hendrick Geels[37] deparamos com um contrato de trabalho executado em vários Estados comunitários. Denota-se, nesta decisão do TJCE, uma preocupação em evitar a proliferação das jurisdições competentes. De facto, não pode ser competente todo o lugar onde o trabalhador presta o seu trabalho. Desde logo, esta ideia não resulta da letra do art. 5.º da CB e não se coaduna com a *ratio* desta alteração. A consagração do lugar de execução visa dar competência à jurisdição mais próxima do contrato de trabalho. A multiplicação dos foros competentes só geraria insegurança jurídica, com prejuízo dos interesses do trabalhador. Neste caso, e segundo a letra do mesma norma, «(…) se o trabalhador não efectuar habitualmente o seu trabalho no mesmo país, a entidade patronal pode igualmente ser demandada perante o tribunal do lugar onde se situa ou se situava o estabelecimento que contratou o trabalhador;», além da regra geral do domicílio do réu. A entidade patronal, por sua vez, apenas pode recorrer ao lugar do domicílio do trabalhador (art. 2.º da CB), o que também acaba por favorecer este último.

O trabalhador pode recorrer ao foro do lugar da situação do estabelecimento que o contratou, mas apenas se estiver reunida uma condição: executar o seu trabalho em vários países. Conclusão contrária, também, pode ser retirada da mesma disposição legal: as partes apenas podem recorrer ao lugar onde habitualmente o trabalhador efectua o seu trabalho, se o trabalhador efectuar, integralmente ou maioritariamente, o seu trabalho num só país.

Ora, não foi este o entendimento do TJCE no ac. *supra* mencionado: no caso de um contrato de trabalho, executado em vários Estados contratantes, é competente a jurisdição do lugar do cumprimento principal das suas obrigações, na perspectiva do seu empregador. Invoca, como argumentos, a ideia de evitar a multiplicação dos foros competentes, evitar decisões contraditórias e facilitar o reconhecimento destas decisões noutros Estados. Existiu, também, o interesse de prevenir que o trabalhador fosse obrigado a litigar no local mais próximo do empregador.

Esta interpretação do art. 5.º da CB choca de forma flagrante com a letra da disposição normativa em causa, e os argumentos invocados pelo TJCE não são suficientes para justificar este desprezo pela letra da lei. Ora

---

[37] *V.* n. 34.

vejamos: a multiplicação dos foros competentes evita-se, no caso do trabalhador, recorrendo ao factor atributivo de jurisdição subsidiário: lugar da situação do estabelecimento que contratou o trabalhador. Ou, recorrendo à regra geral do domicílio do réu. Já a entidade patronal, neste caso, só poderá recorrer aos tribunais do domicílio do trabalhador. De notar, como referimos *supra*, que face à CL o empregador pode também recorrer ao lugar do estabelecimento que contratou o trabalhador.

Quanto ao segundo argumento, uma interpretação tão distanciada da letra do texto legal provoca mais riscos de decisões contraditórias.

E por fim, em relação ao reconhecimento das decisões, a verdade é que no espaço da CB o reconhecimento destas é tendencialmente automático.

Uma interpretação adaptada da letra da lei era compreensível e desejável, quando o art. 5.º da CB não previa disposições específicas para contrato de trabalho. Era necessário adaptar a disposição normativa à especificidade desta figura. Deixa de o ser, quando passa a existir uma previsão normativa adequada, expressão da vontade negocial dos Estados membros da CB.

Parece-nos que o problema desta divergência é congénito. A interpretação do TJCE baseia-se na protecção da parte mais fraca. No entanto, a consagração do lugar do estabelecimento que contratou o empregador baseia-se no princípio da proximidade do foro com o objecto do litígio. Ressalva-se, parcialmente, o primeiro princípio referido, limitando o autor que pode recorrer à regra do art. 5.º, 2ª parte, *in fine* da CB.

Apesar das críticas dirigidas a esta interpretação[38], numa decisão posterior, no ac. Petrus Wilhelmus Rutten c. Cross Medical Ltd.[39], o TJCE vem reiterar a sua orientação. Com os mesmos argumentos expostos anteriormente, considera que o lugar habitual de trabalho, no caso do trabalhador exercer a sua actividade em vários países, deve ser interpretado no sentido do lugar onde o trabalhador estabelece o «centro efectivo das suas actividades profissionais e/ou a partir do qual cumpre na realidade o essencial das suas obrigações para com a entidade patronal»[40]. Neste

---

[38] *V., v.g.*, Jean-Paul Beraudo, «Convention de Bruxelles du 27 septembre 1968, Règles de compétence spéciale», *in J-Cl. D. I.*, 1999, p. 8 e segs, que atribui esta decisão ao desconhecimento do texto resultante da alteração do art. 5.º da CB.

[39] *V.* ac. Petrus Wilhelmus Rutten c. Cross Medical Ltd., proc. C-383/95, CJTJ 1997, I-57 e segs.

[40] No sentido veiculado já anteriormente no ac. Mulox IBC Ltd c. Hendrick Geels: lugar da execução principal do contrato de trabalho.

ac., o TJCE aponta um conjunto de índices fácticos para a determinação desse local: o Estado onde o trabalhador despende mais tempo na sua actividade laboral; onde tem o escritório, onde planeia a sua actividade profissional; o local onde regressa, após cada deslocação ao estrangeiro.

A aplicação destes indicadores é subjectiva. Pode revelar-se de difícil apuramento e é susceptível de aumentar a insegurança jurídica. O TJCE partiu do princípio que estes índices se reúnem todos no mesmo Estado, o que não é necessariamente correcto. Podemos configurar a situação de um trabalhador com domicílio na Bélgica, contratado por uma empresa informática alemã, que passa a maior parte do seu horário de trabalho semanal a prestar assistência técnica, aos clientes que essa empresa tem na Bélgica e no norte da França. Só, esporadicamente, estará nos escritórios da empresa na Alemanha. Neste caso, parece que o centro das actividades profissionais do trabalhador se divide entre a Bélgica e a França. Não há razão para privilegiar, a primeira em relação à segunda: o trabalhador volta sempre à Bélgica, porque aí se situa o seu domicílio. E se o trabalhador tivesse o seu domicílio na Dinamarca?

E no caso de trabalhadores destacados por certos períodos de tempo, a trabalhar em Estados diferentes, sem que seja possível determinar um lugar principal de execução[41].

Concordamos, que a jurisdição do local do estabelecimento do empregador pode não ser a mais adequada, em termos de protecção do trabalhador. Já em termos de proximidade para julgar o litígio, na falta de um local habitual de trabalho, o lugar do estabelecimento que contratou o trabalhador é, de facto, a jurisdição mais próxima, não do trabalhador, mas do contrato de trabalho. Mas por isso é concedida apenas a favor do trabalhador. É necessário respeitar a letra da lei[42], sobretudo porque o traba-

---

[41] Para mais exemplos relacionados com este v. Arnaud Nuyts, «La compétence en matière de contrat de travail» in L'espace judiciaire européen, Bruyant, Bruxelles, 1999, p. 53.

[42] Sobretudo, quando se pretende uma harmonia entre a interpretação da CB e CL (que não está sujeita à jurisprudência do TJCE). Não concordamos com a opinião de Luigi Mari, Il Diritto Processuale..., p. 362. Para o A., o art. 5.º deve ser lido no sentido de conferir competência ao tribunal do lugar onde o trabalhador presta habitual ou principalmente o seu contrato de trabalho, evitando-se o recurso ao lugar do estabelecimento. Esta opção do A. torna-se incompreensível face às críticas que formulou à interpretação do TJCE, em relação ao contrato de trabalho, por a considerar desgarrada da letra da lei.

Neste aspecto, consideramos que a jurisprudência do TJCE não deve ser seguida

lhador pode ter interesse em litigar perante o tribunal que o contratou. Na realidade, é uma jurisdição relacionada com o contrato e com a sua execução: é o local da celebração do contrato de trabalho e, geralmente, é o local a partir do qual a entidade patronal exerce o poder disciplinar e o seu poder de direcção, orientando a execução do trabalho.

A Convenção de San Sebastián vem, também, consagrar requisitos específicos para a validade dos pactos atributivos de jurisdição nos contratos de trabalho (art. 17.º § 6 da CB e art. 17.º, n.º 5 da CL). Todavia, nesta breve reflexão não nos debruçaremos sobre os pactos de jurisdição.

2. O reg. 44/2001 e o contrato individual de trabalho plurilocalizado

O reg. 44/2001 introduz algumas alterações de vulto a nível dos contratos individuais de trabalho. Há uma grande aproximação do contrato de trabalho ao contrato de seguro e de consumo. Na CB já existia alguma atenção face aos contratos de trabalho, no entanto não podemos afirmar que existia um regime equivalente aos contratos de consumo e de seguro, como vimos *supra*.

A evolução presente no reg. 44/2001 manifesta-se, desde logo, a nível sistemático. O reg. 44/2001 consagra uma secção autónoma para regular o contrato individual de trabalho, à semelhança do que já estava previsto para o contrato de consumo e de seguro. Há uma afirmação clara, por parte do legislador comunitário, que o contrato individual de trabalho envolve uma realidade singular e, por isso, deve ser alvo de um tratamento

---

pelos tribunais nacionais. Sobretudo, porque o reg. 44/2001 mantém o texto, não o alterando no sentido da jurisprudência do TJCE.

Pronunciando-se, também, a favor de uma interpretação extensiva do art. 5.º fazendo incluir o local habitual de trabalho, *v.*, Mª Dolores Adam Muñoz, «El Foro de Competencia Judicial Internacional en Materia de Contrato Individual de Trabajo en los Convenios de Bruselas y de Lugano (art. 5.1)» in *La Revisión de los Convenios de Bruselas de 1968 y Lugano de 1988 sobre Competencia judicial y Ejecución de Resoluciones Judiciales: Una reflexión Preliminar Española*, Coord. Alegría Borrás, Barcelona, 1998, p. 219; o comentário ao ac. Mullox de H. Tagaras, «Chronique de jurisprudence de la cour de justice relative à la Convention de Bruxelles, Années judiciaires 1992-1993 et 1993-1994», *CDE*, trente et unième année, n.º 1-2, 1995, pp. 188 e segs.

Em sentido contrário, entendendo que se deve aplicar o lugar do estabelecimento que contratou o trabalhador, *v.* Hélène Gaudemet-Tallon, *op. cit.*, pp. 122-123, n. 60. *Cfr.*, no mesmo sentido, no caso do trabalhador prestar regularmente a sua actividade em vários países, Arnaud Nuyts, *op. cit.*, p. 49.

mais cuidado e detalhado. Deve ser alvo de um tratamento processualmente favorável à protecção da parte contratualmente mais fraca, nos termos do considerando 13.º do reg. 44/2001.

A grande alteração consiste na distinção, no art. 19.º e 20.º do reg. 44/2001, do tribunal competente consoante a qualidade do autor. Nos termos do art. 19.º, n.º 1 do reg. 44/2001, o trabalhador pode demandar a entidade patronal perante os tribunais do domicílio da entidade empregadora, desde que situada num Estado membro. Se não estiver domiciliada no território comunitário, mas aí tiver uma agência sucursal ou estabelecimento, considera-se domiciliada nesse local, para efeitos de aplicação da secção 5ª do reg., nos termos do art. 18.º, n.º 2. Esta norma é um mero reiterar do princípio geral do *actor sequitur forum rei*, do art. 2.º do reg. 44/2001. Já a consagração do domicílio presumido é uma inovação a nível do contrato de trabalho. Na CB, assim como na CL, já existia tal ficção legal, mas apenas a nível dos contratos de consumo e de seguro[43]. A previsão idêntica a nível das relações contratuais de trabalho testemunha o culminar, de um processo de tratamento da especificidade deste tipo de contrato. Mais importante, afigura-se a fixação de dispositivos similares aos que existem naqueles contratos em que se tenta proteger uma parte considerada mais fraca no contrato. Através deste expediente consegue-se atribuir jurisdição a um tribunal comunitário que à partida não a teria.

Parece, ainda, seguindo a regra geral, que o n.º 1, do art. 19.º atribui competência à ordem judiciária do domicílio numa perspectiva global. Para a fixação em concreto do tribunal competente será necessário recorrer às regras de competência interna.

O trabalhador pode escolher livremente, em detrimento do domicílio do empregador, o tribunal do lugar onde habitualmente presta o seu trabalho, ou onde o executou mais recentemente. Em relação ao lugar da prestação habitual do trabalho, nada mais há a juntar ao que dissemos face à CB e CL.

A novidade é a jurisdição do último lugar onde o trabalhador efectuou o seu trabalho. A sua inserção na al. a), n.º 2 do art. 19.º do reg. 44/2001 indicia que esta jurisdição só é competente, quando existe um local habitual de trabalho. Logo, parece estar vocacionado para situações de despedimento do trabalhador, existindo posterior acção judicial.

---

[43] V. art. 8, § 2.º, art. 13.º, § 2.º da CB e CL. Encontramos disposições iguais no art. 9.º, n.º 2 e 15.º, n.º 2 do reg. 44/2001.

Pela análise desta alínea concluímos que o legislador comunitário não acolheu a jurisprudência do TJCE, quanto ao local principal da actividade laboral, no caso da execução do contrato se multiplicar por vários países. Ao contrário da revisão da CB pela Convenção de San Sebastián, a jurisprudência do TJCE não foi aceite. Parece-nos, face ao descrito que o TJCE não deve prosseguir nessa linha de raciocínio[44]. De notar, que continua a existir uma referência ao tribunal do local mais recente do trabalho, não à ordem judicial do Estado a que pertence. Logo, existe uma designação directa do tribunal competente.

Por fim, o trabalhador pode accionar o empregador perante o lugar da situação do estabelecimento que o contratou, desde que não exista um local habitual de execução do contrato de trabalho, art. 19.º, n.º 2, al. b). Neste aspecto não existe alteração face à CB.

Mas a protecção do trabalhador encontra ecos também nas directivas comunitárias A dir. 96/71/CE do PE e do Conselho de 16.12.1996, relativa ao destacamento de trabalhadores no âmbito de uma prestação de serviços[45], previa no seu art. 6.º, a possibilidade de instaurar uma acção no tribunal de um Estado membro onde o trabalhador esteve destacado, sem prejuízo das convenções internacionais. No entanto, esta regra só se aplica a destacamentos por períodos limitados (art. 2.º, n.º 1 da dir. 96/71/CE), para fazer valer as condições de trabalho e emprego, previstas no art. 3.º da mesma dir. (art. 6.º, da dir. 96/71/CE). Independentemente da lei aplicável ao contrato de trabalho, aplica-se a lei do lugar de execução temporária da prestação de trabalho, quanto às matérias referidas no art. 3.º da dir. 96/71/CE.

São matérias de interesse público e social, tendo o Estado da execução temporária, legítima reivindicação em aplicar territorialmente a sua lei: há um grupo de direitos em que todos aqueles que trabalham naquele país devem usufruir por questão de justiça, igualdade, estabilidade social. Há uma tentativa de promover uma melhor e efectiva administração da justiça. A aplicação territorial destas normas será admitida, desde que mais favoráveis às condições estabelecidas pela lei que regula o contrato. Isto resulta expressamente do art. 3.º, n.º 7, do considerando 17.º da dir.

---

[44] V., com a mesma opinião, Jean-Paul Beraudo, «Le Règlement (CE) du Conseil du 22 décembre 2000 concernant la compétence judiciaire, la reconaissance et l'exécution des décisions en matière civile et commerciale», JDI, 4, 128 e Année, 2001, p. 1059.

[45] Publicada em JOCE L 18, de 21.01.1997, pp. 1 e segs. V. sobre, Marie-Ange Moreau, «Le détachement des travailleurs effectuant une prestation de services dans l'UE», JDI 4, 1996, pp. 903-904.

96/71/CE, e do considerando 7.º, 8.º, 9.º, 10.º, 11.º da mesma dir., que invocam expressamente a CR e o princípio do tratamento mais favorável ao trabalhador.

Esta directiva foi transposta, em primeiro lugar, pela L n.º 9/2000, de 15 de Junho. No entanto, o art. 6.º da dir. 96/71/CE não foi transposto pelo legislador nacional. Actualmente, esta matéria está prevista nos arts. 8.º e 9.º do CT, que revogaram a L n.º 9/2000 e está regulamentada pelos arts. 11.º a 13.º da L 35/2004. O referido art. 6.º da dir. 96/71/CE continua por transpor.

A 2ª parte, da al. a), do art. 19.º do reg. 44/2001 parece vocacionado para o destacamento de trabalhadores. Será que este art. do reg. 44/2001 é equivalente ao art. 6.º da dir. 96/71/CE? Parece-nos que não. A nível do contrato de trabalho, geralmente, o trabalhador só vem reclamar judicialmente os seus direitos, quando está em litígio com o empregador: normalmente quando cessa o contrato de trabalho por qualquer razão. Ao longo da relação contratual o trabalhador pode ter sido destacado para prestar temporariamente algum serviço em dois ou mais Estados comunitários. Ora, pelo reg. 44/2001, no seguimento de uma *ratio* que visa evitar a multiplicação das jurisdições competentes, o trabalhador só pode intentar a acção no lugar da execução mais recente do contrato de trabalho. Já pela dir. 96/71/CE o trabalhador pode, quanto às questões do art. 3.º da mesma dir., intentar a acção no tribunal do Estado em que esteve destacado, ainda que não tenha sido o mais recente.

Os Estados comunitários que não transpuseram o art. 6.º da dir. 96//71/CE continuam em incumprimento. Seria assim, ainda que uma norma fosse equivalente à outra: o que não é. Não esquecer que o art. 67.º do reg. 44/2001 fixa a prioridade das normas presentes noutros actos comunitários, em questões de competência internacional. Além de tudo o referido, a 2ª parte da al. a) do art. 19.º do reg. 44/2001 parece abranger aquelas situações em que o trabalhador intenta uma acção em tribunal, contra o seu empregador, no seguimento de um despedimento.

Vejamos a seguinte situação: um contrato de trabalho, executado habitualmente em Portugal. Ambas as partes estão domiciliadas em Portugal. Ao longo da relação contratual, o trabalhador foi destacado seis meses para trabalhar na Dinamarca e um mês para trabalhar em Espanha. Parece que ao abrigo da disposição dinamarquesa que transpôs a directiva o trabalhador pode intentar uma acção em tribunal dinamarquês, para reclamar os direitos previstos no art. 3.º da dir. 96/71/CE. E no caso inverso: ambas as partes da relação contratual estão domiciliadas na Grécia; o lugar da prestação habitual do trabalho situa-se na Grécia; o trabalhador foi destacado para trabalhar seis meses em Portugal, e dois meses em Espanha. Neste caso, será que pode intentar a referida acção em Portugal, sem risco de declaração de incompetência dos tribunais portugueses. Com base em que disposição?

A hipótese de invocação dos efeitos directos da directiva está posta de lado. A doutrina dos efeitos directos das directivas foi desenvolvida pelo TJCE, para defesa dos direitos dos particulares, nas situações de ausência de transposição das directivas comunitárias em tempo oportuno. No entanto, até este momento o TJCE só tem admitido o efeito vertical das directivas: ou seja, o particular pode-se socorrer das disposições das directivas, mas apenas contra o Estado. Além disso, só podem ser invocadas: depois de ultrapassado o prazo de transposição, se delas resultarem direitos subjectivos para os particulares; e forem suficientemente claras, precisas e incondicionais. No caso do art. 6.º da dir. 96/71/CE estaríamos perante um efeito horizontal, não sendo possível ao particular invocar a doutrina dos efeitos directos.

Parece-nos, no entanto, que o trabalhador tem a faculdade de recorrer aos tribunais indicados pelo reg. 44/2001 reivindicando os direitos que lhe são conferidos pela dir. 96/71/CE. Na verdade, o art. 6.º da referida dir. estabelece uma faculdade a que o trabalhador «pode» recorrer, não uma obrigação. Ora, no caso de litígio com a entidade patronal, o trabalhador terá mais interesse em litigar no tribunal que lhe é mais próximo, aí invocando todos os seus direitos, inclusive os atribuídos por esta directiva.

Podemos concluir que o reg. continua a não reconhecer um *forum actoris* a favor do trabalhador, tal como nos contratos de seguro e nos contratos de consumo.

Contudo, a grande alteração verifica-se em relação aos foros disponíveis em relação à entidade patronal. Esta, nos termos do art. 20.º, n.º 1 do reg. 44/2001, só pode recorrer aos tribunais do domicílio do trabalhador. De notar, que idêntica limitação é estabelecida no âmbito do contrato de consumo e de seguro (art. 12.º e art. 16.º, n.º2)[46]. Ou seja, o empregador deixa de gozar de qualquer tipo de competência especial no contrato de trabalho: ao contrário da CB deixa de poder recorrer à jurisdição do local de execução do contrato de trabalho. Só pode recorrer aos tribunais

---

[46] O segurador só pode intentar a acção no Estado do domicílio do tomador do seguro, do beneficiário ou do segurado, consoante o caso. O comerciante só pode intentar a acção perante os tribunais do domicílio do consumidor.

do domicílio do trabalhador, no seguimento da regra geral do princípio do *actor sequitur forum rei*. Mais uma vez, estamos perante o tratamento desigual da parte considerada naturalmente mais forte na relação laboral. Ficam ressalvados os pedidos reconvencionais (art. 20, n.º 2 do reg. 44/2001). De notar, a possibilidade de aplicação da extensão da competência, prevista no art. 24.º do reg. 44/2001.

O reg. 44/2201, no art. 21.º, consagra uma norma específica para o contrato de trabalho, relativamente aos pactos de jurisdição[47]. Todavia, como referimos *supra*, a brevidade deste trabalho não nos permite explorar suficientemente este aspecto.

Apesar de uma preocupação mais clara de defesa do trabalhador e uma relevante discriminação a favor deste, o art. 35.º do reg. 44/2001 causa alguma estranheza. O art. 35.º, por remissão do art. 41.º, fixa, como causa de não reconhecimento das decisões proferidas noutros Estados comunitários, o desrespeito das regras de competência especial relativas ao contrato de seguro e de consumo. Deixa de fora as regras relativas ao contrato de trabalho[48].

Esta omissão do reg. 44/2001 terá alguma justificação? Não estão em causa normas de competência especial, como na secção 3 e 4 do capítulo II? Não existem nelas uma clara intenção de proteger uma parte mais fraca no contrato, como em relação ao contrato de seguro e ao contrato de consumo?

Idêntica situação já se verificava no art. 28.º da CB. Mas na CB esta diferenciação face ao contrato de trabalho justificava-se: a eleição do foro competente baseava-se num vínculo de proximidade com o litígio. Actualmente, face ao reg. 44/2001, tal como acontece nos contratos de consumo e de seguro, as normas de competência respeitantes ao contrato individual de trabalho, nas palavras de Georges A.L. Droz e Hélène Gaudemet-Tallon[49], constituem «(...)un système propre à l'intérieur du règlement».

---

[47] O mesmo acontecia nos arts. 12.º e 15.º das CB e CL, relativamente aos contratos de seguro e de consumo.

[48] Por isso não podemos concordar com Christian Kohler, «Les compétences spéciales de l'article 5 de la Convention. Généralités et compétence en matière contractuelle» in *Compétence Judiciaire et Exécution des Jugements en Europe*, Cour de justice des Communautés européennes, Luxembourg, Butterworths, 1993, pp. 62-65, que considera a protecção do trabalhador substancialmente idêntica à do consumidor ou tomador do seguro.

[49] Georges A.L. Droz-H. Gaudemet Tallon, «La transformation de la Convention...», p. 633.

É certo que quando o autor da acção for o trabalhador, e as regras de competência especial forem desrespeitadas, esta norma só o vai beneficiar[50]. Mas esta até nem parece ser a situação mais provável: o trabalhador tem vários foros à sua escolha. Dificilmente recorrerá a um que não seja o competente: no extremo, configuramos apenas a situação do trabalhador recorrer ao tribunal do seu domicílio, quando este não coincida com qualquer outro dos factores atributivos de jurisdição do art. 19.° do reg. 44/2001.

A entidade empregadora é quem fica verdadeiramente desfalcada com esta alteração do regulamento comunitário. Fica condenada apenas ao lugar do domicílio do trabalhador. Serão, de certeza, mais frequentes as situações em que o empregador recorre a tribunais que não sejam competentes, segundo a secção 5ª, do cap. II do reg. 44/2001, face ao leque variado de tribunais que o trabalhador tem ao seu dispor, relativamente à entidade patronal. Se o tribunal em causa julgar a acção, esta decisão será automaticamente reconhecida nos outros Estados membros. Este resultado não é satisfatório face às alterações introduzidas pelo regulamento: a preocupação de maior protecção do trabalhador fica sabotada por este silêncio inexplicável do art. 35.° do reg. 44/2001. Jean-Paul Beraudo[51] considera que a inclusão dos contratos de trabalho nesta norma representaria uma regressão num sistema de confiança recíproca. O A. considera, que o reg. deveria ter suprimido o controle de competência do art. 35.°, e que o reconhecimento de todas as sentenças devia ser feito automaticamente.

Não nos opomos a esta linha de raciocínio, dentro de um espírito de confiança recíproca, que deve inspirar uma futura ordem judiciária comunitária. Mas, a verdade é que este controle de competência continua presente no regulamento. Situações idênticas devem ter tratamento idêntico. A protecção do trabalhador no reg. 44/2001 é comparável à protecção estabelecida para os contratos de seguro e para os contratos de consumo, como podemos inferir do referido *supra*. A não referência ao contrato de trabalho no art. 35.° do reg. 44/2001 só se justificaria se tivesse sido retirada a possibilidade de controlo de competência no contrato de consumo e de seguro. De outro modo, torna-se estranho. Concordamos, por isso, com

---

[50] Georges A.L. Droz-H. Gaudemet Tallon, «La transformation de la Convention...», p. 648, considera que este argumento também vale para o consumidor e o segurado, pois estes são geralmente os autores.

[51] Jean-Paul Beraudo, «Le Règlement (CE)...», pp. 1070-1071.

Bertrand Ancel[52]: houve uma desvalorização da competência judicial no contrato de trabalho, quando o objectivo era precisamente o oposto.

Não nos parece que a inclusão do controlo de competência a nível do contrato de trabalho representasse qualquer tipo de retrocesso face à CB, ou aumento da desconfiança entre as instâncias judiciais nacionais. Seria sim, o reconhecimento que no reg. 44/2001 houve a afirmação clara que o trabalhador é uma parte contratualmente mais fraca e, por isso, deve beneficiar, face à sua importância social, dos mecanismos que as normas de competência uniforme reservam a outros contratos em que se verificava a mesma situação. Neste reg. existe um claro aumento da protecção reservada ao trabalhador e da importância social do contrato de trabalho.

De notar, que estas regras só se aplicam se o réu estiver domiciliado na CE. Caso contrário, ainda que execute o seu trabalho num Estado membro, será aplicável o direito interno de cada Estado.

Podemos ler no relatório Jenard[53], face à regra idêntica da CB, que o trabalhador encontra-se protegido pelas regras de reconhecimento de decisões, através de outro mecanismo: a reserva de ordem pública internacional. Isto na hipótese da lei do tribunal *ad quem*, se chamada a regular o litígio, verificar o desconhecimento ou a violação de disposições essenciais da sua lei, pelo tribunal do *exequatur*. Como refere o art. 28.º, § 3, da CB (art. 35.º, n.º 3 do reg. 44/2001) as regras de competência não estão incluídas no conceito de ordem pública para efeitos da CB, logo a deficiência de protecção referida *supra* mantém-se.

Também não nos parece que a reserva de ordem pública possa justificar uma protecção tão ampla. A reserva de ordem pública é uma figura com um carácter excepcional. O tribunal *ad quem* só pode verificar a compatibilidade do reconhecimento e execução da decisão em causa com os princípios de ordem pública internacional pertencentes à sua ordem jurídica. Não pode voltar a julgar a causa, nem proceder a uma revisão de mérito da sentença[54].

A ordem pública em questão refere-se aos princípios fundamentais da jurisdição do *exequatur*. Ou melhor, a reserva de ordem pública é um con-

---

[52] V. Bertrand Ancel, «The Brussels I Regulation Comment» *in YPIL*, vol. 3, 2001, p. 107.

[53] *Op. cit.*, p. 144.

[54] Proibida pelo art. 29.º e 34.º § 3.º da CB e pelo art. 36.º e 45, n.º 2 do reg. 44/2001. Neste sentido, Paul Jenard, *Relatório*..., pp. 161 e 166; M. Teixeira de Sousa-D. Moura Vicente, *Comentário*..., p. 143.

junto de princípios fundamentais da ordem jurídica do foro, que constitui um limite à aplicação da lei estrangeira em princípio competente segundo as normas de conflitos do foro, ao reconhecimento de actos e decisões estrangeiras. É uma válvula de escape necessária em todos os sistemas de conflitos de leis de origem savigniana. Intervém em concreto: ou seja, se o resultado de aplicação da lei estrangeira, ou se a decisão estrangeira se revelar incompatível com os princípios fundamentais da ordem jurídica do foro. São-lhe apontadas como características a relatividade temporal, a relatividade espacial, a imprecisão e a excepcionalidade. Bernard Dutoit[55], recorrendo a uma figura sugestiva, apelida-a de camaleão, na medida em que se vai adaptando às condições sociais e culturais de cada Estado. O grau de intervenção desta figura varia consoante a conexão da causa com a ordem jurídica do foro[56].

Tem, então, um carácter nacional[57]. Obviamente que não pode estar em causa qualquer tipo de disposição imperativa do Estado *ad quem*, apenas as disposições essenciais. Isto sob pena de colocar em causa o próprio conteúdo do contrato[58]. É claro que a nível do contrato de trabalho, e tendo as disposições nacionais que o regulam um forte pendor social e público, torna-se mais difícil delimitar este conjunto de matérias.

Quanto a esta questão discordamos da opinião de Sylvaine Poillot Peruzzetto. Comentando o ac. Eco Swiss China Time Ltd[59], a A. considera que o TJCE comunitarizou o conceito de ordem pública internacional, considerando os conceitos, presentes na CR e na CB, como sendo de fonte

---

[55] «L'ordre public : caméléon du droit international privé ? Un survol de la jurisprudence suisse» in *Mélanges Guy Flattet*, Université de Lausanne-Faculté de Droit, Lausanne, Lausanne, Diffusion Payot Lausanne, p. 456.

[56] *V.* Andrea Bucher, «L'ordre public et le but social des lois en droit international privé», *Rec. Cours*, vol. 239, 1993-II, pp. 11 e segs ; Rui Manuel Moura Ramos, «L'ordre public international en droit portugais», *BFD*, 1998, pp. 45-62; *idem* «Public Policy in the framework of the Brussels Convention, Remarks on Two Recent Decisions by the European Court of Justice» in *Estudos de Direito internacional Privado e de Direito Processual Civil Internacional*, Coimbra Editora, 2002, p. 283.

[57] R.M. Moura Ramos, «L'ordre public...», p. 58; *idem*, «Public Policy...», p. 286.

[58] Ph. Francescakis, «Ordre public», Dalloz Répertoire de Droit International, tome II, publié sur la direction de Ph. Francescakis, Dalloz, 1969, pp. 505-506. *V.* a mesma ideia em R. Moura Ramos, «Public Policy...», p. 290.

[59] *V.* Sylvaine Poillot Peruzzetto, «L'ordre public international en droit communautaire a propos de l'arrêt de la Cour de justice des Communautés du 1er juin 1999 (affaire Eco Swiss China Time Ltd)», *JDI* 127, n.º 2, 2000, pp. 299 e segs.

comunitária[60]. Discordamos desta opinião. Os conceitos de ordem pública internacional, presentes nas duas convenções, são conceitos de fonte internacional, referindo-se claramente aos princípios de ordem pública nacionais. Princípios estes que variam de país para país, pois são uma expressão do que existe de mais essencial em cada ordem jurídica. E em última análise, um reflexo do sentimento ético-jurídico da sociedade, a que se destina essa ordem jurídica: das suas características, das suas concepções.

No Ac. Dieter Krombach c. André Bamberski[61] é afirmado que, apesar dos Estados membros poderem definir o conteúdo da sua ROPI, o TJCE deve controlar os limites do recurso a esta figura para o não reconhecimento de decisões.

Todavia, não nos parece que possamos falar de uma reserva de ordem pública comunitária constituída pelos princípios de ordem pública de todos os Estados membros. Isso é inverter o processo de integração[62]. Existem sim, princípios de ordem pública internacional pertencentes a cada Estado membro, que variam de país para país. Mas, face ao primado

---

[60] A A., referida na *últ. n.*, reporta-se às conclusões do procurador geral encarregue do proc. Régie Nationale des Usines Renault c. Maxicar, proc. C-38/98 que se mostra favorável à fixação do conteúdo da ordem pública internacional pelo TJCE, para evitar decisões divergentes. É claro que concordamos que se deve evitar um alargamento exagerado da ordem pública, pelos tribunais dos Estados contratantes. Concordamos, também, que argumentos como a aplicação de um direito que não seria competente, segundo o direito de conflitos do tribunal *ad quem*, ou a interpretação errada do direito nacional, não podem integrar o conteúdo da reserva de ordem pública internacional. No entanto, face ao carácter nacional e impreciso desta figura, é natural que surjam decisões divergentes consoante a nacionalidade do tribunal que está a apreciar a questão. É completamente falsa, a ideia que os países comunitários tenham atingido um nível de integração tal, que nos permita considerar que partilhem os mesmos princípios de ordem pública internacional. E nem é isto que resulta do ac. que a A. comenta (v. art. 36.°, 37.° e 40.° do referido ac.). O ac. considera que o art. 81.° do TCE pertence às disposições fundamentais do tratado, na medida que é essencial para o funcionamento do mercado interno (art. 3.°, do TCE). Logo, a interpretação desta norma deve ter uma interpretação uniforme pelos tribunais dos vários Estados membros, quando chamados a aplicá-lo. No caso, através do reconhecimento de uma sentença arbitral, que poderia violar esta disposição. Considera, então, o TJCE que como o juiz nacional deve recusar o reconhecimento de uma sentença que viole a reserva de ordem pública internacional, deve também recusar o reconhecimento de uma sentença que viole o art. 81.° do TCE, por ser um princípio fundamental da ordem comunitária.

[61] *V.*, «Ac. Dieter Krombach c. André Bamberski[5], TJCE – 28 de mars 2000», RCDIP, 89 (3), juillet-septembre 2000, comentado por Horatia Muir Watt, pp. 481 e segs.

[62] R. Moura Ramos, «Public Policy...», p. 287, comentando o ac. do TJCE Dieter Kombach e o ac. Régie nationale des usines Renault, considera que o TJCE não comunitarizou o conceito de ordem pública internacional.

do direito comunitário, face aos compromissos de integração que os Estados membros assumiram, e porque existe uma ordem comunitária única, os princípios fundamentais da ordem comunitária (como os que resultam do art. 3.º do TCE), podem integrar a reserva de ordem pública de cada país da comunidade. E nesse caso, sim: como têm origem comunitária devem ser interpretados pelo TJCE, para que se consiga uma intervenção uniforme dos referidos princípios. Não podemos esquecer que os vários Estados comunitários, por muitas diferenças sócio-económicas que possuam e consequentes respostas legais, têm uma vivência jurídica comum. Ou seja, o ordenamento jurídico comunitário: uma série de regras, ditadas por instituições comunitárias, onde intervêm directa ou indirectamente todos os Estados membros. O objectivo final será resolver problemas comuns, através da uniformização da legislação[63].

Quanto à amplitude da reserva de ordem pública internacional em matéria de reconhecimento: teria natureza meramente substâncialista ou possuía, também, natureza processual[64]? Para efeitos da CB (com aplicação naturalmente ao reg. 44/2001) prevaleceu, segundo interpretação do TJCE, um conceito amplo de ordem pública internacional[65].

Parece-nos claro que será possível negar o reconhecimento de sentenças estrangeiras, com base na reserva de ordem pública da CB e do reg. 44/2001, cujos efeitos, no caso concreto, sejam incompatíveis com normas internacionalmente imperativas do Estado do *exequatur*.

Face ao que dissemos *supra*, será possível identificar algum núcleo de princípios com origem comunitária, que incluam a reserva de ordem pública internacional dos Estados comunitários, que possam impedir o reconhecimento de uma decisão estrangeira nos termos do art. 27.º da CB e 34.º do reg. 44/2001, em matéria laboral[66]? Não nos parece uma tarefa fácil.

---

[63] Note-se que Marc Fallon, «Les Conflits de Lois et de Juridictions dans un Espace Économique Intégré, L'Expérience de la Communauté Européenne», Rec. Cours, t. 253, 1995, Martinus Nijhoff Publishers, The Hague, Boston, London, 1996, pp. 255 e segs, também, reconhece uma ordem pública comunitária, constituída por princípios vitais para a CE. Porém, atendendo que estes têm uma natureza mais estrutural que substancial, considera que só terão aplicação quando traduzidos por uma norma clara e incondicional. Reconhece-lhes, então, uma função similar à das normas de aplicação imediata.

[64] Neste sentido *v.* Petra Hammje, «Droits fondamentaux et ordre public», *RCDIP*, 86 (1), janvier-mars 1997, pp. 28-30. Sobre esta problemática *v.* R. Moura Ramos, «Public Policy...», p. 297-299.

[65] *Últ. op. cit.*, p. 299.

[66] Ou a aplicação da lei estrangeira em princípio competente, nos termos do art. 16.º da CR.

3. Conclusão

Como vemos, existe um vasto leque de jurisdições competentes, podendo a parte processual que o reg. 44/2001 quer proteger, optar, tal como acontece no contrato de consumo e contrato de seguro (arts. 9.º, 10.º, 11.º e 16.º, n.º 1 do reg. 44/2001). Já o seu co-contratante fica limitado à regra geral. Uma diferença grande permanece nos contratos de trabalho. Nos outros contratos em que se pretende proteger uma parte mais fraca, o consumidor, o tomador de seguro, o beneficiário do mesmo e o segurado podem recorrer aos tribunais do Estado do seu domicílio. Há a consagração de um verdadeiro *forum actoris*, em função de uma ideia de proximidade com uma das partes que se quer proteger. São poupados aos custos e incómodos de litigar no estrangeiro.

O trabalhador não tem essa faculdade. É certo que pode recorrer ao tribunal do lugar onde efectua habitualmente o seu trabalho. O lugar de execução do contrato de trabalho é o foro mais próximo do contrato, mas não é necessariamente do trabalhador. O lugar onde efectua habitualmente o seu trabalho pode situar-se num Estado diferente do Estado da sua residência habitual. Nesse caso, o trabalhador terá de suportar os custos de litigar em país estrangeiro. O mesmo acontecerá se recorrer à regra geral ou à regra da localização do estabelecimento que o contratou, se este também se situar no estrangeiro. Podemos observar que são critérios que apontam para uma perspetiva de proximidade entre o contrato e o litígio, e não proximidade entre o sujeito e o litígio como acontece no contrato de consumo e de seguro. Aparentemente, a única protecção ao trabalhador resulta da limitação dos foros a que a entidade patronal pode recorrer.

Será que existe alguma diferença entre os sujeitos intervenientes nos três tipos contratuais que justifique o tratamento desigual? Como já referimos, tal como no contrato de seguro estamos perante um contrato que se prolonga no tempo; tal como no contrato de consumo e de seguro, o trabalhador, geralmente, não tem liberdade negocial; mais do que no contrato de consumo e seguro, durante o período de execução do contrato de trabalho, a sujeição jurídica e a dependência económica a que está sujeito o trabalhador coarctam a sua liberdade de reacção; os interesses sociais e públicos envolvidos na regulamentação jurídica do contrato de trabalho justificam uma maior protecção face ao contrato de seguro e consumo. É este último aspecto, o interesse do Estado no qual se executa o contrato de trabalho, que justifica a opção pelo lugar onde efectua o trabalho. No entanto, a consagração deste foro só beneficia esse Estado e a facilidade de aplicação territorial das disposições de ordem pública que regulam os contratos de trabalho nesse Estado.

Os indicadores referidos *supra* tornam incompreensível o tratamento desigual de situações substancialmente iguais e a não estipulação do foro da residência habitual da parte que se quer proteger.

A regulamentação jurídica do contrato de trabalho é constituída por um conjunto de normas internas, algumas de cariz público, imperativas, algumas pertencendo à reserva de ordem pública internacional da cada Estado e outras revestindo a natureza de normas internacionalmente imperativas. As normas de cariz público visam atribuir certos direitos ao trabalhador, com base no princípio do *favor laboris*. Existe um interesse de aplicação territorial destas leis referentes a condições de trabalho, duração de trabalho, períodos de férias, entre outras, por motivo de paz e estabilidade social. Todos os trabalhadores que executam o seu trabalho num mesmo Estado devem beneficiar do estatuto protector concedido por esse Estado ao trabalhador. Tradicionalmente, muitas destas normas têm aplicação territorial[67]. Isto porque existem normas que atribuem direitos ao trabalhador em relação à sua entidade patronal; outras atribuem direitos ao trabalhador face ao Estado em que executam o contrato de trabalho.

É para evitar os problemas inerentes à aplicação extraterritorial das normas de direito do trabalho que se tenta a coincidência *forum/ius*.

No entanto, este argumento das dificuldades de aplicação extraterritorial das leis do trabalho adquire uma importância mais relativa, se pensarmos que a CB e o reg. 44/2001 aplicam-se quando o réu tem domicílio num país comunitário. Com a Carta Social Europeia e com as várias directivas comunitárias sobre contrato de trabalho, o direito do trabalho em vigor em cada Estado tem uma forte influência comunitária. As condições de trabalho e os direitos do trabalhador estão, cada vez mais, harmonizados no espaço comunitário. É certo que permanecem diferenças, que tenderão a diminuir com a evolução da integração comunitária.

Cremos, por isso, que actualmente a consagração do foro da residência habitual do trabalhador não levantaria os mesmos problemas, que poderiam surgir quando o TJCE pensou a protecção do trabalhador.

---

[67] *V.* sobre Franz Gamillscheg, «Labour Contracts», *IECL*, vol. III, pp. 3 e segs; Blaise Knapp, «La protection des travailleurs des sociétés membres du groupe» in *Colloque International sur le Droit International Privé des Groupes de Sociétés*, org. Le centre d'Études Juridiques Européennes de la Faculté de Droit de Genève, Genève, mai 1974, p. 151 e segs; Felice Morgenstern-Blaise Knapp, «Multinational Enterprises and Extraterritorial Application of Labour Law», *ICLQ*, vol. 27, 1978, pp. 774 e segs.

Já para o trabalhador, quando a execução do trabalho não se situa no Estado da sua residência habitual, libertava-se dos custos de litigar no estrangeiro. Não nos podemos esquecer, que em situações de litígio relacionadas com um contrato de trabalho, o trabalhador aparece maioritariamente como autor. A entidade patronal passaria a comparecer perante os tribunais do domicílio do trabalhador, não só quando assume a posição processual de autor, mas também quando chamado a defender-se num litígio relacionado com um contrato de trabalho.

ABREVIATURAS

A.	Autor/Autora
Ac.	Acórdão
Al.	Alínea
Art./Arts.	Artigo/Artigos
c.	Contra
CB	Convenção de Bruxelas Relativa à Competência judiciária e à Execução de Decisões em Matéria Civil e Comercial
CE	Comunidade Europeia
Cit.	Citado/Citada
CJTJ	Colectânea de Jurisprudência do Tribunal de Justiça
CL	Convenção de Lugano Relativa à Competência judiciária e à Execução de Decisões em Matéria Civil e Comercial
CPT	Código de Processo do Trabalho
CR	Convenção de Roma Sobre a Lei Aplicável às Obrigações Contratuais
CT	Código do Trabalho
Dir.	Directiva
DIP	Direito Internacional Privado
DL	Decreto-lei
DS	Droit Social
IDTFDUL	Instituto de Direito do Trabalho da Faculdade de Direito da Universidade de Lisboa
ICLQ	The International and Comparative Law Quaterly
IECL	International Encyclopaedia of Comparative Law
J-Cl. D. I.	Juris-classeur Droit International
JDI	Journal de Droit International
JOCE	Jornal Oficial das Comunidades Europeias
L	Lei
n.	Nota de rodapé
n.º	Número
p./pp.	Página/Páginas
Proc.	Processo

RCDIP	Revue Critique de Droit International Privé
RDIPP	Rivista di Diritto Internazionale Privato e Processuale
Rec. cours	Recueil des cours de l'Académie de la Haye de Droit International
Reg.	Regulamento
ROA	Revista da Ordem dos Advogados
Segs.	Seguintes
SI	Scientia Ivridica
t.	tomo
T 1ª inst.	Tribunal de Primeira Instância da Comunidade Europeia
TCE	Tratado das Comunidades Europeias
TJCE	Tribunal de Justiça da Comunidade Europeia
UE	União Europeia
Últ.	Último/Última
Vol.	Volume
YPIL	Yearbook of Private International Law

BIBLIOGRAFIA

ADAM MUÑOZ, Mª Dolores, «El Foro de Competencia Judicial Internacional en Materia de Contrato Individual de Trabajo en los Convenios de Bruselas y de Lugano (art. 5.1)» in *La Revisión de los Convenios de Bruselas de 1968 y Lugano de 1988 sobre Competencia judicial y Ejecución de Resoluciones Judiciales: Una reflexión Preliminar Española*, Coord. Alegría Borrás, Barcelona, 1998.

AMAUGER-LATTES, Marie-Cécile, «Comment simplifier les règles de compétence internationale en matière de conflit individuel de travail», *DS*, n.º 12, Décembre 2003.

ANCEL, Bertrand, «The Brussels I Regulation Comment» in *YPIL*, vol. 3, 2001.

BÉRAUDO, Jean-Paul, «Convention de Bruxelles du 27 septembre 1968» in *J-Cl. D. I.*, fasc. 631-20, Éditions Juris-Classeur, 1996.

— «Convention de Bruxelles du 27 septembre 1968, Règles de compétence spéciale», in *J-Cl. D. I.*, 1999.

— «Le Règlement (CE) du Conseil du 22 décembre 2000 concernant la compétence judiciaire, la reconnaissance et l'exécution des décisions en matière civile et commerciale», *JDI* 4, 128e Année 2001.

BUCHER, Andreas, «L'ordre public et le but social des lois en droit international privé», *Rec. Cours*, vol. 239, 1993-II, Martinus Nijhoff Publishers, The Hague, Boston, London, 1994.

DESANTES REAL, Manuel, *La competencia judicial en la Comunidad Europea*, Bosch, Alicante, 1986.

DROZ, Georges A.L. «La Convention de Lugano parallèle à la Convention de Bruxelles concernant la compétence judiciaire et l'exécution des décisions en matière civile et commerciale», *RCDIP* 78 (1), janv.-mars, 1989.

— «Problémes provoqués par l'imbrication des Conventions de Bruxelles, de Lugano, et de San Sebastian» in *Études de Droit International en l'Honneur de Pierre Lalive*, Genève, Editions Helbing & Lichtenhahn, 1993.

- GAUDEMET-TALLON, Hélène, «La transformation de la Convention de Bruxelles du 27 septembre 1968 en Règlement du Conseil concernant la compétence judiciaire, la reconnaissance et l'exécution des décisions en matière civile et commerciale», *RCDIP*, 90 (4), octobre-décembre 2001.
- DUTOIT, Bernard, «L'ordre public: caméléon du droit international privé – Un survol de la jurisprudence suisse» in *Mélanges Guy Flattet*, Université de Lausanne-Faculté de Droit, Lausanne, Lausanne, Diffusion Payot Lausanne, 1985.
- FALLON, Marc, «Les Conflits de Lois et de Juridiction dans un Espace Économique Intégré, L'expérience de la Communauté Européenne», *Rec. cours*, t. 253, 1995, Martinus Nijhoff Publishers, The Hague, Boston, London, 1995.
- FRANCESCAKIS, Ph., «Ordre public», Répertoire de Droit International, Tome III, publié sous la direction de Ph. Francescakis, Dalloz, 1969.
- GAMILLSCHEG, Franz, «Labour Contracts», *IECL*, vol. III, J.C.B. Mohr, Tübingen, 1973.
- GAUDEMET-TALLON, Hélène, *Les Conventions de Bruxelles et Lugano, Compétence internationale, reconnaissance et exécution des jugements en Europe*, 2ª édition, Montchrestien, 1996.
  - v. DROZ, Georges A.L.
- GOTHOT, Pierre – HOLLEAUX, Dominique, *La Convention de Bruxelles du 27 Septembre 1968, Compétence judiciaire et effets des jugements dans la CEE*, Jupiter Exporter, 1985.
- HAMMJE, Petra, «Droits fondamentaux et ordre public», *RCDIP*, 86 (1), janvier-mars 1997.
- HUET, André, «La place de l'article 5 dans l'économie de la Convention. La compétence en matière contractuelle» in *Compétence Judiciaire et Exécution des Jugements en Europe*, Cour de justice des Communautés européennes, Luxembourg, Butterworths, 1993.
- JENARD, Paul – G. Möller, «Relatório sobre a Convenção relativa à competência judiciária e à execução de decisões em matéria civil e comercial, celebrada em Lugano em 16 de Setembro de 1988», *JOCE C 189*, de 27.07.90.
  - «Relatório sobre a Convenção, de 27 de Setembro de 1968, relativa à competência judiciária e à execução de decisões em matéria civil e comercial», *JOCE C 189*, 28.07.1999.
  - «Relatório sobre o Protocolo, de 3 de Junho de 1971, relativo à interpretação pelo Tribunal de Justiça da Convenção, de 27 de Setembro de 1968, relativa à competência judiciária e à execução de decisões em matéria civil e comercial», *JOCE C 189*, 28.07.1999.
- KNAPP, Blaise, «La protection des travailleurs des sociétés membres du groupe» in *Colloque International sur le Droit International Privé des Groupes de Sociétés*, org. Le centre d'Études Juridiques Européennes de la Faculté de Droit de Genève, Genève, mai 1974.
  - MORGENSTERN, Felice, «Multinational Enterprises and Extraterritorial Application of Labour Law», *ICLQ*, vol. 27, 1978.
- KOHLER, C., «Les compétences spéciales de l'article 5 de la Convention. Généralités et compétence en matière contractuelle» in *Compétence judiciaire et Exécution des Jugements en Europe*, Cour de justice des Communautés Européennes, Luxembourg, Butterworths, 1993.
- MARI, Luigi, *Il diritto processuale civile della convenzione di Bruxelles, Il sistema della competenza*, Cedam, 1999.

MORGENSTERN, Felice, v. KNAPP, Blaise.
MOSCONI, Franco, «La giuridizione in materia di lavoro nel regolamento (CE) n. 44/2001» in *RDIPP*, Anno XXXIX – n. 1, Gennaio-Marzo 2003.
NUYTS, Arnaud, «La compétence en matière de contrat de travail» in *L'espace judiciaire européen*, Bruyant, Bruxelles, 1999.
PERUZZETTO, Sylvaine Poillot, «L'ordre public international en droit communautaire a propos de l'arrêt de la Cour de justice des Communautés du 1er juin 1999 (affaire Eco Swiss China Time Ltd)», *JDI* 127, n.° 2, 2000.
PINHEIRO, Luís de Lima, *Direito Internacional Privado, Competência Internacional e Reconhecimento de Decisões Estrangeiras*, Vol. III, Almedina, Coimbra, 2002.
POCAR, Fausto, «La protection de la partie faible en droit international privé» in *Rec. Cours*, 1984 V, tome 188, Martinus Nijhoff Publishers, 1986.
RAMOS, Rui Manuel Moura, *Da Lei Aplicável ao Contrato de Trabalho Internacional*, Colecção teses, Almedina, Coimbra, 1991.
– «La Protection de la Partie Contractuelle la Plus Faible en Droit International Privé Portugais» in *Das Relações Privadas Internacionais, Estudos de Direito Internacional Privado*, Coimbra Editora, 1995.
– «Contratos internacionais e protecção da parte mais fraca no sistema jurídico português» in *Contratos: Actualidade e Evolução*, Universidade Católica Portuguesa, Porto, 1997.
– «O contrato individual de trabalho em Direito Internacional Privado» in *Juris et de Jure, Nos 20 anos da Faculdade de Direito da Universidade Católica do Porto*, Universidade Católica, Porto, 1998.
– «Previsão normativa e modelação judicial nas convenções comunitárias relativas ao Direito Internacional Privado»
in *Estudos de Direito Internacional Privado e de Direito Processual Civil Internacional*, Coimbra Editora, Coimbra, 2002.
– «A convenção de Bruxelas sobre a competência judiciária e execução de decisões: sua adequação à realidade juslaboral actual» in *Estudos de Direito Internacional Privado e de Direito Processual Civil Internacional*, Coimbra Editora, Coimbra, 2002.
– « L'Ordre Public International en Droit Portugais », *BFD*, 1998 (publicado também em *Estudos de Direito Internacional Privado e de Direito Processual Civil Internacional*, Coimbra Editora, Coimbra, 2002).
– «Public Policy in the framework of the Brussels Convention, Remarks on Two Recent Decisions by the European Court of Justice» in *Estudos de Direito Internacional Privado e de Direito Processual Civil Internacional*, Coimbra Editora, 2002.
SANTOS, António Marques dos, *Direito Internacional Privado, Colectânea de Textos Legislativos de Fonte Interna e Internacional*, 2ª edição revista e actualizada, Almedina, 2002.
– «Alguns Princípios de Direito Internacional Privado e de Direito Internacional Público do Trabalho» in *Estudos do Instituto de Direito do Trabalho*, Vol. III, Instituto de Direito do Trabalho da Faculdade de Direito de Lisboa, Almedina, 2002.
SCHLOSSER, Peter, «Relatório sobre a Convenção relativa à adesão do Reino da Dinamarca e do Reino Unido da Grã-Bretanha e da Irlanda do Norte à Convenção relativa à

competência judiciária e à execução de decisões em matéria civil e comercial, bem como ao Protocolo relativo à sua interpretação pelo Tribunal de Justiça», *JOCE*, C 189.

Sousa, Miguel Teixeira de – Vicente, Dário Moura, *Comentário à Convenção de Bruxelas*, Lex, Lisboa, 1994.

Stone, Peter, *Civil Jurisdiction and Judgments in Europe*, Longman, London, 1998.

Tagaras, H., «Chronique de jurisprudence de la cour de justice relative à la Convention de Bruxelles, Années judiciaires 1992-1993 et 1993-1994», *CDE*, trente et unième année, n.º 1-2, 1995.

Vicente, Dário Moura, «A Convenção de Bruxelas de 17 de Setembro de 1968 relativa à competência judiciária e à execução de decisões em matéria civil e comercial e a arbitragem», *ROA*, Agosto, 1996.

– «Competência Judiciária e Reconhecimento de Decisões Estrangeiras no Regulamento (CE) n.º 44/2001», *SI* 293, Maio-Agosto 2002.

– *v.* Sousa, Miguel Teixeira de.

Weser, Martha, *Convention communautaire sur la compétence judiciaire et exécution des décisions*, Bruxelles, C.I.D.C., Éditions Pedone, 1975.

DESDE EL "ANTIGUO REGIMEN" HASTA LA ENTRADA Y PARTICIPACIÓN EN LA COMUNIDAD EUROPEA.

UNA VISIÓN PARALELA ESPAÑOLA Y PORTUGUESA EN TÉRMINOS DE DERECHO INTERNACIONAL PRIVADO

Antonio Ortiz-Arce de la Fuente
Catedrático y cátedra "Jean Monnet"
Universidad Complutense de Madrid

Summary: I. INTRODUCCIÓN. – II. EL ANTIGUO RÉGIMEN Y LOS INTERCAMBIOS INTERNACIONALES EN LAS PERSPECTIVAS ESPAÑOLA Y PORTUGUESA: A. Los descubrimientos y la trata negrera. B. Algunos obstáculos afectando a la organización estatal y al desarrollo social y económico: la limpieza de sangre, las guerras y las bancarrotas. III. LAS ETAPAS DE CASTICISMO DE LAS CONSTITUCIONES DE ADORNO DINÁSTICO Y DE REGÍMENES DICTATORIALES: A. El control económico, los aparatos y estructuras de poder y el desgaste político y social. B. Las emigraciones de guerra, de disensión política y de huida de la pobreza. – IV. LAS ESPERANZAS Y LOS LÍMITES EN EL PARAISO COMUNITARIO EUROPEO. A. El esplendor del mercado, las privatizaciones y los vacíos de regulación. B. Las complicaciones en los conflictos de jurisdicciones y de leyes como objetivos académicos con fulgor teórico y con reducido interés práctico. – V. A MODO DE CONCLUSIONES.

I. INTRODUCCIÓN

Al trazar unas líneas para el merecido homenaje al gran profesor y colega comprometido con su tiempo, – ¡y los tiempos han sido difíciles en la Península!-, he deseado retener diferentes hechos y acontecimientos para intentar extraer de los mismos consecuencias encajables en categorías propias de derecho internacional privado, considerado en condiciones laxas, amplias y flexibles. Así, de la ingente obra del profesor Marques dos Santos he recogido simultáneamente varios temas, con el fin de mejor justificar los aspectos o materias elegidos y sobre las que va a versar este trabajo. Los temas acotados y que sirven de pretexto para esta contribución son los relativos a "as normas de aplicação imediata" o necesaria o de ordenación del mercado (que van a ser invocadas en estrecha conexión con el Derecho comunitario europeo), al antiguo mundo colonial (que en el caso portugués comprendería desde Brasil y diversas posesiones de África hasta Goa y Macao) y a la incidencia de la religión en las relaciones privadas, o incluso con connotación pública, internacionales[1]. A lo largo del

---

[1] Los tres aspectos retenidos, colonial, religioso y comunitario europeo aunque presentando indudables flecos y matices, pueden ser deducidos dentro de la ingente obra del profesor homenajeado contenida en sus: "Estudos de Direito internacional privado e de Direito público" esp. pp. 23-26 en relación con las normas de aplicación inmediata', pp. 257-310 y 311-346 en cuanto a algunas disposiciones de derecho internacional privado en Brasil y en Macao y pp. 461-524 con referencia a la incidencia de la confesionalidad católica en diferentes cuestiones propias de derecho internacional privado. Tales pretextos resultan asumidos, en una larga perspectiva histórica, con el fin de poder hacer determinadas reflexiones y consideraciones, de la exclusiva responsabilidad del autor, con las que se tratada propiciar en derecho internacional privado una aproximación abierta y reducidamente conflictualista. Se hace así entra en juego las categorías de la extranjería, en conjunción con las circulaciones y desplazamientos de personas y de mercancías básicamente en términos de "comercio a larga distancia", y del mercado, en el que confluyen aspectos de fenómeno social, de mecanismo de fijación de precios, de organización de un espacio donde bajo una cobertura de jurisdicción y de administración e efectúan intercambios y transacciones. Mientras "el comercio a larga distancia" será utilizada en cuanto a las relaciones de la Península con el exterior, la noción de mercado será utilizada con motivo del análisis de los rasgos de la organización de carácter básicamente económica y comercial de los dos Estados peninsulares y de las nuevas notas que se asumen a consecuencia de la entrada y participación en las Comunidades Europeas a partir de 1 de enero de 1986.

Sobre la noción y alcance del comercio a larga distancia', véase Ch. P. Kindleberger, "World Economic Primacy 1500-1990", New York 1996, p.21: "A sharp distinction was made in early modern times in Europe between commerce, the ordinary distribution of local product in market towns, and distant trade... Within distant trade, moreover, there was a distinction between luxury goods and bulk commodities such as grain, timber, wool,

trabajo se prestará así especial atención a los citados tres aspectos de carácter comunitario europeo, de carácter colonial y de carácter religioso, destacándose su relevancia, positiva o negativa, para el derecho internacional privado de los dos Estados peninsulares, y para los ciudadanos de tales países.

En una perspectiva histórica se abordarán algunos temas encajables en el largo período del "Ancien Régime" interesando a España y a Portugal durante los siglos XV a XIX, para pasar al tiempo de los conflictos dinásticos, coloniales y constitucionales, propios de los siglos XIX y XX, con regímenes dictatoriales semejantes en la antesala de la entrada en Comunidades, que finalmente constituirá la última etapa en este estudio.

Aun reteniendo los citados tres aspectos, religioso, colonial y comunitario, en línea cronológica, se asumirán como líneas caracterizadoras o ideas-fuerza lo largo de este extenso período de tiempo y predicables tanto para el caso de Portugal como para el caso de España las que se podrían calificar como de regulación de las situaciones de intercambios y de "cruce de fronteras ("cross-border"), lo cual conduce a señalar que se va a primar el enfoque o aproximación en favor de la extranjería de personas y de mercancías y de la paralela regulación u ordenación del mercado, de la correspondiente organización dinástica o estatal, en detrimento de los planteamientos conflictualistas, en términos de presunciones y de artilugios de ingeniería mental afincados en reglas estatutarias, con maquillaje savigniano, a modo de fórmulas y recetas indemnes al tiempo y al espacio. Los problemas y soluciones, con connotación de internacional privado que han afectado y afectan a las sociedades y a las economías de los países de la Península resultan más desgranables y tangibles en la perspectiva elegida de los movimientos o circulaciones y de la organización o del mercado, retenido como adecuado asiento o emplazamiento de las normas y disposiciones de aplicación inmediata o necesaria, de imperatividad, que a su vez lógica y obligadamente se han de reflejar en la correspondiente frontera estatal. Estas consideraciones se refrendan por los hechos eviden-

---

alum, fish, and salt... The Spanish... allowed themselves to be outcomputed in providing goods to their settlers in the New World by foreign merchants located in Seville, ... after 1713 when direct trade by foreign merchants was allowed". Respecto a los "Markets as social structures", Swedberg, R. en Smelser, N. 1, y Swedberg, R. "The Handbook of Economic Sociology", Princeton 1994, pp. 255-282, además de Duff, L, "The Economics of Governments and Markets. New Directions in European Public Policy", New York 1997 y Bevir, M. y Trentmann, F. "Markets in Historical Contexts, Ideas and Politics in the Modern World", Cambridge 2004, esp. pp. 1-24.

ciados de que la propia categoría del denominado "estatuto real" cedió fácilmente a las exigencias del régimen aplicable a las mercancías y productos en circulación, encauzados y vehiculizados por los gremios y grupos comerciantes o "merchants", que ya en las coordenadas estamentales del "Ancien Régime" van a gozar, en términos siempre variables y oscilantes entre los diversos reinos y repúblicas, de una determinada ubicación y consideración, conectados a su vez con los consulados, como instancias implicadas e incluso gestoras en el comercio. De este modo, en conjunción con las asociaciones, "guilds", o gremios de comerciantes y con los propios consulados, las mercancías aparecían implicadas en las transacciones e intercambios, que por su caracterización de la larga distancia ("distant trade") van a desbordar los limites de la organización dinástica o republicana, o del mercado correspondiente. En esta perspectiva, enfocada a los casos de España y de Portugal, las deficiencias en cuanto a la organización del comercio y de la economía se evidenciaron durante el período del mercantilismo, ya que los mayores beneficios en última instancia revertían en última instancia, tanto en términos regulares y ordinarios como de contrabando, en comerciantes y casas de comercio extranjeras instalados o incluso no instalados en la Península, mientras la población menos afortunada se implicaba en la emigración a Ultramar. Así, la aproximación o enfoque asumido, en una amplia perspectiva histórica, desplaza necesariamente el tratamiento de casos y supuestos sujetos a la incidencia de las reglas estatutarias, que a pesar de sus posteriores modernizaciones, resultan en una. gran medida inapropiadas en los ámbitos de naturaleza económica y patrimonial, más expuestos a los condicionamientos de la organización del mercado, a las fluctuaciones de la extranjería en frontera y a las eventuales intervenciones rectificadoras de los poderes públicos, que resultan subvencionados por la sociedad para restringir y encauzar los excesos de las manos invisibles ("invisible hands") en tanto que manifestaciones de grupos económicos que como estructuras de poder condicionan y limitan el regular funcionamiento de los sistemas constitucionales estatales. No obstante, se podrá advertir en los casos español y portugués, la relevancia tradicional de la incidencia religiosa en los sectores o ámbitos de naturaleza extrapatrimonial, esto es de personas y de familia, aunque obligando a significativos desvíos en la puesta en práctica del procedimiento de solución atributivo, a través de las indicadas reglas estatutarias modernizadas.

Con tales reflexiones previas, se analizarán diferentes cuestiones y problemas afectando o interesando al derecho internacional privado de los dos países peninsulares, con planteamientos y acercamientos abiertos. Serán abordados supuestos propios de prolongados antiguos regímenes, edulcorados también durante largo tiempo, para desembocar en más recientes casos derivados y planteados en los términos de Estados formando parte de la Comunidad o de la Unión Europea.

II. EL ANTIGUO RÉGIMEN Y LOS INTERCAMBIOS INTERNACIONALES EN LAS PERSPECTIVAS ESPAÑOLA Y PORTUGUESA:

Los temas que se van a incluir se relacionan en una gran medida con el comercio a larga distancia, donde en la Península se puede constatar el antecedente de los "transmarini negotiatores" grecoparlantes con fletes de aceite y de vino que desde las costas de la Hispania visigótica sostenían relaciones con Bizancio y a los que se hace mención en el propio Fuero Juzgo, para desembocar, en los marcos del Mediterráneo con el comercio practicado desde el reino de Aragón y regido por el "Llibre del Consolat del Mar" y en el caso del Cantábrico y el Mar del Norte, ya desde el reino de Castilla con un comercio que se regía por las "Règles d'Oléron". Paralelamente, en los siglos XIII y XIV se generalizaron los contratos de "comanda" practicados en tales zonas, con eventuales tratados para proteger el comercio. Posteriormente, se afianzaron, ya en los siglos XIV y XV, relaciones motivadas por el comercio de lana con Flandes. Con los descubrimientos y el auge de los reinos de Portugal y de Castilla, se produjo un desplazamiento del comercio desde el Mediterráneo hacia el Atlántico. Así a los consulados situados en la Península, tales como los de Burgos, Barcelona, Bilbao, con un menor peso que los centros de Sevilla, sede de la Casa de la Contratación que ejercía el monopolio en el comercio de Indias, y de Cádiz ya en el siglo XVIII, se añadieron posteriormente en América los de Veracruz, Lima, La Habana y Buenos Aires. En estas condiciones, tanto el comercio regular como el más abultado de contrabando, y sobretodo el de la trata negrera resultaba controlado en la práctica no ya por los propios consulados, sino por los grupos de comerciantes de otros Estados europeos instalados en Sevilla y en Cádiz y receptores de beneficios consentidos convencionalmente.

A. Los descubrimientos y la trata negrera.

En el comercio a larga distancia y en el contexto del Atlántico calificable de verdadero "océano de negocios", el tráfico de esclavos como especial mercancía humana, originó una rentable explotación implicando a España y a Portugal con respecto a las Indias. En un principio, proliferaron los contratos de asientos concluidos entre la corona española y proveedores portugueses, holandeses, franceses e ingleses, que se vieron reforzados como consecuencia del Tratado de Utrecht en 1713. Al haberse cedido por parte portuguesa y como consecuencia del Tratado de amistad, garantía y comercio entre España y Portugal firmado en el Pardo en 1778, ciertos territorios del golfo de Guinea, que se había convertido en una de las principales fuentes de suministro de mercancía humana, se reforzó la explotación esclavista, desde el ángulo español, que fue recortada posteriormente por las obligaciones derivadas de la prohibición de la trata negrera ya avanzado el siglo XIX. Cabe recordar que por el citado sistema de los contratos o de asientos, con importantes beneficios para las coronas implicadas, se introdujeron a partir de 1525 esclavos en las Antillas. Entre tales contratos, cabe señalar el de 12 de junio de 1696 concluido con la Compañía real portuguesa de Guinea (entre la corona española y D. Manuel Ferreyra de Carvalho, natural de Portugal, en nombre y representación de la Compañía real de Guinea, sita en Portugal). La Inglaterra garante del Tratado hispano-portugués de 1715 sustituyó a los anteriores proveedores, obteniendo en 1713, también en Utrecht, el monopolio para su Compañía del Mar del Sur ("South Sea Company") habiendo recibido los reyes Felipe V de España y Ana de Inglaterra recibieron importantes porcentajes del tráfico, de su capital social y de los beneficios[2].

---

[2] Respecto a los rasgos básicos sociales, económicos y de organización de lo países europeos durante el "Antiguo Régimen" se ha tenido en cuenta a Bély, L "Dictionnaire de l'Ancien Régime", Paris 2003. En cuanto a los descubrimientos, centrados básicamente en las Indias occidentales cabria arrancar, dentro de una inmensa bibliografía, de Schröter,B. y Schüller, K. (ed.), Tordesillas y sus consecuencias. La política de las grandes potencias europeas respecto a América latina (1494-1898), Madrid 1995 y sobre la explotación de tales tierras y gentes, desde el ángulo español, "España y América. Un océano de negocios. Quinto centenario de la Casa de la Contratación 1503-2003", Madrid 2004.

Para la trata negrera, resulta relevante THOMAS, H. "The Slave Trade.The Story of the Atlantic Slave Trade 1440-187W, New York 1997, esp. pp. 235-287 sobre la "South Sea Company" y el monopolio del asiento derivado del Tratado de Utrecht. En STEIN, S. J, y STEIN, B, H., "Silver, Trade, and War. Spain and America in the Making of Early Modern Europe", Baltimore 2000, pp 148 se señalan las calamitosas consecuencias para la monar-

Aunque las reglas aplicables a los espacios peninsular y americano fueran en principio semejantes y congruentes, sin embargo problemas de

quía española del "asiento" y del "anual permission ship (which in fact became a floating warehouse)"; mientras, en la pp. 283 se advierte sobre cómo en el Cádiz del XVIII el juez conservador para los ingleses era en la práctica el propio gobernador de la plaza, basándose en KING, Ch. "The British Merchant", III vol. p. 176, Londres 1743. Continúan siendo de interés las aportaciones de HARING, Cl. H. "Trade and Navigation between Spain and the Indies in the Time of the Hapsburgs", Cambridge Mass. 1918, sobre las prácticas mercantilistas. En todo caso, a lo largo de los siglos XVII y XVIII en las relaciones con Gran Bretaña el saldo comercial siempre desfavorable para España se apoyaba también en la situación privilegiada atribuida a sus comerciantes y a sus mercancías en Sevilla y después en Cádiz, situación que se mantuvo incluso después del Reglamento para el comercio libre de 1778, siempre como consecuencia del fuero de extranjería, que fue tan sólo tardía y parcialmente aplicado en favor de los comerciantes portugueses.

También cabe citar a E. Vila Vilar,"Hispano-America y el comercio de esclavos. Los asientos portugueses", Sevilla 1977, esp. pp. 93-212, con mención en 240-244 de "los navíos negreros registrados en la Casa de Contratación (1595-1640)"; H. S. Klein,"La esclavitud africana en América Latina y el Caribe", Madrid 1986; ya, en el siglo XIX y a pesar de las prohibiciones del tráfico después de 1815; como consecuencia del Congreso de Viena, las infracciones al mismo se mantuvieron largo tiempo en las Antillas españolas, so pretexto de la permisividad de la esclavitud existente o consolidada: J. Moreno García, "España y el comercio de esclavos a mediados del siglo XIX" en "Estudios de Historia Moderna y Contemporánea. Homenaje a D. Jesús Pabón", Madrid 1978, pp. 79-118 y C. Navarro Azcue, "La Abolición de la esclavitud negra en la legislación española 1870--1886", Madrid 1987, además de W. E. F. Ward, "The Royal Navy and the Slavers. The Suppression of the Atlantic Slave Trade" Londres 1969, esp. pp. 76-137, con referencias a navíos negreros con destino a Cuba pero también a los propios Estados Unidos a pesar de pos tratados de supresión del tráfico, como "irreconciliable con los principios de humanidad", de 1814, de Gante, entre los Estados Unidos y Gran Bretaña y de 1817 entre España y Gran Bretaña y que condujo a una importante indemnización que Fernando VII gastó en la adquisición de la escuadra rusa episodio que cabria estudiar en términos de compraventa de naturaleza peculiar.

En efecto, como consecuencia del Tratado entre España y Bretaña para la abolición del tráfico de negros, concluido en Madrid 23 de septiembre de 1817, con los fondos entregados por el rey británico (400.000 libras a título de compensación por las pérdidas sufridas por los buques mercantes españoles apresados por la armada inglesa so pretexto de continuar con la trata, aunque en ocasiones se trataba de simple comercio con los enclaves Africa subsahariana, el rey español; Fernando VII, también denominado felón, adquirió una escuadra rusa, que por su lamentable estado no pudo ser utilizada en 1821 para enviar tropas a América, dando la oportunidad para que se produjera uno de los reducidos períodos de vigencia de la Constitución liberal de 1812.

Posteriormente, la consideración de la esclavitud en Cuba como relevante factor productivo y comercial en los "ingenios azucareros", supuso que la ley de 4 de julio de 1860 de abolición de la esclavitud no fuera cumplida hasta la década de los ochenta, habiendo resultado difícil, en términos propios de derecho internacional, el mantenimiento de la con-

distancia, de reducida población implantada en unas condiciones de sociedades no homogéneas, a pesar de la uniformización religiosa incrustada, con geografías diferenciadas y economías de producción y de distribución singulares, convirtieron a los nuevos territorios en una extensión de la soberanía española, de rasgos propios y en todo caso dependientes. Las reglas sobre entrada y acceso de extranjeros a veces se dulcificaban por la identidad religiosa católica o incluso como resultado indirecto de la prolongación por la vía de la cláusula de nación más favorecida en los tratados de paz, en términos unilaterales o privilegiados para la parte no española, del régimen de extranjería en principio previsto para súbditos de las ciudades de la Hansa teutónica o alemana

A este respecto hay que indicar que en España se configuró el denominado "fuero de extranjería" que estaba constituido por los "Capítulos de privilegios concedidos a las ciudades confederadas de la Hansa teutónica, y a sus súbditos, ciudadanos y vecinos, en los dominios de Portugal, confirmados y ampliados por su Majestad Catholica para la Andaluzia, y demás Reynos de Castilla, en Madrid a 28 de septiembre de 1607" dictados por Felipe III (en Abreu y Bertodano, J.A. "Colección de los Tratados de Paz, Alianza, Neutralidad… hechos por los pueblos, Reyes y Príncipes de España desde antes del establecimiento de la Monarquía Gothica hasta el feliz reinado del Rey N. S. B. Phelipe V" Madrid 1740, pp. 375-382, donde se incluyen los diferentes privilegios en favor de tales extranjeros y que se extendieron por la citada cláusula de nación más favorecida a los súbditos de otros reinos, en términos unilaterales y como consecuencia de los desastres militares). Así, con posterioridad, por cédula de Felipe V de 7 de julio de 1727 (en la "Novísima Recopilación", ley V, titulo XI, libro VI) se regulaba, en términos y condiciones muy favorables,"la jurisdicción de los jueces conservadores extranjeros ante quienes, desde 1716, podían recurrir los ingleses, franceses y holandeses, según había acordado el tratado de la paz de Utrecht", para conocer – con inhibición de los jueces del Consejo, audiencias, chancillerias, corregidores, alcaldes mayores y demás justicias de cualquier calidad que fueran –, de los litigios que afectasen a los sujetos de aquellas naciones, en tanto que o "siendo comerciantes transeúntes que habitan, van y vienen a estos reinos a comerciar por mayor, y no de los avecindados y arraigados en España…"

---

tradicción entre la prohibición de la trata a partir de 1815 y la continuidad esclavista de la población ya sometida, bajo códigos negreros que resultaban bien diferenciados de los códigos ordinarios promulgados en la Península.

Volviendo al continente americano, la coexistencia de poblaciones indígenas y española en las Indias produjo conflictos o colisiones más de índole personal que territorial en unas condiciones en las que los procedentes de la Península aparecían más expuestos a obligaciones en materia de derecho de personas y familia que los propios naturales. Así, aunque no se favorecían las relaciones mixtas, por la generalizada separación de residencia de unas y otras comunidades, sin embargo se planteaban problemas sobre "las circunstancias modificativas de la capacidad jurídica, singularmente en cuanto determinan la condición jurídica de los indios",las medidas que se adoptaban para "conseguir que los casados que viven en Indias ausentes de sus mujeres vuelvan a España a reanudar su interrumpida vida marital",los aspectos "que modificaba la doctrina civil y canónica de los impedimentos matrimoniales para evitar posibles abusos de poder de las autoridades de las colonias o para salvar el obstáculo que representaba para las informaciones previas de libertad y para la obtención del consentimiento paterno la dificultad de comunicaciones entre unos y otros territorios" de un lado y otro del Atlántico, las propias reglas aplicables a "los matrimonios de los indios, tanto en el orden canónico como en el orden civil, con un criterio elevado y altamente comprensible" o las propias disposiciones adoptadas "para conseguir que los bienes de difuntos en Indias, con sus familiares radicados en España o en otros territorios coloniales del Imperio español, lleguen a poder de sus legítimos herederos" o las referentes al "contrato de arrendamiento de servicios, singularmente en cuento se relaciona con el trabajo personal de los indios". De este modo se planteaban conflictos de leyes e incluso de jurisdicciones de indudable peculiaridad y relevancia y apenas tratados doctrinalmente[3].

B. **Algunos obstáculos afectando a la organización estatal y al desarrollo social y económico: la limpieza de sangre, las guerras y las bancarrotas.**

Volviendo a la Europa de los conflictos bélicos, cabría hacer algunas consideraciones sobre la ordenación y consolidación de los reinos penin-

---

[3] Tales problemas aparecen bien esbozados en J.M.Ots Capdequi, "La expansión del Derecho español en las Indias" en Varios, "Reseña y Trabajos Científico: del XXVI Congreso Internacional de Americanistas (Sevilla 1935)", Madrid 1948, pp 197-207, y, en menor medida, en M. Mörner, "La Corona Española y los foráneos en los pueblos de indios de América" Madrid 1999, (Estocolmo 1970), esp. pp. 57-167.

sulares, con los beneficios de los metales preciosos, y no ya de las especias, procedentes de las Indias, que indudablemente no alcanzaban a las clases no privilegiadas, a la propia situación de los portugueses en los territorios bajo control español[4], y a los amplios defectos que se producían en

---

[4] Con referencia a los portugueses en los dominios de la corona española hay que mencionar necesariamente, con respecto a los siglos XVI a XVIII, antes y después de la unión personal con la corona portuguesa, a Antunez y Acevedo, R. "Memorias históricas sobre la legislación y gobierno del comercio de los españoles con sus colonias en las Indias occidentales" (recopiladas por), Madrid 1797, esp. pp. 268-330, donde entre otras cédulas reales hace alusión a la de 30 de abril de 1564, donde (se dixo, entre otras cosas a los gobernadores de Indias)" de aquí en adelante no consentireis estar en ellas los que de nuevo fueren (habla de los portugueses) y lo mismo hareis en otros cualesquier extrangeros, que han ido de fuera de estos reynos de Castilla y Aragon", finalizando que "en estas resoluciones... los portugueses... estaban... excluidos del pase a Indias, porque no eran naturales de los reynos de Castilla, Aragon ni Navarra...". Tambien se puede consultar la voz "Portugueses" del "Diccionario de Gobierno y Legislación de Indias" de Ayala, Manuel Josef, edición de Del Vas Mingo, M. Tomo XI, Madrid 1993, pp. 210-217. Sin embargo, en Smith, R.S."The Spanish Guild Merchant. A History of the Consulado,1250-1700", New York 1972,p.93 se indicaba que "in 1589 the guild complained that twenty-one Portuguese ships entering Tierra Firme were destroying the market for Spanish goods entering the fleet...". Igualmente, Ots Capdequi, J.M. "Los portugueses y el concepto jurídico de extranjería en los territorios hispanoamericanos durante el período colonial", en "Estudios de Historia del Derecho Español en las Indias" Bogotá 1940, pp.364-378, con referencias a los asientos para la introducción de negros en Indias"; Dominguez Ortiz, A. "Guerra económica y comercio extranjero en el reinado de Felipe IV", Hispania 1963, pp. 71-110; Boyajian, J. C. "Portuguese Bankers at the Court of Spain 1626-1650", New Jersey 1983, esp. pp. 17-102 sobre la participación en los asientos, en los mercados financieros en los pagos internacionales; Alvarez Nogal, C. "Los banqueros de Felipe IV y los metales preciosos americanos (1621-1665)", Madrid 1997, con referencia en pp. 89-108 a los asentistas portugueses; Gould, E."La condición del extranjero en América: los portugueses en Córdoba del Tucumán entre 1573 y 1640" Revista de Historia del Derecho num. 19, Buenos Aires 1991, pp. 245-279 y "Los extranjeros y su integración a la vida de una ciudad indiana: los portuguesa en Córdoba del Tucumán 1573-1640",num. 24, Buenos Aires 1996, pp. 63-112. Los paralelismos, desde el ángulo económico, aparecen bien trazados en ambos países en Kindleberger, Ch'. P. "World Economic Primacy 1500-1990", New York 1996, pp.68-82 y, a la vista de la afectación por los grandes ciclos de la economía atlántica, Wilson, Ch.. y Parker, G. (dir.)"Una introducción a las fuentes de la historia económica europea 1500-1800. Europa occidental", Madrid 1985, pp.45-94, con especial atención a Mauro, F."Le Portugal et l'Atlantique au XVIIe siècle (1570-1670). Etude economique", Paris 1960, al que cabría añadir Shaw, L. M. "The Marqués de Pombal (1699-1782). How he broke Britain's commercial ascendancy in Portugal", The Journal of European Economic History 1998, pp. 537-556. Por último los planteamientos teóricos en los términos del mercantilismo y de sus posteriores desarrollos aparecen en Cardozo, J.L. (coord.) "Diccionario histórico de economistas portugueses", Lisboa 2001 y, desde el ángulo español, en

el ascenso social como consecuencia de la mentalidad colectiva encauzada por la corona, por la iglesia y por las clases dominantes y de la que era una lamentable muestra la exigencia de la limpieza de sangre para acceder a la administración eclesiástica y civil[5].

Con el pretexto de la guerra de los siglos XVI y XVII, con entremezcladas y peculiares argumentaciones religiosas y dinásticas propias de la época, se van a traer a colación varios episodios en los que caben consideraciones de carácter internacional privado y de en ocasiones de conflictos de estatutos o de leyes, cuya regulación se entroncaría en todo caso con el derecho de gentes. Así, con motivo del comercio de lanas hacia Flandes se plantearon algunas cuestiones de interés, aunque teñidas por el enfrentamiento con las Provincias Unidas, como fue el caso del denomina-

---

Fuentes Quintana (dir.) "Economía y Economistas Españoles", "De los Orígenes al Mercantilismo" y "La Ilustración", Barcelona 1999 y 2000, considerándose a tales tratadistas de la época como los que apoyarán y justificarán las disposiciones sobre extranjería y comercio de los tratados y convenios de la época, a diferencia de la doctrina de naturaleza y de carácter estatutaria que no aflorará a tales niveles y permanecerá encerrada en las reducidas cuestiones de carácter conflictual.

[5] Así, Américo Castro indicaba hace tiempo: "Yo preferiría enfocar la historia económica de España hacia la condición y función sociales de las personas, antes que hacia los conceptos genéricos de burguesía, aristocracia y trabajadores, que en el caso de los españoles del siglo XVII... no son muy útiles. La economía española: estaba tan anclada en la casta y en las creencias de las personas, como lo estaban la literatura, el arte, la política y todo lo restante. La producción y el uso de la riqueza dependían ante todo de la conciencia de la propia dignidad personal, de la honra-opinión" ("La realidad histórica de España", México 1987, p.235). En conjunción con la obsesiva "limpieza de sangre" cabe recordar que las reticencias a la usura en el pensamiento predominante de la contrareforma abrirá las puertas a los banqueros de religión judía o de religión cristiana reformada, a los efectos de la financiación del comercio con y desde los reinos peninsulares. Respecto a las reticencias tradicionales en cuanto a la usura por parte de la religión católica, en la línea conocida de Max Weber, se puede tener en cuenta Reed, C. G y Bekar, C. I. " Religious prohibitions against usury", Explorations in Economic History 2003, pp. 347 – 368.

Dentro de los rasgos propios del Antiguo Régimen y en cuanto al largo camino hacia una administración pública, a partir de una hacienda real de exclusivo afán recaudatorio para las guerras dinásticas y religiosas y para el mantenimiento de una corte de derroche, Dominguez Ortiz A. "Política y Hacienda de Felipe IV", Madrid 1983, esp. pp. 3-17; Fontana Lázaro J. "Hacienda y Estado 1823-1833", Madrid 2001, pp. 21-38 sobre la hacienda entre 1700 y 1808, además de Jurado J. "La financiación de la casa real española y sus repercusiones sobre la hacienda y la economía (1561-1808)", en Haymard M. y Romaní M. A., "La cour comme institution économique", Paris 1998, pp. 57-74.; Vicens Vives J. "Estructura Administrativa Estatal en los siglos XVI y XVII", en "Obra dispersa", Barcelona 1967, pp. 359-377; y, en el ámbito comercial, Molas Ribalta P. "Las Juntas de Comercio en la Europa Moderna", Anuario de Historia del Derecho Español, 1996, pp. 497-517.

do incidente de Middleburg de 1574. En tal fecha, las tropas holandesas de Guillermo de Orange capturaron la citada ciudad, donde se almacenaba un importante cargamento de paños, valorado en unos cincuenta millones de maravedís, que fue vendido por los rebeldes a comerciantes flamencos en Inglaterra y a franceses de La Rochelle, de Orléans y de Rouen. Se enfrentaron los exportadores castellanos a los aseguradores instalados en Burgos en cuanto a la compensación o indemnización por las pérdidas. El prior del consulado de Burgos estableció la responsabilidad de los aseguradores y la apelación ante la Chancillería de Valladolid no prosperó ante la alegación de que tan sólo se debían haber cubierto las pérdidas ocurridas durante el transporte por mar y que, en todo caso, se debían haber tenido en cuenta circunstancias atenuantes que no fueron aceptadas. So pretexto del litigio, en términos de seguro, no afloraron cuestiones propias de conflictos de estatutos, que aparecían desbordados en tales circunstancias bélicas, aunque la solución retenida apenas se resintió de la internacionalidad del caso.

Mayores complicaciones se suscitaron con motivo de una de las guerras entre las coronas española y francesa. Así, respecto a la "guerra de devolución" provocada por el rey francés para hundir a la debilitada monarquía del último Habsburgo español, se recurrió de un modo insólito por parte de la corona francesa a argumentos de carácter estatutario o primitivamente conflictualista. Unas condiciones en las que los conflictos de estatutos o de leyes de carácter propiamente internacional tuvieron un alcance reducido hasta su incorporación normativa a las codificaciones civiles de leyes, pero ya en el siglo XIX, con prioridad respecto a los de jurisdicciones, aunque tales conflictos en términos de "cruce de fronteras" podían ser protagonizados en la época por los comerciantes o mercaderes de "larga distancia", por clérigos o por soldados mercenarios, cabe advertir que en los tratados y acuerdos internacionales interdinásticos más bien que interestatales, los casamientos reales aparecían en ocasiones previstos en los mismos, como fue el caso de la denominada "la paz de los Pirineos" o tratado hispano-francés de 1659. Así, a consecuencia del matrimonio que se había decidido entre la hija de Felipe IV, Maria Teresa, y Luis XIV, el rey francés recurrió al pretexto de la institución de la "devolución" cuando Carlos II reinaba en España, para invocar la aplicación de los términos de la citada "devolución", procedente del derecho privado de Flandes y según la cual una hija del primer matrimonio podría reclamar una parte de los bienes del padre, a pesar de que hubiera un hijo del segundo matrimonio. El hijo de Felipe IV era Carlos II y la hija, Maria Teresa, era la mujer del ambicioso rey francés, quien advirtió también que la renuncia a la corona española resultaba nula por no haberse pagado la dote pactada. La regla o costumbre de la "devolución" no se había aplicado a los matrimonios reales, pero su utilización por Luis XIV en 1667 fue un pretexto para iniciar una guerra frente a la maltrecha corona española. La disposición de corte territorial suponía, en materia de sucesiones, la aplicación de la ley del lugar de la situación de los bienes o tierras de la monarquía, en este caso los correspondientes a Flandes, para en base a la misma, y todo ello dentro de una concepción patrimonial de los Estados, sostener una reivindicación de "devolución" a favor de la presunta heredera, o mejor a favor del ambicioso marido de la forzada heredera. Se puede observar que en tal materia las sucesiones resultaban muy forzadas las alusiones de naturaleza estatutaria o conflictualista entre los miembros de las dinastías.

En unas condiciones más pacíficas y en relación con conflictos de leyes propiamente dichos, de índole interna y resultantes de la coexistencia entre el derecho de Castilla, más expansionista, y el de los otros reinos bajo la corona española, cabe hacer referencia a una sentencia o decisión de la Chancillería de Granada (la LXII) que resolvió, en condiciones de colisión o de opción entre las leyes de Castilla y de Valencia, la cuestión siguiente: "Un noble del Reino de Aragón, casó con Dª María que servía en la Corte como dama de la Reina. El matrimonio tuvo lugar en la Corte de Castilla, conforme a los fueros de Valencia. Tan pronto se hubo celebrado, el marido retornó a su patria (Valencia) donde adquirió muchos bienes y falleció sin descendientes. El pleito se plantea a instancias de Dª María, su mujer, frente a los herederos del marido, pues ella pide su parte correspondiente de esas ganancias – la mitad – que se le deben a su juicio según las leyes de Castilla, pero los herederos se niegan porque el matrimonio se celebró 'a fueros de Valencia' conforme a los cuales la mujer no participa en los gananciales". Las disposiciones así en conflicto se contenían en Castilla en los textos de Partidas y de la Nueva Recopilación, en las que se daba "generalmente una comunidad limitada a las ganancias y aunque tenía carácter legal, Partidas la consideraron pactada mediante avenencia" y en Velencia por los "Furs" o "Consuetudines", donde "lo habitual fue la separación de bienes, con régimen dotal (exovar aumentado con el creix), que recuperaba la mujer a la disolución, pero sin participación en las ganancias" aunque en todo caso cupieran las capitulaciones matrimoniales que no se habían otorgado en este supuesto decidido por la Chancillería de Granada. La instancia judicial se decantó por la aplicación del derecho valenciano, ya que "tanto la mujer como el marido, por razón de domicilio, están sujetos al derecho de Valencia, pues además el marido solo fue a la Corte para casarse y regresó al instante, con lo que ni siquiera salió de su fuero, por lo que no procede la aplicación de la ley del lugar del contrato, es decir el derecho castellano", no existiendo además, frente a las alegaciones de Dª María "una societas unde lucra proueniunt pues in domicilio viro nullum aliud remanere videtur". En los términos del derecho valenciano se "impuso a los herederos del marido la restitución de la dote pero sin otorgar a la mujer parte en las ganancias", desembocándose en la final conclusión de que el matrimonio se debía "entender celebrado iuxta consuetudines et foros domicilii mariti pues pactum appositum in matrimonio contrahendo observandum circa lucra nuptialia".

En este supuesto de sucesiones y de régimen de bienes, el enfrentamiento o colisión de leyes se produjo entre derechos territoriales de los diferentes reinos peninsulares, aunque bajo una misma corona, y no entre simples reglas o estatutos de ciudades o áreas limitadas, con abundancia de citas de los comentaristas italianos, franceses e incluso españoles, impregnados de la referencia última a un "ius commune" deducido básicamente del derecho romano recepcionado a modo de "ratio scripta", en tanto que los aspectos más relevantes, como los correspondientes a la celebración matrimonial, pasaron a ser objeto del celo eclesiástico, en evidente connivencia con ciertas coronas, acentuándose de este modo el predominio del derecho canónico, que tan sólo resultó afectado, aunque fuera de la Península, por las rupturas religiosas en los siglos XVI y XVII que se apartaron de la rigidez del Concilio de Trento, en cierta consonancia con los intereses de la burguesía comercial preponderante en otros países europeos[6].

---

[6] Sobre el contexto de los enfrentamientos bélicos en Europa y con su repercusión en América, se puede consultar Contamine, Ph."Guerre et concurrence entre les Etats européen du XIVe au XVIIIe siécle'', Paris 1998, esp. Pp. 83-195. El episodio de Middleburg aparece bien analizado en Phillips W.D. y Phillips C.R. "Spanish Wool and Dutch Rebels:The Middleburg Incident of 1574", The American Historical Review 1977, pp. 312-330 y hay referencias de interés en Kagan R.,"Pleitos y pleiteantes en Castilla 1500-1700", Salamanca 1991, pp.122-123, habiendo tenido relevancia tal litigio en la Chancilleria de Valladolid,en comparación con lo normalmente casos tratados en materia de reconocimiento de "limpieza de sangre" de los que se podían obtener importantes beneficios sociales y de entrada en la administración real.

La denominada "guerra de devolución" aparece analizada en Bély L."Les rélations internationales en Europe XVIIe-XVIIIe siècles", Paris 1992, pp.222-234 y Lynn J.A., "A quest for glory: The formation of strategy under Louis XIV, 1661-1715"en Murray W., Knox M. y Bernstein,"The Making of Strategy", Cambridge 1981, pp. 196-2411, sin des-

III. LAS ETAPAS DE CASTICISMO DE LAS CONSTITUCIONES DE ADORNO DINÁSTICO Y DE REGÍMENES DICTATORIALES:

Después de haber ofrecido un pequeño repaso de episodios y circunstancias derivadas del Antiguo Régimen en la Península, se podrían dar algunas pinceladas con categorías propias de derecho internacional

---

deñar, en términos generales sobre la época, Ph. Contamine;"Guerre et concurrence entre les Etats européens du XIV e au XVIIIe siècle", Paris 1998, esp. pp. l67-364. Por otro lado se ha indicado acertadamente respecto a las consecuencia del tratado de Utrecht para España y Portugal, lo siguiente: "Avant tout,la guerre de Succession d'Espagne assura la position de la Grande-Bretagne sur les deux marchés qui comptaient réellement au XVIIIe siècle en raison de leur croissance, et où l'avenir de la Grande-Bretagne avait été menacé en 1700: le Portugal et l'Espagne. De plus la Grande-Bretagne put pénétrer leur marché colonial. Les ventes au Portugal et à l'Espagne,ainsi qu'à leurs empires coloniaux, représentèrent généralement la moitié, et parfois jusqu'aux deux tiers,de la croissance totale des exportations britanniques... L'exploitation de la "plus vieille alliance" de la Grande-Bretagne avec le Portugal fut essentielle à cette réussite ...le traité Methuen de 1703 donna cependant à l'Angleterre le statut effectif de partenaire commercial le plus favorisé, et la garantie que l'or du Brésil lui parviendrait via le Portugal. Ce traité, par l'accès à une nouvelle source de numéraire, permit à la circulation monétaire britannique de s'adapter au niveau d'expansion de sa production et de son commerce" Bonney R. "Le XVIIIe siècle. La lutte pour le statut de grande puissance et la fin de l'ancien régime fiscal", en Bonney R. (dir.) "Systèmes économiques et finances publiques", Paris 1996, p.322. El tratado de comercio entre el rey el señor don Pedro II y la reina Ana de Gran Bretaña, firmado en Lisboa el 27 de diciembre de 1703,en "Collecçao dos tratados, Convençoes, Contratos e Actos Publicos celebrados entre a Coroa de Portugal e as mais Potencias desde 1040 até ao presente compilados, coordenados e annotados por José Ferreira Borges de Castro", Tomo II, Lisboa Imprenta Nacional 1856). Para la evolución de los acuerdos y tratados internacionales concluidos por Portugal se ha tenido en cuenta De Castro Brandão, "Historia Diplomática de Portugal. Una cronologia" Lisboa, 2002.

En cuanto a la aplicación de las soluciones estatutarias, adornadas por los comentaristas próximos al "mos italicus", bien acogidos en la Península con motivo de la recepción del Derecho romano y el oportuno reforzamiento del poder real, y que se suscita en este episodio de la Chancillería de Granada, véase Pérez M.M./de Lenavides V.,"La teoría estatutaria como solución al conflicto entre el Derecho histórico de los distintos reinos (a propósito de una sentencia de la Chancillería de Granada en el s. XVII)", Initium 2001, pp.445-468. Criticas a los excesos en las citas de autoridades de estatutarios y de comentaristas aparecen en Martinez Marina P.,"Obras escogidas. Teoría de las Cortes. Legislación de los Reinos de León y Castilla. Juicio Crítico de la Novísima Recopilación", Tomo I, Madrid 1966 (obra reeditada), p.285: "Desde entonces los negocios, intereses y causas más graves de la nación y del ciudadano quedaron pendientes del capricho de los letrados, que hallaban ley y opinión para todo, y los litigios se concluía, abreviaban o eternizaban a arbitrio de la malignidad y del interés".

privado, en términos flexibles y abiertos respecto al largo intermedio que cabría cerrar con los finales de dictadura y con la entrada y participación en las Comunidades Europeas.

Aunque en la segunda mitad del XIX se codificaron, para cierto esplendor teórico las normas de conflictos de leyes con acuñación estatutaria modernizada, a través de los Códigos civil portugués de 1869 y español de 1889, en el que sin embargo de trató de zanjar los denominados conflictos internos de leyes derivados de las diferencias en sucesiones y en régimen de bienes en el matrimonio entre el derecho castellano o común y el de otros territorios con fueros o forales, también las de conflictos de jurisdicciones aparecieron en el Código portugués de procedimiento civil de 1876 y en la ley española de enjuiciamiento civil de 1881, en cuyo articulo 70 permanecieron reminiscencias de ciertas reglas del ya mencionado fuero de extranjería en su versión positiva de 1852. Las disposiciones sobre nacionalidad aparecieron en las constituciones españolas a partir de 1812 hasta inclusive con el afortunado paréntesis de la correspondiente a la Segunda república en 1931, régimen que a diferencia del portugués de 1910, tuvo una vigencia más reducida como consecuencia de las dictaduras que asolaron la Península desde 1926 en Portugal y desde 1939 en España, con efectos y consecuencias más sangrientos.

A. **El control económico, los aparatos y estructuras de poder y el desgaste político y social.**

Se podrían hacer unas breves consideraciones acerca del predominio en la Península del XIX de determinadas características propias del Antiguo Régimen con clases privilegiadas, desajustes sociales y económicos derivados de las guerras napoleónicas, enfrentamientos internos dinásticos y predominio de grupos de interés económico extranjeros que adquirirán un gran relieve en la minería, en los ferrocarriles, en las finanzas, en la electricidad, e inclusivo en los productos agrícolas de exportación. Las nuevas riquezas generadas por las desamortizaciones de bienes religiosos y municipales en manos de las tradicionales clases de nobleza y terratenientes sirvieron para mantener el absolutismo primero y el moderado liberalismo después, cuando se manifestaron los beneficios de los maquillajes políticos, o inclusive económicos, con nuevos grupos enriquecidos –, sin que tal prosperidad alcanzara a las clases menos afortunadas y siempre propicias para la emigración. La lamentable perseverancia en la situación colonial de Cuba como así mismo la reanudación de experiencias de supuesto prestigio y evidente fracaso militar en el norte de África, acompañando a las inversiones en las minas del Rif, con la continuidad en la pobreza del interior del país, dieron alientos para la emigración hacia América fundamentalmente. Tales movimientos se propiciaron además por la administración española para moderar las tensiones sociales desde 1853 o mejor, desde 1907-1908, aunque en la práctica fueron abandonados en las manos de los intereses comerciales de agentes reclutadores y de compañías navieras que ya habían prosperado con motivo de la guerra de Cuba[7]. Las consecuencias de la gran depresión de 1929 también resultaron muy negativas para las economías de exportación básicamente agrarias como eran las correspondientes a los dos países peninsulares.

---

[7] Las cuestiones referentes a los procesos contrapuestos de emigración laboral y de entradas de capitales en la Península pueden ser analizadas en Engerman S. L. "The Bricks of an Empirt 1415-1970: 585 years of Portuguese Emigration" The Journal of European Economic History 1997, pp.471-509; Bonnee N.R. "Port Wine Merchants: Sandeman in Porto 1813-1831", The Journal of European Economic History 1995, pp.239-270, donde se advierte que uno de los efectos del Tratado de Methuen fue el control británico de las tierras de Porto mientras declinaba en el pais la producción textil; Tortella G. "Patterns of economic retardation and recovery in south-western Europe in the nineteenth and twentieth centuries", Economic History Review 1994, pp.1-21,con indicación de los altos niveles de analfabetismo en España y Portugal durante la época; también, "La pénurie d'entrepreneurs: explication du retard espagnol?" en "Entreprises et histoire" 1995, pp.63-73, en cuanto a la relevancia empresarial extranjera en España en los sectores bancario, minero y eléctrico en la segunda mitad del siglo XIX, contándose con un análisis global en su "El desarrollo de la España contemporánea. Historia económica de los siglos XIX y XX", Madrid 1994, pp.1-195, al que cabría añadir Fontana, J. (ed.) "La economía española al final del Antiguo Régimen. III. Comercio y colonias", Madrid 1982, esp. Pp 171-249.

En cuanto a los movimientos de población española emigrada, se pueden acumular los estudios de la derivada hacia América (así, por ej. Centre de recherches hispaniques, "Exils et Migrations ibériques vers l'Amérique latine' Paris 1998) y, hacia el resto europeo: Dreyfus-Armand G.,"L'Exil des Républicains Espagnols en France. De la guerre civile à la mort de Franco", Paris 1999; Angoustures A.,"Les réfugiés espagnols en France de 1945 à 1951", Revue d' histoire moderne et contemporaine",1997, pp. 457-
-483 y Babiano J. y Farré S.,"La emigración española a Europa durante los años sesenta: Francia y Suiza como países de acogida", Historia Social 2002, pp. 81-98. Un análisis global en Nadal J. "La población Española (siglos XVI a XX)", 1988, especialmente pp. 182-210.

B. **Las emigraciones de guerra, de disensión política y de huida de la pobreza.**

En realidad, las emigraciones como manifestación de desplazamientos de población hacia el extranjero y la paralela orientación en la regulación de los mercados peninsulares en términos de un graduable cierre o autarquía, altos niveles de inflación, baja productividad agrícola e industrial, con los controles de cambios como básico instrumento de regulación del mercado, con la paralela rigurosidad en la persecución del contrabando, incluso en la frontera hispano-portuguesa, fueron, entre otras, algunas de las características derivadas de los regímenes dictatoriales padecidos en la Península con posterioridad a 1940-1945, añadiéndose a las clases privilegiadas anteriores y de reconocida lealtad política algunos nuevos grupos de la alta jerarquía militar y de beneficiarios de las obras y concesiones adjudicadas en condiciones de corrupción y de caciquismo[8].

Una vez transformado el elemento colonial en la dinámica de las emigraciones a ultramar, el también retenido elemento religioso, católico, se reforzará en los Estados de la Península a través de los concordatos con la Santa Sede de 1940, en el caso de Portugal, y de 1953, en el caso de España, con las correspondientes exigencias en materia matrimonial que acompañaron a los emigrantes desplazados al exterior que no cambiaran de nacionalidad y que produjeron situaciones claudicantes como consecuencia de las diferencias con los normales ordenamientos extranjeros de los Estados de acogida.

---

[8] Sobre los procesos de consolidación de las clases privilegiadas en la España del XIX, relacionado también con los beneficios procedentes de las ya exiguas posesiones de Ultramar, habría que referirse a Casado Alonso H. y Robledo Hernández R. "Fortuna y negocios: Formación y gestión de los grandes patrimonios (siglos XVI-XX)", Valladolid 2002; Dominguez Ortiz, A. ''Las clases privilegiadas en el Antiguo Régimen", Madrid 1973; Paniagua, J. y Piqueras, J. A. "Poder económico y poder político", Valencia 1993; Cabrera, M. y Del Rey, F. "El poder de los empresarios. Política y Economía en la España contemporánea (1875-2000)", Madrid 2002, esp. pp. 65-112 sobre "intereses y política clientelar en la Restauración", para desembocar en los tiempos más cercanos en las obras de Sanchez Recio G. y Tascón Fernández J. "Los empresarios de Franco. Política y Economía en España 1936-1957", Madrid 2003; y Broder, A. "Historia Económica de la España Contemporánea", Madrid 2001. Respecto a Portugal, los datos más significativos se pueden obtener de Mata, E. y Valério, N. "Hitória Económica de Portugal. Uma perspectiva Global" Lisboa 2003, esp. pp. 136-223 (desde "Os sobresaltos políticos – 1820//1851 – " hasta "A caminho das Comunidades Europeias – 1976/1985-")

Así, en el caso español, cabe recordar que con la reforma del Código civil por la ley de 24 de abril de 1958, se reforzaba la prueba de la no pertenencia a la religión católica para poder contraer matrimonio civil, quedando bajo la órbita exclusiva del derecho canónico el matrimonio confesional, que abarcaba no sólo las formas y solemnidades sino las propias constitución y la validez, con el adicional respaldo jurisdiccional al admitirse la competencia exclusiva de los tribunales eclesiásticos para conocer de las causas de nulidad y separación suscitadas en los matrimonios canónicos, todo ello frente a la jurisdicción del Estado, que resultaba así empequeñecida, y que era tan sólo competente para conocer de los matrimonios civiles. Con motivo de la importante emigración española a los otros Estados europeos, al amparo de convenios de dudosa eficacia protectora, la atosigante prueba de la acatolicidad para la autorización del matrimonio civil en el extranjero fue atenuada por la ley de libertad religiosa de 1967, de alcance y significación modestas, y, sobre todo, por la práctica de los órganos administrativos del Ministerio de Justicia que flexibilizaron las rigurosidades de naturaleza religiosa. Hasta los correctos cambios introducidos por el artículo 32 de la constitución de 1978, con su desarrollo por la ley 30/1981 de 7 de julio, fue célebre alguna decisión de tribunal extranjero sobre el peculiar derecho español de antaño, como fue el caso en la República Federal de Alemania, de la sentencia del Tribunal Constitucional de 4 de mayo de 1971, bien reacia a aceptar la descarada bilateralidad del entonces impedimento de previo ligamen del antiguo artículo 85 del Código civil español. La situación descrita finalizó afortunadamente con los cambios de carácter constitucional derivados del desenlace de los regímenes dictatoriales en la Península, aunque las anteriores clases beneficiarias apenas sufrieran cambios sustanciales y en una gran medida supieran amoldarse a las nuevas circunstancias.

IV. LAS ESPERANZAS Y LOS LÍMITES EN EL PARAISO COMUNITARIO EUROPEO.

Al llegar al período que se abre con la entrada e implicación de España en las Comunidades Europeas, a partir de 1 de enero) de 1986, resulta difícil hacer una selección de entre los numerosos aspectos que en términos de derecho internacional privado se suscitan, bien en relación con la ordenación del mercado, cuyas reglas se podrían caracterizar como de aplicación inmediata o necesaria, bien en relación con las libertades de circulación de mercancías, en tanto que propias de una unión aduanera como punto de partida, de personas activas y no activas, de servicios y de capitales, como manifestaciones de la extranjería, distinguiéndose netamente y a los efectos de las fronteras exteriores entre la extranjería comunitaria y la no comunitaria. Los conflictos de jurisdicciones y de leyes, a pesar de su condición secundaria, complementaria e inclusive de acompañamiento de la circulación de personas, han aflorado últimamente con cierto relieve, al fundar su base no en el artículo 293, antiguo 220, del Tratado de Roma, sino en el 65 del Tratado de Roma introducido por el de Ámsterdam. También se puede observar que las consideraciones hechas inicialmente sobre el comercio a larga distancia como verdadero caracterizador y catalizador del "tráfico jurídico externo" en cuanto afectando a las mercancías, se incorporaron a la regulación básica del Acuerdo General de Aranceles y Comercio (GATT), respecto al que la Comunidad Económica Europea no dejaba de ser una unión aduanera en las condiciones del artículo XXIV, abriéndose tal instancia internacional a los servicios e incluso a los capitales o inversiones cuando se ha transformado en la Organización Mundial del Comercio.

En realidad, la ordenación del mercado, en conjunción con las libertades de circulación, complementadas por la paralela armonización, coordinación y aproximación de legislaciones, aparece como la clave del sentido comunitario de la integración, siempre de acuerdo con las exigencias del "mercado interior" postulado en el Acta Única Europea, más bien que con el impreciso "espacio de libertad, de seguridad y de justicia" del Tratado de Ámsterdam, que comunitarizó por el ya citado artículo 65 la "cooperación judicial en materia civil con repercusión transfronteriza", vaciando así el título VI o "tercer pilar" del Tratado de la Unión Europea.

Dentro de la regulación del mercado han sido tradicionalmente relevante las disposiciones sobre competencia, fundadas en los actuales artículos 81 y 82, anteriores 85 y 86, y respecto a los que la Comisión ha aparecido como garante, en condiciones de administración directa. Sin embargo, por el nuevo Reglamento 1/2003 del Consejo de 16 de diciembre de 2002 (DOCE num. L1 de 4.1.2003) se establecen mecanismos de cooperación con las autoridades locales o estatales, aumentándose el margen sancionador y limitándose la Comisión a los supuestos e infracciones de relieve e importancia comunitarias. En la dimensión abierta de la unión económica y monetaria, la ordenación del mercado se ha nutrido de los nuevos ingredientes de la convergencia, de la introducción del euro y del reforzamiento de los fondos estructurales y de cohesión, a los que cabe añadir con una cierta nota de maquillaje los aspectos de la política social, de la salud pública, de la protección de los consumidores, de la investigación y del medio ambiente.

En las nuevas condiciones del Tratado de Roma, y en relación con los aspectos conflictuales, se puede observar que mientras los instrumentos derivados del artículo 65 aparecen como ya se ha advertido a modo de apéndice de la "libre circulación de personas" para su mejor puesta en práctica, las directivas fundadas en los artículos 94 y 95, anteriores 100 y 100A, incluyen en ocasiones aditamentos o reglas adicionales de conflicto, (en los casos de seguros, restitución de bienes culturales, cláusulas abusivas en los contratos concluidos con los consumidores...), que tan sólo son comprensibles en función de la correspondiente materia, concernida por la aproximación de legislaciones.

A. El esplendor del mercado, las privatizaciones y los vacíos de regulación.

Con las citadas expresiones se trata de poner de relieve que a pesar del artículo 295, anterior 222, del Tratado de Roma, nunca modificado, de la presunta neutralidad del régimen de la propiedad en los Estados miembros y del 86.2 y 86.3, anterior 90.2 y 90.3, de donde arrancó la Directiva 80/723 de la Comisión de 25 de junio de 1980, relativa a la transparencia de las relaciones financieras entre los Estados miembros y las empresas públicas, el panorama para el sector público de los Estados comunitarios no resultó propicio en la propia década de los ochenta, donde coincidieron el giro político en Francia en 1984 con las privatizaciones, la consolidación conservadora en el Reino Unido y la entrada de España y Portugal en las Comunidades Europeas. El fervor hacia los diferentes flecos de la economía de mercado se tradujo en la exclusividad de las normas de competencia de los actuales artículos 81 y 82, antiguos 85 y 86, además de las correspondientes del control de las ayudas de estado, para mantener las exigencias del libre mercado, con las eventuales correcciones a través de los fondos de cohesión y estructurales a modo de mecanismos de corrección, en tanto que las privatizaciones y las disposiciones de desregulación o de desreglamentación se extendían a amplios sectores productivos.

En las condiciones que aparecen en las décadas posteriores y hasta nuestros días se puede constatar que las consideraciones de carácter o justificación social se tratan de refugiar en los imprecisos "servicios de interés económico general" del articulo II-295 del Tratado por el que se establece una Constitución para Europa y en el eventual margen practicado por los Estados comunitarios en cuanto a la utilización de la subsidiariedad. Los altos costos del proteccionismo agrícola, ganadero y pesquero, tanto a efectos interiores como exteriores, sin la necesaria modernización de las estructuras y de los sectores en declive, tienen como consecuencia la inexistencia de recursos apropiados para posibles y deseables políticas comunitarias de acción positiva, y de fomento y de desarrollo en conjunción con las infraestructuras financiadas con los citados fondos estructurales y de cohesión.

Se ha tratado de simples apuntes para indicar que la vía de la subsidiariedad, y también la de la cooperación reforzada, tal como se evidencia en los ámbitos del medio ambiente, de los consumidores, de la educación, de las innovaciones en industria y en servicios… permite que los Estados con mejor organización y más eficiente administración corrijan defectos, lagunas y vacíos que aparecen en todo tratado constitutivo de organización internacional, superando los efectos taumatúrgicos que se pretenden predicar del mismo.

B. Las complicaciones en los conflictos de jurisdicciones y de leyes como objetivos académicos con fulgor teórico y con reducido interés práctico.

Si los mercados español y portugués no dejan de ser una parte del más amplio mercado comunitario, resintiéndose de su orientación y de su alcance imperativo y aglutinador, también los nuevos desarrollos conflictualistas, por los que se ha rebasado el tándem Convenio de Bruselas – Convenio de Roma, constituyen las actuales referencias normativas, fundadas ahora en el nuevo articulo 65, para la solución de los supuestos intracomunitarios, aunque se adjetiven de "transfronterizos", dejándose las remanentes reglas ordinarias españolas de la Ley Orgánica 6/1985 de 1 de julio del Poder Judicial y de la propia Ley de Enjuiciamiento Civil de 1881 para la solución de los casos extracomunitarios, esto es, con implicación de Estados no comunitarios.

El artículo 65 ha servido para disparar la proliferación de actos normativos en forma de reglamentos, y eventualmente de directivas, tomando como modelo los convenios interestatales del antiguo "tercer pilar" que a su vez imitaban los todavía vigentes convenios de la Conferencia de la

Haya de derecho internacional privado en cuanto a "la notificación y traslado de documentos judiciales y extrajudiciales" y "la obtención de pruebas", en materia civil o mercantil. Se consolidan así dos regímenes, uno aplicable a las relaciones intracomunitarias y otro a las extracomunitarias, con los otros Estados miembros de la Conferencia o partes en convenios bilaterales, con eventuales solapamientos normativos[9].

---

[9] Respecto a la entrada y participación en las Comunidades Europeas de España y Portugal,cabe mencionar en una línea interdisciplinaria necesariamente, con el fin de mejor contextualizar los aspectos de la ordenación de mercado y de extranjería, además de las de carácter conflictual legislativo y jurisdiccional, entre otros: Varios,"L'Espagne et le Portugal dans la CEE.Interrogations et enjeux", Notes et Etudes Documentaires num. 4814, Paris 1986, incidiendo en los períodos transitorios en pp.31-76; Sohier, M. "Observations comparatives sur les conditions d'adhésion de l'Espagne et du Portugal", Cahiers de droit européen 1985,pp.584-608 y Plummer M. G. "Efficiency effects of the accession of Spain and Portugal to the EC", Journal of Common Market Studies 1991, pp.317-325. Las dos perspectivas, de derecho económico propio de una unión aduanera en progresiva evolución y de derecho conflictual, con un siempre reducido alcance y a modo de apéndice de las libertades de circulación de personas físicas y jurídicas, aparecían ya, respectivamente, en Sengean V. "Le droit économique des Etats membres dans une union économique et monétaire" Cahiers de droit européen 1976, pp.464-478, derivado del rapport de Verloren Van Thermaat M. P. y en Drobnig U. "L'apport du droit communautaire au droit international privé", Cahiers de droit européen 1970, pp.526-543. En una linea de prudencia y de prevención por la eventual ampliación normativa comunitaria a los clásicamente reservados ámbitos de competencia estatal del derecho de personas y familia, aunque con las siempre bien acogidas correcciones convencionales de alcance conflictual, se pueden traer a colación las ya antiguas advertencias sobre la dualidad entre "les matières de tradition" et "les matières d'affaires" expresadas por Offerhaus con motivo de la apertura de la séptima sesión de la Conferencia de La Haya de derecho internacional privado ("Actes de la septième session tenue du 9 au 31 octobre 1951", La Haye 1952, p.10) e incluso las algo más recientes de Berr al indicar, una vez afectado por el Derecho comunitario "la vie des affaires" que "le droit de la famille, celui des successions et des régimes rnatrimoniaux... tout celà n'est pas pratiquement pas concerné par l'Europe" ("L'influence de la construction européenne sur l'évolution contemporaine du droit privé français", en "Etudes de droit des Communautés Européennes. Mélanges offerts à Pierre-Henri Teitgen", Paris 1984, p.20).

Algunas observaciones sobre las divergencias en materia de desuniones matrimoniales dentro de los Estados comunitarios, que se puede extender a las peculiaridades de los Estados peninsulares a través de los ya mencionados concordatos con la Santa Sede y, en el caso español, de dudosa congruencia con el artículo 32 de la Constitución de 1978, con la consecuencia de que difícilmente se admitiría el reconocimiento de decisiones procedente de tribunales eclesiásticos cn materia de nulidad matrimonial y del denominado matrimonio *rato y no consumado* ante los tribunales de Estados laicos, y en concreto, de los Estados nórdicos comunitarios: Janaterá-Jareborg, M. "A European Family Law for Cross-Border Situations. Some Reflections Concerning the Brussels II Regulation and its Planned Amendments", Yearbook of Private International Law 2002, pp.67-82, esp.74.

En el más complicado ámbito de los conflictos de jurisdicciones, con el nuevo Reglamento 44/2001 de 22 de diciembre de 2000 (DOCE num. L 12 de 16.1.2001), continuador del ya antiguo y consolidado Convenio de Bruselas de 1968, pueden subsistir los casos de retrasos o de aplazamientos intencionados por alguna dé las partes de los procedimientos instados ante las alternativas ofrecidas de fueros de competencia, en unas condiciones en las que a pesar de que se limite el forum shopping, se mantienen importantes márgenes de picaresca procesal para los litigantes. En última instancia las soluciones adoptadas según las significadas normas de conflictos de leyes en obligaciones contractuales procedentes del Convenio de Roma, resultarán muy semejantes, al contarse además con el importante núcleo unificado por la vía de las directivas de aproximación o de coordinación de legislaciones en la materia de los contratos de consumidores básicamente. Las complicaciones se pueden plantear con ocasión del Reglamento 2201/2003 de 27 de noviembre (DOCE num. L 338 de 23.12.2003) al no contarse en cuanto a "la competencia, el reconocimiento y la ejecución de resoluciones judiciales en materia matrimonial y de responsabilidad parental" con los pasos previos de unificación en conflictos de leyes y en la aproximación o coordinación de legislaciones en las citadas materias que son de gran susceptibilidad nacional y de evidente diferenciación cultural, incluso dentro de la Europa comunitaria.

El ámbito de los conflictos de leyes, y a la espera de la conversión del Convenio de Roma sobre la ley aplicable a las obligaciones contractuales

---

Cabe advertir que a la proliferación de iniciativas de índole conflictualista en la apuntada tendencia, por otro lado criticable, de comunitarización de instrumentos convencionales de la Conferencia de La Haya o del Consejo de Europa e incluso por parte de algunos de sus miembros de apuntar hacia nuevas codificaciones estatales, en la línea de la Ley belga de 16 de julio de 2004, con previsibles complicaciones intracomunitarias – y ya se está en una Comunidad de veinticinco Estados! – coadyuva un denominado "grupo europeo de derecho internacional privado", de peculiar composición y conexión con las administraciones comunitaria y algunas estatales, con rasgos cerrados y no transparentes. En realidad, el aumento de las dificultades conflictualistas no va en consonancia con el todavía abierto proceso de "la aproximación de las legislaciones" que reduce lógicamente la oportunidad conflictualista para los casos de litigios intracomunitarios y además ayuda, lamentablemente, a cerrar los ojos hacia los más acuciantes problemas que se plantean en las relaciones económicas, sociales y comerciales internacionales, no encorsetables en los términos de los conflictos de jurisdicciones y de leyes y en los que participa la Comunidad Europea desde su configuración como unión aduanera y a los que se debería prestar atención desde un derecho internacional privado más abierto y menos preocupado por los "arabesques de la doctrine" como ya hace años advirtió un conocido tratadista francés.

en la modalidad de reglamento, de acuerdo con las exigencias del reiterado artículo 65, cabria señalar que la propuesta de Reglamento relativo da la ley aplicable a las obligaciones extracontractuales ("Roma II") (COM 2003 427 final, Bruselas 22.7.2003) cuenta con los respaldos normativos previos de algunas directivas adoptadas como la de "responsabilidad por los daños causados por productos defectuosos" (Directiva 85/374) y las adoptadas en materia medioambiental, facilitándose así la determinación y la cuantificación en la responsabilidad civil. Aunque en tal propuesta de reglamento se establece una afortunada sectorialización dentro de las obligaciones extracontractuales al distinguirse entre los campos de la responsabilidad por productos defectuosos, por libre competencia, por circulación por carretera o en favor de consumidores... sin embargo la eventual introducción del criterio de la autonomía de la voluntad no resulta muy aconsejable.

V. A MODO DE CONCLUSIONES

Con las nociones o categorías apropiadas para un derecho internacional privado, concebido con caracteres y notas de flexibilidad, como son las de extranjería, con sus diferentes flecos o aspectos, y de mercado, con su carga reguladora económica y comercial, se ha acotado un largo periodo de tiempo para los intercambios suscitados en y desde la Península, a partir de un extenso "Ancien Régime", con sus incidencias de expansión colonial y de guerras, hasta la entrada en las Comunidades Europeas, y actual Comunidad o Unión Europea, pasando por un intermedio de emigraciones y de consolidación de poderes de difícil corrección en cuanto a sus excesos por vías constitucionales, de hecho bien adulteradas. En recuerdo al profesor homenajeado se han aplicado a los períodos así acotados consideraciones de carácter religioso, colonial y, más propio de nuestros días, de índole comunitaria europea en conjunción con las favoritas ''normas de aplicação imediata".

Durante el Antiguo Régimen, aplicable tanto a España como a Portugal, las notas religiosa y colonial retenidas resuman fácilmente con motivo de los argumentos de cruzada o de extensión de la fe cristiana o de la propia expulsión de judío, y de moriscos además en el caso español, y de las obsesivas preocupaciones de "limpieza de sangre" para mejor respaldar a los denominados cristianos viejos en detrimento de los conversos a los efectos de los beneficios eclesiásticos de la entrada en la incipiente administración real y en todo caso para el predominio en una sociedad cerrada, en la que el comercio estaba controlado en la práctica por poderes foráneos, y además privilegiados, en la que los monarcas, bien proclives a las guerras por motivos dinásticos y religiosos originaban fácilmente bancarrotas que apenas podían ser limitadas o enjugadas por los metales preciosos provenientes de las Indias. La religión también intervenía para admitir o negar la naturalización de extranjeros en los reinos españoles y, sobre todo, para condicionar el matrimonio con la rigidez propiciada por el Concilio de Trento. "La religión no fue, sin embargo, óbice para los excesos cometidos a título de las presuntas exigencias coloniales con la nefasta trata negrera que se prolongó incluso a lo largo del siglo XIX – Aquí, la extranjería de personas-mercancías adquirió unos rasgos bien tenebrosos para el comercio. La religión en su modalidad católica, también intervino para la consideración negativa del comercio, facilitando la intervención de los judíos en detrimento de los "gentiles" cono consecuencia de los debates teológicos acerca de la usura.

Los aspectos colonial y religioso ofrecieron nuevas aristas a lo largo del intermedio del XIX y de una buena parte del XX, a partir de las independencias americanas que motivaron importantes salidas de población hacia Ultramar y hacia otros Estados europeos, y a las que en su desplazamiento acompañaban las rigurosas disposiciones canónicas matrimoniales. Los últimos decenios del XIX coincidieron con los recortes en los sueños imperiales de Portugal en África derivados del predominio de otros Estados en la Conferencia de Berlín de 1885, y con la pérdida de las últimas posesiones coloniales españolas en las Antillas y en el Pacífico. Mientras se restringía así el colonialismo procedente de la Península aumentaba el control extranjero en la explotación y dominio de sus mercados, a la que se añadió el propiamente nacional enriquecido por las desamortizaciones religiosas y locales y por los fondos procedentes de Ultramar.

Así, al haber analizado diferentes episodios en términos de derecho internacional privado de los países peninsulares, con una convencida revalorización de las reglas y disposiciones de la regulación del mercado y de la extranjería, en sus diferentes vertientes como las del comercio a larga distancia implicando a comerciantes y mercancías o productos, se ha podido observar que tales normas de anterior acuñación estatal o incluso convencional han cedido ante las nuevas de procedencia regional y tibiamente general, con sus propias categorías, objetivos o autoridades de control o de cobertura. En todo caso, la extranjería, con el citado comercio en particular, y en conjunción con el mercado y la propia jusridicción económica, juega un papel determinante en los intercambios internacionales, a los que no puede ser ajeno el derecho internacional privado.

También mediante los ejemplos aportados se ha tratado de advertir de las ventajas inexploradas de contar con nuevos planteamientos derivados de la historia económica y social o inclusive, ya en nuestros días, del siempre parcelado y sectorial desarrollo del derecho comunitario europeo, si se tienen en cuenta más bien las orientaciones en las regulaciones propias del mercado y de la extranjería, que las complicaciones derivadas de la entrada en las materias propias del derecho de personas y familia, como acontece con determinados actos normativos tal como es el caso del reglamento 2201/2003 de 27 de noviembre del 2003, sustitutivo del 1347/2000, que se inscriben en la arriesgada pretensión de comunitarización de convenios ya existentes fuera del marco comunitario.

NORMAS DE APLICAÇÃO IMEDIATA COMO UM MÉTODO PARA O DIREITO INTERNACIONAL PRIVADO DE PROTEÇÃO DO CONSUMIDOR NO BRASIL[1]

CLÁUDIA LIMA MARQUES[2]
*Professora Titular de Direito Internacional Privado da
Universidade Federal do Rio Grande do Sul*

DANIELA CORRÊA JACQUES[3]
Advogada

INTRODUÇÃO

Em suas conferências na Universidade Federal do Rio Grande do Sul, em 2002, António Marques dos Santos,[4] ressaltava a relativização do método conflitual clássico e a hoje existente pluralidade de métodos em Direito Internacional Privado (DIP), explicando as "normas de aplicação

---

[1] Trabalho em homenagem póstuma a António Marques dos Santos. Nosso reconhecimento e agradecimento ao eminente jurista e grande professor lusitano, Prof. Dr. António Marques dos Santos (Univ. de Lisboa), que com sua inteligência, espírito público e humanismo privilegiados, demonstrou sempre especial carinho pelo Brasil e pela Universidade Federal do Rio Grande do Sul.

[2] Professora Titular de Direito Internacional Privado da Universidade Federal do Rio Grande do Sul – Porto Alegre, Brasil. Doutora em Direito (Heidelberg), Mestre em Direito (Tübingen), Especialista em Direito Europeu (Europa-Institut, Saarbrücken). Ex-presidente do Brasilcon – Instituto Brasileiro de Política e Direito do Consumidor (São Paulo). *Directeur* da *Association International de Droit de la Consommation* (Bruxelas).

[3] Advogada; Mestre e Especialista em Direito Internacional pela Universidade Federal do Rio Grande do Sul – Brasil.

[4] Veja detalhes em sua famosa obra, MARQUES DOS SANTOS, António. *As normas de aplicação imediata no direito internacional privado – Esboço de uma teoria geral*, Coimbra: Almedina, 1991, p. 2 e seg.

imediata" como uma nova forma de solucionar as situações multiconectadas ou jusprivatistas internacionais.[5] Para homenagear este grande mestre do Direito Internacional Privado lusitano, escolhemos justamente analisar as normas de aplicação imediata, em especial o Código Brasileiro de Defesa do Consumidor (Lei 8.078/90), verificando se, em seu largo uso jurisprudencial no Brasil,[6] constitui ou não um novo método para o direito internacional privado visando a proteção do consumidor nas suas relações conectadas em abstrato com mais de uma ordem jurídica.[7]

Segundo Nádia de Araújo, "as regras consideradas como de aplicação imediata (*lois de police*) são aquelas cujo conjunto é considerado como do domínio de regulamentação estatal e que por todos deve ser seguido, para salvaguardar a organizaão política, social ou econômica do país."[8] Assim o Artigo 3.°, alínea 1ª do Código Civil Francês dispõe que algumas leis e normas obrigam a todos, nacionais e estrangeiros, no território francês: "*Les lois de police et de sûreté obligent tous ceux qui habitent le territoire.*" Uma norma material, imperativa, para todos os casos – mesmo os de DIP – no território.

Se algum tempo atrás a proteção do consumidor era um tema de direito interno também no Brasil, pois a atuação da maioria das pessoas restringia-se ao território do seu país, uma relação típica nacional, sem qualquer elemento de internacionalidade,[9] hoje a realidade é diversa.[10]

A proteção internacional do consumidor é hoje um dos temas mais atuais do Direito Internacional Privado,[11] seja pela crescente influência da

---

[5] Para uma bibliografia de António Marques dos Santos, veja MALHEIROS, Manuel, António Marques dos Santos – um homen no seu tempo, in JAYME, Erik e SCHINDLER, Christian, *Portugiesisch – Weltsprache des Rechts*, Aachen: Shaker Verlag, 2004, p. 33-39

[6] Veja os *leading cases* de proteção do consumidor no Brasil, in MARQUES, Cláudia Lima, BENJAMIN, Antônio H. de V. e MIRAGEM, Bruno, *Comentários ao Código de Defesa do Consumidor – Art. 1 a 74 –Aspectos materiais*, São Paulo: RT, 2004, p. 56 e seg.

[7] Sobre o tema veja também o livro dedicado *im memoriam* à António Marques dos Santos, MARQUES, Cláudia Lima, *Confiança no comércio eletrônico e a proteção do consumidor*, São Paulo: Editora Revista dos Tribunais, 2004, p. 31 e seg.

[8] ARAÚJO, Nádia, *Contratos Internacionais*, 2.ed., Rio de Janeiro: Renovar, 2000, p. 33.

[9] Assim ensina HOFFMAN, Bernd von, Über den Schutz des Schächeren bei internationalen Schuldvertragen, in *RabelsZ* 38 (1974), p. 401, explicando que nos casos excepcionais se podia usar a cláusula de ordem pública para proteger este "mais fraco".

[10] Veja RIZZATTO NUNES, Luiz Antônio, *Comentários ao CDC*, Saraiva, São Paulo, 2000, p. 349.

[11] Assim também MANKOWISKI, Peter, Entwicklung im Internationalen Privat- und Prozessrecht 2003/2004 (Teil 1), in *RIW* 7/2004, p. 482-483 e LAGARDE, Paul, Développements futurs du D.I.P., in *RabelZ* 68 (2004), p. 226.

legislação da União Européia,[12] pela banalização do consumo internacional,[13] e não poucos se preocupam com o eventual retrocesso no nível de proteção deste sujeito vulnerável,[14] seja em direito material,[15] seja, metodologicamente,[16] em Direito Internacional Privado.[17]

Os bens estrangeiros estão nos supermercados, os serviços são oferecidos por fornecedores com sede no exterior no telemarketing, através da televisão, do rádio, da Internet, da publicidade massificada no dia-a-dia da maioria dos cidadãos de nossas metrópoles regionais.[18] Não é mais neces-

---

[12] Veja, por exemplo, em material de contratos, SCHLACHTER, Monika, Verbraucherschutz gegen Strukturvertriebsmodelle: gemienschaftsrechtliche Anforderungen na ein effektives Widerrufsrecht, in *RIW* 9/2004, p. 655-662. E, em material de delitos, SIEMS, Mathias M., Die Harmonisierung des Internationalen Deliktsrechts und die 'Einheit der Rechtsordnung', in *RIW* 9/2004, p. 662 e seg.

[13] Veja, sobre jogos e loterias ou promessas de 'ganhos' no estrangeiro, como novo problema europeu, Hacker, Robert, Europäisch-zivilverfahrechtliche und international-privatrechtliche Probleme grenzüberschreitender Gewinnzusagen- zugleich zu einem europäischen Begriff der unerlaubten Handlug, in *ZVglRWiss* 103 (2004), p. 463-500.

[14] A definição de consumidor, conforme assevera Toniollo, no âmbito internacional, comporta uma dificuldade no sentido de compreender as várias definições já existentes, devendo ser "*lo suficientemente amplia para comprender las variadas situaciones necesitadas de tutela.*" TONIOLLO, Javier Alberto. La protección internacional del consumidor: reflexiones desde la perspectiva del derecho internacional privado argentino. *Revista de Direito do Mercosul*, Buenos Aires/Porto Alegre, ano 2, n. 6, dez. 1998, p. 95.

[15] Neste sentido, veja defendendo que a distinção entre consumidor e comerciantes, na Internet, não faria sentido GUILLEMARD, Sylvette, Le 'cyberconsommateur' est mort, vive l'adhérent, in *Journal du Droit International*, 1, 2004, p. 7-61. Em sentido contrário, trabalho orientado por António Marques dos Santos, de OLIVEIRA, Elsa Dias. *A proteção dos consumidores nos contratos celebrados através da Internet*, Almedina, Coimbra, 2002, p. 10 e seg. e MARQUES, Confiança, p. 303 e seg.

[16] Ensinam JAYME, Erik e KOHLER, Europäisches Kollisionsrecht 2004: territoriale Erweiterung und methodische Rückgriffe, in *IPRAX*, p. 483 e seg, que as últimas diretivas européias trazem normas de DIP, e em especial o Princípio do Reconhecimento (*Anerkennungsprinzip*), que pode prejudicar a proteção da vítima de produtos defeituosos e os consumidores em geral, permitindo fraudes e fugas à lei normalmente indicada aplicável. Talvez daí a opção por estabelecer em lei quais as normas imperativas, como no Art. 29a da EGBGB, veja sobre este problema metodológico, MARQUES, Confiança, p. 371 e seg.

[17] Veja a proposta de uma CIDIP de proteção do consumidor, in MARQUES, Confiança, p. 303-467, em especial p. 460 e seg.

[18] Assim concordam BENJAMIN, Antônio Herman de V., Consumer Protection in Less-Developed Countries: The Latin American Experience, in RAMSAY, Iaian (Ed.), *Consumer Law in the Global Economy*, Asgate, Brookfield, USA, 1996, p. 50 e REICH, Norbert, Consumerism and citizenship in the Information Society-The case of eletronic contracting, in WILHELSSON, Thomas (Ed.), *Consumer Law in the Information Society,* Kluwer,

sário viajar, ser um *consumidor-ativo,* um consumidor turista, deslocar-se para ser um consumidor, que contrata de forma internacional ou se relaciona com fornecedores de outros países.[19] As próprias formas de produção e montagem hoje são internacionais, os contatos internacionais de consumo e o turismo massificaram-se.[20]

O fenômeno do *consumidor-passivo* internacional e o do *consumidor-ativo* internacional já chegou aos países da América Latina[21] e ao Brasil.[22]

Law Internationa, Haia/Londres/Boston, 2001, p. 163 e seg. Veja MARQUES, Claudia Lima (Org.), *Estudos sobre a proteção no Brasil e no Mercosul,* Editora Livraria dos Advogados, Porto Alegre,1994 e El Código brasileño de defensa del consumidor y el Mercosur, in GHERSI, Carlos Alberto (Diretor), *Mercosur-Perspectivas desde el derecho privado,* Editorial Universidad, Buenos Aires, 1996, p. 199-226.

[19] A distinção entre consumidor-ativo (que se desloca de um país para outro) e consumidor-passivo (que recebe a informação, que contrata em seu país, sem deslocamento físico) é muito utilizada na Alemanha e será aqui seguida para facilitar a exposição. Veja, por todos, usando a expressão JAYME, Erik e KOHLER, Christian, Europäisches Kollisionsrecht 1999 – Die Abendstunde der Staatsverträge, in *IPRAX* 1999, p. 404.

[20] Assim BENJAMIN, Antonio Herman de V., O transporte aéreo e o Código de Defesa do consumidor, in *Revista AJURIS-Edição Especial,* março 1998, vol. II, p. 499 e seg. Veja também MARQUES, Claudia Lima, A responsabilidade do transportador aéreo pelo fato do serviço e o Código de Defesa do Consumidor – Antinomia entre norma do CDC e de leis especiais, in *Revista Direito do Consumidor,* São Paulo, vol. 3 (1992), pg. 155-197.

[21] Veja sobre a universalidade do fenômeno, KRONKE, Herbert, *Applicable Law in Torts and Contracts in Cyberspace, in Internet – Which Court Decides? Which Law Applies,* in Boele-Woelki, Katharina e Kessedjian, Catherine (Ed.), Kluwer Law International, Haia, 1998, p. 82 e seg.

[22] Veja a proposta de uma CIDIP de proteção do consumidor, in MARQUES, Confiança, p. 360. Propõe-se a seguinte definição de consumidor para o comércio inter-americano: "Proposta de Convenção CIDIP, I – Regras Gerais, artigo 1.° – Definição de Consumidor: 1. Consumidor para efeitos desta Convenção é qualquer pessoa física que, frente a um profissional e nas transações, contratos e situações abrangidas por esta Convenção, atue com fins que não pertençam ao âmbito de sua atividade profissional. 2. Consideram-se consumidores também os terceiros pertencentes à família do consumidor principal ou os acompanhantes outros, que usufrutam diretamente dos serviços e produtos contratados, nos contratos abrangidos por esta Convenção, como destinatários finais destes. 3. Para o caso de contratos de viagens e de multipropriedade, considerar-se-á consumidores: a) o contratante principal ou pessoa física que compra ou se compromete a comprar o pacote turístico, a viagem ou time-sharing para o seu uso próprio; b) os beneficiários ou pessoas terceiras em nome das quais compra ou se compromete o contratante principal a comprar a viagem ou o pacote turístico e os que usufruem da viagem ou da multipropriedade por algum espaço de tempo, mesmo não sendo contratantes principais; c) o cessionário ou pessoa física aos quais o contratante principal ou beneficiário cede a viagem ou pacote turístico ou os direi-

Consumir de forma internacional é típico de nossa época.[23] O serviço ou produto estrangeiro é *status*, é bem simbólico na atual cultura de consumo;[24] o turismo, as viagens, o ser consumidor-ativo de forma internacional faz parte da procura pós-moderna[25] dos prazeres, do lazer individual, da realização dos sonhos e do imaginário, é uma distinção social cada vez mais importante.[26]

Se o direito do consumidor tem vocação internacional,[27] em tempos pós-modernos de forte globalização[28] e utilização do mundo virtual, conclui-se mesmo pela insuficiência da proteção nacional e do DIP clássico,[29] prevendo-se a necessidade de uma aproximação funcional, que uma nor-

---

tos de uso. 4. Se a lei indicada aplicável por esta Convenção definir de forma mais ampla ou benéfica quem deve ser considerado consumidor ou equiparar outros agentes a consumidores, o juiz competente pode ter em conta esta extensão do campo de aplicação da Convenção, se for mais favorável aos interesses do consumidor." Também in MARQUES, Cláudia Lima. A proteção do consumidor: aspectos de direito privado regional e geral. In: COMIT JURÍDICO INTERAMERICANO. XXVII Curso de direito internacional privado da OEA. Washington: Secretaria Geral, 2001, p. 763.

[23] Veja neste sentido, FEATHERSTONE, Mike, *Cultura de Consumo e pós-modernismo*, Trad. Júlio Assis Simões, Studio Nobel, São Paulo, 1995, p. 31.

[24] Aqui estamos seguindo os ensinamentos de FEATHERSTONE, p. 31 e seg.

[25] Veja sobre reflexos da pós-modernidade no DIP, JAYME, Erik, *Identité culturelle et intégration: Le droit international privé postmoderne*, Recueil des Cours, tome 251 (1995), The Hague/Boston/London: Martinus Nijhoff Publ., 1996, p. 36 e seg.

[26] Assim FEATHERSTONE, p. 31.

[27] Veja BOURGOIGNIE, Thierry, *Eléments pour une théorie du droit de la consommation*, CDC-Story Sciencia, Bruxelas, 1988, p. 215ss.

[28] Veja sobre o tema, PERIN, Ecio Júnior, *A Globalização e o Direito do Consumidor – Aspectos relevantes sobre a harmonização legislativa dentro dos mercados regionais*, Ed. Manoela: Baueri, 2003, p. 45 e seg. Definindo globalização, CASTELLS, Manuel, *End of Millennium (The Information Age: Economy, Society and culture, volume III)*, Blackwell P., Oxford, 1998, p. 1: *"...this is indeed a time of change...a technological revolution, centered around information, has transformed the way we think, we produce, we consume, we trade, we manage, we communicate, we live, we die, we make war, and we make love. A dynamic global economy has been constituted around the planet, linking up valuable people and activities from all over world, while switching off from the networks of power and wealth, people and territories dubbed as irrelevant from the perspective of dominant interests..."*

[29] Assim MARQUES, Confiança..., p. 329 e seg., com base nos ensinamentos de Erik Jayme, Neuhaus, Jan Kropholler, Fausto Pocar, Pierre Mayer e Boggiano (BOGGIANO, Antonio, The Contribution of the Hague Conference to the Development of Private International Law in Latin America. Universality and genius loci, in Recueil des Cours, 1992, II, t. 233, Nijhoff, Dordrecht, 1993, p. 138 e 139), dentre outros.

mas clássicas de conflito e normas materiais,[30] O consumidor não deve ser prejudicado, seja sob o plano da segurança, da qualidade, da garantia ou do acesso à justiça somente porque adquire produto ou utiliza serviço proveniente de um outro pais ou fornecido por empresa com sede no exterior.[31] A pergunta é como a jurisprudência brasileira está respondendo a esta internacionalização das relações de consumo,[32] uma vez que nossas leis raramente possuem normas de direito internacional privado especiais para a tutela efetiva dos contratantes mais fracos, os consumidores domiciliados em nosso território. A solução é muitas vezes aplicar diretamente a norma nacional material de proteção e menosprezar o método conflitual clássico do DIP.

São as chamadas "leis de aplicação imediata", leis básicas de segurança do mercado ou sociedade ("*sauvegarde de l'organisation politique, sociale ou économique du pays*"),[33] leis para nacionais e estrangeiros e para todas as relações privadas, sem necessidade de antes passarem pelo método clássico do Direito Internacional Privado, da indicação de uma lei aplicável. Esta própria lei "de aplicação imediata" ou lei de "polícia" tem pretensões de aplicação genérica e extraterritorial sempre, não importando se são leis de direito privado, uma vez que positivam fortes interesses de organização da sociedade nacional. Como a chamada lei de aplicação imediata é direta ou resolve o conflito diretamente, sua aceitação e identificação hierárquica dentro do DIP é uma técnica (por sinal cada vez mais usada) de "materialização" das novas regras de conflitos de leis.[34]

---

[30] Assim CALLIESS, Gralf-Peter, Transnationales Verbrauchervertragsrecht, in *RabelsZ* 68 (2004), p. 249 e seg.

[31] Assim nos manifestamos no artigo, *Regulamento Comum de Defesa do Consumidor do Mercosul – Primeiras observações sobre o Mercosul como legislador da proteção do consumidor*, publicado in Revista Direito do Consumidor, vol. 23-24, p. 79 e também, no mesmo sentido no Mercosul, STIGLITZ, Gabriel, *El derecho del consumidor en Argentina y en el Mercosur*, in Derecho del Consumidor, vol. 6, 1995, p. 20.

[32] Sobre a resposta da doutrina veja as obras de PERIN, p. XIII e 1 e seg. e FELLOUS, Beyla Esther. *Proteção do consumidor no Mercosul e na União Européia*, São Paulo: RT, 2003.

[33] Na definição clássica de Franceskakis, reproduzida por BUCHER, Andreas, *L'ordre public et le but social de lois en droit international privé*, Recueil des Cours, 1993, II, t. 239, Nijhoff, Dordrecht, 1994, p. 39, são leis ou regras "don't l'observation est nécessaire pour la sauvegarde de l'organisation politique, sociale ou économique du pays.", veja Art. 7, alinea 2 da Convenção de Roma da UE sobre lei aplicável às obrigações contratuais de 1980. Tais normas se aplicam diretamente. Veja sobre o Art. 18 Lei de Dir. Internacional Privado suíça, BUCHER, p. 39.

[34] Segundo Erik Jayme (JAYME, Recueil, p. 44), uma das tendências do direito internacional privado pós-moderno ou atual seria a materialização das regras de conflito de leis

Nesse artigo, queremos analisar justamente esta materialização do DIP brasileiro (Parte I), assim como ressaltar a influência desse método na solução de questões envolvendo o direito do consumidor (Parte II). Nosso ponto de partida é a pergunta, face aos recentes desenvolvimentos no direito comunitário europeu e na Lei de Introdução ao Código Civil alemão (EGBGB), se a tendência de considerar as normas materiais de proteção do consumidor nacionais, como o CDC, pela jurisprudência brasileira, e as Diretivas européias, na legislação de DIP alemã, podem ser comparáveis como fases semelhantes de desenvolvimento de um DIP de proteção dos consumidores.

Desde 2001, Erik Jayme e Christian Kohler alertam para a mudança metodológica no DIP, que significa o novo Princípio do Reconhecimento imperativo de sentenças européias (*Annerkungsprinzip*), impondo uma espécie de ordem pública européia negativa, a impossibilitar praticamente que uma sentença de um membro da Comunidade viola-se a ordem pública de um outro Estado membro e não fosse reconhecida.[35] Como não existem muitas normas de DIP de origem européia, mas sim muitas normas materiais (em especial na proteção dos consumidores), não tardou muito para que os especialistas de DIP[36] identificassem aí também uma mudança metodológica, uma nova espécie de legislação indireta de DIP, por exemplo, através das Diretivas européias de proteção dos consumidores que expressamente afirmavam não conter nenhuma norma de DIP, mas que reflexamente eram imperativas e auto-limitavam seu campo de aplicação, como um *standard* mínimo ou ordem pública de proteção europeu.

Esta técnica não passou desapercebida do legislador alemão, que não contente em ter uma norma especial de DIP para contratos internacionais concluídos por consumidores (Art. 29 da EGBGB) resolveu criar um novo Artigo 29a da EGBGB, dispondo que caso as normas materiais européias não fossem as indicadas pelas normas de conflito de leis (isto é, a contra-

---

e aplicação reiterada da *lex fori*. Após a chamada "*American revolution*", movimento doutrinário e jurisprudencial ocorrido nos Estados Unidos na década de 1960, que repensou o método e a idéia de justiça no direito internacional privado, as regras de conflito de leis teriam superado seu automatismo e simples posição instrumental de indicação de uma lei material para resolver "diretamente" o conflito, passando agora a se interessar pela solução concreta ou direta (material) do caso.

[35] JAYME, Erik e KOHLER, Christian, Europäisches Kollisionsrecht 2001: Anerkenungsprinzip statt IPR?, in *IPRAX* 2001, p. 501 e seg.

[36] Assim manifesta-se, citando Jayme e Kohler, LAGARDE, *RabelZ 68* (2004), p. 229 e seg., se bem que analisando casos de direito de família e sucessões.

rio, se indicado aplicável ou escolhido fosse um direito de país terceiro), as Diretivas protetivas do consumidor se aplicariam de qualquer forma, como imperativas (veja art. 29a EGBGB).[37]

Em resumo, tais normas materiais sempre encontram aplicação imperativa,[38] ou pelo método conflitual, quando a norma de DIP indica a lei de um país membro que as incorporou, ou – se a lei aplicável é de país terceiro – por força do Art. 29a do EGBGB, em uma espécie de novas normas imperativas de proteção dos consumidores, sempre cumulativas à indicação da lei aplicável. Já a norma francesa, parece preferir tratar a Diretiva como norma de ordem pública (sui generis) e afastar a lei indicada de terceiro país, se menos protetiva que a ordem pública (positiva) européia representada pela Diretiva.[39] Aqui nos interessa mais a solução alemã do Art. 29a do EGBGB. Vejamos agora se o caso brasileiro é semelhante, pois em ambos os casos chegamos à aplicação material das normas nacionais materiais de proteção dos consumidores, seja por indicação do DIP, seja antes do recurso ao DIP.

---

[37] Texto original em alemão, livremente traduzido, publicado in IPRAX 1999, p. [304] VII e in BGBL. Teil 1 N. 28/29, Juni 2000, p. 901, deste artigo é: *"Art. 29a EGBGB. (1) Se a lei escolhida para regular um contrato não é de um Estado Membro da UE ou do Espaço Econômico Europeu, são também aplicáveis as normas das leis que incorporaram Diretivas de proteção dos consumidores (Leis de proteção do consumidor sobre Condições Gerais Contratuais, a Lei de Contratos à Distância e de Time-sharing), quando o contrato tenha um vínculo estreito com um ou mais países da União Européia (EU) ou do Espaço Econômico Europeu (EEE); (2) Um vínculo estreito existe quando: (1) O contrato seja feito em virtude de uma oferta pública, publicidade ou atos negociais semelhantes realizados em um dos Estados da UE ou EEE. (2). A outra parte contratante, quando declarou a sua vontade ou aceitou a oferta, tenha domicílio nos países da UE ou EEE. (3) A lei sobre time-sharing é aplicável ao contrato, regido por uma lei de um país não membro da UE ou EEE, quando o imóvel localize-se em um Estado da UE ou EEE. (4) Diretivas de proteção do consumidor no sentido deste artigo são: 1. Diretiva 93/13/CEE, sobre cláusulas abusivas; 2. Diretiva 94/47/CEE, sobre time-sharing 3. Diretiva 97/7/CE, sobre contratos à distância."*

[38] Assim conclui também BRÖCKER, Marion, *Verbraucherschutz im Europäischen Kollisionsrecht*, Peter Lang, Frankfurt am Main, 1998, p. 138.

[39] A França introduziu no seu Código de consumo uma regra de DIP tornando imperativa a proteção de pelo menos uma das diretivas européias. A regra do *Code de la Consommation* é o art. L. 121-20-6, com a seguinte redação: *"Lorsque les parties ont choisi la loi d'un État non membre de la Communauté européenne pour régir le contrat, le juge devant lequel est invoquée cette loi est tenu d'en écarter l'application au profit des dispositions plus protectrices de la loi de la résidence habituelle du consommateur assurant la transposition de la directive 97/7/CE du Parlement européen et du Conseil du 20 mai 1997 concernant la protection des consommateurs en matière de contrats à distance, lorsque cette résidence est situé dans un Etat membre."*

I. AS NORMAS DE APLICAÇÃO IMEDIATA EM MATÉRIA DE CONSUMO: UMA MATERIALIZAÇÃO DO DIP BRASILEIRO?

Como vimos a globalização e a crescente industrialização acarretaram um incremento no tráfico comercial e social: a denominada massificação social e sociedade de consumo.[40] As relações entre consumidores[41] e fornecedores[42] transformaram-se nas últimas décadas e, apresentam cada vez mais casos com elementos de estraneidade,[43] casos próprios do Direito Internacional Privado.[44] Aqui a importância de António Marques dos Santos, principalmente através de sua obra "As Normas de Aplicação Imediata no Direito Internacional Privado: Esboço de uma Teoria Geral",

---

[40] Veja GRINOVER, Ada Pellegrini; BENJAMIN, Antônio Herman de Vasconcellos. Introdução. In: GRINOVER, Ada Pellegrini *et alli* (orgs.). Código brasileiro de defesa do consumidor comentado pelos autores do anteprojeto. 4 ed., Rio de Janeiro: Forense Universitária, 1995, p. 6. Segundo os autores, "a sociedade de consumo, ao contrário do que se imagina, não trouxe apenas benefícios para os seus atores. Muito ao revés, em certos casos, a posição de consumidor, dentro desse modelo, piorou em vez de melhorar. Se antes o fornecedor e consumidor encontravam-se em uma situação de relativo equilíbrio e poder de barganha (até porque se conheciam), agora é o fornecedor (fabricante, produtor, construtor, importador, ou comerciante) que, inegavelmente, assume a posição de força na relação de consumo e que, por isso mesmo, 'dita as regras'. E o direito não pode ficar alheio a tal fenômeno."

[41] Para um conceito de consumidor, veja MARQUES, Cláudia Lima. Contratos no Código de Defesa do Consumidor: o novo regime das relações contratuais, 4 ed., São Paulo: Editora Revista dos Tribunais, 2002, p. 252 *et seq*. O Código de Defesa do Consumidor brasileiro, Lei n.° 8.078, de 11 de setembro de 1990, define consumidor em seu artigo 2.°: "Consumidor é toda a pessoa física ou jurídica que adquire ou utiliza produto ou serviço como destinatário final." Conforme refere Marques (p. 291), a vulnerabilidade é elemento essencial nesse conceito, inclusive para identificar os chamados consumidores equiparados do artigo 17 e 29, estando expressamente disposta no artigo 4.°, inciso I. Veja também CHAZAL, Jean-Pascal. Vulnérabilité et droit de la consommation. In: COHET-CORDEY, Frédérique (org.). *Vulnérabilité et droit: le développement de la vulnérabilité et ses enjeux en droit*. Grenoble: Presses Universitaires, 2000, p. 243.

[42] Veja a análise do conceito em MARQUES, Contratos, p. 326 e seg.

[43] Conforme Elmo Pilla Ribeiro: "esse dado ou elemento, que é um verdadeiro 'plus' a singularizá-la ou especializá-la em face das demais, pode ser a nacionalidade ou o domicílio da pessoa, o lugar da constituição ou execução da obrigação, a situação de um bem, da verificação de um 'quasi-contrato', da prática de um ato ilícito, etc." RIBEIRO, Elmo Pilla. *Contribuição ao estudo da norma de direito internacional privado*. Porto Alegre: datilog., 1964, p. 12.

[44] Sobre os reflexos no direito processual internacional, veja WEHNER, Ulrich. Contratos internacionais: proteção processual do consumidor, integração econômica e internet, in *Revista de Direito do Consumidor*, vol. 38, p. 142 e seg.

a renovar a análise dos métodos de direito internacional privado também no Brasil, procurando-se neste estudo analisar a efetividade dessas normas para a proteção internacional do consumidor vulnerável nestas situações privadas internacionais.

Conforme ressalta Nádia de Araújo, "a metodologia clássica do DIP – inspirada nos moldes do século XIX –, mostra-se inadequada à complexidade e à diversidade do momento."[45] Também na Europa, desde a década de 1970, os doutrinadores propugnam a necessidade do Direito Internacional Privado voltar-se para a proteção dos mais fracos, especialmente dos consumidores,[46] incluindo novos elementos de conexão mais flexíveis e adaptados à tutela do conexões "neutras" e rígidas, mais adaptáveis ao relacionamento entre iguais ou pelo menos entre profissionais, comerciantes, para a proteção dos consumidores novos métodos e normas de DIP seriam necessários.[47] Aqui nos interessa a chamada "materialização" do DIP.[48]

Até os estudos de Ernst Steindorff, em 1958, imaginava-se que a participação das normas materiais no direito internacional privado era um fenômeno "lateral", um fenômeno apenas "resultante" da indicação (*Verweisung*) executada pela norma indireta de DIP. O DIP seria um direito de indicação da lei aplicável (*Verweisungsrecht* ou *Rechtsanwendungsrecht*), não de decisão (*Entscheidungsrecht*).[49] Steindorff comprovou que

---

[45] ARAÚJO, Nádia. *Direito internacional privado; teoria e prática brasileira*. Rio de Janeiro: Renovar, 2003, p. 20.

[46] Ficaram famosos os trabalhos de ZWEIGERT, NEUHAUS e LANDO, sugerindo o primeiro que o DIP incluí-se valores sociais e, o segundo, que se abandonasse a autonomia de vontade nos contratos entre contratantes fracos e fortes, como os de consumo e o terceiro, pragmaticamente, que passasse o DIP a escolher como conexão o domicílio do contratante mais fraco, veja também o estudo de VON HOFFMANN, Bernd von, Über den Schutz des Schächeren bei internationalen Schuldvertragen, in *RabelsZ 38* (1974), (396-420), p. 398 e seg. e de KROPHOLLER, Jan, Das Kollisionsrechtliche System des Schutzes der Schwächeren Vertragspartei, in *RabelsZ* 42 (1978), (634-661), p. 634 e seg.

[47] Assim KROPHOLLER, 1978, p. 636.

[48] A expressão nasce da idéia de ter em conta o resultado material ou da própria natureza material da norma que o DIP se serve para casos internacionais, mas não é de forma unânime aceita pelos doutrinadores, veja BILLARANT, Serge, *Le caractere substantiel de la réglementation française dês sucessions internationales – Reflexions sur la méthode conflictuelle*, Dalloz: Paris, 2004, p. 1, que cita frase de Vischer: "La doctrine européenne de droit international prive redoute toujours la prise em compte du résultat matériel au stade de la désignation de la loi applicable comme lê diable craint l'eau bénite."

[49] Veja os desenvolvimentos atuais, comprovando que existem normas de 'decisão' no DIP, STANKENWITSCH, Peter, *Entscheidungsnormen im IPR als Wirksamkeitsvoraussetzungen der Rechtswahl*, Peter Lang: Frankfrut, 2003, p. 4

em inúmeras circunstâncias as normas materiais fazem parte integrante da técnica do DIP de solução do conflito de leis no espaço, ai sua grande contribuição.[50]

A mais conhecida utilização das normas materiais "dentro" do Direito Internacional Privado ou como parte integrante da técnica de DIP é na qualificação das questões principais e prévias, na interpretação dos elementos de conexão. Também destaca-se o uso de normas materiais no DIP, como auxiliares da solução "indireta" no caso da adaptação (*Anpassung*),[51] quando é necessário aplicar uma série de normas materiais indicadas aplicáveis pelo DIP nacional[52] e o aplicador da lei vai harmonizar, compatibilizar, adaptar estas normas materiais para poder usar no caso concreto.[53]

Este uso de normas materiais de ajuda do DIP ficou conhecido com o nome alemão de *Hilfsnormen*, normas de ajuda da técnica normal do DIP. Este caso nos interessa menos, pois as normas materiais são usadas como auxiliares da técnica de regulamentação indireta, da indicação de um direito aplicável e não aplicadas diretamente ao caso "internacional privado". Dos estudos de Steindorff, mais interessante é um segundo grupo de normas materiais. Estas estariam no DIP, fariam parte da aplicação normal do sistema de Direito Internacional Privado, mas seriam normas materiais diretamente aplicáveis aos casos concretos.[54] Estas normas materiais "especiais" realizariam a função das normas de DIP, isto, estariam no lugar das normas de indicação da lei. Estas normas materiais especiais aplicam-se aos casos com elementos de estraneidade, aplicam-se até mesmo extraterritorialmente, ao "nacionalizar" casos que seriam objeto de regras indiretas tradicionais de DIP. Estas normas materiais são uma solução especial, uma solução direta ao casos com elementos internacionais[55] e seu exemplo mais conhecido na América Latina é o da norma interna (material) sobre o curso obrigatório da moeda nacional, norma que nor-

---

[50] STEINDORFF, Ernst, *Sachnormen im internationalen Privatrecht*, Vittorio Klostermann, Frankfurt am Main, 1958, p. 18.

[51] Veja sobre adaptação o trabalho de MARQUES DOS SANTOS, António, Breves considerações sobre a adaptação em Direito Internacional Privado, in Estudos de Direito Internacional Privado e de Direito Processual Civil Internacional, Almedina: Coimbra,1998, p. 51.

[52] VALLADÃO, Haroldo, *Direito Internacional Privado*, vol. I, Ed. Freitas Bastos, Rio de Janeiro, 1974,p. 462.

[53] STEINDORFF, p.26.

[54] STEINDORFF, p. 30.

[55] STEINDORFF, p. 261.

malmente proibia a contratação de pagamento em dólar, mas permitia expressamente o uso destas cláusulas em contratos internacionais.

As mais famosas destas "normas" materiais, destinadas a regular diretamente casos envolvendo elementos internacionais, tiveram sua origem na jurisprudência francesa, em que os tribunais criaram a possibilidade de admissão das cláusulas-ouro nos contratos internacionais e de cláusulas sobre a arbitragem comercial internacional.[56] Aplicando-se as leis então indicadas pelo DIP ao caso concreto chegariam os juízes franceses à conclusão que tais cláusulas, que indexavam ou que permitiam o pagamento dos contratos internacionais em ouro, seriam nulas, mas a jurisprudência francesa resolveu o caso afirmando existir uma norma geral material interna francesa, a qual permitia a cláusula-ouro se o caso fosse internacional privado, isto é um contrato internacional. É uma norma interna, nacional, mas destinada a regular casos internacionais. Ela resolve diretamente o problema: a cláusula é válida. A norma material especial para casos internacionais assume a função do DIP, e faz parte do Direito internacional privado atual.

Para Marques dos Santos estas normas, sejam de origem jurisprudencial ou legislativa, deveriam ser consideradas autênticas "normas de aplicação imediata", logo, incluídas na técnica.[57] A opinião do mestre português pode ser seguida se dermos a expressão "normas de aplicação imediata" uma conotação de gênero, o qual incluiria todas as exceções ao uso do método clássico "localizador" ou "de conexão" do Direito Internacional Privado.

1. A terminologia "normas de aplicação imediata"

Como ressalta António Marques dos Santos, foi Francescakis, em sua obra *La théorie du renvoi et les conflits de systèmes en droit international privé*,[58] de 1958, que interpretando esta norma francesa, introduziu no âmbito do direito internacional privado a hoje consagrada ex-

---

[56] MARQUES DOS SANTOS, p. 619.
[57] MARQUES DOS SANTOS, p. 649 e p. 661.
[58] FRANCESCAKIS, Ph. *La théorie du renvoi et les conflits de systèmes en droit international privé*. Paris: Sirey, 1958, p. 8.

pressão *"lois d'application immédiate"* ou normas de aplicação imediata, em português.[59]

Alguns anos mais tarde, em 1966, Francescakis afirmou, em seu artigo *Quelques précisions sur les «lois d'application immédiate» et leurs rapports avec les règles de conflits de lois»*, que não teria se proposto à criação de um neologismo,[60] aludindo que as raízes da construção do método advêm desde Savigny.[61]

As normas de aplicação imediata, segundo Francescakis, obstruiriam o funcionamento da regra de conflito e entrariam em cena toda vez que estivesse em jogo a defesa da organização estatal.[62] O autor partiu do exame de como os tribunais franceses aplicavam alguns dispositivos *imediatamente*, sem a intervenção das normas de conflito,[63] com base na noção de ordem pública,[64] como *"lois de police et sûrete"* ou *"lois d'ordre public"*,[65] com referência ao mencionado artigo do *Code Civil* francês.[66]

---

[59] MARQUES DOS SANTOS, António. *As normas de aplicação imediata no direito internacional privado; esboço de uma teoria geral*, Coimbra: Almedina, 1991, p. 2.

[60] FRANCESCAKIS, Ph. Quelques précisions sur les 'lois d'application immédiate et leurs rapports avec les règles de conflits de lois. *Revue Critique de Droit International Privé*, Paris, n. 1, p. 1-18, 1966, p. 1.

[61] Savigny salientava a existência de leis "absolutas ou rigorosamente obrigatórias", que se justificariam em razão de motivos morais, políticos e econômicos em jogo. Segundo o autor, essas leis se revestiam de caráter político, de polícia ou de economia política e, para descobrir se determinada lei se inseria nesses casos excepcionais, dever-se-ia pesquisar a intenção do legislador. Assim, se fosse confirmado alguns desses casos, aplicar-se-ia, obrigatoriamente, a lei do foro. Deve ser salientado que Savigny não defendia a unicidade do método conflitual, referindo-se à existência de duas maneiras de solucionar os casos conectados a mais de um ordenamento jurídico: a idéia de que poder-se-ia partir tanto da análise da regra e verificar seu âmbito de aplicação, quanto da análise da própria relação, manifestando uma preferência pelo segundo método. As leis rigorosamente obrigatórias excluiriam, no entanto, qualquer utilização do método conflitual bilateral. SAVIGNY, Frederich Carl Von. *Traité de droit romain*. Trad.: GUENOUX, Ch. Paris: Firmin Didot Frères Libraires, 1851, t. VIII, p. 38.

[62] FRANCESCAKIS, Quelques, p. 13.

[63] FRANCESCAKIS, La théorie, p. 12.

[64] Assim salienta o autor: *"La jurisprudence dont il est question ici se fait du concept de l'ordre public international une idée toute différente. Elle estime que les dispositions internes présentent ce caractère s'appliquent comme telles immédiatement à toute les situations considérees au regard du droit français."* FRANCESCAKIS, La théorie, p. 13.

[65] O jurista verificou que a exceção da ordem pública não era utilizada pelos tribunais, preferindo, estes, aplicar diretamente a *lex fori* apenas com base na noção de ordem pública. Veja MARQUES DOS SANTOS, As normas, p. 8.

[66] FRANCESCAKIS, Quelques, p. 3.

Sendo assim, identificou as leis de aplicação imediata como as que definiam seu próprio campo de aplicação.[67]

Segundo ensina Marques dos Santos,[68] o mérito de Francescakis está em ressaltar a relativização do método conflitual,[69] em sua concepção clássica, introduzindo, na expressão "leis de aplicação imediata", uma nova forma de solucionar as situações de Direito Internacional Privado.

A questão por trás dessa aplicabilidade imperativa de determinadas leis está na constatação de que algumas normas se sobrepõem em razão do seu conteúdo normativo.[70] Na expressão de Savigny, são normas de natureza imperativa e positiva estrita (*Gesetze von streng positiver, zwingender Natur*).[71]

A expressão francesa, "*lois d'application immédiate*", usada por Francescakis desde 1958, popularizou-se,[72] apesar de um estudo muito semelhante do italiano De Nova, que as denominava "*norme sostanziali autolimitate*" ou "*norme di applicazione necessaria*", datar de 1959. A segunda expressão francesa, "*lois de police*" ou leis de polícia, também ficou mais conhecida do que a expressão alemã, a significar leis obrigatórias, "*zwingende Normen*" (expressão de Savigny)[73]. Mencione-se que muitos incluem como técnica de regulamentação direta no DIP a elaboração de leis "imperativas" e leis de ordem pública internacional.[74]

---

[67] FRANCESCAKIS, Quelques, p. 10.

[68] Santos refere que Francescakis "teve a importância radical de uma descoberta jurídica fundamental, que garante ao seu autor um lugar na história da evolução das doutrinas do DIP." MARQUES DOS SANTOS, As normas, p. 10.

[69] Veja MOURA RAMOS, Rui Manuel Gens de. Droit international privé vers la fin du vingtième siècle: avancement ou recul? XV Congresso Internacional de Direito Comparado. *Separata do Boletim de Documentação e Direito Comparado*, n. duplo 73/74, Suplemento do Boletim do Ministério da Justiça, p. 85-125, 1998, p. 93-5. Veja também ARAÚJO, Nádia de. O direito internacional privado e a proteção da pessoa humana: evolução do método conflitual e a observância dos direitos fundamentais. In: COMITÉ JURÍDICO INTERAMERICANO DA OEA. *XXVIII Curso de Direito Internacional Privado*. Washington: Secretaria Geral, 2002, p. 461-547, p. 490.

[70] FRANCESCAKIS, Quelques, p. 3.

[71] SAVIGNY, tome 8, p. 35, na tradução francesa: "Lois d'une nature positive rigoureusement obligatoire, par là même n'admettant pas cette liberté d'appréciation qui n'a pas égard aux limites des divers États." Veja expressão em alemão, in Rechsteiner, p. 13.

[72] Assim SCHWANDER, Ivo, *Lois d'application immédiate, Sonderanknüpfung, IPR-Sachnormen und andere Ausnahmen von der gewöhnlichen Anknüpfung im internationalen Privatrecht*, Schulthess, Zurique, 1975, p. 184.

[73] Assim SCHWANDER, p. 132.

[74] SCHWANDER, p. 184.

Efetivamente, o fenômeno das leis de aplicação imediata pode ser distingüido das normas materiais especiais (*"materielles Sonderrecht"*), pois nas leis de aplicação imediata as suas normas materiais não são "especiais" para uso internacional, ao contrário, as leis e normas de aplicação imediata por sua importância na organização da sociedade nacional, são justamente as mesmas para a aplicação interna e internacional, visam uma aplicação para todos e para todas as relações, a expandir seu campo de aplicação.[75]

Já Gerhard Kegel, relembra que nestes dois casos estamos diante de normas materiais sem dúvida "especiais", pois são normas diretas (materiais) usadas em casos de DIP, normas que pela sua formulação especial e por seu campo de aplicação ampliado solucionam diretamente as questões de uma situação da vida com elementos de estraneidade. Ambos os fenômenos são, pois, exceções ao uso do método conflitual tradicional do DIP e sua grande diferença não é entre si e sim entre estas normas materiais de uso nos casos de DIP e as normas materiais normais, cujo campo de aplicação ou aplicação às relações da vida privada só é dada justamente pelo próprio Direito Internacional Privado, que usando o método conflitual as indica aplicáveis ao caso concreto ou não.[76]

Conforme assevera Marques dos Santos, a expressão normas de aplicação imediata abrangeria três categorias: "as leis que não necessitam qualquer regulamentação para serem aplicadas (*self executing statues*); as leis que se aplicam a situações jurídicas nascidas anteriormente à sua entrada em vigor (acepção temporal): as leis que se aplicam no espaço independentemente do sistema geral de normas de conflitos de leis (acepção espacial)".[77] É justamente, nessa última categoria, que se apresentam as normas de aplicação imediata no direito internacional privado, como independentes do método conflitual.[78] É a pluralidade de métodos em DIP.

---

[75] KROPHOLLER, Jan, *Internationales Privatrecht*, Mohr Verlag, Tübingen, 1990, p. 80.
[76] KEGEL, Gerhard, *Internationales Privatrecht*, 6.Aufl., Becck, Munique, 1987, p. 35.
[77] MARQUES DOS SANTOS, As normas, p. 2.
[78] FRANCESCAKIS, Quelques, p. 4. Veja, no Brasil, a obra de BOUCAULT, Carlos Eduardo de Abreu, *Direitos Adquiridos no Direito Internacional Privado*. Porto Alegre: Fabris Ed., 1996, p. 65 e seg., assim como a lição sobre competência de PONTES DE MIRANDA, Francisco C. *Tratado de Direito internacional Privado*, tomo I, Rio de Janeiro: José Olympio, 1935, p. 186 e p. 241, assim como o amplo levantamento realizado por VIEIRA VILELA, Danilo. *As normas de aplicação imediata no Direito Internacional Privado*, Diss. de Mestrado-Mimeo, UNESP, Franca-SP, 2003, p. 92 e seg.

2. Normas de aplicação imediata, materialização e pluralidade de métodos em DIP

Na magnífica obra de Savigny, observa-se já menção à pluralidade de métodos e de normas de DIP, em seus comentários do Direito Romano, o qual determinava: (1) ora a aplicação do direito local (*lex fori*),[79] (2) ora a aplicação das normas imperativas obrigatórias,[80] (3) ora a aplicação da lei da sede da relação (ou, na visão atual, da lei mais conectada com a relação atípica),[81] (4) ora, na maioria dos casos, a aplicação das regras materiais do *jus gentium*, um direito especial misto para as relações com elementos de estraneidade ou internacionais.[82] Efetivamente, se na modernidade o método conflitual foi o método principal do DIP,[83] e as normas indiretas serviram para construir a autonomia desta disciplina,[84] na pós-modernidade, Erik Jayme chama atenção para a atual materialização do DIP, agora voltado para o resultado (material) do caso e para a proteção dos mais fracos.[85] Em tempos pós-modernos, a pluralidade de métodos e de normas indiretas e diretas faz a riqueza do novo DIP.

Para Moura Ramos, a tendência se refere à passagem do direito internacional privado do âmbito reservado e abstrato para o domínio do social e do público,[86] em que esse ramo jurídico "passa a ser também responsabilizado – e agora não apenas por via de excepção como sucedia com a ordem pública internacional – pela promoção dos valores que a comunidade sente como seus (…)".[87] Essa passagem ocorre, principalmente, ante o intervencionismo do Estado e, por isso, as normas de aplicação imediata

---

[79] SAVIGNY, p. 34.
[80] SAVIGNY, p. 35.
[81] SAVIGNY, p. 80.
[82] SAVIGNY, p. 84.
[83] Veja, por todos, KEGEL, Gerhard e SCHÜRIG Klaus, *Internationales Privatrecht – Ein Studienbuch*, 9ª Ed., Munique: Beck, 2004, p. 4 e seg. (§1, II).
[84] Veja, por todos, no Brasil a obra de PILLA RIBEIRO, Elmo, Contribuição ao estudo da norma de Direito Internacional Privado, Porto Alegre: UFRGS, 1964, p. 11 e seg.
[85] JAYME, Erik, *Identité culturelle et intégration: Le droit international privé postmoderne*, Recueil des Cours, tome 251 (1995), The Hague/Boston/London: Martinus Nijhoff Publ., 1996, p. 36 e seg.
[86] MOURA RAMOS, Rui Manuel Gens de. Direito internacional privado e constituição. Boletim da Faculdade de Direito, Suplemento XX. Coimbra, p. 267-526, 1973, p. 358.
[87] Segundo o autor, "o aparecimento das normas de aplicação imediata traduz uma publicização de uma disciplina até então reconhecida para os domínios puramente privados." MOURA RAMOS, Direito, p. 502.

não podem ser afastadas do contexto histórico em que se inscreveram.[88] Relembre-se, porém, que no Brasil, não há unanimidade na doutrina, se o DIP é um ramo do Direito Privado, se é ramo do Direito Público ou um terceiro gênero.[89] Talvez por isso autores brasileiros prefiram estudar a ordem pública, no seu aspecto positivo e negativo, no Direito Internacional Privado.[90]

Efetivamente, tratam-se de normas que fixam seu próprio campo de aplicação em razão dos valores jurídicos a que visam proteger,[91] equiparando a relação internacional a uma relação interna,[92] na medida em que correspondem a normas materiais, muitas vezes formuladas para reger determinadas situações do âmbito do foro. As denominadas regras materiais (segundo a expressão alemã, *Sachenrecht*)[93] ou substanciais ou mandatórias (segundo a expressão norte-americana, *mandatory rules*)[94] forne-

---

[88] Conforme acentua RACINE, Jean-Baptiste. L'arbitrage commercial internacional et l'ordre public. Paris: LGDJ, 1992, p. 15, "*le particularisme des lois de police est de révéler le mouvement d'intervention de l'Etat dans la sphère économique.*" E citando Mezghani, aduz que "*avec le dévelopment de l'interventionnisme étatique, il arrive que la réalisation de la politique législative, en matière économique notamment, se concilie mal avec les incertitudes de la règle de conflit de lois. Certaines lois sont nécessaires à la mise en oeuvre de cette politique.*"

[89] Veja, por todos, VALLADÃO, Haroldo, *Direito Internacional Privado*,t. I, Freitas Bastos: Rio de Janeiro, 1974, p. 49-59: "A pergunta, pois, sobre a posição do DIP entre as ciencias jurídicas, se é internacional ou interno, se é público ou privado, só poderá ter esta resposta: o DIP tem normas de caráter internacional...e interno, de natureza pública... e de caráter privado..."

[90] Sobre a pluralidade de métodos do DIP, veja, por todos, a atualizada visão de ARAÚJO, Nádia, *Direito Internacional Privado*, Rio de Janeiro: Renovar, 2003, p. 31 e seg.

[91] MARQUES DOS SANTOS, As normas, p. 897 e ARAÚJO, Direito, p. 96.

[92] LECLERC, Frédéric. *La protection de la partie faible dans les contrats internationaux*. Bruxelas: Bruylant, 1995, p. 275.

[93] Veja VON BAR, Christian, *Internationales Privatrecht*, Erster Band-Allgemeinen Teil, Beck: Munique, 1987, I, p. 25 (Rdn.32), que analisa também outros tipos de normas materiais de DIP, como o direito uniforme ("Einheitsrecht staat Kollisisonsrecht"), a lex mercatoria e o besondere Sachenrecht.

[94] AUDIT, Bernard. Le caractère fonctionnel de la règle de conflit (sur la "crise" des conflits de lois). In: *Recueil des Cours de l'Académie de Droit International de la Haye*, 1984, t. 186. The Hague/Boston/London: Martinus Nijhoff Publishers, 1985, p. 255. Conforme acentua também Batiffol, "*l'adjectif «matériel» s'entend par opposition au caractère formel des règles de conflits; dans les pays de common law on parle plus généralement de substantive law, et l'expression de règles substantielles a paru longtemps plus claire en français.*" BATIFFOL, Henri. Le pluralisme des méthodes en droit international privé. *Recueil des Cours de l'Académie de Droit International de la Haye*, 1973, t. 139, Leiden: A.W. Sijthoff, 1974, p. 82.

cem solução direta aos casos jurídicos em contraposição às denominadas normas indiretas.[95] Conforme salienta Oppetit, são normas que enunciam diretamente a solução aplicável à questão de fundo do litígio.[96]

O caráter material das normas de aplicação imediata está no fato de que elas solucionam diretamente a relação jurídica,[97] não se confundindo, assim, com as normas de conflitos clássicas.[98] Marques dos Santos refere que muitos autores, objetivando "desvalorizar a radical especificidade da técnica que elas (as normas de aplicação imediata) representam para o DIP dos nossos dias," procuraram negar essa característica, concebendo-as como parte do sistema conflitual.[99] Para esses autores, não haveria regras de direito internacional privado material que pudessem ser aplicadas sem terem sido designadas por normas de conflitos. Segundo Moura Ramos, para essa corrente, "o que estaria em causa com este novo processo não seria uma construção de uma alternativa ao DIP enquanto direito de con-

---

[95] MIAJA DE LA MUELA, Adolfo. Las normas materiales de derecho internacional privado. Revista Española de Derecho Internacional, v. XVI, n. 3, 1963, p. 425. Segundo o autor (p. 425) as normas materiais estão *"integradas por un supuesto corresponde, consistente en la atribución de derechos subjetivos y en la imposición de obligaciones jurídicas a sus destinatarios."*

[96] OPPETIT, Bruno. Le développement des règles matérielles. COMITÉ FRANÇAIS DE DROIT INTERNATIONAL PRIVÉ. In: *Journée du Cinquantenaire; problèmes actuels de méthode en droit international privé*. Paris: Éditions du Centre National de la Recherche Scientifique, 1988, p. 122.

[97] LECLERC, La protection, p. 330; SPERDUTI, Giuseppe. Les lois d'application nécessaire en tant que lois d'ordre public. *Revue Critique de Droit International Privé*, Paris, t. 66, p. 257-270, 1977, p. 671 e LALIVE, Pierre. Tendances et méthodes en droit international privé. Cours général. *Recueil des Cours de l'Académie de Droit International de la Haye*, 1977, t. 155. Alphen aan den Rijn (The Netherlands): Siijhoff & Voordhoff, 1979, p. 130.

[98] No glossário de direito internacional privado, elaborado pelos autores Beliard, Riquier e Wang, no item lei de aplicação imediata, encontra-se referência ao conceito de Vander Elst: "(...) *l'on peut dire que les lois d'application immédiate sont les lois de droit matériel qui, dans la volonté du législateur, doivent s'appliquer aux actes et aux faits qu'elles visent, quelle que soit la loi régit ces actes ou faits en vertu des règles de conflit des lois.*" BELIARD, Géraldine; RIQUIER, Eric; WANG, Xiao-Yan. *Glossaire de droit international privé*. Bruxelas: Bruylant, 1992, p. 183. Veja também MARQUES DOS SANTOS, António. *Les règles d'application immédiate dans le droit international portuguais*. Paris: Fondation Calouste Gulbenkian, 1991, p.181.

[99] MARQUES DOS SANTOS, As normas, p. 816. O autor cita especificamente os juristas Maury e Deby-Gérard. Veja também MOURA RAMOS, Direito, p. 341, que, além dos já citados, refere-se a Rigaux, Brotons, Neuhaus e Ferrer Correia. Veja também sobre essa discussão, LECLERC, La protection, p. 280.

flitos, mas um mero aperfeiçoamento das ordens jurídicas internas, uma sua especialização para os problemas internacionais."[100]

Em um primeiro momento, esse pensamento reduziria a importância das normas de aplicação imediata, na medida em que as colocaria dentro do sistema de conflitos de leis clássico, atingindo, portanto, sua autonomia enquanto método de direito internacional privado.[101] Outra visão é possível. Nesse sentido, Batiffol sustentou a coexistência de ambos os métodos no direito internacional privado,[102] salientando, com apoio de muitos,[103] que se trata de categoria distinta.[104]

Neste contexto, importante a contribuição de António Marques dos Santos com um estudo aprofundado sobre o tema, defendendo a visão pluralista hoje prevalente do direito internacional privado, qual seja, a existência de um pluralismo de métodos.[105] As normas de aplicação imediata consagram-se assim como método alternativo de solução de casos de direito internacional privado.[106]

---

[100] MOURA RAMOS, Direito, p. 342.

[101] Moura Ramos cita Bauer, E. Vitta e Simon Depitre "que defendem, ainda que, em termos diversos, a autonomia e independência das regras materiais face ao método conflitual, salientando que o DIP material aparece como um processo diferente, paralelo e não subordinado ao conflito de leis." Ibidem, p. 342.

[102] BATIFFOL, Le pluralisme, p. 145.

[103] LECLERC, La protection, p. 277; AUDIT, Le caractère, p. 23 e KARAQUILLO, Jean-Pierre. *Étude de quelques manifestations de lois d'application immédiate dans la jurisprudence française de droit international privé*. Paris: Press Universitaires de France, 1977, p. 15-17.

[104] Assim também Oppetit, ao afirmar que *"la notion de règle matérielle prend place aujourd'hui, à part entière, dans les nombreuses discussions qui, depuis une vingtaine d'années, ont eu pour axe central la méthode du droit international privé, et elle est même parfois apparue comme un élément de la crise des conflits de lois."* OPPETIT, Le développement, p. 122.

[105] MARQUES DOS SANTOS, As normas, p. 1068. Por essa razão, sustenta o autor, ser impossível discorrer sobre as normas de aplicação imediata sem abordar toda a problemática metodológica do direito internacional privado. MARQUES DOS SANTOS, As normas, p. 1057.

[106] AUDIT, Le caractère, p. 255: *"Il est à la rigueur légitime de parler de méthode des lois de police, dans la mesure où c'est par une analyse du but poursuivi par les lois, puis d'une confrontation de ces buts aux faits de l'espèce, que l'on se prononce sur l'application ou la non application de la loi."* No mesmo sentido, MARQUES DOS SANTOS, As normas, p. 964: "As normas de aplicação imediata como método autônomo do DIP." Veja também MAYER, Pierre. L'interférance des lois de police. In: CHAMBRE DE COMMERCE INTERNATIONALE. *L'apport de la jurisprudence arbitrale. Seminaire des 7 et 8 avril 1986*. Paris: ICC Publishing, 1986, p. 34: *"il existe donc une méthode des lois de police, qui s'op-*

A sua aplicabilidade está relacionada à capacidade de definir seu próprio âmbito de aplicação no espaço,[107] tendo em conta os interesses a que visa proteger. Alguns autores, como Rigaux,[108] Lalive,[109] Leclerc[110] e Marques dos Santos,[111] embora reconheçam o caráter material da norma de aplicação imediata, salientam que ela é acompanhada de uma regra de conflito de lei unilateral.

Para Lalive a norma de aplicação imediata tem um caráter misto: é uma regra material na medida em que contém uma regulamentação substancial e é uma regra de conflito na medida em que se autolimita.[112] Por outro lado, salienta o autor que não há identidade entre as normas materiais autolimitadas[113] e as regras de conflito de leis, sob pena de comprometer a independência teórica das normas de aplicação imediata.[114] Leclerc se posiciona no mesmo sentido que Lalive, ao afirmar que as normas de aplicação imediata têm natureza mista e não escapam, portanto, do processo de conflito de leis.[115] Para o autor, o seu caráter conflitual está

---

pose à la méthode classique du conflit de lois (...)". GUEDJ, Thomas G. The theory of the lois de police, a functional trend in continental private international law – a comparative analysis with modern American theories. *The American Journal of Comparative Law*. V. 39, p. 661-697, 1991, p. 696: "*It has been contended in this article that the theory of the lois de police represent a functional trend in continental P.I.L. which thereby illustrates a 'Pluralism of methods'*". LECLERC, La protection, p. 277; KARAQUILLO, Étude, p. 20 e GOLDSTEIN, Gérald. *De l'exception d'ordre public aux règles d'application nécessaire.* Montreal: Thémis, 1996, p. 92. Sobre o pluralismo de métodos em direito internacional privado, veja BATIFFOL, Le pluralisme, p. 79 e JAYME, Recueil des Cours, 1995, t. 251, p. 39.

[107] Assim estabelece também o glossário de direito internacional privado, "*cette exclusion résulte de ce que la norme, outre son contenu matériel, délimite elle-même son champ d'application.*" BELIARD, RIQUIER e WANG, Glossaire, p. 183.

[108] Apud BELIARD, RIQUIER e WANG, Glossaire, p. 183: "*C'est comme le dit Rigaux, une disposition de droit matériel qu'accompagne une régle de conflit de lois.*"

[109] LALIVE, Tendances, p. 133.

[110] LECLERC, La protection, p. 280.

[111] MARQUES DOS SANTOS, As normas, p. 1063.

[112] LALIVE, Tendances, p. 133.

[113] Veja sobre as teorias italianas de auto-limitação de DENOVA, SCHWANDER, p. 132-184.

[114] LALIVE, Tendances, p. 135: "*L'impression générale qui se dégage de cet examen est celle d'une grande incertitude: ces règles matérielles autolimitées sont-elles ou ne sont-elles pas identiques à des règles unilatérales de rattachement?*"

[115] Nas palavras do autor: "*En realité les lois de police aurait une nature mixte. Règles matérielles dans la mesure où elles contiennent une règlementation de substance, elles sont en même temps règles de conflit dans la mesure où elles établissent elles-mêmes quand elles doivent s'appliquer plutôt qu'une règle étrangère matérielle. Les lois de police*

na capacidade da norma de aplicação imediata fixar seu próprio campo de atuação no espaço. Em outras palavras, teriam dupla função, de direito de indicação da lei aplicável, *Rechtsanwendungsrecht* e também de direito de decisão, *Entscheidungsrecht*.[116]

Nesta linha, parece-nos, encontrar-se o pensamento de Marques dos Santos, para quem a norma de aplicação imediata tem caráter conflitual ou espacial, em sentido lato,[117] uma vez que são providas de uma regra de extensão, que é na realidade, "uma regra de conflitos unilateral *ad hoc*, (...) a qual tem por função determinar, fora do sistema geral de regras de conflitos – *maxime* de caráter bilateral – o domínio de aplicação espacial da norma material (ou do conjunto de normas materiais) à qual (ou ao qual) ela está incidivelmente ligada."[118] Para Marques dos Santos tratam-se de normas de conflitos unilaterais *ad hoc* e podem ser designadas como "regras de acompanhamento",[119] sendo referidas apenas a uma singular norma material, ou a um conjunto de regras substantivas inseridas em um particular diploma legal.[120]

Assim, pode-se afirmar que o método das normas de aplicação imediata vem ao encontro de uma tendência unilateralista,[121] uma vez que é a

---

n'échapperaient donc pas fondamentalement au procédé du rattachement et ne jouiraient que d'un particularisme limité." LECLERC, La protection, p. 280.

[116] JUNKER, Abbo, *Internationales Privatrecht*, Munique: Beck, 1998, p. 15 (Rdn. 17).
[117] MARQUES DOS SANTOS, As normas, p. 893.
[118] MARQUES DOS SANTOS, As normas, p. 890.
[119] MARQUES DOS SANTOS, As normas, p. 890.
[120] MARQUES DOS SANTOS, As normas, p. 896-7. O autor, não obstante, refuta veementemente qualquer tentativa de inserir as normas de aplicação imediata de acordo com o viés conflitual clássico: "Quanto a nós, este tenaz preconceito «conflitualista» – tal como alguns que já tivemos o ensejo de analisar e outros mais com que ainda havemos de deparar, relativamente às regras de aplicação necessárias estrangeiras – deve ser energicamente repudiado, pelo que, ao contrário do que afirmam alguns juristas que continuam a admitir essa posição, pensamos que o campo de aplicação *máximo*, bem como *mínimo* (e não apenas este), das normas de aplicação imediata é sempre fixado, em completa e total autonomia, pela regra de extensão *ad hoc* – que é, neste caso, como seu viu, uma verdadeira *regra de conflitos unilateral*, embora referida apenas a uma singular norma material, ou, quando muito, a um conjunto de regras substantivas inseridas num particular diploma legal, e não uma simples norma delimitadora com caráter material – e nunca, em caso algum, pela norma de conflitos bilateral (ou unilateral bilateralizada) do sistema geral do DIP da ordem jurídica a que pertencem as normas materiais."
[121] Veja GOTHOT, Pierre. *Le renouveau de la tendance unilatéraliste en droit international privé*. Revue Critique de Droit International Privé, Paris, n. 1, p. 1-36, 209-43, 415-50, 1971.

vontade de aplicação da norma que determina unilateralmente o seu campo de aplicação.[122] As normas de aplicação imediata introduzem também uma revisão dos próprios fundamentos do direito internacional privado na dialética entre o unilateralismo e o bilateralismo e nas considerações sobre justiça material e conflitual.[123] O caráter conflitual unilateral a que se referem os autores está relacionado à capacidade de a norma de aplicação imediata fixar seu próprio campo de aplicação.[124]

Nesse sentido, a particularidade da norma de aplicação imediata está em não considerar os aspectos internacionais da situação jurídica e se fazer aplicar como se fosse uma relação jurídica interna.[125] Trata-se, como afirma Libchaber, de transportar para a ordem internacional, a imperatividade de certas regras internas,[126] em especial visando a proteção de certos valores e sujeitos vulneráveis. Não podemos esquecer aqui a força do Código de Bustamante.[127]

Saliente-se que o mecanismo das normas de aplicação imediata deveria ser utilizado excepcionalmente,[128] sob pena de depreciar o próprio método. Assim, afirma Marques dos Santos que é "inaceitável a aplicação das normas de aplicação fora do âmbito de aplicação necessária – dentro do chamado campo de aplicação possível –, já que o teor e o fim da regra implicam um certo campo de aplicação espacial autónomo, *e não qualquer outro*, sob pena de desvirtuar a própria norma de aplicação imediata."[129]

Mesmo com a pretensão de aplicabilidade restrita das normas de aplicação imediata, Belandro assinala que são as regras de conflitos que adquirem um caráter de subsidiariedade, uma vez que primeiro se verifica a

---

[122] MARQUES DOS SANTOS, As normas, p. 1064.

[123] Veja MOURA RAMOS, Droit, p. 93. Veja também VISCHER, F. The antagonism between legal security and the search for justice in the field of contracts. *Recueil des Cours de l'Académie de Droit International de la Haye*, 1974, t. 142, Leiden: A. W. Sijthoff, 1975, p. 30.

[124] Para Santos, "a auto-limitação espacial das normas de aplicação imediata é extrínseca à sua previsão, tendo, por conseguinte, caráter conflitual ou espacial *hoc sensu* (…)". MARQUES DOS SANTOS, As normas, p. 939.

[125] FRANCESCAKIS, La théorie, p. 14 e LECLERC, La protection, p. 275.

[126] LIBCHABER, Rémy. L'exception d'ordre public en droit international privé. In: REVET, Thierry (org.). *L'ordre public à la fin du XXe siècle*, Paris: Dalloz, 1996, p. 70. No mesmo sentido, MARQUES, Contratos, p. 126.

[127] Veja OCTAVIO, Rodrigo, *A codificação do Direito Internacional Privado*, Ed. Francisco Alves e Cia., Rio de Janeiro, 1910, p. 7 e seg.

[128] KARAQUILLO, Étude, p. 19 e 138.

[129] MARQUES DOS SANTOS, As normas, p. 941.

existência daquelas normas para determinada situação jurídica e, só em caso negativo, proceder-se-á ao recurso das regras de conflito.[130] Conforme ressalta Marques dos Santos, a sua aplicação excepcional está em consonância, destarte, com a sua prevalência sobre as regras de conflito,[131] tendo em vista que os objetivos perseguidos pelas normas de aplicação imediata são de tal modo importante para a ordem jurídica do foro – em que elas se inserem –, que não podem deixar de ser perseguidos mediante o uso normals da norma de conflitos geral, remete a questão para uma lei estrangeira.[132]

A questão sobre se as normas de aplicação imediata reduzem o papel do método conflitual bilateral a um papel meramente residual[133] é considerada, por Marques dos Santos[134] e Pierre Mayer[135] como uma questão meramente acadêmica ante a constatação do atual pluralismo de métodos afirmado no direito internacional privado.[136] Assim, a importância das normas de aplicação está em representar um método autônomo[137] de solu-

---

[130] BELANDRO, Ruben B. Santos. Las normas de aplicación inmediata en la doctrina y en el derecho positivo. *Revista de la Faculdad de Derecho*, Montevidéu, n. 8, jul./dez. 1995, p. 41. Nas palavras do autor: "*La regla indirecta no solo pierde así su pretensión a la plenitud como procedimiento de solución en el derecho internacional privado sino que además adquiere una necesaria subsidiariedad debido a que sólo podrá actuar en el caso de inexistencia o un desinterés de las normas unilaterales.*"

[131] MARQUES DOS SANTOS, As normas, p. 956.

[132] MARQUES DOS SANTOS, As normas, p. 956.

[133] Conforme Batiffol, o sistema conflitual pode ser considerado subsidiário sob o ponto de vista cronológico, mas conserva ainda a sua generalidade de fundo. Veja BATIFFOL, Le pluralisme, p. 145.

[134] MARQUES DOS SANTOS, As normas, p. 962-3.

[135] MAYER, Pierre. Les lois de police. In: COMITÉ FRANÇAIS DE DROIT INTERNATIONAL PRIVÉ. Journée du Cinquantenaire; problèmes actuelles de méthode en droit international privé. Paris: Éditions du Centre National de la Recherche Scientifique, p. 105-120, 1988, p. 107: "*Les objections que l'on a fait valoir à l'encontre d'une telle dérogation ont d'abord été de nature académique.*"

[136] MAYER, Les lois, p. 107; BATIFFOL, Le pluralisme, p. 82; AUDIT, Le caractère, p. 231; LECLERC, La protection, p. 277 e KARAQUILLO, Étude, p. 15-7.

[137] MARQUES DOS SANTOS, As normas, p. 975 e FRANCESCAKIS, La théorie, p. 15: "*L'existence de règles d'application immédiate du droit interne doit par conséquent être reconnue à côte de règles de droit international privé, notamment à côte des règles de conflit.*" FRANCESCAKIS, Quelques, p. 17, em que o autor afirma a dualidade de métodos. MAYER, L'interférence, p. 34: "*il existe donc une méthode des lois de police, qui s'oppose à la méthode classique du conflit de lois*"

ção de casos do direito internacional privado, cuja aplicação é de extrema importância para o seu reconhecimento na ciência jurídica.[138]

O rol das matérias que podem se apresentar como norma de aplicação imediata pode ser extenso. Citam-se: as normas de proteção à parte mais fraca,[139] entre elas as normas de proteção do consumidor,[140] relativas à proteção do patrimônio cultural,[141] em matéria de direito do trabalho,[142] proteção de menores,[143] na representação comercial,[144] no direito de família,[145] entre outras.[146] Assim, como ressalta Leclerc, certas leis, mesmo que não concorram para a proteção da organização do Estado, desde que seus fins sejam considerados necessários, podem ser caracterizadas como normas de aplicação imediata.[147] Trata-se, segundo Batiffol, de traduzir para o plano internacional a evolução das próprias instituições internas.[148] Neste contexto, passa-se a análise do método das normas de aplicação imediata para a proteção do consumidor.

---

[138] FRANCESCAKIS, Quelques, p. 3, o autor parte da análise da jurisprudência francesa para afirmar a existência de leis de aplicação imediata.

[139] LECLERC, La protection, p. 276. No mesmo sentido, MOURA RAMOS, Rui Manuel Gens de. La protection de la partie contractuelle la plus faible en droit international privé portuguais. In:____. Das relações privadas internacionais; Estudos de direito internacional privado. Coimbra: Coimbra Editora, 1995, p. 200, em que afirma que *"parmi ces valeurs, la protection des faibles occupe une place majeur. Considerée aujourd'hui à juste titre comme un des* leit-motive *du droit privé actuel"*

[140] MARQUES, A proteção, p. 675; ARAÚJO, Direito, p. 19; LECLERC, La protection, p. 98 e MARQUES DOS SANTOS, As normas, p. 902. Para Mayer e Heuzé, "*les règles qui visent à la protection des consommateurs n'ont q'un but de protection individuelle; mais ce but n'en rend pas moins nécessaire leur application à tous les consommateurs résidant sur le territoire, nonobstant la soumission du contrat, par la volonté des parties, à une loi étrangère moins protectrice.*" MAYER, Pierre e HEUZÉ, Vicent. Droit international privé, 7 ed., Paris: Montchrestien, 2001, p. 83-4.

[141] MARQUES DOS SANTOS, As normas, p. 905.

[142] MARQUES DOS SANTOS, As normas, p. 913 e LECLERC, La protection, p. 98.

[143] LECLERC, La protection, p. 98.

[144] KARAQUILLO, Étude, p. 64.

[145] KARAQUILLO, Étude, p. 58. O autor estuda a jurisprudência francesa em muitos campos do Direito onde observou o uso das normas de aplicação imediata.

[146] Veja LECLERC, La protection, p. 98, em que menciona, ainda, a proteção do locatário, regras relativas às obrigações alimentares, à regulamentação da concorrência, às cláusulas de indexação, etc.

[147] LECLERC, La protection, p. 276-7.

[148] Apud LECLERC, La protection, p. 290.

II. A UTILIZAÇÃO DAS NORMAS DE APLICAÇÃO IMEDIATA PARA A PROTEÇÃO DO CONSUMIDOR BRASILEIRO

A questão da proteção do consumidor em relações internacionais "pressupõe o diálogo entre o Direito do Consumidor e as normas (e princípios) do Direito Internacional Privado."[149] Conforme anteriormente salientado, muitas regras de defesa do consumidor, em razão dos objetivos a que visam resguardar,[150] que identificam sua característica de proteção social e direção econômica,[151] são consideradas normas de aplicação imediata. A sua imperatividade, observada no direito interno, passa, dessa forma, a regular relações próprias do direito internacional privado.[152] Como Calais-Auloy e Steinmetz salientam a proteção do consumidor é organizada, essencialmente, para o plano nacional e, excepcionalmente, encontra aplicação em casos internacionais.[153]

---

[149] MARQUES, Contratos, p. 121.

[150] Veja MOURA RAMOS, La protection, p. 206: "*Le fait est qu'en droit interne la protection de la partie contractuelle la plus faible cherche à corriger un désavantage qui existe entre les deux parties, et dont le contractant plus fort peut être tenté de se prévaloir à l'égard de son coconctrant. La recherche de l'équilibre se fait donc par la construction d'un statu plus protecteur (inégale, donc) pour ce qui est la partie plus faible. On compense ainsi l'inégalité de fait par une inégalité de droit (qui devient donc compensatrice) en vue d'arriver à l'égalité au moins à l'équilibre.*" Completando essa orientação, LECLERC, La protection, p. 285, assinala que, "*leur objectif ne se limite pas à l'établissement de relations contractuelles loyales et équitables, mais poursuit la réalisation de politiques qui mettent en jeu des intérêts étatiques.*"

[151] FALLON, Marc. Le droit des rapports internationaux de consommation. In: Journal du Droit International, Paris: Editions Techniques, 1984, p. 773. Segundo o autor (p. 773), "*la police de la consommation se compose de l'ensemble des dispositions impératives qui tantôt restreigent la liberté de l'industrie et du commerce dans le but de protéger les intérêts du destinataire final pris individuellement, tantôt réglementent les actes de consommation dans le but de politique économique. Comme le droit de la concurrence et la police du commerce, c'est le fonctionnement du marché économique qu'affecte la police de la consommation. (...) Ce qui la caractérise (la consommation), c'est surtout l'intérêt à protéger, à savoir le destinataire final de l'activité économique.*"

[152] Veja NEUMAYER, Karl H. Autonomie de la volonté et dispositions impératives en droit international privé des obligations. *Revue Critique de Droit International Privé*, Paris, n. 4, p. 579-604, 1957, p. 581.

[153] CALAIS-AULOY, Jean; STEINMETZ, Frank. *Droit de la consommation*. 5 ed., Paris: Dalloz, 2000, p. 40. No original: "*la protection des consommateurs est organisée, pour l'essentiel, sur le plan national.*"

1. O Código de Defesa do Consumidor – Lei 8.078/90 como lei de aplicação imediata: a opinião da doutrina em matéria de comércio eletrônico

No Brasil, foi editada a Lei n.º 8.078, de 11 de setembro de 1990, em vigor desde 11 de março de 1991, conhecida como Código de Defesa do Consumidor por denominação constitucional (Art. 48 dos Atos e Disposições transitórias da Constituição Federal brasileira de 1988),[154] destinada a reger as relações entre fornecedores e consumidores, estes protegidos por direito fundamental (Art. 5, XXXII da Constituição Federal de 1988). O artigo 1.º do Código de Defesa do Consumidor (CDC) expressamente dispõe sobre o seu caráter imperativo: "*Art. 1.º O presente código estabelece normas de proteção e defesa do consumidor, **de ordem pública e interesse social**, nos termos dos arts. 5.º, inciso XXXII, 170, inciso V, da Constituição Federal e art. 48 de duas Disposições Transitórias.*" (grifo nosso).

Como ensina Nádia de Araújo, hoje a ordem pública internacional tem um efeito negativo (art. 17 da LICC/42) e um efeito positivo, de proteção estatal: "Há situações em que o interesse de proteção estatal é de tal ordem que há normas imperativas ou de aplicação imediata – lois de police – impedindo o uso da lei estrangeira. São normas que se caracterizam por serem de aplicação obrigatória, usadas em situações internacionais sujeitas a um direito estrangeiro, sendo controvertido o sentido, o alcance e o limite de sua intromissão."[155] Assim é que, no caso do Brasil, alguns dispositivos do Código de Defesa do Consumidor,[156] na medida em que protegem a vulnerabilidade do consumidor,[157] podem ser aplicados imediata-

---

[154] "Art. 5.º. XXXII – O Estado promoverá, na forma da lei, a defesa do consumidor." Também o art. 48 do Ato das Disposições Constitucionais Transitórias: "O Congresso Nacional, dentro de cento e vinte dias da promulgação da Constituição, elaborará o código de defesa do consumidor." BRASIL. Constituição, 1988. *Constituição da República Federativa do Brasil*, de 5 de outubro de 1988, São Paulo: Atlas, 2000.

[155] ARAÚJO, Direito, p. 97.

[156] Para Haddad, "as disposições do CDC enquadram-se dentro das normas de ordem pública e já por isso não poderiam deixar de ser aplicadas às relações de consumo que envolvessem consumidores residentes no território nacional." HADDAD, Marcelo Mansur. Os vícios de produto nos contratos de compra e venda internacional: uma análise do direito comparado. *Revista de Direito do Consumidor*, São Paulo, n. 23-24, jul./dez. 1997, p. 182.

[157] Após discorrer sobre os três princípios básicos do CDC, o princípio da vulnerabilidade, o da boa-fé e o do equilíbrio contratual, Marques, refere que "o primeiro tem reflexo direto no campo de aplicação do CDC, isto é, determina quais relações contratuais

mente, por estarem em consonância, de acordo com Arrighi, com a proteção da vida e da saúde, assim como da melhora da qualidade de vida.[158]

A doutrina é unânime quanto á necessidade de uma atualização – também metodológica – de nossa LICC de 1942.[159] Em matéria de consumo internacional, e suas especificidades, o direito positivado brasileiro, em especial a LICC, de 1942, é omissa, dando espaço para que o Código de Defesa do Consumidor seja aplicado de forma imediata e imperativa a casos internacionais. Vejamos alguns casos.

O caso talvez mais interessante é o do comércio eletrônico internacional de consumo.[160] Apesar de parte dos doutrinadores que escrevem sobre comércio eletrônico[161] mencionar que a regra nestes contratos seria a da autonomia da vontade, isto é, da possibilidade do fornecedor estrangeiro escolher a lei aplicável ao contrato (geralmente a de seu país sede) e incluir nas condições gerais contratuais ou no contrato de adesão oferecido na rede, tal interpretação da LICC/42 não é majoritária ou existente na prática dos contratos de consumo (a não ser em caso de fuga do foro brasileiro, quando a disputa é solucionada em outro foro, justamente para fugir da aplicação das normas de DIP brasileiras ou *forum shopping*). Em outras palavras, segundo a opinião majoritária da doutrina brasileira de DIP,[162] as normas da LICC/42 são obrigatórias (leis federais) e aplicável seria o art.

---

estarão sob a égide desta lei tutelar e de seu sistema de combate ao abuso." MARQUES, Cláudia Lima. Notas sobre o sistema de proibição de cláusulas abusivas no Código brasileiro de defesa do consumidor (entre a tradicional permeabilidade da ordem jurídica e o futuro pós-moderno do direito comparado). *Revista Jurídica*, São Paulo, ano 47, n. 268, fev. 2000, p. 45. Veja também CHAZAL, Vulnerabilité, p. 243.

[158] ARRIGHI, Jean Michel. La proteccion de los consumidores y el Mercosul. *Revista de Direito do Consumidor*, São Paulo, n. 2, 1992, p. 131.

[159] Veja RODAS, João Grandino, Falta a lei de introdução ao Código Civil, in *Gazeta Mercantil*, 21.08.2001, p. 2 e, do mesmo autor, Elementos de Conexão do direito internacional privado brasileiro relativamente às obrigações, in RODAS (Ed.), *Contratos Internacionais*, 3.ed, RT, São Paulo, p. 62-64.

[160] Sobre o tema, veja MARQUES, Confiança, p. 303 e seg.

[161] Veja, por todos, BARBAGALO, Erica Brandini. *Contratos eletrônicos*. São Paulo: Saraiva, 2001, p. 25 e BENEVIDES DE CARVALHO, Rodrigo. A internet e as relações de consumo. *Internet: o direito na era virtual*. In: SCHOUERI, Luis Eduardo (Org.) Rio de Janeiro: Forense, 2001, p. 108, o qual afirma categoricamente: "*A operação se regerá pelo princípio do pacta sunt servanda. Nesse sentido, ainda que tais cláusulas impliquem violação flagrante às normas do CDC, tal legislação não poderá ser invocada, prevalecendo as obrigações tal como propostas pelo fornecedor estrangeiro e aceitas pelo consumidor.*"

[162] Veja, por todos, ARAÚJO, Nádia de. *Contratos Internacionais – Autonomia da Vontade, Mercosul e Convenções Internacionais*, Renovar, Rio de Janeiro, 1997, p. 108 e seg.

9.º da LICC/42, a excluir a autonomia da vontade nos contratos internacionais em geral, quanto mais os de consumo.

Em matéria de contratos de consumo, há que se considerar que a constituição de 1988 atualizou os princípios do DIP brasileiro.[163] Assim, por tratar-se de direito fundamental a proteção do consumidor reconhecido pela Constituição da República de 1988 (art. 5°, XXXII) e o CDC, lei de origem constitucional (art. 48 dos Atos das Disposições Constitucionais Transitórias – ADCT), é bem possível que tais normas sejam consideradas "imperativas"[164], de ordem pública internacional[165] ou leis de aplicação imediata, aplicando-se, pois, neste último caso, mesmo antes das normas de DIP ao caso.

Especial atenção merece o fato de o mandamento de proteção do consumidor, como direito fundamental a obrigar o Estado-Legislador, o Estado-Juiz e o Estado-Executivo a uma ação positiva na tutela destes agentes vulneráveis do mercado brasileiro, estar incluído no inciso XXXII do art. 5.º da Constituição Federal (artigo que em seu *caput* assegura estes direitos a brasileiros e a estrangeiros residentes no Brasil). Daí se retira que a nova ordem pública constitucional brasileira inclui necessariamente a "defesa do consumidor". A pergunta é o grau, o nível ou o *standard* desta proteção em casos de Direito Internacional Privado. Em outras palavras, a pergunta é se em casos pluriconectados, todas as normas do Código Brasileiro de Defesa do Consumidor, seriam imperativas ou de ordem pública internacional (grau total de aplicação), ou se somente a preocupação de "defesa do consumidor" seria obrigatória, podendo ser alcançada pela aplicação eventual de uma lei estrangeira, indicada aplicável pelas normas da LICC/42. Em outras palavras, o nível de defesa do consumidor, alcançado pelo CDC, é considerado, em face da sua origem constitucional (art. 48 ADCT), como obrigatório a tutelar os brasileiros e estrangeiros (pes-

---

[163] Assim também conclui, indiretamente, CHAVES DE FARIAS, Cristiano, A proteção do consumidor na era da globalização, in *Revista de Direito do Consumidor*, São Paulo, n. 41, jan./mar. 2002, p. 91.

[164] O Brasil ainda não ratificou a CIDIP do México de 1994 sobre contratos internacionais, que expressamente prevê, em seu art. 11, que as normas nacionais imperativas *(mandatory rules)* afastam a eventual autonomia de vontade, conexão principal da CIDIP. Veja sobre a Convenção, ARAÚJO, *Contratos*, p. 108 e seg.

[165] A exceção de ordem pública tem um claro fim social e de proteção, não só do sistema do DIP, mas também, nos países da família de direito continental-europeu, das políticas públicas ou objetivos de harmonia social interna, BUCHER, p. 60-69.

soas físicas) residentes no Brasil, como *standard* mínimo imperativo de "defesa do consumidor", o que levaria à aplicação imediata destas normas tutelares.

A solução do Art. 29a da EGBGB alemã é mais positiva, pois induz a uma cumulação de normas protetivas do consumidor, isto é, não impede a aplicação de normas estrangeiras, se assegurarem um nível superior de defesa ao alcançado pela diretiva européia ou norma imperativa nacional, no caso, o CDC.[166] Assim, a conclusão do 5.° Congresso Brasileiro de Direito do Consumidor/Brasilcon,: *"11. As normas do CDC, como expressamente consignado em seu artigo 1.°, são de "ordem pública e de interesse social", entre a ordem pública local e a ordem pública estrangeira o juiz deve preferir a ordem pública de seu país; as disposições do CDC, por serem normas de ordem pública, não podem deixar de ser aplicadas às relações de consumo que envolvem consumidores residentes no território nacional, ressalvada a aplicação cumulativa da legislação estrangeira mais favorável. (aprovada por unanimidade)"*.[167]

Para o nosso exame, interessante notar que as normas do CDC são de ordem pública interna (art. 1.°), que os artigos 2.° e 3.° do Código de Defesa do Consumidor denotam sua aplicação a todos consumidores finais, nacionais ou estrangeiros (independente de sua nacionalidade ou domicílio) e fornecedores, nacionais e estrangeiros. Assim, dispõe o CDC, em espírito de inclusão semelhante ao do anterior art. 3.° do Código Civil de 1917,[168] e com espírito de real proteção do vulnerável, sem mencionar a nacionalidade ou o domicílio dos agentes da contratação à distância: *"Art. 2° Consumidor é toda pessoa física ou jurídica que adquire ou utiliza produtos ou serviços como destinatário final. Parágrafo único. Equipara-se a consumidor a coletividade de pessoas, ainda que indetermináveis, que haja intervindo nas relações de consumo."*. E o art. 29 complementa: *"Para os fins deste Capítulo e do seguinte, equiparam-se aos consumidores todas as pessoas determináveis ou não, expostas às práticas nele previstas."*

---

[166] Veja von Hoffman, p. 401 e seg.

[167] Conclusões do 5.° Congresso Brasileiro de Direito do Consumidor, in *Revista Direito do Consumidor*, vol. 33, p. 265.

[168] O art. 3.° do anterior Código Civil Brasileiro, de 1917, dispunha: "*A lei não distingue entre nacionais e estrangeiros quanto à aquisição e ao gozo dos direitos civis.*" Infelizmente este artigo não foi repetido pelo novo Código Civil brasileiro, que entrou em vigor em 11 de janeiro de 2003.

Também o art. 3.º do Código de Defesa do Consumidor inclui como fornecedor "*toda pessoa física ou jurídica, pública ou privada, nacional ou estrangeira, bem como os entes despersonalizados,*" que desenvolvam "*atividade de produção, montagem, criação, construção, transformação, importação, exportação, distribuição ou comercialização de produtos ou prestação de serviço*". Mencionados expressamente também, no art. 12 do CDC, estão os fabricantes, produtores e construtores estrangeiros e o importador de produtos estrangeiros. Parece-nos que todos estes artigos denotam a "vontade" do Código de Defesa do Consumidor em ser aplicado também aos casos de consumo internacional ocorridos no mercado brasileiro ou com os consumidores que protege, como norma de aplicação imediata.[169]

Efetivamente, o Código de Defesa do Consumidor parece fornecer padrões mínimos (e imperativos) à proteção de consumidores-passivos em todos os contratos à distância, contratos negociados no Brasil por nacionais ou estrangeiras, ou, quando o *marketing* ou a oferta forem feitos no Brasil, inclusive nos contratos eletrônicos com fornecedores com sede no exterior,[170] como impõem o *Unfair Contract Terms Act*, de 1977, do Reino Unido, ou a lei alemã de 1976 (art. 12 e art. 29a da EGBGB),[171] ou a lei portuguesa de 1985 (art. 33).[172]

Parece-nos que se a conclusão do contrato for precedida por um convite ou indução ao negócio dirigido a ele ou genérico por meio da publicidade,[173] e o consumidor realizou no Brasil todas as medidas necessárias

---

[169] Examinando as leis alemãs de proteção ao consumidor e o novo art. 29a da Lei de Introdução ao Código Civil alemão (EGBGB), conclui no mesmo sentido REICH, Norbert e NORDHAUSEN, Annette. *Verbraucher und Recht im elektronischen Verkehr (eG)*, Baden-Baden: Nomos, 2000, p. 95-99.

[170] Assim também sugere LORENZETTI, Ricardo Luis. *Comercio electrónico*. Buenos Aires: Abeledo-Perrot, 2001, p. 256, para a Argentina.

[171] Winter relembra que também as normas sobre seguros e proteção dos consumidores são imperativas na Alemanha, WINTER, Gerrit. Internationale Online-Versicherung als Korrespondenzversicherung. *Versicherungsrecht*, 2001, p. 1461.

[172] Como ensina Pierre Mayer, p. 521, estas são leis de aplicação imediata que determinam expressamente seu campo de aplicação, impondo sua aplicação a todos os contratos de consumo, se o consumidor tem nestes países a sua residência habitual e realizou todos os atos de conclusão do contrato sem sair do país (consumidor passivo). Veja como o consumidor passivo no comércio eletrônico é protegido também nos Estados Unidos da América, nas leis de Ohio, da Virginia e de Washington e na lei suíça, in KRONKE, p. 82-83.

[173] A simples publicidade on-line, com efeitos no país, já pode violar as normas imperativas do direito do consumidor, como comprova a decisão do Tribunal de Frankfurt

de sua parte para a conclusão do contrato (aceitação válida), a lei brasileira possui contatos mais próximos e deve ser aplicada ao contrato internacional de consumo, de forma a favorecer o contratante mais fraco. Deve ser um risco profissional do fornecedor, o qual se utiliza destas tecnologias novas e deste tipo de *marketing* à distância, o eventual uso das normas imperativas ou de aplicação imediata do país do domicílio ou residência habitual do consumidor, no qual a oferta à distância resultou em contratação.[174] Também segundo a doutrina francesa, a proteção dos contratantes mais fracos é mais bem realizada se as normas tutelares nacionais são consideradas "leis de aplicação imediata".[175] A doutrina estrangeira conclui que esta é a prática da maioria dos países do primeiro mundo.[176]

Parte da doutrina sobre comércio eletrônico considera esta aplicação direta do Código de Defesa do Consumidor demasiadamente extensiva e defende a aplicação das regras tradicionais nacionais de conflitos de lei.[177] Apoiando a solução da LICC de 1942, e a aplicação da lei do fornecedor (ou porque propõe o contrato – art. 9.°, §2.° da LICC –, ou porque escolhe a sua lei no contrato – autonomia da vontade em DIP –, ou porque tem a conexão mais estreita ao realizar a prestação característica – lei do lugar da execução –, consideram estes autores que é risco do consumidor fazer uma transação à distância internacional e a aplicação da lei mais favorável ao fornecedor é uma conseqüência aceitável.[178]

Já, a doutrina consumerista[179] geralmente desconhece a teoria das leis de aplicação imediata em DIP e defende – de lege ferenda – a aplica-

---

(OLG Frankfurt), de 31 de maio de 2001, envolvendo publicidade de farmácia holandesa oferecendo medicamento proibido na Alemanha. Veja *ZIP* 2001, p. 1164-1168.

[174] Veja também FERNANDES, Antônio Joaquim. Responsabilidade do provedor de Internet, in *Revista Direito do Consumidor*, vol. 26, p. 49.

[175] Assim conclui MAYER, p. 531.

[176] Veja, por todos, KRONKE, p. 82. Assim conclui até mesmo o advogado da Microsoft, em seu Curso de Haia de 2001, SMITH, Bradford. The third industrial revolution: Law and policy for the Internet. *Recueil des Cours de l'Académie de Droit International de la Haye*. Paris: Recueil, 2000, T. 282, p. 330, mesmo protestando contra esta prática e pedindo que a Internet seja regulada de forma mínima.

[177] Cf. GRECO, Marco Aurélio. *Direito e internet*. São Paulo: Dialética, 2000 p. 50.

[178] Veja GRECO, 2000, p. 50 e BENEVIDES DE CARVALHO, p. 108.

[179] Veja, por todos, MARTINS CASTRO, Luiz Fernando. O Comercio Eletrônico e a Defesa do Consumidor Brasileiro e no Mercosul, in *Internet e Direito – reflexões doutrinarias*, Rodrigo Rodrigues da Silva Junior (Coord.), Lumen Júris, Rio de Janeiro, 2001, p. 138-139.

ção da lei local do domicílio ou a residência do consumidor, se a oferta for feita no Brasil [180], ou que as normas do CDC são de ordem pública internacional.[181]

Efetivamente, a jurisprudência brasileira tem aplicando o CDC a casos pluriconectados, antes do recurso à Lei de Introdução, como lei de aplicação imediata. Especificamente sobre contratação à distância na jurisprudência brasileira, o número de casos ainda é pequeno, mas é necessário mencionar o rumoroso caso de contratação de serviços internacionais de lazer aos consumidores, conhecido como "caso do telessexo internacional". Neste caso, fornecedores de serviços dos países nórdicos estavam oferecendo "serviços sexuais" via telefone, no mercado brasileiro, através de um fornecedor de serviços telefônicos nacional (a Telebrás). Os custos deste serviço internacional eram pagos através das contas normais do telefone, fazendo com que, desse modo, o 1° TACiv. de São Paulo decidisse que o fornecedor responsável era a empresa brasileira de telefonia (fornecedor aparente), aplicando o Código de Defesa do Consumidor a estes contratos internacionais de consumo.[182]

O *leading case* em matéria de produtos e serviços estrangeiros e o *standard* mínimo de proteção dos consumidores é sobre um consumidor ativo, um caso envolvendo um turista brasileiro que retorna ao mercado brasileiro com o produto defeituoso. Nesta decisão *líder*, o Superior Tribunal de Justiça-STJ responsabilizou a filial brasileira pela garantia de

---

[180] Assim LUCON, Paulo Henrique dos Santos. Competência no comércio e no ato ilícito eletrônico, in DE LUCCA, Newton e SIMÃO FILHO, Adalberto, *Direito e Internet – Aspectos Jurídicos Relevantes,* São Paulo, Edipro, 2000, p. 351-370, p. 354-355.

[181] Esta é uma teoria francesa do início do século XX: "*les lois d'intérêt général qui s'imposent toujours à son observation sur le territoire où elles ont été édictées. Nous comprendrons ces dernières sous le nom de lois d'ordre public international.*" Assim André Weiss *apud* Anderegg, Kirsten, *Ausländische Eingriffsnormen im internationalen Vertragsrecht,* Ed. Mohr, Tübingen, 1989, p. 9. Sobre Código de Bustamante, veja Samtleben, Jürgen, *Derecho Internacional Privado en América Latina – Teoría y Práctica del Código Bustamante,* Depalma, vol. I, Buenos Aires, 1963, p. 270.

[182] Assim a decisão do 1.° TACivSP, 24.11.98, Juiz Antonio de Pádua Ferraz: *"PRESTAÇÃO DE SERVIÇOS – TELESEXO DDI – Empresas estrangeiras fornecedoras do serviço se submetem à lei brasileira, notadamente o Código de Defesa do Consumidor, que veda a prestação de serviço sem a solicitação prévia – Inaplicabilidade do art. 129 do Código Civil – Inteligência dos art. 1 e 39 III e parágrafo único da Lei 8.078/90."* in Revista dos Tribunais, vol. 765, p. 231-234. Veja também sobre telefonia decisões do Tribunal de Justiça de São Paulo, in *Revista Direito do Consumidor,* vol. 34, p. 311 e in *Revista Direito do Consumidor,* vol. 35, p. 347.

produto adquirido nos Estados Unidos da Amércia (distribuído pela matriz no Japão e produzido possivelmente na Indonésia ou na China), de marca famosa e mundial (*Panasonic*), tudo segundo o Código Brasileiro de Direito do Consumidor, considerado neste caso, implicitamente, como "lei de aplicação imediata".

2. Análise do caso Panasonic

O caso *Panasonic*[183] é denominado por muitos como *leading case* na matéria.[184] Diz respeito à compra de uma filmadora, da marca *Panasonic*, em Miami, por um turista brasileiro, sendo que, após seu regresso ao Brasil, a filmadora apresentou vícios. O consumidor brasileiro intentou uma reparação de danos contra a *Panasonic* do Brasil.[185] Na decisão do caso, foi aplicado o Código de Defesa do Consumidor brasileiro, sem qualquer referência ao artigo 9.º da Lei de Introdução ao Código Civil (LICC), que indica a lei aplicável às obrigações. Propõe-se a análise e discussão dos fundamentos jurídicos que embasaram esta decisão, perquerindo-se acerca da adoção da legislação brasileira como norma de aplicação imediata.

No Brasil, a aplicação do método das normas de aplicação imediata pode ser constatada, no que concerne à defesa do consumidor, no REsp. 63981/SP (caso *Panasonic*), julgado pelo Superior Tribunal de Justiça. Neste caso, a decisão expressamente reconheceu as particularidades internacionais da relação, optando por uma aplicação da legislação interna (o Código de Defesa do Consumidor). Esse reconhecimento pode ser observado na ementa da decisão:

"*I – Se a economia globalizada não mais tem fronteiras rígidas e estimula e favorece a livre concorrência, imprescindível que as leis de proteção ao consumidor ganhem maior expressão em sua exegese, na busca do equilíbrio que deve reger as relações jurídicas, dimensionando-se, inclusive, o fator risco, inerente à competitividade do*

---

[183] REsp. n.º 63.981-SP, do Superior Tribunal de Justiça. Publicado na RSTJ, Brasília, ano 12, n. 137, jan. 2001, p. 387-492. Ementa publicada in MARQUES, Cláudia Lima, BENJAMIN, Antônio H. de V. e MIRAGEM, Bruno, *Comentários ao Código de Defesa do Consumidor – Art. 1 a 74 –Aspectos materiais*, São Paulo: RT, 2004, p. 109 e 110.

[184] Veja MARQUES, A proteção, p. 724 e ARAÚJO, Direito, p. 19.

[185] Sobre a repercussão do caso quanto à tutela da confiança, veja JACQUES, Daniela Corrêa. A proteção da confiança no direito do consumidor. Revista de Direito do Consumidor, n. 45, p. 100-128, jan./mar. 2003, p. 115.

comércio e dos negócios mercantis, sobretudo quando em escala internacional, em que presente empresas poderosas, multinacionais, com filiais em vários países, sem falar nas vendas hoje efetuadas pelo processo tecnológico da informática e no forte mercado consumidor que representa o nosso País."

No mesmo sentido, no voto do Ministro Aldir Passarinho Júnior:

"A questão fundamental que surge, é que a mercadoria em discussão – máquina filmadora – não foi nem comprada no Brasil, nem tampouco, de empresa que a produziu, comercializou ou garantiu. Trata-se de uma relação de consumo realizada, por inteiro em Miami, Estados Unidos da América, em que circunstancialmente, o Autor-recorrente é domiciliado no Brasil."

Nesse voto, que diverge do entendimento da decisão final, o Ministro coloca o seguinte questionamento próprio do direito internacional privado:

"Como, portanto, aplicar um Código de Defesa do Consumidor brasileiro a um negócio feito no exterior, entre uma empresa estrangeira e um turista brasileiro? (…) Assim tenho que a Lei n. 8.078//1990 não alcança a relação de consumo contratada no exterior, nos termos aqui configurados (sem ressalva contratual em contrário), inaplicáveis à espécie, por impertinentes ao caso, os arts. 3.° e 28, § 5.°, do citado diploma."

Deve ser apontado, que, em nenhum momento, houve qualquer menção ao recurso das normas conflituais, dispostas na LICC brasileira, mormente o artigo 9.° *caput*,[186] que cuida dos contratos internacionais. Por esse dispositivo, considerado, pela doutrina, como obrigatório,[187] a lei aplicada deveria ter sido a da Florida, local onde fora realizada a compra da filmadora.[188] Entretanto, a lei da Florida nem se quer foi suscitada

---

[186] "Art. 9.° Para qualificar e reger as obrigações, aplicar-se-á a lei do país em que se constituírem." Lei de Introdução ao Código Civil brasileiro, Decreto-lei n.° 4.657, de 4 de setembro de 1942.

[187] Veja MARQUES, Contratos, p. 127.

[188] Assim também ARAÚJO, Direito, p. 19.

na fundamentação da decisão. O litígio internacional foi resolvido como se nacional fosse.[189]

Assim, pode-se afirmar que os dispositivos do Código de Defesa do Consumidor brasileiro foram aplicados como norma de aplicação imediata. Os fundamentos de aplicação, além do caráter imperativo, que justificaram a aplicação da legislação brasileira, estruturaram-se no domicílio do consumidor e da empresa demandada.[190] Por outro lado, frisa-se também a importância da proteção da confiança do consumidor brasileiro que adquiriu o produto em Miami da marca *Panasonic*.[191]

Essa solução, adotada no caso, poderia implicar uma aplicação irrestrita das normas de proteção do consumidor para todas as relações internacionais como normas de aplicação imediata, cujo entendimento é fortemente criticado pela doutrina por perder de vista o objetivo da harmonia jurídica internacional[192] e algumas especificidades da relação internacional.[193] Nem todo o direito do consumidor de determinado país tem caráter de imperatividade a ponto de justificar a sua aplicação sempre como norma de aplicação imediata.[194]

Além disso, salienta Fallon que essa solução poderia criar dificuldades práticas que afetariam diretamente à essência do contrato, como certas regulações de cláusulas contratuais, sejam de condições gerais ou cláusu-

---

[189] Essa é uma das características das normas de aplicação imediata. Veja MOURA RAMOS, La protection, p. 225.

[190] Assim o voto-vogal do Ministro Ruy Rosado de Aguiar: "No caso dos autos, o consumidor adquiriu um produto *Panasonic* em outro país, internalizou-o e hoje o aparelho apresenta defeito. A *Panasonic* do Brasil, que o próprio nome já indica pertencer ao mesmo grupo da empresa fabricante, embora com sede em outro lugar, tem a responsabilidade de cumprir com a obrigação de assistência assumida pelo fabricante. Nem sequer é necessário recorrer à desconsideração da pessoa jurídica (aplicável à hipótese nos termos do art. 28, § 5.º, do CDC), uma vez que se trata do mesmo grupo societário, 'empresas vinculadas à mesma matriz', conforme admitido nos autos, razão pela qual a filial estabelecida no Brasil aqui responde subsidiariamente pelas responsabilidades previstas no Código, na forma do art. 28, § 2.º."

[191] Veja JACQUES, A proteção, p. 124: "No caso da *Panasonic*, em nenhum momento, o consumidor acreditou que a *Panasonic* de Miami-EUA e a *Panasonic* do Brasil se tratava da mesma personalidade jurídica, entretanto somente adquiriu o produto *Panasonic* porque a marca lhe gerava confiança e em razão dessa confiança que procurou a responsabilização da *Panasonic* do Brasil."

[192] MARQUES, A proteção, p. 687; MOURA RAMOS, La protection, p. 223 e LECLERC, La protection, p. 257.

[193] MARQUES, Contratos, p. 124-5.

[194] MARQUES, Contratos, p. 132.

las abusivas, que por sua amplitude poderiam afetar diferentes aspectos do contrato, como a formação, execução e extinção, sem, contudo, fornecer uma regulação completa.[195] Trata-se, como se refere Leclerc, da própria coerência do contrato.[196]

Em síntese, aA decisão do caso *Panasonic* (REsp. 63.981-SP), com a aplicação imediata do Código de Defesa do Consumidor brasileiro a uma relação contratual de consumo, realizada no exterior por um *consumidor-ativo*, se, por um lado, demonstra a importância da proteção da confiança e da responsabilidade em razão da marca do produto,[197] por outro, espelha a constatação de que as normas conflituais clássicas, consubstanciadas, no Brasil, na Lei de Introdução ao Código Civil (LICC) de 1942, não são o método exclusivo do direito internacional privado, convivendo com as normas de aplicação imediata. Sob esse aspecto, a decisão do caso, relativamente à aplicação dos dispositivos internos de proteção ao consumidor como norma de aplicação imediata, representa uma recusa implícita do direito internacional privado brasileiro de continuar a usar para a proteção internacional do consumidor as conexões rígidas e antigas contidas nas normas da LICC de 1942. O que se constatou, no entanto, no caso apresentado, foi uma certa ausência ou mesmo escassa referência aos métodos do direito internacional privado na argumentação apresentada pelos julgadores e uma forte noção da necessidade de uma ordem pública positiva de proteção dos consumidores, a reforçar a importância do estudo da problemática das normas de aplicação imediata no direito internacional privado brasileiro.

CONSIDERAÇÕES FINAIS

Da análise realizada, conclui-se que no caso de um ordenamento jurídico com poucas normas de caráter bilateral, com conexões rígidas e antigas, como é o caso do Brasil, cuja LICC é de 1942, (e que nada mencionam sobre o consumidor – sujeito desconhecido à época),[198] a adoção do método das normas de aplicação imediata para a proteção do consu-

---

[195] FALLON, Le droit, p. 842.
[196] LECLERC, La protection, p. 349.
[197] JACQUES, A proteção, p. 111.
[198] MARQUES, Contratos, p. 123.

midor significa um passo importante e talvez necessário até a elaboração de normas especiais.

A despeito de todas as críticas expostas relativamente à conveniência de proteger o consumidor por meio das normas de aplicação imediata,[199] elas representam uma solução plausível, em tanto que oposição ao método clássico conflitual bilateral,[200] já adotadas pela Europa e Estados Unidos.[201] Conforme revela Fallon, em matéria de proteção do consumidor, a utilização dessas normas já é uma realidade.[202]

O uso das normas de aplicação imediata, no Brasil, representa uma orientação no sentido de seguir a denominada tendência materialista no direito internacional privado. Deve-se atentar, no entanto, ao uso moderado desse método. Pretende-se, assim, assegurar um nível de proteção ao consumidor, no plano internacional, equivalente àquele estabelecido para o âmbito interno.[203] Na visão de Fausto Pocar, as normas de aplicação imediata imporiam apenas um mínimo de proteção, não excluindo, dessa forma, a utilização de regras mais protetivas ao consumidor.[204] Uma solução legislada, conflitual clássica ou mista, como a do Art. 29a da EGBGB, ofereceria mais segurança e efetividade, daí sugerirmos que seja incluída uma norma especial de defesa do consumidor na LICC/42.[205]

---

[199] Veja também LECLERC, La protection, p. 355.

[200] Assim os comentários de MAYER, Les lois, p. 114: "*Les lois de police paraissent être entrées dans une phase critique de leur existence. L'hostilité qu'elles suscitent est vive, puisque leurs adversaires sont animés à la fois par la volonté de défendre la liberté du commerce international, par la crainte des complications diplomatiques, et peut-être encore par un certain classicisme respectueux de la méthode savignienne. A tout cela s'oppose le seul souci de la défence des intérêts de la partie la plus faible et des intérêts généraux, tels que les a apprécies l'État dans la sphère duquel ils se situent. Il faut espérer que son poids ne sera pas négligé dans l'établissement de la balance finale, dont dépend l'avenir de la méthode des lois de police.*"

[201] Veja GUEDJ, The theory, p. 683.

[202] FALLON, Le droit, p. 842.

[203] MOURA RAMOS, La protection, p. 225.

[204] POCAR, Fausto. La protection de la partie faible en droit international privé. *Recueil des Cours de l'Academi de Droit International de la Haye*, 1984, t. 188. Dordrecht/Boston/London: Martinus Nijhoff Publishers, 1986, p. 400.

[205] Veja sugestão de MARQUES, Claudia, Por um Direito Internacional Privado de Proteção dos consumidores: sugestões para a nova Lei de Introdução ao Código Civil Brasileiro no que se refere à lei aplicável a alguns contratos e acidentes de consumo, in MENEZES, Wagner, *O Direito Internacional e o Direito Brasileiro – Homenagem a José Francisco Rezek*, Ed. UNIJUI, 2004, p. 729 e MARQUES, Confiança, p. 470 e 471: "Art. 9bis [Proteção contratual dos consumidores] Os contratos e as transações envolvendo consu-

Metodologicamente, o direito internacional privado clássico se estruturou cientificamente na forma do método conflitual. Também é certo afirmar hoje que existem muitas outras normas de DIP, um DIP de segunda geração ou, na expressão de Siehr,um DIP em dois níveis *(Zweitstufigkeit des IPR)*,[206] normas materiais (de direito civil, de direito do consumidor, de direito comercial) feitas especialmente para aplicarem-se em casos internacionais ou que se aplicam de forma imediata, mandatória e direta aos casos atípicos. Regular os conflitos de leis não mais apenas indiretamente, mas diretamente, por normas de aplicação imediata e outros métodos novos, como o representado pelo Art. 29a do EGBGB, é uma das caraterícticas do DIP no século XXI, visando sempre à justiça do caso concreto. O método conflitual não é mais o único,[207] nem a norma conflitual é a única norma de DIP hoje,[208] fenômeno que Erik Jayme denomina, com razão, de tendência à materialização do DIP.[209]

Acrescente-se aqui a importância do estudo do direito do consumidor, neste contexto. A importância dos ensinamentos de Marques dos Santos no Brasil deve ser ressaltada, entre outras contribuições, no que se refere à autonomia do método das normas de aplicação imediata, impli-

---

midores, especialmente os contratados à distância, por meios eletrônicos, de telecomunicações ou por telefone, estando o consumidor em seu país de domicílio, serão regidos pela lei deste país ou pela lei mais favorável ao consumidor, escolhida entre as partes, se lei do lugar da celebração do contrato, lei do lugar da execução do contrato, da prestação característica ou lei do domicílio ou sede do fornecedor de produtos e serviços. §1.°. Aos contratos celebrados pelo consumidor estando fora de seu país de domicílio será aplicada a lei escolhida pelas partes, dentre a lei do lugar de celebração do contrato, a lei do lugar da execução e a lei do domicílio do consumidor. §2.°. Em todos os casos, aplicar-se-á necessariamente as normas do país do foro que tenham caráter imperativo, na proteção do consumidor. §3.°. Tendo sido a contratação precedida de qualquer atividade negocial, de marketing, do fornecedor ou de seus representantes, em especial envio de publicidade, correspondências, e-mails, prêmios, convites, manutenção de filial ou representantes e demais atividades voltadas para o fornecimento de produtos e serviços e atração de clientela no país de domicílio do consumidor, aplicar-se-á necessariamente as normas imperativas deste país, na proteção do consumidor, cumulativamente àquelas do foro e à lei aplicável ao contrato ou relação de consumo.

[206] SIEHR, Kurt, *Internationales Privatrecht*, C.F. Müller, Heidelberg, 2001, p. 360 (§44, n.4).
[207] BATIFFOL, Le pluralisme..., p. 79.
[208] Concorda ARAÚJO, Direito..., p. 48.
[209] JAYME, Recueil, p. 44.

cando um tratamento unitário e autônomo a estas regras.[210] Assim, ganha relevância o emprego das normas de aplicação imediata, aplicando-se alguns dispositivos internos do ordenamento do foro imediatamente (sem o intermédio do método conflitual clássico) para solucionar materialmente os casos próprios do direito internacional privado, especialmente se envolvendo valores constitucionais como no Brasil.

---

[210] Veja sobre a importância de responder a esta chamada crise metodológica do DIP, KEGEL, Gerhard. The crisis of conflict of laws. *Recueil des Cours de l'Academie de Droit International de la Haye*, 1964, t. 112, Leyden: A. W. Sijhoff, 1964, p. 237.

LIBERDADE DE ESTABELECIMENTO, LEI PESSOAL E RECONHECIMENTO DAS SOCIEDADES COMERCIAIS

DÁRIO MOURA VICENTE
Professor da Faculdade de Direito de Lisboa

SUMÁRIO: 1. Posição do problema; interesses em jogo. 2. Principais soluções possíveis. 3. A jurisprudência recente do Tribunal de Justiça das Comunidades Europeias: o acórdão *Centros*. 4. Suas repercussões sobre o Direito Internacional Privado português: o regime da fraude à lei. 5. Continuação: a determinação da lei pessoal das sociedades comerciais. 6. O acórdão *Inspire Art*. 7. Os desvios à competência da lei pessoal. 8. O acórdão *Überseering*. 9. Continuação: seu impacto sobre o regime português da transferência internacional da sede efectiva das sociedades comerciais. 10. Conclusões.

1. Posição do problema; interesses em jogo

A integração dos mercados tornou possível, nomeadamente na Comunidade Europeia, que um número crescente de sociedades comerciais exerça a sua actividade para além das fronteiras do país onde se constituiu ou fixou originariamente a sua sede.

Duas ordens de questões se suscitam, no plano do Direito Internacional Privado, quanto a tais sociedades: por um lado, a determinação da lei que regula, entre outros aspectos, a sua capacidade, a constituição, o funcionamento e a competência dos seus órgãos, os direitos e deveres dos sócios, a sua responsabilidade, bem como a dos seus órgãos e membros, perante terceiros, etc. – em suma, a sua *lei pessoal* –; por outro, a definição das condições em que uma sociedade subordinada a uma lei estrangeira pode ser admitida a exercer a sua actividade e a prosseguir os seus fins no Estado do foro (*hoc sensu*, o seu *reconhecimento*).

Debatem-se nesta matéria interesses fortemente contraditórios, que reclamam soluções também elas divergentes entre si.

Na verdade, a determinação da lei pessoal das sociedades comerciais, assim como o seu reconhecimento internacional, contendem inevitavelmente com a liberdade de acção de que gozam a sociedade e, por intermédio desta, os seus sócios; mas a regulação dessas questões afecta também os interesses dos credores sociais, do Estado e dos trabalhadores ao serviço da sociedade.

Assim, à sociedade e aos seus fundadores importa que ela possa assumir a conformação jurídica mais apta à prossecução dos seus fins; o que depõe no sentido de o seu estatuto pessoal ser submetido a uma lei por eles escolhida. Convém-lhes também que a sociedade possa exercer a sua actividade sem constrangimentos, onde quer que isso se revele necessário àqueles fins, independentemente do que sobre a matéria disponha a lei local. Interessa-lhes, por último, que seja uma só a lei reguladora das matérias que integram o estatuto pessoal da sociedade, de modo a evitar que ela fique sujeita a regras contraditórias.

Já o interesse dos credores sociais reclama a aplicação às questões compreendidas no estatuto pessoal da sociedade da lei do país ou países onde esta exerce a sua actividade ou, em certos casos, da do país da sede estatutária, visto serem essas as leis cujo teor é para os referidos sujeitos de mais fácil averiguação e cuja aplicação implica para eles menores riscos e custos.

Por seu turno, o interesse do Estado onde a sociedade comercial desenvolve a sua actividade postula que, tanto quanto possível sem prejuízo do afluxo de investimentos estrangeiros ao respectivo território, essa actividade se subordine às normas imperativas locais, em ordem a assegurar o controlo dela por parte do poder público.

No mesmo sentido depõe o interesse dos trabalhadores da sociedade, visto que apenas desse modo será possível garantir a aplicação das normas do *locus laboris* que regulam, por exemplo, a participação dos seus representantes nos órgãos sociais ou a sua audição obrigatória antes da tomada de certas deliberações por estes.

A integração europeia aditou a estas categorias de interesses os conexos com a instituição do mercado comum, do mesmo passo que tornou mais difícil a localização desses interesses no território de determinado Estado.

A livre circulação de mercadorias e factores de produção consagrada no Tratado que Institui a Comunidade Europeia postula, com efeito, que as sociedades comerciais constituídas de acordo com a lei de um Estado--Membro e que tenham a sua sede, administração central ou estabelecimento principal na Comunidade sejam admitidas a prosseguir os respectivos fins estatutários no território dos demais Estados-Membros, directamente ou por intermédio de sucursais – ou seja, que se lhes reconheça liberdade de estabelecimento nesses Estados.

É da determinação da medida em que as soluções consagradas no Direito Internacional Privado vigente quanto à fixação da lei pessoal e ao reconhecimento das sociedades comerciais sujeitas a uma lei estrangeira são compatíveis com a realização desta última ordem de interesses, bem como dos problemas suscitados pela sua articulação com os anteriormente referidos, que vamos ocupar-nos neste estudo.

2. Principais soluções possíveis

A comparação jurídica revela três soluções fundamentais para o problema da determinação da lei pessoal das sociedades comerciais.

A primeira é a chamada *teoria da incorporação (incorporation theory)*, que obteve acolhimento, por exemplo, em Inglaterra[1], nos Países--Baixos[2], na Suíça[3] e na Itália (pelo que respeita às sociedades sedeadas em países estrangeiros)[4] e constitui o ponto de partida da regulamenta-

---

[1] Cfr. *Dicey and Morris on the Conflict of Laws*, vol. 2, 13.ª ed., Londres, 2000, pp. 1101 ss.

[2] Cfr. L. Strikwerda, *Inleiding tot het Nederlandse Internationaal Privatrecht*, 7.ª ed., Deventer, 2002, p. 204.

[3] Veja-se o artigo 154, n.º 1, da Lei Federal de Direito Internacional Privado, segundo o qual: «Les sociétés sont régies par le droit de l'Etat en vertu duquel elles sont organisées si elles répondent aux conditions de publicité ou d'enregistrement prescrites par ce droit ou, dans le cas où ces prescriptions n'existent pas, si elles sont organisées selon le droit de cet Etat». Cfr., sobre essa disposição, Frank Vischer, in Anton Heini e outros (organizadores), *IPRG Kommentar. Kommentar zum Bundesgesetz über das Internationale Privatrecht (IPRG) vom 1. Januar 1989*, Zurique, 1993, pp. 1339 ss.; Bernard Dutoit, *Commentaire de la loi fédérale du 18 décembre 1987*, 2.ª ed., Basileia/Frankfurt a. M., 1997, pp. 439 ss.; Paolo Patocchi/Elliot Geisinger, *Internationales Privatrecht*, Zurique, 2000, pp. 464 ss., e Kurt Siehr, *Das internationale Privatrecht der Schweiz*, Zurique, 2002, pp. 397 ss.

[4] Artigo 25, n.º 1, da Lei de reforma do sistema italiano de Direito Internacional Privado, de 31 de Maio de 1995: «Le società, le associazioni, le fondazioni ed ogni altri ente,

ção instituída pela Convenção da Haia de 1 de Junho de 1956 Relativa ao Reconhecimento da Personalidade Jurídica das Sociedades, Associações e Fundações[5], assim como pela Convenção de Bruxelas de 29 de Fevereiro de 1968 Sobre o Reconhecimento Mútuo de Sociedades e Pessoas Colectivas, concluída entre os Estados-Membros da Comunidade nos termos do artigo 220.º do Tratado de Roma[6].

Segundo essa teoria, aplica-se à sociedade a lei de acordo com a qual esta se constituiu e organizou. Trata-se, pois, de uma consagração do princípio da *autonomia privada* e, por conseguinte, da solução que mais favorece a liberdade dos fundadores da sociedade. Conjugada com o dever de reconhecimento, nos demais países, da personalidade jurídica e da capacidade funcional das sociedades regularmente constituídas de acordo com essa lei, é também a solução mais propícia à mobilidade das empresas através das fronteiras.

A ela já se tem objectado, todavia, que a sociedade pode não manter, posteriormente à sua constituição, qualquer ligação efectiva com o país à sombra de cuja lei se constituiu, *v.g.*, por ter entretanto centrado as suas actividades ou sedeado a sua administração noutro país; pelo que a *incorporation theory* pode conduzir à sujeição da sociedade a uma lei a ela

---

pubblico o privato, anche se privo di natura associativa, sono disciplinati dalla legge dello Stato nel cui territorio è stato perfezionato il procedimento di costituzione. Si applica, tuttavia, la legge italiana se la sede dell'amministrazione è situata in Italia, ovvero se in Italia si trova l'oggetto principale di tali enti». Para uma análise desse preceito, vejam-se Alberto Santa Maria, *in* Fausto Pocar e outros (organizadores), *Commentario del nuovo diritto internazionale privato*, Pádua, 1996, pp. 133 ss.; Tito Ballarino, *Diritto internazionale privato*, 3.ª ed., Pádua, 1999, pp. 350 ss.; *idem, Manuale breve di diritto internazionale privato*, Pádua, 2002, pp. 121 ss.

[5] Cfr. o artigo 1.º, § 1.º, dessa convenção, segundo o qual: «La personnalité juridique, acquise par une société, une association ou une fondation en vertu de la loi de l'Etat contractant où les formalités d'enregistrement ou de publicité ont été remplies et où se trouve le siège statutaire, sera reconnue de plein droit dans les autres Etats contractants, pourvu qu'elle comporte, outre la capacité d'ester en justice, au moins la capacité de posséder des biens et de passer des contrats et d'autres actes juridiques». A convenção não chegou, no entanto, a entrar em vigor, por não ter recolhido o número mínimo de ratificações necessário para o efeito.

[6] Veja-se o artigo 1 da convenção, que dispõe: «Sont reconnues de plein droit les sociétés de droit civil ou commercial, y compris les sociétés coopératives, constituées en confomité de la loi d'un État contractant qui leur accorde la capacité d´etre titulaires de droits et d'obligations, et ayant leur siège statutaire dans les territoires auxquels s'applique la présente Convention». Também este instrumento não chegou a entrar em vigor.

estranha, com prejuízo para os interesses dos credores sociais e do Estado onde a sociedade desenvolve predominantemente a sua actividade.

Compreende-se, por isso, que alguns dos países em que a teoria em apreço obteve acolhimento, assim como as convenções internacionais acima referidas, procurem temperá-la mediante a previsão da aplicabilidade, em determinadas situações, de outras leis ao estatuto pessoal das sociedades, ou, pelo menos, a certas questões nele compreendidas[7].

A segunda solução a que aludimos consiste na aplicação da *lei da sede estatutária*, i. é, o lugar como tal indicado nos estatutos ou pactos sociais.

É este o elemento de conexão consagrado nos Direitos francês[8] e espanhol[9]. Acolhem-no também o artigo 9.º, n.º 1, alínea c), subalínea ii), do Regulamento (CE) n.º 2157/2001, de 8 de Outubro de 2001, relativo ao estatuto da «sociedade europeia»[10], e o artigo 1.º, n.º 1, do Regime Jurí-

---

[7] Nos Países-Baixos, tal sucede por via da *Lei sobre as sociedades formalmente estrangeiras* (*Wet op de formeel buitenlandse venootschaapen*), de 17 de Dezembro de 1997; na Suíça, é esse o sentido precípuo das conexões especiais consignadas nos artigos 156 a 160 da Lei Federal de Direito Internacional Privado. Veja-se, sobre a primeira, Strikwerda, ob. cit. (nota 2), pp. 206 s.; e quanto aos segundos, Vischer, ob. cit. (nota 3), pp. 1360 ss.; Dutoit, ob. cit. (nota 3), pp. 446 ss.; Patocchi/Geisinger, ob. cit. (nota 3), pp. 471 ss.; e Kurt Siehr, ob. cit. (nota 3), pp. 404 ss. Cfr. ainda o artigo 3 da Convenção de Haia e os artigos 3 e 4 da Convenção de Bruxelas.

[8] Artigo 1837 do Código Civil: «Toute societé dont le siège est situé sur le territoire français est soumise aux dispositions de la loi française. Les tiers peuvent se prévaloir du siège statutaire, mais celui-ci ne leur est pas opposable par la société si le siège réel est situé en un autre lieu». Artigo 210-3 do Código de Comércio: «Le societés dont le siège social est situé en territoire français sont soumises à la loi française. Lers tiers peuvent se prévaloir du siège statutaire, mais celui-ci ne leur est pas opposable par la société si son siège réel est situé en un autre lieu». Cfr. Pierre Mayer/Vincent Heuzé, *Droit international privé*, 7.ª ed., Paris, 2001, pp. 663 ss.; Michel Menjucq, *Droit international et européen des sociétés*, Paris, 2001, pp. 85 ss.

[9] Cfr. os artigos 5.º, n.º 1, da *Ley de Sociedades Anónimas* e 6.º, n.º 1, da *Ley sobre Sociedades de Responsabilidad Limitada*, que dispõem, respectivamente: «Serán españolas y se regirán por la presente Ley todas las sociedades anónimas que tengan su domicilio en territorio español, cualquiera que sea el lugar en que se hubieren constituido»; «Serán españolas y se regirán por la presente ley todas las sociedades de responsabilidad limitada que tengan su domicilio en territorio español, cualquiera que sea el lugar en que se hubieren constituido». Sobre esses preceitos, vejam-se Alfonso-Luis Calvo Caravaca/Javier Carrascosa González (directores), *Derecho Internacional Privado*, vol. II, 5.ª ed., Granada, 2004, pp. 454 ss.

[10] Publicado no *Jornal Oficial das Comunidades Europeias*, n.º L 294, de 10 de Novembro de 2001, pp. 1 ss. Entrou em vigor a 8 de Outubro de 2004. Sobre esse acto

dico das Sociedades Anónimas Europeias, aprovado pelo D.L. n.º 2/2005, de 4 de Janeiro, que complementa, na ordem jurídica portuguesa, esse regulamento comunitário.

A lei da sede estatutária será, em princípio, facilmente identificável por aqueles que contratam com a sociedade. Nesta medida, a sua aplicação será conforme com os interesses desta categoria de sujeitos.

Mas também esta solução não é imune à crítica, pois a sede estatutária pode não corresponder à sede real – o que acontece, por via de regra, quando é escolhida exclusivamente por motivos fiscais ou por o Direito local acolher um regime mais permissivo em matéria de sociedades comerciais[11]. A sua consagração sem restrições facilitaria, assim, a fraude à lei em Direito Internacional Privado, em detrimento dos interesses públicos e de terceiros em jogo. Compreende-se, a esta luz, que em França apenas se confira a terceiros, e não à própria sociedade, a faculdade de se prevalecerem da lei da sede estatutária caso esta não coincida com a sede real[12].

A terceira solução possível do problema em apreço consiste na aplicação da *lei do país da sede real*.

Adoptam-na, por exemplo, os Direitos alemão[13], austríaco[14], suíço

---

comunitário, podem-se consultar-se Fausto Pocar, «Le statut de la société européenne: une étape importante de l'évolution du droit communautaire», *in* Rui de Moura Ramos e outros (organizadores), *Estudos em homenagem à Professora Doutora Isabel de Magalhães Collaço*, vol. I, Coimbra, 2002, pp. 855 ss.; Véronique Magnier, «La société européenne en question», *Revue Critique de Droit International Privé*, 2004, pp. 555 ss.; Rui Pinto Duarte, «A sociedade (anónima) europeia – uma apresentação», *Cadernos de Direito Privado*, n.º 6 (Abril/Junho 2004), pp. 3 ss.; e António Menezes Cordeiro, *Direito Europeu das Sociedades*, Coimbra, 2005, pp. 855 ss., com mais referências.

[11] A questão foi expressamente prevista no mencionado Regulamento n.º 2157/ /2001, pelo que respeita às sociedades anónimas europeias, cuja sede, segundo o artigo 7.º desse acto comunitário, deve situar-se no mesmo Estado-Membro que a sua administração central. Nos termos do art. 16.º do regime jurídico aprovado pelo D.L. n.º 2/2005, a violação deste preceito determina, decorrido um ano sem que a situação esteja regularizada, que a sociedade se considere imediatamente dissolvida (n.º 2), sem prejuízo de, enquanto aquela regularização não se der, qualquer sócio, credor social ou o Ministério Público poderem requerer a dissolução judicial da sociedade (n.º 4).

[12] Cfr. os preceitos citados *supra*, na nota 8.

[13] No qual vigora por força de uma regra consuetudinária, afirmada nomeadamente no acórdão do Tribunal Federal de 21 de Março de 1986, *in Entscheidungen des Bundesgerichtshofes in Zivilsachen*, vol. 97, pp. 269 ss. Sobre o ponto, *vide* Peter Kindler, «Internationales Handels- und Gesellschaftsrecht», *in Münchener Kommentar zum Bürgerlichen Gesetzbuch*, vol. 11, 3.ª ed., Munique, 1999, n.ºs 5 e 264; Dirk Looschelders, *Internatio-*

(a título subsidiário)[15] e italiano (se a sede real se situar em Itália)[16]. É também essa a solução consignada no primeiro período do artigo 3.º, n.º 1, do Código das Sociedades Comerciais português, que manda aplicar ao estatuto pessoal das sociedades comerciais a lei da *sede principal e efectiva da sua administração*[17].

Mas em que consiste essa sede?

Como tal já se entendeu o lugar onde é exercida a *direcção da sociedade*[18]. Se, porém, fosse observada sem quaisquer reservas, semelhante solução propiciaria a «deslocalização» dos centros de decisão das sociedades comerciais, com eventual prejuízo para aqueles que com elas contratam. A sede real tem, por isso, sido preferentemente definida na doutrina e na jurisprudência alemã por apelo a factores reconhecíveis externamente. Nesta perspectiva, ela deverá consistir no «lugar onde as decisões fundamentais da direcção da empresa se traduzem em actos de

---

nales Privatrecht – Art. 3-46 EGBGB, Berlim, etc., 2004, p. 150; Jan Kropholler, *Internationales Privatrecht*, 5.ª ed., Tubinga, 2004, pp. 557 s.; e Gerhard Kegel/Klaus Schurig, *Internationales Privatrecht*, 9.ª ed., Munique, 2004, p. 575.

[14] § 10 da Lei de Direito Internacional Privado: «O estatuto pessoal de uma pessoa colectiva ou de outra associação pessoal ou organização patrimonial, que possa ser titular de direitos e deveres, é a lei do Estado em que o titular de direitos tenha a sede real da sua administração principal» (tradução de António Marques dos Santos, *Direito Internacional Privado. Colectânea de textos legislativos de fonte interna e internacional*, 2.ª ed., Coimbra, 2002, p. 1623 ss.).

[15] Artigo 154, n.º 2, da Lei Federal de Direito Internacional Privado: «La société qui ne remplit pas ces conditions est régie par le droit de l'Etat dans lequel elle est administrée en fait».

[16] Cfr. o art. 25, n.º 1, *in fine*, da lei de 31 de Maio de 1995, cit. *supra* na nota 4. Sobre a aplicabilidade desse preceito às sociedades constituídas de acordo com o Direito de um Estado-Membro da Comunidade Europeia, veja-se, porém, o que dizemos adiante, na nota 36.

[17] Observe-se que relativamente às instituições de crédito e sociedades financeiras vigoram entre nós regras de conflitos especiais, constantes do Regime Geral destas entidades (alterado por último pelo D.L. n.º 201/2002, de 26 de Setembro, e republicado em anexo a este diploma), nos termos das quais a lei aplicável a essas duas categorias de sociedades é a da sede estatutária: é o que se infere da contraposição, feita no artigo 14.º, entre a sede da instituição de crédito e a sede principal e efectiva da sua administração – a qual deve coincidir com a primeira, mas não é, ela própria, o elemento de conexão relevante.

[18] Neste sentido pronunciou-se a Cassação francesa (em face, porém, de um quadro legal diverso do que actualmente vigora em França), no acórdão de 7 de Julho de 1947, *Recueil Dalloz-Sirey*, 1948, *Sommaires*, 9: «Le lieu du siège social est, en règle générale, celui où l'entreprise a principalement sa direction juridique, financière, administrative et technique».

gestão corrente»[19]. O lugar onde se formou a vontade social será, por conseguinte, inoponível a terceiros[20].

Esta é, em princípio, a solução mais favorável aos interesses dos que contratam com a sociedade, por isso que minimiza os custos e riscos inerentes à aplicação de uma lei estrangeira às matérias compreendidas no seu estatuto pessoal: admitindo que a sociedade desenvolve a maior parte da sua actividade no país da sua sede real, e que os seus co-contratantes são predominantemente entidades locais, estas ficarão desse modo desoneradas de se informarem sistematicamente sobre o teor de uma lei estrangeira a fim de conhecerem, por exemplo, o regime de responsabilidade a que a sociedade está sujeita.

Também contra ela podem, no entanto, ser aduzidos diversos argumentos: 1.º, a solução em apreço é inaplicável enquanto não houver uma sede real, *maxime* no momento da constituição da sociedade, em que os órgãos sociais ainda não começaram a funcionar e em que porventura nem sequer estarão designados os seus titulares: nesses casos, ter-se-á inevitavelmente de recorrer a outro elemento de conexão[21]; 2.º, a determinação em concreto da sede real é susceptível de revestir sérias dificuldades, sobretudo na contemporânea «sociedade da informação», em que a presença física de alguém em certo lugar se tornou desnecessária a fim de que possa dirigir de facto uma organização; 3.º, essas dificuldades agravam-se sempre que a sociedade possua centros administrativos distribuídos por diversos países, nos quais sejam praticados os actos de gestão corrente através dos quais se dê execução às deliberações dos seus órgãos sociais; 4.º, da competência atribuída à lei da sede real podem resultar entraves ao estabelecimento em território nacional de sociedades constituídas de acordo com a lei de outro Estado-Membro da Comunidade Europeia – o que suscita a questão, de que nos iremos ocupar em seguida, da sua com-

---

[19] «Der Ort, wo die Grundlegenden Entscheidungen der Unternehmensleitung effektiv in laufende Geschäftsführungsakte umgesetz werden»: cfr. o acórdão do Tribunal Federal alemão de 1986, cit. *supra* (nota 13). Ver ainda, preconizando a mesma solução, Otto Sandrock, «Die Konkretisierung der Überlagerungstheorie in einigen zentralen Einzelfragen. Ein Beitrag zum internationalen Gesellschaftsrecht», *in Festschrift für Günther Beitzke zum 70. Geburtstag*, Berlim/Nova Iorque, 1979, pp. 669 ss. (pp. 683 s.).

[20] Neste sentido, Kindler, ob. cit. (nota 13), n.º 316; Kropholler, ob. cit. (nota 13), p. 558.

[21] Aspecto salientado por Raul Ventura, «A sede da sociedade no direito interno e no direito internacional português», *Scientia Iuridica*, 1977, pp. 344 ss. e 462 ss. (p. 473).

patibilidade com as regras do Direito Comunitário que consagram a liberdade de estabelecimento.

3. A jurisprudência recente do Tribunal de Justiça das Comunidades Europeias: o acórdão *Centros*

O Tribunal de Justiça das Comunidades Europeias ocupou-se da temática em apreço em três controversos acórdãos, proferidos entre 1999 e 2003.

O primeiro desses arestos diz respeito ao caso *Centros Ltd. contra Ehvervs- og Selskabsstyrelsen*[22].

Em causa estava uma *private limited company*, com a denominação *Centros Ltd.*, constituída por dois cidadãos dinamarqueses no Reino Unido, onde se situava também a sua sede.

Um dos sócios requereu à Direcção-Geral do Comércio e das Sociedades da Dinamarca o registo neste país de uma sucursal da sociedade. A pretensão foi indeferida com fundamento em que, uma vez que a sociedade não exercia no Reino Unido qualquer actividade, aquilo que os fundadores da sociedade na realidade visavam era constituir na Dinamarca um estabelecimento principal, contornando as normas locais relativas, nomeadamente, à liberação de um capital mínimo.

Aparentemente, a situação em apreço consubstanciaria, pois, uma hipótese de fraude à lei dinamarquesa, levada a cabo mediante a «internacionalização artificial» da sociedade comercial[23].

Em abono da sua pretensão, os sócios da *Centros* invocaram, porém, as disposições do Direito Comunitário que consagram a liberdade de estabelecimento – o que poderia levar a excluir a referida qualificação. No âmbito de um recurso judicial da mencionada decisão administrativa, o *Hoejesteret* (supremo tribunal dinamarquês) colocou, por isso, ao Tribunal de Justiça das Comunidade Europeias a questão da compatibilidade da recusa do registo com o disposto nos artigos 43.°[24] e 48.°[25] do Tratado de Roma.

---

[22] Acórdão de 9 de Março de 1999, *in Colectânea de Jurisprudência do Tribunal de Justiça das Comunidades Europeias*, 1999-I, pp. 1459 ss.

[23] Por via da fixação no estrangeiro da sua sede estatutária, quando todos os demais elementos de conexão apontavam para o Estado do foro: cfr., sobre o ponto, António Ferrer Correia, *Lições de Direito Internacional Privado*, vol. I, Coimbra, 2000, p. 423.

[24] Nos termos do qual «são proibidas as restrições à liberdade de estabelecimento dos nacionais de um Estado-Membro no território de outro Estado-Membro. Esta proibi-

Na decisão que proferiu sobre essa questão, o Tribunal começou por reconhecer que «resulta da jurisprudência do Tribunal de Justiça que um Estado-Membro tem o direito de tomar medidas destinadas a impedir que, com base nas facilidades criadas em virtude do Tratado, alguns dos seus nacionais tentem subtrair-se abusivamente à aplicação da sua legislação nacional»[26].

Mas frisou que «as disposições do Tratado relativas à liberdade de estabelecimento visam precisamente permitir às sociedades constituídas em conformidade com a legislação de um Estado-Membro, e que têm a sua sede social, a sua administração central ou o seu estabelecimento principal na Comunidade, exercerem, por intermédio de uma agência, de uma sucursal ou de uma filial, actividades noutros Estados--Membros»[27].

E concluiu daí que «o facto de um nacional de um Estado-Membro, que pretenda criar uma sociedade, optar por constituí-la num Estado--Membro cujas regras de direito das sociedades lhe parecem menos rigorosas e criar sucursais noutros Estados-Membros não pode constituir, em si, um uso abusivo do direito de estabelecimento»[28].

«Com efeito, adiantou o tribunal, *o direito de constituir uma sociedade em conformidade com a legislação de um Estado-Membro e de criar sucursais noutros Estados-Membros é inerente ao exercício, num mercado único, da liberdade de estabelecimento garantida pelo Tratado*»[29].

Sendo que, por outro lado, as condições das quais, segundo a jurisprudência do próprio Tribunal, depende a admissibilidade das medidas nacionais susceptíveis de, nos termos do art. 46.°, n.° 1, do Tratado[30],

---

ção abrangerá igualmente as restrições à constituição de agências, sucursais ou filiais pelos nacionais de um Estado-Membro estabelecidos no território de outro Estado-Membro».

[25] Que dispõe no seu § 1.°: «As sociedades constituídas em conformidade com a legislação de um Estado-Membro e que tenham a sua sede social, administração central ou estabelecimento principal na Comunidade são, para efeitos do disposto no presente capítulo, equiparadas às pessoas singulares, nacionais dos Estados-Membros».

[26] Acórdão citado, n.° 24.
[27] *Ibidem*, n.° 26.
[28] *Ibidem*, n.° 27.
[29] *Ibidem, idem*; o itálico é nosso.
[30] Segundo o qual: «As disposições do presente capítulo e as medidas tomadas em sua execução não prejudicam a aplicabilidade das disposições legislativas, regulamentares e administrativas, que prevejam um regime especial para os estrangeiros e sejam justificadas por razões de ordem pública, segurança pública e saúde pública».

restringirem a liberdade de estabelecimento não estariam preenchidas no caso concreto[31].

Nestes termos, o Tribunal declarou:

«Os artigos 52.º e 58.º [actuais artigos 43.º e 48.º] do Tratado CE opõem-se a que um Estado-Membro recuse o registo de uma sucursal de uma sociedade constituída em conformidade com a legislação de outro Estado-Membro, no qual aquela tem a sua sede, sem aí exercer actividades comerciais, quando a sucursal se destina a permitir à sociedade em causa exercer a totalidade da sua actividade no Estado em que esta sucursal será constituída, evitando constituir neste uma sociedade e eximindo-se assim à aplicação das normas de constituição de sociedades que aí são mais rigorosas em matéria de liberação de um capital social mínimo.»

Ressalvando, no entanto, que:

«Todavia, esta interpretação não exclui que as autoridades do Estado-Membro em causa possam tomar qualquer medida adequada para prevenir ou sancionar as fraudes, tanto no que se refere à própria sociedade, se necessário em cooperação com o Estado-Membro no qual esta foi constituída, como no que se refere aos sócios que se provasse pretenderem, na realidade, através da constituição de uma sociedade, eximir-se às suas obrigações perante credores privados ou públicos estabelecidos no território do Estado-Membro em causa.»

4. Suas repercussões sobre o Direito Internacional Privado português: o regime da fraude à lei

Da doutrina fixada neste acórdão resultam importantes consequências para o Direito Internacional Privado.

Desde logo, infere-se dele que a constituição ou fixação da sede de uma sociedade comercial em certo Estado-Membro da Comunidade Europeia (ou, mais latamente, do Espaço Económico Europeu[32]), com o intuito

---

[31] A saber: *a)* aplicarem-se essas medidas de modo não discriminatório; *b)* justificarem-se as mesmas por razões imperativas de interesse geral; *c)* serem adequadas para garantir a realização do objectivo que prosseguem; e *d)* não ultrapassarem o necessário para se atingir esse objectivo (ac. cit., n.º 34).

[32] Visto que o acordo que institui este último, aprovado para ratificação pela Resolução da Assembleia da República n.º 35/92, de 8 de Dezembro, consagra, nos seus artigos 31.º e 34.º, regras análogas às constantes dos artigos 43.º e 48.º do Tratado de Roma.

de evitar a aplicação da lei de outro Estado-Membro com o qual a sociedade apresente as suas conexões fundamentais, não é susceptível de ser qualificada como fraude à lei em Direito Internacional Privado, contanto que esses actos se fundem no exercício da liberdade de estabelecimento: também a uma tal sociedade deve, pois, ser consentido que prossiga no Estado-Membro referido em segundo lugar, mormente através de uma sucursal localmente constituída, o seu objecto estatutário.

Compreende-se que assim seja.

De outro modo, seria dado aos Estados-Membros da Comunidade Europeia restringir o exercício das liberdades comunitárias, mediante a invocação da necessidade de reprimirem uma alegada fraude às respectivas leis, sempre que os particulares tirassem partido das diferenças entre essas leis, colocando-se sob a égide daquela que se lhes afigurasse mais favorável aos seus interesses.

Ora, num espaço económica e juridicamente integrado, como o da Comunidade Europeia, uma prática deste tipo deve ser tida como lícita.

Por duas ordens de razões.

À uma porque, nos domínios em que os Direitos nacionais tenham sido harmonizados, estes, ainda que contenham regimes parcialmente diversos, devem considerar-se *funcionalmente equivalentes* entre si, sendo nesta medida indiferente a lei aplicável às situações privadas internacionais (o que não contende, evidentemente, com o reconhecimento de eficácia, na regulação dessas situações, às normas internacionalmente imperativas de um ou mais Estados com que as mesmas se encontrem conexas).

Depois, porque a referida prática, estimulando a concorrência entre as leis dos Estados-Membros nos domínios em que essa harmonização não haja ocorrido, gera uma pressão no sentido de que estas se conformem com critérios de eficiência económica, a qual é genericamente visada pelo processo de integração.

O Direito Comunitário limita, nesta medida, o âmbito de aplicação das regras que sancionam a fraude à lei em Direito Internacional Privado, como é o caso do artigo 21.º do Código Civil português[33].

---

[33] Sobre o ponto, veja-se Rui de Moura Ramos, «O Tribunal de Justiça das Comunidades Europeias e a Teoria Geral do Direito Internacional Privado. Desenvolvimentos recentes», in Rui de Moura Ramos e outros (organizadores), *Estudos em homenagem à Professora Doutora Isabel de Magalhães Collaço*, vol. I, Coimbra, 2002, pp. 431 ss. (especialmente pp. 455 ss.). Perante o Direito alemão, pronuncia-se em sentido próximo Klaus Schurig, «Unilateralistische Tendenzen im europäischen Gesellschaftskollisionsrecht, oder: Umgehung als Regelungsprinzip», in Hilmar Krüger/Heinz-Peter Mansel

No domínio específico do Direito Internacional das Sociedades, o exposto tem como consequência não ser sustentável, em face dos artigos 43.° e 48.° do Tratado de Roma, a doutrina conforme a qual ficariam submetidas à lei do país da sede efectiva as sociedades comerciais ditas «pseudo-estrangeiras» (*pseudo-foreign corporations*) ou «aparentemente estrangeiras» (*Scheinauslandsgesellschaften*), i. é, sem quaisquer conexões relevantes com outro país que não o da sua sede efectiva, para além da que resulta da circunstância de terem sido constituídas em país estrangeiro e à sombra do Direito local[34].

5. Continuação: a determinação da lei pessoal das sociedades comerciais

Conquanto do acórdão em apreço não possa, a nosso ver, extrair-se qualquer manifestação da preferência do Tribunal de Justiça das Comunidades Europeias por uma das regras de conflitos em matéria de lei pessoal das sociedades comerciais atrás referidas[35], a doutrina nele firmada não é desprovida de consequências a este respeito.

Vejamos porquê.

(organizadores), *Liber Amicorum Gerhard Kegel*, Munique, 2002, pp. 199 ss. (especialmente pp. 219 s.).

[34] Nesta linha de orientação, cfr. Peter Behrens, «Das Internationale Gesellschaftsrecht nach dem Centros-Urteil des EuGH», *IPRax*, 1999, pp. 323 ss. (p. 325); *idem*, «International Company Law in View of the *Centros* Decision of the ECJ», *European Business Organization Law Review*, 2000, pp. 125 ss. (p. 134); *idem*, «Das Internationale Gesellschaftsrecht nach dem Überseering-Urteil des EuGH und den Schlussanträgen zu Inspire Art», *IPRax*, 2003, pp. 193 ss. (p. 204); Karsten Thomas, «Das Centros-Urteil des EuGH im Spiegel der deutschen Rechtsprechung», *IPRax*, 2001, pp. 102 ss. (p. 110); Daniel Zimmer, «Nach "Inspire Art": Grenzlose Gestaltungsfreiheit für deutsche Unternehmen?», *Neue Juristische Wochenschrift*, 2003, pp. 3585 ss. (p. 3591); e Marc-Philippe Weller, «Scheinauslandsgesellschaften nach Centros, Überseering und Inspire Art: Ein neues Anwendungsfeld für die Existenzvernichtungshaftung», *IPRax*, 2003, pp. 207 ss. Em sentido crítico relativamente a semelhante desenvolvimento, veja-se, na doutrina portuguesa, Luís de Lima Pinheiro, *Direito Internacional Privado*, vol. II, 2.ª ed., Coimbra, 2002, pp. 102 s.

[35] O ponto é controvertido na doutrina. No sentido do texto, vejam-se também Werner Ebke, «*Centros* – Some Realities and Some Myusteries», *The American Journal of Comparative Law*, 2000, pp. 623 ss. (p. 660); Karl Peter Puszkajler, «Luxemburg locuta, causa non finita? Anmerkungen aus der Praxis zu dem Centros-Urteil des EuGH», *IPRax*, 2000, pp. 79 s.; Wulf-Henning Roth, anotação ao ac. *Centros*, in *Common Market Law Review*, 2000, pp. 147 ss.; Stephan Rammeloo, *Corporations in Private International Law*.

De acordo com aquela doutrina, uma sociedade constituída em conformidade com a lei de um Estado-Membro da Comunidade Europeia, onde tenha a sua sede estatutária, pode constituir uma sucursal no território de qualquer outro Estado-Membro, e registá-la nele, ainda que possua no segundo a sua sede efectiva.

Quer dizer: o segundo Estado terá de *reconhecer* essa sociedade, admitindo que seja constituída e registada localmente uma sucursal sua, posto que, de acordo com as suas regras de conflitos, a sociedade em questão devesse subordinar-se ao seu Direito[36].

Parece, assim, que, pelo que respeita às sociedades comerciais constituídas noutro Estado-Membro da Comunidade Europeia, de acordo com a lei desse Estado, que queiram exercer em Portugal a sua actividade através de um *estabelecimento secundário*, não obstante terem em território

---

A European Perspective, Oxford, 2001, pp. 72 ss. e 253; Stefan Grundmann, «Internal Market Conflict of Laws. From Traditional Conflict of Laws to an Integrated Two Level Order», *in* Angelika Fuchs/Horatia Muir Watt/Étienne Pataut (organizadores), *Les conflits de lois et le système juridique communautaire,* Paris, 2004, pp. 5 ss. (pp. 28 s.); e Paul Lagarde, «Rapport de synthèse», *in ibidem,* pp. 283 ss. (p. 288). Contra, sustentando que o Tribunal optou pela teoria da incorporação, cfr. Francisco Garcimartín Alférez, «El Tratado CE y la Sitztheorie: – el TJCE considera – por fin – que son incompatibles», *Revista Española de Derecho Internacional*, 1999, pp. 295 ss.; Behrens, ests. cits. na nota anterior, respectivamente a pp. 326, 132 e 206; e Kegel/Schurig, ob. cit. (nota 13), p. 575.

[36] Não falta, cumpre notá-lo, quem entenda que o dever de reconhecimento de uma sociedade constituída em conformidade com o artigo 48.º do Tratado de Roma pressupõe necessariamente que o Estado-Membro perante o qual esse dever é invocado não considere a sociedade em questão submetida ao seu próprio Direito material (neste sentido, Wulf-Henning Roth, «From *Centros* to *Ueberseering*: Free Movement of Companies, Private International Law, and Community Law», *The International and Comparative Law Quarterly*, 2003, pp. 177 ss., p. 190). Era esta, decerto, a situação no caso *Centros*; mas não vemos nem na parte dispositiva do acórdão proferido pelo Tribunal de Justiça nem na sua *ratio decidendi* apoio bastante para semelhante restrição: pelo contrário, a fundamentação do acórdão aponta decididamente no sentido de que o dever de reconhecimento é independente do que dispuserem as regras de conflitos nacionais quanto à lei aplicável à sociedade, pois só assim se dará realização efectiva à liberdade de estabelecimento garantida pelo Tratado de Roma. Por outro lado, o entendimento referido levaria a que a questão do reconhecimento das sociedades «comunitárias» fosse objecto de respostas diferentes consoante o Estado-Membro onde se colocasse, quebrando-se a desejável uniformidade na aplicação do Direito Comunitário (neste sentido se pronunciam também Tito Ballarino, «Les règles de conflit sur les sociétés commerciales à l'épreuve du droit communautaire d'établissement. Remarques sur deux arrêts récents de la Cour de Justice des Communautés Européennes», *Revue Critique de Droit International Privé*, 2003, pp. 373 ss. [p. 385]; e Stefan Grundmann, est. cit. [nota 35], p. 11).

nacional a sua sede efectiva, certas questões (como o capital social mínimo, os deveres de publicidade, a responsabilidade dos administradores, etc.) ficarão em princípio submetidas à *lei segundo a qual tais sociedades foram constituídas*, e não à lei portuguesa, como resultaria do artigo 3.º, n.º 1, do Código das Sociedades Comerciais[37].

O art. 48.º do Tratado de Roma – que em si não consagra qualquer regra de conflitos susceptível de determinar o Direito aplicável ao estatuto pessoal das sociedades[38] – tem, nesta medida, uma «projecção conflitual negativa»[39].

Ressalva-se, em todo o caso, consoante decorre da parte dispositiva do acórdão e dos seus considerandos, a possibilidade de o Estado português tomar medidas adequadas (inclusive de carácter legislativo) a fim de prevenir ou sancionar situações em que se demonstre quererem os sócios, mediante o procedimento referido, eximir-se às suas obrigações perante credores estabelecidos em Portugal. Tais medidas terão, em qualquer caso, de ser não discriminatórias, adequadas aos objectivos que prosseguem e proporcionadas.

Dentro desses limites, deverá, em suma, consentir-se que os nacionais dos Estados-Membros da Comunidade Europeia exerçam a liberdade de estabelecimento que o Tratado de Roma lhes confere, tirando partido, se for caso disso, da diversidade das regras de Direito das Sociedades vigentes nesses Estados.

---

[37] Não é fundamentalmente diversa desta a conclusão a que chega a doutrina italiana em face do disposto no citado artigo 25, n.º 1, da lei de Direito Internacional Privado (reproduzido *supra*, na nota 4), o qual é hoje tido por inaplicável na parte em que sujeita à lei italiana as sociedades constituídas de acordo com o Direito de outro Estado-Membro da Comunidade Europeia, mas cuja administração tenha sede em Itália. Vejam-se, sobre o ponto, Massimo Benedettelli, «Libertà comunitarie di circolazione e diritto internazionale privato delle società», *Rivista di Diritto Internazionale Privato e Processuale*, 2001, pp. 569 ss. (p. 619); e Francesco Munari, «Riforma del diritto societario italiano, diritto internazionale privato e diritto comunitario: primi riflessioni», *Rivista di Diritto Internazionale Privato e Processuale*, 2003, pp. 29 ss. (p. 39).

[38] Neste sentido, vejam-se Marc Fallon, «Les conflits de lois et de juridictions dans un espace économique intégré. L'expérience de la Communauté Européenne», *Recueil des cours de l'Académie de La Haye de Droit International*, t. 253 (1995), pp. 9 ss. (p. 178); e Stephan Rammeloo, ob. cit. (nota 35), pp. 88 s.

[39] Assim, Alfonso-Luis Calvo Caravaca/Javier Carrascosa González, ob. cit. (nota 9), p. 456.

6. O acórdão *Inspire Art*

Esta orientação foi confirmada pelo Tribunal de Justiça das Comunidades Europeias no acórdão proferido no caso *Kamer van Koophandel en Fabrieken voor Amsterdam c. Inspire Art, Ltd.*[40].

Cuidava-se também neste caso de uma sociedade fora constituída no Reino Unido, sob a forma de uma *private company limited by shares*, de Direito inglês, tendo a sua sede sido fixada em Folkestone, naquele país.

O seu único administrador tinha, porém, domicílio nos Países-Baixos, onde a sociedade exercia toda a sua actividade, centrada na venda de objectos de arte.

Um tribunal de Amesterdão entendeu tratar-se de uma «sociedade formalmente estrangeira» (ou «pseudo-estrangeira»), sujeita, como tal, a certas obrigações previstas na referida lei holandesa de 1997[41], relativas à matrícula, ao capital social mínimo, às publicações sociais, à responsabilidade dos administradores, etc.

No acórdão que proferiu sobre o caso, o Tribunal de Justiça considerou que a aplicação das normas da lei holandesa à sociedade em questão implicaria um entrave à liberdade de estabelecimento, garantida pelos artigos 43.º e 48.º do Tratado de Roma[42]. Estes preceitos do Tratado opunham-se, por isso, à aplicação da mencionada lei.

Com uma ressalva, porém: esta conclusão não se aplicaria nas hipóteses em que se demonstrasse ter ocorrido um abuso da liberdade de estabelecimento garantida pelo Tratado[43].

Um tal abuso não resultaria, de todo o modo, da circunstância de a sociedade não exercer qualquer actividade no Estado-Membro em que fora constituída, pois para o Tribunal o facto de se extraírem vantagens das normas mais favoráveis da lei de um Estado-Membro seria inerente ao exercício da liberdade de estabelecimento[44].

Consolidou-se, assim, na jurisprudência do Tribunal de Justiça, o entendimento conforme o qual o Direito Comunitário impõe aos Estados--Membros um *dever de reconhecimento* das sociedades constituídas nos demais Estados-Membros, em conformidade com o Direito local, ainda

---

[40] Acórdão de 30 de Setembro de 2003, in *Colectânea de Jurisprudência do Tribunal de Justiça das Comunidades Europeias*, 2003, t. I, pp. 10155 ss.
[41] Cfr. *supra*, nota 7.
[42] Ac. cit., n.º 104.
[43] *Ibidem*, n.º 105.
[44] *Ibidem*, n.º 121.

que a sede real se situe no território do Estado onde esse reconhecimento é reclamado, e *sem que este último possa impor às sociedades em questão as suas normas imperativas*, salvo ocorrendo razões imperativas de interesse geral (entendido de forma restritiva) ou abuso de direito.

Entendimento esse que, se bem cuidamos, corresponde à aplicação às sociedades comerciais, com as necessárias adaptações, de uma orientação que vem prevalecendo noutros domínios, com destaque para o da prestação intracomunitária de serviços[45].

7. Os desvios à competência da lei pessoal

Nem todas as regras portuguesas de Direito Internacional Privado relativas ao estatuto pessoal das sociedades comerciais parecem, todavia, ser afectadas pela jurisprudência firmada nos acórdãos *Centros* e *Inspire Art*.

Assim, julgamos que não é prejudicado por esta jurisprudência o disposto no segundo período do artigo 3.º, n.º 1, do Código das Sociedades Comerciais, nos termos do qual a sociedade que tenha em Portugal a sede estatutária não pode opor a terceiros a sua sujeição a uma lei diferente da lei portuguesa.

E outro tanto pode dizer-se do limite à aplicação da *lex societatis* que decorre dos artigos 11.º da Convenção de Roma e 28.º do Código Civil (os quais são, a nosso ver, analogicamente aplicáveis às sociedades comerciais[46]), no sentido da aplicação da lei do lugar da celebração do negócio

---

[45] Haja vista, por exemplo, ao art. 3.º da Directiva 2000/31/CE, do Parlamento Europeu e do Conselho, de 8 de Junho de 2000, relativa a certos aspectos legais dos serviços da sociedade de informação, em especial do comércio electrónico, no mercado interno («Directiva sobre comércio electrónico»), *in Jornal Oficial das Comunidades Europeias*, n.º L 178, de 17 de Julho de 2000, pp. 1 ss., e aos arts. 4.º e 5.º do D.L. n.º 7/2004, de 7 de Janeiro, que a transpõe para a ordem jurídica interna; cfr. ainda o art. 16.º da Proposta de Directiva do Parlamento Europeu e do Conselho relativa aos serviços no mercado interno, documento COM (2004) 2 final, de 13 de Janeiro de 2004. Sobre esses preceitos, vejam-se os nossos estudos «Comércio electrónico e responsabilidade empresarial», *in Direito da Sociedade da Informação*, volume IV, Coimbra, 2003, pp. 241 ss. (reproduzido em *Direito Internacional Privado. Ensaios*, vol. I, Coimbra, 2002, pp. 193 ss.), e «A comunitarização do Direito Internacional Privado e o comércio electrónico», in *Seminário internacional sobre a comunitarização do Direito Internacional Privado*, Coimbra, 2005, pp. 63 ss., e a demais bibliografia aí citada.

[46] Neste sentido também João Baptista Machado, *Lições de Direito Internacional Privado*, 2.ª ed., Coimbra, 1982, pp. 350 s.; António Marques dos Santos, *Direito Interna-*

jurídico, em certos casos, à definição da capacidade negocial do declarante (o que tem evidente relevância quando este for uma sociedade comercial que haja actuado para além das limitações resultantes do seu objecto estatutário).

Com efeito, a aplicação da lei da sede estatutária, assim como da do lugar da celebração de um negócio jurídico, nas hipóteses previstas por esses preceitos, não contende com a liberdade de estabelecimento; e é justificada pela tutela de interesses do maior relevo no Direito Internacional Privado. Entre estes sobressai a *confiança legítima*: a sociedade que tem a sua sede estatutária em determinado país pode criar naqueles que com ela contratam uma expectativa atendível de que a lei desse país se aplicará às questões relativas ao seu estatuto pessoal; ora, essa expectativa seria defraudada se lhe fosse consentido opor a terceiros a sua sujeição à lei de outro país com cuja aplicação estes não contassem (*v.g.* aquele onde a sociedade tem a sua sede efectiva ou se constituiu)[47]. O mesmo pode afir-

---

cional Privado. Sumários, Lisboa, 1987, pp. 256 s.; e Luís de Lima Pinheiro, *Direito Internacional Privado*, cit. (nota 34), p. 104. Contra, pelo que respeita ao art. 28.º, Isabel de Magalhães Collaço, *Direito Internacional Privado. Pessoas colectivas*, Lisboa, 1971 (apontamentos coligidos por J. Braga de Macedo), p. 42. A solução defendida no texto é ainda perfilhada, perante o preceito homólogo do Direito alemão (o art. 12, n.º 1, da Lei de Introdução ao Código Civil), por Gerhard Kegel/Klaus Schurig, ob. cit. (nota 34), pp. 577 s., e Rainer Hausmann, in Christoph Reithmann/Dieter Martiny, *Internationales Vertragsrecht*, 6.ª ed., Colónia, 2004, pp. 1615 ss. Na jurisprudência alemã, a aplicação analógica desse preceito às pessoas colectivas foi expressamente admitida pelo Tribunal Federal no acórdão de 23 de Abril de 1998, in *Neue Juristische Wochenschrift*, 1998, pp. 2452 s.

[47] Consoante já foi observado entre nós, a tutela da confiança não é levada às suas últimas consequências no artigo 3.º, n.º 1, do Código das Sociedades Comerciais, pois o regime de inoponibilidade da lei do país da sede real só funciona, segundo a letra do preceito, quando a sede estatutária se localize em Portugal; não quando se situe em país estrangeiro. O legislador podia, no entanto, ter «bilateralizado» essa regra, à imagem do que fez no art. 28.º, n.º 3, do Código Civil, determinando, por exemplo, que a sociedade que tenha em país estrangeiro a sua sede estatutária não pode opor a terceiros a sua sujeição a lei diferente da desse país, desde que esta se repute competente. Pergunta-se, pois: poderá o preceito em questão ser «bilateralizado» pelo intérprete? Em sentido afirmativo pode, a nosso ver, invocar-se a existência de uma lacuna, a integrar por aplicação analógica da regra contida no segundo período do n.º 1. A analogia resulta de procederem no caso omisso (as situações em que a sociedade tem a sua sede estatutária no estrangeiro) as razões justificativas do regime consagrado para o caso previsto na norma. Defende, *de jure constituto*, a bilateralização do referido preceito, Luís de Lima Pinheiro, «O Direito aplicável às sociedades. Contributo para o Direito Internacional Privado das pessoas colectivas», *Revista da Ordem dos Advogados*, 1998, pp. 673 ss. (p. 757); idem, *Direito Internacional Privado*, cit. (nota 34), p. 100. Vejam-se ainda sobre o problema: António Marques dos Santos, ob. cit. (nota anterior), pp. 127 ss. e 251 ss.; Rui Moura Ramos, *Aspectos recentes do Direito Inter-*

mar-se a respeito das hipóteses em que, de acordo com a lei do lugar da celebração de um negócio jurídico concluído entre pessoas que se encontravam no mesmo país, a sociedade fosse capaz para o efeito, mas não o seja segundo a lei do país da sua sede efectiva ou daqueloutra de acordo com a qual tiver sido constituída.

8. O acórdão *Überseering*

No acórdão *Centros* curou-se, como vimos, do exercício da liberdade de estabelecimento na Comunidade Europeia através da constituição num Estado-Membro de um estabelecimento secundário de uma sociedade comercial criada ao abrigo do Direito de outro Estado-Membro.

Por determinar ficou nesse aresto a questão de saber se também a transferência internacional da sede efectiva da sociedade pode fundar-se naquela liberdade e, na hipótese afirmativa, qual o seu regime.

Foi destoutra questão que o Tribunal de Justiça das Comunidades Europeias se ocupou no acórdão proferido sobre o caso *Überseering B.V. c. Nordic Construction Company Baumanagement GmbH (NCC)*[48], que alguém crismou de «princípio do fim» da teoria da sede no âmbito da União Europeia[49].

---

nacional Privado português, Coimbra, 1987, pp. 30 s.; António Ferrer Correia, «O Direito Internacional Privado português e o princípio da igualdade», *in Temas de Direito Comercial e Direito Internacional Privado,* Coimbra, 1989, pp. 413 ss. (especialmente a nota 78); e Pedro Paes de Vasconcelos, «Estatuto pessoal das sociedades comerciais», *in Estruturas jurídicas da empresa,* Lisboa, 1989, pp. 37 ss. (especialmente pp. 48 ss.). A legitimidade de semelhante procedimento dependerá, em todo o caso, de uma condição, paralela à que o art. 28.°, n.° 3, formula: que a lei da sede estatutária consagre uma regra idêntica à fixada no art. 3.°, n.° 1, segunda parte, do Código das Sociedades Comerciais. Em contrapartida, parece de excluir a aplicação da lei da sede estatutária, mesmo que esta se situe em Portugal, quando o co-contratante da sociedade não tenha uma expectativa digna de tutela jurídica na aplicação dessa lei. É o que sucede, *v.g.,* se esse sujeito tinha ou devia ter conhecimento de que a sede da administração da sociedade se situava no estrangeiro. Pode invocar-se neste sentido a analogia com os artigos 28.°, n.° 2, do Código Civil e 11.° da Convenção de Roma (em sentido próximo, veja-se António Menezes Cordeiro, *Manual de Direito das Sociedades,* vol. I, *Das sociedades em geral,* Coimbra, 2004, p. 157; *idem, Direito Europeu das Sociedades,* cit. *supra,* [nota 10], p. 17).

[48] Acórdão de 5 de Novembro de 2002, *in Colectânea de Jurisprudência do Tribunal de Justiça das Comunidades Europeias,* 2002, t. I, pp. 9919 ss.

[49] Assim, Christian von Bar/Peter Mankowski, *Internationales Privatrecht,* vol. I, 2.ª ed., Munique, 2003, p. 141. Vejam-se ainda, sustentando que aquele aresto consagra

A sociedade *Überseering* havia sido constituída nos Países-Baixos, em conformidade com o Direito local, e tinha aí a sua sede social. Em determinado momento, as quotas representativas do seu capital foram integralmente adquiridas por dois cidadãos alemães e foi transferida para Düsseldorf a sua sede efectiva.

Tendo a *Überseering* demandado em Düsseldorf uma sociedade com sede na Alemanha, o *Landsgericht* local julgou a acção inadmissível, decisão que foi confirmada pelo *Oberlandesgericht*, com fundamento em que a demandante apenas poderia estar em juízo se se reconstituísse na Alemanha segundo o Direito deste país.

Para o Tribunal de Justiça das Comunidades Europeias, semelhante decisão constituiria uma restrição à liberdade de estabelecimento.

Declarou, com efeito, o Tribunal:

«1. Os artigos 43.° CE e 48.° CE opõem-se a que, quando uma sociedade constituída em conformidade com a legislação de um Estado-Membro no território do qual tem a sua sede social é considerada, segundo o direito de outro Estado-Membro, como tendo transferido a sua sede efectiva para este Estado, este último não reconheça à referida sociedade a capacidade jurídica e, portanto, a capacidade judiciária perante os seus órgãos jurisdicionais nacionais para invocar os direitos resultantes de um contrato celebrado com uma sociedade estabelecida no referido Estado.

2. Quando uma sociedade constituída em conformidade com a legislação de um Estado-Membro no território do qual tem a sua sede social exerce a sua liberdade de estabelecimento noutro Estado-Membro, os artigos 43.° CE e 48.° CE impõem a este último que respeite a capacidade jurídica e, portanto, a capacidade judiciária que esta sociedade possui nos termos do direito do seu Estado de constituição.»

---

a teoria da incorporação, Erik Jayme/Christian Kohler, «Europäisches Kolllisionsrecht 2003: Der Verfassungskonvent und das Internationale Privat- und Verfahrensrecht», *IPRax*, 2003, pp. 485 ss. (p. 498); Eva-Maria Kieninger, «Internationales Gesellschaftsrecht nach "Centros", "Überseering" und "Inspire Art": Antworten, Zweifel und offene Fragen», *Zeitschrift für Europäisches Privatrecht*, 2004, pp. 685 ss. (p. 690); e Christian Kohler/Andreas Knapp, «Gemeinschaftsrecht und Privatrecht. Zur Rechtsprechung des EuGH im Jahre 2002», *Zeitschrift für Europäisches Privatrecht*, 2004, pp. 705 ss (p. 717). Na literatura anterior ao acórdão *Überseering* pronunciava-se já no sentido de que a *Sitztheorie* é incompatível com o Direito Comunitário, por restringir injustificadamente a transferência internacional da sede das sociedades no interior da Comunidade, Peter Behrens, «Niederlassungsfreiheit und Internationales Gesellschaftsrecht», *Rabels Zeitschrift für ausländisches und internationales Privatrecht*, 1988, pp. 498 ss. (pp. 522 s.).

Bem se compreende este entendimento: a recusa de reconhecimento traduzida na exigência de que a sociedade constituída num país estrangeiro se reconstitua no país para onde transferiu a sua sede constituiria um elemento fortemente dissuasor do exercício daquela liberdade, pelo que deve considerar-se incompatível com as regras que a consagram.

9. **Continuação: seu impacto sobre o regime português da transferência internacional da sede efectiva das sociedades comerciais**

Suscita-se a respeito desta jurisprudência a questão de saber se dela decorre uma restrição às regras do artigo 3.º do Código das Sociedades Comerciais sobre a transferência internacional da sede efectiva.

Os n.ºs 2 e 5 desse preceito distinguem, a este propósito, duas situações: a transferência para Portugal da sede da sociedade comercial que a tivesse fixado no estrangeiro; e a transferência para o estrangeiro da sede de uma sociedade com sede em Portugal.

Relativamente a ambos os casos admite-se a manutenção da personalidade jurídica da sociedade, desde que a lei da antiga ou da nova sede, consoante se trate da primeira ou da segunda das hipóteses mencionadas, nisso convenha[50].

No primeiro caso exige-se ainda, no n.º 2 do artigo 3.º, a conformação do contrato social com a lei portuguesa, o que deve ter lugar, de acordo com o n.º 3, mediante a outorga de uma escritura pública em que seja declarada a transferência da sede e exarado o contrato pelo qual a sociedade passará a reger-se.

A respeito da segunda hipótese mencionada, estabelecem-se no n.º 6 exigências particulares quanto à deliberação de transferência da sede: esta deve obedecer aos requisitos previstos para as alterações do contrato de sociedade, não podendo em caso algum ser tomada por menos de 75% dos votos correspondentes ao capital social.

Ora, como vimos, no acórdão *Überseering* o Tribunal de Justiça entendeu que em caso de transferência da sede efectiva de um Estado-Membro da Comunidade para outro Estado-Membro, como forma de

---

[50] Consagra-se, pois, nestes preceitos uma *conexão cumulativa*, a qual se traduz afinal no predomínio da lei mais severa, visto que só se a lei que mais dificultar a subsistência da personalidade jurídica da sociedade concordar com esse efeito é que ele se verificará.

exercício da liberdade de estabelecimento, o Estado da nova sede deve reconhecer a personalidade jurídica da sociedade (assim como a sua capacidade judiciária).

Mas o dever de reconhecimento não é independente do que a lei da antiga sede dispuser respeito da subsistência da personalidade jurídica da sociedade.

De facto, conforme o Tribunal já reconhecera no acórdão proferido no caso *Daily Mail*[51] e reafirmou no acórdão *Überseering*[52], a sociedade é uma criação da ordem jurídica ao abrigo da qual foi constituída, só existindo através dela; razão por que, no entender do Tribunal, a possibilidade de uma sociedade constituída em conformidade com a legislação de um Estado-Membro transferir a sua sede para outro Estado-Membro sem perder a personalidade jurídica de que goza no Estado de constituição depende do que estabelecer a lei em conformidade com a qual a sociedade foi constituída. Um Estado-Membro terá, assim, a possibilidade de impor restrições à deslocação para fora do seu território da sede efectiva de uma sociedade constituída nos termos da sua lei, conservando a personalidade jurídica de que beneficia à sombra dessa lei[53].

A exigência, constante do artigo 3.º, n.º 2, do Código das Sociedades Comerciais, de que a lei pela qual se rege a sociedade que transfira para Portugal a sua sede efectiva autorize que a mesma conserve nesta hipótese a sua personalidade jurídica, é, nesta medida, compatível com o Direito Comunitário, tal como o Tribunal de Justiça o interpretou no acórdão *Überseering*.

Já nos casos previstos no n.º 5 (transferência da sede efectiva para outro país) deve entender-se, à luz da doutrina fixada nesse acórdão, que a personalidade jurídica da sociedade tem necessariamente de ser reconhecida quando o Estado da nova sede seja membro da Comunidade Europeia[54].

---

[51] Acórdão de 27 de Setembro de 1988, in *Colectânea de Jurisprudência do Tribunal de Justiça das Comunidades Europeias*, 1988, pp. 5483 ss., n.º 19.

[52] Cfr. o n.º 67.

[53] Ac. *Daily Mail*, n.ºs 24 e 25; ac. *Überseering*, n.º 70.

[54] Tal a orientação perfilhada pelo II Senado Civil do Tribunal Federal alemão na sentença de 1 de Julho de 2002, reproduzida na *IPRax*, 2003, pp. 62 s., na qual se reconheceu personalidade jurídica e capacidade judiciária activa e passiva a uma sociedade constituída na Ilha de Jersey, dotada de personalidade jurídica segundo o Direito local, que havia transferido a sede da sua administração para a Alemanha (ver, sobre esta decisão, Peter Kindler, «"Anerkennung" der Scheinauslandsgesellschaft und Niederlassungsfreiheit», *IPRax*, 2003, pp. 41 ss.).

Pelo que a condição de que esse preceito faz depender a manutenção da personalidade jurídica da sociedade apenas tem hoje aplicação à transferência da sede para um país exterior à Comunidade.

Agora pergunta-se: será compatível com o direito de estabelecimento, pelo que respeita às sociedades constituídas em outros Estados-Membros da Comunidade Europeia que hajam transferido para Portugal a sua sede efectiva, a aludida exigência de que estas conformem com a lei portuguesa o respectivo contrato social?

Supomos que também aqui a resposta deve ser afirmativa.

Uma coisa é, com efeito, a exigência de que a sociedade que transfere a sua sede de um país para outro se *reconstitua* neste último; outra, bem menos gravosa, que *adapte o seu acto fundador* à lei da nova sede.

Na primeira hipótese ocorreria uma *recusa de reconhecimento* da sociedade constituída ao abrigo de um Direito estrangeiro, a qual, como afirmou o Tribunal no acórdão *Überseering*, equivaleria à própria negação da liberdade de estabelecimento[55]; na segunda, tão-só uma *sucessão de estatutos*, decorrente da sujeição da sociedade à lei do país de acolhimento a partir do momento em que nela se estabelece, a qual não só não foi rejeitada pelo Tribunal[56] como, além disso, pode justificar-se por razões de interesse geral (sendo que estas, de acordo com o próprio Tribunal, constituem fundamento bastante para a imposição de restrições à liberdade de estabelecimento[57]).

É certo que, à luz da jurisprudência *Centros* e *Inspire Art*, uma sociedade constituída num Estado-Membro, de acordo com a respectiva lei, que queira estabelecer-se noutro Estado-Membro, não fica, como se viu acima, necessariamente submetida à *lex fori*. Mas esses acórdãos apenas se referem à constituição de um estabelecimento secundário, e não de um estabelecimento principal, como sucede na hipótese em apreço. E neles o Tribunal de Justiça apenas se opôs a que se aplicassem as normas do país de acolhimento se e na medida em que isso constituísse um entrave à liber-

---

[55] N.ºs 81 e 93.

[56] Neste sentido também Wulf-Henning Roth, «Internationales Gesellschaftsrecht nach *Überseering*», *IPRax*, 2003, pp. 117 ss. (p. 123), e Peter Kindler, «Auf dem Weg zur Europäischen Briefkastengesellschaft? Die "Überseering"-Entscheidung des EuGH und das internationale Privatrecht», *Neue Juristische Wochenschrift*, 2003, pp. 1073 ss. (p. 1076). Contra, sustentando a necessária sujeição da sociedade à lei do país de constituição («Gründungsrecht») por força da doutrina fixada no ac. *Überseering*, vejam-se Behrens, est. cit. (nota 34), *IPRax*, 2003, p. 201, e Hausmann, ob. cit. (nota 46), pp. 1637 s. e 1642.

[57] Ac. cit., n.º 92.

dade de estabelecimento; o que, aliás, bem se compreende à luz do *princípio da proporcionalidade*, consagrado no artigo 5.º do Tratado de Roma, pois por força deste a autonomia legislativa dos Estados-Membros da Comunidade (inclusive no domínio do Direito Internacional Privado) apenas deve ceder perante o Direito Comunitário na medida do estritamente necessário a fim de se assegurar a aplicação das normas e princípios deste.

Tal, por conseguinte, o critério que julgamos dever ser seguido na resolução do referido problema: o dever de a sociedade conformar o seu pacto social com a lei portuguesa, em caso de transferência da sede para Portugal, apenas pode considerar-se prejudicado se dele resultar um obstáculo ao exercício da liberdade de estabelecimento que não se funde em interesses sociais relevantes.

Ora, a conformação do pacto social com a lei nacional por certo que implicará custos para a sociedade comercial ou os seus sócios; mas não parece que só por si esses custos sejam de molde a inibir os potenciais interessados de se estabelecerem em Portugal. E, de todo o modo, os custos sociais implicados na existência e no funcionamento em território nacional de sociedades integralmente submetidas a um regime jurídico estrangeiro, traduzidos na incerteza quanto às regras aplicáveis e nos encargos inerentes à obtenção de informações a respeito destas pelos credores sociais, muito provavelmente superariam aqueloutros custos.

Dir-se-ia, pois, que os custos da transformação de uma sociedade de Direito estrangeiro numa sociedade de Direito nacional são o preço que a ordem jurídica comunitária admite possa ter de ser pago pelos interessados a fim de se operar a transferência internacional da sede no seio da Comunidade; o que será uma consequência inelutável, se bem cuidamos, da preservação de algum grau de pluralismo no Direito Societário dos Estados-Membros.

A circunstância de tanto o artigo 8.º do referido Regulamento (CE) n.º 2157/2001[58] como o artigo 3.º do Anteprojecto de Proposta de 14.ª Directiva do Parlamento Europeu e do Conselho sobre a transferência da sede de uma sociedade para outro Estado-Membro, de 20 de Abril de 1997[59], expressamente admitirem a mudança do Direito aplicável à sociedade em caso de transferência internacional da sede demonstra que o

---

[58] Cfr. *supra*, nota 10 e texto correspondente.

[59] De que existe tradução portuguesa, da autoria de António Menezes Cordeiro, *in Direito Europeu das Sociedades*, cit. *supra* (nota 10), pp. 809 ss.

Direito Comunitário não se opõe a uma sucessão de estatutos nas hipóteses que aqui temos em vista[60].

10. Conclusões

Do exposto retiram-se, a nosso ver, as seguintes conclusões:
Primeira – O Direito Comunitário postula a liberdade de uma sociedade comercial se constituir no Estado-Membro da Comunidade Europeia cuja lei se antolhe mais favorável aos seus fundadores, ainda que depois venha a exercer a sua actividade integralmente noutro ou noutros Estados-Membros. O Direito interno destes não pode restringir essa liberdade, salvo ocorrendo razões de interesse geral ou abuso de direito.

Segunda – Embora o Tratado de Roma não consagre nem imponha a adopção pelos Estados-Membros de uma determinada regra de conflitos em matéria de lei pessoal das sociedades comerciais, a aplicação das regras de conflitos nacionais sobre essa matéria pelos tribunais e órgãos administrativos desses Estados tem de ser feita – salvo razões ponderosas de interesse geral – sem prejuízo da liberdade de estabelecimento das sociedades comerciais referidas no artigo 48.º do Tratado.

Terceira – O exercício desta liberdade, *v.g.* mediante a constituição de sucursais, pode implicar restrições ao âmbito de aplicação da lei do país da sede efectiva, em benefício da do país de incorporação. Na medida em que essas leis sejam funcionalmente equivalentes entre si, consoante é de esperar que suceda na Comunidade Europeia, dada a harmonização do Direito Societário dos respectivos Estados-Membros, não deverá resultar daí inconveniente de maior sob o ponto de vista dos interesses tutelados pela regra da sede efectiva.

Quarta – Em caso de transferência internacional da sede efectiva de uma sociedade constituída de acordo com a lei de um Estado-Membro da Comunidade, o Direito Comunitário exige o reconhecimento da personalidade jurídica e da capacidade judiciária de que essa sociedade goza segundo aquela lei (ainda que sob a condição de a lei do país de incorporação não determinar, em tal caso, a dissolução da sociedade); mas não se

---

[60] Idêntico entendimento é perfilhado por Daniel Zimmer, que nele faz assentar a sua proposta de uma unificação do Direito Internacional das Sociedades europeu: cfr., do autor, «Ein Internationales Gesellschaftsrecht für Europa», *Rabels Zeitschrift für ausländisches und internationales Privatrecht*, 2003, pp. 298 ss. (p. 311).

opõe, em princípio, à aplicação da lei do país da nova sede às matérias compreendidas no estatuto pessoal da sociedade nem à exigência de que esta conforme o seu contrato social com a lei do país de acolhimento.

Quinta – Como as conclusões anteriores só valem para as sociedades constituídas em conformidade com a lei de um Estado-Membro da Comunidade Europeia (e, por extensão, dos demais Estados-Membros do Espaço Económico Europeu), que aí tenham a sua sede social, administração central ou estabelecimento principal, passaram a vigorar entre nós (tal como nos demais Estados-Membros) dois regimes no tocante à fixação da lei pessoal das sociedades comerciais e ao seu reconhecimento: um, para essas sociedades; outro, parcialmente diferente deste, para as demais sociedades.

SOBRE O CONCEITO DE CONTRATO INTERNACIONAL

EDUARDO DOS SANTOS JÚNIOR
Professor da Faculdade de Direito de Lisboa

SUMÁRIO: I. Introdução: o "ambiente" dos contratos internacionais. II. A relevância da determinação do conceito de contrato internacional. III. A noção de contrato internacional. Elementos do conceito. IV. Conclusão.

I. INTRODUÇÃO: O "AMBIENTE" DOS CONTRATOS INTERNACIONAIS.

1. A sessão de hoje do Curso de Direito do Comércio Internacional[1] tem por tema *o conceito de contrato internacional*. É nossa incumbência abordá-lo.

Se o conceito de contrato internacional não é unívoco – e não o é, como veremos –, interessa-nos, sobretudo, fixar o que releve da disciplina que aqui nos traz. Cremos que, para esse efeito, será útil começar por uma breve *Introdução*, por um enquadramento que, por algum modo, nos revele o *ambiente* em que nos movemos.

2. O *Direito do Comércio Internacional* é, assim, o primeiro enquadramento que ocorre. Justamente, os *contratos internacionais* e a *arbitragem* constituem os dois temas ou os dois elementos do tema deste Curso.

---

[1] Curso de Pós-Graduação em Direito do Comércio Internacional, de 2003-2004, coordenado pelo Professor Luís de Lima Pinheiro. O estudo que ora se apresenta corresponde, com actualizações e pequenas alterações, ao texto que serviu de base à comunicação que proferimos, nesse curso, em 10 de Novembro de 2003.

Trata-se, de facto, de dois temas intimamente conexionados: os *contratos internacionais* são o veículo jurídico fundamental do comércio internacional e pólo de atracção do Direito do Comércio Internacional; a *arbitragem*, concretamente, a *arbitragem comercial internacional* constitui o modo normal de resolução dos litígios do comércio internacional, mas este, suscitando-a, não deixa também de ser por ela influenciado, na sua conformação jurídica típica (quer se admita que a jurisprudência dos tribunais arbitrais possa constituir fonte de regras juridicamente vinculativas, que se integram na chamada *lex mercatoria,* quer se reconheça, ao menos, o valor que tal jurisprudência pode ter, em sede de interpretação *lato sensu* dos contratos, ao reportar-se aos usos do comércio internacional[2]).

2.1. O Direito do Comércio Internacional pode ser entendido, de modo amplo e sem preocupação de excessivo rigor, como o Direito – no sentido de um conjunto de princípios jurídicos e normas jurídicas – que regula as transacções ou operações económicas internacionais, transacções ou operações em que intervêm operadores económicos profissionais, nomeadamente entidades empresariais[3].

Enveredamos, pois, de facto, por uma concepção muito ampla de comércio, na expressão em causa[4].

---

[2] *Vide* Luís de Lima Pinheiro, *Direito Internacional Privado*, vol. I – *Introdução e Direito de Conflitos. Parte Geral*, Coimbra, 2003, p. 99 e ss, "maxime", p. 103; *Idem*, p. 91 – «O progresso da "lex mercatoria" na conformação dos contratos internacionais parece dever-se mais à averiguação e concretização de "princípios gerais" pela jurisprudência arbitral do que ao desenvolvimento de um Direito consuetudinário do comércio internacional». No mesmo sentido, v.g., Jean-Michel Jacquet/Philippe Delebecque, *Droit du Commerce International*, 3.ª ed., Paris, 2002, p. 84 : «Il entre (…) dans la mission des tribunaux arbitraux, fréquemment saisis en matière de commerce international, de donner effet aux usages du commerce».

[3] Sobre as diversas definições do Direito do Comércio Internacional, *vide*, recentemente, Maria Helena Brito, *Direito do Comércio Internacional*, Coimbra, 2004, p. 50 e ss.

[4] Reportando-se a uma *concepção ampla* de comércio, veja-se o Comentário ao Preâmbulo dos *Princípios relativos aos contratos de comércio internacional*, do UNIDROIT: «The Principles do not provide any express definition, but the assumption is that the concept of 'commercial' contracts should be understood in the broadest possible sense, so as to include not only trade transactions for the supply or exchange of goods or services, but also other types of economic transactions, such as investment and/or concession agreements, contracts for professionnal services, etc.» (UNIDROIT, *UNIDROIT Principles of International Commercial Contracts*, Rome, 2004, Preamble, Comment 2. Em 2000, foi publicada pelo Ministério da Justiça uma versão provisória dos *Princípios*, com base na edição dos mesmos de 1994). No mesmo sentido, *vide*, vg., Berthold Gold-

Com efeito, não nos atemos (1) à noção económica de comércio, como actividade económica especulativa entre a produção e o consumo; nem nos propomos determinar (2), à maneira do art. 2.º do Código Comercial português, o alcance da comercialidade pelos actos de comércio legislativamente previstos como tais – actos objectivamente comerciais – e pela actividade desenvolvida pelos comerciantes (para o que, no nosso Direito, haveria que ter em conta, a extensão que à noção económica de comércio ou de comerciante resultaria do disposto no art. 230.º do mesmo Código).

Neste sentido, no sentido em que falamos de "Direito do Comércio Internacional", a expressão em si não designa um ramo de Direito autónomo, assim parece, mas antes um conjunto de regras de proveniência ou fonte diversa, situadas em diversos planos ou níveis de regulação, que se aglutinam ou são polarizadas em torno dos contratos internacionais (ou relações 'privadas' do comércio internacional[5]) e se relacionam intimamente com o fenómeno, a regulação e a acção dos tribunais da arbitragem comercial internacional.

Entretanto, essa aglutinação ou polarização em torno dos contratos internacionais e esse relacionamento com a arbitragem internacional ou o Direito da arbitragem comercial internacional, enfim, a feição própria que

---

MAM, *Frontières du Droit et 'lex mercatoria'*, Archives de Philosophie du Droit, n.º 9, 1964, p. 177, e PIERRE LALIVE, *Sur une notion de "Contrat International"*, in Multum non Multa, Festschrift für Kurt Lipstein, Karlsruhe, 1980, p. 136. O Professor LUÍS DE LIMA PINHEIRO faz da *empresa*, como «unidade de acção económica organizada», um conceito base para o seu estudo, em sede de Direito Internacional Privado, dos contratos de cooperação de empresas para a realização de um empreendimento comum (*Contrato de Empreendimento Comum ("joint venture") em Direito Internacional Privado*, dissertação de doutoramento, 1998, p. 25 a 36 (reportamo-nos à edição da editora Cosmos e do autor, notando que a obra foi, em 2003, objecto de nova edição pela Almedina). A respeito da nossa referência, no texto, a "entidades empresariais", *vide infra* p. 180, nota 40. Referindo-se ao conceito de comércio para aferição de uma arbitragem como comercial, o Professor DÁRIO MOURA VICENTE (*Da arbitragem comercial internacional: Direito aplicável ao mérito da causa*, Coimbra, 1990, p. 37-38) entende que não é possível encontrar um conceito da matéria mercantil susceptível de aceitação universal – até porque alguns sistemas jurídicos não conhecem ou abandonaram a distinção entre Direito Civil e Direito Comercial –, mas, defendendo um critério amplo, ainda assim, limita-o à determinação de um conceito que permita subsumir nele todas as relações jurídicas que, à luz dos ordenamentos nacionais, sejam consideradas comerciais (seria comercial toda a arbitragem que tenha por objecto um litígio que seja qualificado como comercial por uma lei interna). Contudo, o ilustre autor reconhece, logo a seguir, que parte significativa da doutrina defende um conceito muito amplo – mais amplo – de comércio, reportado a toda a actividade de natureza económica.

[5] LUÍS DE LIMA PINHEIRO, *Direito Internacional Privado*, vol. I, cit., p. 377.

assume esse complexo normativo «Direito Comercial Internacional» justificam por si que ele seja objecto de estudo científico. Tal estudo, não podendo ser feito adequadamente em disciplinas jurídicas (disciplinas de conhecimento jurídico) como o Direito Internacional Privado ou o Direito Comercial, desde logo em razão de conhecidas limitações de tempo ou de espaço[6], é levado a cabo por uma disciplina, a disciplina de Direito do Comércio Internacional, que, destarte (ainda quando o seu homónimo objecto não constitua um ramo autónomo no *mapa mundi* do Direito[7]), tem toda a razão de ser, seja como disciplina de licenciatura seja, como aqui e agora sucede, como disciplina de pós-graduação.

2.2. O Direito do Comércio Internacional – na perspectiva de um acervo de normas reguladoras do comércio internacional – pode, com efeito, *caracterizar-se* por alguns traços típicos:

a) pela diversidade de planos e processos de regulação (quando se rejeite a visão tradicional de que as situações internacionais são sempre reguladas, directamente, por Direito estadual ou nacional, expressão da ideia de que o Direito Internacional Privado é internacional pelo objecto ou função, mas estadual pela fonte[8]). Assiste-se, de facto, à regulação pelo

---

[6] Apesar do papel que o sistema de normas de conflitos desempenha na regulação conflitual de relações comerciais internacionais (*vide* MARIA HELENA BRITO, *Direito do Comércio Internacional*, cit., p. 65-69), não nos parece que o Direito do Comércio Internacional deva ser entendido, simplesmente, como um *Direito Internacional Privado Comercial* ou um *Direito Internacional Privado Especial*. Por outro lado, se, quando se considerem as normas materiais, é evidente a ligação do Direito do Comércio Internacional com o Direito Comercial (o que explica que importantes obras de Direito Comercial dediquem também atenção ao Direito do Comércio Internacional ou à internacionalização do comércio (como sucede em MENEZES CORDEIRO, *Manual de Direito Comercial*, vol. I, Coimbra, 2001, p. 125 e ss), não pode iludir-se, em relação ao Direito do Comércio Internacional, a intervenção de instrumentos, conceitos ou técnicas (de resto, não necessariamente só conflituais) que encontram a sua sede natural ou usual em Direito Internacional Privado. Na verdade, qualquer que seja a filiação que se lhe reclame ou a perspectiva que nele mais se queira acentuar, julgamos, como, aliás, se tem feito notar (cf. MARIA HELENA BRITO, *Idem*, p. 70 e ss), que é patente o carácter intersectorial (enquanto conjunto de normas atinentes ao comércio internacional) ou interdisciplinar (enquanto objecto de uma disciplina jurídica ou de investigação) do Direito do Comércio Internacional.

[7] Neste sentido, LUÍS DE LIMA PINHEIRO, *Direito Internacional Privado*, vol. I, cit., p. 278.

[8] Defendendo esta concepção tradicional, FERRER CORREIA, *Lições de Direito Internacional Privado*, I, reimpressão, Coimbra, 2002, p. 23.

Direito Estadual, mas também pelo Direito Internacional Público, pelo Direito Comunitário e pelo Direito autónomo do Comércio internacional)[9];

b) pela multiplicidade de convenções internacionais, que, como fontes de Direito internacional (Direito internacional, mesmo em relação à sua vigência numa ordem interna, contra a tese de que toda a norma internacional terá de ser nacionalizada), regulam operações económicas transnacionais, operadas, sobretudo, por contrato;

c) pela invenção e desenvolvimento de uma nova *lex mercatoria*[10] *(A New Merchant Law)*, um 'Direito autónomo do comércio internacional', complexo normativo constituído por usos, práticas ou costumes do comércio internacional[11], com um grau de efectividade (em boa parte devido ao facto de a arbitragem comercial internacional recorrer à *lex mercatoria* ou a reconhecer[12]) que, paradoxalmente, parece até ultrapassar o discutido reconhecimento doutrinal da sua vinculatividade;

---

[9] Vide LUÍS DE LIMA PINHEIRO, *Contrato de empreendimento Comum*, cit. p. 285 e ss, 483 e ss, 605 e ss e 735 e ss, *Um Direito Internacional Privado para o séc. XXI. Relatório sobre o Programa, os Conteúdos e os Métodos do Ensino do Direito Internacional Privado*, Lisboa, 2000, p. 24 e ss e 40 e ss, e *Direito Internacional Privado*, cit. vol. I, p. 43 e ss, "maxime", p. 46.

[10] A expressão, retomada de uma designação antiga (já existente desde a Idade Média), foi adoptada por BERTHOLD GOLDMAN, no primeiro dos artigos que dedicou a essa "nova ordem jurídica" (*ob. cit.*, p. 177 e ss).

[11] MARQUES DOS SANTOS, *Direito Internacional Privado, Introdução*, vol. I, AAFDL, Lisboa, 2001, p. 34. São variados os entendimentos acerca da *lex mercatoria* (trata-se de uma «nozione tutt'altro che consolidata, sulla quale ciascun autore ha la sua opinione» – FABIO BORTOLOTTI, *Manuale di Diritto Commerciale Internazionale*, vol. I: *Diritto dei Contratti Internazionali*, 2.ª ed., Milano, 2001, p. 31, n. 112). Ainda assim, parece que esses entendimentos podem ser reduzidos a três tipos de concepções: segundo a concepção mais ambiciosa e mais ampla, a *lex mercatoria* seria uma ordem jurídica autónoma, criada espontaneamente por partes envolvidas em relações económicas internacionais e com existência independente das ordens jurídicas estatais; numa concepção intermédia, a *lex mercatoria* afirmar-se-ia como um corpo de regras suficiente para decidir um litígio, operando em alternativa a uma ordem jurídica estatal que, de outro modo, seria aplicável; finalmente, ela é concebida como um complemento à lei nacional aplicável, perspectivando-se apenas como a gradual consolidação de costumes ou usos e de expectativas assentes no comércio internacional (W. LAURENCE CRAIG/WILLIAM W. PARK/JAN PAULSSON, *International Chamber of Commerce*, 3.ª ed., New York, 2000, p. 623 e ss). Ainda sobre o conceito da moderna *lex mercatoria*, identificando a sua essência como uma hierarquia de normas decorrente de uma multiplicidade de fontes de Direito, *vide* DALHUISEN, *Dalhuisen on International Commercial Financial and Trade Law*, Oxford and Portland, 2000, p. 98 e ss.

[12] MARQUES DOS SANTOS, *Direito Internacional Privado. Introdução*, I, cit., p. 34.

d) pela generalização da arbitragem comercial internacional, que constitui, como se disse, o modo normal ou usual de resolução dos litígios emergentes das relações comerciais internacionais[13].

e) pela proeminência da figura do contrato, como o instrumento necessário e fundamental de formalização de operações económicas internacionais, com o reconhecimento amplo da autonomia dos contraentes na auto-regulamentação dos seus interesses, que neste âmbito, se estende quer à faculdade de escolha da lei aplicável quer à faculdade de submissão dos litígios decorrentes do contrato internacional a arbitragem comercial internacional.

3. De facto, os *contratos internacionais* constituem o instrumento jurídico fundamental pelo qual opera o comércio internacional.

Não poderia ser de maneira diferente. Se experiências de distribuição colectiva e autoritária dos bens e serviços ainda tiveram lugar historicamente em Estados autoritários – apesar da sua insuficiência e mesmo do seu carácter «contra natura» ter sido demonstrado à saciedade pelo devir da História mesma –, isso afigura-se impossível numa ordem internacional, em que um tal mecanismo de autoridade, impositivo e monolítico, não tem – e felizmente não tem – lugar. Depois, o contrato oferece-se, naturalmente, como o instrumento essencial das transacções internacionais, com a mesma naturalidade com que o é nas transacções internas. Trata-se verdadeiramente de um instrumento universal, pese embora a diversidade de regimes legais do contrato.

4. Mas os contratos internacionais têm-se oferecido, sob o ponto de vista técnico-jurídico, também como meios particularmente *inovadores*, em relação às formas contratuais internas, ou, quando menos, como o terreno mais fértil para o desenvolvimento de inovações.

a) Desde logo, o facto de se reportarem a transacções ou operações económicas internacionais, com operadores situados em ordens jurídicas diferentes e de terem por objecto, frequentemente, operações complexas, cedo determinou a feição típica do seu *processo de formação*, que mal se coaduna com o clássico processo de formação dos contratos, traduzido numa proposta e aceitação ou, eventualmente, numa contraproposta e acei-

---

[13] *Vide* DÁRIO MOURA VICENTE, *Da arbitragem comercial internacional*, cit., p. 17-18. Como refere JOACHIM G. FRICK (*Arbitration and Complex International Contracts*, The Hague, 2001, p.7), «Litigation is here 'no serious alternative' to arbitration».

tação. A negociação dos contratos internacionais é, muitas vezes, longa, reportada a complexos dados jurídicos e extrajurídicos, implica o envolvimento de múltiplos intervenientes (técnicos de diferentes áreas, além dos negociadores), desenvolve-se por etapas ou fases, suscita, enfim, a necessidade de uma limitação dos riscos, através de *letters of intent, commitment letters, preliminary agreements*, através, para adoptarmos uma nominação portuguesa, da celebração de *acordos preliminares* ou, como preferimos, de *acordos intermédios* (intermédios entre o início e o termo das negociações)[14]. Esses acordos, enxertados na negociação, podem, entre outras configurações, traduzir uma especial obrigação de empenhamento das partes nas negociações (*agreement to negotiate*, acordo de negociação), ou vincular as partes a certos aspectos já acordados, obrigando-se elas a prosseguir a negociação em relação aos não acordados, igualmente com particular empenho, em ordem a obter o acordo final completo (*open agreement*, acordo parcial), ou servir como expedientes transitórios para regular as relações entre as partes enquanto prosseguem as negociações (*stop gap agreement*, acordo instrumental temporário ou de transição)[15-16].

b) Novas figuras contratuais nasceram das exigências do comércio jurídico internacional ou encontraram nele o terreno fértil de desenvolvimento. Para não nos alongarmos, basta considerar, como exemplo, o contrato de empreendimento comum (vulgo, *joint venture*)[17]. Os contratos de

---

[14] Vide E. SANTOS JÚNIOR, *Acordos intermédios: entre o início e o termo das negociações para a celebração de um contrato*, Revista da Ordem dos Advogados, Ano 57, II, 1997, p. 566 e ss (também publicado em *Estudos em Homenagem ao Banco de Portugal*, 150.º Aniversário, Lisboa, 1998, p. 215 e ss). *Vide*, ainda, entre nós, MENEZES CORDEIRO, *Tratado de Direito Civil Português*, I – Parte Geral, t. I, 2.ª ed., Coimbra, 2000, § 29.º, n.º 132, p. 369 e ss, e *Das cartas de conforto no Direito bancário*, Lisboa, 1993, especialmente p. 21-23, e LUÍS MENEZES LEITÃO, *Negociações e Responsabilidade Pré-Contratual nos Contratos Comerciais Internacionais*, in Estudos em Homenagem ao Professor Doutor Manuel Gomes da Silva, FDUL, 2001, p.765 e ss.

[15] E. SANTOS JÚNIOR, *Acordos intermédios...,* cit., p. 592 e ss.

[16] Para a consideração do processo de formação de contratos internacionais, na perspectiva da determinação da lei aplicável (e considerando os contratos obrigacionais), *vide* DÁRIO MOURA VICENTE, *Da responsabilidade pré-contratual em Direito Internacional Privado*, Coimbra, 2001, p. 457 e ss, e *A formação dos contratos internacionais*, in Cadernos de Direito Privado, n.º 3 (Julho/Setembro 2003), p. 3 e ss (também publicado nos *Estudos de Direito Comercial Internacional*, vol. I, Coordenação de Luís de Lima Pinheiro, Almedina, 2004, p. 195 e ss).

[17] Mas, entre outros mais, poderíamos indicar contratos de transferência de tecnologia, de locação financeira (*leasing*), de cessão financeira (*factoring*), créditos documentários (ou os contratos que estão na base dos mesmos), contratos de franquia (*franchising*).

empreendimento comum traduzem-se em compromissos de colaboração interempresarial os mais variados e incidindo sobre os mais diversos sectores da vida económica: do fornecimento de serviços, à construção de complexos industriais ou comerciais, à concessão e exploração de recursos minerais. Umas vezes, a colaboração empreendida basta-se com a personalidade jurídica das partes, outras vezes, estas entendem criar para o efeito um novo ente jurídico. Trata-se, enfim, de «contratos celebrados «intuitu personae», entre entes empresariais jurídica e economicamente independentes entre si, para a realização de um empreendimento comum, mediante uma concertação das actividades das suas empresas ou a exploração de uma empresa comum complementar»[18]. Estes contratos, os mais importantes da cooperação económica interempresarial *intuitu personae*, são, sem dúvida, particularmente suscitados pelo comércio internacional e nele encontram o seu âmbito de acção mais privilegiado[19].

c) As cláusulas ou certas cláusulas de contratos internacionais assumem uma feição diferente ou típica, quando confrontadas com cláusulas que se lhes fizessem corresponder no domínio dos contratos comuns ou internos: sejam as cláusulas de *hardship*, de excessiva onerosidade ou dificuldade de cumprimento, e de *force majeure*, de impossibilidade objectiva de cumprimento, por exemplo (que aliás, constituirão objecto de estudo de uma das sessões deste Curso)[20].

---

[18] Luís de Lima Pinheiro, *Contrato de empreendimento comum...*, cit., p. 194.

[19] Como observa Luís de Lima Pinheiro, existe neste domínio da cooperação interempresarial internacional «um terreno propício para o desenvolvimento de modalidades contratuais "socialmente típicas"» (*idem*, p.73)

[20] A respeito destas cláusulas, verificou-se um aperfeiçoamento resultante da prática comercial internacional. Na cláusula de *hardship* (cf. art. 6.2.1. a 6.2.3. dos *Princípios relativos aos contratos do comércio internacional*, do *UNIDROIT*) – particularmente apropriada a contratos de longa duração –, o problema que se visa regular é o de uma alteração das circunstâncias ou o desconhecimento de circunstâncias, que conduzam a uma subversão económica do contrato, afectando gravemente o equilíbrio das prestações, seja pelo facto de o custo de execução do contrato ter aumentado, seja pelo facto de o valor da contrapartida ter diminuído. Fundamental é que os acontecimentos tenham sobrevindo ou só se tenham tornado conhecidos da parte lesada após a conclusão do contrato e que esta não tenha podido, na altura da conclusão do contrato, tomar tais eventos em consideração. O efeito típico é o de a parte lesada poder pedir a reabertura de negociações, com vista à adaptação do contrato. No caso da cláusula de *force majeure* (cf. art. 7.1.7 dos *Princípios relativos aos contratos do comércio internacional*, do *UNIDROIT*), o problema é o de um obstáculo imprevisível e irresistível, que torne impossível a execução da prestação, ao menos temporariamente. Em relação ao devedor, há-de tratar-se de impedimento que escape ao seu controlo, que não pudesse razoavelmente contar com ele no momento da

Mais ainda: existem cláusulas inovadoras, proporcionadas pela inventiva da contratação internacional e pelas condições em que esta se desenrola, umas importáveis outras dificilmente importáveis para o Direito contratual comum dos contratos internos. Para dar um exemplo, pense-se no clássico processo de constituição de garantias reais em contratos de financiamento interno – *maxime* através de constituição de hipoteca – e, em contraste, em certas cláusulas de garantia de financiamentos internacionais, nomeadamente, as cláusulas de *pari passu* (*pari passu ranking* ou de *equal ranking*), de *negative pledge* e de *cross default*[21], cláu-

---

conclusão do contrato (ainda que o mesmo seja anterior a esta) e que não possa razoavelmente esperar-se que pudesse evitar ou que possa superar o evento ou as suas consequências. O efeito típico é o de a parte impossibilitada se exonerar do cumprimento, seja temporariamente, no caso de o impedimento ser temporário, seja definitivamente, pondo-se então a questão da resolução do contrato (mas estando a parte impossibilitada exonerada das consequências do incumprimento, "maxime" de indemnização por incumprimento). O que importa realçar é que estas cláusulas típicas dos contratos do comércio internacional apresentam uma feição própria, modelada pela prática internacional, não obstante o seu parentesco ou o paralelismo com disposições legais que, nos diferentes sistemas jurídicos, prevêem a possibilidade de modificação ou resolução do contrato por uma alteração anormal das condições em que as partes fundaram a sua decisão de contratar ou a impossibilidade não culposa de cumprimento (para o nosso Direito, *vide*, respectivamente, o art. 437.º do CC e o art. 790.º do CC). Sobre as cláusulas de *hardship* e *force majeure*, *vide*, entre nós, Luís de Lima Pinheiro, *Cláusulas típicas dos contratos do comércio internacional*, in *Direito Comercial Internacional*, vol. I, cit., p. 239 e ss (especialmente, p. 240-255). Veja-se, ainda, sobre as mesmas cláusulas, *v.g.*, Michel Fontaine, *Les dispositions relatives au hardship et à la force majeure*, in *Contratti Commerciali Internazionali e Principi Unidroit*, a cura di Michael J. Bonelli e di Franco Bonelli, Milano, 1997, p. 183 e ss, Piero Bernardini, *Hardship e force majeure*, in *Contratti Commerciali Internazionali e Principi Unidroit*, cit., p. 193 e ss, e Dalhuisen, *ob. cit.*, p. 180 e ss (*force majeure*) e 184 e ss (*hardship*).

[21] A cláusula de *pari passu* atesta que, no momento do contrato, não existem credores com preferência sobre o crédito do mutuante (ou, eventualmente, que não existem outros credores preferenciais além dos que nela sejam ressalvados): certifica pois que o crédito do mutuante está *pari passu* com os créditos dos demais credores do mutuário. A cláusula de *negative pledge* traduz-se, na sua formulação negativa (e daí o seu nome), em o mutuário assumir a obrigação de não constituir durante o contrato garantias preferenciais a favor de outros credores; numa formulação positiva, consiste na obrigação de o mutuário constituir, a favor do mutuante, preferência igual à melhor que possa vir a constituir a favor de qualquer outro credor; numa formulação intermédia, o mutuário obriga-se a não constituir preferências a favor de outros credores, a menos que as constitua em paridade a favor do mutuante. A cláusula de *cross default* estabelece, como fundamento de rescisão do contrato de financiamento de que se trate e da consequente exigibilidade antecipada da dívida de empréstimo, a ocorrência, em relação a outros contratos, de algum facto

sulas destinadas a garantir a *par conditio creditorum,* destinadas a proteger o mutuante contra inesperadas preferências de outros credores sobre bens do devedor e que, por isso, pudessem ser pagos prioritariamente em detrimento dele[22].

5. Enfim, os contratos internacionais – particularmente, quando visemos os *grandes* contratos internacionais ou os contratos internacionais

---

– o incumprimento pelo mutuário ou outro facto – que provoque o vencimento antecipado das dívidas daquele para com outros credores. A cláusula funciona, pois, como poderoso meio compulsório – quando se pense na 'aceleração' do pagamento, susceptível de propagar-se em cadeia a outros contratos em que idêntica cláusula tenha sido estipulada – e como meio de, contratualmente, o mutuante assegurar o vencimento da dívida, por modo a que o mesmo possa assim, sem dependência de uma declaração judicial de insolvência do mutuário, concorrer, com os demais credores deste à garantia patrimonial comum – FERNANDO PESSOA JORGE, *A garantia contratual da igualdade dos credores nos empréstimos internacionais, Centro de Estudos Fiscais* (Comemoração do XX Aniversário), DGCI, Lisboa, 1980, p. 5 e ss. Sobre o tema, *vide,* também, JOANA FORTE PEREIRA DIAS, *Contributo para o estudo dos actuais paradigmas das cláusulas de garantia e/ou segurança: a 'pari passu', a 'negative pledge', a 'cross default', in Estudos em Homenagem ao Prof. Doutor Inocêncio Galvão Telles,* vol. IV: *Novos Estudos de Direito Privado,* Almedina, 2003, p. 879 e ss (com referências bibliográficas específicas, de doutrina nacional e doutrina estrangeira, em notas das p. 909, 930 e 969).

[22] FERNANDO PESSOA JORGE, *idem,* p. 5-6. É certo que estas cláusulas, configurando *soluções internas* de protecção do crédito (cf. MANUEL JANUÁRIO DA COSTA GOMES, *Assunção fidejussória de dívida. Sobre o sentido e o âmbito da vinculação como fiador,* Almedina, 2000, p.38/39) ou *meios de pressão* sobre o devedor para a execução prioritária da sua obrigação (PASCAL ANCEL, *Droit des sûretés,* 2.ª ed., Paris, 2000, p.8), não se colocarão propriamente ao mesmo nível das soluções externas ou da constituição de uma garantia "stricto sensu": elas são, contudo, de grande efectividade em contratos de financiamento internacional. Entretanto, outras cláusulas usuais em contratos internacionais poderiam ser referidas, como as de revisão de preços, as de indexação de preços ou as cláusulas sobre técnicas de pagamento (crédito documentário, cessão financeira) – *Vide, v.g.,* JEAN-MICHEL JACQUET, *Le contrat international,* cit., p. 120 e ss. De notar que há quem configure as cláusulas de revisão de preços e as de indexação de preços como formas da cláusula de "hardship", a que atrás nos referimos – neste sentido, entre nós, LUÍS DE LIMA PINHEIRO, *Cláusulas típicas dos contratos internacionais,* cit., p. 248. As primeiras têm contudo um carácter monetário, implicando um ajuste automático ou pelo menos um ajuste predefinido do contrato (pelo que nada há que renegociar), além de poderem operar em face de alterações que não consubstanciariam o pressuposto necessário para a actuação de uma cláusula de "hardship", enquanto esta última tem um carácter geral e o seu efeito típico é a abertura da renegociação do contrato – cf. JACQUES GHESTIN/CRISTOPHE JAMIN/MARC BILLIAU, *Les Effets du Contrat, in Traité de Droit Civil sous la direction de Jacques Ghestin,* 3.ª ed. Paris, 2001, p. 381 a 383.

*complexos*²³ – apresentam um conjunto de *características*, além das referidas, que também elas decorrem da sua feição típica ou lhe dão a sua feição típica. Assim, tais contratos tendem a caracterizar-se:

a) pelo detalhe da sua regulamentação (podendo dizer-se que, quanto mais detalhado for o contrato, menor é a importância da lei a que seja referenciado e que se lhe aplique, havendo por isso quem tenha chegado a referir tais contratos como "contratos sem lei", *self regulating contracts, contrats sans loi, rechtsordnunglose Verträge*²⁴ – o que parece exagerado, pois, a referência a normas legais não pode nunca dispensar-se²⁵);

b) pela sua padronização (há uma estandardização das cláusulas contratuais, resultante da prática negocial, da acção de associações empresariais ou profissionais, da acção de organismos internacionais);

---

²³ Sem dúvida, os contratos internacionais são uns mais simples outros mais complexos, uns de menor vulto outros de maior vulto (tendendo os mais vultosos a ser mais complexos).

²⁴ *Vide*, a este respeito, JOACHIM FRICK, *ob. cit.*, p. 8, e CRISTOPH REITHMANN/DIETER MARTINY, *Internationales Vertragsrecht. Das Internationale Privatrecht der Schuldverträge*, 6.ª ed., Köln, 2004, p. 87-88.

²⁵ Daí que, na maior parte, os contratos do comércio internacional que prevêem a submissão de eventuais litígios a arbitragem contenham também uma cláusula pela qual as partes designam a lei aplicável. Com isso, não se retira, porém, que, por vezes, se sobrestime a importância prática da lei aplicável, já que, em particular nos contratos internacionais de vulto, normalmente complexos e detalhados, o seu texto e as circunstâncias do caso serão o que, muitas vezes, mais pesará na resolução de eventuais litígios – JOACHIM G. FRICK, *ob. cit.*, p. 8 e 9. A tese do *"contrato sem lei"* traduz a ideia de que um contrato poderia ser juridicamente vinculativo, apesar de não estar submetido a uma particular ordem jurídica estadual ("lex contractus"). Na perspectiva dessa tese, tal poderia acontecer por o contrato ser auto-suficiente, já por ser tão detalhado que dispensasse qualquer regulamentação – (ideia referenciada e criticada acima no texto), já porque, mesmo quando as partes "submetessem" o contrato a uma dada lei estadual, esta só deveria aplicar-se às matérias que as partes não houvessem previsto expressamente (cf. JEAN-MICHEL JACQUET, *Le contrat international* cit., p. 40-41, que refere ser esta uma segunda e «insidiosa» forma possível da tese em questão; nesta hipótese, a referência das partes a um dado ordenamento estadual não resultaria, então, de uma *professio juris*, que submeteria verdadeiramente o contrato a uma lei estadual, «mas de uma simples referência material que incorporaria na disciplina contratual traçada pelas partes algumas das disposições materiais da lei designada» – RUI MANUEL MOURA RAMOS, *Da lei aplicável ao contrato de trabalho internacional*, Coimbra, 1990, p. 497). Enfim, a expressão "contrato sem lei" pode ainda referenciar-se a contratos não sujeitos a nenhuma lei estadual, apenas obedecendo à "lex mercatoria" – vide JACQUES GHESTIN, *La Formation du Contrat, in Traité de Droit Civil sous la direction de Jacques Ghestin*, 3.ª ed., Paris, 1993, p. 3).

c) pela sua sensibilidade a alterações e perturbações da base contratual inicialmente estabelecida;

d) em consequência, pela sua flexibilização em relação a princípios do Direito comum dos contratos, como o princípio mesmo *pacta sunt servanda* (o princípio é universal e constitui a base de qualquer Direito, mas, no domínio das relações comerciais internacionais, entre a estabilidade que ele proporciona e a adaptação resultante da consideração das alterações à base contratual, a flexibilização do princípio talvez seja o termo que traduz a melhor correspondência com a prática e a melhor solução das situações[26]);

e) pela normal submissão dos litígios deles resultantes a arbitragem internacional, através da frequente inserção de uma cláusula compromissória, em clara assunção das vantagens que comummente se assinalam à arbitragem, em relação às decisões de tribunais judiciais.

II. A RELEVÂNCIA DA DETERMINAÇÃO DO CONCEITO DE CONTRATO INTERNACIONAL

1. Temos, assim, a traços largos, determinado o ambiente em que nos inserimos, quando visamos os contratos internacionais. Mas estamos longe de uma definição ou, menos ambiciosamente, do aclaramento da noção de contratos internacionais, já que, nesta matéria, recobra pleno sentido a velha máxima de que *omnis definitio in jure periculosa est*[27].

Temos, pois, de prosseguir, para a determinação dos elementos do conceito de contrato internacional, o que, mesmo não se buscando uma definição rigorosa, que aspire a reconhecimento generalizado, apresenta dificuldades: desde logo, porque podemos confrontar-nos com a possibilidade de diferentes conceitos de contratos internacionais, relevantes consoante o sector e o nível da vida internacional considerada. Em todo o caso, uma tal tarefa, que empreenderemos no capítulo que se segue, deixar-nos-á, metódica e avisadamente, próximos da noção e da caracterização dos elementos relevantes do conceito, no domínio aqui em causa.

2. E é uma tarefa importante, a da determinação dos elementos do conceito de contrato internacional. Já do ponto de vista da disciplina de

---

[26] JOACHIM G. FRICK, *ob. cit.*, p. 38 e 39.
[27] D. 50, 16, 203.

Direito do Comércio Internacional, já do ponto de vista da regulação mesma dos contratos internacionais e da resolução dos litígios a que dêem lugar. De facto, a qualificação de um contrato como um contrato internacional releva:

a) Sob o ponto de vista da disciplina de Direito do Comércio Internacional, por isso que, sendo ou não um ramo da ciência jurídica, não deixa de operar por métodos desta ciência.

b) Sob o ponto de vista da regulação dos contratos internacionais e da resolução dos litígios que deles ocorram, porque o carácter internacional do contrato, o estarmos perante um contrato internacional é commumente considerado pressuposto:

1.º Da determinação do Direito material aplicável ao contrato (pois, não ocorrendo, em relação a um dado contrato, um conflito de leis, tratando-se de um contrato puramente interno ou puramente estrangeiro, mais não há que aplicar directamente o Direito da ordem jurídica nacional em causa) e, nomeadamente, da faculdade conferida às partes – genericamente reconhecida por todas as legislações e convenções internacionais[28] – de sujeitarem o contrato a uma lei por si escolhida (um ponto a que voltaremos);

2.º De os litígios decorrentes dos respectivos contratos poderem ser submetidos a arbitragem internacional, sendo certo que esta apresenta as reconhecidas vantagens de neutralidade (não decidindo em nome de qualquer Estado, não recai sobre os árbitros a suspeita de favorecerem os interesses nacionais de determinado país[29]), de celeridade, de especialização, de confidencialidade ou privacidade e, mesmo de execução, relativamente à revisão de sentenças judiciais estrangeiras, e por outro, reveste-se ou tende a revestir-se de um regime especial em relação à arbitragem interna, como é reconhecido também no Direito português (cf. os art. 33.º, 34.º e 35.º da Lei de Arbitragem Voluntária – Lei n.º 31/86, de 29 de Agosto –, respecti-

---

[28] *Convenção de Roma*, art. 3.º, n.º 1; *Restatement, Second, of the Conflict of Laws*, secção 187; *Resolução de Basileia*, de 1992, do Institut de Droit International, art. 2.1. (*vide Annuaire de l'Institut de Droit Internationale, Session de Bâle*, vol. 64 – II, 1992, p. 208 e ss). Vide, com indicações sobre o seu acertamento jurisprudencial no Direito anglo-americano, P. E. NYGH, *The reasonable expctations of the parties as a guide to the choice of law in contract and in tort*, in Recueil des Cours (Académie de droit Internationale), t. 251, 1995, p. 298 e ss (o estudo começa na p. 291). Vide também F. VISCHER/ /L. HUBER/D. OSER, *Internationales Vertragsrecht*, 2.ª ed., Bern, 2000, p. 13 e 25 e ss.

[29] DÁRIO MOURA VICENTE, *Da arbitragem comercial internacional*, cit., p.18-19.

vamente quanto ao Direito aplicável, à recorribilidade das sentenças arbitrais e quanto à "composição amigável").

III. A NOÇÃO DE CONTRATO INTERNACIONAL. ELEMENTOS DO CONCEITO

1. A internacionalidade de um *quid* jurídico – contrato, relação contratual ou outra situação – é tradicionalmente referida à plurilocalização dos seus elementos relevantes, à conexão relevante da situação com diversas ordens jurídicas.

Hoc sensu, seria internacional todo o contrato (ou relação contratual) em que tal conexão se verificasse. Assim, ao menos teoricamente ou, talvez melhor, hipoteticamente e com base nesse critério, um casamento entre um português, residente em Lisboa, e uma francesa, residente em Paris, poderia ser visto como um contrato internacional, quando se aceitasse a natureza contratual do casamento (mesmo quanto aos seus efeitos pessoais)[30] ou não se restringisse o conceito de *contrato* a negócios jurídicos plurilaterais de natureza patrimonial ou, enfim, não se restringisse o conceito de *contrato internacional* a contratos de carácter patrimonial ou, ainda, se dele não se excluíssem – directa ou indirectamente – todos os actos de família e sucessórios, mesmo os de natureza patrimonial e contratual[31]; também uma doação internacional, como aponta o atributo, seria

---

[30] O que, bem entendido, não é pacífico: mesmo quando não se adopte uma perspectiva institucional do casamento, a sua natureza contratual, quanto aos efeitos pessoais, depende do alcance que se confira à autonomia privada para a qualificação de um dado acto como de natureza negocial. Assim, se se entender que o negócio jurídico é o acto de autonomia privada que postula não só liberdade de celebração mas também liberdade de estipulação (neste sentido MENEZES CORDEIRO, *Tratado de Direito Civil Português...*, I, cit., p. 304)), então o casamento, quanto aos efeitos pessoais, será apenas um acto jurídico em sentido estrito, por os efeitos pessoais do mesmo serem injuntivamente determinados por lei.

[31] Pense-se numa convenção sobre o regime de bens ou num pacto sucessório. Na verdade, na dogmática e na terminologia-regra de Direito Internacional Privado, o qualificativo *internacional* cabe ser usado a propósito das *situações jurídicas* que tais actos envolvam, enquanto configuradas por elementos plurilocalizados, mas tais contratos não são normalmente qualificados como contratos internacionais, reservando-se esta expressão para contratos patrimoniais não familiares e não sucessórios, "maxime", contratos obrigacionais. *Vide*, no entanto, ERIK JAYME, *Identité culturelle et intégration: le droit international privé postmoderne, Cours Générale de Droit Internationale Privé, in Recueil des Cours,* Académie de Droit International, 1995, t. 251, The Hague, Boston/London, 1966, p.147 e ss (reportando-se ao problema da autonomia da vontade em Direito Internacional

um contrato internacional. Como seria, ainda, internacional a compra, em Portugal, de uma recordação por um turista estrangeiro, que pagasse a contado, em euros.

Mas está bem de ver que um tal conceito de contrato internacional, por demasiado amplo, não é o conceito que temos aqui em vista, ao falarmos de contratos internacionais: no primeiro caso trata-se, desde logo, de uma relação de família, que não pode, por definição, relevar do comércio internacional, como também não uma doação internacional, dada a sua natureza gratuita, e não ainda a simples consideração da nacionalidade diferente das partes como um factor de internacionalidade (no último exemplo), quando, consabidamente, por si só, a nacionalidade não joga um papel decisivo no âmbito do comércio internacional. O que pode é reconhecer-se a possibilidade de existirem, teórica e praticamente, vários conceitos de contratos internacionais. Em consonância com a ideia de que existem vários factores de internacionalidade, relevantes consoante o sector e a finalidade em que se insira o respectivo *quid*. Temos, assim, de situar o conceito que aqui nos ocupa e determinar os elementos relevantes do mesmo.

2. Pensamos que podemos partir das inferências decorrentes da relação do conceito de contrato internacional com o comércio internacional – no sentido amplo que atribuímos à expressão – e o Direito do Comércio Internacional, haja em vista o ambiente em que nos situamos, logo inicialmente referido. *Afinal, os contratos internacionais, cujo conceito nos ocupa, são os contratos do comércio internacional, os contratos comerciais internacionais.*

3. Vejamos, então (ainda que com as limitações que o tempo nos impõe), os elementos caracterizadores do conceito de contrato internacional (enquanto contrato do comércio internacional), por referência a categorias dogmáticas conhecidas.

Privado, o autor refere que, quando se aceite, em relação à livre escolha da lei do contrato, que não está apenas em causa um elemento de conexão, mas um princípio fundado sobre os direitos do homem, então, a autonomia não respeita unicamente aos contratos concluídos em vista de fins económicos, mas também aos actos relativos a questões pessoais, como o casamento e o testamento – *idem*, p. 148.).

3.1. Em primeiro lugar, é da figura do *contrato* que tratamos, de uma categoria geral de contratos – os contratos internacionais.

A noção de contrato é pressuposta e, por isso, nela não nos alongaremos. Apenas se reitera que o contrato constitui um instrumento *universal*, ainda que sejam diferentes, por adaptação às respectivas sociedades, os regimes legais das diferentes ordens jurídicas que o regulam. Na verdade, se, como já alguém disse, o contrato constitui uma descoberta tão admirável quanto a da roda, pode acrescentar-se que o seu uso é tão universal quanto o uso desta.

E compreende-se essa potencialidade do contrato, esse seu carácter universal. Já por uma *razão prática*, não há como a lei poder determinar todos os múltiplos interesses e modos de satisfação concreta dos interesses de cada um, já por uma *razão psicológica*, pois cada um aceita melhor aquilo a que se vincula voluntariamente do que aquilo que lhe é imposto (*volenti non fit injuria*), já por uma *razão económica*, pois a troca de bens e serviços tende à optimização da iniciativa individual e é instrumento de liberdade[32].

Assim, e lidando, como lidamos, com um problema internacional, o que mais interessará será a determinação de um mínimo denominador comum na ideia que do contrato se faça nas diferentes ordens jurídicas. Parece que poderemos enunciar assim esse fundo comum: o contrato é um acordo (e um acordo pressupõe pelo menos duas partes) regulador de interesses das partes, por elas pretendido sob a égide do Direito e que o Direito tutela tendo em conta essa vontade[33].

---

[32] JEAN CARBONNIER, *Droit Civil 4: Les obligations*, Paris, 22.ª ed., 2000, p. 63.

[33] Na base do contrato está um acordo ou consenso: o que é de reconhecimento universal. E esse acordo as partes querem-no sob a égide do Direito, o que também parece de reconhecimento universal; finalmente, o Direito tutela o acordo em razão dessa vontade das partes, o que parece não menos amplamente reconhecido. Ao que fica dito, não contraria nem o facto de se poder pretender que, em França, o contrato é, tão-só, uma espécie de convenção dirigida à constituição de obrigações (na verdade, a distinção, no Direito francês, entre convenção e contrato é sem efeito prático – JACQUES GHESTIN, *La Formation du Contrat*, cit., p. 5 –, podendo dar-se o termo convenção como sinónimo de contrato, sendo bem certo que *conventio* deriva de *convenire*, isto é, 'vir junto', 'estar de acordo' – *ibidem*), nem o facto de, no Direito italiano, se reservar o termo contrato para negócios jurídicos em que duas ou mais partes, constituem, transferem ou extinguem relações patrimoniais: em qualquer caso, na base do contrato, está sempre um acordo, juridicamente vinculativo em atenção ao facto de ter sido querido como tal.

3.1.1. Contudo, emerge um problema ou dificuldade: situações há cuja natureza contratual pode ser discutida, não obstante tratar-se de situações que aspiram a uma submissão natural à área da contratação comercial internacional.

Tal ocorreu, nomeadamente, a respeito de *acordos de cooperação de empresas* e às múltiplas formas que os mesmos assumem. Dirigindo-se à realização de um fim comum, houve quem pusesse em causa o carácter contratual: fosse pelo paralelismo das declarações negociais das partes ou pelo paralelismo e convergência dos interesses, que não se contraporiam, ou pelo carácter organizativo de tais acordos. A polémica, oriunda da Alemanha, parece estar hoje de certo modo superada ou pacificada: em qualquer caso, é maioritário – e assim também entre nós – o entendimento da natureza contratual desses actos constitutivos, independentemente dos atributos que, depois, se assinalem a tais contratos (contratos de fim comum, multilaterais, organizativos, ou outros)[34].

3.1.2. Do mesmo modo, não devendo ou não podendo o Direito do Comércio Internacional desinteressar-se dos designados 'contratos de Estado' – contratos celebrados entre um Estado (directa ou indirectamente, através de um outro ente público) e uma empresa privada não pertencente à ordem jurídica desse Estado –, teses nacionalistas, defendidas por juristas dos países em vias de desenvolvimento, sustentaram a natureza não contratual, não vinculativa de tais acordos, baseando-se numa ideia de impossibilidade de o Estado se vincular por contrato, renunciando, desse modo, à sua soberania[35]. Uma tese ou teses que, como é geralmente reconhecido pela melhor doutrina, não colhem, sendo inegável a natureza contratual dos 'contratos de Estado' (pese embora os traços típicos destes contratos). Adiante, a propósito da qualificação tendencial dos contratos internacionais como contratos privados, retomaremos uma referência aos 'contratos de Estado'.

3.2. Uma primeira qualificação tendencial dos contratos internacionais será a sua consideração como contratos «privados». O carácter *privado* ou de Direito privado do contrato pode ser uma inferência resultante do objecto a que vão votados, o comércio internacional, no sentido amplo

---

[34] Vide Luís de Lima Pinheiro, *Contrato de empreendimento comum*, cit., p. 99 e ss. e 119.

[35] Vide Pierre Lalive, *ob. cit.*, p. 141.

que antes referimos. O comércio internacional, a realização de operações económicas internacionais postula ou pressupõe liberdade e paridade de tratamento, notas sempre salientadas na própria caracterização do Direito privado.

Dir-se-ia, atendo-nos à *summa divisio* do Direito em Público e Privado e aos critérios preponderantes que lhe presidem (da posição, da qualidade dos contraentes e dos interesses), que os contratos comerciais internacionais que temos em vista estabelecem-se entre entes privados ou entre entes privados e entes públicos, em todo o caso despidos de *jus imperii*, em vista da satisfação ao menos preponderante de interesses privados das partes. De facto, dir-se-ia ainda, comerciar não constitui uma função ou uma função essencial do Estado, enquanto tal, e, quando este enverede directamente ou através de entes públicos menores por uma tal actividade, deveria sujeitar-se a um estatuto privado. De resto e para os contratos internacionais, mais não haveria do que fazer a simples transposição.

3.2.1. Porém, enxertam-se, aqui, dificuldades várias:

Por um lado, aquela *summa divisio* é própria das ordens de *Civil Law*, mas não das ordens de *Common Law*, para nos atermos aos sistemas jurídicos da nossa civilização. Por outro, dentro de sistemas de *Civil Law*, não há uma linha divisória precisa, que não deixe margem para zonas de fronteira nebulosas.

Acresce que, interna e internacionalmente, os Estados e outros entes públicos assumem-se como operadores económicos em contratos onde é iniludível a relação ou existência de induções de carácter público ou de Direito Internacional Público, pensamos nos chamados 'contratos de Estado' (isto, mesmo para além de os Estados assumirem intervenções legislativas e administrativas em áreas de acção dos contratos internacionais, nessa medida, condicionados por tais intervenções).

3.2.2. Porém, no que respeita à referida não existência, em países de *Common Law*, daquela «*summa divisio*» do Direito em público e privado, a verdade é que isso não retira o dado evidente da relevância da *freedom of contract* em sistemas de *Common Law*, com não menos intensidade e âmbito de acção do que a liberdade contratual em sistemas de *Civil Law*.

3.2.3. Quanto aos 'contratos de Estado', eles são expressão do esbater de fronteiras ou do carácter móvel das fronteiras entre o DIP e o Direito Internacional Público – que se verificam à hora presente –, avivando-se, com aquela categoria de contratos, a ideia de que não há uma noção unívoca de contratos internacionais, além de neles aflorar a ideia de graus diferentes de internacionalidade[36].

Trata-se em todo o caso de verdadeiros contratos (e não meros *gentlemen's agreements*), mesmo quando se celebrem na sequência de um acordo multilateral (normalmente bilateral entre Estados).

Podem, vistos como «acordos internacionais de desenvolvimento económico» ou «de cooperação industrial», assumir-se como uma categoria de contratos internacionais que se contraponha aos demais contratos internacionais (que, por contraposição, poderíamos designar, com PIERRE LALIVE[37], contratos «ordinários»), assumindo uma feição típica. Uma feição típica, pela qualidade especial de uma das partes (um Estado), pelo seu objecto (são contratos de longa duração, de cooperação intensa entre as partes[38]), por cláusulas particulares (de estabilidade, de intangibilidade) [39] e pela combinação complexa de elementos que relevam de diversos sectores (do Direito Internacional público – assim a inferência de que um Estado não pode eximir-se a obrigações contratuais, alegando o regime do seu próprio Direito estadual – do Direito Internacional Privado ou do Direito Comercial Internacional ou do Direito da arbitragem e da arbitragem quaseinternacionalpública, mesmo de Direito público interno, como, *v.g.*, a concessão pelo Estado de benefícios financeiros estatais à empresa privada, sua contraparte).

De um modo ou de outro, não são contratos alheios ao Direito do Comércio Internacional, nem como complexo de normas nem como disciplina jurídica.

---

[36] PIERRE LALIVE, *ob. cit.*, p.135 e 138.

[37] *Ob. cit.*, p. 145.

[38] Pensemos, por exemplo, em contratos para a exploração de recursos petrolíferos ou para a construção de um complexo petroquímico ou de uma rede de estradas ou de instalações portuárias ou aeroportuárias.

[39] PIERRE LALIVE, *ob. cit.*, p. 149. Sobre as cláusulas de estabilidade e de intangibilidade, *vide*, *v.g.*, LUÍS DE LIMA PINHEIRO, *Contrato de empreendimento comum...*, cit., p. 570 e ss. As cláusulas em questão constituem um modo de protecção do contratante não estadual, pois com elas, vinculando-se, *grosso modo*, o contratante Estado a submeter-se a uma petrificação do quadro jurídico aplicável ao contrato, visa-se evitar a relevância sobre o contrato, em favor deste último, de posteriores medidas legislativas que o mesmo, no exercício das suas funções, venha a introduzir ou pretendesse vir a introduzir. Note-se também que a usual inserção de uma cláusula de arbitragem nestes contratos joga, naturalmente, a favor do contratante não estadual, pois afasta-se a competência dos tribunais do Estado parte no contrato (sendo certo que, naturalmente, o contratante Estado não aceitaria a submissão dos litígios a tribunais judiciais de outro Estado).

A sua consideração será um factor mais para que, tal como sucede em Direito Internacional Privado, quando se referem as relações 'privadas' internacionais como seu objecto, se refiram, em Direito do Comércio Internacional, as relações 'privadas' do comércio internacional ou, como aqui, os contratos comerciais internacionais «cum grano salis», ou dito de outro modo, como uma qualificação tendencial.

3.3. Deste modo, os contratos internacionais que aqui nos ocupam podem ser caracterizados tendencialmente como contratos 'privados', celebrados por entidades empresariais. Verdadeiramente, se, pelo menos, o núcleo "duro" dos contratos internacionais sempre seria, indiscutivelmente, o dos contratos celebrados entre entidades empresariais, parece mesmo de excluir-se do conceito os contratos celebrados por tais entidades com consumidores (aliás, enquanto contratos de consumo, os mesmos estarão, de princípio, sujeitos a certas regras próprias, ditadas pela preocupação de protecção do consumidor): quando falamos aqui – no âmbito do Direito Comércio Internacional – de contratos internacionais, pensamos, pois, em contratos internacionais celebrados *entre entidades empresariais*, enquanto sujeitos de Direito cuja actuação jurídica tem por base um substrato empresarial[40].

3.4. Já não oferece dúvida a inferência, mas importa referi-la, porque a análise sedimenta a profundidade com que se conheça o conceito, de que

---

[40] É certo que do termo 'empresa' tem sido feito um uso multiforme e excessivo, ao ponto de ser lícito questionarmos se é possível fazer-lhe corresponder um conceito que pudesse servir como elemento de sistematização ou construção de um ramo de Direito, como o Direito comercial (*Vide* MENEZES CORDEIRO, *Manual de Direito Comercial*, vol. I, cit., p. 208 e ss, *maxime*, 232 a 236). Nós falamos no texto de 'entidades empresariais', querendo notar a qualidade de sujeitos de direito cuja actuação jurídica se processa em função de um substrato empresarial ou de uma empresa (sendo verdade que, operativamente e sem preocupação de rigor jurídico, o termo empresa acorda sempre a ideia de uma unidade organizada para a produção de bens ou serviços). A expressão permite a amplitude necessária, para a categoria de contratos que temos em vista, servindo também à contraposição com a noção de 'consumidor', contraposição essa que, conforme resulta do texto, serve a uma delimitação do âmbito daquela categoria de contratos (note-se, com algum paralelismo, a contraposição feita na nossa Lei das Cláusulas Contratuais Gerais – Dec.--Lei n.° 446/85, de 25 de Outubro, cuja versão actual resulta das alterações introduzidas pelos Decretos – Leis n.°s 220/95, de 31/08, 249/99, de 07/07 e 323/01, de 17/12 – das relações entre empresários (ou entidades equiparadas) – art. 17.° – às relações entre estes e consumidores finais – art. 20.°.

os contratos internacionais que temos em vista são necessariamente *patrimoniais*[41], e dentro desta categoria, são contratos *onerosos*[42]. Como não, pois se, por definição, o exercício de actividade económica por empresas ou profissionais ou operadores económicos é uma actividade que visa remuneração, ou melhor, lucro[43].

3.5. Os contratos que temos em vista são, enfim, contratos *internacionais*.

3.5.1. A internacionalidade específica de Direito Internacional Privado é comummente aferida na perspectiva de uma ordem jurídica nacional, tomada como ordem de referência. Nesta perspectiva, o Direito Internacional Privado regula as situações ou relações que, relevando do Direito, ou seja, carecendo de ser juridicamente reguladas, comportam elementos de estraneidade relevantes, os elementos de conexão. Entre esses elementos geralmente relevantes, susceptíveis de serem classificados de acordo com diversos critérios, figuram a nacionalidade, a residência habitual, o estabelecimento ou a sede efectiva das partes, o lugar da celebração do contrato ou do cumprimento de obrigações ou da situação de uma coisa, ou o lugar onde decorreu uma conduta lesiva, etc.

Entretanto, como nota o Professor LUÍS DE LIMA PINHEIRO[44], a perspectiva é diferente, quando esteja em causa o 'legislador' internacional de

---

[41] Um contrato é patrimonial quando se reporta a uma relação patrimonial ou produz efeitos patrimoniais, aferidos estes pela susceptibilidade de avaliação pecuniária. *Vide*, *v,g.*, PEDRO PAIS DE VASCONCELOS, *Teoria Geral do Direito Civil*, 2003, 2.ª ed., p. 280. Como se sabe e se referiu já, existem ordens jurídicas, como a italiana, em que a patrimonialidade é elemento caracterizador do conceito de contrato (e não um elemento caracterizador de uma categoria de contratos). A verdade é que, em Direito Internacional Privado ou em Direito do Comércio Internacional, a patrimonialidade é normalmente pressuposta no conceito de contrato internacional (*vide supra nota* 31).

[42] Um contrato é oneroso quando implique esforços económicos para ambas as partes, em simultâneo e com vantagens correlativas; é gratuito, quando cada uma das partes dele retire *tão-só* vantagens ou sacrifícios – MENEZES CORDEIRO, *Tratado...*, vol. I, cit., p. 320-321. Estando em causa um domínio económico, pode dizer-se, com PEDRO PAIS DE VASCONCELOS (*ob. cit.*, p. 285), que o critério da classificação é «a existência, ou não, no conteúdo do negócio, de um sistema de contrapartidas».

[43] Quanto à questão da sinalagmaticidade como característica ou não destes contratos, que pode ser problematizada em ligação de novo com os contratos de cooperação interempresarial, *vide* LUÍS DE LIMA PINHEIRO, *Contrato de empreendimento comum*, cit., p.107.

[44] Cit. *Contrato de empreendimento Comum*, p. 358/359.

Direito Internacional Privado (admitindo-se que, com efeito, o Direito Internacional Privado não seja exclusivamente de fonte nacional ou interna, mas que há, antes, diversas fontes e órgãos de aplicação de DIP): para o 'legislador' internacional, obviamente, a referência a estraneidade dos laços deixa de fazer sentido, pois a sua óptica não é a de uma específica ordem nacional de referência: pode sim continuar a dizer-se que a internacionalidade deriva da ligação de uma dada situação com diferentes ordens jurídicas, suscitando um problema de conflitos de leis[45], um problema de determinação do Direito aplicável.

Relativamente aos contratos internacionais, o que se constata é que a internacionalidade mesma é definida ou aferida de muito numerosas maneiras pelas legislações nacionais e internacionais. Desde soluções mais especificadas, como v.g., a referência ao estabelecimento, à sede ou à residência habitual das partes (a nacionalidade, em relação aos contratos do comércio internacional, diga-se, tem um peso específico muito pequeno, se algum, na matéria da determinação da internacionalidade[46]), até à adopção de critérios mais gerais, como o facto de o contrato apresentar laços importantes com mais de um Estado, que implique uma escolha entre leis de diversos Estados ou que, enfim, afecte os interesses do comércio internacional[47].

Segundo os "Princípios relativos aos contratos comerciais internacionais", do UNIDROIT, deve optar-se, à semelhança do que se fez a respeito da comercialidade dos contratos comerciais internacionais, por uma concepção ampla de internacionalidade, que praticamente apenas exclua desse carácter os contratos que apresentem vínculos exclusivamente com uma ordem jurídica[48].

3.5.2. Ainda assim, pensamos que algo mais importa dizer a este respeito.

---

[45] Assim, o art. 1.º, n.º 1 da Convenção de Roma Sobre a Lei Aplicável às Obrigações Contratuais («As disposições da presente convenção são aplicáveis, nas situações que importem um conflito de leis, às obrigações contratuais»).

[46] ISABEL DE MAGALHÃES COLLAÇO, *Da compra e venda em direito internacional privado. Aspectos fundamentais*, vol. I, Lisboa, 1954, p. 80, LUÍS DE LIMA PINHEIRO, *Contrato de Empreendimento Comum....*, cit., p. 375.

[47] *UNIDROIT Principles of International Commercial Contracts*, cit., Preamble, Comment 1.

[48] *Ibidem*.

Está em causa a determinação da internacionalidade de um contrato. O critério a adoptar há-de ser aquele que a regulação conflitual nacional, internacional ou transnacional, que haja de operar no plano ou nível de que se trate, entenda relevante.

Esses critérios são diversos. E podem variar, compreensivelmente, conforme os tipos de contratos comerciais que estejam em causa. Não sendo ocasião de nos alongarmos por aí, fixemo-nos, tão só, (a) na questão da relevância ou irrelevância do princípio da autonomia da vontade e (b) no critério dos interesses do comércio internacional.

a) Quanto ao *princípio da autonomia da vontade* em DIP, no curso de uma longa história a que vai associado o nome de DUMOULIN[49], ele é hoje amplamente reconhecido nas legislações, jurisprudências de diferentes Estados e em convenções internacionais[50]. Trata-se então de reconhecer às partes a faculdade de eleger a lei que regule o contrato, a «electio juris», sendo esta mesma um elemento de conexão a considerar para a determinação da lei aplicável.

Contudo, à autonomia da vontade já não se reconhece, como orientação geral, a faculdade de por si só determinar a internacionalidade de um contrato[51]. Ou seja, só depois de determinada a internacionalidade de um

---

[49] Vide, v.g., MARQUES DOS SANTOS, *Direito Internacional Privado*, I – *Introdução*, cit., p. 85 e ss, especialmente, p. 87-91, FERRER CORREIA, *ob. cit.*, p. 110-111; DANIEL GUTMANN, *Droit International Privé*, Paris, 2002, p. 29. F. VISCHER/L. HUBER/D. OSER (*Internationales Vertragsrecht*, cit., p. 17-19) consideram que, desde a aturada investigação de GAMILLSCHEG (*Der Einfluss Dumoulins auf die Entwicklung des Kollisionsrechts* – 1955), aquela tese não seria mais defensável. Em DUMOULIN – referem –, a vontade das partes surge como um apoio justificativo de uma conexão estabelecida segundo critérios objectivos e não como um verdadeiro e próprio elemento de conexão ou norma de conexão. Mais ainda, segundo estes autores, também não se poderia falar de uma própria autonomia privada conflitual em SAVIGNY e nem mesmo ela encontraria uma expressão clara em WÄCHTER; antes ela surgiria, na sua moderna manifestação, na sequência do desenvolvimento do liberalismo económico. E concluem que teria sido, afinal, MANCINI quem verdadeiramente abriria as portas à consideração moderna do princípio no âmbito do Direito Internacional Privado (citando GUTZWILLER, o princípio, em Direito Internacional Privado, seria «ein Kind *aus der Schule MANCINIS*»).

[50] Vide supra nota 28.

[51] Neste sentido, entre muitos, vide, v.g., ISABEL DE MAGALHÃES COLLAÇO, *Da compra e venda...*, I, *cit.*, p. 43, 44, 68, 71, 73 e 87-91, RODOLFO DE NOVA, *Quando un contratto é "internazionale"*, Rivista di Diritto Internazionale Privato e Processuale, Anno XIV (1978), n.º 4, p. 670-671, F. VISCHER/L. HUBER/D. OSER, *ob. cit.*, § 1, rdn 18, OLE LANDO, *Les obligations contractuelles*, in OLE LANDO/BERND VON HOFFMANN/KURT SIEHR,

contrato, em atenção aos demais elementos de conexão susceptíveis de a implicar, é que a autonomia da vontade ganha toda a força ou relevância, para, verificado esse pressuposto, poder proceder-se à *electio juris*.

De outro modo, se elas, as partes, por simples manifestação de vontade, pudessem determinar a internacionalidade do contrato, permitir-se-ia que se subtraíssem às disposições imperativas da lei manifestamente aplicável (ou directamente aplicável)[52].

Em síntese: a internacionalidade do contrato é pressuposto ou exigência prévia de ou para as partes poderem proceder à *electio juris*[53].

European Private Law Of Obligations, Tubingen, 1975, p. 127, F. BORTOLOTTI, *Manuale di Diritto Commerciale Internazionale*, vol. II – *La redazione dei contratti Internazionali*, Milano, 2002, p. 5. No mesmo sentido, muito claramente, estabelece o art. 1, IV da Convenção da Haia de 1955 relativa à lei aplicável às vendas internacionais de mercadorias: «La seule déclaration des parties relative à l'application d'une loi ou à la compétence d'un juge ou d'un arbitre, ne suffit pas à donner à la vente le caractère international».

[52] RODOLFO DE NOVA, *ob. cit.*, p. 669-671; DÁRIO MOURA VICENTE, *Da arbitragem comercial internacional*, cit., p.113.

[53] Cabe aqui fazer uma referência ao art. 3, n.º 3 da Convenção de Roma, já anteriormente mencionada (nota 45). A Convenção de Roma não adopta, para a delimitação da sua aplicação, a referência à internacionalidade do contrato obrigacional (que constava do primeiro projecto da Convenção): prefere reportar-se às situações que impliquem um «conflito de leis» (cf. art. 1.º, n.º 1). Sem dúvida que, nessa fórmula, vão abrangidos os contratos internacionais, no sentido clássico de Direito Internacional Privado, ou seja, contratos que, em razão de algum ou alguns dos seus elementos objectivos (outros, pois, que não a simples escolha pelas partes de lei estrangeira), se encontram em conexão com mais de uma ordem jurídica. Contudo, segundo o art. 3.º, n.º 3 da Convenção de Roma, «a escolha pelas partes de uma lei estrangeira, acompanhada ou não da escolha de um tribunal estrangeiro, não pode, sempre que todos os outros elementos da situação se localizem num único país no momento dessa escolha, prejudicar a aplicação das disposições não derrogáveis por acordo, nos termos da lei desse país, e que a seguir se denominam "disposições imperativas"». A maioria dos autores – como, entre nós, MARQUES DOS SANTOS (*A Convenção de Roma e as operações bancárias, in Estudos em Homenagem ao Prof. Doutor Raul Ventura*, FDUL, Coimbra, 2003, p. 47, 51 e 52), e RUI MANUEL MOURA RAMOS (*Da lei aplicável ao contrato de trabalho internacional*, cit., p. 450, nota 140, cont. na p. 451) ou, na doutrina estrangeira, G. KEGEL/K. SCHURIG (*Internationales Privatrecht*, 9.ª ed., München, 2004, p. 654/655), JAN KROPHOLLER, *Internationales Privatrecht*, 5.ª ed., Tübingen, 2004, p. 296/297 (cf. também p.459), este referenciando apenas o art. 27/3 da Lei de Introdução ao Código Civil alemão (conhecida pela sigla EGBGB), disposição que, contudo, na versão actual daquela lei, se corresponde com o art. 3/3 da Convenção de Roma, e F. VISCHER/L. HUBER/D. OSER (*Internationales Vertragsrecht*, cit., p. 38-40) – entende que essa disposição se reporta a contratos meramente ou *puramente internos*, pelo que a escolha de uma lei estrangeira traduz-se aí numa mera *referência material*; com isso, apesar de se tratar de contratos meramente internos, não se exclui, porém, que essa es-

Depois de verificada a internacionalidade do contrato e reconhecendo-se, como se reconhece, a autonomia da vontade na *electio juris* (a

colha da lei estrangeira suscite um «conflito de leis», para efeito de aplicação da Convenção, ainda que com a limitação constante do próprio artigo (*vide*, *v.g.*, JEAN-MICHEL JACQUET, *Le contrat international*, cit., p. 8, e MARQUES DOS SANTOS, *A Convenção de Roma...*, cit., p. 4). De modo próximo, ainda que, parece, não inteiramente coincidente, MARIA HELENA BRITO, *Direito do Comércio Internacional*, cit., p. 157, entende que a disposição em causa se refere ao contrato puramente interno, como aquele que «no momento da escolha, se encontra em conexão com a lei de um único país», mas fala de 'internacionalidade' da situação, no âmbito e para o efeito de aplicação da Convenção de Roma, além de mencionar, com referência à mesma disposição, o caso de um contrato originariamente interno submetido pelas partes à jurisdição de um tribunal estrangeiro – *idem*, p. 150). Diferentemente, LUÍS DE LIMA PINHEIRO (*Direito Internacional Privado – Parte Especial (Direito de Conflitos)*, II, 2.ª ed., Almedina, 2002, p. 184-185) defende que, a tratar-se aí de contratos puramente internos ao Estado do foro, estar-se-ia, de facto, perante uma referência meramente material, mas, então, a seu ver, a Convenção de Roma não teria aplicação, por não se suscitar um conflito de leis; porém, em face da mencionada disposição, haverá um conflito de leis, para efeito de aplicação da Convenção – ainda que com a limitação exarada no próprio artigo –, se, apesar de o contrato ter contacto com uma só ordem jurídica, «os tribunais de um Estado são confrontados com um *contrato meramente estrangeiro*, pelas partes *submetido ao Direito do foro ou de um terceiro Estado*» (considerando ainda que a disposição poderá abranger contratos internos que tenham um nexo funcional com contratos internacionais). De algum modo, esta posição de LUÍS LIMA PINHEIRO parece encontrar algum apoio na interpretação que, da disposição em causa, fazem PETER NORTH/J.J. FAWCETT (*Cheschire and North's Private International Law*, 13.ª ed., London, Edinburgh, 1999, p. 545), na medida em que estes autores referem que «the structure of the Convention suggests that the country whose mandatory rules have to be applied will be a foreign country and not the forum» (ainda que, na continuação, reconheçam que nada há que diga que as regras imperativas do foro estejam excluídas e que é importante que a disposição em causa abranja estas mesmas). Alguns autores seguem, por seu turno, um entendimento que, por assim dizer, abrange os elementos afirmativos de cada uma das posições inicialmente referidas. É o caso de ALFONSO L. CALVO CARAVACA/JAVIER CARRASCOSA GONZÁLEZ (*El Convénio de Roma sobre La Lei Aplicable a las Obligaciones Contractuales de 19 de Junho de 1980*, in *Contratos Internacionales*, obra dirigida por ALFONSO L. C. CARAVACA/LUIS FERNANDEZ DE LA GÁNDARA e coordenada por PILAR BLANCO-MORALES LIMONES, Madrid, 1997, p. 63/64 e 85): estes autores consideram que a aplicação da Convenção por força do art. 3.º, n.º 3 é suscitada pela escolha pela partes de uma lei estrangeira em relação a um contrato puramente nacional ("hoc sensu", *interno*), mas também no caso de contratos *relativamente internacionais* – contratos exclusivamente conectados com uma dada ordem jurídica, mas em que se suscite um litígio decidido perante tribunal de outra ordem jurídica –, tendo as partes escolhido como aplicável a lei de uma ordem jurídica que não aquela onde todos os elementos objectivos do contrato se localizam (ao menos, inicialmente). Pela nossa parte e tido em conta que, na elaboração da Convenção de Roma, houve intenção de maximizar o seu âmbito espacial de aplicação, estamos em crer que a disposição em causa comporta uma solução interpretativa abrangente, como a defendida

velha tese da autonomia da vontade como mero «factor de localização do contrato» não tem vingado no DIP[54]), o que pode ficar então e fica é a questão de saber se as partes podem eleger uma lei ou ordem jurídica com uma remota conexão com o contrato ou até sem qualquer conexão objectiva com o contrato ou se, em vez, a exigência de alguma conexão deve fazer-se, como delimitadora do âmbito da *electio juris*. A tendência, como se sabe, é no sentido de tal exigência não ser feita, o que pode justificar-se particularmente no domínio dos contratos internacionais, pois a escolha de uma lei sem qualquer conexão objectiva com o contrato pode ter na sua base a maior adequação dela, pelo seu conteúdo, à regulação do contrato, ou o seu carácter mais neutral em relação aos interesses envolvidos na respectiva operação económica[55].

Entretanto, num contrato puramente interno, a eleição de uma lei sem qualquer conexão, apenas pode valer – em relação ao domínio das normas internas supletivas – como incorporação dela no contrato, sem, com isso, se poder derrogar as disposições imperativas da lei ou da ordem jurídica em que o contrato se insere[56].

Finalmente, um outro ponto seria o de a eleição da lei aplicável a um contrato internacional respeitar a normas não nacionais, normas não integradas numa ordem jurídica estadual, fossem elas normas como as dos princípios UNIDROIT. Nesse caso, parece que tal valeria como incorporação de tais normas no contrato, de novo sem derrogação das disposições imperativas da lei aplicável (a menos que se reconhecesse o carácter de ordem jurídica à *lex mercatoria*).

---

por Alfonso Caravaca/Javier Carrascosa González, acima referida (ainda que a escolha de lei pelas partes, nos casos nela previstos, valendo embora como suscitando um *conflito de leis, para o efeito de aplicação da Convenção*, tenha o alcance limitado que lhe resulta da própria restrição constante da disposição, e que, de resto, no caso de contratos puramente internos, reconhece-se, sempre resultaria dos princípios do Direito Internacional Privado). A verdade, porém, assim nos parece, é que, quando se trate de contratos *comerciais* internacionais, um critério material de internacionalidade, que parece impor-se naturalmente, quando se tenha em vista a submissão de algum litígio a arbitragem internacional, tende, por si mesmo, a repelir a possibilidade de a internacionalidade poder derivar exclusivamente da *electio juris*: antes aquela é pressuposto desta.

[54] Sobre esta tese, que teve em Henri Batiffol o seu principal representante, *vide*, vg., Isabel de Magalhães Collaço, *Da compra e venda...*, I, *cit.*, p. 58 e ss (p. 65 e ss, para uma crítica da mesma) e Jean-Michel Jacquet, *Le contrat international*, cit., p. 35 e ss.

[55] Dário Moura Vicente, *Da arbitragem comercial internacional*, cit., p. 123.

[56] Isabel de Magalhães Collaço, *Da compra e venda ....*, I, *cit.*, p. 42-43.

b) Um critério de âmbito geral que, a partir do primeiro terço do século XX, foi progressivamente adoptado pela jurisprudência francesa[57], afere a internacionalidade do contrato por apelo a uma consideração económica: tem de se atender à operação económica mesma que o contrato formaliza e viabiliza juridicamente. Assim, será internacional o contrato que movimente ou atinja ou veicule *interesses do comércio internacional*[58].

Para alguns, tal afectação ou envolvimento de interesses do comércio internacional ocorreria quando a operação económica em causa implicasse uma «circulação de bens, serviços ou capitais através das fronteiras», quando, num critério próximo defendido pela Professora ISABEL DE MAGALHÃES COLLAÇO[59], envolvesse *a circulação de valores através de fronteiras*. À luz desta ideia, recuperando um exemplo atrás referido, as compras realizadas, em Portugal, a contado, em dinheiro português (euros), por um turista estrangeiro (mesmo que residente no estrangeiro) nunca poderiam ser vistas como um contrato internacional[60].

---

[57] Cf. os acórdãos da *Cour de Cassation* (*Chambre Civile*) de 19.02.1930 (*Mardelé c. Muller et Cie*), in *Revue de Droit International Privé*, 1930, p. 282-283, e 1931, p. 514--515, e de 27.01.31 (*Dambricourt c. Rossard*), idem, 1931, p. 515-517.

[58] A Jurisprudência francesa sentiu a necessidade de, relativamente aos contratos que relevavam do comércio internacional, adoptar, em certos aspectos, um regime específico – *v.g.*, afastando a proibição de cláusulas monetárias ou de garantia de câmbios –, partindo sistematicamente da ideia de que as regras legais internas poderiam ser afastadas sempre que as razões que lhes presidiam não se justificassem nas operações comerciais internacionais – *Vide*, além dos acórdãos citados na nota anterior, em que se reconheceu, contra o Direito interno então em vigor, a validade de uma cláusula compromissória em contratos internacionais, também o acórdão (conhecido por *Messageries Maritimes*) da *Cour de Cassation* de 21.06.1950 (*État français c. Comité de la Bourse d'Amsterdam et Mouren*), in BERTRAND ANCEL-YVES LEQUETTE, *Les grands arrêts de la jurisprudence française de droit international privé*, 4.ª ed., Paris, 2001, p. 199 e ss, em que se reconheceu a validade de uma cláusula-ouro num empréstimo internacional. *Vide*, ainda, *v.g.*, MARQUES DOS SANTOS, *As Normas de Aplicação Imediata no Direito Internacional Privado. Esboço de uma Teoria Geral*, I, Coimbra, 1990, p. 619-620 e ss, e *Direito Internacional Privado, I, Introdução*, cit., p. 228 e ss (obras em que o saudoso Professor refere, com desenvolvimento, os acórdãos em causa), JEAN-MICHEL JACQUET, *Le contrat international*, cit., p. 8 e ss, e BERNARD AUDIT, *Droit Internationale Privé*, Paris, 2000, p. 678, nota 1.

[59] *Ob. cit.*, p. 85.

[60] Contudo, em face do âmbito da referida Convenção de Roma, parece que haveria um conflito de leis – *hoc sensu*, um contrato internacional –, que despoletaria a sua aplicação. Simplesmente, da sua aplicação resultaria – nomeadamente, como é suposto no exemplo, no caso de as partes não haverem escolhido a lei aplicável, e não se vê, obviamente, que, praticamente, tal ocorresse – a aplicação da lei portuguesa, nos termos do art.

Mas, por outro lado, seriam internacionais contratos que, apesar de, por todos os outros elementos, apenas apresentarem conexões com um só país (seja por serem aí executados e por as partes aí estarem estabelecidas), tivessem uma ligação intrínseca com uma operação económica internacional, nomeadamente por o objecto respectivo ser um bem a transferir de um para outro país[61].

4.º, n.º1 da Convenção (princípio da conexão mais estreita). Do que se referiu, resulta que há contratos que devem ser considerados internacionais em face da Convenção de Roma (despoletam um conflito de leis, no sentido da Convenção), mas que não são contratos internacionais, no sentido que aqui nos ocupa, não são, enfim, contratos comerciais internacionais (seja, por serem gratuitos, como sucede com a doação internacional, abrangida no âmbito material da Convenção de Roma, seja por – mesmo quando onerosos – não porem em acção interesses do comércio internacional – *v.g.*, um contrato internacional de compra e venda entre cidadãos de países diferentes. Por sua vez, estes, os contratos comerciais internacionais – enquanto geradores de obrigações – podem estar submetidos à Convenção de Roma, mas também pode ter um grau de independência em relação a ela, nomeadamente, quando as partes recorram à arbitragem. De facto, se a questão atinente a um contrato comercial internacional for colocada perante um tribunal de um Estado aderente da Convenção, este aplicá-la-á; mas, quando a questão seja colocada perante a arbitragem comercial internacional, esta agirá com o grau de autonomia que se lhe reconhece: a remissão que as partes hipoteticamente hajam feito v.g., para os Princípios do UNIDROIT, será aceite pelo tribunal arbitral (o que não sucederia – assim se entende maioritariamente em face da Convenção de Roma – se a questão fosse colocada perante o tribunal judicial de um Estado aderente). Na falta de lei escolhida pelas partes, os árbitros determinarão a lei aplicável, recorrendo a soluções conhecidas: por *via directa*, escolhendo, em concretização de uma cláusula geral de remissão, a lei (material) mais apropriada para o litígio (solução acolhida em diversas legislações, como no art. 33, n.º2 da citada lei n.º 31/86), ou pela *via da aplicação de um regra de conflitos*, seja esta determinada por uma consideração cumulativa dos sistemas de conflitos de leis dos diversos Estados interessados no litígio, seja por recurso aos princípios gerais de conflitos de leis, seja pela formulação pelos próprios árbitros de uma regra de conflitos, que considerem mais apropriada ao caso concreto (*vide*, sobre esta questão da lei aplicável pelos árbitros, no caso de falta de escolha pelas partes, *v.g.*, JEAN-MICHEL JACQUET, *Le contrat international*, cit., p. 55 e ss, ISABEL DE MAGALHÃES COLLAÇO, *L'arbitrage internacional dans la recente loi portugaise sur l'arbitrage volontaire (Loi n.º 31/86, du 29 Août 1986). Qulques réflexions*, in Droit International et Droit Communautaire, Actes du Colloque. Paris 5 et 6 Avril 1990, Paris, 1990, p. 63-64, LUÍS DE LIMA PINHEIRO, *Direito aplicável ao mérito da causa na arbitragem transnacional*, in Estudos de Direito Comercial Internacional, I, cit., p. 32 e ss, e DÁRIO MOURA VICENTE, *Da arbitragem comercial internacional*, cit., p. 233-252).

[61] DÁRIO MOURA VICENTE, *Da arbitragem comercial internacional*, cit, p.40. Assim, num exemplo de PIERRE LALIVE (*ob. cit.*, p. 138): seria internacional o acordo concluído num país X pela filial local de uma sociedade estrangeira – por esta inteiramente controlada – com o Estado X, desde que a operação concerne aos interesses do comércio internacional, nomeadamente em razão, por exemplo, de esse acordo ser uma medida de

Na verdade, a transferência de valores através de fronteiras parece configurar-se menos como um critério *a se*, do que como um índice da verificação de que um contrato afecta os interesses do comércio internacional ou como um factor demonstrativo da «existência de laços materiais das partes envolvidas com a vida económica de Estados diferentes e que a relação entre elas estabelecida diz efectivamente respeito a centros de actividade e bens situados em países diferentes»[62] (que não devem deixar, de facto, de serem ponderados nesta matéria).

Acresce, como assinala o Professor LUÍS DE LIMA PINHEIRO, que muitas vezes existem dificuldades na determinação de critérios precisos relevantes, mormente perante certos tipos de contratação (como em *joint ventures*), havendo que proceder-se, dentro de alguma flexibilidade, a uma combinação de critérios, em face das circunstâncias do caso. O critério dos interesses do comércio internacional poderia valer justamente como «ponderação de todos os elementos relevantes para determinar se uma relação económica deve ou não ser objecto do regime especial aplicável às situações internacionais»[63].

Enfim, as críticas que já se assinalaram ao critério em causa, nomeadamente o seu carácter vago, com as inerentes dificuldades de aplicação e a susceptibilidade de concretizações diferentes, não se nos afiguram decisivas. Desde logo, a nosso ver, a aplicação do critério dos interesses do comércio internacional, aplicação que, como se referiu, pode configurar-se como uma operação complexiva, não deve, sem mais, dispensar o seu cotejo com o clássico e puro critério jurídico da plurilocalização dos elementos relevantes do contrato, sendo certo que, muitas vezes, a aplicação de um e outro conduzirão, naturalmente, a resultados coincidentes; simplesmente o segundo deve ser dobrado (se assim podemos dizer) e superado pelo primeiro (que é seguramente também "jurídico" porque recebido pelo Direito). Essa dobragem e prevalência decisiva do critério dos interesses do comércio internacional permite, em nome de uma materialidade

---

execução de um contrato-quadro mais amplo entre o Estado X e a sociedade-mãe estrangeira, contrato-quadro que seria ele mesmo internacional segundo os critérios em causa, nomeadamente por implicar a proveniência estrangeira de mercadorias ou serviços ou a transferência de valores para além do Estado X. *Vide* ISABEL DE MAGALHÃES COLLAÇO, *Da compra e venda...*, I, cit., p. 86-87.

[62] LUÍS DE LIMA PINHEIRO, *Contrato de Empreendimento Comum...*, cit., p. 379.
[63] LUÍS DE LIMA PINHEIRO, *Contrato de empreendimento comum...*, cit., p. 381; *Idem, Direito aplicável ao mérito da causa na arbitragem transnacional*, cit., p 17-18 e ss.

subjacente, superar ou corrigir, como também vimos[64], os resultados deficientes a que, em alguns casos, conduziria a aplicação daquele puro e formal critério jurídico.

Depois, tem-se reconhecido que um puro critério jurídico, para o domínio aqui em causa, que é o domínio do comércio internacional, das operações comerciais internacionais, nem se afigurará menos incerto. Entendido nos termos expostos e para o âmbito que nos ocupa, o critério dos interesses do comércio internacional parece aliar, melhor do que qualquer outro, «o realismo e a flexibilidade, dentro de uma margem de incerteza tolerável»[65]. O que explicará a sua adopção por algumas legislações actuais relativas à arbitragem internacional[66].

IV. CONCLUSÃO

É altura de terminar.

Os contratos internacionais, no âmbito em que nos movemos aqui – do Direito do Comércio Internacional –, são os contratos *'comerciais' internacionais*, contratos que são o veículo de realização de operações económicas internacionais (relevando, pois, um sentido amplo de comércio).

---

[64] Permitindo considerar, para os efeitos do Direito do Comércio Internacional ou do Direito da Arbitragem Comercial Internacional, como não sendo um contrato internacional um contrato que, de outro modo, seria considerado como tal (*v.g.* um contrato oneroso plurilocalizado, mas celebrado entre não comerciantes, ou uma doação internacional) ou permitindo considerar como internacional um contrato que, de outro modo, seria considerado um contrato interno (caso do contrato aparentemente interno, mas internacional, enquanto integrado num contrato-quadro internacional e peça jurídica de execução de uma mesma operação económica internacional), *vide supra*, p. 187 e 188 (e nota 61).

[65] JEAN-MICHEL JACQUET, *Le contrat international*, cit, p. 12.

[66] *Vide* o art. 1492 do Novo Código de Processo Civil francês (formalmente, o Código resulta do Decreto n.° 75-1123, de 5 de Dezembro de 1975; contudo, foi o Decreto 81-500, de 12 de Maio de 1981, que instituiu as disposições do livro III e IV do Código, este justamente sobre a arbitragem) e o art. 32.° da Lei portuguesa relativa à arbitragem voluntária, acima referenciada (p. 173). Naturalmente que, para se aferir se uma arbitragem é internacional, por colocar em jogo interesses do comércio internacional, haverá que apurar se o contrato mesmo, de que resulte o litígio a arbitrar, afecta aqueles mesmos interesses, haverá que determinar, enfim, se o litígio em causa é atinente a um contrato (comercial) internacional.

Tais contratos, celebrados por entidades empresariais, de forma mais caracterizadora, entre entidades empresariais, são o veículo da iniciativa económica internacional, que se processa segundo um princípio de liberdade e de igualdade (em regra, através de entes privados ou agindo como tais): com isso ou nessa medida, pode dizer-se que o domínio dos contratos internacionais não é de Direito Público, mas de Direito Privado, ou que se trata de contratos 'privados', ainda que esta seja uma caracterização ou qualificação tendencial, não havendo de excluir-se do âmbito do comércio internacional os chamados 'contratos de Estado'.

Os contratos do comércio internacional são, por definição, contratos internacionais, mas nem todos os contratos internacionais (internacionais, porque plurilocalizados) são contratos do comércio internacional. Desde logo, os primeiros são celebrados entre empresas e são sempre onerosos – o que é uma óbvia inferência do domínio a que vão votados, o comércio internacional; os segundos podem não ser onerosos (como sucede com uma doação internacional) ou serem-no, mas celebrados entre entidades não empresariais.

A internacionalidade dos contratos internacionais constitui pressuposto de aplicação da lei competente, segundo a norma conflitual que esteja em causa, seja depois essa lei aplicável a designada pelas partes, segundo o princípio de autonomia da vontade, ou a resultante de outro elemento de conexão;

A sua internacionalidade – considerados os contratos comerciais internacionais – é ainda pressuposto da possibilidade de submissão dos respectivos litígios a arbitragem comercial internacional.

E afere-se tal internacionalidade por diversos critérios: estes serão os que em cada nível conflitual de regulação sejam estabelecidos (não podendo em qualquer caso reconhecer-se à autonomia da vontade, por si mesma, a força geradora de internacionalidade, aquela relevando, sim, na determinação da lei do contrato, como "electio" ou "professio juris", reconhecida como principal elemento de conexão na regulação conflitual dos contratos internacionais).

Perante a falta de critérios precisos, que atendam à materialidade subjacente e com aplicação válida para a multidão e diversidade dos contratos internacionais, o critério dos *interesses do comércio internacional*, vocacionado, naturalmente, para os contratos internacionais enquanto contratos do comércio internacional – de novo e também aqui ressalta a possibilidade de diferentes conceitos de contratos internacionais, consoante o sector e o nível de regulação visados –, permite, quando seja caso disso, uma nominação e uma ponderação complexiva dos elementos potencialmente relevantes em cada caso. *A transferência de valores entre fronteiras*, operada pelo respectivo contrato, pode valer como um índice de determinação da internacionalidade, em aplicação daquele critério, ou, noutra perspectiva, como um elemento mais naquela ponderação complexiva dos elementos determinantes da internacionalidade.

SOBRE O CRITÉRIO DA «LEI MAIS FAVORÁVEL» NAS NORMAS DE CONFLITOS

Eugénia Galvão Teles

Um dos principais contributos do Professor Marques Dos Santos foi demonstrar não ser o Direito Internacional Privado um «direito de sábios», alheio à realidade e preocupado apenas em obscuros problemas formais, mas sim um conjunto de princípios e regras que participam geralmente das preocupações políticas e sociais do seu tempo[1]. Por isso, pareceu-me ser o tema da «lei mais favorável» particularmente adequado para lembrar alguém graças a quem encontrei nas normas de conflitos um «lado de emoção» – que o caracterizou também sempre como pessoa.

1. Das normas de conflitos «materialmente neutras» às normas de conflitos «materialmente orientadas».

1. Na regulamentação das situações plurilocalizadas, o Direito Internacional Privado recorre, tipicamente, ao modelo das normas de conflitos de leis. Estas apresentam-se como regras remissivas de regulação indirecta, que não proporcionam a solução material da questão controversa, mas limitam-se a indicar a lei comeptente.

---

[1] "O sistema conflitual clássico puro é algo de mítico", "um sistema em grande parte irreal e desde sempre objecto das mais diversas adaptações e atenuações", *As Normas de Aplicação Imediata no Direito Internacional Privado. Esboço de uma Teoria Geral*, Coimbra, Almedina p. 42.

As normas de conflitos apresentam-se como normas de conexão, na medida em que, para determinar a lei aplicável, conectam a situação descrita na previsão com a lei aplicável. O critério fundamental pelo qual se opera a atribuição de competência é constituído pelo elemento de conexão. Destaca-se um dos elementos da categoria delimitada na previsão, ao qual é adjudicado, mercê do seu especial significado, o papel de indicar a lei a que se vai atribuir competência. A situação jurídica é assim como que «situada» em determinado «espaço» normativo, a cujas normas materiais se vai pedir o regime do caso concreto.

Em razão deste processo próprio de regulamentação das situações internacionais surge, associada à figura da norma de conflitos, a ideia de «localização»[2]. Subjacente à escolha da conexão encontra-se o princípio da "maior proximidade"[3] ou da "conexão mais estreita"[4]. Na formulação de qualquer norma de conflitos deve, em princípio, identificar-se a conexão que traduz a competência do ordenamento jurídico com o qual a situação, objecto da previsão, apresenta uma ligação mais estreita[6].

---

[2] FERRER CORREIA *Direito Internacional Privado. Alguns problemas*, 1981, pp. 23-24.

[3] LAGARDE, «Le principe de proximité dans le droit international privé contemporain. Cours général de droit international privé», RCADI, 1986-I, p. 9 – em particular, p. 26 ss.

[4] A referência à conexão mais estreita aparece no topo de qualquer lista de princípios orientadores da escolha das conexões. Neste sentido, vejam-se, entre outros, na doutrina portuguesa: BAPTISTA MACHADO, *Âmbito de eficácia e âmbito de competência das leis*, Coimbra, Almedina, 1970, p. 181 ss; MARQUES DOS SANTOS, *As Normas de Aplicação Imediata*, pp. 397 ss e pp. 475 ss; MOURA RAMOS, *Da Lei Aplicável ao Contrato de Trabalho Internacional*, 1991, p. 83 ss e nota 12, p. 224; LIMA PINHEIRO, *Direito Internacional Privado. Introdução e Direito de Conflitos. Parte Geral*, vol. I, Coimbra, Almedina, 2001, p. 242 ss. Chama-se, no entanto, a atenção para o facto de esta ideia de «localização» não nos parecer constituir uma característica necessária da figura das normas de conflitos. Não obstante o facto de nem todas as normas de conflitos procederem a uma «localização» das situações internacionais, esta continua a ser uma linha dominante em grande parte das normas de conflitos – sendo esse o modelo aqui considerado como contraponto ao modelo das normas de conflitos materialmente orientadas.

[6] Particularmente expressivo, § 1 da lei de Direito Internacional Privado austríaca, expressamente intitulado "Princípio da conexão mais estreita" e, por via negativa, os artigos 15.º da lei de Direito Internacional Privado suíça e 3082.º do Código Civil do Quebeque, que introduzem uma cláusula geral de excepção. Também o *Second Restatement* norte-americano – § 6 – consagra o princípio geral da competência da lei do Estado da "relação mais significativa". Na sistemática do *Second Restatement*, o § 6 corresponde ao conjunto de princípios gerais que guiam toda a determinação do Direito aplicável, sendo que muitas normas de conflitos específicas lhe fazem remissão. Note-se, no entanto, que a noção de "relação mais significativa" do *Second Restatement* não coincide totalmente

Tradicionalmente, a concepção da norma de conflitos centrada numa localização das situações plurilocalizadas e na justiça própria do Direito de conflitos é desenvolvida no corolário da sua – forçosa – neutralidade material: é a melhor conexão que funda a competência da lei aplicável; o conteúdo material dessa lei e a solução substantiva do caso concreto é indiferente no processo de atribuição de competência[7]. Esta característica da «neutralidade material» de conflitos clássica[8] é referida pela generalidade da doutrina, tanto em tom crítico[9], como quando defende a sua permanência como o modelo mais ou menos dominante de regulamentação das relações privadas internacionais.

---

com a regra da "conexão mais estreita" dos sistemas europeus. Enquanto esta se inspira claramente na procura clássica do "centro de gravidade" ou "sede" da relação plurilocalizada, o § 6 do *Second Restatement* integra também, na determinação da "lei da *most significant relationship*", outros critérios, desconhecidos dos sistemas europeus, em particular, a intervenção da *governmental interest analysis* ou *functional approach*.

[7] A identificação da lei competente "nada tem a ver com o conteúdo da lei, com a justiça maior ou menor dos seus preceitos, pois decorre tão só da relação que a prende à situação a regular", FERRER CORREIA, *Alguns Problemas*, p. 23.

[8] É interessante notar que esta característica da «neutralidade material» é partilhada por alguns autores norte-americanos que defendem uma abordagem unilateralista do processo de determinação da lei aplicável. Em particular, CURRIE recusa geralmente que a qualidade relativa das normas materiais em presença seja um factor a considerar na opção por uma das normas em presença, opondo-se expressamente à *better law approach* – *Selected Essays on the Conflict of Laws*, Durham N.C., Duke University Press, 1963, pp. 104-106 e p. 154 nota 82. No mesmo sentido, em relação à generalidade das soluções unilateralistas nos Estados Unidos da América: SHREVE, "Choice of Law and the Forgiving Constitution", [http://www.law.indiana.edu/ilj/v71/no2/shreve.html] refere que o unilateralismo "shares with multilateralism the idea that choice of law should search for the appropriate sovereign (law source) rather than for the best law".

[9] É clássica a descrição da norma de conflitos por CURRIE como "an empty and bloodless thing (...), an odd creature among laws. It never tells what the result will be, but only where to look to find the result" – *Selected Essays*, p. 52 e p. 170. Mais recentemente, veja-se a descrição crítica da justiça própria do Direito dos Conflitos por JUENGER: "Concepts like conflicts justice and governmental interests are but verbal justifications for approaches premised on a preconceived notion, namely that judges should adjudicate multistate disputes in a rarefied atmosphere unpolluted by ordinary human concerns" – "General Course on Private International Law", RCADI, 1983, p. 170, p. 190 e pp. 293-294. Também autores europeus menos radicais no seu ataque ao sistema conflitual chamam a atenção para algum excesso de «formalismo» do modelo tradicional das normas de conflitos: AUDIT, "Le caractère fonctionnel de la règle de conflit (sur la «crise» des conflits de lois)" RCADI, 1984-III, pp. 223-397, p. 272; BUCHER. "L'ordre public et le but social des lois en droit international privé, RCADI, 1993-II, p. 63.

2. A concepção unitária de uma norma de conflitos materialmente neutra é contrariada pela constatação da existência de normas de conflitos que confessam abertamente a sua intenção em fazer intervir critérios de direito material no processo de determinação da lei competente[10] – designadas como "normas de conflitos de conexão substantiva[11] ou material"[12], "regras de conflitos de conteúdo material[13] ou substantivo"[14], "normas de conflitos materialmente orientadas"[15], "normas de conflitos orientadas pelo resultado"[16] ou "normas de conflitos «à coloration matérielle»"[17].

O denominador comum desta categoria de normas, que apresenta por outro lado uma grande heterogeneidade, consiste na selecção da lei competente em função de um resultado de Direito material. Enuncia-se, de forma mais ou menos precisa, um critério material de selecção da lei competente[18], que implica a substituição da análise do significado das conexões por um método baseado no direito comparado[19], em particular na

---

[10] "La recherche de la justice matérielle, dont l'influence n'est perçue que de manière médiate ou atténuée dans la méthode classique, préside ici ouvertement et principalement à la désignation de la loi applicable", LECLERC, F., *La protection de la partie faible dans les contrats internationaux (Étude de conflits de lois)*, 1995, Bruxelas, Bruylant, pp. 444-445.

[11] BUCHER, "Sur les règles de rattachement à caractère substantiel", in *Liber Amicorum A.F. Schnitzer*, Genève, Georg, 1979, pp. 37 ss; PATOCCHI, *Règles de rattachement localisatrices et règles de rattachement à caractère substantiel*.

[12] MOURA RAMOS, "Contratos internacionais e protecção da parte mais fraca no sistema jurídico português", *Contratos: Actualidade e Evolução*, Porto, 1997, pp. 331-357; normas "de selecção da ordem jurídica aplicável ... informada(s) por uma conexão de natureza material" – *Contrato de Trabalho*, p. 368.

[13] LAGARDE, "Le principe de proximité", pp. 56-60, que fala também em regras de conflitos com finalidades materiais, p. 48.

[14] MARQUES DOS SANTOS, *Normas de aplicação imediata*, p. 593.

[15] LIMA PINHEIRO, *Parte Geral*, p. 38.

[16] "règles alternatives dont l'objectif est un certain résultat matériel", JAYME, «Identité culturelle», p. 46; "result-oriented rules",
SCHOLES & HAY, *Conflict of Laws*, 3.ª edição, St.Paul/Minnesota, Westbrook, 2000, pp. 57-58.

[17] VISCHER, "General course on private international law", RCADI, 1992-I, p. 114.

[18] PATOCCHI, *Règles de rattachement*, p. 243; MAGALHÃES COLLAÇO, *Da compra e venda em Direito Internacional Privado*, Lisboa, 1954, p. 21 nota 4; "Le caractère commun à toutes ces règles de conflit est qu'elles incorporent dans leur énoncé un présupposé de droit matériel", LAGARDE, "Le principe de proximité", p. 57

[19] "there is no need for private international law, but for comparative law.", KEGEL, "Private International Law: Fundamental Approaches" in IECL, vol. III, Haia/Tübingen, Mohr (Siebeck), 1986, p. 44; BRITO, *A representação em direito internacional privado*.

fase final do processo de determinação da lei competente. Na designação da lei competente é decisivo o teor da lei designada, não a sua posição espacial relativamente à situação plurilocalizada – donde a expressão de norma de conflitos de "conexão substantiva ou material".

Não obstante as suas características próprias, as normas de conflitos ditas de "conexão substantiva" participam da natureza remissiva das normas de conflitos: não trazem em si mesmas a solução material da questão, à qual se continua a chegar por intermédio da atribuição de competência a determinado ordenamento jurídico[21]. São também, na sua maioria, normas de conexão, no sentido de que atribuem competência a uma das ordens jurídicas conectadas com a situação, mesmo se a conexão decisiva é determinada a partir do conteúdo das leis em presença e não – ou não exclusivamente – em função do seu significado e adequação «espacial».

Apesar da intervenção de critérios materiais na determinação da lei competente, não se assiste, em geral, a uma completa exclusão da consideração das conexões apresentadas pela situação. Com efeito, previamente à intervenção do critério material, é necessário delimitar o círculo de leis susceptíveis de ser atendidas, com base nas suas conexões com a situação plurilocalizada[22]. Os elementos de conexão desempenham deste modo uma função preliminar: estabelecem e delimitam[23] o círculo de leis no interior do qual vai operar o critério material de selecção[24]. Mercê a intervenção prévia destes juízos conflituais, o Direito aplicado apresenta, em princípio[25], uma conexão com a situação. A generalidade das normas de

---

Um contributo para o estudo do princípio da coerência em direito internacional privado, Coimbra, Almedina, 1999, p. 48.

[21] O que as distingue das normas de Direito Internacional Privado material. A realização da solução material pretendida pela norma de conflitos de conexão substantiva encontra-se como que "indeterminada" até à averiguação da lei competente.

[22] Ao "traçar, relativamente a cada matéria ou sector jurídico, o círculo das leis «interessadas»", utilizam-se os " mesmos critérios de conexão e de "localização" espacial que a doutrina clássica preconiza", FERRER CORREIA, *Alguns Problemas*, p. 18.

[23] De forma mais ou menos rígida e em termos mais ou menos extensos.

[24] PATOCCHI, *Règles de rattachement*, p. 251. A localização da situação é como que "abandonada a meio caminho" – KEGEL, "Private International Law: Fundamental Approaches" in IECL, vol. III, Haia/Tübingen, Mohr (Siebeck), 1986, p. 49.

[25] Com excepção da remissão para "direito mais apropriado ao litígio". De facto, a introdução de considerações materiais no processo de selecção do Direito aplicável é aqui acompanhada de uma potencial dispensa de qualquer ideia de «conexão»: MOURA RAMOS, *Contrato de trabalho*, 1991, p. 387 nota 31; MARQUES DOS SANTOS, *Normas de aplicação*,

conflitos de conexão substantiva apresenta assim uma natureza mista, onde a avaliação dos pontos de contacto apresentados pela situação plurilocalizada se imbrica com a promoção da solução material considerada desejável[26].

Nesta perspectiva, as normas de conflitos materialmente orientadas chamam a atenção para a existência de uma «graduação» na «localização» das situações internacionais. Tipicamente, é competente a lei da «conexão mais estreita», mas, apresentando uma situação internacional, por natureza, laços com vários Estados, a ligação que funda a conexão não é a única[27]. As normas de conflitos podem em consequência substi-

---

1991, p. 687 ss, nota 2256; LIMA PINHEIRO, *Parte Especial*, p. 332 nota 683 *in fine* e *Parte Geral*, p. 37.

Já no caso da cláusula geral da *better law*, desenvolvida em particular pela doutrina e jurisprudência norte-americana, mantêm-se os juízos conflituais prévios à actuação do critério material, mesmo se implícitos: neste sentido, SCHOLES & HAY – *Conflict of Laws*, pp. 728-730 – notam que a jurisprudência norte-americana, quando aplica a *better rule of law* – em particular em matéria de responsabilidade extracontratual – tem frequentemente em conta a presença de uma conexão entre a «melhor» lei considerada e a situação plurilocalizada, citando nesse sentido a decisão *Clarck v. Clarck* – 107 N.H. 351, 222 A.2d 205 (1966) –, e criticam as decisões em que não houve esse cuidado.

[26] PATOCCHI apelida-as de "método misto" – *Règles de rattachement*, p. 262 – e nota que "la distinction catégorique entre les intérêts matériels et les intérêts conflictuels ne peut être mise en oeuvre dans l'analyse de certaines règles, en raison de l'interpénétration de ces intérêts", p. 217; no mesmo sentido, FERRY fala em "normas mistas" – *La validité des contrats en droit international privé, France/USA*, Paris, LGDJ, 1989, p. 14; LAGARDE alude à concorrência nas "regras de conflitos com finalidades materiais" do princípio da "proximidade" com outros princípios de cariz material – "Le principe de proximité", pp. 49-65; para LIMA PINHEIRO, o "conteúdo valorativo" das "normas de conflitos materialmente orientadas" "combina elementos de justiça da conexão e de justiça material", *Parte Geral*, p. 39; MOURA RAMOS refere-se a uma "combinação" na selecção da lei competente do princípio da conexão mais estreita com preocupações de justiça material – *Contrato de Trabalho*, pp. 368-372.

[27] A própria noção de «conexão mais estreita» implica esta constatação: se existe uma «conexão mais estreita», é porque existem outras «conexões», também eventualmente significativas. Esta ideia da existência de «conexões significativas» que não constituem a «conexão mais estreita» tem sido particularmente importante no quadro do estudo das chamadas normas de aplicação necessária, nomeadamente na afirmação da não exclusividade da *lex causae*. É aqui paradigmática a referência no artigo 7.º n.º 1 da Convenção de Roma, relativo ao reconhecimento das normas imperativas de uma "terceira lei", à necessária verificação de uma «conexão estreita» entre o Direito de que consta a norma imperativa e o contrato – por contraposição à competência, nos termos do artigo 4.º, da lei da «conexão mais estreita».

tuir o princípio da conexão mais estreita pela noção de «conexão suficiente»[28] e fazer intervir outros elementos – em particular, critérios de Direito material – para fundar a atribuição de competência a determinada ordem jurídica.

As normas de conflitos materialmente orientadas mantêm-se, pelo menos aparentemente[29], fiéis à ideia, muitas vezes associada às normas de conflitos multilaterais, da tendencial igualdade das leis ou do "foro neutro": atribui-se competência a uma das leis envolvidas – aquela que realizar melhor o resultado pretendido –, independentemente de se tratar da *lex fori* ou de uma lei estrangeira. De certa forma, o legislador do foro aceita que a sua solução material não é necessariamente a melhor, podendo sobrepor-se-lhe uma lei estrangeira. O critério material de selecção é um critério em si mesmo "vazio", que é preenchido pelas leis designadas pelos elementos de conexão[30].

A figura das normas de conexão material implica uma rejeição da tradicional "indiferença" da norma de conflitos face ao conteúdo das leis em presença. Porque o seu funcionamento implica a consideração, avaliação e comparação do conteúdo das leis em presença, está-se em presença de um modelo diferente do esquema predominante da procura da "sede" ou "centro de gravidade" da relação plurilocalizada. Desaparece o imperativo da neutralidade da norma de conflitos: a justiça material influencia directamente a atribuição de competência; a valoração das soluções substantivas é colocada na linha da frente do processo de selecção da lei aplicável[31]. Face ao fenómeno das normas de conflitos de conexão substantiva,

---

[28] É aqui particularmente interessante a formulação pela negativa da decisão norte-americana *Clarck v. Clarck* acima citada – 107 N.H. 351, 222 A.2d 205 (1966): "a court apply the law of no state which does not have a substantial connection with the total facts, and the particular issue being litigated" (p. 208).

[29] Todos os processos de determinação da lei competente em função do resultado, e, nomeadamente, as normas de conflitos «materialmente orientadas» – se bem que em menor medida – são com frequência criticados por representarem uma porta aberta ao *lex forismo*: há uma quase irresistível tentação dos tribunais para considerar a sua solução como a «melhor».

[30] Note-se que tal já não é o caso quando se utiliza o critério da "lei mais favorável" em normas unilaterais, normalmente de aplicação necessária.

[31] Enquanto tais representam uma resposta às críticas ao "vazio valorativo" do Direito Internacional Privado. Neste sentido, Scholes & Hay analisam a introdução de "result-oriented rules" nos sistemas europeus como um factor decisivo para a sua aproximação ao sistema norte-americano – *Conflict of Laws*, pp. 57-58; Juenger – "General Course on Private International Law", RCADI, 1985-VI, p. 289 – considera as normas de

a "neutralidade" da norma de conflitos revela-se, não como uma característica inerente do processo conflitual, mas como uma opção voluntária do legislador, que entende ser esta a solução mais adequada, à luz dos princípios fundamentais do Direito Internacional Privado.

Mas esta opção não é necessária. Uma norma de conflitos multilateral pode incorporar um critério material de selecção da lei competente[33]. Este critério pode ser indicado de forma mais ou menos precisa: é possível encontrar soluções que balizam de forma restritiva a intervenção das considerações materiais, definindo com precisão o resultado material pretendido[34] e, no extremo oposto, remissões gerais para a competência da "melhor lei"[35] ou para a aplicação do "direito mais apropriado ao litígio"[36]. Entre estes dois pólos, assiste-se à utilização de fórmulas intermédias, nomeadamente a referência à «lei mais favorável».

---

conflitos de conexão substantiva como uma forma de passagem das técnicas de localização clássicas para soluções baseadas na escolha da lei em função do resultado – solução que entende ser geralmente preferível.

[33] "même en retenant la bilatéralité comme hypothèse de travail, ...il ne s'ensuit (pas) le principe de la neutralité matérielle de la règle de rattachement ... recherche de la loi applicable et localisation ne sont plus synonymes", PATOCCHI, *Règles de rattachement*, p. 257; MARQUES DOS SANTOS refere que se trata de «autênticas normas de conflitos de leis ... revestidas de uma intenção de justiça material», *Normas de aplicação imediata*, p. 100, nota 331. No mesmo sentido, MOURA RAMOS, *Contrato de trabalho*, p. 248 e pp. 361-372.

[34] Estabelecendo-se a competência da lei que favorece a validade, formal e/ou material, dos negócios jurídicos, a manutenção ou a dissolução do vínculo matrimonial, o estabelecimento da filiação e a legitimação, a obtenção de alimentos.

[35] A teoria da competência da "melhor lei", ou *better law approach*, foi sobretudo desenvolvida no Direito Internacional Privado norte-americano, onde encontra particular recepção na doutrina e alguma consagração pela jurisprudência, em particular, em matéria de contratos e de responsabilidade extracontratual. Fora dos Estados Unidos da América, assiste-se tipicamente a uma intervenção mais canalizada ou restrita da ideia, concretizada em normas de selecção da lei aplicável que especificam qual o sentido da "melhor lei" em relação a uma categoria determinada de situações. Para um autor europeu que defende a consagração de uma cláusula geral de referência à "melhor lei", como forma de promover a dimensão social do Direito internacional privado: ZWEIGERT, *Some Reflections on the Sociological Dimensions of Private International Law or What Justice in the Conflict of Laws*, University of Colorado Law Review, 1973 –, embora apenas como critério subsidiário – p. 444 e p. 447 ss.

[36] O critério do "direito mais apropriado ao litígio" encontra-se fundamentalmente consagrado pelas normas que tratam da determinação do Direito aplicável ao mérito da causa em matéria de arbitragem internacional. Para uma norma aplicável nos tribunais estaduais que utiliza este critério, veja-se o artigo 25 do Código Civil grego de 1940, que estabelece a competência do "Direito mais apropriado ao contrato, segundo o conjunto das circunstâncias particulares".

2. As normas de conflitos que utilizam o critério da lei mais favorável na determinação da lei competente.

3. No Direito positivo, inclusive vigente em Portugal, é possível encontrar o critério da lei mais favorável em várias normas de conflitos. Numa tentativa de classificar estas normas, vamos procurar agrupá-las consoante o tipo de matérias em causa, identificando uma série de áreas mais permeáveis a uma «abordagem substancialista» do processo de determinação da lei competente. Os vários sectores identificados representam áreas do Direito, tanto material como de conflitos, onde tem particular incidência a ideia de protecção de um sujeito em situação de especial fragilidade. Revela-se assim uma afinidade patente entre a introdução do critério da lei mais favorável nas normas de conflitos e o objectivo de protecção de categorias de pessoas consideradas particularmente vulneráveis[37].

4. No âmbito do estatuto pessoal e das relações de família, a intervenção do critério da lei mais favorável verifica-se no domínio da protecção dos incapazes, nomeadamente menores[38], no regime das obrigações alimentares[39] e em matéria de filiação[40].[41]

---

[37] Referindo a ligação entre o princípio da protecção da parte mais fraca e a utilização do critério da lei mais favorável no processo de determinação da lei competente: POCAR, "La protection de la partie faible en droit international privé, RCADI, 1984-V, pp. 343 ss, em particular, pp. 400-408; MOURA RAMOS, "La protection de la partie contractuelle la plus faible en droit international privé portugais", *Droit International et Droit Communautaire, Actes du Colloque, Paris 5 et 6 avril 1990*, Paris, Gulbenkian, 1991, pp. 100-105; "Contratos internacionais e protecção da parte mais fraca no sistema jurídico português", *Contratos: Actualidade e Evolução*, Porto, 1997, pp. 331-357; *Contrato de trabalho*, pp. 368-369 e pp. 735-737; PATOCCHI, *Règles de rattachement*, pp. 149-150 e pp. 193-194 e LECLERC, F., *La protection de la partie faible*, em particular, pp. 95 ss.

[38] Neste sentido, a Convenção da Haia de 1902 para regular a tutela de menores, em vigor em Portugal, – cujos artigos 1.º, 2.º e 3.º estabelecem que tutela dos menores é em princípio regulada pela lei da nacionalidade do menor, mas que a tutela do menor com residência habitual no estrangeiro poderá ser estabelecida e exercida segundo essa lei se não for ou não puder ser constituída segundo a lei da nacionalidade – e a Convenção da Haia de 1961 relativa à competência das autoridades e à lei aplicável em matéria de protecção dos menores, em vigor em Portugal, – onde se estabelece a competência das autoridades da residência habitual e a aplicação da lei da residência habitual para decretar medidas de protecção (artigos 1.º e 2.º), mas também a possibilidade de as autoridades do Estado da nacionalidade do menor decretarem medidas de protecção segundo o seu Direito material, se considerarem que o interesse do menor assim o exige (artigo 4.º

A técnica das normas de conflitos complexas, que se referem a uma pluralidade de leis potencialmente aplicáveis e estabelecem a competência

n.° 1). Veja-se também a Convenção da Haia de 1996 sobre a competência, a lei aplicável, o reconhecimento, a execução e a cooperação em matéria de responsabilidade parental e medidas de protecção dos menores, internacionalmente em vigor, mas não ratificada por Portugal – MOURA RAMOS, "A protecção das crianças no plano internacional. As novas normas convencionais da Haia aplicáveis à protecção das crianças em situações da vida jurídico-privada internacional", *Infância e Juventude*, 1998-II, pp. 9-38.

39 Em matéria de prestações alimentares, as Convenções da Haia, orientadas pelo *favor creditoris*, estabelecem uma hierarquia de conexões, dando-se o afastamento da lei primariamente competente quando essa lei não permita ao credor obter alimentos do devedor. Assim, na Convenção de 1956, depois de se estabelecer no artigo 1.° a competência em matéria de prestação de alimentos a menores da lei da sua residência habitual, permite-se no artigo 3.° o recurso às normas de conflitos do foro se essa lei recusar ao menor qualquer direito de obter uma prestação de alimentos. Na convenção de 1973, estabelece-se uma "cascata" de conexões – lei da residência habitual do credor de alimentos, lei da nacionalidade comum do credor e do devedor e lei do foro –, sendo que a intervenção das conexões subsequentes depende de a lei referida anteriormente não permitir a obtenção de alimentos pelo credor. Note-se que, nos termos do artigo 11.° desta última Convenção, é aberta a possibilidade de, através do Direito Internacional Privado, se vir corrigir ou alterar o Direito material competente, determinando-se que, mesmo que a *lex causae* não o estabeleça, as necessidades do credor e as possibilidades do devedor devem ser tomadas em consideração. Também estabelecem conexões alternativas favoráveis ao credor de alimentos o artigo 18.° da Lei de introdução ao C.C. alemão (EGBGB), 3094.° do C.C. do Quebeque, 9.° (7) do C.C. espanhol e 311-18 C.C. francês. Enunciando uma clara referência à lei mais favorável, o artigo 9 (3) 2 da Lei uniforme do Benelux estabelece que "l'obligation alimentaire du père ou de la mère à l'égard de l'enfant naturel est déterminée par la loi nationale soit de l'enfant, soit de l'auteur, selon que celle-ci ou celle-là est plus favorable à l'enfant".

40 A utilização de conexões alternativas que favoreçam o estabelecimento da filiação e da legitimação aparece como uma tendência generalizada das legislações de Direito Internacional Privado modernas, com a referência expressa, em alguns casos, à noção da lei mais favorável. Neste sentido, vejam-se os §§ 21 e 22 lei de Direito Internacional Privado austríaca; o artigo 19.° da Lei de introdução ao C.C. alemão (EGBGB); os artigos 33.° a 35.° e artigo 38.° n.° 1 da lei italiana de Direito Internacional Privado de 1995; o artigo 69.° n.° 2 e os artigos 72.°, 73.° e 74.° da lei de Direito Internacional Privado suíça; o artigo 3091 do C.C. do Quebeque; o artigo 2083 do C.C. do Peru; o artigo 28 da lei de Direito Internacional Privado romena de 1992 e o artigo 311-16 alínea 1 do C.C. francês – assinalando, em relação esta disposição, que o legislador "visa indubitavelmente prosseguir o resultado de direito material ... *favor legitimationis*", MARQUES DOS SANTOS, *Normas de aplicação*, pp. 99-100.

41 A utilização do critério da lei mais favorável está aqui ligada à configuração de um quadro normativo, tanto material como conflitual, globalmente protector da situação das crianças. No mesmo sentido, se bem que no quadro de uma técnica de determinação da lei competente diversa, veja-se o artigo 3519 da lei de Direito Internacional Privado da

do Direito material mais favorável a determinada pessoa, conhece particular desenvolvimento no domínio do Direito da família quando estão em causa os interesses das crianças, filhos e menores. Esta solução é claramente influenciada pela especial fragilidade destas categorias de sujeitos e consequente necessidade de se atender à sua protecção. Estabelece-se a competência da lei, de entre as várias leis envolvidas, cujas normas materiais garantem uma protecção mais adequada ao menor, reconhecem o direito a uma prestação ao credor de alimentos – ou estabelecem esse direito em termos mais favoráveis –, e favorecem o reconhecimento ou legitimação dos filhos nascidos fora do casamento.

4. O critério da lei mais favorável também tem tido recepção em matéria de responsabilidade extracontratual, com a competência da lei cujo Direito material favorece o ressarcimento mais completo possível dos danos sofridos[43].

Neste domínio, a alternativa mais característica é entre a lei do lugar do facto ou delito e a lei do lugar do dano. Neste sentido, o artigo 45.º do C.C. português[44] integra uma norma de conflitos alternativa orientada pelo favorecimento do lesado: não havendo responsabilidade nos termos da lei do lugar do facto, o tribunal pode, sob certas condições[45], recorrer à lei do lugar do dano para responsabilizar o agente[46].

Luisiana de 1991, onde se estabelece a necessária consideração das "policies ... of protecting children, minors, ... and of preserving family values and stability" na aplicação da *governmental interest analysis* para determinar a lei competente em matéria de "estatuto das pessoas singulares".

[43] O favorecimento do lesado como critério orientador da selecção do regime material aplicável em matéria de responsabilidade extracontratual tem conhecido particular desenvolvimento nos Estados Unidos da América. É, aliás, nesta matéria que são mais frequentes os apelos à intervenção do critério, mais geral, da *better rule of law*.

[44] Nos n.ºs 1 e 2. É possível encontrar uma regra idêntica no artigo 2097 C.C. do Peru.

[45] Relacionadas com a previsibilidade da intervenção desta lei para o agente: "desde que o agente devesse prever a produção de um dano, naquele país, em consequência do seu acto ou omissão".

[46] Esta solução lembra as normas de conflitos acima referidas em matéria de obrigações alimentares, em particular da Convenção de Haia de 1973, na medida em que é condição de intervenção da segunda lei o não reconhecimento pela primeira lei de uma situação de responsabilidade. Ou seja, não há um favor ao lesado referido a um nível máximo de ressarcimento, mas referido apenas aos casos em que a lei do lugar do facto não considera o agente responsável. No sentido de que a norma de conflitos contida nos n.ºs 1 e 2 do artigo 45 "representa uma conjugação do critério do lugar do delito ... com

É possível encontrar soluções alternativas mais extensas em vários sistemas. Em alguns casos, cabe ao tribunal determinar a lei mais favorável[47], sendo no entanto mais comum a consagração de uma conexão optativa, pertencendo ao lesado a selecção da lei competente. Apesar de não se referir expressamente o critério da lei mais favorável, este está subjacente a tais disposições, na medida em que o conteúdo das leis em presença é considerado por intermédio do próprio lesado, que procede à concretização do favorecimento à luz dos seus interesses concretos e subjectivos. Esta é a solução consagrada pelo artigo 62.° n.°1 da lei de Direito Internacional Privado italiana que permite ao lesado optar pela aplicação da lei do lugar do dano em vez da lei, em princípio competente, do lugar do delito. Na Alemanha, a aplicação da lei mais favorável ao lesado – o chamado *Gunstigkeitsprinzip* –, com origem na jurisprudência, foi consagrada pelo legislador na revisão da lei de Direito Internacional Privado de 1999, estabelecendo o actual artigo 40.° a possibilidade de o lesado substituir a competência de princípio da lei do lugar do facto pela aplicação da lei do lugar do dano.[49]

Mesmo quando se recusa uma abordagem substancialista orientada pelo favorecimento do lesado para responsabilidade extracontratual em

---

o critério do lugar dos efeitos ... feita segundo uma ideia de alternatividade, de aplicação da lei mais favorável ao lesado", apesar de não ser, contudo, uma "pura conexão alternativa", LIMA PINHEIRO, *Parte Especial*, pp. 245-246.

[47] Esta parece ser a solução do artigo 32.° da lei de Direito Internacional Privado húngara de 1979. BERNASCONI cita ainda uma decisão do Supremo Tribunal chinês onde este teria estabelecido que "the law of the place of the tort encompasses the law of the place of commission of the wrongful act and the law of the place where the damage occurs. In case these two places are different, the court has the right to choose one of them – "Civil liability resulting from transfrontier environmental damage: A case for the Hague Conference?", *Preliminary Document No. 8 of April 2000 for the attention of the Special Commission of May 2000 on general affairs and policy of the Conference* – http://hcch.e-vision.nl/upload/wop/gen_pd8e.pdf., p. 33.

[49] Soluções próximas podem ser encontradas no artigo 15.° da lei de Direito Internacional Privado de 1963 da antiga Checoslováquia, que se mantém em vigor na República Checa e na Eslováquia; no artigo 28.° da lei de Direito Internacional Privado da antiga Jugoslávia de 1982; no artigo 164.° da lei de 1994 da Estónia – tradução inglesa: IPRax, 1996, pp. 439-442 –; no Código de Direito Internacional Privado da Tunísia de 1998 – texto francês: RCDIP 1999, pp. 382-391 – e no artigo 32.° da lei de Direito Internacional Privado de 1999 da Venezuela – PARRA-ARANGUREN, "La loi vénézuélienne de 1998 sur le droit international privé", RCDIP 1999, pp. 209-226.

geral[50], reconhece-se frequentemente a sua intervenção limitada a categorias restritas de responsabilidade extracontratual[51]. A matéria da responsabilidade do produtor tem-se revelado como uma área particularmente receptiva à intervenção do princípio da competência da lei mais favorável ao lesado. Neste domínio, o objectivo de favorecimento do lesado passa, amiúde, pela consagração de uma norma de conflitos alternativa – que se refere tipicamente à lei do país do estabelecimento comercial do produtor e do lei lugar de aquisição do produto[52] –, a que se associa uma conexão optativa[53].[55]

---

[50] Como parece que vai acontecer no contexto da regulamentação desta matéria pela União Europeia. Neste sentido, vejam-se as soluções consagradas na Proposta de Regulamento do Parlamento Europeu e do Conselho sobre a lei aplicável às obrigações extracontratuais (Roma II) – Bruxelas, 22.7.2003. COM(2003) 427 final. 2003/0168 (COD). No sentido da aprovação da exclusão do princípio da lei mais favorável, veja-se o Comentário ao Anteprojecto pelo *Hamburg Group for Private International Law*.

[51] A propósito do anteprojecto Roma II, o GEDIP nota que "(l)a prise en considération de valeurs matérielles soulève la question de la place qu'il convient de reconnaître à une politique de faveur à la victime. Le texte proposé tend à prendre en compte de telles valeurs dans le contexte de délits spéciaux plutôt que dans celui de la règle générale de rattachement".

[52] Esta é a opção típica constante das disposições abaixo referidas, com excepção da lei de Direito Internacional Privado romena onde a opção é entre a lei do país da residência habitual do lesado e lei do lei lugar de aquisição do produto. Note-se que, em geral, a lei do lugar de aquisição do produto corresponderá também ao domicílio ou residência habitual do lesado. O projecto de lei de Direito Internacional Privado argentino estabelece um leque de leis mais alargado, na medida em que o lesado pode optar também pela lei competente nos termos das regras gerais – artigo 1611.º

[53] Esta é a solução do artigo 135.º da lei de Direito Internacional Privado suíça, 63.º da lei de Direito Internacional Privado italiana de 1995, 3128.º do C.C. do Quebeque, 114.º da lei de Direito Internacional Privado romena de 1992 e 1614.º do projecto de lei de Direito Internacional Privado argentino. A generalidade destas disposições – com excepção do C.C. do Quebeque – preocupam-se com a previsibilidade para o produtor da intervenção da lei do lugar de aquisição do produto, estabelecendo condições de aplicabilidade desta lei geralmente relacionadas com o "consentimento" do produtor à "comercialização" dos produtos.

A Convenção de Haia de 02.10.1973 sobre a lei aplicável em matéria de responsabilidade do produtor estabelece, no seu artigo 6.º, uma conexão optativa limitada: só há lugar à opção do lesado quando não estejam preenchidas as condições de aplicação das leis designadas nos termos dos artigos 4.º e 5.º da mesma Convenção; neste caso, é aplicável a lei do Estado onde se situa o principal estabelecimento produtor, podendo no entanto o lesado invocar a lei do Estado em cujo território o dano ocorreu – com intervenção, também aqui, de uma condição de aplicabilidade relacionada com a previsibilidade para o produtor – artigo 7.º.

Os danos ao ambiente[56] aparecem como uma outra área da responsabilidade extracontratual em que se depara com a invocação do princípio da lei mais favorável[57]. A alternativa típica é aqui entre a lei do lugar de produção do dano ambiental e a lei do lugar do facto que gera esse dano. Quanto à concretização da lei mais favorável, esta pode ser remetida para o tribunal[58] ou para uma opção do lesado – sendo esta a solução do artigo 7.º da proposta de Regulamento Roma II[59-60]. Os trabalhos da Convenção

---

[55] Em geral, a potencial dispersão dos elementos de conexão relevantes no domínio da responsabilidade do produtor resulta na consagração de regras que requerem a conjugação de vários elementos num mesmo país para que essa lei seja aplicável. Vejam-se os artigos 4.º e 5.º da Convenção de Haia de 1973 e o artigo 3545 da lei de Direito Internacional Privado da Luisiana, que utilizam uma técnica de «concentração de contactos» semelhante, com a diferença de partirem perspectivas diferentes – bilateral e unilateral. Em geral, as normas de conflitos em matéria de responsabilidade do produtor que não consagram processos de escolha da lei em função do resultado procuram integrar o vector da protecção da situação do lesado na consagração de conexões, em princípio, mais favoráveis aos interesses e expectativas do lesado – remetendo para a lei da residência habitual do lesado, do lugar de aquisição do produto e do lei do lugar de produção do dano – o que nos aproxima da ideia de protecção pela atribuição de competência da lei do «meio ambiente», *home law* ou *Umweltrecht* da parte mais fraca. Esta ideia é particularmente visível na solução do artigo 4.º da proposta de Regulamento Roma II, com a referência à competência de princípio da lei da residência habitual do lesado.

[56] Sobre esta matéria, ver a análise comparativa de Direito material, nacional e unificado, e de Direito Internacional Privado em BERNASCONI, "Civil liability resulting from transfrontier environmental damage: A case for the Hague Conference?" acima citado. Este autor assinala que, neste domínio específico, o princípio da lei mais favorável tem mais recepção do que parece à primeira vista, sendo inclusive aceite por sistemas jurídicos e autores que se mostram opostos à sua consagração como regra geral – p. 38.

[57] "The injured party thus profits from the application of the law which is more favorable to him or her; as for the party who has caused the emissions, he or she will have to submit to the law that is more restrictive from the point of view of the exercise of his or her rights as owner", BERNASCONI, "Civil liability resulting from transfrontier environmental damage", p. 32.

[58] Esta é a solução da Convenção bilateral de 19 de Dezembro de 1967 entre a Alemanha e a Áustria, relativa aos efeitos em território alemão do aeroporto de Salzburgo e da Convenção Nórdica de 1974 sobre a Protecção do Ambiente

[59] A responsabilidade por danos ao ambiente aparece como a única consagração pelo legislador comunitário de uma solução directamente orientada pelo conteúdo das leis em presença. Nos termos do seu artigo 7.º, é, em princípio, aplicável a lei do lugar de produção do dano, mas permite-se à pessoa lesada "basear as suas pretensões na lei do país em que se produziu o facto gerador do dano". Esta solução, que se afasta da solução do anteprojecto, foi influenciada pelas críticas à solução de uma conexão rígida, em particular provenientes da Conferência da Haia – ver *Proposal for a Council Regulation on the*

de Haia nesta matéria[61] também vão no sentido de uma solução orientada pelo favor ao lesado, não se tendo ainda decidido por que forma concretizar este princípio, nomeadamente se deve remeter-se para uma opção do lesado ou para a identificação pelo tribunal da lei mais favorável[62]. O mesmo princípio do favor ao lesado encontra-se consagrado em convenções internacionais[63].

No domínio da responsabilidade por danos ao ambiente assiste-se, em regra, a uma justificação das soluções de favorecimento do lesado onde se acentua mais a importância de uma política geral de maximização da protecção do ambiente[65] do que o interesse individual e particular do sujeito lesado ao ressarcimento.

Law Applicable to Non-Contractual Obligations, presented by the Commission of the European Communities: Comments by the Permanent Bureau of the Hague Conference on Private International Law on the Provisions Relating to Environmental Damage – http://europa.eu.int/comm/justice_home/unit/civil/consultation/contributions/bureau_perm_conference_lahaye_en.pdf.

[60] A mesma solução da conexão optativa pode ser encontrada no artigo 138.º da lei suíça de Direito Internacional Privado relativo aos danos causados por emissões provenientes de um imóvel: o lesado pode optar entre a aplicação da lei do lugar da situação do imóvel ou do lugar de produção do dano.

[61] A matéria de responsabilidade extracontratual por danos ao ambiente transnacionais está desde 1992 na agenda da Conferência da Haia – *Proceedings of the Eighteenth Session* (1996), Tome I, *Miscellaneous Matters*, 1999.

[62] Neste sentido, no comentário ao anterior artigo 8.º do anteprojecto Roma II acima referido, indica-se uma clara preferência por uma solução orientada pelo favorecimento do lesado. A conexão alternativa optativa é expressamente mencionada como compatível com o princípio do favor ao lesado, mesmo se não se declara uma clara preferência por esta solução.

[63] Veja-se a Convenção bilateral de 19 de Dezembro de 1967 entre a Alemanha e a Áustria, relativa aos efeitos em território alemão do aeroporto de Salzburgo, nos termos da qual os tribunais alemães têm competência exclusiva em relação aos danos produzidos em território alemão pela operação do aeroporto de Salzburgo, mas devem aplicar a lei mais favorável ao lesado, nos termos do artigo 4.º n.º 3 da Convenção. A Convenção Nórdica de 1974 sobre a Protecção do Ambiente, de que são partes a Dinamarca, Finlândia, Noruega e Suécia – http://sedac.ciesin.org/entri/texts/acrc/Nordic.txt.html. Nos termos desta Convenção, a lei aplicável é determinada por referência às normas de conflitos do foro, estabelecendo-se no entanto, no artigo 3.º *in fine* que "(t)he question of compensation shall not be judged by rules which are less favourable to the injured party than the rules of compensation of the State in which the activities are being carried out".

[65] Na exposição de motivos da proposta de Regulamento Roma II refere-se que "(t)endo em consideração os objectivos mais gerais da União em matéria de ambiente, não se trata apenas de respeitar as expectativas legítimas da vítima, mas de estabelecer uma

Por fim, também é possível encontrar conexões optativas orientadas pelo favor do lesado em matéria da responsabilidade por ofensas à personalidade pelos meios de comunicação social, com a concessão ao lesado de uma opção entre as leis do estabelecimento ou residência habitual do autor do facto, da residência habitual do lesado e do Estado onde se produz o resultado da ofensa[66].

5. No âmbito dos contratos, a intervenção do critério da lei mais favorável está tipicamente associada à identificação de categorias contratuais que se caracterizam por uma desigualdade na posição relativa das partes. São aqui paradigmáticos os contratos de trabalho e os contratos de consumo. A referência ao critério da lei mais favorável nestas duas categorias contratuais tende a seguir o modelo dos artigos 5.º[68] e 6.º[69] da Convenção de Roma. Apela-se aí para uma intervenção deste critério apenas quando haja escolha da lei reguladora do contrato, fixando a lei subsidiariamente competente – a lei da residência habitual do consumidor ou a lei do lugar de execução da prestação de trabalho – o «quadro mínimo de protecção» que a lei da autonomia não pode diminuir.

---

política legislativa que contribua para aumentar o nível de protecção do ambiente em geral" – veja-se o considerando (13). No mesmo sentido, BERNASCONI, p. 34.

[66] Vejam-se o artigo 139.º da Lei de DIP suíça e o artigo 112.º da lei de Direito Internacional Privado romena de 1992. O legislador comunitário preferiu uma conexão singular.

[68] Cujo n.º 2 estabelece que "a escolha pelas partes da lei aplicável não pode ter como consequência privar o consumidor da protecção que lhe garantem as disposições imperativas da lei do país em que tenha a sua residência habitual", em determinadas condições, relacionadas com a configuração espacial do contrato de consumo. Estabelecem soluções similares o § 41 (2) da lei de Direito Internacional Privado austríaca de 1978 e o artigo 3117 do C.C. do Quebeque. Esta foi também a solução adoptada na norma de conflitos do artigo 6.º do *Projecto de Convenção relativo a certas vendas aos consumidores* (XIV Sessão da Conferência de Haia).

[69] No n.º 1 do artigo 6.º da Convenção de Roma estabelece-se que "a escolha pelas partes da lei aplicável ao contrato de trabalho, não pode ter como consequência privar o trabalhador da protecção que lhe garantem as disposições imperativas da lei que seria aplicável na falta de escolha, por força do n.º 2 do presente artigo", sendo que, nos termos do n.º 2 (a), é, tipicamente competente na falta de escolha, a lei do país em que o trabalhador, no cumprimento do contrato, presta habitualmente o seu trabalho. Consagram soluções muito próximas, o n.º 3 do § 44 da lei de Direito Internacional Privado austríaca de 1978, 101.º da lei de Direito Internacional Privado romena e 3118.º do C.C. do Quebeque.

A solução do «quadro mínimo de protecção» apresenta algumas diferenças com uma consagração «pura» da lei mais favorável. Não há uma verdadeira remissão para a lei mais protectora; pretende-se, na realidade, evitar a escolha de uma lei que desfavoreça o consumidor ou o trabalhador, tomando-se como ponto de referência o nível de protecção constante da lei subsidiariamente competente – a noção de lei mais favorável é substituída pela ideia de "favor mínimo"[71-72].

Apesar da sua especificidade, ainda é possível reconduzir as normas que utilizam o «quadro mínimo de protecção» às regras de conflitos de leis que recorrem ao critério da lei mais favorável, em particular do ponto de vista do seu funcionamento. As soluções conflituais acima referidas integram um processo de determinação da lei aplicável em função do resultado, na medida em que é necessário analisar e comparar o regime material do contrato na lei da autonomia e na lei subsidiariamente competente, com a aplicação do regime mais favorável[73].

Alguns autores, rejeitando a ideia de que a parte mais fraca deva estar necessariamente unida ao seu direito "para o melhor e para o pior", propõem a atribuição de competência à lei, de entre as várias leis relacionadas com o contrato, que estabelece o regime mais protector – independentemente da escolha da lei pelas partes[74]. A intervenção do princípio da "lei

---

[71] Neste sentido, MOURA RAMOS – "La protection", p. 112 – fala de uma "versão limitada" do princípio da lei mais favorável.

[72] A solução do «quadro mínimo de protecção» parece-nos proceder de uma inspiração mista nas técnicas das referidas normas de conflitos de "conexão substantiva" e das chamadas normas de aplicação imediata. Há, no entanto, uma importante distinção com a técnica das normas de aplicação imediata: a consideração e aplicação das normas materiais protectoras da lei subsidiariamente competente não depende de uma qualquer averiguação da sua vontade de aplicação nos termos de uma conexão unilateral ad hoc.

[73] Caracterizando estas soluções como soluções materialmente orientadas: POMMIER, Principe d'autonomie et loi du contrat. Paris, Economica, 1992, p. 176.

[74] No quadro do artigo 5.º da Convenção de Roma parece-nos que se deveria consagrar uma alternativa, independentemente da escolha de lei, entre a lei da residência habitual do consumidor – a conexão subsidiária própria e típica dos contratos de consumo – e a lei competente nos termos da norma de conflitos geral para os contratos – que, nos termos do artigo 4.º e da regra da prestação característica, será, tipicamente, a lei da contraparte do consumidor. Esta proposta apresenta-se como uma possível resposta às críticas que apontam resultar o «quadro mínimo de protecção», na realidade, numa situação geralmente favorável aos consumidores residentes e às empresas localizados em países com um alto nível de protecção, em prejuízo dos consumidores e empresas situados num país que consagra níveis de protecção inferiores: neste sentido, LAGARDE, RCADI, pp. 59--60 e SALVADORI, "La protezione del contraente debole (consumatori e lavatori) nella

mais favorável" saí assim do âmbito limitado das restrições à autonomia, passando a dominar toda a norma de conflitos. Esta solução é sobretudo encontrada na doutrina[75], tendo tido pouca recepção no Direito positivo.

6. A referência à lei mais favorável não é um exclusivo das normas de conflitos bilaterais, podendo ser descoberta também, expressa ou implicitamente, em diversas normas de tipo unilateral, em particular em matéria de contratos[77].

O Direito positivo manifesta um forte pendor para o recurso a técnicas unilaterais no quadro da realização da protecção da parte mais fraca nos contratos com elementos de internacionalidade. A associação às normas materiais protectoras de uma conexão unilateral *ad hoc* representa, de facto, um mecanismo privilegiado para conseguir o prolongamento da protecção no plano das relações plurilocalizadas, com a neutralização da potencial competência de uma *lex contractus* estrangeira. Depara-se com afloramentos desta tendência em várias áreas do Direito dos contratos: desde os exemplos mais clássicos dos contratos de trabalho[78] e de con-

---

Convenzioni di Roma", in SACERDOTI – FRIGO, *La Convezioni di Roma sul diritto applicabile ai contratti internazionali*, Milão, Giuffré, 1994, p. 133.

[75] Neste sentido, críticos em relação às soluções da Convenção de Roma por não permitirem ao juiz uma mais ampla determinação da lei efectivamente adequada à protecção da parte mais fraca: POCAR, "La legge applicabile ai contratti con i consumatori", *Verso una disciplina commmunitaria della legge applicabile ai contratti. XV Tavola rotonda di Diritto Comunitario, Génova, 21-22 Maggio*, Pádua, Cedam, 1982, p. 313; "La protection de la partie faible en droit international privé", p. 392 e pp. 400-408; ALPA, "La tutela dei consumatori nella Convenzione europea sulla legge applicabile in materia di obbligazioni contratualli" *Verso una disciplina commmunitaria*, p. 336 e LECLERC, *La protection de la partie faible*, pp. 402-457. Com a introdução de uma norma de conflitos que remete directamente para a lei mais favorável, propõe-se que o objectivo das normas de conflitos seja, nesta matéria, conseguir uma protecção máxima, tirando inclusive partido da plurilocalização do contrato – LECLERC, *La protection de la partie faible*, p. 405.

[77] Neste sentido, MOURA RAMOS, *Contrato de trabalho*, pp. 370-371.

[78] "Unilateral rules prescribing the application of the *lex fori* to work done within the country concerned are to be found in the whole field of labour law", GAMILLSCHEG, "Labour Contracts", in Lipstein (ed.), IECL, vol. III, chapter 28, Tubingen/Paris/Nova Iorque, Mouton/JCB Mohr (Siebeck), 1976, p. 4; sobre este fenómeno, ver também MOURA RAMOS, *Contrato de trabalho*, pp. 783-792. O Código de Trabalho português, em paralelo com o artigo 6.º da Convenção de Roma, estabelece a aplicação necessária das disposições portuguesas de protecção do trabalhador, desde que a lei portuguesa seja subsidiariamente competente, o que remete, em princípio, para a localização em Portugal da execução da prestação de trabalho – artigo 6.º n.º 7.

sumo[79], até ao regime das cláusulas contratuais gerais[80], passando por categorias contratuais como os contratos de *time-sharing*[81] e os contratos de agência e representação comercial.

É possível encontrar em algumas destas soluções referências expressas ao princípio da lei mais favorável, como acontece no artigo 38.º do decreto-lei 178/86[82] relativo aos contratos de agência e representação comercial. Estabelece-se aí que o regime material português da cessação do vínculo contratual é aplicável aos contratos de agência plurilocalizados,

---

Se, nos contratos de trabalho, a conexão unilateral *ad hoc* mais característica é o lugar de execução da prestação de trabalho, abre-se a possibilidade de outras conexões significativas justificarem a aplicação das normas materiais protectoras, nomeadamente no caso de um trabalhador habitualmente residente no foro ser aí contratado por uma empresa para prestar trabalho no estrangeiro – MOURA RAMOS, *Contrato de trabalho*, p. 790. Esta posição foi acolhida pela jurisprudência portuguesa, nomeadamente, na decisão do Tribunal da Relação de Lisboa de 5.7.2000, CJ 2000-IV, p. 159; a mesma ideia pode ser encontrada na jurisprudência francesa: ver as decisões da Cour d'Appel de Paris *Ress c. Société Time* de 31.3.1981 – JDI, 1983, p. 132 – e *Club Méditerranée* de 4.7.1975, RCDIP, 1976, p. 485.

[79] Actualmente, na União Europeia, a intervenção das normas de protecção do consumidor por via unilateral está, tipicamente, associada à concretização das Directivas em matéria de protecção do consumidor abaixo referidas. Em matéria de protecção do consumidor, a referência típica é à residência habitual do consumidor, mais ou menos associada a necessária verificação de outros elementos que ligam a relação a esse país – em paralelo com a solução do artigo 5.º n.º 2 da Convenção de Roma.

[80] A lei das cláusulas contratuais gerais portuguesa contém, desde da sua versão inicial, regras sobre sua aplicação no espaço: veja-se o anterior artigo 33.º. No mesmo sentido, vejam-se o § 12 do AGB-Gesetz alemão, o artigo 13.º da Lei das cláusulas contratuais gerais 1981 holandesa e as secções 26 e 27 do *Unfair Contract Terms Act 1977* inglês.

[81] É aqui particularmente representativa a jurisprudência alemã, inclusive com invocação do artigo 7.º n.º 2 da Convenção de Roma – JAYME, *Identité culturelle et intégration*, RCADI, 1995, p. 250 ss.

[82] Sobre esta disposição, MOURA RAMOS, "La protection de la partie contractuelle la plus faible en droit international privé portugais", 1991, pp. 110-114; MARQUES DOS SANTOS, *As normas de aplicação imediata*, pp. 903-904, e "Les règles d'application immédiate dans le droit international privé portugais", 1991, pp. 201-202; JORGE, "Contrat d'agence et conflit de lois en droit international privé portugais", DPCI, 1991, n.º 2, p. 309 e seguintes; BRITO, H., *A representação em Direito Internacional Privado*, nota 70, pp. 600-601 – que aproxima esta disposição dos artigos 5.º e 6.º da Convenção de Roma, por estabelecer "o *standard* mínimo de protecção que deve ser assegurado ao agente em matéria de cessação do contrato", mas também sublinha as "diferenças quanto ao método e quanto ao título com que intervém, no estatuto do contrato (e não apenas no direito designado pelas partes), a ordem jurídica portuguesa".

em exclusão de uma *lex contractus* estrangeira[83], desde que contrato seja exclusiva ou predominantemente executado em território português e que o regime estabelecido no decreto-lei 178/86 seja mais favorável ao agente do que o constante da *lex contractus*. O nível de protecção do direito material português é desta forma elevado ao estatuto de padrão pelo qual é apreciada a aplicabilidade dos sistemas jurídicos estrangeiros.

Parece-nos que característica da actuação apenas quando a *lex contractus* estabeleça um regime menos favorável representa um traço inerente a todas as normas materiais de protecção da parte mais fraca que pretendam aplicação unilateral. A generalidade das normas materiais que pretendem tutelar a posição da parte mais fraca no contrato representam apenas "imperativos mínimos", derrogáveis *in mellius*. Esta configuração material não pode deixar de se reflectir no plano da sua aplicação no espaço. As normas protectoras da parte mais fraca no contrato apenas reclamam aplicação à margem da norma de conflitos bilateral nos termos da conexão unilateral *ad hoc* quando a *lex contractus* estabeleça um regime material de protecção inferior ao por elas estabelecido. Ao contrário do que é característico nas normas de aplicação imediata típicas[86], a aplicação unilateral das normas protectoras faz-se *a posteriori* e implica um diálogo com o Direito material da *lex contractus*[87]. A solução da con-

---

[83] Competente quer como lei da autonomia, quer como lei subsidiariamente competente. Na prática, o artigo 38.º do decreto-lei 178/86 actuará predominantemente contra a lei da autonomia, dada a competência típica da lei do lugar de execução da prestação do agente nos termos das regras da Convenção da Haia sobre o contrato de mediação e a representação internacional.

[86] A norma de aplicação imediata "não tolera a aplicação de um direito estrangeiro", Marques dos Santos, *As normas de aplicação imediata*, p. 956.

[87] Para alguns autores, o exclusivismo das normas de aplicação imediata torna-as inadequadas – na sua fórmula prototípica – para veicular a imperatividade própria das normas materiais protectoras da parte mais fraca – MOURA RAMOS, "La protection", p. 114; PINGEL, "La protection de la partie faible en droit international privé", Droit Social, 1986, p. 135 –, aproximando-as antes do instituto da reserva de ordem pública internacional – DE NOVA, "La legge tedesca sulle condizioni generali di contrato", Rivista di diritto civile, p. 132; POCAR, "La protection de la partie faible", RCADI, pp. 399-400. Parece-nos, no entanto, que esta categoria é suficientemente flexível para integrar várias modalidades de normas, algumas mais próximas da figura prototípica, e outras que integram ainda alguns dos seus elementos fundamentais, apesar de não recusarem em absoluto a competência de uma lei estrangeira. Estes elementos fundamentais parecem-nos ser a associação a um regime material específico e a intervenção de uma conexão unilateral *ad hoc* que determina a sua aplicação à margem do sistema geral das normas de conflitos, mesmo se tal aplicação é condicionada – no caso, à consagração na *lex contractus* de um regime menos

corrência entre as normas de aplicação imediata e a *lex contractus* passa pelo critério da lei mais favorável.

Neste sentido, pode dizer-se que a intervenção do critério da lei mais favorável é intrínseca a todas as normas de protecção da parte mais fraca que pretendam aplicação nos termos de uma conexão unilateral *ad hoc*, independentemente de estas fazerem referência expressa a este princípio. Na sua actuação, estas normas vão implicar processos comparativos que as aproximam das normas de conflitos bilaterais que utilizam o princípio da lei mais favorável. A diferença fundamental em relação à sua utilização numa norma de conflitos bilateral está na actual concretização do «quadro mínimo de protecção» – do "favor mínimo" – por referência a determinado regime material – *maxime*, o constante do Direito material do foro.

A partir dos anos 90, é característica uma recuperação algo peculiar das técnicas unilaterais pelo Direito comunitário. O legislador comunitário passa a preocupar-se com a aplicação no espaço do Direito material de protecção da parte mais fraca que estabelece, integrando disposições expressas sobre essa questão em várias Directivas[89] – em matéria de contratos de consumo[90], de trabalho[91] e de *time-sharing*[92-93]. Com algumas

---

favorável. Neste sentido, MARQUES DOS SANTOS – *Normas de aplicação*, pp. 903-904 – entende que tais normas são ainda normas de aplicação necessária e imediata, mesmo se atípicas; SCHWANDER qualifica-as como "semi" normas de aplicação imediata – *Lois d'application immédiate*, Zurique, Schulthess Polygraphischer Verlag, 1975, pp. 285-286; LECLERC fala em "normas de aplicação mínima" – *La protection de la partie faible*, p. 397; PATOCCHI, *Règles de rattachement*, pp. 144-145.

[89] Em geral, sobre este movimento, JAYME – KOHLER, "L'interaction des règles de conflit contenues dans le droit dérivé de la Communauté européenne et des conventions de Bruxelles et de Rome", RCDIP, 1995.

[90] Vejam-se os artigos 6.º da Directiva 93/13/CEE sobre as cláusulas abusivas em contratos de consumo, 12.º n.º 2 da Directiva 97/7/CE em matéria de contratos à distância, 7.º n.º 2 da Directiva 1999/44/CE sobre a venda aos consumidores e garantias associadas, 12.º n.º 2 da Directiva 2002/65/CE relativa à comercialização à distância de serviços financeiros prestados a consumidores e 30.º n.º 5 da Proposta de Directiva sobre o crédito ao consumo.

[91] Veja-se a Directiva 96/71/CE relativa ao destacamento de trabalhadores no âmbito de uma prestação de serviços, cujo artigo 3.º § 1 estabelece a obrigação de os Estados Membros garantirem que o trabalhador não seja privado do benefício das condições de trabalho em vigor no lugar em que o trabalho é executado à título temporário, qualquer que seja a lei aplicável ao contrato de trabalho. Note-se que o Considerando (10) invoca expressamente o artigo 7.º da Convenção de Roma para justificar a aplicação, em simultâneo com a *lex contractus* – tipicamente a lei do lugar onde a prestação de trabalho é habitualmente realizada –, das disposições imperativas do Estado-membro em

variações, impõe-se aos Estados-membros a obrigação de garantirem que a aplicação do regime material de protecção com origem no Direito comunitário não é afectada pela competência de uma *lex contractus* não comunitária, desde que o contrato apresente determinada ligação à Comunidade[94-95],[96].

---

cujo território o trabalhador se encontra temporariamente destacado. Sobre esta Directiva, ver: MARQUES DOS SANTOS, "Alguns princípios de direito internacional privado e de direito internacional público do trabalho", *Estudos do Instituto de Direito do Trabalho*, vol. III, Coimbra, Almedina, 2002, pp. 13-47; MOURA VICENTE, "Destacamento internacional de trabalhadores", *Estudos em homenagem ao Prof. Doutor Raúl Ventura*, Lisboa, Coimbra Editora, 2003, pp. 789-808; DAVIES, "Posted workers: single market or protection of national labour systems?", CMLRev, 1997, p. 571 ss.

[92] O artigo 9.º da Directiva 94/47/CE sobre o *time-sharing* estabelece deverem os Estados Membros tomar as medidas necessárias para que o adquirente não seja privado da protecção concedida pela presente directiva, qualquer que seja a lei aplicável, desde que o imóvel objecto do contrato se encontre situado no território de um dos Estados Membros.

[93] Em matéria de agência e representação comercial, a Directiva 86/653/CEE não integra uma norma sobre a sua aplicação no espaço. No entanto, o Acórdão *Ingmar GB Ltd contra Eaton Leonard Technologies Inc.*, de 2000, estabeleceu que os artigos 17.º e 18.º da Directiva, que garantem determinados direitos ao agente após a cessação do contrato, devem aplicar-se quando o agente comercial exerceu a sua actividade num Estado-membro, mesmo que o comitente esteja estabelecido num país terceiro e que, por força de uma cláusula do contrato, este se reja pela lei desse país – lembrando, num contexto comunitário, a solução do artigo 38.º do diploma português acima referida.

[94] O cerne da Directiva 96/71/CE relativa ao destacamento de trabalhadores refere-se à regulamentação dos contratos transcomunitários; no entanto, o seu artigo 1.º n.º 4, quando estabelece que as empresas estabelecidas num Estado não comunitário não podem beneficiar de um tratamento mais favorável do que as empresas estabelecidas num Estado-membro, implica a aplicação da «protecção mínima» também aos trabalhadores destacados por empresas localizadas em países não comunitários.

[95] É aqui paradigmático o artigo 6.º da Directiva das cláusulas abusivas: "Os Estados membros tomarão as medidas necessárias para que o consumidor não seja privado da protecção concedida pela presente directiva pelo facto de ter sido escolhido o direito de um país terceiro como direito aplicável ao contrato, desde que o contrato apresente uma relação estreita com o território dos Estados membros"; este é também, com algumas variações, o teor essencial das restantes Directivas em matéria de contratos de consumo. Nestas Directivas é típica a utilização de uma cláusula geral, com a mera referência à verificação de uma "conexão estreita". Mas outras directivas utilizam uma conexão unilateral específica: na Directiva 96/71/CE relativa ao destacamento de trabalhadores, a conexão relevante é o lugar de execução temporária do trabalho – por oposição ao lugar onde a prestação de trabalho é habitualmente realizada; o artigo 9.º da Directiva 94/47/CE sobre o *time-sharing* refere-se ao lugar de situação do imóvel.

[96] Quanto à transposição destas normas, limitando-nos ao Direito português, o actual artigo 23.º da lei das cláusulas contratuais gerais estabelece que "independen-

Note-se que, cada vez mais, o «quadro mínimo de protecção» comunitário se está a transformar, de facto, na condição de aplicabilidade de um Direito não comunitário a um contrato com ligações à União Europeia. Pode, de certa forma, dizer-se que o "conteúdo vazio" do «quadro mínimo de protecção» tem vindo a ser preenchido por um regime material com origem no próprio legislador comunitário. Tal evolução tornou particularmente premente a necessidade de garantir a sua aplicação quando o contrato tenha uma ligação significativa com a União Europeia[97].

---

temente da lei escolhida pelas partes para regular o contrato, as normas desta secção aplicam-se sempre que o mesmo apresente uma conexão estreita com o território português" e que "no caso de o contrato apresentar uma conexão estreita com o território de outro Estado membro da Comunidade Europeia aplicam-se as disposições correspondentes desse país na medida em que este determine a sua aplicação"; o decreto-lei n.° 143/2001, relativo aos contratos celebrados a distância, não integra nenhuma norma sobre a sua aplicação no espaço; o decreto-lei n.° 67/2003 relativo à venda de bens de consumo e das garantias associada estabelece no seu artigo 11.°: "Se o contrato de compra e venda celebrado entre profissional e consumidor apresentar ligação estreita ao território dos Estados membros da União Europeia, a escolha, para reger o contrato, de uma lei de um Estado não membro que se revele menos favorável ao consumidor não lhe retira os direitos atribuídos pelo presente decreto-lei"; no Anteprojecto de decreto-lei sobre a comercialização à distância de serviços financeiros estabelece-se, no artigo 40.°, que "a escolha pelas partes da lei de um Estado não comunitário como lei aplicável ao contrato não priva o consumidor da protecção que lhe garantem as disposições do presente diploma". São notáveis as variações na concretização da obrigação equivalente imposta pelas várias Directivas, no âmbito de um único Estado-membro.

O artigo 60.° n.°s 7 e 8 do decreto-lei n.° 275/93, de 5 de Agosto, que aprova o regime jurídico da habitação periódica estabelece que "as disposições do presente diploma aplicam-se a todos os contratos ... que tenham por objecto imóveis sitos em Portugal ou em qualquer outro Estado-membro da União Europeia" e que "no caso de os contratos respeitarem a direitos reais de habitação periódica e a direitos de habitação turística em empreendimentos turísticos sitos no território de outro Estado-membro da Comunidade Europeia ... aplicam-se as disposições correspondentes desse Estado-membro qualquer que seja o lugar e a forma da sua celebração e a lei escolhida pelas partes para regular o contrato".

O legislador português dedicou os artigos 7.° a 9.° do Código de Trabalho à matéria do destacamento, determinando a aplicação da protecção do trabalhador constante do Direito material português aos trabalhadores destacados para trabalhar em território português – artigos 7.° e 8.° –, assim como estabelece o direito a essa protecção para os trabalhadores que sejam destacados para o estrangeiro por uma empresa estabelecida em Portugal – artigo 9.°.

[97] Tal preocupação é visível no Livro Verde sobre a revisão da Convenção de Roma, nomeadamente no que toca ao regime dos contratos de consumo, onde são frequentes as referências à necessidade de garantir a aplicabilidade dos regimes materiais de

Também nos parece desenhar-se, nos contratos intra-comunitários como nos contratos com ligações extra-comunitários, uma tendência para uma consagração cada vez mais ampla do princípio da «lei mais favorável». Se bem que a situação não esteja estabilizada, e por isso seja difícil tirar conclusões, parece estar-se a criar um ambiente propício à substituição da consagração limitada do princípio da lei mais favorável na versão do «quadro mínimo de protecção», que caracteriza geralmente a fase actual, por uma referência directa à competência da lei mais favorável à parte mais fraca no contrato.

7. Em conclusão, o critério da lei mais favorável pode ser encontrado, embora sob formas algo diversas, no Direito de conflitos positivo, em várias matérias, geralmente relacionado, mais ou menos directamente, com a protecção de uma parte considerada particularmente vulnerável cuja situação se pretende tutelar. Integra soluções claramente bilaterais, mas também normas de cariz mais unilateral, partindo-se nesse caso, de um «favor mínimo» concreto – o constante de determinado regime material.

3. O funcionamento do critério da lei mais favorável.

8. As várias normas acima mencionadas partem da referência a uma pluralidade de leis potencialmente aplicáveis. Na medida em que o critério da «lei mais favorável» implica uma comparação do conteúdo de várias leis, é necessário começar por identificar os ordenamentos jurídicos onde vão ser encontrados os *quids* que vão constituir o objecto da comparação. Subsequentemente, como o critério material de selecção retido aparece sob a forma de uma cláusula geral, é necessário proceder ao seu preenchimento, especificando a noção de «lei mais favorável». Por fim, há que definir o método por que se vai processar à operação de comparação. Esta última fase representa momento comparativo propriamente dito, no qual

---

protecção do consumidor com origem na Comunidade fora dos quadros relativamente apertados do artigo 5.º, mas também na possibilidade, mais geral, de estabelecer uma disposição que determine a aplicação necessária de uma "norma mínima" comunitária desde que o contrato tenha uma ligação significativa à União Europeia, na sequência da jurisprudência *Ingmar* – artigo 3.º.

se procede à consulta e confronto das leis em presença à luz do critério da lei mais favorável, em ordem a determinar qual delas é aplicável[100].

3.1. *Identificação dos objectos da comparação.*

9. Comparar pressupõe que se ponha em confronto dois objectos em ordem a estabelecer entre eles relações de semelhança e de diferença. Em consequência, para proceder à comparação pretendida pela norma de conflitos é necessário começar por identificar o que se vai comparar – os objectos da comparação.

O momento da identificação das leis relevantes põe em jogo os elementos conflituais das normas de conflitos em causa, passando essencialmente pela concretização das conexões estabelecidas.

As normas de conflitos consideradas podem proceder à delimitação do círculo de leis relevantes em termos mais ou menos amplos: desde a determinação de um círculo definido de leis através da indicação de uma série de conexões rígidas estabelecidas *a priori*[101], até uma referência geral à selecção da lei mais favorável, de entre todas as leis conectadas com a situação[102]. Quanto mais extenso o círculo de leis relevantes – *maxime*, quando se exija apenas a existência de uma qualquer ligação –, maior peso terão os aspectos materiais na determinação da lei competente, na medida em que se maximiza assim as possibilidades de realização do resultado pretendido.

Por outro lado, também aumentam os problemas relacionados com a insegurança das soluções, apontados frequentemente como um dos princi-

---

[100] Este processo só se aplica integralmente quando a identificação da lei mais favorável seja remetida para o juiz. Quando a norma de conflitos utilize uma conexão optativa, só é necessário identificar o círculo de leis dentro da qual vai actuar a autonomia.

[101] Este é o caso da generalidade das várias normas de conflitos acima analisadas.

[102] Combinando-se então a "materialização" do processo de determinação da lei competente com a sua "flexibilização", na medida em que o legislador desiste de estabelecer *a priori* e de forma rígida o círculo de leis relevantes, cuja definição é remetida para o juiz, no caso concreto. Esta solução tende a ser encontrada apenas nos Estados Unidos, no quadro da intervenção do critério da *better rule of law*. Assiste-se a alguma recepção desta solução, numa perspectiva unilateral, na referência à «conexão estreita» nas Directivas que se referem aos contratos de consumo – e, por vezes, nas regras nacionais que as transpõem. Neste caso, a intervenção de um dos objectos da comparação – o que é definido pela conexão unilateral *ad hoc* – faz-se nos termos de uma referência "aberta", expressa na noção de «conexão estreita».

pais defeitos do critério da lei mais favorável. De facto, com este critério, torna-se mais difícil, se não impossível, estabelecer *a priori* e de forma segura a lei competente: no momento inicial, só se tem o círculo de ordenamentos jurídicos relevantes, dependendo ainda a identificação da lei competente da avaliação comparativa do conteúdo das várias leis envolvidas. Enquanto a utilização do critério da lei mais favorável num círculo restrito e definido de leis limita, em alguma medida, a insegurança introduzida por este critério, uma referência geral à aplicação da lei mais favorável de entre as várias leis que apresentem uma conexão significativa com a situação maximiza a imprevisibilidade e incerteza das soluções[103].

10. A conexão alternativa aparece como a solução paradigmática para integrar o critério da lei mais favorável numa norma de conflitos bilateral: designa-se, a título paritário, uma pluralidade de leis como potencialmente competentes, operando o critério material de selecção no interior deste círculo de leis. Em cada utilização da norma de conflitos, considera-se o conteúdo de cada uma das leis referidas e, atendendo ao resultado a que cada uma delas conduz, os tribunais ou os interessados, conforme o caso, estabelecem, à luz do critério da lei mais favorável, a lei aplicável à situação plurilocalizada concreta. Nestas normas, que utilizam uma alternativa «pura»[104], é sempre necessário concretizar as várias conexões. Uma vez concretizadas as várias conexões alternativas, o conjunto de leis que se identificou passa a constituir o círculo de leis relevantes, actuando o critério da lei mais favorável no interior deste círculo de leis[105]. Todas as normas de conflitos que utilizam o critério da lei mais favorável por referência a um nível – *quantum* – de favor ou de protecção funcionam necessariamente desta forma[106].

---

[103] De certa forma, não é tanto a introdução de um critério material que redunda na insegurança e imprevisibilidade da lei aplicável, mas a incapacidade de estabelecer *a priori* as leis relevantes para a actuação desse critério – isto é, a "flexibilização" das conexões.

[104] LIMA PINHEIRO, *Parte Geral*, p. 292, nota 636 – por oposição às «alternativas subsidiárias» abaixo referidas.

[105] Neste sentido, veja-se o artigo 9 (3) 2 da Lei uniforme do Benelux.

[106] Este é o caso das normas de conflitos que, em matéria de responsabilidade extracontratual, remetem para a lei mais favorável ao lesado, assim como das remissões para a lei que estabelece o nível mais elevado de protecção da parte mais fraca no contrato.

Mas, por vezes, em vez de uma alternativa «pura», a norma de conflitos utiliza uma alternativa «subsidiária»: configura-se uma sequência ou hierarquia na atendibilidade das várias leis potencialmente competentes, na qual a passagem da lei primeiro designada às leis subsequentemente relevantes depende da não realização de determinado resultado[108]. Neste caso, não se impõe proceder, à partida, à concretização das várias conexões para identificar um conjunto de leis relevantes, mas apenas ir determinando se o referido resultado, considerado mais favorável pelo legislador, se verifica à face da lei designada em primeiro lugar. Só quando tal acontece, se afigura necessário concretizar a segunda conexão.[109] Em geral, esta hierarquia é baseada na maior ou menor proximidade das leis, tendo-se apenas em conta as leis menos próximas quando a lei mais próxima não realizar o objectivo de direito material pretendido[110].

As normas de conflitos que utilizam o critério da lei mais favorável na modalidade algo particular do «quadro mínimo de protecção» também veiculam uma noção de alternatividade – limitada a duas leis, a lei da autonomia e a lei subsidiariamente competente –, sendo aplicáveis as disposições mais favoráveis à parte mais fraca no contrato[111]. No entanto, a alternativa é aqui construída com alguma especificidade, porquanto as relações entre as duas ordens jurídicas envolvidas estão articuladas em termos de condicionamento, condicionamento este que é resolvido pelo critério da lei mais favorável[112]. A aplicabilidade da lei da autonomia é condicionada por referência ao «quadro mínimo de protecção» constante da lei subsi-

---

[108] Compara-se aqui as soluções das Convenções de Haia em matéria de obrigações alimentares com a solução da Lei uniforme do Benelux: enquanto esta se refere directamente à lei mais favorável ao credor de alimentos, aquelas estabelecem que só há lugar à exclusão da competência da lei referida em primeiro lugar se esta não conceder ao credor um direito a alimentos e a conexão subsequente reconhecer esse direito.

[109] Esta distinção está relacionada com a utilização, abaixo referida, de critérios «binários» ou «aliorelativos» e de conceitos «de classe» ou «de ordem» na operação de comparação.

[110] PATOCCHI, *Règles de rattachement*, pp. 252-253.

[111] Em relação aos artigos 5.º e 6.º da Convenção de Roma: MOURA RAMOS, *Contrato de trabalho*, p. 754 e p. 809 ss; LIMA PINHEIRO, *Parte Especial*, p. 200 e p. 203; LAGARDE, "Le contrat de travail dans les conventions européennes de droit international privé", *Droit International et Droit Communautaire*, 1991, p. 75; JAYME, "Les contrats conclus par les consommateurs et la Convention de Rome sur la loi applicable aux obligations contractuelles", *Droit International et Droit Communautaire*, 1991, p. 82.

[112] Esta condição de aplicação tem de ser sempre verificada, isto é, as duas leis relevantes têm de ser sempre identificadas e comparadas.

diariamente competente, sob pena de esta se sobrepor aquela. Caso se verifique tal sobreposição, ambos os sistemas em causa vão intervir na regulamentação da relação, configurando-se uma situação de *dépeçage*[113],[114].

11. Orientando-se a comparação pela procura da "lei mais favorável", os objectos da comparação são constituídos por normativos situados ao nível do direito material das duas leis identificadas como relevantes, o que implica a determinação do respectivo conteúdo material, a partir da categoria que delimita a previsão da norma de conflitos. Ao apelar exclusivamente à consideração do "favor" na perspectiva do conteúdo material do direito em causa, o critério da "lei mais favorável" impede a consideração de elementos exteriores a tal conteúdo que podem ser desfavoráveis – *maxime*, as dificuldades e os custos associados à necessidade de litigar sob o domínio de uma lei estrangeira.

3.2. *A fixação do critério material de selecção. Especificação da noção de «lei mais favorável».*

12. Algumas das normas acima referidas fazem referência a determinado resultado ou efeito jurídico material, pressupondo ser este resultado necessariamente mais favorável aos interesses do sujeito cuja posição se pretende acautelar. É o que acontece, por exemplo, em matéria de filiação, onde a norma de conflitos estabelece a solução material desejada – o reconhecimento ou a legitimação –, que entende ser automaticamente a solução que favorece a situação do filho. A lei mais favorável é a lei que permite o estabelecimento da filiação, por oposição às leis que não o permitem[116].

---

[113] Verifica-se a mesma ideia de condicionamento nas normas de conflitos de conexão unilateral que utilizam o critério da lei mais favorável.

[114] BRITO caracteriza a interferência de normas imperativas, nomeadamente as que se dirigem à protecção da parte mais fraca, como um factor de dispersão na regulação das situações privadas internacionais, referindo, neste contexto, tanto as normas de conflitos bilaterais do tipo do artigo 5.° e 6.° da Convenção de Roma, como a intervenção de normas de aplicação necessária e imediata – *Representação*, pp. 599-601.

[116] Subjacente à norma encontra-se a presunção de que o estabelecimento de uma determinada situação – a filiação – favorece automaticamente o destinatário do favor – a criança. Neste sentido, FOYER chama a atenção para o facto de se assistir, por força desta presunção, a uma evolução da noção, mais subjectiva, de «lei mais favorável a um sujeito» – a criança – para uma noção, mais «objectiva», de «lei favorável a um resultado»

Quando assim seja, não se coloca o problema da concretização da noção de «lei mais favorável»: a própria norma de conflitos enuncia *a priori*, de forma clara e precisa, os aspectos e elementos relevantes do regime jurídico de que resulta a preferência por uma das leis em presença[117].

13. Já noutras normas, o critério material de selecção retido aparece sob a forma de uma cláusula geral: enuncia-se apenas a aplicação preferencial da "lei mais favorável", contra a "lei mais desfavorável". Na medida em que o legislador recorre a uma cláusula geral, é oportuno proceder ao seu preenchimento, precisando o que se entende por lei mais favorável.

Em particular, impõe-se distinguir a noção de «lei mais favorável» da referência à "melhor lei" – ou *better law*. O recurso à *better law* como um critério geral de selecção da lei competente foi, e continua a ser, sobretudo desenvolvido no Direito Internacional Privado dos Estados Unidos da América, com particular recepção no domínio da responsabilidade extra-contratual e dos contratos, nomeadamente quando caracterizados por uma desigualdade na posição relativa das partes[118]. Note-se que a generalidade

---

– o reconhecimento ou legitimação: "Problèmes de conflits de lois en matière de filiation", RCADI, t.193, 1985-IV, p. 44.

[117] Note-se que, definindo-se desta forma os critérios de preferência, se exclui qualquer margem de discricionariedade na identificação da lei mais favorável, o que permite conjugar a introdução de um critério material de solução com a certeza e previsibilidade das soluções – em particular, quando também se utilize, como é o caso, critérios de conexão rígidos definidos *a priori* para estabelecer o círculo de leis relevantes.

[118] A origem da *better law approach* é geralmente atribuída a CAVERS, como o próprio reconhece – *The Choice of Law Process, Selected Essays 1933/1983*, Durham, N.C., Duke University Press, p. 206. As referências à *better law* encontram-se sobretudo no CAVERS da primeira fase, nomeadamente no texto clássico da chamada *Conflicts Revolution* "A Critique of the Choice of Law Problem": "one's attention becomes focused upon the problem of what should be the proper result in a case of this sort, as distinguished from the problem of what rule is the proper one to select a jurisdiction whose law should govern it" – Harvard Law Review, 1933, p. 191. Contudo, CAVERS, mesmo nos seus primeiros escritos, nunca foi um adepto radical da *better law approach*, chamando sempre a atenção para a importância dos contactos apresentados pela situação, e tendo mesmo, posteriormente, rejeitado a integração do critério nos seus "principles of preference" – "I have recognized the influence of the "better law" in choice of law decisions not as desideratum but as an inevitable psychological reaction in marginal cases, a tendency not to be encouraged but to be taken into account in explaining decisions" – *The Choice of Law Process, Selected Essays*, p. 206-209. Esta associação do critério da *better rule of law* ao "realismo

jurídico" é muito típica da doutrina norte-americana: LEFLAR – "More on Choice Influencing Considerations", California Law Review, 1966, p. 1588 – e WEINTRAUB – *Commentary on the Conflict of Laws*, Foundation Press, New York, 2001, p. 349.

Actualmente, a intervenção deste critério é sobretudo associada a LEFLAR, falando-se, inclusive numa *Leflar approach*. Este autor, apesar de ser geralmente considerado um "ecléctico", integra clara e expressamente a *better rule of law* nas suas "choice influencing considerations", dando-lhe particular importância: "The better rule of law is the most controversial of the considerations, yet a potent one", "More on Choice Influencing Considerations", p. 1587.

Também é possível encontrar referências à *better law*, com maior ou menor projecção, noutros autores, nomeadamente REESE – "justice in the individual case": CHEATHAM – REESE, "Choice of the Applicable Law", Columbia Law Review, 1952, p. 959 ss –; WEINTRAUB – *Commentary on the Conflict of Laws*, Foundation Press, New York, 2001, p. 102, pp. 356-357, pp. 416-419, p. 470 –; VON MEHREN & TRAUTMAN – "the choice of the law reflecting an "emerging" policy over one embodying a "regressive" policy" – *The Law of Multistate Problems*, Little, Brown & Co., Boston, 1965 at pp. 341-375 – e EHRENZWEIG – para quem a *better rule of law* representa "a tremendous, though incindental, potential of conflicts law", "Specific Principles of Private Transnational Law", RCADI, t. 124, 1968-II, p. 213. Note-se que em muitos destes autores, a intervenção do critério material da *better law* é combinada com – quando não mesmo integrada – a chamada *functionnal approach*, influenciada pela *governmental interest analysis* de CURRIE.

Mais recentemente, defendem a *better law approach*, como o critério predominante na determinação da lei aplicável: JUENGER, "General Course on Private International Law", RCADI, 1983, em particular, pp. 256-259; MCDOUGAL III, "The Real Legacy of Babcock v. Jackson: Lex Fori Instead of Lex Loci Delicti and Now It's Time For A Real Choice Of Law Revolution" (1993) 56 Albany Law Review, p. 795 ss – se bem que em "Towards the Application of the Best Rule of Law in Choice of Law Cases", Mercer Law Review, 1984, apela à substituição da *better rule of law* pela noção, distinta, da *best rule of law*, que se aproxima mais da criação de regras materiais específicas para as relações internacionais: "courts are not ... limited ... to one or two possibly applicable state laws. ... Courts can, and should, in many cases construct and apply a law specifically created for the resolution of choice of law cases"-; BORCHERS, "Back to the Past: Anti-Pragmatism in American Conflicts Law", Mercer Law Review, 1997, p. 721 ss; SINGER, "Pay No Attention to That Man Behind the Curtain: The Place of Better Law in a Third Restatement of Conflicts", Indiana Law Journal, 2000, e WEINBERG, "A Structural Revision of the Conflicts Restatement", Indiana Law Journal, 2000, pp. 475-508 – associando, no entanto, este critério à presunção, influenciada por EHRENZWEIG, de que a *lex fori* é a *better law*.

É ainda de assinalar que, em vários autores, o critério da *better law* aparece formulado negativamente: neste sentido, WEINTRAUB, para quem o elemento fundamental do critério da *better law* está na caracterização de uma das normas materiais em concurso como «anachronistic, behind the times", quando comparada com a outra norma material

dos autores, assim como a jurisprudência, combina o critério da *better law* com uma prévia determinação das conexões espaciais relevantes[119] – o que aproxima a *better law approach* das normas de conflitos de conexão substantiva europeias. Assiste-se ainda, mais recentemente, à introdução de uma acentuada nota de prudência na referência à *better law approach*, em particular em matéria de responsabilidade extracontratual.

Para além de constituírem ambas cláusulas gerais, as duas noções – da "melhor lei" e da "lei mais favorável" – têm ainda em comum representarem ambas critérios materiais de selecção da lei aplicável que implicam a comparação do conteúdo material das leis em presença. Distinguem-se, no entanto, por esta comparação se destinar, no caso da intervenção do critério da "melhor lei", à identificação da lei cujo regime apresenta as soluções intrinsecamente mais justas[120], enquanto, para a

---

– *Commentary*, p. 95; mas também LEFLAR: "More on Choice Influencing Considerations", p. 1591 – "anachronistic or otherwise contrary to currently accepted social standard" –; KRAMER: "Rethinking Choice of Law", Columbia Law Review, 1990, p. 277 ss; POSNAK, "The Restatement (Second): Some Not So Fine Tuning for a Restatement (Third): A Very Well-Curried Leflar over Reese with Korn on the Side (Or Is It Cob?)", Indiana Law Journal, 2000, pp. 571-572 – "to avoid confusion, the "better law" choice-influencing factor should be renamed the "stinky law" choice-influencing factor".

O *Second Restatement* não faz referência à *better law*, ausente da lista de critérios gerais do § 6 – SCHOLES & HAY, p. 59 –, apesar de alguns autores interpretarem neste sentido a referência, nessa secção, às "basic policies underlying the particular field of law" – SINGER, "Pay No Attention to That Man Behind the Curtain".

Na jurisprudência, o critério da *better rule of law* é utilizado em matéria de contratos no Minnesota e Wisconsin – SCHOLES & HAY: p. 52 pp. 54-56 e p. 101 – e, e em matéria de responsabilidade extracontratual, no Arkansas, Minnesota, New Hamphire, Rhode Island e Wisconsin – SCHOLES & HAY, pp. 726-730; ver também SYMEONIDES, "Choice of Law in the American Courts in 2000, pp. 6-8.

[119] Ou "concerned states". Neste sentido, LEFLAR: "a forum court is not free to choose as governing any preferred rule that it finds anywhere, but may only choose among rules that are supposed to have tangible existence in states substantially connected with the facts", "Choice-Influencing Considerations in Conflicts Law", New York University Law Review, 1966, p. 304, nota 127. Para a importância das conexões na jurisprudência que aplica a *better rule of law*, ver SCHOLES & HAY – *Conflict of Laws*, pp. 728-730.

[120] Neste sentido, assiste-se a um apelo particularmente marcado para a intervenção de critérios objectivos na determinação da *better rule of law* pelos autores norte-americanos: "rules of law which make good socio-economic sense for the time when the court speaks ... The preference is objective, not subjective. It has to do with preferred law, not preferred parties": LEFLAR, "More on Choice Influencing Considerations", p. 1588; "The anachronism standard is not dependent in subjective judgments as to which law is «better». One need not agree that a particular trend in the law ... is socially desirable in order to enable whether or not the trend exists": WEINTRAUB, *Commentary*, p. 470; "the law that

"lei mais favorável", a preferência por uma das leis em presença resulta de essa lei apresentar a solução que mais favorece a situação de determinada pessoa[121].

Há, no entanto, algum cruzamento das duas noções. Na realidade, a integração do critério da «lei mais favorável» no processo de determinação da lei aplicável está relacionada com uma asserção *a priori* pelo legislador de que o Direito material «mais favorável» a determinada pessoa – o filho, o menor, o credor de alimentos, a parte mais fraca no contrato, o lesado – é, em si mesmo considerado, o «melhor direito» – à face das opções valorativas do seu Direito material interno e das tendências de Direito comparado, ou seja por intervenção de critérios objectivos[123].

Por outro lado, nos Estados Unidos da América, se é geralmente acentuado o aspecto objectivo da *better law approach*, quando se passa à efectiva aplicação deste critério, em particular em matéria de contratos e de responsabilidade extracontratual, assiste-se a uma tendência para identificar a *better rule of law* como aquela que, respectivamente, é mais protectora da parte mais fraca no contrato[124] e assegura um maior ressarci-

---

best reflects modern trends and doctrine": JUENGER, "Choice of Law and Multistate Justice", 1993, p. 195; "which law makes the best socioeconomic sense in contemporary society": McDOUGAL III, "The Real Legacy of Babcock v. Jackson"; "the consideration of developing trends of the law with respect to the particular area in issue": SCHOLES & HAY, p. 54.

[121] Neste sentido: DE BOER, "Beyond *Lex loci Delicti.Conflicts, Methodology and Multistate Torts in American Case Law*, Deventer, 1987, p. 53 e ss – para quem o critério da lei mais favorável envolve uma avaliação das soluções materiais em presença a partir da consideração dos interesses subjectivos e individuais do destinatário do favor, enquanto a teoria da *better law* implica uma avaliação "intrínseca" e "normativa" das soluções, à qual estão subordinados os interesses dos sujeitos em causa; MOURA RAMOS, *Contrato de trabalho*, nota 14, pp. 371-373 – que refere estar em causa, na aplicação do critério da "melhor lei", a promoção de um determinado resultado tido em si próprio por mais justo", sendo que, "(q)uando o resultado não é qualificado de melhor em si próprio ... mas apenas pelos efeitos favoráveis que acarreta para uma pessoa", "estaremos no domínio da aplicação da lei mais favorável.

[123] "O direito que melhor favorece uma determinada pessoa, o melhor direito em sentido subjectivo ou o direito da melhor parte" é "apenas uma das formas sob que o melhor direito se pode manifestar", MOURA RAMOS, *Contrato de trabalho*, p. 370.

[124] Neste sentido, CAVERS defendeu que "(w)here, for the purpose of providing protection from the adverse consequences of (...) unequal bargainning power, the law of a state has imposed restrictions on the power to contract (...), its protective provisions should be applied" – *The Choice-of-Law Process*, 1965, pp. 173-174. Com considerações próximas, veja-se a referência à aplicação das normas protectoras da *home law* em EHRENZWEIG, "Adhesion Contracts in the Conflict of Laws." Columbia Law Review,

mento dos danos ao lesado – transformando-se a *better rule of law* na «lei mais protectora» ou «mais favorável». Assim, a partir dos anos 60 até meados dos anos 80, a tendência era para o "melhor direito" em matéria de responsabilidade extracontratual era – quase invariavelmente – a lei mais favorável ao lesado[125]. No entanto, esta equivalência necessária entre *better law* e "direito mais favorável ao lesado" é, actualmente, posta em causa por vários autores e mesmo alguma jurisprudência[126], em função de uma nova ênfase numa concepção mais objectiva da *better rule of law*[127].

1953, pp. 1072-1090. SINGER refere que a aplicação do *Second Restatement* pelos tribunais norte-americanos "suggests ... that regulation of consumer contracts, insurance contracts, employment contracts, and franchise contracts should be vindicated when the person protected by such laws contracts or fulfills the contract at home, regardless of whether the contract contains a choice-of-law clause which purports to avoid the protective legislation" – "Pay No Attention".

[125] Neste sentido, REESE, "The Influence of Substantive Policies on Choice of Law" in *Festschrift für F. Vischer zum 60. Geburstag*, Zurique, Schulthess Polygraphischer Verlag, 1983 – "That compensation is a more important value than deterrence in tort law is made clear by the increasing tendency of courts and legislators to arrive at results that are favourable to the plaintiff", p. 290. JUENGER – "Choice of Law and Multistate Justice", 1993 – defende a aplicação da "rule of decision which most closely accords with modern standards of product liability", que entende irem geralmente no sentido do favorecimento da situação do lesado, p. 197. Na análise da jurisprudência, SCHOLES & HAY referem que "the objective to afford compensation to the local plaintiff under the more favorable forum law makes the latter the «better law»" e citam também uma decisão em que o tribunal aplicou a lei estrangeira por ser mais favorável ao lesado – p. 55.

[126] SCHOLES & HAY referem que, partir dos anos 90, muitos tribunais mostram-se mais "moderados e objectivos" na aplicação da *better rule of law* – p. 56.

[127] Neste sentido, nos últimos escritos de WEINTRAUB, nota-se a introdução de uma nova nota de precaução no uso da *better law*, nomeadamente em matéria de responsabilidade extracontratual: "At one time I advocated substantive preference for tort conflicts – the law favorable to the plaintiff. This was really an attempt at «better law» analysis. I still favor a better law approach, but only when the «better» law can be identified objectively by clearly discernable developments in the relevant substantive area" ... the «anachronistic» and «aberrational» test – or the *better law approach* ... should not be a subterfuge for «the plaintiff wins»", *Commentary*, pp. 356-357 e pp. 417-419. No que toca à jurisprudência, SCHOLES & HAY referem que "although during the 1970s and early 1980s one might be tempted to favor the victim, no such conclusion can be ventured from the case law of the late 1980s and 1990s. If anything, cases decided during the latter period seem to tilt towards manufacturers rather than consumers", p. 824. No mesmo sentido, SYMEONIDES nota a diminuição a partir dos anos 90 dos casos de «product liability conflicts» em "Choice of Law in the American Courts in 2003: Seventeenth Annual Survey", AJCL, 2004. Numa posição muito crítica da *better law*, em particular quando aplicada à responsabilidade extracontratual: GOTTESMANN, "Adrift on the Sea of

O mesmo já não parece acontecer em relação aos contratos, onde parece mesmo acentuar-se a tendência para considerar «melhor» o Direito material mais protector da parte mais fraca[128].

Esta diferença parece-nos evidenciar que, na realidade, a eventual inversão da aplicação da *better rule of law* na área da responsabilidade extracontratual é resultado de uma alteração do sentido intrínseco do Direito material norte-americano nesta matéria – de uma fase em que o «discernable objective trend» ia no sentido de uma solução particularmente favorável ao lesado, para soluções que procuram realizar um maior equilíbrio entre os interesses do lesado e do agente[129]. O que nos parece demonstrar que, se existe um cruzamento entre as duas noções – de «melhor direito» e de «direito mais favorável» –, a distinção mantém-se: se a *better rule of law* em matéria de responsabilidade extracontratual nos Estados Unidos da América não é necessariamente a lei mais favorável ao lesado, é porque está subjacente à sua identificação a justiça intrínseca das soluções, em si mesmo consideradas, e não necessariamente mediatizadas pela situação do lesado.

Indeterminacy", Indiana Law Journal, 2000: "the "better law" crowd has an agenda: the better law is the law that enables the plaintiff to win".

[128] Assim, WEINTRAUB mantém que os regimes protectores da parte mais fraca representam "a viable trend in the law of contracts", *Commentary*, 2001, p. 470 e ss – o que justifica a sua aplicação preferencial em relação a um sistema que não integra essa protecção. Para uma referência expressa às políticas de protecção da parte mais fraca na determinação da lei aplicável aos contratos nos termos de uma abordagem funcional, veja-se o artigo 3537 da lei de Direito Internacional Privado da Luisiana, que apela directamente à consideração das "policies ... of protecting one party from undue imposition by the other".

[129] Neste sentido, ao analisar a inversão da jurisprudência em matéria de responsabilidade do produtor, SCHOLES & HAY põem a hipótese de tal ser "a reflection of the «tort reform» movement of the 1980s" – p. 824. Ainda mais claro, WEINTRAUB: "At the beginnig of the «conflicts revolution», the most common conflicts in interstate occurred because the law of one state permitted recovery and the law of the other state" (que não permitia o ressarcimento do dano) "was a rule that was fast disappearing from the American scene. ... Times have changed. Those holdovers from the last century have all but disappeared and now, certainly for the matters of enterprise liability, the pendulum has swung in the opposite direction. Many states have enacted «tort reform» legislation to rein in what has been perceived as doctrines that unduly favor plaintiffs", pp. 356-357. No mesmo sentido, TWERSKI, "One Size Does Not Fit All: The Third Multi-Track Restatement of Conflict of Laws", Indiana Law Journal, 2000: apesar de defender a integração da *better law* num novo *Restatement*, afirma-se céptico quanto à sua aplicação dada a evolução do Direito material na área da responsabilidade extracontratual.

Quando, na norma de conflitos, o favor é directamente referido a um sujeito determinado, não se trata de determinar a melhor lei, mas apenas a lei mais favorável a esse sujeito. A noção de lei mais favorável distingue--se assim, num sentido mais restritivo, da noção de "melhor lei"[130]: não está em causa a identificação das normas que, segundo as concepções de justiça vigentes, regulam melhor dado problema jurídico-material, mas do direito cuja solução favorece a posição de determinada pessoa[131]. Pretende-se, não a aplicação da lei que se considera apresentar uma melhor qualidade de justiça, mas da lei que melhor favorece os interesses do sujeito em causa.

Em conclusão, as normas de conflitos que estabelecem a preferência pela lei mais favorável representam uma concretização do critério da "melhor lei", que restringe e especifica o seu sentido, com a opção deliberada e expressa por aquela lei cujas soluções favorecem determinado sujeito. Se esta opção tem subjacente as opções materiais do foro neste domínio[132] e também a consideração, em termos de direito comparado, das tendências globais em termos de direito material[133] – o que a aproxima da *better law* –, uma vez integrado o critério na norma de conflitos, desaparece a possibilidade de um novo desenvolvimento do Direito material vir modificar a solução – ao contrário do que acontece no plano da *better law approach*.

O conceito de "lei mais favorável" implica a mediatização da apreciação do conteúdo material do direito em causa pelo destinatário do

---

[130] "Dans la distinction entre les statuts favorables il se dessine, dès l'abord, deux idées: l'équité en général, et, notion de beaucoup plus restreinte, la protection des faibles" – Kisch, "La loi la plus favorable. Réflexions à propos de l'article 9 (3) 2 de la loi uniforme Benelux", *Jus et Lex. Festschrift fur M. Gutzviller*, Vaduz, Topos Verlag, 1977, p. 390.

[131] "Il n'y a pas des lois favorables en soi, on ne peut les appeler favorables que par rapport au destinataire de la faveur", Kisch, "La loi plus favorable", p. 388.

[132] "O favorecimento de certo resultado material só se justifica quando no Direito material interno há uma finalidade subjacente a um ramo de Direito ou a um instituto jurídico que aponta nesse sentido" – Lima Pinheiro, *Parte Geral*, p. 227.

[133] "A choice-of-law rule should not be designed to implement substantive policies in situations where either no single fundamental policy underlies the particular field of law or else where at least the majority of the policies involved do not point in the same direction.", Reese, "The Influence of Substantive Policies on Choice of Law", p. 291. No mesmo sentido, Lima Pinheiro: "não basta que o Direito material interno aponte para o favorecimento de certo resultado material... as normas de conflitos só devem ser materialmente orientadas quando se manifeste uma tendência internacional para a prossecução de determinada finalidade jurídico-material" – *Parte Geral*, pp. 227-228.

favor: não há leis favoráveis em si mesmas, elas são-no em relação ao destinatário do favor[134]. Pode, inclusive, a lei mais favorável não consistir na "melhor lei", no sentido de apresentar uma qualidade de justiça superior, na medida em que pode traduzir uma protecção excessiva ou exorbitante. Não deixará, no entanto, de ser a "lei mais favorável"[135].

12. Quando o legislador não enuncie o resultado que considera mais favorável[136], a identificação da lei mais favorável passa pela determinação das normas jurídicas que resultam na criação de uma situação jurídica mais vantajosa, conveniente ou proveitosa – ou menos onerosa, gravosa ou incómoda – para o destinatário do favor[137]. Trata-se em consequência de uma realidade necessariamente "relacional" ou "comparativa", pela qual são postas em relação normas ou conjuntos de normas constantes de dois ou mais sistemas jurídicos.

---

[134] O critério da lei mais favorável distingue-se claramente das normas de conflitos materialmente orientadas pela validade, formal ou material, dos actos e negócios jurídicos – as chamadas teorias do *favor negotii* e da *lex validatis*. De facto, enquanto aquele se refere à aplicação preferencial da lei que favorece determinada pessoa, as regras de conflitos que visam salvaguardar a validade dos actos ou negócios jurídicos são orientadas pela realização de um resultado: a manutenção do acto ou do negócio jurídico. Ora, nada garante que a validade e eficácia do acto ou do negócio seja mais favorável. Por outro lado, há uma clara distinção dos seus fundamentos político-jurídicos: enquanto as normas de conflitos orientadas pelo critério da lei mais favorável pretendem ser a expressão ou prolongamento de uma política de Direito material no plano do Direito de conflitos, as regras baseadas no *favor negotii* e na *lex validatis* não são tanto influenciadas pelos correspondentes valores no Direito material, mas por valorações próprias do Direito Internacional Privado e exigências particulares das relações com elementos de internacionalidade.

[135] Veja-se, neste sentido, a presença na jurisprudência norte-americana de decisões que, mesmo durante o auge da «tort revolution» e em Estados que advogam a *better law approach*, aplicam a lei do foro, apesar de mais desfavorável ao lesado, excluindo a *better rule of law* estrangeira por esta colidir com o *governmental interest* do Estado do foro – *Maguire v. Exeter & Hampton Elec. Co.*, 114 N.H. 589, 325 A.2d 778 (1974). Se o critério da *better law* fosse, efectivamente, equivalente ao critério da «lei mais favorável», estas soluções não seriam possíveis.

[136] Vejam-se as normas de conflitos acima referidas em matéria de filiação.

[137] CHEVILLARD, "La notion de disposition plus favorable", Droit Social, 1993, pp. 363-375.

3.3. *A operação de comparação.*

13. Uma vez estabelecidos os objectos da comparação e especificado o critério que vai orientar a comparação, é necessário proceder à operação comparativa propriamente dita, em ordem a estabelecer qual das soluções corresponde à lei mais favorável[138]. Vamos de seguida analisar alguns aspectos mais problemáticos desta comparação – em particular, algumas opções metodológicas que se impõe fazer.

14. Em primeiro lugar, é preciso distinguir as normas de conflitos que utilizam um critério aliorelativo[139] de comparação das normas onde a comparação se processa em termos binários.

A comparação por um critério binário, ou sistema do "tudo ou nada"[140], põe-se em termos de sim/não, exclusão/inclusão, rejeição/aplicação – de um juízo de positivo ou negativo, à face de cada uma das leis designadas, à luz de um resultado material precisamente definido. Ou seja, antes da comparação, procede-se a uma constatação primária à face do conteúdo de cada uma das leis envolvidas, que permite imediatamente excluí-la ou incluí-la na classe das leis aplicáveis[141]. As normas de conflitos aplicáveis em matéria de filiação utilizam um critério binário de comparação: são automaticamente rejeitadas as leis que excluem o reconhecimento ou a legitimação do filho; só são consideradas as leis que permitem estabelecer a filiação[142]. Na realidade, o critério material de solu-

---

[138] Referem a comparação como um elemento fundamental da intervenção do critério da lei mais favorável, e, mais amplamente, das normas de conflitos de conexão substantiva: BRITO, *A representação*, p. 48 e 52; JAYME, "Les contrats conclus par les consommateurs", p. 86; LAGARDE, "Le contrat de travail", p. 75; MOURA RAMOS, *Contrato de trabalho*, p. 874.

[139] KISCH, "La loi la plus favorable", p. 393.

[140] "Procedé «rien contre quelque chose»", KISCH, "La loi la plus favorable", p. 393.

[141] O exemplo típico das normas de conflitos que utilizam um critério binário de comparação é constituído pelas regras de conflitos orientadas pelo *favor negotii* ou pela *lex validatis*

[142] No mesmo sentido, em matéria de obrigações de alimentos, no RELATÓRIO DE WINTER, assinala-se que, na Convenção da Haia de 24.10.56, a regra do anteprojecto que fazia referência a lei mais favorável foi substituída por uma solução nos termos da qual "le juge n'a pas besoin de balancer le pour et le contre de différents systèmes de droit. Il n'y a qu'un seul cas où, suivant cette disposition, l'autorité saisie peut s'écarter de la règle principale de la Convention: à savoir lorsque en l'espèce l'application de la loi de la rési-

ção não requer aqui uma verdadeira análise comparada do regime material da filiação nas várias leis, mas apenas a verificação, à luz do regime material de cada ordem jurídica, da constituição ou não da filiação[143].

Quando a comparação é feita nos termos de um critério aliorelativo, não é possível examinar individualmente cada lei, sendo indispensável atender às várias leis simultaneamente e em relação. À face de cada lei em si mesma considerada não é possível tirar qualquer conclusão; a comparação constitui, em si mesma, a constatação primária. O funcionamento do critério parte da própria comparação, antes desta não há qualquer constatação possível. Uma vez realizada a comparação, as várias leis são colocadas numa sequência, que tem como pólos a ausência de favor e o máximo favor. Quando a norma de conflitos faça referência à aplicação da lei mais favorável, sem estabelecer o efeito jurídico que corresponde a esse favor, a comparação é, necessariamente, aliorelativa: tal acontece na remissão para a lei mais favorável ao credor de alimentos da Lei Uniforme do Benelux, na remissão para a lei mais favorável ao lesado – quando não se use uma conexão optativa –, e na remissão para a lei mais protectora da parte mais fraca no contrato, nomeadamente nos artigos 5.º e 6.º da Convenção de Roma. Estas normas de conflitos não permitem averiguar a aptidão para ser competente de cada uma das leis em causa. O critério de selecção utilizado depende da inserção das várias leis relevantes numa série ordenada e graduada, em função de um juízo de "mais/menos/igualmente" favorável, o que pressupõe um confronto comparativo do conteúdo de todas as leis em causa.[144]

---

dence habituelle de l'enfant ne reconnaîtrait pas un droit aux aliments" – *Conférence de la Haye de froit internaional privé, Actes relatifs à la huitième session*, 3 au 24 Octobre 1956, p. 175.

[143] Indicando uma clara preferência pela utilização de critérios binários na comparação, nomeadamente em matéria de filiação, FOYER refere que a comparação só é praticável se a norma de conflitos enunciar de maneira clara e precisa os aspectos e elementos relevantes do regime jurídico que fundamentam a preferência por uma das leis em presença – FOYER, "Problèmes de conflits de lois en matière de filiation", p. 13 ss. Na referência à «lei mais favorável» – e, ainda mais na remissão para a *better law* ou para o «direito mais apropriado ao litígio» –, há uma importante margem de indeterminação quanto aos elementos materiais justificativos da preferência, o que, não só dificulta a tarefa de comparação, como torna o seu resultado relativamente imprevisível.

[144] Pode aproximar-se esta distinção entre critérios binários e aliorelativos de comparação da distinção entre «conceitos de classe» e «conceitos de ordem ou ordenadores» – PAIS DE VASCONCELOS, P., *Contratos atípicos*, Coimbra, Almedina, 1995. Os conceitos de ordem funcionam segundo uma operação de lógica binária, que visa decidir se um

15. Propugna-se aqui uma comparação objectiva – a procura da solução objectivamente mais favorável ao destinatário do favor – e não subjectiva – a procura da solução que corresponde à preferência do destinatário do favor. Quando se disse acima que o critério da «lei mais favorável», ao contrário do critério da *better law*, implica uma mediatização da apreciação do conteúdo material dos normativos em causa pelo destinatário do favor, não se pretende a investigação das considerações sócio-psicológicas subjectivas e concretas do sujeito[145], a menos que se remeta para a escolha do interessado[146].

---

elemento pertence ou não ao grupo. Trata-se de uma questão de sim/não, verdadeiro/falso, que funciona segundo uma lógica precisa ou exacta – "a crispy or sharp logic". Os conceitos de ordem ou ordenadores são necessariamente conceitos comparativos ou de relação, pressupondo a inserção dos elementos considerados numa série em função de um juízo de "mais/menos/igualmente" – daí representar a comparação a constatação primária –, o que implica a intervenção de uma lógica difusa – "fuzzy logic".

[145] "L'appréciation est subjective lorqu'elle prend en compte la préférence de l'intéressé (...) pour l'une des normes en conflit", CHEVILLARD, "La notion de disposition plus favorable", p. 364.

[146] A solução da conexão optativa apresenta vantagens. À partida, porque ninguém está em melhor posição do que o destinatário do favor para determinar que lei lhe é mais favorável. Com a remissão para a escolha pelo destinatário do favor, afasta-se a possibilidade de aplicação de uma lei não querida pelo favorecido, resultado que não está excluído quando a identificação da lei aplicável é diferida para os tribunais – até porque o destinatário do favor pode não querer a aplicação da lei que lhe é, objectivamente, mais favorável por outras razões, *maxime*, por se tratar de uma lei estrangeira. Por outro lado, o tribunal fica dispensado da complexa tarefa de averiguação e comparação dos vários sistemas jurídicos: "Leaving it to the plaintiff, within stated limits, to choose the governing law obviously relieves the court of a considerable burden. The court will no longer be required to investigate on its own initiative the content of all possibly applicable laws", REESE, "The Influence of Substantive Policies", p. 290. Para limitar este problema, no quadro dos danos ao ambiente e no âmbito de uma convenção internacional, BERNASCONI propõe a instalação de um sistema de cooperação e troca de informação entre os Estados contratantes – "Civil liability resulting from transfrontier environmental damage", p. 34. Uma outra vantagem da conexão optativa é o desaparecimento da possibilidade de fraccionamento das soluções: a escolha do interessado vai ser referida a uma lei globalmente considerada, cabendo-lhe pesar os prós e contras das diferenças – BERNASCONI, p. 30.

A conexão optativa pode, no entanto, levantar problemas, podendo mesmo pôr em causa a realização do objectivo de favorecimento: "par cette technique la réalisation des objectifs poursuivis par la règle devient incertaine: les parties peuvent faire un choix malencontreux aboutissant à un résultat qui ne leur est guère favorable, ou même s'abstenir de tout choix sans se rendre compte de ce que la loi subsidiairement compétente leur est moins favorable que celle qu'elles auraient pu choisir", PATOCCHI, Règles de rattachement, p. 248; no mesmo sentido, BERNASCONI – "Civil liability resulting from transfron-

16. Coloca-se ainda a questão de estabelecer se a comparação deve ser feita em abstracto ou em concreto. A determinação da lei mais favorável em abstracto implica a comparação do conteúdo das leis em presença com abstracção do resultado a que conduz a sua aplicação no caso concreto. A lei mais favorável em concreto traduz-se na comparação das soluções a que conduz a aplicação das leis envolvidas ao caso *sub judice*[147].

Defende-se que o critério da lei mais favorável implica uma comparação em concreto das soluções proporcionadas por ambas as leis ao problema considerado porque o próprio fim da comparação – a determinação da lei mais favorável ou protectora – exclui a possibilidade de um confronto teórico e abstracto do sentido mais ou menos protector dos regimes em causa. Uma comparação abstracta permite evidenciar semelhanças, diferenças e relações e proceder à sua síntese numa demonstração dos pontos comuns e desvios entre os objectos da comparação. Mas não dá uma direcção à comparação[148]. Ora, o propósito das normas de conflitos em causa envolve uma "comparação dirigida" – o que implica um destino para essa direcção, que só pode encontrar-se no litígio concreto.

Por outro lado, as diferentes leis em presença podem apresentar, em abstracto, um grau desigual de protecção e, em concreto, dadas as circunstâncias particulares da situação, chegarem exactamente ao mesmo

---

tier environmental damage", p. 34 – chama a atenção para a importância da informação do destinatário do favor quando se consagre uma conexão optativa – e para a sua frequente insuficiência como um argumento contra esta solução. Na realidade, na medida em que se prescreve uma opção activa do interessado, verifica-se o risco típico das relações em que há uma desigualdade no conhecimento do direito: a possibilidade de a parte mais fraca não conhecer e por conseguinte não accionar os mecanismos que a protegem.

[147] MOURA RAMOS distingue o "melhor direito em absoluto", que se apura pela comparação do conteúdo regulador das normas em si mesmo consideradas e o "melhor direito em concreto", que se estabelece a partir da comparação do resultado da aplicação das normas ao caso concreto – *Contrato de trabalho*, pp. 370-371 (nota 14).

[148] Veja-se a referência por DE BOER à ausência, na comparação realizada no âmbito da aplicação das normas de conflitos de leis, do objectivo de "conhecimento" – "the motive of learning" – que caracteriza o Direito comparado – "The Missing Link. Some Thoughts on the Relationship Between Private International Law and Comparative Law", *Comparability and Evolution: Essays on Comparative Law and International Commercial Arbitration in Honour of D. Kokkini-Iatridou*, Dordrecht/Boston/London, Nijhoff, p. 19. A direcção é aqui a um resultado concreto – a identificação da solução mais benéfica ao favorecido –, não à compreensão das soluções normativas em confronto.

resultado material[149] – quando não mesmo conduzir a aplicação da lei em abstracto menos protectora a um resultado em concreto mais favorável.

A análise do regime estabelecido nas leis em causa deve assim ser feita na perspectiva do litígio concreto[150], atendendo-se não só ao teor das regras materiais em causa, mas também ao modo como são interpretadas e aplicadas, isto é, o resultado prático da sua aplicação[151].

17. A comparação pode ainda ser global ou analítica. A solução da comparação global redunda em comparar-se, nos vários sistemas relevantes, o regime estabelecido *in toto* para a categoria delimitada na previsão da norma de conflitos em ordem a determinar o conjunto de soluções ou "estatuto globalmente mais favorável"[152]. Numa solução analítica, procede-se a uma comparação norma a norma – ou pelo menos limitada a complexos normativos articulados em torno de uma questão –, aplicando--se a regra ou regras singulares mais favoráveis.

Na prática, uma comparação que abrange a totalidade das normas do sistema dirigidas à protecção do destinatário do favor apresenta-se particularmente difícil de actuar, pois exige uma análise complexa do sentido geral de dois ou mais regimes, sendo que pelo menos um deles terá origem

---

[149] Assim, a norma que proíbe geralmente as cláusulas de exclusão da responsabilidade será, em abstracto, mais favorável do que a norma que limita essa proibição às situações em que haja dolo. No entanto, se no caso concreto, estiver provado a conduta dolosa, ambas as leis são igualmente favoráveis. No mesmo sentido, a lei que estabelece o direito à reparação ou substituição da coisa e indemnização no caso de venda de coisa defeituosa independentemente da culpa do fornecedor é mais favorável do que a lei que exclui esse direito apenas quando o vendedor desconheça sem culpa o vício. No entanto, se no caso concreto estiver provada a culpa do vendedor, ambas as leis têm o mesmo efeito – podendo mesmo a segunda ser mais favorável se estabelecer mais vantagens para o consumidor. Veja-se também, em matéria de filiação, KISCH: "La règle à appliquer doit résulter d'une comparaison des deux lois, qui s'impose pour chaque espèce concrète, puisqu'on ne peut pas établir, de manière théorique, si une disposition obligeant le père à une contribution plus modeste, mais pour un période plus longue, l'emporte ou non":, "La loi la plus favorable", 1977, p. 389.

[150] Assiste-se a uma clara inclinação da doutrina para esta solução: PATOCCHI, *Règles de rattachement*, p. 304; MOURA RAMOS, *Contrato de trabalho*, pp. 370-371 (nota 14); FOYER, "Problèmes de conflits de lois en matière de filiation", RCADI, t.193, 1985--IV, p. 45. JAYME, "Les contrats conclus par les consommateurs ", p. 82 e "Identité culturelle et intégration", p. 105; LAGARDE, "Le contrat de travail ", p. 75; LECLERC, *La protection de la partie faible*, pp. 563-564.

[151] FERREIRA DE ALMEIDA, *O Ensino do Direito Comparado*, Lisboa, 1996, p. 117.

[152] MOURA RAMOS, *Contrato de trabalho*, p. 871.

num sistema jurídico estrangeiro. A comparação limitada a normas singulares, ou, pelo menos, circunscrita a conjuntos restritos de normas, apresenta-se muito mais exequível[153-154].

Uma comparação global tende a conduzir à conclusão da igualdade das leis. Com efeito, as realidades confrontadas mostram-se demasiado amplas, e por isso diferentes, para que se possa chegar a um resultado útil. Quanto mais ampla a matéria objecto da comparação, mais difícil será responder à pergunta "que lei é mais favorável", em consequência da frequente evolução dos vários sistemas jurídicos para níveis globais de protecção mais ou menos equivalentes, mesmo se concretizados em soluções eventualmente diferentes. Ambos os regimes apresentarão pontos favoráveis e desfavoráveis, tornando inoperante o critério da lei mais favorável[156].

---

[153] Ver JUENGER, para quem a solução analítica "obviates the need to match entire complexes of norms in order to ascertain which legal system yields a net result most favorable to the plaintiff. As a practical matter, it is easier to compare individual rules" – "General Course", p. 291.

[154] Este problema agudiza-se quando esteja em causa uma área em que o "favor material" não assume um carácter sistematizado, mas desenvolve-se num conjunto de medidas pontuais e esparsas: é, nestas circunstâncias, difícil falar numa lei globalmente mais favorável.

[156] Neste sentido, RELATÓRIO DE WINTER acima citado – "les lois susceptibles d'être prises en considération peuvent contenir des dispositions divergentes qui présentent pour l'enfant tant d'avantages que d'inconvénients". A tendência para a incomparabilidade é particularmente visível em matéria de protecção da parte mais fraca nos contratos de consumo e trabalho: desde que ambas as leis integrem um "estatuto jurídico específico do contrato de consumo e do trabalhador", ambas tendem a procurar um ponto de equilíbrio entre os interesses contrapostos das partes, apresentando um regime diferente, mas não melhor ou pior: "a maior protecção concedida num lado, em sede de mais elevados salários ou prestações complementares, pode corresponder a uma mais liberal disciplina no que toca à cessação da relação de trabalho, ocorrendo precisamente a solução inversa no outro dos ordenamentos em questão. O que significa que se procurou afinal, tanto num como noutro, um determinado equilíbrio", MOURA RAMOS, *Contrato de trabalho*, p. 876 – que defende, no entanto a solução da comparação global, para evitar a acumulação de regras protectoras diversas. Em matéria de responsabilidade extracontratual por danos ao ambiente, no Comentário da Conferência da Haia ao anteprojecto Roma II, assinala-se que "it is not unusual for a law to be more favourable on one point, but less on another. For example, one law might provide for liability based simply on causation, while the other would impose on the injured party the burden of proving fault on the part of the polluter; yet this latter law might provide on the other hand for unlimited liability, contrary to the former which, in this case, would have set a (monetary) ceiling on liability" – p. 9.

Por outro lado, a solução da comparação global parece-nos ser incompatível com uma comparação em concreto, porquanto esta implica a articulação do conteúdo das leis com as circunstâncias concretas do caso e a questão em litígio. Só as normas relevantes para resolver o *point at issue* devem ser atendidas[157].

Com a defesa da comparação analítica, maximiza-se o favor, na medida em que se irá buscar aos vários sistemas em presença as normas mais favoráveis ao sujeito, que podem variar consoante a questão em litígio. A comparação em concreto e analítica conduz assim a um potencial *dépeçage*, com a combinação – se não cumulação –, na regulamentação da categoria globalmente considerada, das soluções mais favoráveis das várias leis em presença[158].[159]

18. Com a opção da solução analítica não se pretende, no entanto, uma comparação norma a norma – a chamada "teoria das cerejas" –, que resultaria na aplicação simultânea das normas singulares protectoras dos dois sistemas, com a criação de um regime final de "hiper-favorecimento". A comparação de dois sistemas não é a mesma coisa do que a aplicação cumulativa dos elementos singulares mais favoráveis de dois sistemas.

---

[157] PATOCCHI, *Règles de rattachement*, p. 305.

[158] A favor de uma comparação analítica que tende para a cumulação de normas favoráveis: LAGARDE, "Le contrat de travail", p. 75 – devendo, em consequência, renunciar-se à noção de *lex contractus* –; LECLERC, La protection de la partie faible – "Pourquoi s'enfermer une fois pour toutes dans le carcan d'une loi jugée globalement plus favorable quand celle-ci risque de se révéler ponctuellement moins protectrice que l'autre loi désignée par la règle de conflit? La méthode de comparaison globale n'a d'autre effet que de restreindre les potentialités offertes par la structure alternative. C'est pourquoi il nous semble de meilleure politique d'adopter la méthode analytique, permettant au fil des questions posées de prélever dans chaque système les éléments favorables à celui que l'on a voulu protéger", pp. 716-717 –; VON MEHREN, *Rapport sur le projet de Convention sur la loi applicable à certaines ventes aux consommateurs, Actes et documents de la 14ème session*: "the mandatory protective provisions of the stipulated law and of the law of the consumer's habitual residence are cumulated. In this way, the consumer is ensured maximum protection without the need to compare the kinds and degrees of protection afforded", p. 36.

[159] Contra a solução analítica e a favor da solução global: MOURA RAMOS – "a comparação entre os sistemas em causa ... apenas terá sentido se considerada a um nível global, opondo ao conjunto de soluções de uma das leis o universo constituído pela soma das regras do outro" –, *Contrato de trabalho*, p. 877; JAYME, "Identité culturelle et intégration", p. 106 – se bem que em "Les contrats conclus par les consommateurs", p. 82, parece defender uma solução mais analítica –; SALVADORI, "La protezione", p. 64 ss.

Este resultado da cumulação é, correctamente, criticado[160] por implicar a quebra do equilíbrio e sentido do regime constante de cada sistema[161], e a constituição de um regime híbrido e artificial, sem coerência e lógica interna, com uma acumulação de normas materiais que desempenham, nos respectivos sistemas jurídicos, funções semelhantes. O critério da lei mais favorável daria lugar a uma espécie de "super-lei", própria das situações internacionais, constituída pelas normas singulares protectoras dos vários regimes jurídicos.

Para evitar esta situação, há que utilizar o método funcional do direito comparado[162]. Este supõe que se faça abstracção da diversidade da letra das normas e das técnicas utilizadas nos vários sistemas jurídicos, e se procure o seu fundo comum a partir da necessidade social a que respondem e da função que realizam. Não será possível, em consequência, proceder à aplicação separada de normas que se encontrem no respectivo ordenamento jurídico funcionalmente ligadas, que desempenhem a mesma função em relação ao destinatário do favor.

Uma comparação concreta e analítica parte, necessariamente, da individualização da questão suscitada no litígio – *point at issue* – e da identificação, nos dois sistemas jurídicos, das normas materiais que estabelecem a sua regulamentação, procedendo-se à comparação das soluções propostas. Para evitar uma acumulação de favores, defende-se uma limitação da solução analítica, através da comparação – funcional –, não

---

[160] MOURA RAMOS, *Contrato de trabalho*, p. 876 ss; RODIÈRE, "Conflits de lois en droit du travail: étude comparative", Droit Social, 1986 – "il serait anormal que le salarié puisse sélectionner (*pick up*) dans chaque loi ce qui lui est favorable et la comparaison doit donc se faire globalment, *in toto*", p. 120 –; HOLLEAUX – FOYER – DE LA PRADELLE, *Droit international privé*, Paris, Masson, 1987, p. 325 – "La partie protégée ne devrait en tout cas pas être autorisée à prendre dans chaque loi la règle qui l'avantage pour se composer un régime finalement plus favorable que ceux de toutes les lois en cause"; IMHOFF-SCHEIER, *Protection du consommateur et contrats internationaux*, Genebra, Georg, 1985, pp. 204-205; NYGH, "The Reasonable Expectations of the Parties as a Guide to the Choice of Law in Contract and Tort", RCADI, t.251, 1995, p. 292.

[161] "il faudra se demander si une question peut être séparée des autres sans perdre sa fonction dans l'ensemble des règles concernant une matière donnée", JAYME, "Identité", p. 137; em relação ao contrato de trabalho, o regime material de cada uma das leis representa "um determinado equilíbrio, que seria de todo destruído se ao trabalhador fosse facultado o cúmulo dos regimes que numa e noutra ordem jurídica fossem mais favoráveis", MOURA RAMOS, *Contrato de trabalho*, p. 876.

[162] Sobre a comparação funcional em Direito Internacional Privado: JAYME, "Identité culturelle" e BRITO, *A representação*.

de normas singulares, mas de "unidades normativas"[163]. Para tal, é necessário proceder à desarticulação, no direito material, da categoria geral em subgrupos normativos a que correspondem "segmentos" de regulação, agrupados em torno da sua unidade funcional, mais ou menos amplos. Esta unidade funcional das normas materiais singulares assenta na sua confluência na resposta a uma mesma necessidade ou questão da vida, na sua convergência e interdependência na realização de uma mesma finalidade. É o sentido global das unidades funcionais normativas de cada uma das leis que deve ser comparado. Quando se conclua que a unidade funcional normativa de uma das leis em presença é mais favorável, essa será aplicável em exclusão de todo o conjunto articulado de normas que desempenha a mesma função no outro sistema jurídico.

---

[163] Neste sentido, RODIÈRE refere a comparação "d'ensemble d'avantages «se rapportant à une même cause» ou «poursuivant un même finalité»" – "Conflits de lois en droit du travail", p. 121 ; CHEVILLARD apela para uma comparação de "avantages ayant le même objet ou contenu" ou "la même finalité", "par ensemble d'avantages interdépendants" – "La notion de disposition plus favorable", p. 369; LIMA PINHEIRO invoca "uma comparação dos complexos de normas que formam, nas ordens jurídicas em presença, unidades de regulação", sendo que o respeito por estas "unidades de regulação" "reduz o risco de contradições normativas ou valorativas", *Parte Especial*, p. 200.

BRITO defende que a comparação imposta pela referência à lei mais favorável seja feita, não a partir das normas singulares em presença, mas a partir da consideração de complexos normativos materiais que constituam «unidades de sentido» – "unidades teleológicas", que "se encontrem entre si numa particular conexão interna" –, apesar de referir, mais longe, a propósito dos artigos 5.° e 6.° da Convenção de Roma, que se "as disposições imperativas da «lei de protecção» organizarem um "regime jurídico tendencialmente completo para o contrato em causa ... podem desencadear a aplicabilidade ao contrato de toda a ordem jurídica em que se inserem", só se verificando o *dépeçage* quando "as disposições imperativas da «lei de protecção» se reportarem apenas a aspectos limitados e específicos da disciplina do contrato em causa" – *Representação*, pp. 699-700. Assiste-se assim, no quadro dos contratos, a uma potencial absorção do regime de todo o contrato pela lei mais favorável subsidiariamente competente – ou, quando tal não aconteça, a uma articulação do regime da lei da autonomia com as "unidades de regulação" mais restritas que se apresentam, em concreto, mais favoráveis do que as "unidades de regulação" funcional, teleológica e valorativamente correspondentes da lei da autonomia.

Note-se que, no quadro da responsabilidade extracontratual, a consagração de uma conexão optativa, referida a uma única lei, faz, em princípio, desaparecer este problema. Nos casos raros em que tal não seja a solução, parece-nos que a coerência fundamental dos pressupostos da responsabilidade extracontratual se opõe geralmente à sua desagregação: neste domínio assiste-se a uma tendência para a comparação global – daí provavelmente o sucesso da solução da conexão optativa.

Isto mesmo quando se depare no sistema excluído com normas ou soluções materiais singulares, favoráveis ao interessado, que, de um ponto de vista puramente lógico, podiam ser cumuladas com as regras aplicadas, se não fosse tomada em conta a sua dimensão valorativa e teleológica.

A APLICAÇÃO NO TEMPO DA REGRA DE CONFLITOS SOBRE O REGIME DE BENS E O CONTROLO DA SUA (IN)CONSTITUCIONALIDADE
BREVE REFLEXÃO A PROPÓSITO DE ALGUMA JURISPRUDÊNCIA RECENTE

HELENA MOTA
Assistente da Faculdade de Direito da Universidade do Porto

SUMÁRIO: **1.** Enunciado do problema e justificação da sua actualidade. **2.** A sucessão no tempo da norma de conflitos e o conflito móvel: distinção. **2.1.** A doutrina portuguesa face ao problema da sucessão de normas de conflitos no tempo. **i)** A tese da aplicação imediata da regra de conflitos enquanto *regula decidendi* (Baptista Machado). **ii)** A tese da aplicação do direito intertemporal do foro (Isabel Magalhães Collaço). **2.2.** O DIP e o Direito Constitucional. **i)** Os princípios constitucionais do foro e as regras de conflitos. **ii)** A lei estrangeira designada pela regra de conflitos e a sua conformidade aos preceitos constitucionais do foro e do ordenamento *ad quem*. **3.** O Acórdão do STJ de 06.11.2003. Comentário.

1. Enunciado do problema e justificação da sua actualidade

O problema da sucessão no tempo da regra de conflitos aplicável ao regime de bens, bem como o da sua compatibilidade com os princípios constitucionais tem sido discutido pelos tribunais portugueses com alguma regularidade[1] o que se explica tanto pela própria natureza das matérias

---

[1] Cfr. Acórdão do Supremo Tribunal de Justiça de 17.12.1991, Acórdão do Supremo Tribunal de Justiça de 3.10.2002, Acórdão do Supremo Tribunal de Justiça de 6.11.2003,

sobre que ela incide, como por factores conjunturais ligados à produção legislativa ordinária e constitucional dos últimos 30 anos.

De facto, a questão da aplicação a uma relação matrimonial internacional ou plurilocalizada[2] da lei que regula o seu regime de bens é muitas vezes suscitada a propósito da partilha de bens comuns efectuada aquando da dissolução do casamento por morte ou divórcio. Ora, no primeiro caso e pela "ordem natural das coisas", o problema poderá só ser colocado 40 ou 50 anos após a celebração do casamento; no segundo caso, e no contexto português em que a aplicação do regime do divórcio aos casamentos católicos[3] foi possível a partir de 1975, após a assinatura do Protocolo Adicional à Concordata de 1940, o fenómeno é algo semelhante. Se aliarmos esta factualidade às sucessivas intervenções legislativas que no mesmo intervalo criaram lei nova nesta matéria – Código Civil de 1966, Reforma de 77, Constituição da República Portuguesa de 1976 –, compreendemos a frequência com que hoje, perante relações matrimoniais entretanto dissolvidas ou em fase de dissolução, se discute qual é a regra de conflitos aplicável ao seu regime de bens: a que vigora ou a que vigorava antes, à data da celebração do casamento.

Na vigência do Código de Seabra, o art. 1107.º dispunha que "se o casamento for contraído em país estrangeiro entre português e estrangeira, ou entre estrangeiro e portuguesa, e nada declararem ou estipularem os contraentes relativamente aos seus bens, entender-se-á que casaram conforme o direito comum do país do cônjuge varão..."; já o Código Civil de 1966 veio estabelecer a conexão "nacionalidade comum" e subsidiaria-

---

Acórdão da Relação do Porto de 6.05.2002 e Acórdão da Relação de Lisboa de 1.07.1993 todos em *http://www.dgsi.pt*. Ainda sobre a mesma problemática mas no contexto da lei aplicável à constituição da filiação, cfr. o Acórdão do Supremo Tribunal de Justiça de 29.01.2002, também em *http://www.dgsi.pt*.

[2] A classificação das relações privadas no plano internacional é devida a D.J.JITTA que as divide em relações puramente internas, relativamente internacionais e absolutamente internacionais. Sobre esta classificação, cfr. A. MARQUES DOS SANTOS, *As normas de aplicação imediata...*, vol.I, p. 8, nota 19, e p. 43, nota 151.

[3] A opção pela celebração do casamento católico permanece maioritária em Portugal apesar da curva descendente que os últimos dados estatísticos revelam: "em 2003, o número de casamentos católicos foi de 32039 (59,6%) e o de civis de 21696 (40,4%). Assim, continuou a tendência decrescente, desde 1960, dos casamentos católicos. Relativamente ao ano anterior, o número de casamentos católicos diminuiu 9,2% ao nível nacional. Este comportamento ocorreu em todas as regiões, excepto na Região Autónoma dos Açores, em que se observou um aumento de 23,0%" *in* Estatísticas Demográficas (2003) do Instituto Nacional de Estatística em *http://www.ine.pt*.

mente a "residência habitual comum" e só na falta destas, seria aplicável a lei pessoal do cônjuge marido.

Em 1977, o DL 496/77 de 6.10 revogou esta regra de conflitos, em obediência ao princípio da igualdade dos cônjuges consagrado no art. 36.º da CRP de 1976[4] e o novo art. 53.º, mantendo as duas primeiras conexões, alterou a última parte do n.º 2: na falta de nacionalidade e residência habitual comum passou a ser aplicável a lei da primeira residência conjugal.

É pois neste largo período durante o qual se celebram e dissolvem casamentos, adquirem e alienam bens, partilham judicial e extrajudicialmente patrimónios, que é colocada a questão da definição do regime matrimonial de bens em obediência a uma regra de conflitos cuja solução foi sendo sucessivamente alterada.

O problema de direito transitório quando destituído de marcas de estraneidade – a aplicação no tempo das normas materiais – é resolvido, no direito português, pelo art. 12.º e 13.º do CC. Será também esta a solução a aplicar à sucessão no tempo das regras de conflitos de leis no espaço, quando "as coordenadas tempo e espaço não correm paralelas...mas encontram-se e cruzam-se..."[5]?

E se, como no regime matrimonial, a alteração da solução conflitual for ditada por imperativos constitucionais: o respeito pelos mesmos tem ou não prevalência sobre as regras de direito transitório? Como resolver, agora, a "encruzilhada" entre o direito transitório e o direito constitucional em sede conflitual?

2. A sucessão no tempo da norma de conflitos e o conflito móvel: distinção.

Poder-se-ia ainda pensar que ao maior peso relativo que as decisões sobre a temática em análise têm assumido no espectro jurisprudencial

---

[4] Como é afirmado no Preâmbulo do DL 496/77 (in PIRES DE LIMA e ANTUNES VARELA, *Código Civil Anotado,* Vol. I, 4.ª edição, Coimbra Editora, Coimbra, 1987) "(no domínio do direito internacional privado)...as alterações (introduzidas pela Reforma) restringem-se...às normas de conflitos de leis sobre relações entre os cônjuges, convenções antenupciais e regimes de bens...(arts. 52.º, 53.º, n.º 2...)...tais alterações visam fazer desaparecer, na escolha das conexões em que assentava a determinação da lei aplicável a relações privadas internacionais, qualquer discriminação entre marido e mulher...".

[5] J. BAPTISTA MACHADO (Cfr. *Lições de Direito Internacional Privado,* 3.ª edição, Coimbra, Almedina, 1989, p. 231).

nacional não é indiferente o facto de a regra de conflitos imobilizar (no tempo) o elemento de conexão por razões que, como veremos, se prendem com a defesa das legítimas expectativas das partes e uma certa "ideia" de autonomia conflitual[6].

De facto, a referência temporal da própria regra de conflitos ao momento de concretização do elemento de conexão de conteúdo variável nacionalidade e residência habitual –, delimitando expressamente no tempo a sua relevância, tem a vantagem de eliminar os chamados "conflitos móveis". Mas, como a doutrina tem repetidamente afirmado[7] a sucessão (no tempo) de ordenamentos aplicáveis por alteração do conteúdo concreto do elementos de conexão é uma figura afim à da sucessão (no tempo) das normas de conflitos e que com ela não se confunde.

Basta pensarmos no art. 52.º do CC que, ainda em sede de efeitos patrimoniais do casamento mas agora não dependentes de um concreto regime de bens, determina como lei aplicável ao "regime matrimonial primário" a lei nacional comum dos cônjuges e, não tendo os cônjuges a mesma nacionalidade, a lei da residência habitual comum e ainda, na falta desta, a lei do país com o qual a vida familiar se ache mais estreitamente conexa.

Supondo que um casamento entre um brasileiro e uma portuguesa havia sido celebrado, em Portugal, no ano de 1970; que só 3 anos depois, os cônjuges adoptaram residência comum, no Brasil; que antes de sair de Portugal, a mulher tinha assumido uma dívida em proveito comum do casal; que em 1980 o casal veio viver para Portugal onde o credor exigiu judicialmente o pagamento solidário da dívida: que lei determinará o regime da dívida conjugal?

A solução, do ponto de vista conflitual, passará pelo art. 52.º, n.º 2, 1.ª parte que aplica, a título subsidiário, a lei da residência habitual comum dos cônjuges sem fazer qualquer referência ao momento de concretização

---

[6] Assim, J. BAPTISTA MACHADO, Lições..., p. 408, R. MOURA RAMOS, na colaboração em F. PEREIRA COELHO e GUILHERME DE OLIVEIRA, Curso de Direito da Família, Vol. I, 3.ª edição, Coimbra, Coimbra Editora, 2003, p. 777 e 778 e ainda HELENA MOTA, "Algumas considerações sobre a autonomia da vontade conflitual em matéria de efeitos patrimoniais do casamento", Estudos em homenagem ao Professor Doutor Jorge Ribeiro de Faria, Coimbra, 2003, pp. 305-330.

[7] Cfr., por todos, ISABEL MAGALHÃES COLLAÇO, Lições de Direito Internacional Privado, 1.ª parte do Volume II (Curso Jurídico de 1966-67), Lisboa, AAFDL, 1984, p. 63 e A. FERRER CORREIA, Lições de Direito Internacional Privado, I, Coimbra, Almedina, 2000, p. 193 e ss.

temporal desse facto. Tendo os cônjuges mudado, na vigência do casamento, de residência habitual, podíamos interpretar[8] a norma de conflitos no sentido da aplicação da lei da residência comum actual – portuguesa – ou da lei da residência comum anterior – brasileira –, resolvendo de uma ou da outra forma o conflito móvel.

Simplesmente, esta solução sobre o conflito móvel pressupunha a resolução prévia do problema da sucessão no tempo da regra de conflitos. É que, no período que mediou entre a assunção da dívida – 1972 ou 1973 e a propositura da acção – 1980 –, a regra de conflitos (art. 52.º) foi objecto de nova redacção. De facto, a redacção anterior do art. 52.º, n.º 2 *in fine* estatuía que na falta de residência habitual comum era aplicável (às relações entre os cônjuges) a lei pessoal do marido.

Donde, se aplicarmos a lei antiga, vigente à data dos factos constitutivos da relação jurídica[9] – a assunção da dívida –, seria competente a lei brasileira enquanto lei pessoal (art. 25.º e 31.º, n.º 1) do marido. Ao contrário, se optarmos pela aplicação da lei nova (redacção actual do art. 52.º) e tendo os cônjuges, hoje, residência comum, sobreviveria um conflito móvel pois haveria que decidir, nos termos já expostos, se valia a residência actual ou a residência anterior, isto é, a lei portuguesa ou a lei brasileira.[10]

---

[8] Como ensina A FERRER CORREIA, *Lições...*, p. 194-198, "quando o legislador não o soluciona directamente (art. 29.º do CC), o problema do conflito móvel deve resolver-se em face de cada norma de conflitos singular...tendo em conta as razões que estão na base da escolha do elemento de conexão que ela indica... (no âmbito do estatuto pessoal – matrimonial – dado o carácter voluntário de adesão a uma nova comunidade nacional (mudança de nacionalidade ou de domicílio) deve entender-se que a actual lei pessoal é aplicável à constituição de relações novas (relações entre os cônjuges – art. 52.º). Também I. MAGALHÃES COLLAÇO, *Lições...*, p. 65, defende, apesar de não concretizar, que "o tratamento (desta questão) caberá melhor no quadro da teoria especial de interpretação e aplicação da norma de conflitos, a respeito do elemento de conexão, ou ainda a propósito de cada norma de conflitos que recorrer a um elemento de conexão de conteúdo variável.

[9] Para J. BAPTISTA MACHADO, *Lições...*, p. 236, "o ponto de partida do Direito de Conflitos são os factos (constitutivos, modificativos e extintivos das situações ou relações jurídicas) cuja "localização" releva para a determinação da lei aplicável".

[10] Não oferece grandes dúvidas a opção, no caso vertente, pela lei portuguesa enquanto lei da residência habitual comum actual. Em primeiro lugar, e segundo a lição de FERRER CORREIA, *Lições...*, p. 195, porque a adesão à comunidade portuguesa através da mudança de residência justifica a concretização actual do elemento de conexão. Depois, porque a residência anterior, também adoptada na vigência do casamento e por isso pertinente à definição da lei aplicável às relações entre os cônjuges, não era contemporânea do *facto* constitutivo da relação jurídica – a assunção da dívida conjugal eventualmente comu-

Serve este reparo para reafirmar que a imobilização no tempo de elementos de conexão de conteúdo variável, como os utilizados pela regra de conflitos sobre o regime de bens, não resolve o problema da sua aplicação no tempo[11]. Tememos, ainda assim, que tal "petrificação"[12] tenha chamado a atenção do julgador para este derradeiro problema, olvidando outras situações em que estando em causa conexões móveis ou imóveis (no espaço) haveria também de hipotizar a aplicação da regra de conflitos antiga, o que não foi feito, na consideração de que a concretização no tempo do elemento de conexão se faz por referência ao momento actual logo, à lei nova que é de aplicar.[13]

2.1. *A doutrina portuguesa face ao problema da sucessão de normas de conflitos no tempo.*

i) *A tese da aplicação imediata da regra de conflitos enquanto regula decidendi (Baptista Machado).*

A relação entre o direito internacional privado e o direito transitório foi, entre nós, problematizada por Baptista Machado[14] em moldes dife-

---

nicável –, pois nessa data os cônjuges ainda não tinham fixado residência comum. Neste caso, poder-se-ia considerar a aplicação da lei mais estreitamente conexa com a vida familiar, como última conexão subsidiária do art. 52.º, n.º 2, mas nunca a aplicação da lei pessoal do marido

[11] "O conflito móvel é conceitualmente um conflito de leis no espaço e não um conflito de leis no tempo. Não se trata...de um fenómeno de dinâmica legislativa mas da "movimentação" de uma relação jurídica através de espaços em que imperam diferente soberanias e diferentes sistemas de direito privado. A opção a tomar....é...entre duas leis ambas vigentes em Estados distintos" (FERRER CORREIA, *Lições...*, p. 195).

[12] Na expressão de FERRER CORREIA, *Lições...*, p. 196.

[13] Cremos que uma confusão semelhante, entre o problema da aplicação da lei no espaço resolvido pelas regras de conflitos que imobilizam os elementos de conexão e o da aplicação das leis no tempo, esteve na base da decisão algo errática do Acórdão da Relação do Porto de 6.05.2002 que, face a uma relação jurídica interna, destituída de qualquer elemento de estraneidade mas em que se discutia a aplicação ao regime de bens da lei antiga (Código Civil de 1867), vigente ao tempo da celebração do casamento (1956), ou da lei nova (Código Civil de 1966), optou pela primeira "já que se entende que a lei aplicável àquela convenção antenupcial é a que vigorava à data do casamento (art. 53.º do Código Civil vigente)" (sic).

[14] Segundo a lição de Kahn, cfr. J. BAPTISTA MACHADO, *Âmbito de eficácia e âmbito de competência das leis*, Almedina, Coimbra, p. 93 e ss.

rentes dos tradicionais. A doutrina dominante defendia a aplicação do direito transitório interno à regra de conflitos: se a solução de direito transitório fosse no sentido da aplicação da lei antiga, aplicar-se-ia a regra de conflitos antiga.

Baptista Machado entendeu que a solução devia ser dada pela própria natureza e função da norma de conflitos que respondia ao problema da sua própria aplicação no tempo de forma autónoma, sem recorrer ao direito transitório.

Como a regra de conflitos existia para oferecer o critério na escolha de uma entre as várias leis potencialmente aplicáveis – e que são, por um princípio de não transactividade essencial ao DIP, as leis em contacto com a situação – seria indiferente a aplicação da regra de conflitos antiga ou da nova. Em qualquer dos casos, ela manda aplicar uma lei conexa com a relação.

As regras de conflitos actuam apenas como "normas que distribuem a competência para regular a situação entre as leis em contacto com ela. O direito de conflitos é um "direito de reconhecimento"…limita-se a reconhecer a eficácia de (determinada) lei"[15].

Para Baptista Machado, a regra de conflitos é verdadeiramente uma "norma de conflitos" e não uma *regulae agendi*, i.e. uma norma de conduta. As regras de conflitos, ao contrário das normas materiais – que são normas de conduta –, não visam atribuir direitos, nem impor deveres ou estatuir o comportamento que as partes devem adoptar para constituir, modificar ou extinguir direitos. As regras de conflitos são *regulae decidendi*.

Esta diferente natureza explica que as normas materiais tenham um âmbito de eficácia limitado no espaço e no tempo, só se aplicando a factos que com elas têm contacto ou por elas são impregnados, temporal e territorialmente: princípio da não retroactividade e da não transactividade. Já a regra de conflitos não sofre qualquer limitação no seu âmbito de aplicação no tempo ou no espaço.

A regra de conflitos nova aplica-se imediatamente, mesmo a situações antigas ou constituídas antes da sua entrada em vigor. Essas situações não foram constituídas à sua luz precisamente porque não está na natureza da regra de conflitos impregnar os factos. Assim, não existem direitos ou expectativas violados pelo princípio da não retroactividade. "As Regras de Conflitos levam implícito um "doravante"[16].

---

[15] J. Baptista Machado, *Lições…*, p. 226.
[16] J. Baptista Machado, *Lições…*, p. 228.

Mas, excepcionalmente, as regras de conflitos são *regulae agendi* de forma indirecta. Isto sucede quando as pessoas possam ser influenciadas pelo conhecimento que têm da lei (chamada pela regra de conflitos) que o juiz vá aplicar.

As regras de conflitos enquanto normas de conduta indirectas podem assim ver o seu âmbito de eficácia limitado à própria eficácia potencial do ordenamento a que pertencem, i.e., deverá existir entre os factos a regular e esse ordenamento uma conexão relevante. Assim, quando "a *lex fori* era, no momento da constituição da relação jurídica, uma das leis interessadas (fosse ela ou não a lei competente)... bem poderiam as partes ter-se deixado orientar pela Regra de Conflitos da *lex fori*" e conformar a sua actuação com a lei por ela designada, a competente para o Estado do foro. A regra de conflitos intervém na veste de uma *regulae agendi* "dentro do âmbito de eficácia da *lex fori*, i.e, relativamente àquelas situações que alguma vez tiveram, no momento da sua constituição ou posteriormente, uma conexão com aquela lei"[17]. Neste caso, a regra de conflitos a aplicar é a regra de conflitos antiga: vigora o princípio da não retroactividade das leis.

ii) *a tese da aplicação do direito intertemporal do foro (Isabel Magalhães Collaço)*.

Em sentido contrário à tese da aplicação imediata da nova regra de conflitos defendida por Baptista Machado está Isabel Magalhães Collaço que entende a própria regra de conflitos de modo substancialmente diferente.

Para Magalhães Collaço, a norma de conflitos disciplina situações da vida privada interindividual por via fundamentalmente indirecta[18]; é uma norma de regulamentação indirecta que, se não define imediatamente certa composição de interesses, acaba por fazê-lo através do recurso a dada ou dadas ordens locais com as quais a questão está conexa. Assim, a regra de conflitos não é puramente formal, não se limita a delimitar a esfera de competência das várias ordens jurídicas, antes condiciona e regula as situações da vida privada[19] chamando "os preceitos (ou dada categoria de preceitos) de um ou mais ordenamentos jurídicos"[20].

---

[17] J. BAPTISTA MACHADO, *Lições...*, p. 229.
[18] I. MAGALHÃES COLLAÇO, *Lições...*, p. 68 e ss.
[19] Isto, apesar de as regras de conflitos serem, segundo a classificação de Magalhães Collaço (cfr. I. MAGALHÃES COLLAÇO, *Lições...*, p. 15), normas de tipo III pois o seu

Se o legislador, ao formular a nova regra de conflitos, não a delimita expressamente no tempo, será o intérprete que determinará qual o sistema de direito transitório competente para resolver o conflito.

Mas, segundo a Autora, porque foi precisamente o legislador da ordem jurídica a que pertencem as regras de conflitos a aplicar quem provocou a alteração das mesmas e portanto do regime aplicável à situação privada internacional, será também esse o legislador a determinar os efeitos de tal alteração. "É razoável que os critérios para repartir a esfera de acção da antiga e da nova lei competente sejam ditados pelo legislador a quem se deve a mudança de regime"[21]. Só deste modo se consegue, na ordem jurídica a que pertence a regra de conflitos, um tratamento semelhante pata todos os problemas da sucessão no tempo dessas regras.

Assim, para Isabel Magalhães Collaço, a sucessão no tempo das normas de conflitos vigentes na ordem portuguesa deve subordinar-se, salvo disposição expressa em contrário, aos princípios gerais que regem, no nosso direito, a sucessão de leis no tempo: art. 12.° e 13.° do CC. "É o direito intertemporal do sistema no qual se regista a sucessão no tempo das normas de conflitos que deve resolver os problemas determinados por essa sucessão"[22].

2.2. O DIP e o Direito Constitucional.

i) *Os princípios constitucionais do foro e as regras de conflitos.*

É na elaboração das regras de conflitos e na escolha dos elementos de conexão como seus elementos operativos que, desde logo, se questiona a relação entre o DIP e o Direito Constitucional ou a possibilidade do controlo constitucional das regras de conflitos.[23]

---

objecto (de conexão) exprime-se por "um conceito que em si mesmo designa uma categoria de relações jurídicas definidas pelo seu conteúdo típico". Para a Autora, as regras de conflitos reportam-se, em última análise, às situações da vida mas que só podem definir-se através de um conteúdo jurídico que lhes é imputado.

[20] I. MAGALHÃES COLLAÇO, *Lições...*, p. 6.
[21] I. MAGALHÃES COLLAÇO, *Lições...*, p. 74.
[22] I. MAGALHÃES COLLAÇO, *Lições...*, p. 75.
[23] Seguiremos, nesta brevíssima abordagem da relação entre o DIP e a Constituição, a lição de RUI MOURA RAMOS, *Direito Internacional Privado e Constituição – Introdução a uma análise das suas relações*, Coimbra Editora, Coimbra, 1994, 3.ª reimp.

Durante muito tempo se defendeu que o carácter neutral, formal e técnico das regras de conflitos as tornavam imunes aos preceitos constitucionais e, o que é mais relevante, a um eventual juízo de inconstitucionalidade.

A partir dos anos 50, e fruto dos novos princípios inspiradores das Constituições europeias do pós-guerra, *maxime* o princípio da igualdade (*Gleichberechtigung*), colocou-se a questão de saber se tais princípios eram também aplicáveis às relações internacionais e à formulação das regras de conflitos. Em concreto, o princípio da igualdade entre homem e mulher obrigaria à reforma de numerosas regras de conflitos que mandavam aplicar, para a definição das regras matrimoniais, a lei pessoal do marido a título de conexão singular ou plural subsidiária.

As novas correntes doutrinais chamaram a atenção para o facto de as regras de DIP, como normas jurídicas, servirem uma ideia de justiça, ainda que de índole diferente da justiça material perseguida pelas normas de direito interno: uma justiça formal que visa, antes de mais, a continuidade e estabilidade das situações interindividuais plurilocalizadas e assegurar a livre circulação além fronteiras dos direitos delas decorrentes[24].

Mas, para além de o DIP moderno não ser insensível aos resultados materiais alcançados no caso concreto,[25] mesmo as regras conflituais que procedem à escolha de lei por um critério exclusivo de proximidade podem colidir com os princípios constitucionais. Não é indiferente para a mulher o facto de a lei aplicável ser a lei pessoal do marido, mesmo que esta, em concreto, lhe seja mais favorável: haverá sempre discriminação, pois a lei pessoal do marido é a que defende melhor as expectativas *dele* e a que *ele* conhece melhor e que só *ele* poderá manipular através, por exemplo, da mudança de nacionalidade ou de residência.

Assim, e a exemplo da decisão do *Bundesverfassungsgericht* de 4.5.1971 no sentido de confrontar as regras de conflitos do foro com os direitos fundamentais, deverão ser os Tribunais – e quando não haja intervenção do legislador[26] – a colmatar as lacunas emergentes da expurgação

---

[24] Assim, FERRER CORREIA, *Lições...*, p. 57.

[25] Sobre a via da regulamentação material das relações privadas internacionais e a pluralidade de métodos, nomeadamente as normas materiais de DIIP e as normas de aplicação imediata, cfr. MARQUES DOS SANTOS, *Direito Internacional Privado, Introdução*, I vol., AAFDL, Lisboa, 2001, p. 16-45 e 198-308.

[26] No direito português, a reforma do Código Civil de 1977 (DL n.° 496/77, de 25 de Novembro) procurou reformular as regras de conflitos que estavam desconformes à Constituição de 1976, revogando os art. 58.°, 59.°, 56.° e alterando os textos dos arts. 52.°,

da inconstitucionalidade das regras de conflitos, através da interpretação das mesmas em termos conformes à Constituição do foro[27] – optando por conexões do tipo "residência comum"ou "primeira residência conjugal"ou ainda "lugar da celebração do casamento" –, sem que tal implique "(a projecção) nas regras de conflitos do particularismo de cada ordem jurídica...mas esse será o preço...por um sistema conflitual que não queira fazer tábua rasa dos étimos fundantes do ordenamento jurídico a que pertence".[28]

ii) *A lei estrangeira designada pela regra de conflitos e a sua conformidade aos preceitos constitucionais do foro e do ordenamento ad quem.*

A relevância das normas constitucionais no DIP também se produz ao nível do direito estrangeiro indicado pelas regras de conflitos.

Numa primeira análise, é necessário saber se os tribunais do foro podem ou não aplicar direito estrangeiro, tido como competente pelo seu sistema de DIP, quando tais preceitos ou normas estrangeiras se mostram contrários às normas constitucionais ou a direitos fundamentais com consagração constitucional. Depois, é também preciso estabelecer comparação paralela já não com a Constituição do foro, mas com a Lei Fundamental do ordenamento a que pertence o direito estrangeiro mandado aplicar: o ordenamento *ad quem*.

O primeiro problema é, rigorosamente, um problema emergente da relação a estabelecer entre o DIP e a Constituição; já o segundo não passa

---

n.º 2 *in fine*, 53.º, n.º 2 *in fine*, 57.º, n.º 1 e 2, 60.º, n.º 1 e 61.º, n.º 1. A declaração de inconstitucionalidade do art. 51.º, n.º 3 foi defendida por MARQUES DOS SANTOS, "A Constituição e o Direito Internacional Privado. O estranho caso do art. 51.º n.3, do Código Civil ", *Estudos de Direito Internacional Privado e de Direito Público*, Almedina, Coimbra, 2003, pp. 55-77.

[27] O controlo da inconstitucionalidade das regras de conflitos deve, a nosso ver, incidir sobre todas regras de conflitos a aplicar pelo julgador do foro, inclusive sobre as regras de conflitos estrangeiras que, através do mecanismo do reenvio, devam ser tidas em consideração. Já a adequação do DIP estrangeiro ao ordenamento *ad quem* será resolvido como um problema de aplicação do direito estrangeiro, nos termos do art. 23.º do CC.

[28] RUI MOURA RAMOS, *Direito Internacional Privado e Constituição – Introdução a uma análise das suas relações...*, p. 210.

da adequada consideração do art. 23.º do CC e resume-se à correcta aplicação do direito estrangeiro competente.[29]

Também na relação entre o direito estrangeiro e a Constituição, a sentença proferida, a 4 de Maio de 1971, pelo *Bundesverfassungsgericht* naquele que ficou conhecido pelo *Spanierfall,* foi determinante para a actual visão do problema. O Tribunal Constitucional Alemão considerou contrária ao art. 6.º, n.º 1, da Lei Fundamental de Bona – direito a contrair casamento-, a norma material espanhola que consagrava um impedimento matrimonial bilateral: a existência de casamento anterior ainda que dissolvido por divórcio. Assim, o cidadão espanhol solteiro não poderia casar com a cidadã alemã divorciada, apesar de a lei pessoal desta determinar a sua plena capacidade matrimonial.

A importância desta decisão do Tribunal Constitucional alemão – de impor um limite constitucional autónomo à aplicação do direito estrangeiro – reside no facto de, teoricamente, ter sido possível alcançar a mesma solução pelas vias tradicionais e próprias do DIP, nomeadamente pela reserva de ordem pública internacional, o que foi recusado pelas instâncias inferiores.

De facto, ainda hoje, há quem defenda que o recurso à reserva de ordem pública, numa situação de desconformidade entre a norma material estrangeira e os princípios estruturantes do foro, é suficiente para assegurar os objectivos visados.

No entanto, sabemos também que o funcionamento da ordem pública internacional é condicionado por elementos de actualidade, excepcionalidade e imprecisão para além da afirmação da existência de um nexo forte entre a factualidade *sub iudice* e o ordenamento do foro (*Inlandsbeziehung*).[30] Tais condicionantes podem inibir, na prática, o afastamento de normas estrangeiras que são, de facto, contrárias aos princípios constitucionais e daí, a necessidade de se afirmar a necessidade de um controlo constitucional autónomo do DIP que funcione quando todos os outros meios internacionalprivatísticos, incluindo a reserva de ordem pública, não puderem travar a aplicação do direito estrangeiro, controlo esse, que também dependerá do conteúdo e função da própria norma constitucional e do seu âmbito espacial e territorial.

Finalmente, ao problema de saber se o juiz do foro deve atender à desconformidade da lei estrangeira face aos princípios constitucionais do

---

[29] Assim, FERRER CORREIA, *Lições…,* p. 61.
[30] Cfr. FERRER CORREIA, *Lições…,* p. 412.

ordenamento a que aquela pertence, a resposta só pode ser dada pelo art. 23.º do CC, na medida em que nada distingue esta questão da aplicação do direito estrangeiro. Nesta perspectiva, o juiz do foro nada mais deve fazer do que aplicar o direito estrangeiro tal qual ele é aplicado nesse ordenamento, o que implicará a inaplicabilidade das normas estrangeiras que tiverem sido declaradas, com força obrigatória geral, inconstitucionais e a inaplicabilidade da lei cuja inconstitucionalidade tiver sido suscitada e declarada, no caso concreto, por tribunais ordinários do ordenamento *ad quem*.

3. O Acórdão do STJ de 06.11.2003. Comentário.

O Supremo Tribunal de Justiça, neste Acórdão de 6.11.2003, pronunciou-se sobre um problema de conflitos de leis e, em concreto, sobre a determinação da lei aplicável ao regime de bens de um casamento que, por estar em contacto com mais do que um ordenamento jurídico – o português e o espanhol –, reclamou a intervenção do direito internacional privado[31].

---

[31] Outras decisões recentes versaram a mesma matéria. Veja-se o Acórdão do STJ de 17.12.91 que perante um casamento celebrado entre português e inglesa, em Inglaterra onde o casal residia à data do casamento (1950), entendeu ser aplicável a regra de conflitos em vigor à data do casamento (art. 1107 do Código de Seabra) que mandava aplicar a lei portuguesa enquanto lei pessoal do marido, e com isso, o regime da comunhão geral de bens. Neste aresto, o STJ considerou que o art. 1107 não estava ferido de inconstitucionalidade porque enquanto norma de conflitos tem natureza puramente formal e "não se vê que uma Norma de Conflitos, aliás favorável à mulher no caso ponha em crise aqueles princípios (constitucionais)".
O mesmo Tribunal no Acórdão de 3.10.2002 também discutiu a lei aplicável ao regime de bens de um casamento celebrado em Portugal, a 28.8.72, entre um cidadão alemão e uma cidadã portuguesa. Neste caso, a aplicação da última parte do art. 53.º, n.º 2 (redacção de 1966) era suscitada porque as partes não tinham residência comum à data do casamento. O Tribunal entendeu que seria aplicável a regra de conflitos antiga e com isso a lei alemã como lei pessoal do marido, fundamentando a sua decisão no princípio da irretroactividade das leis; na consideração de que não houve, pela aplicação da lei antiga, violação da reserva de ordem pública internacional do Estado português (!) e que a aplicação única da regra de conflitos vigente ao tempo da celebração do casamento servia melhor o princípio da imutabilidade do regime de bens plasmado no art. 1714.º do CC (!!).
O STJ não chegou a apreciar a questão da relevância, para efeito da aplicação do art. 53.º, n.º 2 na versão de 1977, da primeira residência conjugal acidental ou habitual – em Portugal ou na Alemanha – o que teria mais utilidade, já que a opção pela regra de conflitos antiga foi tomada com base na confusão entre a constitucionalidade das regras de

A decisão de primeira instância que esteve na origem desta apreciação superior – um despacho proferido nos autos de inventário para partilha de bens do casal – foi no sentido da aplicação da lei espanhola. Essa era a lei nacional da requerente ex-mulher (*lex patriae*), era a lei da residência habitual comum, à data do casamento, do casal agora divorciado, e também era a lei do lugar da celebração do casamento entretanto dissolvido (*lex loci*).

Sendo aplicável a lei espanhola e não tendo havido convenção antenupcial, aplicar-se-ia o regime supletivo ou legal (*sociedad de gananciales*) que determina regime idêntico ao da comunhão de adquiridos. Donde, existiam bens comuns a partilhar e os autos haveriam de prosseguir a fim de se proceder à partilha.

O requerido ex-marido, de nacionalidade portuguesa, agravou deste despacho, pugnando pela aplicação da lei portuguesa e, em consequência do regime de separação de bens imperativo (art. 1720.°) por o casamento, celebrado no estrangeiro, entre um português e uma estrangeira, perante ministro do culto católico, não ter sido precedido de processo preliminar de publicações (art. 51.°, n.° 2)[32].

O Tribunal da Relação de Guimarães, por Acórdão de 19.02.03, deu provimento ao recurso e ordenou o arquivamento dos autos.

Veio recorrer a requerente cabeça de casal reafirmando a tese da aplicação da lei espanhola ao regime de bens do dissolvido casamento por força tanto da regra de conflitos portuguesa (art. 53.°, n.° 2) que indica, subsidiariamente, na falta de nacionalidade comum dos nubentes, a lei da residência habitual comum à data do casamento – os cônjuges residiam em Salamanca onde casaram e só mais tarde vieram residir para Portugal –

---

conflitos do foro e a constitucionalidade das leis que elas chamam – aí, sim poder-se ia defender o recurso à reserva de ordem pública em oposição ao limite constitucional autónomo da lei estrangeira – e na aplicação de uma norma material de direito português (art. 1714.° do CC) quando não era líquida a competência do ordenamento jurídico português, violando assim o art. 54.° do CC.

[32] O art. 51.°, n.° 2 é uma norma material de DIP que visa regular, de modo específico e directo, certas relações jurídicas em virtude do seu carácter internacional (assim, MARQUES DOS SANTOS, *Direito Internacional Privado, Introdução,* I vol., AAFDL, Lisboa, 2001, p. 34). O art. 1720.° a) impõe o regime de separação de bens aos casamentos celebrados sem precedência do processo preliminar de publicações, quer aos que assim se tenham celebrado legalmente (no caso, segundo o art. 1599.° do CC), quer aos que deviam ter sido precedidos do processo preliminar de publicações mas não o foram de facto (neste sentido, F. PEREIRA COELHO e GUILHERME DE OLIVEIRA, *Curso de Direito da Família,* Vol. I, 3.ª edição, Coimbra, Coimbra Editora, 2003, p. 519).

como da não consideração da regra de conflitos espanhola – art. 9.º, n.º 2 do CC espanhol (redacção de 74) que remete a questão para o ordenamento jurídico de que o marido, ao tempo do casamento, é nacional – por esta estar ferida de inconstitucionalidade face ao art. 13.º da CRP (princípio da igualdade).

Assim, a requerente vem negar, por motivo de inconstitucionalidade das regras de conflitos estrangeiras, a hipótese de reenvio da lei estrangeira, considerada competente pela regra de conflitos do foro, para outra lei, mesmo sendo esta, *in casu,* a lei portuguesa. Tudo se deveria passar, deduz-se das conclusões do recurso interposto pela requerente, como se a lei portuguesa fizesse referência material à lei estrangeira para que remete – a espanhola – em razão da inaplicabilidade do DIP desta, inconstitucional para a *lex fori*.

O Supremo Tribunal de Justiça vem a apreciar o recurso de revista interposto e decidiu pela aplicação da lei portuguesa, confirmando o teor da decisão de segunda instância. A fundamentação do Acórdão do STJ alicerçar-se no seguinte raciocínio:

    1. A regra de conflitos aplicável ao caso é o art. 53.º, n.º 2 do CC (versão actual) que manda aplicar, na falta de lei nacional comum, a lei da residência habitual comum à data do casamento: a lei espanhola.

    2. O DIP espanhol (art. 9.º, n.º 2 e 3 do CC espanhol na sua versão de 1974[33]) determinava, aquando da celebração do casa-

---

    [33] Cfr. GONZÁLEZ CAMPOS, FERNÁNDEZ ROSAS, CALVO CARAVACA e outros, *Derecho Internacional Privado. Parte Especial,* 6.ª edição, Eurolex, Madrid, 1995, p. 332 e ss.. No DIP espanhol, a lei aplicável aos efeitos patrimoniais do casamento resulta da aplicação combinada dos arts. 9.3 CC espanhol – existindo convenção antenupcial – e do art. 9.2 do mesmo diploma – na falta de convenção antenupcial –. A reforma de 1974 ao Código Civil espanhol de 1889 optou, para regular o regime supletivo de bens, pela última lei nacional comum dos cônjuges e, na sua falta, pela lei nacional do marido ao tempo da celebração do casamento (cfr. ALFONSO LUIS CALVO CARAVACA e outros, *Derecho Internacional Privado,* Vol. II, Comares, Granada, 2000, p. 75). A versão actual do art. 9.2 (Lei 11/1990 de 15.10) estatui que os efeitos do casamento – efeitos pessoais e regime matrimonial primário e regime de bens supletivo – se regem pela lei pessoal comum dos cônjuges ao tempo da celebração do casamento; na falta dessa lei, pela lei pessoal ou da residência habitual de qualquer dos cônjuges eleita por ambos por documento autêntico outorgado antes da celebração do casamento e na ausência desta eleição, pela lei da residência habitual comum, imediatamente posterior à celebração do casamento; finalmente, na falta de residência habitual comum, pela lei do lugar da celebração do casamento (cfr. ALFONSO LUIS CALVO CARAVACA e outros, *Derecho Internacional Privado,* Vol. II, Comares, Granada, 2000, p. 79).

mento, a aplicação às relações patrimoniais dos cônjuges de diferente nacionalidade, e na falta de convenção, a lei nacional do marido, na altura do casamento: a lei portuguesa.

3. Perante esta hipótese de reenvio (L1 remete para L2 que devolve a competência para L1), é de aplicar o art. 18.°, n.° 1 que aceita o retorno para a lei portuguesa.

4. Mas, porque as regras de conflitos espanholas que fazem o reenvio são inconstitucionais à luz dos princípios constitucionais da *lex causae* (art. 14.° da Constituição Espanhola de 1978 e a declaração de inconstitucionalidade do Plenário do Tribunal Constitucional Espanhol, de 14.02.2002) não se podem aplicar no foro, pois nos termos do art. 23.° a lei estrangeira é aplicada dentro do sistema a que pertence.

5. Face a esta "lacuna" e dada a reconhecida dificuldade em afirmar a existência de casos omissos em DIP, deve-se seguir a doutrina do art. 23.°, n.° 2 e estabelecer uma conexão para o negócio jurídico: competente será a lei portuguesa enquanto *lex rei sitae* pois "no caso, tratando-se da partilha de bens regulados pela lei portuguesa – situam-se em território português, a conexão com a nossa ordem jurídica é total" (sic).

Ora, como tentaremos demonstrar, tal raciocínio padece, com o devido respeito, de alguns vícios e equívocos essenciais que destroem a lógica argumentativa expendida.

Senão vejamos:

1.° A aplicação da versão actual do art. 53.°, n.° 2 careceria sempre de uma justificação.

De facto, o casamento *a quo* foi celebrado no dia 18.03.1978, a escassos dias da entrada em vigor da actual redacção daquela regra de conflitos (o DL 496/77 de 6.10 entrou em vigor a 1.04.1978), mas ainda assim, ao abrigo da lei antiga. Essa justificação, mesmo sabendo que em concreto a solução conflitual será a mesma, não deveria ter sido omitida, até por uma questão de coerência argumentativa já que na aplicação da regra de conflitos espanhola foi considerada a versão antiga[34].

---

[34] Consideração essa que também carecia de fundamentação já que na aplicação no tempo das regras de conflitos estrangeiras deve tomar-se em consideração o direito do ordenamento em que se inserem a não ser que a solução para este problema dada pela *lex causae* "contrariar o sentido de atribuição de relevância ao direito de conflitos estrangeiro

Acresce que no caso *sub iudice* e mesmo perfilhando a tese de Baptista Machado segundo a qual, em regra, se aplica a norma de conflitos nova, pensamos estar perante uma daquelas excepções em que ela actua como *regulae agendi*. É que em matéria de determinação do regime matrimonial de bens, se não existe uma expressão completa de autonomia conflitual[35] há pelo menos uma preocupação, por parte do legislador, em proteger as expectativas das partes que contam ser a lei indicada pela regra de conflitos vigente à data do casamento a conformar e regular as suas relações patrimoniais. Por isso, a própria regra de conflitos vai servir de guia orientador da sua conduta e por referência a ela (em rigor, à lei material do ordenamento que ela indica) vão pautar o seu comportamento. De sorte que, não vendo dificuldade em qualificar o art. 53.º como *regulae agendi*, poderemos considerar a sua versão à data do casamento (lei antiga) desde que, como sublinha Baptista Machado, a situação tenha com o foro uma conexão apreciável: é inegavelmente o caso, dada a nacionalidade portuguesa do requerente.

Por outro lado, na esteira do pensamento de Isabel Magalhães Collaço, a aplicação do art. 12.º do CC e do princípio da não retroactividade das leis reclamaria a utilização do art. 53.º, n.º 2, na sua versão à data do casamento.

Assim seria a lei espanhola, enquanto lei da residência habitual comum dos cônjuges nessa data, a reger o regime matrimonial. Sucede que no caso e apesar da alteração legislativa verificada, a solução conflitual da lei nova é igual à da lei antiga porque a segunda conexão do art. 53.º – residência habitual comum – pôde concretizar-se. E sendo assim, também de nada valerá a discussão acerca da inconstitucionalidade deste art. 53.º do CC (versão de 66) já que, em concreto, a estatuição não viola qualquer preceito da Lei Fundamental.

2.º Admitindo então, por aplicação do art. 53.º, n.º 2 (versão de 1966), a referência da regra de conflitos portuguesa à lei espanhola, subsiste o problema de saber qual o alcance dessa referência: às normas mate-

---

pelo ordenamento jurídico do foro, ou produzir efeitos incompatíveis com a ordem pública internacional do Estado português". (assim, FERRER CORREIA, *Lições...*, p. 193). No decurso da análise do Acórdão retomaremos a questão.

[35] Autonomia conflitual que poderá resultar do art. 53.º, n.º 3. Neste sentido, cfr. R. MOURA RAMOS, *Da lei aplicável ao contrato de trabalho internacional*, Coimbra, Almedina, 1991, pp. 845-847 e a colaboração do mesmo Autor em F. PEREIRA COELHO e GUILHERME DE OLIVEIRA, *Curso ...*, p. 779.

riais da lei espanhola ou às suas regras de conflitos. À aplicação das regras de conflitos no tempo sucede a aplicação das regras de conflitos no espaço.

A definição dos limites da aplicação da regra de conflitos no espaço através da aplicação do direito de conflitos estrangeiro na ordem local é feita pelo mecanismo do reenvio ou devolução. Essa possibilidade é colocada sempre que a lei estrangeira tida como competente pela *lex fori* não se considera, ela própria competente, como sucede, aparentemente, no caso.[36].

O art. 9.2 do Código Civil espanhol (versão de 1974) mandava aplicar a lei pessoal do marido, fazendo devolução sob a forma de retorno à *lex fori,* a lei portuguesa.

Ora, no DIP português rege a hipótese excepcional de retorno – a regra, nesta matéria, é a que resulta do art. 16.°, ou seja, a referência material à lei estrangeira – o art. 18.°, n.° 1 e 2 do CC.

Determina o art. 18.°, n.° 1 que "se o direito internacional privado da lei designada pela norma de conflitos portuguesa remeter para o direito interno português, é este o direito aplicável".

O art. 18.°, n.° 1 vem assim, servindo o supremo interesse do DIP que é a harmonia internacional de decisões[37], admitir, excepcionalmente, a devolução de primeiro grau quando L2 remeter a disciplina do caso para as disposições materiais portuguesas (L1)[38].

Esta solução de reenvio adoptada pelo direito português não corresponde às teses devolucionistas clássicas – devolução simples e dupla devolução – pois, nos termos do art. 18.°, n.° 1, só haverá retorno para L1 se L2 lhe fizer efectivamente referência material já que só nesta hipótese L2 aplica as disposições materiais do foro, ou seja, o direito interno português.

Ao contrário, na devolução simples, entende-se sempre a referência de L2 a L1 como uma referência material, seja essa ou não, a posição de L2 face ao reenvio. Na devolução dupla, por seu turno, L2 aplica sempre a lei aplicada pelo Tribunal de L1 que será, no caso de retorno directo, L1

---

[36] Cfr. A. MARQUES DOS SANTOS, *Sumários de DIP,* Lisboa, AAFDL, 1995, p. 149 e I. MAGALHÃES COLLAÇO, *Lições...,* p. 81.

[37] Assim, FERRER CORREIA, *Lições...,* p. 288: "o reenvio...é...utilizável como técnica...como um meio de realizar a harmonia jurídica".

[38] Assim, I. MAGALHÃES COLLAÇO, *O regime da devolução no Código Civil de 1966 (Curso Jurídico 1967-68),* Lisboa, AAFDL, 1984, p. 12:"...a expressão (usada no art. 18.°) direito interno deve ser interpretada no sentido de disposições materiais".

ou L2. Ora, no direito português a aceitação do reenvio sob a forma de retorno é "condicionada a um resultado definido por L2 – a aplicação material de L1".[39]

Resulta do regime traçado pelo art. 18.º, n.º 1 que não haverá reenvio se L2 fizer devolução simples a L1 pois nessa hipótese não haveria harmonia de decisões, já que L1 aplicaria L1 mas L2 aplicaria L2 e as leis em contacto com a situação estariam em desacordo.

Do mesmo modo, se L2 fizer devolução dupla a L1 também não se justifica o reenvio mas agora porque a harmonia de decisões é alcançada fazendo ou não retorno, já que o tribunal de L2 fará sempre o que L1 fizer, almejando em qualquer dos casos a identidade de decisões. E sendo assim, "o reenvio não poderá legitimar-se...através do princípio da harmonia jurídica internacional[40].

Aliás, nesta derradeira hipótese nem seria necessário procurar justificação no princípio da harmonia jurídica para negar a possibilidade de reenvio. É que, como já referimos, a posição de L2 sobre o reenvio (a sua admissão ou não e em que termos) é um pressuposto do *facti-species* do art. 18.º, n.º 1. Em regra, a lei portuguesa é antidevolucionista (art. 16.º) e o retorno admitido pelo art. 18.º, n.º 1 está condicionado à circunstância de L2 aplicar direito interno português. É claro que fazendo L2 devolução dupla a L1 – tomando a posição que esta tomar –, aplicará direito interno português...se L1 admitir o retorno a L1! Mas nesse caso incorremos em petição de princípio[41], dando como provado – L1 faz reenvio – o que se pretende provar – L1 faz reenvio? –.

O Acórdão do STJ de 6.11.2003 considerou, sem mais, que "estamos perante uma hipótese de reenvio para a lei portuguesa, que esta aceita, conforme o disposto no art. 18.º, n.º 1 do CC".

Ora, como vimos, a aceitação, nos termos do art. 18.º, n.º 1, do reenvio está dependente do "alcance da referência de L2 a L1"[42]. É essen-

---

[39] I. MAGALHÃES COLLAÇO, *O regime da devolução no Código Civil de 1966 (Curso Jurídico 1967-68)*, Lisboa, AAFDL, 1984, p. 13.

[40] Assim, FERRER CORREIA, *Lições...*, p. 292. Em sentido contrário cfr. J. BAPTISTA MACHADO, *Lições...*, p. 203 considerando que uma vez assegurada a harmonia de decisões, a aplicação da *lex fori* serviria um princípio de boa administração da justiça – aplicação pelo juiz do foro da sua lei –, o que se conseguirá pelo retorno: L1 aplica L1 e L2, fazendo--lhe dupla devolução, aplica igualmente L1.

[41] De acordo com a lição de A. MARQUES DOS SANTOS, *Sumários de DIP*, Lisboa, AAFDL, 1995, p. 163 e seguida pelo Acórdão da Relação de Évora de 28.10.1993 in *Colectânea de Jurisprudência*, 1993, V, p. 276-278.

[42] Assim, I. MAGALHÃES COLLAÇO, *O regime da devolução...*, p. 13.

cial saber, então, qual a atitude sobre o reenvio tomada pela lei espanhola (L2).

Diz-nos o art. 12.°, n.° 2 do CC espanhol: *"La remissíon al derecho extranjero se entenderá hecha a su ley material, sin tener en cuenta el reenvio que sus normas de conflicto puedon hacer a outra ley que no sea la española"*.

A lei espanhola é também antidevolucionista e só admite o reenvio para a lei do Estado do foro, ou seja, o reenvio sob a forma de retorno.[43] Mas subsiste a dúvida quanto ao tipo de retorno que ela admite: se faz devolução simples e entende, unilateralmente, a referência da lei estrangeira à lei do foro como uma referência exclusivamente material ou se, tal como a norma homóloga portuguesa, condiciona o reenvio à efectiva aplicação do direito interno do foro.

No caso em apreço, verificamos que L1 (lei portuguesa) remete para L2 (lei espanhola) que devolve a competência para L1, e esta só aceitará o retorno se L2 lhe fizer referência material. Mas L2 (lei espanhola) não faz referência material a L1 e surgem duas hipóteses:

L2 usa um sistema de devolução simples[44] e aplicará o seu próprio direito material: L2 aplica L2 – neste caso, não há harmonia jurídica e a *lei portuguesa não faz o reenvio e aplica, em consequência, a lei espanhola*, ou

L2 usa um sistema semelhante ao consagrado no art. 18.°, n.° 1 e aplica L2 se L1 lhe fizer referência material – o que ainda não sabemos – ou aplica L1 porque L1 não lhe faz referência material, antes

---

[43] Neste sentido, cfr. A. MARQUES DOS SANTOS, *Sumários de DIP*, Lisboa, AAFDL, 1995, p. 151.

[44] Sistema que parece descartado pela doutrina (neste sentido cfr. ALFONSO LUIS CALVO CARAVACA e outros, *Derecho...*, Vol. I, p. 218) que defende a não obrigatoriedade do reenvio (conforme as decisões dos tribunais: STS de 15.11.96 e 21.05.99) e a sua limitação, por um lado, às situações em que ele conduza à harmonia internacional de decisões – o que não sucederia, neste caso, se a lei espanhola fizesse devolução simples – e mesmo a sua negação quando conduza a resultados contrários aos princípios inspiradores do sistema conflitual: autonomia da vontade, defesa das expectativas das partes, *favor negotti*, indivisibilidade do estatuto sucessório. A jurisprudência tem, no entanto, tomado decisões puramente formais, aceitando automaticamente o reenvio, como dão nota os referidos AA. (*ob. cit.*, vol. I, p. 220, § 60). O reenvio, mesmo sob a forma de retorno, é totalmente rejeitado se, numa situação diferente da analisada, os cônjuges tiverem celebrado convenção antenupcial e escolhido através dela um concreto regime de bens. Os AA. (*ob. cit.*, vol. II, p. 77) entendem que nesse caso, o art. 9.3 impede implicitamente o reenvio se com ele a convenção antenupcial se tornar inválida.

admite o retorno – o que também ainda não sabemos. Aderindo a lei espanhola a um sistema de retorno semelhante ao português, nas relações entre ambas tudo se passa como se a lei espanhola fizesse dupla devolução à *lei portuguesa que, nesse caso, não faz o reenvio e aplica, em consequência, a lei espanhola*.

Concluindo, em caso algum, deveria admitir-se, como fez o Acórdão comentado, o reenvio da lei espanhola para a lei portuguesa. Não estando verificadas as excepções previstas na lei, dever-se-ia ter aplicado o princípio geral (e residual) plasmado no art. 16.º do CC: a referência da regra de conflitos portuguesa à lei estrangeira é feita à suas regras materiais, no caso, ao direito material espanhol.

3.º Se a hipótese de reenvio foi, quanto a nós, mal resolvida pelo Acórdão do STJ de 6.11.2003, é bom dizer que, em rigor, ela não deveria ter sido sequer colocada pois a manipulação da regra de conflitos espanhola (art. 9.2 do CC espanhol na versão de 1974) que reenviava para a lei portuguesa, poderia ter sido afastada, desde logo, pelo ordenamento jurídico do foro.

Antes de mais, seria necessário afirmar que a referência à antiga regra de conflitos estrangeira era conforme à solução de direito transitório da *lex causae* pois a aplicação do direito estrangeiro – material ou conflitual – deve respeitar o preceituado no art. 23.º do CC: "(o) conflito transitório das regras conflituais estrangeiras (regras de conflitos, regras sobre reenvio, entre outras), que devam ser tidas em consideração por força do DIP do foro...deve depender do ordenamento em que se inserem.[45]

No direito espanhol[46], a sucessão no tempo das regras de conflitos é resolvida, na falta de disposições específicas de direito transitório contidas nas novas normas de conflitos, segundo o critério da aplicação do direito intertemporal interno (art. 2. do CC espanhol) que impõe o princípio da não retroactividade da nova regra de conflitos.

Assim, há que distinguir as situações privadas internacionais cujos efeitos se consomem num momento determinado – por exemplo a compra e venda de um bem – que ficarão sujeitas ao direito designado pela regra de conflitos em vigor no instante em que se verifica o acto em questão, das relações jurídicas duradouras. Estas ficam submetidas, até à entrada em vigor da nova regra de conflitos, ao direito material que a

---

[45] FERRER CORREIA, *Lições...*, p. 193.
[46] Segundo a lição de ALFONSO LUIS CALVO CARAVACA e outros, *Derecho...*, Vol. I, p. 188 e ss e *Derecho...*, vol. II, p. 81: " *Los efectos del matrimonio anteriores a la entrada en vigor del actual art. 9.2 Cc se regirán por las reglas antes vigentes: Tempus Regit Actum.*

regra de conflitos até aí vigente designa; uma vez em vigor a nova regra de conflitos, ao direito material que ela agora indica. No caso de uma "relação pessoal entre os cônjuges" aplicar-se-ão tantas as regras de conflitos – e os direito materiais por elas designados – quantas as vigentes na duração da relação.

4.º Se o tribunal português estaria obrigado, pelo exposto, a considerar a norma de conflitos espanhola antiga, já o conteúdo da mesma bastaria para justificar o seu afastamento. O julgador tinha, nesta hipótese, várias formas de descartar a solução conflitual estrangeira sem que tal o obrigasse à aplicação da *lex fori*.

A atribuição de competência à lei pessoal do marido (art. 9.2 do CC espanhol na versão de 1974) viola claramente um princípio estruturante do ordenamento jurídico português com expressão constitucional – o princípio da igualdade jurídica dos cônjuges – como já foi claramente demonstrado, a propósito da regra de conflitos portuguesa com solução idêntica à espanhola. Se a aplicação da regra de conflitos estrangeira antiga determinada pela solução de conflito transitório da *lex causae*, contraria clamorosamente os princípios de ordem pública internacional do Estado português, então, nos termos do art. 22.º, n.º 2 do CC, serão aplicáveis as normas mais apropriadas da legislação estrangeira competente, ou seja, a regra de conflitos nova: art. 9.2 na versão de 1990 que considera competente a lei espanhola enquanto lei da residência habitual comum dos cônjuges de diferente nacionalidade, à data do casamento, quando estes não elegeram o domicílio comum em documento autêntico.

Por outro lado, a regra de conflitos estrangeira, sendo desconforme à Constituição do foro, não pode, tal como qualquer outra norma material estrangeira, ser aplicada pelo tribunal do foro sem, previamente, ser expurgada da sua inconstitucionalidade, utilizando, no caso, a conexão "residência habitual comum" que é conforme ao princípio da igualdade entre os cônjuges.

Por fim, a própria adequação da regra de conflitos da *lex causae* aos princípios constitucionais do ordenamento *ad quem* deveria ser verificada, assim como a solução que esse ordenamento defende em caso de inconstitucionalidade das suas normas conflituais.

A relação entre o DIP espanhol e a Constituição de 1978 e a incidência da Lei Fundamental sobre o sistema conflitual, desenvolve-se a vários níveis[47].

---

[47] Alfonso Luis Calvo Caravaca e outros, *Derecho...*, Vol. I, p. 29.

No que diz respeito aos valores materiais constitucionais que as normas constitucionais encerram –por exemplo, o princípio da igualdade e da não discriminação do art. 14.º da Constituição espanhola – é entendimento geral que tais valores devem ser defendidos também pelas normas de DIP. Assim, também o direito espanhol perfilha o carácter não neutro das normas de conflitos[48] e rejeita a escolha arbitrária do elemento de conexão que deve ser conforme aos princípios constitucionais. A prová-lo, e no domínio específico do direito matrimonial, estão das leis de reforma do DIP que conseguiram a *"depuracíon de normas de conflicto com conexiones discriminatorias contra la mujer, que apuntaban...a la aplicacíon de la ley nacional del marido...por ello, los art. 9.2 e 3 Cc en su redacíon de 1974, fueron derogadas por la Ley 11/1990 de 15 de octubre, que introdujo conexiones no discriminatorias"* e a própria declaração de inconstitucionalidade proferida pelo Plenário do TC espanhol a 14.02.2002 (BOE n.º 63 de 14.03.2002, Suplemento 113 a 120).

Para além disso, toda a norma de DIP deve ser interpretada por referência a valores constitucionais[49]. A entrada em vigor da Constituição de 1978 produziu a nulidade automática de parte do art. 9.2 mantendo apenas a validade da conexão "última lei nacional comum durante o matrimónio". A lacuna emergente foi, então, integrada pela conexão subsidiária da residência habitual comum por analogia com o art. 107.I do Código Civil espanhol relativo à lei aplicável à separação e divórcio[50-51].

---

[48] Assim, ALFONSO LUIS CALVO CARAVACA e outros, *Derecho...*, Vol. I, p. 31.

[49] Cfr. STS de 6.10.1986 que negou a aplicação da norma de DIP, então vigente, em matéria de relações patrimoniais entre cônjuges que conduzia a aplicação da lei nacional do marido, por ser contrária à Constituição. Também o Tribunal Constitucional, por sentença de 20.12.1982 (BOE n.13 de 15.01.1983) afirmou a nulidade destas normas, nulidade a ser apreciada livremente pelo juiz sem intervenção do Tribunal Constitucional.

[50] ALFONSO LUIS CALVO CARAVACA e outros, *Derecho...*, Vol. II, p. 81 dão nota das decisões em que a lacuna gerada pela contradição entre a regra de conflitos e o texto constitucional foi integrada mediante o recurso analógico do art. 107.I do Código Civil espanhol: para além da STS de 6.10.1986, ainda a SAP Las Palmas de 2.2.1993, a SJPI n. 2 Telde de 30.5.1980, a SJPI n. 1 Badalona de 15.4.1988 e a SAP Barcelona, sec.13 de 6.4.1989.

[51] GONZÁLEZ CAMPOS, FERNÁNDEZ ROSAS, CALVO CARAVACA e outros, *Derecho Internacional Privado. Parte Especial...*, p. 345. Estes AA. consideram, no entanto, que em caso de conflito móvel deve aplicar-se a lei da última residência habitual comum pois não procedem agora as razões que, na versão de 1974, determinavam a imobilização no tempo da conexão "nacionalidade do marido": defesa das expectativas da mulher face às tentativas de alterar a lei aplicável através da manipulação, pelo marido, do elemento de conexão que só dele dependia.

O Acórdão do STJ de 6.11.2003 admite, sem rebuço, a necessidade de, por referência à doutrina do art. 23.º do CC, aplicar o direito estrangeiro "dentro do sistema a que pertence" o que o impediria de atender a uma norma estrangeira "considerada inconstitucional no seu ordenamento jurídico...para além de que seria igualmente inconstitucional face à Constituição portuguesa". Mas o Supremo Tribunal encontrou um obstáculo intransponível nessa correcta aplicação do direito estrangeiro: "no caso *sub iudice*, para declarar a competência da lei espanhola seria necessário saber como é que o respectivo ordenamento, nomeadamente a sua jurisprudência, interpreta a declaração de inconstitucionalidade a que atrás nos referimos e qual é o regime de conflitos que entende aplicável aos casamentos anteriores à Constituição de 1978....não ocorrendo isto, a norma estrangeira fica indeterminada.".

Como demonstramos não seria difícil saber como é que o direito espanhol integra a lacuna gerada pela inconstitucionalidade da sua regra de conflitos[52] e provavelmente nem seria necessário ir tão longe para expurgar tal inconstitucionalidade. O recurso, nesta hipótese, à lei da residência habitual comum dos cônjuges à data do casamento e a aplicação da lei material espanhola e do regime da *sociedad de ganaciales* com a necessidade subsequente da partilha de bens comuns, era a solução que se impunha.

Era, em resumo, a solução mais fácil porque dispensava a criação de uma nova conexão – e a *lex rei sitae* é, neste caso, muito forçada – e a mais correcta do ponto de vista do direito internacional privado[53] pois respeitava a hierarquia das regras sobre a aplicação de direito estrangeiro (art. 23.º) e os princípios de paridade entre a lei estrangeira e a lei do foro.

---

[52] E diga-se, em verdade, que não estamos sequer perante um direito estranho, um "direito da Conchichina", na expressão de MARQUES DOS SANTOS, *A aplicação do direito estrangeiro* in *Estudos de Direito Internacional Privado e de Direito Público*, Almedina, Coimbra, 2004, p. 47, perante o qual se torna muito difícil e por isso inexigível ao órgão de aplicação do direito a sua averiguação.

[53] Do ponto de vista exclusivamente material, também o tribunal da Relação de Lisboa se pronunciou sobre uma hipótese semelhante (cfr. Ac. RL de 1.7.2003 *in www.dgsi.pt*) em que se discutia, a propósito de um casamento celebrado por portugueses em França sem precedência do processo preliminar de publicações, a aplicação do regime imperativo de separação de bens por força do art. 51.º, n.º 2 e 1720.º do CC. Neste caso, o tribunal da Relação aceitou a subsunção dos factos àqueles dispositivos legais mas também entendeu que não estavam imunes à excepção peremptória do abuso de direito e que tendo o casamento perdurado 19 anos e os cônjuges pautado o seu comportamento como se estivesse sujeito ao regime de comunhão de adquiridos, seria abusiva a invocação tardia do regime da separação de bens.

COUNCIL REGULATION N.° 44/2001 AND THE FIGHT FOR THE PROVISIONAL AND PROTECTIVE MEASURES

JAVIER CARRASCOSA GONZÁLEZ
Professor (Profesor titular) of Private International Law
University of Murcia (Spain)

SUMMARY: I. Preliminary remarks. II. Council Regulation No 44/2001 and Effectiveness of Provisional and Protective Measures. III. Battlefield: Interpretation of Article 31 Council Regulation No 44/2001. IV. Extraterritorial Effects of Provisional and Protective Measures Granted by Courts in Other Member States.

I. PRELIMINARY REMARKS.

1. The natural ending of most judicial proceedings in the patrimonial area is the *execution* of the judicial resolution (= "judgment for the plaintiff" and "final process"). But the above mentioned *execution* can be frustrated for several reasons. First reason: Judicial proceedings take a *considerable amount of time*. And in the event of "international" proceedings, they may last even longer: it might be necessary to send a judicial document for service abroad, and even to apply a foreign Law. Hence, in the context of "long-time proceedings", the debtor's assets can easily "disappear" in the middle of the haze. The debtor's assets can also become worthless. Or the debtor's assets can simply "evaporate" due to a "selling fever" of the debtor. Second reason: the *international* judicial proceedings present an obstacle of great importance: courts have "effective power" only in the territory in which they exercise jurisdiction, which is the territory of the State to which such courts belong. Hence, the debtor can "move" his assets from one state to another, seeking to avoid a patrimonial imminent execution. Those are the so-called "opportunist behaviours" of the debtor (M. VIRGÓS/F.J. GARCIMARTÍN[1]). Therefore, "provisional and protective measures" are applied in an attempt to reduce the above mentioned risks.

II. COUNCIL REGULATION NO 44/2001 AND EFFECTIVENESS OF PROVISIONAL AND PROTECTIVE MEASURES.

2. There exist several different systems of "provisional and protective measures" in the international area[2]. The most effective is the one sanctioned by Council Regulation No 44/2001 of December 22th 2000 on jurisdiction and recognition and enforcement of judgments in civil and commercial matters (hereinafter "CR N.° 44/2001")[3], which offers the plaintiff two legal possibilities when it comes to applying for "provisional and protective measures".

3. First possibility. On one hand, "provisional and protective measures" can be requested from the court that deals with the substance of the subject-matter of the controversy, as the ECJ (European Court of Justice) has pointed out in Judgment November 17th 1998, Van Uden. For instance: the courts that have jurisdiction based on the domicile of the defendant (See: Article 2 CR N.° 44/2001) or, in the event of matters relating to a contract, based on the place of performance of the obligation in question (See: Article 5.1 CR N.° 44/2001), have also jurisdiction to grant "provi-

---

[1] M. VIRGÓS SORIANO/F.J. GARCIMARTÍN ALFÉREZ, Derecho procesal civil internacional. Litigación internacional, Civitas, Madrid, 2000, pp. 229-242.

[2] See in general: L. COLLINS, "Provisional and Protective Measures in International Litigation", Recueil ADI, 1992, vol.234, pp. 9-238; V. DELAPORTE, "Les mesures provisoires et conservatoires en droit international privé", TCFDIP, 1986/1987, pp. 147-161; V. FUENTES CAMACHO, Las medidas provisionales y cautelares en el espacio judicial europeo (Estudio del art.24 CB de 27 IX 1968, con especial referencia a la posición española), Madrid, 1996; F.J. GARCIMARTÍN ALFÉREZ, El régimen de las medidas cautelares en el comercio internacional, Mc.Graw Hill, Madrid, 1996, pp. 92-99; A. GIARDINA, "Provisional Measures in Europe: Some Comparative Observations", DCI, 1993, vol.VII, pp. 791-802; P. DE VAREILLES SOMMIÈRES, "La compétence internationale des tribunaux français en matière de mesures provisoires", RCDIP, 1996, pp. 397-437.

[3] Official Journal L 012, January 16th 2001, pp. 1-23.

sional and protective measures" at the plaintiff's previous request. In the same perspective, the court that has jurisdiction to decide the substance of the controversy according to the International Civil Procedure of the Law of a Member State (See: Article 4 CR N.° 44/2001), has also jurisdiction to grant the "provisional and protective measures" requested by one of the parties to a suit, especially by the plaintiff.

The justification for this first rule is clear: if a court has jurisdiction to decide the substance of the dispute, it may also have jurisdiction to decide upon the "provisional and protective measures" requested by the plaintiff. Moreover, such a court is in a "good position" to evaluate the concurrence of the requirements for the "provisional and protective measures", since it has all the "key information on the dispute" available.

Nevertheless, the court's jurisdiction to decide the substance of the controversy as well as the "provisional and protective measures", has an "extraterritorial scope". In other words, the court that has jurisdiction to decide the substance of the dispute can adopt "provisional and protective measures" that affect goods and assets situated in the territory of the Member State to which the court belongs, but it can also adopt the above mentioned measures even if the assets and goods are situated in the territory of another Member State. In this second case, a previous so-called exequatur is necessary for the execution of the court's Judgment. The exequatur will not be granted if the "provisional and protective measures" have been adopted without a previous "hearing". Article 32 CR N.° 44/2001 only covers judicial resolutions dictated in contradictory proceedings (Judgment ECJ May 21st, 1980, Denilauler) but not in unilateral proceedings. Since that is a frequent case, the possibility of requesting "provisional and protective measures" from the court that has jurisdiction to decide the substance of the dispute is not always real, because these "provisional and protective measures" will not be able to be executed in another Member State.

The court that has jurisdiction to decide the substance can adopt any type of "provisional and protective measures": the CR N.° 44/2001 does not call for "additional requirements", such as, for example, the so-called periculum in mora, the fumus boni juris or any others. It is not even required that the "provisional and protective measures" be specific either. There is not a closed list of "provisional and protective measures" that can be requested by the plaintiff. Hence, any "provisional and protective measure" can be requested from the court of a Member State that has jurisdiction to decide the substance of the dispute. Nevertheless, the "provisional and protective measures" must be adopted by fulfilling the requirements demanded by the Law of the State before whose courts those "provisional and protective measures" have been requested.

4. Second possibility. On the other hand, the CR N.º 44/2001 contains a "special criterion" of jurisdiction in the field of "provisional, including protective, measures", which is sanctioned by Article 31 CR N.º 44//2001. This Article 31 CR N.º 44/2001 opens the door for requesting the "provisional and protective measures" included in the Law of a Member State before the courts of a Member State, even though a court of another Member State, a court of a non-Member State or arbitrators have jurisdiction to decide the substance of the controversy (see: Opinion Spanish Supreme Court October 8th, 2002). In fact, as the above mentioned Spanish resolution indicates, Article 31 CR N.º 44/2001 "opens" a "special forum of jurisdiction" to adopt these "provisional and protective measures". The justification for this forum is clear (F.J. GARCIMARTÍN ALFÉREZ[4]): a) The effectiveness of the "provisional and protective measures" is guaranteed by this "special point of jurisdiction", since it is possible to request these "provisional and protective measures" from the court placed in the State where the assets are situated. Thus, it is not easy for the defendant "to evaporate" his assets, because legal proceedings will be "fast" and "surprising" for him; b) In this way, the final decision on the substance is "anticipated": that is the function of every "provisional and protective measure". The State where the assets of the debtor are situated is the State where it will be usually necessary to enforce the final decision. Hence, by virtue of Article 31 CR N.º 44/2001 the execution in the Member State where the assets are located of an eventual judgment granted to the plaintiff in another Member State is guaranteed. This is natural since, under CR N.º 44/2001, the courts of the Member State where the assets are situated have not "main jurisdiction" based on the location of the debtor's assets. Hence, these courts have no jurisdiction to decide the substance of the dispute, but on the contrary, they have jurisdiction to decide the "provisional and protective measures".

---

[4] F.J. GARCIMARTÍN ALFÉREZ, El régimen de las medidas cautelares en el comercio internacional, Mc.Graw Hill, Madrid, 1996, pp. 92-99.

III. BATTLEFIELD: INTERPRETATION OF ARTICLE 31 COUNCIL REGULATION NO 44/2001.

5. The interpretation of Article 31 CR N.° 44/2001 is rather controversial. This provision states: "Application may be made to the courts of a Member State for such provisional, including protective, measures as may be available under the law of that State, even if, under this Regulation, the courts of another Member State have jurisdiction as to the substance of the matter". Several lines of interpretation have been suggested.

6. First interpretation. Some legal scholars have argued that Article 31 CR N.° 44/2001 does not contain a "direct criterion of international jurisdiction" (L.F. CARRILLO POZO[5]). In these authors' opinion, Article 31 CR N.° 44/2001 simply refers to Civil Procedure of the state before whose courts the measure has been requested. Such Civil Procedure will indicate if the courts of the state have international jurisdiction to adopt those measures. In Spain this interpretation leads us to the following conclusion: Spanish courts should have international jurisdiction based on the criteria contained in Article 22.5 Ley Orgánica del Poder Judicial (LOPJ). But this interpretation, apart from having other disadvantages, is complicated and lead us to a "nonsense": Article 31 CR N.° 44/2001 indicates that the "provisional and protective measures" can be requested from the courts of a Member State, but later on, the Law of the above mentioned State may deny the possibility of requesting these "provisional and protective measures" because, according to such Law, the courts have no jurisdiction to adopt these "provisional and protective measures".

7. Second possibility. An alternative interpretation seems to be more suitable: according to it Article 31 CR N.° 44/2001 contains a "forum" of international jurisdiction (F.J. GARCIMARTÍN ALFÉREZ[6]). This interpretation should be preferred because it clearly avoids denial of Justice and it fosters a uniform application of the CR N.° 44/2001, as well as the execution of the future judgment. Thus, in accordance with Article 31 CR N.° 44/

---

[5] L.F. CARRILLO POZO, "Art. 24", en A.L. CALVO CARAVACA (DIR.), Comentario al Convenio de Bruselas de 27 septiembre 1968, Madrid, BOE – Universidad Carlos III de Madrid, 1994, pp. 428-450.

[6] F.J. GARCIMARTÍN ALFÉREZ, El régimen de las medidas cautelares en el comercio internacional, Mc.Graw Hill, Madrid, 1996, pp. 92-99.

/2001, the courts of the Member State where these "provisional and protective measures" have to be enforced have international jurisdiction to grant them. For example, the courts of a Member State where immovables are located, have international jurisdiction. This one seems to be the position maintained by Judgment ECJ November 17th, 1998, Van Uden. There will be some problems for "locating" some goods in the Internet context. Thus, in the case of Internet, some goods must be located in the State where the service provider is situated, in order to "block" the access to some information.

8. Other aspects related to Article 31 CR N.º 44/2001 must be clarified in order to explain the real scope of application of this provision.

9. A) The concept of "provisional and protective measures" is autonomous, valid only for the purposes of CR N.º 44/2001. These "provisional and protective measures" can be defined as "those measures requested from the court that has jurisdiction to decide the substance of the dispute, in order to safeguard the plaintiff's rights". The features of these "provisional and protective measures" are as follows: (a) They are instrumental measures; (b) They are temporary measures; (c) For them to be adopted, the plaintiff has to demonstrate "an appearance of good right" (fumus boni juris); (d) These measures must be adopted only when there exists a situation of "danger for the future correct execution of the judgment" (periculum in mora); (e) In order to avoid any abuse, a deposit can be required to the plaintiff for their adoption; (f) A real connection must exist between the subject-matter of the measures and the jurisdiction of the court that adopts them; (g) Some legal scholars also demand that the above mentioned measures should be adopted only if they are of urgent character; (h) These "provisional and protective measures" can be granted to "anticipate" the future execution of the judgment to the plaintiff, for example "provisional payment", but they can also be granted to guarantee the final decision, for example provisional attachment/prejudgment attachment. About the "European concept" of "provisional and protective measures", see: Judgement ECJ March 26th, 1992, Reichert; Judgement ECJ March 27th, 1979, De Cavel; Judgement ECJ March 6th, 1980, De Cavel II; Judgement ECJ March 31st, 1982, CHW; Judgement ECJ November 17th, 1998, Van Uden; Judgement ECJ April 27th, 1999, Mietz; Opinion Second Instance Court Sevilla (Spain), July 20th, 1993.

10. B) What specific "provisional and protective measures" can be granted by the Member States' courts according to Article 31 CR N.° 44//2001? Article 31 CR N.° 44/2001 itself solves the problem: a court of a Member State can only adopt the "provisional and protective measures" contained in the Civil Procedure of this State. For example: an English court can have jurisdiction to decide the substance of a dispute derived from the breach of an international contract; the plaintiff asks for "provisional and protective measures" from the Spanish courts, because the debtor's assets are located in Spain. Hence, the "provisional and protective measures" that the Spanish court may adopt are those contained in Spanish Law. In other words, the Spanish court can never grant a Mareva Injunction (= a "Mareva Injunction" is a "court order to freeze the assets of a person who has gone overseas"), since this specific measure is regulated only by English Law, and not by Spanish Law. The Spanish court will be able to grant the "provisional and protective measures" contained in Spanish Law, and in particular those sanctioned by Article 727 Spanish Civil Procedure Code (= Ley de Enjuiciamiento Civil 1/2000 or, simply, LEC), for example preventive attachment.

The so-called "measures to ensure the proof" raise more complicated problems. Some legal scholars deny that such measures could be treated as "provisional and protective measures" in the sense of Article 31 CR N.° 44/2001. However, this theory is not definitive. As F.J. GARCIMARTÍN/M. VIRGÓS have pointed out[7], the opposite theory should be admitted too. Hence, Article 31 CR N.° 44/2001 must be applied to these "measures to ensure the proof" with no special difficulties. The reason is clear: these measures somehow anticipate the plaintiff's rights. Besides, there is no legal instrument to ensure the effectiveness in the international arena. So Article 31 CR N.° 44/2001 must also be applied to these special kind of legal measures.

11. C) Article 31 CR N.° 44/2001 applies only if the assets are situated in the territory of a Member State. Everything seems to be clear so far. But from this moment on the doctrine is divided: a) Some authors maintain that Article 31 CR N.° 44/2001 applies only when the defendant has his domicile in a Member State. But this theory has no foundation because it does not allow to ensure the anticipated execution of the judgments in

---

[7] M. VIRGÓS SORIANO/F.J. GARCIMARTÍN ALFÉREZ, Derecho procesal civil internacional. Litigación internacional, Civitas, Madrid, 2000, p. 236.

the EU; b) Other authors think that Article 31 CR N.º 44/2001 can only be applied when a court of a member State has jurisdiction to decide the substance of the subject-matter (F.J. GARCIMARTÍN/M. VIRGÓS[8]). The explanation is that, this way, free movement of decisions in the EU is guaranteed; c) However, a third and more correct opinion has to be underlined: Article 31 CR N.º 44/2001 is to be applied irrespective of the defendant's domicile. It does not matter whether the defendant is domiciled in a "Member State" or in a "Non-Member State". Article 31 CR N.º 44/2001 applies also irrespective of the court that has jurisdiction to decide the substance of the controversy, even if they are arbitrators. This is the ECJ's perspective on this problem. See: Judgment ECJ November 17th, 1998, Van Uden. To sum up, Article 31 CR N.º 44/2001 is to be applied even though the courts of a member State, the courts of a Non-Member State or arbitrators, have jurisdiction to decide the substance of the dispute.

12. D) As we have seen before, the "forum" contained in Article 31 CR N.º 44/2001 can be considered also when the main proceedings take place before a court of a Member state or a court of a Non-Member State or even when the dispute has been referred to arbitration. No matter if these courts have exclusive jurisdiction according to Article 22 CR N.º 44/2001.

13. E) Article 31 CR N.º 44/2001 is only to be applied when the plaintiff's rights are referred to matters covered by the material scope of CR N.º 44/2001 (see Article 1 CR N.º 44/2001). Either the subject-matter of the main legal proceedings or the subject-matter of the "provisional and protective measures" do not count. Hence, Article 31 CR N.º 44/2001 is to be applied to rights derived from contracts, torts, alimony, etc. See: Judgment ECJ March 27th, 1979, De Cavel; Judgment ECJ March 6th, 1980, De Cavel II; Judgment ECJ March 31st, 1982, CHW; Judgment ECJ November 17th,1998, Van Uden.

14. F) The fact that the parties may have referred the dispute to some specific courts by a "Choice-of-Court clause" ex Article 23 CR N.º 44/2001 does not "deactivate" Article 31 CR N.º 44/2001. The "provisional and protective measures" can be requested before the court of the State

---

[8] M. VIRGÓS SORIANO/F.J. GARCIMARTÍN ALFÉREZ, Derecho procesal civil internacional. Litigación internacional, Civitas, Madrid, 2000, pp. 233-234.

where these measures should be enforced. Nevertheless, the parties may agree that some specific courts, different from those derived from Article 31 CR N.° 44/2001, have international jurisdiction to grant "provisional and protective measures". In such a case, Article 31 CR N.° 44/2001 turns out to be inoperative.

15. G) Article 31 CR N.° 44/2001 contains a forum of "international jurisdiction". Hence, to determine the "territorial jurisdiction", the Civil Procedure of the State to which the court belongs should be applied. For example, in Spain, Article 724 LEC 1/2000 applies.

IV. EXTRATERRITORIAL EFFECTS OF PROVISIONAL AND PROTECTIVE MEASURES GRANTED BY COURTS IN OTHER MEMBER STATES.

16. Article 32 CR N.° 44/2001 states: "For the purposes of this Regulation, "judgment" means any judgment given by a court or tribunal of a Member State, whatever the judgment may be called, including a decree, order, decision or writ of execution, as well as the determination of costs or expenses by an officer of the court". This is a wide concept of "resolution" and, obviously, a common concept for all members States.

17. Article 32 CR N.° 44/2001 benefits the judicial decisions dictated in a contradictory legal proceeding: the rights of defense have to be respected in any case (P. GOTHOT/D. HOLLEAUX[9]). Therefore, the judicial resolutions dictated in unilateral proceedings (= non-contradictory legal proceedings) are not covered by Article 32 CR N.° 44/2001. Most "provisional and protective measures" are granted in the context of non-contradictory legal proceedings. Hence, they do not move freely in the UE because they are not considered a "judgment" in the sense of Article 32 CR N.° 44/2001: see Judgement ECJ May 21st, 1980, Denilauler; Judgement ECJ July 13th, 1995, Hengst about the Italian decreto ingiuntivo. In this case, several remarks are to be made, according to D. ALEXANDRE/A. HUET[10].

---

[9] P. GOTHOT/D. HOLLEAUX, La convention de Bruxelles du 27 septembre 1968 (Compétence judiciaire et effets des jugements dans la CEE), Paris, Jupiter, 1985, pp. 131-139.

[10] D. ALEXANDRE/A. HUET, "Règlement Bruxelles I (Matières civile et commerciale)", Dalloz Droit international, 2nd ed., janvier 2003, pp. 55-62.

18. First: Regulation 44/2001 sacrifices to a great extent the plaintiff's interests. Indeed, to exclude decisions that contain "provisional and protective measures" is not very appropriate.

19. Second: Since those decisions are excluded from the CR N.° 44/2001, they can be enforced in another member State by the application of the State Law of that Member State, as well as by the application of other international instruments.

20. Third: Article 32 CR N.° 44/2001 covers the decisions dictated in proceedings that begin as unilateral but become contradictory (Judgment ECJ June 16th, 1981, Klomps).

21. Fourth: In Spanish Law, it is necessary to keep in mind that these "provisional and protective measures" can be granted "previous hearing of the defendant". That is the "general rule" (Article 733.1 LEC). But it is necessary to add that Article 733.2 LEC allows adopting "provisional and protective measures" "without previous hearing of the defendant" when the petitioner asks for this type of "provisional and protective measures" and when there are some "urgent reasons". The court decision (= a Court Opinion) that grants these "provisional and protective measures" "without previous hearing of the defendant" is not to be considered as a "judgment" in the sense of Article 32 CR N.° 44/2001. Hence, these judicial decisions do not move freely in the EU because they have been adopted in a unilateral proceeding (= not contradictory), so as to surprise the defendant. Therefore, these unilateral "provisional and protective measures" will be effective, exclusively, in the territory of the State whose courts have adopted them. Those decisions cannot be exported to the rest of Member States. If the creditor requests these unilateral "provisional and protective measures" be adopted "without previous hearing of the defendant", he should have to asks for these measures from the court of the State where the debtor's assets are situated, which means that Article 31 CR N.° 44/2001 is to be applied. See: Judgment ECJ November 17th, 1998, Van Uden; Judgment ECJ November 27th, 1984, Brennero. The Brussels and Lugano Conventions are to be interpreted in the same sense: see Article 24 of these Conventions.

Murcia, September 13th, 2004
Five Years Since We Left The Earth's Orbit

O DIREITO DE CONFLITOS E AS LIBERDADES COMUNITÁRIAS DE ESTABELECIMENTO E DE PRESTAÇÃO DE SERVIÇOS

Luís de Lima Pinheiro
Professor da Faculdade de Direito de Lisboa

INTRODUÇÃO

O tema das relações entre o Direito Internacional Privado e o Direito Comunitário era caro ao Professor António Marques dos Santos. Era o tema que o Professor António Marques dos Santos tinha escolhido para objecto da Lição a proferir nas provas de Agregação, bem como o do mestrado de Direito Internacional Privado que, à data do seu súbito e inesperado falecimento, regíamos conjuntamente. Parece-me pois particularmente apropriado incluir, numa obra em memória deste Colega e Amigo, um estudo inserido nesta temática e que desenvolve a comunicação que proferi no Seminário sobre a Comunitarização do Direito Internacional Privado, realizado na Faculdade de Direito de Lisboa, em Maio de 2004.

O tema das relações entre o Direito Internacional Privado e o Direito Comunitário é multifacetado[1].

---

[1] Em geral, sobre este tema, ver G. BADIALI – "Le droit international privé des Communautés européennes", *RCADI* 191 (1985) 9-182; MOURA RAMOS – Recensão a ORTIZ-ARCE DE LA FUENTE – Derecho Internacional privado Español y Derecho Comunitario Europeu, *RDE* 16-19 (1990/1993) 881-898; Id. – "Un diritto internazionale privato della Comunità Europea: origine, sviluppo, alcuni principi fondamentali", *in Studi in onore di Francesco Capotorti*, 1999, 273-305; Id. – "O Tribunal de Justiça das Comunidades Europeias e a Teoria Geral do Direito Internacional Privado. Desenvolvimentos Recentes", *in Estudos em Homenagem à Professora Doutora Isabel de Magalhães Collaço*, vol. I, 431--467, Coimbra, 2002; A. STRUYCKEN – "Les conséquences de l'intégration européenne sur le développement du droit international privé", *RCADI* 232 (1992) 257-383; RIGAUX –

O Direito Internacional Privado tem fontes comunitárias, e o crescente papel destas fontes é justamente o traço mais marcante da comunitarização deste ramo do Direito[2]. O Direito Comunitário releva como limite à aplicação do Direito estrangeiro, quer por via reserva da ordem

---

"Droit international privé et droit communautaire", in *Mélanges Yvon Loussouarn*, 341--354, 1992; Eckart BRÖDERMANN e Holger IVERSEN – *Europäisches Gemeinschaftsrecht und Internationales Privatrecht*, Tubinga, 1994; Marc FALLON – "Les conflits de lois et de juridictions dans un espace économique intégré. L'expérience de Communauté européenne", *RCADI* 253 (1995) 9-282; Bernd VON HOFFMANN – "The Relevance of European Community Law", in *European Private International Law*, org. por Bernd von Hoffmann, 19-37, Nijmegen, 1998 ; Hans SONNENBERGER – "Europarecht und Internationales Privatrecht", *ZvglRWiss* 95 (1996) 3-47; Jürgen BASEDOW – "Europäisches Internationales Privatrecht", *NJW* 30 (1996) 1921-1929; Id. – "European Conflict of Laws under the Treaty of Amsterdam", in *International Conflict of Laws for the Third Millenium. Essays in Honor of Friedrich K. Juenger*, 175-192, Ardsley, Nova Iorque, 2001; Karl KREUZER – "Die Europäisierung des internationalen Privatrechts – Vorgaben des Gemeinschaftsrechts", in *Gemeinsames Privatrecht in der Europäischen Gemeinschaft*, 2.ª ed., Baden-Baden, 1999, 457-542, 473 e segs.; Christian KOHLER – "Interrogations sur les sources du droit international privé européen après le traité d'Amesterdam", *R. crit.* 88 (1999) 1-30; Ulrich DROBNIG – "European Private International Law after the Treaty of Amsterdam: Perspectives for the Next Decade", *Kings College Law J.* 11 (2000) 191-201; Hélène GAUDEMET-TALLON – "Quel droit international privé pour l'Union européenne?", in *International Conflict of Laws for the Third Millenium. Essays in Honor of Friedrich K. Juenger*, 317-338, Ardsley, Nova Iorque, 2001; Id. – "De l'utilité d'une unification du droit international privé de la famille dans l'union européenne?", in *Estudos em Homenagem à Professora Doutora Isabel de Magalhães Collaço*, vol. I, 159-185, Coimbra, 2002; Erik JAYME – "Europa: Auf dem Weg zu einem interlokalen Kollisionsrecht", in *Vergemeinschftung des Europäischen Kollisionsrecht*, org. por Heinz-Peter Mansel, 31-40, 2001; JAYME/KOHLER – "Europäisches Kollisionsrecht 2001: Anerkennungsprinzip statt IPR", *IPRax* 21 (2001) 501-514 ; Id. – "Europäisches Kollisionsrecht 2002: Zur Wiederkehr des Internationalen Privatrechts", *IPRax* 22 (2002) 461-471; ALEGRÍA BORRÁS – "Derecho Internacional Privado y Tratado de Amsterdam", *Rev. Esp. Der. Int.* 51 (1999) 383-426; LIMA PINHEIRO – *Direito Internacional Privado. Volume I – Introdução e Direito de Conflitos/Parte geral*, Almedina, Coimbra, 2001, 269 e segs., e "Federalismo e Direito Internacional Privado – algumas reflexões sobre a comunitarização do Direito Internacional Privado", *Cadernos de Direito Privado* 2 (Junho 2003) 3-19; Klaus SCHURIG – "Unilateralistische Tendenzen im europäischen Gesellschaftsrecht, oder: Umgehung als Regelunsprinzip", in *Liber Amicorum Gerhard Kegel*, 199-221, Munique, 2002; Harmut LINKE – "Die Europäisierung des Internationalen Privat-und Verfahrensrechts. Traum oder Trauma?", in *Einheit und Vielfalt des Rechts. FS Reinhold Geimer*, 529-554, Munique, 2002.

[2] Ver LIMA PINHEIRO (n. 1 [2001]) 162 e segs., *Direito Internacional Privado. Volume III – Competência Internacional e Reconhecimento de Decisões Estrangeiras*, Almedina, Coimbra, 2002, 48 e seg. e 262 e seg., e (n. 1 [2003]).

pública internacional quer enquanto limite autónomo[3]. O Direito Comunitário auto-executório tem vocação para regular directamente as situações transnacionais que caiam dentro da sua esfera de aplicação no espaço[4]. O Direito Comunitário incide ainda em matéria de situação jurídica dos estrangeiros[5] e de resolução dos concursos de nacionalidades[6].

Há um outro aspecto das relações entre Direito Internacional Privado e Direito Comunitário que suscita questões especialmente complexas e controvertidas. Trata-se da relevância dos Tratado da Comunidade Europeia e, em particular, das normas e princípios que consagram as liberdades de circulação de pessoas, mercadorias, estabelecimento e serviços, para a resolução dos problemas de determinação do Direito aplicável a situações "privadas" internacionais (ou, como prefiro dizer, a situações transnacionais).

A tensão entre tendências centralistas, favoráveis à mais ampla unificação do Direito privado, através de actos comunitários, e à redução ao mínimo da autonomia dos sistemas jurídicos dos Estados-Membros, e tendências autonomistas, que defendem o pluralismo jurídico e a descentralização de competências em matéria de Direito privado também se projecta neste contexto. É assim que se assiste ao confronto entre um entendimento maximalista das normas e princípios que consagram as liberdades comunitárias, que comprime o Direito de Conflitos Internacional Privado e menospreza as suas finalidades, uma atitude mais tradicionalista, que nega qualquer incidência das liberdades comunitárias sobre o Direito de Conflitos, e uma posição que busca um compromisso entre esses regimes comunitários e as soluções do Direito de Conflitos que seja razoável e ajustado ao presente estádio da integração europeia.

Como defensor da integração europeia mas crítico do modelo centralizador para que tem apontado, designadamente, o processo de comunitarização do Direito Internacional Privado[7], inclino-me decididamente para esta terceira posição. A esta luz, suscita preocupação a recente viragem do Tribunal de Justiça das Comunidades (TCE) no sentido de um entendimento maximalista das normas e princípios que consagram as liberdades

---

[3] Ver LIMA PINHEIRO (n. 1 [2001]) 476.
[4] Ver LIMA PINHEIRO (n. 1 [2001]) 79 e segs.
[5] Ver LIMA PINHEIRO – *Direito Internacional Privado*. Volume II – *Direito de Conflitos/Parte Especial*, 2.ª ed., Almedina, Coimbra, 2002, 138 e seg.
[6] Ver LIMA PINHEIRO (n. 1 [2001]) 339 e seg.
[7] Ver LIMA PINHEIRO (n. 1 [2003]).

comunitárias relativamente a questões de Direito Internacional Privado. Eis o ensejo para retomar e aprofundar algumas reflexões anteriores sobre a incidência do direito comunitário de estabelecimento sobre o Direito de Conflitos das sociedades e da liberdade comunitária de prestação de serviços sobre o Direito Internacional Privado do trabalho[8]. Completará o estudo um exame sumário da relevância da Directiva sobre o Comércio Electrónico para o Direito de Conflitos dos contratos e da responsabilidade extracontratual.

I. ASPECTOS GERAIS

Constitui questão muito controversa a da incidência do regime das liberdades de circulação de mercadorias, de estabelecimento e de prestação de serviços sobre as normas de conflitos de Direito Internacional Privado.

Uns defendem que do Tratado da Comunidade Europeia decorrem certas soluções conflituais[9], ou pelo menos limites genéricos à aplicação de normas de Direito privado que condicionam a actuação do Direito de Conflitos dos Estados-Membros[10]. Outros entendem que este Tratado não contém "normas de conflitos ocultas" e que o problema da compatibilidade de normas de conflitos internas com o Direito Comunitário originário só se coloca excepcionalmente com relação a certas normas discriminatórias[11].

Este segundo entendimento parece-me mais conforme com o Direito positivo e mais ajustado ao actual estádio da integração europeia. Creio que não se podem inferir soluções conflituais das normas comunitárias que consagram as liberdades fundamentais e que as normas de Direito privado não constituem, em regra, restrições a essas liberdades[12]. Não excluo que

---

[8] Ver LIMA PINHEIRO (n. 1 [2001]) 269 e seg.), (n. 5) 102 e seg. e (n. 1 [2003]).

[9] Ver Jürgen BASEDOW – "Der kollisionsrechtliche Gehalt der Produktsfreheiten im europäischen Binnenmarkt: favor offerendis", *RabelsZ.* 59 (1995) 1-54 e RADICATI DI BROZOLO – "Libre circulation dans la CE et règles de conflit", in *L'européanisation du droit international privé*, org. por Paul LAGARDE e Bernd VON HOFFMANN, 87-103, Colónia, 1996.

[10] Ver FALLON (n. 1) 127 e segs., 140 e segs. e 178; Wulf-Henning ROTH – "Die Grundfreiheiten und das Internationale Privatrecht – das Beispiel Produkthaftung", in *Gedächtnisschrift für Alexander Lüderitz*, 635-657, Munique, 2000 e "Der Einfluss der Grundfreiheiten auf das internationale Privat- und Verfahrensrecht", in *Systemwechsel im europäischen Kollisionsrecht*, 47-63, Munique, 2002; KROPHOLLER – *Internationales Privatrecht*, 4.ª ed., Tubinga, 2001, 73 e seg.

[11] Ver BADIALI (n. 1) 107 e SONNENBERGER (n. 1) 13 e segs.

[12] Ver também Michael WILDERSPIN e Xavier LEWIS – "Les relations entre le droit communautaire et les règles de conflits de lois des États membres", *R. crit.* 91 (2002) 1-37 e 289-313, 13 e segs.

no interesse do comércio intercomunitário se devam colocar limites à actuação do Direito de Conflitos que, embora mínimos, vão além da proibição de discriminação. Mas parece-me que o Tratado da Comunidade Europeia não fundamenta estes limites e que eles de algum modo supõem um aprofundamento da integração política.

A tensão entre as normas comunitárias que consagram as liberdades fundamentais e o Direito de Conflitos dos Estados-Membros manifesta-se em diversos domínios. Mas esta tensão é *normalmente* resolúvel por uma de duas vias.

Nuns casos, mediante a autonomização das questões de Direito privado suscitadas pela aplicação dessas normas comunitárias e a sua sujeição ao Direito Internacional Privado dos Estados-Membros.

Noutros, mediante a tolerância dos efeitos secundários e indirectos da aplicação de certas normas de Direito privado sobre o comércio intercomunitário porquanto essa aplicação é justificada pelos fins prosseguidos por estas normas bem como pelas finalidades do Direito de Conflitos.

Parece-me indiscutível que a proibição de discriminação em razão da nacionalidade, no âmbito de aplicação do Tratado da Comunidade Europeia, consagrada no seu art. 12.º, é incompatível com normas de Direito Internacional Privado que estabeleçam um tratamento menos favorável de nacionais de outros Estados-Membros[13]. Este tratamento menos favorável pode resultar da utilização, como critério diferenciador, seja da nacionalidade, seja de outro critério que conduza ao mesmo resultado discriminatório (discriminação indirecta ou oculta).

Duas observações, porém, se impõem.

Em primeiro lugar, o art. 12.º só proíbe a discriminação no "âmbito de aplicação do Tratado". Para este efeito, o âmbito de aplicação do Tratado é entendido em sentido amplo, abrangendo as normas nacionais que tenham uma incidência directa ou indirecta sobre as liberdades comunitárias[14]. Em todo o caso, parece claro que as normas de conflitos em matéria pessoal estão fora do âmbito de aplicação desta proibição.

Por outro lado, a utilização do elemento de conexão nacionalidade, designadamente em matéria de estatuto pessoal, não encerra qualquer discriminação[15]. A equiparação entre nacionais e estrangeiros está assegu-

---

[13] Ver FALLON (n. 1) 126 e segs. e KROPHOLLER (n. 10) 72 e seg.
[14] Ver WILDERSPIN/LEWIS (n. 12) 6 e segs.
[15] No seu ac. 10/6/1999, no caso *Johannes* [*CTCE* (1999) I-03475], o TCE decidiu que a proibição de discriminação em razão da nacionalidade, consagrada no art. 12.º (ex-art. 6.º) do Tratado da Comunidade Europeia, se limita ao âmbito de aplicação deste Tra-

rada, no plano do Direito de Conflitos, quando o mesmo elemento de conexão for utilizado em todos os casos. De todo o modo, como acabei de assinalar, a matéria do estatuto pessoal encontra-se em princípio fora do âmbito de aplicação do Tratado.

Indo mais longe, porém, algumas decisões recentes do TCE procuraram deduzir das liberdades comunitárias limites à actuação de normas não-discriminatórias do Direito de Conflitos dos Estados-Membros. Neste estudo proponho-me examinar algumas decisões relativas ao direito de estabelecimento e à liberdade de prestação de serviços que vieram colocar limites ou condicionamentos à actuação do Direito de Conflitos em matéria de "*sociedades*" e de *relações laborais*[16].

II. DIREITO DE ESTABELECIMENTO E DIREITO DE CONFLITOS DAS "SOCIEDADES" COMUNITÁRIAS

Nos termos do art. 43.º/1 do Tratado da Comunidade Europeia "são proibidas as restrições à liberdade de estabelecimento dos nacionais de um Estado-Membro no território de outro Estado-Membro. Esta proibição abrangerá igualmente as restrições à constituição de agências, sucursais ou filiais pelos nacionais de um Estado-Membro estabelecidos no território de outro Estado-Membro."

Para este efeito, o art. 48.º/1 do mesmo Tratado equipara às pessoas singulares nacionais dos Estados-Membros as "sociedades" (em sentido amplo) "constituídas em conformidade com a legislação de um Estado-Membro e que tenham a sua sede social, administração central ou estabelecimento principal na Comunidade".

---

tado e que nem as normas nacionais de Direito Internacional Privado que determinam o direito substantivo nacional aplicável aos efeitos do divórcio entre cônjuges nem os preceitos nacionais de Direito Civil que regulam em termos de Direito substantivo esses efeitos se incluem no âmbito de aplicação do Tratado; de onde resulta que o art. 12.º do Tratado não obsta a que o Direito de um Estado-Membro atenda à nacionalidade dos cônjuges como factor de conexão que permite determinar o Direito substantivo nacional aplicável aos efeitos de um divórcio.

[16] Não me pronunciarei sobre a possibilidade de normas de Direito processual não-discriminatórias constituirem restrições às liberdades comunitárias, uma vez que, em minha opinião, a divisão entre Direito público e Direito privado não se aplica às normas processuais, e que estas normas processuais são territoriais quanto aos órgãos de aplicação (i.e., os órgãos de aplicação de um Estado aplicam sempre o Direito processual do foro), ao contrário do que se verifica com o Direito substantivo privado.

Estes preceitos constituem concretizações, no domínio do direito de estabelecimento, do princípio da não-discriminação em razão da nacionalidade (art. 12.°/1)[17].

O direito de estabelecimento abrange o *estabelecimento principal* (mediante o acesso a uma actividade profissional independente, a criação de uma "empresa" nova ou a transferência do estabelecimento principal de uma empresa preexistente) e o *estabelecimento secundário* (mediante a criação de uma filial, de uma sucursal ou de uma agência por pessoa que tem o seu estabelecimento principal noutro Estado-Membro).

Embora sem aparente base no Tratado, a jurisprudência do TCE alargou progressivamente o conceito de "restrições" às liberdades de estabelecimento e de prestação de serviços, por forma a incluir normas não-discriminatórias, por vezes em circunstâncias muito discutíveis que pouco têm a ver com a abolição de entraves ao funcionamento do mercado único[18].

Tem sido discutido se o direito de estabelecimento atribuído pelo Direito Comunitário implica que cada Estado-Membro deve aplicar às "sociedades" comunitárias (na acepção ampla do art. 48.° do Tratado da Comunidade Europeia) o Direito segundo o qual se constituíram[19].

A doutrina dominante responde negativamente. Dos arts. 43.° e segs. do Tratado da Comunidade Europeia não decorre qualquer consequência quanto ao estatuto pessoal das sociedades, porquanto, segundo o art. 293.°, a regulação desta matéria é reservada a uma convenção internacional[20]. Também o TCE, no caso *Daily Mail* (1988)[21], decidiu que até à conclusão

---

[17] Cf. Gérard DRUESNE – *Droit de l'Union européenne et politiques communautaires*, 6.ª ed., Paris, 2001, 123 e 154 e segs., e Paul CRAIG e Gráinne DE BÚRCA – *EU Law. Text, Cases and Materials*, 3.ª ed., Oxford, 2003, 772.

[18] Ver CRAIG/DE BÚRCA (n. 17) 765 e segs. e 783 e segs.

[19] Ver referências em LIMA PINHEIRO – "O Direito aplicável às sociedades. Contributo para o Direito Internacional Privado das sociedades", *ROA* 58 (1998) 673-777, 769 e segs..

[20] Cf. Herbert WIEDEMANN – *Gesellschaftsrecht*, vol. I – *Grundlagen*, Munique, 1980, 793 e seg.; EBENROTH/AUER – "Die Vereinbarkeit der Sitztheorie mit europäischem Recht", *GmbH-Rdsch.*(1994) 16-27; BADIALI (n. 1) 107; *Staudinger*/GROßFELD [n.° 115]; GROßFELD/KÖNIG – "Das Internationale Gesellschaftsrecht in der Europäischen Gemeinschaft", *RIW* 38 (1992) 433-440; CALVO CARAVACA – "Personas Jurídicas", *in* Julio GONZALEZ CAMPOS et al. (org.), *Derecho Internacional Privado. Parte Especial*, 84-97, 85; SONNENBERGER (n. 1) 10 e 20; BALLARINO – *Diritto Internazionale Privato*, 3.ª ed., Milão, 1999, 358.

[21] Cf. ac. 27/9/88 [*CTCE* (1988-8) 5483].

de uma convenção de reconhecimento entre os Estados-Membros ou outra regulação comunitária desta matéria o Direito Comunitário não coloca condicionamentos aos Direitos de Conflitos nacionais na determinação do estatuto pessoal das sociedades

A posição contrária tem defensores de peso[22]. Esta posição faz valer que para reconhecer a existência de uma sociedade comunitária um Estado-Membro tem necessariamente de aplicar a lei do Estado-Membro segundo a qual a sociedade se constituiu. O reconhecimento de uma sociedade comunitária que se constituiu segundo a lei de um Estado-Membro não pode ser negado com base na sua invalidade perante a lei da sede da administração, pelo menos no que toca ao direito de estabelecimento. E se é assim para este efeito também o deve ser para outros, porque perturbaria a harmonia interna tratar a sociedade como válida para este efeito e como inválida para outros efeitos.

Portanto, os Estados-Membros têm de submeter o estatuto das "sociedades" comunitárias à lei do Estado-Membro segundo a qual se constituíram. Quer isto dizer que a teoria da constituição é aplicável às sociedades "comunitárias" mesmo nos Estados que submetem as sociedades à lei do Estado em que se situa a sede da administração (teoria da sede), como se verifica, até certo ponto, em Portugal (art. 33.°/1 do Código Civil, mas com certa relevância da sede estatutária em matéria de sociedades comerciais, nos termos do art. 3.°/1 do Código das Sociedades Comerciais).

Embora num primeiro momento me tenha inclinado neste sentido, reflexões ulteriores levaram-me a rever a minha posição.

A personalidade jurídica é uma questão prévia de Direito privado suscitada pelas normas relativas à liberdade de estabelecimento que deve ser apreciada exclusivamente segundo a lei designada pelo Direito de Conflitos do Estado em que se pretenda exercer esta liberdade. Contrariamente ao que poderia sugerir uma primeira leitura, o art. 48.° do Tratado não

---

[22] Cf. Peter BEHRENS – "Niederlassungsfreiheit und Internationales Gesellschaftsrecht", *RabelsZ*. 52 (1988) 498-529, 501 e "Die grenzüberschreitende Sitzverlegung von Gesellschaften in der EWG", *IPRax* (1989) 354-361; DROBNIG – "Gemeinschaftsrecht und internationales Gesellschaftsrecht. 'Daily Mail' und die Folgen", in *Europäisches Gemeinschaftsrecht und Internationales Privatrecht*, 185-206, Colónia, 1990, 193 e segs.; RIGAUX – "Droit international privé et droit communautaire", in *Mélanges Yvon Loussouarn*, 1992, 341-354, 346 e segs. DROBNIG entende que, dado o nexo entre reconhecimento e estatuto da sociedade, a norma de reconhecimento contém a norma de conflitos [194]. Ver ainda decisão TCE no caso *Ubbink Isolatie BV* vs. *Dak- en Wandtechniek BV* (1988) [*CTCE* (1988) 4665].

determina o reconhecimento da personalidade jurídica das sociedades constituídas em conformidade com o Direito de um Estado-Membro[23]. Esta questão é remetida pelo Tratado para a cooperação intergovernamental e, designadamente, para uma convenção internacional (art. 293.°). O art. 48.° limita-se a definir a conexão entre a "sociedade" e a Comunidade pressuposta pela atribuição do direito de estabelecimento (à semelhança do que se verifica com o art. 43.° do Tratado, relativamente às pessoas singulares, que atende para o efeito à nacionalidade). Do art. 48.° não resulta a consagração da teoria da constituição em matéria de personalidade jurídica da sociedade, assim como do art. 43.° não decorre qualquer regra sobre a determinação do estatuto pessoal dos indivíduos.

Com a decisão proferida no caso *Centros* (1999)[24], porém, o TCE iniciou uma viragem em sentido diferente. Neste caso, TCE foi confrontado com a situação de uma sociedade formada por dinamarqueses para desenvolver actividade na Dinamarca que se constituiu no Reino Unido por forma a subtrair-se à exigência de capital mínimo formulada pelo Direito dinamarquês para a constituição daquele tipo de sociedade. Depois de se constituir no Reino Unido a sociedade requereu o registo de uma sucursal na Dinamarca. As autoridades dinamarquesas recusaram o registo, alegando que, tratando-se de uma sociedade interna, deveriam ser observadas as normas sobre a constituição de uma sociedade na Dinamarca.

O TCE decidiu que, por força das disposições sobre direito de estabelecimento, um Estado-Membro não pode recusar o registo de uma dita "sucursal" de uma sociedade constituída em conformidade com a legislação de outro Estado-Membro, no qual tem a sede estatutária, mesmo quando segundo o Direito Internacional Privado do primeiro Estado-Membro fossem aplicáveis as suas normas sobre a constituição de uma sociedade, uma vez que se tratava de uma sociedade interna que, em fraude à lei, fora constituída no estrangeiro (uma *sociedade pseudo-estrangeira*).

A aplicação das normas dinamarquesas sobre constituição de uma sociedade foi encarada pelo TCE como uma "restrição" à liberdade de estabelecimento que só poderia ser justificada por "razões de ordem pública".

---

[23] Como pretendem FALLON (n. 1) 99 e DRUESNE (n. 17) 187 e seg., que parece interpretar a norma de equiparação contida no art. 48.°/1 do Tratado da Comunidade Europeia como um "sistema de reconhecimento implícito" da existência da personalidade jurídica da sociedade.

[24] TCE 9/3/99 [*CTCE* (1999-3) I – 1459].

Segundo a melhor interpretação desta decisão, que a compatibiliza com a proferida no caso *Daily Mail*, ela fundamenta-se numa interpretação autónoma do conceito de "sucursal" utilizado pelo art. 43.º/1.º do Tratado da Comunidade Europeia, e não comporta uma tomada de posição sobre o estatuto pessoal das "sociedades" comunitárias[25]. De acordo com esta interpretação, o estabelecimento num Estado-Membro de uma sociedade que se constituiu em conformidade com a legislação de outro Estado-Membro e que tem sede social na Comunidade pode ser considerado uma "sucursal" mesmo que a sociedade não desenvolva qualquer actividade no Estado em que se constituiu.

A interpretação das normas sobre direito de estabelecimento seguida pelo tribunal é discutível, uma vez que a situação parece estar abrangida pela excepção de abuso do direito de estabelecimento[26].

Regista-se também um alargamento do conceito de "restrição" a normas jurídico-privadas que não são discriminatórias nem dizem respeito ao acesso e exercício de actividades económicas. A incidência que estas normas podem ter sobre a liberdade de estabelecimento é meramente indirecta: elas não restringem o acesso à actividade económica num Estado-Membro, apenas tornam o exercício dessa actividade mais oneroso.

Admito que, apesar disso, a aplicação a sociedades regidas pela lei de um Estado-Membro de certas normas jurídico-privadas de outro Estado-Membro em que exerça actividade ou tenha a sede da administração possa dificultar o comércio intercomunitário.

Mas não será esta uma dificuldade inerente ao actual estádio de desenvolvimento do Direito Comunitário que, como já se assinalou, reserva a matéria da lei aplicável às sociedades para a cooperação intergovernamental? Perante o Tratado da Comunidade Europeia e à luz da decisão *Daily Mail* é duvidoso que se possa partir do princípio que as sociedades comunitárias estão submetidas ao Direito do Estado-Membro em que se constituíram, por forma a limitar a aplicação de normas de outros Estados-Membros em matéria de estatuto pessoal.

Seja como for, no caso *Centros*, as normas jurídico-privadas em causa não tinham qualquer incidência sobre o comércio intercomunitário, visto que apenas estava em causa a sua aplicação a uma sociedade interna, constituída por dinamarqueses para desenvolver a sua actividade na Dina-

---

[25] Cf. Werner EBKE – "Centros – Some Realities and Some Mysteries", *Am. J. Comp. L.* 48 (2000) 623-660, 632 e segs.

[26] Cf. CRAIG/DE BÚRCA (n. 17) 798.

marca, pelo que, à luz dos objectivos do Tratado da Comunidade Europeia, não havia qualquer razão para excluir ou limitar a sua aplicação.

Por outro lado, o registo da pseudo-sucursal suscitava questões prévias de Direito privado que deveriam ser resolvidas segundo o Direito Internacional Privado do Estado-Membro em causa. A decisão também é, a este respeito, errada. Ao impor incondicionalmente o registo da pseudo-sucursal o TCE fez prevalecer um entendimento maximalista das normas relativas ao direito de estabelecimento sobre o Direito Internacional Privado do Estado-Membro em causa[27].

A mesma orientação geral foi seguida posteriormente no caso *Überseering* (2002)[28]. Nesta decisão o TCE afirmou que o exercício da liberdade de estabelecimento pressupõe necessariamente o reconhecimento da personalidade jurídica da sociedade constituída em conformidade com o Direito de outro Estado-Membro, onde tem a sua sede estatutária, em qualquer Estado-Membro em que pretenda estabelecer-se[29]. Por conseguinte, no caso de a sociedade transferir a sede da sua administração para um Estado diferente daquele em que se constituiu e estabeleceu a sede estatutária, a recusa de reconhecimento da sua personalidade jurídica constitui, no entender do tribunal, uma restrição à liberdade de estabelecimento que é, em princípio, inadmissível[30].

Esta decisão, se também não preclude a regra da sede da administração na definição do estatuto pessoal das "sociedades" comunitárias, estabelece um claro limite à actuação desta regra, visto que obriga ao reconhecimento da personalidade jurídica adquirida pelas "sociedades" constituídas fora do Estado da sede da sua administração, segundo o Direito do Estado da constituição (i.e., com base na teoria da constituição)[31].

Este entendimento é de reprovar.

Nestes casos, as questões prévias de Direito privado suscitadas pela aplicação das normas relativas à liberdade de estabelecimento relevam da ordem jurídica dos Estados-Membros e, por conseguinte, deveriam ser solucionadas com base no Direito Internacional Privado dos Estados-

---

[27] Cp., porém, MOURA RAMOS (n. 1 [2002]) 455 e segs. com mais referências.
[28] 5/11/2002, disponível em http://europa.eu.int.
[29] N.º 59.
[30] N.º 82.
[31] Relativamente às teorias sobre a determinação do estatuto pessoal das sociedades ver LIMA PINHEIRO (n. 19) 678 e segs. e (n. 5) 79 e segs.

-Membros e não segundo critérios autónomos pretensamente deduzidos dessas normas comunitárias[32].

As duas decisões que acabo de referir suscitaram nos tribunais nacionais muitas questões sobre as implicações desta jurisprudência para o Direito de Conflitos das sociedades que foram submetidas ao pronunciamento do TCE.

Numa decisão recente (2003), no caso *Inspire Art*[33], o TCE levou ainda mais longe o seu entendimento maximalista das normas sobre direito de estabelecimento. À semelhança do caso *Centros* tratava-se de uma sociedade interna (holandesa) que fora constituída no Reino Unido para evitar a aplicação das normas holandesas mais restritivas sobre a constituição de uma sociedade.

A questão litigiosa dizia respeito à exigência, feita pela Câmara de Comércio e de Indústria de Amesterdão, de fazer inserir, como averbamento à sua inscrição no registo comercial holandês, a menção "sociedade formalmente estrangeira" e de utilizar esta indicação na vida comercial. Este averbamento teria como consequência a aplicação à sociedade de diversas obrigações relativas à matrícula da sociedade no registo comercial, à indicação dessa qualidade nos documentos que dela emanem, ao capital mínimo e à elaboração, realização e publicação dos documentos anuais.

O TCE decidiu, em primeiro lugar, que o artigo 2.º da Décima Primeira Directiva em Matéria de Direito das Sociedades se opõe a uma legislação nacional que impõe obrigações de publicidade não previstas na referida directiva à sucursal de uma sociedade constituída em conformidade com a legislação de outro Estado-Membro. Não me pronunciarei sobre este ponto, observando apenas que o entendimento adoptado tem certo apoio na letra do referido preceito e na intencionalidade legislativa que se infere dos Considerandos.

O TCE entendeu ainda que os artigos 43.º e 48.º do Tratado da Comunidade Europeia se opõem a uma legislação nacional que sujeita o exercício da liberdade de estabelecimento a título secundário nesse Estado, por uma sociedade constituída em conformidade com a legislação de outro Estado-Membro, a determinadas condições previstas no Direito interno

---

[32] Isto parece ser concedido, em tese geral, por FALLON (n. 1) 100 e seg. e 103 e segs., relativamente aos conceitos jurídicos de Direito privado utilizados pelo Direito Comunitário.

[33] 30/9/2003, disponível em http://europa.eu.int.

para a constituição de sociedades, relativas ao capital mínimo e à responsabilidade dos administradores. As razões pelas quais a sociedade foi constituída no primeiro Estado-Membro, bem como a circunstância de ela exercer as suas actividades exclusiva ou quase exclusivamente no Estado-Membro de estabelecimento, não a privam do direito de invocar a liberdade de estabelecimento garantida pelo Tratado da Comunidade Europeia, a menos que se demonstre, caso a caso, a existência de um abuso.

Esta parte da decisão já suscita dúvidas e críticas.

Do ponto de vista do Direito Comunitário, a decisão reincide numa interpretação discutível das normas sobre direito de estabelecimento seguida pelo tribunal, uma vez que, como já se assinalou anteriormente, a situação parece estar abrangida pela excepção de abuso do direito de estabelecimento.

O TCE reafirma igualmente o alargamento do conceito de "restrição" a normas não discriminatórias de Direito privado que, a estar em causa a liberdade de estabelecimento, apenas teriam uma incidência indirecta sobre essa liberdade (na medida em que oneram a criação de uma pseudo-sucursal) e que não têm qualquer incidência sobre o comércio intercomunitário, porquanto se trata da pseudo-sucursal de uma sociedade interna.

Acrescente-se ainda que, nesta decisão, o TCE, à semelhança do que já se verificara nas decisões relativas à liberdade de prestação de serviços que serão adiante examinadas (III), aprecia a justificação do "entrave" alegadamente criado pelas normas jurídico-privadas segundo um *critério de ponderação* que foi desenvolvido para normas de Direito público da economia relativas ao acesso e exercício de actividades económicas: "devem aplicar-se de modo não discriminatório, justificar-se por razões imperativas de interesse geral, ser adequadas para garantir a realização do objectivo que prosseguem e não ultrapassar o que é necessário para atingir esse objectivo".

Ora, mesmo que as normas de Direito privado em causa pudessem ser qualificadas como "restrições" à liberdade de estabelecimento – o que me parece duvidoso –, o critério de ponderação desenvolvido para normas de Direito público da economia não pode ser transposto mecanicamente para o domínio do Direito privado. Remeto, a este respeito, para as considerações feitas mais adiante, relativamente à liberdade de prestação de serviços.

Como última nota sobre esta decisão, é de assinalar que a sua fundamentação está impregnada pela teoria da constituição. Omite-se a incompatibilidade da solução retida com os sistemas de Direito Internacional Privado que consagram a teoria da sede ou soluções intermédias. Isto pode explicar-se pela circunstância de ambos os Estados-Membros envolvidos consagrarem a teoria da constituição. Todavia, ao excluir a aplicação de normas do Estado com que a sociedade apresentava todas as restantes conexões, a decisão vem a traduzir-se num novo limite à regulação das sociedades por outra lei que não a do Estado da constituição. Isto significa, designadamente, que um Estado-Membro que adopte a teoria da sede não pode aplicar a sociedades que se constituam segundo o Direito de outro Estado-Membro normas da lei da sede da administração relativas ao capital mínimo e à responsabilidade dos administradores por não cumprimento dessa exigência.

Este somar de limites à actuação de regras sobre a determinação do estatuto pessoal da sociedades comunitárias que se desviem da teoria da constituição, se não significa ainda a consagração geral desta teoria, vem colocar em dúvida a coerência dos sistemas que se baseiam na teoria da sede.

Sublinhe-se ainda que esta jurisprudência é inspirada pela versão mais radical da teoria da constituição, ignorando a atenuação que resulta da doutrina das *sociedades pseudo-estrangeiras*[34].

De iure condendo, entendo que a solução simultaneamente mais conveniente à luz dos valores e princípios do Direito Internacional Privado e mais favorável ao comércio intercomunitário seria a consagração, pelos Estados-Membros, de uma *teoria atenuada da constituição*. À luz desta concepção, as sociedades devem ser regidas pela ordem jurídica segundo a qual se constituíram, mas com exclusão das sociedades pseudo-estrangeiras e com aplicação de certas normas do Direito do Estado onde a pessoa colectiva desenvolve a sua actividade com vista a tutelar a confiança de terceiros[35].

III. LIBERDADE DE PRESTAÇÃO DE SERVIÇOS E NORMAS LABORAIS SUSCEPTÍVEIS DE APLICAÇÃO NECESSÁRIA

O art. 49.°/1 do Tratado da Comunidade Europeia proíbe as restrições à livre prestação de serviços num Estado-Membro por pessoas estabeleci-

---

[34] Ver LIMA PINHEIRO (n. 19) 708 e segs.
[35] Ver LIMA PINHEIRO (n. 5) 79 e segs.

das noutro Estado-Membro e que tenham nacionalidade de um Estado-Membro. Por força do art. 55.º as "sociedades" comunitárias são equiparadas aos nacionais de um Estado-Membro, nos termos aplicáveis ao direito de estabelecimento (art. 48.º).

Enquanto o direito de estabelecimento tem por objecto o acesso e exercício de uma actividade económica com carácter permanente, a liberdade de prestação de serviços reporta-se ao exercício temporário de uma actividade económica num país em que o prestador não está estabelecido[36].

Também neste caso se trata de uma concretização do princípio da não-discriminação em razão da nacionalidade no âmbito de aplicação do Tratado (art. 12.º/1)[37].

O art. 50.º/3 do Tratado estabelece a regra de igualdade de tratamento: "o prestador de serviços pode, para a execução da prestação, exercer, a título temporário, a sua actividade no Estado onde a prestação é realizada, nas mesmas condições que esse Estado impõe aos seus próprios nacionais".

Esta regra opõe-se à discriminação do prestador de serviços seja em razão da nacionalidade seja pela circunstância de estar estabelecido num Estado-Membro que não é aquele em que a prestação deve ser realizada[38].

É interdita não só a discriminação directa, mas também a discriminação indirecta, fundada em critérios aparentemente neutros que conduzem de facto ao resultado de colocar em desvantagem o prestador de serviços estabelecido noutro Estado-Membro[39].

À semelhança do que ficou assinalado com respeito ao direito de estabelecimento, a jurisprudência do TCE alargou progressivamente o conceito de "restrição à livre prestação de serviços", por forma a colocar limites à aplicabilidade das leis que limitam ou condicionam a prestação de serviços no Estado em que é realizada, mesmo quando não têm carácter directa ou indirectamente discriminatório[40]. O conceito de "restrição à livre prestação de serviços" é alargado a qualquer medida que "seja susceptível de impedir, entravar ou tornar menos atractivas as actividades do prestador estabelecido noutro Estado-Membro, onde preste legalmente serviços análogos"[41].

---

[36] Ver CRAIG/DE BÚRCA (n. 17) 800 e segs.
[37] Cf. DRUESNE (n. 17) 123 e 157 e segs.
[38] Cf. DRUESNE (n. 17) 158 e seg.
[39] Cf. DRUESNE (n. 17) 159.
[40] Ver CRAIG/DE BÚRCA (n. 17) 819 e segs.
[41] Cf. TCE 23/11/1999, no caso *Arblade* [CTCE (1999) I-08453], n.º 33.

Em todo o caso, parece que não são abrangidas as medidas que tiverem um efeito mínimo ou mesmo insuficiente sobre o funcionamento do mercado único[42]. Também neste domínio é duvidosa a base jurídico-positiva da jurisprudência do TCE.

Esta jurisprudência, que foi desenvolvida relativamente à aplicação de normas de Direito Económico sobre o acesso e exercício de actividades económicas, estabeleceu um *critério de ponderação*.

Segundo este critério de ponderação, as normas "restritivas" do Estado destinatário da prestação de serviços só podem ser aplicadas se forem justificadas por considerações de interesse geral que não sejam incompatíveis com os objectivos da Comunidade, que procedam igualmente em relação aos prestadores estabelecidos noutros Estados-Membros, não tiverem carácter discriminatório e respeitarem o princípio da proporcionalidade (i.e., que a restrição introduzida pela lei seja justificada pelo fim prosseguido).

Além disso, entende-se que estas leis não poderão ser aplicadas se as razões de interesse geral que as justificam já forem salvaguardadas pela legislação aplicável no Estado em que o prestador de serviços está estabelecido[43].

Esta jurisprudência postula, portanto, um *princípio do país de origem*, segundo o qual a prestação intercomunitária de serviços está submetida, em princípio, à lei do Estado de origem; as normas do país de destino da prestação que limitem a prestação de serviços por prestadores estabelecidos noutros Estados-Membros são consideradas "restrições" à liberdade de prestação de serviços e, como tal, só são aplicáveis se forem justificadas pelo referido critério de ponderação.

A meu ver, é duvidosa a base jurídico-positiva deste entendimento, que já revela a tendência para transpor soluções desenvolvidas num contexto (o da liberdade de circulação de mercadorias) para um contexto bastante diferente (o da liberdade de prestação de serviços)[44]. Acresce que o princípio do país de origem tem de ser justificado à luz da valoração dos interesses em jogo e não como suposta decorrência lógica das liberdades comunitárias. Todavia, não vou discutir aqui a aplicação do princípio do país de origem a leis de Direito Público da Economia, designa-

---

[42] Ver WILDERSPIN/LEWIS (n. 12) 19 e seg.
[43] Ver A. DRUESNE (n. 17) 161 e segs. e CRAIG/DE BÚRCA (n. 17) 716 e segs. e jurisprudência aí referida.
[44] Ver ainda WILDERSPIN/LEWIS (n. 12) 20 e segs.

damente aquelas que limitam ou condicionam o acesso e exercício de actividades económicas.

Manifesto é, a meu ver, que quer o princípio do país de origem quer o critério de ponderação a que ficam sujeitas as leis do país de destino da prestação pressupõem que se trata do regime de acesso e exercício das actividades económicas e não são transponíveis mecanicamente para o domínio do Direito privado aplicável às relações estabelecidas no exercício dessas actividades.

O acesso e exercício de uma actividade está submetido aos regimes de Direito público do Estado em que o prestador de serviços está estabelecido, uma vez que se trata de normas de Direito público da economia que são, em regra, de "aplicação territorial" (i.e., que se aplicam ao acesso e exercício da actividade no Estado que as edita). Por isso se compreende que, num mercado único, só limitadamente possam ser aplicadas normas sobre acesso e exercício de actividades do Estado destinatário da prestação aos serviços prestados por pessoas estabelecidas noutros Estados-Membros.

Já a aplicação de regimes de Direito privado depende das normas de Direito Internacional Privado que não seguem o princípio do país de origem, visto que este princípio é inadequado à realização dos valores tutelados por este ramo do Direito. Em matéria de contratos obrigacionais as partes podem escolher a lei aplicável (art. 3.º da Convenção de Roma sobre a Lei Aplicável às Obrigações Contratuais) e, na falta de escolha, remete-se para a lei do país que apresenta a conexão mais estreita com o contrato (art. 4.º da mesma Convenção); em muitos casos há coincidência entre a lei da conexão mais estreita e a lei do país de origem do prestador de serviços mas, quando isto não se verifique, deve aplicar-se a lei da conexão mais estreita e não a lei do país de origem. No que toca à responsabilidade extracontratual, a tendência é para atribuir o principal papel à lei do Estado em que se produz o efeito lesivo, embora o Direito de Conflitos português atenda principalmente à lei do Estado onde decorreu a actividade causadora do prejuízo (art. 45.º do Código Civil); estas soluções estão nos antípodas do princípio da país de origem.

Por esta razão não se pode partir do princípio que a prestação de serviços está submetida ao regime estabelecido pelo Estado-Membro de origem.

Os termos em que está formulado o critério de ponderação também revelam a sua génese publicística. A exigência de que as leis limitativas ou condicionantes sejam "justificadas por considerações de interesse geral" compreende-se relativamente a leis de Direito público, mas ajusta-se mal a leis de Direito privado que, na grande maioria dos casos, tutelam interesses particulares[45].

De onde resulta que as soluções desenvolvidas pela jurisprudência comunitária sobre a aplicação de regimes de Direito público sobre o acesso e exercício de actividades não são, em princípio, transponíveis para a aplicação de normas de Direito privado do Estado destinatário da prestação[46].

Por certo que podem ocorrer casos de aplicação cumulativa de normas imperativas de Direito privado do Estado de origem e do Estado destinatário da prestação de serviços. Isto cria alguma desvantagem para os prestadores de serviços transfronteiriços. Mas esta desvantagem não resulta, por si, da aplicação de normas do Estado destinatário da prestação de serviços. É antes uma desvantagem inerente ao carácter transnacional desta relação, que apresenta um contacto significativo com dois Estados que dispõem de sistemas jurídicos autónomos e que são internacionalmente competentes para a regular.

Qualquer relação que tenha laços significativos com mais de um Estado está potencialmente sujeita à aplicação cumulativa de normas de diferentes Estados. A aplicação de normas jurídico-privadas do Estado-Membro destinatário da prestação pode ser tão ou mais justificada, à luz das finalidades próprias do Direito de Conflitos, que a aplicação das normas correspondentes do Estado de origem[47]. Estas finalidades não devem ser sacrificadas sempre que tenham alguma incidência, por mais ténue e indirecta que seja, na posição do prestador de serviços.

A orientação seguida, numa primeira fase, pelo TCE, conforma-se com este entendimento. Nos casos *Seco* (1982) e *Rush* (1990)[48], este tribunal, confrontado com restrições à livre prestação de serviços colocadas por normas de Direito público da economia em caso de destacamento temporário de trabalhadores, afirmou em *obiter dictum* que o Direito Comunitário não se opõe a que os Estados-Membros apliquem a sua legislação laboral ou as convenções colectivas de trabalho a todas as pessoas que

---

[45] Embora o TCE admita que possam constituir "objectivos de interesse geral" certos fins de protecção de interesses particulares, como assinala FALLON (n. 1) 131 e seg.

[46] Ver também, em resultado, WILDERSPIN/LEWIS (n. 12) 33. Cp., no sentido de submeter as normas de Direito Internacional Privado ao mesmo critério de avaliação que é utilizado para o exame de outras "restrições", FALLON (n. 1) 119 e segs.

[47] Ver também WILDERSPIN/LEWIS (n. 12) 37.

[48] 3/2/1982 e 27/3/1990, respectivamente, disponíveis em http://europa.eu.int.

prestem trabalho subordinado, mesmo que com carácter temporário, no seu território, qualquer que seja o país de estabelecimento da entidade patronal. No caso *Seco* refere-se expressamente que o Estado de acolhimento pode aplicar a sua legislação sobre salário mínimo.

Recentemente, porém, o TCE deu *sinais* de uma mudança de orientação no sentido de qualificar como restrições à livre prestação de serviços as normas laborais do Estado de acolhimento que sejam aplicáveis em caso de destacamento temporário de trabalhadores.

Começarei por referir as decisões proferidas nos casos *Arblade* (1999)[49] e *Mazzoleni* (2001)[50], relativos à aplicação de normas belgas, essencialmente de Direito do Trabalho, a trabalhadores destacados para o seu território.

Nestas decisões o TCE entendeu que as normas nacionais inseridas na categoria de "leis de polícia e de segurança" (normas susceptíveis de aplicação necessária) aplicáveis aos serviços prestados no território do Estado que as edita por pessoas estabelecidas noutros Estados-Membros constituem limites à liberdade de prestação de serviços que só podem ser justificados nos termos do critério atrás referido.

Nesta base, no caso *Mazzoleni*, o TCE decidiu que "os artigos 59.° e 60.° do Tratado não se opõem a que um Estado-Membro obrigue uma empresa estabelecida noutro Estado-Membro que efectue uma prestação de serviços no território do primeiro Estado-Membro a pagar aos seus trabalhadores a remuneração mínima estabelecida pelas normas nacionais desse Estado. A aplicação de tais regras pode, contudo, revelar-se desproporcionada quando se trate de assalariados de uma empresa estabelecida numa região fronteiriça que sejam conduzidos a efectuar, a tempo parcial e durante breves períodos, uma parte do respectivo trabalho no território de um ou até mesmo vários Estados-Membros que não o de estabelecimento da empresa. Incumbe, em consequência, às autoridades competentes do Estado-Membro de acolhimento determinar se e em que medida a aplicação de uma regulamentação nacional que imponha um salário mínimo a tal empresa é necessária e proporcionada para garantir a protecção dos trabalhadores em causa"[51].

A mesma orientação foi seguida pelo tribunal no caso *Portugaia* (2002), em que se afirma que "Incumbe, por isso, às autoridades nacionais

---

[49] 23/11/1999 [*CTCE* (1999) I-08453].
[50] 15/3/2001 [*CTCE* (2001) I-02189].
[51] N.° 41.

ou, se for caso disso, aos órgãos jurisdicionais do Estado-Membro de acolhimento, antes de aplicarem a regulamentação relativa ao salário mínimo aos prestadores de serviços estabelecidos noutro Estado-Membro, verificar se esta prossegue efectivamente e pelos meios apropriados um objectivo de interesse geral"[52].

Estas decisões não são proferidas à luz da Directiva Relativa ao Destacamento de Trabalhadores[53], por à data da ocorrência dos factos ainda não ter expirado o prazo para a sua transposição e, segundo parece, ainda não terem sido transpostas para a ordem jurídica interna dos Estados em que trabalho foi executado. Em minha opinião o entendimento seguido pelo TCE entra em contradição com o disposto nesta Directiva, que estabelece que os Estados comunitários devem assegurar, aos trabalhadores destacados para o seu território por uma empresa estabelecida noutro Estado comunitário, a *protecção mínima* concedida pelo seu Direito em certas matérias (arts. 1.º/1 e 3.º)[54].

Na mesma linha, há ainda a referir a decisão proferida pelo TCE no caso *Finalarte* (2001)[55]. Neste caso estava em causa a aplicação, por força da lei alemã relativa ao destacamento de trabalhadores, de disposições das convenções colectivas da indústria da construção civil relativas ao direito a férias remuneradas a relações de trabalho existentes entre empresas cuja sede social se situa fora da Alemanha e trabalhadores destacados para obras na Alemanha.

O tribunal qualificou estas disposições como restrições à livre prestação de serviços e apreciou a sua justificação à luz do critério geral anteriormente referido. Neste quadro, o tribunal entendeu que a protecção dos trabalhadores é um fim de interesse geral relevante, e que, por conseguinte, os artigos 59.º e 60.º do Tratado não se opõem a que um Estado--Membro imponha a uma empresa estabelecida noutro Estado-Membro, que efectua uma prestação de serviços no território do primeiro Estado--Membro, uma regulamentação nacional que garante aos trabalhadores destacados para o efeito pela empresa o direito a férias remuneradas, desde

---

[52] N.º 24, 24/1/2002 [*CTCE* (2002) I-00787]. Sobre esta decisão ver MOURA VICENTE – "Destacamento internacional de trabalhadores", in *Direito Internacional Privado. Ensaios*, vol. I, 85-106, Coimbra, 2002, 96 e seg.

[53] Dir. 96/71/CE do Parlamento Europeu e do Conselho, de 16/12 [*JOCE* L 18/1, de 21/1/97].

[54] Ver, sobre esta Directiva, LIMA PINHEIRO (n. 5) 203 e seg. Cp. MOURA VICENTE (n. 52) 97.

[55] 25/10/2001 [*CTCE* (2001) I-07831].

que, por um lado, os trabalhadores não beneficiem de uma protecção essencialmente equiparável nos termos da legislação do Estado-Membro de estabelecimento da sua entidade patronal, de modo a que a aplicação da regulamentação nacional do primeiro Estado-Membro lhes proporcione uma vantagem real que contribua significativamente para a sua protecção social e, por outro, que a aplicação dessa regulamentação do primeiro Estado-Membro seja proporcionada ao objectivo de interesse geral prosseguido[56].

Observe-se que neste caso se trata igualmente de normas laborais "autolimitadas" que reclamam aplicação às relações de trabalho prestado na Alemanha mesmo que o contrato de trabalho seja regido por uma lei estrangeira.

As decisões que acabo de examinar também manifestam uma certa tendência para fazer prevalecer as normas sobre a liberdade de prestação de serviços sobre o Direito Internacional Privado dos Estados-Membros. Nestes casos não se trata do Direito de Conflitos geral, mas de normas "autolimitadas" do Estado em que os serviços são prestados[57].

Esta jurisprudência não põe directamente em causa as regras gerais de Direito Internacional Privado (incluindo as regras sobre a relevância das normas de aplicação necessária), colocando o problema das restrições às liberdades comunitárias no estádio da aplicação das normas materiais. De todo o modo, sendo a aplicação destas normas materiais a relações transnacionais o efeito da actuação de regras de Direito Internacional Privado, esta jurisprudência pode ser interpretada no sentido do estabelecimento de limites genéricos à actuação de normas de conflitos que desencadeiem a aplicação do Direito privado do Estado destinatário da prestação de serviços. Tal orientação fundamenta-se a meu ver num entendimento equivocado das relações entre o Direito Comunitário e o Direito Internacional Privado.

O equívoco assenta numa confusão entre regimes sobre o acesso e exercício de actividades económicas, que são essencialmente de Direito

---

[56] O tribunal decidiu ainda que os arts. 59.° e 60.° do Tratado se opõem à aplicação do regime de um Estado-Membro em matéria de férias pagas a todas as empresas estabelecidas noutros Estados-Membros que prestem serviços no sector da construção civil no território do primeiro Estado-Membro, se nem todas as empresas estabelecidas no primeiro Estado-Membro que apenas exercem uma parte da sua actividade neste sector estão sujeitas ao referido regime no que respeita aos seus trabalhadores ocupados no mesmo sector.

[57] Ver MOURA RAMOS (n.1 [2002]) 463 e segs. Sobre os conceitos de "norma autolimitada" e "norma de aplicação necessária" ver LIMA PINHEIRO (n. 1 [2001]) 193 e segs.

público e têm incidência directa sobre a liberdade de prestação de serviços, e regimes de Direito privado aplicáveis às relações estabelecidas no exercício dessas actividades.

Os contratos de trabalho não estão necessariamente submetidos à lei do Estado de estabelecimento do empregador. O Direito aplicável resulta do art. 6.º da Convenção de Roma sobre a Lei Aplicável às Obrigações Contratuais que atende à lei escolhida pelas partes e à lei do país em que o trabalho é habitualmente prestado, que pode não ser o país de estabelecimento do empregador[58]. E esta Convenção permite a sobreposição à lei competente de normas de aplicação necessária do Estado do foro (art. 7.º/2)[59].

As normas não-discriminatórias de Direito privado aplicáveis às relações estabelecidas com trabalhadores ou à própria prestação de serviços não constituem, em princípio, restrições no sentido do art. 49.º do mesmo Tratado. Estas normas, ou não têm qualquer incidência sobre o funcionamento do mercado único, ou têm uma incidência demasiado indirecta (maior onerosidade de uma determinada operação económica) que geralmente não tem um efeito significativo sobre o comércio intercomunitário[60]. O seu reduzido efeito sobre o comércio intercomunitário é compensado pelas finalidades prosseguidas pelo legislador nacional[61], bem como pela realização da justiça do Direito de Conflitos, que *justifica* a sua aplicação.

A jurisprudência referida admite, apesar de tudo, uma outra interpretação. As normas do Estado de acolhimento dos trabalhadores cuja aplicação estava em causa encontram-se numa zona cinzenta entre o Direito privado e o Direito público e são, normalmente, de aplicação territorial (i.e., aplicáveis a todas as relações de trabalho prestado no território do Estado que as edita). É legítimo pensar que o TCE, partindo do princípio que o prestador de serviços estava submetido a normas correspondentes no Estado de origem, entendeu que a aplicação cumulativa das normas do Estado de acolhimento deveria ser encarada como uma restrição à liberdade de prestação serviços. É um entendimento, que embora me pareça discutível à luz do Tratado da Comunidade Europeia e incompatível, no

---

[58] Ver LIMA PINHEIRO (n. 5) 202 e segs.
[59] O art. 7.º/1, que permite a sobreposição de normas de aplicação necessária de terceiros Estados, não vigora na ordem jurídica portuguesa, porquanto Portugal fez a reserva prevista no art. 22.º/1/a da Convenção.
[60] Ver considerações convergentes de WILDERSPIN/LEWIS (n. 12) 30 e segs.
[61] Ver também WILDERSPIN/LEWIS [32 e segs.].

caso das decisões *Arblade*, *Mazzoleni* e *Portugaia*, com a Directiva Relativa ao Destacamento de Trabalhadores, não é extensível à generalidade das normas de Direito privado.

Em suma, deve entender-se que as restrições à liberdade de prestação de serviços proibidas pelo Tratado da Comunidade Europeia são, em princípio, as que dizem respeito às normas sobre acesso e exercício de actividades económicas editadas pelo Estado-Membro destinatário da prestação.

Creio que no actual estádio da integração europeia, a aplicação dos regimes de Direito privado do Estado destinatário da prestação de serviços só deve ser considerada como uma restrição à liberdade de prestação de serviços quando estes regimes forem discriminatórios.

Constituem excepção as normas de Direito privado que estejam funcionalmente subordinadas ao regime de acesso e exercício de actividades económicas, designadamente as que estabeleçam uma sanção jurídico-privada para a violação de normas de Direito público da economia[62]. Admito que a aplicação destas normas esteja sujeita ao mesmo crivo que as normas de Direito público da economia.

Não excluo que, com o aprofundamento da integração económica e política da Europa, este problema possa ser examinado a uma luz algo diferente.

De iure condendo, parece-me concebível que, caso a integração europeia conduza a um Estado federal, se justifiquem outros limites à aplicabilidade das próprias normas de Direito privado do Estado destinatário da prestação de serviços que possam onerar certas operações económicas. Creio, porém, que para o efeito haverá que desenvolver um critério de ponderação diferente e menos restritivo que o desenvolvido pelo TCE para a legislação de Direito Económico.

Este critério deveria sopesar as finalidades prosseguidas pelas normas de Direito Internacional Privado que atribuam competência a leis do Estado destinatário da prestação de serviços, bem como as finalidades prosseguidas por estas leis, por um lado, e, no outro prato da balança, as dificuldades que essas leis criam para o prestador de serviços e o efeito prejudicial daí eventualmente resultante para o comércio intercomunitário.

---

[62] Ver a referência feita por FALLON (n. 1) 74.

IV. DIREITO DE CONFLITOS E DIRECTIVA SOBRE O COMÉRCIO ELECTRÓNICO

No que toca à liberdade de prestação de serviços no domínio do comércio electrónico importa ainda averiguar da incidência conflitual da Directiva sobre o Comércio Electrónico[63].

O n.º 4 do art. 1.º desta Directiva determina que a "presente directiva não estabelece normas adicionais de Direito Internacional Privado".

No entanto, o art. 3.º/1 estabelece que: "Cada Estado-Membro assegurará que os serviços da sociedade da informação prestados por um prestador estabelecido no seu território cumpram as disposições nacionais aplicáveis nesse Estado-Membro que se integrem no domínio coordenado".

Também o considerando 22.º afirma que os serviços "devem estar sujeitos, em princípio, à legislação do Estado-Membro em que o prestador se encontra estabelecido". Daí afirmar-se que a Directiva consagra o "princípio do país de origem".

Não haveria contradição entre os arts. 3.º e 1.º/4 se o domínio coordenado se limitasse ao Direito Económico, designadamente ao regime de acesso e exercício da actividade. Com efeito, a aplicação das normas de Direito Económico não depende das normas de Direito Internacional Privado. O "princípio do país de origem" valeria apenas para a aplicação das normas de Direito público da economia com incidência sobre a liberdade de prestação de serviços.

A Directiva, porém, não segue este critério por forma coerente.

Primeiro, ao definir o "domínio coordenado", a Directiva utiliza uma formulação excessivamente ampla, uma vez que inclui "as exigências que o prestador de serviços tem de observar" "incluindo as aplicáveis (...) aos contratos, ou as respeitantes à responsabilidade do prestador de serviços".

Segundo, o alcance dos n.ºs 1 e 2 do art. 3.º é restringido pelo seu n.º 3, que afasta a sua aplicação a um conjunto de domínios referidos em anexo, incluindo os direitos de propriedade intelectual, a "liberdade de as partes escolherem a legislação aplicável ao seu contrato", as "obrigações contratuais relativas a contratos celebrados pelos consumidores" e a "validade formal dos contratos que criem ou transfiram direitos sobre bens imóveis, sempre que esses contratos estejam sujeitos a requisitos de forma obrigatórios por força da lei do Estado-Membro onde se situa o imóvel".

---

[63] Dir. 2000/31/CE, do Parlamento e do Conselho, de 8/6/2000 [*JOCE* L 178 de 17/7/2000, p. 1].

Esta enumeração é incoerente por várias razões.

Desde logo, a liberdade de escolha do Direito aplicável ao contrato não é um "domínio", mas uma regra de conflitos. Se a Directiva não contém normas de Direito Internacional Privado não afasta as regras de conflitos em matéria de contratos obrigacionais e, por conseguinte, a referência a esta norma de conflitos é despicienda. Se, pelo contrário, a Directiva pretendesse estabelecer uma norma de conflitos (o "princípio do país de origem") em matéria de obrigações contratuais, salvo as relativas aos contratos celebrados pelos consumidores, esta referência não se entenderia.

A referência às obrigações contratuais relativas a contratos celebrados pelos consumidores, sugerindo uma diferença de tratamento relativamente às restantes obrigações contratuais, entra em contradição com o disposto no art. 1/.°4, uma vez que a lei aplicável à generalidade dos contratos é determinada por normas de Direito Internacional Privado.

Não menos incoerente é a referência à "validade formal dos contratos que criem ou transfiram direitos sobre reais sobre bens imóveis". A lei aplicável à validade formal dos contratos é determinada por normas de Direito Internacional Privado, quer tenham ou não por objecto bens imóveis[64]. Seria aliás impensável que a validade formal de um contrato celebrado por um prestador de serviços estivesse submetida à lei do Estado em que ele se encontra estabelecido, independentemente da lei aplicável à substância do contrato e da lei do lugar da celebração. Por conseguinte, o art. 3.°/1 não é aplicável à validade formal de quaisquer contratos, o que torna a referência inútil.

Enfim, não é excluída a responsabilidade civil do prestador de serviços, o que entra em contradição com o art. 1.°/4, uma vez que a lei aplicável à responsabilidade civil é designada por normas de Direito Internacional Privado[65].

Na verdade, a Directiva é contraditória, revelando-se mais uma vez a falta de clareza na delimitação entre os regime das liberdades comunitárias e o Direito de Conflitos Internacional Privado e, mais em geral, um certo alheamento de noções e princípios básicos de Direito Internacional Privado.

A explicação para estas contradições reside, segundo a informação que tenho, na circunstância de o art. 1.°/4 ter sido introduzido no último

---

[64] Ver art. 9.° da Convenção de Roma sobre a Lei Aplicável às Obrigações Contratuais.
[65] Ver art. 45.° do Código Civil.

momento das negociações que antecederam a adopção da Directiva pelo Conselho, como condição fundamental para a sua aprovação, sem que tenha havido tempo para corrigir o anexo. Com a introdução do art. 1.°/4 o legislador comunitário quis afastar qualquer derrogação do Direito de Conflitos geral (e, designadamente, das normas da Convenção de Roma sobre a Lei Aplicável às Obrigações Contratuais e de futuros regulamentos comunitários) pelo princípio do país de origem.

A esta luz, parece claro que estas contradições devem ser resolvidas com primazia do art. 1.°/4, que este preceito é basilar para a interpretação e para a transposição da Directiva e que as exclusões equívocas que constam do anexo não devem ser transpostas.

A regra geral consagrada no n.° 1 do art. 4.° vai ao encontro do entendimento atrás defendido sobre a relação entre a liberdade comunitária de prestação de serviços e o Direito de Conflitos Internacional Privado (III), segundo o qual a liberdade de prestação de serviços não condiciona, em princípio, o Direito de Conflitos Internacional Privado.

Como ficou assinalado, a livre de circulação de serviços não implica a competência do Direito do Estado de origem para reger o contrato ou a responsabilidade extracontratual[66]. O princípio do país de origem vale quando muito para as normas de Direito público da economia com incidência sobre a liberdade de prestação de serviços[67].

---

[66] Ver LIMA PINHEIRO – "Direito aplicável à responsabilidade extracontratual na Internet", *RFDUL* 42 (2001) 825-834, 833 e seg., Michael WILDERSPIN e Xavier LEWIS – "Les relations entre le droit communautaire et les règles de conflits de lois des États membres", *R. crit.* 91 (2002) 1-37 e 289-313, 302 e segs., e MARQUES DOS SANTOS – "Direito aplicável aos contratos celebrados através da Internet e tribunal competente", *Estudos de Direito Internacional Privado e de Direito Público*, 159-225, Coimbra, 2004, 211 e segs. Ver ainda doutrina referida por M. FALLON e J. MEEUSEN – "Le commerce électronique, la directive 2000/31/CE et le droit international privé", *R. crit.* 91 (2002) 435--490, 480 n. 99.

[67] Cf. CALVO CARAVACA/CARRASCOSA GONZÁLEZ – *Conflictos de leyes y conflictos de jurisdicción en Internet*, Madrid, 2001, 34 e seg., LIMA PINHEIRO [loc. cit.] e KROPHOLLER (n. 10) 450 e seg. Cp., no sentido da aplicação do princípio do país de origem às matérias de Direito privado abrangidas pelo "domínio coordenado", Emmanuel CRABIT – "La directive sur le commerce électronique. Le projet 'Mediterranée'", *R. Droit de l'Union Européenne* (4/2000) 749-833 (administrador principal na Direcção-Geral do Mercado Interior da Comissão Europeia, que vem defender uma interpretação da Directiva que corresponde ao projecto elaborado por esta Drecção-Geral que foi recusado pelo legislador comunitário através da inclusão do art. 1.°/4 na versão final); doutrina referida por FALLON/MEEUSEN (n. 66) 481 n. 100; MOURA VICENTE – "Comércio electrónico e responsabilidade empresarial", *in Direito Internacional Privado. Ensaios*, vol. I, 193-239, Coimbra,

Isto é, porém, qualificado por três ordens de considerações.

Em primeiro lugar, não se exclui que o art. 3.º da Directiva seja interpretado no sentido de afastar a aplicação das normas de Direito material da lei competente na medida em que estas regras constituam "restrições" injustificadas à liberdade de prestação de serviços[68]. A favor desta interpretação pode ser invocado o 23.º Considerando da Directiva sobre Comércio Electrónico segundo o qual, nas versões francesa, inglesa e alemã, "O disposto na legislação aplicável por força das normas de conflitos do Direito Internacional Privado não deve restringir a liberdade de prestar serviços da sociedade da informação nos termos constantes da presente Directiva"[69]. Mas isto só pode suceder muito excepcionalmente, visto que a aplicação de normas de Direito privado não conduz, em princípio, a uma restrição da liberdade de prestação de serviços (*supra* III).

Segundo, pode ser questionado se o art. 3.º/1 não fundamenta uma conexão especial relativamente às regras jurídico-privadas contidas na Directiva, por forma a que cada Estado-Membro deva determinar a aplicação das suas normas de transposição da directiva às prestações de serviços por prestadores estabelecidos no seu território[70]. A meu ver não é possível dar uma resposta genérica a esta questão.

Relativamente ao regime aplicável aos contratos celebrados através da *Internet*, a Directiva só contém algumas regras fragmentárias sobre a admissibilidade de contratos celebrados por meios electrónicos, deveres de informação e ordens de encomenda. A conexão "lei do país de estabelecimento do prestador de serviços" não é adequada a estas regras.

2002, 218 e segs. FALLON/MEEUSEN defendem uma solução intermédia [484 e segs.]: no Estado de origem o princípio do país de origem determina, na falta de escolha pelas partes, a lei aplicável aos aspectos do contrato que entram no domínio coordenado; no Estado de acolhimento aplicam-se as regras de conflitos gerais, limitando-se a Directiva a vedar a aplicação das regras de Direito material que constituam uma restrição à circulação de serviços. Também Peter MANKOWSKI – "Herkunftslandprinzip und deutsches Umsetzungsgesetz zur e-commerce-Richtlinie", *IPRax* 22 (2002) 257-266, que exclui o Direito de Conflitos dos contratos obrigacionais do âmbito de aplicação do princípio do país de origem. De resto a Directiva não parece impedir em absoluto a aplicação de normas de Direito económico do país em que o serviço é prestado (cf. arts. 1.º/3 e 3.º/4).

[68] Como sugerem WILDERSPIN/LEWIS [loc. cit.] e MARQUES DOS SANTOS [loc. cit.], invocando, a este respeito, o "princípio do reconhecimento mútuo".

[69] Na versão portuguesa lê-se que o "disposto na legislação aplicável por força das normas de conflitos do Direito Internacional Privado *não restringe* a liberdade de prestar serviços" (s.n.), mas trata-se claramente de uma lapso de tradução.

[70] Ver também FALLON/MEEUSEN (n. 66) 489 e seg.

Também não se encontra na Directiva um regime aplicável à responsabilidade extracontratual mas tão-somente algumas regras fragmentárias sobre a responsabilidade dos prestadores intermediários de serviços. É concebível que as normas que transponham a Directiva na ordem jurídica de um Estado-Membro, sobre a responsabilidade dos prestadores intermediários de serviços estabelecidos no seu território, se sobreponham à lei competente[71].

Enfim, a Directiva contém algumas disposições específicas sobre as normas de protecção dos consumidores[72].

O n.º 3 do art. 1.º determina que a Directiva não prejudica o nível de protecção dos interesses dos consumidores, "tal como consta dos actos comunitários e da legislação nacional de aplicação destes, na medida em que não restrinjam a liberdade de prestação de serviços da sociedade da informação". Como já se assinalou, o n.º 3 do art. 3.º determina a não aplicação dos n.ºs 1 e 2 "às obrigações contratuais relativas aos contratos celebrados pelos consumidores". Esta exclusão, embora de duvidosa utilidade perante o disposto no art. 1.º/4, torna claro que a Directiva não prejudica a aplicação de normas jurídico-privadas de protecção dos consumidores, independentemente de se tratar ou não de normas de aplicação de actos comunitários.

O legislador comunitário volta a referir-se a "medidas de defesa dos consumidores" no n.º 4 do art. 3.º, admitindo que um Estado-Membro adopte medidas que em derrogação do n.º 2 restrinjam a livre circulação de serviços, desde que tendo solicitado ao Estado-Membro do país em que o prestador de serviços está estabelecido a sua adopção, este não tenha tomado medidas adequadas, e após notificação a este Estado-Membro e à Comissão. As medidas em causa têm de ser proporcionais ao objectivo de defesa dos consumidores (art. 3.º/4/a/iii). Como o n.º 2 não se aplica às normas jurídico-privadas de protecção dos consumidores, o n.º 4 só pode ter em vista Direito público de protecção do consumidor. Esta disposição mostra que o princípio do país de origem se aplica ao Direito público de protecção do consumidor que tenha incidência na livre prestação de serviços, mas com importantes limitações.

O DL n.º 7/2004, de 7/1, que visa transpor a Directiva, não esclarece estes problemas de Direito Internacional Privado e, no que toca ao regime

---

[71] Neste sentido, LIMA PINHEIRO (n. 66) 834.

[72] Ver também DIAS PEREIRA – "A protecção do consumidor no quadro da Directiva sobre o Comércio Electrónico", *Estudos de Direito do Consumo*, n.º 2, 2000, 102 e segs.

dos contratos e à responsabilidade extracontratual, só contém algumas regras fragmentárias[73].

O art. 4.º/1 submete "integralmente" "à lei portuguesa relativa à actividade que exercem" os prestadores de serviços da sociedade da informação estabelecidos em Portugal "mesmo no que concerne a serviços da sociedade da informação prestados noutro país comunitário". O art. 5.º/1 determina que aos prestadores de serviços da sociedade da informação não estabelecidos em Portugal mas estabelecidos noutro Estado-Membro é aplicável "exclusivamente no que respeita a actividades em linha, a lei do lugar do estabelecimento" ao "exercício, nomeadamente no que respeita à qualidade e conteúdo dos serviços, à publicidade e aos contratos."

Subsiste dúvida sobre se esta regra do país de origem vale apenas para as normas sobre acesso e exercício da actividade e, eventualmente, para normas de Direito privado contidas no diploma, ou pretende introduzir um desvio às regras gerais sobre o Direito aplicável aos contratos e à responsabilidade extracontratual

Por diversas razões, creio que se deve seguir o entendimento primeiramente referido.

Visto que o diploma visa transpor a Directiva, questões duvidosas devem ser resolvidas por uma interpretação conforme a Directiva. Por conseguinte, o entendimento defendido perante a Directiva vale também para este diploma, bem como a crítica formulada com respeito à inadequação da conexão "lei do país do estabelecimento do prestador de serviços" com respeito à aplicação das normas sobre contratação electrónica. Esta é, a meu ver, a consideração fundamental. Mas há outras razões pelas quais parece claro que as regras sobre aplicação no espaço contidas no diploma se limitam ao Direito Económico e, eventualmente, a normas jurídico-privadas nele contidas.

O art. 5.º/3 determina que "os serviços de origem extra-comunitária estão sujeitos à aplicação geral da lei portuguesa, ficando também sujeitos a este diploma em tudo o que não for justificado pela especificidade das relações intra-comunitárias". As excepções do art. 6.º não se aplicam a este preceito. Segundo uma interpretação literal este preceito submeteria à lei portuguesa todos os serviços de origem extra-comunitária do mundo, independentemente do lugar da prestação ou da localização do

---

[73] Para um panorama das leis de transposição de outros Estados-Membros ver FALLON/MEEUSEN (n. 66) 481 e seg.

beneficiário. Mas parece evidente que o preceito não pode ser entendido neste sentido.

Por um lado, o preceito só pode ser aplicado a prestações de serviços que têm uma conexão com Portugal, possivelmente aos serviços prestados em Portugal ou prestados em linha a pessoas que acedem à rede em Portugal.

Por outro lado, uma interpretação que visse aqui uma regra de conflitos sobre o Direito aplicável ao contrato conduziria ao seguinte resultado absurdo: os contratos intra-comunitários estariam submetidos ao Direito escolhido pelas partes ou, na omissão das partes, ao Direito do país de origem; os contratos extra-comunitários estariam imperativamente sujeitos ao Direito do país de destino. Além disso, a sujeição dos contratos extra-comunitários ao Direito privado do país de destino representaria uma contradição normativa com o Direito de Conflitos geral, que submete os contratos à lei escolhida pelas partes e, na falta de escolha, manda aplicar a lei do país com que o contrato apresenta conexão mais estreita, presumindo que há uma conexão mais estreita com o país em que prestador de serviços está estabelecido (arts. 3.º e 4.º da Convenção de Roma sobre a Lei Aplicável às Obrigações Contratuais). Esta regra é aplicável, por exemplo, ao fornecedor de serviço telefónico por satélite, que está em posição inteiramente análoga à do fornecedor de acesso à *Internet*.

A única interpretação que se afigura razoável é a de que o âmbito de aplicação da "lei portuguesa" referida no art. 5.º/3 (bem como no art. 4.º/1) é o regime de acesso e exercício de actividades económicas; por força da sua segunda parte, parece defensável que o art. 5.º/3 determina ainda a aplicação das normas jurídico-privadas contidas no diploma que não sejam justificadas pela especificidade das relações intra-comunitárias, como normas de aplicação necessária.

O art. 6.º/e exclui do âmbito de aplicação desses preceitos a "matéria disciplinada por legislação escolhida pelas partes no uso da autonomia privada". Que sentido útil se pode atribuir a esta exclusão? Os arts. 4.º/1 e 5.º/1 não introduzem desvios às regras de conflitos gerais em matéria de contratos obrigacionais e, por isso, "a matéria disciplinada por legislação escolhida pelas partes" está por natureza excluída do seu âmbito de aplicação. Por outro lado, seria contrário à finalidade da Directiva e do diploma de transposição que através de uma escolha da lei de um país terceiro fosse possível afastar a aplicação das normas imperativas de protecção do beneficiário da prestação de serviços que resultam da transposição da Directiva. Por isso, a esta exclusão só pode ser atribuído um sentido útil: a reafirmação de que a Directiva, bem como o diploma que a transpõe, não estabelece qualquer desvio às regras de conflitos gerais sobre a determinação do Direito aplicável aos contratos.

Por último, é de observar que uma interpretação do DL n.º 7/2004 no sentido de consagrar o princípio do país de origem em matéria de lei aplicável aos contratos obrigacionais seria incompatível com a Convenção de Roma sobre a Lei Aplicável às Obrigações Contratuais. O disposto na Convenção prevaleceria sobre as normas internas enquanto fonte hierarquicamente superior. O art. 20.º da Convenção de Roma, que concede primazia às disposições estabelecidas nas legislações nacionais harmonizadas em execução de actos comunitários, não seria aplicável visto que se trataria de normas internas que vão além do estabelecido pela Directiva[74].

---

[74] Ver também WILDERSPIN/LEWIS (n. 12) 310 e seg.

O REGULAMENTO (CE) N.º 2201/2003 DO CONSELHO, DE 27 DE NOVEMBRO DE 2003,
RELATIVO À COMPETÊNCIA, AO RECONHECIMENTO E À EXECUÇÃO DE DECISÕES EM MATÉRIA MATRIMONIAL E EM MATÉRIA DE RESPONSABILIDADE PARENTAL*

MARIA HELENA BRITO
Professora da Faculdade de Direito da Universidade Nova de Lisboa
Juíza do Tribunal Constitucional

SUMÁRIO: 1. Considerações preliminares. Ampliação dos objectivos do direito comunitário no âmbito do direito privado. 2. Apresentação do Regulamento (CE) n.º 2201/ /2003; 2.1. Antecedentes; 2.2. Objectivo; 2.3. Base jurídica; 2.4. Estrutura. 3. Delimitação do âmbito de aplicação do Regulamento (CE) n.º 2201/2003; 3.1. Âmbito material de aplicação; a) Matéria matrimonial; b) Matéria de responsabilidade parental; 3.2. Âmbito espacial de aplicação; 3.3. Âmbito temporal de aplicação. 4. Competência; 4.1. Critérios atributivos de competência internacional; a) Competência em matéria de divórcio, separação de pessoas e bens e anulação do casamento; b) Competência em matéria de responsabilidade parental; i) Regra geral; ii) Regras especiais; c) Competência relativamente a medidas provisórias ou cautelares; 4.2. Regime processual das regras de competência; a) Data da instauração do processo; b) Verificação da competência; c) Verificação da admissi-

---

* Texto desenvolvido da conferência proferida no "Seminário Internacional sobre a Comunitarização do Direito Internacional Privado (Direito de conflitos, competência internacional e reconhecimento de decisões estrangeiras)", organizado pela Faculdade de Direito da Universidade de Lisboa, que decorreu em Lisboa, em 7 e 8 de Maio de 2004.

bilidade; d) Litispendência e acções dependentes; 5. Reconhecimento e execução; 5.1. Actos abrangidos; 5.2. Reconhecimento; a) Princípios gerais quanto ao reconhecimento; b) Fundamentos de não reconhecimento; i) Matéria matrimonial; ii) Matéria de responsabilidade parental; 5.3. Execução; a) Regime geral – pedido de uma declaração de executoriedade; b) Regime especial – força executória de certas decisões em matéria de direito de visita e de certas decisões que exigem o regresso da criança; i) No que diz respeito a decisões relativas ao "direito de visita"; ii) No que diz respeito a decisões relativas ao "regresso da criança". 6. Cooperação entre autoridades centrais em matéria de responsabilidade parental. 7. Relações entre o Regulamento (CE) n.º 2201/2003 e outros actos. Referência especial aos tratados com a Santa Sé. 8. Observações finais.

O tema deste trabalho teria sido certamente objecto da atenção do Professor António Marques dos Santos no âmbito da investigação a que se dedicava quando a morte o surpreendeu. Na verdade, uma das matérias por ele escolhidas para as provas de agregação que estava a preparar – e que aliás ensinava no Curso de Mestrado em Ciências Jurídicas na Faculdade de Direito da Universidade de Lisboa no ano lectivo de 2002/2003 – era a problemática das "Relações entre o Direito Internacional Privado e o Direito Comunitário".

Aqui deixo o meu modesto contributo para homenagear o Amigo e Colega que me acompanhou no meu caminho pelo Direito Internacional Privado: entre 1981 e 1993 trabalhámos juntos na equipa coordenada pela Professora Isabel de Magalhães Collaço, numa etapa que a ambos marcou intensamente; nos anos seguintes, durante o tempo em que preparei a dissertação de doutoramento, tive a oportunidade de beneficiar da sua excelente biblioteca, que, com grande generosidade, era sempre colocada ao dispor de todos; em 1998, pude contar com a sua presença e com a sua arguição no júri perante o qual prestei provas de doutoramento; finalmente, foi a comissão organizadora dos estudos em homenagem à Professora Isabel de Magalhães Collaço que nos proporcionou novos encontros e uma sempre profícua colaboração. Tudo isto recordo agora com saudade e emoção.

1. Considerações preliminares. Ampliação dos objectivos do direito comunitário no âmbito do direito privado.

Inicialmente o direito comunitário não abrangia matérias de direito privado. O objectivo principal do Tratado que instituiu a Comunidade Económica Europeia era a criação de um mercado comum. Tendo em vista esse objectivo, a actuação da Comunidade dirigia-se fundamentalmente a eliminar as restrições que nos Estados membros pudessem prejudicar a livre circulação dos factores produtivos. Não se tratava portanto, pelo menos em princípio, de estabelecer a disciplina aplicável aos diversos sectores relativamente aos quais a Comunidade tinha competência, mas apenas de eliminar os obstáculos ao desenvolvimento, para além das fronteiras de cada Estado, das actividades respectivas, desde que tal fosse necessário à realização do mercado comum.

A competência comunitária revestia assim um carácter instrumental e não material. A adopção de normas ao nível comunitário tinha em vista eliminar obstáculos, impondo aos Estados membros obrigações nesse sentido, não se destinando a influenciar, por si mesma, a uniformização do direito dos Estados membros.

Na fase inicial, a influência sobre o direito privado dos Estados membros era tão só mediata, porque eram os Estados que legislavam, sobretudo em execução de directivas comunitárias, e parcial, porque a intervenção era limitada em função da matéria, dos instrumentos e das finalidades.

Com o tempo a situação modificou-se: tornou-se evidente que a criação de um grande mercado unificado impunha uma mais extensa e sistemática interferência também no campo do direito privado e, consequentemente, uma aceleração e um reforço do processo de europeização de tal sector do direito.

Por outro lado, a Comunidade Europeia, primeiro, e a União Europeia, depois, começaram a ampliar os seus objectivos e áreas de competência, abrangendo sectores e aspectos que vão muito para além do domínio da economia, considerado inicialmente como o horizonte do processo de integração.

Neste quadro, não surpreende que a acção comunitária no âmbito do direito privado se tenha progressivamente ampliado. Importantes matérias caíram sob a alçada do direito comunitário. São exemplos: a disciplina da concorrência, o direito das sociedades, a propriedade intelectual, a propriedade industrial, o direito do trabalho, a disciplina dos bancos e das bolsas, o direito dos contratos, a responsabilidade civil, a tutela dos consumidores, o direito da sociedade de informação (direitos de autor, comércio electrónico), a cooperação judiciária[1] e até uma matéria que, durante muito tempo, se considerou impensável que viesse a ser abrangida pelo fenómeno, como é o direito da família.

Marcos importantes na alteração verificada foram, sem dúvida:

– o Tratado de Maastricht, de 7 de Fevereiro de 1992 – onde se estabeleceu que "o Conselho pode, sem prejuízo do disposto no artigo 220.° do Tratado que instituiu a Comunidade Europeia, elaborar convenções e recomendar a sua adopção pelos Estados membros, nos termos das respectivas normas constitucionais" (artigo K.3, n.° 2, alínea c)[2]);

– o Tratado de Amesterdão, de 2 de Outubro de 1997 – que atribuiu à Comunidade competência para adoptar medidas no sector da cooperação judiciária em matéria civil (recordem-se, em particular, os artigos 61.° e 65.° do Tratado CE, na redacção introduzida pelo Tratado de Amesterdão);

---

[1] Desde 1957, o artigo 220.° do Tratado CEE previa que "os Estados membros promoverão a simplificação das formalidades destinadas ao reconhecimento e à execução das decisões judiciais". Com base nessa disposição do Tratado, foi celebrada a Convenção de Bruxelas, de 27 de Setembro de 1968, sobre a competência judiciária e a execução de decisões em matéria civil e comercial. A Convenção excluiu do seu âmbito de aplicação o estado e a capacidade das pessoas (desde logo, divórcio e separação judicial de pessoas e bens, investigação de maternidade e paternidade, acções de regulação do exercício do poder paternal), bem como os "regimes matrimoniais" – ou seja, os regimes de bens do casamento e todas as relações patrimoniais resultantes directamente do vínculo conjugal ou da dissolução deste vínculo, conforme decisão do TJCE no acórdão *Cavel c. Cavel* (proc. 143/78), de 27 de Março de 1979 –, mas apenas quando tais questões sejam objecto principal do litígio. Na verdade, as regras de reconhecimento e execução são aplicáveis quando as mesmas questões se coloquem a título meramente incidental (artigo 27.°, n.° 4, e artigo 42.°, quanto ao reconhecimento e à execução parciais, se apenas algumas matérias da decisão caírem no âmbito de aplicação da Convenção). Além disso, a Convenção de Bruxelas aplica-se em matéria de obrigações alimentares entre os cônjuges (artigo 5.°, n.° 2), por se entender que não é matéria que esteja dependente do regime de bens e das relações patrimoniais entre os cônjuges.

[2] Ao abrigo dessa disposição foram celebradas, mas não chegaram a entrar em vigor, as seguintes convenções: Convenção entre os Estados membros das Comunidades Europeias relativa à simplificação das medidas de cobrança de alimentos, assinada em Roma em 6 de Novembro de 1990; Convenção relativa à citação e à notificação dos actos judiciais e extrajudiciais em matéria civil e comercial entre os Estados membros da União Europeia, de 26 de Março de 1997; Convenção relativa à competência, ao reconhecimento e à execução de decisões em matéria matrimonial, de 28 de Maio de 1998.

– o "Plano de Acção do Conselho e da Comissão sobre a melhor forma de aplicar as disposições do Tratado de Amesterdão relativas à criação de um espaço de liberdade, de segurança e de justiça"[3] – que definiu prioridades e medidas a adoptar, no domínio da cooperação judiciária em matéria civil, no prazo de dois anos[4] e no prazo de cinco anos[5];

---

[3] Texto aprovado pelo Conselho de Ministros da Justiça e dos Assuntos Internos, reunido em Viena, em 3 de Dezembro de 1998 (JO C 19, de 23 de Janeiro de 1999, p. 1).

[4] "No prazo de dois anos após a entrada em vigor do Tratado deverão ser tomadas as seguintes medidas:
 a) Ultimação dos trabalhos relativos à revisão das convenções de Bruxelas e de Lugano, caso estes não tenham sido ainda concluídos,
 b) Elaboração de um instrumento jurídico sobre a lei aplicável às obrigações extracontratuais (Roma II);
 c) Início da revisão, se necessário, de certas disposições da Convenção sobre a lei aplicável às obrigações contratuais, tendo em conta as disposições especiais sobre normas de conflitos de leis noutros instrumentos comunitários (Roma I);
 d) Análise da possibilidade de se passar a aplicar aos processos civis o princípio da rede judiciária europeia em matéria penal.
 A existência de pontos de contacto bem individualizados em cada Estado membro poderia permitir um maior conhecimento dos direitos dos Estados membros e assegurar uma melhor coordenação dos procedimentos em certos processos com dimensões humanas importantes (conflitos parentais transfronteiras, por exemplo)."

[5] "No prazo de cinco anos após a entrada em vigor do Tratado deverão ser tomadas as seguintes medidas:
 a) Análise da possibilidade de elaborar um instrumento jurídico sobre a lei aplicável ao divórcio (Roma III): Após o primeiro passo em matéria de divórcio, consubstanciado por Bruxelas II no domínio da competência e do reconhecimento e execução de decisões, terão de se explorar, com base num estudo aprofundado, as possibilidades de acordar em regras para a determinação da lei aplicável, a fim de evitar o *forum shopping*;
 b) Análise da possibilidade de se instituírem modelos de resolução não judiciária dos conflitos, especialmente no que diz respeito aos conflitos familiares transfronteiras. Neste contexto, deverá ser analisada a possibilidade de uma mediação como meio para resolver conflitos familiares;
 c) Análise da possibilidade de se elaborarem instrumentos jurídicos sobre a competência internacional, a lei aplicável, o reconhecimento e a execução de decisões relativas aos regimes matrimoniais e relativas às sucessões. Ao elaborar esses instrumentos, deverá ter-se em conta a relação entre regimes matrimoniais e normas relativas às sucessões, assim como o trabalho que já foi desenvolvido no âmbito da Conferência da Haia sobre direito internacional privado;
 d) Identificação das regras de processo civil com implicações transfronteiras que é urgente harmonizar a fim de facilitar o acesso dos cidadãos europeus à justiça e análise da possibilidade de se elaborarem medidas complementares adequadas para melhorar a compatibilidade dos processo, civis. Estas medidas poderão incluir a análise das regras sobre

– o Conselho Europeu extraordinário de Tampere, realizado em 15 e 16 de Outubro de 1999, onde se debateu a criação de um espaço de liberdade, de segurança e de justiça na União Europeia.

O Conselho Europeu reunido em Tampere afirmou que "num verdadeiro espaço europeu de justiça, os cidadãos e as empresas não deverão ser impedidos ou desencorajados de exercerem os seus direitos por razões de incompatibilidade ou complexidade dos sistemas jurídicos e administrativos dos Estados membros" (ponto 28 das Conclusões da Presidência). O tema do "reconhecimento mútuo das decisões judiciais" figura entre as conclusões aprovadas, tendo-se entendido que "um maior reconhecimento mútuo das sentenças e decisões judiciais e a necessária aproximação da legislação facilitariam a cooperação entre as autoridades e a protecção judicial dos direitos individuais". Assim, o Conselho Europeu subscreveu "o princípio do reconhecimento mútuo que, em sua opinião, se deve tornar a pedra angular da cooperação judiciária na União, tanto em matéria civil como penal" (ponto 33), afirmando que as decisões proferidas em litígios em matéria de direito da família (por exemplo, em matéria de pensões de alimentos e direito de visita) devem ser "automaticamente reconhecidas em toda a União sem quaisquer procedimentos ou motivos de recusa de execução" (ponto 34). Por último, e para o que agora importa, o Conselho Europeu convidou as instituições comunitárias a tomarem medidas também no âmbito do direito substantivo, de modo a favorecer uma "maior convergência em matéria civil" (pontos 38 e 39).

O instrumento normativo que aqui vou analisar insere-se nesta agenda de trabalhos da União Europeia.

---

o depósito de garantia para custas de despesas de processo da parte requerida num processo civil, a concessão de assistência jurídica e outros eventuais entraves de natureza económica;

e) Melhoria e simplificação da cooperação entre tribunais na recolha de elementos de prova;

f) Análise da possibilidade de aproximação de certos domínios do direito civil, como por exemplo a instituição de regras uniformes de direito internacional privado relativas à aquisição de boa fé de bens móveis corpóreos."

2. Apresentação do Regulamento (CE) n.º 2201/2003

2.1. *Antecedentes*

O Regulamento (CE) n.º 2201/2003, relativo à competência, ao reconhecimento e à execução de decisões em matéria matrimonial e em matéria de responsabilidade parental, foi aprovado pelo Conselho da União Europeia em 27 de Novembro de 2003 e veio revogar o Regulamento (CE) n.º 1347/2000, relativo à competência, ao reconhecimento e à execução de decisões em matéria matrimonial e de regulação do poder paternal em relação a filhos comuns do casal[6] (designado Regulamento "Bruxelas II"[7]).

Como se sabe, o Regulamento (CE) n.º 1347/2000 teve a sua fonte próxima na "Convenção relativa à competência, ao reconhecimento e à execução de decisões em matéria matrimonial", de 28 de Maio de 1998 (a Convenção chamada "Bruxelas II")[8], cujo objectivo era estender o

---

[6] Publicado no JO L 160, de 30.06.2000, p. 19.

[7] Sobre o Regulamento (CE) n.º 1347/2000, de 29 de Maio, cfr.: Rolf WAGNER, "Die Anerkennung und Vollstreckung von Entscheidungen nach der Brüssel II-Verordnung", *IPRax*, 2001, p. 73 ss; Karl Peter PUSZKAJLER, "Das internationale Scheidungs- und Sorgerecht nach Inkrafttreten der Brüssel II-Verordnung. Erste Hinweise für die Praxis anhand von Fällen", *IPRax*, 2001, p. 81 ss; Bertrand ANCEL, Horatia MUIR WATT, "La désunion européenne: le Règlement dit 'Bruxelles II'", *Rev. crit.*, 2001, p. 403 ss; Andrea BONOMI, "Il regolamento comunitario sulla competenza e sul reconoscimento in materia matrimoniale e di potestà dei genitori", *Rdint.*, 2001, p. 298 ss; Hélène GAUDEMET-TALLON, "Le Règlement n..º 1347/2000 du Conseil du 29 mai 2000: 'Compétence, reconnaissance et exécution des décisions en matière de responsabilité parentale des enfants communs'", *Clunet*, 2001, p. 381 ss; id., "De l'utilité d'une unification du droit international privé de la famille dans l'Union Européenne", *Estudos em Homenagem à Professora Doutora Isabel de Magalhães Collaço*, vol. I, Coimbra, 2002, p. 159 ss; Rui MOURA RAMOS, in FRANCISCO PEREIRA COELHO, GUILHERME DE OLIVEIRA, *Curso de direito da família*, vol. I – *Introdução. Direito matrimonial*, Coimbra, 2001, p. 723 s; Dário MOURA VICENTE, "Novas regras do direito internacional da família", *ROA*, 2001, p. 1101 ss; Luís LIMA PINHEIRO, *Direito internacional privado*, vol. III – *Competência internacional e reconhecimento de decisões estrangeiras*, Coimbra, 2002, p. 162 ss, 313 ss; Christian KOHLER, "Libre circulation du divorce? Observations sur le règlement communautaire concernant les procédures en matière matrimoniale", *Estudos Magalhães Collaço*, cit., vol. I, 2002, p. 231 ss; Peter MCELEAVY, "The Brussels II Regulation: how the European Community has moved into Family Law", *ICLQ*, 2002, p. 883 ss.

[8] A Convenção "Bruxelas II" foi estabelecida por Acto do Conselho, de 28 de Maio de 1998, e publicada no JO C 221, de 16.07.1998, p. 1. Um outro Acto do Conselho, também de 28 de Maio de 1998, estabeleceu o Protocolo relativo à interpretação daquela Con-

regime da Convenção de Bruxelas ao domínio do direito da família[9]. A Convenção "Bruxelas II" não chegou a ser ratificada pelos Estados membros, tendo em conta a aprovação do Tratado de Amesterdão, que definiu uma nova base jurídica em matéria de Direito Internacional Privado e, por isso, o texto dessa Convenção foi transformado, com pequenas modificações, em Regulamento (o Regulamento (CE) n.º 1347/2000), a fim de garantir a sua rápida aplicação por parte dos Estados membros.

Foi curta a vigência do Regulamento (CE) n.º 1347/2000. Na verdade, pouco tempo depois da sua adopção pelo Conselho (em 29 de Maio de 2000), e ainda antes da sua entrada em vigor (em 1 de Março de 2001), a República Francesa apresentou, em 3 de Julho de 2000, uma iniciativa tendo em vista a aprovação de um Regulamento do Conselho relativo à execução mútua das decisões respeitantes ao direito de visita dos filhos de casais separados ou divorciados[10]. A iniciativa tinha como objectivo completar o Regulamento (CE) n.º 1347/2000, suprimindo o *exequatur* relativamente à parte das decisões sobre responsabilidade parental, no que diz respeito ao direito de visita; pretendia-se com este novo acto proteger os interesses do progenitor que tem a guarda do filho, garantindo-lhe o regresso automático do filho após o período de visita.

Na reunião realizada em Novembro de 2000, o Conselho de Ministros "Justiça e Assuntos Internos" adoptou um programa tendente a organizar o reconhecimento mútuo de decisões em quatro áreas, de modo a atingir o objectivo final de eliminação do *exequatur* relativamente a todas as decisões em matéria civil e comercial. Essas áreas eram as seguintes: Bruxelas I; Bruxelas II e situações familiares geradas por relações que não

---

venção pelo Tribunal de Justiça das Comunidades Europeias (igualmente publicado no JO C 221, de 16.07.1998, p. 19), que tomou como modelo o Protocolo de 3 de Junho de 1971 relativo à interpretação pelo TJCE da Convenção de Bruxelas de 1968.

[9] Por sua vez, a Convenção "Bruxelas II" tinha sido inspirada na "Proposta de Convenção sobre a competência judiciária e a execução de decisões em matéria familiar e sucessória", preparada no âmbito do Grupo Europeu de Direito Internacional Privado em 1993 e conhecida como "Proposta de Heidelberg" (cfr. o respectivo texto em *IPRax*, 1994, p. 67 ss). Uma versão anterior dessa Proposta de Convenção, tal como resultou da reunião daquele Grupo, realizada em Milão, em Outubro de 1992, pode consultar-se em www.drt.ucl.ac.be/gedip. Sobre a evolução dos trabalhos que conduziram à celebração da Convenção "Bruxelas II", cfr., em especial, Peter MCELEAVY, "The Brussels II Regulation: how the European Community has moved into Family Law", cit., p. 891 ss.

[10] "Iniciativa da República Francesa tendo em vista a aprovação do Regulamento do Conselho relativo à execução mútua das decisões respeitantes ao direito de visita dos filhos" (2000/C 234/08, JO C 234, de 15.08.2000, p. 7).

sejam o casamento; regimes matrimoniais e consequências patrimoniais da separação de casais não casados; testamentos e sucessões[11]. No que se refere ao tema Bruxelas II, o programa assentava sobre o Regulamento (CE) n.° 1347/2000 e previa não apenas a extensão do âmbito de aplicação do regulamento para além do contexto do divórcio ou da separação como também a supressão do *exequatur* relativamente ao direito de visita. O Conselho concluiu então que os trabalhos sobre a iniciativa da República Francesa relativa ao direito de visita só poderiam progredir se ao mesmo tempo se encarasse a extensão do âmbito de aplicação do Regulamento (CE) n.° 1347/2000, de modo a garantir a igualdade entre todos os filhos.

Em Setembro de 2001, a Comissão apresentou uma proposta de regulamento relativo à competência, ao reconhecimento e à execução de decisões em matéria de responsabilidade parental[12], que estendia o regime de reconhecimento e de execução estabelecido pelo Regulamento (CE) n.° 1347/2000 a todas as decisões em matéria de responsabilidade parental, com base em regras comuns de competência jurisdicional e num sistema de cooperação reforçada entre as autoridades. O critério fundamental utilizado para definir a competência era a residência habitual do filho. Esta proposta da Comissão tratava do problema do rapto dos filhos (através da inclusão de regras sobre a competência e sobre o regresso dos filhos).

Como nas discussões posteriores se entendeu que seria vantajoso integrar num único instrumento os textos já apresentados (a proposta da Comissão sobre a responsabilidade parental e a iniciativa da República Francesa relativa ao direito de visita), a Comissão submeteu ao Conselho, em Maio de 2002, uma nova proposta de regulamento, que englobava o essencial do Regulamento (CE) n.° 1347/2000, a proposta da Comissão sobre a responsabilidade parental e a iniciativa da República Francesa relativa ao direito de visita[13]. A proposta tinha naturalmente em conta o

---

[11] "Projecto de programa de medidas destinadas a aplicar o princípio do reconhecimento mútuo das decisões em matéria civil e comercial" (JO C 12, de 15.01.2001, p. 1).

[12] "Proposta de regulamento relativo à competência, ao reconhecimento e à execução de decisões em matéria de responsabilidade parental" (JO C 332, de 27.11.2001, p. 269).

[13] "Proposta de regulamento do Conselho relativo à competência, ao reconhecimento e à execução de decisões em matéria matrimonial e em matéria de responsabilidade parental e que revoga o Regulamento (CE) n.° 1347/2000 e altera o Regulamento n.° 44//2001 em matéria de obrigação de alimentos" (COM(2002) 222 final, JO C 203, de 27.08.2002, p. 155).

regulamento que entretanto substituíra a Convenção de Bruxelas – o Regulamento (CE) n.º 44/2001 do Conselho, de 22 de Dezembro de 2000, relativo à competência judiciária, ao reconhecimento e à execução de decisões em matéria civil e comercial (em vigor desde 1 de Março de 2002)[14].

Na origem de todas estas iniciativas estava a verificação de que o âmbito de aplicação do Regulamento de 2000 era demasiadamente restrito e de que, por isso mesmo, a disciplina nele contida se encontrava afastada da realidade social: desde logo, ao abranger apenas os problemas de regulação do poder paternal em relação a filhos comuns do casal, na sequência de uma decisão de dissolução ou de anulação do casamento – e, consequentemente, ao tratar apenas de medidas relativas a filhos nascidos do casamento –, o Regulamento não tomava em consideração o pluralismo de modelos familiares contemporâneos e deixava de fora uma parte relevante de situações litigiosas em relação às quais a intervenção comunitária se justificava[15].

Enquanto decorria a discussão do novo texto, o Conselho da União Europeia reconheceu que a Convenção da Haia de 1996 relativa à jurisdição, à lei aplicável, ao reconhecimento, à execução e à cooperação em matéria de responsabilidade parental e de medidas de protecção de menores "constitui um contributo valioso para a protecção dos filhos a nível internacional" e que é por isso "desejável que as suas disposições sejam aplicadas o mais rapidamente possível". Considerando que a Comunidade tem competência exclusiva relativamente à matéria tratada naquela Convenção da Haia, na medida em que algumas das suas disposições afectam a regulamentação comunitária aprovada na matéria (concretamente, o Regulamento (CE) n.º 1347/2000), mas observando que apenas Estados soberanos podem ser parte na Convenção, o Conselho, "a título excepcional", decidiu autorizar os Estados membros a assinarem, no interesse da Comunidade, a referida Convenção da Haia de 1996[16-17].

---

[14] Sobre esta proposta, cfr. Michael BUSCH, "Schutzmassnahmen für Kinder und der Begriff der 'elterlichen Verantwortung' im internationalen und europäischen Recht – Anmerkung zur Ausweitung der Brüssel II-Verordnung", *IPRax*, 2003, p. 218 ss.

[15] Cfr. Bertrand ANCEL, Horatia MUIR WATT, "La désunion européenne: le Règlement dit 'Bruxelles II'", cit., p. 408.

[16] "Decisão do Conselho, de 19 de Dezembro de 2002, que autoriza os Estados membros a assinarem, no interesse da Comunidade, a Convenção da Haia de 1996 relativa à jurisdição, à lei aplicável, ao reconhecimento, à execução e à cooperação em matéria de responsabilidade parental e de medidas de protecção dos filhos" (JO L 48, de 21.02.2003, p. 1).

[17] Na sequência da Decisão do Conselho, catorze dos quinze Estados membros da União Europeia assinaram, em 1 de Abril de 2003, a mencionada Convenção da Haia

A proposta de regulamento da Comissão, após parecer do Comité Económico e Social[18] e aprovação do Parlamento Europeu[19], veio a ser adoptada pelo Conselho, como Regulamento (CE) n.º 2201/2003, em 27 de Novembro de 2003[20-21].

2.2. Objectivo

Tal como outros actos da mesma natureza que o antecederam, o novo Regulamento tem como objectivo fundamental unificar as normas de conflitos de jurisdições, definindo a competência internacional directa dos tribunais dos Estados comunitários, quanto às matérias incluídas no seu âmbito[22], tendo em vista "simplificar as formalidades destinadas ao reconhecimento e à execução das decisões judiciais".

Para efeitos de aplicação do Regulamento, o termo "tribunal" designa todas as autoridades que nos Estados membros têm competência nas matérias abrangidas no seu âmbito de aplicação nos termos do artigo 1.º (cfr. a definição contida no artigo 2.º, n.º 1).

O Regulamento assegura o reconhecimento automático ou *ipso iure* das decisões proferidas em matéria matrimonial e em matéria de responsabilidade parental pelos tribunais de um Estado membro nos demais Estados membros e a execução das decisões em matéria de responsabilidade parental.

Relativamente ao acto que especificamente o antecedeu – o Regulamento (CE) n.º 1347/2000 – este novo Regulamento tem como objectivo alargar o respectivo âmbito de aplicação às questões de responsabilidade

---

(o Reino dos Países Baixos já a tinha assinado em Setembro de 1997). A Convenção entrou em vigor, a nível internacional, em 1 de Janeiro de 2002; vigora actualmente em oito países (Mónaco, República Checa, Eslováquia, Marrocos, Letónia, Estónia, Austrália, Lituânia e Equador); entrará em vigor na Eslovénia em 1 de Fevereiro de 2005.

[18] Parecer de 18 de Setembro de 2002, publicado no JO C 61, de 14.03.2003, p. 76.
[19] Resolução de 20 de Novembro de 2002, publicada no JO C 25, de 29.01.2004, p. 171 (E).
[20] Publicado no JO L 338, de 23.12.2003, p. 1.
[21] No presente trabalho, utiliza-se, de um modo geral, a versão oficial portuguesa do Regulamento. Foi todavia necessário recorrer com frequência a outras versões linguísticas, para melhor apreender o sentido do texto e para corrigir certos lapsos ou insuficiências da versão portuguesa.
[22] O Regulamento regula, exclusivamente, a competência internacional, cabendo, em princípio, ao direito interno a determinação da competência territorial.

parental, independentemente da natureza das relações entre os progenitores, a fim de garantir a igualdade de tratamento de todas as crianças. Por outro lado, o Regulamento abrange matérias de responsabilidade parental, independentemente da eventual conexão com um processo matrimonial.

Em consequência, o Regulamento procede à revogação do Regulamento (CE) n.º 1347/2000 com efeitos a partir da data de aplicação do novo Regulamento.

2.3. *Base jurídica*

O Regulamento foi adoptado com fundamento nos artigos 61.º, alínea c), e 67.º, n.º 1, do Tratado que institui a Comunidade Europeia, na redacção dada pelo Tratado de Amesterdão.

Consequências imediatas da base jurídica adoptada são, por um lado, a aplicação directa e imediata das regras contidas no Regulamento com prevalência relativamente às normas correspondentes de fonte interna e, por outro lado, a competência do Tribunal de Justiça para a interpretação do Regulamento, nos termos dos artigos 68.º e 234.º do Tratado que institui a Comunidade Europeia.

2.4. *Estrutura*

As regras do Regulamento constam de setenta e dois artigos, distribuídos por sete capítulos:

– o capítulo I inclui as regras de delimitação do âmbito material de aplicação do Regulamento (artigo 1.º) e um elenco de definições dos termos e expressões nele utilizados (artigo 2.º [23]);

– o capítulo II contém as regras de competência internacional quanto às matérias abrangidas pelo Regulamento (artigos 3.º a 20.º);

---

[23] Nos diversos números do artigo 2.º, são definidos: "tribunal", "juiz", "Estado membro", "decisão", "Estado membro de origem", "Estado membro de execução", "responsabilidade parental", "titular da responsabilidade parental", "direito de guarda", "direito de visita", "deslocação ou retenção ilícitas de uma criança". Quando utilizados no contexto do Regulamento, tais termos e expressões deverão ser entendidos com o sentido que lhes é atribuído neste artigo 2.º.

– o capítulo III contém o regime do reconhecimento e da execução de decisões (artigos 21.º a 52.º);
– o capítulo IV inclui regras sobre a cooperação entre autoridades centrais em matéria de responsabilidade parental (artigos 53.º a 58.º);
– o capítulo V trata das relações com outros actos – convenções e tratados internacionais de que os Estados membros são parte (artigos 59.º a 63.º);
– os dois últimos capítulos contêm as disposições transitórias (capítulo VI, artigo 64.º) e as disposições finais (capítulo VII, artigos 65.º a 72.º)[24].

O Regulamento inclui ainda seis anexos: os quatro primeiros dizem respeito a modelos de certidões previstas em diversas disposições do Regulamento (certidão referida no artigo 39.º relativa a decisões em matéria matrimonial; certidão referida no artigo 39.º relativa a decisões em matéria de responsabilidade parental; certidão referida no n.º 1 do artigo 41.º relativa a decisões em matéria de direito de visita; certidão referida no n.º 1 do artigo 42.º relativa ao regresso da criança); o anexo V, por sua vez, contém um quadro de correspondência entre as disposições do Regulamento (CE) n.º 2201//2003 e as do Regulamento (CE) n.º 1347/2000; finalmente, o anexo VI é constituído por Declarações apresentadas pela Suécia e pela Finlândia nos termos do n.º 2, alínea a), do artigo 59.º do Regulamento (a propósito da relação entre o Regulamento e uma convenção internacional em vigor nesses países).

3. Delimitação do âmbito de aplicação do Regulamento (CE) n.º 2201/2003

3.1. *Âmbito material de aplicação*

a) *Matéria matrimonial*

Tal como o Regulamento (CE) n.º 1347/2000, o novo Regulamento "é aplicável, independentemente da natureza do tribunal, às matérias civis

---

[24] Diferentemente do que sucedia com o Regulamento de 2000 – que, nos Anexos I a III, incluía listas contendo a indicação dos tribunais perante os quais, em cada país, deviam ser apresentados certos pedidos e recursos, bem como a indicação dos tipos de recursos admitidos – o novo Regulamento impõe aos Estados membros um dever de comunicação à Comissão de tais listas de tribunais e de recursos (cfr. artigo 68.º).

relativas ao divórcio, à separação de pessoas e bens e à anulação do casamento" (artigo 1.º, n.º 1, alínea a)).

Continuam a mencionar-se apenas acções relativas ao casamento, pelo que o Regulamento não se aplica às uniões de facto ou registadas que em diversas ordens jurídicas são sujeitas a um regime semelhante ao do casamento.

Por outro lado, embora o texto do Regulamento o não diga expressamente, estão excluídas do seu âmbito de aplicação matérias como "as causas do divórcio, os efeitos patrimoniais do casamento ou outras eventuais medidas acessórias" (cfr. segunda parte do considerando (8)). Assim, ficam de fora da disciplina uniforme matérias como a culpa dos cônjuges, as consequências de natureza patrimonial da dissolução do casamento, a eventual responsabilidade civil, o direito ao nome.

Fora do âmbito deste Regulamento estão igualmente as obrigações alimentares, sujeitas ao Regulamento (CE) n.º 44/2001 (cfr. artigo 5.º, n.º 2).

Do mesmo modo que no domínio do Regulamento de 2000, os processos relativos à matéria matrimonial (tal como, de resto, os processos relativos à responsabilidade parental) podem ser processos judiciais ou não judiciais, desde que as autoridades em causa sejam oficialmente reconhecidas e competentes nessas matérias[25]: por exemplo, processos de jurisdição voluntária ou arbitral, processos conduzidos por autoridades administrativas.

São todavia excluídos os processos puramente religiosos (sem prejuízo do que se dispõe a propósito das decisões proferidas no âmbito dos tratados com a Santa Sé – artigo 63.º).

b) *Matéria de responsabilidade parental*

As mais significativas alterações do Regulamento (CE) n.º 2201/ /2003 dizem respeito à matéria de responsabilidade parental.

O Regulamento "é aplicável, independentemente da natureza do tribunal, às matérias civis relativas à atribuição, ao exercício, à delegação, à limitação ou à cessação da responsabilidade parental" (artigo 1.º, n.º 1, alínea b)). Tais matérias referem-se, nomeadamente: ao direito de guarda

---

[25] O termo "tribunal" inclui, como se viu, todas essas autoridades (cfr. o n.º 1 do artigo 2.º).

e ao direito de visita; à tutela, à curatela e a outros institutos análogos; à designação e às funções de qualquer pessoa ou organismo encarregado da pessoa ou dos bens da criança e da sua representação ou assistência; à colocação da criança ao cuidado de uma família de acolhimento ou de uma instituição; às medidas de protecção da criança relacionadas com a administração, conservação ou disposição dos seus bens (artigo 1.º, n.º 2, alíneas a) a e)).

Neste domínio, o texto do Regulamento procede ainda de modo expresso a uma delimitação negativa do seu âmbito de aplicação. Na verdade, o artigo 1.º determina que o Regulamento não é aplicável: ao estabelecimento ou impugnação da filiação; às decisões em matéria de adopção, incluindo as medidas preparatórias, bem como à anulação e revogação da adopção; aos nomes e apelidos da criança; à emancipação; aos alimentos; aos *trusts* e às sucessões; às medidas tomadas na sequência de infracções penais cometidas por crianças (artigo 1.º, n.º 3, alíneas a) a g)).

O Regulamento (CE) n.º 1347/2000 abrangia os "processos cíveis relativos ao poder paternal em relação aos filhos comuns do casal por ocasião das acções matrimoniais" incluídas no seu âmbito de aplicação. Exigia-se então uma relação de dependência ou conexão entre as acções matrimoniais e as acções relativas ao poder paternal. O Regulamento dizia respeito a filhos biológicos de ambos os cônjuges ou a filhos adoptados por ambos, não podendo portanto aplicar-se relativamente a filhos de apenas um dos cônjuges.

Diferentemente – repete-se –, o novo Regulamento tem como objecto as questões de responsabilidade parental, independentemente da natureza das relações entre os progenitores (unidos pelo casamento ou não), e independentemente também da eventual conexão com um processo matrimonial.

3.2. *Âmbito espacial de aplicação*

Tal como já tinha acontecido com o Regulamento (CE) n.º 1347//2000, o Reino Unido e a Irlanda, nos termos do artigo 3.º do Protocolo anexo ao Tratado de Amesterdão, manifestaram o desejo de participar na aprovação e aplicação do Regulamento (CE) n.º 2201/2003, enquanto a Dinamarca não participou na sua aprovação (cfr. considerandos (30) e (31)).

Nestes termos, o Regulamento é aplicável por tribunais dos Estados membros da União Europeia, com excepção da Dinamarca (cfr. artigo 2.º,

n.º 3, que, para efeitos do disposto no Regulamento, define "Estado membro" como "qualquer Estado membro, com excepção da Dinamarca").
Aplica-se a litígios emergentes de relações internacionais. O elemento de estraneidade relevante não é definido; não tem de traduzir necessariamente a ligação do litígio a um Estado membro da União Europeia[26].

De todo o modo, o Regulamento estabelece limites à aplicabilidade territorial das regras sobre competência internacional em função de determinados critérios de conexão. Em matéria de competência para as acções matrimoniais, o Regulamento atribui especial relevância à ligação do litígio a um Estado membro da União Europeia, através da localização, num Estado membro, da *residência habitual* ou da *nacionalidade* (ou do "*domicílio*", no caso do Reino Unido e da Irlanda) do cônjuge requerido – o cônjuge contra quem se propõe a acção de divórcio, separação ou anulação (cfr. artigos 3.º e 6.º). Quanto às acções de responsabilidade parental, reconhece-se importância à localização, num Estado membro, da *residência habitual* da criança (artigos 8.º a 10.º) ou mesmo do seu *paradeiro* (artigo 13.º); mas a competência do tribunal de um Estado membro pode resultar ainda da "extensão da competência" para uma acção matrimonial, e, consequentemente, da localização, nesse Estado membro, de algum dos factores determinantes dessa outra competência (cfr. artigo 12.º).

Se, em matéria matrimonial, não forem competentes os tribunais de um Estado membro nos termos dos artigos 3.º, 4.º e 5.º do Regulamento, e se, em matéria de responsabilidade parental, não forem competentes os tribunais de um Estado membro nos termos dos artigos 8.º a 13.º, a competência será, em cada Estado membro, regulada pelas suas próprias regras de conflitos de jurisdições (respectivamente, artigos 7.º e 14.º).

3.3. *Âmbito temporal de aplicação*

Nos termos do artigo 72.º, o Regulamento entrará em vigor em 1 de Agosto de 2004, mas só será aplicável a partir de 1 de Março de 2005, com excepção das disposições que estabelecem deveres de informação a cargo dos Estados membros, que são aplicáveis a partir de 1 de Agosto de 2004.

O artigo 64.º trata dos problemas de direito transitório. Em princípio, as disposições do Regulamento regem apenas as acções judiciais propos-

---

[26] As regras contidas no Regulamento constituem assim o direito comum da competência internacional dos Estados membros dentro do âmbito de matérias por ele abrangido.

tas, os actos autênticos recebidos e os acordos celebrados posteriormente à data em que o Regulamento é aplicável (n.° 1).

No entanto, seguindo uma técnica que já vem da Convenção de Bruxelas (artigo 54.°) e que foi também adoptada, para o que aqui releva, no Regulamento (CE) n.° 1347/2000 (artigo 42.°), o Regulamento tem em conta a vigência anterior de normas sobre a competência jurisdicional conformes com as que dele constam e permite o reconhecimento e a execução de decisões proferidas em processos instaurados antes da data em que ele é aplicável, nos seguintes termos:

– de decisões proferidas após a data de aplicação do presente regulamento, na sequência de processos instaurados antes dessa data, mas após a data de entrada em vigor do Regulamento (CE) n.° 1347/2000, se a competência do tribunal se fundava em normas conformes com as previstas no capítulo II do presente regulamento, no Regulamento (CE) n.° 1347/2000 ou numa convenção em vigor entre o Estado membro de origem e o Estado membro requerido aquando da instauração do processo (n.° 2);

– de decisões proferidas antes da data de aplicação do presente regulamento, na sequência de processos intentados após a data de entrada em vigor do Regulamento (CE) n.° 1347/2000, desde que se trate de divórcio, de separação ou de anulação do casamento ou de uma decisão relativa à responsabilidade parental de filhos comuns no âmbito de uma acção de natureza matrimonial (n.° 3);

– de decisões proferidas antes da data de aplicação do presente regulamento, mas após a data de entrada em vigor do Regulamento (CE) n.° 1347/2000, na sequência de processos instaurados antes da data de entrada em vigor do Regulamento (CE) n.° 1347/2000, desde que se trate de uma decisão de divórcio, de separação, de anulação do casamento ou relativa à responsabilidade parental de filhos comuns no âmbito de uma acção de natureza matrimonial, e se a competência do tribunal se fundava em regras conformes com as previstas no capítulo II do presente regulamento, no Regulamento (CE) n.° 1347/2000 ou numa convenção em vigor entre o Estado membro de origem e o Estado membro requerido aquando da instauração do processo (n.° 4).

4. Competência

4.1. *Critérios atributivos de competência internacional*

Como resulta do que ficou dito, o Regulamento (CE) n.º 2201/2003 filia-se na tradição que pode considerar-se iniciada com a Convenção de Bruxelas: grande parte das noções e muitas das técnicas jurídicas utilizadas são comuns aos diversos actos comunitários até hoje adoptados na sequência da Convenção de Bruxelas. Não é assim possível prescindir da análise da jurisprudência do Tribunal de Justiça sobre a Convenção de Bruxelas para a interpretação do texto do Regulamento.

Por outro lado, como as soluções adoptadas em matéria matrimonial são ainda, em muitos aspectos, as que constavam da "Convenção relativa à competência, ao reconhecimento e à execução de decisões em matéria matrimonial", de 28 de Maio de 1998, há que atender ao "Relatório explicativo", elaborado, por ocasião da celebração dessa Convenção, pela Professora Alegría Borrás, da Universidade de Barcelona[27].

a) *Competência em matéria de divórcio, separação de pessoas e bens e anulação do casamento*

Nesta matéria, o Regulamento (CE) n.º 2201/2003 retoma as soluções adoptadas pelo acto que o antecedeu.

Como se adiantou já, os critérios a que o Regulamento se atém são fundamentalmente a *residência habitual* e a *nacionalidade* de um ou de ambos os cônjuges (ou o "*domicílio*", no caso do Reino Unido e da Irlanda).

Assim, nos termos do artigo 3.º, n.º 1, alínea a), são competentes os tribunais do Estado membro em cujo território se situe:

– a residência habitual dos cônjuges, ou
– a última residência habitual dos cônjuges, na medida em que um deles ainda aí resida, ou
– a residência habitual do requerido, ou

---

[27] Aprovado pelo Conselho, em 28 de Maio de 1998, e publicado no JO C 221, de 16.07.1998, p. 27 (adiante designado "Relatório explicativo da Convenção 'Bruxelas II'", "Relatório explicativo da Convenção de 1998" ou, simplesmente, "Relatório explicativo").

— em caso de pedido conjunto, a residência habitual de qualquer dos cônjuges, ou

— a residência habitual do requerente, se este aí tiver residido pelo menos no ano imediatamente anterior à data do pedido, ou

— a residência habitual do requerente, se este aí tiver residido pelo menos nos seis meses imediatamente anteriores à data do pedido e se for nacional do Estado membro em questão, ou, no caso do Reino Unido e da Irlanda, se aí tiver o seu "domicílio".

Nos termos do artigo 3.º, n.º 1, alínea b), são ainda competentes os tribunais do Estado membro da *nacionalidade* de ambos os cônjuges ou, no caso do Reino Unido e da Irlanda, do *"domicílio"* comum.

Recorde-se, antes de mais, que, para efeitos de aplicação do Regulamento, "tribunal" significa qualquer autoridade que nos Estados membros tem competência nas matérias abrangidas no respectivo âmbito de aplicação, tal como definido no artigo 1.º (cfr. artigo 2.º, n.º 1).

Não sendo o conceito de "residência habitual" definido no Regulamento[28], deve interpretar-se autonomamente, de acordo com a jurisprudência do TJCE (se bem que em domínios diferentes do da Convenção de Bruxelas de 1968), como "o local onde o interessado fixou, com a vontade de lhe conferir um carácter estável, o centro permanente ou habitual dos seus interesses, entendendo-se que, para efeitos de determinação dessa residência, é necessário ter em conta todos os elementos de facto dela constitutivos"[29]. O conceito de "domicílio" deve entender-se na acepção

---

[28] No "Relatório explicativo da Convenção 'Bruxelas II'", n.º 32, informa-se que, embora tenha sido debatida, durante as negociações da Convenção de 1998, a possibilidade de incluir no texto uma norma que fixasse o lugar da "residência habitual", à semelhança do que faz o artigo 52.º da Convenção de Bruxelas de 1968 em relação ao "domicílio", a opção final foi no sentido de não regular a matéria.

[29] Cfr "Relatório explicativo", loc. cit.. A jurisprudência do TJCE tem atribuído sentido equivalente, sucessivamente, às noções de *"residência"* [acórdãos *Angenieux* (proc. 13/73), de 12 de Julho de 1973 (segurança social); *Schäflein* (proc. C-284/87), de 14 de Julho de 1988 (ex-funcionários); *Reibold* (proc. C-216/89), de 13 de Novembro de 1990 (segurança social)]; de *"residência normal"* [acórdão *Ryborg* (proc. C-297/89), de 23 de Abril de 1991 (fiscalidade)]; e de *"residência habitual"* [acórdãos *Benzler* (proc. T-63/91), de 10 de Julho de 1992 (estatuto dos funcionários); *Pedro Magdalena Fernandez* (procs. T-90/92 e C-452/93), de 28 de Setembro de 1993, e de 15 de Setembro de 1994 (estatuto dos funcionários); *Paraskevas Louloudakis* (proc. C-262/99), de 12 de Julho de 2001 (fiscalidade)].

que lhe é dada pelos sistemas jurídicos do Reino Unido e da Irlanda, como expressamente refere o artigo 3.º, n.º 2.

Estes são os critérios de competência que podem designar-se gerais. Trata-se de critérios alternativos, uma vez que não existe hierarquização entre eles. A técnica utilizada possibilita ao requerente escolher a solução que mais convenha aos seus interesses. Por esta via, o Regulamento permite o *forum shopping* e favorece a dissolução do casamento. Ao mesmo tempo, a técnica seguida permite pôr em dúvida a própria utilidade destas regras de competência directa e questionar se não teria sido suficiente, do ponto de vista da construção de um espaço judiciário comum, neutralizar as eventuais regras nacionais exorbitantes, através de um controlo da competência indirecta[30].

Estabelece-se ainda que o tribunal em que o processo estiver pendente nos termos do artigo 3.º tem competência para examinar o pedido reconvencional (artigo 4.º). Por outro lado, determina-se que o tribunal do Estado membro que tiver proferido uma decisão de separação tem competência para converter a separação em divórcio, desde que a lei desse Estado membro o admita (artigo 5.º).

Os critérios de competência constantes dos artigos 3.º, 4.º e 5.º têm carácter "exclusivo", segundo a qualificação que lhes é dada pelo próprio Regulamento. Diz-se no artigo 6.º que o cônjuge que tenha residência habitual no território de um Estado membro ou que seja nacional de um Estado membro ou, no caso do Reino Unido ou da Irlanda, tenha o seu "domicílio" no território de um desses Estados membros só por força das normas de competência do Regulamento pode ser demandado perante os tribunais de um outro Estado membro.

A competência "exclusiva", tal como é entendida, por exemplo, na Convenção de Bruxelas ou no Regulamento (CE) n.º 44/2001, é inderrogável e tem incidência sobre o reconhecimento e a execução – o desrespeito das regras que estabelecem "competências exclusivas" é fundamento de recusa de reconhecimento das decisões proferidas (cfr. artigo 28.º, primeiro parágrafo, da Convenção de Bruxelas e artigo 35.º, n.º 1, do Regulamento (CE) n.º 44/2001).

Ora, não é este o sentido das normas do Regulamento em apreciação; não há qualquer foro que possa considerar-se "exclusivo" relativamente aos outros. O artigo 6.º significa que só os critérios de competência enu-

---

[30] Sobre esta questão, cfr. Bertrand ANCEL, Horatia MUIR WATT, "La désunion européenne: le Règlement dit 'Bruxelles II'", cit., p. 415 ss.

merados nos artigos 3.º, 4.º e 5.º podem ser utilizados para demandar um cônjuge que resida no território de um Estado membro ou que tenha a nacionalidade de um Estado membro (ou o "domicílio", no caso do Reino Unido ou da Irlanda)[31]. Pretende-se deste modo delimitar o âmbito de aplicação no espaço do próprio Regulamento, excluindo a aplicação dos critérios internos de competência quanto às matérias abrangidas pelo Regulamento. É afinal todo o sistema de competência definido pelo Regulamento que se declara "exclusivo" em relação às normas sobre competência jurisdicional vigentes em cada Estado membro.

Deste carácter "exclusivo" ou "limitativo" dos critérios de competência previstos pelo Regulamento decorre também o seu carácter imperativo. Daí que não seja admitida a "extensão de competência" – nem a atribuição de competência por convenção das partes, nem a extensão tácita de competência através da comparência do requerido perante o tribunal de um Estado membro em que a acção tivesse sido proposta, sem para tal ser em princípio competente (como se admite, respectivamente, nos artigos 17.º e 18.º da Convenção de Bruxelas e nos artigos 23.º e 24.º do Regulamento em matéria civil e comercial).

Para o caso de os critérios constantes dos artigos 3.º, 4.º e 5.º não permitirem atribuir competência a um tribunal de um Estado membro, o artigo 7.º prevê "competências residuais", remetendo para as regras em vigor em cada Estado membro.

b) *Competência em matéria de responsabilidade parental*

A novidade principal deste Regulamento reside, como se disse anteriormente, na definição de competência jurisdicional para as questões de responsabilidade parental[32], desligada dos processos matrimoniais.

---

[31] No mesmo sentido, perante o texto correspondente do artigo 7.º do Regulamento (CE) n.º 1347/2000, cfr.: Hélène GAUDEMET-TALLON, "Le Règlement n..º 1347/2000 du Conseil du 29 mai 2000...", cit., p. 395; Andrea BONOMI, "Il regolamento comunitario sulla competenza e sul riconoscimento in materia matrimoniale e di potestà dei genitori", cit., p. 327 s; Luís LIMA PINHEIRO, *Direito internacional privado*, vol. III, cit., p. 165.

[32] Recorde-se a delimitação do âmbito material de aplicação do Regulamento, que, quanto a este ponto, consta do artigo 1.º, n.º 1, alínea b), e n.ºs 2 e 3 (analisada *supra*, 3.1.b)) e a definição de "responsabilidade parental" que é dada no artigo 2.º, n.º 7 ("o conjunto dos direitos e obrigações conferidos a uma pessoa singular ou colectiva por decisão judicial, por atribuição de pleno direito ou por acordo em vigor relativo à pessoa ou aos bens de uma criança. O termo compreende, nomeadamente, o direito de guarda e o direito de visita").

i) *Regra geral*

Segundo a regra geral fixada no artigo 8.º, são competentes os tribunais do Estado membro onde a criança tem a sua *residência habitual* à data em que o processo é instaurado.

A disposição inspira-se na solução consagrada no artigo 5.º da Convenção da Haia de 1996 sobre protecção de menores[33].

ii) *Regras especiais*

O Regulamento prevê desvios a esta regra geral.

Em primeiro lugar, nos termos do n.º 1 do artigo 9.º, quando uma criança se desloca legalmente de um Estado membro para outro e passa a ter a sua residência habitual neste último, os tribunais do Estado membro da *anterior residência habitual* mantêm a sua competência, durante um período de três meses após a deslocação, para alterarem uma decisão, sobre o direito de visita, proferida nesse Estado membro antes da deslocação da criança, desde que o titular do direito de visita, por força dessa decisão, continue a residir habitualmente no Estado membro da anterior residência habitual da criança. Só assim não será se o titular do direito de visita, por força dessa decisão anterior, tiver aceitado a competência dos tribunais do Estado membro da nova residência habitual da criança, participando no processo instaurado nesses tribunais, sem contestar a competência (n.º 2 do mesmo artigo).

Em segundo lugar, dispõe o artigo 10.º (sob a epígrafe "competência em caso de rapto da criança") que, em caso de deslocação ou retenção ilí-

---

[33] Um comentário da Convenção da Haia de 1996 pode ver-se em Linda SILBERMAN, "The 1996 Convention on Jurisdiction, Applicable Law, Recognition, Enforcement and Co-operation in Respect of Parental Responsibility and Measures for the Protection of Children: A Perspective from the United States", *Private Law in the International Arena. From National Conflict Rules Towards Harmonization and Unification. Liber Amicorum Kurt Siehr* (ed. Jürgen Basedow, Isaak Meier, Anton K. Schnyder, Talia Einhorn, Daniel Girsberger), The Hague, 2000, p. 703 ss. Consulte-se ainda o Relatório sobre a Convenção, da autoria do Professor Paul Lagarde, *Explanatory Report on the Hague Convention on Jurisdiction, Applicable Law, Recognition, Enforcement and Co-operation in Respect of Parental Responsibility and Measures for the Protection of Children (Rapport explicatif de la convention concernant la compétence, la loi applicable, la reconnaissance, l'exécution et la coopération en matière de responsabilité parentale et de mesures de protection des enfants)*, disponível em www.hcch.net.. Para uma análise comparativa entre a Convenção da Haia de 1996 e a Convenção "Bruxelas II", cfr. Mathilde SUMAMPOUW, "Parental Responsibility under Brussels II", *Private Law in the International Arena*, cit., p. 729 ss.

citas de uma criança, continuam a ser competentes os tribunais do Estado membro onde a criança tinha a sua *residência habitual imediatamente antes da deslocação ou retenção ilícitas*. Essa competência só cessa quando a criança passar a ter a sua residência habitual noutro Estado membro, desde que o titular do direito de guarda venha a consentir na deslocação ou retenção (alínea a)), ou desde que a criança tenha estado a residir no novo Estado membro durante, pelo menos, um ano, se a criança se encontrar integrada no novo ambiente e se, em síntese, não existir qualquer decisão que determine o regresso da criança (alínea b)).

Quanto a este ponto, o Regulamento inspira-se na Convenção sobre os aspectos civis do rapto internacional de crianças concluída na Haia em 25 de Outubro de 1980[34]. Aliás, o artigo 11.º do Regulamento estabelece regras a seguir pelas autoridades dos Estados membros quando lhes seja pedida, pelo titular do direito de guarda, uma decisão, fundamentada nessa Convenção da Haia, a fim de obter o regresso de uma criança que tenha sido ilicitamente deslocada ou retida num Estado membro que não o da sua residência habitual imediatamente antes da deslocação ou retenção ilícitas.

O Regulamento prevê ainda, em matéria de responsabilidade parental, a *"extensão de competência"* em dois casos.

Antes de mais, admite-se a extensão da competência fixada para as acções matrimoniais. Tendo em conta o disposto no artigo 12.º, n.º 1, os tribunais do Estado membro que, nos termos do Regulamento, sejam competentes para decidir de um pedido de divórcio, de separação ou de anulação do casamento são competentes para decidir de qualquer questão relativa à responsabilidade parental, relacionada com esse pedido, quando pelo menos um dos cônjuges exerça a responsabilidade parental em relação à criança e a competência desses tribunais tenha sido aceite pelos cônjuges ou pelos titulares da responsabilidade parental à data em que o processo é instaurado e seja exercida no superior interesse da criança.

---

[34] Em Portugal, a Convenção da Haia de 25 de Outubro de 1980 sobre os aspectos civis do rapto internacional de crianças encontra-se publicada em anexo ao Decreto n.º 33//83, de 11 de Maio, que a aprovou para ratificação (*Diário da República*, I Série, n.º 108, de 11 de Maio de 1983). Entrou em vigor no nosso país em 1 de Dezembro de 1983 (cfr. *Diário da República*, I Série, n.º 126, de 31 de Maio de 1984). Para uma exposição de conjunto sobre essa Convenção, veja-se Elisa PÉREZ VERA, "El Convenio de la Haya sobre la sustracción internacional de menores, vinte años despues", *Estudos Magalhães Collaço*, cit., vol. I, 2002, p. 561 ss (e a bibliografia aí citada, na nota 1).

Estabelece-se assim uma relação de dependência entre a acção matrimonial e a acção de responsabilidade parental, num vestígio da solução que constituía a regra perante o Regulamento (CE) n.º 1347/2000 (artigo 3.º). Nos termos do novo sistema, todavia, prescinde-se do lugar da residência habitual da criança, uma vez que este é agora o critério geral que define a competência dos tribunais.

Outro caso de "extensão de competência" é o que se encontra previsto no artigo 12.º, n.º 3: os tribunais de um Estado membro são igualmente competentes em matéria de responsabilidade parental, em processos que não os referidos no n.º 1 (processos que não de divórcio, separação ou anulação do casamento), quando a criança tenha uma ligação particular com esse Estado membro (porque, por exemplo, é nacional desse Estado ou um dos titulares da responsabilidade parental tem aí residência habitual) e a competência tenha sido aceite explicitamente por todas as partes no processo e seja exercida no superior interesse da criança.

De acordo com a exposição de motivos que acompanhava a Proposta de Regulamento apresentada pela Comissão, "esta solução tem em vista favorecer um acordo entre as partes, embora incida apenas sobre o tribunal a que a acção será submetida, dando igualmente uma certa margem de manobra aos titulares da responsabilidade parental, enquanto o tribunal perante o qual a questão é suscitada deve estabelecer que se declara competente no superior interesse da criança".

No artigo 13.º estabelece-se a competência dos tribunais do Estado membro em que a criança se encontra (*residência ocasional* ou *paradeiro*) quando não puder ser determinada a sua residência habitual, nem for possível determinar a competência com base no artigo 12.º (cfr. n.º 1), e quando se tratar de crianças refugiadas ou internacionalmente deslocadas (cfr. n.º 2).

Tal como no âmbito da competência em matéria matrimonial, também aqui se admitem "competências residuais". Se os critérios constantes dos artigos 8.º a 13.º não permitirem atribuir competência a um tribunal de um Estado membro, a competência será, em cada Estado membro, regulada pela lei desse Estado (artigo 14.º).

Finalmente, refira-se uma significativa inovação do Regulamento em análise.

Apesar de o sistema de regras incluídas nesta secção ter em vista determinar a competência do tribunal mais adequado para prosseguir o "superior interesse da criança", teve-se em conta que, em casos excepcionais, poderá existir um tribunal melhor colocado para conhecer da questão. Por isso, o artigo 15.º admite que, excepcionalmente, os tribunais de um Estado membro, competentes por força das regras antecedentes, possam suspender a instância ou transferir o processo para um tribunal de outro Estado membro com o qual a criança tenha uma ligação particular, se considerarem que esse outro tribunal se encontra melhor colocado para conhecer de todos ou de alguns aspectos do processo e se tal servir o superior interesse da criança (n.º 1). O mecanismo pode ser desencadeado a pedido de uma das partes, por iniciativa do tribunal, ou a pedido do tribunal de outro Estado membro com o qual a criança tenha uma ligação particular (n.º 2).

c) *Competência relativamente a medidas provisórias ou cautelares*

À semelhança do que acontecia com o Regulamento anterior, o novo Regulamento admite que, em caso de urgência, a simples presença das pessoas e dos bens em certo Estado membro possa fundar a competência dos seus tribunais para tomarem medidas provisórias ou cautelares, previstas na respectiva legislação.

Nos termos do n.º 1 do artigo 20.º, em caso de urgência, o disposto no presente regulamento não impede que os tribunais de um Estado membro tomem as medidas provisórias ou cautelares relativas às pessoas ou bens presentes nesse Estado membro, e previstas na sua legislação, mesmo que, por força do presente regulamento, um tribunal de outro Estado membro seja competente para conhecer da questão de fundo.

De acordo com o n.º 2 do mesmo artigo, tais medidas deixam de produzir efeitos quando o tribunal do Estado membro competente para conhecer da questão de fundo por força do Regulamento tiver tomado as medidas que considerar adequadas.

Tendo em conta o regime estabelecido, o elemento de conexão "lugar da situação das pessoas ou bens" apenas tem relevância em caso de urgência e se tal for necessário para a tutela eficaz do direito ou interesse do requerente. Não são portanto afastadas as normas de competência relevantes para a acção principal. Além do mais, tais providências só produzem efeitos no território do Estado onde foram decretadas.

4.2. *Regime processual das regras de competência*

Na secção 3 do capítulo II do Regulamento, dedicada à matéria da competência, contêm-se algumas disposições relevantes para definir o que pode designar-se o regime processual das regras de competência.

a) *Data da instauração do processo*

O artigo 16.º começa por definir o momento relevante para se considerar que "a acção está submetida à apreciação de um tribunal" ou que "o processo foi instaurado perante um tribunal". Esta disposição do novo Regulamento (que não existia na Convenção de Bruxelas de 1968, nem na Convenção de "Bruxelas II"), corresponde ao artigo 11.º, n.º 4, do Regulamento que o precedeu e ao artigo 30.º do Regulamento em matéria civil e comercial.

Considera-se que o processo foi instaurado:
– na data de apresentação ao tribunal do acto introdutório da instância, ou acto equivalente, desde que o requerente não tenha posteriormente deixado de tomar as medidas que lhe incumbem para que seja feita a citação ou a notificação ao requerido; ou
– se o acto tiver de ser notificado antes de ser apresentado ao tribunal, na data em que é recebido pela autoridade responsável pela notificação, desde que o requerente não tenha posteriormente deixado de tomar as medidas que lhe incumbem para que o acto seja apresentado a tribunal.

b) *Verificação da competência*

Atento o carácter imperativo das regras sobre competência, o tribunal deve verificar a sua competência, ou seja, deve verificar se as regras do Regulamento foram respeitadas.

Nos termos do artigo 17.º, o tribunal incompetente tem competência para declarar a sua incompetência: o tribunal de um Estado membro em que tenha sido instaurado um processo para o qual não tenha competência nos termos do presente regulamento e para o qual o tribunal de outro Estado membro seja competente por força do regulamento deve declarar-se oficiosamente incompetente.

c) *Verificação da admissibilidade*

Em certos casos, o tribunal tem de proceder a um controlo adicional, de modo a garantir a citação e oportunidade de defesa do demandado, quando este tenha residência habitual num Estado (quer se trate de um Estado membro quer se trate de um Estado que não seja membro da União Europeia) que não o Estado membro em que foi instaurado o processo – no caso, por exemplo, de o processo ter sido instaurado no Estado da última residência habitual dos cônjuges, no Estado da residência habitual do requerente, no Estado da nacionalidade de ambos os cônjuges.

Assim, quando a petição inicial tenha sido transmitida para outro Estado para efeitos de citação ou de notificação e o demandado não tenha comparecido, o juiz deve suspender a instância até se confirmar que a citação foi feita de acordo com as regras do Estado onde se encontra o demandado ou que a petição foi efectivamente recebida.

Trata-se de uma medida que tem em vista prevenir uma eventual recusa de reconhecimento por falta de citação.

Vejamos como se concretiza tal medida no texto do Regulamento.

Nos termos do artigo 18.º, n.º 1, se o requerido tiver a sua residência habitual num Estado diferente do Estado membro em que foi instaurado o processo e não comparecer, o tribunal competente deve suspender a instância enquanto não se verificar que o requerido foi devidamente citado ou notificado do acto introdutório da instância, ou do acto equivalente, a tempo de deduzir a sua defesa, ou enquanto não se estabelecer que foram efectuadas todas as diligências nesse sentido.

Os n.ºs 2 e 3 do mesmo artigo indicam os actos normativos a que deve recorrer-se para efectuar a regular transmissão do acto introdutório da instância ou do acto equivalente.

Serão aplicáveis, conforme os casos, os seguintes actos em matéria de citação e notificação no estrangeiro de actos judiciais:

– o Regulamento (CE) n.º 1348/2000, de 29 de Maio, sobre a citação e a notificação de actos judiciais e extrajudiciais em matéria civil e comercial nos Estados membros[35], se a transmissão deve fazer-se de um Estado membro para outro Estado membro;

– a Convenção da Haia de 15 de Novembro de 1965 sobre a citação e a notificação no estrangeiro de actos judiciais e extrajudi-

---

[35] Publicado no JO L 160, de 30.06.2000, p. 37.

ciais em matéria civil e comercial[36], se não for aplicável o Regulamento (CE) n.º 1348/2000 e o acto tiver de ser enviado para o estrangeiro em aplicação de tal convenção.

d) *Litispendência e acções dependentes*

A multiplicidade de critérios alternativos de competência utilizados pelo Regulamento, sobretudo em matéria matrimonial, pode dar origem a situações de "litispendência" e de "falsa litispendência"[37].

Na Convenção de Bruxelas de 1968 e no Regulamento em matéria civil e comercial, prevêem-se e disciplinam-se, por um lado, a "litispendência" e, por outro lado, a "conexão".

A noção de litispendência reporta-se à situação em que "acções com o mesmo pedido e a mesma causa de pedir e entre as mesmas partes forem submetidas à apreciação de tribunais de diferentes Estados membros". Nos termos do artigo 21.º da Convenção de Bruxelas e do artigo 27.º do Regulamento (CE) n.º 44/2001, o tribunal a que a acção foi submetida em segundo lugar suspende oficiosamente a instância até que seja estabelecida a competência do tribunal a que a acção foi submetida em primeiro lugar e, quando estiver estabelecida a competência do tribunal a que a acção foi submetida em primeiro lugar, o tribunal a que a acção foi submetida em segundo lugar declara-se incompetente em favor daquele.

Por sua vez, a noção de "acções conexas" diz respeito às "acções ligadas entre si por um nexo tão estreito que haja interesse em que sejam instruídas e julgadas simultaneamente para evitar soluções que poderiam ser inconciliáveis se as causas fossem julgadas separadamente" (cfr. artigo 22.º, n.º 3, da Convenção de Bruxelas e artigo 28.º, n.º 3, do Regulamento (CE) n.º 44/2001).

---

[36] Em Portugal, a Convenção da Haia de 15 de Novembro de 1965 sobre a citação e a notificação no estrangeiro de actos judiciais e extrajudiciais em matéria civil e comercial encontra-se publicada em anexo ao Decreto-Lei n.º 210/71, de 18 de Maio, que a aprovou para ratificação (*Diário do Governo*, I Série, n.º 116, de 18 de Maio de 1971). Entrou em vigor no nosso país em 25 de Fevereiro de 1974 (cfr. *Diário do Governo*, I Série, n.º 20, de 24 de Janeiro de 1974).

[37] A expressão "falsa litispendência" é utilizada no "Relatório explicativo da Convenção de 1998", n.º 54, para designar as situações de "dependência" ou de "ligação" entre acções que não têm o mesmo pedido nem a mesma causa de pedir, mas que, como adiante se verá, dizem respeito ao mesmo casamento.

Em termos gerais, e prescindindo agora de algumas diferenças de pormenor entre a Convenção de Bruxelas de 1968 e o Regulamento em matéria civil e comercial, quando acções conexas estiverem pendentes em tribunais de diferentes Estados membros, o tribunal a que a acção foi submetida em segundo lugar pode suspender a instância ou, em certas condições, declarar-se incompetente a pedido de uma das partes (cfr. n.ºs 1 e 2 das mesmas disposições[38]).

Quer a Convenção de 1998 (Convenção "Bruxelas II"), quer os Regulamentos (CE) n.ºs 1347/2000 e 2201/2003 deixaram de tratar de "litispendência e conexão", passando a referir-se a *litispendência e acções dependentes*.

Em matéria matrimonial, o Regulamento (CE) n.º 2201/2003 não contempla a hipótese clássica de litispendência, que se encontrava prevista no n.º 1 do artigo 11.º, tanto da Convenção de 1998 como do Regulamento (CE) n.º 1347/2000 ("acções com o mesmo pedido, a mesma causa de pedir e entre as mesmas partes [...] instauradas em tribunais de Estados membros diferentes"). Na verdade, o n.º 1 do artigo 19.º do novo Regulamento refere-se agora a situações de *falsa litispendência*, repetindo o texto do n.º 2 do artigo 11.º contido na Convenção de 1998 e no Regulamento de 2000.

Assim, "quando processos de divórcio, separação ou anulação do casamento *entre as mesmas partes* são instaurados em tribunais de Estados membros diferentes, o tribunal em que o processo foi instaurado em segundo lugar suspende oficiosamente a instância até que seja estabelecida a competência do tribunal em que o processo foi instaurado em primeiro lugar".

O texto da disposição permite abranger *acções que não têm o mesmo pedido nem a mesma causa de pedir*, mas que dizem respeito ao *mesmo casamento*: uma acção de divórcio e uma acção de separação de pessoas e bens; uma acção de divórcio e uma acção de anulação do casamento. Pretende-se "evitar soluções que poderiam ser inconciliáveis se as causas

---

[38] No n.º 1 do artigo 28.º do Regulamento (CE) n.º 44/2001 eliminou-se a exigência, constante da norma correspondente da Convenção, de que as acções conexas estivessem pendentes em 1.ª instância; no n.º 2 do mesmo artigo 28.º do Regulamento, respeitante exclusivamente a acções conexas pendentes em 1.ª instância, passou a exigir-se, como condição para a declaração de incompetência do tribunal a que a acção foi submetida em segundo lugar, que a lei do tribunal a que a acção foi submetida em primeiro lugar permita a "apensação das acções em questão".

fossem julgadas separadamente", tal como no caso das "acções conexas", de que trata o Regulamento em matéria civil e comercial.

Em matéria de responsabilidade parental, o n.º 2 do artigo 19.º contempla situações de *autêntica litispendência*: "quando são instauradas em tribunais de Estados membros diferentes acções relativas à responsabilidade parental em relação *à mesma criança*, que tenham o *mesmo pedido* e a *mesma causa de pedir*, o tribunal em que o processo foi instaurado em segundo lugar suspende oficiosamente a instância até que seja estabelecida a competência do tribunal em que o processo foi instaurado em primeiro lugar".

A relevância atribuída à litispendência e às acções dependentes segue as regras da Convenção de Bruxelas e do Regulamento em matéria civil e comercial sobre a litispendência: o tribunal a que a acção foi submetida em segundo lugar suspende oficiosamente a instância até que seja estabelecida a competência do tribunal a que a acção foi submetida em primeiro lugar (n.ºs 1 e 2 do artigo 19.º); quando estiver estabelecida a competência do tribunal a que a acção foi submetida em primeiro lugar, o tribunal a que a acção foi submetida em segundo lugar declara-se incompetente em favor daquele (n.º 3, primeiro parágrafo, do artigo 19.º).

Acrescenta-se no segundo parágrafo do n.º 3 do mesmo artigo 19.º que, quando o tribunal a que a acção foi submetida em segundo lugar se declara incompetente em favor do tribunal a que a acção foi submetida em primeiro lugar, o processo instaurado no segundo tribunal pode ser submetido pelo requerente à apreciação do tribunal em que a acção foi instaurada em primeiro lugar. Não se trata, neste caso, de um pedido reconvencional, mas de algo semelhante a uma "transferência" a título principal do "segundo processo" para o tribunal em que foi instaurada a "primeira acção".

5. Reconhecimento e execução

O objectivo último do Regulamento consiste, como se disse, em facilitar o reconhecimento e a execução de decisões entre os Estados membros da União Europeia, de modo a assegurar a "livre circulação das sentenças" e assim contribuir para a "livre circulação de pessoas".

Tal como na Convenção de Bruxelas e em outros instrumentos "duplos", as normas do Regulamento respeitantes ao reconhecimento automático e à execução simplificada de decisões fundam-se num sistema de regras uniformes sobre a competência jurisdicional, que devem ser respeitadas pelos tribunais do Estado membro de origem. Isto permite suprimir, na fase do reconhecimento e da execução da decisão estrangeira, o controlo da competência indirecta do tribunal *a quo*. Dito de outro modo, as normas do Regulamento respeitantes à competência dos tribunais têm carácter instrumental relativamente às normas sobre o reconhecimento e a execução de decisões entre os Estados membros.

5.1. *Actos abrangidos*

Para efeitos de aplicação do Regulamento, o termo "*decisão*" designa qualquer decisão de divórcio, separação ou anulação do casamento, bem como qualquer decisão relativa à responsabilidade parental proferida por um tribunal de um Estado membro, independentemente da sua designação, tal como "acórdão", "sentença" ou "despacho judicial" (cfr. artigo 2.º, n.º 4).

No que diz respeito às decisões em matéria matrimonial, tem-se entendido, desde a Convenção "Bruxelas II", que apenas são abrangidas as "*decisões positivas*", isto é, as que decretam o divórcio, a separação ou a anulação do casamento.

Esta interpretação fundava-se, por um lado, no âmbito do mandato conferido aos Estados membros tendo em vista a celebração da Convenção – facilitar o reconhecimento e execução de decisões de divórcio, separação e anulação do casamento – e, por outro lado, na grande diferença entre as legislações dos Estados membros em matéria de divórcio e separação e na intenção de evitar o efeito preclusivo de eventuais "decisões negativas"[39].

O Regulamento de 2000 incluiu no preâmbulo o esclarecimento de que "o termo 'decisão' se refere apenas a decisões que conduzam a um divórcio, separação de pessoas e bens ou anulação de casamento" (considerando (15)).

Tal explicitação não aparece exactamente nos mesmos termos no preâmbulo do Regulamento de 2003. Na primeira parte do considerando (8), diz-se que, "quanto às decisões de divórcio, de separação ou de anulação do casamento, o presente regulamento apenas deve ser aplicável à dissolução do vínculo matrimonial". Não obstante a imprecisão deste

---

[39] Cfr. "Relatório explicativo", n.º 60.

texto, e apesar de algumas dúvidas suscitadas na doutrina quanto à interpretação referida, na vigência do Regulamento de 2000[40], parece adequado continuar a entender, perante o novo Regulamento, que se incluem somente as "decisões positivas".

No que diz respeito às decisões em matéria de responsabilidade parental, são naturalmente abrangidas *todas as decisões*.

Por força da equiparação estabelecida no artigo 46.º, "os actos autênticos exarados e com força executória num Estado membro, bem como os acordos entre partes com força executória no Estado membro em que foram celebrados, são reconhecidos e declarados executórios nas mesmas condições que as decisões".

5.2. *Reconhecimento*

a) *Princípios gerais quanto ao reconhecimento*

O Regulamento assegura o reconhecimento automático ou *ipso iure* das decisões proferidas em matéria matrimonial e em matéria de responsabilidade parental pelos tribunais de um Estado membro nos demais Estados membros.

Não se exige qualquer procedimento ou formalidade para o reconhecimento (artigo 21.º, n.º 1).

Em particular, não é exigível qualquer formalidade para a actualização dos registos do estado civil de um Estado membro com base numa decisão de divórcio, separação ou anulação do casamento, proferida noutro Estado membro e da qual já não caiba recurso, segundo a legislação desse Estado membro (artigo 21.º, n.º 2). Neste caso, o único requisito estabelecido diz respeito ao carácter definitivo da decisão, o que bem se compreende.

Embora o reconhecimento seja automático, admite-se que qualquer interessado possa pedir o reconhecimento ou o não reconhecimento de uma decisão, perante um tribunal, nos mesmos termos em que no Regulamento se admite o "pedido de declaração de executoriedade". A compe-

---

[40] Cfr. Hélène GAUDEMET-TALLON, "Le Règlement n.º 1347/2000 du Conseil du 29 mai 2000...", cit., p. 405; Andrea BONOMI, "Il regolamento comunitario sulla competenza e sul reconoscimento in materia matrimoniale e di potestà dei genitori", cit., p. 339 (quanto às decisões que indeferem pedidos de anulação do casamento); Luís LIMA PINHEIRO, *Direito internacional privado*, vol. III, cit., p. 315.

tência territorial dos tribunais a que pode submeter-se tal pedido é regulada pela lei do Estado membro em causa (artigo 21.º, n.º 3).

Enquanto o Regulamento de 2000 incluía, no Anexo I, uma lista dos tribunais perante os quais, em cada país, deviam ser apresentados tais pedidos[41], no novo Regulamento, o dever de comunicação à Comissão imposto aos Estados membros pelo artigo 68.º abrange a indicação do tribunal competente para este efeito.

Se o reconhecimento de uma decisão for invocado a título incidental num tribunal de um Estado membro, este tribunal é competente para o apreciar (artigo 21.º, n.º 4).

Sublinhe-se ainda que não é requisito do reconhecimento o trânsito em julgado da decisão. No entanto, o tribunal de um Estado membro ao qual seja requerido o reconhecimento de uma decisão proferida noutro Estado membro pode suspender a instância, se a decisão tiver sido objecto de recurso ordinário (artigo 27.º).

O regime estabelecido pelo Regulamento quanto ao reconhecimento num Estado membro de decisões proferidas noutro Estado membro está sujeito a certos princípios fundamentais, a saber:

Antes de mais, é proibido o controlo da competência do tribunal de origem (artigo 24.º): assim, seja qual for o critério com base no qual o tribunal de origem estabeleceu a sua competência – e ainda que tal competência tenha resultado da aplicação das regras internas sobre conflitos de jurisdição ("competências residuais" referidas nos artigos 7.º e 14.º) –, a decisão proferida beneficia do regime de reconhecimento instituído pelo Regulamento, desde que, obviamente, esteja abrangida no âmbito material de aplicação do Regulamento.

Depois, o reconhecimento de uma decisão não pode ser recusado com o fundamento de que a lei do Estado membro requerido não permite o divórcio, a separação ou a anulação do casamento com base nos mesmos factos (artigo 25.º).

Por último, proíbe-se a revisão da decisão quanto ao mérito (artigo 26.º).

b) *Fundamentos de não reconhecimento*

Tendo em conta o sistema de reconhecimento automático instituído pelo Regulamento, os fundamentos de não reconhecimento são limitados.

---

[41] Em Portugal, o Tribunal de Comarca ou o Tribunal de Família.

i) *Matéria matrimonial*

Os fundamentos de não reconhecimento de decisões de divórcio, separação ou anulação do casamento encontram-se previstos no artigo 22.º.

Uma decisão de divórcio, separação ou anulação do casamento não é reconhecida:
- se o reconhecimento for manifestamente contrário à ordem pública do Estado membro requerido (alínea a));
- se a parte revel não tiver sido citada ou notificada do acto introdutório da instância ou acto equivalente, em tempo útil e de forma a poder deduzir a sua defesa, excepto se estiver estabelecido que o requerido aceitou a decisão de forma inequívoca (alínea b));
- se for inconciliável com outra decisão proferida num processo entre as mesmas partes no Estado membro requerido (alínea c)); ou
- se for inconciliável com uma decisão proferida anteriormente noutro Estado membro ou num país terceiro entre as mesmas partes, desde que a primeira decisão reúna as condições necessárias para o seu reconhecimento no Estado membro requerido (alínea d)).

ii) *Matéria de responsabilidade parental*

Os fundamentos de não reconhecimento de decisões em matéria de responsabilidade parental são enumerados no artigo 23.º.

Uma decisão em matéria de responsabilidade parental não é reconhecida:
- se o reconhecimento for manifestamente contrário à ordem pública do Estado membro requerido, tendo em conta o superior interesse da criança (alínea a));
- se, excepto em caso de urgência, tiver sido proferida sem que a criança tenha tido a oportunidade de ser ouvida, em violação de normas processuais fundamentais do Estado membro requerido (alínea b));
- se a parte revel não tiver sido citada ou notificada do acto introdutório da instância ou acto equivalente, em tempo útil e de forma a poder deduzir a sua defesa, excepto se estiver estabelecido que essa pessoa aceitou a decisão de forma inequívoca (alínea c));
- a pedido de qualquer pessoa que alegue que a decisão obsta ao exercício da sua responsabilidade parental, se a decisão tiver sido proferida sem que essa pessoa tenha tido a oportunidade de ser ouvida (alínea d));

– em caso de conflito da decisão com uma decisão posterior, em matéria de responsabilidade parental no Estado membro requerido (alínea e));

– em caso de conflito da decisão com uma decisão posterior, em matéria de responsabilidade parental noutro Estado membro ou no Estado terceiro em que a criança tenha a sua residência habitual, desde que essa decisão posterior reúna as condições necessárias para o seu reconhecimento no Estado membro requerido (alínea f)); ou

– se não tiver sido respeitado o procedimento previsto no artigo 56.º (alínea g)).

Algumas observações quanto aos fundamentos de não reconhecimento. Para o que agora importa, podem referir-se em conjunto as decisões em matéria matrimonial e as decisões em matéria de responsabilidade parental.

Segundo a jurisprudência do TJCE sobre a Convenção de Bruxelas de 1968 – que deve considerar-se inteiramente transponível para este domínio –, as normas da Convenção relativas aos fundamentos de não reconhecimento de decisões devem ser objecto de "uma interpretação restritiva", na medida em que constituem "um obstáculo à realização de um dos objectivos fundamentais" do instrumento de unificação em que se inserem.

1.º Reconhecimento manifestamente contrário à *ordem pública do Estado membro requerido*.

O reconhecimento só pode ser recusado quando for "manifestamente" contrário à ordem pública do Estado membro requerido.

Trata-se naturalmente da ordem pública internacional do Estado membro requerido e não da ordem pública interna.

O Tribunal de Justiça tem entendido que os Estados membros permanecem em princípio livres para, em conformidade com as suas concepções nacionais, determinarem as exigências da sua ordem pública, mas que os limites de tal conceito "fazem parte da interpretação da convenção".

Assim, embora não caiba ao Tribunal de Justiça definir o conteúdo da ordem pública de cada Estado membro, incumbe-lhe controlar os limites no âmbito dos quais o órgão jurisdicional de um Estado membro pode recorrer a esse conceito para não reconhecer uma decisão de um órgão jurisdicional de outro Estado membro[42].

---

[42] Cfr., entre os mais recentes, os acórdãos *Krombach* (proc. C-7/98), de 28 de Março de 2000, e *Renault* (proc. C-38/98), de 11 de Maio de 2000.

Por outro lado, o TJCE tem afirmado que, ao proibir que a decisão estrangeira seja objecto de revisão de mérito, a Convenção de Bruxelas "proíbe o órgão jurisdicional do Estado requerido de recusar o reconhecimento ou a execução dessa decisão com base apenas no facto de existir uma divergência entre a regra de direito aplicada pelo órgão jurisdicional do Estado de origem e a que seria aplicada pelo órgão jurisdicional do Estado requerido se tivesse sido este último a conhecer do litígio".

Do mesmo modo, o órgão jurisdicional do Estado requerido não pode controlar a exactidão das apreciações de direito ou de facto realizadas pelo órgão jurisdicional do Estado de origem.

Nestes termos, o Tribunal de Justiça conclui que "o recurso à cláusula de ordem pública, constante do artigo 27.º, n.º 1, da Convenção, só é concebível quando o reconhecimento ou a execução da decisão proferida noutro Estado contratante viole de uma forma inaceitável a ordem jurídica do Estado requerido, por atentar contra um princípio fundamental".

Por outras palavras, a proibição de revisão de mérito da decisão estrangeira só será respeitada se se limitar a intervenção da cláusula de ordem pública aos casos de "violação manifesta de uma regra de direito considerada essencial na ordem jurídica do Estado requerido ou de um direito considerado fundamental pela mesma"[43].

A exigência de que o reconhecimento contrarie "manifestamente" a ordem pública do Estado membro requerido não existia no artigo 27.º da Convenção de Bruxelas de 1968. A formulação dos artigos 22.º e 23.º do Regulamento (CE) n.º 2201/2003 repete todavia a que constava do Regulamento (CE) 1347/2000 – e também a que consta do Regulamento (CE) 44/2001 – e corresponde, como acaba de verificar-se, à jurisprudência do Tribunal de Justiça.

No que se refere especificamente às decisões em matéria de responsabilidade parental, a violação da ordem pública do Estado membro requerido tem de ser manifesta, "tendo em conta o superior interesse da criança" (artigo 23.º, alínea a)).

Por outro lado, atendendo ao que expressamente se dispõe no Regulamento, o critério da ordem pública não pode ser aplicado às regras de competência previstas no Regulamento (cfr. artigo 24.º) e não pode significar revisão de mérito da decisão (cfr. artigo 26.º). Além disso, não é suficiente para fundamentar o não reconhecimento a mera diferença entre as leis aplicáveis (cfr. artigo 25.º): tal significa que o reconhecimento não

---

[43] Cfr. os acórdãos referidos na nota anterior.

pode ser recusado com o fundamento de que no Estado de reconhecimento não seria permitido o divórcio, a separação ou a anulação do casamento com base nos mesmos factos.

2.º *Falta de citação ou de notificação* do demandado ou da pessoa interessada (incluindo não audição da criança, em violação das regras do Estado de reconhecimento).

De um modo simplificado, pode dizer-se que se têm em vista as situações em que no Estado de origem não foi garantido o princípio do contraditório[44]. Por isso se ressalvam os casos em que a parte revel "aceitou a decisão de forma inequívoca" (cfr. artigo 22.º, alínea b), e artigo 23.º, alínea c)).

Abrangem-se também nesta categoria os casos de decisão proferida sem que a criança tenha tido oportunidade de ser ouvida, em violação de normas processuais fundamentais do Estado membro requerido (por exemplo, nos termos do artigo 12.º da Convenção das Nações Unidas sobre os Direitos da Criança, de 26 de Janeiro de 1990[45], que prescreve que a criança deve, em função da sua idade e grau de maturidade, poder ser ouvida em qualquer processo que lhe diga respeito[46]).

---

[44] Cfr. o acórdão do Tribunal da Relação do Porto, de 8 de Janeiro de 2004.

[45] A Convenção de Nova Iorque sobre os Direitos da Criança, de 26 de Janeiro de 1990, foi aprovada para ratificação pela Resolução da Assembleia da República n.º 20/90 (*Diário da República*, I Série-A, n.º 211, supl., de 12 de Setembro de 1990, p. 3738(2) ss) e ratificada pelo Decreto do Presidente da República n.º 49/90 (no mesmo *Diário da República*, p. 3738(2)). Cfr. Aviso no *Diário da República*, I Série-A, n.º 248, de 26 de Outubro de 1990, p. 4416, tornando público que o Governo português depositou junto do Secretário-Geral das Nações Unidas, em 21 de Setembro de 1990, o instrumento de ratificação da Convenção.

[46] Dispõe o artigo 12..º da Convenção de Nova Iorque sobre os Direitos da Criança:
"1 – Os Estados Partes garantem à criança com capacidade de discernimento o direito de exprimir livremente a sua opinião sobre as questões que lhe respeitem, sendo devidamente tomadas em consideração as opiniões da criança, de acordo com a sua idade e maturidade.

2 – Para este fim, é assegurada à criança a oportunidade de ser ouvida nos processos judiciais e administrativos que lhe respeitem, seja directamente, seja através de representante ou de organismo adequado, segundo as modalidades previstas pelas regras de processo da legislação nacional.".

3.º *Incompatibilidade da decisão* cujo reconhecimento se pretende com outra decisão.

Trata-se de resolver casos em que as regras sobre litispendência e caso julgado não impediram que fossem proferidas decisões contraditórias em Estados membros diferentes.

Quanto às decisões em matéria matrimonial, prevê-se:
– a incompatibilidade com outra decisão proferida num processo *entre as mesmas partes* no Estado membro requerido (artigo 22.º, alínea c));
– a incompatibilidade com uma decisão proferida anteriormente noutro Estado membro ou num país terceiro *entre as mesmas partes*, desde que a primeira decisão reúna as condições necessárias para o seu reconhecimento no Estado membro requerido (artigo 22.º, alínea d)).

No primeiro caso, é fundamento de não reconhecimento a incompatibilidade com decisão proferida no Estado membro requerido, quer esteja em causa decisão *anterior*, quer esteja em causa decisão *posterior* àquela que se pretende reconhecer.

No segundo caso, é fundamento de não reconhecimento a incompatibilidade com decisão proferida *anteriormente* noutro Estado membro ou num país terceiro: a única exigência é que esteja em causa decisão *entre as mesmas partes* (tendo em conta o objectivo do Regulamento e o que antes se disse sobre as "acções dependentes").

Neste aspecto, a norma do Regulamento é diferente da que consta do artigo 27.º, n.º 5, da Convenção de Bruxelas, onde se estabelece como fundamento de não reconhecimento a incompatibilidade com decisão anteriormente proferida num Estado não contratante *entre as mesmas partes*, em acção com o mesmo pedido e a mesma causa de pedir, desde que a decisão proferida anteriormente reúna as condições necessárias para ser reconhecida no Estado membro requerido.

Quanto às decisões em matéria de responsabilidade parental, prevê-se:
– a incompatibilidade com uma decisão posterior, em matéria de responsabilidade parental no Estado membro requerido (artigo 23.º, alínea e));
– a incompatibilidade com uma decisão posterior, em matéria de responsabilidade parental noutro Estado membro ou no Estado terceiro em que a criança tenha a sua residência habitual, desde que essa

decisão posterior reúna as condições necessárias para o seu reconhecimento no Estado membro requerido (artigo 23.º, alínea f)).

Tanto num caso como no outro, apenas se estabelece a incompatibilidade com decisão *posterior*. A razão de ser da diferença relativamente ao regime que vigora para a matéria matrimonial está na natureza da decisão em causa – tratando-se de decisão relativa a criança, ela é por natureza precária e susceptível de se alterar em função do interesse da criança.

Dizendo de outro modo, admite-se que uma decisão proferida anteriormente possa estar a ser alterada precisamente pela decisão cujo reconhecimento se pretende.

4.º *Inobservância do procedimento* previsto no artigo 56.º para os casos de colocação da criança numa instituição ou numa família de acolhimento noutro Estado membro.

Trata-se obviamente de um fundamento de recusa de reconhecimento que respeita apenas a decisões em matéria de responsabilidade parental (previsto no artigo 23.º, alínea g))[47].

5.3. *Execução*

a) *Regime geral – pedido de uma declaração de executoriedade*

O princípio geral quanto à execução de decisões estrangeiras encontra-se enunciado no artigo 28.º do Regulamento: as decisões proferidas num Estado membro sobre o exercício da responsabilidade parental relativa a uma criança, que aí tenham força executória e que tenham sido notificadas, são executadas noutro Estado membro depois de nele terem sido declaradas executórias a pedido de qualquer parte interessada (titular da responsabilidade parental, filho, ou Ministério Público).

Apenas se mencionam as decisões em matéria de responsabilidade parental, pois, em geral, relativamente às decisões em matéria matrimonial, quanto às matérias abrangidas pelo Regulamento, é suficiente o respectivo reconhecimento.

A questão pode obviamente colocar-se a propósito da parte dessas decisões que fixa o montante das custas devidas no processo. Por isso,

---

[47] Cfr. *infra*, n.º 6.

e colmatando uma lacuna do Regulamento (CE) n.° 1347/2000, o novo Regulamento determina expressamente a sua aplicabilidade à execução de decisões relativas a custas de processos instaurados ao abrigo das disposições nele contidas (cfr. artigo 49.°).

Ainda uma observação: o Regulamento não afecta o processo de execução das decisões, que será regulado, em cada Estado membro, pela respectiva legislação (cfr. artigo 47.°).

Feita esta advertência, vejamos o que dispõe o Regulamento quanto à execução, num Estado membro, de decisões proferidas noutro Estado membro.

Estabelecem-se dois requisitos para a execução:
– a decisão há-de ter força executória no Estado membro de origem;
– a decisão há-de ter sido notificada aos interessados.

De acordo com o modelo instituído pela Convenção de Bruxelas e seguido pelo Regulamento em matéria civil e comercial, também no âmbito deste Regulamento o *exequatur* se obtém mediante pedido. Prevê-se um "pedido de declaração de executoriedade", para o qual se estabelece um processo simplificado.

Por força do que dispõe o Regulamento em análise, compete a cada Estado membro comunicar à Comissão qual o tribunal perante o qual deve ser apresentado tal pedido (cfr. artigos 29.°, n.° 1, e 68.°)[48].

A competência territorial é determinada pelo lugar da residência habitual da parte contra a qual a execução é requerida ou pelo lugar da residência habitual da criança a que o pedido diga respeito (artigo 29.°, n.° 2).

Quando não for possível encontrar no Estado membro requerido nenhum dos lugares de residência referidos no primeiro parágrafo, o tribunal territorialmente competente é determinado pelo lugar da execução (artigo 29.°, n.° 3).

Numa primeira fase, o processo é unilateral, sem contraditório (artigo 31.°, n.° 1).

Tal como no Regulamento de 2000 (artigo 24.°, n.° 2) e na Convenção de Bruxelas de 1968 (artigo 34.°, n.° 2) – mas diferentemente do que sucede perante o Regulamento em matéria civil e comercial (artigo 41.°)

---

[48] De acordo com o Anexo I do Regulamento (CE) n.° 1347/2000, em Portugal era competente para este efeito o Tribunal de Comarca ou o Tribunal de Família.

– o juiz pode, nesta fase, indeferir o pedido se existir algum fundamento de recusa de reconhecimento (cfr. artigo 31.º, n.º 2). A diferença de regime justifica-se em função da natureza das matérias que aqui estão em causa. Não pode todavia o tribunal proceder à apreciação da decisão quanto ao fundo (artigo 31.º, n.º 3).

A decisão relativa ao pedido de declaração de executoriedade será proferida "no mais curto prazo" (artigo 31.º, n.º 1, primeira parte), deve ser "rapidamente" comunicada ao requerente (artigo 32.º) e é recorrível (artigo 33.º).

O recurso é dirigido ao tribunal identificado na lista comunicada por cada Estado membro à Comissão, nos termos do artigo 68.º (cfr. artigo 33.º, n.º 2)[49].

Nesta segunda fase, de recurso, devem observar-se as regras do processo contraditório (artigo 33.º, n.º 3).

Da decisão proferida em recurso só cabe o recurso previsto na lista comunicada por cada Estado membro à Comissão, nos termos do artigo 68.º (cfr. artigo 34.º)[50].

O tribunal perante o qual foi interposto recurso nos termos dos artigos 33.º ou 34.º pode, a pedido da parte contra a qual seja requerida a execução, suspender a instância se, no Estado membro de origem, a decisão tiver sido objecto de recurso ordinário ou se o prazo para o interpor ainda não tiver decorrido.

Esta possibilidade de suspensão da instância, admitida no artigo 35.º, é uma consequência de não se exigir como requisito ou pressuposto da declaração de executoriedade o trânsito em julgado da decisão proferida no tribunal de origem.

b) *Regime especial – força executória de certas decisões em matéria de direito de visita e de certas decisões que exigem o regresso da criança*

O Regulamento enuncia depois um regime especial de execução quanto a certas decisões respeitantes ao "direito de visita" e quanto a cer-

---

[49] De acordo com o Anexo II do Regulamento (CE) n.º 1347/2000, em Portugal o recurso devia ser interposto perante o Tribunal da Relação.
[50] De acordo com o Anexo III do Regulamento (CE) n.º 1347/2000, em Portugal a decisão proferida em recurso apenas podia ser objecto de "recurso restrito à matéria de direito".

tas decisões respeitantes ao "regresso da criança, na sequência de uma decisão que exija o regresso da criança, nos termos do n.º 8 do artigo 11.º", isto é, após uma situação de rapto (cfr. artigo 40.º, n.º 1, alíneas a) e b)).

Consagra-se neste ponto o essencial da "iniciativa francesa", alargando o regime então proposto para as decisões relativas ao "direito de visita", de modo a abranger também as decisões relativas ao "regresso da criança".

A especialidade do regime traduz-se na supressão do *exequatur* no Estado membro de execução, quanto a decisões que tenham sido certificadas no Estado membro de origem. Consequentemente, a decisão será tratada, para efeitos de execução, como se tivesse sido proferida no próprio Estado membro de execução.

Estabelecem-se apenas regras processuais a respeitar na certificação, regras essas destinadas a assegurar que, ao proferir a decisão, o tribunal de origem observou o princípio do contraditório e as exigências quanto à audição da criança.

A existência deste regime especial não exclui porém a possibilidade de o titular da responsabilidade parental requerer o reconhecimento e a execução de uma decisão nos termos gerais previstos no Regulamento (secções 1 e 2, artigos 21.º e seguintes e 28.º e seguintes) – cfr. artigo 40.º, n.º 2.

Analisemos então com mais pormenor esse regime especial.

i) *No que diz respeito a decisões relativas ao "direito de visita"*

De acordo com o que se dispõe no artigo 41.º, n.º 1, o direito de visita, concedido por uma decisão executória proferida num Estado membro, é reconhecido e goza de força executória noutro Estado membro sem necessidade de qualquer declaração que lhe reconheça essa força e sem que seja possível contestar o seu reconhecimento, se essa decisão tiver sido homologada no Estado membro de origem nos termos disciplinados no próprio Regulamento. Mesmo no caso de a legislação nacional não determinar a força executória de pleno direito de uma decisão que conceda o direito de visita, não obstante a interposição de um eventual recurso, o tribunal de origem pode declarar executória a decisão.

A emissão da certidão comprovativa da força executória da decisão no Estado membro de origem está todavia sujeita a alguns requisitos (artigo 41.º, n.º 2).

Assim, o juiz de origem que pronunciou a decisão relativa ao direito de visita só emite a certidão se:
– em caso de julgamento à revelia, a parte revel tiver sido citada ou notificada do acto introdutório da instância ou acto equivalente, em tempo útil e de forma a poder deduzir a sua defesa, ou, tendo sido citada ou notificada sem observância dessas condições, se estiver estabelecido que essa pessoa aceitou a decisão de forma inequívoca (alínea a));
– todas as partes implicadas tiverem tido a oportunidade de ser ouvidas (alínea b)); e
– a criança tiver tido a oportunidade de ser ouvida, excepto se for considerada inadequada uma audição, em função da sua idade ou grau de maturidade (alínea c)).

O juiz de origem emite a referida certidão, utilizando o formulário constante do anexo III (certidão relativa ao direito de visita). A certidão é redigida na língua da decisão.

ii) *No que diz respeito a decisões relativas ao "regresso da criança"*

De acordo com o que se dispõe no artigo 42.º, n.º 1, o regresso da criança, resultante de uma decisão executória proferida num Estado membro é reconhecido e goza de força executória noutro Estado membro sem necessidade de qualquer declaração que lhe reconheça essa força e sem que seja possível contestar o seu reconhecimento, se essa decisão tiver sido homologada no Estado membro de origem, nos termos disciplinados no próprio Regulamento. Mesmo no caso de a legislação nacional não determinar a força executória de pleno direito de uma decisão que exija o regresso da criança, não obstante a interposição de um eventual recurso, o tribunal pode declarar executória a decisão.

Também neste caso, a emissão da certidão comprovativa da força executória da decisão no Estado membro de origem está sujeita a certos requisitos (artigo 42.º, n.º 2).

Assim, o juiz de origem que pronunciou a decisão relativa ao "regresso da criança" só emite a certidão, se:
– a criança tiver tido oportunidade de ser ouvida, excepto se for considerada inadequada uma audição, tendo em conta a sua idade ou grau de maturidade (alínea a));
– as partes tiverem tido a oportunidade de ser ouvidas (alínea b)); e

– o tribunal, ao pronunciar-se, tiver tido em conta a justificação e as provas em que assentava a decisão pronunciada ao abrigo do artigo 13.º da Convenção da Haia de 1980 (alínea c)).

Se o tribunal ou qualquer outra autoridade tomarem medidas para garantir a protecção da criança após o seu regresso ao Estado membro onde reside habitualmente, essas medidas deverão ser especificadas na certidão.

O juiz de origem emite a referida certidão, por sua própria iniciativa, utilizando o formulário constante do anexo IV (certidão relativa ao regresso da criança). A certidão é redigida na língua da decisão.

6. Cooperação entre autoridades centrais em matéria de responsabilidade parental

Um aspecto essencial e inovatório deste Regulamento é a instituição de um sistema de cooperação entre autoridades centrais em matéria de responsabilidade parental, à semelhança do que existe em convenções celebradas no âmbito da Conferência da Haia de Direito Internacional Privado.

Para o efeito, cada Estado membro designa uma ou várias autoridades centrais encarregadas de o assistir na aplicação do Regulamento, especificando as respectivas competências territoriais ou materiais (artigo 53.º).

Nos termos do Regulamento, as autoridades centrais dos Estados membros asseguram uma função geral de informação e de coordenação (artigo 54.º). Além disso, cooperam em casos determinados (artigo 55.º). O artigo 56.º atribui especial relevo à cooperação entre autoridades centrais dos Estados membros no caso de o tribunal competente por força das disposições do Regulamento optar pela colocação da criança numa instituição ou numa família de acolhimento noutro Estado membro.

Prevê-se, em primeiro lugar, que, no âmbito da rede judiciária europeia em matéria civil e comercial, criada pela Decisão 2001/470/CE, as autoridades centrais organizem um sistema de informações sobre a legislação e sobre os procedimentos nacionais e adoptem medidas para melhorar a aplicação do Regulamento e reforçar a cooperação (artigo 54.º).

Depois, admite-se que as autoridades centrais desempenhem um papel activo para garantir o exercício efectivo dos direitos ligados à responsabilidade parental em certos casos.

Assim, o artigo 55.º, subordinado à epígrafe "cooperação em casos específicos de responsabilidade parental", dispõe:

"A pedido de uma autoridade central de um Estado membro ou do titular da responsabilidade parental, as autoridades centrais cooperam em casos específicos, a fim de cumprir os objectivos do presente regulamento, devendo, para o efeito, actuando directamente ou através de autoridades públicas ou outras entidades, tomar todas as medidas apropriadas, nos termos da legislação desse Estado membro em matéria de protecção de dados pessoais, para:
  a) recolher e proceder ao intercâmbio de informações:
    i) sobre a situação da criança,
    ii) sobre qualquer procedimento em curso, ou
    iii) sobre qualquer decisão proferida em relação à criança;

  b) fornecer informações e assistência aos titulares da responsabilidade parental que pretendam obter o reconhecimento e a execução de decisões no seu território, sobretudo em matéria de direito de visita e de regresso da criança;
  c) apoiar a comunicação entre tribunais, nomeadamente para efeitos dos n.ºs 6 e 7 do artigo 11.º e do artigo 15.º;
  d) fornecer todas as informações e assistência úteis para a aplicação do artigo 56.º pelos tribunais;
  e) facilitar acordos entre os titulares da responsabilidade parental, através da mediação ou de outros meios, e facilitar para o efeito a cooperação transfronteiriça".

Disciplina-se depois, em especial, a cooperação entre autoridades centrais no caso de o tribunal competente por força das disposições do Regulamento optar pela colocação da criança numa instituição ou numa família de acolhimento noutro Estado membro (artigo 56.º).

Nos termos do n.º 1 do artigo 56.º, o tribunal deve consultar previamente a autoridade central ou outra autoridade competente deste último Estado membro onde se localiza a instituição ou a família de acolhimento, se a legislação desse Estado membro determinar a intervenção de uma autoridade pública no caso de colocação de crianças, em situações meramente internas.

A decisão de colocação a que se refere o n.º 1 do artigo 56.º só pode ser tomada no Estado membro requerente, se a autoridade competente do Estado membro requerido a tiver aprovado (n.º 2 do mesmo artigo 56.º).

A consulta e a aprovação a que se referem os n.ºs 1 e 2 do artigo 56.º regem-se pelo direito do Estado membro requerido.

Se a legislação do Estado membro onde se localiza a instituição ou a família de acolhimento não previr a intervenção de uma autoridade pública no caso de colocação de crianças, em situações meramente internas, então o tribunal deve informar a autoridade central ou outra autoridade competente deste último Estado membro (n.º 4 do artigo 56.º)[51].

7. Relações entre o Regulamento (CE) n.º 2201/2003 e outros actos. Referência especial aos tratados com a Santa Sé

O capítulo V do Regulamento trata das relações com outros instrumentos relativos à competência judiciária e à execução de decisões, de que os Estados membros são parte.

Não vou abordar aqui esse tema, em todos os aspectos que ele pode comportar.

Farei apenas uma breve referência à norma que diz respeito aos tratados com a Santa Sé – artigo 63.º[52].

Como já antes se disse, são em princípio excluídos do âmbito do Regulamento os processos, em matéria matrimonial, de natureza puramente religiosa.

Assim, o artigo 63.º determina que o Regulamento é aplicável sem prejuízo dos seguintes Tratados Internacionais:
 – Concordata entre a Santa Sé e Portugal, assinada no Vaticano, em 7 de Maio de 1940 (artigo 63.º, n.º 1);
 – "Concordato Lateranense", de 11 de Fevereiro de 1929, entre a Itália e a Santa Sé, alterado pelo acordo, com protocolo adicional, assinados em Roma em 18 de Fevereiro de 1984 (artigo 63.º, n.º 3, alínea a));
 – Acordo de 3 de Janeiro de 1979, entre a Santa Sé e Espanha, sobre questões jurídicas (artigo 63.º, n.º 3, alínea b))[53].

---

[51] Recorde-se que a inobservância do procedimento previsto neste artigo 56.º para os casos de colocação da criança numa instituição ou numa família de acolhimento noutro Estado membro é fundamento de recusa de reconhecimento, nos termos do artigo 23.º, alínea g), do Regulamento.

[52] Sobre este tema, veja-se a análise pormenorizada de Paula COSTA E SILVA, *A jurisdição nas relações entre Portugal e a Santa Sé (os Regulamentos (CE) n.º 1347/2000 e n.º 2201/2003 e a Concordata)*, Coimbra, 2004.

[53] Na sequência da adesão de Malta à União Europeia, foi adoptado o Regulamento (CE) n.º 2116/2004, de 2 de Dezembro, que alterou o Regulamento (CE) n.º 2201/2003

Estas disposições justificam-se pela necessidade de ter em conta a situação especial dos três Estados membros que celebraram Concordatas com a Santa Sé e de salvaguardar o cumprimento, por esses Estados membros, dos compromissos internacionais respectivos[54].

Consequência de tais disposições é desde logo a não aplicação das regras do Regulamento sobre competência dos tribunais aos processos de invalidade do casamento abrangidos no âmbito das Concordatas.

Todavia, o Regulamento pretende reger a matéria do reconhecimento das decisões proferidas ao abrigo de tais Concordatas.

A compreensão das regras estabelecidas pelo Regulamento quanto a esta questão exige que se faça uma breve alusão ao regime instituído pelas Concordatas, designadamente o regime que, em matéria de reconhecimento de decisões, decorre da Concordata entre a Santa Sé e Portugal, assinada no Vaticano, em 7 de Maio de 1940.

Dispõe o artigo XXV da Concordata de 1940 entre a Santa Sé e Portugal:

"O conhecimento das causas respeitantes à nulidade do casamento católico e à dispensa do casamento rato e não consumado é reservado aos tribunais e repartições eclesiásticas competentes.

As decisões e sentenças destas repartições e tribunais, quando definitivas, subirão ao Supremo Tribunal da Assinatura Apostólica para verificação e serão depois, com os respectivos decretos daquele Supremo Tribunal, transmitidas, pela via diplomática, ao Tribunal da Relação do Estado, territorialmente competente, que as tornará executivas e mandará que sejam averbadas nos registos do estado civil, à margem da acta do casamento."

Em consonância com aquela norma da Concordata, o artigo 1625.º do Código Civil, subordinado à epígrafe "competência dos tribunais eclesiásticos", determina que "o conhecimento das causas respeitantes à nuli-

---

(publicado no JO L 367, de 14.12.2004, p. 1), aditando ao n.º 3 do artigo 63.º uma nova alínea (a alínea c)), através da qual se submete igualmente ao regime dessa disposição o "Acordo entre a Santa Sé e Malta sobre o reconhecimento dos efeitos civis nos casamentos canónicos e nas decisões das autoridades e dos tribunais eclesiásticos a eles relativas, de 3 de Fevereiro de 1993, incluindo o protocolo de aplicação, da mesma data, e acompanhado do segundo protocolo adicional de 6 de Janeiro de 1995" (cfr. artigo 1.º, n.º 1, do Regulamento (CE) n.º 2116/2004).

[54] Nesse sentido, determina-se no n.º 5 do artigo 63.º que os Estados membros devem transmitir à Comissão uma cópia dos Tratados referidos nos n.ºs 1 e 3 do mesmo artigo, bem como qualquer denúncia ou alteração desses Tratados.

dade do casamento católico e à dispensa do casamento rato e não consumado é reservado aos tribunais e repartições eclesiásticas competentes."

Por sua vez, o n.º 1 do artigo 1626.º do Código Civil estabelece que "as decisões dos tribunais e repartições eclesiásticas, quando definitivas, sobem ao Supremo Tribunal da Assinatura Apostólica para verificação e são depois, com os decretos desse Tribunal, transmitidas, por via diplomática, ao Tribunal da Relação territorialmente competente, que as tornará executórias, independentemente de revisão e confirmação, e mandará que sejam averbadas no registo civil".

E o artigo 7.º, n.º 3, do Código do Registo Civil determina que "as decisões dos tribunais eclesiásticos, respeitantes à nulidade do casamento católico ou à dispensa do casamento rato e não consumado, são averbadas aos respectivos assentos, independentemente de revisão e confirmação."

Pode assim sintetizar-se o regime que decorre da Concordata de 1940 entre a Santa Sé e Portugal:

– os tribunais e repartições eclesiásticas têm competência exclusiva para conhecer das causas respeitantes à nulidade do casamento católico e à dispensa do casamento rato e não consumado;

– o reconhecimento das decisões proferidas é automático, independentemente de revisão e confirmação, e portanto não se exerce qualquer controlo em relação a tais decisões (ainda que limitadamente, quanto à observância do princípio do contraditório ou quanto à conformidade com a ordem pública internacional do Estado Português).

No caso das outras duas Concordatas (Concordata entre a Santa Sé e Itália e Concordata entre a Santa Sé e Espanha):

– a competência dos tribunais eclesiásticos não é exclusiva, mas concorrente com a dos tribunais civis;

– o reconhecimento das decisões proferidas não é automático, está sujeito às regras gerais aplicáveis nos respectivos países em matéria de reconhecimento de decisões estrangeiras[55].

Ora, o que acaba de dizer-se e as diferenças assinaladas entre, por um lado, o regime decorrente da Concordata com o Estado Português e, por outro lado, o regime decorrente das Concordatas com o Estado Italiano e

---

[55] Cfr. Paula COSTA E SILVA, *A jurisdição nas relações entre Portugal e a Santa Sé...*, cit., p. 48 ss e 51 ss, respectivamente.

com o Estado Espanhol ajudam a compreender as regras do Regulamento nesta matéria.

Em princípio, as decisões relativas à invalidade do casamento proferidas ao abrigo das Concordatas são reconhecidas nos Estados membros nas condições previstas na secção 1 do capítulo III – isto é, de acordo com as regras estabelecidas para o reconhecimento num Estado membro das decisões proferidas noutro Estado membro. É o que determinam os n.ºs 2 e 3 do artigo 63.º do Regulamento.

Acrescenta-se, porém, no n.º 4 do mencionado artigo 63.º, que o reconhecimento das decisões previstas no n.º 2 (as decisões relativas à invalidade do casamento proferidas ao abrigo Concordata de 1940 entre a Santa Sé e Portugal) pode, em Itália e em Espanha, ser sujeito aos mesmos procedimentos e verificações aplicáveis a decisões proferidas por tribunais eclesiásticos, nos termos dos tratados internacionais celebrados com a Santa Sé, a que se refere o n.º 3 (a Concordata entre a Santa Sé e Itália e a Concordata entre a Santa Sé e Espanha)[56].

Ou seja, pela circunstância de no sistema que decorre da Concordata de 1940 entre a Santa Sé e Portugal não se exercer um controlo mínimo sobre as decisões proferidas pelos tribunais eclesiásticos, designadamente quanto à observância do princípio do contraditório e quanto à conformidade com a ordem pública internacional do Estado Português, tais decisões podem vir a ser sujeitas, em Itália e em Espanha, aos mesmos procedimentos e verificações aplicáveis a decisões proferidas por tribunais eclesiásticos, nos termos das respectivas Concordatas.

O artigo 63.º do Regulamento (CE) n.º 2201/2003 respeitante aos tratados com a Santa Sé retoma integralmente o texto do artigo 40.º do Regulamento (CE) n.º 1347/2000.

Diferentemente, na Convenção de 1998, a norma correspondente do artigo 42.º não incluía o actual n.º 4; em contrapartida, foi anexada à Convenção uma "Declaração da delegação italiana", do seguinte teor: "A propósito do artigo 42.º da Convenção, a Itália reserva-se o direito, no que diz respeito às decisões dos tribunais eclesiásticos portugueses, de adoptar os procedimentos e efectuar os controlos previstos na sua ordem interna –

---

[56] Por força do Regulamento (CE) n.º 2116/2004, de 2 de Dezembro, já referido, este regime é também aplicável em Malta (cfr. artigo 1.º, n.º 2, desse Regulamento, que aditou a referência a Malta, no n.º 4 do artigo 63.º do Regulamento (CE) n.º 2201/2003).

com base nos acordos que celebrou com a Santa Sé – relativamente às análogas decisões dos tribunais eclesiásticos".

Uma última nota, quanto a este ponto, para aludir de modo breve à alteração introduzida, na matéria considerada, pela nova Concordata entre a Santa Sé e o Estado Português, assinada na cidade do Vaticano em 18 de Maio de 2004[57].

Dispõe o artigo 16.º da Concordata de 2004:

"1. As decisões relativas à nulidade e à dispensa pontifícia do casamento rato e não consumado pelas autoridades eclesiásticas competentes, verificadas pelo órgão eclesiástico de controlo superior, produzem efeitos civis, a requerimento de qualquer das partes, após revisão e confirmação, nos termos do direito português, pelo competente tribunal do Estado.

2. Para o efeito, o tribunal competente verifica:
a) Se são autênticas;
b) Se dimanam do tribunal competente;
c) Se foram respeitados os princípios do contraditório e da igualdade; e
d) Se nos resultados não ofendem os princípios da ordem pública internacional do Estado Português.".

Em minha opinião, a nova Concordata vem acautelar os princípios fundamentais no domínio do reconhecimento de sentenças estrangeiras, designadamente a observância dos princípios do contraditório e da igualdade, bem como a compatibilidade com a ordem pública internacional do Estado Português.

Desaparecem assim os obstáculos à existência de um regime unitário de reconhecimento das decisões relativas à invalidade do casamento proferidas ao abrigo das Concordatas.

Quando a nova Concordata entrar em vigor, deverá pois o Estado Português, nos termos do artigo 63.º, n.º 5, alínea b), do Regulamento, transmitir à Comissão a alteração verificada, promovendo a modificação do Regulamento, através da eliminação do n.º 4 do mesmo artigo 63.º.

---

[57] A nova Concordata entre a República Portuguesa e a Santa Sé foi aprovada para ratificação pela Resolução da Assembleia da República n.º 74/2004 (*Diário da República*, I Série-A, n.º 269, de 16 de Novembro de 2004, p. 6741 ss), e ratificada pelo Decreto do Presidente da República n.º 80/2004 (no mesmo *Diário da República*, p. 6738).

8. Observações finais

Estendido o âmbito material do Regulamento às questões de responsabilidade parental, independentemente da eventual conexão com um processo matrimonial, conseguiu-se, de algum modo, aproximar as regras jurídicas da realidade social, tomando em consideração, quanto a este aspecto, diferentes modelos de organização da família.

Desapareceu assim um dos motivos de crítica ao Regulamento (CE) n.° 1347/2000.

As críticas ao novo Regulamento centram-se fundamentalmente no regime respeitante à matéria matrimonial – e retomando as que já eram dirigidas ao Regulamento anterior, uma vez que neste aspecto o regime foi integralmente mantido.

Neste domínio, o Regulamento continua a não se aplicar à união de facto e, portanto, a não considerar outros modelos de organização familiar para além do casamento.

Mas ainda um aspecto merece ser salientado.

Como outros actos de uniformização do direito processual civil internacional, o Regulamento que aqui analisei destina-se a assegurar a "livre circulação das decisões" nas matérias por ele abrangidas.

A justificação invocada para a adopção de actos desta natureza assenta na "confiança recíproca" na administração da justiça nos Estados que participam na unificação. Essa confiança recíproca pressupõe uma base comum de apreciação das questões nos Estados em causa.

Na actual situação de integração jurídica dos Estados membros da União Europeia, o direito da família e o direito internacional privado da família revelam ainda divergências sensíveis.

Ora, em matéria matrimonial, o Regulamento (CE) n.° 2201/2003 – instituindo um sistema de determinação da competência jurisdicional assente em critérios alternativos e um sistema alargado de litispendência, que permite atribuir relevância a situações de falsa litispendência – conduzirá com frequência ao reconhecimento de decisões que não poderiam ser obtidas no Estado membro de reconhecimento.

Dir-se-á que é precisamente esse o objectivo da uniformização de regras sobre conflitos de jurisdições e sobre reconhecimento de decisões estrangeiras.

Como sublinhou o Prof. Christian Kohler, no texto publicado nos Estudos em homenagem à Prof.ª Magalhães Collaço, "a comunitarização desta matéria na sequência do Tratado de Amesterdão insere-se perfeitamente numa certa óptica do mercado interno europeu". Trata-se de transpor o "princípio do Estado de origem", afirmado no domínio da livre circulação de mercadorias e de serviços, para o reconhecimento de decisões que põem termo ao vínculo conjugal[58].

Só que, na matéria aqui considerada, tal princípio parece conduzir a resultados nem sempre razoáveis.

Sendo certo que a admissibilidade do controlo da lei aplicada seria incompatível com o princípio da "livre circulação das decisões" e conhecendo a interpretação restritiva que o Tribunal de Justiça faz das normas que estabelecem fundamentos de não reconhecimento de decisões – concretamente da que permite o recurso à reserva de ordem pública internacional do Estado membro de reconhecimento – a solução estará porventura na uniformização das normas de conflitos sobre a dissolução do casamento, como aliás foi já admitido em documentos de trabalho do Conselho da União Europeia.

Aguardemos pois os resultados da aplicação do Regulamento assim como a evolução dos trabalhos da União Europeia neste domínio.

Lisboa, Dezembro de 2004

---

[58] Cfr. Christian KOHLER, "Libre circulation du divorce? Observations sur le règlement communautaire concernant les procédures en matière matrimoniale", cit., p. 241.

EL DERECHO EXTRANJERO DESIGNADO APLICABLE POR LA NORMA DE CONFLICTO DEL FORO:

SOLUCIONES ADOPTADAS EN LOS SISTEMAS DE DERECHO INTERNACIONAL PRIVADO PORTUGUÉS Y ESPAÑOL

MERCEDES SABIDO RODRÍGUEZ
Professora Titular de Derecho internacional privado
Universidad de Extremadura

SUMARIO: I. Introducción. II. Tratamiento procesal del derecho extranjero, el carácter imperativo de la norma de conflicto y el principio iura novit curia. III. La prueba del derecho extranjero designado. a) Objeto y medios de prueba. b) Los sujetos intervinientes. a) La actuación de las partes litigantes. b) La intervención del órgano judicial. iv. consecuencias del desconocimiento del derecho extranjero.

I. INTRODUCCIÓN.

La ordenación jurídica de situaciones privadas internacionales a través de la norma de conflicto puede conllevar bien la aplicación del Derecho del foro bien la aplicación de un Derecho extranjero. En el primer caso, el conocimiento por los tribunales competentes de su propio Derecho facilita la aplicación de la solución prevista en el sistema de Derecho internacional privado. La efectividad de este último está plenamente garantizada. Sin embargo, no ocurre igual cuando el Derecho designado por la norma de conflicto es el de otro Estado, cuando es designado un Derecho extranjero. El desconocimiento de este último por el órgano judicial suscita importantes dificultades. De una incorrecta solución se pueden derivar graves consecuencias que pongan en duda no sólo la propia efectividad del sistema de Derecho internacional privado del foro sino también de principios constitucionales como los de tutela judicial efectiva y de seguridad jurídica.

El Derecho extranjero designado aplicable por la norma de conflicto del foro es, quizás, uno de los aspectos que dificulta la aplicación de este tipo de normas. Los sistemas nacionales de Derecho internacional privado difieren tanto en las soluciones legalmente previstas como en la interpretación jurisprudencial dada a las mismas. En este ámbito se enmarca el presente trabajo, en el que se pretende abordar los problemas que suscita el Derecho extranjero designado aplicable por la norma de conflicto del foro. Ahora bien, no siendo posible, por razones de espacio, analizar todos los cuestiones que se suscitan, limitaremos nuestro estudio a la aplicación judicial del Derecho extranjero, quedando al margen las relacionadas con la aplicación del Derecho extranjero por otras autoridades públicas. Ya en el ámbito de la aplicación judicial del Derecho extranjero únicamente nos proponemos analizar los aspectos relativos al tratamiento del Derecho extranjero en el ámbito del proceso civil y las consecuencias que se derivan de su desconocimiento, excluyéndose los aspectos relacionado con la "aplicación estricta" del Derecho designado. De otra parte, como indica la rúbrica del trabajo, el estudio se centrará en las soluciones previstas en los ordenamientos jurídicos portugués y español. En una primera aproximación, las diferencias entre ambas regulaciones se refieren, en primer lugar, al tratamiento procesal del Derecho extranjero designado aplicable; en segundo lugar, a la actuación que deben realizar las partes litigantes y a las posibilidades de intervención de los órganos judiciales; y, por último, a las consecuencias que se derivan en los supuestos en los que no se pueda o simplemente no se conozca el Derecho extranjero designado aplicable por la norma de conflicto del foro.

Atendiendo a las consideraciones expuestas, el presente trabajo se estructura en dos bloques. El primero destinado a analizar el tratamiento procesal del Derecho extranjero reclamado por la norma de conflicto del foro y las consecuencias que las soluciones previstas en los ordenamientos jurídicos portugués y español tienen en el marco del proceso civil regido por el principio dispositivo y su adecuación al carácter imperativo de la norma de conflicto. Y, un segundo bloque en el que se analizarán las soluciones adoptadas en los supuestos de desconocimiento del Derecho extranjero reclamado por la norma de conflicto y la adecuación de las mismas al principio de tutela judicial efectiva. Este enfoque se justifica por las consecuencias que se pueden derivar de la inaplicación o incorrecta aplicación del Derecho designado aplicable por la norma de conflicto del foro.

II. TRATAMIENTO PROCESAL DEL DERECHO EXTRANJERO, EL CARÁCTER IMPERATIVO DE LA NORMA DE CONFLICTO Y EL PRINCIPIO IURA NOVIT CURIA.

La norma de conflicto como técnica de reglamentación suscita algunas dificultades en orden a su aplicación[1]. Teniendo en cuenta el objeto del presente trabajo, las dificultades se centran en la respuesta que esta técnica ofrece. Como consecuencia del propio método de reglamentación indirecto, la norma de conflicto no ofrece una solución material al supuesto fáctico, sino que se limita a designar el ordenamiento jurídico, del foro o extranjero, que debe regir la cuestión litigiosa[2]. Debemos determinar, en primer lugar, cuáles es el tratamiento que, desde un punto de vista procesal, debe darse al Derecho designado aplicable por la norma de conflicto del foro. La respuesta no es uniforme. La primera disparidad se revela según el Derecho designado sea el del foro o el de otro Estado. En el primer supuesto, el conocimiento por el juez, en virtud del principio iura novit curia, de su propio ordenamiento jurídico evita problemas en orden a su conocimiento y correcta aplicación. El Derecho designado recibe, por tanto, un tratamiento procesal de Derecho. En el segundo caso, sin embargo, no ocurre igual.

Cuando se designa aplicable por la norma de conflicto del foro un Derecho extranjero, lejos de ser éste configurado como Derecho desde un punto de vista procesal, en la mayoría de los sistemas de Derecho internacional privado se le ofrece un tratamiento procesal similar al de los hechos o se configura como un tercer género, distinguiéndolo tanto del tratamiento procesal de los hechos como del previsto para el Derecho.

La diferencia en el tratamiento ofrecido al Derecho del foro y al Derecho extranjero se encuentra en el principio iura novit curia. En el ordenamiento jurídico español, dicho principio no rige en relación con el Derecho extranjero, no implica una obligación para los órganos judiciales nacionales de conocer el Derecho extranjero, cualquier Derecho extranjero reclamado por la norma de conflicto. El juez nacional, obligado a conocer en virtud de dicho principio su propio ordenamiento, no está obligado a conocer el Derecho de otros Estados. Ahora bien, desde el momento en

---

[1] F. GARCIMARTÍN ALFÉREZ, *Sobre la norma de conflicto y su aplicación judicial*, 1994.

[2] J.D. GONZÁLEZ CAMPOS, "Diversification, spécialisation, flexibilisation et matérialisation des regles de droit international privé", *Rec. des Cours.*, 2000, pp. 9-426.

que la norma de conflicto lo designa aplicable, el órgano judicial que conoce del asunto si está obligado a aplicarlo. La aplicación del Derecho extranjero es la consecuencia jurídica prevista en la norma de conflicto. Debe pues conjugarse la obligación de aplicarlo con la no obligación de conocerlo. Pero el sistemas de Derecho internacional privado portugués parece adoptar una posición diferente a la expuesta. El princípio da oficiosidade (art. 664 CPC) si alcanza el conocimiento del Derecho extranjero[3]. Teniendo en cuenta estas consideraciones, el tratamiento procesal del Derecho designado aplicable por la norma de conflicto del foro es diferente en ambos sistemas.

En el ordenamiento jurídico portugués, si bien la doctrina no se muestra pacífica, hay importantes aspectos de la regulación de la aplicación judicial del Derecho extranjero que llevan a considerar que el tratamiento procesal de éste presenta más similitudes con el del Derecho que con el previsto para los hechos. De acuerdo con los párrafos primero y segundo del artículo 348 del Código civil portugués se impone la obligación a los tribunales nacionales de averiguar, de oficio, el Derecho extranjero designado aplicable por la norma de conflicto del foro[4]. Obligación que ha servido a la doctrina para afirmar que en Derecho portugués el Derecho extranjero tiene un tratamiento procesal de verdadero Derecho[5]. Asimismo, la posibilidad de que la incorrecta o la no aplicación del Derecho extranjero pueda ser motivo de recurso de revista, a tenor de lo dispuesto en el artículo 721 del Código del Proceso civil[6], fundamenta esta

---

[3] A. MARQUES DOS SANTOS, "A aplicaçao do direito estrangeiro", *Revista da Ordem dos Advogados*, Ano 60, II, Abril, 2000, pp. 647-668, en particular p. 661.

[4] Artículo 348 CC: *1. Àquele que invocar direito consuetudinário, local ou estrangeiro, compete fazer a proba da sua existencia e conteúdo; más o tribunal debe procurar, oficiosamente, obter o respectivo conhecimento. 2. O cohecimento oficioso incumbe também ao tribunal, sempre que este tenha de decidir com base no direito consuetudinário, local ou estrangeiro e nenhuma das partes o tenha invocado, ou a parte contrária tenha reconhecido a sua existencia e conteúdo ou nao haja deducido oposiçao.*

[5] A.MARQUES DOS SANTOS, "A aplicaçao (...), cit, p. 662; J. BAPTISTA MACHADO, *Liçoes de Direito internacional privado*, 1995, pp. 244-246; L. DE LIMA PINHEIRO, *Direito internacional privado. Vol. I. Introduçao e Direito de conflitos, Parte Geral*, 2001, pp. 454 y ss; A. FERRER CORREIA, *Liçoes de Direito internacional privado I*, 2000, p. 434.

[6] Art. 721.º CPC: *Decisões que comportam revista. 1 – Cabe recurso de revista do acordão da Relação que decida do mérito da causa. 2 – O fundamento específico do recurso de revista é a violação da lei substantiva, que pode consistir tanto no erro de interpretação ou de aplicação, como no erro de determinação da norma aplicável; acessoriamente, pode alegar-se, porém, alguma das nulidades previstas nos artigos 668.º e 716.º.*

tesis[7]. No obstante, cierto sector de la doctrina considera que el Derecho extranjero designado aplicable no tiene un tratamiento procesal de Derecho, como acredita la necesidad de que el mismo requiera ser probado por las partes litigantes a tenor de lo dispuesto en el artículo 348 CC[8].

En Derecho español, en cambio, no ocurre ni ha ocurrido así. Tradicionalmente, desde un punto de vista procesal se ha considerado el Derecho extranjero designado aplicable por la norma de conflicto del foro como un hecho[9]. Ha sido a partir de la reforma operada en el año 2000 en la Ley de Enjuiciamiento Civil cuando se ha producido cierto cambio, aún mejorable[10], todavía no apreciable jurisprudencialmente. De un lado, a partir de la reforma se distingue el tratamiento procesal de los hechos del previsto para el Derecho extranjero, de otro lado, en la nueva regulación se limita los problemas de aplicación de éste último a los aspectos puramente probatorios y se amplían las posibilidades de intervención de las autoridades judiciales en este ámbito[11].

En la actualidad, el Derecho extranjero debe ser invocado por las partes, porque a ellas corresponde fundamentar jurídicamente sus pretensiones, pero el hecho de no ser invocado no puede o no debe suponer ignorar su aplicación al caso concreto. El carácter imperativo de la norma de conflicto y del principio iura novit curia informan esta solución. De estos principios se deriva la obligación para los tribunales nacionales de resolver conforme a lo dispuesto en el sistema de Derecho internacional privado

---

3 – Para os efeitos deste artigo, consideram-se como lei substantiva as normas e os princípios de direito internacional geral ou comum e as disposições genéricas, de carácter substantivo, emanadas dos órgãos de soberania, nacionais ou estrangeiros, ou constantes de convenções ou tratados internacionais.

[7] J. BAPTISTA MACHADO, Liçoes (….), cit:, p. 247.

[8] A.MARQUES DOS SANTOS, "A aplicaçao (…), cit., estudios citados en la nota 26, p. 661.

[9] J. CARRASCOSA GONZÁLEZ, "Comentario al artículo 12.6 Cc", en Comentarios al Código civil, pp. 377-400; J. C. FERNÁNDEZ ROZAS, Comentario al artículo 12.6 Cc, en M. ALVADALEJO/S. DÍAZ ALABART, *Comentarios al Código civil y compilaciones forales*, T. I, vol. 2.°, 2ª ed.,1995, pp. 973-1082.

[10] J. D. GONZÁLEZ CAMPOS, "La reforma del sistema español de Derecho internacional privado. Algunas propuestas para un debate", *R.E.D.I*, 2000 (2), pp. 351-369, en particular, 365-367.

[11] F.F. GARAU SOBRINO, La prueba del derecho extranjero en la nueva Ley de enjuiciamiento civil, *R.G.D.*, 2001, pp. 2343-2366; A.L. CALVO CARAVACA/J. CARRASCOSA GONZÁLEZ, Aplicación del Derecho extranjero en España y la nueva Ley de Enjuiciamiento civil, *Tribunales de Justicia*, 2000, pp. 1151-1170.

del foro. Sistema integrado por normas de conflicto que remiten para la regulación del supuesto litigioso a un Derecho extranjero. Las partes no pueden disponer voluntariamente de la norma de conflicto. El juez está obligado a su conocimiento por tratarse de normas del ordenamiento jurídico español. Ahora bien, debe distinguirse la obligación de aplicar la norma de conflicto de la aplicación del Derecho en ella designado[12]. En el primer caso, si las partes ignoran su aplicación, el órgano judicial que conoce del asunto debe resolver bien inadmitiendo, bien desestimando, bien dando un plazo a las partes para que fundamenten jurídicamente sus pretensiones conforme a lo dispuesto en el sistema de Derecho internacional privado del foro o incluso aplicando de oficio la norma de conflicto. El carácter imperativo de ésta y el principio iura novit curia informan esta solución. Sin embargo, en el supuesto del Derecho extranjero, su aplicación se deriva del mandato imperativo de la norma de conflicto, por lo que, a diferencia de los hechos, su introducción en el debate procesal no depende de la voluntad de las partes. Ahora bien, también difiere del tratamiento procesal del Derecho porque el tribunal no está obligado a su conocimiento y debe, en consecuencia, ser probado.

De cuanto antecede podemos concluir que, tras la reforma del sistema español, las diferencias con el sistema portugués, si bien no han desaparecido, pues mientras que en España no existe la obligación para los tribunales nacionales de conocer el Derecho extranjero designado aplicable por la norma de conflicto del foro, un amplio sector de la doctrina portuguesa considera, con base en el artículo 348 CC, que el princípio da oficiosidade alcanza el conocimiento del Derecho extranjero, aquellas diferencias sí han sido reducidas.

De un lado, en ambos sistemas se requiere la prueba del Derecho extranjero. De otro lado, tanto en los artículos 23 y 348 del Código civil portugués como el artículo 281.2 LEC española el Derecho extranjero designado aplicable goza de un tratamiento procesal similar al de la costumbre. Esta similitud, para evitar un retroceso en la ordenación jurídica de la aplicación judicial del Derecho extranjero, no debe suponer identi-

---

[12] En este sentido la SAP de Guadalajara de 13 de mayo de 2000, invocando la STS de 31 de diciembre de 1994 manifiesta que "(...) *que no cabe confundir las normas de conflicto, que sí se aplicarán de oficio, en cuanto que, como normas de reenvío, se limitan a señalar cuál es el derecho material o sustantivo aplicable a determinada relación jurídica controvertida o no, con el derecho material en sí mismo, respecto del cual no cabe pretender que el órgano de instancia fije la legislación aplicable tratándose de Ley extranjera* (...)"

dad. La equiparación a la costumbre debe entenderse referida únicamente en cuanto a la necesidad de prueba, distinguiéndose, a los efectos de su aplicación y en el régimen de alegación. De este modo, mientras la costumbre para ser aplicada requiere ser alegada y probada por las partes litigantes, el Derecho extranjero, como se ha puesto, únicamente debe ser probado. Asimismo, mientras que la aplicación de la costumbre no encuentra fundamento en una norma, siendo un "dato" que las partes introducen voluntariamente en el proceso para la defensa de sus intereses, el Derecho extranjero debe regir la situación privada internacional porque así lo dispone la norma de conflicto del sistema de Derecho internacional privado. La obligación del juez derivada del principio iura novit curia implica necesariamente la aplicación de la norma de conflicto y, por tanto, de la consecuencia jurídica en ella prevista, independientemente de la voluntad de las partes. Por ello, mientras que la falta de alegación y prueba de la costumbre supone que el tribunal podrá resolver sin aplicarla, en el supuesto de la falta de prueba del Derecho extranjero la solución debe ser diferente.

Los problemas de aplicación judicial del Derecho extranjero se centran básicamente en los aspectos meramente probatorios. Resulta acertado, en este sentido, que el artículo 281.2 LEC limite a aquéllos su ámbito de aplicación material. Sin embargo, como seguidamente veremos, más acertada y garantista es la regulación contenida en el ordenamiento jurídico del país vecino tanto en relación con las posibilidades de actuación de los órganos judiciales portugueses como en relación con las soluciones a adoptar en supuestos de desconocimiento del Derecho extranjero designado aplicable. Aspectos, estos últimos, en los que es apreciable mayor disparidad entre los sistemas de Derecho internacional privado portugués y español.

III. LA PRUEBA DEL DERECHO EXTRANJERO DESIGNADO APLICABLE.

A tenor de cuanto antecede los problemas de la aplicación judicial del Derecho extranjero designado aplicable por la norma de conflicto del foro, tal y como se ha enfocado su análisis en el presente trabajo, se limitan a los aspectos puramente probatorios. En este ámbito, las cuestiones se suscitan en orden a delimitar cuál debe ser el objeto de la prueba, los medios y el momento procesal para su proposición y práctica, de un lado; y, de otro, a determinar los sujetos a los que corresponde la carga de la prueba.

A) **Objeto y medios de prueba.**

En relación con el objeto de la prueba del Derecho extranjero, esto es, qué debe probarse, tanto el artículo 12.6 II Cc como el vigente artículo 281.2 LEC se refieren al "contenido y vigencia del Derecho". No obstante, la interpretación jurisprudencial del primer precepto, aplicable al segundo por su identidad literaria, ha considerado de forma unánime que debe probarse, junto a la vigencia y contenido del Derecho extranjero la interpretación que de las normas invocadas efectúan los tribunales extranjeros, de tal modo que el tribunal español llegue a su pleno conocimiento para aplicarlo como si se tratara del tribunal del Estado al que el Derecho pertenece[13].

Los medios de prueba y el momento procesal para su proposición y práctica, son cuestiones reguladas por la ley que rige el proceso, la lex fori. Habrá que recurrir, por tanto, al Derecho procesal español para resolver estos aspectos. Para acreditar el Derecho extranjero aplicable por mandato de la norma de conflicto del foro, de los medios de prueba previstos en Derecho procesal español, en tanto que lex fori, los más adecuados son la documental, especialmente pública, y la pericial. No obstante, las especialidades de la materia objeto de prueba justifica que en la jurisprudencia haya señalado o exigido para la prueba del Derecho extranjero algunos medios. En este sentido, por ejemplo, una amplia jurisprudencia se refiere a la necesidad de aportar el informe de dos jurisconsultos en orden a determinar la interpretación del Derecho extranjero[14].

Excepcionalmente, el Tribunal Supremo admitió que "no es necesario que la verificación o comprobación del contenido y vigencia de la norma extranjera se ajuste a las normas de la prueba rigurosa, sino que responde a postulados más abiertos de la prueba denominada doctrinalmente libre o, en otras palabras, prueba que presume la libertad de medios probatorios (..) y la libertad de valoración o apreciación"[15]. Bastaría, en consecuencia, que el juez quedara razonablemente convencido[16]. Esta última parece la

---

[13] Entre otras, la Sentencia del Tribunal Supremo de 11-6-89 en la que se dispone que "(…) *siendo necesario acreditar, no sólo la exacta entidad del Derecho vigente, sino también su alcance y autorizada interpretación, de modo que su aplicación no suscite la menor duda razonable en los Tribunales españoles* ".

[14] SSTS de 17 de julio de 2001,

[15] STS de 3 de marzo de 1997.

[16] M. VIRGOS SORIANO/F. GARCIMARTÍN ALFÉREZ, *Derecho procesal civil internacional*, 2000, pp. 372 y ss.

opción admitida por las resoluciones que fueron objeto del recurso de amparo ante el Tribunal Constitucional en las que se considera probado el Derecho extranjero invocado por el demandado en la instancia sin utilizar los medios de prueba tradicionalmente requeridos por la jurisprudencia de nuestro Tribunal Supremo[17].

También en el ordenamiento jurídico portugués se requiere la prueba de la existencia y contenido del Derecho extranjero (artículo 348 CC)[18]. Asimismo, de acuerdo con lo dispuesto en el artículo 23 CC[19], la interpretación del Derecho designado debe efectuarse conforme al sistema en el que la norma extranjera se integra. La doctrina que interpreta los preceptos referidos se manifiesta muy rigurosa en orden a garantizar el pleno convencimiento del tribunal portugués que debe aplicar el Derecho extranjero como si de un tribunal del país designado se tratara[20].

Las diferencias entre el Derecho español y portugués se centran en la fuente de regulación. Mientras en España el objeto de la prueba se determina a través de la jurisprudencia el país vecino goza de disposiciones que expresamente regulan esta materia, garantizando, de este modo, un nivel de seguridad jurídica del que no goza el sistema español.

B) **Sujetos que intervienen en la prueba.**

Concretar a quiénes corresponde la prueba del Derecho extranjero designado aplicable por la norma de conflicto del foro ha sido y es una cuestión muy debatida en la doctrina española y portuguesa, si bien los puntos de debate no son idénticos. En el ordenamiento jurídico portugués, estando prevista la obligación de los tribunales de conocer y aplicar de ofi-

---

[17] Fundamento jurídico 6 de la STC de 18 de octubre de 2004.

[18] El articulo 348.1 del Código civil portugués dispone que *1. Àquele que invocar direito consuetudinário, local ou estrangeiro, compete fazer a proba da sua existencia e conteúdo;(....)*

[19] El artículo 23 del Código civil portugués dispone que "*1. A lei estrangeira é interpretada dentro do sistema a que pertence e de acordo com as regras interpretativas nele fixadas. 2. Na impossibilidade de averiguar o conteúdo da lei estrangeira aplicável, recorrer-sé-à lei que for subsidiariamente competente, devendo adoptar-se igual procedimento sempre que nao for possível determinar os elementos de ipso ou de direito de que dependa a designaçao da lei aplicável*"

[20] A. MARQUES DOS SANTOS, "A aplicaçao (...), cit, p. 656; J. BAPTISTA MACHADO, Liçoes (...), cit pp. 244-246; L. DE LIMA PINHEIRO, *Direito internacional privado (...)*, *cit.*, pp. 454 y ss; A. FERRER CORREIA, *Liçoes de (...)*, cit, p. 434.

cio el Derecho extranjero, el debate se centra únicamente en determinar cuál debe ser la actitud de las partes litigantes[21]. En el ordenamiento jurídico español, en cambio, las dudas se suscitan no sólo en orden a determinar si la prueba del Derecho extranjero corresponde únicamente a la parte que lo invoca, al demandante o a todos los litigantes; sino también en cuál es o debe ser la intervención del órgano judicial. Se distinguen, por tanto, dos cuestiones: cuál debe ser la actuación de las partes y cuál la del órgano judicial que conoce del litigio.

a) *La actuación de las partes litigantes.*

En Portugal, una de las principales cuestiones que, en el ámbito que nos ocupa, centra el debate se refiere a cuál deba ser la actuación de las partes. En principio, con base en una interpretación literal del artículo 348 del Código civil portugués, se puede afirmar que la prueba del Derecho extranjero corresponde a la parte que lo invoca. Independientemente de la obligación impuesta, en el precepto citado, al tribunal que conoce del litigio en orden a investigar el Derecho extranjero cuando tenga que decidir con base en el mismo, la parte litigante que invoca la aplicación de aquel Derecho debe probar su existencia y contenido. En principio, la carga de la prueba corresponde a la parte que lo invoca, ella tiene la obligación de probar el Derecho extranjero[22]. Sin embargo, un amplio sector de la doctrina portuguesa considera que la intervención de las partes litigantes en la prueba del Derecho extranjero debe ser entendida como una obligación de colaboración con el tribunal[23].

En el ordenamiento jurídico español, tradicionalmente la jurisprudencia ha considerado, mayoritariamente, aunque no de forma unánime, que la prueba del Derecho extranjero correspondía al demandante o al demandado, según quien lo invocara en el proceso[24]. Estando el Derecho

---

[21] A.MARQUES DOS SANTOS, "A aplicaçao (…), cit, p. 656; J. BAPTISTA MACHADO, *Liçoes (…),* cit pp. 244-246; L. DE LIMA PINHEIRO, *Direito internacional privado (…), cit.,* pp. 454 y ss; A. FERRER CORREIA, *Liçoes de (.),* cit, p. 434.

[22] STS de 5 de junio de 2000, entre otras. En esta misma línea, vid el Fundamento 6 de la STC 33/o2, de 11 de febrero.

[23] A.MARQUES DOS SANTOS, "A aplicaçao (…), cit, p. 662; A. FERRER CORREIA, *Liçoes de (.),* cit, p. 428

[24] STS de 5 de junio de 2000 en la que se hace referencia a las Sentencias 12 enero y 21 noviembre 1989, 10 julio 1990, 19 junio y 17 diciembre 1991, 13 abril 1992, 10 marzo

extranjero configurado, desde un punto de vista procesal, como un hecho, esta solución resultaba acorde tanto con el principio dispositivo que rige en el ámbito del proceso civil como con las normas generales de la carga de la prueba en el proceso civil previstas en el ya derogado artículo 1214 Cc.

La nueva regulación de la LEC, justifica un cambio de postura. En esta línea, un sector de la doctrina afirma que corresponde a la parte actora la prueba del Derecho extranjero[25]. El carácter imperativo de la norma de conflicto proclamado en el actual artículo 12.6 Cc informa esta solución. Designado aplicable un Derecho extranjero por la norma de conflicto, en él debe el actor fundamentar su pretensión. De otro modo, se cargaría en exceso al demandado que se vería obligado a fundamentar su contestación a la demanda en el sistema de Derecho internacional privado español, en la norma de conflicto aplicable, y en el Derecho extranjero designado. Y, siendo él quien lo invoca, con arreglo a la jurisprudencia expuesta, a él correspondería su prueba. Se estaría castigando la correcta fundamentación jurídica que corresponde al demandante por ser él quien interpone la demanda y debe fundamentar correctamente su pretensión. Además, se estaría permitiendo que fuera el demandante el que, conociendo la solución que nuestro Tribunal Supremo ha adoptado cuando el Derecho extranjero no es acreditado o es probado de forma insuficiente, previera la aplicación del Derecho español vulnerando nuestro sistema de Derecho internacional privado o cargando sobre el demandado innecesariamente la prueba del Derecho extranjero[26]. Jurisprudencialmente esta tesis había sido admitida por algunas resoluciones de las Audiencias provinciales[27],

---

1993, 31 diciembre 1994, 25 enero y 9 septiembre 1992. La SAP de Las Palmas de 31 de mayo de 1993 en virtud de la cual, *"siendo, pues, la legislación aplicable la de la India, el derecho de dicha nación ha de ser acreditado por quien pretenda su aplicación (art. 12.6, pfo. 2.º), porque la aplicación del derecho extranjero es cuestión de hecho y, como tal, ha de ser alegado y probado por la parte que pretende se aplique (...)".*

[25] P. ABARCA JUNCO/M. GÓMEZ JENE, "Alegación y prueba del Derecho extranjero en el procedimiento laboral: A propósito de la STS (Sala de lo Social) de 22 de mayo de 2001", *Revista Española de Derecho del Trabajo*, 119, septiembre-octubre 2003, pp. 713--737, 724; A.L. CALVO CARAVACA/J. CARRASCOSA GONZÁLEZ, "El Derecho extranjero y el Tribunal Supremo: La Sala de lo Social contraataca", *Anuario Español de Derecho internacional privado*, 2002, pp. 103-114.

[26] A.L. CALVO CARAVACA/J. CARRASCOSA GONZÁLEZ, "El Derecho extranjero y el Tribunal Supremo (...)", cit.

[27] Entre otras las SSAP de Guadalajara de 13 de mayo de 2000; de Las Palmas de 31 de mayo de 1993, Barcelona de 15 de septiembre de 1998.

y en los últimos años ha encontrado eco en resoluciones de la Sala de lo Social del Tribunal Supremo[28].

Ciertamente, al demandante en la demanda corresponde delimitar su pretensión y fundamentarla jurídicamente, a tenor de lo dispuesto en la norma de conflicto española. No obstante, también el demandado debe fundamentar jurídicamente su pretensión con base en las normas que integran el sistema de Derecho internacional privado del foro. Ambas partes deben fundamentar sus pretensiones en el Derecho extranjero designado aplicable por la norma de conflicto del foro[29]. Aunque la conclusión es la misma que la mantenida tradicionalmente por el Tribunal Supremo español, difieren en sus fundamentos. El Derecho extranjero debe ser probado no porque sea un hecho sino porque no puede exigirse al tribunal su conocimiento, éste no está cubierto por el principio iura novit curia. Cada parte debe probar la vigencia, contenido e interpretación de las disposiciones extranjeras en las que fundamenta sus pretensiones[30].

Considerando que tanto al actor como al demandado corresponde invocar, en aras a fundamentar correctamente en Derecho su pretensión, el Derecho extranjero y, en consecuencia, dado que el conocimiento de éste no está cubierto por el principio iura novit curia, probar la existencia, contenido e interpretación de las disposiciones extranjeras en las que se fundamentan, cobra sentido la expresión recogida en el artículo 281.2 LEC, que seguidamente analizaremos, relativa a la actuación del órgano judicial en relación con la prueba del Derecho extranjero.

b) *La intervención de la órgano judicial.*

La expresión "podrán valerse", utilizada en el artículo 281 LEC, parece configurar la intervención judicial en la prueba del Derecho extran-

---

[28] SSTS de la Sala de lo Social, de 21 y 25 de mayo de 2001, en las que se considera que "las reglas de la carga de la prueba no juegan en el mismo sentido en el caso de hechos que de normas que han de ser imperativamente aplicadas. En efecto, aquí no se trata de la aportación de un hecho al proceso, cuya falta de prueba perjudica a la parte que fundaba en él su pretensión o su resistencia, sino de una norma o un conjunto de normas que han de ser aplicadas al caso, porque así lo dispone una regla que es imperativa. (...).si el Derecho aplicable es el *extranjero*, la parte que formula la pretensión tiene que alegar y probar ese Derecho para que su pretensión sea acogida.

[29] Entre otras, SSTS de 12 enero y 21 noviembre 1989, 10 julio 1990, 19 junio y 17 diciembre 1991, 13 abril 1992, 10 marzo 1993, 31 diciembre 1994.

[30] Esta postura se deduce, asimismo, de la STC. 33/2002, de 11 de febrero.

jero como una mera facultad. El fundamento de esta afirmación se encuentra, de un lado, en la similitud del precepto con el derogado artículo 12.6.II Cc, que fue interpretado en el sentido de que la intervención de los órganos judiciales en la prueba del Derecho extranjero es una facultad que pueden o no utilizar con carácter complementario a las actuaciones de las partes a quienes corresponde la carga de la prueba del Derecho extranjero; y, de otro, en el principio procesal en virtud del cual la iniciativa probatoria en el proceso civil corresponde a las partes litigantes.

Razones de muy diversa índole obligan a plantearse de nuevo esta problemática. No encontrándonos ante un hecho la ordenación jurídica de su prueba requiere algunas especialidades respecto de la prueba de los hechos. Especialidades que, junto a las que se refieren a su objeto y medios, también afectan a la posibilidad de intervención del órgano judicial. La introducción del Derecho extranjero en el proceso no se produce por la voluntad de las partes sino en virtud del mandato imperativo de la norma de conflicto a cuyo conocimiento está obligado el tribunal[31]. La expresión "podrán valerse" únicamente puede ser entendida en el sentido de que a través de ella se faculta a los órganos judiciales españoles en orden a la elección de los medios para averiguar el Derecho extranjero designado aplicable, pero no para decidir sobre su intervención en esta fase del procedimiento. El tribunal debe adoptar las medidas necesarias para averiguar el Derecho extranjero, en orden a su aplicación[32]. Se garantiza, así, la plena efectividad del sistema de Derecho internacional privado. El hecho de que la iniciativa probatoria corresponda a las partes en el proceso civil no impide que el tribunal pueda intervenir en la prueba del Derecho extranjero. Esta intervención, en primer lugar, no suple la iniciativa de las partes que sigue siendo necesaria, sólo la complementaría. Y, en segundo lugar, evita que las partes, atendiendo a sus propios intereses, obstaculicen o no adopten las medidas necesarias en orden a la averiguación y aplicación del Derecho extranjero designado aplicable. El tribunal únicamente

---

[31] J. CARRASCOSA GONZÁLEZ, "Comentario al artículo 12.6 del Código civil" en M. PASQUAU LIAÑO (Dir.) *Jurisprudencia civil comentada. Código Civil*, Ed. Comares, p. 383, para quien la imposición de una obligación para los tribunales españoles puede fundamentarse en el carácter imperativo de la norma de conflicto, pues tal imperatividad también abarca su mandato imperativo, esto es, la aplicación del Derecho extranjero designado aplicable.

[32] En esta línea, P. ABARCA JUNCO/M. GÓMEZ JENE, "Alegación y prueba del Derecho extranjero (…)", cit., pp. 734-735 y los estudios citados en nota 50.

actuaría como garante de la correcta aplicación del ordenamiento jurídico español, evitando los supuestos de fraude de ley.

Una interpretación diferente, que considere facultativa la intervención del tribunal, puede vulnerar no sólo la seguridad jurídica sino también la tutela judicial efectiva. Dejar a la voluntad de los tribunales el conocimiento del Derecho extranjero, supone un margen de discrecionalidad, si no arbitrariedad,[33] que puede resultar perjudicial para las partes. Los tribunales harán uso de esa facultad dependiendo, por ejemplo, del trabajo que tengan por lo que, no adoptando un criterio único las decisiones podrían resultar arbitrarias, atentando contra la seguridad jurídica. En función del momento en que se suscite la cuestión y del tribunal competente en unos casos se adoptarán medidas para garantizar la aplicación del Derecho extranjero y en otros no. Para las partes, porque tratándose de una mera facultad no pueden exigir su cumplimiento al tribunal y para el sistema de Derecho internacional privado del foro que en unos casos verá cumplido su mandato y en otros no.

El grado de inseguridad jurídica de la solución tradicionalmente adoptada exige, por mandato del artículo 9 del texto constitucional, que bien se considere un deber del tribunal intervenir una vez producida una mínima actividad probatoria por las partes, bien, considerando tal actuación como una mera facultad, se establezcan unos criterios unánimes para su ejercicio. De otra forma se justifican, como ha ocurrido hasta ahora, tanto la inactividad de los órganos judiciales como la intervención de éstos en orden a acreditar el Derecho extranjero reclamado por la norma de conflicto. Un estudio de la jurisprudencia pone de relieve estos extremos: en algunos supuestos los tribunales actúan activamente en el conocimiento del Derecho extranjero[34], incluso con independencia de cuál haya sido la

---

[33] A.L. CALVO CARAVACA/J. CARRASCOSA GONZÁLEZ, "El Derecho extranjero y el Tribunal Supremo (....)", cit.

[34] El Tribunal Supremo admite la actuación de la Audiencia cuando para conocer el derecho material de Maryland y sus normas de conflicto acudió, en uso del artículo 12, último párrafo, a la información de la Embajada de los Estados Unidos. En el fundamento jurídico cuarto de la sentencia de 15 de noviembre de 1996 desestimando el primer motivo alegado por el recurrente manifiesta que *"La infracción del artículo 340 no se ha producido porque, como dice reiteradísima jurisprudencia la facultad concedida por el precepto al Tribunal de acordar para mejor proveer diligencias de prueba, como actos de instrucción realizados por el propio órgano jurisdiccional para lograr su convicción sobre la materia del proceso, es ajena al impulso procesal de parte y al principio dispositivo (v. STS. 20 de julio de 1993, 19 de octubre de 1992). Deben efectivamente, como pone de manifiesto el recurrente, utilizarse con moderación y nunca para suplir deficiencias de las*

actuación de las partes[35]; en otros, la actuación de los tribunales se presenta como complemento de la actuación que las partes han efectuado[36]; pero también hay supuestos en los que los tribunales permanecen inactivos[37].

---

partes, pero en el caso de autos es donde se litiga sobre la sucesión de un ciudadano de los Estados Unidos de Norteamérica, en el que ambas partes alegan la existencia de unas normas legales contradictorias, con documentos que no lograron llevar al Tribunal a la convicción de su contenido y vigencia, que son como todo el derecho extranjero, cuestiones de hecho (vid. S. 23 de octubre de 1992) sobre las cuales ha de formar criterio para cumplir con la indeclinable obligación de fallar (artículo 1.7 Código Civil), no es contrario a los principios que rigen el artículo 340, hacer uso de las facultades que confiere, máxime cuando el propio artículo 12.6 del Código Civil dice que "el Juzgador podrá valerse además de cuantos instrumentos de averiguación considere necesarios, dictando al efecto las providencias oportunas".

[35] La SAP de Girona de 19 de mayo de 2000 considera que, al amparo de lo que permiten los artículos 874, 340 LEC, en relación con el art. 12.6 CC, y conforme a los artículo 1 a 5 del Convenio europeo acerca de la información sobre el derecho extranjero, celebrado en Londres el 7 de junio de 1968, solicitó en fecha 18-10- 1999, al Estado suizo, petición de datos acerca de la posibilidad de decretar según el derecho civil suizo la separación de dos esposos de mutuo acuerdo.

[36] STS de 10 de marzo de 1993 en la que se afirma que *"la posibilidad que en referido párrafo del art. 12 C.c.,(segundo) se otorga a los tribunales para inquirir a través de "cuantos instrumentos de averiguación estime necesarios", tales efectos, no es en realidad otra cosa que eso, una posibilidad, cuyo desarrollo o ejercicio por parte de los mismos tiene un carácter complementario de la directamente atribuida por el precepto a los que invoquen la aplicación del derecho extranjero, que son los directamente obligados a ello, (…)."*

[37] SAP de Guadalajara de 13 de mayo de 2000 resuelve considerando que *"(…) en aplicación de lo dispuesto en el art. 107 del C.C, (…) el divorcio solicitado se regirá por la Ley nacional común de los cónyuges en el momento de presentación de la demanda (…) siendo, en consecuencia, necesario aplicar dicha legislación para resolver la pretensión planteada (…..) el contenido del párrafo Segundo del número 6 del artículo 12 del C.C. no obsta a que incumba a la actora la acreditación del alcance de la legalidad aplicable como hecho constitutivo de la pretensión que ejercita, consideraciones que impiden la estimación de la alegación vertida por el M. F. en la vista de la apelación, relativa a que la Juez a quo debió de hacer uso de la facultad establecida en el mencionado art. 12.6.2 in fine, puesto que, al margen de que el citado inciso no establece sino una facultad discrecional atribuida al Juzgador y no exige que esta se emplee para suplir la total inactividad de las partes al respecto; (…..),.* En esta misma línea la SAP de Valencia de 3 de febrero de 1999 desestima la pretensión por no haber acreditado el derecho extranjero aplicable según la norma de conflicto del foro, a la sazón, artículo 107 Cc, en virtud de la cual se designaba aplicable la ley rumana en tanto que ley nacional común de cónyuges en el momento de presentar la demanda. Debiéndose aplicar una legislación extranjera *para resolver la pretensión de separación planteada y, en ello, no rige el principio de que el juzgador ha de aplicar la norma adecuada, porque ignora la extranjera (…) no es conocida por el Juzgador español, no cabe estimar la demanda y debe de dictarse sentencia en este sentido.*

Además, la no intervención del tribunal o su intervención meramente facultativa sin un criterio unánime acerca de cómo y cuándo deba producirse, puede plantear supuestos de indefensión y, en general, vulneración del derecho a la tutela judicial efectiva[38]. El Tribunal Constitucional ha tenido ocasión de pronunciarse acerca de cuestiones que la aplicación del Derecho extranjero puede plantear en relación con el derecho fundamental a la tutela judicial efectiva del artículo 24 CE.

El máximo intérprete del texto constitucional ha considerado que *"si bien es cierto que es doctrina de uso habitual entre los órganos judiciales ordinarios que el Derecho extranjero es un "hecho" que debe ser probado por quién lo alegue,(....), no lo es menos, sin embargo, que en el inciso final de ese mismo apartado sexto del art. 12 del Código Civil se dice que para la aplicación de ese Derecho, "el juzgador podrá valerse de cuantos instrumentos de averiguación considere necesarios, dictando al efecto las providencias oportunas". Extremo que, en casos como el presente, puede trascender de la mera legalidad ordinaria en la que inicialmente debe situarse para alcanzar la decisión del órgano judicial sobre el uso de la facultad que el precepto civil le confiere relevancia constitucional a la luz del art. 24 CE, puesto que esa decisión deberá adoptarse siempre condicionada por la obligación del órgano judicial de prestar a las partes en el proceso judicial del que conozca una efectiva tutela de sus derechos e intereses legítimos, en particular cuando la aplicación del Derecho extranjero resulta debida por imposición del propio ordenamiento jurídico español y como consecuencia de lo alegado por las partes en el litigio*[39].

En el recurso de amparo planteado ante el TC la recurrente fundamenta su demanda en la vulneración del derecho a utilizar los medios de prueba pertinentes y la prohibición de indefensión toda vez que, habiendo sido propuesta y admitida la prueba del Derecho armenio aplicable por imperativo del artículo 107 del Código civil y habiendo aportado un principio de prueba de ese Derecho, resulta acreditada la diligencia de la parte

---

[38] Para un análisis de la problemática que suscita la aplicación del Derecho extranjero desde la perspectiva constitucional española, vid. S. ALVAREZ GONZÁLEZ, "La aplicación judicial del Derecho extranjero bajo la lupa constitucional", *R.E.D.I.*, 2002-1, pp. 205-223; J. MASEDA RODRÍGUEZ, "La aplicación judicial del Derecho extranjero: el nuevo régimen de la Ley de Enjuiciamiento civil y la reciente jurisprudencia del Tribunal Constitucional", *Actualidad Civil*, marzo 2002; V. CUARTERO RUBIO, "Prueba del Derecho extranjero y tutela judicial efectiva", *Derecho privado y Constitución*, núm. 14, 2000, pp. 21-61.

[39] STC 10/2000, de 17 de enero.

recurrente. Partiendo de estas circunstancias, el TC considera que, *a la luz de las garantías contenidas en el art. 24.1 CE, hubiese exigido de los órganos judiciales, y dadas las singularidades del caso de autos, una más activa participación en la consecución de dicha prueba una vez que la parte aportó un principio de prueba, sin que en momento alguno del procedimiento se de razón de por qué no se acudió a otras medidas complementarias, habida cuenta de la facultad que el propio art. 12.6 in fine del Código Civil confiere a los órganos judiciales.*"

Esta jurisprudencia constitucional introduce algunos cambios en los términos del debate planteado, considerando los siguientes extremos: El Derecho extranjero ha de ser aplicado a una situación privada internacional litigiosa por mandato de la norma de conflicto del foro. El órgano judicial no está obligado, en virtud del principio iura novit curia a conocer el Derecho designado y, consecuentemente, éste debe ser probado. La prueba, en principio, corresponde a las partes litigantes. Tanto demandante como demandado deben fundamentar sus pretensiones en el Derecho extranjero y acreditar la vigencia, contenido e interpretación de las disposiciones extranjeras en las que se fundamenta. El tribunal debe garantizar la correcta aplicación de nuestro ordenamiento jurídico y la tutela efectiva de los derechos e intereses de las partes litigantes. Tanto las partes como el órgano judicial deben actuar diligentemente en orden a averiguar y aplicar el Derecho extranjero designado. Los términos del debate ya no deben plantearse en orden a determinar si el órgano judicial y/o las partes deben intervenir en la prueba del Derecho extranjero. Al ser la aplicación del Derecho extranjero un mandato impuesto por la norma de conflicto del foro, la cuestión es determinar hasta dónde deben actuar, qué actuación es exigible a las partes y cuál al tribunal.

La interpretación del artículo 281.2 LEC debe efectuarse con arreglo a principios y valores constitucionales. Para los tribunales españoles, la obligación de procurar el conocimiento del derecho extranjero designado se deriva de la conjunción de los principios de tutela judicial efectiva, de seguridad jurídica y de la obligación de garantizar la correcta aplicación del ordenamiento jurídico español. Independientemente de la actividad efectuada por las partes, el tribunal debe intentar el conocimiento del Derecho extranjero. Nos encontramos, por tanto, ante una obligación genérica. Si las partes realizan cierta actividad probatoria, aunque sea mínima, aquella obligación genérica pasa a convertirse en un deber jurídicamente exigible con base en el artículo 24 CE pudiendo constituir, la inactividad del órgano judicial, una vulneración del derecho a la tutela judicial efectiva (prohibición de indefensión, derecho a utilizar medios de prueba pertinentes y a que se dicte una resolución sobre el fondo del asunto). La facultad que consagra el artículo 281 LEC se refiere a los medios de prueba que puede utilizar el tribunal para el conocimiento del Derecho extranjero.

Configurada en el ordenamiento jurídico español la intervención del órgano judicial y de las partes litigantes en orden a la prueba del Derecho extranjero designado aplicable por la norma de conflicto del foro en los términos expuesto, el sistema presenta notables diferencia con el previsto en Derecho portugués. En éste, de acuerdo con la doctrina mayoritaria[40], la prueba corresponde a la parte si bien el órgano judicial está obligado a procurar el conocimiento del Derecho extranjero que debe aplicar. La diferencia fundamental se encuentra en que mientras en el país vecino la intervención de los tribunales está expresamente establecida en una norma y configurada como una obligación, siempre que concurran las circunstancias exigidas[41], en nuestro ordenamiento la obligación de los órganos judiciales deriva únicamente de una interpretación, en los términos expuestos, conforme a valores y principios constitucionales.

Los tribunales españoles y portugueses que conocen de litigios relativos a situaciones privadas internacionales deben, en algunos supuestos, aplicar un Derecho extranjero por mandato imperativo de las normas de conflicto del foro. Los tribunales españoles, que no están obligados a conocer aquél Derecho, deberán intervenir en aras a su prueba, que corresponde a las partes litigantes, en función de la actitud de éstas. Los tribunales portugueses, aún correspondiendo de la prueba del Derecho extranjero a la parte que lo invoque, están obligados a investigar su conocimiento. Este enfoque se fundamenta en la necesidad de que los tribunales garanticen la tutela efectiva de los intereses y derechos de las partes así como la plena efectividad del sistema de Derecho internacional privado del foro. La propia naturaleza del objeto de la prueba, un Derecho extranjero, justifica estas soluciones. Cuestión distinta, que seguidamente abor-

---

[40] A.MARQUES DOS SANTOS, "A aplicaçao (...), cit, p. 661; A. FERRER CORREIA, *Liçoes de (...), cit, p. 428; L. DE LIMA PINHEIRO, Direito internacional privado (...), cit.*, pp. 455.

[41] Artículo 348 Código civil portugués: "2. *O cohecimento oficioso incumbe também ao tribunal, sempre que este tenha de decidir com base no direito consuetudinário, local ou estrangeiro e nenhuma das partes o tenha invocado, ou a parte contrária tenha reconhecido a sua existência e conteúdo ou nao haja deducido oposiçao.*"

daremos, es la que se suscita cuando el Derecho extranjero no es o no puede ser conocido.

IV. CONSECUENCIAS DEL DESCONOCIMIENTO DEL DERECHO EXTRANJERO.

En el ordenamiento jurídico portugués está previsto, en el párrafo tercero del artículo 348 CC, la aplicación de las normas de Derecho común portugués ante la imposibilidad de determinar el contenido del derecho extranjero designado aplicable. Este precepto debe interpretarse en íntima conexión con lo dispuesto en el artículo 23.2 del mismo cuerpo legal, en cuya virtud, *"Na impossibilidade de averiguar o conteúdo da lei estrangeira aplicável, recorrer-sé-à lei que for subsidiariamente competente, devendo adoptar-se igual procedimento sempre que nao for possível determinar os elementos de ipso ou de direito de que dependa a designaçao da lei aplicable"*. De acuerdo con los preceptos citados, la doctrina mayoritaria considera que antes de aplicar la lex fori, deben aplicarse conexiones subsidiarias y, sólo cuando esta solución no sea posible se recurrirá a la lex fori, para evitar supuestos de denegación de justicia[42].

El sistema español carece de disposición que resuelva la problemática que ahora abordamos, incluso tras la reforma de la Ley de enjuiciamiento civil. Debemos recurrir, por tanto, a las soluciones adoptadas por la jurisprudencia española. En un principio se consideró, en todo caso, la aplicación del Derecho español, en tanto que lex fori[43]. Esta solución, sin embargo, ha ido evolucionando y junto a ella en la actualidad también se admite la desestimación de la demanda[44]. La actuación de las partes, en este punto, resulta determinante a la hora de adoptar una u otra solución.

Conjugando el principio dispositivo que rige el proceso civil con los principios y valores constitucionales que deben informar la interpretación del artículo 281.2 LEC, se concluye, en principio, que las partes deben realizar cierta actividad probatoria, aunque sea mínima y el tribunal debe intervenir como garante pero no supliendo aquella actividad. Cuando la

---

[42] A.MARQUES DOS SANTOS, "A aplicaçao (...), cit, p. 665; J. BAPTISTA MACHADO, Liçoes (...), cit pp. 248; A. FERRER CORREIA, Liçoes de (...), cit, p. 430.

[43] SSTS de 16 de julio de 1991, de 23 de marzo de 1994; de 7 de septiembre 1990, de 4 de octubre de 1982, de 12 de enero de 1989, entre otras.

[44] SSTS de la Sala de lo Social, de 21 y 25 de mayo de 2001.

prueba del Derecho extranjero no es posible, la elección entre resolver el supuesto litigioso conforme a la lex fori o de dictar una sentencia desestimatoria, debe determinarse atendiendo a la actitud de las partes en el proceso. Distinguiríamos según la prueba del Derecho extranjero haya sido imposible de aquellos otros en los que la falta de prueba se deba bien a la actitud negligente de las partes bien a la inactividad del tribunal:

En el primer caso, cuando resulta imposible el conocimiento del Derecho extranjero, la aplicación de la lex fori resulta justificada, con base en el artículo 24 CE, para evitar supuestos de denegación de justicia[45]. Ahora bien, también las partes podrían proponer al tribunal una interpretación de la norma de conflicto que permitiera buscar la solución más acorde con los intereses que subyacen a la solución adoptada por el legislador. Determinar una conexión que también protegiera aquellos intereses.

En el segundo caso, cuando la falta de prueba se debe a la actitud negligente de las partes, en principio, la solución más acertada sería la desestimación de la demanda[46]. Pero, como se ha expuesto, es una solución de principio. Debe ser matizada distinguiendo según la actitud de cada parte, esto es, se distinguirán aquellos casos en los que una parte actúa diligentemente en aras a probar el Derecho extranjero en el que fundamenta su pretensión y la otra permanezca inactiva, de aquellos otros en los que ambas partes permanecen inactivas. Permaneciendo inactiva una parte y actuando la otra diligentemente, corresponderá al tribunal determinar si la documentación es prueba suficiente del Derecho extranjero. No teniendo que resolver, en todo caso, con sentencia desestimatoria. La amplísima facultad del juez, salvo que se establezcan unos criterios unificadores que determinen los medios de prueba necesarios para considerar acreditado el Derecho extranjero invocado, puede suscitar algunas dudas en relación con el principio de seguridad jurídica e incluso con el principio de igualdad pues puede ocurrir que un mismo órgano en asuntos idénticos investigue el Derecho extranjero en uno y no en otro. Esta es una de las cuestiones que subyace en la reciente sentencia del Tribunal Constitucional de 18 de octubre de 2004[47].

---

[45] A.L. Calvo Caravaca/J. Carrascosa González, "El Derecho extranjero y el Tribunal Supremo (…)", cit.

[46] P. Abarca Junco/M. Gómez Jene, "Alegación y prueba del Derecho extranjero (…)", cit., pp. 735; A.L. Calvo Caravaca/J. Carrascosa González, "El Derecho extranjero y el Tribunal Supremo (….)", cit.

[47] Las resoluciones impugnadas resuelven conforme a la legislación uruguaya, obrando en autos, en prueba documental, la Ley 12597 de 30 de diciembre de 1958 y juris-

En aquellos supuestos en los que ni demandante ni demandado se refieran al Derecho extranjero, la decisión más acertada es la desestimación de la demanda[48]. El juez sabe que se rige por un Derecho extranjero, en virtud del iura novit curia, y no puede suplir la mínima actividad probatoria exigible a las partes. No es acertado aplicar la lex fori porque ello sería dejar en manos de la voluntad de las partes la efectividad del Derecho internacional privado español, supondría defender que el sistema con-

---

prudencia uruguaya sobre la misma. Tanto la Sentencia del Juzgado de lo Social núm. 37 de Madrid de fecha 11 de julio de 2000 como la dictada por el Tribunal Superior de Justicia de Madrid, de fecha 20 de febrero de 2001, consideraron suficientemente acreditado el Derecho extranjero y decidieron conforme al mismo.

[48] En esta misma línea la SAP de Murcia de 11 de diciembre de 1995 en cuya virtud *"PRIMERO.- Del examen de los hechos y del contenido de la sentencia impugnada por la parte actora, D. M.S., en especial su f. d. 2.º, se desprende lo acertado del fallo del Juzgador recurrido al estimar que el objeto de litigio lo constituye un contrato internacional y que en relación con el mismo (…) se debe cuestionar cuál sea la Legislación nacional aplicable. Para ello es necesario acudir a las normas de conflicto de la legislación española que, a tenor de lo dispuesto por el art. 12,6 CC, son aplicables de oficio y son las que deciden cuál sea el derecho sustantivo aplicable a una determinada relación jurídica. En este sentido, y como ha puesto de manifiesto el Juzgador de instancia, tratándose de una obligación contractual derivada de un contrato de préstamo, calificado con arreglo a la Legislación española, a tenor de lo dispuesto en el art. 12,1 CC, la que relaciona a las partes hoy en litigio, ha de estarse a lo dispuesto en el art. 10,5 CC en cuanto al derecho nacional aplicable, que establece, en lo que a este asunto atañe, que "se aplicará a las obligaciones contractuales la ley a que las partes se hayan sometido expresamente, siempre que tenga alguna relación con el negocio de que se trate; en su defecto, la ley nacional común a las partes; a falta de ella, la de residencia habitual común, y, en último término, la ley del lugar de celebración del contrato". Y puesto que en el caso que se juzga por las partes no se pactó expresamente la ley que regularía el desarrollo de su relación contractual, ni tampoco existe una nacionalidad común a las partes, ni las mismas tienen una residencia habitual común, se debe aplicar, en virtud de lo determinado por el citado art. 10,5 CC, la ley del lugar de celebración del contrato. Y siendo el mismo, como expresamente se reconoce en el escrito de demanda y en el propio documento contractual aportado con la misma (documento dos), la localidad holandesa de 's-Gravendeel, la legislación aplicable será la holandesa y no la española que es la que se alega por el apelante. Y dado que para que sea aplicable el derecho extranjero en nuestro país, a tenor de lo dispuesto por el art. 12,5 CC, la persona que lo invoque "deberá acreditar su contenido y vigencia por los medios de prueba admitidos en la ley española", y ello no se ha producido, toda vez que el demandante y apelante ante esta Audiencia ha alegado, en contra de lo preceptuado por el art. 10,5 CC, la legislación española, que resulta inaplicable al presente caso, procede desestimar la presente apelación".*

flictual español tiene carácter dispositivo, lo que choca con lo dispuesto en el artículo 12.6 Cc[49].

Por último, cuando la falta de prueba del Derecho extranjero no se deba a la negligencia de partes sino a la inactividad del tribunal, debemos cuestionarnos cuál debe ser la actitud exigible al tribunal. La solución pasa por entender su intervención como garante de la legalidad y su actuación como garante de la tutela efectiva de los intereses de las partes. Si teniendo medios para la averiguación del Derecho extranjero, solicitado por las partes, no los pone en práctica, su actuación podría ser objeto de revisión constitucional por poder constituir una vulneración de los derechos consagrados en el artículo 24 CE. Ahora bien, si ninguna de las partes lo solicita, la solución puede ser/debe ser diferente. Su inactividad podría constituir una vulneración del derecho a la tutela judicial efectiva, de tal modo que las partes podrían recurrir la decisión adoptada tanto si la misma desestima la pretensión por falta de acreditación del Derecho extranjero como si resuelve con arreglo a un Derecho distinto a aquél designado aplicable por la norma de conflicto del foro. Sólo cuando, tras la intervención del tribunal, se continuara sin tener conocimiento suficiente del Derecho extranjero podría recurrirse a otras soluciones, como la aplicación de la lex fori, con base en el artículo 24 CE, para no incurrir en denegación de justicia. Solución que, como se ha expuesto, únicamente procede en los supuestos de imposibilidad material de conocer el Derecho extranjero designado aplicable, que es realmente ante el que nos encontraríamos.

A las soluciones expuestas, también se añade la posibilidad de que el tribunal proceda a la correcta aplicación del Derecho designado, independientemente de la actitud de las partes. Sería la más adecuada en orden a garantizar la plena efectividad del sistema de Derecho internacional pri-

---

[49] En este sentido se ha manifestado la jurisprudencia española, entre otras la SAP de Guadalajara de 13 de mayo de 2000 citando la STS de 19 de junio de 1991, al resolver que rigiéndose el supuesto, de acuerdo con la norma de conflicto española por un Derecho extranjero(…) *la invocación por la parte actora y la pretendida aplicación por el Tribunal de la ley española, violaría los principios y normas de derecho internacional privado vigentes, debiendo haberse alegado y probado por la parte demandante el derecho vigente sobre la materia en su país, sin cuyo requisito el enjuiciamiento de la acción ejercitada no resulta posible, puesto que la elección de la ley aplicable constituye materia de orden público, no pudiendo renunciarse por las partes a ella, ni ser subsanada por el tribunal español su falta de alegación mediante el mecanismo de la aplicación de la ley española, (….) y conforme con lo establecido en la S.T.S. 19-6-1991, que apuntó que, resultando incontrovertido que la pretensión deducida debe regirse por una normativa extranjera.*

vado, y si bien su admisión no plantea dudas en el ordenamiento jurídico portugués, no ocurre lo mismo en Derecho español, en el que no es posible la intervención de oficio del tribunal. El órgano judicial que conoce del litigio no está obligado al conocimiento del Derecho extranjero, únicamente podrá intervenir en la prueba. Ello no supone una contradicción con el principio dispositivo que rige el proceso civil toda vez que no se trata de probar un hecho (art. 281.2 LEC). La necesidad de aplicar y probar el Derecho extranjero deviene como consecuencia del mandato imperativo contenido en la norma de conflicto del foro y de no estar el juez obligado al conocimiento de aquél en virtud del principio iura novit curia. En el supuesto de que las partes ni invoquen ni prueben el Derecho extranjero, si el tribunal falla con arreglo a unas disposiciones que ni siquiera han sido alegadas por las partes litigantes se podría plantear la posible incongruencia de la resolución.

De cuanto antecede se desprende que, en el ordenamiento jurídico español, la aplicación de la lex fori únicamente debe efectuarse, con base en el artículo 24 CE para evitar un supuesto de denegación de justicia, cuando resulte imposible acreditar el Derecho extranjero reclamado por la norma de conflicto; y que el desconocimiento del Derecho extranjero por negligencia de partes puede dar lugar a la desestimación de la pretensión. En el ordenamiento jurídico portugués, en cambio, en este último supuesto, se puede resolver conforme al Derecho designado habida cuenta de la obligación impuesta al tribunal de investigar de oficio el Derecho extranjero.

NORMAS MATERIALES IMPERATIVAS O LEYES DE POLICÍA EN MATERIA DE TRABAJO:

SUS PROBLEMAS DE APLICACIÓN EN EL ESPACIO INTRACOMUNITARIO DE RELACIONES LABORALES

MIGUEL GARDEÑES SANTIAGO
Profesor Titular de Derecho internacional privado
Universidad Autónoma de Barcelona

SUMARIO: I. Presentación. II. Las leyes de policía en materia laboral en el contexto del tráfico externo: 1. Normas imperativas en materia de trabajo y remisión conflictual. 2. El método de las leyes de policía: A) Función y problemas de identificación. B) Las leyes de policía en el Convenio de Roma de 1980. III. Incidencia de las reglas de integración económica, y en particular del reconocimiento mutuo: 1. Significado del reconocimiento mutuo. 2. El impacto del reconocimiento mutuo en el ámbito de las relaciones laborales: la problemática de los trabajadores desplazados. IV. La reacción legislativa ante el reconocimiento mutuo: la Directiva 96/71, de 16 de diciembre de 1996: 1. Objetivos y ámbito de aplicación de la Directiva 96/71. 2. El esfuerzo de identificación de las leyes de policía en el ámbito laboral. V. Conclusión.

SUMMARY: The spatial application of labour laws is governed, not only by bilateral conflict rules (article 6 of the Rome Convention), but also by the unilateralist method of *lois de police* or overriding mandatory rules. The reason for this is that the goal of labour law is not only to protect the worker as a weak party (individual protection function), but also to protect market and public interests. This can be seen clearly in rules governing issues such as minimum wages. These overriding mandatory norms apply to every labour activity done on the State's territory, whatever law governs the contract. However, in the European Union the market integration rules, and particularly the mutual recognition rule, have had the effect of altering the traditional application criteria of national *lois de police*: when EU free circulation rules are at stake, the possibility of applying national mandatory norms becomes limited, as the *Arblade* case made clear.

The mutual recognition rule would not affect the content of national mandatory norms, but rather their scope of application: their application is limited in the case of services or products coming form other member States which afford an equivalent level of protection. Mutual recognition of service provider's conditions has given an excellent example of this: since *Rush Portuguesa* (1990) the ECJ has held that undertakings providing services in other member States may temporarily post their personnel in other States during the provision of the service, and that the host State can not apply to these temporarily posted workers all rules in force in its labour market (for instance, work authorisations for third country nationals). However, the Court has also said that in such cases the host State can impose some of its mandatory labour norms, such as those on minimum wages. The EU legislator reacted to this case-law by adopting Directive 96/71. Its main merit is to identify clearly a *noyau dur* of labour issues governed by overriding mandatory norms in the country of posting, which have to be necessarily complied with.

I. PRESENTACIÓN.

Aunque no tuve la suerte de poder conocer personalmente al profesor António Marques dos Santos, conocía y admiraba su obra, especialmente su monumental monografía *As normas de aplicaçao imediata no Direito internacional privado (Esboço de uma Teoria Geral)*[1], trabajo que constituye una referencia imprescindible en la materia y que me resultó de gran

---

[1] Coimbra, Almedina, 1991.

ayuda durante la preparación de mi tesis doctoral[2]. Una vez convertida ésta en monografía[3], se la envié al profesor Marques dos Santos, que me respondió con una carta que, lejos de limitarse a la fórmulas de cortesía al uso, contenía interesantes valoraciones y comentarios sobre mi trabajo. A partir de ese momento mantuvimos un contacto epistolar regular, durante el cual adquirimos la costumbre de intercambiar nuestros respectivos trabajos, y ello me dio la oportunidad de conocer y apreciar la extensión y profundidad de su obra. Fue precisamente con ocasión de uno de mis envíos al profesor Marques dos Santos que, con gran pesar, conocí la triste noticia de su fallecimiento. Las líneas que siguen inciden en un tema, el de las normas materiales imperativas o leyes de policía, que él cultivó con tanto esmero. Valgan, pues, como un modesto homenaje a su memoria.

La cuestión que me propongo abordar es la de los problemas de aplicación de las leyes de policía en materia de trabajo en el contexto de la Unión Europea. Es decir, no me propongo realizar un estudio general de la ley aplicable al contrato de trabajo[4], ni siquiera de la solución adoptada por el art. 6 del Convenio de Roma de 19 de junio de 1980 (CR)[5], sino únicamente abordar dos aspectos concretos del régimen de dichos contratos: el de cómo inciden en su regulación las leyes de policía –aplicables con independencia de la ley que rija el contrato-, y el de la influencia de los principios de integración comunitarios, y en particular de la regla de reconocimiento mutuo, sobre la aplicabilidad de dichas leyes de policía. Por último, se examinará la reacción del legislador comunitario ante la aplicación del reconocimiento mutuo, en concreto en el sector de los desplazamientos temporales de trabajadores efectuados en el marco de una prestación de servicios transnacional por parte de la empresa empleadora.

---

[2] *La aplicación de la regla de reconocimiento mutuo en la Comunidad Europea y su incidencia en las normas materiales imperativas de los Estados miembros: ¿hacia la regulación por el país de origen?*, Universitat Autònoma de Barcelona, 1997.

[3] *La aplicación de la regla de reconocimiento mutuo y su incidencia en el comercio de mercancías y servicios en el ámbito comunitario e internacional*, Madrid, Eurolex, 1999.

[4] Al respecto, R. M. MOURA RAMOS, *Da lei aplicável ao contrato de trabalho internacional*, Coimbra, Almedina, 1990; del mismo autor, "El contrato individual de trabajo", en A.-L. CALVO CARAVACA y L. FERNÁNDEZ DE LA GÁNDARA (dirs.), P. BLANCO-MORALES LIMONES (coord.), *Contratos internacionales*, Madrid, Tecnos, 1997, pp. 1883-1905.

[5] Tampoco abordaremos la problemática relativa a la futura reforma del Convenio de Roma y su posible conversión en un instrumento comunitario. De momento, el *Libro verde* de la Comisión de 14 de enero de 2003 (COM (2002) 654 final) se ha limitado a plantear una serie de problemas y alternativas de solución, pero sin formular propuestas concretas.

II. LAS LEYES DE POLICÍA EN MATERIA LABORAL EN EL CONTEXTO DEL TRÁFICO EXTERNO.

1. Normas imperativas en materia de trabajo y remisión conflictual.

La técnica de las normas de conflicto bilaterales, aunque ha sufrido un proceso de "materialización" o adaptación a las exigencias que se imponen en cada sector del Derecho material, sigue sin ser autosuficiente, y mucho menos en un contrato tan teñido de consideraciones de orden social como es el de trabajo. Por ello, la regulación de este contrato en el contexto del tráfico debe valerse de una pluralidad de técnicas de reglamentación[6]. El Convenio de Roma se hizo eco de esta realidad y, por ello, a pesar de que principalmente establece un sistema conflictual bilateral, se vio obligado a dar entrada a un método alternativo, de corte unilateralista, como es el de las normas materiales imperativas o leyes de policía[7].

Dentro de este tipo de normas, una distinción frecuente es aquella que distingue entre las que tienen un carácter protector de una determinada clase de personas y las que tienen un carácter "ordopolítico", "de dirección" o de actuación de intereses estatales o públicos[8]. La consecuencia básica de esta distinción sería que, en el caso de las normas de finalidad protectora, dicha finalidad podría incorporarse a la norma de conflicto bilateral, mientras que no ocurriría lo mismo en el caso de las normas "ordopolíticas" o tributarias del interés estatal, para las que se requeriría una conexión específica que tuviera únicamente en cuenta sus objetivos de interés público[9]. Pues bien, a mi juicio, la clave para entender la incidencia de las normas imperativas en materia laboral es que éstas tienen una doble naturaleza: por una parte, tienen claramente una finalidad protectora del trabajador, pero al mismo tiempo cumplen una importante función ordenadora del mercado, objetivo que indudablemente es de interés público.

---

[6] En general, sobre el pluralismo metodológico en la regulación de tráfico externo, H. BATIFFOL, "Le pluralisme des méthodes en droit international privé", *RCADI*, t. 139, 1973-II, pp. 79-146.

[7] Afirma en este sentido J. D. GONZÁLEZ CAMPOS que la doctrina europea y el CR se habrían orientado hacia una "arquitectura dualista" en la que ambos métodos convivirían ("Diversification, spécialisation, flexibilisation et matérialisation des regles de droit international privé. Cours général", *RCADI*, t. 287, 2000, pp. 369-370.

[8] Por ejemplo, J. D. GONZÁLEZ CAMPOS, *loc. cit.*, pp. 371-376; M. VIRGÓS SORIANO, Comentarios a los artículos 10.5 y 10.6 del Código civil, en *Comentarios al Código Civil y Compilaciones Forales*, tomo I, vol. 2, Madrid, Edersa, 1995, pp. 680-681 y 684-686.

[9] M. VIRGÓS SORIANO, *loc. cit.*, pp. 680-681.

Sería el caso, por ejemplo, de las normas sobre edad mínima para trabajar y trabajo de menores, sobre salario mínimo o sobre limitación del tiempo de trabajo[10]. En nuestra opinión, esta doble naturaleza repercutiría en el plano del tráfico externo: en ocasiones, el Derecho imperativo laboral podrá vehicularse a través de la designación efectuada por las normas de conflicto bilaterales, mientras que en otras ocasiones su aplicación vendrá determinada por otros criterios.

Empezando por el primer supuesto, es evidente que buen número de disposiciones imperativas en materia laboral se aplicarán a través de la remisión conflictual efectuada por el art. 6 CR. Es decir, cuando esta disposición designa un determinado ordenamiento, se aplicarán el conjunto de sus disposiciones que afecten al contrato de trabajo, y entre ellas las de carácter imperativo, entendiendo aquí por disposiciones imperativas aquellas que no sean derogables por contrato[11], es decir, disposiciones "simplemente imperativas" o imperativas en sentido interno, que se aplicarán siempre que resulte aplicable el ordenamiento en el que se insertan[12]. A decir verdad, sin embargo, en esta situación no tiene demasiado sentido intentar discernir si las normas del ordenamiento designado (por ejemplo, las que establecieran un mínimo de derechos económicos para el trabajador) son simple o internacionalmente imperativas, puesto que lo único que contaría es que pudieran considerarse reclamadas por el mandato de la norma de conflicto.

En un planteamiento conflictual clásico, la inaplicación excepcional de tales normas se produciría en virtud de la reserva de orden público, reserva que tampoco falta en el CR (art. 16). Ahora bien, la excepción de orden público sólo podría actuar en caso de contradicción manifiesta con los principios esenciales del foro[13]. En el campo concreto de las relacio-

---

[10] Por ejemplo, en relación a estas últimas, M. VIRGÓS SORIANO, ha puesto de relieve que también tendrían un objetivo de reparto del trabajo disponible, para así aumentar el número de personas que pueden acceder a un empleo (*loc. cit.*, p. 681).

[11] En este sentido, es muy clara la sentencia de la *Cour de Cassation* francesa (*Chambre Sociale*), de 12 de noviembre de 2002, cuando identifica los normas imperativas del art. 6 CR con aquellas que no pueden ser derogadas por voluntad de las partes (*Rev. crit. dr. int. pr.*, núm. 3, julio-septiembre de 2003, nota de F. JAULT, pp. 446-462).

[12] Sobre la distinción entre normas simple e internacionalmente imperativas, vid. J. C. FERNÁNDEZ ROZAS y S. SÁNCHEZ LORENZO, *Derecho internacional privado*, Madrid, Thomson / Civitas, 3ª edición, 2004, p. 466.

[13] En el plano doctrinal, sin embargo, la concepción tradicional de la reserva de orden público ha sido contestada. Por ejemplo, en España J. L. IGLESIAS BUHIGUES ("Reflexiones en torno al objeto y función del Derecho internacional privado", *Revista Española*

nes laborales, pueden identificarse una serie de principios básicos, de tal manera que cualquier ley extranjera que los vulnere devendría inaplicable. Así, por ejemplo, serían contrarias a nuestro orden público las leyes que permitieran el compromiso laboral vitalicio por parte del trabajador, las que limitaran de manera excesiva su derecho a cambiar de trabajo, las que llevaran a cabo discriminaciones inadmisibles, o las que concedieran al empresario un poder disciplinario excesivo[14]. Es más, en los Estados de la Unión Europea existiría, junto al orden público "nacional", un orden público "comunitario", conformado con los principios básicos inherentes al sistema de la UE. Concretamente en materia social, existiría un núcleo común de derechos básicos, que encontrarían reflejo tanto en instrumentos propios de la UE – como por ejemplo la Carta de Derechos Fundamentales de la UE, de 7 de diciembre de 2000[15], o la Directiva 2000/78, de 27 de noviembre de 2000, por la que se establece un marco general para la igualdad de trato en el empleo[16] – como en los de otras organizaciones, como el Consejo de Europa o la Organización Internacional del Trabajo.

---

de Derecho Internacional, 1983, pp. 40-41) y A. SOPEÑA MONSALVE ("Las "excepciones" de "orden público" y de "fraude a la ley": una aproximación crítica", *Revista Española de Derecho Internacional*, 1982-1, pp. 447-460) han sostenido que el planteamiento tradicional de esta reserva como excepción partiría de un error en cuanto a la determinación del ámbito de aplicación de las normas. Es decir, en aquellos casos en que esté en juego el orden público del foro, no habría lugar para la aplicación de un Derecho extranjero, puesto que en tal caso sería clara la voluntad de aplicación de las normas del foro. Por tanto, explicar la aplicación del Derecho del foro por vía de "excepción" sería un error, porque en este caso la norma de conflicto del foro que reclama a un Derecho extranjero habría resultado incorrectamente aplicada. Este planteamiento, por tanto, difuminaría las diferencias entre la vertiente "negativa" del orden público (excepción a la aplicación del Derecho extranjero) y su vertiente "positiva" (aplicación directa del bloque de normas de aplicación inmediata del foro) en cuanto que en ambos casos se prescindiría de la intermediación de la norma de conflicto bilateral.

[14] Al respecto, F. GAMILLSCHEG, "Rules of Public Order in Private International Labour Law", *RCADI*, t. 181, 1983-III, pp. 303-304.

[15] DOCE C 364, de 18 de diciembre de 2000; texto hoy incorporado al Tratado por el que se establece una Constitución para Europa, firmado el 29 de octubre de 2004 (texto en DOUE C 310, de 16 de diciembre de 2004).

[16] DOCE L 303, de 2 de diciembre de 2000; dicho texto fue adoptado en base al nuevo artículo 13 del Tratado CE, introducido en 1997 por el Tratado de Amsterdam, que permite a la Unión Europea legislar en materia de medidas antidiscriminatorias, concretamente por razón de sexo, raza, religión o convicciones, discapacidad, edad u orientación sexual.

2. El método de las leyes de policía.

A) *Función y problemas de identificación.*

Como decía antes, la regulación de las relaciones laborales participa, no únicamente de un carácter protector, sino también de una naturaleza ordenadora del mercado[17]. Evidentemente, esta segunda vertiente es mucho más difícil de encajar en la técnica conflictual bilateral, que fundamentalmente está pensada para la resolución de conflictos privados. Por ello, en determinados casos, las normas imperativas en materia laboral, para garantizar su aplicación eficaz, deben valerse de un método alternativo o "competidor" del de la norma de conflicto bilateral, que es el de las leyes de policía[18]. Esta situación se dará en múltiples ocasiones, sobre todo por cuanto se refiere al Derecho público de ordenación del mercado laboral, cuyo carácter de ley de policía resulta indiscutible, y cuya aplicación por lo general suele encomendarse a autoridades administrativas[19]. Ahora bien, estas normas jurídico-públicas pueden tener una incidencia en las relaciones *inter partes* y, al mismo tiempo, determinadas normas genuinamente contractuales podrían considerarse leyes de policía, como por ejemplo las que regulan el salario mínimo.

En definitiva, en el ámbito de las relaciones laborales, puede ser difícil distinguir los aspectos jurídico-públicos de los privados, puesto que en muchos casos una misma conducta puede generar consecuencias tanto en el plano administrativo, o incluso penal, en cuanto suponga una infracción, y en el de las relaciones *inter partes*, en cuanto suponga un incumpli-

---

[17] Así, por ejemplo, A. QUIÑONES ESCÁMEZ señala, a propósito de las normas sobre salario mínimo, que no tienen como única finalidad la protección de las partes contratantes, sino también otras, como la garantía de una competencia leal entre empresas y evitar el *dumping* social ("Otra lectura de la jurisprudencia del TJCE sobre desplazamiento de trabajadores (del asunto *Arblade* al *Portugaia*)", *Revista de Derecho Comunitario Europeo*, núm. 12, mayo / agosto de 2002, pp. 440-443.

[18] Además de la ya citada monografía del profesor Marques dos Santos, otras aportaciones recientes al estudio de las normas de policía o de aplicación inmediata han sido las de A. BONOMI, *Le norme imperative nell diritto internazionale privato*, Zürich, Schulthess Polygraphischer Verlag, 1998; A. NUYTS, "L'application des lois de police dans l'espace (Réflexions au départ du droit belge de la distribution commerciale et du droit communautaire)", *Rev. crit. dr. int. pr.*, 1999, núm. 1, pp. 31-74, y núm. 2, pp. 245-265; M. WOJEWODA, "Mandatory Rules in Private International Law", *Maastricht Journal of European and Comparative Law*, núm. 2, 2000, pp. 183-213.

[19] Al respecto, F. GAMILLSCHEG, *loc. cit.*, pp. 329-331.

miento contractual. Si la aplicación de las leyes de policía se plantea en un contexto ajeno a la relación contractual, por ejemplo en el marco de un procedimiento sancionador, los problemas de tráfico externo se reducirían a la determinación del alcance de la ley del foro desde un punto de vista unilateral. A este respecto, debe decirse que el vínculo tradicionalmente retenido para determinar si una conducta entra o no dentro de las previsiones de una ley de policía laboral es el territorial: las normas se aplicarán en la medida en que la actividad de trabajo se localice en el propio territorio, independientemente de cualquier otro factor. Además, la competencia de la autoridad seguirá a la de la ley, de tal manera que la autoridad administrativa sólo resultaría competente en la medida en que su propia ley fuera aplicable[20].

La aplicación de las leyes de policía puede plantearse también en un contexto de Derecho privado, y particularmente en un contexto contractual[21]. El primer problema que aquí se planteará es el de la identificación de tales normas, puesto que su rasgo diferenciador, en un contexto contractual, es el de reclamar imperativamente su aplicación sea cual fuere la ley aplicable al contrato. No es este el lugar apropiado para entrar a fondo en tan espinoso problema[22]. Baste simplemente señalar que, a mi juicio, dicha voluntad de aplicación tanto puede ser expresa, cuando la norma contenga un indicador de su ámbito de aplicación espacial, como implícita, cuando de su finalidad y contenido pueda deducirse cuál es su voluntad de aplicación[23]. No cabe ocultar, sin embargo, que determinar en cada caso concreto si una disposición es una norma simplemente imperativa, inderogable por contrato, o bien una auténtica ley de policía puede no ser

---

[20] En este sentido, F. GAMILLSCHEG, *loc. cit.* p. 330; con carácter más general, P. MAYER, "Le rôle du Droit public en Droit international privé", *Revue Internationale de Droit Comparé*, núm. 2, 1986, pp. 467-485.

[21] Generalmente, la incidencia de las leyes de policía en el ámbito de las relaciones *inter privatos* ha sido estudiada respecto a las relaciones contractuales (en la doctrina española, por ejemplo, la obra de I. GUARDANS CAMBÓ, *Contrato internacional y Derecho imperativo extranjero*, Pamplona, Aranzadi, 1992). Ahora bien, debe constatarse que dicha incidencia también puede plantearse en otros contextos de Derecho privado, como el de las obligaciones extracontractuales; *vid.*, por ejemplo, el proyecto de Reglamento comunitario sobre ley aplicable a las obligaciones extracontractuales presentado por la Comisión el 22 de julio de 2003 (COM (2003) 427 final), cuyo art. 12 se refiere a las *"leyes de policía"* y cuyo art. 13 alude a las *"normas de seguridad y comportamiento"*.

[22] A este respecto, *vid.*, por ejemplo, A. BONOMI, *op. cit.*, pp. 138-221.

[23] Ya tuve ocasión de pronunciarme al respecto en mi obra *La aplicación...*, pp. 118-120.

sencillo. Un claro ejemplo en la jurisprudencia lo encontramos en determinadas normas protectoras del agente comercial: en el conocido caso *Ingmar*, de 9 de noviembre de 2000 (as. C-381/98), el TJCE las consideró leyes de policía, cuya aplicación resultaba obligada siempre que el agente desarrollara su actividad en territorio comunitario, incluso cuando el contrato se hubiera sometido a la ley de un Estado tercero[24], mientras que apenas veinte días después la *Cour de Cassation* francesa llegó justamente a la solución contraria: las consideró normas simplemente imperativas, pero no auténticas leyes de policía y, por tanto, sólo resultarían aplicables en la medida en que el ordenamiento en el que se insertaran rigiera el contrato[25]. En el ámbito laboral, un ejemplo significativo en la jurisprudencia española sería el de las normas que rigen el despido. Es claro que constituyen normas imperativas en sentido interno y, por tanto, deberán aplicarse siempre que el contrato se rija por la ley española; ahora bien, si lo rige una ley extranjera, ¿cabe deducir de su finalidad que serían aplicables a título de leyes de policía siempre que el trabajador desarrollara su actividad en España? Cabe responder que nuestra jurisprudencia no siempre ha dado la misma respuesta al respecto, como demostrarían claramente los hechos que dieron lugar al recurso de amparo que desembocó en la sentencia del Tribunal Constitucional 33/2002, de 11 de febrero[26].

Esta dificultad de identificación de las normas materiales imperativas o de aplicación inmediata habría conducido a un importante sector doctrinal a impugnarlas, por considerar que su admisión pone en peligro la seguridad jurídica. A juicio de estos autores, la voluntad de aplicación de una norma sea cual fuere la ley rectora del contrato o de la relación jurídica sólo puede admitirse en la medida en que el legislador la haya establecido expresamente, a través de la correspondiente norma de extensión. Por

---

[24] Sobre este interesante caso, A. FONT SEGURA, "Reparación indemnizatoria tras la extinción del contrato internacional de agencia comercial: imperatividad poliédrica o el mito de Zagreo", *Revista de Derecho Comunitario Europeo*, 2000, pp. 259-279.

[25] Sentencia de 28 de noviembre de 2000 de la *Chambre Commerciale*; nota de J.-M. JACQUET en *Journal de Droit International*, núm. 2, 2001, pp. 511-523.

[26] Tratándose de una trabajadora despedida mientras desempeñaba sus funciones en España, nuestros Tribunales del orden social, y concretamente la sentencia del Tribunal Superior de Justicia de Madrid de 30 de octubre de 1997, se negaron a aplicar las disposiciones españolas relativas al despido, por considerar que no constituían leyes de policía (antecedente de hecho segundo de la STC); en otros casos, en cambio, las normas españolas relativas al despido han sido consideradas leyes de policía, imperativamente aplicables a toda relación de trabajo que se lleve a cabo en territorio español; en este sentido, la sentencia del Tribunal Supremo de 10 de diciembre de 1990 (*RAJ* 9762).

tanto, no cabría deducir de la finalidad de la norma su voluntad implícita de aplicación o, lo que es lo mismo, no cabría admitir la aplicación "directa" de una norma material del ordenamiento, sin la intermediación de una norma de Derecho internacional privado que ordene su aplicación. En definitiva, no correspondería al juez o al intérprete una tarea – la de "extender" la aplicabilidad de determinadas normas internas a supuestos de tráfico externo – que sólo correspondería al legislador[27]. Es cierto que no pueden desconocerse los riesgos en que se fundamentan estas críticas, riesgos que pondrían de manifiesto ejemplos como los anteriores. Sin embargo, y como ya tuve ocasión de exponer en otro lugar[28], entiendo que, a pesar de dichos riesgos, en un contexto de Derecho privado no sería contrario a los criterios de interpretación de las normas generalmente admitidos que, por vía de interpretación teleológica, una norma pueda considerarse aplicable también a los supuestos de tráfico externo, siempre que dicha voluntad de aplicación se deduzca claramente de su contenido y finalidad[29].

B) *Las leyes de policía en el Convenio de Roma de 1980:*

Dejando de lado los problemas de identificación de las leyes de policía, y antes de analizar el trato que les dispensa el CR, cabe señalar que el resultado de la aplicación de dichas leyes puede ser una situación de concurso de normas, en la medida en que el contrato en general se rija por una ley y determinados aspectos del mismo queden sometidos a la normas de policía de otro ordenamiento. En materia laboral, un ejemplo muy ilustrativo en la jurisprudencia española sería el de la sentencia del Tribunal Supremo de 7 de julio de 1997[30]: se trataba de tripulantes de aeronave contratados por una compañía aérea española en Austria, para efectuar rutas en el extranjero. Aunque los contratos se sometieron a la ley austríaca, el

---

[27] En la doctrina española, A.-L. CALVO CARAVACA y J. CARRASCOSA GONZÁLEZ, *Derecho internacional privado. Volumen I*, Granada, Comares, 2004, 5ª edición, pp. 189-190.

[28] *La aplicación...*, *cit.*, pp. 114-119.

[29] En cambio, si la aplicación de la norma se planteara en un contexto de Derecho penal o sancionador, debido a los rigurosos criterios de interpretación en este ámbito, sí que habría que ser mucho más estricto a la hora de apreciar las condiciones de aplicabilidad de la norma, debiendo exigirse una indicación expresa del legislador en cuanto a la posibilidad de aplicación "extraterritorial" de la misma.

[30] Sala Social, *RAJ* 5565.

TS pone de relieve que determinadas normas españolas sobre navegación aérea (descansos, licencias...) revestían el carácter de normas de policía y debían aplicarse imperativamente, teniendo en cuenta que los aviones estaban registrados en España. Ahora bien, matiza que: *"...ello no afecta a la determinación de la ley aplicable al contrato, sino sólo a la integración parcial del contenido contractual con una serie de disposiciones imperativas de nacionalidad distinta a las que se han determinado como contenido principal del contrato"*[31].

Siguiendo la sistemática del CR, cabría distinguir en función del ordenamiento en el que se insertaran las leyes de policía: si es el del propio foro, serán rigurosamente aplicables sea cual fuere la ley aplicable al contrato (art. 7.2). Aquí, sin embargo, debe hacerse una precisión: muchas normas en el ámbito de las relaciones laborales se limitan a establecer un contenido mínimo de derechos, pero en modo alguno excluyen una protección mayor. Por ello, aun cuando pudieran considerarse leyes de policía (por ejemplo, las reguladoras del salario mínimo), sería excesivo afirmar que prescinden completamente de lo que pueda decir la ley extranjera que regule el contrato. Si ésta otorga una protección igual o mayor, no existirá inconveniente alguno en aplicarla[32]. Por tanto, será preciso apreciar en cada caso si, por su finalidad, la norma debe realmente aplicarse en todo caso o únicamente cuando la ley extranjera aplicable no garantice como mínimo el mismo nivel de protección.

Caso de que la ley de policía no sea la del propio foro, el CR estableció, en su artículo 7.1, lo que el profesor Marques dos Santos denominaba una "norma de reconocimiento" de las reglas de aplicación inmediata extranjeras[33]. No voy a adentrarme ahora en el análisis detallado de una disposición que tanta tinta ha hecho correr. Baste recordar que faculta al juez para que, en atención a las circunstancias del caso, pueda "dar efecto"

---

[31] Fundamento Jurídico 5.

[32] Al respecto, *vid*. F. POCAR, "La protection de la partie faible en droit international privé", *RCADI*, t. 188, 1984-V, pp. 399-400; J.C. FERNÁNDEZ ROZAS y S. SÁNCHEZ LORENZO, *op. cit.*, p. 125; un claro ejemplo sería el del art. 3.5 de la Ley 45/1999, sobre desplazamientos de trabajadores en el marco de una prestación de servicios transnacional, cuando establece, en relación a las obligaciones de los empresarios que desplacen temporalmente a sus trabajadores a España, que *"lo dispuesto en este artículo se entiende sin perjuicio de la aplicación a los trabajadores desplazados de condiciones de trabajo más favorables derivadas de lo dispuesto en la legislación aplicable a su contrato de trabajo, en los convenios colectivos o en los contratos individuales de trabajo"*.

[33] *Direito internacional privado. Introduçao – I Volume*, Lisboa, Associaçao Académica da Faculdade de Direito, 2001, pp. 300-307.

o no a la ley de policía extranjera, dándole así la posibilidad de tomarla en consideración. Aunque semejante posibilidad no ha estado exenta de críticas, que le reprochan su indeterminación[34], entiendo que es positiva, puesto que permite tener en cuenta la incidencia que las más variadas normas de intervención pueden tener sobre la vida del contrato, modulando sus efectos sobre el mismo (así, por ejemplo, para valorar si el hecho de que exista una determinada prohibición en el país en el que deba efectuarse una conducta justifica o no un posible incumplimiento). Es decir, en el fondo el art. 7.1 se limitaría a plantear un problema y a ofrecer alguna orientación. En el ámbito concreto de las relaciones laborales, su aplicación también estaría perfectamente justificada, especialmente para valorar el impacto sobre el contrato de las normas de orden público del Estado donde se lleve a cabo la actividad, cuando su ley no sea ni la del foro ni la que rija el contrato[35]. Es más, la aplicación de la regla del art. 7.1 en situaciones de parte débil contractual tendría otra ventaja: al ofrecer al juez tan amplias facultades de ponderación, permitiría orientar la solución concreta en el sentido de maximizar la protección de la parte débil[36]. Ello es especialmente cierto si se tiene en cuenta que, al fin y al cabo, el sistema de designación de la ley aplicable con arreglo a criterios objetivos del art. 6.2 del CR está presidido, no por el principio de mayor protección, sino por la idea de proximidad o mayor vinculación entre el contrato y un determinado sistema jurídico.

---

[34] Por ejemplo, G. KEGEL, "The Role of Public Law in Private International Law: German Report", en F.-E. KLEIN (ed.), *Colloque de Bâle sur le rôle du droit public en droit international privé*, Basilea, Helbing & Lichtenhahn, 1991, pp. 59-62.

[35] Al respecto, J.C. FERNÁNDEZ ROZAS y S. SÁNCHEZ LORENZO, *op. cit.*, p. 483; igualmente, M. VIRGÓS SORIANO pone de relieve que la existencia de una norma de conflicto bilateral de corte tuitivo como el art. 6 del CR no impide la aplicación de las disposiciones de policía laboral por la vía de su art. 7, conviviendo así la técnica bilateral y la unilateral (*loc. cit.*, pp. 681-682); otras disposiciones de nuestro ordenamiento ya recogían esta idea: así, el art. 1.4 del Estatuto de los Trabajadores declaraba la aplicación "extraterritorial" del Derecho laboral español en determinados supuestos, aunque sin perjuicio del orden público del Estado de realización de la actividad; ejemplos en la jurisprudencia pueden encontrarse en las sentencias del Tribunal Supremo de 18 de febrero de 1981 (*RAJ* 722; para valorar la procedencia o no de un despido, se tuvo en cuenta que, al protagonizar unos disturbios dentro de su empresa, los trabajadores habían infringido la ley de Yemen del Norte, lugar donde trabajaban por cuenta de una empresa española), de 26 de octubre de 1982 (*RAJ* 6251) y de 27 de noviembre de 1982 (*RAJ* 6899); estas dos últimas tuvieron en cuenta la prohibición del derecho de huelga que existía en la República Sudafricana, lugar donde se efectuaba la actividad.

[36] En este sentido, F. POCAR, *loc. cit.*, pp. 403-408.

Por último, cabe preguntarse por la suerte de las leyes de policía que pertenezcan al ordenamiento rector del contrato de trabajo. El problema que aquí se plantea es el de determinar si las normas materiales imperativas o leyes de policía de un determinado ordenamiento pueden o no considerarse reclamadas por el mandato de aplicación contenido en una norma de conflicto bilateral. Se ha sostenido que ello no es posible, con el convincente argumento de que tales normas poseerían criterios de aplicabilidad específicos, distintos de los que tienen en cuenta las normas de conflicto bilaterales[37]. Aun siendo ello cierto, en mi opinión es preciso distinguir aquellos casos en que exista una relación de indisociabilidad entre los elementos de carácter intervensionista y la relación contractual de aquellos en que no exista tal indisociabilidad. En el primer supuesto las normas de policía estarían tan fuertemente imbricadas en la dinámica contractual que no existiría inconveniente en aplicarlas por la vía de la remisión conflictual efectuada por el art. 6 CR, en tanto que *lex causae* o Derecho rector del contrato (sería el caso, por ejemplo, de las leyes que establecen un umbral mínimo de derechos económicos para el trabajador). En tales casos, el art. 6 CR constituiría un cauce idóneo para aplicar, no sólo las normas "simplemente imperativas" del ordenamiento rector del contrato, sino también algunas de sus leyes de policía[38]. En cambio, cuando no se diera una situación de indisociabilidad entre los elementos de carácter intervencionista y los relativos a la relación contractual, debiera estarse únicamente a los criterios de aplicación de la propia ley de policía. Sería el caso, por ejemplo, de las normas de seguridad en los establecimientos industriales. Al tratarse de un aspecto claramente separable del régimen del contrato, debieran tenerse en cuenta únicamente los criterios de aplicabilidad de las normas consideradas.

---

[37] Esta postura era la que sostenía el profesor MARQUES DOS SANTOS, al negar que las leyes de aplicación inmediata, fueran de la clase que fueran, pudieran aplicarse por la vía de las normas de conflicto bilaterales, requiriéndose para su aplicación una conexión especial que dependería de su finalidad. El método de las normas de aplicación inmediata sería, en consecuencia, antitético del de los conflictos de leyes (*Direito...*, *cit.*, pp. 247-307).

[38] Señala a este respecto A. NUYTS que el ensanchamiento de la categoría de las leyes de policía a aquellas que persigan una finalidad de protección individual comportaría que su aplicación se hiciera depender de la mayor o menor proximidad de la parte débil, y que – a diferencia de lo que ocurriría con la concepción tradicional de las normas de aplicación inmediata, cuya aplicación quedaba circunscrita a un determinado territorio – éstas pudieran también aplicarse a contratos localizados en el extranjero (*loc. cit.*, pp. 31-74).

III. INCIDENCIA DE LAS REGLAS DE INTEGRACIÓN ECONÓMICA, Y EN PARTICULAR DEL RECONOCIMIENTO MUTUO.

1. Significado del reconocimiento mutuo.

En el contexto de la Unión Europea se ha producido una evolución ciertamente singular, porque la aplicación de las reglas de integración – verdadera Constitución material de la UE[39] – ha tenido como consecuencia una limitación de la aplicabilidad de las leyes de policía de los Estados miembros[40]. La primera de ellas sería la de no discriminación, plasmada con carácter general en el artículo 12 TCE, y que encuentra concretas manifestaciones en las normas específicas sobre cada una de las libertades económicas. Su efecto sería el de hacer inaplicables, respecto de las personas, productos o servicios de otros Estados miembros, las disposiciones discriminatorias por razón de la nacionalidad o del origen que existan en las leyes de los Estados miembros. Por ejemplo, en materia de relaciones laborales, un supuesto muy ilustrativo sería el de la exigencia de permiso de trabajo, exigencia que indudablemente debe calificarse como ley de policía. Ahora bien, en virtud del principio de no discriminación por razón de nacionalidad, no puede requerirse a los ciudadanos de otros Estados miembros, por lo que el ámbito de aplicación *ratione personae* de las disposiciones que lo exigen quedaría sensiblemente reducido.

Ahora bien, sin que por supuesto ello implique despreciar la importancia de la regla de no discriminación, la verdadera "revolución" que se ha dado en el contexto intracomunitario respecto a la aplicabilidad de las

---

[39] En este sentido, B. VILÀ COSTA ha señalado acertadamente que las reglas básicas de libre circulación, y la interpretación y aplicación que de ellas se ha dado, han ido construyendo a lo largo los años un auténtico marco constitucional de la UE (en sus propias palabras, *"se ha hecho camino al andar"*), dato que no debiera olvidarse en el momento actual, en el que se plantea una constitucionalización formal del proceso de integración europea, si se quiere evitar el riesgo de generar una Constitución *"amnésica"* de su propio origen ("Identidad europea y mercado interior: un modelo constituyente", *Revista Española de Derecho Europeo*, núm. 2, 2002, pp. 213-247); sobre el valor constitucional de los principios del mercado único, *vid.* también J. BAQUERO CRUZ, *Entre competencia y libre circulación. El Derecho constitucional económico de la Comunidad Europea*, Madrid, Civitas, 2002.

[40] Sobre la incidencia de las libertades comunitarias en el funcionamiento de las normas materiales imperativas de los Estados miembros, *vid.* mi obra *La aplicación..., cit.* y el trabajo de J. FETSCH, *Eingriffsnormen und EG-Vertrag – Die Pflicht zur Anwendung der Eingriffsnormen anderer EG-Staaten*, Tübingen, Mohr Siebeck, 2002.

leyes de policía de los Estados miembros ha venido de la mano de la regla de reconocimiento mutuo, de origen jurisprudencial y más tarde consolidada en el plano legislativo[41]. Su importancia se debe a que permite neutralizar, ya no las normas discriminatorias, sino las indistintamente aplicables, siempre que comporten efectos restrictivos del comercio intracomunitario que resulten excesivos. Es decir, en virtud del reconocimiento mutuo, siempre que se dé una posibilidad de afectación del comercio entre los Estados miembros, las leyes de policía del Estado receptor de las mercancías o servicios procedentes de otros Estados perderían su rigurosa imperatividad, en el sentido de que, al plantearse su aplicación, debería tenerse en cuenta si las normas del Estado de origen del producto o servicio permiten alcanzar un resultado equivalente.

Por tanto, la operación del reconocimiento mutuo tendría dos consecuencias: la primera sería que, en presencia de productos o servicios procedentes de otros Estados miembros, las leyes de policía reguladoras del mercado perderían la característica de su rigurosa aplicabilidad en todo el territorio; es decir, se limitaría la aplicación de la propia ley de policía, o al menos su aplicación indiscriminada. Ello habría sido claramente puesto de manifiesto en el caso *Arblade*, resuelto por la sentencia del TJCE de 23 de noviembre de 1999[42], en el que quedó claro que el problema de la aplicabilidad de las leyes de policía en situaciones afectadas por las normas comunitarias de libre circulación deriva, no tanto de su contenido material, sino de su voluntad de aplicación o "extensión" a las situaciones de carácter intracomunitario. Ello se debe en gran medida a los términos en que la jurisdicción belga planteó la cuestión prejudicial, brindando al TJCE una inmejorable ocasión para poner de manifiesto aspectos que en la jurisprudencia anterior sólo aparecían de manera implícita: plantea por vez primera el carácter de "leyes de policía" de determinadas normas en materia laboral y la influencia que dicha caracterización pudiera tener en la solución del caso, a la luz de las exigencias de la libre prestación de servicios. Planteado así el problema, el TJCE se vio obligado a resolver la cuestión desde el prisma de la delimitación del ámbito de aplicación de las normas,

---

[41] Sobre esta regla, ampliamente, mi antes citada obra *La aplicación...*, esp. pp. 47--102 y 177-312; en la doctrina española, *vid*. también M. GUZMÁN ZAPATER, "El principio de reconocimiento mutuo: ¿un nuevo modelo para el DIPr comunitario?", *Revista de Derecho Comunitario Europeo*, enero/junio de 1998, pp. 137-170.

[42] As. C-369/96 y C-376/96; nota de M. FALLON, *Rev. crit. dr. int. pr.*, oct.-dic. de 2000, pp. 728-737.

lo que le condujo a revisar su jurisprudencia bajo esta nueva luz[43]. De ello puede extraerse una clara consecuencia: el reconocimiento mutuo no obligaría a los Estados a modificar el contenido material de sus leyes de policía, sino únicamente a limitar su ámbito de aplicación en determinados casos, cuando estén en juego las libertades de circulación. Por tanto, el tradicional carácter rigurosamente imperativo de las leyes de policía únicamente se mantendría inalterado cuando se aplicaran a la industria o prestadores de servicios locales[44].

La segunda consecuencia derivaría de la primera: si se produce un repliegue de la norma del Estado receptor, que renuncia a aplicarse a productos o servicios procedentes de otros Estados, se potencian al mismo tiempo los efectos de las normas del Estado de origen que, de este modo, adquieren una cierta proyección extraterritorial, lo que ha conducido a que se considere que la consecuencia de la regla de reconocimiento mutuo es

---

[43] En este sentido, resultan interesantes los comentarios del Grupo Europeo de Derecho Internacional Privado, cuando pone de relieve que *"existe una relación"* entre la aplicación en el espacio de las normas imperativas y el concepto de *"obstáculo"* a los intercambios intracomunitarios, aludiendo expresamente a la doctrina sentada en el caso *Arblade*. Ello le habría conducido a proponer la adición de un tercer apartado al art. 7 del CR, en el que se precisaría que únicamente se daría efecto a las disposiciones imperativas de un Estado miembro en la medida en que no constituyeran un obstáculo injustificado a las libertades de circulación (propuesta inicialmente formulada en la reunión de Roma, de septiembre de 2000; *vid.* párrafo 34 del tercer comentario consolidado de las propuestas de modificación de diversos artículos del CR, surgido de la sesión de Viena de septiembre de 2003; texto accesible en http://www.drt.ucl.ac.be/gedip/documents/).

[44] Eventualmente, ello podría conducir a una situación de "discriminación a la inversa", esto es, cuando se exigen a los productos y servicios originarios del propio Estado condiciones más estrictas que las que se exigen a los importados o procedentes de otros Estados miembros. Aunque esta situación ha sido objeto de crítica, en mi opinión no es más que la consecuencia natural del hecho de que las disposiciones del Tratado sobre libre circulación se aplican únicamente a las situaciones transnacionales o de comercio intracomunitario. Es, por tanto, una situación perfectamente compatible con el Derecho comunitario. Desde mi punto de vista, tampoco es una situación que contradiga el principio constitucional de igualdad, puesto que una diferencia de trato –consistente en exigir condiciones más estrictas a la industria local- no iría en contra del principio de igualdad si obedeciera a un motivo legítimo. Entiendo que una política de promoción de la excelencia o de estándares de calidad elevados para los productos o servicios originados en el propio Estado constituiría un motivo perfectamente legítimo; al respecto, *vid.* mi trabajo, "Reconocimiento mutuo y discriminación a la inversa", en C. ESCOBAR HERNÁNDEZ (coord..), *La Unión Europea ante el siglo XXI: los retos de Niza*, Madrid, BOE / Universidad de Cantabria / Asociación Española de Profesores de Derecho Internacional y Relaciones Internacionales, 2003, pp. 223-229.

precisamente el llamado "principio del Estado de origen", en cuya virtud la responsabilidad primaria de regular la puesta en el mercado de productos y servicios correspondería al Estado de origen de los mismos[45]. En mi opinión, la consecuencia del reconocimiento mutuo a este respecto sería la de obligar a una toma en consideración de las normas del Estado de origen, de tal manera que, si garantizan un resultado similar o equivalente al de las propias, se admitan sus efectos[46]; es decir, el reconocimiento mutuo funcionaría del siguiente modo: al aplicar sus propias normas, el Estado "receptor" o de destino debiera tomar en consideración las del Estado de origen de los productos o servicios, y valorar hasta qué punto alcanzan un resultado equivalente (o, visto desde la perspectiva del resultado final – el producto o servicio –, si éstos cumplen los objetivos de las normas del Estado de destino, aunque sea a través de medios distintos, concretamente los establecidos por su Estado de origen). Entonces, podría considerarse que, desde un punto de vista estrictamente formal, las autoridades del Estado de destino únicamente "aplicarían" sus propias normas, y que las de otros Estados únicamente serían "tenidas en cuenta" en el marco de dicha aplicación. Ahora bien, lo importante es que, en algunos casos, el resultado de esta toma en consideración de las normas de otros Estados puede ser precisamente el de limitar o incluso descartar la aplicación de determinadas disposiciones del Estado de destino, en la medida en que se considere que son redundantes con las del Estado de origen.

El razonamiento anterior demuestra claramente que la regla de reconocimiento mutuo no se configura en términos absolutos, puesto que la aceptación de las normas del Estado de origen se supedita a que, en sus resultados, puedan considerarse equivalentes a las propias[47]. Por consi-

---

[45] Al respecto, los trabajos de L.G. RADICATI DI BROZOLO, "L'influence sur les conflits des lois des principes de droit communautaire en matière de libre circulation", *Rev. crit. dr. int. pr*, julio-septiembre de 1993, pp. 401-404; J. BASEDOW, "Der Kollisionrechtliche Gehalt der Produktfreiheiten im europäischen Binnenmarkt: favor offerentis", *Rabels Zeitschrift für ausländisches und internationales Privatrecht*, enero de 1995, pp. 1-55; M. FALLON, "Variations su le principe d'origine, entre droit communautaire et droit international privé", en *Nouveaux itinéraires en Droit (hommage à François Rigaux)*, Bruselas, Bruylant, 1993, pp. 187-121; W. DRASCH, *Das Herkunftslandprinzip im internationalen Privatrecht*, Baden-Baden, Nomos, 1997.

[46] *La aplicación...*, cit., pp. 213-216.

[47] Tanto es así que algún autor ha sostenido que no debiera hablarse de reconocimiento mutuo, sino de "principio de equivalencia" (A. BERNEL, *Le principe d'équivalence ou de "reconnaissance mutuelle" en droit communuatire*, Zürich, Schulthess Poygraphisher Verlag, 1996).

guiente, el Estado receptor de productos o servicios podría aplicar plenamente sus normas imperativas de regulación del mercado cuando las del Estado de origen no permitieran alcanzar el mismo resultado de manera satisfactoria. Para valorar este extremo, la ya muy copiosa jurisprudencia del TJCE ha ido desgranando una serie de condiciones, que se aplicarían a modo de *test* de razonabilidad para valorar si la estricta aplicación de las normas del Estado de destino está o no justificada[48]. En esencia, serían las siguientes: en primer lugar, la norma tendría que encaminarse a la consecución de un objetivo de interés general digno de protección[49]; en segundo lugar, no debiera ser discriminatoria, excepción hecha de los limitados casos en que el propio Tratado admita un tratamiento discriminatorio y, por último, la norma debe respetar el principio de proporcionalidad. Pues bien, es precisamente en atención a este principio que el TJCE ha interpretado que, si las normas del Estado de origen alcanzan un resultado similar, sería excesivo exigir el estricto cumplimiento de todos y cada uno de los requisitos de las normas del Estado de destino, puesto que ello podría conducir a una duplicación de exigencias innecesaria y perturbadora del comercio. El sentido último del reconocimiento mutuo se encontraría, entonces, en la evitación de la doble o múltiple regulación injustificada[50].

2. El impacto del reconocimiento mutuo en el ámbito de las relaciones laborales: la problemática de los trabajadores desplazados.

El planteamiento general que se acaba de exponer, tremendamente versátil y susceptible de aplicarse en distintos contextos (mercancías, servicios, acceso a las profesiones...), también habría tenido un importante impacto en el ámbito de las relaciones laborales. Para empezar, el TJCE

---

[48] En este sentido puede afirmarse, como lo hace J. D. GONZÁLEZ CAMPOS, que, a pesar de su importancia en el seno del ordenamiento jurídico estatal, las leyes de policía de los Estados miembros deben someterse a un "juicio de Derecho comunitario" ("La Cour de Justice des Communautés Européennes et le non-Droit international privé", en *Festschrift für Erik Jayme*, München, Sellier, European Law Publishers, 2004, tomo I, p. 272).

[49] Como señala B. VILÀ COSTA, la construcción de un concepto de "interés general", como límite inherente a las libertades de circulación, sería una de los rasgos esenciales del modelo comunitario, y poseería un carácter definitorio del modelo europeo de mercado: un mercado integrado con unos valores comunes imperativos (*loc. cit.*, pp. 220-221).

[50] Al respecto, N. BERNARD, "Discrimination and Free Movement in EC Law", *International and Comparative Law Quarterly*, enero de 1996, pp. 82-108.

no ha tenido inconveniente alguno en afirmar que determinadas leyes estatales de ordenación del mercado laboral constituían obstáculos injustificados al comercio intracomunitario y, en consecuencia, resultarían inaplicables. En este sentido, resulta ilustrativa la sentencia de 5 de junio de 1997[51], en la que declaró que suponían un obstáculo a la libre prestación de servicios las normas griegas que imponían que la actividad de guía turístico en territorio griego, ya fuera por cuenta de agencias griegas o extranjeras que actuaran en Grecia, debía realizarse bajo la forma de un contrato de trabajo sometido a la legislación laboral griega. A su juicio, esta normativa impedía que los guías procedentes de otros Estados miembros realizaran su actividad en Grecia de forma independiente, en régimen de prestación de servicios[52].

Por lo que se refiere a las condiciones en que las medidas potencialmente restrictivas de la libre circulación pudieran llegar a justificarse, también se encuentran interesantes ilustraciones en la jurisprudencia. En cuanto a las razones imperiosas de interés general, se observa una interesante diferenciación: por una parte, el TJCE ha afirmado que el mantenimiento de la paz laboral y la evitación de las consecuencias negativas de la conflictividad social sobre el sistema económico constituyen objetivos de naturaleza económica en cuyo nombre no pueden erigirse restricciones a los intercambios entre Estados miembros[53]. Ello es comprensible, si se tiene en cuenta que el TJCE nunca ha admitido que puedan constituir exigencias imperativas de interés general motivos relacionados con la protección del mercado de un Estado o de un determinado sector del mismo. En cambio, el TJCE habría admitido que otro tipo de motivos, de naturaleza no "proteccionista", pudieran constituir exigencias imperativas que, en su caso, llegaran a justificar medidas restrictivas del comercio intracomunitario. Así, por ejemplo, la preservación de la seguridad pública, que incluiría la seguridad de los equipos e instrumentos de trabajo[54], una adecuada ordenación del tiempo de trabajo[55] o, más en general, la protección de la

---

[51] As. C-398/95.
[52] *Vid.*, especialmente, párrafos 16 a 19.
[53] En este sentido, la precitada sentencia de 5 de junio de 1997, par. 23; análogamente, en la sentencia de 24 de enero de 2002 (as. C-164/99), afirmó que no puede invocarse como exigencia imperativa para limitar la libre prestación de servicios el objetivo de proteger un determinado sector económico nacional, para así reducir el desempleo y evitar las correspondientes tensiones sociales (par. 25 y 26).
[54] *Vid.*, por ejemplo, la STJCE de 28 de enero de 1986 (as. 188/84).
[55] Entre otras, STJCE de 23 de noviembre de 1989 (as. 145/88).

persona del trabajador y la adecuada ordenación del mercado de trabajo. Así, por ejemplo, en la sentencia *Webb*, de 17 de diciembre de 1981[56], admitió que en atención a estos motivos, los Estados pudieran establecer limitaciones a la actividad de las empresas de cesión de mano de obra, aun cuando tales limitaciones pudieran restringir el comercio entre Estados miembros. No obstante, la existencia de un objetivo de interés general digno de protección no sería suficiente. Como ya se ha dicho, también se requeriría, primero, que la medida no fuera discriminatoria y, segundo, que no fuera desproporcionada.

Por lo que a este último aspecto se refiere, en el marco de la Unión Europea se ha dado una interesantísima evolución en el campo de las relaciones laborales, concretamente en la encrucijada entre el derecho de las empresas a la libre prestación de servicios y el régimen aplicable a los trabajadores desplazados por sus empresas con ocasión de tales prestaciones. Esta evolución ha sido el resultado de una serie de sentencias del TJCE, a las que posteriormente se ha dado una respuesta legislativa por medio de la Directiva 96/71, de 16 de diciembre de 1996, que será examinada más adelante. En cuanto a la evolución jurisprudencial, se inició con la sentencia *Rush Portuguesa*, de 27 de marzo de 1990[57], continuó con la sentencia *Vander Elst*, de 9 de agosto de 1994[58] y, a mi juicio, culminó en la antes citada sentencia *Arblade*, de 23 de noviembre de 1999. Las numerosas sentencias dictadas con posterioridad no harían sino confirmar y precisar las anteriores, sin apartarse de sus postulados de base[59].

En esencia, esta línea jurisprudencial se resumiría en el siguiente planteamiento: en uso de su derecho a la libre prestación de servicios, una empresa establecida en un Estado miembro puede prestar servicios para clientes establecidos en otros Estados miembros, o aceptar encargos en el territorio de los mismos. Pues bien, en determinadas ocasiones, y dada la naturaleza del servicio, la empresa puede verse en la necesidad de tener que desplazar a parte de su personal al territorio del Estado receptor del servicio, por un período de tiempo más o menos prolongado. Así ocurriría

---

[56] As. 279/80.
[57] As. C-113/89.
[58] As. C-43/93.
[59] Se trataría de las STJCE de 15 de marzo de 2001 (as. C-165/98), de las dos de 25 de octubre de 2001 (as. C-493/99 y asuntos acumulados C-49/98, C-50/98, C-52/98 a C-54/98 y C-68/98 a C-71/98 respectivamente), de 24 de enero de 2002 (as. C-164/99); de 7 de febrero de 2002 (as. C-279/00); de 12 de octubre de 2004 (as. C-60/03) y de 21 de octubre de 2004 (as. C-455/03).

claramente en el sector de la construcción, puesto que la realización de una obra en el territorio de otro Estado requeriría un cierto tiempo e inexcusablemente exigiría la presencia de obreros *in situ*. No es casualidad que la mayoría de casos que sobre esta cuestión han llegado al Tribunal de Luxemburgo se refieran precisamente a las actividades de construcción. Pues bien, en tales casos la exigencia por parte del Estado receptor o de destino de que los trabajadores desplazados en el marco de una prestación de servicios cumplan todas las condiciones exigidas para acceder a su mercado laboral constituiría una restricción de la libre prestación se servicios. Es decir, la idea subyacente sería que los trabajadores desplazados no se integran realmente en el mercado laboral del Estado de acogida, puesto que su presencia en él es temporal o pasajera, al limitarse al tiempo que dure la prestación de la actividad o la realización de la obra[60]. Por tanto, siempre que hayan sido regularmente contratados por su empresa en el Estado miembro en el que esté establecida, deberá permitirse su acceso al Estado de acogida, no para que puedan integrarse de manera estable en su mercado de trabajo, sino para realizar un prestación concreta. Por supuesto, huelga decir que los requisitos de contratación de mano de obra *in situ*, como condición para poder prestar el servicio o para poder gozar de determinadas ventajas legales, también serían incompatibles con el Tratado[61], y obviamente también lo serían los requisitos discriminatorios[62].

---

[60] En este sentido, es muy clara la precitada sentencia de 25 de octubre de 2001, en cuyo párrafo 22 puede leerse: "*...el personal de una empresa establecida en un Estado miembro que es enviado temporalmente otro Estado miembro para realizar prestaciones de servicios no pretende en modo alguno acceder al mercado laboral de este segundo Estado, ya que vuelve a su país de origen o residencia después de haber concluido su misión*"

[61] A este respecto, es bastante significativo el supuesto planteado en la STJCE de 25 de octubre de 2001 (as. C-493/99), en el que se declaró que era incompatible con el Tratado la normativa alemana que establecía que para poder ser consideradas empresas del ramo de la construcción, con las ventajas legales que ello comportaba, como mínimo el 50 % del tiempo de trabajo global de los empleados de la empresa debía corresponder a tareas de construcción efectuadas por obreros. Ello conducía a que las sucursales en Alemania de empresas establecidas en otros Estados miembros, para poder ser consideradas empresas de construcción, se veían obligadas tener que contratar a gran cantidad de personal de la construcción *in situ*, no pudiendo por tanto limitarse a disponer de empleados con funciones organizativas, técnicas o comerciales (*vid*. par. 25 a 37).

[62] Un claro ejemplo de estos últimos es el que tuvo ocasión de conocer el TJCE en su sentencia de 24 de enero de 2002 (as. C-164/99): el Derecho alemán permitía que los empresarios establecidos en Alemania quedaran dispensados del pago del salario mínimo pactado en un convenio colectivo del sector de la construcción, declarado de aplicación general, siempre que así se previera en un convenio específico de empresa, mientras que

Ahora bien, la duda que se plantea es la siguiente: de la jurisprudencia se desprende que el Estado receptor o de acogida no podría exigir todas las condiciones que se exigirían si el trabajador se incorporara de manera estable a su mercado laboral (afiliación a la seguridad social, permiso de trabajo en caso de tratarse de un nacional de un Estado tercero...) o, visto desde la perspectiva de la empresa, el Estado miembro en cuyo territorio se prestara el servicio no podría supeditar dicha prestación a la observancia de todos los requisitos requeridos para el establecimiento en dicho Estado, puesto que ello supondría la misma negación de la posibilidad de prestar servicios desde otros Estados[63]. Ahora bien, ello no excluye la posibilidad de que el Estado de acogida aplique no todas, como hemos visto, sino algunas de sus normas imperativas de regulación del mercado de trabajo, cuando ello esté suficientemente justificado por algún motivo de interés general[64]. Entonces, se plantea el problema de saber cuáles de entre las leyes de policía laboral del Estado receptor podrían aplicarse, y bajo qué condiciones. A este respecto, el criterio decisivo es el de si el objetivo que persigue la ley en cuestión se halla suficientemente garantizado por la aplicación de las normas del Estado donde la empresa esté establecida o, dicho de otro modo, si el trabajador goza de la misma protección, o de una protección esencialmente similar, en el Estado de establecimiento del empresario. Si así fuera, la aplicación de las disposiciones imperativas del Estado de acogida sería una innecesaria duplicación de exigencias. Por tanto, para que la aplicación de la normativa del Estado de acogida fuera compatible con el tratado, debiera traducirse en una "ventaja social" para el trabajador desplazado y, al mismo tiempo, debiera otorgarle una protección adicional respecto a la que le correspondiera según la ley del Estado de origen[65].

---

dicha posibilidad no existía para los empresarios establecidos en otros Estados miembros y que desplazaran trabajadores a Alemania.

[63] Entre otras, la STJCE de 25 de octubre de 2001, par. 29.

[64] *Vid.*, entre otras, sentencia *Arblade*, de 23 de noviembre de 1999, par. 34 y 35.

[65] Por ejemplo, en el caso *Arblade* se planteó hasta qué punto las autoridades belgas – Estado donde se realizaba la obra y donde los trabajadores habían sido desplazados – podían exigir a la empresa francesa prestadora del servicio que abonara en Bélgica determinadas cotizaciones patronales destinadas a asegurar a los trabajadores de la construcción unos ingresos mínimos durante los períodos de tiempo en que no pudieran trabajar. Consideró el TJCE que el deber de cotización sólo se justificaría en la medida en que se tradujera en una ventaja social para el trabajador, que no tuviera según la ley del Estado de establecimiento de la empresa; *vid.* par. 50 a 54; análogamente, tratándose del derecho a vacaciones retribuidas, STJCE de 25 de octubre de 2001, as. C-49/98 y otros, par. 28 a 45.

El criterio decisivo sería, entonces, el de si el trabajador goza o no de una protección equivalente con arreglo a la ley del Estado en el que la empresa esté establecida. A este respecto, el TJCE ha dado prueba, al menos en algún caso, de una concepción extraordinariamente amplia y flexible de la condición de protección equivalente. Se trataría del asunto *Mazzoleni*, de 15 de marzo de 2001[66]. El problema que se planteaba era el de la aplicación de las disposiciones belgas sobre salario mínimo a los trabajadores de una empresa francesa de seguridad que durante breves períodos de tiempo había desplazado a algunos de su trabajadores a territorio belga. Tras recordar que el Derecho comunitario no se opone a que los Estados miembros *"extiendan"* su legislación o convenios colectivos sobre salario mínimo a toda persona que realice una trabajo por cuenta ajena en su territorio, aunque sólo sea temporalmente (par. 28), añade que, antes de aplicar su normativa, el Estado de acogida debe valorar *"si todos los trabajadores afectados disfrutan de una situación equivalente en su conjunto en lo que atañe a las retribuciones, la fiscalidad y las cargas sociales en el Estado miembro de acogida y en el Estado miembro de establecimiento..."* (par. 38). Si así fuera, debe considerarse que los trabajadores gozan del mismo nivel de *"protección social"* en el Estado miembro de establecimiento de la empresa, y esto podría tenerse en cuenta para dispensar de la aplicación de las normas del Estado de acogida sobre salario mínimo. Como puede fácilmente observarse, la interpretación del requisito de equivalencia dada en este caso es extraordinariamente amplia, puesto que el parámetro de comparación no es únicamente el salario o la retribución, sino también las *"cargas sociales"* y *"la incidencia de la fiscalidad"*, lo que ciertamente puede hacer más compleja la labor de comparación[67]. Sin embargo, tampoco cabe olvidar que esta decisión obedecería a las circunstancias específicas del caso, puesto que no se trataba, como en casos anteriores, de obreros de la construcción desplazados por períodos más o menos largos de tiempo, sino de trabajadores de una región fronteriza que,

---

[66] As. C-165/88, sobre esta decisión, nota de E. PATAUT en *Rev. crit. dr. int. pr.*, julio-septiembre de 2001, pp. 504-512 y A. QUIÑONES ESCÁMEZ, "Libre prestación de servicios y normas de policía sobre salario mínimo: ¿es oportuno el control de proporcionalidad?", *La Ley*, D-174, 2002-4, pp. 1966-1969.

[67] En este sentido, A. QUIÑONES ESCÁMEZ se muestra muy crítica con este cuestionamiento de la rigurosa aplicabilidad de las normas sobre salario mínimo del Estado de acogida, y señala que el deber que se impone al juez de valorar la situación social global de los trabajadores en uno y otro Estado es un trabajo *"digno de Hércules"*, "Libre prestación...", *cit.*, p. 1968.

en el marco de un sistema de rotación de puestos habitual en la empresa, realizaban parte de su actividad a tiempo parcial y durante períodos de tiempo breves en el territorio de otro Estado, de tal manera que dentro de la misma jornada, semana o mes, los trabajadores tenían que realizar parte de su trabajo en el Estado miembro limítrofe[68]; asimismo, el TJCE señala que, para apreciar la necesidad de aplicar o no las normas del Estado de acogida sobre salario mínimo, debe tenerse en cuenta si los trabajadores afectados han sido efectivamente desplazados a otros Estado miembros o si, por el contrario, siguen estando vinculados al centro de operaciones del empresario en el Estado en que esté establecido[69]. Por tanto, todo parece indicar que, de no haberse dado estas circunstancias, el parámetro de comparación adecuado hubiera sido exclusivamente el de las respectivas reglas sobre salario o retribución del Estado de origen y del Estado donde se efectuaba la prestación[70].

Un último aspecto sería, ya no el de las obligaciones sustantivas impuestas por la ley del Estado de acogida, sino el de las obligaciones de tipo formal que se exigen precisamente para que las autoridades puedan verificar el correcto cumplimiento de las disposiciones legales, tales como la de mantener determinada documentación o la comunicación periódica de datos. A este respecto, la jurisprudencia también ha tenido ocasión de pronunciarse, admitiendo que, en ausencia de un sistema armonizado de cooperación de autoridades, la legislación del Estado de acogida pueda exigir obligaciones de este tipo[71]. Ahora bien, aquí también exige que se tenga en cuenta el principio de proporcionalidad: ha precisado que las "cargas administrativas" impuestas a las empresas prestadoras de servicios sólo pueden justificarse si son realmente necesarias para la consecución de un objetivo de interés general y utilizan medios adecuados[72]. Por tanto, si

---

[68] Par. 13 y 31.

[69] Par. 38.

[70] En este sentido, A. Quiñónes Escamez, quien además insiste en que la sentencia *Mazzoleni* se dictó a raíz de un caso en el que *ratione temporis* la Directiva 96/71 todavía no era aplicable, y que dicha jurisprudencia habría quedado posteriormente desautorizada por la citada Directiva ("Otra lectura...", *cit.*, pp. 435-453). Un ejemplo de comparación de regulaciones salariales – la española y la francesa – puede hallarse en el litigio que dio lugar a la sentencia del Tribunal Supremo, Social, de 17 de julio de 1998 (*RAJ* 626).

[71] STJCE de 23 de noviembre de 1999, par. 61.

[72] Por ejemplo, en relación a las obligaciones de abonar determinadas cotizaciones y de facilitación periódica de datos a un fondo alemán destinado a sufragar las vacaciones de los trabajadores de la construcción, STJCE de 25 de octubre de 2001, as. C-49/98 y otros.

el empresario se hallara sometido a formalidades similares en su Estado de origen, las autoridades del de acogida debieran verificar si la documentación del Estado de origen proporciona las informaciones requeridas. De ser así, sería desproporcionado exigir el mantenimiento de una doble documentación, con arreglo a las leyes de ambos Estados, por unos mismos trabajadores durante un mismo período de tiempo[73].

IV. LA REACCIÓN LEGISLATIVA ANTE EL RECONOCIMIENTO MUTUO: LA DIRECTIVA 96/71, DE 16 DE DICIEMBRE DE 1996.

1. Objetivos y ámbito de aplicación de la Directiva 96/71.

A pesar de las cautelas establecidas por el TJCE, concretamente en cuanto a la noción de equivalencia o nivel de protección comparable, lo cierto es que la jurisprudencia que acaba de explicarse causó cierta preocupación, particularmente en determinados sectores económicos y en algunos Estados miembros, que habrían temido que se produjera una degradación de los estándares laborales en su territorio y que las empresas locales sufrieran la presión competitiva de las empresas que estuvieran establecidas en Estados miembros con costes laborales más bajos[74]. Probablemente estos temores explicarían la respuesta legislativa a la jurisprudencia *Rush Portuguesa*. Esta respuesta llegó con la Directiva 96/71, de 16

---

[73] STJCE de 23 de noviembre de 1999, par. 64.
[74] Son significativos en este sentido los comentarios de P. BERNHARD: afirma que la jurisprudencia que permitía prestar servicios en Alemania a las empresas constructoras de otros Estados miembros, con sujeción a las leyes de su Estado de origen, incluyendo las que rigen la contratación de trabajadores, fue muy mal recibida en Alemania. Añade – en lo que parece una velada alusión a la problemática suscitada a raíz de la STJCE de 12 de marzo de 1987, sobre la ley de pureza de la cerveza en Alemania – que, al igual que en virtud de las normas del Tratado Alemania se vería obligada a permitir la importación de cervezas fabricadas conforme a normas de otros Estados miembros, también se vería obligada a "importar salarios" (reseña a la obra de W. DRASCH, *Das Herkunftslandprinzip...*, cit., publicada en *Rabels Zeitschrift für ausländisches und internationales Privatrecht*, núm. 1, 1999, p. 175). Las voces críticas respecto a la aplicación de la ley del Estado de origen han vuelto a manifestarse con ocasión del proyecto de Directiva general sobre los servicios en el mercado interior, dado el amplio juego que dicho proyecto concede a la ley del Estado de origen del prestador del servicio (*vid.* la posición crítica del Grupo Europeo de Derecho Internacional Privado, de 23 de noviembre de 2004, más documento explicativo complementario; textos accesibles en http://www.drt.ucl.ac.be/gedip/documents/).

de diciembre de 1996, sobre el desplazamiento de trabajadores efectuado en el marco de una prestación transnacional de servicios[75], introducida en Derecho español mediante la Ley 45/1999, de 29 de noviembre[76]. Esta Directiva, cuyo ámbito de aplicación espacial se circunscribe a los desplazamientos intracomunitarios de trabajadores[77], en la actualidad constituye una de las piezas maestras del Derecho internacional privado de las relaciones laborales en la UE.

En esencia, el objetivo de la Directiva sería el de identificar un núcleo común de normas de policía en materia laboral e imponer su respeto a los empresarios que desplacen temporalmente a trabajadores (art. 3), de tal manera que, como mínimo, los trabajadores puedan disfrutar de la protección de dichas leyes de policía del Estado de acogida durante su desplazamiento. Por tanto, en el fondo la Directiva no haría sino dotar de conte-

---

[75] DOCE L 18, de 21 de enero de 1997.

[76] BOE de 30 de noviembre de 1999; sobre la Directiva y su incorporación en España, entre otros, G. PALAO MORENO, "La Ley 45/1999, de 29 de noviembre, sobre el desplazamiento de trabajadores en el marco de una prestación de servicios transnacional. Un nuevo paso hacia la consolidación de un mercado de trabajo integrado en Europa", *Gaceta Jurídica de la Unión Europea y de la Competencia*, julio/agosto de 2000, pp. 43--62; B. GUTIÉRREZ-SOLAR CALVO, *El desplazamiento temporal de trabajadores en la Unión Europea*, Aranzadi, Pamplona, 2000 y, de la misma autora, "Tráfico intracomunitario de trabajadores dentro y fuera del marco de una prestación de servicios y conflictos de normas laborales en el espacio", *Actualidad Laboral*, núm. 2, 10 a 16 de enero de 2000, pp. 13-37; M. E. CASAS BAAMONDE, *Los desplazamientos temporales de trabajadores en la Unión Europea y en el Espacio Económico Europeo*, Madrid, Civitas, 2001; D. ORDÓÑEZ-SOLÍS, "La libre prestación de servicios y los derechos de los trabajadores desplazados en la Unión Europea", *Noticias de la Unión Europea*, núm. 201, octubre de 2001, pp. 83--97; M. E. CASAS BAAMONDE y S. DEL REY GUANTER (dirs.), *Desplazamientos de trabajadores y prestaciones de servicios transnacionales*, Madrid, Consejo Económico y Social, 2002; G. ESTEBAN DE LA ROSA y C. MOLINA NAVARRETE, *La movilidad transnacional de trabajadores: reglas y prácticas*, Granada, Comares, 2002, pp. 113-173; P. JUÁREZ PÉREZ, "Comentario a la Ley 45/1999, de 29 de noviembre", en A.-L. CALVO CARAVACA y J. CARRASCOSA GONZÁLEZ, *Legislación de Derecho internacional privado comentada y con jurisprudencia*, Madrid, Colex, 2002, pp. 931-938.

[77] Sin embargo, y dada la finalidad del Acuerdo sobre el Espacio Económico Europeo de extender el acervo comunitario en materia de mercado interior, también se aplicaría en relación a los Estados miembros de dicho Acuerdo; asimismo, el art. 1.4 de la Directiva especifica que *"las empresas establecidas en un Estado que no sea miembro no deberán obtener un trato más favorable que las empresas establecidas en un Estado miembro";* en desarrollo de esta previsión, la DA cuarta de la Ley española prevé que la Ley se aplique a las empresas situadas en Estados terceros, en la medida en que tales empresas puedan prestar servicios en España en virtud de los acuerdos internacionales existentes.

nido, en un ámbito ciertamente específico, al art. 7 CR[78]. Ello no obstante, la Directiva permite que los Estados puedan aplicar otras *"disposiciones de orden público"*[79] distintas de las listadas en el art. 3, y esto indica claramente que la finalidad de la Directiva no es la de realizar un catálogo exhaustivo de las cuestiones afectadas por normas de policía laboral en los Estados miembros, sino únicamente establecer un mínimo común[80]. Por esta razón, considero que en este caso la elección del instrumento de la Directiva no es desacertada, puesto que la concreción de qué disposiciones revisten el carácter de leyes de policía laboral, además del núcleo mínimo establecido en la Directiva, es cuestión que sólo puede decidir cada uno de los Estados[81].

---

[78] Además, sostiene A. QUIÑONES ESCÁMEZ que el hecho de que la cuestiones afectadas por las normas imperativas del lugar de desplazamiento se recojan en un texto de Derecho derivado, como es la Directiva, pondría coto a la posibilidad de llevar a cabo un control de proporcionalidad de las mismas, como el que deriva de la jurisprudencia del TJCE dictada a raíz de los casos anteriores a la entrada en vigor de la Directiva; es decir, al haber optado el legislador comunitario por una determinada interpretación de las exigencias de interés general que pueden limitar la libre prestación de servicios, no le correspondería a un órgano jurisdiccional como el TJCE enmendar dicha opción de política legislativa ("Otra lectura...", *cit.*, pp. 448-450). Sin embargo, en ocasiones las normas de Derecho derivado conceden a los Estados un amplio margen de apreciación (así, por ejemplo, cuando el art. 5 de la Directiva 96/71 dice que los Estados establezcan *"procedimientos adecuados"* para garantizar el cumplimiento de sus disposiciones). En tal caso, el uso que hicieran los Estados de dicho margen de apreciación sí quedaría sujeto al control de proporcionalidad por parte del TJCE (en este sentido, STJCE de 12 de octubre de 2004, par. 28 a 30).

[79] Art. 3.10, primer guión.

[80] Así, el considerando 14 se refiere al *"núcleo duro"* de disposiciones de protección; en relación a las disposiciones a que se refiere el art. 3.10, sostiene A. QUIÑONES ESCÁMEZ que, al tratarse de un ámbito no armonizado, sí sería posible el control de proporcionalidad que se desprende de la jurisprudencia del TJCE ("Otra lectura...", *cit.*, pp. 450-451).

[81] A este respecto, bastantes autores han señalado que, con carácter general, la Directiva no sería un instrumento adecuado para regular cuestiones de Derecho internacional privado, puesto que, al necesitar de actos de transposición estatales, se produce el riesgo de divergencias en los mismos, lo que comprometería la función coordinadora que corresponde a nuestra disciplina. Por ello, entienden que sería preferible acudir al Reglamento, único instrumento capaz de proporcionar una regulación verdaderamente uniforme (en este sentido, entre otros, P. DE VAREILLES-SOMMIÈRES, *Le droit privé européen*, Paris, Economica, 1998, pp. 145-147). Sin embargo, en la actualidad esta crítica debiera revisarse a la luz de la STJCE *Comisión c. España*, de 9 de septiembre de 2004 (as. C-70/03), dado que en ella el TJCE prácticamente elimina la posibilidad de que los Estados "interpreten" o manipulen las normas de conflicto de leyes contenidas en Directivas (en el caso concreto,

Así, el artículo 3 establece que, cualquiera que sea la ley aplicable a la relación de trabajo, las empresas que desplacen temporalmente a sus trabajadores a otros Estados miembros están obligadas a aplicar a los trabajadores desplazados las condiciones vigentes en el Estado de acogida en lo relativo a determinada materias. No obstante, antes de proceder a su análisis, es oportuno precisar algunas cuestiones sobre el ámbito de aplicación de la Directiva; en cuanto a su ámbito de aplicación *ratione personae*, se aplica a todo trabajador desplazado por su empresa, sea cual fuere su nacionalidad. Es decir, debe recordarse que, tal como puso de relieve el TJCE en la ya citada sentencia *Vander Elst*, de 9 de agosto de 1994, quien aquí ejerce el derecho a la libre circulación es la empresa, no el trabajador[82]. Por tanto, aun cuando éste tenga la nacionalidad de un Estado tercero, no podrán exigírsele condiciones, como la obtención de un permiso de trabajo, que normalmente se le exigirían para acceder al mercado laboral del Estado de acogida[83]. Por lo que se refiere a la conceptuación legal del interesado como trabajador, el art. 2.2 contiene una regla de calificación en cuya virtud se considerará "trabajador" a los efectos de la Directiva a toda persona que ostente tal condición de acuerdo con la ley del Estado al que se desplaza. Obviamente, se trata de evitar que, en aquellos casos en que la ley aplicable, normalmente la del Estado de establecimiento de la empresa, no considerara trabajadores asalariados a las personas desplazadas, pudiera eludirse la aplicación de la Directiva[84]. En cuanto a su ámbito de aplicación *ratione materiae,* la Directiva incluiría, no únicamente los desplazamientos temporales en el marco de una prestación de servicios, sino también el desplazamiento de trabajadores a otros establecimientos de la misma empresa o a otra empresa que se integrara en el mismo grupo de empresas que la primera[85].

---

el art. 6.2 de la Directiva 93/13, sobre cláusulas abusivas en los contratos celebrados con los consumidores).

[82] Al respecto, *vid*. F. CASTILLO DE LA TORRE, "La libre circulation de services et les ressortissants des pays tiers: quelques réflexions au sujet de l'arrêt Vander Elst", *Revue du Marché Unique Européen*, núm. 2, 1995, pp. 131-159.

[83] *Vid*. también la reciente sentencia de 21 de octubre de 2004 (as. C-445/03); obsérvese que el art. 2.2 de la Ley 45/1999 se refiere al trabajador desplazado "*cualquiera que sea su nacionalidad*".

[84] En este sentido, P. RODIÈRE, que afirma que el *dumping* social podría venir también por la vía de la calificación (*Droit social de l'Union Européenne*, Paris, L.G.D.J., 2002, p. 550).

[85] *Vid*. los distintos supuestos enumerados en el art. 1.3 de la Directiva. Aunque la Directiva prevé *expressis verbis* el supuesto de un trabajador desplazado por una empresa

En cualquier caso, es preciso que exista un vínculo laboral entre la empresa que ordena el desplazamiento y el trabajador[86], y que el desplazamiento sea por un *"período limitado"* (art. 2.1). Esta condición es plenamente consecuente con los presupuestos de la jurisprudencia *Rush Portuguesa*, en el sentido de que se trata de trabajadores no integrados en el mercado laboral del Estado de destino. Por supuesto, el carácter temporal o no del desplazamiento debiera valorarse en función de las circunstancias propias de cada caso. Aunque es cierto que las situaciones que puedan darse en la práctica serán muy variadas, a mi juicio la guía más segura para valorar la naturaleza del desplazamiento sería la de considerar "temporal" el desplazamiento inicialmente previsto para un período de tiempo determinado o para una obra o misión concreta. Se impondría, entonces, una valoración *ex ante* de la naturaleza del desplazamiento[87]. En cambio, si la situación comportara, no un mero desplazamiento temporal, sino una integración duradera en el mercado del Estado de acogida, la Directiva no sería aplicable. En tal caso estaríamos ante un cambio en el lugar habitual de trabajo, que eventualmente podría provocar un cambio en la ley aplicable al contrato, en virtud del artículo 6.2.a) CR[88]. También cabría imaginar una situación intermedia entre las dos anteriores: es decir, aquella que inicialmente constituyera un desplazamiento temporal o por tiempo limitado, pero que acabara convirtiéndose en un auténtico traslado, si cambiaran las circunstancias de tal manera que el trabajador quedara integrado en el mercado laboral del segundo Estado.

---

de trabajo temporal para ser cedido a una empresa usuaria en otro Estado (art. 1.3.c), se trataría en realidad de una modalidad más de prestación de servicio transnacional; sobre los tipos de desplazamiento, B. GUTIÉRREZ-SOLAR CALVO, *loc. cit.*, pp. 19-23.

[86] A este respecto, la precitada STJCE de 21 de octubre de 2004 ha precisado que no sería exigible una antigüedad mínima del contrato entre la empresa y el trabajador. Concretamente, declaró contraria al art. 49 TCE la norma luxemburguesa que exigía que los trabajadores desplazados se encontraran vinculados a su empresa mediante contratos de trabajo celebrados por tiempo indefinido al menos seis meses antes de su desplazamiento.

[87] Esta sería la solución propuesta por el Grupo Europeo de Derecho Internacional Privado, en su sesión de Lund del año 2001 (*vid.* el tercer comentario consolidado sobre las propuestas de modificación de diversos artículos del CR; respecto al art. 6, el comentario fue redactado por P. LAGARDE; texto accesible en: http://www.drt.ucl.ac.be/gedip/documents/).

[88] En este caso, la normativa laboral del Estado de acogida en su conjunto pasaría a regir el contrato, y no únicamente algunas de sus disposiciones imperativas, como ocurre en el caso de los desplazamientos temporales. Ahora bien, téngase en cuenta que este cambio en la ley aplicable no tiene por qué darse siempre, puesto que las partes pueden haber pactado la aplicación de una ley distinta (art. 6.1) o puede resultar aplicable la cláusula de excepción (art. 6.2 *in fine*).

Cabe decir, por último, que la Directiva se aplicaría incluso cuando el desplazamiento fuera por períodos de tiempo muy breves: así se desprende claramente de su art. 3.2, cuando dice que las disposiciones del Estado de acogida sobre salario mínimo y vacaciones retribuidas no se aplicarán cuando la duración del desplazamiento no supere ocho días, salvo en el caso de las actividades del ramo de la construcción. Debe entenderse, por tanto, que el resto de disposiciones de la Directiva sí se aplicarían. Sin embargo, para que la Directiva pudiera aplicarse, siempre sería necesario que hubiera un desplazamiento, por breve que fuera. Por ello, debiera excluirse de su ámbito de aplicación la situación de los trabajadores fronterizos, cuando no hayan sido realmente objeto de un desplazamiento[89].

2. El esfuerzo de identificación de las leyes de policía en el ámbito laboral.

El artículo 3 de la Directiva establece las materias sobre las que será imperativamente aplicable el Derecho del Estado receptor de los trabajadores desplazados, sea cual fuere la ley que rija su relación laboral. Se trata de las siguientes: períodos de trabajo y descanso, vacaciones anuales retribuidas, salario mínimo, condiciones de suministro de mano de obra, y en particular por parte de las empresas de trabajo temporal[90], seguridad, salud e higiene laboral, protección de mujeres gestantes o que hubieran dado a luz recientemente, protección de niños y jóvenes y, finalmente, igualdad de trato entre hombres y mujeres y protección contra la discriminación basada en otras causas. A mi modo de ver, el listado anterior constituye un notable esfuerzo, primero de identificación del bloque de leyes de policía laboral vigentes en cada Estado miembro y, una vez realizada esta operación, de encontrar un mínimo común denominador entre los distintos Estados. Pues bien, basándose en la lista de la Directiva, el legislador español ha establecido en el artículo 3 de la Ley 45/1999 las cuestiones que, en tanto que leyes de policía, deberán respetar las empresas establecidas en

---

[89] En este sentido, A. QUIÑONES ESCÁMEZ, "Libre prestación…", *cit.*, p. 1968.

[90] A este respecto, téngase en cuenta que la Ley 45/1999 introdujo un nuevo Capítulo VI en la Ley 14/1994, de 1 de junio, por la que se regulan las empresas de trabajo temporal (ETT), relativo a la actividad transnacional de tales empresas. En sus artículos 22 a 25 regula la actividad en España de las ETT establecidas en otros Estados miembros de la UE o del EEE, y en sus artículos 26 y 27 la del las ETT españolas en tales países.

otros Estados de la Unión Europea o del Espacio Económico Europeo que desplacen trabajadores a España[91]. En uso de la facultad que concede la Directiva, la Ley española ha añadido a las cuestiones que aparecen en el artículo 3 del texto comunitario las relativas al respeto a la dignidad e intimidad de los trabajadores, incluyendo la protección frente a ofensas verbales o físicas de carácter sexual (art. 3.1.g) y los derechos de libre sindicación, huelga y reunión (art. 3.1.h). En cuanto al alcance de las prohibiciones de discriminación, añade a la basada en el sexo, única que recoge explícitamente la Directiva, las que se basen en el origen, estado civil, edad dentro de los límites reglamentariamente establecidos, raza, condición social, ideas religiosas o políticas, afiliación o no a un sindicato y a sus acuerdos, vínculos de parentesco con otros trabajadores de la empresa, lengua o disminuciones físicas o psíquicas, siempre que en estos dos últimos casos no sean de tal naturaleza que hagan inhábil al trabajador para el empleo de que se trate (art. 3.1.c). Por expresa indicación de la Ley, la regulación sobre los aspectos anteriores será tanto la que proporcionen las disposiciones legales o reglamentarias como la de los convenios colectivos y laudos arbitrales aplicables en el lugar y en el sector de actividad de que se trate (art. 3.4). Ahora bien, la aplicación de las normas españolas se entiende sin perjuicio de la posibilidad de una protección mayor, ya sea en virtud de la ley aplicable al contrato o de lo dispuesto en los convenios colectivos o contratos individuales de trabajo (Art. 3.5).

A mi modo de ver, el esfuerzo de identificación de leyes de policía que supuso la elaboración de la Directiva y su posterior incorporación a los Derechos estatales tendría una importante repercusión, incluso más allá de los casos en que la Directiva resultara aplicable. En efecto, la declaración expresa acerca del carácter de leyes de policía de determinadas normas, en tanto que se especifica su aplicabilidad sea cual fuere la ley rectora del contrato, sin duda facilita la resolución del principal problema con que se enfrenta el método de las leyes de policía, que es precisamente el de la identificación de tales leyes. Podría plantearse la duda de si el catálogo anterior debe o no considerarse exhaustivo, de tal manera que, fuera de los casos previstos, ya no fuera posible establecer el carácter de ley de

---

[91] Lógicamente, no puede ser la misma la perspectiva del legislador comunitario, que legisla para el conjunto de Estados miembros, que la del español, que necesariamente aborda la cuestión desde la perspectiva de un único Estado. A pesar de ello, la DA primera de la Ley regula el régimen de las empresas españolas que desplacen trabajadores a otros Estados, recordando su obligación de cumplir las normas dictadas en el Estado de desplazamiento en aplicación de la Directiva 96/71.

policía de una determinada norma laboral. A mi modo de ver, ello no tiene por qué ser necesariamente así, y la razón es bien sencilla: la Directiva 96/71 y la Ley 45/1999 establecen el carácter de leyes de policía de determinadas normas en un determinado contexto, que es el del desplazamiento temporal. Presuponen, por tanto, que el trabajador no está integrado de manera duradera en el mercado español. Entonces, se limitan a establecer el catálogo de leyes imperativas que deben aplicarse incluso a quienes se hallen de manera pasajera en territorio español. Por consiguiente, no prejuzgan la situación de quienes se hallen instalados en el mercado laboral español con carácter permanente o por tiempo indefinido. En tal caso, sería perfectamente posible que la integración duradera del interesado en el mercado laboral español determinara la aplicación de otras leyes de policía, en la medida en que los intereses que protegen sólo exigieran su aplicación cuando se diera una verdadera integración del trabajador en el mercado español[92].

V. CONCLUSIÓN.

En las páginas anteriores hemos podido analizar cómo la regla de reconocimiento mutuo ha incidido decisivamente en la aplicabilidad de las leyes de policía de los Estados miembros, en uno de los sectores tradicionalmente más sujetos a intervención como es el de las relaciones labora-

---

[92] Por último, cabe decir que la Directiva no se limita a prever el régimen sustantivo de los desplazamientos, relativo a las normas aplicables, sino que también establece el deber de colaboración entre las Administraciones competentes de los Estados miembros, para así garantizar su aplicación eficaz (art. 4). Asimismo, obliga a los Estados a adoptar cuantas medidas sean necesarias para asegurar el cumplimiento de las normas que establece y, en particular, a establecer procedimientos adecuados de los que puedan valerse los trabajadores o sus representantes (art. 5). Por ejemplo, en la sentencia de 12 de octubre de 2004 el TJCE ha considerado compatible con la Directiva la norma alemana según la cual la empresa constructora que encargue a otra la ejecución de obras es responsable, en tanto que fiador solidario, del pago del salario mínimo de los obreros de la segunda empresa, señalando que dicha previsión contribuye a reforzar la eficacia de un derecho reconocido en la Directiva. El legislador español ha establecido la obligación del empresario establecido en otro Estado miembro de comunicar el desplazamiento a la autoridad laboral española, aportando una serie de datos (art. 5), así como el deber de comparecer ante la Inspección de Trabajo y Seguridad Social, si ésta así lo requiere (art. 6). También se regulan, en el Capítulo tercero, las funciones de información a los interesados y cooperación con la Administraciones de otros Estados (sobre la aplicación de la Ley 45/1999 por las Administraciones, *vid.* M. E. CASAS BAAMONDE, *op. cit.*, pp. 95-135).

les. Ello constituye una buena muestra de que, en el contexto de integración de la Unión Europea, el Derecho internacional privado debe adaptarse a las exigencias de dicho espacio integrado y, por tanto, sus métodos se reformulan, modificándose su funcionamiento. En el caso de las normas materiales imperativas o leyes de policía, su aplicación se supeditaría, ya no únicamente al establecimiento de su "voluntad de aplicación", sino también a la verificación de que no constituyen un obstáculo injustificado a las libertades de circulación, introduciéndose así un elemento adicional de control. Creo, no obstante, que esta alteración del funcionamiento de las normas y técnicas del Derecho internacional privado no debiera ser motivo de preocupación para los cultivadores de esta disciplina, sino todo lo contrario. Precisamente constituye la demostración de que se trata de una disciplina viva y capaz de adaptarse a las nuevas necesidades y circunstancias particulares del espacio de integración. Es más, en la Unión Europea existe, y previsiblemente seguirá existiendo, un grado importante de diversidad normativa. Pues bien, en este contexto el nuevo Derecho internacional privado de las situaciones intracomunitarias tiene un papel muy importante que cumplir, puesto que constituye el instrumento de gestión de dicha diversidad normativa.

Además, los principios de integración no únicamente imponen al Derecho internacional privado la necesidad de adaptarse, sino que también le ofrecen interesantes oportunidades de desarrollo, y el tema aquí estudiado en memoria del profesor Marques dos Santos lo demuestra claramente, ya que la anteriormente analizada Directiva 96/71 constituye un logro notable, en la medida en que aclara y sistematiza el carácter de leyes de policía de determinadas normas, establece criterios claros para su aplicación y proporciona mecanismos complementarios para facilitar su aplicación efectiva.

O CASAMENTO NO DIREITO INTERNACIONAL PRIVADO:
ALGUNS ASPECTOS

M. Teixeira de Sousa
Professor da Faculdade de Direito de Lisboa

I. ASPECTOS GERAIS

1. Liberdade de casamento

1.1. A liberdade de casamento baseia-se na configuração do direito ao casamento como um direito fundamental e concretiza-se numa liberdade positiva – que é a liberdade de aceder ao casamento – e numa liberdade negativa – que é a liberdade de não ser obrigado a contrair o casamento[1]. São vários os instrumentos legais que consagram a liberdade de casamento, em ambas estas vertentes. Importa referir o art. 16.º, n.º 1, da Declaração Universal dos Direitos do Homem, que garante que, a partir da idade núbil, o homem e a mulher têm o direito de casar e de constituir família, sem restrição alguma de raça, nacionalidade ou religião (cfr., em sentido semelhante, art. 23.º, n.º 2, do Pacto Internacional dos Direitos Civis e Políticos), e o art. 12.º da Convenção Europeia dos Direitos do Homem, que estabelece que, a partir da idade núbil, o homem e a mulher têm o direito de casar-se e de constituir família. Na ordem interna, há que mencionar o art. 36.º, n.º 1, da Constituição da República Portuguesa (= CRP), no qual se dispõe que todos têm o direito de constituir a família e de contrair casamento em condições de plena igualdade, ou seja, sem nenhuma das discriminações proibidas pelo art. 13.º CRP.

---

[1] Cfr., por exemplo, *Coster-Waltjen / Coester*, Int.Enc.Comp.L. IV/3 (Tübingen/ /Dordrecht/Boston/Lancaster 1997), n.ºs 17 ss.; *Glendon*, The Transformation of Family Law (Chicago/ London 1989), 75 ss.

1.2.a. A liberdade de casamento é respeitada quando, segundo as normas de conflitos portuguesas ou estrangeiras, a capacidade matrimonial do nubente dever ser apreciada pelo direito interno português. A circunstância de nenhum impedimento matrimonial estabelecido pelo actual direito interno português contrariar a liberdade de celebração do casamento – e de, por isso, o problema da compatibilidade dos impedimentos matrimoniais com a liberdade de casamento não se colocar no âmbito da ordem jurídica portuguesa – não deve levar a esquecer que o princípio que vale nesta matéria é o de que a aplicação do direito interno português, determinada por uma norma de conflitos portuguesa ou estrangeira, envolve necessariamente a aplicação simultânea do direito constitucional português relevante na matéria.

Vale talvez a pena acentuar que a liberdade de celebração do casamento que é atribuída pelo art. 36.º, n.º 1, CRP não tem relevância apenas quando se pretende celebrar o casamento em Portugal. Esta liberdade constitui parte integrante do direito português que é considerado competente, por uma norma de conflitos portuguesa ou estrangeira, para aferir a capacidade matrimonial do nubente, pelo que ela também deve ser reconhecida numa ordem jurídica estrangeira que remete essa aferição para o direito português.

b. Também pode acontecer que, segundo as normas de conflitos portuguesas ou estrangeiras, a análise da capacidade matrimonial do nubente deva ser feita por uma lei estrangeira. Quando assim suceda, pode verificar-se uma de duas situações: – o direito estrangeiro aplicável é menos restritivo que o direito interno português, isto é, permite a celebração do casamento em condições que não seriam admitidas pelo direito português, se este regulasse o caso; – aquele direito estrangeiro é mais limitativo que o direito interno português, isto é, não admite a celebração do casamento em circunstâncias em que essa celebração seria permitida pelo direito português, se este fosse aplicável à situação.

No primeiro caso – aquele no qual o direito estrangeiro é menos restritivo que o direito português – não se pode certamente falar de uma violação da liberdade de casamento: o que está em causa é precisamente saber se a liberdade de casamento que é atribuída pelo direito estrangeiro numa maior amplitude do que aquela que é concedida pelo direito português pode ser reconhecida pelo ordenamento jurídico português. Se, por exemplo, o casamento dever ser celebrado em Portugal, se os nubentes residirem habitualmente em Portugal ou se um dos nubentes for português, existe uma conexão suficientemente relevante com a ordem jurídica portuguesa para que a resposta àquela questão dependa de saber se a liberdade de casamento atribuída pelo direito estrangeiro tem uma extensão tal que viola a ordem pública internacional do Estado português (cfr. art. 22.º, n.º 1[2]). A violação desta ordem pública verifica-se quando, por exemplo, se pretenda celebrar em Portugal um casamento poligâmico[3] ou homossexual, ainda que este casamento seja possível segundo a lei pessoal de um ou de ambos os nubentes. Nesta hipótese, deve aplicar-se, em substituição do direito estrangeiro competente segundo as normas de conflitos, o correspondente direito interno português (cfr. art. 22.º, n.º 2).

Na segunda hipótese – aquela na qual o direito estrangeiro é mais limitativo que o correspondente direito português –, a liberdade de celebração do casamento garantida pelo art. 36.º, n.º 1, CRP pode, em certas circunstâncias, permitir a celebração de um casamento em Portugal em condições que não seriam permitidas segundo a lei estrangeira aplicável. Para isso basta que, estando assegurada a *Inlandsbeziehung* com o ordenamento jurídico português, o impedimento colocado pelo direito estrangeiro seja atentatório de princípios fundamentais da ordem pública internacional do Estado português (cfr. art. 22.º, n.º 1). Note-se que não é necessário que a capacidade matrimonial deva ser regulada pelo direito português: ainda que, segundo a norma de conflitos portuguesa, a capacidade matrimonial deva ser aferida pela lei pessoal do nubente estrangeiro, a liberdade de celebração do casamento reconhecida pela ordem jurídica portuguesa é suficiente para afastar a aplicação em Portugal de regimes jurídicos que contrariam aquela liberdade. É o que sucede se, por exemplo, o impedimento estabelecido pela lei estrangeira resultar de uma discriminação baseada em motivos religiosos, políticos ou raciais e, por isso, atentatória de princípios fundamentais do ordenamento português (cfr. art. 13.º CRP).

A título ilustrativo de situações em que a liberdade de casamento deve prevalecer sobre os impedimentos impostos pela lei estrangeira que é considerada competente, pode referir-se a conhecida decisão do Bundesverfassungsgericht de 4/5/1971 (*Spanierbeschluss*)[4], que considerou que viola a liberdade de casamento admitida pela ordem jurídica alemã a não atribuição do certificado de capacidade matrimonial a um cidadão espa-

---

[2] Pertencem ao Código Civil os artigos citados sem referência a qualquer diploma legal.
[3] Cfr., no regime paralelo do sistema alemão, *Spickhoff*, JZ 1991,326 s.
[4] BVerfGE 31, 58 = NJW 1971, 1509 = RabelsZ 36 (1972), 145.

nhol com o fundamento de que não é reconhecida pelo ordenamento espanhol a dissolução por divórcio do casamento anterior do outro nubente de nacionalidade alemã[5]. Da jurisprudência alemã também pode ser retirado um outro exemplo em que o direito ao casamento prevalece sobre os impedimentos próprios da lei competente: o Bundesgerichtshof, numa decisão de 19/4/1972[6], reconheceu capacidade matrimonial a um espanhol que se divorciara na Alemanha e que se pretendia casar com uma alemã, apesar de, na altura, a lei pessoal daquele cidadão espanhol não admitir o divórcio[7].

c. Em contrapartida, não deve ser considerado como contrário à ordem pública internacional do Estado português todo e qualquer impedimento à celebração do casamento que seja estabelecido pela lei estrangeira que for julgada competente e que não tenha correspondência com o regime do direito material português. Por exemplo: algumas ordens jurídicas estabelecem algumas limitações quanto ao casamento de militares, nomeadamente com nacionais de outros países; apesar de esta limitação ser desconhecida no direito português, nada impede a sua observância pela ordem jurídica portuguesa. Não há, pois, qualquer motivo para permitir a celebração do casamento com o argumento de que, se a lei competente para a regular fosse a portuguesa, nada obstaria a essa celebração.

Verificando-se uma violação da liberdade de casamento reconhecida pela ordem jurídica portuguesa, pode discutir-se se a lei estrangeira competente é afastada porque foi desrespeitado um direito fundamental ou porque foi ofendida a ordem pública internacional do Estado português. A questão não parece ter grande relevância prática, nada havendo que impeça que aquela violação possa ser considerada uma ofensa de princípios fundamentais da ordem pública internacional do Estado português (cfr. art. 22.°, n.° 1), nem que obste a que o casamento possa ser celebrado

---

[5] Para uma visão de conjunto de várias posições doutrinárias sobre a decisão do BVerfG, cfr. *Neuhaus*, RabelsZ 36 (1972), 128 ss.; sobre o problema, cfr. também *Moura Ramos*, Direito Internacional Privado e Constituição / Introdução a uma Análise das suas Relações (Coimbra 1980), 210 ss.

[6] FamRZ 1972, 360 = NJW 1972, 1619 = RabelsZ 37 (1973), 130.

[7] Cfr. *Sturm*, RabelsZ 37 (1973), 63 ss.; na altura, a situação era a mesma no âmbito da ordem jurídica portuguesa, pois que o art.° XXIV da Concordata entre a Santa Sé e a República Portuguesa (Vaticano, 7/5/1940) (versão original) impedia os tribunais civis de decretarem o divórcio de cônjuges casados catolicamente, o que, aliás, também obstava a que uma sentença estrangeira que tivesse decretado o divórcio de cônjuges, nacionais ou estrangeiros, casados segundo o regime concordatário pudesse ser revista e confirmada em Portugal (AssSTJ 9/7/1965, DG I 2/8/1965 = RLJ 99 (1966/1967), 116 = Dir. 98 (1966), 137 (*E. de Abreu*).

de acordo com a lei portuguesa (cfr. art. 22.°, n.° 2). A aplicação do direito português neste caso é corroborada pela circunstância de que gozam igualmente da liberdade de celebração do casamento reconhecida pela ordem jurídica portuguesa os estrangeiros e os apátridas residentes em Portugal (cfr. art. 15.°, n.° 1, CRP).

1.3. Verifica-se um abuso da liberdade de casamento quando a celebração do casamento é utilizada, não para a constituição de uma comunhão de vida entre os cônjuges, mas apenas para a obtenção de finalidades extrínsecas à relação matrimonial. Os casos mais frequentes de abuso da liberdade de casamento são aqueles em que ele é concluído com o intuito de obter uma autorização de residência ou de adquirir uma nacionalidade ou com o propósito de obstar à expulsão do território de um Estado.

O abuso da liberdade de casamento não pode ficar impune e tem de ser sancionado, desde logo no plano das normas de conflitos. Dado que o casamento é celebrado apenas com o intuito de forjar a aplicação de uma lei mais vantajosa e de evitar a aplicação de uma outra lei menos favorável, parece possível concluir que o abuso da liberdade de casamento se traduz numa fraude à lei (cfr. art. 21.°). Pela perspectiva da ordem jurídica portuguesa, o que releva é apenas que um estrangeiro (ou estrangeira) esteja impedido de contrair casamento com um português (ou portuguesa) com a finalidade de obter a nacionalidade portuguesa ou de conseguir qualquer outra vantagem indevida: daí que se possa falar de um "falso" impedimento bilateral[8]. No entanto, este impedimento não tem de operar de forma preventiva; para que ele seja respeitado, basta que a ordem jurídica portuguesa, de acordo com as consequências da fraude à lei (cfr. art. 21.°), não atribua eficácia ao casamento celebrado e dele não faça decorrer os efeitos pretendidos pelos nubentes.

2. Problemas de qualificação

Segundo o disposto no art. 1577.°, o casamento é o contrato celebrado entre duas pessoas de sexo diferente que pretendem constituir família mediante uma plena comunhão de vida de acordo com o regime estabelecido no Código Civil. No entanto, para efeitos da qualificação do

---

[8] *"Unechtes" zweiseitiges Ehehindernis*, na expressão de Staudinger [2003]/*Mankowski*, Art 13 EGBGB, 339.

casamento no direito internacional privado português, o conceito de casamento não tem necessariamente de coincidir com a noção que dele é fornecida no direito interno pelo art. 1577.°. Quanto a este aspecto, importa considerar duas regras fundamentais[9].

A primeira é a de que o conceito de casamento para efeitos de direito internacional privado pode ser mais amplo que o conceito utilizado no âmbito da ordem jurídica do foro. Nesse conceito podem incluir-se modalidades da vida conjugal que divergem daquela noção de casamento, como são o caso, por exemplo, do casamento poligâmico, do casamento consensual de alguns ordenamentos da *common law*, do casamento não registado de algumas sociedades africanas ou mesmo do casamento homossexual. Sem considerar alguns dados de direito comparado e sem procurar uma certa equivalência funcional com institutos de outras ordens jurídicas (cfr. art. 15.°), não é possível construir um conceito de casamento que possa ser utilizado na aplicação da norma de conflitos portuguesa.

A outra regra é a de que nem toda a relação de tipo conjugal entre um homem e uma mulher deve ser qualificada como um casamento na ordem jurídica portuguesa. É o que sucede com a união de facto (seja registada ou não registada), pois que as suas diferenças perante o casamento no Estado de origem devem ser respeitadas pelo ordenamento português. Ou seja: não se deve aplicar à união de facto, sem mais, a norma de conflitos relativa ao casamento, porque isso pode conduzir a uma equiparação da união de facto e do casamento desconforme com a diferença que eles possuem no Estado de origem.

3. Dualidade de regimes

No direito internacional privado português, a validade substancial do casamento beneficia de uma dualidade de regimes alternativos. Com efeito, para a ordem jurídica portuguesa, aquela validade do casamento está assegurada nas seguintes condições: – o casamento é válido se ele for válido segundo a lei pessoal de cada um dos nubentes (cfr. art. 49.°); – ainda que o casamento não seja válido segundo a lei pessoal de cada um dos nubentes, ele é considerado válido se ele o for segundo a lei do país da residência habitual dos nubentes, desde que esta se considere igualmente competente para o regular (cfr. art. 31.°, n.° 2); note-se que este critério

---

[9] Cfr. *Henrich*, Internationales Familienrecht [2] (Frankfurt am Main / Berlin 2000), 21.

não pode ser aplicado a nubentes residentes em Portugal, precisamente porque, segundo as normas de conflitos portuguesas, a lei da residência habitual dos nubentes não é competente para regular a validade substancial do casamento.

II. PROMESSA DE CASAMENTO

1. Problemas de qualificação

No direito interno português, a promessa de casamento é o contrato pelo qual duas pessoas de sexo diferente se comprometem a contrair casamento, embora sem poderem exigir a sua celebração e, no caso de incumprimento, a indemnização de todos os danos (art. 1591.°). Estas especialidades – aliás, directamente decorrentes da liberdade de casamento (cfr. art. 36.°, n.° 1, CRP) – permitem concluir que a promessa de casamento pode ser qualificada como um contrato familiar.

2. Lei reguladora

2.1. Não se encontra no direito internacional privado português qualquer referência específica à lei reguladora da promessa de casamento. Sendo assim, há que aplicar, quanto aos aspectos substanciais relativos à celebração, aos efeitos e à ruptura da promessa de casamento, a lei reguladora das relações de família[10], que é a lei pessoal de cada um dos nubentes (art. 25.°) e, portanto, normalmente a lei da sua nacionalidade (cfr. art. 31.°, n.° 1). Se os nubentes tiverem nacionalidades diferentes, a promessa só pode ser considerada válida se ambas as leis das respectivas nacionalidades a considerarem como tal, dado que o princípio da igualdade dos cônjuges (cfr. art. 36.°, n.° 3, CRP) – e, portanto, dos nubentes – impede que apenas um deles possa ficar vinculado por uma promessa de casamento[11].

Em alternativa, a promessa de casamento concluída no estrangeiro é igualmente reconhecida em Portugal se ela for válida segundo a lei do Estado da residência habitual dos nubentes, desde que essa lei se considere

---

[10] Assim, *Ferrer Correia*, RLJ 116 (1983/1984), 323; cfr. também *Henrich*, Int. Familienrecht [2], 42.

[11] Cfr. *Ferrer Correia*, RLJ 116 (1983/1984), 353.

competente para a regular (art. 31.º, n.º 2). O princípio da liberdade contratual justifica que basta que a ordem jurídica estrangeira que é considerada competente pelas normas de conflitos portuguesas não proíba a promessa de casamento para que esta possa ser reconhecida como válida em Portugal.

Em termos práticos, a solução proposta significa que a lei reguladora da promessa (bilateral) de casamento é a lei da nacionalidade comum dos nubentes, a lei da nacionalidade de cada um dos nubentes ou, em alternativa, a lei da sua residência habitual. Se os nubentes não tiverem a mesma residência habitual, ou se, tendo a mesma residência habitual, a lei do respectivo Estado não se considerar competente, há que preencher a lacuna legal, podendo pensar-se na aplicação analógica do regime estabelecido no art. 52.º, n.º 2, para as relações entre os cônjuges, sendo considerada aplicável a lei do país com o qual a vida familiar se ache mais estreitamente conexa.

2.2.a. A lei que regula a substância da promessa de casamento regula igualmente os seus efeitos entre os nubentes. Nestes efeitos, há que incluir igualmente aqueles que decorrem da ruptura injustificada da promessa, sendo, portanto, por aquela mesma lei que se afere quais os bens que devem ser restituídos por um dos nubentes ao outro e quais os danos que devem ser reparados ao nubente ofendido.

Quanto a este aspecto, importa acrescentar que, de molde a evitar que as consequências da ruptura da promessa possam ser distintas para cada um dos nubentes e que elas dependam do nubente contra o qual é dirigida a respectiva pretensão[12], a essa ruptura e às respectivas consequências só pode ser aplicada uma lei comum a ambas as partes. Assim, essa lei só pode ser a da nacionalidade comum dos nubentes, o regime comum às leis da nacionalidade de cada um dos cônjuges – o que conduz à aplicação da lei menos favorável ao requerente[13] – ou, em alternativa, a lei da residência comum dos cônjuges.

b. A determinação do regime aplicável à ruptura da promessa de casamento torna-se particularmente problemática quando para a lei portuguesa se está perante uma promessa de casamento, mas a lei que é considerada competente pela norma de conflitos portuguesa proíbe a promessa de casamento ou não permite a sua qualificação como um contrato de

---

[12] Cfr. Staudinger[2003]/*Mankowski*, Anh zu Art 13 EGBGB, 30 s.
[13] Cfr. MünchKomm³/*Coester*, vor § 13, 4.

direito da família. Nestes casos, o art. 15.º não permite o recurso a uma norma de conflitos que assenta na qualificação daquela promessa como um instituto jurídico familiar, pelo que há que aplicar a norma de conflitos correspondente ao conteúdo e à função dessa promessa no ordenamento da lei competente.

Assim, se, por exemplo, a ordem jurídica competente desconhecer a promessa de casamento, a conduta do nubente que se recusa a celebrar o casamento pode ser qualificada como um acto delitual, aplicando-se a correspondente norma de conflitos portuguesa constante do art. 45.º[14]. Outro exemplo: se o cônjuge inocente ou um terceiro pretender revogar as doações realizadas ao outro cônjuge e obter a restituição dos bens doados, aquela revogação e esta restituição são reguladas pela lei indicada pela norma de conflitos constante do art. 42.º. Para qualquer outra situação que não encontre um regime específico no direito internacional privado português, não parece desajustado recorrer, por analogia, à norma de conflitos relativa à dissolução do casamento por divórcio (cfr. art. 55.º, n.º 1), tanto mais que esta norma remete para aquela que regula as relações entre os cônjuges, nomeadamente no âmbito patrimonial (cfr. art. 52.º)[15].

3. Limites da lei competente

Segundo o direito interno português, a promessa de casamento não pode ser objecto de execução específica (cfr. art. 1591.º), ou seja, essa promessa nunca pode contrariar a liberdade de celebração do casamento que é reconhecida em Portugal a cidadãos portugueses e a estrangeiros e apátridas que residam em Portugal (cfr. arts. 36.º, n.º 1, e 15.º, n.º 1, CRP). Consequentemente, viola a ordem pública internacional do Estado português (cfr. art. 22.º) qualquer regime estrangeiro que imponha a celebração do casamento na sequência de uma promessa de casamento ou que aplique ao nubente que não respeita a promessa uma cláusula penal; o mesmo há que dizer quanto ao direito estrangeiro que atribua relevância a uma promessa unilateral de casamento. Nestas situações, a ordem jurídica portu-

---

[14] Assim, *Ferrer Correia*, RLJ 116 (1983/1984), 324, chamando a atenção para o facto de que, nos termos do art.º 45.º, n.º 3, a lei aplicável pode vir a ser a da nacionalidade dos nubentes.

[15] Sobre as vantagens desta solução, cfr. *Mankowski*, IPRax 1997, 178 ss.; cfr. também Staudinger [2003]/*Mankowski*, Anh zu Art 13 EGBGB, 25 ss.

guesa assegura – se necessário, através da aplicação do seu próprio direito (cfr. art. 22.º, n.º 2) – a liberdade de celebração do casamento.

III. CAPACIDADE MATRIMONIAL

1. Problemas de qualificação

A capacidade matrimonial é, em geral, delimitada de modo negativo: essa capacidade está assegurada sempre que não exista qualquer impedimento à celebração do casamento pelo nubente (cfr. art. 1600.º). Portanto, a análise da lei aplicável à capacidade matrimonial conduz ao exame da lei competente para estabelecer os impedimentos matrimoniais. Entre os impedimentos matrimoniais mais comuns na generalidade das legislações nacionais contam-se a falta de idade núbil, a relação de parentesco entre os nubentes e o casamento anterior não dissolvido.

2. Aferição da capacidade

2.1.a. A capacidade para contrair casamento é regulada, em relação a cada nubente, pela respectiva lei pessoal (art. 49.º), ou seja, normalmente pela lei da sua nacionalidade (cfr. art. 31.º, n.º 1). Portanto, para que o casamento possa vir a ser celebrado, é necessário que cada nubente tenha capacidade matrimonial segundo a sua respectiva lei pessoal: nesta matéria, segue-se, pois, um princípio de aplicação distributiva das leis dos nubentes, dado que o casamento só pode ser celebrado se a ele nada obstar segundo a lei pessoal de cada um dos nubentes[16].

Em relação aos apátridas, há que aplicar o disposto no art. 32.º: a lei pessoal do apátrida é, em regra, a da sua residência habitual. Quanto aos plurinacionais, deve ser considerado, na escolha da nacionalidade que é relevante para determinar a lei pessoal, o disposto nos arts. 27.º e 28.º da

---

[16] A aferição da capacidade matrimonial do nubente pela sua lei pessoal é bastante comum: cfr., por exemplo, § 13 (1) da Einführungsgesetz zum Bürgerlichen Gesetzbuche (= EGBGB) alemã; § 17 (1) da Gesetz über das internationale Privatrecht austríaca; art.º 46, § 1.º, do Code de droit international privé belga; art.º 3, § 3.º, do Code civil francês; art.º 27 da Riforma del sistema italiano di diritto internazionale privato; art.º 44, n.º 2, da Loi de droit international privé suíça.

Lei da Nacionalidade a nacionalidade relevante é a portuguesa ou, se todas as nacionalidades forem estrangeiras, a nacionalidade do Estado em cujo território o plurinacional tenha a sua residência habitual ou, na falta desta, a nacionalidade do Estado com a qual ele mantenha uma vinculação mais estreita.

O art. 49.º esclarece que a capacidade matrimonial deve ser aferida em relação a cada um dos nubentes em função da sua lei pessoal. Não pode deixar de ser assim: saber, por exemplo, se um menor pode contrair casamento depende exclusivamente da sua própria lei pessoal, qualquer que seja a pessoa com o qual ele pretende celebrar o casamento. Isto significa que o casamento só pode ser celebrado se for reconhecida a cada um dos nubentes, de forma autónoma para cada um deles e de acordo com a respectiva lei pessoal, a necessária capacidade matrimonial. Portanto, a celebração do casamento depende da verificação cumulativa desta capacidade em cada um dos nubentes, bastando a incapacidade de qualquer deles para obstar à celebração do casamento.

b. Nesta matéria, importa ter presente que os impedimentos matrimoniais podem ser unilaterais ou bilaterais[17]: – os impedimentos unilaterais são aqueles que, segundo a lei reguladora, respeitam a um único dos nubentes; – os impedimentos bilaterais são aqueles que, apesar de serem estabelecidos pela lei pessoal de um dos nubentes, valem igualmente para o outro nubente. A distinção não tem grande importância quando ambos os nubentes possuem a mesma nacionalidade, porque o que vale para um vale necessariamente para o outro, mas tem alguma relevância quando os nubentes têm diferentes nacionalidades e estão sujeitos a diferentes leis pessoais.

Nesta eventualidade, as duas leis pessoais que estabelecem os impedimentos unilaterais são aplicadas de uma forma distributiva a cada um dos nubentes, porque cada uma daquelas leis é aplicada sem considerar o que a lei pessoal do outro nubente estabelece sobre a matéria. Por exemplo: a idade núbil é apreciada separadamente pelo estatuto pessoal de cada um dos nubentes; por isso, basta que cada um dos nubentes tenha idade núbil segundo a sua lei pessoal para que o casamento seja admissível, não sendo necessário que ambos os nubentes possuam idade núbil segundo ambas as leis pessoais aplicáveis.

Em contrapartida, as duas leis pessoais que estabelecem os impedimentos bilaterais são aplicadas de uma forma cumulativa, porque o casa-

---

[17] Cfr., por exemplo, *Ferrer Correia*, RLJ 117 (1984/1985), 18; Staudinger [2003]/
/*Mankowski*, Art. 13 EGBGB, 155 s.

mento só pode ser celebrado se não se verificar nenhum impedimento segundo ambas as leis pessoais dos nubentes. Por exemplo: se a lei pessoal de um dos nubentes não permitir o casamento existindo um certo grau de parentesco entre eles, isso obsta à celebração do casamento, ainda que este seja admissível pela lei pessoal do outro nubente. Outro exemplo: se a lei pessoal de um dos nubentes exigir que ambos os nubentes sejam solteiros e se a lei pessoal do outro nubente permitir que um deles seja casado, o casamento não pode ser celebrado em nenhum Estado que considere aplicável a respectiva lei pessoal de cada um dos nubentes (nem no Estado cuja lei admite o casamento poligâmico); o mesmo sucede se no Estado da nacionalidade de um dos nubentes for exigida a diferença de sexo dos nubentes e se no Estado da nacionalidade do outro for permitido o casamento homossexual: também neste caso, o casamento não é possível num Estado que considere aplicável a lei pessoal de cada um dos nubentes.

c. Os impedimentos bilaterais são impedimentos relativos (que são aqueles que obstam à celebração do casamento de uma pessoa com outra pessoa). O impedimento decorrente do grau de parentesco entre os nubentes que é estabelecido pela lei pessoal de um dos nubentes é um impedimento que é simultaneamente bilateral e relativo. O mesmo pode ser dito do impedimento referente à proibição do casamento poligâmico ou homossexual: esse impedimento bilateral é igualmente relativo, porque só obsta a que o nubente possa casar com uma pessoa que já é casada ou que pertence ao mesmo sexo.

Os impedimentos bilaterais valem para ambos os nubentes, ainda que sejam estabelecidos apenas pela lei pessoal de um deles. Esta verificação também é importante quando se trata de analisar a influência da liberdade de celebração do casamento sobre os impedimentos bilaterais. A solução que se impõe é a seguinte: se o impedimento bilateral, ainda que imposto apenas pela lei pessoal de um dos nubentes, vale para ambos os nubentes, então a liberdade de celebração do casamento que é atribuída pela lei pessoal do outro nubente é suficiente para afastar aquele impedimento. Suponha-se, por exemplo, que um dos nubentes é português e professa a religião católica e que o outro nubente é estrangeiro e muçulmano; apesar de a lei pessoal deste último nubente proibir o casamento com um nubente de religião católica, basta a liberdade de casamento reconhecida pelo art. 36.º, n.º 1, CRP ao nubente português para permitir a celebração do casamento em Portugal ou no estrangeiro.

Esta última conclusão – a de que a liberdade de celebração do casamento que é reconhecida ao nubente português também vale quando se pretenda celebrar o casamento no estrangeiro – não deve surpreender. Ela é consequência da circunstância de que, se o direito do lugar da celebração considera competente a lei pessoal do nubente português para aferir a sua capacidade matrimonial, esse mesmo direito reconhece igualmente a liberdade de casamento que é atribuída pelo art. 36.º, n.º 1, CRP a esse nubente. Portanto, a liberdade de celebração do casamento que se encontra garantida ao nubente português é susceptível de afastar um impedimento bilateral estabelecido pela lei pessoal do nubente estrangeiro, mesmo quando o casamento é celebrado num Estado terceiro, isto é, num Estado que não é o da nacionalidade de nenhum dos nubentes.

2.2. A capacidade matrimonial deve ser aferida pela lei pessoal competente no momento da celebração do casamento, pelo que não releva nem a nacionalidade que o nubente possa vir a adquirir através do casamento, nem nenhuma mudança de nacionalidade ocorrida depois daquele momento. Dito de outro modo: o estatuto da celebração do casamento não é modificável[18].

Do facto de a capacidade matrimonial ser aferida no momento da celebração do casamento decorrem as seguintes consequências: – um casamento válido no momento da sua celebração permanece válido qualquer que seja a alteração verificada no estatuto pessoal dos cônjuges (*matrimonium semel validum semper validum*)[19]; – um casamento inválido no momento em que foi contraído não se torna válido por qualquer mudança ocorrida no estatuto pessoal dos cônjuges.

O rigor da regra segundo a qual a invalidade de um casamento não se sana através de uma mudança no estatuto pessoal dos cônjuges pode ser atenuado nos casos em que ambos os nubentes adquiriram, depois da celebração do casamento, o mesmo estatuto pessoal e cortaram, por completo, com o antigo estatuto (fixando residência no Estado da nova nacionalidade, por exemplo) e quando, segundo este novo estatuto, o casamento for válido por não ser imposto o impedimento que o tornava inválido no momento da sua celebração[20]. Esta sanação só não pode ser reconhecida

---

[18] Cfr. Staudinger [2003]/*Mankowski*, Art 13 EGBGB, 79.
[19] Cfr. MünchKomm³/*Coester*, § 13, 13; Staudinger [2003]/*Mankowski*, Art 13 EGBGB, 82.
[20] Cfr. MünchKomm³/*Coester*, Art. 13, 16 s.; identicamente, *Andrae*, Internationales Familienrecht² (Baden-Baden 1998), 84; Staudinger [2003]/*Mankowski*, Art 13 EGBGB, 90 e 95; contra, *Henrich*, Int. Familienrecht², 40 s.

no Estado no qual o não reconhecimento de uma decisão obsta à validade do casamento nesse Estado: é o que acontece quando, por exemplo, a decisão de dissolução, de declaração de nulidade ou de anulação de um casamento anterior não pode ser reconhecida naquele Estado.

Em contrapartida, vê-se com dificuldade que a violação da ordem pública possa ser invocada para obstar ao reconhecimento da sanação do vício que afectou o casamento no momento da sua celebração. Mesmo que os cônjuges tivessem a nacionalidade do Estado do foro no momento da celebração do casamento, a mudança da sua nacionalidade e o corte com o anterior estatuto retiram a necessária *Inlandsbeziehung* para que possa funcionar a salvaguarda da ordem pública.

2.3. Se o direito internacional privado da lei da nacionalidade do nubente remeter para outra legislação e esta se considerar competente, é o seu direito interno que deve ser aplicado na determinação da capacidade matrimonial do nubente (art. 17.°, n.° 1). No entanto, o reenvio para um terceiro ordenamento – e, portanto, para uma lei que não é a da nacionalidade do nubente – não é aceite pelo direito português, se o interessado residir habitualmente em Portugal ou em país cujas normas de conflitos considerem competente o direito interno do Estado da sua nacionalidade (art. 17.°, n.° 2): nestes casos, aplica-se, na perspectiva da ordem jurídica portuguesa, necessariamente a lei da nacionalidade do nubente na análise da sua capacidade matrimonial.

O retorno para a lei portuguesa – que também não é a da nacionalidade do nubente – só pode ser aceite se o interessado tiver a sua residência habitual em território português ou se a lei do país desta residência considerar igualmente competente o direito interno português (art. 18.°, n.° 2). Assim, sempre que o Estado da nacionalidade do nubente considere competente para regular a capacidade matrimonial do nubente a lei da sua residência habitual e o nubente estiver domiciliado em Portugal, a ordem jurídica portuguesa aceita o reenvio e é a lei portuguesa que há que aplicar na aferição daquela capacidade.

2.4. Dado que a capacidade matrimonial é aferida pela lei pessoal (ou da nacionalidade) de cada um dos nubentes (cfr. art. 49.°), o casamento de português no estrangeiro deve ser precedido do processo de publicações e da verificação da sua capacidade matrimonial através da passagem do respectivo certificado (arts. 162.° e 163.°, n.°s 1 e 3, do Código do Registo Civil (= CRegC)) e o estrangeiro que pretenda celebrar casamento em Portugal deve instruir o processo preliminar de publicações com um certificado destinado a provar que, de harmonia com a sua lei pessoal, nenhum impedimento obsta à celebração do casamento (art. 166.°, n.° 1, CRegC)[21].

Pode verificar-se a impossibilidade, determinada pela falta de representação diplomática ou consular do país da sua nacionalidade ou por outro motivo de força maior, de apresentar o certificado de capacidade matrimonial: nesta hipótese, a verificação da capacidade matrimonial pode ser feita através de um processo organizado na conservatória competente para o processo de casamento (art. 166.°, n.° 2, CRegC; sobre este processo, cfr. arts. 261.° a 265.° CRegC). São várias as circunstâncias que podem ser enquadradas naqueles motivos de força maior: pense-se, por exemplo, na hipótese de o nubente ser apátrida ou refugiado ou ainda no caso em que o Estado do nubente desconhece esse certificado ou entende que a capacidade matrimonial do nubente deve ser apreciada pela lei do Estado da celebração do casamento ou do domicílio do nubente e, por isso, devolve para o direito deste Estado.

3. Questões prévias

3.1. Para a aferição da capacidade matrimonial do nubente pode ser necessário apreciar uma questão prévia relativa a um casamento anterior de qualquer dos nubentes. Esta questão prévia deve ser resolvida nos termos gerais, ou seja, dando-se preferência a uma conexão autónoma. Se aquela questão prévia dever ser apreciada, no âmbito desta conexão autónoma, segundo o direito internacional privado português, há que aplicar à resolução da questão prévia relativa à existência e à validade do casamento o disposto nos arts. 49.° a 51.°: só se verifica um impedimento à celebração do casamento se o casamento anterior for considerado existente e válido, quanto a aspectos substanciais e formais, segundo as respectivas normas de conflitos portuguesas.

Em contrapartida, sempre que, nomeadamente no âmbito de convenções internacionais, se imponha uma conexão não autónoma na determinação da lei aplicável à existência e validade do casamento, esta existên-

---

[21] Considerando constitucional uma idêntica exigência feita pela lei italiana, com o argumento de que essa exigência não limita, antes facilita, o exercício da liberdade de celebrar casamento pelo estrangeiro, cfr. CCost. 30/1/2003, Dir. fam. 32 (2003), 331 = RDIPP 39 (2003), 937; sobre aquela decisão, cfr. *D'Arienzo*, RDIPP 39 (2003), 925 ss.

cia e validade devem ser aferidas pela lei definida pela norma de conflitos aplicável à questão principal: só há impedimento à celebração do casamento se o direito internacional privado da lei aplicável à capacidade matrimonial do nubente considerar que o casamento anterior é, na perspectiva substancial e formal, existente e válido.

Por força da reserva da ordem pública portuguesa (cfr. art. 22.°), não pode ser reconhecida em Portugal capacidade matrimonial a nubentes que possuem um estatuto de casamento poligâmico. Em Portugal, um anterior casamento (seja monogâmico ou poligâmico) obsta sempre à celebração de qualquer novo casamento.

3.2.a. A capacidade matrimonial também pode depender de saber se um casamento anterior de qualquer dos nubentes foi dissolvido por divórcio. Se o casamento foi dissolvido por uma decisão de um tribunal ou de uma autoridade do Estado no qual se pretende celebrar o novo casamento, a questão não é problemática: não existe qualquer impedimento à celebração desse casamento naquele Estado[22], mesmo que a decisão não tenha sido reconhecida no Estado da nacionalidade do nubente. Esta solução corresponde àquela que resulta de uma conexão autónoma da questão prévia relativa à dissolução do casamento anterior: como a decisão provém do Estado no qual se pretende celebrar o casamento, pode partir-se do princípio de que o tribunal ou a autoridade competente deste Estado aplicou o seu próprio direito internacional privado e dissolveu o casamento segundo a lei que este direito considera competente; esta solução corresponde àquela que resultaria da resolução da questão prévia respeitante à dissolução do casamento através de uma conexão autónoma.

O problema é mais complexo quando a dissolução do casamento ocorreu no estrangeiro, dado que há que contar com a possibilidade de essa dissolução não ser reconhecida seja no Estado no qual se pretende celebrar o casamento, seja no Estado da nacionalidade do nubente. Em concreto, há que considerar as seguintes hipóteses:

– A dissolução do casamento é reconhecida no Estado no qual os nubentes pretendem celebrar o casamento e no Estado da nacionalidade do nubente: não há qualquer obstáculo à celebração do novo casamento naquele Estado;

– A dissolução do casamento é reconhecida no Estado no qual se pretende celebrar o casamento, mas não no Estado da nacionali-

---

[22] Cfr. *Moura Ramos*, CJ 88/5, 19 ss.

dade do nubente: esta circunstância não deve obstar à celebração do novo casamento naquele primeiro Estado (cfr., com idêntica solução, § 17 (2) da Gesetz über das internationale Privatrecht austríaca; art. 43, n.° 3, da Loi de droit international privé suíça; art. 27 da Riforma del sistema italiano di diritto internazionale privato);

– A dissolução do casamento é reconhecida no Estado da nacionalidade do nubente, mas não no Estado no qual os nubentes desejam celebrar o casamento (nomeadamente, por ofensa da ordem pública deste Estado, como sucede, por exemplo, quando a dissolução do casamento foi obtida pelo repúdio do cônjuge, tal como é permitido pela lei judaica ou islâmica): o casamento não pode, naturalmente, ser celebrado no Estado que não reconhece a dissolução do casamento anterior[23].

b. Dos casos anteriormente referidos, o único que merece alguns esclarecimentos suplementares é aquele em que a dissolução do casamento anterior é reconhecida no Estado da celebração do novo casamento, mas não no próprio Estado da nacionalidade do nubente. Em causa estão as situações em que a decisão de dissolução não foi reconhecida no Estado da nacionalidade do nubente ou em que este Estado não está vinculado a reconhecer automaticamente essa decisão.

Nesta situação, pode entender-se, com base num efeito constitutivo relativo da decisão de dissolução do casamento, que o não reconhecimento dessa dissolução no Estado da nacionalidade do nubente deve obstar à celebração do casamento em qualquer outro Estado[24]. O argumento que pode ser invocado é o seguinte: o Estado da celebração do casamento não deve reconhecer efeitos a uma decisão de dissolução do casamento (ainda que própria) quando as normas de conflitos da *lex causae* aplicada à dissolução remetem para uma lei que não reconhece efeitos àquela decisão[25].

Esta solução conduz a uma conexão não autónoma da questão prévia relativa à dissolução do casamento anterior, ou seja, implica resolver esta questão prévia de acordo com a lei que for indicada pelas normas de conflitos da lei que é aplicável à questão principal (que é lei que rege a capacidade matrimonial do nubente). Se, por exemplo, o Estado no qual se

---

[23] Assim, *Ferrer Correia*, RLJ 117 (1984/1985), 19.
[24] Cfr. *Hausmann*, FamRZ 1981, 835 ss.; na doutrina portuguesa, cfr. *Ferrer Correia*, RLJ 117 (1984/1985), 19 s.
[25] *Hausmann*, FamRZ 1981, 836.

aprecia a capacidade matrimonial considera competente para a aferir a lei da nacionalidade do nubente, a questão prévia relativa à dissolução de um casamento anterior deve ser apreciada, de acordo com a referida solução, pela lei que é determinada pelas normas de conflitos do Estado da nacionalidade desse nubente; se, segundo esta lei, o casamento anterior não se encontrar dissolvido, o novo casamento não pode ser celebrado em nenhum Estado.

Esta solução merece alguma ponderação, mas não parece dever ser seguida na ordem jurídica portuguesa[26]. Em face dos elementos fornecidos pelo direito português, nada impõe o desvio à regra de que os efeitos decorrentes do reconhecimento de uma decisão de dissolução de um casamento na ordem jurídica portuguesa são independentes dos efeitos que essa decisão produz numa outra ordem jurídica. Além disso, há ainda que acrescentar que a solução favorável ao efeito relativo nunca pode contrariar a liberdade de casamento, pelo que, ainda que a decisão de divórcio não seja reconhecida no Estado da lei competente para apreciar a capacidade matrimonial, isso não pode constituir um obstáculo à celebração do casamento num Estado que reconhece aquela liberdade[27].

c. A solução deve ser semelhante quando houver que decidir a questão prévia relativa à dissolução do casamento através da declaração de morte presumida de um dos cônjuges. Em regra, há que resolver esta questão prévia através de uma conexão autónoma, ou seja, através da aplicação das normas de conflitos do Estado da celebração do novo casamento. Assim, para se saber se a declaração de morte presumida é suficiente para dissolver o casamento ou para atribuir capacidade matrimonial ao cônjuge sobrevivo, há que aplicar, segundo o disposto no art. 49.º, a lei pessoal deste cônjuge. Se for competente o direito português, há que aplicar o regime que resulta, em conjunto, dos arts. 115.º e 116.º: não há dissolução do casamento, mas, ainda assim, o cônjuge do ausente casado civilmente pode contrair novo casamento.

---

[26] Diferentemente em face do ordenamento alemão, MünchKomm[3]/*Coester*, Art. 13 21, fundamentando a sua posição na circunstância de que, se fosse irrelevante o reconhecimento da decisão de divórcio no Estado da nacionalidade do nubente, não se justificaria o disposto no art. 13 (2) EGBGB, que prevê a situação em que o casamento pode ser celebrado na Alemanha apesar de não estarem preenchidos todos os pressupostos segundo a lei pessoal do nubente; no mesmo sentido, *Andrae*, Int. Familienrecht[2], 50 s.; diferenciando consoante os casos, cfr. Staudinger [2003]/*Mankowski*, Art, 13 EGBGB, 287 ss.

[27] Cfr. *Henrich*, Int. Familienrecht[2], 28.

Uma outra questão é a de saber se a declaração de morte presumida só pode ser eficaz no Estado da celebração do casamento se for igualmente reconhecida no Estado da nacionalidade do cônjuge sobrevivo. A resposta a esta questão não pode ser diferente daquela que vale para os efeitos a atribuir a uma decisão de divórcio: qualquer que seja a posição da lei pessoal do nubente perante essa declaração (ou seja, mesmo que essa lei não a reconheça), o casamento pode ser celebrado, se o Estado da celebração atribuir efeitos a essa mesma declaração (expressamente neste sentido, cfr. § 17 (2) *in fine* da Gesetz über das internationale Privatrecht austríaca). Em concreto, quanto à celebração do novo casamento em Portugal, se a lei pessoal do cônjuge sobrevivo considerar que a declaração de morte presumida é suficiente para dissolver o casamento e se essa declaração for reconhecida em Portugal, o casamento pode ser celebrado em território português, ainda que a declaração não seja reconhecida pela lei pessoal do cônjuge sobrevivo.

4. Dispensa dos impedimentos

A dispensa dos impedimentos matrimoniais rege-se pela mesma lei que regula esses impedimentos, pelo que só são dispensáveis os impedimentos que a lei que lhes for aplicável considerar que podem ser dispensados (quanto ao direito português, cfr. art. 1609.°, n.° 1).

É indiscutível que as autoridades do Estado cuja lei estabelece o impedimento matrimonial são competentes para apreciar e decidir a dispensa desse mesmo impedimento. Discutível pode ser, no entanto, saber se, apesar de o impedimento ser estabelecido por uma lei estrangeira, a dispensa do impedimento pode ser obtida em Portugal, isto é, se as autoridades portuguesas são competentes para conceder essa dispensa, e se a competência das autoridades portuguesas para decretar a dispensa de um impedimento colocado pela lei portuguesa é uma competência exclusiva.

Dado o disposto no art. 166.°, n.° 1, CRegC quanto à prova, através do certificado de capacidade matrimonial que é exigido ao cidadão estrangeiro que pretende casar em Portugal, de que nenhum impedimento obsta à celebração do casamento, parece dever concluir-se que essa dispensa deve ser requerida e obtida no próprio Estado da lei aplicável à capacidade matrimonial (que é, segundo a lei portuguesa, normalmente o Estado da nacionalidade do nubente: cfr. arts. 49.° e 31.°, n.° 1). A ser assim, a hipótese em análise constitui um dos raros exemplos em que a competência (internacional) das autoridades de um Estado é determinada em função da lei aplicável.

A regra de competência acabada de referir implica que, em princípio, as autoridades portuguesas não têm competência para se pronunciar sobre a dispensa de um impedimento matrimonial imposto por uma lei estrangeira. As autoridades portuguesas podem ser, todavia, internacionalmente competentes para apreciar a dispensa do impedimento com base no critério da necessidade (cfr. art. 65.º, n.º 1, al. d), do Código de Processo Civil (=CPC)), se o direito à celebração do casamento em Portugal só puder ser efectivado se a dispensa for concedida por uma autoridade portuguesa. Esta competência é independente da circunstância de a decisão que dispensa o impedimento ser reconhecida no Estado da nacionalidade do nubente. A autoridade portuguesa competente para conceder a dispensa do impedimento matrimonial é o conservador do registo civil (art. 1609.º, n.º 2), observando-se o processo estabelecido nos arts. 253.º e 254.º CRegC.

A bilateralização da regra segundo a qual a competência para a dispensa de um impedimento matrimonial estabelecido pela lei estrangeira pertence a autoridades estrangeiras permite igualmente concluir que, quanto a impedimentos impostos pela lei portuguesa, a competência das autoridades portuguesas é exclusiva. Isto impede o reconhecimento em Portugal de uma decisão estrangeira que decretou a dispensa de um desses impedimentos (cfr. art. 1096.º, al. c), CPC).

Observe-se, a propósito, que, se o impedimento estabelecido pela lei estrangeira ou se o motivo de recusa da concessão da dispensa do impedimento pela autoridade estrangeira competente contrariar a ordem pública do Estado português (cfr. art. 22.º, n.º 1), nomeadamente porque qualquer deles é contrário à liberdade de celebração do casamento (cfr. art. 36.º, n.º 1, CRP) ou porque o impedimento é injustificável (como sucede, por exemplo, quando respeita a parentes ou afins em grau muito afastado), não há que cuidar de obter a dispensa do impedimento. Nesta eventualidade, a autoridade portuguesa limita-se a afastar a aplicação da lei estrangeira competente e a aplicar normalmente as regras do direito interno português (cfr. art. 22.º, n.º 2).

IV. OUTROS ASPECTOS SUBSTANCIAIS

1. Capacidade do nubente

A capacidade de exercício do nubente é determinada pela sua lei pessoal (cfr. art. 25.º). O reenvio feito pelo direito internacional privado da lei referida pela norma de conflitos portuguesa para a lei de um terceiro Estado é admitido (cfr. art. 17.º, n.º 1), embora com algumas restrições (cfr. art. 17.º, n.º 2). O retorno realizado por essa mesma lei para o direito interno português está igualmente sujeito a algumas restrições (cfr. art. 18.º, n.º 2).

2. Representação do nubente

É pela lei pessoal do nubente (cfr. art. 31.º, n.º 1) ou, no caso dos apátridas, pela lei da sua residência habitual (cfr. art. 32.º, n.º 1) que se afere a possibilidade – reconhecida em alguns direitos islâmicos – de substituição de um nubente por um representante, que pode escolher o outro nubente e, inclusivamente, contrair casamento com ele em representação do nubente. Se houver uma conexão relevante com a ordem jurídica portuguesa – isto é, se, por exemplo, um dos nubentes for português –, esta representação não pode ser admitida no ordenamento português, por se verificar uma violação da ordem pública internacional do Estado português (cfr. art. 22.º, n.º 1).

A inadmissibilidade desta representação deve ser considerada um impedimento bilateral à celebração do casamento, pelo que, na perspectiva da ordem jurídica portuguesa, ela obsta à validade de um casamento em que se verificou uma tal representação, qualquer que tenha sido o nubente que foi representado[28]. Se, por exemplo, apenas um dos nubentes for português, o casamento é inválido ainda que o nubente que foi representado tenha sido aquele que não possui a nacionalidade portuguesa.

---

[28] Cfr. Staudinger [2003]/*Mankowski*, Art. 13 EGBGB, 219.

3. Falta e vícios da vontade

Desde o direito romano que se encontra estabelecido o importante princípio segundo o qual *consensus facit nupcias*[29], o que mostra a relevância da vontade na celebração do casamento. A falta e os vícios da vontade que afectam o casamento são regulados, em relação a cada nubente, pela respectiva lei pessoal (art. 49.°). Portanto, essa falta e esses vícios são regulados pela lei da nacionalidade do nubente (cfr. art. 31.°, n.° 1) ou pela lei da residência habitual do apátrida (cfr. art. 32.°, n.° 1), que é igualmente a lei que regula a sua capacidade matrimonial.

A lei pessoal do nubente define igualmente as consequências da falta e dos vícios da vontade, ou seja, os desvalores do casamento resultantes dessa falta ou vícios. É ainda essa lei que define os meios através dos quais se podem alegar essa falta e esses vícios (nomeadamente, as correspondentes acções judiciais), bem como as entidades ou pessoas que possuem legitimidade para os invocarem.

4. *Mahr* islâmico

Alguns regimes legais – principalmente os de inspiração islâmica – prevêem um acordo, concluído antes do casamento, pelo qual o marido se compromete a entregar à mulher, quer no momento da celebração do casamento, quer na altura da dissolução do casamento, uma certa quantia (*mahr*)[30]. Sempre que este acordo constitua uma condição de validade do casamento segundo a lei pessoal de um dos nubentes, a sua necessidade é respeitada pela norma de conflitos portuguesa (cfr. art. 49.°) e a sua falta deve ser entendida como um impedimento bilateral[31].

V. VÍCIOS DO CASAMENTO

1. Generalidades

Se o casamento for celebrado com violação da lei competente, importa determinar as consequências desta violação. Essas consequências

---

[29] *Ulpianus*, D. 50.17.30: *Nupcias non concubitus, sed consensus facit.*
[30] Cfr. Staudinger [2003]/*Mankowski*, Art. 13 EGBGB, 380 ss.
[31] Cfr. *Heldrich*, IPRax 1983, 64; *Henrich*, Int. Familienrecht [2], 69.

podem afectar o estado pessoal dos cônjuges: é o que acontece quando o casamento é considerado inexistente ou inválido, quer na modalidade de nulidade (com eficácia *ex tunc*), quer na de anulabilidade (com eficácia *ex nunc*). Também pode suceder que essas consequências não afectem o estado pessoal dos cônjuges: nesta hipótese, o casamento é apenas irregular.

2. Lei competente

As consequências da violação da lei competente são determinadas pelo direito do Estado dessa mesma lei. É igualmente por essa lei que se determinam os meios de invocação dessas consequências – designadamente, acções de declaração de inexistência ou de nulidade ou acções de anulação do casamento – e as pessoas ou entidades com legitimidade para as invocarem em juízo.

Pode suceder que os nubentes tenham diferentes leis pessoais – por terem diferentes nacionalidades (cfr. art. 31.º, n.º 1) ou por, sendo apátridas, terem diferentes residências habituais (cfr. art. 32.º, n.º 1) –, o que pode determinar que as consequências do vício que atinge o casamento sejam distintas segundo cada uma das respectivas ordens jurídicas. Nesta hipótese, deve entender-se que se aplicam os regimes estabelecidos em ambas as ordens jurídicas, o que, em termos práticos, significa que se aplica a consequência mais forte definida em cada uma dessas leis[32]. Se, por exemplo, segundo uma das ordens jurídicas, o casamento for anulável ou o vício que o afecta for sanável e se, de acordo com a outra, ele for nulo, para o ordenamento português o casamento deve ser considerado nulo.

A lei competente que foi violada rege igualmente as condições e as consequências sanação do vício que afecta o casamento. Se a lei pessoal dos nubentes for distinta, a sanação do vício só ocorre se ela se verificar segundo a lei pessoal de cada um desses nubentes.

3. Casamento putativo

Apesar de o casamento ser inválido, ele pode produzir alguns efeitos entre os cônjuges ou em relação a terceiros: quando isso sucede, está-se

---

[32] Cfr., por exemplo, *Henrich*, Int. Familienrecht [2], 39.

perante um casamento putativo (cfr. art. 1647.°). A determinação dos efeitos produzidos pelo casamento inválido cabe à própria lei que é indicada como competente para regular os aspectos substanciais do casamento, ou seja, quanto à ordem jurídica portuguesa, pela lei indicada pelas normas de conflitos que constam do art. 49.°.

O disposto no art. 8.°, § 2.°, da Convenção sobre a Lei Aplicável às Obrigações Alimentares (Haia, 2/10/1973) contém uma norma especial em matéria de alimentos: segundo o disposto neste preceito, a lei aplicada à nulidade ou anulação do casamento rege as obrigações alimentares entre os ex-cônjuges.

VI. RECONHECIMENTO DO CASAMENTO

1. Aspectos gerais

O casamento celebrado no estrangeiro ou o casamento concluído entre estrangeiros em território português é reconhecido em Portugal sem qualquer formalidade específica. Se for necessário, para decidir uma causa pendente num tribunal português, apreciar a existência ou a validade desse casamento, a apreciação desta questão prévia pode ser feita, de forma incidental, no próprio processo.

Um casamento celebrado no estrangeiro é reconhecido em Portugal se tiver sido respeitada a lei competente segundo as normas de conflitos portuguesas. Em concreto: – se tiver sido dispensado um impedimento matrimonial, o casamento é reconhecido em Portugal desde que não tenha havido violação da competência exclusiva das autoridades portuguesas para apreciar essa dispensa; – se um dos cônjuges tiver sido casado anteriormente, o segundo casamento é reconhecido em Portugal desde que a dissolução do primeiro seja igualmente reconhecida pela ordem jurídica portuguesa; tal como sucederia se o segundo casamento tivesse sido celebrado em Portugal, é irrelevante que a dissolução do primeiro casamento não seja reconhecida no Estado da nacionalidade do cônjuge desse casamento[33].

---

[33] Algo diferentemente, cfr. *Andrae*, Int. Farmilenrecht [2], 71 s.

2. Casamentos "coxos"

2.1. Fala-se de casamentos "coxos" (*"hinkende" Ehen*) quando eles são considerados válidos ou não dissolvidos segundo alguns ordenamentos, mas inválidos ou dissolvidos segundo outros. Quanto ao ordenamento português, o casamento é inválido se ele não respeitar nem a lei pessoal dos nubentes (cfr. art. 49.°), nem a lei da residência habitual dos nubentes, se esta se considerar competente (cfr. art. 31.°, n.° 2).

Estes casamentos "coxos" – que resultam, por exemplo, de diferenças quanto aos pressupostos da sua celebração ou do não reconhecimento de uma decisão de divórcio – só podem ser evitados através de uma harmonização legislativa entre em várias ordens jurídicas. Na falta desta harmonização, prevalece a aplicação do direito internacional privado do Estado do foro na aferição da validade do casamento e, quando esta validade constituir uma questão prévia, esta questão deve ser solucionada, em regra, através de uma conexão autónoma e, portanto, através da aplicação das normas de conflitos do Estado do foro. Disto resulta que só pode ser considerado válido o casamento que o for de acordo com a lei competente segundo as normas de conflitos do foro.

No entanto, a esta solução podem ser colocados alguns limites constitucionais. O respeito da família que é imposto ao Estado e à sociedade (cfr., quanto ao ordenamento português, art. 67.°, n.° 1, CRP) pode impedir que se ignore um casamento que é inválido segundo a lei portuguesa, mas válido segundo uma lei estrangeira igualmente competente segundo um outro sistema de normas de conflitos, ou seja, pode justificar uma conexão não autónoma da questão prévia relativa à validade do casamento. Esta conclusão impõe-se tanto mais quanto o que está normalmente em causa não é tanto o reconhecimento do casamento em si, mas mais o reconhecimento de certos efeitos dele decorrentes (como os de tipo alimentar ou sucessório).

2.2.a. O casamento poligâmico e o casamento homossexual levantam, nesta matéria, um problema específico[34]. Pode argumentar-se que o casamento poligâmico e o casamento homossexual violam a ordem pública internacional do Estado português (cfr. art. 22.°, n.° 1) e que, por isso, esses casamentos, quaisquer que sejam os efeitos que produzem em outras ordens jurídicas, não podem produzir quaisquer efeitos na ordem

---

[34] Sobre a matéria, cfr. ProvJ R-170/02 (A6), de 25/7/2003.

jurídica portuguesa. Importa, no entanto, atender a que uma completa irrelevância desses casamentos pode conduzir a situações indesejáveis, como, por exemplo, a de se permitir o casamento em Portugal de alguém que já se encontra ligado por um casamento poligâmico ou homossexual celebrado num outro Estado.

De um ponto de vista pragmático, parece dever distinguir-se entre a celebração do casamento poligâmico ou homossexual em Portugal e o reconhecimento desse casamento, celebrado num outro país, em Portugal. Quanto à celebração do casamento em Portugal, a ordem jurídica portuguesa, segundo os termos do art. 49.º, recusa a um cidadão português, bem como a qualquer cidadão estrangeiro cuja lei pessoal desconheça o casamento poligâmico ou homossexual, capacidade para celebrar um casamento com uma pessoa já casada ou com outra pessoa do mesmo sexo. Parece ser igualmente indiscutível que a reserva da ordem pública internacional do Estado português (cfr. art. 22.º, n.º 1) obsta à celebração em Portugal de um casamento poligâmico ou de um casamento homossexual, mesmo entre interessados cuja lei pessoal admite esse mesmo casamento.

No entanto, nada obsta ao reconhecimento no ordenamento jurídico português, verificadas certas condições, de um casamento poligâmico ou homossexual que foi validamente celebrado no estrangeiro segundo a lei considerada aplicável por outros ordenamentos jurídicos. O reconhecimento de um casamento poligâmico ou homossexual que foi validamente celebrado no estrangeiro segundo o direito da nacionalidade dos nubentes (estrangeiros) não viola a ordem pública internacional do Estado português, desde logo porque a situação não apresenta uma conexão com a ordem jurídica portuguesa que justifique o funcionamento daquela cláusula de salvaguarda[35]. Estranho seria, aliás, que qualquer dos cônjuges pudesse invocar em Portugal a invalidade do seu casamento poligâmico ou homossexual segundo a lei interna portuguesa, pretendendo, por exemplo, furtar-se ao cumprimento dos deveres inerentes ao casamento ou impedir o outro cônjuge do gozo dos respectivos direitos.

Esta conclusão torna-se especialmente justificada quando o casamento poligâmico ou homossexual constituir apenas uma questão prévia para a apreciação de uma outra questão, hipótese em que não se coloca sequer o problema de saber se esse casamento tem de se encontrar trans-

---

[35] Identicamente, quanto ao reconhecimento do casamento poligâmico na ordem jurídica alemã, Staudinger [2003]/*Mankowski*, Art 13 EGBGB, 251; quanto ao casamento homossexual, cfr. *Röthel*, IPRax 2002, 498 s.

crito nos registos portugueses. Parece indiscutível que o casamento poligâmico ou homossexual pode ser reconhecido em Portugal quando seja instaurada em Portugal uma acção de anulação ou de divórcio, pois que nunca se poderá afirmar que a pretendida cessação ou dissolução do casamento infringe a ordem pública internacional do Estado português. Parece igualmente indiscutível que o casamento poligâmico ou homossexual pode ser reconhecido em Portugal quando importe assegurar o direito a alimentos de um dos cônjuges. Em todos estes casos, justifica-se que a questão prévia relativa ao casamento poligâmico ou homossexual seja resolvida através de uma conexão não autónoma, isto é, através das normas de conflitos da lei que é aplicável à questão principal relativa, respectivamente, à anulação do casamento, ao divórcio ou à obrigação de alimentos. Isto significa que há que perguntar à lei que é considerada competente pela norma de conflitos do foro para regular cada uma destas questões principais se ela reconhece o casamento poligâmico ou homossexual; se ela o fizer, esse mesmo casamento é reconhecido em Portugal, embora, naturalmente, apenas no âmbito da questão prévia suscitada pela questão principal que importa apreciar nos tribunais portugueses.

b. Parece igualmente indiscutível que o casamento poligâmico ou homossexual pode ser reconhecido pela ordem jurídica portuguesa quando se trate de verificar a incapacidade matrimonial de qualquer dos cônjuges, pois que seria incompreensível reconhecer a capacidade matrimonial a uma pessoa que contraiu um casamento poligâmico ou homossexual. A justificação desta solução intuitiva não é difícil no caso do casamento poligâmico: é claro que, qualquer que seja a nacionalidade do nubente e qualquer que seja a posição da sua lei pessoal perante esse casamento, o nubente se encontra casado em face da sua lei pessoal e, por isso, não pode celebrar qualquer outro casamento em Portugal.

Mais difícil é justificar aquela mesma solução quando a lei pessoal do nubente não atribui qualquer relevância ao casamento homossexual, como acontece, por exemplo, com a lei portuguesa (cfr. arts. 1577.° e 1628.°, al. e)). Ainda assim, a justificação é possível: basta argumentar que a verdadeira ofensa aos princípios fundamentais da ordem pública internacional do Estado português não está no reconhecimento do casamento homossexual em Portugal, mas na situação de bigamia a que conduziria a simples ignorância desse casamento pela ordem jurídica portuguesa. No fundo, é o respeito da ordem pública portuguesa que impõe o reconhecimento do casamento homossexual quando se trata de averiguar (e de negar) a capacidade matrimonial a um dos cônjuges desse casamento.

A CONVENÇÃO DA HAIA DE 25 DE OUTUBRO DE 1980 SOBRE OS ASPECTOS CIVIS DO RAPTO INTERNACIONAL DE CRIANÇAS

ALGUNS ASPECTOS

Nuno Gonçalo da Ascensão Silva
*Assistente da Faculdade de Direito
da Universidade de Coimbra*

INTRODUÇÃO*

1. A protecção da família e da infância tem constituído nas últimas décadas o objecto de esforços efusivos levados a cabo a um nível internacional, inserindo-se neste movimento, embora não o absorva completamente, um fenómeno importante de internacionalização do direito da família e dos menores por via convencional, apesar das vozes daqueles que cepticamente sempre foram realçando "la trompeuse apparence des traités

---

* Todos os documentos da Conferência da Haia a que nos referiremos encontram-se disponíveis em http://hcch.e-vision.nl, e onde se pode igualmente consultar o estado de vigência das diversas convenções da Haia bem como uma listagem bastante completa da bibliografia, hoje vastíssima, sobre a Convenção de 25 de Outubro de 1980 sobre os aspectos civis do rapto internacional de crianças. Por outro lado, as sentenças integradas na *International Child Abduction Database*, designadas com a menção [INCADAT: ...], estão acessíveis em http://www.incadat.com e as decisões do Tribunal Europeu dos Direitos do Homem podem ser consultadas em http://www.echr.coe.int. Finalmente, e também ainda com o intento de não sobrecarregar o texto com dados excessivos, não adiantaremos informações relativas ao modo como os textos internacionais a que aludiremos na sequência deste trabalho foram integrados na nossa ordem jurídica, pelo menos, sempre que constem de Marques dos Santos, *Direito Internacional Privado – Colectânea de textos legislativos de fonte interna e internacional*, 2.ª ed., Coimbra: Almedina, 2002, obra onde podem ser colhidos tais elementos.

qui, au fond, ne réglementent rien, mais qui souvent même dérèglent beaucoup de choses"[1].

Neste contexto, na prossecução do desígnio da unidade do direito – certamente de uma forma progressiva, e na medida em que as "forças operantes em silêncio" ("die «still wirkende Kräfte»"), a que aludia PAUL NEUHAUS[2], o permitem e coadjuvam –, a proliferação de textos internacionais de DIP (*lato sensu*)[3] que abarcam tais domínios – ou seja, que se dedicam à regulamentação das relações familiares e à tutela dos menores no âmbito das situações privadas que são "atravessadas por fronteiras"[4] – constitui um marco indelével da evolução jurídica contemporânea.

---

[1] J.-P. NIBOYET, *Traité de droit international privé français*, t. III, Paris: Recueil Sirey, 1944, p. 280, embora o Autor visse no desenvolvimento dos tratados de DIP um dos sentidos possíveis da evolução jurídica, pelo menos em contraposição à unificação dos direitos materiais, "une vaste utopie messianique et un grand danger pour l'intégrité morale des Etats" (*IDEM*, *ibidem*, p. 189 s.). Mais recentemente, e para uma apreciação crítica do movimento convencional, cf. B. OPPETIT, "Le droit international privé, droit savant", *Recueil des Cours*, t. 234 (1992), p. 420 ss.; Y. LEQUETTE, "De l'utilitarisme dans le droit international privé conventionnel de la famille", *L'internationalisation du droit – Mélanges en l'honneur de Yvon Loussouarn*, Paris: Dalloz, 1994, p. 245 ss.; *IDEM*, "Le droit international privé de la famille à l'épreuve des conventions internationales", *Recueil des Cours*, t. 246 (1994), p. 9 ss.

[2] "Europäisches Familienrecht? Gedanken zur Rechtsvergleichung und Rechtsvereinheitlichung", *Vom Deutschen zum Europäischen Recht – Festschrift für Hans Dölle*, Ernst von Caemmerer, Arthur Nikisch und Konrad Zweigert (Hrsg.), Band II, Tübingen: J.C.B. Mohr (Paul Siebeck), 1963, p. 430.

Sobre a intensidade possível e as perspectivas de uma unificação (futura) do direito da família, embora circunscrita aos ordenamentos materiais europeus, e passando hoje em grande medida pelos desenvolvimentos do direito comunitário, cf. A. RIEG, "L'harmonisation européenne du droit de la famille: mythe ou réalité?", *Conflits et harmonisation. Mélanges en l'honneur d'Alfred E. von Overbeck à l'occasion de son 65ème anniversaire*, Walter Stoffel et Paul Volken (org.), Fribourg: Éditions Universitaires, 1990, p. 473 ss.; G. ALPA, "Alcune osservazioni sul diritto comunitario e sul diritto europeo della famiglia", *Familia*, 2003, p. 439 ss.; D. MARTINY, "Europäisches Familienrecht – Utopie oder Notwendigkeit?", *RabelsZ*, v. 59 (1995), p. 419 ss.; *Perspectives for the Unification and Harmonisation of Family Law in Europe*, Katharina Boele-Woelki (ed.), Antwerp [etc.]: Intersentia, 2003; K. BOELE-WOELKI, "Comparative Research-Based Drafting of Principles of European Family Law", *ERA – Forum (Scripta iuris europaei)*, n.º 1/2003, p. 142 ss., e, entre nós, GUILHERME DE OLIVEIRA, "Um direito da família europeu? (Play it again, and again... Europe!)", *RLJ*, ano 133.º (2000-2001), p. 105 ss.

[3] Cf. P. VALLINDAS, "Droit international privé «lato sensu» ou «stricto sensu»", *Mélanges offerts à Jacques Maury*, t. I, Paris: Dalloz & Sirey, 1960, p. 509 ss.

[4] Assim, I. MAGALHÃES COLLAÇO, *Direito Internacional Privado*, v. I, Lisboa, AAFDL, 1958, p. 16.

No caso particular do direito da infância, e independentemente do específico domínio dogmático desse compósito *campus* do direito em que nos situemos[5], o movimento internacional tem servido exigências tipica-

---

[5] Para uma visão geral do direito da infância e, em particular, do conjunto de pressupostos e de núcleos problemáticos que se encontram na base da emergência da criança enquanto destinatário de uma particular protecção jurídica e, depois, sujeito titular de direitos, vide: *L'autonomia dei minori tra famiglia e società*, Marcello de Cristofaro e Andrea Belvedere (a cura di), Milano: Giuffrè, 1980; *Child Law (Parent, Child and State)*, Harry Krause (ed.), Aldershot [etc.]: Dartmouth, 1992; C. BARTON/G. DOUGLAS, *Law and Parentwood*, London [etc.]: Butterworths, 1995, esp. p. 18 ss.; *Family, State and Law*, Michael Freemann (ed.), v. II, Aldershot [etc.]: Ashgate/Dartmouth, 1999, esp. p. 229 ss.; R. MNOOKIN/K. WEISBERG, *Child, Family, and State: Problems and Materials on Children and the Law*, Gaithersburg, New York: Aspen Law and Business, 2000; A. BAINHAM, *Children: The Modern Law*, 2nd. ed., Bristol: Jordan Publishing Ltd., 1998; M.-T. MEULDERS-KLEIN, *La personne, la famille et le droit – 1968-1998 – Trois décennies de mutations en Occident*, Paris/Bruxelles: L.G.D.J./Bruylant, 1999, esp. p. 345 ss.; ENCARNA ROCA, *Familia y cambio social (De la «casa» a la persona)*, Madrid: Civitas, 1999, p. 207 ss.

Para uma perspectiva mais detida dos mecanismos de tutela internacional dos menores, cf. *L'autonomia dei minori...*, cit., p. 3 ss.; *La protezione dei minori nelle convenzioni internazionali*, Istituto di Diritto Internazionale – Facoltà di Economia e Commercio, Università di Roma, Roma: Servizio Sociale Internazionale – Sezione Italiana, 1982, *L'enfant et les conventions internationales*, J. Rubellin-Devichi et Rainer Frank (dir.), Lyon: PUL, 1996; A. DYER, "Os Direitos da Infância no Direito Internacional Privado", *Infância e Juventude*, 1991, n.º 2, p. 9 ss.; G. VAN BUEREN, *The International Law on the Rights of the Child*, The Hague [etc.]: Martinus Nijhoff Publishers, 1998; *International Documents on Children*, Geraldine van Bueren (ed.), 2nd ed., The Hague: Kluwer Law International, 1998; *Children on the Move – How to Implement Their Right to Family Life*, J. Doek, H. van Loon and P. Vlaardingerbroek (ed.), The Hague [etc.]: Martinus Nijhoff Publishers, 1996; I. BARRIÈRE-BROUSSE, "L'enfant et les conventions internationales", *Clunet*, v. 123 (1996), p. 843 ss.; *Código sobre Protección Internacional de la Infancia*, Mariño Menéndez/Díaz Barrado (coord.), Madrid: Ministerio de Trabajo y Asuntos Sociales, 1998; S. GRATALOUP, *L'enfant et sa famille dans les normes européennes*, Paris: LGDJ, 1998; *L'enfant et les relations familiales internationales: Actes du VIIe Colloque de l'Association «Famille et Droit», Louvain-la-Neuve, 19-20 octobre 2001*, Jean-Louis Renchon (dir.), Bruxelles: Bruylant, 2003; A. DEL VECCHIO, "La protezione dei minori nell'evoluzione delle convenzioni internazionali in materia", *RIDU*, v. 13 (2000), p. 655 ss.; A. BAINHAM, *op. cit.*, p. 573 ss.; F. MONÉGER, "Enfant (Droits de l')", *Répertoire de droit international*, Paul Lagarde... [*et al.*] (dir.), 2e éd., Paris: Dalloz, 1998, t. II; C. NEIRINCK, *Le droit de l'enfance après la Convention des Nations Unies*, Paris: Delmas, 1993; *Revisiting Children's Rights – 10 Years of the UN Convention on the Rights of the Child*, Deirdre Fottrell (ed.), The Hague: Kluwer Law International, 2000.

Especificamente sobre as convenções de DIP relativas à tutela da infância vigentes em Portugal, cf. MOURA RAMOS, "L'expérience portugaise des conventions de La Haye du 5 octobre 1961 relative à la protection des mineurs, du premier juin 1970 relative à la

mente pedocêntricas – afirmando e concretizando com especial vigor o princípio do interesse da criança[6] – e ajudado a modelar uma família noto-

reconnaissance du divorce et du 25 octobre 1980 sur l'enlèvement international d'enfants, et de la Convention de Luxembourg du 20 mai 1980 relative à la reconnaissance des décisions en matière de garde", *Estudos de Direito Internacional Privado e de Direito Processual Civil Internacional*, Coimbra, 2002, p. 9 ss., e ainda, agora abarcando já a Convenção da Haia de 1996 a que nos referiremos *infra* e que não se encontra em vigor entre nós, IDEM, "A protecção das crianças no plano internacional – As novas normas convencionais da Haia aplicáveis à protecção das crianças em situações da vida jurídico-privada internacional", *Infância e Juventude*, 1998, n.º 2, p. 9 ss.

[6] Sobre este princípio, cf. M. DONNIER, "L'intérêt de l'enfant", *D.*, 1959, chr. XXVI, p. 179 ss.; R. JOYAL, "La notion d'intérêt supérieur de l'enfant, sa place dans la Convention des Nations Unies sur les droits de l'enfant", *RIDP*, v. 62 (1991), p. 785 ss.; *Child Law (Parent, Child and State)*, cit., p. 193 ss.; M. KING/C. KRATZ, "La notion d'intérêt de l'enfant: vecteur de coopération ou d'interférence?", *Droit et Société*, 22 (1992), p. 607 ss.; B. van DIEREN, "L'intérêt de l'enfant: alibi, piège ou nécessité?", *RTDF*, 1994, p. 111 ss.; J. EEKELAAR, "Beyond the Welfare Principle", *CFLQ*, v. 14 (2002), p. 237 ss.; S. NAVAS NAVARRO, "El bienestar y el interés del menor desde una perspectiva comparada", *Estudios Jurídicos en Homenaje al Profesor Luís Diez-Picazo*, Antonio Cabanillas Sánchez... [*et al.*] [org.], tomo I, Madrid: Civitas, 2003, p. 689 ss.; M. PARADISO, "I figli nella crisi della famiglia: «interesse della prole» e affidamento dei minori", *Studi in onore di Pietro Rescigno*, v. II, 1 (Persone, famiglia, successioni e proprietà), Milano: Giuffrè, 1998, p. 653 ss.; e, ainda, em termos monográficos, C. BREEN, *The Standard of the Best Interests of the Child. A Western Tradition in International and Comparative Law*, The Hague [etc.]: Martinus Nijhoff Publishers, 2002. Para uma concretização irrepreensível de tal princípio, *vide*, entre nós, o acórdão do Tribunal da Relação de Coimbra, de 16 de Março de 2004 (*CJ*, ano XXIX (2004), t. II, p. 16 ss.), e onde o tribunal – chamado a pronunciar-se sobre uma situação em que se discutia a autorização para os pais, como representantes do filho, repudiarem uma herança –, e defendendo não se compreender que o menor surgisse como "entrave ou impecilho à concretização de objectivo delineado pela família de que faz parte", afirmou que o interesse do menor não deveria "redundar em egoísmo cego, que se sobrepõe a tudo mais, sem directa expressão patrimonial, frustrando as expectativas dos restantes elementos do núcleo familiar em que se integra", sendo certo, de resto, que em geral se tende a dizer que as decisões de regulação do poder paternal deverão considerar o bem-estar do menor (o harmonioso desenvolvimento físico, moral, educacional, psíquico e emocional), "tendo os interesses dos pais ou de terceiros uma importância residual" [cf. Relação de Évora, acórdão de 12 de Junho de 1997 (*BMJ*, 468 (1997), p. 500), Relação do Porto, acórdão de 18 de Novembro de 1999 (*CJ*, ano XXIV (1999), t. V, p. 191 ss.)].

Especificamente sobre o modo como tal exigência tem relevado no domínio do DIP, cf. W. MÜLLER-FREIENFELS, "Legal Equality of Husband and Wife and the Child's Welfare in Private International Law", *Essays in Jurisprudence in Honor of Roscoe Pound*, Ralph A. Newman (ed.), Indianapolis/New York: The Bobbs-Merril Company, Inc., 1962, p. 595 ss.; A. von OVERBECK, "L'intérêt de l'enfant et l'évolution du droit international privé de la filiation", *Liber amicorum Adolf F. Schnitzer (offert à l'occasion de son 90e anniversaire le 30 juillet 1979 par la Faculté de Droit de l'Université de Genève)*, Genève: Librairie de

riamente marcada pela individualização dos direitos do menor no seu seio – e a que subjaz uma democratização do mundo familiar, com o inerente acréscimo do papel de participação dos filhos nas decisões que lhes tocam[7] – e resignada a aceitar uma cada vez mais incisiva e frequente intervenção do Estado, que, procurando a "universalização" do direito da família, isto é, responder à emergência de grupos outrora negligenciados e carentes de protecção jurídica, releva muito particularmente a "emancipação" da criança[8], sendo certo, todavia, que estas duas forças motrizes (protecção e democratização) nem sempre correrão em sentido convergente[9].

l'Université, 1979, p. 361 ss.; C. CHABERT, *L'intérêt de l'enfant et les conflits de lois*, Marseille: Presses Universitaires d'Aix-Marseille, 2001; M. HERRANZ BALLESTEROS, *El interés del menor en los Convenios de la Conferencia de La Haya de Derecho Internacional Privado*, Valladolid: Lex Nova, 2004; M. FALLON, "Questions actuelles de conflit de lois relatives à l'enfant", *L'enfant et les relations familiales internationales...*, cit., p. 69 ss.; A. DURÁN AYAGO, "El interés del menor en el conflicto de civilizaciones: elementos para su concreción en un contexto intercultural", *Derecho de família ante el siglo XXI: aspectos internacionales*, Alfonso-Luis Calvo Caravaca y Esperanza Castellanos Ruiz (dir.), Madrid: Colex, 2004, p. 309 ss.

[7] Para a caracterização desta evolução, sobretudo radicada na oposição "children's autonomy" *versus* "parental decision-making" (C. BARTON/G. DOUGLAS, *op. cit.*, p. 117 ss.), cf. GONÇALVES PROENÇA, "Tendências dominantes na evolução da instituição familiar", *Lusíada*, 1991, p. 32; M.-T. MEULDERS-KLEIN, "Individualisme et communautarisme: l'individu, la famille et l'Etat", *La personne...*, cit., esp. p. 454 ss.; A. BELVEDERE, "L'autonomia del minore nelle decisioni familiari", *L'autonomia dei minori...*, cit., p. 321 ss.; B. HAFEN, "Children's Liberation and the New Egalitarianism: Some Reservations About Abandoning Youth to Their Rights", *Child Law (Parent, Child and State)*, cit., p. 113 ss.; B. DICKENS, "The Modern Function and Limits of Parental Rights", *ibidem*, p. 167 ss. E, especificamente sobre os reflexos da individualização no seio da família no âmbito do DIP, a abicar numa inegável pulverização do estatuto pessoal, cf. A. BUCHER, "La famille en droit international privé", *Recueil des Cours*, t. 283 (2000), esp. p. 22 ss.

[8] Cf. M. RHEINSTEIN/R. KÖNIG, *Introduction*, International Encyclopedia of Comparative Law, v. IV (Persons and Family), cap. I, Tübingen/The Hague-Paris: J. C. B. Mohr/ /Mouton, 1974, p. 12 s., que apontam a *universalização* do direito da família – com o sentido que adoptamos no texto – como um dos grandes *trends* da sua evolução recente (sobre esta dimensão protectiva do direito da família, cf. F. STURM, "Wertewandel im Familienrecht", *Ehe und Kindschaft im Wandel*, Dieter Henrich, Erik Jayme, Fritz Sturm (Hrsg.), Frankfurt am Main/Berlin: Verlag für Standesamtswesen, 1998, p. 25 ss.). Por outro lado, M. GLENDON, "La transformation des rapports entre l'Etat et la famille dans l'évolution actuelle du droit aux Etats-Unis", *Famille, droit et changement social dans les sociétés contemporaines*, Bruxelles/Paris: Bruylant/LGDJ, 1978, p. 41 s., refere a *emancipação* enquanto transferência dos poderes sobre a criança da mão dos pais para a do Estado (*vide*, ainda sobre este aspecto, J. HALDANE, "Children, Families, Autonomy and the State", *Constituting families: a Study in Governance*, Derek Morgan & Gillian Douglas (ed.), Stuttgart: Franz Steiner Verlag, 1994, p. 118 ss.; G. VAN BUEREN, *op. cit.*, p. 72 ss.: e, refe-

2. Por outro lado, no domínio das controvérsias emergentes das relações de família – e é sobretudo a litigiosidade intra-familiar que nos ocupará –, as questões plurilocalizadas relativas aos direitos de guarda e de visita adquiriram nas últimas décadas um relevo sobressaliente[10].

E se encontramos aqui a confluência da crescente mobilidade transnacional de pessoas – que o desenvolvimento dos meios de comunicação, o aligeiramento ou abolição das restrições fronteiriças, os conflitos bélicos e os desequilíbrios económicos vieram acentuar – e da própria pulverização da unidade do *status familiae* que marca as sociedades multiculturais contemporâneas[11], há que reconhecer que convergem também aí a multi-

---

rindo-se ainda à diversificada intervenção estatal no domínio da família em geral, M. GLENDON, *The Transformation of Family Law (State, Law, and Family in the United States and Western Europe*, Chicago: The University of Chicago Press, 1989, esp. p. 291 ss.; C. BARTON/G. DOUGLAS, *op. cit.*, p. 233 ss.; *Family, State and Law*, Michael Freemann (ed.), v. I, Aldershot [etc.]: Ashgate/Dartmouth, 1999, p. 81 ss.; ENCARNA ROCA, *op. cit.*, p. 61 ss.).

[9] Especificamente sobre a *Welfare Approach* e a *Right-Based Appproach*, modelos onde se tornou habitual radicar os pólos da tensão a que aludimos no texto, M.-T. MEULDERS-KLEIN, "Droits des enfants et responsabilités parentales: quel juste équilibre?", *La personne...*, cit., p. 355 ss., e A. BAINHAM, *op. cit.*, p. 78 ss.

[10] Sobre os conceitos de guarda e visita, cf. M. CLARA SOTTOMAYOR, *Exercício do poder paternal relativamente à pessoa do filho após o divórcio ou a separação judicial de pessoas e bens*, 2.ª ed., Porto: Universidade Católica, 2003, pp. 28 ss. e 274 ss.; L. ZANÓN MASDEU, *Guarda e custodia de los hijos*, Barcelona, Bosch, 1996, pp. 13 ss. e 86 ss.

[11] *Vide*, em geral, sobre a multiculturalidade da família, e de uma perspectiva não exclusivamente jurídica, *Mariages tous azimuts. Grenzüberschreitend heiraten*, Jean-Luc Alber... [et al.] (ed.), Fribourg: Editions Universitaires, 2000; *Familia e interculturalidad*, Dionísio Borobio (coord.), Salamanca: Universidad Pontificia, 2003; *L'étranger et le droit de la famille. Pluralité ethnique, pluralisme juridique*, Philippe Kahn (dir.), Paris: La Documentation Française, 2001. Sobre as implicações da diversificação cultural das sociedades modernas no âmbito do DIP da família, sendo certo que as tensões culturais também dificultam a porosidade das ordens jurídicas no domínio do direito de menores, contribuindo até para uma prática ambígua na aplicação das convenções internacionais que de algum modo tutelam a posição do menor no mundo familiar, cf. E. JAYME, "Diritto di famiglia: società multiculturale e nuovi sviluppi del diritto internazionale privato", *RDIPP*, v. XXIX (1993), p. 295 ss; IDEM, "Identité culturelle et intégration: le droit international privé postmoderne. Cours général de droit international privé", *Recueil des Cours*, t. 251 (1995), esp. p. 167 ss.; H. GAUDEMET-TALLON, "La désunion du couple en droit international privé", *Recueil des Cours*, t. 226 (1991), p. 179 ss.; CARRASCOSA GONZÁLEZ, *Matrimonio y elección de Ley. Estudio de Derecho Internacional Privado*, Granada: Comares, 2000, p. 49 ss.; E. ZABALO ESCUDERO, "Efectos del matrimonio y sociedad multicultural", *Estatuto personal y multiculturalidad de la familia*, Calvo Caravaca e Iriarte Ángel (ed.), Madrid: Colex, 2000, p. 9 ss.; P. ABARCA JUNCO, "La regulación de la sociedad multicul-

plicação das situações de desunião, ou de crise, no seio da família – tanto pelo número crescente dos divórcios como pela potencial precariedade das uniões de facto – e a mutação das mentalidades e que tem contribuído para que os progenitores masculinos manifestem a pretensão de tomar os filhos a seu cargo[12]. Por outro lado – sendo certo que, já em geral, a globaliza-

---

tural", *ibidem*, p. 9 ss.; P. MAESTRE CASAS, "Multiculturalidad e internacionalización de valores: incidencia en el sistema español de derecho internacional privado", *Mundialización y familia*, Calvo Caravaca e Iriarte Ángel (eds.), Madrid: Colex, 2001, p. 195 ss.; F. MONEGER, "L'applicabilité du droit international privé de la famille", *L'étranger et le droit de la famille...*, cit., p. 11 ss.; P. JUÁREZ PÉREZ, "Hacia un Derecho internacional privado intercultural", *Globalización y derecho*, Calvo Caravaca e Blanco-Morales- Limones (ed.), Madrid: Colex, 2003, p. 331 ss.; S. SÁNCHEZ LORENZO, "Postmodernismo y Derecho internacional privado", *REDI*, v. XLVI (1994), esp. p. 572 ss.; J. ESPINAR VICENTE, "Sociedad multicultural y Derecho internacional privado", *Las ciudades de soberanía española: respuestas para una sociedad multicultural (Mellila, 6-9 de Abril de 1999)*, Isabel García Rodríguez (ed.), Alcalá: Universidad de Alcalá, Servicio de Publicaciones, 1999, p. 181 ss.; E. RODRÍGUEZ PINEAU, "Le jeu de l'identité et de l'intégration: paramètres pour une nouvelle lecture du droit international privé concernant les minorités migratoires dans l'Union européenne", *RIDPC*, v. 7 (1997), p. 283 ss.; M. DIAGO DIAGO, "La nueva regulación española de las crisis matrimoniales ante el impacto de la multiculturalidad", *Derecho de família ante el siglo XXI...*, cit., p. 271 ss.; *IDEM*, "La mundialización y las relaciones jurídicas entre padres e hijos", *Mundialización y familia*, cit., p. 143 ss.; P. GANNAGÉ, *Le pluralisme des status personnels dans les états communautaires (Droit libanais et droits proche-orientaux)*, Bruxelles: Bruylant, 2001, esp. p. 181 ss.; A. BUCHER, "La famille...", cit., p. 19 ss., esp. p. 87 ss.; I. BARRIÈRE-BROUSSE, *op. cit.*, p. 883 ss.; e ainda, considerando particularmente as relações entre o Islão e a Europa, J. DÉPREZ, "Droit international privé et conflits de civilisations. Aspects méthodologiques (Les relations entre systèmes d'Europe occidentale et systèmes islamiques en matière de statut personnel)", *Recueil des Cours*, t. 211 (1988), *passim*; *Le statut personnel des musulmans (droit comparé et droit international privé)*, Jean-Yves Carlier et Michel Verwilghen (dir.), Bruxelles: Bruylant, 1992; H. KOTZUR, *Kollisionsrechtliche Probleme christlich-islamischer Ehen*, Tübingen: J.C.B. Mohr (Paul Siebeck), 1988; M. SCHMIED, *Familienkonflikte zwischen Scharia und Bürgerlichem Recht*, Frankfurt am Main: Peter Lang, 1999; *El matrimónio islâmico y su eficacia en el derecho español*, Agustín Motilla (coord.), Córdoba: Servicio de Publicaciones de la Universidad de Córdoba, 2003; *Le droit musulman de la famille et des successions à l'épreuve des ordres juridiques occidentaux. Étude de droit comparé sur les aspects de droit international privé liés à l'immigration des musulmans en Allemagne, en Angleterre, en France, en Espagne, en Italie et en Suisse*, Sami Aldeeb et Andrea Bonomi (dir.), Zürich: Schulthess Polygraphischer Verlag, 1999; M.-C. FOBLETS, "Le statut personnel musulman devant les tribunaux en Europe: une reconnaissance conditionelle", *L'étranger et le droit de la famille...*, cit., p. 33 ss.

[12] Assumindo essa mutação, lê-se no sumário do acórdão do Tribunal da Relação de Lisboa, de 14 de Maio de 1987 [*BMJ*, 367 (1987), p. 564]: "...face à profunda alteração da sociedade, com a igualdade dos cidadãos perante a lei [...], a mulher e o homem repartem

ção hodierna constitui um importante factor de risco para a dignidade da pessoa humana e para as exigências que a constituem, *v.g.*, a identidade cultural, cabendo também aqui ao DIP uma importante função de imunização[13] –, o próprio encontro de ordenamentos jurídicos radicados em universos civilizacionais distintos – e onde diferentes concepções de base cultural e jurídica determinam respostas radicalmente opostas quanto ao papel dos cônjuges no mundo familiar e ao regime das responsabilidades parentais – torna ainda mais intrincada a resolução das situações plurilocalizadas e mais penosa a posição das crianças, mormente no momento da desagregação da família conjugal[14]. Aliás, se quase todos concordam com

---

entre si os deveres do lar e do tratamento dos filhos, englobando, assim, o papel do pai mais obrigações que antigamente, o que faz diminuir a imprescindibilidade da mãe..." [e, em idêntico sentido, o acórdão da Relação do Porto, de 18 de Novembro de 1999 (*supra*, n. 6)], se bem que se tenda frequentemente a acentuar que "a mãe é o progenitor naturalmente mais apto a proporcionar aos menores de pouca idade maior equilíbrio afectivo e emocional" [acórdão da Relação de Évora, 12 de Julho de 1997 (*supra*, n. 6)], tanto mais que "só a mãe sabe dispensar a um menor de tenra idade aqueles cuidados permanentes que o mesmo exige e que a maioria esmagadora dos pais não sabe prestar" [acórdão da Relação de Évora, 20 de Fevereiro de 1986 (*BMJ*, 356 (1986), p. 460)], embora já não se diga, e recusando uma eventual lesão do princípio constitucional da igualdade, que este *favor matri* se justificaria "... pela natureza das coisas, pelas realidades da vida quotidiana, por razões que se prendem com a própria natureza humana..." (assim se lê no sumário do acórdão da Relação de Évora, de 12 de Julho de 1979 [*BMJ*, 292 (1980), p. 450]).

[13] Sobre este aspecto, e para algumas das manifestações desta tensão, cf. E. JAYME, "Le droit international privé du nouveau millénaire: la protection de la personne humaine face à la globalisation", *Recueil des Cours*, t. 282 (2000), p. 9 ss., sendo certo que a posição da criança está particularmente enfraquecida num mundo globalizado (*vide* A. DURÁN AYAGO, "La protección de menores en la era de la globalización: del conflicto de leyes a las técnicas de flexibilización", *Globalización y derecho*, cit., p. 213 ss.), e onde se impõe, desde logo, o apuramento dos mecanismos tendentes a prevenir e reprimir o rapto internacional de crianças (cf. CALVO CARAVACA/CARRASCOSA GONZÁLEZ, "Globalización, secuestro internacional de menores y Convenios de Luxemburgo (1980) y La Haya (1980)", *Derecho de família ante el siglo XXI...*, cit., p. 159 ss.). E, para uma ilustração do processo de globalização e do modo como pode desencadear desenvolvimentos importantes no DIP, designadamente no domínio do estatuto pessoal, *vide* R. TRIPS-HEBERT, *Internationales Privatrecht und Globalisierung. Der Einfluss der Globalisierung auf die Anknüpfung des Personalstatus im Internationalen Privatrecht*, Berlin: Wissenschaftlicher Verlag, 2003, embora, na verdade, se lhe apontem debilidades quando se trata de promover a protecção dos menores (cf. A. DURÁN AYAGO, "La fragilidad del estatuto personal en la protección de menores y adultos", *Derecho de família ante el siglo XXI...* cit., p. 319 ss.).

[14] No mesmo sentido, e referindo-se tanto à Convenção da Haia como à Convenção europeia sobre o reconhecimento e a execução das decisões relativas à guarda de menores e sobre o restabelecimento da guarda de menores, aberta à assinatura dos Estados-membros

a exigência de que não nos devemos abeirar das divergências culturais com um autista monismo civilizacional – porquanto, escreve ERIK JAYME, "les solutions des conflits de lois présupposent un dialogue interculturel qui respecte la diversité des individus"[15] –, o que é certo é que elas com-

---

do Conselho da Europa, no Luxemburgo, em 20 de Maio de 1980, A. SHAPIRA, "Private International Law Aspects of Child Custody and Child Kidnapping Cases", *Recueil des Cours*, t. 214 (1989), p. 209, aludia ao surgimento de prováveis "problem areas" na prática convencional face à presença de questões "strongly affected by parochial traditions of culture, morality and religion", sendo assim compreensível que a diversidade cultural dos Estados envolvidos – em grande parte resultante do alargamento geográfico da influência dos trabalhos da Conferência da Haia – resulte muitas vezes numa diversa compreensão dos termos convencionais a reflectir os distintos valores jurídico-familares reinantes em cada um deles (L. SILBERMAN, "Hague Convention on International Child Abduction: a Brief Overview and Case Law Analysis", *FLQ*, v. 28 (1994), p. 32) ou que, inclusivamente, os afaste da vinculação à Convenção da Haia de 1980, como tem acontecido até agora com os países de tradição islâmica (cf. A. DYER, "A Convenção da Haia sobre os aspectos civis do rapto internacional de crianças – para uma cooperação global. Os seus sucessos e insucessos", *Infância e Juventude*, 1994, n.° 3, p. 31 s.). E, para uma exemplificação da tensão entre essas mundividências, dando particular atenção ao mundo muçulmano e às regras que aí vigoram no domínio das relações entre pais e filhos, cf. C. GOSSELAIN, *Child Abduction and Transfrontier Access: Bilateral Conventions and Islamic States – a Research Paper* (2002) (Prel. Doc. n.° 7 and Annexes of August 2002 for the Attention of the Special Commission of September/October 2002 Concerning the Hague Convention of 25 October 1980 on the Civil Aspects of International Child Abduction); *Le droit musulman de la famille et des successions...*, cit., p. 282 ss.; I. BARRIÈRE-BROUSSE, *op. cit.*, esp. p. 883 ss.; M. SIRAJ SAIT, "Islamic Perspectives on the Rights of the Child", *Revisiting Children's Rights...*, cit., p. 31 ss.; M. ASÍN CABRERA, "La imagen del menor en el derecho de familia islámico: Problemas culturales de identidad e integración", *Derecho Internacional y Relaciones Internacionales en el Mundo Mediterrâneo (Actas de las XVII Jornadas de la Asociación Española de Profesores de Derecho Internacional y Relaciones Internacionales)*, Luis Garau Juaneda y Rosario Huesa Vinaixa (coord.), Madrid: Asociación Española de Profesores de Derecho Internacional y Relaciones Internacionales/Universidad de Illes Balears/Fundació «La Caixa»/Boletín Oficial del Estado, 1999, p. 155 ss.; A. DURÁN AYAGO, "El interés del menor en el conflicto de civilizaciones...", cit., p. 295 ss.; e M. DIAGO DIAGO, "La mundialización y las relaciones jurídicas entre padres e hijos", cit., p. 143 ss.

[15] "Le droit international privé...", cit., p. 21. De todo o modo, e de acordo com o Autor (*ibidem*, p. 187), a Convenção da Haia de 1980 sobre os aspectos civis do rapto internacional de crianças pode ser citada no leque das iniciativas que concorrem na tutela da identidade cultural, porque "favorece, de uma maneira indirecta, a aplicação da lei do Estado de origem da criança". Ainda sobre os direitos de identidade das crianças, *vide*, em geral, M. FREEMAN, "Children and Cultural Diversity", *Revisiting Children's Rights...*, cit., p. 15 ss.; B. WOODHOUSE, "Protecting Children's Rights of Identity Across Frontiers of Culture, Political Community, and Time", *Families Across Frontiers*, Nigel Lowe and

prometem o sucesso de muitas das iniciativas, mesmo de natureza bilateral, existentes no domínio do reconhecimento das decisões estrangeiras relativas à guarda e visita[16], tanto mais que "la bonne foi entre États, indispensable à l'efficacité du système, ne se présume pas, elle se prouve au quotidien"[17].

Ora, é neste contexto que se situam muitos dos casos de deslocação (ou retenção) ilícita de menores nas relações trans-fronteiriças – o rapto internacional de crianças a que pretendemos aludir[18] – e para os quais os

---

Gillian Douglas (ed.), The Hague: Kluwer Law International, 1996, p. 259 ss.; G. VAN BUEREN, *op. cit.*, p. 117 ss.; e realçando as suas possíveis irradiações no plano do DIP, E. JAYME, "Kulturelle Identität und Kindeswohl im internationalen Kindschaftsrecht", *Ehe und Kindschaft im Wandel*, cit., p. 47 ss.; e, agora já não especificamente sobre os menores, E. JAYME, "Die kulturelle Dimension des Rechts – ihre Bedeutung für das Internationale Privatrecht und die Rechtsvergleichung", *RabelsZ*, v. 67 (2003), p. 211 ss.; *Kulturelle Identität und Internationales Privatrecht*, Erik Jayme (Hrsg.), Heidelberg: C.F. Müller, 2003; R. TRIPS-HEBERT, *op. cit.*, p. 76 ss.; A. MOTILLA de la CALLE, "Identidad cultural y liberdad religiosa de los musulmanes en España. Problemas en la adaptación de Derecho de familia al ordenamiento español", *Globalización y derecho*, cit., p. 381 ss.

[16] Cf. I. BARRIÈRE-BROUSSE, *op. cit.*, p. 886 s.

[17] As palavras são de H. BOSSE-PLATIÈRE, "L'application par les tribunaux français des Conventions visant à lutter contre les déplacements illicites d'enfants", *L'enfant et les conventions internationales*, cit., p. 414, quando sublinha o pesado contencioso existente nas relações entre a França e o Magrebe aponta, a p. 424 ss., certamente como causa do insucesso de tais acordos bilaterais, a falta de cooperação política (cf. ainda C. GOSSELAIN, *op. cit.*, esp. p. 27).

Seja como for, não se deixa de reconhecer, com o Instituto de Direito Internacional, que a elaboração de acordos bilaterais se revela de particular mais-valia nas relações entre os Estados cujos ordenamentos se alicerçam em bases culturais muito distintas [cf. n.º 2 e n.º 14 da Resolução aprovada na Sessão de Lisboa, em 31 de Agosto de 1995, intitulada "Coopération entre autorités étatiques dans la lutte contre le déplacement illicite d'enfants", *AIDI*, v. 66 (1995), t. II, p. 454 ss., e, igualmente ajuizando positivamente o esforço bilateral, enquanto momento intermédio e até que os Estados envolvidos se vinculem à Convenção da Haia de 1980, M. ASÍN CABRERA, *op. cit.*, p. 162 ss.].

[18] Atendemos fundamentalmente às situações de rapto perpetrado por um familiar, em regra um progenitor, tanto mais que são essas as situações que correspondem à esmagadora maioria dos pedidos de regresso formulados ao abrigo da Convenção da Haia de 1980 sobre os aspectos civis do rapto internacional de crianças. De qualquer modo, e nos dados estatísticos fornecidos pelo Instituto de Reinserção Social (IRS), em 1998, 1999 e 2000, no leque de processos em que o Instituto funcionou como autoridade central requerida (respectivamente, e em cada ano, 16, 15 e 14 pedidos de restituição), foram registados 3 raptos (1 em cada ano) levados a cabo por terceiros. Na generalidade dos casos, o raptor é um dos progenitores, existindo, ainda assim, crianças deslocadas ou retidas ilicitamente por tios (1 caso em 1998) ou por ambos os progenitores (1 caso em 1999, e em que o Tribunal tutelar de Genebra tinha retirado a guarda do menor aos pais e ordenado o internamento da criança numa instituição suíça). Para mais informações esta-

regimes jurídicos de origem exclusivamente interna nunca conseguiram dar respostas satisfatórias, sendo manifestas nesta matéria, por isso, as debilidades das ordens jurídicas nacionais[19]. Acresce ainda que a própria

---

tísticas sobre Portugal, embora apenas referidas a 1999, cf. LOWE/AMSTRONG/MATHIAS, *A Statistical Analysis of Applications Made in 1999 under the Hague Convention of 25 October 1980 on the Civil Aspects of International Child Abduction – Part II* (Prel. Doc n.° 3 of March 2001 for the Attention of the Special Commission of March 2001 on the Practical Operation of The Hague Convention of 25 October 1980).

Sobre o conceito de rapto pressuposto pela Convenção da Haia de 1980, cf. A. DYER, "Questionnaire et rapport sur l'enlèvement international d'un enfant par un de ses parents («Kidnapping legal») – document préliminaire n.° 1 d'août de 1978", *Actes et documents de la Quatorzième session (6 au 25 octobre 1980)*, t. III (Enlèvement d'enfants), La Haye: Imprimerie Nationale, 1982, esp. p. 13 s; E. PÉREZ VERA, "Rapport explicatif", *ibidem*, pp. 428 s. e 441; IDEM, "El Convenio de La Haya sobre la sustracción internacional de menores, veinte años después", *Estudos em Homenagem à Professora Doutora Isabel de Magalhães Collaço*, Rui Moura Ramos... [*et al.*] (org.), v. I, Coimbra: Almedina, 2002, p. 562 s.; P. BEAUMONT/P. MCELEAVY, *The Hague Convention on International Child Abduction*, Oxford: University Press, 1999, p. 1 s.; B. DESCHENAUX, *L'enlèvement international d'enfants par un parent*, Berne: Editions Staepfli & Cie SA, 1995, p. 3 s.; A. ANTON, "The Hague Convention on International Child Abduction", *ICLQ*, v. 30 (1981), p. 545 s.; M. FALLON/O. LHOEST, "La Convention de La Haye sur les aspects civils de l'enlèvement international d'enfants. Entrée en vigueur d'un instrument éprouvé", *RTDF*, 1999, p. 19 s.

[19] Cf. J. POUSSON-PETIT, "Le juge et les droits aux relations personnelles des parents séparés de leurs enfants en France et en Europe", *RIDC*, v. 44 (1992), p. 825. Assim, já A. EHRENZWEIG, "Recognition of Custody Decrees Rendered Abroad – Law and Reason *versus* the Restatement", *AJCL*, v. 2 (1953), p. 177, defendia a conclusão de convenções internacionais para fazer face aos "international custody cases". No mesmo sentido, a referida Resolução do Instituto de Direito Internacional afirma (n.° 1) o carácter desejável da ratificação das convenções multilaterais existentes na matéria.

Por outro lado, porque as experiências convencionais existentes parecem ter adoptado soluções susceptíveis de generalização, tudo aconselha que os próprios regimes jurídicos de origem interna se baseiem nos princípios e nos métodos adoptados nas convenções (cf. n.° 14 da citada Resolução do Instituto de Direito Internacional).

Para uma descrição dos problemas que se levantam a propósito do exercício dos direitos de guarda e visita no âmbito do DIP e dos factores que, concorrendo para a multiplicação dos litígios, justificaram a génese da iniciativa a que nos dedicamos, esclarecendo os elementos típicos que caracterizam o rapto internacional, cf.: C. NEIRINCK, *op. cit.*, p. 108 ss.; F. BOULANGER, *Les rapports juridiques entre parents et enfants (perspectives comparatistes et internationales)*, Paris: Economica, 1998, p. 261 ss.; A. DYER, "Questionnaire et rapport ...", cit., esp. p. 18 ss.; P. BEAUMONT/P. MCELEAVY, *op. cit.*, p. 2 ss.; B. GÓMEZ BENGOECHEA, *Aspectos civiles de la sustracción de menores. Problemas de aplicación del Convenio de la Haya de 25 octubre 1980*, Madrid: Dykinson, 2002, p. 20 ss.; CALVO CARAVACA/CARRASCOSA GONZÁLEZ, *Derecho de familia internacional*, 2ª ed.,

descontinuidade ou relatividade espacial das situações jurídicas, derivada em grande parte da existência de sistemas demasiado restritivos no que toca ao reconhecimento das decisões estrangeiras, e que não têm conseguido atenuar as discrepâncias existentes entre os regimes materiais e conflituais de origem interna, constitui também um importante factor de multiplicação dos casos de rapto internacional[20].

Madrid: Colex, 2004, p. 356 ss.; E. PÉREZ VERA, "El Convenio de La Haya...", cit., p. 563 ss.; J. ORTIZ DE LA TORRE, "Retención de hijos menores de edad por parte del progenitor extranjero o español que no tiene la guarda y custodia", *Puntos capitales de derecho internacional de familia en su dimensión internacional*, José María Gil-Robles Gil-Delgado... [*et al.*], Madrid: Dykinson, 1999, p. 31 ss.; P. JENARD, "Les enlèvements internationaux d'enfants et l'administration", *RBDI*, v. XXI (1988), p. 37 ss.; Y. LEQUETTE, "Mineur", *Répertoire de droit international*, t. II, cit., p. 20; L. CHATIN, "Les conflits relatifs à la garde des enfants e au droit de visite en droit international privé", *Travaux*, 1981-1982, p. 107 ss.

[20] Para uma visão comparatística dos termos em que os ordenamentos jurídico-materiais procedem à regulação do poder paternal e do exercício dos direitos de guarda e visita, cf. *Kindschaftsrecht im Wandel – Zwölf Länderberichte mit einer vergleichenden Summe*, Peter Dopffel (Hrsg.), Tübingen: Mohr, 1994, *passim*, e esp. P. DOPFFEL/D. MARTINY, "Kindschaftsrecht im Wandel – Rechtsvergleichung", a p. 583 ss.; J. POUSSON-PETIT, *op. cit.*, p. 795 ss.; F. BOULANGER, *op. cit.*, p. 31 ss.; *The Family in Religious and Customary Laws*, Paul Neuhaus... [*et al.*], International Encyclopedia of Comparative Law, v. IV (Persons and Family), cap. XI, Tübingen/The Hague: J. C. B. Mohr/Martinus Nijhoff Publishers, 1983, *passim*; S. STOLJAR, *Children, Parents and Guardians*, International Encyclopedia of Comparative Law, v. IV (Persons and Family), cap. VII, Tübingen/The Hague-Paris/New York: J. C. B. Mohr/Mouton/Oceana Publications Inc., 1973; A. DYER, "Questionnaire et rapport...", cit., p. 35 ss.; *Family Law in Europe*, Carolyn Hamilton & Alison Perry (ed.), 2nd ed., London: Butterworths, 2002, *passim*; A. KHAROFA, "La garde de l'enfant dans la loi islamique et la Convention des Nations Unies relative aux droits des enfants", *L'enfant et les conventions internationales*, cit. p. 351 ss.

Particularmente sobre o direito português relativo à regulação do poder paternal em caso de dissolução do casamento por divórcio, cf. M. CLARA SOTTOMAYOR, *op. cit.*, pp. 169 ss. e 473 ss.; e R. CÂNDIDO MARTINS, "Processos de jurisdição voluntária. Acções de regulação do poder paternal. Audição do menor", *BFDUC*, v. LXXVII (2001), p. 731 ss., sendo visível na nossa evolução legislativa mais recente – sobretudo nas alterações do CC levadas a cabo pela Lei n.º 84/95, de 31 de Agosto – não apenas o propósito de promover a regulação amigável do poder paternal e de incentivar as situações de guarda conjunta [cf. arts. 1905.º e 1906.º, CC, este último na redacção dada pela Lei n.º 59/99, de 30 de Junho], contando o legislador, deste modo, "com um determinado grau de modernidade e de redução dos conflitos matrimoniais à sua escala real, em ordem à [...] resolução a dois dos problemas dos filhos" (assim, o acórdão da Relação do Porto, de 18 de Novembro de 1999 [*supra*, n. 6]) como também o intento de salvaguardar o direito de os irmãos e ascendentes conservarem contactos pessoais com a criança (cf. art. 1887.º-A, CC, e para exemplificar a sua aplicação, os acórdãos da Relação de Lisboa, de 12 de Junho de 2003 [*CJ*, ano

Usualmente, a subtracção (a deslocação internacional ou a retenção no estrangeiro) ilícita da criança efectua-se por ocasião do exercício do direito de visita: o progenitor não detentor da guarda, muitas vezes estrangeiro, aproveita-se do facto de se encontrar com a criança e leva-a sem permissão para o estrangeiro, ou, embora autorizado a fazê-lo, recusa--se, findo o prazo estabelecido para a visita, a entregá-la[21]. E, na falta de instrumentos específicos de cooperação internacional, mais não resta ao

---

XXVIII (2003), t. III, p. 110 s.] e de 17 de Fevereiro de 2004 [*CJ*, ano XXIX (2004), t. I, p. 117 ss.], o acórdão do Supremo Tribunal de Justiça, de 3 de Março de 1998 [*BMJ*, 475 (1998), p. 705 ss.] e, ainda, a decisão do Tribunal Europeu dos Direitos do Homem, de 13 de Julho de 2000, no caso *Scozzari e Giunta c. Itália* [proc. 39221/98 e proc. 41963/98]), de resto, de acordo com um conceito de família alargada e que tende inclusivamente a ganhar tutela constitucional (assim, esclarecendo o sentido do conceito constitucional de família, e ilustrando as suas implicações, *vide* o acórdão n.° 282/2004, do Tribunal Constitucional, de 21 de Abril de 2004 [*DR*, II Série, 9 de Junho de 2004)], embora no contexto da Convenção da Haia de 1980 – atendendo não apenas à incipiente regulação do direito de visita que aí foi estabelecido, e a que mais adiante nos referiremos, como também ao facto de esse regime aparecer intimamente ligado à regulação da guarda – seja discutível que se possa lançar mão do dispositivo convencional para efectivar os direito de contacto com a criança reconhecidos pelos ordenamentos jurídicos nacionais, *v.g.*, aos avós [cf. G. LIMBROCK, "Das Umgangsrecht im Rahmen des Haager Kindesentführungsübereinkommens und des Europäischen Sorgerechtsübereinkommens", *FamRZ*, v. 46 (1999), p. 1631 ss.].

Por outro lado, no que toca à lei aplicável aos direitos de guarda, tradicionalmente vislumbrados como "atributos do poder paternal de natureza extra-patrimonial" e, como tal, tendencialmente submetidos à mesma lei que rege tal poder – excepto se se verificar um caso de aplicação da *lex fori* ou se vingar o entendimento segundo o qual a ocorrência de uma situação de desunião matrimonial deverá determinar, no que toca às medidas de guarda (definitivas), a prevalência do estatuto do divórcio ou da separação dos progenitores –, cf., para uma visão geral, *Le droit international privé de la famille en France et en Allemagne*, Tübingen/Paris: J. C. B. Mohr (Paul Siebeck)/Recueil Sirey, 1954, esp. pp. 174 s., 188 ss., 198 s., 216, 231 e 400; L. TOPOR, *Les conflits de lois en matière de puissance parentale*, Paris: Dalloz, 1971, esp. p. 224 ss.; I. FADLLALLAH, *La famille légitime en droit international privé – Le domaine de la loi applicable aux effets du mariage*, Paris: Dalloz, 1977, p. 322 ss.; Y. LEQUETTE, *Protection familiale et protection étatique des incapables*, Paris: Dalloz, 1976, p. 71 ss; F. BOULANGER, *op. cit.*, p. 229 ss. Seja como for, e no que toca ao rapto, a questão da lei aplicável adquire muitas vezes um relevo incipiente (*infra*, n. 88 e n. 89).

[21] É frequente até que previamente o subtractor tenha obtido em seu favor, no país para onde se pretende deslocar, uma decisão a atribuir-lhe o direito de guarda, falando-se aqui de "rapto preventivo" [cf. B. DESCHENAUX, "La Convention de La Haye sur les aspects civils de l'enlèvement international d'enfants, du 25 octobre 1980", *ASDI*, v. XXXVII (1981), p. 121].

guardião do que iniciar no país do actual paradeiro do menor um processo de reconhecimento do direito de guarda, certamente demorado e de futuro incerto, tanto mais que muito dificilmente – e independentemente do sistema de revisão de sentenças estrangeiras aí adoptado e a que se tenha de recorrer caso exista já uma decisão judicial[22] – os tribunais se esquivarão a uma apreciação do mérito dos fundamentos do direito reconhecido no ordenamento jurídico estrangeiro[23] ou o decurso excessivo de tempo

---

[22] Embora seja a hipótese mais usual, o rapto internacional não supõe necessariamente a violação de um direito de guarda atribuído por uma decisão proferida por ocasião de um processo de dissolução do casamento. Na verdade, e para além dos casos em que ocorre a preterição do acordo de regulação do poder paternal, ele pode ocorrer ainda na constância do matrimónio, decorrendo o carácter ilícito da transferência internacional da violação de um regime jurídico *ex lege* ou até de uma medida provisória.

Por outro lado, e são casos com que as autoridades portuguesas já se depararam, vai-se tornando habitual o facto de o rapto ser perpetrado não por um dos pais da criança, mas antes pelo cônjuge ou companheiro do progenitor a quem tenha sido atribuída a guarda na sequência da dissolução do primeiro casamento ou união de facto.

[23] Deste ponto de vista, é paradigmática a perspectiva do *common law*, segundo o qual o interesse da criança constitui a *lex suprema* da regulamentação dos conflitos de leis e de jurisdições. Neste contexto se compreende que Lord Simonds possa ter escrito a propósito do reconhecimento das decisões estrangeiras de guarda, quando o *Privy Council* foi chamado a intervir em recurso de uma sentença do Supremo Tribunal do Canadá [*in McKee v. McKee* [1951], AC 352, pp. 364-365, *apud* P. NORTH, "Reform but not Revolution. General Course on Private International Law", *Recueil des Cours*, t. 220 (1990), p. 135]: "It is the law [...] that the welfare and happiness of the infant is the paramount consideration in questions of custody [...]. To this paramount consideration all others yield. The order of a foreign court of competent jurisdiction is no exception. Such an order has not the force of a foreign judgement: comity demands, not its enforcement, but its grave consideration." Ainda sobre esta orientação do *Privy Council*, cf. A. EHRENZWEIG, *op. cit.*, p. 167 ss., e D. MCCLEAN, "The Contribution of the Hague Conference to the Development of Private International Law in Common Law Countries", *Recueil des Cours*, t. 233 (1992), p. 299 s.

É óbvio que mesmo neste horizonte, o princípio do interesse da criança poderá relevar em termos divergentes no que respeita aos casos de rapto internacional: se é possível entender-se que a conduta do raptor, ainda que repreensível, não deverá ser censurada com a imposição do regresso da criança – não constituindo o rapto, por isso, uma categoria distinta no contexto geral do reconhecimento das decisões de guarda –, por outro lado, com fundamento no mesmo princípio e de modo a não protelar a instabilidade do filho, a decisão a adoptar deverá ser precisamente a contrária (assim, P. NORTH, "Reform...", cit., p. 135 s.). De resto, também já A. EHRENZWEIG, *op. cit.*, p. 176, verificava que: "[a]merican courts have, however, refrained from exercising [...] discretion in certain typical situations in which modification, enforcement or nonenforcement of a foreign decree would have benefited a parent with «unclean hands», i. e., a parent who had wilfully disobeyed

não tornará desaconselhável, face à integração na nova comunidade, o regresso da criança ao Estado onde originariamente residia[24]. Para além disto, e ainda supondo a ausência de mecanismos de origem inter-estadual adequados, o detentor da guarda pouco mais pode fazer do que procurar prevenir tais situações a um nível interno, designadamente, através da limitação do direito de visita, condicionando-o, por exemplo, à existência prévia no país de origem do não detentor do direito de guarda do *exequatur* da decisão estrangeira – certamente uma das garantias de repatriamento mais eficazes – ou ao depósito temporário dos documentos de identificação, ou limitando o seu exercício ao território do Estado da residência do menor ou, inclusivamente, ao próprio lugar do seu domicílio[25].

Outras vezes, e cada vez mais frequentemente, os problemas levantam-se a propósito do próprio exercício da guarda, nomeadamente nos casos em que o seu detentor deixa o Estado de origem juntamente com a criança indo viver para outro país, muitas vezes sem o beneplácito do outro progenitor ou violando os termos da própria atribuição do direito de guarda. Ora, se a deslocação internacional da criança poderá não ser con-

---

the foreign court". Por fim, se é certo que a jurisprudência do *Privy Council* foi sendo seguida, embora recebendo interpretações distintas (cf. D. MCCLEAN, *op. cit.*, p. 299), com a Convenção da Haia de 1980 o rapto transformou-se numa categoria autónoma e a verificação do interesse da criança foi por princípio excluída.

[24] Sobre o decurso do tempo nesta matéria, que tenderá a pesar de uma maneira relevantíssima na solução dos litígios relativos à guarda, cf. A. DYER, "Questionnaire et rapport...", cit., pp. 23 s. e 39.

[25] Por exemplo, C. NEIRINCK, *op. cit.*, p. 109, Y. LEQUETTE, "Mineur", cit., p. 21, e L. CHATIN, *op. cit.*, p. 124 ss., olhando para a prática francesa, apresentam outros exemplos de conformação do conteúdo do direito de visita com poder preventivo relativamente ao rapto (*v.g.*, a obrigatoriedade de a entrega da criança, findo o período da visita, ser feita no domicílio do detentor do poder paternal, o que terá a vantagem de tornar a eventual subtracção do menor um facto criminalmente punível em França, etc.), condicionamentos que, de resto, têm sido aceites na jurisprudência. Assim, na decisão da *Cour de cassation* (1ʳᵉ Ch. civ.), de 3 de Fevereiro de 1982 [cf. o texto do aresto e a nota de P. LAGARDE na *Revue Critique*, v. 71 (1982), p. 558 ss.], e "en absence de relation judiciaire entre les deux États en matière de protection de mineurs", de forma a evitar a subtracção de uma criança francesa e residente em França com a mãe, a quem a guarda tinha sido entregue no interesse exclusivo do menor, limitou-se o exercício do direito de visita do pai, cidadão marroquino e residente no seu Estado nacional, ao território gaulês. Por esta via, e como releva P. LAGARDE (a p. 562), a Cassação introduziu aqui uma clara primazia do direito de guarda sobre o direito de visita, alterando a posição paritária dos dois direitos que decorre do art. 288.º do *Code civil* – norma que, de resto, é convocada sem se justificar os termos do seu chamamento – e, de algum modo, adaptando a norma à internacionalidade da situação.

siderada ilícita, designadamente nos casos em que caiba ao guardião determinar em termos exclusivos a residência habitual do filho – e a liberdade de deixar o país de origem e de fixar o domicílio (e a família) num outro Estado é um dos princípios mais fortemente arreigados nos documentos internacionais de tutela dos direitos do Homem –, é certo que os direitos de visita do outro progenitor sairão fortemente comprometidos – bem como o direito de o menor manter contactos directos e regulares com ambos os pais –, restando-lhe apenas a possibilidade de pedir a guarda do filho[26]. Na verdade, nestas hipóteses, a ilegitimidade da transferência para

---

[26] Como releva C. NEIRINCK, *op. cit.*, p. 110, esta via de nada serve o direito da criança à manutenção de relações pessoais com os dois progenitores. Ainda sobre as questões a que aludimos, e referindo as dificuldades decorrentes das limitações de circulação internacional constantes de muitos acordos ou decisões de guarda, e que, ao abrigo da Convenção da Haia de 1980, tendem a determinar a ilicitude da deslocação da criança, quando, apesar de tais restrições, o único guardião, ou pelo menos o detentor da guarda com quem a criança efectivamente vive, leva o filho para o estrangeiro, cf. J. GRAYSON, "International Relocation, the Right to Travel, and the Hague Convention: Additional Requirements for Custodial Parents", *FLQ*, v. 28 (1994), p. 531 ss.; e, a propósito dos princípios comunitários, designadamente da liberdade de circulação, A. DYER, "Relocation of Custodial Parents and their Children within the European Union and Problems of Access: The Scope and Timing of Judicial Involvement", *E Pluribus Unum. Liber Amicorum Georges A.L. Droz on the Progressive Unification of Private International Law*, Alegría Borrás... [*et al.*] (ed.), The Hague: Kluwer Law International, 1996, p. 67 ss. Na jurisprudência, *v.g.*, a *Cour d'appel* de Toulouse, na decisão de 27 de Junho de 2000 (anotada em *Droit de la famille*, 5ᵉ année (2000), n.° 9, p. 17 ss.), entendeu que o facto de o progenitor a cargo de quem a filha se encontrava ter ido viver para o estrangeiro, levando-a sem autorização do outro progenitor que exerce em comum a autoridade paternal, não justificava que as crianças fossem entregues a este, consolidando desse modo *un coup de force* através da consideração primordial do interesse da criança. E, na verdade, é este o princípio que tende a ser determinante quando o cumprimento do regime de visitas resulta gravemente dificultado devido à distância ou ao preço das viagens internacionais, havendo, naturalmente, que procurar o equilíbrio razoável entre os direitos dos dois progenitores e, como é evidente, adaptar a disciplina material aplicável à internacionalidade da relação em causa [*v.g.*, a decisão da *Audiencia Provincial (Civil)* de Pontevedra, de 26 de Dezembro de 1996, anotada na *REDI*, v. XLIX (1997), n.° 2, p. 247 ss., por M. MOYA ESCUDERO, embora neste caso, e ao contrário do que aconteceu na decisão francesa que referimos, a existência prévia de uma situação de deslocação ilícita, nos termos da Convenção da Haia de 1980, tenha sido relevada, determinando que o tribunal espanhol tivesse estabelecido restrições ao exercício do direito de visita].

Ainda sobre esta questão, agora perspectivada do ponto de vista da mobilidade dos titulares da guarda no seio de um Estado de estrutura federal (os E.U.A), caso particularmente interessante, pois é visível a tentação para estabelecer algum paralelismo entre os problemas que aqui se colocam e os que emergem no contexto da integração europeia,

o estrangeiro há-de ser apreciada em função do próprio conteúdo do direito reconhecido ao progenitor guardião – e o peso relativo das exigências em causa há-de sempre passar pela concreta ponderação do interesse superior da criança –, sendo as coisas naturalmente mais claras quando se trata de crianças cuja guarda esteja atribuída alternada ou conjuntamente aos dois progenitores[27].

Seja como for, se é certo que na maioria esmagadora das vezes o rapto internacional mais não é do que uma das consequências nefandas da regulação e/ou exercício insatisfatórios dos direitos de guarda e vista[28],

---

cf. C. BRUCH/J. BOWERMASTER, "The Relocation of Children and Custodial Parents: Public Policy, Past and Present", *FLQ*, v. 30 (1996), p. 245 ss.

[27] Parece que em termos relativos, são até estas as situações que vêm ganhando mais relevo na prática da Convenção da Haia de 1980: em regra, a mãe, co-titular do direito de guarda, e após o fracasso da união matrimonial, pretende recomeçar a vida no Estado onde já antes tinha residido ou onde tem os seus familiares próximos. As hipóteses tradicionalmente abrangidas por tal Convenção – a mãe, titular exclusiva do direito de guarda, vê o seu direito violado pelo rapto da criança perpetrado pelo pai – têm diminuído, o que demonstra certamente a eficácia do dispositivo convencional, eficácia esta que, no entanto, tem igualmente constituído um incentivo para que cada vez mais os raptos desse tipo consistam na deslocação de crianças para Estados não vinculados à Convenção. Sobre este aspecto, cf. A. BUCHER, "La famille...", cit., p. 168, e P. BEAUMONT/P. MCELEAVY, *op. cit.*, p. 7 ss.

[28] Daí que, e reconhecendo tal condicionalismo, o Instituto de Direito Internacional tenha apontado, na sua Resolução de 1995 (n.° 13), a necessidade de as autoridades estatais assegurarem o estrito cumprimento dos direitos de guarda e visita [ainda reconhecendo a íntima ligação entre o rapto e as questões relativas ao direito de visita, cf., por exemplo, e acusando a insuficiência das soluções acolhidas na Haia em 1980, A. DYER, "Questionnaire et rapport...", cit., p. 41 ss.; W. DUNCAN, *Transfrontier Access/Contact and the Hague Convention of 25 October 1980 on the Civil Aspects of International Child Abduction – Preliminary Report* (Prel. Doc n.° 4 of February 2001 for the Attention of the Special Commission of March 2001 on the Practical Operation of the Hague Convention of 25 October 1980), p. 5 s.); E. PÉREZ VERA, "El Convenio de La Haya...", cit., p. 576 s.].

Nesta linha, há que acentuar o importantíssimo contributo trazido pelo Regulamento (CE) n.° 2201/2003, do Conselho, de 27 de Novembro de 2003, relativo à competência, ao reconhecimento e à execução de decisões em matéria matrimonial e em matéria de responsabilidade parental e que revoga o Regulamento (CE) n.° 1347/2000 (*JO*, L 338, 23 de Dezembro de 2003), e onde se estabelece a força executória das decisões (no sentido definido pelo art. 46.°) relativas ao direito de visita (cf. arts. 40.°, 41.°), tanto mais que, e a este aspecto voltaremos, a ineficácia do art. 21.° da Convenção da Haia de 1980 tende a dificultar-lhe o funcionamento geral (cf. *Family Law in Europe*, cit., p. 197 s.). Sobre o novo Regulamento, sendo certo que desde cedo se foram demonstrando as debilidades da Convenção da Haia do ponto de vista das exigências da integração europeia, mormente do princípio da liberdade de circulação, e não esquecendo que o espaço comunitário de liber-

acontece também que, e independentemente dos regimes jurídicos em causa – sejam de origem interna, sejam de origem internacional –, a criança aparece quase sempre como um objecto cuja titularidade os progenitores rivais disputam, passando a resolução dos litígios mais pela afirmação da supremacia dos direitos de um deles do que propriamente pela realização, *in concreto*, dos próprios direitos e interesses legítimos da criança[29], não passando os menores, então, de "pequenos peões que se arriscam, quotidianamente, nas veredas perigosas que os adultos e a Família lhes reservam, distraidamente"[30].

---

dade de circulação tende a facilitar as situações de deslocação ou retenção ilícita (cf. A. DYER, "Relocation of Custodial Parents...", cit., p. 67 ss.), e esclarecendo as inovações trazidas por esta iniciativa no domínio do rapto, embora nem sempre se referindo ao texto que viria a ser definitivamente adoptado, cf. M. TENREIRO/M. EKSTRÖM, "Recent Developments in European Family Law", *ERA – Forum (Scripta iuris europaei)*, n.° 1/2003, p. 130 ss.; *IDEM*, "Recent Developments in EC Judicial Co-operation in the Field of Family Law", *IFL*, March (2004), p. 31 s.; PAULINO PEREIRA, "Développement du droit de la famille en Europe", *ERA – Forum (Scripta iuris europaei)*, n.° 1/2003, p. 139 ss., R. BARATTA, "Il regolamento comunitario sul diritto internazionale privato della famiglia", *Diritto internazionale privato e diritto comunitario*, Paolo Picone (a cura di), Milano: CEDAM, 2004, esp. p. 177 ss.; CALVO CARAVACA/CARRASCOSA GONZÁLEZ, *Derecho de familia internacional*, cit., p. 378 ss.; P. de CESARI, *Diritto internazionale privato e processuale comunitario (Atti in vigore e in formazione nello spazio di libertà, sicurezza e giustizia)*, Torino: G. Giappichelli Editore, 2003, p. 212 ss.; A. SCHULZ, "The New Brussels II Regulation and the Hague Conventions of 1980 and 1996", *IFL*, March (2004), p. 23 s.; A. BIGOT, "Le nouveau règlement communautaire du 27 novembre 2003 en matière matrimoniale et de responsabilité parentale", *Droit de la famille*, 9ᵉ année (2004), n.° 3, p. 15 s.

[29] Seguimos as observações realistas – e até algo cruas – de C. NEIRINCK, *op. cit.*, p. 110, sendo certo, de qualquer maneira, que muitas vezes se alude à dimensão proprietarística do discurso dos titulares das responsabilidades parentais (assim, K. SIEHR, "Mein Kind gehört zu mir. Internationale Kindesentführungen und das Recht" *Comparability and Evaluation – Essays on Comparative Law, Private International Law and International Commercial Arbitration in Honour of Dimitra Kokkini-Iatridou*, Boele-Woelki... [et al.] (ed.), T. M. C. Asser Instituut, Dordrecht [etc.]: Martinus Nijhoff Publishers, 1994, p. 277 ss.), e onde a criança aparece como "objet de désir et d'appropriation par n'importe quel moyen et à n'importe quel prix" (M.T. MEULDERS-KLEIN, "Conclusions – L'enfant et les conventions internationales – Enfant sujet? Enfant object?", *L'enfant et les relations familiales internationales...*, cit., p. 406). E, realçando a existência de "uma dimensão emocional que escapa à esfera do jurídico", a justificar, de resto, a estruturação de "serviços de intervenção psicológica capazes de fomentar um acordo parental autêntico com vista a melhor salvaguardar o interesse do menor, *vide* M. TABORDA SIMÕES/M. SOUSA ATAÍDE, "Conflito parental e regulação do exercício do poder paternal – Da perspectiva jurídica à intervenção psicológica", *Psychologica*, 26 (2001), p. 233 ss.

[30] GUILHERME DE OLIVEIRA, "Protecção de menores/Protecção familiar", *Temas de*

Com efeito, e até concordando que "a penny-weight of parental love is worth a pound of child custody law"[31], é facilmente discernível a extrema complexidade dos problemas a que aludimos e da ponderação de valores que a sua resolução supõe: com efeito, entrecruzam-se aqui múltiplas e antagónicas exigências e que emergem da variedade de posições e pretensões subjectivas, humana e juridicamente dignas, em que tentacularmente se espraiam não apenas o direito das crianças – mas também o dos pais[32] – à família, isto é, à conservação de relações pessoais com ambos os progenitores, mas igualmente a própria liberdade de circulação dos indivíduos – e, obviamente, também a das células familiares que eles integram – ou o direito de participação dos menores nas decisões que lhes dizem respeito.

3. É na confluência deste contexto sócio-jurídico – e reconhecendo o carácter defectível dos documentos até então existentes para fazer face ao fenómeno da deslocação ou retenção ilícita de crianças[33] – que radica

---

Direito da Família, Coimbra: Coimbra Edit., 1999, p. 275. No mesmo sentido, J. POUSSON--PETIT, *op. cit.*, p. 843, alerta para a particular precariedade da situação da criança no modelo de "família associativa" – fortemente marcada, como escreveu G. RIPERT, pela "satisfaction donnée aux passions au mépris de la raison, la liberté laissée à chacun de faire son bonheur" – hoje dominante, sendo certo, na verdade, que o rapto internacional tem efeitos particularmente nocivos para a criança (*vide* M. FREEMAN, "The Effects and Consequences of International Child Abduction", *FLQ*, v. 32 (1998), p. 603 ss.). Sobre os modelos familiares, *vide* A. MICHEL, "Modèles sociologiques de la famille dans les sociétés contemporaines", *Arch. ph. dr.*, t. XX (1975), p. 128 ss., e, reflectindo a questão do ponto de vista do DIP, H. MUIR WATT, "Les modèles familiaux à l'épreuve de la mondialisation (aspects de droit international privé)", *Mundialización y familia,* cit., p. 11 ss.

[31] Cf. A. SHAPIRA, *op. cit.*, p. 210.

[32] Ilustrando a relevância deste valor, e a determinar, em certos casos, as soluções relativas à entrada de estrangeiros ou à sua expulsão, cf. o acórdão do Tribunal Constitucional n.º 232/2004, de 31 de Março (*DR*, I Série-A, 25 de Maio de 2004).

[33] Para um balanço dos trabalhos que antes de 1980 se desenvolveram nesta matéria e das iniciativas vigentes anteriormente às duas convenções de 1980 a que nos referiremos, cf. A. DYER, "Questionnaire et rapport...", cit., pp. 14 ss. e 25 ss.; e, atendendo especificamente à Suíça, B. DESCHENAUX, *L'enlèvement international...*, cit., p. 9 ss. Sobre a génese da Convenção da Haia de 1980, *vide* A. DYER, "Questionnaire et rapport...", cit., p. 12 s.; *IDEM*, "La Conférence de La Haye de droit international privé vingt-cinq ans après la création de son Bureau Permanent: bilan et perspectives – International Abduction by Parents", *Recueil des Cours*, t. 168 (1980), p. 237 ss.; BEAUMONT/P. MCELEAVY, *op. cit.*, p. 16 ss.; E. PÉREZ VERA, "El Convenio de La Haya...", cit., p. 566 ss.; A. SHAPIRA, *op. cit.*, p. 189 ss.; A. ANTON, *op. cit.*, p. 537 ss.

a Convenção de 25 de Outubro de 1980 sobre os aspectos civis do rapto internacional de crianças, fruto dos trabalhos da 14.ª Sessão da Conferência da Haia de Direito Internacional Privado[34], organização onde se tornou particularmente notória nas décadas chegadas a preocupação com a infância e que veio determinar, e de acordo com a propensão para a especialização das matérias versadas pelas novas convenções[35], a adopção de um conjunto significativo de instrumentos convencionais e cuja vocação protectiva resulta ainda particularmente sublinhada pelo facto de aí encontramos, sempre que se tratou de determinar a lei aplicável – como aconteceu no âmbito das obrigações alimentares –, uma notória permeabilização das

---

[34] A Convenção entrou em vigor para Portugal em 1 de Dezembro de 1983 e a autoridade central portuguesa é hoje o Instituto de Reinserção Social [cf. o art. 3.°, n.° 1, *al. i)*, da Lei orgânica do IRS, aprovada pelo DL n.° 204-A/2001, de 26 de Julho, e Aviso n.° 302/95, do Departamento Jurídico do Ministério dos Negócios Estrangeiros (*DR*, Série I, 18 de Outubro de 1995)].

Sobre a 14.ª Sessão da Conferência da Haia de Direito Internacional Privado, cf. C. BÖHMER, "Die 14. Haager Konferenz über internationales Privatrecht 1980", *RabelsZ*, v. 46 (1982), p. 643 ss.; H. BATIFFOL, "La quatorzième session de la Conférence de La Haye de droit international privé", *Revue Critique*, v. 70 (1981), p. 231 ss.; e *La quatorzième session de la Conférence de La Haye de droit international privé*, Frank Vischer... [*et al.*], ASDI, v. XXXVII (1981), p. 92 ss. O extracto da acta final pode consultar-se em *Actes et documents de la Quatorzième session (6 au 25 octobre 1980)*, t. I (Matières diverses), La Haye: Imprimerie Nationale, 1982, ou na *Revue Critique*, v. 69 (1980), p. 893 ss.

[35] Tal orientação encontra-se hoje claramente consolidada [cf. O. KAHN-FREUND, "General Problems of Private International Law", *Recueil des Cours*, t. 143 (1974), p. 188 s.; e J. H. VAN LOON, "Quelques réflexions sur l'unification progressive du droit international privé dans le cadre de la Conférence de La Haye", *Liber memorialis François Laurent – 1810-1887*, Bruxelles: Story-Scientia, 1989, p. 1142 ss.], efeito notório do claro pragmatismo que anima a história recente da Conferência, muito embora potencialmente gerador de "perigos de inconsistência" [assim, H. GAUDEMET-TALLON, "The Influence of the Hague Conventions on Private International Law in France", *The Influence of the Hague Conference on Private International Law (Selected Essays to Celebrate the 100th Anniversary of The Hague Conference on Private International Law)*, T. M. C. Asser Instituut, Dordrecht [etc.]: Martinus Nijhoff Publishers, 1993, p. 47; ainda sobre os perigos do utilitarismo subjacente a tal tendência Y. LEQUETTE, "De l'utilitarisme ...", cit., p. 245 ss., esp. p. 246], designadamente quando estejam em causa sistemas nacionais de DIP tecidos por categorias normativas amplas [e é isto, certamente, como refere MOURA RAMOS, "The Impact of the Hague Conventions on Portuguese Private International law", *The Influence of the Hague Conference ...*, cit., p. 88 s., o que acontece com o sistema jurídico português], e de delicados problemas de delimitação dos regimes jurídicos convencionais e internos.

regras de conflitos convencionais à *result selective approach*[36]. Seja como for, e se em alguns casos apenas o facto de elas lidarem com a problemática da infância nas relações privadas internacionais as aproxima da Convenção de 1980 – é o caso da Convenção de 24 de Outubro de 1956 relativa à lei aplicável em matéria de prestação de alimentos a menores e da Convenção da Haia de 15 de Abril de 1958 relativa ao reconhecimento e execução de decisões em matéria de prestação de alimentos a menores –, noutras hipóteses, porém, regulam-se já casos que podem encontrar-se

---

[36] Ora, se é certo que a materialização do DIP convencional tem sido objecto de críticas severas [cf. H. GAUDEMET-TALLON, "L'utilisation de règles de conflit à caractère substantiel dans les conventions internationales (l'exemple des Conventions de La Haye)", *L'internationalisation du droit ...*, cit., p. 186 ss.; P. LAGARDE, "Le principe de proximité dans le droit international privé contemporain. Cours général de droit international privé", *Recueil des Cours*, t. 196 (1986), p. 58 s., e, num sentido particularmente crítico, Y. LEQUETTE, "De l'utilitarisme...", cit., p. 246 ss.; *IDEM*, "Le droit international privé de la famille...", cit., p. 100 ss.], e admitindo até encontrar-se aí um desvio importante à concepção tradicional da regra de conflitos [assim, B. AUDIT, "Le caractère fonctionnel de la règle de conflit (sur la «crise» des conflits de lois)", *Recueil des Cours*, t. 186 (1984), p. 363], não podemos deixar de lhe reconhecer claras vantagens, sobretudo em domínios onde sejam detectáveis notórias e prementes necessidades de protecção caras à generalidade dos ordenamentos jurídicos, procurando-se desse modo, embora não seja esse o único expediente metodológico que para esse fim pode ser mobilizado, acompanhar o desenvolvimento do direito da família, promovendo uma melhor integração do direito material e do direito de conflitos (apelando para esta integração, cf. E. JAYME, "Internationales Familienrecht heute", *Festschrift für Wolfram Müller-Freienfels*, Baden-Baden: Nomos Verlagsgesellschaft, 1986, p. 369, muito embora reconhecendo a insuficiência das normas de conflitos enformadas por preocupações materiais para a prossecução desse objectivo e relevando o papel que aqui poderá ter a consideração dos ordenamentos jurídicos estrangeiros como *data*) e compensando um certo *materiellrechtliche Defizit* de que o DIP é usualmente acusado (na designação de H.-J. HESSLER, *Sachrechtliche Generalklausel und internationales Familienrecht: zu einer zweistufigen Theorie des internationalen Privatrechts*, München: C. H. Beck'sche Verlagsbuchhandlung, 1985, p. 136 ss.). Para uma síntese recente do movimento de materialização do DIP, cf. J. GONZÁLEZ CAMPOS, "Diversification, spécialisation, flexibilisation et matérialisation des règles de droit international privé. Cours général", *Recueil des Cours*, t. 287 (2000), p. 309 ss.; especificamente sobre as regras de conexão material contidas nas convenções da Haia, vide A. VON OVERBECK, "La contribution de la Conférence de La Haye au développement du droit international privé", *Recueil des Cours*, t. 233 (1992), p. 61 ss., e, mais desenvolvidamente, embora referindo-se a casos específicos, P. PATOCCHI, *Règles de rattachement localisatrices et règles de rattachement à caractère substantiel – De quelques aspects récents de la diversification de la méthode conflictuelle en Europe*, Genève: Librairie de l'Université Georg § Cie S.A., 1985, *passim*, e A. BUCHER, "Sur les règles de rattachement à caractère substantial", *Liber amicorum Adolf F. Schnitzer*, cit., p. 49 ss.

intimamente ligados à subtracção internacional de menores, emergindo daqui alguns problemas de delimitação de regimes e o surgimento provável de conflitos de convenções. Pensamos agora especificamente nas iniciativas desenvolvidas no domínio da adopção internacional[37], mas sobre-

---

[37] A Convenção da Haia de 15 de Novembro de 1965 relativa à competência das autoridades, à lei aplicável e ao reconhecimento de decisões em matéria de adopção nunca vigorou em Portugal e apenas chegou a vincular a Áustria, a Suíça e o Reino Unido da Grã-Bretanha e da Irlanda do Norte, tendo sido entretanto denunciada. Sobre a Convenção de 1965, veja-se, entre nós, embora referindo-se ainda ao *Esquisse de convention sur l'adoption internationale d'enfants*, de 1962 [o texto do Esboço pode ver-se em *Actes et documents de la dixième session*, t. II (Adoption): La Haye: Imprimerie Nationale, 1965, p. 22 ss.], I. MAGALHÃES COLLAÇO, "Sobre o Esboço de convenção acerca da «Adopção internacional de crianças», emanado da Conferência da Haia de Direito Internacional Privado", *RFDUL*, v. XVI (1963), p. 207 ss., e ainda ASCENSÃO SILVA, *A constituição da adopção de menores nas relações privadas internacionais? Alguns aspectos*, Coimbra: Coimbra Editora, 2000, p. 427 ss.

Por outro lado, a Convenção da Haia de 19 de Maio de 1993 sobre a protecção de crianças e a cooperação em matéria de adopção internacional vinculava, em 18 de Outubro de 2004, 64 Estados. Aprovada para ratificação pela Resolução da Assembleia da República n.º 8/2003 e ratificada pelo Decreto do Presidente n.º 6/2003 (*DR*, Série I-A, 25 de Fevereiro de 2003), ela viria a entrar em vigor entre nós em 1 de Julho de 2004, tendo sido designada como autoridade central a Direcção Geral da Solidariedade e Segurança Social (cf. Aviso n.º 110/2004, *DR*, Série I-A, 3 de Junho de 2004). Veja-se, sobre este instrumento, ASCENSÃO SILVA, *op. cit.*, p. 458 ss., e, para além da bibliografia aí referida, E. POISSON-DROCOURT, "L'entrée en vigueur de la Convention de La Haye du 29 mai sur la protection des enfants et la coopération en matière d'adoption internationale", *Clunet*, v. 126 (1999), p. 707 ss.; C. LIMA MARQUES, *Das Subsidiaritätsprinzip in der Neuordnung des internationalen Adoptionsrechts – Eine Analyse des Haager Adoptionsübereinkommens von 1993 in Hinblick auf das deutsche und das brasilianische Recht*, Frankfurt am Main/Berlin: Verlag für Standesamtswesen, 1997; IDEM, "A Convenção da Haia de 1993 e o regime da adopção internacional no Brasil após a aprovação do novo Código Civil Brasileiro em 2002", *Estudos em Homenagem à Professora Doutora Isabel de Magalhães Collaço*, cit., p. 263 ss.; J. H. VAN LOON, "Les conventions de la Conférence de La Haye (I)", *L'enfant et les conventions internationales*, cit. p. 50 ss.; C. RUDOLF, "Das Haager Übereinkommen über die internationale Adoption", *ZfRV*, v. 42 (2001), p. 183 ss.; P. SCHLOSSER, "Jurisdiction and International Judicial and Administrative Co-operation", *Recueil des Cours*, t. 284 (2000), p. 326 ss.; G. PARRA-ARANGUREN, "History, Philosophy and General Structure of The Hague Adoption Convention", *Children on the Move...*, cit., p. 63 ss.; W. DUNCAN, "Intercountry Adoption: Some Issues in Implementing and Supplementing the 1993 Hague Convention on Protection of Children and Co-Operation in respect of Inter-Country Adoption", *ibidem*, p. 75 ss.; A. BUCHER, "Commentaire sur la Convention de La Haye du 29 mai 1993", *ibidem*, p. 87 ss.; N. CANTWELL, "A nova Convenção da Haia sobre a adopção internacional – Um assunto que anda para a frente?", *Infância e Juventude*, 1994, n.º 1, p. 33 ss.; L. GANNAGÉ, *La hiérarchie des normes et les méthodes du droit international*

tudo nas eventuais áreas de sobreposição entre a Convenção sobre o rapto e os textos que até agora foram adoptados e que estatuem sobre a protecção de menores e/ou as responsabilidades parentais, designadamente a Convenção de 5 de Outubro de 1961 relativa à competência das autoridades e à lei aplicável em matéria de protecção de menores[38] e a Convenção de 19 de Outubro de 1996 relativa à competência, à lei aplicável, ao reco-

---

privé – Étude de droit international privé de la famille, Paris: LGDJ, 2001, p. 136 ss.; M. HERRANZ BALLESTEROS, *op. cit.*, p. 162 ss.

[38] Esta Convenção, concluída na Haia em 5 de Outubro de 1961, vigora em Portugal desde 4 de Fevereiro de 1969 e a autoridade designada é hoje o IRS. Sobre esta Convenção, que constitui objecto de uma bibliografia inumerável, cf. L. TOPOR, *op. cit.*, pp. 138 ss. e 254 ss.; Y. LEQUETTE, *Protection familiale...*, cit., esp. p. 154 ss.; IDEM, "Le droit international privé de la famille...", cit., p. 54 ss.; F. BOULANGER, *op. cit.*, p. 245 ss.; W. VON STEIGER, "La protection des mineurs en droit international privé", *Recueil des Cours*, t. 112 (1964), p. 510 ss.; B. DUTOIT, *Commentaire de la loi fédérale du 18 décembre 1987*, 2ᵉ éd, Bâle/Francfort-sur-le-Main: Helbing und Lichtenhahn, 1997, p. 232 ss.; C. VON BAR, *Internationales Privatrecht*, Band II, München: C. H. Beck'sche Verlagsbuchhandlung, 1991, p. 233 ss.; B. AUDIT, *Droit international privé*, 2ᵉ éd., Paris: Economica, 1997, p. 506 ss.; H. BATIFFOL, "La neuvième session de la Conférence de La Haye de droit international privé", *Revue Critique*, v. 50 (1961), p. 470 ss.; A. VON OVERBECK, "La reconnaissance ds rapports d'autorité «ex lege» selon la Convention de La Haye sur la protection des mineurs", *Mélanges en l'honneur de Henri Deschenaux publiés à l'occasion de son soixante-dixième anniversaire*, Faculté de droit et des sciences économiques et sociales de l'Université de Fribourg, Suisse (ed.), Fribourg: Éditions Universitaires, 1977, p. 447 ss.; CASTRO-RIAL CANOSA, "El Convenio de La Haya sobre protección de menores", *REDI*, v. XIV (1961), p. 11 ss.; G. DROZ, "La protection des mineurs en droit international privé français depuis l'entrée en vigueur de la Convention de La Haye du 5 octobre 1961", *Clunet*, v. 100 (1973), p. 603 ss.; J. PIRRUNG, "Sorgerechts- und Adoptionsübereinkommen der Haager Konferenz und des Europarats", *RabelsZ*, v. 57 (1993), p. 132 ss.; A. BONOMI, "La convenzione dell'Aja del 1961 sulla protezione dei minori: un riesame dopo la ratifica italiana e l'avvio dei lavori di revisione", *RDIPP*, v. XXXI (1995), p. 607 ss.; P. LAGARDE, "La protection du mineur double-national, talon d'Achille de la Convention de La Haye du 5 octobre 1961", *L'unificazione del diritto internazionale privato e processuale – Studi in memoria di Mario Giuliano*, Padova: CEDAM, 1989, p. 529 ss.; J.-M. BAUDOUIN, "La protection du mineur étranger par le juge des enfants", *Revue Critique*, v. 83 (1994), p. 483 ss.; E. PATAUT, *Principe de souveraineté et conflits de juridictions (Étude de droit international privé)*, Paris: LGDJ, 1999, p. 215 ss.; M. HERRANZ BALLESTEROS, *op. cit.*, esp. pp. 60 ss. e 120 ss.; e, entre nós, MOURA RAMOS, "A protecção das crianças...", cit., p. 12 ss., IDEM, *Da lei aplicável ao contrato de trabalho internacional*, Coimbra: Almedina, 1991, p. 156 ss.; IDEM, "L'expérience portugaise...", cit., p. 9 ss.; LIMA PINHEIRO, *Direito Internacional Privado*, v. II, 2.ª ed., Coimbra: Almedina, 2002, p. 60 ss.; MOURA VICENTE, "Lei pessoal das pessoas singulares", *Ensaios I*, Coimbra: Almedina, 2002, p. 82.

nhecimento, à execução e à cooperação em matéria de responsabilidade paternal e de medidas de protecção de crianças[39].

---

[39] Esta Convenção – internacionalmente em vigor desde 1 de Janeiro de 2002 e destinada a substituir, entre os Estados-contratantes, a Convenção de 1961 – foi assinada por Portugal em 1 de Abril de 2003, tendo sido então formulada a declaração prevista no art. 2.° da Decisão do Conselho, de 19 de Dezembro de 2002, que autorizou os Estados-membros a assinarem, "a título excepcional", no interesse da Comunidade, a Convenção da Haia de 1996 (*JO* L 48, 21 de Fevereiro de 2003), dando assim cumprimento, e porque as disposições da Convenção em matéria de competência e execução afectavam as regras comuns do Regulamento (CE) n.° 1347/2000, do Conselho, de 29 de Maio de 2000 [cf. *JO* L 160, 30 de Junho de 2000, e ainda o Regulamento (CE) n.° 1185/2002, da Comissão, de 1 de Julho de 2002, que altera a lista dos tribunais competentes constante do anexo I do Regulamento (CE) n.° 1347/2000, *JO* L 173, 3 de Julho de 2002], às imposições de partilha de poderes que se consolidaram no âmbito da integração comunitária quanto à competência externa dos Estados-membros. Sobre esta questão, naturalmente ligada à das relações entre o espaço comunitário e os Estados não-comunitários, e em estádios diferentes da sua evolução, *v.g.*, H. GAUDEMET-TALLON, "Les frontières extérieures de l'espace judiciaire européen: quelques repères", *E Pluribus Unum. Liber Amicorum Georges A.L. Droz...*, cit., p. 85 ss.; A. STRUYCKEN, "Le droit international privé d'origine communautaire et les Etats tiers", *RAE*, 2001-2002, p. 469 ss.; J. BASEDOW, "The Communitarization of the Conflict of Laws under the Treaty of Amsterdam", *CMLR*, v. 37 (2000), p. 701 ss.; C. KOHLER, "Der europäische Justizraum für Zivilsachen und das Gemeinschaftskollisionsrecht", *IPRax*, v. 23 (2003), p. 411 ss.; K. SIEHR, "European Private International Law and Non-European Countries", *International Conflict of Laws for the Third Millenium. Essays in Honor of Friedrich K. Juenger*, Patrick Borchers and Joachim Zekoll (ed.), New York: Transnational Publishers, Inc., 2001, p. 289 ss.; P. BEAUMONT, "The Brussels Convention Becomes a Regulation: Implications for Legal Basis, External Competence, and Contract Jurisdiction", *Reform and Development of Private International Law – Essays in Honour of Sir Peter North*, James Fawcett (ed.), Oxford: University Press, 2002, p. 25 ss.; H. JESSURUN D'OLIVEIRA, "The EU and a Metamorphosis of Private International Law", *ibidem*, p. 133 ss.; H. DOHRN, *Die Kompetenzen der Europäischen Gemeinschaft im Internationalen Privatrecht*, Tübingen: Mohr Siebeck, 2004, esp. p. 161 ss.; ALEGRÍA BORRÁS, "La incidencia de la comunitarización del Derecho internacional privado en la elaboración de convenios internacionales", *Estudos em Homenagem à Professora Doutora Isabel de Magalhães Collaço*, cit., p. 45 ss.; IDEM, "Diritto internazionale privato comunitario e rapporti con Stati terzi", *Diritto internazionale privato e diritto comunitario*, cit., p. 449 ss.; P. de CESARI, *op. cit.*, p. 31 ss.; K. WANNEMACHER, *Die Außenkompetenz der EG im Bereich des Internationalen Zivilverfahrensrechts: der räumliche Anwendungsbereich des Art. 65 EGV am Beispiel der EuGVO und der EheVO*, Frankfurt am Main: Peter Lang GmbH, 2003; e, entre nós, LIMA PINHEIRO, "Federalismo e Direito Internacional Privado – algumas reflexões sobre a comunitarização do direito Internacional Privado", *Cadernos de Direito Privado*, n.° 2 (2003), p. 8 s.

Sobre esta iniciativa internacional, que tem a particularidade de não regular exclusivamente a competência das autoridades, a lei aplicável e o reconhecimento e execução das

Ora, é exactamente o regime da Convenção de 25 de Outubro de 1980 sobre os aspectos civis do rapto internacional de crianças que procuraremos traçar em linhas gerais, aludindo aos principais problemas que têm emergido na prática convencional e abordando, apenas *a latere*, o modo como o ordenamento jurídico português tem permitido a consecução dos objectivos convencionais – afinal, será que foram feitas as necessárias adaptações a um nível interno? – e como os nossos tribunais têm decidido ao abrigo da Convenção da Haia.

---

medidas de protecção da pessoa e bens dos menores, pois estatui igualmente – na tentativa de afastar algumas das dificuldades inerentes ao funcionamento da Convenção de 1961 e ligadas à coordenação entre a aplicação da *lex fori* e a ressalva dos regimes jurídicos *ex lege* consagrados na *lex patriae* do menor – um regime uniforme na determinação da lei aplicável ao poder paternal, vide P. LAGARDE, "Rapport explicatif", *Actes et documents de la Dix-huitième session (30 septembre au 19 octobre 1996)*, t. II (Protection des enfants), La Haye: SDU, 1998, p. 534 ss., IDEM, "La nouvelle convention de La Haye sur la protection des mineurs", *Revue Critique*, v. 86 (1997), p. 221 ss.; A. BUCHER, "La Dix-huitième session de la Conférence de La Haye de droit international privé", *RSDIE*, v. 7 (1997), p. 67 ss.; P. PICONE, "La nuova convenzione dell'Aja sulla protezione dei minori", *RDIPP*, v. XXXII (1996), p. 705 ss.; P. NYGH, "The Hague Convention on the Protection of Children", *NILR*, v. XLV (1998), p. 1 ss.; A. BAINHAM, *op. cit.*, p. 593 ss.; A. DYER, "Les conventions de La Haye (II)", *L'enfant et les conventions intenationales*, cit., p. 76 ss.; W. DUNCAN, "The Hague Conference on Private International Law and its Current Programme of Work Concerning the International Protection of Children and Other Aspects of Family Law", *YPIL*, v. 2 (2000), p. 53 ss.; K. SIEHR, "Das neue Haager Übereinkommen von 1996 über den Schutz von Kindern", *RabelsZ*, v. 62 (1998), p. 464 ss.; N. LOWE, "The 1996 Hague Convention on the Protection of Children – A Fresh Appraisal", *CFLQ*, v. 14 (2002), p. 191 ss.; L. SILBERMAN, "The 1996 Hague Convention on Jurisdiction, Applicable Law, Recognition, Enforcement and Co-operation in Respect of Parental Responsibility and Measures for the Protection of Children: A Perspective from The United States", *Private Law in the International Arena (From National Conflict Rules towards Harmonization and Unification). Liber Amicorum Kurt Siehr*, Jürgen Basedow... [et al.] (ed.), The Hague: T.M.C. Asser Press, 2000 p. 703 ss.; J. KROPHOLLER, "Das Haager Kinderschutzübereinkommen von 1996 – Wesentliche Verbesserung im Minderjährigenschutz", *ibidem*, p. 379 ss.; P. SCHLOSSER, *op. cit.*, p. 307 ss.; F. BOULANGER, *op. cit.*, p. 237 ss.; A. DEL VECCHIO, *op. cit.*, p. 672 ss.; E. PATAUT, *op. cit.*, p. 220 ss.; J. PIRRUNG, "Das Haager Kinderschutzübereinkommen vom 19. Oktober 1996 – Übereinkommen über die Zuständigkeit, das anzuwendende Recht, die Anerkennung, Vollstreckung und Zusammenarbeit auf dem Gebiet der elterlichen Verantwortung und der Maßnahmen zum Schutz von Kindern", *Festschrift für Walter Rolland zum 70. Geburtstag*, Uwe Diederichsen... [et al.] (Hrsg.), Köln: Bundesanzeiger Verlagsges.mbH, 1999, p. 277 ss.; e, entre nós, M. HERRANZ BALLESTEROS, *op. cit.*, esp. pp. 71 ss. e 123 ss.; MOURA RAMOS, "A protecção das crianças...", cit., p. 16 ss.

Não se pense, no entanto, que os esforços da Conferência da Haia no domínio do rapto internacional de crianças se exauriram na adopção do texto da Convenção sobre os aspectos civis do rapto internacional de crianças e na preservação, no leque das posteriores convenções elaboradas sob a sua égide, dos princípios aí sancionados e que, mais adiante procuraremos demonstrar.

Por um lado, e na linha daquilo que os textos da Haia mais recentes vêm expressamente impondo sobre a necessidade do seu acompanhamento periódico com vista à determinação do modo como se tem procedido à sua aplicação prática (*v.g.*, o art. 56.º da Convenção da Haia de 19 de Outubro de 1996 relativa à competência, à lei aplicável, ao reconhecimento, à execução e à cooperação em matéria de responsabilidade paternal e de medidas de protecção de crianças), as atenções da Conferência têm estado constantemente voltadas para os problemas que a Convenção de 1980 procurou obviar. E, tendo fundamentalmente em vista a determinação do modo como esta tem sido mobilizada pelas jurisdições nacionais e a questão de saber se tem sido capaz de garantir resultados efectivos, tiveram já lugar, em cumprimento de uma decisão tomada pela primeira vez no decurso da 16.ª Sessão da Conferência (1988), cinco reuniões da Comissão especial encarregada de estudar o funcionamento convencional – respectivamente, de 23 a 26 de Outubro de 1989[40], de 18 a 21 de Janeiro de 1993[41], de 17 a 21 de Março de 1997[42], de 22 a 28 de Março de 2001[43] e, finalmente, de

---

[40] Cf. PERMANENT BUREAU, *Overall Conclusions of the Special Commission of October 1989 on the Operation of The Hague Convention of 25 October 1980 on the Civil Aspects of International Child Abduction.*

[41] PERMANENT BUREAU, *Report of the Second Special Commission Meeting to Review the Operation of The Hague Convention on the Civil Aspects of International Child Abduction.*

[42] Cf. PERMANENT BUREAU, *Report of the Third Special Commission Meeting to Review the Operation of The Hague Convention on the Civil Aspects of International Child Abduction.*

[43] PERMANENT BUREAU, *Conclusions and Recommendations of the Fourth Meeting of the Special Commission Meeting to Review the Operation of The Hague Convention on the Civil Aspects of International Child Abduction* (2001). No caso particular da reunião de 2001, e para além dos documentos referidos noutros locais deste trabalho relativos ao direito de visita e ao INCADAT, destacam-se os seguintes textos preparatórios: W. DUNCAN, *Informations Concerning the Agenda and Organisation of the Special Commission and Questionnaire Concerning the Practical Operation of the Convention and Views on Possible Recommendations* (Prel. Doc n.º 1 of October 2000 for the Attention of the Special Commission of March 2001 on the Practical Operation of the Hague Convention of 25 October 1980); PERMANENT BUREAU, *Checklist of Issues Raised and Recommendations*

27 de Setembro a 1 de Outubro de 2002[44] – e cujos trabalhos, que visam antes de tudo melhorar a prática desta iniciativa internacional, têm permitido traçar um balanço fidedigno dos escolhos com que ela se tem debatido. Neste contexto, e no leque das iniciativas propínquas da Conferência da Haia em matéria de rapto internacional, para além da elaboração de um questionário-tipo destinado aos Estados que ultimamente se vêm vinculando à Convenção[45], destaca-se a publicação de guias de aplicação prática [*Guide to Good Practice under the Hague Convention of 25 October 1980 on the Civil Aspects of International Child Abduction, Part I – Cen-*

Made in Response to the Questionnaire Concerning the Practical Operation of the Hague Convention of 25 October 1980 on the Civil Aspects of International Child Abduction (Prel. Doc n.º 5 of March 2001 for the Attention of the Special Commission of March 2001 on the Practical Operation of the Hague Convention of 25 October 1980); LOWE/AMSTRONG/MATHIAS, *A Statistical Analysis*..., cit.

[44] Cf. PERMANENT BUREAU, *Report and Conclusions of the Special Commission of September-October 2002 on the Hague Child Abduction Convention* (2003); SPECIAL COMMISSION, *Conclusions and Recommendations of the Special Commission of September--October 2002* (2003), bem como, para além daqueles que já referimos *supra* (n. 14), os seguintes documentos preparatórios de relevo: W. DUNCAN, *Consultation Paper on Transfrontier Access/Contact* (2002) (Prel. Doc. n.º 1, enviado aos órgãos nacionais em Janeiro de 2002; as respostas constam do Prel. Doc. n.º 8); W. DUNCAN, *Questionnaire Concerning Practical Mechanisms for Facilitating Direct International Judicial Communications in the Context of the Hague Convention of 25 October 1980 on the Civil Aspects of International Child Abduction* (2002) (Prel. Doc. n.º 2, enviado aos órgãos nacionais em Janeiro de 2002; as respostas constam do Prel. Doc. n.º 9); PERMANENT BUREAU, *Guide to Good Practice under the Hague Convention of 25 October 1980 on the Civil Aspects of International Child Abduction, Part I – Central Authority Practice* (2002) (Prel. Doc. n.º 3); PERMANENT BUREAU, *Guide to Good Practice under the Hague Convention of 25 October 1980 on the Civil Aspects of International Child Abduction, Part II – Implementing Measures* (2002) (Prel. Doc. n.º 4); W. DUNCAN, *Transfrontier Access Contact and the Hague Convention of 25 October on the Civil Aspects of International Child Abduction – Final Report* (Prel. Doc. n.º 5 of July 2002 for the Attention of the Special Commission of September/October 2002); P. LORTIE, *Practical Mechanisms for Facilitating Direct International Judicial Communications in the Context of the Hague Child Abduction Convention – Preliminary Report* (2002) (Prel. Doc. n.º 6 and Annexes of August 2002 for the Attention of the Special Commission of September/October 2002); PERMANENT BUREAU, *Document Regarding INCADAT, Judicial Newsletter, INCASTAT, Lowe Report* (2002) (Prel. Doc. n.º 10 of September 2002); PERMANENT BUREAU, *Comments Received on the Guide to Good Practice under the Hague Convention of 25 October 1980 on the Civil Aspects of International Child Abduction Part I – Central Authority Practice* (2002) (Prel. Doc. n.º 11 of September 2002 for the Attention of the Special Commission of September/October 2002).

[45] Cf. *Standard Questionnaire for Newly Acceding States* (2002).

tral Authority Practice (2003); e *Guide to Good Practice under the Hague Convention of 25 October 1980 on the Civil Aspects of International Child Abduction, Part II – Implementing Measures* (2003)], continuando em curso, de resto, e na sequência das conclusões adoptadas na Comissão especial de 2002, o labor relativo às medidas preventivas do rapto[46] e à execução das ordens de regresso e das decisões relacionadas com o exercício do direito de visita (contacto)[47], em qualquer caso com vista à possível redacção, também nestas matérias, de outros "guias de boas práticas."

Por outro lado, integrado no *The Hague Project for International Cooperation and the Protection of Children*[48], e procurando a uniformização da prática convencional dos diversos Estados-contratantes e o desenvolvimento de um espírito de confiança recíproca, foi apresentado em 9 de Maio de 2000 um projecto de uma base de dados informáticos relativos ao rapto internacional de crianças (INCADAT)[49]. A cargo do *Bureau Permanent* da Conferência, o INCADAT (*International Child Abduction Database*) visa a disponibilização na Internet das decisões jurisdicionais mais importantes proferidas em aplicação da Convenção de 1980, de forma a compensar a inexistência de uma instância jurisdicional supra-nacional com a função de harmonização da jurisprudência e atenuar os abismos culturais e jurídicos existentes no amplo espaço geográfico de vigência da Convenção.

---

[46] Cf. PERMANENT BUREAU, *Hague Project on Preventive Measures – Background Document* (2003), PERMANENT BUREAU, *Questionnaire on Preventive Measures* (2003), bem como as respostas dos Estados-contratantes.

[47] Cf. PERMANENT BUREAU, *Questionnaire on the Enforcement of Return Orders under the 1980 Hague Convention and of Access/Contact Orders* (2003).

[48] Aqui se integra, também, a *The Judges' Newsletter on International Child Protection*, publicação a cargo da Conferência da Haia.

[49] Uma explicação mais detida do referido programa (htpp://www.incadat.com) pode colher-se em PERMANENT BUREAU, *International Child Abduction Database (INCADAT)* (Prel. Doc n.º 7 of March 2001 for the Attention of the Special Commission of March 2001 on the Practical Operation of The Hague Convention of 25 October 1980). *Vide*, ainda, P. MCELEAVY/A. FIORINI/M. ELY, *The International Child Abduction Database (INCADAT): Guide for Correspondents* (2001), e HAGUE CONFERENCE, *Standard Form for Reporting of Cases under the Hague Convention of 25 October 1980 on the Civil Aspects of International Child Abduction* (2001).

Acrescente-se ainda que idêntico desiderato de publicidade decorre do n.º 6 da Resolução do Instituto de Direito Internacional, segundo o qual se acentua a particular valia de os Estados assegurarem a divulgação da Convenção e da jurisprudência, especialmente junto das autoridades e meios profissionais.

4. Antes de nos dedicarmos especificamente ao propósito que enunciámos, será sempre conveniente ter em consideração algumas notas preliminares.

Em primeiro lugar, mesmo nos casos em que a Convenção – e o mesmo se poderá dizer relativamente a um qualquer outro instrumento jurídico, nacional ou internacional – consegue promover efectivamente o regresso do menor ilicitamente deslocado no estrangeiro, a "reconstituição natural" da situação existente no momento imediatamente anterior ao rapto nunca será plenamente satisfatória – atendendo desde logo aos elevados custos humanos e económicos –, pelo que as medidas de carácter preventivo se afiguram nesta concreta matéria de uma valia particularmente evidente[50].

Por outro lado, sublinhem-se os termos particularmente circunscritos e pontuais em que tem sido admitida a consagração formal do princípio do interesse superior da criança, cautela a que subjaz o legítimo desígnio de proscrever o provável enfraquecimento da efectividade dos instrumentos com que a Comunidade Internacional tem procurado garantir a eficácia extraterritorial das decisões de guarda e debelar o rapto internacional e que – justificando que tal princípio se encontre frequentemente homiziado nos preâmbulos convencionais – se fundamenta no receio de que a sua expressa formulação pudesse dar lugar a pulsões "proteccionistas e nacionalistas das autoridades judiciárias"[51]. Seja como for, este modesto relevo

---

[50] Vide A. SHAPIRA, op. cit., p. 209 s., e ainda os trabalhos desenvolvidos no seio da Conferência da Haia e que referimos mais acima (n. 46). Assim, e de um ponto de vista preventivo, e para além de todas as medidas que abicam na garantia efectiva dos direitos de guarda e visita, afigura-se de relevo a particular diligência que as autoridades competentes deverão pôr na emissão de passaportes, designadamente na verificação de que quem pede a sua emissão para uma criança ou a inscrição desta no passaporte do requerente está munido da necessária autorização (cf. n.º 10 da referida Resolução do Instituto de Direito Internacional).

[51] Assim se exprime B. BRUNET, "Autorité parentale – Conflits de garde consécutifs à un enlèvement international d'enfants", *Juris-Classeur de Droit International*, fasc. 549 (1987, com actualização de 1992), p. 7 s., n.º 7, a propósito da generalidade das convenções internacionais relativas à guarda de menores. Neste sentido, cf. também, embora a propósito da Convenção europeia sobre o reconhecimento e a execução das decisões relativas à guarda de menores e sobre o restabelecimento da guarda de menores, fruto do labor do Conselho da Europa, R. JONES, "Council of Europe Convention on Recognition and Enforcement of Decisions Relating to the Custody of Children", *ICLQ*, v. 30 (1981), p. 472 (*vide*, no entanto, embora com um sentido limitado, o art. 10.º, n.º 1, *al. b*), e, agora já sobre a Convenção da Haia, E. PÉREZ VERA, "El menor en los convenios de la Conferencia de La Haya de Derecho Internacional Privado", *REDI*, v. XLV (1993), p. 10. E, na

do princípio do interesse da criança nos documentos internacionais vocacionados para a regulamentação do reconhecimento e execução das decisões de guarda (ou visita) estrangeiras ou, sobretudo, do rapto internacional, é apenas aparente: na verdade, e para além de aí discernirmos o fundamento material dos regimes jurídicos instituídos[52] – no caso da subtracção de menores, e nas palavras de PÉREZ-VERA[53], "parmi les manifestations les plus objectives de ce qui constitue l'intérêt de l'enfant figure le droit de ne pas être déplacé ou retenu au nom de droits plus ou moins discutables sur sa personne" –, as exigências que irradiam de tal princípio poderão ser convocadas na determinação do conteúdo da ordem pública internacional, tanto mais que o interesse do menor se perfila pacificamente no leque dos princípios cuja lesão resultante da aplicação da lei estrangeira, ou do reconhecimento de uma sentença estrangeira, constituirá jus-

---

jurisprudência, por exemplo, o Supremo Tribunal do Canadá, no caso *Amanda Louise Thomson c. Paul Thomson e outros*, através da decisão de 20 de Outubro de 1994, achou conveniente, convocando o art. 16.º da Convenção, advertir para o risco da frustração dos objectivos da Convenção da Haia de 1980 que a invocação do princípio do interesse da criança poderia acarretar [INCADAT: HC/E/CA 11] [o resumo da decisão e a nota crítica de B. ANCEL/H. MUIR-WATT podem ver-se na *Revue Critique*, v. 84 (1995), p. 342 ss.]).

[52] Embora tal exigência tenda a sobressair em termos distintos. Assim, por exemplo, e como nota L. SACCHETTI, "Le convenzioni internazionali di Lussemburgo e dell'Aja del 1980. Confronto e problematiche giuridiche", *Dir. fam.*, v. XXVI (1997), p. 1499, no caso da Convenção do Conselho da Europa, tal interesse apenas se tutela de uma forma indirecta ou formal, pois parte-se da presunção de que a consecução do objectivo fundamental desse regime internacional – assegurar o reconhecimento das decisões de guarda estrangeiras – tenderá a coincidir com o interesse da criança; contrariamente, na Convenção da Haia sobre o rapto, o interesse do menor, embora presumido, releva em termos directos e actuais: é ele que justifica a restituição internacional da criança e abre caminho à consideração da vontade do menor e à realização de diligências tendentes à determinação da sua situação social.

Ainda sobre o peso de tal princípio na delineação do regime convencional da Haia sobre o rapto, cf. E. PÉREZ VERA, "Rapport explicatif", cit., esp. p. 430 ss.; *IDEM*, "El Convenio de La Haya...", cit., p. 583.; BEAUMONT/P. MCELEAVY, *op. cit.*, p. 29 ss.; B. GÓMEZ BENGOECHEA, *op. cit.*, p. 41 s.; J. KROPHOLLER, "Stellungnahme des Max-Planck-Instituts für ausländisches und internationales Privatrecht", *RabelsZ*, v. 60 (1996), p. 488 ss.; D. RINOLDI, "L'interesse del minore nelle convenzioni internazionali concernenti la sua sottrazione a parte di un genitore", *La sottrazione internazionale di minore da parte di un genitore (Studi e documenti sul "kidnapping" internazionale)*, Franco Mosconi e Dino Rinoldi (a cura di), Padova: CEDAM, 1988, p. 141 ss.; M. HERRANZ BALLESTEROS, *op. cit.*, p. 99 ss.; C. CHABERT, *op. cit.*, esp. pp. 271 ss. e 529 ss.; S. GRATALOUP, *L'enfant et sa famille...*, cit., p. 507 ss.; R. SCHUZ, "The Hague Abduction Convention: Family Law and Private International Law", *ICLQ*, v. 44 (1995), p. 773 ss.

[53] "Rapport explicatif", cit., p. 431.

tificação suficiente – verificados os outros requisitos de intervenção da excepção de ordem pública internacional – para dar lugar ora à evicção da lei competente ora à recusa do reconhecimento da decisão proferida no estrangeiro[54].

Por fim, há que acentuar que nem sempre a resolução dos casos de rapto internacional passará pela execução coactiva dos direitos cuja violação determina a ilicitude da transferência do menor para o estrangeiro ou da sua retenção: muitas vezes, as autoridades (judiciais ou administrativas) chamadas a intervir no sentido de porem termo a uma situação de rapto actuam antes como meros mediadores – e a mediação familiar constitui uma forma privilegiada de resolução da litigiosidade familiar, mesmo nas questões relativas aos menores[55] –, havendo inclusivamente uma impor-

---

[54] Assim, A. BUCHER, "L'ordre public et le but social des lois en droit international privé", *Recueil des Cours*, t. 239 (1993), p. 26 s.

Com efeito, é com fundamento nisto que se compreende o afastamento do reconhecimento de uma decisão estrangeira de divórcio que atribua ao progenitor masculino a guarda do filho com fundamento exclusivo na sua religião e sexo, pois, como se lê na decisão francesa no caso *Bayar c. dame Nemeth*, "une décision, qui, en matière de garde d'enfants après divorce, se réfère à des critères de principe, et non à la prédominance de l'intérêt effectif [des] enfants en fonction de données concrètes, ne répond pas aux exigences de l'ordre public français, même atténué" [assim, *Cour de cassation* (1re Ch. civ.), 30 de Janeiro de 1979, *Revue Critique*, v. 68 (1979), p. 629 ss., com nota de Y. LEQUETTE); ou, por outro lado, se justifica a atribuição da guarda a um dos progenitores sem que isso implique a necessidade de transferência de todas as responsabilidades parentais para o guardião, pois a partilha destas, à luz do princípio do interesse da criança, não deverá ser considerada intolerável (cf. *Bundesgerichtshof*, 14 de Outubro de 1992, *IPRax*, v. 13 (1993), p. 102 ss).

[55] Sobre o papel dos meios não jurisdicionais de resolução das controvérsias familiares, cf. *The Resolution of Family Conflict: Comparative Legal Perspectives*, John Eekelaar & Sanford Katz (ed.), Toronto: Butterworths, 1984, esp. pp. 7 ss., 233 ss., 248 ss. e 385 ss.; M.-T. MEULDERS-KLEIN, "Les modes alternatifs de réglement des conflits en matière familiale: analyse comparative", *La personne...*, cit., p. 529 ss.; *IDEM*, "Familles & Justice: à la recherche d'un modèle de justice", *ibidem*, p. 555 ss., esp. p. 572 ss.; *IDEM*, "Types and Styles of Family Proceedings – Rapport Général au XIIème Congrès Mondial de l'Association Internationale de Droit Judiciaire Mexico, 22-26 Septembre 2003", *ERPL*, v. 12 (2004), p. 455 ss.

Por outro lado, há que reconhecer na aceitação acrescida da relevância das vias não contenciosas – a que igualmente subjaz, há que admiti-lo, e parafraseando I. KAUFMAN, o intento de prevenir os "twin dragons of cost and delay" – uma importante manifestação de privatização, ou não publicização, das relações de família e, designadamente, dos problemas que tocam a regulação do poder paternal e as funções que o integram, no intento de não institucionalização de uma vida familiar que se procura antes estruturar em alicerces voluntarísticos e hedonistas. Para uma visão do papel reconhecido à autonomia da vontade (*maxime*, dos pais) na regulamentação das relações entre pais e filhos, e que passa em larga

tante cifra de situações resolvidas através da restituição amigável das crianças. Com efeito, trata-se de uma via expressamente incentivada pela Convenção da Haia (cf. art. 10.°) e por outras iniciativas de carácter paralelo (cf. o art. 5.°, n.° 2, *al. c)*, da Convenção luso-luxemburguesa relativa ao auxílio judiciário em matéria de direito de guarda e de direito de visita, assinada em Lisboa em 12 de Junho de 1992, e o art. 16.°, n.° 4, da Convenção luso-francesa de cooperação judiciária relativa à protecção de menores, assinada em Lisboa em 20 de Julho de 1983)[56], embora, e como bem se lembra na Recomendação n.° R (98) 1 sobre a mediação familiar, adoptada pelo Comité de Ministros do Conselho da Europa, em 21 de Janeiro de 1998, no caso de situações de rapto internacional, o recurso à mediação (ou a qualquer outra via não jurisdicional) deverá

---

medida pela aceitação dos acordos relativos ao exercício do poder paternal, cf. POUSSON--PETIT, *op. cit.*, pp. 810 ss. e 815 ss.; F. BOULANGER, *op. cit.*, p. 89 ss.; M. CLARA SOTTOMAYOR, *op. cit.*, p. 228 ss. Na jurisprudência, e ilustrando a necessária fiscalização judicial de tais convenções, designadamente, para efeitos de aplicação do art. 191.°, OTM (Entrega judicial de menor), repudiando, por isso, um pedido de entrega judicial de um menor com fundamento num acordo extrajudicial celebrado pelos progenitores, cf. o acórdão da Relação de Coimbra, de 1 de Abril de 2003 [*CJ*, ano XXVIII (2003), t. II, p. 33 s.].

No caso português, note-se que vamos encontrando no domínio familiar manifestações de abertura a tais meios de resolução de conflitos. Assim, *v.g.*, o art. 147.°-D da OTM, de acordo com as alterações introduzidas pela Lei n.° 133/99, de 28 de Agosto, determina que no âmbito dos processos tutelares cíveis, designadamente em processo de regulação do exercício do poder paternal, oficiosamente, com o consentimento dos interessados, ou a requerimento destes, o juiz pode determinar a intervenção de serviços públicos ou privados de mediação, devendo o acordo obtido por esta via ser homologado sempre que estiver de acordo com o interesse do menor.

[56] Recorrendo aos dados estatísticos facultados pelo IRS, e relativamente aos procedimentos desencadeados em Portugal – ao abrigo da Convenção da Haia de 1980 e por intermédio do IRS – tendentes à restituição de crianças que para cá foram ilicitamente transferidas ou aqui foram abusivamente retidas, em 1998, dentro dos 16 pedidos de regresso (apenas 3 desses processos ficaram pendentes) apenas 1 se extinguiu com a resolução amigável; em 1999, dos 15 pedidos de regresso em curso (5 ficaram pendentes, embora em 2 casos o regresso tenha chegado a ser ordenado, embora não executado), 4 terminaram com o regresso voluntário e 2 com a desistência do requerente; por fim, dos 14 pedidos de regresso em curso durante o ano de 2000 (dos 7 pedidos que transitaram para o ano seguinte, apenas em 2 isso ocorreu devido à não localização do menor, cujo regresso, num destes casos, chegou a ser ordenado), em 2 houve lugar à restituição amigável da criança.

Em termos gerais, e durante o ano de 1999, o regresso voluntário pôs termo a 18% dos pedidos realizados ao abrigo da Convenção da Haia de 1980 (cf. LOWE/AMSTRONG//MATHIAS, *A Statistical Analysis...*, cit., p. 12).

ser afastado sempre que a sua utilização possa pôr em risco o regresso imediato da criança[57].

I – O REGIME JURÍDICO INSTITUÍDO PELA CONVENÇÃO DA HAIA DE 25 DE OUTUBRO DE 1980 SOBRE OS ASPECTOS CIVIS DO RAPTO INTERNACIONAL DE CRIANÇAS

5. Em termos gerais, tendo como objectivo fundamental combater a subtracção internacional de crianças[58] – perpetrada, muitas, por um dos

---

[57] Esta Recomendação, e que concretizou exigências que já tinham sido formuladas no Princípio 10 da *Recommendation n.° R (84) 4 du Comité des Ministres aux États membres sur les responsabilités parentales*, de 28 de Fevereiro de 1984, tem até a particularidade de dedicar uma atenção expressa à mediação internacional (ponto VIII) enquanto forma privilegiada de resolução das questões dotadas de um elemento de estraneidade, designadamente nas relativas à guarda e ao direito de visita de crianças "quando os pais vivem ou esperam viver em Estados diferentes" (as recomendações do Comité de Ministros do Conselho da Europa podem consultar-se em http://wcm.coe.int).

[58] Face ao carácter particularmente circunscrito dos objectivos convencionais, compreende-se que se acentue a sua vocação para coexistir com outros regimes jurídicos, internos ou internacionais, nomeadamente os que regulam o mérito das questões relativas às relações entre pais e filhos (assim, E. PÉREZ VERA, "El Convenio de La Haya...", cit., p. 572). Ainda sobre os objectivos da Convenção de 1980, cf. E. PÉREZ VERA, "Rapport explicatif", cit., p. 442 ss.; BEAUMONT/P. MCELEAVY, *op. cit.*, p. 28 ss.; B. GÓMEZ BENGOECHEA, *op. cit.*, p. 40 s.; B. DESCHENAUX, *L'enlèvement international...*, cit., p. 32 ss.; CALVO CARAVACA/CARRASCOSA GONZÁLEZ, *Derecho de familia internacional*, cit., p. 367; G. CARELLA, "La convenzione dell'Aja del 1980 sugli aspetti civili della sottrazione internazionale di minori", *RDIPP*, v. XXX (1994), p. 777 ss.; M. FALLON/O. LHOEST, *op. cit.*, p. 11 ss.

Por outro lado, note-se que, nos termos do art. 4.°, o âmbito de aplicação da Convenção é duplamente restringido: por um lado, ela só se aplica, e à semelhança da Convenção do Conselho da Europa de 1980, às crianças que não atingiram ainda os 16 anos, nada impedindo, no entanto, que os Estados mobilizem o mecanismo convencional, ao abrigo do seu próprio direito, no sentido de a restituição internacional poder ocorrer relativamente a todos os menores (cf. E. PÉREZ VERA, "El Convenio de La Haya...", cit., p. 565 s.); por outro, e no momento imediatamente anterior à violação do direito de custódia e de visita, exige-se que a criança tenha a sua residência habitual num Estado-contratante, sendo irrelevante, no entanto, a sua nacionalidade.

De qualquer modo, a Convenção tem sido aplicada em casos não cobertos, designadamente, pelo seu âmbito de aplicação espacial. E se tal procedimento corresponde à prática de alguns tribunais, aplicando-se a Convenção a crianças que tinham sido deslocadas ilicitamente de Estados não-contratantes – assim, na Austrália e no Reino Unido, respectivamente, em 1989, *In the Marriage of Barrios and Sanchez* ([1989] FLC 92-054), e em

progenitores num momento posterior à dissolução do casamento –, embora não curando de uma eventual responsabilidade penal do raptor[59],

---

1990, em *Re F (A Minor) (Abduction) (Jurisdiction)* ([1990] 3 All ER 97 [CA]) –, não deixa de haver quem alerte para o inconveniente de tal procedimento, ao abrigo do risco da separação entre as disposições substantivas e o esquema de colaboração de autoridades que lhes subjaz (assim, D. MCCLEAN, *op. cit.*, p. 301 s.). Refira-se ainda que esta orientação de alargamento do âmbito de aplicação convencional acompanha até a Resolução do Instituto de Direito Internacional, de 31 de Agosto de 1995, e que no n.º 1, incentivando os Estados à ratificação das convenções existentes na matéria, afirma o carácter desejável da sua aplicação a factos anteriores à sua entrada em vigor. Aliás, não se trata até de um fenómeno que tenha particular novidade, tanto no que toca à determinação do âmbito de aplicação espacial como temporal das convenções, frequentemente até por força de imposições legislativas internas [*vide* E. VITTA, "International Conventions and National Conflict Systems", *Recueil des Cours*, t. 126 (1969), esp. p. 164 ss.; A. VON OVERBECK, "L'application par le juge interne des conventions de droit international privé", *Recueil des Cours*, t. 132 (1971), esp. p. 17 ss.; *IDEM*, "La contribution de la Conférence de La Haye au développement du droit international privé", *Recueil des Cours*, t. 233 (1992), p. 30 s.; e ASCENSÃO SILVA, *op. cit.*, p. 505 ss.; e, num sentido favorável a este alargamento, K. SIEHR, "Codificazione del diritto internazionale privato e convenzioni internazionali", *Problemi di riforma del diritto internazionale privato italiano*, Milano: Giuffrè Editore, 1986, p. 503 s.; *IDEM*, "National Private International Law and International Instruments", *Reform and Development of Private International Law...*, cit., p. 338 ss.; e, entre nós, nomeadamente no domínio alimentar, LIMA PINHEIRO, *Direito Internacional Privado*, v. II, cit., p. 67 s.].

Sobre o âmbito de aplicação (pessoal, material e espacial) da Convenção, que supõe ainda a existência de uma deslocação ou retenção ilícita (art. 3.º), *vide*: B. DESCHENAUX, *L'enlèvement international...*, cit., p. 39 ss.; E. PÉREZ VERA, "Rapport explicatif", cit., p. 444 ss.; B. GÓMEZ BENGOECHEA, *op. cit.*, p. 43; BEAUMONT/P. MCELEAVY, *op. cit.*, p. 36 ss.; CALVO CARAVACA/CARRASCOSA GONZÁLEZ, *Derecho de familia internacional*, cit., p. 368 ss. Por outro lado, esclarecendo as soluções acolhidas no art. 35.º relativo ao âmbito *ratione temporis*, cf. E. PÉREZ VERA, "Rapport explicatif", cit., p. 470 s.; L. SILBERMAN, "Hague Convention on International Child Abduction...", cit., p. 24; G. CARELLA, *op. cit.*, p. 780 ss.

[59] Para a justificação desta exclusão, cf. A. DYER, "Questionnaire et rapport...", cit., p. 43 ss. É até muito duvidoso que do ponto de vista da política criminal seja vantajosa a penalização do rapto intra-familiar, atendendo à incipiência dos mecanismos de tutela jurídico-penal de origem internacional e ao facto de a criminalização poder agravar a tentação do raptor para fugir [neste sentido, *v.g.*, A. DYER, "Os Direitos da Infância...", cit., p. 23 s.; B. GÓMEZ BENGOECHEA, *op. cit.*, p. 115 ss.; PERMANENT BUREAU, *Report of the Third Special Commission Meeting...*, cit., p. 14; e, ainda, C. BRUCH, "Les conflits en matière d'enlèvements d'enfants aux États-Unis", *L'enfant et les conventions internationales*, cit., p. 323, que não deixa de alertar para o facto de a circunstância de não se poder desistir da queixa-crime constituir um dos mais importantes entraves ao regresso das crianças raptadas aos Estados-Unidos], embora, por exemplo, o entendimento contrário tenha obtido acolhimento, tanto no plano internacional, designadamente na Resolução 1291 (2002) da Assembleia Parlamentar do Conselho da Europa (ponto 5, i) (o texto desta resolução, in-

a Convenção é fundamentalmente um instrumento que institucionaliza um mecanismo de colaboração de autoridades (as autoridades centrais) destinado a assegurar o imediato regresso da criança ao Estado da sua residência habitual e que tenha sido deslocada para o estrangeiro ou aí se encontre retida ilicitamente, garantindo-se deste modo o respeito efectivo dos direitos de custódia e proscrevendo-se, nessa fase, uma qualquer discussão sobre a conformidade jurídica ou oportunidade da guarda que esteja a ser efectivamente exercida. De tal modo que HENRI BATIFFOL[60] pôde escrever a seu propósito tratar-se aqui de "un nouvel appel à l'adage séculaire *spoliatus ante omnia restituatur*", sendo certo que se parte da presunção de que a melhor solução do ponto de vista da tutela do interesse da criança é a de assegurar o seu regresso imediato ao Estado onde antes da deslocação ou retenção ilícita tinha a sua residência habitual, conceito que assume no contexto deste instrumento uma importância relevantíssima – desde logo no respeitante ao seu âmbito de aplicação (cf. art. 4.°) – e que, apesar da sua aparente evidência, tem alimentado uma jurisprudência numerosa e

---

titulada "L'enlèvement international d'un enfant par l'un des parents", pode encontrar-se em http://assembly.coe.int), como em muitas legislações nacionais (cf., no direito português, DAMIÃO DA CUNHA, "Artigo 249.° – Subtracção de menor", *Comentário Conimbricense do Código Penal: Parte Especial*, J. Figueiredo Dias (dir.), Coimbra: Coimbra Editora, 1999, t. II, p. 613 ss.; e, para uma perspectiva de direito comparado, D. VIGONI, "Profili penalistici in tema di rapimento internazionale di minori da parte di un genitore", *La sottrazione internazionale di minore...*, cit., p. 97 ss.; C. CONDE-PUMPIDO FERREIRO, "Las detenciones ilegales agravadas del art. 165 del Código Penal y su relación con la sustracción de menores", *Puntos capitales de derecho internacional de familia en su dimensión internacional*, cit., p. 63 ss.). De qualquer modo, a Convenção não contém uma disposição análoga à contida no art. 26.° da paralela Convenção inter-americana sobre a restituição internacional de menores (1989) e que determina que as disposições convencionais não deverão constituir obstáculo à restituição imediata sempre que a deslocação ou retenção ilícita constitua um delito (sobre esta iniciativa, v.g., G. PARRA-ARANGUREN, "La restitución de menores en el Derecho convencional americano", *Hacia un nuevo orden internacional y europeo. Estudios en homenaje al Profesor Don Manuel Díez De Velasco*, Manuel Pérez González... [*et al.*] (org.), Madrid: Editorial Tecnos, S.A., 1993, p. 1401 ss.; e E. TELLECHEA BERGMAN, "La Convención Interamericana de Montevideo de 1989 sobre restitución internacional de menores. Consideraciones acerca de sus soluciones y su funcionamiento", *Derecho de família ante el siglo XXI...*, cit., p. 797 ss.), embora idêntica posição tenha sido tomada na prática da Convenção da Haia, conforme resulta das decisões referidas *infra*, n. 148.

[60] "La quatorzième...", cit., p. 232 s. Por outro lado, e acentuando estarmos aqui em presença de um tratado de cooperação, cf. E. PÉREZ VERA, "El Convenio de La Haya...", cit., p. 570.

rica, demonstrando-se deste modo o seu poliformismo e a sua força extremamente plástica[61], havendo sempre que concordar não se tratar aqui do

---

[61] Em termos muito gerais, desde cedo se concordou que o conceito de residência habitual tem um carácter meramente factual, devendo ser compreendido de acordo com o significado "normal e natural" das duas palavras que o integram (*v.g.*, na Inglaterra, a *House of Lords*, 26 de Julho de 1990, *Re J. (A Minor) (Abduction: Custody Rights)* [INCADAT: HC/E/UKe 2]; na Argentina, o Supremo Tribunal de Justiça, 14 de Junho de 1995, *W. v. O.* [INCADAT: HC/E/AR 362]; e, na Alemanha, o *Bundesgerichtshoft*, 29 de Outubro de 1998 [INCADAT: HC/E/DE 233], não correspondendo à noção de domicílio (como se lembrou na citada decisão argentina), apesar de, como realisticamente se disse na decisão do *High Court* inglês, de 18 de Fevereiro de 2002, no caso *W. and B. v. H. (Child Abduction: Surrogacy)* [INCADAT: HC/E/UKe 470], a prática de se atender exclusivamente à residência habitual dos pais para efeitos de determinação da residência dos filhos implicar, afinal, o risco de confusão das duas noções. E isto porque em inúmeros casos se tem dito que a residência habitual da criança é necessariamente a dos pais, se ambos forem titulares dos direitos de guarda [na Inglaterra, *High Court*, 31 de Julho de 1995, *Re A. (Minors) (Abduction: Habitual Residence)* [INCADAT: HC/E/UKe 38]), sendo irrelevante a circunstância de apenas um deles ter entretanto adquirido uma outra (cf., na Inglaterra, *High Court*, 16 de Junho de 2000, *Re N. (Abduction: Habitual Residence)* [INCADAT: HC/E/UKe 302]), ou, então, a do guardião, quando não caibam ao outro progenitor poderes na determinação da residência habitual do filho (*House of Lords, Re J. (A Minor) (Abduction: Custody Rights)* [*supra*]; *High Court*, 21 de Dezembro de 1992, *Re O. (A Minor) (Abduction: Habitual Residence)* [INCADAT: HC/E/UKe 159]), podendo este, por isso, perder a sua residência habitual no Estado onde sempre viveu apenas num dia, caso o guardião o leve para o estrangeiro sem intenção de regressar (*House of Lords, Re J. (A Minor) (Abduction: Custody Rights)* [*supra*]).

Neste contexto, se amiúde se afirma que a questão da identificação da residência habitual do menor supõe sobretudo uma avaliação objectiva (cf. Supremo Tribunal Administrativo sueco, na decisão de 9 de Maio de 1996 [INCADAT: HC/E/SE 80]), não se pense que as autoridades chamadas à concretização de tal categoria se têm limitado a relevar a circunstância de o menor ter vivido durante um período de tempo considerável num certo Estado (cf., *v.g.*, *House of Lords, Re J. (A Minor) (Abduction: Custody Rights)* [*supra*], e *High Court, W. and B. v. H. (Child Abduction: Surrogacy)* [*supra*]), período, que, de resto, tende a ser muito variável (para a demonstração desta oscilação, cf., na Inglaterra, *Court of Appeal*, 31 de Julho de 1991, *Re F. (A Minor) (Child Abduction)* [INCADAT: HC/E/UKe 40]; na Escócia, *Inner House of the Court of Session (Second Division)*, 24 de Outubro de 1995, *Cameron v. Cameron* [INCADAT: HC/E/UKs 71]; na Suécia, Supremo Tribunal Administrativo, 9 de Maio de 1996 [*supra*]; na Austrália, *Family Court of Australia at Sydney*, 15 de Outubro de 1998, *Director-General of the Department of Community Services v. M.S.* [INCADAT: HC/E/AU 217]; e em Portugal, Tribunal judicial de Santa Maria da Feira, 25 de Setembro de 2001, processo n.º 778/2001) [INCADAT: HC/E/PT 410]). Pelo contrário, não se limitando a sublinhar a duração da permanência, as autoridades são receptivas à consideração de outros factores, atendendo, designadamente, à existência de relações familiares ou sociais e de outras circunstâncias profissionais e pessoais que in-

lugar em que o menor "no concreto momento ocasionalmente se encontre", mas antes daquele onde este se ache "com maior permanência e con-

diciem uma ligação mais forte e permanente a um certo Estado (assim, a citada decisão do Supremo Tribunal Administrativo sueco [*supra*]), admitindo até – embora com recurso a outros elementos, designadamente ao carácter recente e incerto do estabelecimento no novo Estado – nem sempre a mudança de país se consubstanciar numa alteração da residência, (também) pelo facto de não ocorrer uma modificação real das condições de vida (cf., na Escócia, *Inner House of the Court of Session (First Division)*, 19 de Junho de 2001, *D. v. D.* [INCADAT: HC/E/UKs 351]). Ainda nesta linha, marcada pela factualidade do conceito, e se na sua concretização aquilo que interessa é o facto de o interessado se encontrar radicado com habitualidade num certo Estado, bem se percebe que os tribunais tenham também já afirmado ser indiferente que o menor, embora residente num país, aí se encontre a viver, *v.g.*, num base militar estrangeira (cf. *High Court*, 31 de Julho de 1995, *Re A. (Minors) (Abduction: Habitual Residence)* [*supra*], e *United States Court of Appeals for the Sixth Circuit*, 22 Janeiro de 1993, *Friedrich v. Friedrich* [INCADAT: HC/E/USf 142]). De resto, tem-se ainda inferido do carácter factual da noção a irrelevância de uma transferência da criança ter sido ilícita (assim, na Alemanha, o *Bundesgerichtshoft*, na decisão de 29 de Outubro de 1998 [*supra*], entendeu que em 9 meses as crianças tinham adquirido a residência habitual na França, por aí se acharem já integradas, independentemente da natureza ilícita da deslocação para este país), embora, múltiplas vezes, se tenha afirmado que a aquisição pelo menor de uma nova residência habitual exige a licitude da transferência internacional, dependente, por isso, do consentimento para uma saída permanente – ou, pelo menos, de duração indefinida – prestado pelo ou pelos progenitores a quem caiba o poder de fixar a residência do filho (assim, na Inglaterra, o *High Court*, 17 de Fevereiro de 2000, *Re H (Abduction: Habitual Residence: Consent)* [INCADAT: HC/E/UKe 478], e, no Canadá, *Manitoba Court of Queen's Bench (Family Division)*, 11 de Dezembro de 1998, *Belton v. Belton* [HC/E/CA 756]), ou que, pelo menos – e ao contrário daquilo que acontecerá quando a deslocação é realizada pelos titulares do direito de guarda que levam o menor para o estrangeiro no propósito de não voltarem –, a criança não perderá automaticamente no momento da deslocação ilícita a residência habitual que tinha tido até então (*House of Lords*, 24 de Julho de 1997, *Re S. (A Minor) (Custody: Habitual Residence)* [INCADAT: HC/E/UKe 3]. Acresce ainda que, se é verdade que aquilo que está em causa é a determinação da residência da criança e não a dos pais (cf. *United States Court of Appeals for the Sixth Circuit*, 22 Janeiro de 1993 [*supra*]), no entanto, os tribunais tendem a privilegiar na avaliação objectiva a que aludimos, pelo menos no caso de crianças mais novas, e para além de outras circunstâncias que já mencionámos, a residência habitual do progenitor guardião (assim, Supremo Tribunal Administrativo sueco, decisão de 9 de Maio de 1996 [*supra*]).

Por outro lado, note-se que a tendencial correspondência a que assim se dá lugar, inferindo a residência do filho da do ou dos progenitores detentores da guarda, resulta ainda particularmente reforçada quando, adicionando aos elementos objectivos a que nos referimos um outro de carácter subjectivo (a "settled purpose continued for an appreciable time"), se exige a intenção de o interessado perder a anterior residência habitual, manifestando o propósito de aí não regressar (cf. *United States Court of Appeals for the Ninth Circuit*, 9 de Janeiro de 2001, *Mozes v. Mozes* [INCADAT: HC/E/USf 301]; e, na Suiça, *Cour d'appel* de Berna, 27 de Janeiro de 1998 [INCADAT: HC/E/CH 433]), e de se estabelecer e residir num outro Estado (para além da decisão norte-americana que acabamos de citar, cf., na Inglaterra, *House of Lords, Re J. (A Minor) (Abduction: Custody Rights)* [*supra*]), e *Court of Appeal*, 31 de Julho de 1991, *Re F. (A Minor) (Child Abduction)* [*supra*]). Com efeito, neste contexto, embora se aceite que nem sempre a aquisição de uma nova residência terá de ser voluntária (na Escócia, a *Inner House of the Court of Session (Second Division)*, no caso *Cameron v. Cameron* [*supra*], admitiu-o, convocando o exemplo de Robinson de Crusoe), podendo inclusivamente acontecer que a criança conheça já um grau tal de integração num certo Estado que só muito dificilmente uma intenção em contrário do seu guardião poderá levar a negar que ela tenha aí a sua residência habitual (assim, o *United States Court of Appeals for the Ninth Circuit*, no caso *Mozes v. Mozes* [*supra*]), o que é certo é que frequentemente se sublinha aqui que esse elemento subjectivo não poderá ser em regra aferido em relação ao menor, devido à sua baixa idade e imaturidade, impondo-se que, por isso, se atenda à intenção manifestada por quem tem o poder de fixar a sua residência (*vide*, nos E.U.A, *United States Court of Appeals for the Ninth Circuit, Mozes v. Mozes* [*supra*]; *United States District Court for the District of Utah (Central Division)*, 17 de Agosto de 1993, *In re Ponath* [INCADAT: HC/E/USf 144], e, na Inglaterra, *High Court, Re O. (A Minor) (Abduction: Habitual Residence)* [*supra*], e, relativamente a um caso de adopção internacional e que envolvia um pedido formulado pela agência privada de adopções que tinha entregue uma criança norte-americana a um candidato britânico e que entretanto, de acordo com o acordo previamente estabelecido, pedia a restituição da menor, *High Court*, 6 de Julho de 2000, *Re J. S. (Private International Adoption)* [INCADAT: HC/E/UKe 479]). Aliás, e ainda no que respeita a este elemento subjectivo, as autoridades têm sido sensíveis à existência de situações em que a deslocação internacional se opera sob coação exercida por um dos progenitores sobre o outro, caso em que, e mau grado permanências prolongadas num certo Estado (*v.g.*, 27 meses), as tem levado a sustentar não ter ocorrido uma alteração da residência habitual do progenitor coagido e, portanto, dos filhos que com ele foram levados para outro país (cf., nos E.U.A, *United States District Court for the District of Utah (Central Division), In re Ponath* [*supra*]; *United States District Court for the Eastern District of Washington*, 19 de Novembro de 2001, *Tsarbopoulos v. Tsarbopoulos* [INCADAT: HC/E/USf 482]; e *United States District Court for the District of Minnesota*, 9 de Maio de 2002, *Silverman v. Silverman* [HC/E/USf 481]).

Note-se ainda que as dificuldades na determinação do conceito em causa, emergentes da profusa variedade das situações, resultam agravadas pela circunstância de não ser pacífico que a aquisição de uma nova residência habitual faça perder necessariamente a anterior (sufragando o princípio da unicidade, *vide*, na Escócia, o caso *Cameron v. Cameron* [*supra*] e, nos E.U.A, o caso *Friedrich v. Friedrich* [*supra*]), pois tem havido situações em que os tribunais admitem que, mormente em caso de acordo dos titulares da guarda destinado a partilhar a vivência da criança entre dois Estados, poderá considerar-se que ela tem durante períodos distintos a sua residência habitual em Estados diversos (assim, na Inglaterra, o *High Court*, 13 de Agosto de 1997, *Re A. (Abduction: Habitual Residence)* [INCADAT: HC/E/UKe 176]; e, na Nova Zelândia, *Court of Appeal*, 13 de Dezembro de 2003, *Punter v. Secretary for Justice* [INCADAT: HC/E/NZ 583]). Por outra banda, e ainda em situações de acordo entre os pais, dúvidas análogas se levantam quando foi concordado que um deles viveria com os filhos no estrangeiro durante um período considerável, caso este em que as autoridades decidentes têm amiúde defendido ter a criança adquirido aí uma residência habitual, mau grado o seu carácter provisório e, eventualmente, de duração incerta (cf. *Inner House of the Court of Session (Second Division)*, no caso *Cameron v. Cameron* [*supra*]). Na verdade, se a questão é mais problemática do que quando a saída se faz com o intento de permanecer definitivamente no estrangeiro – caso em que a nova residência habitual se pode até adquirir rapidamente –, sobretudo quando a criança ainda não tiver ficado fora durante um período significativo, existe uma tendência consistente no sentido de se aceitar que as crianças passaram a ter durante essa permanência a sua residência habitual no estrangeiro, apesar do carácter provisório da deslocação (cf. *Inner House of the Court of Session (Second Division), Cameron v. Cameron* [*supra*]; ainda na Escócia, *Outer House of the Court of Session*, 25 de Agosto de 1995, *Moran v. Moran* [INCADAT: HC/E/UKs 74]; e, na Nova Zelândia, *Family Court at Taupo*, 31 de Agosto de 2001, *Callaghan v. Thomas* [INCADAT: HC/E/NZ 413]), embora também encontremos numerosas decisões em que se considerou ter-se mantido a anterior residência, pois, tratando-se até de uma permanência duradoura no estrangeiro, esta tinha desde o início uma vocação temporalmente limitada, ainda que eventualmente de duração incerta (cf., na Inglaterra, as decisões do *High Court*, de 14 de Julho de 1993 e de 17 de Fevereiro de 2000, respectivamente, nos casos *Re S. (Minors) (Abduction: Wrongful Retention)* [INCADAT: HC/E/UKe 117] e *Re H (Abduction: Habitual Residence: Consent)* [*supra*], e, nos E.U.A, as decisões do *United States District Court for the District of Colorado*, de 30 de Agosto de 1999, e do *Supreme Court of New York (Appellate Division, Fourth Department)*, de 31 de Maio de 1996, respectivamente, nos casos *Morris v. Morris* [INCADAT: HC/E/USf 306] e *Brennan v. Cibault* [INCADAT: HC/E/USs 135]), não esmaecendo, de resto, a boa integração atingida no país de acolhimento as expectativas tidas pelos pais e pelos filhos que um dia estes regressariam ao país de origem e onde conservavam, por isso, a sua residência habitual (assim, *United States Court of Appeals for the Ninth Circuit, Mozes v. Mozes* [*supra*]).

Com efeito, nestas situações de acordo entre os pais, que concordam na ida dos filhos para o estrangeiro – nem sempre estabelecendo com rigor nem a duração da permanência nem o seu carácter provisório, sendo incertas as condições de cuja verificação o regresso deverá depender –, organizando até conjuntamente uma guarda a ser exercida alternadamente pelos dois progenitores em Estados diversos ("shuttle custody arrangements" ou "alternating custody agreements"), são muitas as dúvidas que surgem na prática quanto à determinação da residência habitual das crianças deslocadas através das fronteiras, tanto mais que estes pactos, formulados frequentemente logo por ocasião do acordo de regulação do poder paternal, são por vezes acompanhados por cláusulas que, de algum modo, procuram vincular os tribunais à aceitação de uma certa residência habitual convencionalmente pré-determinada ou ficcionada (*v.g.*, dizendo que o não regresso na data determinada constitui uma retenção ilícita ao abrigo da Convenção da Haia ou que as partes se encontram vinculadas pelos termos da Convenção da Haia), chegando a determinar-se a jurisdição internacionalmente competente para dirimir os litígios emergentes das questões relativas ao exercício dos direitos de guarda e visita, embora, neste último caso, sem que isso implique necessariamente uma qualquer influência sobre a residência habitual da criança (*v.g.*, na Nova Zelândia, *Family Court* (Waitakere), 1 de Maio de 2002, *Winters v. Cowen* [INCADAT: HC/E/NZ 473]). Seja como for, encontra-se sedimentada a posição segundo a qual estas cláusulas não devem ser atendidas no âmbito da Convenção da Haia, porque o conceito de residência habitual tem aí uma natureza factual, não se preocupando, de resto, esse documento com as disputas dos pais relativas aos méritos da guarda (assim, PERMANENT BUREAU, *Report of the Third Special Commission Meeting*..., cit., ponto 16), pelo que na jurisprudência tem-se defendido o princípio segundo o qual tais acordos (e quaisquer que sejam as cláusulas) não deverão interferir na determinação da residência habitual da criança (cf., na Suécia, Supremo Tribunal Administrativo, 9 de Maio de 1996 [*supra*]; na Escócia, *Outer House of the Court of Session*, 6 de Dezembro de 1996, *Watson v. Jamieson* [INCADAT: HC/E/UKs 75]; e, na Nova Zelândia, *Court of Appeal*, *Punter v. Secretary for Justice* [*supra*]), mantendo, por isso, os tribunais, quando são chamados a decidir pedidos em aplicação da Convenção da Haia, uma intocada margem de apreciação na qualificação da situação de permanência do menor num certo Estado.

Por fim, se há casos em que se mostrou alguma relutância em admitir que o menor poderia não ter uma residência habitual, o que tornaria *in casu* a convenção inoperativa e abriria caminho a raptos sucessivos, e aceitando, por isso, que ele a adquirira no Estado requerente (na Inglaterra, *Court of Appeal*, *Re F. (A Minor) (Child Abduction)* [*supra*], e, na Austrália, *Full Court of the Family Court at Melbourne*, 16 de Janeiro de 1995, *Cooper v. Casey* [INCADAT: HC/E/AU 104]), no entanto, a tendência dominante tem sido para admitir tal possibilidade, aliás, não apenas em relação a recém-nascidos (cf., na Inglaterra, *High Court*, *W. and B. v. H. (Child Abduction: Surrogacy)* [*supra*], na Escócia, *Inner House of the Court of Session (First Division)*, *D. v. D.* [*supra*], e nos E.U.A, *United States Court of Appeals for the Third Circuit*, 20 de Maio de 2003, *Delvoye v. Lee* [INCADAT: HC/E/USf 529], e *Superior Court of California, Placer County*, 24 de Abril de 2004, *F. v. A.* [INCADAT: HC/E/USs 582].

Sobre o conceito de residência habitual no contexto da Convenção da Haia e os problemas que a sua determinação aqui tem levantado, *vide*: P. BEAUMONT/P. MCELEAVY, *op. cit.*, p. 88 ss.; B. GÓMEZ BENGOECHEA, *op. cit.*, p. 66 ss.; B. DESCHENAUX, *L'enlèvement international*..., cit., p. 34 ss.; E. PÉREZ VERA, "Rapport explicatif", cit., p. 445; C. BRUCH, "Temporary or Contingent Changes in Location Under the Hague Child Abduction Convention", *Gedächtnisschrift für Alexander Lüderitz*, Haimo Schack (Hrsg.), München: Beck, 2000, p. 43 ss.; D. BAETGE, "Zum gewöhnlichen Aufenthalt bei Kindesentführungen", *IPRax*, v. 21 (2001), p. 573 ss.; R. SCHUZ, "Habitual Residence of Children under the Hague Child Abduction Convention – Theory and Practice", *CFLQ*, v. 13 (2001), p. 1 ss.; D. COESTER-WALTJEN, "Die Bedeutung des «gewöhnlichen Aufenthalts» im Haager Entführungsabkommen", *Aufbruch nach Europa: 75 Jahre Max-Planck-Institut für Privatrecht*, Jürgen Basedow... [*et al.*] (Hrsg.), Tübingen: Mohr Siebeck, 2001, p. 543 ss.; B. CARRILLO CARRILLO, "Doble secuestro internacional de menores y convenio de la Haya sobre aspectos civiles de la subtracción internacional de menores de 25 octubre 1980", *Derecho de familia ante el siglo XXI*, cit.,

tinuidade", ou seja, do local em que "possua o «centro» de uma vida social organizada em termos de estabilidade, aferida esta pelas respectivas duração e continuidade"[62].

p. 232 ss.; L. SILBERMAN, "Hague Convention on International Child Abduction...", cit., p. 20 ss.; M. FALLON/O. LHOEST, op. cit., p. 43 ss.

Na nossa jurisprudência, o Tribunal da Relação de Família e Menores de Lisboa, por decisão de 13 de Fevereiro de 2001 [inédita], recusou a restituição da criança para a Itália, país de onde tinha sido trazida pela mãe, por entender – embora, simultaneamente, carreando elementos para sustentar o entendimento de que o interesse da criança seria melhor assegurado em Portugal, com a mãe, do que em Itália, com o pai, que "não demonstrou ter autonomia de vida bastante (nomeadamente a nível económico) para ter a filha à sua guarda e cuidado", o que, antes do pedido de restituição internacional (4/01/2001), mas depois da vinda para Portugal (2/11/2000), já fundamentara aqui uma decisão provisória de regulação do poder paternal (22/12/2000) e que atribuíra a guarda à mãe – que a criança tinha aí apenas uma residência temporária ("a última residência incidental da criança no estrangeiro" e que durara de Janeiro de 1999 a Junho de 2000 e, ainda, durante 2 semanas de Outubro de 2000), motivada pela vida profissional da mãe, que passara conjuntamente com a filha e o pai (que normalmente acompanhava a mãe nas suas permanências no estrangeiro) largos meses na Itália, o que determinara o arrendamento de uma casa em Roma (e no contrato a residência mencionada é a portuguesa), a celebração de um contrato com a Telecom-Itália, ou que aí recebesse a correspondência ou a criança se encontrasse inscrita numa creche italiana. Por outro lado, na decisão de 29 de Maio de 1990, o Tribunal da Relação do Porto [inédita], embora sumariada em M. SUMAMPOUW, Les nouvelles conventions de La Haye (leur application par les juges nationaux), t. 5, The Hague [etc.]: Martinus Nijhoff Publishers, 1996, p. 135 ss.]. considerou que o menor, apesar de retido em Portugal para além do prazo judicialmente fixado nos E.U.A, tinha passado a residir habitualmente em Portugal, pelo que a decisão norte-americana pronunciada após o decurso de tal prazo – decisão que, sancionando a mãe, lhe retirava a guarda, concedendo-a ao pai – não determinava a ilicitude da retenção da criança, visto não ter sido proferida pelas autoridades da residência habitual, esquecendo o tribunal que, verdadeiramente, não era essa a ordem judicial que estava em causa.

[62] Foi esta a formulação adoptada pelo Supremo Tribunal de Justiça, no acórdão de 18 de Janeiro de 2001 [CJ-STJ, ano IX (2001), t. I, p. 69 s.], seguindo, de resto, em geral, o entendimento já firmado, pelo mesmo tribunal, v.g., no acórdão de 17 de Janeiro de 1969 e onde se alertava já – relativamente a um menor internado num colégio situado numa circunscrição diversa da do domicílio dos pais – para a necessidade de se determinar a competência territorial em função do (factual) conceito de residência e não da (jurídica) noção de domicílio [BMJ, 183 (1969), p. 211 s.]. Note-se, todavia, que a decisão foi proferida a propósito de uma acção de regulação de poder paternal, e quando se apreciava apenas, numa situação interna, a competência territorial, podendo acontecer que a concretização do conceito de "residência habitual" para efeitos da Convenção da Haia, designadamente por força do seu carácter autónomo, não coincida necessariamente com idêntico conccito utilizado nas regras de competência interna ou internacional. Aliás, se em rigor o art. 155.º, OTM, se refere apenas à residência, não se impondo a sua habitualidade, o que é certo é que o conceito tem sido em geral interpretado como excluindo uma residência meramente ocasional, sendo irrelevante o domicílio legal da criança ou a residência da pessoa incum-

Adicionalmente, a Convenção propõe-se ainda tornar efectivos os direitos de visita reconhecidos no ordenamento de um dos Estados-contratantes, limitando-se, no entanto, a viabilizar a mobilização do aparelho institucional constituído ao seu abrigo de modo a proceder à organização ou protecção do regime de visitas (cf. arts. 1.º, al. b), 5.º al. b), 7.º e 21.º). Neste contexto, e atendendendo especificamente ao disposto no art. 21.º, tudo parece apontar para o princípio segundo o qual a actuação das autoridades centrais – subordinada às condições previstas no art. 7.º – tenderá a ser aqui fundamentalmente preventiva, sendo por isso independente da existência de uma situação de deslocação ou retenção ilícita[63], não podendo, por isso, o mero titular de um direito de visita – alegando que o progenitor guardião recusa ou dificulta ilegalmente o exercício desse direito – recorrer aos meios que o guardião possui no dispositivo convencional para salvaguardar o seu direito, tanto mais que o art. 3.º, ao definir o carácter ilícito da deslocação ou retenção, visa apenas o direito de custódia[64].

---

bida da sua guarda (cf., no domínio da adopção, o acórdão da Relação do Porto, de 11 de Novembro de 1980 [CJ, ano V (1980), t. V, p. 115 ss.)].

Por seu turno, e ilustrando o que já se disse na nota anterior a propósito do carácter factual do conceito em causa, lê-se ainda no acórdão de 2001 que a residência do menor tenderá a ser a do "agregado familiar a que pertence, ou, se este não existir, a do progenitor a cuja guarda se encontrar de facto confiado, ainda que por acordo verbal ou tácito entre os respectivos progenitores", não devendo relevar, de qualquer modo, "para efeitos de fixação da competência do tribunal ou de «orientação» da eficácia das medidas a adoptar, as circunstâncias meramente aleatórias provocadas por actos unilaterais de um dos progenitores com vista a assegurar uma irreversibilidade de facto ou a dar guarida a quaisquer situações de «facto consumado» artificialmente criadas para a prossecução de fins ínvios ou de interesses meramente egoístas."

[63] Cf. B. DESCHENAUX, "La Convention de La Haye...", cit., p. 127. É evidente que, se a regulação do direito de visita terá fundamental importância no sentido de que a garantia da sua efectividade poderá prevenir muitos casos de rapto, não se deverá esquecer que durante o período em que se espera a decisão de um pedido de restituição o requerente poderá ter interesse em manter contacto com a criança – e deste modo obstar, por exemplo, à verificação das circunstâncias previstas no art. 12.º, § 2.º, ou no art. 13.º, al. b) – e que após a decisão definitiva tomada ao abrigo da Convenção, seja positiva seja negativa, sempre se colocará a hipótese de o progenitor contra quem ela tenha sido proferida vir a manifestar a intenção de manter relações pessoais com o menor. Aliás, nada impede que a organização do direito de visita possa constituir uma intervenção importante já no contexto da reparação de situações de deslocação ilícita, tanto mais que parece que não deve fazer parte das sanções previstas para o rapto o impedimento de a criança manter relações pessoais com o subtractor (assim, A. DYER, "Os Direitos da Infância...", cit., p. 23).

[64] Sobre este aspecto, cf. I. BARRIÈRE-BROUSSE, op. cit., p. 860 ss. Todavia, ao regular o exercício de visita os tribunais (ou as autoridades administrativas, se for caso disso)

Na verdade, e apesar de algumas orientações no sentido do alargamento da "acção possessória" ao direito de visita[65], é pouco provável que

poderão sancionar o progenitor que impediu o exercício de tal direito com a obrigação de pagamento de todas as custas e despesas efectuadas (cf. art. 26.°, § 4.°).

[65] Não é, todavia, uniforme a jurisprudência dos Estados-contratantes no que diz respeito à interpretação do art. 21.°. Com efeito, em muitos países vê-se aí simplesmente uma imposição para as autoridades centrais no sentido de colaborarem com os interessados na instauração dos procedimentos necessários à outorga de direitos de visita, não se discernindo no art. 21.° a legitimidade para os tribunais assumirem jurisidição nesta matéria ou fazerem respeitar os direitos de visita, ordenando o regresso imediato da criança (neste sentido, por exemplo, L. SILBERMAN, "Hague Convention on International Child Abduction...", cit., p. 31; A. SHAPIRA, *op. cit.*, p. 198 s.). Assim tem acontecido, por exemplo, nos E.U.A., onde se tem defendido que "there is no remedy under the Convention for obstacles to rights of Access absent a "wrongful" removal of a child. Article 21 simply states that the promotion of effective rights of access may be effectuated by application to the "Central Authorities", "but does not provide the courts with independent authority to remedy such a situation", designadamente na decisão de 15 de Dezembro de 1998, do *District Court for the Eastern District of Pennsylvania (First Instance)*, no caso *Bromley v. Bromley* [INCADAT: HC/E/USf 223], entendimento seguido posteriormente, por exemplo, pelo *District Court for the Northern District of Illinois, Eastern Division (First Instance)*, na decisão do caso *Janzik v. Schand*, de 22 Novembro 2000 [INCADAT: HC/E/USf 463]. E esta orientação mais restritiva subjaz igualmente ao entendimento dos tribunais de outos Estados, designadamente, da Inglaterra, na decisão, de 9 de Dezembro de 1992, do caso *Re G. (A Minor) (Enforcement of Access Abroad)* [INCADAT: HC/E/UKe 110], e da Alemanha, na decisão de 30 de Setembro de 1998, do *Oberlandesgericht* de Bamberg, 2 UF 286/97 [INCADAT: HC/E/DE 488; igualmente publicada em *FamRZ*, v. 46 (1999), p. 951 ss.]. Pelo contrário, e aceitando ao abrigo da Convenção da Haia a intervenção judicial no âmbito do direito de visita tendente a promover a sua regulação e/ou execução, cf., na Austrália, a decisão do *Family Court of Australia at Brisbane (First Instance)*, no caso *Director General, Department of Families, Youth and Community Care v. Reissner*, de 13 de Julho de 1999 [INCADAT: HC/E/AU 278]; na Escócia, a decisão *da Extra Division, Inner House of the Court of Session*, de de 6 de Julho de 1999, no caso *Donofrio v. Burrell* [INCADAT: HC/E/UKs 349]; e, sobretudo, na Nova Zelândia, a decisão de 29 de Maio de 2001, do *Family Court of Papakura (First Instance)*, no caso *Gumbrell v. Jones* [INCADAT: HC/E/NZ 446], e em que o tribunal requerido pronunciou uma "access order" em favor do pai idêntica à proferida em Inglaterra e onde as crianças tinham residido e de onde tinham saído com a mãe legalmente, isto é, sem a violação de um qualquer direito de custódia.

Seja como for, note-se que há um número significativo de pedidos feitos ao abrigo do art. 21.° da Convenção. De acordo com os números de LOWE/AMSTRONG/MATHIAS, *A Statistical Analysis...*, cit., pp. 6 e 22, durante o ano de 1999 foram recebidos 160 pedidos relativos ao direito de visita e 745 relativos à restituição de crianças deslocadas ou retidas ilicitamente. No caso português, tal recolha dá notícia de 11 pedidos de restituição (1,5% do número total de pedidos apresentados nos Estados-contratantes) e de 4 de organização do direito de visita (correspondente a 2,5 % do número total de pedidos de organização do direito de visita formulados nos diversos Estados-contratantes). De acordo com

na generalidade dos países, ao abrigo da Convenção da Haia, o titular do direito de visita consiga, de modo a torná-lo efectivo, a entrega da criança, pelo menos se o direito do guardião – nos casos em que é a deslocação internacional deste que põe em causa o exercício dos direitos de visita do outro progenitor– não se encontrar limitado por alguma restrição que o impeça de livremente fixar a residência do menor, muito embora, neste último caso, se venha afirmando recorrentemente que a possibilidade de obstar à alteração internacional da residência do menor mais não será do que uma mera garantia do direito de visita[66]. Por outro lado, mesmo nas situações de guarda conjunta, e quando a deslocação internacional da criança se opera sem o consentimento daquele com quem a criança não vive, é muito discutível saber se será razoável lançar mão do pedido de restituição – o que ao abrigo da Convenção terá fundamento – para tutelar aquilo que é afinal um simples direito de visita, com todas as desvantagens que poderão resultar deste "déplacement en ping-pong"[67].

os dados estatísticos fornecidos pelo IRS, e no número total de casos em que o Instituto actuou como autoridade central da Convenção da Haia, durante os anos de 1998, 1999 e 2000, foram recebidos, respectivamente, 7 (em 23), 9 (em 24) e 9 (em 23) pedidos relativos à organização do direito de visita. Na jurisprudência portuguesa, o Tribunal judicial da comarca de Silves, na decisão de 4 de Novembro de 1991, determinou o regresso da criança a Inglaterra para tutelar o direito de visita, considerando a deslocação para Portugal ilícita: efectivamente, embora a criança tivesse vindo para Portugal com o pai e a quem um tribunal inglês reconhecera o direito exclusivo de guarda, a mãe tinha um direito de visita diário, facto que levou o tribunal a decretar o regresso, ao abrigo do art. 12.º da Convenção, pois era essa "a única forma de assegurar o eficaz exercício desse direito".

[66] Assim, C. BRUCH, "How to Draft a Successful Family Law Convention: Lessons from the Child Abduction Convention", *Children on the Move...*, cit., p. 52 s., n. 25; cf., ainda sobre este aspecto, a decisão canadiana no caso *Amanda Louise Thomson c. Paul Thomson e outros* (cf. *supra*, n. 51) e onde, embora indiciando-se o entendimento segundo o qual a violação da proibição judicial de saída para o estrangeiro do guardião se traduz, afinal, na lesão dos direitos de guarda (provisória) do próprio tribunal, se reconhece – e aqui vemos uma clara intenção de limitar a ampla extensão que o conceito de direito de guarda vem ganhando ao abrigo da Convenção da Haia – que a violação das restrições de circulação impostas ao guardião na decisão de guarda definitiva será mais um incidente ligado ao exercício dos direitos de visita do que propriamente a lesão de um autêntico direito de guarda.

[67] Este aspecto é acentuado por A. BUCHER, "La famille...", cit., p. 168 ss. (cf., ainda, W. DUNCAN, "A actuação em apoio da Convenção da Haia: ponto de vista do Secretariado Permanente", *Infância e Juventude*, 2001, n.º 4, p. 17 ss.). Na jurisprudência, numa situação em que ao progenitor não guardião cabia um direito de consentir na deslocação internacional do filho, e sublinhando o facto de haver o risco de determinar o regresso da criança para um país onde "no one had a right to care for it on a daily basis", cf. *Croll v. Croll*, decisão do *United States Court of Appeals for the Second Circuit*, de 20 de Setembro de 2000 [INCADAT: HC/E/USf 313].

É que, e na impossibilidade de uma via amigável – com vantagens para ambos os progenitores, pois, se, por um lado, o pedido de restituição será provavelmente deferido, reprimindo-se deste modo as deslocações não autorizadas, por outro lado, o requerente poderá obter uma solução que lhe será mais vantajosa, tanto mais que eventualmente no país da residência habitual do menor o titular principal do direito de guarda acabará por ser autorizado a levar a criança para o estrangeiro –, e lançando-se mão de uma via contenciosa através de uma *chasing order*, é muito provável que estas deslocações contínuas coloquem a criança numa situação intolerável, dilema apenas ultrapassável com a redefinição do regime do direito de visitas[68]. De resto, mesmo quando se tratar de um simples direito de visita – e não se vislumbrando a hipótese de a guarda vir a ser alterada –, é duvidoso que uma ordem de regresso da criança tenha alguma utilidade, sobretudo se pensarmos que a cooperação das autoridades centrais poderá suprir as dificuldades resultantes da não presença do menor junto das autoridades decidentes do Estado da sua residência habitual (ou seja, anterior à deslocação internacional) e se existirem mecanismos tendentes a assegurar o reconhecimento das decisões tomadas por estas autoridades e destinadas a obter a colaboração das autoridades do Estado do actual paradeiro da criança. Assim, à medida que se forem intensificando as experiências unificadoras relativamente aos conflitos de jurisdições em matéria de guarda, e se melhorarem os mecanismos práticos de cooperação interestadual, é natural que a rigidez da Convenção da Haia

---

[68] É que a Convenção foi fundamentalmente pensada para os casos em que se pretende a restituição definitiva da criança ao país da sua residência habitual e a restauração do direito de guarda – dando cumprimento a objectivos dissuasores e tutelando o valor da estabilidade familiar da criança – e não propriamente para preservação do direito de visita (cf. P. NYGH, "The International Abduction of Children", *Children on the Move...*, cit., p. 38). Na verdade, nestes casos, se a restituição terá a vantagem inegável de assegurar a eficácia das decisões das autoridades do Estado da residência habitual da criança – que poderão reexaminar a questão do direito de visita, mas também a do direito de guarda, e, eventualmente, interditar a deslocação internacional do menor –, este "renvoi en boomerang", embora concretize o cumprimento estrito da Convenção, será antes uma sanção para o progenitor que deslocou ilicitamente a criança, que acaba por ver lesado o seu interesse. Assim, conclui A. BUCHER, "La famille...", cit., p. 171 s., nestes casos, o art. 13.º não deverá autorizar o regresso, dado que o objectivo fundamental da Convenção é o de tutelar o interesse da criança, não devendo esta ser submetida a sofrimentos inúteis: ou seja, o interesse em concreto da criança deverá prevalecer sobre o objectivo de prevenir em geral o rapto de crianças (assim, a decisão de 19 de Junho de 1997 do Supremo Tribunal austríaco [OGH 19. 6. 1997, 6 Ob 183/97 y (LGZ Wien 21. 3. 1997, 45 R 93/97b; BG Liesing 29. 11. 1996, 5 P 73/96 i), *ZfRV*, v. 38 (1997), p. 249 ss.].

de 1980 seja atenuada e a imposição do regresso imediato da criança seja sopesada mais em função do seu interesse superior, precludindo-se a restituição nos casos em que se intenta exclusivamente a tutela daquilo que é em termos materiais apenas um direito ao contacto.

Em suma, é de acentuar não apenas o carácter relativamente embrionário da disciplina convencional do direito de visita – que não atende desde logo à multiplicidade de situações em que o problema pode emergir, o que constitui, de resto, uma debilidade notória da Convenção[69] –, como igualmente o facto de nem sempre ser fácil, pese embora a definição do "direito de custódia" constante do art. 5.º– "o direito relativo aos cuidados devidos à criança como pessoa, e, em particular, o direito de decidir sobre o lugar da sua residência" –, distingui-lo do direito de visita, dificuldade que se afigura até agravada pelo facto de a referida disposição incluir no conceito de «direito de custódia» o poder de decidir sobre a residência do menor[70]. Seja como for, e apesar de a referência convencional expressa ao

---

[69] Embora, como releva P. SCHLOSSER, *op. cit.*, p. 319 s., e do um ponto de vista da cooperação inte-estadual, a resposta às duas questões fundamentais que aqui emergem (será que a transferência internacional da criança levada a cabo pelo guardião em violação do direito de visita do outro progenitor deverá ser considerada ilícita?; será que uma decisão estrangeira que estatua sobre o direito de visita deverá ser susceptível de reconhecimento e execução?) deveria ter um sentido positivo.

[70] Na verdade, e se, ao contrário da Convenção do Luxemburgo (Convenção europeia sobre o reconhecimento e a execução das decisões relativas à guarda de menores e sobre o restabelecimento da guarda de menores), parece claro que a Convenção da Haia assenta claramente num tratamento diferenciado entre o direito de guarda e o direito de visita – recusando a restituição da criança quando estejam em causa apenas direitos de visita –, em muitos casos, e provavelmente por causa da incipiente regulação convencional do direito de visita, o conceito de guarda (ou custódia) tem adquirido um sentido mais amplo, pondo-se a acção de regresso ao dispor daqueles que não têm propriamente a seu cargo a criança, que passa a tutelar, afinal, autênticos direitos de visita [cf. W. DUNCAN, *Transfrontier Access/Contact and the Hague Convention of 25 October 1980 on the Civil Aspects of International Child Abduction – Preliminary Report*, cit., p. 6, n.º 9, e, ainda, I. BARRIÈRE-BROUSSE, *op. cit.*, p. 861, que não deixa de ver nessa assimilação "funcional" do direito de guarda ao poder de fixar a residência do menor um sacrifício conceitual justificável à luz dos resultados que se procura atingir].

De todo o modo, tem-se acentuado o carácter autónomo do conceito convencional e alertado para o facto de, independentemente da expressão utilizada para referir os poderes titulados pelos pais, ser necessário atender ao seu conteúdo, qualquer que seja a sua designação, devendo a Convenção cobrir situações em que, embora a guarda seja atribuída a apenas um dos progenitores, o outro (ou mesmo o tribunal) mantém poderes na estatuição sobre o paradeiro do menor, cabendo-lhe, por exemplo, autorizar a sua deslocação para o

desiderato de tornar efectivos os direitos de visita – referência contida tanto no Preâmbulo da Convenção como na norma que elucida os seus objectivos – se consubstanciar num regime francamente insatisfatório[71],

---

estrangeiro (cf., v.g., PERMANENT BUREAU, *Overall Conclusions of the Special Commission of October 1989...*, cit., n.° 9).

Sobre o significado dos conceitos convencionais de "direito de visita" e de "direito de custódia", vide: A. DYER, "Questionnaire et rapport..." cit., p. 40 s.; E. PÉREZ VERA, "Rapport explicatif", cit., p. 451 s.; *IDEM*, "El Convenio de La Haya...", cit., p. 573 s.; BEAUMONT/P. MCELEAVY, *op. cit.*, p. 74 ss.; B. GÓMEZ BENGOECHEA, *op. cit.*, p. 69 ss.; S. DEMARS, "L'enlèvement parental international", *L'enfant et les relations familiales internationales...*, cit., p. 369 ss.; M. FALLON/O. LHOEST, *op. cit.*, p. 21 ss.; Y. LEQUETTE, "Mineur", cit., p. 24.

[71] Elucidando mais detidamente os limites da Convenção da Haia no respeitante ao direito de visita, e indicando as vias possíveis para a resolução mais eficaz do problema, cf. A. DYER, "A Convenção da Haia sobre os aspectos civis do rapto internacional de crianças...", cit., p. 29 s.; M. FALLON/O. LHOEST, *op. cit.*, p. 13 s.; W. DUNCAN, "A actuação em apoio da Convenção da Haia...", cit., p. 21 s.; e J. FORNER DELAYGUA, "El acceso de los hijos a sus progenitores: el «derecho de visita»", *Mundialización y familia*, cit., p. 27 ss., insuficiências que, de resto, tendem a ser geralmente apontadas. Assim, por exemplo, no ponto 8 das Conclusões da Conferência judiciária do *Common Law*, que decorreu em Washington, D.C, de 17 a 21 de Setembro de 2000, sobre o rapto internacional de crianças por um dos progenitores (http://hcch.e-vision.nl), reconhecendo-se a íntima ligação entre a questão do rapto internacional e a execução das decisões relativas ao exercício do direito de visita, apontou-se o carácter inadequado das soluções da Convenção de 1980 e a necessidade de lançar mão de outros instrumentos jurídicos, designadamente da Convenção de 1996 sobre a protecção de crianças e dos mecanismos de mediação judiciária, sempre que se afigure necessário e possível colaborar com os progenitores na organização do direito de visita. Todavia, e em resposta a um pedido subscrito pela Austrália, Espanha, Reino-Unido e E.U.A, no sentido de ser estabelecido um Protocolo adicional à Convenção de 1980 e que aperfeiçoasse e concretizasse a disciplina decorrente do referido art. 21.°, sem necessidade de ratificação da ampla Convenção de 1996 (que, de resto, tem aplicação expressa nesta matéria), mas que promovesse a execução das decisões relativas ao direito de visita (cf. W. DUNCAN, *Transfrontier Access/Contact and the Hague Convention of 25 October 1980 on the Civil Aspects of International Child Abduction – Preliminary Report*, cit.; E. PÉREZ VERA, "El Convenio de La Haya...", cit., p. 578 s.), o Bureau Permanent da Conferência [*Conclusions and Recommandations of the Fourth Meeting...*, cit., p. 13 (6.1. e 6.2.)], embora reconhecendo tanto a urgência do problema como o carácter insuficiente das disposições convencionais sobre o direito de visita, tem admitido, no entanto, as vantagens da Convenção de 1996 e ao abrigo da qual as decisões sobre o direito de visita podem ser reconhecidas e executadas [cf. P. LAGARDE, "Rapport explicatif", cit., p. 594; A. BUCHER, "La Dix-huitième...", cit., p. 102 s.; *IDEM*, "La famille...", cit., p. 146 s.], continuando a considerar que a elaboração de um protocolo adicional é ainda prematura, aconselhando aos Estados, por isso, a vinculação à Convenção de 1996 [PERMANENT BUREAU, *Report and Conclusions of the Special Commission of September-October 2002 on the Hague Child Abduction Convention* (2003), cit., pp. 32 ss. e 45 s.].

a restituição da criança tende a ser decretada ao abrigo da Convenção da Haia não apenas quando o não detentor da guarda desloca a criança para o estrangeiro (ou aí a retém) em violação do direito de guarda, como também nos casos em que é o próprio guardião que leva a criança para o estrangeiro ilicitamente, pois infringindo os direitos do co-titular da guarda ou, de qualquer maneira, as limitações de circulação internacional resultantes da lei ou constantes do acordo ou da decisão, provisória ou definitiva, de regulação do poder paternal[72]. Aqui, como é óbvio, e atra-

---

[72] Neste sentido, cf., na Alemanha, as decisões do *Bundesverfassungsgerich (3. Kammer des 2. Senats)*, de 18 de Julho de 1997 [INCADAT: HC/E/DE 338; publicada na *FamRZ*, v. 44 (1997), p. 1269 s.], e do *Oberlandesgericht* de Dresden, de 21 de Janeiro de 2002 [INCADAT: HC/E/DE 486]; na Austrália, as decisões do *Full Court of the Family Court of Australia* (Perth), de 22 de Maio de 1991, do *Family Court of Australia* (Brisbane), de 24 de Setembro de 1999, e do *Family Court of Australia* (Melbourne), de 28 de Fevereiro de 1997, respectivamente, nos casos *In the Marriage of R. v. R.* [INCADAT: HC/E/AU 257], *Director-General Department of Families, Youth and Community Care and Hobbs* [INCADAT: HC/E/AU 294], e *State Central Authority v. Ayob* [INCADAT: HC/E/AU 232]; na Áustria, o aresto do *Oberster Gerichtshof*, de 5 de Fevereiro de 1992 (2Ob596/91) [INCADAT: HC/E/AT 375]; no Canadá, as decisões do *British Columbia Court of Appeal*, de 28 de Maio de 1997 (no caso *Thorne v. Dryden-Hall* [INCADAT: HC/E/CA 12]), e da *Cour Supérieure* (Québec), de 15 de Dezembro de 1998 [INCADAT: HC/E/CA 334]; na Inglaterra, a decisão do *Court of Appeal*, de 14 de Dezembro de 1988, *C. v. C. (Minor: Abduction: Rights of Custody Abroad)* [INCADAT: HC/E/UKe 34]; na França, o caso *Ministère Public c. M.B.*, decidido em 23 de Março de 1989, pela *Cour d'appel d'Aix-en-Provence (6e Ch.)* [INCADAT: HC/E/FR 62; a decisão, com a nota crítica de Y. LEQUETTE, pode ainda consultar-se na *Revue Critique* v. 79 (1990), p. 529 ss.]; e na Escócia, *Bordera v. Bordera*, decidido pela *Outer House of the Court of Session (First Instance)*, em 18 de Agosto de 1994 [INCADAT: HC/E/UKs 183].

No entanto, e acolhendo um entendimento não inteiramente coincidente com o exposto, a apontar a aceitação, para os efeitos convencionais, de um conceito mais restrito do "direito de custódia", de modo a não considerar a existência de um verdadeiro rapto nas situações em que ao progenitor não guardião é somente concedido o direito de vetar a deslocação internacional da criança, *vide*, nos E.U.A., as posições subscritas nos casos *Croll v. Croll, Gonzalez v. Gutierrez* e *Fawcett v. McRoberts*, decididos, respectivamente, pelo *United States Court of Appeals for the Second Circuit*, em 20 de Setembro de 2000 (*supra*, n. 67), pelo *United States Court of Appeals for the Ninth Circuit*, em 20 de Novembro de 2002 [INCADAT: HC/E/USf 493]; e pelo *United States Court of Appeals for the Fourth Circuit*, em 15 de Abril de 2003 [INCADAT: HC/E/USf 494], embora tal orientação tenha sido expressamente recusada em *Furnes v. Reeves*, decidido pelo *Federal Court of Appeals for the 11th Circuit* [INCADAT: HC/E/USf 578]. Entre nós, indiciando uma orientação de pendor idêntico, o Tribunal da Relação do Porto, numa decisão de 29 de Maio de 1990 (*supra*, n. 61], excluiu a ilicitude da retenção da criança em Portugal, apesar de esta ter aqui permanecido para além do termo do prazo estipulado pelo tribunal na decisão provisória de guarda e em que esta tinha sido atribuída à mãe, com fundamento na circunstância de a mãe

vés de uma funcional assimilação do direito de custódia ao poder de fixar a residência da criança[73], o direito que acaba por ser tutelado através da restituição da criança é materialmente um direito de visita, frequentemente à luz do entendimento de que os direitos de visita implicam, como se disse, na Nova Zelândia, no caso *Gross v. Boda*, "substantial intermitent rights to possession and care of the child", não havendo, por isso, razões para "a sharp dichotomy between the concepts of custody and access"[74].

6. Na prossecução destes *desiderata*, a Convenção põe de pé um mecanismo de cooperação inter-estadual estruturado fundamentalmente pela actuação das autoridades centrais dos Estados-contratantes e que têm como tarefa, dentro do leque amplo de competências que lhes são reconhecidas (art. 7.º), a intervenção tendente a introduzir ou favorecer a abertura do procedimento que vise o regresso da criança ou o exercício do direito de visita (art. 7.º, *al. f*)[75] e para a qual poderá ser exigida, nos termos do art. 28.º, uma autorização escrita a acompanhar o pedido do titular do direito de guarda violado ou do interessado na regulação do direito de visita[76]. Acresce ainda que, no caso de deslocação ilícita, o detentor do

---

continuar a deter a custódia, apesar de expirado o prazo estipulado judicialmente para a permanência em Portugal, não tendo, de resto, havido uma qualquer violação do direito de visita do pai.

[73] Assim, B. ANCEL/H. MUIR-WATT, na nota crítica (a p. 352) referida *supra*, n. 51.

[74] [INCADAT: HC/E/NZ 66]. De resto, sentido amplo do "direito de custódia" que se manteve, designadamente em *Dellabarca v. Christie* (*Court of Appeal of New Zealand*, 18 de Dezembro de 1998) [INCADAT: HC/E/NZ 295] e *Anderson v. Paterson* (*Family Court at Cristchurch*, 25 de Janeiro de 2002) [INCADAT: HC/E/NZ 471].

[75] Note-se, de qualquer modo, que as autoridades centrais não são as únicas com legitimidade para requerer a intervenção das autoridades judiciais ou administrativas: nos termos do art. 29.º, qualquer pessoa, instituição ou organismo poderá dirigir-se-lhes, em qualquer Estado-contratante, ao abrigo ou não das disposições convencionais (cf. A. ANTON, *op. cit.*, p. 547 s.). Neste sentido, e defendendo inclusivamente o carácter pouco recomendável da consagração de uma intervenção obrigatoriamente mediatizada pelas autoridades centrais, o que poderia comprometer a própria independência das autoridades judiciárias, cf. P. SCHLOSSER, *op. cit.*, p. 414; na jurisprudência, *vide* a decisão francesa da *Cour de cassation (1re Ch. civ.)*, de 7 de Junho de 1995 [INCADAT: HC/E/FR 513; igualmente publicada em *D.*, 1996, jurispr., p. 393 ss., com nota de J. MASSIP].

[76] Assim, a intervenção da autoridade central do Estado onde o menor está ilicitamente deslocado não carece de qualquer permissão do requerente, pois ela é legitimada pela autorização conferida pelo peticionário no país de origem do pedido (cf. P. SCHLOSSER, *op. cit.*, p. 315 s.).

Mas, se em alguns casos se tem entendido que a autoridade central tem poderes de representação do requerente [*v.g.*, o § 3.º, 3, da *Sorgerechtsübereinkommens-Ausfüh-*

direito de guarda pode demandar tanto as autoridades (judiciais ou administrativas) do Estado em que o menor tinha a residência habitual – embora, neste caso, a decisão possa não ter qualquer alcance prático, pois a Convenção da Haia não obriga, ao contrário da Convenção europeia de 20 de Maio de 1980 sobre o reconhecimento e a execução das decisões relativas à guarda de menores e sobre o restabelecimento da guarda de menores (art. 7.°), os Estados-contratantes ao seu reconhecimento, limitando-se a admitir a sua relevância na determinação da ilicitude da deslocação ou retenção internacional (cf. art. 14.°)[77] – como as autoridades do Estado onde o menor se encontra ilicitamente deslocado, em ambos os casos com ou sem a mediação das respectivas autoridades centrais[78].

---

rungsgesetz – SorgeRÜbkAG, lei alemã que procedeu à transposição da Convenção da Haia (*Gesetz zur Ausführung des Haager Übereinkommens vom 25. Oktober 1980 über die zivilrechtlichen Aspekte internationaler Kindesentführung und des Europäischen Übereinkommens vom 20. Mai 1980 über die Anerkennung und Vollstreckung von Entscheidungen über das Sorgerecht für Kinder und die Wiederherstellung des Sorgeverhältnisses*, de 5 de Abril de 1990, posteriormente alterada e agora na formulação que lhe foi dada pela *Anerkennungs- und Vollstreckungsvorschriftenänderungsgesetzes*, de 19 de Fevereiro de 2001)], o mesmo não acontece em muitos Estados (designadamente, nos E.U.A.), o que levanta problemas relativamente graves quanto à obtenção de representantes dispostos a actuar *pro bono* [sobre este aspecto, cf. P. SCHLOSSER, *ibidem*, e, ainda, o art. 13.°, n.° 1, *al. a)*, da Convenção do Luxemburgo].

[77] Fazendo aplicação do art. 14.°, *vide*, na Áustria, a decisão de 15 de Abril de 1998, do *Oberster Gerichtshof* [INCADAT: HC/E/AT 383], com a particularidade de a decisão proferida pelas autoridades da residência habitual das crianças (as autoridades francesas), a atribuir à mãe a guarda exclusiva dos 3 filhos – num momento posterior ao da instauração do pedido de regresso formulado ao abrigo da Convenção da Haia pelo pai junto das autoridades austríacas e quando as crianças se encontravam já, juntamente com a mãe, em território austríaco –, ter sido considerada suficiente para excluir a irregularidade da permanência na Áustria e, *pour cause*, para indeferir o pedido de restituição.

[78] Se o requerente pode dirigir-se à autoridade central de qualquer Estado-contratante (cf. art. 8.°), sendo possível, nos termos do art. 9.°, n.° 1, a transferência do pedido à autoridade central do Estado em que se julgue encontrar localizada a criança (sobre este mecanismo alternativo, cf. P. SCHLOSSER, *op. cit.*, p. 311 ss.), a hipótese mais frequente é aquela em que o detentor da guarda procura a autoridade central do Estado onde ocorreu o rapto, e é fundamentalmente tendo isto em conta que a Convenção estrutura a actuação desses organismos, nada impedindo, aliás, que, quando o requerente demande directamente as autoridades estrangeiras (sobre esta hipótese, cf. B. DESCHENAUX, *L'enlèvement international...*, cit., p. 31), estas peçam a colaboração das autoridades do Estado de origem do requerente e do menor (assim, P. SCHLOSSER, *op. cit.*, p. 311).

Deste modo, o Texto tem um cariz fundamentalmente procedimental[79], espelhando-se, também por isso, limpidamente nesta Convenção – embora certamente com as "variações de luz" reflectidas pela especificidade do tema em causa – muitas das tendências fundamentais que têm caracterizado o labor da Conferência da Haia no âmbito do direito da família e da infância, domínios que aí têm merecido uma atenção detida, uma vez reverdecido, a partir da Segunda Guerra Mundial, o ímpeto da codificação internacional do DIP[80].

---

[79] Carácter revelado tanto na existência de um capítulo (o Capítulo II) exclusivamente dedicado aos termos em que haverá de ocorrer a intervenção das autoridades centrais (arts. 6.º e 7.º) – definindo-se, em particular, as suas obrigações e competências – como no facto de muitas das normas que integram o Capítulo V (Disposições Gerais) visarem particularmente aspectos relativos à tramitação dos procedimentos.

Em termos muito genéricos, a actuação das autoridades centrais deve ser célere – designadamente, tanto na expedição dos pedidos como no desenvolvimento das diligências que lhes competem na sequência da recepção de um pedido de localização ou restituição de uma criança feito por uma autoridade estrangeira – e pautar-se pelo escrupuloso respeito de um dever de cooperação, não apenas com as autoridades internas e com as autoridades centrais dos outros Estados-contratantes, mas com os próprios particulares, cujas pretensões deverão ser previamente filtradas no sentido de se apurar a sua pertinência – verificando-se, *v.g.*, se estão preenchidos os requisitos de aplicação dos preceitos convencionais – ou a sua regularidade formal (cf. arts. 27.º e 8.º), revelando-se, deste ponto de vista, extremamente útil e simples o uso do formulário recomendado pela 14.ª Sessão da Conferência (cf. Acta Final, F).

[80] Para uma resenha em termos mais detidos da obra da Conferência da Haia, e especialmente das preferências temáticas e das orientações metodológicas que aí tiveram mais acolhimento, especialmente no âmbito do direito da família e de menores, cf. Ascensão Silva, *op. cit.*, p. 394 ss. Em termos específicos sobre as iniciativas no âmbito do direito da família internacional, *vide* Benítez de Lugo, "La familia en los convenios de la Conferencia de La Haya de Derecho internacional privado", *REDI*, v. XLV (1993), p. 7 ss.; K. Lipstein, "One Hundred Years of Hague Conferences on Private International Law", *ICLQ*, v. 42 (1993), pp. 559 ss. e 586 ss.; J. H. Van Loon, "Unification and Co-operation in the Field of International Family Law: A Perspective from The Hague", *E Pluribus Unum. Liber Amicorum Georges A.L. Droz…*, cit., p. 173 ss. E, para uma visão de conjunto dos trabalhos da Conferência no domínio da protecção das crianças, cf. Pérez Vera, "El menor …", cit., p. 101 ss.; A. Dyer, "A Conferência da Haia completa cem anos de trabalho no campo do direito dos menores", *Infância e Juventude*, 1993, n.º 3, p. 9 ss.; *Children on the Move…*, cit., *passim*; W. Duncan, "The Hague Conference on Private International Law and its Current Programme of Work Concerning the International Protection of Children and Other Aspects of Family Law", *YPIL*, v. 2 (2000), p. 41 ss.; A. Durán Ayago, "La protección de menores…", cit., p. 219 ss.; J. Pérez Beviá/S. García Cano, "Contribución de la Conferencia de La Haya a la globalización de los derechos del niño", *Globalización y derecho*, cit., p. 463 ss.; Moura Ramos, "A protecção das crianças…", cit., p. 9 ss., Ascensão Silva, *op. cit.*, p. 398 ss.

Com efeito, na confluência de um movimento geral de afastamento dos problemas relativos à lei aplicável e que resultou num tratamento crescente de matérias de natureza eminentemente processual – o que não deixou de ser visto por alguns autores, sobretudo no que respeita à acentuação das questões da competência internacional, como a manifestação de um suspeito *homeward trend*[81] –, não se pode esquecer que a Conferência tem feito convergir muitos dos seus esforços nos problemas relativos à cooperação inter-estadual, o que se traduziu num número elevado de iniciativas que promovem a criação de mecanismos de cooperação judiciária e administrativa internacional e que ganharam, muito embora não inteiramente estranhos aos intentos dos fundadores da Haia, "uma amplitude imprevista"[82] e um incontestável sucesso prático[83]. De qualquer maneira, se o desenvolvimento de mecanismos de cooperação entre as autoridades judiciárias – já há mais tempo – e administrativas dos distintos Estados, tomando em conta o seu carácter complementar face às modalidades de coordenação legislativa – relativas aos conflitos de leis, à competência internacional e ao reconhecimento e execução de sentenças estrangeiras –, e apontando inclusivamente uma articulação inter-estadual na própria aplicação das convenções internacionais, tem sido assinalado como *a step further* num processo já longo – e antevisto como um novo "pacto tácito" consubstanciado essencialmente num princípio de cooperação internacional[84] –, os esquemas de cooperação de autoridades de natureza adminis-

---

[81] Cf. H. BATIFFOL, "L'avenir du droit international privé", *Choix d'articles rassemblés par ses amis*, Paris: LGDJ, 1976, p. 316. Retomando as palavras de I. BARRIÈRE-BROUSSE, *op. cit.*, p. 846, embora não visando exclusivamente os trabalhos da Haia, «la part des règles de conflit de lois dans les conventions se réduit comme peau de chagrin».

[82] J. H. VAN LOON, "Quelques réflexions...", cit., p. 1148.

[83] O maior sucesso das convenções sobre matéria processual, designadamente das tendentes à simplificação da administração internacional da justiça, parece residir em factores como a maior necessidade de harmonização, a possibilidade de introduzir melhoramentos nas relações internacionais sem alterar o direito substantivo e a maior receptividade dos *civil servants* às mudanças que facilitam o trabalho (*vide* P. NORTH, "Hague Conventions and the Reform of English Conflict of Laws", *Essays in Private International Law*, Oxford: Clarendon Press, 1993, p. 245 ss.).

[84] Seguimos A. BOGGIANO, "The Contribution of the Hague Conference to the Development of Private International Law in Latin America: Universality and *genius loci*", *Recueil des Cours*, t. 233 (1992), p. 173 ss. Em termos não circunscritos aos trabalhos da Haia, e para uma visão de conjunto da cooperação judiciária e administrativa internacional, *vide* J. H. VAN LOON, "The Increasing Significance of International Co-operation for the Unification of Private International Law", *Forty Years On: The Evolution of Postwar Private International Law in Europe*, Deventer: Kluwer, 1990, p. 113 ss., e P. SCHLOSSER, *op.*

trativa são hoje uma constante em áreas em que as carências efectivas de protecção se fazem sentir com mais acuidade, relevando-se desse modo não apenas a sua incontornável relevância publicística, mas sobretudo a intenção de prover os sistemas de tutela com esquemas jurídicos eficazes, e apagando-se, de certa maneira, o próprio papel do juiz[85].

---

cit., p. 9 ss., e esp. no domínio do direito da família, p. 283 ss., que não deixa de acentuar, no leque das experiências de cooperação inter-estadual já desenvolvidas, um movimento de intensidade crescente que, partindo de um modelo de cooperação passiva – é o que ocorre, *v.g.*, quando se trata de reconhecer sentenças estrangeiras ou de relevar a litispendência internacional –, tem dado lugar a formas activas de colaboração, tanto de sentido unilateral como também de cariz concertado (IDEM, *ibidem*, p. 381 ss.).

No que respeita à cooperação internacional instaurada nas convenções mais recentes, esta tem sido vista como uma via promissora de resolução dos problemas emergentes das relações familiares plurilocalizadas. E isto, porque ela permite uma coordenação dos sistemas "eficaz e inspirada por uma certa neutralidade em relação à diversidade de soluções dos direitos nacionais", viabilizando, inclusivamente, a consideração das necessidades de protecção das pessoas destituídas de família (seguimos aqui A. BUCHER, "La famille...", cit., p. 22).

Sobre a cooperação de autoridades administrativas, cf. G. DROZ, "Évolution du rôle des autorités administratives dans les conventions de droit international privé au cours du premier siècle de la Conférence de La Haye", *Etudes offertes à Pierre Bellet*, Paris: Litec, 1991, p. 129 ss.; IDEM, "Regards sur le droit international privé comparé. Cours général de droit international privé", *Recueil des Cours*, t. 229 (1991), p. 412 ss., ALEGRÍA BORRÁS, "El papel de la «autoridad central»: los convenios de La Haya y España", *REDI*, v. XLV (1993), p. 63 ss.; A. BUCHER, "La famille...", cit., p. 139 ss.; M. HERRANZ BALLESTEROS, *op. cit.*, p. 189 ss.; e, sublinhando particularmente o sentido destes mecanismos no contexto geral dos processos de cooperação jurídica e judiciária, P. SCHLOSSER, *op. cit.*, p. 401 s.

Sobre a cooperação judiciária, cf., para uma panorâmica da questão: G. DROZ, "La Conférence de La Haye de droit international privé vingt-cinq ans après la création de son Bureau Permanent: bilan et perspectives", 2ᵉ partie (La Conférence de La Haye et l'entraide judiciaire internationale), *Recueil des Cours*, t. 168 (1980), p. 159 ss.; IDEM, "Regards...", cit., p. 407 ss.; e J. FERNÁNDEZ ROZAS, "La cooperación judicial en los convenios de La Haya de Derecho internacional privado", *REDI*, v. XLV (1993), p. 81 ss.

[85] E a quem cabe fundamentalmente, nas palavras de G. DROZ, "Évolution du rôle...", cit., p. 139 s., "un simple rôle d'enregistrement". Na verdade, acrescenta G. DROZ, se não cabem às autoridades centrais poderes decisórios – salvo nos casos em que, ao abrigo do art. 27.º, lhes é lícito recusar a continuação dos procedimentos pelo facto de estes serem manifestamente infundados –, na prática, são elas que em cumprimento do art. 15.º fornecem ao juiz do Estado requerido a prova de que a deslocação foi ilícita do ponto de vista do direito aplicável (incluindo as disposições sobre a lei competente) no Estado de origem. Seja como for, e se é verdade que é possivel que o art. 27.º nem sempre seja fundadamente invocado, levantando-se o problema do controlo jurisdicional da recusa manifestada nesses termos pela autoridade central [cf., na França, S. GRATALOUP, "Le recours contre la décision d'une autorité centrale en matière d'enlèvement international d'enfant",

Assim, a Conferência da Haia, assentando no pressuposto de que o único modo adequado de lidar eficazmente com o problema da subtracção de menores consistiria no recurso ao direito processual civil internacional e à cooperação administrativa inter-estadual, preferiu erigir um regime de colaboração de autoridades – aliás, não exaustivo, pois deixando a fixação de muitos dos aspectos institucionais à livre conformação dos ordenamentos internos[86] –, tendencialmente próximo de um "joint case management"[87], sem estatuir sobre o próprio mérito da guarda que estava a ser exercida antes do rapto e deixando incólumes, na medida do possível, as questões relativas aos conflitos de leis e de jurisdições[88]. Com efeito, no

---

Droit de la famille, 5ᵉ année (2000), n.º 7-8, p. 4 ss.; H. BOSSE-PLATIÈRE, "Enlèvement d'enfant et adoption internationale: la nécessité d'un controle juridictionnel des décision des autorités centrales (À propôs de l'arrêt rendu par la cour administrative d'appel de Paris de 11 juillet 1997", *RFDA*, v. 15 (1999), p. 414 ss.; e, em termos mais gerais, S. CORNELOUP/V. CORNELOUP, "Le contentieux de la coopération des autorités centrales dans le cadre des conventions de La Haye. Compétence administrative ou judiciaire?", *Revue Critique*, v. 89 (2000), p. 641 ss.], entre 1998 e 2000, a autoridade central portuguesa apenas usou da faculdade conferida pelo art. 27.º uma vez, o que não quer dizer que todos os procedimentos tenham tido continuidade, devido, *v.g.*, à desistência dos requerentes (1 desistência em 1998, e 3 em 1999).

[86] Cf., sobre o mecanismo de cooperação internacional instituído na Convenção da Haia de 1980, E. PÉREZ VERA, "Rapport explicatif", cit., pp. 435 s. e 452 ss.; B. GÓMEZ BENGOECHEA, *op. cit.*, p. 102 ss.; P. SCHLOSSER, *op. cit.*, p. 310 ss.; A. BUCHER, "La famille...", cit., p. 139 ss.; P. BEAUMONT/P. MCELEAVY, *op. cit.*, p. 242 ss.

[87] P. SCHLOSSER, *op. cit.*, p. 401.

[88] Cf. P. BENVENUTI, "I lavori della Conferenza dell'Aja di diritto internazionale privato in materia di «rapimento internazionale dei bambini da parte dei propri genitori»", RDIPP, v. XV (1979), p. 599. O que não exclui, no entanto, que a Convenção possa ser vista como um passo intermédio num movimento que tende à instauração de um regime uniforme sobre a competência internacional e o reconhecimento de decisões em matéria de guarda (assim, A. BUCHER, "La famille...", cit., esp. pp. 161 e 174). Por outro lado, o facto de se privilegiar a inserção do menor no Estado onde este tem a sua residência habitual traduz-se numa inequívoca desvalorização do estatuto pessoal – designadamente quando este é regido pela *lex patriae* ou pela *lex domicilii* –, não podendo por isso o regime aqui instituído ser considerado neutro do ponto de vista dos conflitos de leis (assim, I. BARRIÈRE-BROUSSE, *op. cit.*, pp. 866 e 868; M. FALLON/O. LHOEST, *op. cit.*, esp. p. 53, e, na decisão do Tribunal de família e menores de Coimbra, de 11 de Dezembro de 1997 [inédita], refere-se a propósito desta Convenção "uma inovação a nível do direito internacional privado, e que consiste na substituição da lei pessoal do menor pela lei do Estado em que este tem a sua residência", tanto mais que, se em geral, a determinação da lei competente nos casos de rapto poderá ter um papel marginal (cf. *infra*, n. 89), a questão assume desde logo um relevo fundamental quando os direitos de custódia alegadamente violados resultam *ex lege*, caso em que sempre se imporá a determinação da lei competente para

rapto internacional de menores, o tema da legitimidade jurídica da guarda afigura-se até marginal[89], sendo por isso justificável que não se trate aí de regular a guarda da criança, uniformizando-se as regras de conflitos de leis – e o art. 19.º sanciona expressamente a ideia de que a decisão de regresso não afecta os fundamentos do direito de guarda – ou estabelecendo-se um qualquer regime relativo ao reconhecimento das decisões estrangeiras – e, ao abrigo do art. 17.º, caso tenha sido tomada uma decisão relativa à guarda ou a mesma seja passível de reconhecimento no Estado requerido, tal facto não justificará a recusa de repatriamento, muito embora os fundamentos dessa decisão possam ser relevados no âmbito do mecanismo convencional –, o que traria, em qualquer dos casos, a consequência nefasta de protelar indefinidamente a discussão das questões e, muitas vezes, a legitimação, mesmo *a posteriori*, da actuação dos raptores.

Por outro lado, se é certo que a Convenção não fixa regras de competência internacional directa, ao determinar que – após a notificação da existência de uma situação de deslocação ou retenção ilícita – o Estado em

---

os reger. E, sobre os termos em que deverá ocorrer a determinação do direito vigente no Estado da residência habitual, de modo a considerar as diversas fontes do direito de guarda previstas no art. 3.º, cf. B. GÓMEZ BENGOECHEA, *op. cit.*, p. 73 ss.; E. PÉREZ VERA, "Rapport explicatif", cit., p. 446 s.; BEAUMONT/P. MCELEAVY, *op. cit.*, p. 46 ss.

[89] A irrelevância da questão da lei aplicável decorre desde logo do facto de muitas vezes o raptor transferir a criança para um Estado cujo ordenamento lhe será favorável. E isto porque o país em que a criança se encontra ilicitamente deslocada atribui de pleno direito a guarda da criança ao progenitor raptor ou, de qualquer maneira, este obteve aí antes da deslocação ilícita uma decisão a reconhecer-lhe tal direito. Por outro lado, a determinação da lei aplicável traria inegáveis atrasos na administração da justiça, sendo provável que no momento da decisão a criança estivesse já de tal modo integrada no novo meio que a restituição internacional se revelaria francamente lesiva do seu próprio interesse (sobre estes dois aspectos, cf. A. DYER, "Questionnaire et rapport…", cit., p. 39 s.; P. BENVENUTI, *op. cit.*, p. 599). A este propósito, J. ESPINAR VICENTE, *El matrimonio y las familias en el sistema español de Derecho internacional Privado*, Madrid: Civitas, 1996, p. 346, refere-se a um "foro de refúgio", e P. NYGH, "The International Abduction…", cit., p. 29, não deixa de referir que, pelo menos num momento primeiro, o rapto tendeu a ser olhado com complacência, designadamente quando as autoridades requeridas pertenciam ao Estado da nacionalidade do raptor (e também da criança, já que frequentemente esta tem a nacionalidade dos dois progenitores) e para onde o menor tinha sido ilicitamente deslocado, tanto mais que muitas vezes se confundiu o repatriamento com uma inadmissível extradição (realçando esta confusão, a justificar o pouco sucesso inicial das iniciativas internacionais nesta matéria, cf. B. DESCHENAUX, *L'enlèvement international…*, cit., p. 2 s.). De qualquer forma, por exemplo, em 1999, 49, 4% do raptores eram nacionais dos Estados requeridos para ordenar o regresso das crianças (cf. LOWE/AMSTRONG/MATHIAS, *A Statistical Analysis…*, cit., p. 8).

que o menor se encontre não poderá estatuir sobre o fundo do direito de guarda, se não se assegurar que não se verificam as condições convencionais determinantes da restituição da criança ou se ainda não tiver decorrido um "período razoável de tempo" sem existir um pedido nela fundamentado (art. 16.°)[90], ela acaba por conduzir indirectamente à preservação

---

[90] Por exemplo, na decisão do Tribunal judicial da comarca de Viseu, de 18 de Dezembro de 1995 [inédita], ao abrigo do art. 16.° da Convenção, ordenou-se simultaneamente a suspensão da acção de regulação do poder paternal interposta em Portugal pelo progenitor que tinha trazido para cá a filha e o regresso desta ao Estado requerente, devido ao caráter ilícito da deslocação, afastando a eventual verificação do art. 13.°, *al. b)*, tanto mais que o raptor não alegou e provou o circunstancialismo aí previsto, não sendo, de resto, credível que o tribunal estrangeiro tivesse atribuído a guarda à mãe sem consideração do bem-estar físico e psíquico da filha.

Acrescente-se, ainda, neste contexto, que foi já esclarecido pelos tribunais que a regra sancionada pelo art 16.° – a determinar a inadmissibilidade ou a suspensão de uma acção de guarda interposta no Estado onde a criança se encontre ilicitamente retida – continua a valer mesmo nos casos em que, embora a restituição da criança tenha sido determinada, a ordem de regresso não tenha sido cumprida, ora por culpa do raptor ora por ineficácia das autoridades competentes (*vide*, neste sentido, na Alemanha, a decisão de 16 de Agosto de 2000, do *Bundesgerichtshof (XII. Zivilsenat)* [INCADAT: HC/E/DE 467]), decaindo, no entanto, e como aconteceu na decisão de 31 de Março de 1998, do Supremo Tribunal austríaco [INCADAT: HC/E/AT 556], nas situações em que, embora o regresso seja ordenada, tal decisão não venha a ser executada por ser contrária ao interesse do menor.

Por outro lado, de modo a assegurar o estrito respeito do art. 16.°, tem obtido consagração o entendimento segundo o qual caberá às autoridades chamadas a pronunciarem-se sobre a guarda o dever de informarem o detentor dos direitos de custódia violados por uma transferência internacional ilícita sobre os meios de tutela disponíveis ao abrigo da Convenção da Haia, orientação que a referida decisão do *Bundesgerichtshof* sugere e que já antes tinha sido aceite, por exemplo, na decisão inglesa do *High Court*, no caso *R. v. R. (Residence Order: Child Abduction* [INCADAT: HC/E/UKe 171]), muito embora isso não implique, por força do artigo 8.°, que o juiz possa oficiosamente desencadear um pedido de restituição (assim, a decisão de 30 de Setembro de 1998, do *Oberlandesgericht* de Bamberg, *supra* referida, n. 65). Seja como for, muitas vezes ignora-se a própria Convenção, pois as autoridades do Estado onde o menor se encontra, embora tendo conhecimento da existência no país da residência habitual de uma ordem de regresso fundada na retenção ilícita do menor no estrangeiro, ou, pelo menos, sabendo do decurso de diligências judiciais tendentes a assegurar a restituição da criança, pronunciam-se sobre o mérito da guarda, atribuindo-a ao raptor, procedendo, para isso, a uma análise aprofundada do interesse concreto da criança. Com efeito, foi isso que aconteceu na decisão da *Cour Supérieure de Longueuil* (Canadá), de 1 de Dezembro de 1987 [inédita], que atribuiu a guarda ao progenitor que retivera o filho no Canadá findo o período de visita convencionalmente estipulado – e sabendo que a mãe, a quem a guarda fora atribuída por acordo, se opunha à permanência do filho no estrangeiro, decorrendo em Portugal um processo destinado a condenar o raptor a entregar-lho, condenação que viria efectivamente a acontecer por decisão do Tribunal

da competência dos tribunais da residência habitual do menor, afastando, é certo que em termos delimitados, o poder de as autoridades do Estado onde o menor se encontra ilicitamente deslocado decidirem sobre o fundo dos direitos de guarda e visita[91].

---

de Família de Lisboa (3.º Juízo), de 7 de Dezembro de 1987 [inédita] –, sem qualquer referência ao dispositivo convencional – embora, certamente, aproveitando a circunstância de entretanto, conforme decorre dos elementos de que dispomos, não ter sido apresentado formalmente um qualquer pedido de restituição ao abrigo da Convenção (cf. art. 16.º), embora nada impedisse, nos termos do art. 17.º, que essa restituição viesse efectivamente a acontecer, apesar de a guarda ter sido alterada no Canadá –, e sustentando-se no princípio do interesse da criança – um menor de 10 anos, nascido no Canadá e aí criado até aos 7 anos, altura em que viera viver para Portugal –, aferido pela circunstância de o pai lhe oferecer "un milieu sain, positif et chalereux" e atendendo a uma vontade espontaneamente manifestada pelo menor de – conforme se lê no relatório social aí realizado – "revivre ses racines québécoises, autour de son père" (cf. decisão do *Full Court of the Family Court of Australia at Brisbane*, de 16 de Março de 2000 [*infra*, n. 116] e, notando o resultado diverso atingido pela invocação de um mesmo direito à identidade cultural, privilegiadamente prosseguido pela manutenção da criança no Estado da sua residência habitual, *supra*, n. 15).

Por fim, não parece que do art. 16.º resulte a impossibilidade (ou inadequação) de um teste pericial da menor solicitado ao IRS, não havendo aí uma "ilegítima sindicância", como se pretendeu no acórdão da Relação de Évora, de 19 de Fevereiro de 2004 [*CJ*, ano XXIX (2004), t. I, p. 254 ss.], tanto mais que tal exame poderá assumir, como se pressupõe no referido aresto, particular relevo na mobilização do art. 13.º, sobretudo se se entender, como aí se faz, que cabe igualmente ao tribunal determinar *ex officio*, face aos factos alegados, a existência dos perigos graves a que a norma em causa se refere.

[91] Assim, B. STURLÈSE, "Les nouvelles règles du droit international privé européen du divorce. Règlement (CE) n.º 1347/2000, du Conseil", *JCP*, I. – Doctr. (2001), 292, p. 245, n.º 42, P. BENVENUTI, *op. cit.*, p. 600, e, sublinhando também a falsa inocuidade da Convenção do ponto de vista do regime da competência internacional directa, M. FALLON/O. LHOEST, *op cit.*, p. 38 ss. Abordando ainda a questão dos reflexos da Convenção sobre os princípios contemporâneos de DIP respeitantes à competência internacional, à lei aplicável e, inclusivamente, ao reconhecimento de sentenças estrangeiras – é certo que numa análise fortemente marcada pela mundividência anglo-saxónica da disciplina internacional-privatística –, e criticando especialmente a rigidez de um sistema estruturado sobre o respeito da competência jurisdicional e da lei do Estado da residência habitual, esquecendo que nem sempre aqui se encontrará o *forum conveniens* ou que nem sempre se conseguirá a aplicação da lei mais apropriada, cf. R. SCHUZ, "The Hague Abduction Convention...", cit., p. 779 ss.

De qualquer modo, nada impede que as autoridades do Estado da actual localização do menor venham a tomar medidas de carácter provisório tendentes a assegurar a sua protecção, *v.g.*, e no caso português, ao abrigo da Convenção da Haia de 1961 [*vide* também arts. 2.º e 37.º da Lei de protecção de crianças e jovens em perigo (Lei n.º 147/99, de 1 de Setembro)]. Assim, *v.g.*, na decisão de 28 de Abril de 2000 [inédita], o Tribunal de Cantanhede determinou o acolhimento da criança junto da Santa Casa da Misericórdia, enquanto

Por fim, sublinhe-se ainda que o dispositivo convencional, ao procurar promover, ainda que para efeitos circunscritos, o reconhecimento do ordenamento jurídico do Estado da residência habitual do menor (incluindo as suas regras de conflitos) e da situação factual que aí tem produzido efeitos – e independentemente de tal factualidade estar incrustada por uma decisão judicial – tem sido apontado como uma consagração do "método de referência ao ordenamento jurídico competente"[92].

---

não fossem ouvidas as partes e não fosse assegurada a reposição amigável ou decidido o pedido de regresso, tanto mais que havia o risco de fuga do raptor que, de resto, era alegadamente pessoa violenta, ao abrigo do art. 7.º, *als. b) e c)*, da Convenção de 1980, sendo questionável, no entanto, se não deveria ter convocado o dispositivo adequado para assumir essa competência. De qualquer modo, em 10 de Maio de 2000, o tribunal viria a ordenar a entrega à mãe e que tinha há muito a guarda da criança por força de uma decisão proferida na Suíça. Por outro lado, num caso decidido pelo Tribunal de família e menores do Porto, através de decisão de 3 de Agosto de 2000 [inédita], deferiu-se o pedido de restituição formulado ao abrigo da Convenção, ordenando-se o acolhimento provisório da criança, ao abrigo do art. 42.º, OTM, até ser diligenciado o regresso da criança para junto da mãe.

[92] Para a exposição dessa metodologia, *vide* P. PICONE, *Ordinamento competente e diritto internazionale privato*, Padova: CEDAM, 1986, esp. p. 43 ss.; IDEM, *Les méthodes de coordination entre ordres juridiques en droit international privé. Cours général de droit international privé*, The Hague [etc.]: Martinus Nijhoff Publishers, 2000 [tirage à part du *Recueil des Cours*, t. 276 (1999), p. 119 ss.]. Na literatura portuguesa, cf. MOURA RAMOS, *Da lei aplicável* ..., cit., p. 195 ss. e ASCENSÃO SILVA, *op. cit.*, p. 591 ss. Vendo expressamente na Convenção da Haia de 1980 a consagração de tal orientação metodológica, por exemplo, G. DROZ, "Évolution du rôle...", cit., p. 140, e G. CARELLA, *op. cit.*, p. 784, sendo o ordenamento de referência, ao abrigo do art. 3.º, o da residência habitual da criança no momento imediatamente anterior ao rapto. No entanto, se tal entendimento tem até sentido face à interpretação do art. 3.º acolhida por PÉREZ VERA, "Rapport explicatif", cit., p. 446 s. (*vide*, também, A. ANTON, *op. cit.*, p. 545, n. 27; B. GÓMEZ BENGOECHEA, *op. cit.*, p. 73 ss.; J. ORTIZ DE LA TORRE, *op. cit.*, p. 41 ss.), pelo que interessará sobretudo que exista uma situação no país da residência habitual susceptível de produzir efeitos jurídicos ou, nas palavras de E. PÉREZ VERA ("El Convenio de La Haya...", cit., p. 573), "un título que al menos goce de una apariencia de validez, según el Derecho del estado de la residencia del menor antes de su traslado ilícito", no entanto, tal entendimento não é pacífico, contestando-se, por exemplo, nem sempre com razão, que em geral deva ocorrer a aplicação da lei designada pelas regras de conflitos do Estado da residência habitual, o que, para além de se traduzir na quebra de uma tradição consolidada nas convenções da Haia no sentido da exclusão do reenvio, poderá abicar na aplicação de uma lei pouco conectada com a criança e na demora acrescida dos procedimentos por causa das diligências tendentes a averiguar o conteúdo do direito estrangeiro (cf. BEAUMONT/P. McELEAVY, *op. cit.*, p. 46 ss., e, igualmente realçando as dificuldades criadas ao requerente e ao juiz resultantes da necessidade de determinação do conteúdo do direito estrangeiro, designadamente nas situações em que não exista uma decisão prévia, e não olvidando a eficácia relativa do disposto nos arts. 14.º e 23.º da Convenção, J. ORTIZ DE LA TORRE, *op. cit.*, p. 43 s.).

7. O princípio da célere restituição da criança subtraída ou retida ilicitamente é então o alicerce sobre o qual assenta a *actio possessoria in infantem* prevista pela Convenção[93]. Para o efeito – objectivo que os arts. 2.º e 11.º, § 1.º, procuram atingir, desde logo, através da imposição do recurso a procedimentos de urgência[94] –, o regime afigura-se até particularmente escorreito: uma vez verificado o carácter ilícito da deslocação ou retenção do menor, e fracassadas as medidas tomadas ou mandadas tomar tendentes a assegurar a sua restituição voluntária (art. 10.º e art. 7.º, *al.* c), a autoridade competente (judiciária ou administrativa, consoante os Estados) deverá ordenar o seu regresso imediato (art. 12.º, § 1.º)[95].

---

[93] A. BEGHÈ LORETI, "Le convenzioni internazionali per la protezione dei minori", *La protezione dei minori...*, cit., p. 19. A Convenção não esclarece se a restituição deverá ser feita para o Estado em que a criança tinha a sua residência habitual antes da deslocação ou retenção ilícita. E se tal omissão tem dado lugar a interpretações divergentes, o carácter aberto do texto pretendeu justamente deixar salvaguardada a hipótese de o progenitor com quem a criança vivia antes do rapto ter entretanto mudado de residência, parecendo não haver razões sobressalientes que devam excluir a possibilidade de a entrega se vir a fazer no Estado da actual residência do requerente (cf. PÉREZ VERA, "Rapport explicatif", cit., p. 459 s., n.º 110).

[94] Assim, o art. 160.º da OTM (e de acordo com a redacção dada pela Lei n.º 133/99, de 28 de Agosto) determina que "correm durante as férias judiciais os processos tutelares cíveis cuja demora possa causar prejuízo ao interesse do menor" [cf. art. 73.º, n.º 2, da LOFTJ (Lei de organização e funcionamento dos tribunais judiciais, aprovada pela Lei n.º 3/99, de 13 de Janeiro), de acordo com a redacção dada pela Lei n.º 101/99, de 26 de Julho].

[95] Para além da restituição da criança e da eventual imposição ao raptor da obrigatoriedade de pagar as despesas efectuadas com o procedimento convencional (nos termos do art. 26.º, § 4.º, as despesas feitas pelo requerente ou em seu nome, incluindo as despesas de viagem, as efectuadas com a representação judiciária do requerente e com o regresso da criança, bem como as custas e despesas feitas para localizar a criança), não decorre da Convenção uma qualquer outra sanção, designadamente de natureza criminal. No entanto, é usual que após o rapto, ou até depois da restituição da criança, as autoridades da residência habitual alterem o direito de guarda de que o raptor era titular ou, de qualquer modo, condicionem o exercício do direito de visita (cf., ilustrando esta prática, o acórdão da Relação do Porto, de 2 de Abril de 1991 [*BMJ*, 406 (1991), p. 726]).

Por outro lado, se se tem vindo a admitir que a organização do regresso da criança seja confiada ao raptor, a possibilidade – e a que voltaremos mais adiante – de fazer cumprir os eventuais compromissos assumidos pelos requerentes da restituição – de forma a que mais facilmente estes possam obter o regresso da criança – tem-se defrontado, no entanto, e com a excepção de alguns países anglo-saxónicos, com severas objecções (*v.g.*, a promessa de dar alojamento e sustentar o raptor, após o regresso, até que a regulação da guarda esteja decidida). Sobre estas duas tendências e relativamente aos Estados-Unidos, *vide* C. BRUCH, "Les conflits...", cit., p. 323 s.

Em primeiro lugar, diga-se que essa ilicitude, cuja prova sumária caberá ao requerente, nos aparece caracterizada autonomamente no art. 3.º da Convenção e existirá sempre que se verificarem cumulativamente as duas condições aqui previstas, sendo de notar, de qualquer modo, que desta disposição (cf. também art. 5.º) resulta a ilicitude das deslocações ou retenções de crianças efectuadas por um qualquer progenitor a quem não caiba exclusivamente a guarda, tanto nas situações mais claras de guarda conjunta como naquelas em que a um dos pais, embora cabendo-lhe a guarda por inteiro, não seja legítimo, sem a autorização do tribunal ou do outro progenitor, transferir-se para o estrangeiro com o menor[96].

---

[96] No primeiro caso que referimos, embora nos pareça evidente o carácter ilícito da deslocação ou retenção, vão aparecendo decisões que assentam no argumento de que nos casos de guarda conjunta (e qualquer que seja a origem da contitularidade), porque ela não pertence em exclusivo a qualquer um dos pais, não haverá deslocação ilícita: com efeito, foi assim, esporadicamente, na França [cf. a decisão do *Tribunal de grande instance de Thonon*, de 19 de Junho de 1987, *Gazette du Palais*, 1988. 1. 106], havendo também entre nós algumas decisões de sentido análogo. *V.g.,* no acórdão de 16 de Maio de 2000, a Relação de Coimbra [*CJ*, ano XXV (2000), t. III, p. 12 ss.], a propósito da aplicação do art. 15.º da Convenção luso-francesa de cooperação judiciária relativa à protecção de menores, assinada em Lisboa em 20 de Julho de 1983 (análogo ao art. 3.º da Convenção da Haia de 1980 sobre o rapto), e revogando a decisão de restituição recorrida, entendeu que numa situação de guarda conjunta (por força do art. 361.º, n. 2, do CC francês), e em que a mãe deslocara a criança da França para Portugal sem o conhecimento do pai, a qualquer um dos progenitores era "possível e lícito reter fisicamente consigo a filha, até que uma providência judiciária defina objectiva e terminantemente a situação", pois a lei, "em pé de perfeita igualdade considera ambos os progenitors co-exercentes do funcional poder de guarda da menor". E, no sumário do acórdão da Relação de Évora, de 24 de Novembro de 1994 [*BMJ*, 441 (1994), p. 422], a propósito da mesma Convenção, lê-se que "[n]ão se verifica um caso de afastamento ilícito, tal como está definido no artigo 15.º da Convenção, na medida em que tal disposição não se aplica quando a pessoa que faz o afastamento é – ou é também – um detentor do poder paternal."

Não é este, no entanto o entendimento que entre nós deve ser sufragado face ao disposto nos arts. 1906.º, n.ºs 2 e 3, e 1901.º, CC: sempre que a guarda seja conjunta – ora na constância do casamento, em geral, ora após a dissolução do casamento dos pais, sempre que seja convencionado o exercício em comum do poder paternal – ou sempre que os pais, ao abrigo do art. 1906.º, n.º 3, o determinem, a deslocação da criança para o estrangeiro carecerá sempre do consentimento de ambos os progenitores, a não ser que seja decidido judicialmente de outro modo (indiciando já um entendimento idêntico a propósito dos pedido de emissão de passaportes a favor de menores, cf. a posição assumida pela Procuradoria-Geral da República nos pareceres n.º 131/76, de 18 de Novembro [*BMJ*, 269 (1977), p. 24 ss.] e n.º 234/77, de 26 de Janeiro [*BMJ*, 281 (1978), p. 57 ss.]). Por outro lado, não nos parece que o poder de fixar a residência da criança no estrangeiro se traduza num dos poderes-deveres a que se refere o art. 1906.º, n.º 4, e que impendem sobre o progenitor que

Por outro lado, na determinação da ilicitude, se as autoridades do Estado requerido "poderão tomar conhecimento directo do direito e das decisões judiciais ou administrativas formalmente reconhecidas ou não no Estado da residência habitual da criança", sem necessidade de para isso lançarem mão dos procedimentos específicos de outro modo exigíveis (cf. art. 14.º), nada impede que, e antes de estatuída a restituição, tais autoridades exijam ao requerente a apresentação de uma decisão ou de um atestado emitido pelas autoridades do Estado da residência habitual do menor comprovando a verificação do art. 3.º, desde que tal decisão ou declaração possam ser obtidas nesse Estado e devendo, de qualquer modo, o requerente ser ajudado na sua obtenção pelas autoridade centrais dos Estados--contratantes (art. 15.º)[97].

---

não exerça o poder paternal. Ainda sobre esta questão e para o modo como a Convenção da Haia se articulou com os regimes internos relativos a esta matéria, embora pensando mais especificamente no direito belga, cf. J.-L. RENCHON, "L'hébergement de l'enfant «transfrontières", *L'enfant et les relations familiales internationales...*, cit., p. 297 ss. Seja como for, a ilicitude das deslocações internacionais operadas unilateralmente por um dos co-titulares da guarda é inequívoca face ao art 3.º, *al. a)* da Convenção, notando-se aqui com maior clarividência, como nota E. PÉREZ VERA, "Rapport explicatif", cit., p. 428 s., n.º 71, a própria natureza autónoma da Convenção, fundamentalmente preocupada em evitar que uma posterior modificação da guarda viesse a ser determinada por uma alteração de circunstâncias unilateralmente introduzida.

No segundo caso, a que acima já aludimos acima (*vide supra*, n. 72), muito embora encontremos alguns exemplos no sentido de irrelevar a necessidade de consentimento para que o guardião pudesse transferir a criança para o estrangeiro [assim, *a decisão do Tribunal de grande instance du Périgueux*, de 17 de Março de 1992, cujo texto pode consultar-se em *D.*, 1992, jurispr., p. 315 s., nota de G. C., ou na *Revue Critique*, v. 82 (1993), com nota crítica de B. ANCEL, p. 650 ss.], a tendência maioritária vai claramente no sentido da afirmação do carácter ilegal de tais deslocações [ainda em França, *v.g.*, a decisão da *Cour de cassation (1ʳᵉ Ch. civ.)*, de 16 de Julho de 1993, *Clunet*, v. 121 (1994), p. 133 ss., nota de H. GAUDEMET-TALLON; *Revue Critique*, v. 82 (1993), p. 650 ss., nota de B. ANCEL] [INCADAT: HC/E/FR 517].

Por outro lado, como resulta da Convenção, o momento que releva na determinação da ilicitude é o da deslocação ou retenção [*v.g.*, e continuando a recorrer à jurisprudência francesa, a decisão do *Tribunal de grande instance de Niort*, de 9 de Janeiro de 1995, *Clunet*, v. 122 (1995), p. 361 ss., com nota de H. GAUDEMET-TALLON] [INCADAT: HC/E/FR 63], sendo irrelevante que entre a deslocação e o pedido de restituição ao abrigo da Convenção exista uma decisão de guarda [cf. decisão da *Cour de cassation(1ʳᵉ Ch. civ.)*, de 23 de Outubro de 1990, *Revue Critique*, v. 80 (1991), p. 407 ss., com nota de Y. L.] [INCADAT: HC/E/FR 339] ou que existam raptos sucessivos, relevando a data da primeira deslocação ilícita [*vide* a citada decisão da *Cour de cassation (1ʳᵉ Ch. civ.)*, de 16 de Julho de 1993].

[97] Neste sentido, em alguns países a transposição da Convenção da Haia deu lugar à atribuição de poderes às autoridades nacionais para a produção dos atestados a que se

Repare-se, ainda, que o mecanismo é fundamentalmente salvaguardado pela proibição de as autoridades do Estado onde o menor se encontre, depois de informadas da transferência ou retenção ilícita, decidirem sobre o fundo do direito de guarda (art. 16.º)[98] e pela afirmação de que a

---

refere o art. 15.º (cf., respectivamente, no Reino Unido e na Alemanha, a sec. 8.ª, *Child Abduction and Custody Act*, de 1985, e o § 10.º da *Sorgerechtsübereinkommens-Ausführungsgesetz – SorgeRÜbkAG*), e na sua existência, apesar do seu carácter não vinculativo, pode-se antever uma clara repartição de responsabilidades entre as autoridades decidentes dos diversos Estados e um importante sinal de reforço da cooperação inter-estadual (assim, P. SCHLOSSER, *op. cit.*, p. 402).

[98] Obviamente que no caso de rapto "duplo" (ou sucessivo), estando pendentes pedidos de restituição tanto no Estado da 1.ª residência habitual do menor como no Estado para onde ele tenha sido ilicitamente transferido, as primeiras conservam a sua competência para decidir sobre o fundo do direito de guarda (assim, a decisão da *Cour de cassation* francesa, de 16 de Julho de 1993, já citada). De resto, neste casos, como acentua A. BUCHER, "La famille...", cit., p. 172, e porque a função preventiva da obrigação de restituição – preservar a competência das autoridades da residência habitual do menor e a efectividade das suas decisões – está assegurada, visto ter-se resposto o *statu quo* inicial, o pedido de restituição feito pelas autoridades do Estado para onde a criança tenha sido deslocada ilicitamente terá o particular significado de indiciar a necessidade de uma estabilização da situação da criança, o que abrirá frequentemente caminho, ao abrigo do princípio do interesse da criança, a um reexame do mérito do direito de guarda (ainda sobre esta questão, cf. B. CARRILLO CARRILLO, *op. cit.*, p. 229 ss.

Assim, indiciando esta possibilidade, na Alemanha, o *Bundesverfassungsgericht*, através de uma decisão de 29 de Outubro de 1998 (2 BvR 1206/98) [INCADAT: HC/E/DE 233; e publicada em *IPRax*, v. 20 (2000), p. 216 ss.], no caso *Tiemann* – e em que o pai, cidadão alemão, tinha raptado os filhos após a decisão do *Tribunal de grande instance* de Blois, de 25 de Setembro de 1997, depois confirmada pela *Cour d'appel de Orléans*, em 10 de Março de 1998, e pela *Cour de cassation*, em 22 de Junho de 1999 [INCADAT: HC/E/FR 498], ter recusado, ao abrigo do art. 13.º, § 1.º, *al. b)*, da Convenção da Haia, a restituição das crianças, que, por sua vez, tinham já sido deslocadas ilicitamente para França pela mãe –, e embora aceitando que os menores tinham já residência habitual na França, Estado onde se encontravam a viver há mais de 9 meses e onde estavam já integradas, alertou para a necessidade de nos raptos consecutivos se impor uma especial consideração do interesse da criança a aferir à luz do art. 13.º da Convenção da Haia. Seja como for, se o *Bundesverfassungsgericht* revogou a decisão recorrida proferida pelo *Oberlandsgericht* de Celle, em 9 de Julho de 1998, determinando a realização na instância recorrida de averiguações complementares e em que os menores fossem representados por um tutor, a pretensão do pai viria depois a decair novamente no *Oberlandsgericht* de Celle, agora cumpridas as imposições da jurisdição constitucional, tendo-lhe sido recusada razão, primeiro no recurso que voltaria a ser julgado pelo Tribunal Constitucional alemão e depois junto do Tribunal Europeu dos Direitos do Homem. E isto porque, no caso *Tiemann c. França e Alemanha* (proc. 47457/99 e proc. 47458/99), a 4.ª Secção do Tribunal Europeu, por decisão de 27 de Abril de 2000 – e numa intervenção onde se antevê uma notória con-

existência de uma decisão sobre a guarda não servirá de obstáculo à restituição da criança (art. 17.º)[99].

Por fim, no contexto deste claro pragmatismo, e evidenciando um transparente propósito de não defraudar o ímpeto unificador em que radica o esforço convencional, convergem ainda as atitudes particularmente restritivas quanto à intervenção da excepção da ordem pública internacional – que a Convenção não contempla expressamente, muito embora aí sempre possamos chegar, ainda que em termos circunscritos, através do art. 20.º – e quanto à possibilidade de formulação de reservas – de acordo com o art. 42.º, apenas são admitidas duas reservas, de resto, em matérias despiciendas.

8. Acontece, no entanto, que o rigor e simplicidade dos princípios que enunciámos aparecem-nos fortemente atenuados pelo leque relativamente amplo de obstáculos reconhecidos pela Convenção à restituição imediata da criança e que, concretizando um conjunto de excepções cuja humanidade e *sagesse* se antevêm como incontestáveis, apresentam o risco evidente de deixar o caminho aberto aos nacionalismos estaduais, isto é, "ao imperialismo do interesse da criança soberanamente apreciado pelo juiz em função dos critérios em uso no país"[100] – e é, em suma, por estas "cláusulas de salvaguarda" que têm passado muitas das frustrações do esforço convencional, visto elas permitirem, na prática, discussões sobre o mérito da guarda, descurando-se desse modo a distinção que a Convenção pretendeu manter entre a regulação do poder paternal e a restituição das crianças deslocadas ou retidas ilicitamente. E, com efeito, tor-

---

solidação da Convenção da Haia –, rejeitou a alegada violação do art. 8.º da Convenção europeia dos direitos do Homem, tanto por parte dos tribunais alemães – ao terem decretado a restituição ao abrigo da Convenção da Haia – como dos tribunais franceses – que teriam aplicado mal o art. 13.º da Convenção da Haia –, sancionando o entendimento de que as ingerências na vida familiar levadas a cabo pelas jurisdições francesas e alemãs eram legítimas, tanto mais que eram as permitidas por um documento convencional a que ambos os Estados se encontravam obrigados, e acentuando que o tribunal alemão, ao decretar a restituição da criança por entender que uma nova deslocação internacional seria contrária ao seu interesse superior, teria actuado dentro dos termos prescritos pelo art. 8.º, n.º 2, da Convenção europeia.

[99] *Vide* ainda, e caso a autoridade competente não tome uma decisão (positiva ou negativa) no prazo de 6 semanas a contar do momento em que tenha ocorrido a participação, o disposto no art. 11.º, § 2.º

[100] Seguimos a apreciação feita por H. FULCHIRON, "Les conventions internationales: présentation sommaire", *L'enfant et les conventions internationales*, cit., p. 29 s.

nou-se até usual acusar a excessiva utilização de tais excepções– e que o entendimento amplo dos múltiplos conceitos indeterminados contidos nas normas que as acolhem propende a viabilizar –, mau grado as vozes dos que, esmaecendo as preocupações subjacentes a tais cautelas e apoucando as normas que as objectivam como se de disposições estéreis se tratasse, sustentam uma restituição tão automática que é duvidoso que não estejamos já a assimilar a criança a uma coisa[101].

De qualquer maneira, se do afastamento de qualquer uma das excepções que legitimam, ao abrigo da Convenção, o indeferimento do pedido de restituição resulta a clara obrigatoriedade de o Estado requerido proceder à declaração e execução de uma ordem de regresso – e, nos termos do art. 17.º, tal imposição não será afastada pelo facto de existir no Estado de refúgio uma qualquer decisão, provisória ou definitiva, que atribua a guarda ao raptor –, será ainda legítimo questionar se mesmo quando se conclua pela verificação de alguns dos motivos de recusa de restituição poderá ser ordenado o regresso[102]. Na verdade, se não resulta da Conven-

---

[101] Assim, cf. a nota crítica de Y. LEQUETTE à decisão já referida (*supra*, n. 72) da *Cour d'appel d'Aix-en-Provence (6ᵉ Ch.)*, de 23 de Março de 1989, esp. p. 539.

[102] Cf. P. NYGH, "The International Abduction…", cit., p. 41 s.; P. BEAUMONT/P. MCELEAVY, *op. cit.*, pp. 127 e 155.

Assim, e no que respeita à objecção ao regresso do menor fundada na existência do consentimento do guardião, encontramos algumas decisões em que foi ordenada a restituição, apesar de efectuada a prova de tal excepção (assim, por exemplo, na Inglaterra, a decisão do *High* Court, de 6 de Setembro de 1999, no caso *Re D. (Abduction: Discretionary Return)* [INCADAT: HC/E/UKe 267], e, na Autrália, a decisão do *Full Court of the Family Court of Australia at Brisbane*, de 31 de Março de 1999, no caso *Townsend & Director-General, Department of Families, Youth and Community* [INCADAT: HC/E/AU 290]), relevando-se com vigor o interesse da criança e a tendencial vantagem das ordens de regresso do ponto de vista da prossecução da política geral subjacente à Convenção. Ora, se tais decisões não se fundamentam (sempre) exclusivamente no interesse da criança, devendo, *in casu*, efectuar-se a ponderação de outros factores (*vide*, por exemplo, o elenco estabelecido pelo juiz Waite, no caso *W. v. W. (Child Abduction: Acquiescence)*, decidido pelo *High* Court, em 13 de Novembro de 1992 [INCADAT: HC/E/UKe 52]), duas coisas parecem certas: por um lado, o interesse do menor não releva apenas no contexto da *al. b)*, do § 1.º do art. 13.º, ocorrendo a sua ponderação sempre que às autoridades, no uso de poderes discricionários, seja facultado o poder de ordenarem ou não a restituição (realçando essa independência, cf. a decisão do *Court of Appeal*, de 11 de Maio de 1992, no caso *Re A: (Minors) (Abduction: Custody Rights) (N.º 2)* [INCADAT: HC/E/UKe 51]); por outro lado, em alguns casos a ordem de restituição tenderá a compensar o carácter pouco convincente dos factos aduzidos para efectuar a prova do consentimento (cf., na Nova Zelândia, o caso *U. v. D.*, decidido pelo *Family Court* de Greymouth, em 13 de Março de 2002 [INCADAT: HC/E/NZ 472]).

ção a obrigatoriedade de recusar tal regresso – e é habitual referir-se aqui a abertura deixada na redacção dos arts. 12.º, § 2.º, e 13.º, § 1.º, e a possibilidade reconhecida pelo art. 18.º de, em qualquer altura, o Estado requerido vir a pronunciar-se pela restituição da criança, não estando, por isso, vinculado a protelar indefinidamente a permanência do menor no seu território –, parece pelo menos evidente que nesses casos será de rejeitar a possibilidade de a restituição vir a ser decretada de uma forma imediata, e através de um procedimento sumário, havendo antes que proceder a uma mais aprofundada análise do interesse do menor[103].

Mas, vejamos então quais os fundamentos que a Convenção admite possam vir a ser invocados contra a procedência de um pedido de restituição de uma criança retida ilicitamente num dos Estados-contratantes[104].

Por outro lado, e no que respeita à objecção prevista no art. 13.º, § 1.º, al. b), as autoridades têm sido mais cautelosas, o que se compreende se atendermos ao entendimento restritivo que tem presidido à concretização dos conceitos indeterminados constantes da norma. No entanto, por exemplo, na Nova Zelândia, no caso, McL v. McL, decidido em 12 de Abril de 2001, pelo Family Court at Christchurch [INCADAT: HC/E/UK 538], ordenou-se o regresso, mau grado a prova do circunstancialismo descrito na al. b) do art. 13.º; e, indiciando idêntica atitude, na Escócia, numa decisão de 9 de Fevereiro de 1996, a Outer House of the Court of Session, no caso Cameron v. Cameron (No. 2) [INCADAT: HC/E/UKs 77], admitia a possibilidade de ordenar o regresso, apesar da existência dos riscos a que a al. b), do art. 13.º alude, desde que fossem oferecidas garantias ou assumidos compromissos ("Undertakings").

[103] Com efeito, nestes casos, afigura-se até que muitas vezes as autoridades do Estado requerido assumirão jurisdição e apreciarão o mérito do direito de guarda, embora nem sempre isso seja imediatamente possível, pelo menos através de uma decisão definitiva, pois não é certo – e pensamos, por exemplo, nas soluções constantes do art. 7.º da Convenção da Haia de 1996 e a que voltaremos mais adiante – que a competência internacional das autoridades do Estado em que o menor tinha a sua residência habitual no momento imediatamente anterior ao rapto cesse pelo simples facto de se encontrarem preenchidas as condições que ao abrigo da Convenção de 1980 permitem a recusa da restituição do menor e se transpira para as autoridades do Estado do actual paradeiro do menor e onde, pelo menos em alguns casos, nem sequer se poderá dizer com propriedade que a criança tem a sua residência habitual.

[104] Para uma análise detida das excepções ao regresso imediato da criança previstas pela Convenção, vide, por exemplo, E. PÉREZ VERA, "Rapport explicatif", cit., esp. pp. 432 ss. e 458 ss.; BEAUMONT/P. MCELEAVY, op. cit., p 114 ss.; B. GÓMEZ BENGOECHEA, op. cit., pp. 43 ss., 90 ss. e 112 ss.; B. DESCHENAUX, L'enlèvement international..., cit., p. 47 ss.; P. NYGH, "The International Abduction...", cit., p. 36 ss.; S. DEMARS, op. cit., p. 375 ss.; Y. LEQUETTE, "Mineur", cit., p. 26 s.; CALVO CARAVACA/CARRASCOSA GONZÁLEZ, Derecho de familia internacional, cit., p. 372 ss.; L. SILBERMAN, "Hague Convention on International Child Abduction...", cit., p. 25 ss.; J. CALDWELL, "Child Welfare Defences in Child

8.1. Desde logo, e nos termos do art. 20.°, o regresso imediato da criança previsto pelo art. 12.° é susceptível de ser negado sempre que for susceptível de pôr em causa "os princípios fundamentais do Estado requerido relativos à protecção dos direitos do Homem e das liberdades fundamentais", fórmula considerada preferível à consagração de uma outra que mandasse atender aos "princípios do direito da família e de ordem pública" do Estado requerido e que – para além de destituída de sentido numa iniciativa que não trata dos conflitos de leis ou do reconhecimento das sentenças estrangeiras, mas antes se limita a conceber um mecanismo de carácter urgente e provisório[105] – daria certamente azo à discussão sobre o próprio mérito do direito de guarda, frustrando-se os intentos convencionais de estatuir o rápido regresso das crianças raptadas sem afectar o próprio fundo do direito de guarda (cf. art. 19.°). É que, nas palavras de ADAIR DYER[106], "[q]uando a situação da família se deteriorou até ao ponto de um filho ser raptado por um dos pais, os problemas de ordem pública espreitam por todo lado."[107]

Abduction Cases – Some Recent Developments", *CFLQ*, v. 13 (2001), p. 121 ss.; G. CARELLA, *op. cit.*, p. 789 ss.; M. FALLON/O. LHOEST, *op. cit.*, p. 32 ss.

No caso português, durante o período compreendido entre 1998-2000, e de acordo com as estatísticas do IRS, foram proferidas as seguintes decisões: em 1998, foram ordenados 6 regressos, tendo havido 5 recusas de restituição, designadamente, fundadas no art. 12.°, § 2.° (1 caso), no art. 13.°, *al. b)* (1 caso), no art. 13.°, *al. a)* (1 caso) e no art. 13.°, § 2.° (2 casos) (note-se que no leque dos 16 pedidos de restituição, apenas 11 foram decididos judicialmente, tendo ficado pendentes 3 pedidos); em 1999, dos 15 pedidos de regresso presentes junto da autoridade central portuguesa, apenas 2 foram julgados – tendo-se determinado em ambos os casos a restituição dos menores, embora nenhuma das ordens tenha sido executada por falta de localização das crianças, ficando os procedimentos, por isso, pendentes –, tendo os restantes processos ficado suspensos (3, mais os 2 já referidos) ou, então, terminado por causas várias [*v.g.*, entrega voluntária do menor (4), desistência do requerente (3), recusa de intervenção ao abrigo do art. 27.° (1), remessa do processo ao abrigo do art. 9.° (1); e não localização do menor (1)]; por fim, em 2000, entre 14 pedidos de regresso, foram ordenadas 4 restituições (embora num dos casos o desaparecimento do menor tenha impossibilitado o seu cumprimento), tendo apenas num caso ocorrido a recusa da restituição com fundamento no art. 13.°, *al. a)* [os restantes 9 processos culminaram na entrega voluntária (2) e na extinção do procedimento por falta de localização do menor (1), tendo os restantes 6 transitado para o ano seguinte].

[105] Cf. B. DESCHENAUX, "La Convention de La Haye...", cit., p. 126.
[106] A. DYER, "A Conferência da Haia...", cit., p. 25.
[107] Como releva H. BATIFFOL, "La quatozième...", cit., p. 234, esta outra solução permitiria que os Estados fizessem prevalecer as suas próprias regras sobre a guarda de crianças em caso de dissolução do casamento – tendo em conta, designadamente, a origem religiosa dos pais –, sem que isso pudesse dar lugar à intervenção de uma ju-

Na verdade, é certo que muitos tendem ver pouca utilidade nesta disposição, ora consumida pela previsão de outras normas do corpo convencional[108] ora pressupondo um circunstancialismo de verificação muito improvável atendendo ao âmbito geográfico e cultural dos Estados-contratantes e predestinada, por isso, a ser convocada em casos extremos – designadamente quando a restituição da criança a possa submeter ao risco de sujeição a trabalhos forçados, prostituição ou escravatura[109] ou, de qualquer modo, seja previsível a sua perseguição e discriminação ou a conformação dos direitos de guarda inteiramente alheada do princípio do interesse da criança[110] –, sobretudo em caso de alteração grave das condições jurídico-políticas existentes num Estado no momento da vinculação à Convenção da Haia, e que se consubstancie, por exemplo, num estado de guerra ou, de qualquer maneira, na ocorrência de mutações radicais em violação das convenções internacionais sobre os direitos do Homem[111].

---

risdição internacional na fixação da interpretação acolhida, visto caber a cada ordenamento determinar as regras do direito de família ou fixar a sua própria concepção de ordem pública.

[108] Como se repara em *Family Law in Europe*, cit., p. 196, o entendimento de que a hipótese a que se refere o art. 20.º se encontrava já coberta pela previsão do art. 13.º fez com que na transposição da Convenção para a legislação interna de alguns Estados – foi o caso do Reino Unido e da Finlândia – se tivesse omitido uma disposição com um conteúdo idêntico ao daquela norma. Aliás, também P. NYGH, "The International Abduction...", cit., p. 41, alerta para o facto de alguns dos motivos que são geralmente apontados como susceptíveis de invocação ao abrigo do art. 20.º parecerem colher melhor enquadramento no seio do art. 13.º, § 1.º, al. b) (v.g., o facto de a inexistência de assistência judiciária impedir o raptor de ver a sua pretensão de guarda analisada no país da residência habitual da criança).

[109] Assim, G. DROZ, "Regards...", cit., p. 129. E, igualmente acentuando o carácter pouco verosímil da convocação do art. 20.º, atendendo à proximidade cultural dos membros da Conferência, E. PÉREZ VERA, "El Convenio de La Haya...", cit., p. 576 s.

[110] Cf. A. SHAPIRA, op. cit., p. 198, e, pressupondo situações igualmente graves, a relevar a circunstância de não estar aqui em causa um mero "confronto abstracto de ordenamentos", G. CARELLA, *op. cit.*, p. 90 s.

[111] Cf., apontando a relevância da norma nestas situações, P. NYGH, "The International Abduction...", cit., p. 40 ss. De todo o modo, não deixa o Autor de acentuar que à invocação do art. 20.º subjaz muitas vezes a falta de confiança nas autoridades da residência habitual da criança ou a rejeição dos ordenamentos materiais que estas virão a aplicar e que muitas vezes se teme sejam indiferentes ao "interesse secular da criança". Ora, continua P. NYGH (*ibidem*), parece ser desajustado fazer uma investigação da base jurídica que fundamentará a decisão das autoridades do Estado da residência habitual da criança – e cuja rejeição tenderá muitas vezes a ser fruto de muito desconhecimento e de alguns

Por outro lado, e mesmo a defender-se um entendimento limitativo do âmbito de aplicação da norma[112], não devemos esquecer que entretanto o âmbito geográfico de Estados vinculados à Convenção da Haia se alargou substancialmente. E se não se trata agora de subscrever o entendimento de todos aqueles para quem "la notion d'ordre public est logiquement incompatible avec toute saine codification internationale du droit international privé"[113], havendo antes que lhe reconhecer, embora com uma intervenção delimitada, um papel necessário – a unificação do direito não pode ser um fim em si mesmo – e até útil – releve-se o desempenho de uma importante função tranquilizante –, haverá sempre que aceitar encontrar-se aí uma das importantes limitações à unidade do direito prosseguida pelo esforço convencional e afirmar a necessidade de uma ponderada utilização de tal excepção, fechando – na linguagem plástica de JOHANNES OFFERHAUS – "dans une cage étroite l'oiseau moqueur qui a nom «ordre public»"[114].

Seja como for, o que parece certo é que, apesar da ductilidade da fórmula utilizada, e sendo até discutível que em termos práticos se tenha logrado o resultado pretendido com a proscrição da usual excepção de ordem pública internacional ou porventura consolidado aqui – e para isso parece também contribuir a referência aos "princípios do Estado requerido" – uma ordem pública verdadeiramente internacional ou transnacional, uma vez diluída a concepção tradicional do instituto[115], o art. 20.º,

---

preconceitos –, tanto mais que a aceitação de compromissos internacionais há-de traduzir-se numa consequente aceitação dos outros sistemas jurídicos.

[112] Dentro deste espírito, no caso *Rayo Jabbaz v. Rolim Mouammar*, julgado pela decisão do *Court of Appeal for Ontario*, de 5 de Maio de 2003 [INCADAT: HC/E/CA 757], e onde se colocava o problema de saber se a ordem de regresso do menor para junto do guardião privado ilicitamente dos seus direitos de custódia poderia ser travada com fundamento na circunstância de esse progenitor ter no Estado da residência um estatuto migratório incerto, susceptível de tornar o regresso contrário à ordem pública do Estado requerido, pode ler-se: "courts should be very wary of grafting new public policy exceptions on to the Convention in the face of the very clear public policy represented in the Convention itself."

[113] As palavras são de B. NOLDE, "La codification du droit international privé", *Recueil des Cours*, t. 55 (1936), p. 416.

[114] Sobre estes aspectos, cf. M. VAN HOOGSTRATEN, "La codification par traités en droit international privé dans le cadre de la Conférence de La Haye", *Recueil des Cours*, t. 122 (1967), p. 412 ss.

[115] Na nossa doutrina, e sobre esta ordem pública verdadeiramente internacional, cf. FERRER CORREIA, "A venda internacional de objectos de arte e a protecção do património cultural", *RLJ*, ano 126.º (1993-1994), esp. p. 69 s.; MOURA RAMOS, *Da lei aplicável...*,

usualmente esgrimido em conjugação com o art. 13.º, § 1.º, *al. b)*, poucas vezes tem inviabilizado a restituição internacional das crianças ilegitimamente deslocadas[116]. Aliás, e muitas vezes por ocasião da invocação da

---

cit., p. 307 s., nota 471; MARQUES DOS SANTOS, *As normas de aplicação imediata no Direito Internacional Privado – Esboço de uma teoria geral*, Coimbra: Livraria Almedina, 1991, v. II, p. 1044 s.; IDEM, "Le statut des biens culturels en Droit International Privé", *DDC*, n.º 57-58 (1994), p. 36 ss.; LIMA PINHEIRO, *Direito Internacional Privado*, v. I, Coimbra: Almedina, 2001, p. 463 s.; IDEM, *Contrato de empreendimento comum (joint-venture) em Direito Internacional Privado*, Lisboa: Edições Cosmos, 1998, p. 652 ss.; MOURA VICENTE, *Da arbitragem comercial internacional – direito aplicável ao mérito da causa*, Coimbra: Coimbra Editora, 1990, p. 89 s.; IDEM, *Da responsabilidade pré-contratual em direito internacional privado*, Coimbra: Almedina, 2001, pp. 668 s. e 679.

[116] Justificando a recusa de restituição com fundamento no art. 20.º, cf., na jurisprudência espanhola, a decisão da *Audiencia Provincial Barcelona (Sección 1.ª)*, de 21 de Abril de 1997 [INCADAT: HC/E/ES 244], visto ter-se considerado que a guarda permanente e exclusiva atribuída ao pai em Israel, por um tribunal rabínico, se tinha fundado inteiramente nas regras religiosas judaicas e, designadamente, na intenção de punir a rebelião da mãe, inconsiderando de um modo absoluto o interesse superior da criança, desse modo apartada da progenitora com quem tinha sempre vivido. Por outro lado, e agora na Austrália, o *Family Court of Australia at Melbourne*, na decisão de 29 de Outubro de 1997, no caso *State Central Authority of Victoria v. Ardito*, considerou que seria contrário a qualquer sentimento de equidade ordenar o regresso para um país onde viria a ser regulada a guarda da criança sem a presença da mãe, impossibilitada de participar neste procedimento, visto ter-lhe sido recusado o visto de entrada nos E.U.A. [INCADAT: HC/E/AU 283].

Pelo contrário, são numerosas as situações em que se excluiu a verificação da lesão dos "princípios fundamentais relativos à protecção dos direitos do Homem e das liberdades fundamentais", embora por vezes apenas por escassez da prova carreada pela parte que invocava o art. 20.º, ou seja, na falta de "a clear and convincing evidence", como aconteceu nos E.U.A., no caso *Caro v. Sher*, decidido em 30 de Outubro de 1996, pelo *Superior Court of New Jersey, Chancery Division, Family Part, Monmouth County* [INCADAT: HC/E/USs 100].

Frequentemente, o afastamento do art. 20.º tem resultado do facto de se ter entendido que os direitos do menor não eram violados pela ordem de regresso. Neste contexto, os tribunais têm recusado pedidos sustentados, por exemplo, na pretensa ilegitimidade do mecanismo sancionado pela Convenção da Haia e, designadamente, da análise perfunctória do interesse da criança a que a ela dá guarida (cf. a decisão do *United States District Court of Ohio*, de 12 de Março de 1997, no caso *Ciotola v. Fiocca* [INCADAT: HC/E/USs 99]; a decisão do *High Court of Ireland*, de 27 de Novembro de 1992, no caso *C.K. v. C.K.* [INCADAT: HC/E/IE 288]; a decisão do *Constitutional Court* da África do Sul, de 4 de Dezembro de 2000, no caso *Sonderup v. Tondelli* [INCADAT: HC/E/ZA 309]; a decisão do Supremo Tribunal da Argentina, de 14 de Junho de 1995, no caso *W. v. O.* [*supra*, n. 61]; a decisão da *Cour d'appel d'Aix-en-Provence (6e Ch. A)*, de 8 de Outubro de 2002 [INCADAT: HC/E/FR 509]). E igual atitude foi assumida quando, contestando a restituição dos menores ao Estado da sua residência habitual, os subtractores alegaram

referida norma, as mais diversas jurisdições têm afirmado a compatibilidade do mecanismo instituído pela Convenção da Haia – ou pelos actos legislativos que a transpuseram para as ordens jurídicas internas – com os direitos fundamentais consagrados nas constituições dos Estados e nos documentos internacionais relativos aos direitos do Homem[117].

---

a lesão de direitos fundamentais da criança, como o direito à identidade cultural (*vide* a decisão do *Full Court of the Family Court of Australia at Brisbane*, de 16 de Março de 2000, no caso *The Director-General, Department of Families, Youth and Community Care v. Rhonda May Bennett*, e onde se invocou que as crianças eram assim impedidas de regressarem às suas origens culturais [INCADAT: HC/E/AU 275]), o direito à não extradição do Estado da nacionalidade (cf. a decisão do *Tribunal supérieur du Québec (Terrebonne, Formation familiale)*, de 17 de Maio de 1996, no caso *Y.D. v. J.B.* [INCADAT: HC/E/CA 369]), ou, por fim, o direito à manutenção de relações pessoais com ambos os progenitores (assim, a decisão de 29 de Março de 2000, da *Cour d'appel* de Grenoble, afasta este argumento, ressalvando, no entanto, a exigibilidade da manutenção do direito de visita [INCADAT: HC/E/FR 274]).

Por outro lado, igual destino tem sido dado às objecções levantadas contra o funcionamento convencional apoiadas na alegada preterição dos direitos do progenitor contra quem a ordem de regresso tenha sido proferida, sublinhando-se frequentemente a circunstância de não se tratar aqui de reconhecer ou dar execução a uma decisão estrangeira relativa à guarda dos filhos, caso em que o não cumprimento dos direitos de defesa das partes certamente poderia adquirir um valor sobressaliente (*v.g.*, a decisão já citada, do Supremo Tribunal da Argentina, no caso *W. v. O.*), e não ganhando, sobretudo, acolhimento a usual impugnação fundada na ideia segundo a qual as regras relativas à guarda vigentes no país da residência habitual do menor impediriam ilegitimamente o subtractor, e ainda que provisoriamente, de exercer a liberdade fundamental de circulação internacional (cf. a decisão do *United States District Court for the Eastern District of Michigan, Southern Division*, de 4 de Outubro de 1996, no caso *Freier v. Freier* [INCADAT: HC/E/USf 133]; a decisão de 13 de Julho de 2001, do *United States District Court for the Northern District of Illinois, Eastern Division*, no caso *Fabri v. Pritikin-Fabri* [INCADAT: HC/E/USf 484]; e as decisões do Tribunal Federal suíço, de 29 de Março e de 11 de Novembro de 1999 [INCADAT: HC/E/CH 427 e 455]), sendo até susceptíveis de violar a ordem pública internacional do Estado solicitado a ordenar a restituição (cf. a decisão do *Obergericht* do Cantão de Lucerna, de 31 de Agosto de 2001 [INCADAT: HC/E/CH 418]).

[117] Entre as decisões dos tribunais nacionais, e afirmando a referida conformidade, *vide*: na Alemanha, a decisão do *Bundesgerichtshof*, de 10 de Outubro de 1995 [INCADAT: HC/E/DE 310; ainda sobre a decisão, cf. J. PIRRUNG, "The Federal Constitutional Court Confronted with Punitive Damages and Child Abduction", *E Pluribus Unum. Liber Amicorum Georges A.L. Droz* ..., cit., p. 352 ss.]; na África do Sul, a decisão do *Constitutional Court*, no caso *Sonderup v. Tondelli* [*supra*, n. 116]; no Canadá, no caso *Parsons v. Styger*, a decisão do *Supreme Court of Ontario*, de 1 de Janeiro de 1989 [INCADAT: HC/E/CA 16]; nos E.U.A., a decisão de 13 de Julho de 2001, do *United States District Court for the Northern District of Illinois, Eastern Division*, no caso *Fabri v. Pritikin-Fabri* [*supra*, n. 116]; na Irlanda, as decisões do *High Court of Ireland*, de 27 de Novem-

8.2. Por outro lado, o art. 13.º, § 1.º, *als. a) e b)*, determina que o indeferimento da restituição será igualmente possível se a pessoa, institui-

---

bro de 1992, no caso *C.K. v. C.K.* [*supra*, n. 116]; e de 6 de Julho de 1993, no caso *W. v. Ireland* [INCADAT: HC/E/IE 289]; e, por fim, na República Checa, a decisão do Tribunal Constitucional, de 7 de Dezembro de 2000, no caso *Daoud/Daoud* [INCADAT: HC/E/ /CZ 468].

Por outro lado, também no seio do Tribunal Europeu dos Direitos do Homem tal orientação tem triunfado, alertando-se para a necessidade de os Estados, sob pena de violação do art. 8.º da Convenção europeia dos direitos do Homem, desenvolverem todas as medidas necessárias e adequadas de modo a garantir-se o cumprimento das obrigações assumidas nas convenções internacionais que promovem o regresso das crianças deslocadas ilicitamente, *maxime*, na Convenção da Haia de 1980. Assim, e lembrando ainda o caso *Tiemann c. França e Alemanha* a que já antes aludimos (*supra*, n. 98), no caso *Ignaccolo-Zenide c. Roménia* (proc. 31679/96), e em que se discutia uma deslocação ilícita, o Tribunal (1.ª Secção), através de uma decisão de 25 de Janeiro de 2000, e convocando pela primeira vez a Convenção da Haia, veio sancionar a ideia importante de que esta não se afigura incompatível com a Convenção europeia dos direitos do Homem. Pelo contrário, porque o favorecimento da reunificação familiar que o art. 8.º da Convenção europeia tutela (cf., sobre os termos em que se tem discutido o carácter *self*-executing desta disposição no domínio das relações de filiação, J. POUSSON-PETIT, *op. cit.*, p. 835 ss.) impõe obrigações positivas aos Estados que deverão ser interpretadas à luz da Convenção da Haia, a recusa em executar uma ordem de regresso pode constituir, como foi o caso, uma violação do art. 8.º, tanto mais que – e o Tribunal, convocando o art. 11.º da Convenção da Haia, não deixou de o recordar – este tipo de procedimentos impõe, já que "l'adéquation d'une mesure se juge à la rapidité de sa mise en oeuvre", "un traitement urgent, car le passage du temps peut avoir des conséquences irrémédiables sur les relations entre les enfants et celui des parents qui ne vit pas avec eux" [em sentido convergente, *vide* a decisão da 1.ª Secção do Tribunal Europeu, de 24 de Abril de 2003, no caso *Sylvester c. Áustria* (proc. 36812/97 e proc. 40104/98) e, agora em aplicação da Convenção luso-francesa de cooperação judiciária de cooperação judiciária relativa à protecção de menores, embora com constantes apelos à Convenção da Haia de 1980, a decisão de 26 de Junho de 2003, no caso *Maire c. Portugal* (proc. 48206/99), que resultou na condenação de Portugal, censurando a 3.ª Secção do Tribunal Europeu não apenas a demora na pronúncia da ordem de regresso – morosidade ligada a problemas de citação da requerida – como também a impossibilidade de em termos práticos se ter conseguido efectuar a localização do menor – que só viria a ocorrer 4 anos e meio após a apresentação do pedido de regresso junto da autoridade central francesa – e garantir eficazmente a sua entrega ao requerente, conforme tinha sido entretanto ordenado]. De resto, e utilizando uma argumentação idêntica, cf. ainda a decisão do Tribunal Europeu (4.ª Secção), de 29 de Abril de 2003, no caso *Iglesias Gil e A.U.I. c. Espagne* (proc. 56673/00), e em que o Estado espanhol foi condenado por não ter oficiosamente lançado mão dos procedimentos previstos pela Convenção da Haia tendentes a obter o rápido regresso da criança deslocada ilicitamente para os E.U.A e o cumprimento da decisão de guarda, havendo, por isso, uma violação do art 8.º da Convenção europeia decorrente da omissão dos "esforços adequados e suficientes para fazer respeitar o

ção ou organismo que se lhe opõe fizer prova de que quem tinha a criança a seu cargo antes da transferência ou retenção ilícita não exercia a guarda

---

direito da requerente ao regresso do seu filho e o direito de este se reunir à mãe, desconhecendo assim o seu direito ao respeito da vida familiar" (n.° 62), apesar de o requerente não ter tomado a iniciativa para desencadear o procedimento convencional. Para uma primeira apreciação da posição adoptada no seio do Tribunal Europeu, e onde este se assume como "juiz da boa aplicação da Convenção da Haia", cf. A. GOUTTENOIRE, "La Convention de La Haye du 25 octobre 1980 et la Cour européenne des droits de l'homme: les États parties ont l'obligation positive de prendre toutes les mesures nécessaires au retour de l'enfant", *Droit de la famille*, 8e année (2003), n.° 10, p. 6 ss.

Por outro lado, no caso *Balbontin c. Reino Unido*, na decisão de 14 de Setembro de 1999 (proc. 39067/97), a 3.ª Secção do Tribunal Europeu rejeitou a demanda do pai natural – que mantinha contactos regulares com o filho, embora não beneficiasse de uma *parental responsibility order*, pois a guarda estava exclusivamente atribuída à mãe – que, sustentando que o conceito de "custody" acolhido na Convenção sobre o rapto deveria ser interpretado à luz do art. 8.° da Convenção europeia dos direitos do Homem, pretendia reagir contra a decisão do *High Court* inglês e que se tinha recusado, ao abrigo do art. 3.° da Convenção da Haia, considerar ilícita a deslocação da criança para a Itália juntamente com a mãe. Ora, o Tribunal, lembrando jurisprudência já anteriormente firmada e assente na ideias de que "there exists an objective and reasonable justification for the difference in treatment between married and unmarried fathers with regard to the automatic acquisition of parental rights" (o que preclude a violação dos arts 8.° e 14.° da Convenção Europeia), e de que "the relationship between unmarried fathers and their children varies from ignorance and indifference to a close stable relationship indistinguishable from the conventional family based unit", disse lapidarmente: "the purpose of the Hague Convention is to ensure the speedy return, without lengthy proceedings or inquiries, of children who have been wrongfully removed from the person having their care. The Court considers that refusing to treat persons, like the applicant, who simply have contact with their child on an equal footing with persons who have the child in their care, such as those with custody, has an objective and reasonable justification. It lies in the different responsibilities involved in the two types of situation". Ou seja, a recusa em interpretar a noção de "custody powers" de modo a colocar o pai em pé de igualdade com um progenitor que detenha responsabilidades paternais encontra fundamento em causas objectivas e atendíveis [sobre esta decisão, cf. A. SCHULZ, "Der Europäische Gerichtshof für Menschenrechte, das Haager Kindesentführungsübereinkommen und das Sorge- und Umgansgsrecht (zu EuGMR, 14.9.99 – Beschwerde Nr. 39067/97 – Balbontin gegen das Vereinigte Königreich)", *IPRax*, v. 22 (2001), p. 91 ss.]. De resto, objectividade e atendibilidade que não foram questionadas, por exemplo, na decisão de 12 de Outubro de 2001, do Tribunal de Família e Menores e de Comarca do Seixal (2.° Família) (processo 908/2001) [INCADAT: HC/E/PT 411], embora, ainda assim, se tenha desmerecido o problema da competência (e do valor) da lei inglesa – a criança, filha de pais não casados, vivia com a mãe na Inglaterra antes de ser trazida para Portugal, pelo pai, sem o consentimento materno –, dizendo-se que, independentemente disso, "o menor dever[ia] continuar com a mãe pois era com ela que ele residia e era na Inglaterra que ele tinha o seu «centro de vida»", tanto mais que, verdadeiramente, como

em termos efectivos ou que autorizou ou concordou posteriormente com a deslocação ou retenção, ou, ainda, que existem riscos sérios de o regresso pôr em causa o bem-estar psíquico ou físico da criança ou, de qualquer maneira, de esta ficar numa situação intolerável.

8.2.1. Deixando agora de lado o problema de saber em que termos poderá ser considerada efectiva a guarda que era exercida no momento anterior ao da transferência ou retenção ilícita[118], e debruçando-nos espe-

---

alerta C. BRUCH, "O rapto civil de crianças e os tribunais ingleses", *Infância e Juventude*, 1993, n.º 4, p. 67, trata-se de um problema que reside nas leis nacionais [...] e não na Convenção".

Em geral sobre o entendimento que o Tribunal Europeu dos Direitos do Homem tem dado ao art. 8.º da Convenção europeia, cf. F. RIGAUX, "Le respect de la vie familiale d'après la jurisprudence de la Commission européenne des droits de l'homme", *Festschrift für Friedrich Wilhelm Bosch zum 65. Geburtstag am 2. Dezember 1976*, Walther Habscheid, Hans Friedhelm Gaul und Paul Mikat (Hrsg.), Bielefeld: Verlag Ernst und Werner Gieseking, 1976, p. 813 ss.; POUSSON-PETIT, *op. cit.*, p. 826 ss.; A. BUCHER, "La famille...", cit., p. 82 ss.; A. BRÖTEL, "Schutz des Familienlebens", *RabelsZ*, v. 63 (1999), p. 590 ss.; A. BAINHAM, *op. cit.*, p. 598 ss.; M.-T. MEULDERS-KLEIN, "Internationalisation des droits de l'homme et évolution du droit de la famille: un voyage sans destination?, *La personne...*, cit., p. 495 ss.; *Le droit au respect de la vie familiale au sens de la Convention européenne des droits de l'homme*, Frédéric Sudre (dir.), Bruxelles: Nemesis/Bruylant, 2002.

[118] Sobre esta questão – afinal, o elemento fáctico que identifica as relações protegidas pelo mecanismo convencional –, e esclarecendo a relação entre o art. 3.º, al. b), e o art. 13.º, al. a), sendo certo que se concorda que no primeiro caso a prova, a cabo do requerente da restituição, deve ser meramente "indiciária", *vide* ainda: E. PÉREZ VERA, "Rapport explicatif", cit., p. 448 s.; *IDEM*, "El Convenio de La Haya...", cit., p. 574 s.; Y. LEQUETTE, "Mineur", cit., p. 24 s.; BEAUMONT/P. MCELEAVY, *op. cit.*, p. 83 ss.; B. GÓMEZ BENGOECHEA, *op. cit.*, p. 76 ss; PERMANENT BUREAU, *Report of the Third Special Commission...*, cit., n.º 18 s.

Seja como for, muitas vezes o conceito em causa tende a ser equiparado à mera possibilidade de fixar a residência habitual da criança – sendo aqui questionável o interesse em ordenar a restituição, sobretudo se o guardião em termos jurídicos apenas exerce, de facto, um mero direito de visita – e é interpretado pelas instâncias nacionais de uma forma ampla, considerando-se que em causa devem estar situações extremas, mormente, de abandono e negligência, bastando para que se considera haver um exercício efectivo ter o titular da guarda mantido algum contacto com a criança. Assim, por exemplo, no caso *Friedrich v. Friedrich*, decidido pelo *United States Court of Appeals for the Sixth Circuit*, em 13 de Março de 1996 [INCADAT: HC/E/USf 82], afirmou-se o seguinte: "Enforcement of the Convention should not to be made dependent on the creation of a common law definition of «exercise.» The only acceptable solution, in the absence of a ruling from a court in the country of habitual residence, is to liberally find "exercise" whenever a parent with de *jure* custody rights keeps, or seeks to keep, any sort of regular contact with his or her child."

cificamente sobre a segunda hipótese prevista na *al. a)*, do § 1.°, do art. 13.°, é de realçar, desde logo, que o conceito convencional de consentimento tem dado lugar a interpretações muito divergentes – alimentando uma jurisprudência luxuriante, designadamente no universo anglo-saxónico –, encontrando-se, todavia, sedimentado junto das jurisdições nacionais o entendimento segundo o qual ele deverá adquirir um sentido autónomo relativamente aos direitos internos[119], sendo irrelevante, de resto, do

---

E, indiciando ainda um entendimento amplo do "exercício efectivo dos direitos de guarda", *vide*, na Inglaterra, a decisão do *High Court*, na decisão do caso *Re W. (Abduction: Procedure)*, de 25 de Janeiro de 1995 [INCADAT: HC/E/UKe 37]; na Austrália, a decisão do *Full Court of the Family Court of Australia at Sydney*, de 7 de Novembro de 1996, no caso *Director General, Department of Community Services Central Authority v. J.C. and J.C. and T.C.* [INCADAT: HC/E/AU 68]; na Escócia, a decisão do *Outer House of the Court of Session*, de 3 de Maio de 2002, no caso *O'R v. O'R* [INCADAT: HC/E/UKs 507], na França, a decisão da *Cour d'appel de Aix-en-Provence (6ᵉ Ch.)* (*supra*, n. 72); na Nova Zelândia, a decisão do *Court of Appeal of New Zealand*, de 20 de Setembro de 1999, no caso *The Chief Executive of the Department for Courts for R. v. P.* [INCADAT: HC/E/NZ 304]; na Suiça, a decisão do *Tribunal cantonal d'Horgen*, de 13 de Fevereiro de 1992, no caso *K. v. K.* [INCADAT: HC/E/SZ 299], e a decisão da *Cour d'appel* de Berna, de 27 de Janeiro de 1998 [*supra*, n. 61].

Pelo contrário, demonstrando uma solução mais restritiva, o Tribunal da Relação de Évora, no acórdão de 4 de Março de 2004 [*CJ*, ano XXIX (2004), t. II, p. 235 ss.], defendeu não estarem verificados os requisitos do art. 3.° da Convenção – não tendo esta, por isso, aplicação –, havendo de resto, e concordando aqui com a decisão recorrida, uma situação de preenchimento da factualidade relevada no art. 13.°, *al. a)*, por ter entendido que o facto de a criança ter sempre vivido com a mãe depois da separação de facto dos cônjuges, e apesar de o pai ter iniciado após a deslocação para o estrangeiro – que ocorreu cerca de um ano após a ruptura da vida familiar comum – um processo tendente à aquisição da guarda exclusiva da criança, configurava uma hipótese em que este não exercia efectivamente a guarda, conquanto não resulte clara a inexistência de um qualquer relacionamento entre o pai e filho durante o período em que os progenitores, embora separados, continuaram a viver na Suíça. Por outro lado, na decisão de 29 de Maio de 1990, o Tribunal da Relação do Porto (*supra*, n. 61), ignorando que, antes da deslocação para Portugal, o tribunal americano tinha estabelecido um prazo para a permanência da criança no estrangeiro, negou a ilicitude da retenção, conjuntamente com a afirmação de que a criança tinha passado a residir habitualmente em Portugal, com fundamento na circunstância de que a guarda atribuída ao pai pelos tribunais americanos, após a vinda da criança para Portugal, não estava a ser efectivamente exercida.

[119] Alertando especificamente para esta necessidade, *vide House of Lords*, na decisão de 10 de Abril de 1997, no caso *Re H. and Others (Minors) (Abduction: Acquiescence)* [INCADAT: HC/E/UKe 46]; *Supreme Court of Ireland*, na decisão de 6 de Maio de 1998, no caso *R.K. v. J.K. (Child Abduction: Acquiescence)* [INCADAT: HC/E//IE 285].

ponto de vista da Convenção, que o anuimento tenha ocorrido ou não num momento anterior ao da deslocação ou retenção ilícita[120].

Seja como for, afigura-se razoável que não se dê o valor de aquiescência à mera resignação ou tolerância no momento imediatamente posterior ao rapto por parte do progenitor cujo direito foi posto em causa – manifestada, *v.g.*, no envio de um postal ou das roupas e brinquedos, num telefonema ou, inclusivamente, numa visita[121] – nem ao facto de já ter

---

[120] Com efeito, e até porque o art. 13.º, § 1.º, as refere expressamente, não se levantam na prática problemas no tocante ao relevo das duas situações e que nos ordenamentos internos podem até ter designação diversa (para a formulação da distinção, assente num critério exclusivamente temporal, entre *consent* e *acquiescence*, *vide*, por exemplo, na Inglaterra, a decisão do *Court of Appeal*, de 12 de Fevereiro de 1992, no caso *Re A. (Minors) (Abduction: Custody Rights)* [INCADAT: HC/E/UKe 48]), sendo, aliás, o anuimento, em qualquer das modalidades, irretractável (cf., por exemplo, na Inglaterra, a decisão do *Court of Appeal*, de 26 de Novembro de 1997, no caso *Re S. (Abduction: Acquiescence)* [INCADAT: HC/E/UKe 49]; e, em Portugal, a decisão do Tribunal judicial da comarca de Ponte de Sôr, de 5 de Abril de 2000 [inédito], e onde a decisão de recusa de regresso à Austrália se fundamentou no facto de o pai, quando para aí voltou, ter inicialmente assentido, "no exercício do poder paternal", na permanência do filho em Portugal, embora seja discutível que a criança tenha efectivamente mantido a sua residência habitual na Austrália, já que os pais, emigrantes portugueses na Austrália, tinham conjuntamente decidido retornar a Portugal, com a intenção de aqui permanecerem e procurarem melhores condições de vida, embora, por circunstâncias várias, o pai só cá tenha ficado cerca de oito meses], não carecendo, por isso, de ser contínuo, podendo verificar-se em qualquer momento, mesmo que já tenham sido iniciados os procedimentos de restituição ao abrigo da Convenção.

[121] Na verdade, como foi relevado, por exemplo, na Inglaterra, no caso *Re H. and Others (Minors) (Abduction: Acquiescence)* (*supra*, n. 119), quando a *House of Lords* foi chamada a pronunciar-se sobre o recurso interposto da decisão do *Court of Appeal*, de 19 de Julho de 1996, no caso *H. v. H. (Abduction: Acquiescence)* [INCADAT: HC/E/UKe 169], o que interessa é que os passos dados pelo requerente do regresso sejam "demonstradamente inconsistentes" com a perseverança do pedido da restituição imediata da criança.

Assim, por exemplo, no Reino Unido, num caso em que o detentor do direito de guarda violado se deslocou ao estrangeiro para visitar os filhos, manifestou a intenção de aí se instalar e, inclusivamente, aí participou num procedimento destinado a regular o direito de guarda – e tendo um conhecimento vago do funcionamento da Convenção da Haia –, o *Court of Appeal*, através da decisão de 25 de Março de 1998, no caso *Re D. (Abduction: Acquiescence)*, determinou, recorrendo à orientação firmada na *House of Lords*, a existência de um verdadeiro consentimento [INCADAT: HC/E/UKe 178], orientação que, de resto, tem sido igualmente acolhida noutros Estados chamados a pronunciarem-se sobre situações análogas (*vg.*, o Supremo Tribunal da Finlândia, na decisão de 15 de Junho de 1995, indeferiu um pedido de restituição com fundamento na existência de negociações, devidamente assistidas pelos organismos sociais e pelos conselheiros legais dos

expirado o prazo de 1 ano a que a Convenção se refere, sem que tenha sido obtido o regresso[122]. Porém, sempre se deverão exigir actos que manifestem uma intenção certa e inequívoca de renúncia ao regresso da criança – criando fundadamente no subtractor a convicção que o outro progenitor não lançará mão de qualquer procedimento tendente a obter a restituição da criança –[123], não carecendo, no entanto, tal anuimento de revestir a

---

interessados, que tinham culminado num acordo relativo aos direitos de guarda e visita [INCADAT: HC/E/FI 359]). Por outro lado, e agora nos E.U.A., o facto de o pai ter mudado as fechaduras da casa e enviado todos os pertences das crianças e da mãe, tendo consciência, por isso, que não estava a autorizar uma mudança temporária, foi tido como consentimento e, por isso, julgado incompatível com um pedido de restituição (caso *Dimer v. Dimer*, julgado pelo *Superior Court of the State of Washington, King County*, em 24 de Maio de 1999 [HC/E/USs 218]). Contrariamente, numa situação em que o progenitor destituído ilegalmente da guarda tinha enviado para os E.U.A. dinheiro, flores e presentes para a mulher e para a filha, chegando mesmo a investigar a possibilidade de aí os visitar ou de aí arranjar trabalho, o *United States District Court for the Northern District of Illinois, Eastern Division*, no caso *Tabacchi v. Harrison*, julgado em 8 de Fevereiro de 2000 [INCADAT: HC/E/USf 465], entendeu que não havia consentimento, tanto mais que o pai tinha imediatamente procurado as autoridades competentes no país da residência habitual quando a mãe tinha anunciado a sua intenção de partir.

[122] O que não quer dizer que a inactividade do guardião destituído ilicitamente do direito de custódia não possa ser valorada como consentimento, sendo incerto, no entanto, o período que para esse efeito deverá ser exigido, tudo dependendo das circunstâncias do caso e do modo como o progenitor privado da guarda se comportou durante o espaço de tempo durante o qual não interpôs um qualquer pedido ao abrigo da Convenção da Haia (neste sentido, na Escócia, a decisão de 12 de Dezembro de 2001, da *Outer House of the Court of Session*, no caso *A.Q. v. J.Q.* [INCADAT: HC/E/UKs 415]). Seja como for, achou-se ter havido consentimento, pelo decurso do tempo, por exemplo, na Inglaterra, no caso *W. v. W. (Child Abduction: Acquiescence)*, decidido pelo *High Court*, em 13 de Novembro de 1992 (*supra*, n. 102), e, na Austrália, no caso *Director-General, Department of Families, Youth and Community Care v. Thorpe*, decidido em 30 de Setembro de 1997, pelo *Family Court of Australia at Brisbane* [INCADAT: HC/E/AU 212].

No entanto, e recusando a existência de aquiescência, por se ter entendido não existir uma "inoperatividade inexplicável", *vide*, na Escócia, a decisão do *Inner House of the Court of Session (Extra Division)*, de 16 de Novembro de 1994, no caso *Soucie v. Soucie* [INCADAT: HC/E/UKs 107], e a decisão do caso *M.M. v. A.M.R. or M.*, proferida também na Escócia pela *Second Division of the Inner House, Court of Session*, de 14 de Novembro de 2002 [INCADAT: HC/E/Uks 500].

[123] Neste contexto, é particularmente significativa a orientação firmada pela *House of Lords*, no caso *Re H. and Others (Minors) (Abduction: Acquiescence)*, e onde, rejeitando a tradicional distinção entre "active acquiescence" – situação em que existe um comportamento incompatível com a vontade de obter o regresso, não se devendo atribuir importância às motivações do comportamento – e "passive acquiescence" – caso em que ocorre o decurso do tempo sem que o progenitor mostre intenção de obter o regresso da criança, justificando-

forma escrita nem de ser formulado expressamente, podendo antes resultar implicitamente da conduta posterior do progenitor cujo direito de custódia foi violado[124]. Por outro lado, embora se acentue frequentemente a necessidade de assegurar o seu carácter credível e consistente, livre e esclarecido[125], não se impõe que a aceitação tenha sido emitida com pleno

-se, por isso, a ponderação das razões da inactividade e do espírito do parente que foi vítima do rapto –, e que tinha presidido à decisão da instância recorrida (o *Court of Appeal*), a Câmara dos Lordes veio estatuir que a existência do consentimento há-de ser na generalidade dos casos apreciada em função da intenção subjectiva de quem supostamente o presta – ou seja, existirá sempre que o progenitor ilicitamente privado do direito de guarda, "as a matter of subjective intention", consente de facto na deslocação ou retenção da criança –, embora excepcionalmente também deva considera-se ter ocorrido quando as palavras e acções do progenitor destituído do direito de custódia, "as a matter of objective consideration", mostrem clara e inequivocamente – e levaram o outro progenitor a pensá-lo – que não insistirá no regresso da criança, sendo a sua conduta, por isso, incongruente com um pedido de restituição. Sobre o entendimento acolhido nesta decisão, e que tem sido convocado não apenas no Reino Unido (*v.g.*, *Court of Appeal*, 27 de Novembro de 2002, *Re S (A Child)* [INCADAT: HC/E/UKe 490]), como também na Austrália, pela decisão do *Family Court of Western Australia*, de 24 de Abril de 1997, no caso *Commissioner, Western Australia Police v. Dormann* [INCADAT: HC/E/AU 213], e pela decisão do *Family Court of Western Australia at Perth*, de 12 de Julho de 2001, no caso *Barry Eldon Matthews (Commissioner, Western Australia Police Service) v. Ziba Sabaghian* [INCADAT: HC/E/AU 345]; na África do Sul, pela decisão do *Supreme Court of Appeal*, 16 de Março de 2001, no caso *Smith v. Smith* [INCADAT: HC/E/ZA 499]; e na Irlanda, pela decisão do *Supreme Court*, de 6 de Maio de 1998, no caso *R.K. v. J.K. (Child Abduction: Acquiescence)* (*supra*, n. 119), *vide* cf. P. BEAUMONT/P. MCELEAVY, *op. cit.*, p. 115 ss.

[124] Admitindo expressamente, por exemplo, que o consentimento não tenha de ser escrito, provado por documento ou, inclusivamente, e como resulta já dos exemplos que convocámos, prestado de uma forma expressa, cf., na Inglaterra, as decisões do *High Court*, de 27 de Julho de 1997, no caso *C. (Abduction: Consent)* [INCADAT: HC/E/UKe 53], e de 22 de Janeiro de 1997, no caso *Re K. (Abduction: Consent)* [INCADAT: HC/E/UKe 55]. No entanto, e com um entendimento mais restrito, embora sem apoio na jurisprudência posterior, a decisão do *High Court*, de 25 de Janeiro de 1995, no caso *Re W. (Abduction: Procedure)*, e onde se defendeu que a prova deveria ser "clear and compelling", devendo o consentimento revestir a forma escrita ou, pelo menos, constar de um documento (*supra*, n. 118).

[125] Assim, na Inglaterra, o *Court of Appeal*, na decisão de 21 de Dezembro de 1990, no caso *Re A. and Another (Minors: Abduction)* [INCADAT: HC/E/UKe 158], entendeu que não existiria a credibilidade e consistência a que aludimos numa situação em que o progenitor destituído ilicitamente dos seus direitos de custódia, embora manifestando verbalmente a intenção de não utilizar um qualquer procedimento tendente a assegurar o regresso dos filhos do estrangeiro – supostamente, *v.g.*, apenas para remover eventuais objecções à visita dos filhos –, concomitantemente desencadeou no Estado da residência habitual um processo destinado a obter a guarda (exclusiva) dos menores, pelo que o raptor não po-

conhecimento dos mecanismos de tutela que a Convenção assegura para combater o rapto[126].

Neste contexto, tem-se ainda discutido com alguma assiduidade, e para além da questão dos factores que hão-de ser ponderados em concreto para se poder ordenar a restituição da criança, apesar da existência do consentimento[127], o peso que deverá ser dado à existência de negociações entre os progenitores, sobretudo quando, como acontece frequentemente, elas tendam a convergir na renúncia à guarda em troca de vantagens económicas. Com efeito, também o entendimento segundo o qual tais negociações deverão ser consideradas, por princípio, irrelevantes se afigura adequado[128], tanto mais que não é despiciendo que, e independentemente

---

deria ter confiado legitimamente nas palavras de assentimento do outro progenitor. Neste contexto, sobre o valor das palavras, cf. ainda P. BEAUMONT/P. MCELEAVY, *op. cit.*, p. 123 ss.

Por outro lado, e relevando as circunstâncias que rodeiam a formulação da vontade de consentir, os tribunais têm-se recusado a aceitar a existência de um verdadeiro anuimento quando a inactividade do guardião se deveu a um conselho jurídico errado (assim, por exemplo, no caso *Boy v. Boy*, o *High Court at Wellington* (Nova Zelândia), na decisão de 28 de Abril de 1994 [INCADAT: HC/E/NZ 517]) ou quando o consentimento foi prestado por ocasião de uma "situação emocional turbulenta", "não absolutamente clara nem isenta de paixões" (ainda na Nova Zelândia, no caso *U. v. D.*, a decisão do *Family Court* de Greymouth, de 13 de Março de 2002 [*supra*, n. 102], posição, de resto, análoga à já assumida, na Inglaterra, pela *House of Lords*, no caso *Re H. and Others (Minors) (Abduction: Acquiescence)* (*supra*, n. 119), quando lembrava que normalmente não seria possível discernir uma conduta "clear and convincing" em "passing remarks or letters written by a parent who has recently suffered the trauma of the removal of his children").

[126] Na jurisprudência, *vide* a decisão de 12 de Fevereiro de 1992, do *English Court of Appeal*, no caso *Re A (Minors) (Abduction: Custody Rights)* (*supra*, n. 120), segundo a qual o consentimento "must be based on an informed acceptance of the breach of custodial right, but need not to involve an awareness that there is a remedy under the Convention". Realçando igualmente o carácter irrelevante de um "specific knowledge" sobre o mecanismo convencional, embora exigindo o conhecimento dos factos e do carácter ilícito da deslocação ou retenção, *vide* as decisões do *English Court of Appeal*, de 25 de Março de 1998, no caso *Re D. (Abduction: Acquiescense)* (*supra*, n. 121), e de 26 de Novembro de 1997, no caso *Re S. (Abduction: Acquiescence)* (*supra*, n. 120), e, agora na Irlanda, a decisão do *Supreme Court*, no caso *R.K. v. J.K. (Child Abduction: Acquiescence)* (*supra*, n. 119). Ainda sobre esta questão, cf. P. BEAUMONT/P. MCELEAVY, *op. cit.*, p. 118 s.

[127] *Supra*, n. 102.

[128] Alertando para a necessidade de relevar com parcimónia a existência de negociações destinadas a assegurar a reconciliação dos pais ou a obtenção de um acordo relativamente à restituição da criança, *v.g.*, a decisão da *House of Lords*, no caso *Re H. and Others (Minors) (Abduction: Acquiescence)* (*supra*, n. 119). Por outro lado, e agora na França, a *Cour de Cassation (1ʳᵉ Ch. civ.)*, por aresto de 16 de Julho de 1992 [INCADAT: HC/E/FR 65], entendeu que na falta de prova clara e unívoca, a existência de um acordo

do carácter (i)lícito de tais acordos ou da (i)legitimidade da utilização do mecanismo convencional de restituição enquanto forma de imposição de cumprimento das convenções das partes[129], a sua relevância possa constituir em geral um franco incentivo à atitude de recusa sistemática das vias amigáveis de resolução dos conflitos familiares, com base no receio de que isso possa significar um consentimento da deslocação internacional da criança[130].

Por fim, note-se ainda que a falta de consentimento do guardião constitui na economia convencional o fundamento para que a restituição da criança seja ordenada, e não um pressuposto da ilicitude da deslocação (art. 3.º), mau grado o notório desconforto causado pela afirmação do carácter ilícito de uma deslocação ou retenção consentida. Ora, este enquadramento da questão tem implicações importantes, não apenas no respeitante ao regime da prova[131], mas igualmente no que se refere aos poderes de apreciação das autoridades, já que através da mobilização do art. 13.º sempre lhes restará o poder discricionário de, embora aceitando a existência de um anuimento, deferirem o pedido de regresso da criança[132].

---

provisório relativo à guarda celebrado no contexto de negociações não era bastante para se concluir pela existência de consentimento. No entanto, num sentido não inteiramente coincidente, e defendendo que o progenitor deverá manifestar claramente que o recurso à conciliação ou a outros procedimentos não exclui um pedido de restituição imediata da criança ao abrigo da Convenção, cf., na Inglaterra, a decisão do *Court of Appeal*, de 19 de Julho de 1996 (*supra*, n. 121).

[129] E. PÉREZ VERA, "Rapport explicatif", cit., p. 461, n.º 115, não deixava já de antever na possibilidade de invocar o consentimento para obstar à restituição a proscrição de uma eventual utilização da Convenção como instrumento de *"marchandage* entre as partes".

[130] Sobre estas questões, H. BOSSE-PLATIÈRE, "L'application par les tribunaux français...", cit., p. 422 s.; P. NYGH, "The International Abduction...", cit., p. 37.

[131] O ónus da prova impende, assim, sobre o raptor, cabendo-lhe por isso carrear os elementos probatórios bastantes para se determinar a existência do consentimento do progenitor cujo direito foi alegadamente violado pela deslocação ou retenção da criança no estrangeiro. Na jurisprudência, *vide* a decisão do *Court of Appeal*, de 28 de Julho de 2004, no caso *Re P (A Child) (Abduction: Acquiescence)* [INCADAT: HC/E/UKe 591], e, excluindo ainda expressamente uma investigação *ex officio*, a decisão do *Oberlandsgericht* de Colónia, no caso 21 UF 70/01, de 12 de Abril de 2001 [INCADAT: HC/E/UKe 491].

[132] Alertando para estas implicações, *vide*, na jurisprudência, sustentando o recurso ao art. 13.º, embora aceitando que a deslocação da criança com o consentimento do guardião não é ilícita, a decisão do *High Court*, no caso *C. (Abduction: Consent)* (*supra*, n. 124). E a convocação do art. 13.º é a dominante, tendo sido reiterada noutras ocasiões, designadamente, na Inglaterra, no caso *Re D. (Abduction: Discretionary Return)*, decidido pelo *High Court*, em 6 de Setembro de 1999 (*supra*, n. 102), e no caso *Re P (A Child) (Abduction: Acquiescence)*, decidido pelo *Court of Appeal*, em 28 de Julho de 2004 (*supra*, n. 131), na Irlanda, no caso *B.B. v. J.B.*, decidido, em 28 de Julho de 1997, pelo *Supreme*

8.2.2. Já no tangente à *al. b)*, encontramos em tal fundamento o eco de "a narrowly constructed version of the «welfare of the child» principle"[133], devendo haver uma particular contenção por parte das autoridades decidentes na apreciação de tal circunstancialismo, sob pena de entrarmos a passos largos na apreciação do mérito da guarda que estava a ser exercida no estrangeiro[134]. Na verdade, e como acentua ANDREAS BUCHER[135],

---

Court [INCADAT: HC/E/IE 287], e defendida na doutrina, convocando-se em seu favor o argumento segundo o qual o exercício dos poderes discricionários terá a vantagem adicional de assim se tutelar melhor o interesse da criança, eventualmente em situação de perigo (assim, P. BEAUMONT/P. MCELEAVY, *op. cit.*, p. 127 ss.).

No entanto, também na Inglaterra, *o High Court*, na decisão de 14 de Fevereiro de 1997, no caso *Re O. (Abduction: Consent and Acquiescence)* [INCADAT: HC/E/ UKe 54], veio defender um tratamento diferenciado das questões, dizendo que o problema do consentimento nem sempre deveria ser relevado no seio do art. 13.°, § 1.°, designadamente quando não esteja em causa o consentimento em si mesmo, mas apenas a existência de um vício da vontade, caso este que deverá ser tratado no contexto do art. 3.° E, agora na Austrália, também o *Family Court of Australia at Brisbane*, através da decisão de 13 de Dezembro de 1994, no caso *Marriage of Regino and Regino v. The Director-General, Department of Families Services and Aboriginal and Islander Affairs Central Authority* [INCADAT: HC/E/AU 312], recusou a ilicitude das deslocações consentidas, proscrevendo, por isso, o recurso ao art. 13.°

[133] Assim, A. SHAPIRA, *op. cit.*, p. 196.

[134] De qualquer forma, e procurando limitar o âmbito de tal objecção à pronúncia de uma ordem de regresso, o Regulamento (CE) n.° 2201/2003, do Conselho, de 27 de Novembro de 2003, estatui que o Estado onde a criança se encontra ilicitamente deslocada ou retida não poderá recusar o regresso ao abrigo da *al. b)* do art. 13.°, "se se provar que foram tomadas medidas adequadas para garantir a sua protecção após o regresso" (art. 11.°, n.° 4). Não se trata, de resto, de uma solução particularmente surpreendente, se não esquecermos que a Convenção da Haia possibilita que, ao abrigo do art. 36.°, os Estados-contratantes celebrem acordos derrogatórios que limitem o alcance das excepções consagradas nos arts. 13.° e 20.°, mas que tem um particular relevo se pensarmos que, por exemplo, em 1999, 26,4% dos indeferimentos judiciais de pedidos de restituição internacional formulados ao abrigo da Convenção se fundamentaram exclusivamente na verificação do art. 13.°, *al. b)* (cf. LOWE/ARMSTRONG/MATHIAS, *A Statistical Analysis...*, cit., p. 16).

[135] *Vide* "La famille...", cit., p. 164 s., enquadrando o Autor, de resto, em tal disposição os seguintes casos: a) risco grave de a criança no regresso vir a ser maltratada ou privada de cuidados essenciais (materiais e afectivos), mesmo que tal situação já existisse no momento do rapto; b) existência de um perigo sério para a criança emergente da situação geral do país da residência habitual e que a colocaria, *v.g.*, em perigo de exploração ou a viver em condições miseráveis de subsistência, tanto mais que o rigor da Convenção parece que não foi pensado para os casos em que os Estados têm graus de desenvolvimento social e económico muito diferenciados (*v.g.*, M. ESTRADO CASTILLO, "Homeless Children and Their Right to Family Life: the Reality in Latin America", *Children on the Move...*, cit., p. 154, refere-se, a este propósito, à possibilidade de mudar "to a better life in another

encontra-se aqui a chave da eficácia da Convenção da Haia, pelo que, embora seja habitual referir-se a necessidade de não converter tal disposição numa norma em branco, em termos gerais é notória a intenção de circunscrever a sua convocação[136], insistindo-se sobretudo que o risco a que aí se alude não deverá consistir apenas na (inevitável) perturbação psicológica resultante para a criança da simples restituição internacional operada em cumprimento do mecanismo convencional[137], tendo antes a

---

society"); c) no país da residência habitual da criança as decisões de guarda não atendem ao interesse da criança e assentam em critérios discriminatórios em função do sexo ou da religião (cf. ainda art. 20.°).

[136] Assim, em *Re A (A minor) (Abduction)* [INCADAT: HC/E/ UKe 23], o *Court of Appeal* inglês concretizou lapidarmente tal preceito, numa decisão de 10 de Junho de 1987: "[T]he risk has to be more than an ordinary risk, or something greater than would normally be expected on taking a child away from one parent and passing him to another. [...] [N]ot only must the risk be a weighty one, but that it must be one of substantial, and not trivial, psychological harm."

Indiciando análogo pendor restritivo, vejam-se os seguintes casos, habitualmente referidos a este propósito: nos E.U.A., *Friedrich v. Friedrich, United States Court of Appeals for the Sixth Circuit*, 13 de Março de 1996 (*supra*, n. 118), e *Blondin v. Dubois, United States Court of Appeals for the Second Circuit*, 17 de Agosto de 1999 [INCADAT: HC/E/USf 216]; na Nova Zelândia, *Anderson v. Central Authority for New Zealand, Court of Appeal*, 11 de Junho de 1996 [INCADAT: HC/E/NZ 90]; na Inglaterra, *Re C. (Abduction: Grave Risk of Physical or Psychological Harm), Court of Appeal*, 12 de Fevereiro de 1999 [INCADAT: HC/E/UKe 269], *Re C. (Abduction: Grave Risk of Physical or Psychological Harm), Court of Appeal*, 23 de Abril de 1999 [INCADAT: HC/E/UKe 421], *T.B. v. J.B. (Abduction: Grave Risk of Harm), Court of Appeal*, 19 de Dezembro de 2000 [INCADAT: HC/E/UKe 419], e *Re H. (Children) (Abduction), Court of Appeal*, 20 de Março de 2003 [INCADAT: HC/E/UKe 496].

No entanto, e adoptando uma leitura menos exigente do art. 13.°, § 1.°, al. b), da Convenção, vejam-se: na Austrália, as decisões de 27 de Junho de 2001, do *High Court*, no caso *DP. v. Commonwealth Central Authority* [INCADAT: HC/E/AU 346] e no caso *JLM v. Director-General NSW Department of Community Services* [INCADAT: HC/E/AU 347], na França, as decisões da *Cour de Cassation*, de 12 de Julho de 1994 [INCADAT: HC/E/FR 103] e de 22 de Junho de 1999 [*supra*, n. 98], na África do Sul, a decisão de 14 de Fevereiro de 2003, da *Natal Provincial Division*, no caso *Pennello v. Pennello* [INCADAT: HC/E/ZA 497], e na Nova Zelândia, a decisão do *High Court* de Wellington, de 30 de Outubro de 2002, no caso *El Sayed v. Secretary of State* [INCADAT: HC/E/NZ 495].

[137] Neste sentido, *v.g.*, cf. H. BOSSE-PLATIÈRE, "L'application par les tribunaux français...", cit., p. 420, criticando a decisão da *Cour de Cassation (1re Ch. civ.)*, de 12 de Julho de 1994 [*supra*, n. 136], e onde se integrou no conceito de "perigo" a existência "d'un nouveau changement dans les conditions de vie actuelles de l'enfant déplacé" (comentando ainda esta decisão, *vide* ainda I. BARRIÈRE-BROUSSE, *op. cit.*, p. 864, Y. LEQUETTE, "Mineur", cit., p. 27; e H. MUIR-WATT, *Revue Critique*, v. 84 (1995), p. 98 ss.). No entanto, e indiciando um entendimento mais restritivo do art. 13.°, § 1.°, al. b), na prática gaulesa,

excepção em causa sido concebida fundamentalmente para os casos em que o perigo é imputável ao guardião cujo direito tenha sido violado e que procura agora a restituição da criança – e oscilando-se aqui, no seio de variações numerosas, entre uma questionável "Fugitive Disentitlement Doctrine"[138] e, no oposto, a defesa de que deverá ainda ser exigível a demonstração de que as autoridades do Estado da residência habitual não estariam em condições de salvaguardar o interesse da criança[139] – ou, pelo

---

veja-se, por exemplo, a decisão da *Cour d'appel* de Grenoble, de 29 de Março de 2000 [INCADAT: HC/E/FR 274].

[138] De acordo com esta concepção, o "fugitive status" do requerente implica, afinal, que lhe seja vedado o direito de recorrer às autoridades judiciais do Estado que o persegue. Seja como for, se esta concepção foi aceite nos tribunais norte-americanos (cf. *United States Court of Appeals for the Sixth Circuit*, 14 de Julho de 1995, *In re Prevot* [HC/E/USf 150]), entretanto, tem-se procurado amenizar o rigor do princípio, estabelecendo os critérios que devem circunscrever a sua aplicação. Neste contexto, excluiu-se a aplicação da "Fugitive Disentitlement Doctrine", ora porque o requerente apenas era formalmente acusado pela violação de "civil orders" (cf. *United States Court of Appeals for the Sixth Circuit*, 19 de Abril de 2001, *March v. Levine* [HC/E/USf 386]) ora por se ter entendido que não havia a necessária relação entre o "fugitive status" – não dependente de uma condenação definitiva ou de um pedido de extradição – e o pedido realizado ao abrigo da Convenção da Haia (cf. *United States Court of Appeals for the First Circuit*, 25 de Julho de 2000, *Walsh v. Walsh* [HC/E/USf 326], que reconheceu, no entanto, o carácter excessivamente severo de tal doutrina no domínio das acções relativas às responsabilidades parentais). De qualquer maneira, o "fugitive status" tende a relevar noutros países, funcionando aí, no entanto, como uma das circunstâncias que no caso concreto poderão levar a considerar-se verificado o circunstancialismo nefando descrito no art. 13.°, § 1.°, *al. b)* (assim, *v.g.*, no Canadá, cf. *J.E.A. v. C.L.M.*, *Nova Scotia Court of Appeal*, 23 de Outubro de 2002 [INCADAT: HC/E/CA 754], e *Kovacs v. Kovacs*, *Ontario Superior Court of Justice*, 23 de Abril de 2002 [INCADAT: HC/E/CA 760]).

[139] Assim, o *High Court* de Auckland, na decisão de 28 de Maio de 1999, no caso *S. v. S.* [INCADAT: HC/E/NZ 296], sustentou que não bastava provar que a atribuição da guarda (ou de um direito de visita) ao progenitor requerente da restituição sujeitaria a criança a riscos inadmissíveis, impondo-se também comprovar que as autoridades do Estado-requerente não tutelariam o seu bem-estar, designadamente nos procedimentos tendentes a regular o mérito dos direitos de guarda e visita. Ainda nesta linha, embora longe de se provar a existência de tais riscos, o Tribunal judicial de Santa Maria da Feira, na decisão de 25 de Setembro de 2001 [*supra*, n. 61]), fundamentou a sua decisão também na circunstância de a autoridade central do Estado requerente (a Austrália) "afiança[r] ter competência para providenciar pelo bem-estar das crianças em caso de regresso".

De qualquer maneira, se encontramos decisões que recusaram a restituição, ao abrigo do art. 13.°, § 1.°, *al. b)*, com fundamento ora na provável inactividade das autoridades do Estado da residência de modo a ser assegurada a protecção de uma criança, *v.g.*, supostamente vítima de abusos sexuais por parte do progenitor requerente (cf., na Escócia, a decisão de 27 de Abril de 2000, da *Outer House of the Court of Session*, no caso *Q., Pe-*

menos, às condições gerais do Estado para onde o menor deverá ser transferido[140]. Aliás, mesmo que se entenda que do ponto de vista do interesse da criança a fonte do risco é indiferente – sendo, por isso, possíveis situações em que o mero regresso constituiria por si só fonte de uma instabilidade tal que abicaria na lesão insuportável do interesse superior do menor –, e deixando agora de lado as situações típicas a que aludimos,

---

titioner [INCADAT: HC/E/UKs 341], e, nos E.U.A., a decisão do *United States Court of Appeals for the First Circuit*, de 12 de Outubro de 2004, no caso *Danaipour v. McLarey* [INCADAT: HC/E/USf 597]), ora na falta de assistência médica adequada no Estado da residência habitual (na Austrália, a decisão do caso *DP. v. Commonwealth Central Authority* [*supra*, n. 136]), ora na impossibilidade de o *abductor* poder contestar com sucesso uma acção de guarda, ameaçando, por isso, suicidar-se (na Austrália, o caso *JLM v. Director-General NSW Department of Community Services* [*supra*, n. 136]), o que indicia, muitas vezes, a falta de confiança nas autoridades e nos sistemas jurídicos estrangeiros, no entanto, e frequentemente, os tribunais requeridos têm afirmado a possibilidade de as situações de perigo serem adequadamente debeladas no Estado da residência habitual do menor (na Escócia, *Outer House of the Court of Session*, 21 de Maio de 1999, *D.I. Petitioner* [INCADAT: HC/E/UKs 352], e, na Inglaterra, *High Court*, 22 de Março de 2000, *R.e M. (Abduction: Intolerable Situation)* [INCADAT: HC/E/UKe 477], e *High Court*, 30 de Novembro de 1998, *Re L. (Abduction: Pending Criminal Proceedings* [HC/E/UKe 477], chegando a apontar-se, para o efeito, a necessidade de uma cooperação directa entre as autoridades dos Estados envolvidos (cf., por exemplo, nos E.U.A., os casos *Blondin v. Dubois, United States Court of Appeals for the Second Circuit*, 17 de Agosto de 1999 [*supra*, n. 136], e *In the Matter of L.L. (Children), Family Court of New York*, 22 de Maio de 2000 [INCADAT: HC/E/USs 273]).

[140] No que respeita a esta última situação, o caso de Israel constitui o exemplo flagrante de uma leitura restritiva do art. 13.º, § 1.º, *al. b*). Na verdade, na generalidade dos casos tem-se entendido que o regresso ao território israelita não exporia a criança a perigos intoleráveis, por ausência de um verdadeiro estado de guerra, designadamente na Alemanha (*Amtsgericht* de Zweibruecken, 25 de Janeiro de 2001 [INCADAT: HC/E/DE 392]), na Inglaterra (*High Court*, 14 de Julho de 1993, no caso *Re S. (Minors) (Abduction: Wrongful Retention)* [*supra*, n. 61], e *Court of Appeal*, 3 de Julho de 2002, no caso *Re S. (A Child) (Abduction: Grave Risk of Harm)* [INCADAT: HC/E/UKe 469]), na Argentina (Tribunal de Buenos Aires de 1.ª instância, 5 de Outubro de 2001, *A. v. A.* [INCADAT: HC/E/AR 487]), na Dinamarca (*Vestre Landsret* (tribunal de recurso), 11 de Janeiro de 2002, *V.L.K.* [INCADAT: HC/E/DK 519]), na França (*Cour d'appel d'Aix-en-Provence (6e Ch. A)*, 8 de Outubro de 2002 [*supra*, n. 116]), nos E.U.A. (*United States District Court for the Eastern District of Michigan, Southern Division*, 4 de Outubro de 1996, *Freier v. Freier* [*supra*, n. 116], e *United States Court of Appeals for the Eighth Circuit*, 5 de Agosto de 2003, *Silverman v. Silverman* [INCADAT: HC/E/USf 530]). Suportando, no entanto, um entendimento contrário, veja-se *Full Court of the Family Court of Australia at Sydney*, 27 de Maio de 2002, *Janine Claire Genish-Grant and Director-General Department of Community Services* [INCADAT: HC/E/AU 458].

haverá que concordar que apenas em casos contados e excepcionais uma mera ordem de regresso se revestirá da gravidade e/ou intolerabilidade que, de acordo com o art. 13.º, § 1.º, *al, b)*, da Convenção, justificam a recusa de restituição internacional[141], devendo atender-se neste juízo a circunstâncias várias, designadamente à idade da criança e ao facto de nem sempre o raptor colocar de parte a hipótese de regressar, conjuntamente com o menor, ao país onde este residia no momento anterior ao rapto, mas impondo-se, sempre, uma atitude particularmente cautelosa quando se apreciam os eventuais danos psicológicos causados à criança derivados exclusivamente da sua separação do abductor.

Com efeito, nesta concreta questão, as posições sancionadas nos diversos arestos não são inteiramente coincidentes, havendo, no entanto, uma orientação dominante no sentido de decretar a restituição mesmo nos casos em que se tem procurado impedi-la com base na eventualidade de danos psicológicos causados à criança pela mera separação do raptor, que não pode, ou não quer, acompanhá-la no regresso ao país da sua residência habitual[142]. Porém, é de referir que amiúde, designadamente nas situa-

---

[141] Se é verdade, como se disse na decisão do Supremo Tribunal do Canadá, no caso *Amanda Louise Thomson c. Paul Thomson e outros* (*supra*, n. 51), "from a child centred perspective, harm is harm", por outro lado, há que reconhecer que a produção de alguma instabilidade psicológica é inevitável quando se trata de dar cumprimento a uma ordem de restituição, não visando o art. 13.º, por isso, a mera "ruptura, insegurança e ansiedade" causadas pelo regresso (assim, na Autrália, o *High Court*, nas decisões de 27 de Junho de 2001, nos caso *DP. v. Commonwealth Central* e *JLM v. Director-General NSW Department of Community Services* [*supra*, n. 136] ou, pelo menos, devendo, de qualquer modo, como ainda se relevou na decisão do *Court of Appeal*, de 14 de Dezembro de 1988, no caso *C. v. C. (Minor: Abduction: Rights of Custody Abroad)* (*supra*, n. 72), confiar-se na competência das autoridades do Estado-requerente para minimizarem ou eliminarem os traumas ocasionados pelo regresso.

[142] Sobre esta questão, cf. P. BEAUMONT/P. MCELEAVY, *op. cit.*, p. 145 ss., e particularmente crítico no que toca, em geral, à alegação do risco de um dano psicológico, e cuja determinação tende muitas vezes a converter-se numa apreciação do mérito da guarda e dos progenitores que a disputam, G. SKOLER, "A Psychological Critique of International Child Custody and Abduction Law", *FLQ*, v. 32 (1998), p. 557 ss.

No que respeita à prática jurisprudencial, e espelhando este entendimento restritivo, e as intenções que lhe estão subjacentes, *vide*: nos E.U.A., caso *Panazatou v. Pantazatos, Superior Court of Connecticut, Judicial District of Hartford*, 24 de Setembro de 1997 [INCADAT: HC/E/USs 97]; no Canadá, *Court of Appeal* do Quebeque, 23 de Agosto de 2002 e 22 de Abril de 1999, nos casos *M.G. v. R.F.* [INCADAT: HC/E/ /CA 762] e *N.P. v. A.BP.* [INCADAT: HC/E/CA 764]; na Inglaterra, os casos *C.V.C. (Minor: Abduction: Rights of Custody Abroad)* (*supra*, n. 72) e *Re C. (Abduction: Grave Risk of Psychological Harm)* [INCADAT: HC/E/UKe 269], decididos pelo *Court of*

ções mais melindrosas, e onde o perigo a que se refere o art. 13.º se afigura mais consistente, se tem procurado em termos práticos levantar os

---

Appeal em 14 de Dezembro de 1988 e 12 de Fevereiro de 1999; na Nova Zelândia, *High Court* de Auckland, de 11 de Junho de 2003, no caso *KS v. LS* [INCADAT: HC/E/NZ 770]; e, na Austrália, a decisão de 12 de Outubro de 1990, do *Full Court of the Family Court of Austrália at Sydney*, no caso *Director General of the Department of Family and Community Services v. Davis* [INCADAT: HC/E/AU 293], e a decisão do *Family Court of Austrália* (Brisbane), de 24 de Setembro de 1999, no caso *Director-General Department of Families, Youth and Community Care and Hobbs* (*supra*, n. 72). De resto, tal propósito limitativo é notório nas linhas de orientação traçadas pelo *Bureau Permanent* da Conferência, ao dizer, por exemplo, que a recusa de restituição, com fundamento nos prejuízos decorrentes para a criança da separação do raptor (ao abrigo do art. 13.º, § 1.º, al. b), só deverá ser admitida: 1) se houver um relatório preciso que demonstre que a restituição da criança a sujeitaria a um risco grave de trauma psíquico; 2) se tal risco for superior ao resultante de a criança ficar privada de contacto com o progenitor cujo direito de guarda foi lesado com a deslocação ilícita; 3) se não for viável o regresso do raptor com a criança, mesmo tendo em conta as promessas do guardião feitas às autoridades (de qualquer um dos Estados) de que facilitaria o regresso do raptor ao país de origem (*apud* A. DYER, "Les conventions...", cit., p. 74).

Pelo contrário, mostrando mais receptividade ao argumento segundo o qual a separação da criança do raptor poderá originar danos graves e irreparáveis, e criticando uma leitura do art. 13.º que não seja feita do ponto de vista da criança, vejam-se os seguintes arestos: na França, as decisões da *Cour de Cassation* (*1ʳᵉ Ch. civ.*), de 12 de Julho de 1994 (*supra*, n. 136), e de 22 de Junho de 1999 (*supra*, n. 98); na África do Sul, a decisão de 14 de Fevereiro de 2003, do *Natal Provincial Division*, no caso *Pennello v. Pennello* [*supra*, n. 136]; e na Austrália, a decisão do *Family Court of Australia at Melbourne*, na decisão de 29 de Outubro de 1997, no caso *State Central Authority of Victoria v. Ardito* (*supra*, n. 116) e, sobretudo, porque na decisão que acabamos de referir tinha sido vedado à mãe o direito de voltar ao país da residência habitual do filho, a decisão do *Full Court of the Family Court of Australia*, de 26 de Agosto de 2003, no caso *Director-General, Department of Families v. RSP* [INCADAT: HC/E/AU 544]. Também entre nós, a Relação de Évora (*supra*, n. 118) entendeu que a restituição para a Suíça de uma criança de tenra idade, que, opondo-se ao regresso, vivia há dois anos exclusivamente com a mãe em Portugal, perfeitamente integrada na família materna, "seria susceptível de lhe causar danos de natureza psíquica e emocional", achando-se preenchido o circunstancialismo previsto pelo art. 13.º, al. b). De resto, análoga argumentação, amplamente suportada no princípio do interesse da criança, foi desenvolvida pelo Tribunal judicial da comarca de Ponte de Sôr, numa decisão de 17 de Janeiro de 2001 [inédita], chamado a decidir um pedido de restituição de uma menor de 5 anos trazida para Portugal pela mãe e com quem sempre tinha vivido, embora dias antes da deslocação a guarda tivesse sido dada ao pai por uma decisão inglesa, de 9 de Fevereiro de 2000. Efectivamente, o tribunal, sugerindo a verificação das *als. a)* e *b)* do art. 13.º da Convenção, viria a indeferir o pedido, apoiando-se no facto de a criança "estar perfeitamente integrada no seu actual meio familiar e social", "desfruta[ndo] da estabilidade, do afecto e do cuidado necessários a uma criança da sua idade", pelo que, "privá-

obstáculos (legais e materiais) que impedem ou dificultam o regresso do raptor, reconhecendo, assim, o carácter benéfico de um retorno conjunto, não se abstendo, de resto, os tribunais de frequentemente atender às causas que especificamente determinam a recusa ou a impossibilidade (ou inexigibilidade) do regresso do raptor[143] – o que indicia, em rigor, a ponderação de factores não abrangidos especificamente nos critérios contidos na *al. b)* do § 1.º do art. 13.º, ou, pelo menos, não imputáveis ao progenitor que requereu a restituição ou à situação do Estado para onde se envia o menor –, e de irrelevar a origem dos perigos a que a norma em causa se refere, dando antes particular ênfase às circunstâncias concretas que caracterizariam o regresso do menor e o período imediatamente subsequente, não postergando, deste modo, a sobressaliência de riscos não derivados de uma conduta censurável do progenitor que requer o regresso ou da situação do Estado para onde se trata de enviar a criança[144].

-la do convívio de quem exerceu sempre, de forma efectiva, o poder paternal e do novo ambiente em que está inserida, representaria certamente um corte psicológico e emocional com consequências imprevisíveis ao nível do desenvolvimento da menor." E também na decisão do Tribunal da Relação do Porto, de 29 de Maio de 1990 (*supra*, n. 61), se considerou estar verificado o circunstancialismo do art. 13.º, *al. b)*, visto que, servindo a Convenção os interesses do menor, não se poderiam ignorar circunstâncias várias, como, por exemplo, a idade do menor, a importância da presença da mãe nos seus primeiros anos de vida, as boas condições familiares, sociais e económicas em que vivia em Portugal, o desconhecimento da situação actual do pai e das causas que tinham levado o tribunal americano a atribuir-lhe, após a vinda para Portugal da criança, a guarda exclusiva.

[143] Assim, por exemplo, na Inglaterra, e embora ordenando a restituição da criança, o *Court of Appeal*, na decisão de 3 de Julho de 2002, no caso *Re S. (A Child) (Abduction: Grave Risk of Harm)*, excluiu a irrazoabilidade de uma recusa de regresso fundada em razões médicas (*supra*, n. 142).

[144] *Vg.*, no caso *Director-General, Department of Families v. RSP* (*supra*, n. 140), o tribunal australiano recusou a restituição com fundamento no risco de um dano psicológico irreparável que seria causado à criança pelo suicídio provável da mãe caso a restituição fosse ordenada (atendendo a idêntica probabilidade de suicídio do raptor, veja-se, ainda na Austrália, e em sentido convergente, a decisão do caso *JLM v. Director-General NSW Department of Community Services* [*supra*, n. 136]). Por outro lado, em muitos casos em que o regresso implicaria alegadamente um trauma para a criança derivado da separação dos irmãos (assim, *v.g.*, a decisão escocesa no caso *Q., Petitioner* [*supra*, n. 139], e a decisão inglesa, do *Court of Appeal*, de 18 de Abril de 2000, no caso *Re T. (Abduction: Child's Objections to Return* [INCADAT: HC/E/UKe 270]) ou do recomeço dos contactos entre os progenitores, marcados por níveis elevados de violência (*v.g.*, a decisão do *Family Court of Australia*, de 17 de Setembro de 2003, no caso *State Central Authority, Secretary to the Department of Human Services v. Mander* [INCADAT: HC/E/AU 574]), os tribunais têm defendido estar verificado o circunstancialismo justificante da retenção previsto

Assim, se relativamente ao primeiro leque de motivos elencados no art. 13.°, as dificuldades da prática convencional se têm prendido sobretudo à determinação da existência de um consentimento relevante, já no que se refere à segunda parte dessa norma, a experiência tem demonstrado estar aqui um dos preceitos nucleares da Convenção, sendo o risco grave de que o regresso exponha a criança a perigos, físicos ou psíquicos, ou a coloque numa situação intolerável, na maior parte das vezes, o fundamento em que os tribunais louvam o indeferimento dos pedidos de restituição. Na verdade, e se pode afirmar-se que a tendência geral consiste em deixar às autoridades da residência habitual do menor a valoração sobre o mérito do direito de guarda, pois os tribunais dos Estados requeridos ao abrigo da Convenção tendem a refrear a tentação para ajuizar sobre a questão de saber qual dos dois progenitores reúne as condições para ser o melhor guardião – censurando-se até, frequentemente, este "lavar de mãos"[145] –, muitas vezes, porém, e olvidando ainda que se trata de ordenar o regresso do menor ao país da sua residência habitual e não necessariamente para junto do requerente[146], as autoridades entram inequivocamente na avaliação dos méritos relativos dos progenitores, ponderam em termos aprofundados o interesse concreto da criança – determinando diligências demoradas sobre a sua situação actual –, sobre-avaliam o facto de o menor se encontrar bem junto do raptor e de uma eventual alteração lesar a sua estabilidade e, à mínima desconfiança relativamente ao progenitor requerente ou ao ambiente em que o menor será colocado caso seja estatuída a restituição, propendem claramente para o indeferimento do pedido

---

no art. 13.°, § 1.°, *al. b)*. Ainda realçando a irrelevância da origem dos perigos a que se refere o art. 13.°, *vg.*, C.V.C. (*Minor: Abduction: Rights of Custody Abroad*) (*supra*, n. 72) e *Louise Thomson c. Paul Thomson e outros* (*supra*, n. 51).

[145] Entre nós, e censurando-se o facto de a oposição ao regresso ter sido "desprezada", traduzindo-se a decisão recorrida, por isso, num inadmissível "alheamento judicial", pois o tribunal de 1.ª instância não se havia pronunciado sobre a oposição ao regresso que o pai fundamentava na alegada verificação do art. 13.°, *al. b)*, cf. Relação de Lisboa, acórdão de 2 de Maio de 1989 [*CJ*, ano XIV (1989), t. IV, p. 107 ss.].

[146] Pelo contrário, e porque a Convenção não esclarece se a restituição da criança deverá ser feita necessariamente para o país da residência habitual, pode acontecer que o Estado requerido ordene a entrega da criança ao guardião independentemente de este ainda residir no Estado onde a criança tinha a sua residência habitual no momento do rapto, tanto mais que a Convenção pretende fundamentalmente reprimir a subtracção do menor de um certo meio que é na generalidade dos casos o meio familiar (sobre esta omissão deliberada da Convenção, e apoiando a flexibilidade da solução assim prosseguida, cf. E. PÉREZ VERA, "Rapport explicatif", cit., p. 459 s.).

de restituição, esquecendo, assim, que a Convenção da Haia é – seguindo a advertência do juiz CHAMBERLAND[147] – "a fragile tool" e que qualquer interpretação menos rigorosa das excepções aí contempladas tende a "comprometer rapidamente a sua eficácia".

De resto, mesmo quando o não fazem, tem-se vindo a intensificar, designadamente nos países anglo-saxónicos, a prática de o regresso ser ordenado na condição de serem assumidos determinados compromissos, designadamente pelo progenitor requerente, ou de serem tomadas determinadas providências (os "undertakings" podem consistir, *v.g.*, na manutenção da criança junto do raptor até que no Estado de origem do menor se assegure o seu realojamento e apoio financeiro, na suspensão da execução da restituição até que o raptor possa desencadear no Estado da residência habitual do menor os procedimentos tendentes à instauração de medidas provisórias de protecção ou à pronúncia de uma decisão de regulação do poder paternal, no condicionamento da restituição à garantia de que o raptor não será perseguido criminalmente no Estado do regresso), de cujo preenchimento poderá, inclusivamente, depender a própria execução da ordem de regresso, sendo até usual que tais obrigações sejam formalizadas através de "mirror orders" – decisões proferidas nos dois Estados envolvidos, de conteúdo idêntico, e de onde constam as promessas do requerente ou as condições estabelecidas pelo Estado requerido para estatuir o regresso – e de "safe harbour orders" – decisões proferidas pelas autoridades do Estado-requerente e que permitem ao raptor regressar ao país de origem, definitiva ou provisoriamente, sem o risco de a sua entrada ser impedida ou de ser perseguido, civil ou criminalmente[148].

---

[147] No caso *M.G. v. R.F.*, decidido pelo Tribunal de apelação do Quebeque (*supra*, n. 142).

[148] Assim, por exemplo, no caso *Sonderup v. Tondelli* (*supra*, n. 116), o Tribunal Constitucional da África do Sul, e defendendo que a situação da criança resultaria adequadamente tutelada se o regresso ocorresse juntamente com a mãe, aceitou do pai as seguintes garantias: desistência do procedimento criminal, pagamento de alimentos e das despesas que a mãe e a criança suportariam no regresso e, designadamente, das custas judiciais de uma acção relativa à guarda, e, por fim, obtenção de uma decisão das autoridades canadianas (o *Supreme Court of British Columbia*) que atestasse os compromissos assumidos. De resto, e no que respeita à possível perseguição criminal do raptor no momento do regresso, e aos efeitos que ela poderá ter sobre a criança, os tribunais nem sempre têm demonstrado igual sensibilidade. Na verdade, se encontramos decisões em que tal facto tem sido irrelevado, deixando-se tal problema inteiramente nas mãos das autoridades do Estado para onde é ordenado o regresso (assim, por exemplo, na Inglaterra, as decisões do *High Court*, de 12 de Fevereiro de 1999, no caso *Re C. (Abduction: Grave Risk*

Contudo, a atitude das autoridades estatais tem sido aqui muito heterogénea. E isto, porque se tem esgrimido contra tais práticas[149], para além

---

of Psychological Harm) [*supra*, n. 142], e de 30 de Novembro de 1998, no caso *Re L. (Abduction: Pending Criminal Proceedings)* [INCADAT: HC/E/UKe 358]), noutros casos, todavia, e reflectindo as preocupações demonstradas nesta matéria pelo PERMANENT BUREAU (*Conclusions and Recommandations of the Fourth Meeting*..., cit., p. 12, 5.2.), as autoridades requeridas têm procurado assegurar, pelo contacto com as autoridades estrangeiras, que o regresso da criança se faça de um modo pacífico e cuidadoso (assim, a decisão inglesa, do *High Court*, de 16 de Agosto de 1999, no caso *Re M. and J. (Abduction) (International Judicial Collaboration)* [INCADAT: HC/HC/UKe 266]).

[149] Desde logo, parece certa a ideia de que a actividade das autoridades centrais não deve acabar com o acto de restituição da criança, sobretudo quando tenha havido a invocação do art. 13.°, § 1.°, *al. b)*, e mesmo assim tenha havido uma ordem de regresso. Com efeito, e de modo a prevenir que a restituição da criança a coloque numa situação intolerável, têm-se desenvolvido em certos Estados mecanismos tendentes a organizar o regresso da criança ao país de origem. Para assegurar o funcionamento de tais mecanismos, para além da colaboração directa entre as autoridades decidentes dos Estados envolvidos – com o inequívoco reforço da confiança de que a criança, uma vez regressada, não ficará destituída de protecção –, tem-se apontado a necessidade de definir as condições que poderão rodear a ordem de regresso e os termos em que há-de ser assegurado o cumprimento dos compromissos assumidos, designadamente, perante as autoridades estrangeiras. De todo o modo, tal via leva-nos claramente no sentido de uma co-decisão entre as autoridades do Estado requerido e as de origem. Sobre esta organização conjunta da reinserção do menor no Estado onde tinha a sua residência no momento anterior ao rapto, cf. A. BUCHER, "La famille...", cit., p. 166 ss.; P. BEAUMONT/P. MCELEAVY, *op. cit.*, p. 156 ss.; P. NYGH, "The International Abduction...", cit., pp. 38 s. e 45.

Seja como for, encontramos numerosos arestos onde o regresso dos menores foi subordinado ao cumprimento de certas condições – é certo que nem sempre com a mesma amplitude, embora reconhecendo-se na generalidade dos casos o seu carácter provisório, pois destinadas a assegurar um regresso seguro e a durar apenas, por isso, até à intervenção de fundo das autoridades do Estado da residência habitual –, designadamente, no Canadá (Supremo Tribunal do Canadá, 20 de Outubro de 1994, *Amanda Louise Thomson c. Paul Thomson e outros* [*supra*, n. 51]), na Austrália (*Full Court of the Family Court of Australia at Adelaide*, 25 de Junho de 1993, *Australia Police Commissioner of South Austrália v. Temple (n.° 2)* [INCADAT: IIC/E/AU 254]), na Inglaterra, (*Court of Appeal*, 14 de Dezembro de 1988, *C. v. C. (Minor: Abduction: Rights of Custody Abroad)* [*supra*, n. 72]; *High Court*, 7 de Março de 1994, *Re O. (Child Abduction: Undertakings) (n.° 1)* [INCADAT: HC/E/UKe 85]; *Court of Appeal*, 27 de Abril de 1989, *Re G. (A Minor) (Abduction))* [INCADAT: HC/E/UKe 95]; *Court of Appeal*, 20 de Março de 2003, *Re H. (Children) (Abduction)*, *Court of Appeal*, 20 de Março de 2003 [*supra*, n. 136]; *Family Division of the High Court*, 28 de Maio de 2004, *W. v. W. (Abduction: Conditions for Return)* [INCADAT: HC/E/UKe 599]), nos E.U.A. [*Superior Court of Connecticut (Judicial District of Hartford)*, 24 de Setembro de 1997, *Panazatou v. Pantazatos* (*supra*, n. 142)], e na França (*Cour d'appel* de Grenoble, de 29 de Março de 2000 [*supra*, n. 116]).

da sua ilegitimidade convencional e de elas poderem significar uma inaceitável intromissão na soberania estrangeira, designadamente quando estejam em causa procedimentos que deverão ser realizados, ordenados ou fiscalizados pelas autoridades do Estado para onde se pretende restituir o menor[150] – pois, no extremo, aventa-se a hipótese de fazer cumprir os compromissos assumidos perante as autoridades do Estado requerido ou, pelo menos, de fazer respeitar as orientações traçadas por estas autoridades quanto às cautelas que deveriam rodear a reinstalação do menor no país a que regressa –, o facto de ser preferível a recusa da restituição da criança ao recurso extensivo a tais garantias que tenderá frequentemente a levar a que as autoridades do Estado requerido se embrenhem na apreciação do mérito dos direitos de guarda que estavam a ser exercidos no estrangeiro, o que – para além de consubstanciar um claro desvio aos princípios que estruturam a Convenção – implicará inelutáveis demoras e até a concorrente diluição dos méritos da excepção prevista no art. 13.º, § 1.º, al. b).

Pelo contrário, e apesar de no actual estádio de desenvolvimento da cooperação inter-estadual não ser possível muitas vezes fazer cumprir tais compromissos, pois destuídos de valor vinculativo no Estado para onde o menor foi restituído[151], pelo que a sua assunção sempre deverá ser rodeada

---

Por fim, e no que respeita à garantia de que a criança regressa em condições de segurança, note-se o papel complementar que nesta matéria pode desempenhar a Convenção da Haia de 19 de Outubro de 1996 relativa à competência, à lei aplicável, ao reconhecimento, à execução e à cooperação em matéria de responsabilidade paternal e de medidas de protecção de crianças (cf., para mais desenvolvimentos, W. DUNCAN, "A actuação em apoio da Convenção da Haia...", cit., p. 19 ss.).

[150] Assim, por exemplo, na decisão de 3 de Abril de 2002, no caso *Danaipour v. McLarey* [INCADAT: HC/E/USF 459], o *United States Court of Appeals for the First Circuit*, censurando as condições que o tribunal recorrido (o *United States District Court of Massachusetts*, na decisão de 2 de Janeiro de 2002) tinha aposto ao regresso das duas irmãs à Suécia e de onde tinham sido removidas ilicitamente pela mãe, expressou em termos lapidares as inquietações que rodeiam a assunção ou formulação de alguns compromissos ou garantias ("undertakings"; "engagements): "the district court offended notions of international comity under the Convention by issuing orders with the expectation that the Swedish courts would simply copy and enforce them. The district court had no authority to order a forensic evaluation done in Sweden, or to order the Swedish courts to adjudicate the implications of the evaluation for the custody dispute".

[151] Assim, no caso *Re O. (Child Abduction: Undertakings)* [*supra*, n. 149], ainda que o tribunal tivesse aludido à necessidade de atender à exequibilidade das obrigações assumidas pelo progenitor cujo direito de guarda tinha sido violado, o que é certo é que os compromissos efectivamente assumidos pelo pai, não reconhecidos pelas autoridades

de particulares cautelas no sentido de garantir ora o seu cumprimento voluntário ora a sua célere execução[152], encontra-se aqui – tem-se dito – o eco de um dever geral de cooperação inter-estadual alicerçado na Convenção, mas, sobretudo, a clara demonstração de que o seu sucesso passa em muito pela existência de um clima de confiança recíproca e para o qual a intensificação da cooperação internacional rumo a um processo de co-decisão – e que supõe, desde logo, a superação de todos os escolhos com que a ideia de garantir o contacto directo entre as autoridades decidentes dos Estados envolvidos se tem defrontado[153] – poderá contribuir de um modo inestimável.

8.3. Por seu turno, a recusa de restituição poderá fundamentar-se ainda na oposição do menor, desde que este tenha já atingido "uma idade e grau de maturidade tais que levem a tomar em consideração as suas opiniões sobre o assunto" (art. 13.º, § 2.º)[154].

---

gregas, não foram respeitados, tendo os menores voltado a ser raptados pela mãe, apenas 6 dias após o regresso à Grécia.

[152] Alertando igualmente para o problema da exequibilidade dos "undertakings", cf., vg., na Austrália, o caso *DP. v. Commonwealth Central Authority* [supra, n. 136], e, nos E.U.A, a decisão do *United States Court of Appeals for the First Circuit*, no caso *Danaipour v. McLarey* [supra, n. 150].

[153] Ilustrando a utilização da cooperação judicial internacional, designadamente através do contacto directo entre as instâncias decidentes, veja-se, na Inglaterra, a decisão de 16 de Agosto de 1999, no caso *Re M. and J. (Abduction) (International Judicial Collaboration)* [supra, n. 148], no Canadá, a decisão do *Tribunal supérieur du Québec (Terrebonne, Formation familiale)*, de 17 de Maio de 1996, no caso *Y.D. v. J.B.* (supra, n. 116), e nos E.U.A., a decisão do *Superior Court of Connecticut (Judicial District of Hartford)*, no caso *Panazatou v. Pantazatos*, de 24 de Setembro de 1997 (supra, n. 142). Seja como for, esta prática tem sido alvo de críticas (assim, a decisão do *High Court of the Hong Kong Special Administrative Region*, de 4 de Dezembro de 2001, no caso *D. v. G.* [INCADAT: HC/E/HK 595], havendo, de qualquer maneira, e em geral, acordo sobre a necessidade de estabelecer regras procedimentais tendentes à sua regulamentação [cf. a decisão inglesa, do *High Court*, de 16 de Agosto de 1999, no caso *Re M. and J. (Abduction) (International Judicial Collaboration)* [supra, n. 148], assim como PERMANENT BUREAU, *Conclusions and Recommandations of the Fourth Meeting...*, cit., p. 13, 5.6.]. E, ainda sobre esta questão, cf. W. DUNCAN, *Questionnaire Concerning Practical Mechanisms for Facilitating Direct International Judicial Communications in the Context of the Hague Convention of 25 October 1980 on the Civil Aspects of International Child Abduction* (2002), cit.; P. LORTIE, *Practical Mechanisms for Facilitating Direct International Judicial Communications in the Context of the Hague Child Abduction Convention – Preliminary Report* (2002), cit.

[154] Como observa A. SCHULZ, "Internationale Regelungen zum Sorge- und Umgangsrecht", *ERA – Forum (Scripta iuris europaei)*, n.º 1/2003, p. 85, cabe a cada um

No que respeita a esta norma, e deixando até de parte a posição daqueles que chegaram a manifestar-se contra a possibilidade de a posição do menor poder obstar em geral à sua restituição[155], é certo que se tem defendido que caberá à vontade da criança um peso menor nas situações de rapto internacional do que nos procedimentos internos – de modo a salvaguardar o princípio segundo o qual as questões relativas à guarda deverão ser inteiramente decididas pelas autoridades da sua residência habitual[156]. Porém, não deixa de ser verdade que não é pelo facto de se ouvir aquilo que a criança tem para dizer que se comprometem os objectivos convencionais[157], tanto mais que a sua oposição ao regresso é amiúde justificada pela alegada verificação do circunstancialismo previsto no art. 13.º, § 1.º, al. b)[158]. Seja como for, e no contexto da ampla discriciona-

---

dos ordenamentos nacionais fixar os termos em que ocorrerá a determinação da vontade da criança, já que a Convenção – à semelhança, de resto, daquilo que acontece noutras iniciativas internacionais onde tem sido reconhecido às crianças um direito de participação – não especifica quando, e de que modo, ocorrerá a intervenção do menor no procedimento, sendo, aliás, as práticas nacionais muito diversas. Por outro lado, note-se que, e independentemente de esse direito de participação resultar de outros documentos internacionais ou da disciplina interna, o art. 11.º, n.º 2, do Regulamento (CE) n.º 2201/2003, do Conselho, de 27 de Novembro de 2003, impõe a audição da criança sempre que os tribunais sejam chamados a aplicar os arts. 12.º e 13.º da Convenção da Haia, a não ser que tal seja "inadequado em função da sua idade ou grau de maturidade".

[155] *Vide* B. BODENHEIMER, "The Hague Draft Convention on International Child Abduction", *FLQ*, v. 14 (1980), p. 110, que não deixa de realçar que desse modo mais não se faz do que converter a criança no "ultimate judge of the abduction's success or failure".

[156] Cf., neste sentido, A. BAINHAM, *op. cit.*, p. 589.

[157] Neste sentido, veja-se a decisão, de 10 de Outubro de 1996, do *High Court* australiano, no caso *De L. v. Director-General, NSW Department of Community Services* [INCADAT: HC/E/AU 93], e onde efectivamente se acentua neste contexto a fundamental perspectiva crítica a ser assumida pelas autoridades chamadas a apreciar os pedidos de restituição.

[158] E, muitas vezes, o indeferimento do pedido de regresso é fundamentado conjuntamente nas duas objecções, sendo vulgar que a oposição da criança ao regresso se deva ao clima de instabilidade e violência que vivenciou no Estado da residência habitual, frequentemente imputável ao progenitor que agora reclama o seu regresso. Assim, já aconteceu, por exemplo, na Inglaterra (*High Court*, 26 de Junho de 1996, *The Ontario Court v. M. and M. (Abduction: Children's Objections)* [INCADAT: HC/E/UKe 33]) e na Noruega (Tribunal de execução de Holt, 21 de Dezembro de 1998 [INCADAT: HC/E/NO 343]).

A este propósito, note-se ainda que a ordem de regresso do menor ao Estado requerente não implica necessariamente que ele seja restituído para junto do progenitor que exercia os direitos de guarda violados pela transferência ou retenção ilícitas, nem sempre sendo fácil, todavia, determinar se o menor se opõe ao regresso ou, simplesmente, à sua entrega ao progenitor requerente (reconhecendo a íntima ligação entre as duas questões e a pos-

riedade deixada às autoridades decidentes pelo art. 13.º, § 2.º, é sobretudo a estas – assumindo uma função crítica e atendendo a circunstâncias várias, designadamente à idade e maturidade do menor, à perspectiva que este tenha sobre aquilo que entende ser melhor para o seu futuro, ou, inclusivamente, à possibilidade de as objecções se diluírem após o regresso, etc.[159] – que cabe a responsabilidade de determinar a existência de uma oposição consistente – proscrevendo o atendimento de simples preferências – e verdadeira – impondo-se uma particular cautela na garantia de que a posição do menor foi manifestada de uma maneira livre e esclarecida[160] –,

---

sibilidade de estas objecções serem inseparáveis, v.g., *Court of Appeal*, 18 de Abril de 2000, no caso *Re T. (Abduction: Child's Objections to Return* [*supra*, n. 144]). Com efeito, se há decisões onde se ordenou o regresso, por se ter entendido que no caso as duas questões eram susceptíveis de serem separadas, havendo apenas por parte da criança uma rejeição do progenitor guardião (*Family Court of Western Australia at Perth*, 12 de Julho de 2001, no caso *Barry Eldon Matthews (Commissioner, Western Australia Police Service) v. Ziba Sabaghian* [*supra*, n. 123]; noutros casos, porém, concluiu-se pela insusceptibilidade de estabelecer no caso uma qualquer linha de fronteira, recusando-se, por isso, o regresso (*Full Court of the Family Court of Australia at Sydney*, 12 de Março de 1997, no caso *De Lewinski and Legal Aid Commission of New South Wales v. Director-General New South Wales Department of Community Services* [INCADAT: HC/E/AU 70]).

[159] Por exemplo, na Inglaterra, e embora reconhecendo a maturidade da criança que rejeitava a possibilidade de ser enviada para a Nova Zelândia, o *Court of Appeal*, no caso *T.B. v. J.B. (Abduction: Grave Risk of Harm)* (*supra*, n. 136), ordenou o regresso, pois, considerando que existiam mais dois irmãos e em relação aos quais não se tinha provado nenhuma das excepções convencionais, sancionou a ideia segundo a qual os irmãos não deveriam ser separados, sob pena de lesão do próprio interesse da menor em causa. De acordo com as informações contidas em LOWE/ARMSTRONG/MATHIAS, *A Statistical Analysis...*, cit., p. 10, 37.º, 2 % dos pedidos destinados a obter a restituição de crianças ilicitamente deslocadas respeitavam a grupos de irmãos, normalmente 2 (30, 8%).

[160] Na verdade, muitas vezes o menor, quando manifesta as suas objecções, encontra-se sob grande influência e até coacção moral do raptor, pelo que se revela de extrema utilidade a participação na audição de técnicos especializados (cf., v.g., sobre as condições em que em geral se deve processar a audição da criança, R. CÂNDIDO MARTINS, *op. cit.*, p. 743 ss.). Assim, v.g., na Alemanha, o *Bundesgerichtshoft*, na decisão de 29 de Outubro de 1998 [*supra*, n. 61], embora perfilhando o entendimento segundo o qual a Convenção não impõe a audição das crianças, defendeu estarem verificadas as circunstâncias excepcionais – e, já o vimos, no caso de raptos consecutivos, as autoridades são propensas à análise mais detida do interesse concreto da criança – que a impunham, devendo, no entanto, e considerando a particular influência que o pai (raptor) tinha sobre os filhos, haver a intervenção de técnicos (pedo-psicólogos) tendente a verificar a seriedade dos desejos manifestados (ainda censurando a falta de audição dos menores, cf. *United States Court of Appeals for the Eighth Circuit*, 5 de Agosto de 2003, *Silverman v. Silverman* [*supra*, n. 140]). Na doutrina, aludindo ao carácter fundamental de uma intervenção especializada tendente a sope-

não lhes estando vedada, aliás, e sempre sopesando as razões que se encontram na base da atitude do menor, a possibilidade de ordenarem o regresso, mau grado a convicção de que existia uma atendível vontade em contrário do menor, sobretudo quando resulte claro que essa oposição será relevada no contexto de um processo de guarda a decorrer no Estado requerente[161].

De resto, acrescente-se ainda que não é despropositado que as autoridades requeridas, embora propensas, numa primeira apreciação, a ordenar a não restituição da criança, venham, no entanto, a adoptar atitude contrária, respeitando a vontade que o menor tenha entretanto exteriorizado –

---

sar o valor de uma posição do menor contrária ao regresso, cf., por exemplo, J. ORTIZ DE LA TORRE, *op. cit.*, p. 45.

[161] Nesta linha, e levando-a certamente mais longe, o *Oberlandesgericht* de Dresden, na decisão de 21 de Janeiro de 2002 (*supra*, n. 72), determinou que as objecções da criança não deveriam ser tomadas em conta no procedimento de restituição, mas antes nos subsequente processo relativo à guarda que deveria decorrer nos E.U.A.

De qualquer modo, por exemplo, foi dado "peso conclusivo" à vontade manifestada pela criança de não regressar nos seguintes casos: *Re T. (Abduction: Child's Objections to Return)*, *Court of Appeal* inglês, 18 de Abril de 2000 (*supra*, n. 144); *In the Matter of L.L. (Children)*, *Family Court of New York*, 22 de Maio de 2000 (*supra*, n. 139); *Secretary for Justice v. C., ex parte H.*, *District Court at Otahuhu* (Nova Zelândia), 28 de Abril de 2000 [HC/E/NZ 534]; *Re J. (Children) (Abduction: Child's Objections to Return)*, *Court of Appeal (Civil Division) (England and Wales)*, 5 de Abril de 2004 [INCADAT: HC/E/UKe 579]. Pelo contrário, e deixando de lado os casos em que o regresso foi ordenado por se entender que as objecções da criança, muitas vezes influenciadas pelo raptor, decorriam exclusivamente do receio de voltar a contactar com o outro progenitor (cf. *J.E.A. v. C.L.M., Nova Scotia Court of Appeal* [*supra*, n. 138]), achamos inúmeras decisões onde a oposição ao regresso foi inconsiderada, devido à imaturidade das crianças (na Inglaterra, a decisão do *Court of Appeal*, de 12 de Fevereiro de 1999, no caso *Re C. (Abduction: Grave Risk of Psychological Harm)* [*supra*, n. 142]; e, entre nós, o acórdão da Relação de Évora e onde se desatendeu à vontade manifestada por um menor de 5 anos, para efeitos da *al. a)* do art. 13.°, embora não completamente ignorada no contexto da verificação das circunstâncias da *al. b)* [*supra*, n. 118]), que mostram, muitas vezes, uma posição independente, embora não suficientemente fundada, pois assente na mera vontade de não deixar o progenitor-raptor para trás (na Inglaterra, a decisão da *Family Division of the High Court*, no caso *W. v. W. (Abduction: Conditions for Return)* [*supra*, n. 149]) ou sem a consciência das dificuldades com que teriam de se defrontar por causa da integração permanente e definitiva num novo Estado nem enunciando razões válidas para a "rejeição" do Estado onde até então tinha residido habitualmente (assim, o Supremo Tribunal Administrativo sueco, na decisão de 21 de Janeiro de 2002 [INCADAT: HC/E/SE 444]).

repudiando, assim, a atitude do raptor – no sentido de ser restituído ao Estado da sua residência habitual[162].

8.4. Para além destes casos[163], finalmente, e nas situações em que já tiver decorrido mais de um ano entre a data da deslocação ou retenção ilí-

---

[162] Foi esta a orientação perfilhada na Nova Zelândia, na decisão do *High Court* de Auckland, no caso *S. v. S.* [*supra*, n. 139], que, rejeitando a posição sufragada na instância recorrida – e segundo a qual os desejos do menor, clara e consistentemente demonstrados, apenas poderiam ser tomados em conta se fossem no sentido de rejeitar o regresso –, convocou, entre outros argumentos, a necessidade de respeitar os direitos de participação reconhecidos no art. 12.º da Convenção das Nações Unidas sobre os direitos da criança.

[163] Em qualquer dos casos previstos no art. 13.º, e independentemente do estatuído no art. 13.º, § 3.º, nada impede que o próprio raptor apresente, directamente e por sua própria iniciativa, quaisquer elementos probatórios que julgue necessários. É mais complexo, no entanto, saber em que termos as autoridades centrais poderão requerer às entidades competentes a realização de investigações e a elaboração de inquéritos respeitantes à situação social da criança, pois nem sempre os ordenamentos internos têm assegurado a imposição decorrente do art. 2.º da Convenção. Assim, por exemplo, a lei alemã, na formulação anterior às alterações introduzidas em 2001, apenas se referia à possibilidade de o *Jugendamt* ser solicitado para fazer tais investigações se a criança tivesse sido raptada para a Alemanha e esta fosse, por isso, o Estado requerido, não se impondo aí uma qualquer obrigação de cooperação das autoridades alemãs ao abrigo de uma solicitação feita pelas autoridades estrangeiras para determinar a situação social do menor existente no momento anterior ao rapto (cf. § 3.º, 1, *SorgeRÜbkAG*). Seja como for, e independentemente do facto de a referência parcial contida no § 3.º às funções do *Jugendamt* ter sido substituída por uma nova norma (o § 14.º) e onde se encontra hoje um elenco mais abrangente das tarefas de colaboração a desempenhar por tal entidade, sempre se deverá entender que o art. 2.º da Convenção impõe um dever de cooperação a todas as autoridades nacionais, e não apenas às autoridades centrais e às entidades chamadas a decidir os pedidos de restituição (assim, P. SCHLOSSER, *op. cit.*, p. 317 s.), podendo afirmar-se, por isso, que o desempenho de tais funções acha fundamento bastante no texto convencional.

Por outro lado, e ainda no que se refere à prova, cujo ónus, para efeitos de aplicação do art. 13.º, parece dever recair sobre o requerido [sublinhando esta questão, relativamente à *al. b)*, cf. o acórdão da Relação de Évora de 19 de Fevereiro de 2004 (*supra*, n. 90), e onde, de todo o modo, se releva a insuficiência de "factos vagos para concluir que não seria de ordenar o regresso"], é compreensível que se tenha tentado limitar o funcionamento das excepções à restituição da criança. Assim, por exemplo, e a isto já fomos aludindo, a legislação federal norte-americana que transpôs a Convenção (*International Child Abduction Remedies Act – ICARA*) determina, na secção 11603 (e) (2), que "In the case of an action for the return of a child, a respondent who opposes the return of the child has the burden of establishing: (A) by clear and convincing evidence that one of the exceptions set forth in article 13b or 20 of the Convention applies; and B) by a preponderance of the evidence that any other exception set forth in article 12 or 13 of the Convention applies."

cita e o início do processo perante a autoridade decidente do Estado requerido[164], a restituição da criança será recusada se for provado que o menor se encontra já integrado no novo ambiente (cf. art. 12.°, § 2.°). Assim, a restituição só será imediata se ainda não tiver decorrido o referido período de 1 ano, prazo que se afigurou razoável considerando o estado de choque e incerteza em que muitas vezes fica o progenitor a quem foi subtraída a guarda e o afastamento geográfico existente entre alguns Estados[165].

No que diz respeito ao art. 12.°, § 2.°, e deixando de parte a questão de saber se, uma vez comprovado o circunstancialismo que aí se descreve, às autoridades do Estado requerido restará alguma margem de discricionariedade para, ainda assim, virem a decretar o regresso do menor, desig-

---

Por fim, repare-se ainda que o Regulamento (CE) n.° 2201/2003, do Conselho, de 27 de Novembro de 2003, traz aqui desenvolvimentos importantes, visto que, sempre que tenha sido proferida uma decisão de retenção ao abrigo do art. 13.° da Convenção da Haia, e observado o dever de comunicação estatuído no art. 11.°, n.° 6, poderá acontecer que as autoridades do Estado onde a criança tinha antes da deslocação ou retenção ilícita a sua residência habitual substituam tal decisão, caso mantenham a sua competência ao abrigo do Regulamento (*vide* art. 10.°), devendo o regresso da criança ser efectuado sem que seja necessário qualquer procedimento específico no Estado onde se encontra raptada para assegurar o reconhecimento e execução da sentença que exija o regresso e que tem, assim, de pleno direito, força executória (cf. art. 11.°, n.°s 7 e 8, e art. 42.°).

[164] Embora se tenha já invocado que o início deste prazo se deveria contar a partir do momento em que o requerente apresenta a denúncia junto da autoridade central, não é esse o entendimento que tem tido vencimento junto dos tribunais. Neste sentido, e onde se pode encontrar a justificação deste entendimento, cf., no Canadá, a decisão do *Newfoundland and Labrador Supreme Court*, de 22 de Setembro de 2004, no caso *V.B.M. v. D.L.J.* [INCADAT: HC/E/CA 592], e, nos E.U.A., a decisão do *United States District Court for the Eastern District of Michigan*, de 11 de Fevereiro de 1997, no caso *Wojcik v. Wojcik* [INCADAT: HC/E/USf 105], aliás, em consonância com o estatuído pela secção 11603 (f) (3) do *International Child Abduction Remedies Act*. Seja como for, e como se releva em *Family Law in Europe*, cit., p. 195, a questão terá uma importância reduzida, pelo menos se o menor tiver sido imediatamente deslocado para o estrangeiro, pois o decurso do prazo não inibe a autoridade requerida de ordenar o regresso, apenas lhe cabendo a verificação de um possível fundamento de recusa do pedido: a integração da criança no novo ambiente.

Por outro lado, a Convenção toma como *terminus ad quem* o momento do início da instância, pois só assim se garante que a demora dos processos não prejudicará a protecção conferida pela Convenção (assim, E. PÉREZ VERA, "Rapport explicatif", cit., p. 459).

[165] Para além disto, a convicção de que tal prazo não seria suficiente para que a criança se integrasse no novo ambiente ou para que o raptor obtivesse por via judiciária uma decisão que lhe fosse favorável foi também determinante na sua fixação (cf. B. DESCHENAUX, "La Convention de La Haye...", cit., p. 124 s.).

nadamente, lançando mão do art. 18.°[166], é desde logo discutível o momento a partir do qual se deverá começar a contar o termo aí previsto. Na verdade, se é possível entender-se que o prazo de um ano deverá ser contado a partir da chegada da criança ao Estado requerido[167], muitos, com fundamento na ideia de que não resulta da Convenção que a conduta do raptor só será ilícita a partir do momento que a criança atravesse as fronteiras internacionais – e não devendo esquecer-se que a deslocação da criança por Estados diferentes levaria a que se começasse a contar de novo o prazo de um ano, ignorando que nesses casos a integração do menor junto do raptor poderia já ser muitíssimo sólida –, têm-se razoavelmente manifestado a favor da orientação segundo a qual a deslocação ilícita se inicia no momento em que ocorre a subtracção da criança, embora só depois da saída para o estrangeiro se possa lançar mão do procedimento convencional[168]. De resto, ainda a este propósito, e quando se discute a atitude a tomar nas situações em que a criança viveu com o raptor durante algum tempo no Estado requerido dissimuladamente, frequentemente ambos com identidades falsas, tem-se entendido muitas vezes que tal facto, embora merecedor de relevo, apenas o deverá adquirir no momento da formulação do juízo sobre a integração do menor na nova comunidade[169], embora em casos pontuais tenha prevalecido, designadamente

---

[166] Defendendo a inexistência de tal faculdade, mesmo através da invocação do art. 18.°, veja-se, na Austrália, a decisão do *Family Court of Australia* (Melbourne), no caso *State Central Authority v. Ayob* (*supra*, n. 72), e na Inglaterra, a decisão do *High Court (Family Division)*, de 28 de Maio de 2004, no caso *Re C (Abduction: Settlement)* [INCADAT: HC/E/UKe 596], embora tal orientação tenha sido contestada, designadamente, na Austrália (*Full Family Court of Australia at Brisbane*, 30 de Março de 1999, *Director-General Department of Families, Youth and Community Care v. Moore* [INCADAT. HC//E/AU 276]), na Inglaterra (*Court of Appeal (Civil Division)*, 19 de Outubro de 2004, *Cannon v. Cannon* [INCADAT: HC/E/UKe 598]), e na Irlanda (*Supreme Court*, 26 de Fevereiro de 1999, *P. v. B. (N.° 2) (Child Abduction: Delay)* [INCADAT: HC/E/IE 391]. Indiciando tratar-se de uma matéria onde alguma discricionariedade restará às autoridades requeridas, cf. P. BEAUMONT/P. MCELEAVY, *op. cit.*, p. 204; e, ainda, realçando o disposto no art. 18.°, E. PÉREZ VERA, "Rapport explicatif", cit., p. 458 s.

[167] V.g., na decisão do *English Court of Appeal*, no caso *Re H (Minors)* ([1991] 1 All ER 836, *apud* P. NYGH, "The International Abduction…", cit., p. 39.

[168] Neste sentido, cf. *Dicey and Morris on the Conflict of Laws*, 13th. ed., Lawrence Collins (general ed.), London: Sweet & Maxwell, 2000, vol. II, p. 836; P. NYGH, "The International Abduction…", cit., p. 40. E, na jurisprudência, cf. *Family Court of Australia* (Melbourne), no caso *State Central Authority v. Ayob* (*supra*, n. 72).

[169] Com efeito, se é verdade que já se afirmou que o período de ocultação não deveria suspender "the clock running" para os efeitos do art. 12.°, § 2.°, não impedindo auto-

nos E.UA., ao abrigo da chamada "equitable tolling", a ideia segundo a qual tal período de ocultação deveria ser descontado na contagem do prazo de 1 ano a que alude o art. 12.°, § 2.° [170].

Por outro lado, e no tangente à determinação do grau de integração exigível para que se indefira o pedido de regresso, e mormente a questão de saber se essa integração se há-de referir ao raptor e ao seu núcleo familiar ou se, pelo contrário, haverá que atender igualmente aos laços estabelecidos entre o menor e a comunidade (v.g., a escola, os amigos, etc.), é uma questão que deverá ser apreciada em concreto, na ponderação de um leque variado de elementos objectivos e subjectivos, sendo de realçar, naturalmente, que a idade das criança raptada deverá constituir um importante factor a considerar[171].

---

maticamente, de resto, a existência de uma verdadeira integração (assim, na Inglaterra, o *High Court (Family Division)*, no caso *Re C (Abduction: Settlement)* [*supra*, n. 166], em muitos casos, no entanto, e apontando uma via mais flexível do que a adoptada nos E.U.A. ao abrigo do princípio do "equitable tolling", os tribunais têm sido pouco propensos à aceitação do preenchimento do requisito da integração quando o menor não vive abertamente no Estado de "refúgio", sobretudo quando o raptor é perseguido criminalmente no Estado-requerente, vendo-se, assim, na ocultação da criança um indício de não integração no Estado do seu paradeiro (*vide*, *v.g.*, na Inglaterra, *High Court*, 14 de Fevereiro de 2000, *Re H. (Abduction: Child of 16)* [INCADAT: HC/E/UKe 476], e *Court of Appeal (Civil Division)*, 19 de Outubro de 2004, *Cannon v. Cannon* [*supra*, n. 166], nos E.U.A., *United States Court of Appeals for the Eleventh Circuit*, 7 de Maio de 1998, *Lops v. Lops* [INCADAT: HC/E/USf 125]; e na Suiça, *Justice de Paix du cercle de Lausanne*, 6 de Julho de 2000 [INCADAT: HC/E/CH 434]).

[170] Aceitando "the equitable tolling", cf. a decisão do *Federal Court of Appeals for the 11th Circuit*, no caso *Furnes v. Reeves* [*supra*, n. 72], e onde se afirmou que a contagem do prazo de 1 ano apenas deveria iniciar-se no momento em que o pai teve conhecimento do exacto paradeiro da filha.

[171] Como é óbvio, no caso de crianças de tenra idade e sobretudo nas situações em que é o raptor a prestar habitualmente à criança os cuidados necessários, a integração externa da criança, se ela existe, será uma circunstância de peso diminuto. Sobre estes aspectos, *vide* P. NYGH, "The International Abduction...", cit., p. 40. Na jurisprudência, e para a ilustração dos vários elementos (objectivos e subjectivos) que tendem a ser relevados na concretização do conceito de integração, vejam-se: na Austrália, *Director-General Department of Families, Youth and Community Care v. Moore, Full Family Court of Australia at Brisbane* (*supra*, n. 166), *State Central Authority v. Ayob, Family Court of Australia* (Melbourne) (*supra*, n. 72), *Director General of the Department of Community Services v. Apostolakis, Family Court of Australia at Sydney*, 21 de Junho de 1996 [INCADAT: HC/E/ 109]; nos E.U.A., *Lops v. Lops, United States Court of Appeals for the Eleventh Circuit* [*supra*, n. 169], *Furnes v. Reeves, Federal Court of Appeals for the 11th Circuit* (*supra*, n. 72]; na Inglaterra, *Re H. (Abduction: Child of 16), High Court* (*supra*, n. 169), *Cannon v. Cannon, Court of Appeal (Civil Division)* (*supra*, n. 166); *Re C (Abduc-*

De todo o modo, uma vez decorrido o período a que se refere o art. 12.º, § 2.º – e não é raro que se invoque o preenchimento do condicionalismo aí previsto[172] –, ou recusado o regresso imediato da criança ao abrigo das excepções previstas nos arts. 13.º e 20.º –, a Convenção perde substancialmente o seu significado, abrindo-se o caminho ao funcionamento de outros instrumentos convencionais, nomeadamente da Convenção do Luxemburgo de 1980, e que a Convenção da Haia não preclude, tanto mais que expressamente prevê que os preceitos do Capítulo III não impedem que possa ser ordenado o regresso da criança em qualquer momento (art. 18.º).

9. Abordando agora mais detidamente o posicionamento da Convenção sobre os aspectos civis do rapto internacional de crianças no seio das iniciativas da Conferência da Haia, note-se que sempre se tem mantido aqui o claro propósito de salvaguarda das disposições da Convenção de 1980 e dos objectivos que presidiram à sua elaboração.

Assim, e procurando resolver eventuais conflitos, o art. 34.º da Convenção sobre o rapto afirma abertamente a sua primazia sobre a Convenção relativa à competência das autoridades e à lei aplicável em matéria de protecção de menores, de 5 de Outubro de 1961[173], lidando-se deste modo

---

tion: Settlement), High Court (Family Division) (supra, n. 166], Re L. (Abduction: Pending Criminal Proceedings), High Court (supra, n. 148); no Canadá, J.E.A. v. C.L.M., Nova Scotia Court of Appeal (supra, n. 138); na Irlanda, P. v. B. (N.º 2) (Child Abduction: Delay), Supreme Court (supra, n. 166), na Suíça, Justice de Paix du cercle de Lausanne, 6 de Julho de 2000 *(supra,* n. 169); na Áustria, *Oberster Gerichtshof,* 17 de Maio de 1990 [INCADAT: HC/E/AT 378]; e no Mónaco, *Cour d'appel de la Principauté du Monaco,* 20 de Setembro de 2001 [INCADAT: HC/E/MC 510].

[172] Seja como for, e decorrido o prazo de um ano a que se refere o art. 12.º, § 2.º, a prova da integração da criança no novo ambiente, que caberá a quem se opõe ao regresso, tenderá a provocar um procedimento mais moroso, afastando, aliás, a Convenção o carácter imediato da restituição (*vide* E. PÉREZ VERA, "Rapport explicatif", cit., p. 459). Apreciando uma hipótese análoga, embora fundamentada na Convenção luso-francesa de cooperação judiciária relativa à protecção de menores (art. 19.º, n.º 5), *vide* o acórdão do Tribunal da Relação de Lisboa, de 20 de Janeiro de 2000 [*CJ,* ano XXV (2000), t. I, p. 86 ss.], e onde se veio a decretar a restituição, acentuando-se o ónus que incidia sobre a parte requerida de alegar e provar a integração do menor no seu novo meio, afastando-se, por isso, a alegação de recurso que defendia dever-se ter dado cumprimento, na decisão recorrida, ao inquérito e diligências previstos no art. 192.º, OTM.

[173] S. ALVAREZ GONZÁLEZ, "Clausulas de compatibilidad en los convenios de la Conferencia de La Haya de DIPr", *REDI*, v. XLV (1993), p. 47, refere a este propósito as "cláusulas hierárquicas especiais". Note-se, de qualquer maneira, que o âmbito *ratione*

com a possível interferência resultante do facto de esta última ser susceptível de vir a ser aplicada à atribuição e modificação dos direitos de guarda e visita por ocasião do divórcio dos pais (cf. art. 15.º)[174] bem como com o desconforto que poderá emergir no confronto dos dois textos decorrente desde logo do hiato existente entre o papel nuclear que o ordenamento da nacionalidade (cf. art. 3.º) desempenha no contexto da Convenção de 1961 e a exclusiva relevância do ordenamento da residência habitual na Convenção de 1980[175]. De qualquer maneira, e independentemente da reserva permitida pelo art. 15.º, se a Convenção de 1961 não resolve especificamente a questão do rapto internacional nem aborda a questão de uma alteração fraudulenta da residência habitual do menor, v.g., através de uma deslocação ilícita (cf. art. 5.º), tanto mais que não regula a execução das decisões, deixada, por isso, na disponibilidade dos ordenamentos internos (art. 7.º), nem lida com a questão do reconhecimento quando o direito de guarda afectado pela deslocação (ou retenção) ilícita decorre *ex lege*[176], a primazia da Convenção de 1980 – dirimindo eventuais conflitos de qualificações no sentido da prevalência do regime jurídico do rapto – compreende-se facilmente no contexto dos objectivos que nortearam sua elaboração: esta iniciativa, através da imposição do regresso do menor, procura apenas evitar a consolidação de situações constituídas ilicitamente, recorrendo fundamentalmente a uma solução de urgência (e até de carácter provisório), pelo que só após a restituição terá sentido, então, junto das autoridades competentes, suscitar as questões relativas à guarda.

---

materiae das duas iniciativas não se confunde, pois, desde logo, o conceito de guarda, tal como resulta do art. 5.º, *al. a)*, da Convenção sobre o rapto é menos extenso do que as medidas de protecção da pessoa e dos bens do menor reguladas pela Convenção de 1961 (cf. E. PÉREZ VERA, "Rapport explicatif", cit., p. 451 s., n.º 84).

[174] Contudo, de acordo com o art. 15.º da Convenção da Haia de 1961, os Estados podem declarar que reservam a competência das suas autoridades para decretarem as medidas de protecção de menores, sempre que sejam chamadas a decidir a anulação ou dissolução do casamento ou a separação dos pais, embora não impenda sobre os outros Estados-contratantes a obrigação de reconhecimeno de tais medidas. Cf. B. AUDIT, *Droit international privé*, cit., pp. 511 s. e 562 s.; L. TOPOR, *op. cit.*, p. 254 ss.; Y. LEQUETTE, *Protection familiale...*, cit., p. 87.

[175] De todo o modo, sublinha I. BARRIÈRE-BROUSSE, *op. cit.*, p. 866, e a partir do momento que esta referência aponta globalmente para todo o ordenamento da residência habitual, incluindo as suas regras de conflitos, será possível uma remissão da lei da residência para a lei da nacionalidade.

[176] Assim, R. JONES, *op. cit.*, p. 467 s. Ainda sobre esses aspectos, cf. B. DESCHENAUX, *L'enlèvement international...*, cit., p. 11 s.

Ora, no seio destes pressupostos, interessava sobretudo evitar que o funcionamento da Convenção sobre o rapto fosse obstruído pela invocação dos regimes jurídicos relativos ao mérito da guarda, promovendo-se deste modo a autonomia da Convenção de 1980 em relação às demais iniciativas internacionais vigentes no domínio da protecção de menores e dos direitos de guarda[177].

Por outro lado, e ao abrigo do art. 39.º, 1, da Convenção de 1993 sobre a protecção de crianças e a cooperação em matéria de adopção internacional, esta não derrogará os instrumentos internacionais já existentes e que vinculem os Estados-contratantes – aliás, instrumentos que poderão, embora acessoriamente, ser convocados no decurso de um procedimento adoptivo –, salvo declaração em contrário feita pelos Estados vinculados a tais instrumentos[178].

Finalmente, a Convenção da Haia de 19 de Outubro de 1996 relativa à competência, à lei aplicável, ao reconhecimento, à execução e à cooperação em matéria de responsabilidade paternal e de medidas de protecção de crianças, destinada a substituir nas relações entre os Estados-contratantes o regime instituído em 1961 (cf. art. 51.º), aponta igualmente no sentido da preservação das regras adoptadas em 1980 e cuja aplicação é expressamente ressalvada pelo art. 50.º, já que no caso do rapto é razoável que primeiramente se assegure o regresso imediato e só depois se discuta o mérito das medidas de protecção da criança[179]. Para além disso, vislumbra-se até no art. 7.º da Convenção de 1996 – ao introduzir-se um desvio à regra de que a competência internacional caberá às autoridades da residência habitual e actual da criança, perpetuando-se a competência das autoridades do Estado onde o menor residia antes da deslocação ou retenção ilícita – um claro propósito de alinhamento das regras desta Convenção pelas de 1980, o que se mostrará de fundamental importância, sobre-

---

[177] Ainda sobre o art. 34.º da Convenção, cf. E. PÉREZ VERA, "Rapport explicatif", cit., p. 436 s.; C. VON BAR, *op. cit.*, p. 236 ss., esp. p. 239 s.

[178] Sobre o art. 39.º, 1, da Convenção de 1993, cf. G. PARRA-ARANGUREN, "Rapport explicatif", *Actes et documents de la Dix-septième session (10 au 29 mai 1993)*, t. II (Adoption-coopération), La Haye: SDU, 1994, p. 639 ss.

[179] Neste sentido, cf. P. LAGARDE, "Rapport explicatif", cit., p. 600. Sobre o modo como se operou na Convenção de 1996 a articulação com as disposições da Haia já existentes em matéria de rapto, cf. P. LAGARDE, "Rapport explicatif", cit., pp. 556 ss. e 600 s.; P. NYGH, "The Hague Convention…", cit., p. 16 s.; A. BUCHER, "La Dix-huitième…", cit., p. 80 ss.; *IDEM*, "La famille…", cit., p. 160 ss.; MOURA RAMOS, "A protecção das crianças…", cit., p. 19 s.; P. BEAUMONT/P. MCELEAVY, *op. cit.*, p. 218 ss.

tudo nos casos em que algum dos Estados envolvidos não se encontre vinculado a este documento internacional[180]. Por conseguinte, nos casos de deslocação ou retenção ilícita de menores – que o art. 7.°, n.° 2, define em termos idênticos aos que decorrem do art. 3.° da Convenção de 1980[181] –, resta às autoridades do Estado da actual localização do menor a possibilidade de tomarem medidas urgentes ao abrigo do art. 11.°[182], e isto até que o menor adquira uma nova residência habitual num outro Estado e que o detentor da guarda consinta na deslocação (ou não restituição) ou a criança tenha residido nesse Estado durante o período de 1 ano após o guardião ter conhecimento do (ou devesse conhecer) seu paradeiro, não exista pendente um qualquer pedido de restituição internacional apresentado durante esse período e a criança se encontre já integrada no novo meio (art. 7.°, n.° 1).

Destarte, embora o art. 7.° esteja animado por um límpido propósito de convergência com o regime de 1980, designadamente com o seu art. 16.°, acaba por ir mais longe do que ele exigia[183]. Verdadeiramente, ao procurar evitar que a autoridade requerida para decretar o regresso da criança seja tentada a recusar o pedido com o exclusivo intento de pretender assim assumir jurisdição para decidir sobre o mérito da guarda – o que justifica que uma decisão de recusa de restituição internacional não constitua fundamento bastante para a aquisição de competência internacional por parte das autoridades da nova residência habitual –, o art. 7.° parece

---

[180] Obviamente, o art. 7.° não importará apenas nos casos em que o Estado da actual localização da criança não se encontre vinculado à Convenção de 1980, pois pode acontecer, por exemplo, que o pedido de restituição da criança seja ou possa ser rejeitado ao abrigo da Convenção sobre o rapto, mas ainda assim, e porque não decorreu o prazo de 1 ano previsto pelo art. 7.°, n.° 1, *al. b)*, da Convenção de 1996, se mantenha a competência internacional das autoridades do Estado onde a criança tinha, no momento imediatamente anterior ao rapto, a sua residência habitual.

[181] Também deste modo se assegura a compatibilidade dos dois textos convencionais. Sobre esta técnica de harmonização e de carácter preventivo relativamente ao surgimento de conflitos entre as várias iniciativas internacionais, e aludindo às soluções acolhidas na Haia em 1996, cf. C. BRIÈRE, *Les conflits de conventions internationales en droit privé*, Paris: LGDJ, 2001, p. 120 ss.

[182] De resto, já é assim na vigência da Convenção de 1961, pois o funcionamento do regime de 1980 não impede que as autoridades do Estado onde o menor se encontra ilicitamente retido assegurem a protecção do menor, embora com um cariz provisório e urgente, ao abrigo do art. 9.° daquele tratado.

[183] Cf. P. NYGH, "The Hague Convention...", cit., p. 17; P. LAGARDE, "Rapport explicatif", cit., p. 556 ss., n.° 49; P. PICONE, "La nuova convenzione...", cit., p. 714 s.

até supor uma lacuna da Convenção de 1980 e que não especifica (cf. art. 16.º) se as autoridades do Estado onde o menor residia antes do rapto mantêm a sua competência, designadamente nos casos em que a criança já não tenha aí a sua residência habitual e em que, por isso, o guardião encontra graves dificuldades em achar um foro a que possa recorrer para obter uma pronúncia sobre o direito de guarda[184].

Acresce ainda – para além da afirmação da primazia do regime de 1980 e da enunciação dos critérios de competência internacional em termos francamente convergentes com o estatuído na Convenção sobre o rapto e de forma a evitar que a alteração da residência habitual em consequência de uma deslocação ou retenção ilícita atribuísse automaticamente competência às autoridades do Estado do actual paradeiro do menor – que a iniciativa de 1996 tem até no domínio do rapto internacional três particularidades. Por um lado, nos termos do art. 50.º, ela sanciona o princípio de que nada impedirá que ao abrigo desta Convenção se determine o repatriamento da criança deslocada ou retida ilicitamente, ou se organize o direito de visita, mesmo que tal não seja possível de acordo com a Convenção de 1980 ou se afigure ao abrigo deste regime mais difícil, pelo que, havendo uma decisão de guarda, o guardião poderá em alguns casos obter mais facilmente o regresso da criança com a sua execução ao abrigo da Convenção de 1996 (cf. art. 23.º, n.º 2, e art. 28.º) do que com o estrito funcionamento do texto de 1980 e ao abrigo do qual sempre poderão ser invocados os motivos de recusa de restituição que acima referimos[185]. Por outra banda, depois, note-se que a nova Convenção, apartando-se do Texto de 1961[186], se aplica a todos os menores de 18 anos (art. 2.º), o que reserva à Convenção de 1996 um âmbito de aplicação pessoal bastante mais vasto

---

[184] Assim, A. BUCHER, "La Dix-huitième...", cit., p. 80.

[185] Neste sentido, A. BUCHER "La Dix-huitième...", cit., p. 105 s. Acresce ainda que nada impede que em tal pedido de restituição fundado no reconhecimento de uma decisão estrangeira ao abrigo da Convenção de 1996 o requerente possa beneficiar da assistência das autoridades instituídas por força da Convenção de 1980: desta maneira, as autoridades centrais na Convenção sobre o rapto poderão fazer funcionar, exclusiva ou alternadamente, os direitos decorrentes da execução de uma decisão de guarda ao abrigo da Convenção de 1996 (assim, A. BUCHER, "La Dix-huitième...", cit., p. 80 ss.; e *IDEM*, "La famille...", cit., esp. p. 174 ss.).

[186] Nos termos do art. 12.º da Convenção de 1961, a criança deverá ser considerada menor se tiver essa qualidade, quer segundo a lei da sua nacionalidade quer segundo a lei da sua residência habitual. Por outro lado, o seu art. 13.º limita a aplicação do regime convencional aos casos em que o menor resida num dos Estados-contratantes.

do que o da Convenção de 1980, somente mobilizável enquanto a criança não tiver atingido os 16 anos e desde que resida habitualmente num Estado-contratante (art. 3.º), podendo até dizer-se que no domínio do rapto internacional a Convenção de 1996 não se limitou a fazer convergir o seu regime com o elaborado na 14.ª Sessão da Conferência (1980), havendo antes uma extensão da tutela contra as deslocações ou retenções ilícitas a todos os menores de 18 anos. Por fim, refira-se ainda que a Convenção da Haia sobre o rapto colhe na Convenção de 1996 um importante complemento visto esta ter como um dos seus objectivos fundamentais assegurar o reconhecimento e a execução das medidas de protecção das crianças, designadamente das decisões relativas à guarda – execução que a Convenção de 1961 não assegura – e introduzir uma regulamentação mais cuidada das questões relativas ao direito de visita e que se encontram na Convenção de 1980 incipientemente reguladas[187].

10. Ao tentar a sistematização dos termos em que tem ocorrido o funcionamento prático desta Convenção, em termos muito gerais, poder-se-á afirmar que, para além das múltiplas dificuldades de ordem institucional – lamentando-se recorrentemente o lento e penoso diálogo travado entre as autoridades centrais com que se defronta o mecanismo de cooperação inter-estadual[188] e a feição demasiado generalista dos órgãos que em cada Estado são chamados a decidir ao abrigo da Convenção e que agrava o risco de uma compreensão medíocre do dispositivo internacional[189] –, as

---

[187] Sobre este carácter complementar da Convenção de 1996, vide A. BUCHER, "La famille...", cit., pp. 146 s.; 160 s. e 174 ss.

[188] Cf. *Guide to Good Practice under the Hague Convention of 25 October 1980 on the Civil Aspects of International Child Abduction, Part I – Central Authority Practice* (2003), e onde se podem encontrar as orientações fundamentais que devem pautar a criação e funcionamento das autoridades centrais que integram o sistema da Convenção. E, relevando a importância fundamental da actuação das autoridades centrais, principais responsáveis pelo sucesso prático de uma iniciativa que assenta na cooperação inter-estadual, vide E. PÉREZ VERA, "El Convenio de La Haya...", cit., p. 579 ss.; C. BRUCH, "The Central Authority's Role under the Hague Child Abduction Convention: a Friend in Deed", *FLQ*, v. 28 (1994), p. 35 ss.; A. ANTON, *op. cit.*, p. 546 s.

[189] Cf. PERMANENT BUREAU, *Conclusions and Recommendations of the Fourth Meeting...*, cit., p. 10 (3.1. e 3.2.). É esta também uma das conclusões mais relevantes dos diversos seminários que têm sido promovidos pela Conferência da Haia ou pelas autoridades centrais (v.g., *Common Law Judicial Conference on International Parental Child Abduction*, Washington, D. C., 17 a 21 de Setembro de 2000 [al. d)]; *Judge's Seminar on International Protection of the Child*, De Ruwenberg, 3 a 6 de Junho de 2000 [ponto 4];

autoridades decidentes, aproveitando os múltiplos conceitos convencionais de teor indeterminado, e dando eco a um indesmentível nacionalismo jurídico, tendem a recorrer excessivamente às excepções que inviabilizam o regresso imediato da criança ao Estado onde antes da deslocação ou retenção ilícita ela tinha a sua residência habitual, fundamentando-se numa inequívoca apreciação do mérito da guarda[190].

De qualquer maneira, se numa primeira fase a acusada precariedade do esforço codificador e a frustração da unidade do direito passaram em larga medida pela distinta interpretação dos preceitos da Convenção[191], à medida que estes se foram estabilizando – consolidando-se a autonomia dos conceitos face aos sistemas nacionais através de uma fundamentada concretização orientada pelas definições, estrutura e objectivos convencionais[192] –, e uma vez ultrapassadas algumas das insuficiências dos

---

The Third Uk-German Conference on Family Law, Edinburgh, Setembro de 2000 [ponto 6]; *International Judicial Seminar on the 1980 Hague Convention on the Civil Aspects of International Child Abduction*, De Ruwenberg, 20 a 23 de Outubro de 2001; *The Malta Judicial Conference on Cross Frontier Family Law Issues Hosted by the Government of Malta in Collaboration with the Hague Conference on Private International Law*, Malta, 14 a 17 de Março de 2004 [ponto 8]). Acresce ainda que concomitantemente se acentua na generalidade dos documentos que referimos a necessidade de melhorar a cooperação judiciária internacional no domínio do rapto, assegurando, *vg.*, a comunicação directa entre os juízes dos diferentes Estados através da criação de magistrados intermediários [cf., *v.g.,* PERMANENT BUREAU, *Conclusions and Recommandations of the Fourth Meeting*..., cit., p. 13 (5.5. a 5.7.); *Common Law Judicial Conference*..., cit., *al. e)*; *The Malta Judicial Conference*..., cit., ponto 11].

[190] I. BARRIÈRE-BROUSSE, *op. cit.*, p. 859, alude aqui a uma "apropriação pela autoridade requerida do contencioso do poder paternal." De resto, também o Instituto de Direito Internacional, na sua Resolução de 1995 relativa ao tema do rapto de crianças, convoca a ncessidade de uma interpretação restritiva da ordem pública e/ou das excepções que paralizam o funcionamento das várias convenções internacionais existentes na matéria, devendo circunscrever-se aos casos em que esteja em causa a "lesão dos princípios fundamentais do Estado requerido em matéria de salvaguarda dos direitos do Homem e das liberdades fundamentais" (n.º 8).

[191] Sobre o modo como pode ocorrer a frustração da internacionalização do direito por via convencional, *vide* ASCENSÃO SILVA, *op. cit.*, p. 503 ss. e bibliografia aí indicada., designadamente, Y. LEQUETTE, "Le droit international privé de la famille...", cit., p. 184 ss., e M. VAN HOOGSTRATEN, *op. cit.*, esp. p. 405 ss.

[192] Cf. PERMANENT BUREAU, *Conclusions and Recommandations of the Fourth Meeting*..., cit., p. 11 (4.1. e 4.2.), onde se realça a necessidade de a Convenção ser interpretada tendo em conta a sua autonomia e à luz dos seus objectivos. Ainda sobre este aspecto, e estabelecendo igualmente o elenco dos elementos interpretativos a considerar, *vide Guide to Good Practice under the Hague Convention of 25 October 1980 on the Civil Aspects of*

mecanismos jurídicos internos, designadamente dos esquemas procedimentais, adquiriu então relevo sobressaliente a obstrução decorrente da invocação dos direitos fundamentais consagrados nos textos constitucionais e nos documentos internacionais de direitos humanos ou de argumentos de cariz particularmente procedimental[193]. Por outro lado, em termos mais pragmáticos, e para além da constante preocupação demonstrada com as vias possíveis de assegurar a celeridade procedimental[194], desta-

International Child Abduction, Part II – Implementing Measures (2003), cit. p. 43 ss., e, embora aludindo às sombras que pairam no respeitante à interpretação uniforme da Convenção, E. PÉREZ VERA, "El Convenio de La Haya...", cit., p.581 s.

[193] É este o balanço traçado por A. DYER, "Les conventions...", cit., p. 71 s. Do mesmo modo, e em termos gerais, L. GANNAGÉ, "Le droit international privé à l'épreuve de la hiérarchie des normes (L'exemple du droit de la famille)", *Revue Critique*, v. 90 (2001), refere uma "compressão" das regras de DIP favorecida pela influência dos direitos fundamentais no domínio do estatuto pessoal. E, esclarecendo a multiplidade de planos em que os direitos fundamentais do menor, tendem a reflectir-se no âmbito dos conflitos de leis, cf. C. CHABERT, *op. cit.*, esp. p. 326 ss.

[194] Vide PERMANENT BUREAU, *Conclusions and Recommandations of the Fourth Meeting...*, cit., pp. 5 (1.3.) e 10 (3.3.). Também o Instituto de Direito Internacional releva na sua Resolução de 1995 a necessidade de os Estados lançarem mão de procedimentos simplificados e e facilmente acessíveis, limitarem os recursos e encurtarem os prazos dos procedimentos e incentivarem os contactos rápidos entre as autoridades centrais e entre estas e as autoridades decidentes bem como o cumprimento célere das tarefas confiadas às diversas autoridades, administrativas e judiciárias (n.º 7). Por fim, também o Regulamento (CE) n.º 2201/2003, do Conselho, de 27 de Novembro de 2003, determina no art. 11.º, n.º 3, que o tribunal chamado a ordenar o regresso da criança em cumprimento da Convenção da Haia "deve acelerar a tramitação do pedido, utilizando o procedimento mais expedito previsto na legislação nacional", devendo pronunciar-se no prazo de seis semanas a contar da apresentação do pedido, "excepto em caso de circunstâncias excepcionais que o impossibilitem".

Na verdade, muito embora a Convenção determine que as autoridades a quem compete a decisão sobre o regresso do menor o deverão fazer no prazo de 6 semanas (art. 11.º), o que é certo é que muitos sistemas legais não estão estruturados para assegurar o respeito de tal prazo ou para permitir a rápida restituição da criança. Na verdade, como acentua P. NYGH, "The International Abduction...", cit., p. 35 s., para além de todas as manobras dilatórias usadas pelos raptores – que têm interesse em protelar o regresso, lançando mão, designadamente, de recursos intermináveis –, os próprios juízes parecem rejeitar instintivamente decisões sumárias, espraiando-se em múltiplas averiguações e convertendo o procedimento convencional numa demorada análise sobre os méritos relativos dos progenitores em litígio (*vide* B. GÓMEZ BENGOECHEA, *op. cit.*, p. 81 ss.). Por outro lado, e no que toca aos recursos, note-se que, por exemplo, a lei alemã que procedeu à transposição da Convenção da Haia (*SorgeRÜbkAG*), já na versão 1990, prevê no § 8.º um único recurso que deverá ser decidido no prazo de 2 semanas. No entanto, embora não caiba recurso da 2.ª instância (*Oberlandsgericht*) para o Supremo Tribunal Federal (*Bundesgerichtshof*), há

cam-se frequentemente todas as dificuldades da prática convencional ligadas à localização do raptor e da criança[195] – a que corresponde não apenas o empenho elevado dos raptores em não serem encontrados, mas também a inércia e a inexistência de recursos suficientes por parte das autoridades a quem compete a investigação –, à execução das ordens de regresso[196], à prestação de patrocínio judiciário aos requerentes (cf. art. 26.º, § 3.º)[197] e ao próprio financiamento do regresso do menor (cf. art. 26.º, § 4.º)[198].

---

muitos casos em que tem ocorrido a intervenção do Tribunal Constitucional devido à existência de pedidos formulados com fundamento na violação de direitos fundamentais constitucionalmente tutelados (*Verfassungsbeschwerde*). Aliás, de modo paralelo, na Irlanda, o *Child Abduction and Enforcement of Custody Orders Act 1991* apenas admite a existência de um recurso das decisões do *High Court* (o único tribunal de 1.ª instância a quem é reconhecida competência para decidir os pedidos formulados ao abrigo da Convenção da Haia) para o *Supreme Court*, chegando-se, de resto, à mesma solução entre nós, se inferirmos da natureza de jurisdição voluntária dos processos tutelares cíveis (art. 150.º, OTM) não apenas a obrigatoriedade de a sentença ser proferida no prazo de 15 dias (art. 1409.º, n.º 3, CPC), como igualmente a preclusão de recurso para o Supremo Tribunal de Justiça (cf. o art. 1411.º, n.º 2, CPC, e o acórdão do Supremo Tribunal de Justiça, de 7 de Junho de 1983 [*BMJ*, 328 (1983), p. 509 ss.]).

[195] De acordo com os números apresentados em LOWE/AMSTRONG/MATHIAS, *A Statistical Analysis...*, cit., p. 14, durante o ano de 1999, cerca de 62% dos pedidos rejeitados correspondem a casos em que não se conseguiu obter informação sobre o paradeiro do menor (31, 6 %) ou em que este se encontrava noutro Estado (30, 4 %).

[196] *Supra*, n. 47, e PERMANENT BUREAU, *Conclusions and Recommandations of the Fourth Meeting...*, cit., p. 11, 3.9. e 3.10.

[197] O Estado português não usou a faculdade prevista pelo art. 42.º relativa à possibilidade de os Estados reservarem a aplicação da norma relativa ao patrocínio judiciário (art. 26.º, § 3.º).

De qualquer modo, se o art. 26.º não levanta particulares problemas na generalidade dos Estados europeus, onde existem sistemas de assistência judiciária geral e universal, o mesmo não tem acontecido nos E.U.A., onde têm surgido muitas dificuldades na obtenção de patrocínio judiciário gracioso ou, pelo menos, com honorários razoáveis [sobre esta questão, cf. A. DYER, "Les conventions...", cit., p. 75 s.; *IDEM*, "A Convenção da Haia sobre os aspectos civis do rapto internacional...", cit., p. 27 ss.; C. BRUCH, "Les conflits...", cit., p. 320 s.; B. GÓMEZ BENGOECHEA, *op. cit.*, pp. 98 ss. e 128 ss.; L. SILBERMAN, "Hague Convention on International Child Abduction...", cit., p. 13 s.; P. PFUND, "The Hague Convention on International Child Abduction, The International Child Abduction Remedies Act, and the Need for Avaibility and Counsel for All Petitioners", *FLQ*, v. 24 (1990), p. 48 ss.; *Guide to Good Practice under the Hague Convention of 25 October 1980 on the Civil Aspects of International Child Abduction, Part II – Implementing Measures* (2003), p. 39 ss.]

[198] Cf. sobre os últimos três aspectos a que referimos no texto, PERMANENT BUREAU, *Overall Conclusions of the Special Commission of October 1989...*, cit., n.º 59; *IDEM*, *Report of the Second Special Commission...*, cit., concl. 6 e 8; *IDEM*, *Conclusions and*

De todo o modo, tem-se entendido que "the Convention in general continues to work well in the interests of children and broadly meets the needs for which it was drafted"[199], constituindo um instrumento privilegiado de protecção da criança contra a actuação ilícita dos familares que ponham em causa o seu direito à família[200], devendo, naturalmente, o seu funcionamento eficaz, a culminar numa ordem de restituição, não obscurecer a necessidade de, por vezes, ponderar os méritos da guarda que assim é restabelecida, garantindo no Estado de regresso o decurso de um processo justo e imparcial[201].

No caso português, em particular, tem-se relevado que a melhoria da prática da Convenção da Haia deveria passar por algumas adaptações a introduzir internamente ou a um nível bilateral no sentido de se promover a celeridade dos procedimentos que o próprio texto convencional impõe (cf. art. 11.º) e que se deveria concretizar numa consonante fixação dos prazos para a intervenção das autoridades nacionais e na determinação dos mecanismos de recurso[202]. Para além disto, diga-se que nem sempre os tri-

---

Recommandations of the Fourth Meeting..., cit., pp. 6 (1.9) e 11 (3.6.). De todo o modo, também esses problemas estão subjacentes às orientações delineadas na Resolução do Instituto de Direito Internacional a que já nos referimos e onde podemos encontrar a referência à necessidade de institucionalização de sistemas de assistência judiciária gratuitos (n.º 7), à imposição de celeridade nas diligências de localização das crianças (n.º 12) e a afirmação de que a restituição não deverá ser atrasada por falta de resolução das questões financeiras, devendo os custos relativos à localização, procedimento e restituição do menor, a título provisório, ser suportados pelo Estado requerido (n.º 11). Por outro lado, já no n.º 3 o Instituto reconhecia o imperativo de dotar as autoridades centrais de "recursos financeiros e pessoais" de modo a cumprirem as suas tarefas com "celeridade, vigor e eficácia" (neste sentido, cf. também *Guide to Good Practice under the Hague Convention of 25 October 1980 on the Civil Aspects of International Child Abduction, Part I – Central Authority Practice* (2002), cit., p. 12 s.).

[199] É esta a conclusão que se pode encontrar em PERMANENT BUREAU, *Conclusions and Recommandations of the Fourth Meeting...*, cit., p. 15.

[200] Acentuando esta dimensão, cf. G. VAN BUEREN, *op. cit.*, p. 90 ss.

[201] Cf. L. SILBERMAN, "Hague Convention on International Child Abduction...", cit., p. 33 s.

[202] É este o balanço traçado por MOURA RAMOS, "L'expérience...", cit., p. 18 s., há já algum tempo. Para além das adaptações referidas, destaca o referido Autor, ainda, a necessidade de uma melhor definição das funções da autoridade central no contexto dos procedimentos judiciários e, por outro lado, a melhoria dos serviços do Estado a quem compete a tradução dos documentos que o art. 24.º da Convenção da Haia impõe (quanto a este aspecto, e indiciando a existência de problemas análogos na Espanha, cf. B. GÓMEZ BENGOECHEA, *op. cit.*, p. 138 s.).

Por outro lado, e no que tange aos recursos, a Relação de Lisboa, no acórdão de 2 de Maio de 1989 [*supra*, n. 145], teve a oportunidade de esclarecer que, se a Convenção "permite a oposição ao pedido da entrega da criança, que é regulada pelo direito interno do Estado requerido", de acordo, por isso, com as formas de processo (*in casu*, o "processo tutelar cível de entrega judicial de menor", ao abrigo do art. 191.° ss., OTM) e a tramitação que aqui são reconhecidas, o recurso não fica prejudicado por inutilidade superveniente da lide, apesar de já se ter verificado a entrega judicial da criança e essa se encontrar de volta ao estrangeiro, regresso, aliás, que tenderá a acontecer sempre que ao recurso da decisão de entrega da criança não seja atribuído efeito suspensivo (art. 159.°, OTM) [*vide*, pressupondo a compatibilidade com os interesses do menor de um taxativo efeito devolutivo dos recursos das decisões de regulação do poder paternal, por força do art. 185.°, OTM (não aplicável ao processo de entrega judicial de menor), o acórdão n.° 56/2002, do Tribunal Constitucional, de 6 de Fevereiro de 2002 (*DR*, II Série, 21 de Março de 2002)]. De resto, é esse o entendimento que tem sido sustentado noutros ordenamentos, embora se tenda a reconhecer que a solução, embora com respeito do princípio da tutela judicial efectiva, tenderá a resultar na inconsequência do deferimento do recurso da ordem judicial de regresso, a menos que a execução da decisão de 1.ª instância seja feita parcialmente ou que, de qualquer modo, se garanta que, se o recurso for deferido, o menor voltará ao Estado para onde tinha sido ilicitamente deslocado, através, *vg.*, de uma *mirror order* (*v.g.*, na Espanha, e a propósito do art. 1.908.° da *Ley de Enjuiciamiento Civil*, que prevê um recurso "a un solo efecto", CALVO CARAVACA/CARRASCOSA GONZÁLEZ, "Globalización, secuestro internacional de menores...", cit., p. 174).

Acresce ainda que se o carácter de urgência imposto pelo art. 11.° não impede a oposição ao pedido de restituição, no entanto, como se realçou no referido acórdão da Relação de Lisboa, pode "fundamentar a recusa de diligências que a contrariem", solução que sairá até reforçada se entendermos que o pedido de entrega se fundamenta na Convenção e não na OTM, o que proscreverá a realização oficiosa das diligências previstas no art. 192.°, OTM, pelo menos sempre que não forem alegados os factos que ao abrigo convencional justificam uma excepção à ordem de regresso (afirmando esta autonomia do procedimento, cf., embora a propósito do art. 19.°, n.° 5, da Convenção luso-francesa de cooperação judiciária relativa à protecção de menores, norma que contém uma solução análoga à do art. 12.°, § 2.°, da Convenção da Haia, o acórdão do Tribunal da Relação de Lisboa, de 20 de Janeiro de 2000 [*supra*, n. 172].

Seja como for, é duvidoso que o sistema processual existente permita a prossecução rápida e eficaz dos objectivos convencionais. Ora, como se relevou na decisão do Tribunal europeu dos direitos do Homem, de 26 de Junho de 2003, no caso *Maire c. Portugal* (*supra*, n. 117), embora admitindo que a demora na localização da criança e o incumprimento célere da ordem de entrega era imputável à raptora, pertence às autoridades competentes tomar as medidas adequadas para sancionar a falta de cooperação do raptor, cabendo "a cada Estado-contratante dotar-se do arsenal jurídico adequado e suficiente para assegurar o respeito das obrigações positivas que lhe incumbem em virtude do art 8.° da Convenção [europeia dos direitos do Homem] e dos outros instrumentos de direito internacional".

Por fim, e a esses casos fomos aludindo, note-se que muitos Estados elaboraram legislação destinada a regular a aplicação da Convenção, merecendo em geral as adap-

bunais se têm demitido de realizar uma ampla investigação do interesse da criança e do mérito da guarda que estava a ser exercida[203], sendo ainda

---

tações que foram introduzidas nos sistemas internos um juízo favorável (assim, A. DYER, "A Convenção da Haia sobre os aspectos civis do rapto...", cit., p. 11 s.).

[203] É esse o reparo dirigido pelo *Bureau Permanent* da Conferência a uma decisão do Tribunal da Relação de Lisboa, de 13 de Julho de 1989 [inédito] (*Overall Conclusions of the Special Commission of October 1989...*, cit., p. 10, n.º 30, n. 4), que, revogando a decisão recorrida que estatuía o regresso da criança ao Canadá, país de onde tinha sido trazida unilateralmente pela mãe, ordenou a realização de diligências várias, tendentes a determinar, para além da situação actual da criança (incluindo o "condicionalismo existente e previsível"), se o pai estaria, no Canadá, em condições de cuidar do filho (para efeitos dos arts. 13.º, *al. b)* e 20.º da Convenção), se a decisão canadiana se mantinha provisória ou já havia sido convertida numa decisão definitiva. E tudo isto porque a Relação concluiu que – acentuando o carácter primordial do interesse da criança na jurisdição tutelar e sempre ressalvando o "respeito que, por princípio, merece qualquer decisão judicial, nacional ou de outro País" –, "estando em causa a transferência de um menor de um País para País, no âmbito da globalidade do circunstancialismo a sopesar, não podem deixar de ser ponderadas as condições familiares que poderá encontrar e aquelas que, de momento o rodeiam, face ao carácter definitivo ou provisório da decisão cuja observância se pretende". Com efeito, o tribunal, partindo do entendimento de que o interesse da criança é um "princípio essencial da ordem jurídica", devendo "considerar-se [tanto] da ordem pública interna como da ordem pública internacional", e embora admitindo que por princípio a Convenção da Haia tanto se refere às decisões de guarda definitivas como às provisórias – embora em termos exactos a decisão provisória a que alude a Relação e que atribuía a guarda ao pai tinha sido proferida depois de a criança ter vindo para Portugal, estando em causa, verdadeiramente, na determinação da ilicitude da deslocação, uma anterior imposição determinada pelo Supremo Tribunal de Ontário de uma guarda exclusiva atribuída à mãe na sequência do divórcio ser exercida na respectiva área de jurisdição –, e perguntando "se, perante o específico condicionalismo do caso concreto, sobre uma criança agora com nove anos, que estava confiada à mãe, a título permanente, com a qual, segundo os elementos *in actis* se encontra bem, se justifica o rigor formal da observância da consequência da decisão simplesmente provisória, impondo-lhe uma nova deambulação, contra a sua própria disposição", concluiu, acentuando os juízos de oportunidade e conveniência que entretecem os processos de jurisdição voluntária, que "temos de ir mais longe e sopesar os elementos concretos respeitantes à pessoa humana que, sobre todas importa: o menor".

Pelo contrário, e embora a propósito da Convenção luso-francesa de cooperação judiciária relativa à protecção de menores, veja-se a límpida distinção entre aos dois problemas – a regulação do poder paternal e a entrega judicial da criança na sequência de uma violação ilícita do direito de guarda – feita pelo Tribunal da Relação de Lisboa, no acórdão de 20 de Janeiro de 2000 [*supra*, n. 172]. E, agora já em aplicação da Convenção da Haia, na decisão, de 11 de Dezembro de 1997, do Tribunal de família e menores de Coimbra, lê-se o seguinte: "Pode pois questionar-se se o interesse imediato e futuro do menor aconselha o regresso à Espanha? Ou se esse interesse pode e deve ser assegurado pelo progenitor e por outros elementos parentais, de forma pontual, no meio familiar com o qual se iden-

apontada a circunstância de nem sempre se compreender que nas situações de guarda conjunta (ou, então, nos casos que lhes são equiparadas por força da Convenção da Haia) não é legítimo a um dos progenitores, por decisão unilateral, levar os filhos para o estrangeiro[204]. Seja como for, e procurando evitar as consequências nefastas do facto de tribunais não especializados serem chamados a decidir pedidos formulados ao abrigo da Convenção, o DL n.º 246-A/2001, de 14 de Setembro[205], veio determinar no art. 2.º que "[p]ara a execução de convenções internacionais em que o Instituto de Reinserção Social é autoridade central são competentes os tribunais de família e de menores", aceitando-se desse modo, e à semelhança do que aconteceu noutros países, que a concentração da competência num número limitado de tribunais tem inequívocos benefícios, permitindo aprofundar a experência no âmbito da prática convencional e reforçar a confiança mútua entre os diferentes sistemas jurídicos[206], sobretudo se

---

tifica também, apesar do lapso de tempo ser inferior a um ano?" Só que, continua o Tribunal, "a questão não é ou será essa, mas sim ... determinar a observância e cumprimento da decisão proferida pelo Tribunal espanhol e que no âmbito do instrumento legal internacional [...] incumbe fazer respeitar e executar, perante a sua violação e não preenchimento de qualquer dos pressupostos do seu não acatamento. Se é certo que tal solução em termos de mérito da decisão proferida de regulação do poder paternal, ainda que provisória, pode necessariamente ser apreciada se requerida pelo progenitor, não é no âmbito deste processo que tal deverá ser tido em consideração, mas procurar sim na instância e lugar próprios fazer valer os seus direitos e respeitar os seus deveres enquanto tal..."

[204] *Vide supra*, n. 96.

[205] O referido DL veio alterar o DL n.º 186-A/99, de 31 de Maio, diploma que aprovou o regulamento da Lei de Organização e Funcionamento dos Tribunais Judiciais (Lei n.º 3/99, de 13 de Janeiro). De qualquer maneira, nos termos do art. 3.º do DL n.º 246-A/2001, manteve-se relativamente às acções já pendentes à data da entrada em vigor do novo regime legal a competência dos tribunais de competência genérica e que são chamados a exercer a competência dos tribunais de família e menores em matéria tutelar cível (cf. art. 146.º, OTM, na redacção dada pela Lei n.º 133/99, de 28 de Agosto, e art. 82.º da Lei de organização e funcionamento dos tribunais judiciais, aprovada pela Lei n.º 3/99, de 13 de Janeiro) fora das áreas abrangidas pela jurisdição destes tribunais (cf. art. 149.º, n.º 1, OTM, de acordo com a redacção dada pela Lei n.º 133/99).

[206] Na verdade, assim aconteceu, por exemplo, e para além do caso irlandês a que acima nos referimos, na França e na Alemanha. No primeiro caso, a Lei 2002-305, de 4 de Março de 2002, relativa à autoridade parental, veio, desde logo, determinar que apenas existirá um tribunal de primeira instância (*Tribunal de grande instance*) para cada tribunal de recurso (*Cour d'appel*) (cf. arts. 20.º e 21.º). Por outro lado, na Alemanha, o legislador adoptou medidas de pendor idêntico, tendo na alteração de 1999 da *SorgeRÜbkAG* (*Gesetz zur Änderung von Zuständigkeiten nach dem Sorgerechtsübereinkommens – Ausführungsgesetz*, de 13 de Abril de 1999) passado a haver apenas 24 tribunais de 1.ª instância,

supusermos que aos magistrados da jurisdição em causa corresponderá um nível de preparação técnica acrescido no domínio da prática dos instrumentos internacionais pertinentes.

11. A Convenção de 25 de Outubro de 1980 sobre os aspectos civis do rapto internacional de crianças é indubitavelmente um dos documentos internacionais adoptados no seio da Conferência da Haia que até hoje conheceu mais êxito, tendo certamente contribuído para isto a – pelo menos aparente – inegável simplicidade técnica desta iniciativa, justificadamente perpassada por um saliente intento de eficácia e celeridade e a que subjaz uma atitude francamente realista e cunhada pelo pressuposto de que a dilação do período de deslocação (ou retenção) ilícita favorecerá a inserção da criança no novo ambiente, tornando provavelmente o reconhecimento e execução da decisão de guarda estrangeira ou o repatriamento, do ponto de vista do próprio interesse do menor, indesejáveis.

Porém, e sem que isto esmaeça a convicção de que o sucesso da luta contra o rapto internacional de menores há-de sempre depender dos esforços concertados da Comunidade Internacional[207], é igualmente incontestável que o funcionamento da Convenção da Haia nem sempre se tem revelado fácil e que as exigências que presidiram à sua feitura têm sido amiúde, e pelas mais diversas razões, atraiçoadas. Na verdade, são detectáveis, e para além de uma prática jurisprudencial por vezes inconsistente e alheada dos objectivos convencionais, muitas dificuldades no seu funcionamento prático – algumas delas certamente ultrapassáveis mediante o adequado enquadramento institucional e procedimental a operar através

---

(*Amtsgerichte*), mais especificamente, tribunais de família, e 24 tribunais de recurso (*Oberlandsgerichte*) com competência para se pronunciarem sobre os pedidos formulados com base na Convenção da Haia. Para mais informações sobre a restruturação do sistema judiciário (especialização, concentração e formação), aconselhada, de resto, pelo *Permanent Bureau* (cf. *Conclusions and Recommandations of the Fourth Meeting...*, cit., p. 9, 3.1.), mas também já em 1996 pelo Parlamento Europeu, na Resolução de 18 de Julho de 1996 sobre o rapto de crianças nascidas de casamentos mistos contraídos entre pessoas de nacionalidades diferentes nos Estados-membros, cf. *Guide to Good Practice under the Hague Convention of 25 October 1980 on the Civil Aspects of International Child Abduction, Part II – Implementing Measures* (2003), p. 29 s. Ainda sobre esta questão, cf. B. GÓMEZ BENGOECHEA, *op. cit.*, p. 118 s.

[207] Assim, por exemplo, F. STURM, "Neue Abkommen zum Schutz erführter Kinder. Möglichkeiten und Grenzen der Europäischen und der Haager Konvention", *Beiträge zum Internationalen Verfahrensrecht und zur Schiedsgerichtsbarkeit. Festschrift für Heinrich Nagel*, Münster: Aschendorff, 1987, p. 461 s.

das ordens jurídicas internas, que não devem, por isso, alhear-se de um compromisso sério na promoção dos objectivos e princípios delineados nos textos internacionais a que os Estados se vinculam – e, até, uma certa rigidez do mecanismo convencional – e que tenderá a atenuar-se à medida que prossiga o desenvolvimento de esquemas normativos internacionais tendentes, designadamente, a uniformizar as regras de conflitos de jurisdições – face à modificação das situações-tipo de rapto intra-familiar que estiveram nos alicerces da Convenção e que se encontram agora notoriamente marcadas pelos problemas inerentes à generalização do modelo de guarda conjunta[208]. De resto, a própria evolução dos trabalhos de uniformização do DIP, no seio das mais variadas instâncias, bem como os desenvolvimentos posteriores levados a cabo através de outros instrumentos internacionais e que tocam, directa ou indirectamente, a questão do rapto internacional de crianças, conformando, designadamente, as posições subjectivas dos diversos membros da família – e pensamos agora particularmente nos documentos relativos aos direitos do Homem e da criança –, não deixam de levantar questões nucleares relativamente à própria prática convencional, sendo certo, todavia, que a Convenção tem revelado – muito embora não seja aqui possível elucidá-lo em termos cumpridos – uma capacidade de resistência e uma plasticidade deveras surpreendentes no contexto do movimento de internacionalização do direito.

ABREVIATURAS

AJCL	– *The American Journal of Comparative Law*
Arch. ph. dr.	– *Archives de Philosophie du Droit*
ASDI	– *Annuaire Suisse de Droit International*
BFDUC	– *Boletim da Faculdade de Direito da Universidade de Coimbra*
BMJ	– *Boletim do Ministério da Justiça*
CFLQ	– *Child and Family Law Quarterly*
CJ	– *Colectânea de Jurisprudência*
Clunet	– *Journal du Droit International*

---

[208] Cf. A. BUCHER, "La famille...", cit., p. 168 ss. E, ainda sobre os métodos possíveis para reduzir o fenómeno da deslocação internacional de crianças, cf. A. DYER, "Questionnaire et rapport...", cit., p. 46 ss., e que já então alertava, para além da imperiosa urgência de uma cooperação administrativa intensa, para a necessidade de facilitar a execução das decisões de guarda, estabelecer regras de competência internacional de modo a não ser permitido ao raptor discutir os méritos da guarda no Estado onde o menor se encontra ilicitamente deslocado ou executar com brevidade as ordens de regresso.

CMLR	– Common Market Law Review
D.	– Recueil Dalloz-Sirey
DDC	– Documentação e Direito Comparado
Dir. fam.	– Il Diritto di Famiglia e delle Persone
DR	– Diário da República
Droit et Société	– Droit et Société (Revue Internationale de Théorie du Droit et de la Sociologie Juridique)
ERPL	– European Review of Private Law (Revue Européenne de Droit Privé/ /Europäische Zeitschrift für Privatrecht)
Familia	– Familia (Rivista di Diritto della Famiglia e delle Successioni in Europa)
FamRZ	– Ehe und Familie, Zeitschrift für das gesamte Familienrecht
FLQ	– Family Law Quarterly
ICLQ	– The International and Comparative Law Quarterly
IFL	– International Family Law
IPRax	– Praxis des Internationalen Privat- und Verfahrensrechts
JCP	– Juris-classeur Périodique – La Semaine Juridique
JO	– Jornal Oficial da União Europeia
NILR	– Netherlands International Law Review
RabelsZ	– Rabels Zeitschrift für ausländisches und internationales Privatrecht
RAE	– Revue des Affaires européennes
RBDI	– Revue Belge de Droit International
RDIPP	– Rivista di Diritto Internazionale Privato e Processuale
Recueil des Cours	– Recueil des Cours de l'Académie de Droit International de La Haye
REDI	– Revista Española de Derecho Internacional
Revue Critique	– Revue Critique de Droit International Privé
RFDA	– Revue Française de Droit Administratif
RFDUL	– Revista da Faculdade de Direito da Universidade de Lisboa
RIDC	– Revue Internationale de Droit Comparé
RIDP	– Revue Internationale de Droit Pénal
RIDPC	– Rivista Italiana di Diritto Pubblico Comunitario
RIDU	– Rivista Internazionale dei Diritti dell'Uomo
RLJ	– Revista de Legislação e de Jurisprudência
RSDIE	– Revue Suisse de Droit International et de Droit Européen
RTDF	– Revue Trimestrielle de Droit Familial
Travaux	– Travaux du Comité Français de Droit International Privé
YPIL	– Yearbook of Private International Law
ZfRV	– Zeitschrift für Rechtsvergleichung, Internationales Privatrecht und Europarecht

O TÍTULO EXECUTIVO EUROPEU[1]

Pertencem ao Regulamento (CE) n.º 805/2004, do Parlamento Europeu e do Conselho, de 21 de Abril de 2004, os preceitos legais citados sem indicação expressa de fonte

PAULA COSTA E SILVA
Professora da Faculdade de Direito da Universidade de Lisboa

I. O REGULAMENTO (CE) 805/2004

1. Introdução

1. No final de um processo legislativo relativamente conturbado[2], entrou em vigor, no dia 1 de Janeiro de 2005, o Regulamento (CE) n. 805/2004, do Parlamento Europeu e do Conselho, de 21 de Abril de 2004, que criou o título executivo europeu para créditos não contestados[3].

Sendo este diploma de aplicação imediata e não dependendo a sua vigência de intervenção alguma do legislador nacional, pode concluir-se que, no momento em que escrevemos, estão sendo constituídos os primeiros títulos executivos europeus.

2. O estudo que agora se publica tem o objectivo de fazer uma primeira aproximação ao título executivo europeu, figura de efeitos práticos da maior relevância. Será tema que, necessariamente, se retomará mais

---

[1] O presente estudo foi concluído em Março de 2005 pelo que só pode ser contemplada bibliografia disponível até Fevereiro de 2005.

[2] RAUSCHER, Der Europäische Vollstreckungstitel, Rdnr. 8 a 11.

[3] Publicado no JO L 143, de 30 de Abril de 2004, e disponível em www.europa.eu.

tarde, pois que há que aguardar pela reacção da doutrina e da jurisprudência dos diversos Estados-Membros a esta nova realidade.
Antes de prosseguir, ficam duas advertências.
Uma primeira refere-se aos textos que se julga deverem ser consultados pelos aplicadores do Direito. A versão portuguesa do Regulamento (CE) n. 805/2004 há-de ser permanentemente controlada pelos textos em outras línguas. Aliás, só estes permitem, muitas vezes, desfazer a estranheza causada por algumas passagens da versão portuguesa.
Uma segunda chamada de atenção respeita à natureza do texto a aplicar. Não pode esquecer-se que se trata de fonte comunitária, de aplicação imediata nos diversos Estados-Membros. Isto implica que o Regulamento (CE) 805/2004 não possa partir de uma terminologia jurídica universalmente aceite em todos os Estado-Membro, uma vez que estes não têm sistemas internos harmonizados. Esta circunstância implicará sempre um esforço de adaptação das diferentes realidades a que o Regulamento faz referência ao direito interno dos diversos Estados-Membros.

2. Os objectivos do legislador comunitário

3. Considerado como um projecto-piloto para a supressão do exequatur, declarada como uma das prioridades da Comunidade[4], e integrado nas políticas relativas à criação de um espaço de liberdade, de segurança e de justiça, visa o Regulamento (CE) n. 805/2004 acelerar e simplificar a execução de títulos em Estado diverso do Estado de origem (cfr. n. 8 dos Considerandos), devendo entender-se por Estado de origem o Estado-Membro em que foi constituído ou registado o título executivo (cfr. art. 4/4).
Mas, para além desta simplificação ou, talvez até, como consequência dela, tem ainda o Regulamento (CE) n. 805/2004 o intuito de diminuir os custos inerentes aos procedimentos necessários à execução de um título, *maxime* judicial, estrangeiro.

---

[4] Projecto de programa de medidas destinadas a aplicar o princípio do reconhecimento mútuo das decisões em matéria civil e comercial, JO C 12, de 15 de Janeiro de 2001, I.B.3.

3. O tipo de intervenção do legislador comunitário

4. Alcançar os objectivos a que se propôs poderia ter impelido o legislador comunitário a optar por um de dois caminhos: ou impor uma harmonização a nível comunitário das regras aplicáveis aos processos que culminassem com a criação de títulos executivos ou determinar que a qualificação de certa realidade como título executivo europeu dependeria da observância, no plano interno, de determinados parâmetros procedimentais.

O Regulamento (CE) n. 805/2004 trilha este segundo caminho. Na verdade, não se impõe aos diferentes legisladores nacionais que alterem as respectivas ordens jurídicas no que respeita às regras aplicáveis aos procedimentos (e a certos actos neles integrados) dos quais resulta a criação de títulos executivos certificáveis[5]. Porém, a falta de conformação destes ordenamentos internos com as regras procedimentais constantes do Regulamento implica que os títulos neles criados (ou registados) não possam gozar do estatuto de títulos executivos europeus.

A intervenção é, assim, incentivadora (cfr. considerando 19). Para que não vejam os títulos por si criados estigmatizados aquando da respectiva execução, tenderão os Estados-Membros a conformar os respectivos ordenamentos pelos parâmetros estabelecidos no Regulamento. Como adiante melhor se verá, tal significará a adaptação das regras relativas à citação e seus efeitos, bem como das regras relativas aos recursos, de modo a que estas correspondam às normas mínimas aplicáveis aos processos relativos a créditos não contestados, constantes do Capítulo III do Regulamento.

4. O âmbito de aplicação do Regulamento

5. O âmbito de aplicação material do Regulamento coincide, quase integralmente, com o âmbito de aplicação do Regulamento (CE) 44/2001. É, aliás, notória a semelhança de redacção dos arts. 2 do Regulamento e 1 do Regulamento (CE) 44/2001[6].

---

[5] A não imposição de uma uniformidade de regras processuais aplicáveis aos processos sobre créditos não contestados no espaço comunitário é apontada como uma das desvantagens da solução do Regulamento no Parecer do Comité Económico e Social Europeu, n. 5.2.

[6] RAUSCHER, Der Europäische Vollstreckungstitel, Rdnr. 43.

Segundo o art. 2, o Regulamento aplica-se em matéria civil e comercial, independentemente da jurisdição, ou seja, independentemente da natureza do tribunal internamente competente para conhecer da acção da qual emergiu o título. O que vem a significar que poderão ser certificados, ao abrigo do Regulamento, como títulos executivos europeus, os títulos que reconheçam créditos, cuja fonte seja civil ou comercial.

6. São excluídas do âmbito de aplicação do Regulamento as matérias fiscais, aduaneiras e administrativas (art. 2/1). Com isto se impossibilita a certificação como títulos executivos europeus de títulos que reconheçam a existência de créditos decorrentes de situações jurídicas fiscais, aduaneiras e administrativas.

Do mesmo modo não poderão ser certificadas como títulos executivos europeus decisões que condenem o Estado ao pagamento de indemnizações, se estas derivarem da prática de um acto ou de uma omissão ilícita no âmbito do exercício de poderes de autoridade. Apesar de esta especificação determinar uma alteração à previsão do art. 1/1 do Regulamento (CE) 44/2001, certo é que o Tribunal de Justiça vinha já interpretando este preceito de modo restritivo, o que tinha como consequência que este Regulamento apenas se não aplicava à determinação da competência para as acções decorrentes de actos praticados pelo Estado ao abrigo de *ius imperii*.

7. O Regulamento também se não aplica:
— ao estado e capacidade das pessoas singulares (não sendo por uma razão de paralelismo com o art. 1/2a) do Regulamento (CE) 44/2001, não se vislumbra como poderia uma decisão sobre o estado e a capacidade das pessoas ser certificada, quando é certo que só podem ser certificados títulos que representem créditos não contestados), aos direitos patrimoniais decorrentes de regimes matrimoniais, de testamentos e de sucessões. Não podem, assim, ser certificados como títulos executivos europeus títulos que representem direitos de crédito resultantes destes tipos de situações jurídicas;
— às falências e às concordatas em matéria de falência (insolvência) de sociedades ou outras pessoas colectivas, aos acordos judiciais, aos acordos de credores e a outros procedimentos análogos (cfr. Regulamento (CE) 1346/2000, do Conselho, de 29 de Maio de 2000);
— à segurança social; esta exclusão implica a impossibilidade de certificação de decisão proferida no âmbito do contencioso da

segurança social como título executivo europeu, mesmo que o crédito reconhecido pela decisão não haja sido contestado;

 – à arbitragem; desta exclusão resulta que não possam ser certificadas como títulos executivos europeus decisões proferidas sobre créditos não contestados por tribunais arbitrais. Esta exclusão tem a máxima importância perante decisões arbitrais proferidas em Portugal. Com efeito, estas decisões são, à luz do direito do Estado de origem, directamente exequíveis, não carecendo de concessão de *exequatur* pelos tribunais estaduais (cfr. art. 26/2 da Lei n. 31/86, de 29 de Agosto). Sendo exequíveis no Estado de origem, poderiam estas decisões ser certificadas como títulos executivos europeus, desde que o procedimento arbitral se conformasse com as regras mínimas indicadas nos arts. 13 e seguintes. Porém, da exclusão de aplicação do Regulamento à arbitragem, resulta a impossibilidade dessa certificação.

5. Os efeitos da certificação de um título como título executivo europeu

8. Até aqui limitámo-nos a afirmar que são objectivos expressos do Regulamento simplificar e acelerar a execução de títulos executivos em Estado diverso do Estado de origem, bem como diminuir os custos inerentes à execução desse tipo de títulos. Há que especificar em que se traduzem tal simplificação e aceleração.

De acordo com o art. 1, a certificação de um título como título executivo europeu determina que aquele possa ser executado em Estado-Membro diverso do Estado de origem sem necessidade de um procedimento prévio de reconhecimento ou de concessão de *exequatur*.

Quer isto dizer que uma vez criado um título executivo por um Estado-Membro e desde que os procedimentos de criação de títulos executivos nesse Estado-Membro respeitem as normas mínimas, constantes do Capítulo III do Regulamento, será tal título imediatamente exequível em todo o espaço comunitário desde que seja exequível no Estado de origem.

Indo mesmo mais longe do que o art. 1 do Regulamento, dispõe o respectivo art. 5 que uma decisão certificada como título executivo europeu no Estado-Membro de origem será reconhecida e executada nos outros Estados-Membros sem necessidade de declaração de executoriedade ou contestação do reconhecimento (na versão alemã, sem que o reconhecimento possa ser impugnado; no original: *ohne dass die Anerkennung angefochten werden kann*). Mais adiante, dispõem os arts. 24/2 e 25/2 que as transacções e os instrumentos autênticos certificados como títulos executivos europeus serão executados sem necessidade de declaração de executoriedade e sem que seja possível contestar a respectiva força executiva.

Com isto se obtém um duplo efeito: a certificação de um título como título executivo europeu implica, automaticamente, o reconhecimento desse título por todos os Estados-Membros, bem como a respectiva natureza enquanto título executivo e exequível.

9. Veja-se que, quanto à circulação de títulos, *maxime* de decisões judiciais, se procedeu a uma inflexão do sistema até agora vigente.

Com efeito, e apesar de se preverem já procedimentos simplificados de concessão de *exequatur* a decisões, transacções e documentos estrangeiros no Regulamento (CE) 44/2001, certo é que, sem estes procedimentos, os títulos não seriam directamente exequíveis em Estado diverso do Estado de origem. E aquele, se bem que não pudesse proceder a uma revisão de mérito de decisões judiciais (cfr. art. 45 do Regulamento (CE) 44/2001), exercia ainda algum controlo antes que se pudesse proceder à execução de um título estrangeiro no seu espaço (cfr. arts. 38 e seguintes, 57 e 58 do Regulamento (CE) 44/2001).

É são estes procedimentos simplificados de reconhecimento e de concessão de *exequatur* que agora se suprimem. O único órgão com competência para aferir da conformidade do sistema interno, que foi aplicado ao procedimento de que resultou a decisão, com os parâmetros constantes do Regulamento, é o tribunal (e com isto o Estado) de origem. O tribunal que julgou a causa, aplicando a *lex fori* ao procedimento, é o tribunal que certificará a decisão.

10. Mais do que representar uma evolução na continuidade, constitui, assim, o Regulamento (CE) 805/2004 uma alteração de paradigma ou de sistema[7]. E, por esta razão, tem sido o Regulamento (CE) 805/2004 alvo de críticas contundentes. Na verdade, a execução imediata de decisões proferidas nos diversos Estados-Membros funda-se, segundo se lê no considerando 18, na confiança mútua na administração da Justiça. Esta confiança autorizará o tribunal do Estado-Membro de execução a considerar que todos os requisitos de que depende a certificação de um título estão efectivamente reunidos.

---

[7] RAUSCHER, Der Europäische Vollstreckungstitel., Rdnr 13 e 14.

Se bem se compreendem o sentido e o alcance deste considerando, em ligação com a reserva do controlo da observância de todos os requisitos de que depende a certificação pelo Estado de origem e a supressão do controlo a exercer pelo Estado de execução, dir-se-á que dele resulta que o legislador comunitário partiu do princípio que a administração da Justiça é uniforme no espaço comunitário. Mas, conforme sustenta RAUSCHERER, no estado actual esta uniformidade na administração da Justiça não é uma realidade, mas uma meta[8]. Porque o Regulamento parte de uma ficção, acaba por se exigir aos cidadãos comunitários que convivam com um sistema que assenta em falsas premissas.

6. Execução imediata e recusa de execução: o poder do tribunal do Estado de execução

11. Dos arts. 1, 5, 24 e 25 decorre a possibilidade de execução imediata de títulos certificados pelo Estado de origem como títulos executivos europeus. E dizemos tratar-se de faculdade de execução imediata na medida em que o Regulamento não visa prejudicar o recurso ao regime contido no Regulamento (CE) 44/2001, caso a parte por ele pretenda optar (cfr. art. 27 do Regulamento).

Note-se, no entanto, que a certificação de um título como título executivo europeu não coarcta integralmente os poderes de controlo do tribunal do Estado de execução, ao invés do que parece resultar das disposições acima indicadas. Com efeito, prevê o art. 21 a recusa de execução de um título certificado pelo tribunal de execução.

Se bem que se reafirme a proibição de revisão de mérito da decisão pelo tribunal da execução, confere-se a este o poder de recusar a execução de decisão em condições similares àquelas que constavam já do art. 34/3 e 4 do Regulamento 44/2001, aplicável *ex vi* o art. 45/1 do mesmo diploma. Assim, deve o Estado da execução recusar a execução do título executivo europeu se verificar que este contém decisão que se mostre inconciliável com outra proferida em outro Estado-Membro ou em país terceiro e desde que se verifiquem, cumulativamente, os seguintes requisitos:

– identidade de partes e de objecto do processo[9];

---

[8] Der Europäische Vollstreckungstitel, Rdnr 15.

[9] Apesar de, na alínea a) do art. 21/1 da versão portuguesa, se referir como condição essencial à recusa, fundada em inconciliabilidade de decisões, a identidade de partes

– haver sido a decisão proferida no Estado-Membro da execução ou aí ser susceptível de ser reconhecida, quando houver sido proferida quer em outro Estado-Membro, quer num país terceiro[10];

– não ter sido a incompatibilidade entre as decisões deduzida perante o tribunal original, nem ter sido susceptível de o ser[11].

Conforme resulta do art. 21/1, que vem retomar um sentido iniciado com a Convenção de Bruxelas, o que se visa impedir com disposição equivalentes àquela ora em apreço são as colisões de decisões, não supondo esta colisão uma identidade subjectiva e objectiva integral. Para que ela ocorra basta que entre as duas decisões se verifique uma relação de prejudicialidade ou que exista uma contradição insanável entre os fundamentos de ambas.

12. O que avulta como estranho no regime de recusa da execução previsto no Regulamento, atendendo às circunstâncias que o podem determinar, é o facto de a recusa só poder ser decretada desde que requerida pelo devedor/executado. Quer isto dizer que o tribunal de execução não pode recusar, *ex officio*, a execução de um título certificado como título executivo europeu, mesmo que esteja na posse de elementos que lhe permitam conhecer a situação de incompatibilidade entre a decisão, cuja execução lhe é pedida, e a decisão por si proferida. Com isto se cria um desnível entre o sistema do Regulamento e o do nosso direito interno. Face a este, o tribunal de execução deve indeferir liminarmente a execução se verificar a ocorrência de excepção dilatória insuprível de conhecimento oficioso (cfr. art. 812/2b) do CPC). Ora, pelo menos nas situações em que a decisão exequenda represente a violação de caso julgado anterior, deve o tribunal, à luz do direito interno, conhecer oficiosamente desta excepção (cfr. arts. 494/i) e 495, ambos do CPC) e indeferir liminarmente a execução.

---

e de causa de pedir, nada se dispondo quanto à identidade de pedido, nas versões oficiais encontramos as expressões *desselben Streitgegenstandes (*versão alemã) e *litige ayant la même cause*(versão francesa).

[10] Ressurge, nesta disposição, o princípio da prevalência da decisão proferida pelo Estado do reconhecimento. NAGEL/GOTTWALD, Internationales Zivilprozessrecht, § 11, Rdn. 53.

[11] A tradução portuguesa da alínea c) do art. 21/1 afasta-se totalmente dos textos das versões oficiais alemã, francesa e inglesa.

13. Um dos aspectos mais críticos do Regulamento respeita à supressão do poder de controlo da conformidade do título com a ordem pública do Estado de execução. Independentemente de se poder afirmar que são seguramente raras as violações da ordem pública material do Estado de execução[12], o mesmo se não pode dizer quanto à violação da ordem pública formal. A ausência da possibilidade de controlo deste tipo de violações aparece como particularmente chocante se se pensar que elas não podem fundar uma reacção contra a decisão no Estado de origem.

Perante a supressão, pelo Regulamento, do poder de recusa da execução com fundamento em violação da ordem pública do Estado de execução, têm sido ensaiadas diferentes respostas tendentes à reintrodução deste controlo. Elas passam directamente pelo art. 6 da Convenção Europeia dos Direitos do Homem: perante a violação de uma regra integrada na ordem pública do Estado de execução, o requerido desencadearia um procedimento junto do Tribunal Europeu dos Direitos do Homem, tendente a verificar se a alegada violação ocorrera efectivamente. Com base neste procedimento, poderia o tribunal de execução suspender a execução, ao abrigo do art. 23/1 do Regulamento (ter o devedor contestado a decisão certificada como título executivo europeu).

Esta solução tem, no entanto, múltiplas fragilidades, a mais relevantes das quais se refere aos efeitos de um acórdão proferido pelo Tribunal Europeu dos Direitos do Homem. Esta decisão não tem qualquer incidência sobre o concreto procedimento, não determinando uma invalidação do título entretanto certificado. Isto implica que o recurso a esta instância de controlo determina, na melhor das hipóteses, um retardamento da execução.

Por outro lado, o conhecimento da violação da ordem pública do Estado de execução depende de impulso do executado, pois que deste impulso depende, desde logo, o exercício da competência prevista no art. 23 do Regulamento.

14. O aspecto mais problemático da restrição extrema dos poderes de controlo do tribunal da execução foi já assinalado: a diminuição das garantias do devedor/executado[13]. Como é evidente, este ponto só pode ser completamente compreendido enquanto crítica ao sistema do Regulamento se se relembrar o fundamento no qual todo ele assenta: a confiança

---

[12] RAUSCHER, Der Europäische Vollstreckungstitel, Rdnr. 19.
[13] RAUSCHER, Der Europäische Vollstreckungstitel, Rdnr. 16.

recíproca dos diversos Estados-Membros, assente numa uniformidade na administração da Justiça no espaço comunitário. Sendo que esta uniformidade não existe, pede-se ao cidadão que aceite uma restrição das suas garantias com fundamento numa mera ficção.

II. OS TÍTULOS EXECUTIVOS EUROPEUS

7. Os títulos certificáveis como títulos executivos europeus

15. Sabendo-se, já, que o Regulamento (CE) 805/2004 prevê a execução imediata de títulos, haverá que determinar que realidades podem vir a ser certificadas como títulos executivos europeus.

Segundo o art. 3/1, poderão ser certificados como títulos executivos europeus as decisões judiciais, as transacção judiciais e os instrumentos autênticos.

Serão consideradas decisões judiciais as decisões (condenatórias, acrescente-se) proferidas por órgãos jurisdicionais de Estados-Membros, bem como os actos de fixação das custas dos processos pelo secretário judicial (cfr. art. 4/1).

Quanto às transacções, poderão ser certificadas como títulos executivos europeus aquelas que houverem sido homologadas ou celebradas judicialmente, ficando fora do âmbito de aplicação do Regulamento as transacções extrajudiciais, não judicialmente homologadas (cfr. art. 24/1).

Por fim, podem ser certificados os instrumentos autênticos, sendo estes os documentos exarados ou registados como autênticos, desde que a autenticidade se estenda ao conteúdo e à assinatura do documento e o acto haja sido praticado no âmbito das competências da autoridade competente (cfr. art. 4/3). Saber que tipos de documentos cabem nesta previsão é aspecto a que voltaremos mais adiante quando confrontarmos o Regulamento com o direito interno português. Mas, a questão para a qual deve, desde já, chamar-se a atenção, é a de a natureza autêntica de um documento ser aferida pela lei do Estado de origem.

São, também, considerados instrumentos autênticos os acordos em matéria de obrigações alimentares celebrados perante autoridades administrativas ou por estas autenticados. A esta previsão podem, à luz do direito português, subsumir-se os acordos celebrados perante as conservatórias do registo civil, quando estas tenham competência para o processo em matéria de jurisdição voluntária.

8. A decisão de substituição: a revisão da decisão certificada

16. A decisão inicialmente proferida e certificada pode vir a ser alvo de revisão/recurso. Neste caso, impugna-se directamente, nos termos do direito interno, a decisão.

Uma primeira precisão: a expressão *revisão*, constante da versão portuguesa do Regulamento, não corresponde ao recurso de revisão, conhecido do ordenamento processual civil nacional. O que se pretende significar com este termo é a actividade de revisão de uma decisão, independentemente do meio através do qual esta pode operar.

Na sequência da revisão, proferirá o tribunal de origem uma decisão de substituição, devendo, ainda, emitir, a pedido do credor, uma certidão de substituição, segundo os termos do Anexo V.

17. Segundo o art. 3/2, o Regulamento é aplicável às decisões proferidas na sequência de impugnação.

Com esta previsão abrem-se diversas questões.

Mas aquela que imediatamente avulta respeita à susceptibilidade de certificação, enquanto título executivo europeu, de uma decisão proferida na sequência de impugnação. Na verdade, o Regulamento é exclusivamente aplicável aos créditos não contestados. Perguntar-se-á, então, como pode ser certificada uma decisão de substituição, que seja exequível à luz do direito interno do Estado de origem, se esta substituição supõe a dedução de impugnação contra a decisão inicial.

Só uma resposta nos parece possível: para que uma decisão de substituição possa ser certificada enquanto título executivo europeu terão de verificar-se três pressupostos. Em primeiro lugar, deverá a decisão de substituição ser exequível face ao direito interno do Estado de origem (cfr. art. 6/3). Em segundo lugar, deverá o procedimento, do qual resultou a decisão, conformar-se com as regras mínimas constantes do arts. 12 e seguintes. Em terceiro lugar e no que à impugnação se refere, não poderá o devedor ter deduzido oposição contra o próprio crédito. Isto porque, se ele deduzir este tipo de oposição, o crédito foi contestado na instância de recurso e, sendo o crédito contestado, não foi a decisão de substituição proferida sobre um crédito não contestado.

18. A conclusão a que chegámos quanto à insusceptibilidade de ter havido oposição do devedor contra o crédito no procedimento de revisão/recurso resultará do disposto no art. 12/2. Nos termos desta disposi-

ção, a certidão de substituição só será emitida se, no momento em que foi proferida a decisão de substituição, se verificar ou a situação prevista na al. b) do art. 3/1 ou aquela que se prevê na al. c) deste mesmo preceito. Quererá isto dizer que só pode ser certificada como título executivo europeu uma decisão de substituição, proferida na sequência de uma impugnação, desde que, no processo de impugnação, o devedor não haja deduzido oposição contra o crédito, nem se tenha feito representar em audiência relativa a esse crédito, desde que esta omissão implique um reconhecimento tácito do crédito ou dos seus fundamentos.

19. Como é evidente, também na sequência de uma revisão poderá ocorrer uma revogação da decisão anterior. Para tanto basta que o órgão competente considere que a primeira decisão se não pode manter e a substitua por outra. Mas veja-se que, neste caso, tendo havido oposição do devedor ao dever de prestar, perante a instância de recurso, já não pode a decisão de substituição ser certificada, uma vez que o crédito foi contestado[14].

III. OS REQUISITOS DA CERTIFICAÇÃO

9. Os requisitos de certificação de decisões

20. Para além do que adiante se verá quanto às normas mínimas aplicáveis ao processo, os requisitos de certificação de decisões judiciais encontram-se regulados pelo art. 6[15].

Segundo este preceito, o tribunal de origem deverá, a solicitação do credor, certificar uma decisão proferida sobre um crédito não contestado como título executivo europeu se se verificarem, cumulativamente, os seguintes pressupostos:

---

[14] No sentido do texto, RAUSCHER, Der Europäische Vollstreckungstitel, Rdnr. 76. Em sentido inverso, Posição Comum, Comunicação da Comissão ao Parlamento, 3.1., onde se afirma que, apesar da impugnação do crédito na instância de recurso, não deve excluir-se a emissão de certidão de título executivo europeu, uma vez que, se assim se não procedesse impor-se-ia ao credor que desencadeasse um novo procedimento de concessão de *exequatur*.

[15] Também as transacções e os instrumentos autênticos só podem ser certificados se forem exequíveis no Estado de origem (cfr. arts. 24/1 e 25/1 do Regulamento).

Ser a decisão exequível no Estado-Membro de origem. Cabendo ao Estado-Membro de origem determinar em que condições uma decisão é exequível, veja-se que o Regulamento nenhuma ligação estabelece entre a definitividade e a certificação da sentença[16]. Isto significará, *v.g.* à luz do direito interno do Estado português que, podendo as decisões aí emitidas ser certificadas (aspecto que analisaremos no ponto II deste trabalho), venham a ser certificadas decisões ainda pendentes de impugnação (cfr. art. 47/1, em conjugação com os arts. 692 e 723, todos do CPC).

Note-se, porém, que a pendência da impugnação contra uma decisão certificada pode determinar uma suspensão ou limitação da execução, decretada pelo tribunal de execução a pedido do devedor/executado, nos termos do art. 23.

Não terem sido infringidas, no processo de que resulta a decisão, as regras de competência constantes das Secções 3 (competência em matéria de seguros) e 6 (competências exclusivas) do Capítulo II do Regulamento (CE) 44/2001.

Conformar-se o processo de que resultou a decisão proferida sobre um crédito não contestado com as regras mínimas enunciadas nos arts. 12 e seguintes do Regulamento (cfr. *infra* n. 13).

Ter sido a decisão proferida no Estado-Membro do domicílio do devedor, sendo este conceito concretizado pela lei interna do Estado de

---

[16] Era diversa a solução contida na proposta inicial de Regulamento, apresentada pela Comissão (COM/2002/0159 final – CNS 2002/0090). Dispunha art. 5, na redacção inicial, que apenas poderiam ser certificadas como títulos executivos europeus decisões transitadas em julgado. Este esquema era depois completado pela concessão da faculdade ao credor/autor de requerer um título europeu provisório, com base no qual poderiam ser decretadas medidas cautelares pelo tribunal de execução.

Também no sentido da definitividade da decisão apontava o Parlamento Europeu aquando da primeira audição sobre o projecto de proposta apresentada pela Comissão (Relatório sobre a proposta de regulamento do Parlamento Europeu e do Conselho que cria o título executivo europeu para créditos não contestados, de 26 de Março de 2003; A5-0108/2003 final). Propunha o Parlamento Europeu na alteração 6, que o art. 7 passasse a ter a seguinte redacção: "**Após o trânsito em julgado da decisão**, o tribunal de origem emitirá certidão de título executivo europeu (…)."

Como melhor se verá, na versão definitiva do Regulamento, apesar de a certificação (e, consequentemente, a exequibilidade) não depender da definitividade da decisão exequenda, é fundamento da limitação da execução ao decretamento de medidas cautelares a pendência de impugnação. Apesar de os resultados da proposta inicial e da versão definitiva do Regulamento parecerem equivalentes, certo é que se transferiu para o devedor/executado o ónus de requerer a limitação da execução quando a decisão pende de recurso.

origem (cfr. art. 59/1 do Regulamento (CE) 44/2001, aplicável *ex vi* art. 6/1d) do Regulamento 805/2004), desde que:
– o crédito não tenha sido contestado segundo o disposto no art. 3/1b) e c). Vimos já que a falta de contestação do crédito é pressuposto geral de que depende a certificação de uma decisão. A dúvida que pode ser suscitada em torno desta parte do art. 6/1d) respeita aos créditos considerados não contestados, porque expressamente reconhecidos pelo devedor consumidor/réu (art. 3/1a). Nestes casos, o consumidor não gozará da especial protecção que lhe é conferida pelo art. 6/1d).
– o crédito resultar de um contrato celebrado com o devedor, sendo este um consumidor;
– ser o contrato celebrado com um fim que seja considerado estranho à actividade comercial ou profissional do devedor.

Ressurge, nesta disposição, a protecção especial do consumidor. Em consonância com o que se dispõe em matéria de competência, no art. 16/2 do Regulamento (CE) 44/2001, apenas se permite a certificação de uma decisão proferida sobre um crédito não contestado, em acção instaurada contra um consumidor, se esse consumidor foi demandado perante os tribunais do Estado-Membro do seu domicílio. Assim, se por alguma circunstância, o consumidor houver sido demandado perante tribunal de Estado diverso do do seu domicílio e houver comparecido ou, não tendo comparecido, o juiz se não houver declarado incompetente (art. 26/1 do Regulamento (CE) 44/2001, não poderá a decisão ser certificada enquanto título executivo europeu.

10. A obrigação exequenda

21. O Regulamento (CE) 805/2004 não prevê a execução imediata de títulos que incorporem todo e qualquer tipo de obrigação. Ao invés, faz depender a possibilidade de certificação de um título como título executivo europeu do tipo de dever de prestar nele incorporado. Com efeito, dispõe o art. 3 que o Regulamento será aplicável aos títulos que incorporem créditos, devendo entender-se por crédito não todo e qualquer tipo de prestação, mas exclusivamente prestações pecuniárias (cfr. art. 4/2). Mais se exige que a prestação seja líquida e exigível em face do título ou que a exigibilidade resulte patente em face dele.

Apesar de o art. 4/2 se referir ao dever de prestar incorporado no título como devendo sê-lo de uma quantia determinada, admite-se que a obrigação vença juros (cfr. pontos 5.2. dos Anexos I a III e 3.2. do Anexo V). Isto significa que o dever de prestar representado pelo título executivo europeu deve ser, além de certo e exigível (ou ter a respectiva exigibilidade fixada no título), líquido ou liquidável por simples cálculo aritmético por efeito da contagem de juros de mora.

22. Para além dos pressupostos da obrigação exequenda representada pelo título já acima referidos, restringe o Regulamento o seu campo de aplicação aos *créditos não contestados*. Esta limitação pode fazer intuir uma escassa aplicação do Regulamento, com um consequente baixo número de títulos certificáveis. Porém, os dados disponíveis apontam para conclusão inversa, já que a percentagem de créditos decorrentes de situações jurídicas civis e comerciais será da ordem dos 90%[17].

Se analisarmos as diversas alíneas do art. 3/1, que indicam as situações em que um crédito se deve considerar como não contestado, verificamos que estas se referem sempre à adopção de comportamentos pelo devedor dos quais resulta o reconhecimento do dever de prestar. Este comportamento pode consistir na emissão de declaração expressa de reconhecimento (cfr. als. a) e d) do art. 3/1) ou na omissão relevante da prática de um acto (als. b) e c)).

Veja-se que a noção de crédito não contestado não se encontra directamente relacionada com as regras processuais aplicáveis em caso de omissão de impugnação pelo devedor em cada um dos Estados-Membros. O que significa que o Regulamento não parte de uma harmonização (nem a visa) no que respeita à determinação dos efeitos, sobre a decisão, de uma revelia ou de uma não impugnação em audiência. O único aspecto que releva aquando da certificação de um título como título executivo europeu é o de o dever de prestar por ele representado se poder considerar inquestionado pelo devedor.

Nada se dispõe no Regulamento quanto aos efeitos de uma eventual dedução de excepções dilatórias pelo devedor em acção relativa ao crédito, que ele não contesta. O que resta saber é se este tipo de reacção, estritamente adjectiva, implica que o crédito não mais se possa considerar não

---

[17] Parecer do Comité Económico e Social Europeu sobre a proposta de Regulamento do Conselho que cria o título executivo europeu para créditos não contestados, de 12 de Dezembro de 2002, n. 3.1..

contestado. De toda a redacção do art. 3/1 parece resultar que este tipo de defesa não interferirá com a qualificação do crédito. Se o devedor se não opuser à existência do dever de prestar, limitando-se, por hipótese, a arguir a incompetência absoluta do tribunal ou mesmo a falta de interesse processual do autor (exactamente porque, não contestando o crédito, jamais tomou atitude extraprocessual da qual resultasse impedimento à satisfação do interesse do credor), não pode dizer-se que ele tenha contestado o crédito[18]. E é esta a exigência de que o Regulamento faz depender a sua aplicação. Tal exigência resulta muito claramente, por exemplo, da versão alemã, onde se lê que um crédito (*Forderung*) se considera não contestado quando b) *der Schuldner ihr im gerichtlichen Verfahren zu keiner Zeit (...) wiedersprochen hat* (sublinhado nosso).

11. O modo de criação do título executivo europeu judicial: as normas processuais mínimas

23. Um dos aspectos mais relevantes, ao qual, aliás, é dedicada boa parte do Regulamento, respeita às normas processuais mínimas a aplicar aos processos relativos a créditos não contestados. Como se disse, não é intuito do Regulamento 805/2004 proceder à harmonização do direito interno dos diversos Estados-Membros no que respeita aos procedimentos dos quais resulta a criação de títulos executivos. Mas o Regulamento faz depender a certificação de um título provindo de um Estado-Membro enquanto título executivo europeu da conformidade do respectivo ordenamento interno com as regras processuais mínimas aplicáveis à criação do próprio título.

Da análise de todas estas regras, constantes dos arts. 12 e seguintes, resulta evidente a preocupação do legislador comunitário na determinação das regras mínimas aplicáveis ao processo, que culminou com o reconhecimento tácito do dever de prestar. Aquele não quer que possa ser considerado como não contestado um crédito que o devedor não teve oportunidade de contestar, inferindo-se a não oposição da omissão da intervenção processual que seria relevante para evitar este efeito.

24. Porque se pretende garantir que o devedor, contra o qual possa ser emitido um título executivo europeu, tenha tido conhecimento da

---

[18] Em sentido idêntico, RAUSCHER, Der Europäische Vollstreckungstitel, Rdnr. 55.

acção de modo a poder deduzir aí a sua oposição, impõe o legislador parâmetros mínimos relativamente a dois actos processuais: o acto de chamada inicial do devedor à acção e o recurso. Através dos parâmetros que se estabelecem para o primeiro, quer-se garantir que o devedor tenha conhecimento de que contra ele impende uma acção destinada ao reconhecimento de certo dever de prestar. Ao determinar que o recurso deva permitir uma revisão integral da decisão, pretende o Regulamento anular o efeito preclusivo da defesa, decorrente da omissão de comportamento processual relevante em primeira instância.

As regras mínimas relativas à citação e ao recurso, que já em seguida se analisarão e que adiante se confrontarão com o sistema nacional, são meramente instrumentais. E isto porque com a respectiva imposição, enquanto requisitos da certificação de títulos executivos europeus, visa o legislador atingir um escopo que as transcende, mas pressupõe: garantir a efectividade do direito de defesa do devedor. É à luz deste vector fundamental que devem ser interpretadas as regras constantes do Capítulo III do Regulamento.

25. Como é evidente, a preocupação com o respeito de regras procedimentais não será directamente transponível para a criação de títulos executivos europeus, que sejam transacções ou instrumentos (ou documentos, no caso da ordem jurídica portuguesa, como adiante melhor se verá) autênticos. E isto porque um crédito só pode ser considerado como não contestado, sendo representado por uma transacção ou por um documento autêntico, se o devedor colaborou activamente para o reconhecimento desse crédito. Com isto se impede que seja considerado como assente um dever de prestar em condições que podem escapar ao domínio do devedor. E é esta falta de domínio do devedor sobre um procedimento, que culmina com a declaração de existência do dever de prestar, que o Regulamento visa impedir. Nada disto acontece quando o reconhecimento do crédito resulta de declaração expressa do devedor nesse sentido, pelo que os arts. 24 e 25, respectivamente aplicáveis à certificação de transacções e documentos autênticos, não submetem a criação destes títulos às regras constantes do Capítulo III do Regulamento.

26. Do que antecede, cremos resultar justificado o âmbito de aplicação do Capítulo III do Regulamento. Passemos, então, à análise das regras mínimas aplicáveis aos processos, de que resultam decisões sobre créditos não contestados.

12. A relação entre as regras relativas à citação e a citação do devedor em tempo útil

27. Como vimos, a preocupação fundamental do legislador comunitário é a de garantir que no processo, que culmina com a condenação do devedor em determinada prestação pecuniária, lhe tenha sido permitido o exercício do direito de defesa. Como a possibilidade de o devedor se defender depende de ele conhecer a acção, que contra ele pende, o Regulamento faz depender a certificação da decisão final como título executivo europeu do respeito de determinadas regras quanto à citação.

Sucede, porém, que o legislador comunitário admite a certificação de uma decisão, apesar da não observância das regras relativas à citação, constantes dos arts. 13 e 14, desde que se prove que o devedor foi citado ou notificado pessoalmente e em tempo útil para preparar a sua defesa (cfr. art. 18/2). Avulta, aqui, a preocupação central do legislador: garantir que o devedor pôde exercer efectivamente o seu direito de defesa. Ora, se este direito foi, realmente, acautelado, nenhuma razão válida persiste para que se imponham os efeitos decorrentes da violação de regras (relativas à citação) que têm como objectivo único garantir o exercício daquela situação jurídica.

28. O suporte para o funcionamento do art. 18/2 é o comportamento do devedor. É este que deve ser analisado e interpretado de modo a que dele se conclua se ele foi ou não citado em tempo útil para poder preparar a sua defesa. Como é evidente, estamos perante uma cláusula geral, cujos limites serão difíceis de demarcar. Sabemos que o resultado dessa análise determinará uma de duas conclusões: a citação foi feita em tempo útil ou não. Mas saber que circunstâncias permitem uma ou outra ilação, é problema complexo, com o qual os tribunais dos diversos Estados-Membros se verão confrontados. Parece-nos que não será suficiente determinar se a contestação foi bem ou mal elaborada para que imediatamente se retirem conclusões quanto à efectividade do direito de defesa. Se da apresentação de uma contestação devidamente elaborada se pode presumir uma citação do devedor em tempo útil, a inversa não será verdadeira.

13. A relação entre as regras relativas à citação e as regras relativas à revisão da decisão

29. O que acima se afirmou quanto à relação existente entre as regras relativas à citação e a possibilidade de exercício efectivo do direito de defesa pode, de algum modo, transpor-se para a relação existente entre regras relativas à citação e as regras relativas ao recurso.

Na verdade, o legislador comunitário vem admitir a certificação de uma decisão, apesar da não observância das regras relativas à citação, desde que o devedor tenha a faculdade de induzir uma revisão integral da decisão anteriormente proferida e não a haja requerido. Isto resulta do art. 18/1, que prevê o suprimento da inobservância das normas mínimas.

30. Se bem que o art. 18/1, ao invés do que sucede com outros preceitos, não expresse, literalmente, se os requisitos dele constantes se devem verificar cumulativamente ou se, ao invés, são de funcionamento alternativo, pensamos que a hipótese correcta é a primeira. De facto, não teria sentido admitir a certificação de uma decisão como título europeu apenas porque o devedor dela foi notificado com observância do que se dispõe nos arts. 13 e 14. Para que se concretize o vector fundamental do regulamento, haverá de assegurar-se ao devedor a possibilidade de interferir com o conteúdo da decisão condenatória. Ora, esta possibilidade encontra-se prevista exclusivamente na al. b) do art. 18/1. Se assim é e porque se não pode aceitar a certificação sem efectividade do direito de defesa, concluir-se-á que as três alíneas do art. 18/1 são de verificação cumulativa. Isto mesmo é confirmado pelo conteúdo da al. c). Nesta se prevê que, tendo tido o devedor a possibilidade de impugnar a decisão, o não tenha feito. Ora, como é evidente, se o devedor impugnar o mérito da decisão, o crédito deixa de se considerar não contestado. Pelo que, da não verificação simultânea de todos os requisitos do art. 18/1, resulta uma exclusão do crédito e, consequentemente, da decisão do campo de aplicação do Regulamento.

14. A relação entre as regras mínimas e a revisão da decisão

31. De acordo com o art. 19, as decisões apenas poderão ser certificadas como títulos executivos europeus se a legislação do Estado-Membro

de origem conferir ao devedor a faculdade de revisão da sentença, verificada uma das duas seguintes situações:

– se, tendo ocorrido a citação sem prova de recepção pelo devedor, esta não houver sido feita em tempo útil para lhe permitir preparar a sua defesa, sem que haja qualquer culpa da sua parte;

– se o devedor tiver sido impedido de deduzir oposição por motivo de força maior ou circunstância excepcional, sem que haja culpa da sua parte e desde que actue prontamente.

32. Atendendo ao modo de expressão do legislador quando descreve a relação existente entre o art. 19 e as demais regras mínimas na parte inicial do respectivo n. 1[19], podemos concluir estarmos perante uma cláusula de salvaguarda. Na verdade, o que se pretende garantir, em última instância, é sempre a possibilidade de dedução da defesa pelo devedor/réu. Ora, se não for possível comprovar em que momento o réu tomou efectivamente conhecimento da pendência da acção (a citação de que depende a aplicação do art. 19 é a que é realizada sem prova de recepção pelo devedor) e se se demonstrar que a sua citação não foi realizada em tempo útil de modo a que ele pudesse preparar a sua defesa, prevalece o art. 19: não permitindo a legislação do Estado-Membro de origem que, verificadas estas circunstâncias (ou quando o réu se não pôde defender com fundamento em justo impedimento), o réu possa requerer a revisão da decisão a certificar, não poderá esta decisão ser certificada. Resulta, assim, do art. 19 que não pode ser reconhecida decisão alguma provinda de um Estado-Membro se o respectivo sistema interno não previr, para os casos regulados pelo art. 19, a susceptibilidade de revisão de decisões (cfr. considerando 14)[20].

---

[19] Não obstante poder ler-se na tradução portuguesa "*Por força dos artigos 13 a 18*", nas versões oficiais alemã, francesa e inglesa encontramos, respectivamente, as expressões "*Ergänzend zu den Artikeln 13 bis 18*", "*Sans préjudice des articles 13 à 18*" e "*Further to articles 13 to 18.*"

[20] Conclusão idêntica em RAUSCHER, Der Europäische Vollstreckungstitel, Rdnr. 156.

15. As regras relativas à citação

15.1. *As modalidades de citação*

33. A grande distinção estabelecida pelo Regulamento quanto aos tipos de citação que permitirão a ulterior certificação de uma decisão sobre um crédito não contestado como título executivo europeu contrapõe a citação com prova de recepção pelo devedor à citação sem prova de recepção pelo devedor. Se a primeira permite a certeza sobre a recepção da citação pelo devedor, a segunda assegura uma elevada probabilidade quanto ao conhecimento da pendência da acção por esse mesmo devedor.

Compulsado o art. 13 (citação com prova de recepção pelo devedor) conclui-se que nele se integram os casos em que o conhecimento da acção pelo devedor é por este atestado.

Ao invés, nos casos referidos no art. 14, presume-se que o devedor tomou conhecimento da acção atendendo ao modo como esta lhe foi comunicada. Assim sucede nas situações referidas nas als. a) e b) do art. 14/1, hipóteses em que se admite a citação efectuada em pessoas próximas do devedor (pessoas que com ele vivam no mesmo domicílio ou que nele trabalhem e pessoas que trabalhem para o devedor na respectiva empresa). Identicamente se presume que o devedor tomou conhecimento da acção, considerando-se a citação efectuada, se esta foi depositada na sua caixa de correio ou em posto dos correios, com notificação desse depósito na respectiva caixa de correio (als. c) e d) do art. 14/1). Refira-se que, em todos estes casos, deve a citação ser comprovada nos termos constantes do n. 3 do art. 14.

34. Atendendo à evolução (transformação) das formas tradicionais de comunicação, prevê-se, na al. f) do art. 14/1 que seja suficiente a citação efectuada para o correio electrónico do devedor, estando este munido de um sistema de entrega automática. Neste caso, a efectiva recepção não pode ser garantida, já que não há qualquer confirmação dessa recepção pelo devedor. Por isso se impõe que esta forma de citação só possa ser utilizada (tendo-se sempre em vista que o fim último é a certificação da decisão proferida) se o devedor o houver aceitado expressamente.

35. Numa previsão questionável, admite-se ainda como suficiente (para efeitos de certificação da decisão) a citação efectuada por meio de via postal simples, sem comprovação dessa citação nos termos do n. 3.

Avultam aqui as desvantagens que uma citação deste tipo acarreta. Como é evidente, se bem que possa presumir-se que o devedor acede geralmente à sua caixa de correio, dificilmente poderá ele fazer prova do facto negativo contrário a esta presunção. Veja-se, porém, que estas desvantagens são de algum modo compensadas pelo mecanismo previsto no art. 19, anteriormente analisado.

36. Por fim refira-se que só é possível proceder à citação sem prova de recepção pelo devedor quando o seu endereço for conhecido com segurança. Restará saber se a discrepância entre registos públicos, dos quais conste o endereço do devedor, fará presumir, com segurança, que em todos ele tem o seu domicílio, se o tem em qualquer deles ou se falha a identificação segura deste elemento.

37. Segundo o art. 15, a citação do devedor poderá ainda ser feita na pessoa do seu representante. Nesta disposição deverão integrar-se os casos de representação legal e voluntária (cfr. considerando 16).

15.2. *O conteúdo da citação*

38. Para que a decisão decorrente de um processo sobre um crédito que não foi contestado possa ser certificada como título executivo europeu, exigem os arts. 16 e 17 que a citação tenha um conteúdo mínimo, quer no que se refere à identificação da situação substantiva litigada, quer no que respeita às condições em que o direito de defesa pode ser exercido e às consequências decorrentes de uma falta de contestação.

Assim, prevê o art. 16 como conteúdo mínimo da citação, para que o devedor possa identificar a obrigação, que daquela constem os seguintes elementos:
– nome e morada das partes;
– valor do crédito;
– caso a obrigação vença juros, a taxa e o prazo de contagem desses juros, salvo se os elementos desta obrigação acessória decorrerem da aplicação de disposições legais vigentes no Estado--Membro;
– a indicação dos fundamentos do pedido.

39. O art. 17, igualmente destinado a acautelar o exercício efectivo do direito de defesa, exige que o devedor seja feito ciente acerca dos seguintes dados:
– condições de exercício do direito de defesa, nestas se incluindo a indicação do prazo de dedução da contestação, a identificação da entidade, bem como do respectivo endereço, perante a qual a contestação deverá ser apresentada ou perante a qual o devedor deverá comparecer e a indicação quanto à obrigatoriedade de constituição de advogado;
– efeitos da falta de contestação ou da falta de comparência, em especial a indicação da possibilidade de ser, nestes casos, proferida decisão desfavorável ao devedor ou de ele ser executado e ainda a identificação da sua constituição na obrigação de pagamentos das custas do processo.

16. Efeitos da falta de conformação do ordenamento do Estado-Membro de origem com as regras mínimas

40. Apesar de este ponto ter sido já referido por diversas vezes, uma vez identificadas as regras mínimas aplicáveis aos processos relativos a créditos não contestados chame-se novamente a atenção para o efeito decorrente da falta de observância destas regras mínimas: a decisão proferida não poderá ser certificada como título executivo europeu.

Perante a impossibilidade de certificação da decisão, não restará ao credor outra via para desencadear a execução da sentença em Estado-Membro diverso do Estado de origem do que recorrer aos procedimentos simplificados de concessão de *exequatur*, previstos no Regulamento (CE) 44/2001.

IV. A DECISÃO DE CERTIFICAÇÃO

17. A competência para a prática do acto a certificar e a competência para a emissão de certidão de título executivo europeu

41. Sabendo-se em que condições os títulos indicados no art. 1 do Regulamento podem ser certificados como títulos executivos europeus,

há que determinar qual a entidade com competência para proceder a esta certificação.

Estranhamente, não encontramos no Regulamento uma disposição que regule claramente esta matéria.

Se se consultarem os Anexos I a VI verifica-se que a certificação pode ser efectuada por entidade diversa daquela que praticou o acto. Isto resulta dos pontos 2 e 3 dos diferentes Anexos. Aí se prevê a emissão de certidão de título executivo europeu por entidade distinta daquela que proferiu a decisão, homologou a transacção ou exarou ou registou o documento.

No entanto, esta conclusão pareceria ser desmentida pelo que se dispõe quanto à certificação nos arts. 5 e 6, para as decisões, 24/1, para as transacções, e 25/1, para os documentos. Prevê-se nestas disposições que o pedido para a certificação como título executivo europeu deve ser apresentado no tribunal de origem, no caso de decisões e de transacções, e da autoridade competente do Estado de origem, no caso dos documentos.

Como compreender então que os diversos Anexos prevejam a possibilidade de o acto haver sido praticado, por exemplo, por jurisdição distinta daquela que emite a certidão de título executivo europeu?

Se bem que haja já, neste momento, divergência na doutrina quanto a este aspecto[21], parece que a competência para a prática do acto a certificar não deve ser confundida com a competência para a certificação. Esta pode pertencer a entidade ou jurisdição distinta daquela que praticou o acto a certificar como título executivo europeu[22].

42. Refira-se que esta eventual falta de coincidência entre a competência para a prática do acto e a competência para a respectiva certificação foi ponderada pelos diversos intervenientes no processo que culminou com a publicação do Regulamento. E foi assumido desde cedo que não cabia ao legislador comunitário fixar a competência, na ordem interna do Estado-Membro, para a certificação. Por isso o art. 6/1 se limita a prescrever que a competência para a recepção do pedido de certificação per-

---

[21] RAUSCHER, Der Europäische Vollstreckungstitel, Rdnr. 72, e STEIN, Der Europäische Vollstreckungstitel, III.2a), pronunciam-se no sentido de caber ao Estado de origem determinar que entidade tem competência para proceder à certificação. Segundo STADLER, Das Europäische Zivilprozessrecht, III.2b), o Regulamento não dá esta margem de liberdade ao Estado de origem.

[22] Era diversa a solução constante da versão originária do Regulamento. Aí se concentrava a competência para a certificação no tribunal de origem (cfr. art. 5 da proposta).

tence ao tribunal de origem, nada dispondo acerca da competência para a emissão da certidão.

Este sistema de disjunção entre competência para a prática do acto a certificar e a competência para a emissão de certidão pode ser usado, pelos Estados-Membros, como meio de reforço das garantias do réu/executado. Isto porque o controlo da conformidade do procedimento com os parâmetros do Regulamento será exercido por decisor diverso daquele que praticou o acto a certificar[23].

43. Como fundamentos para a concentração da competência originária para a prática ou homologação do acto ou para a elaboração ou registo do documento e da competência para a certificação do título no Estado de origem, podem avançar-se dois. Em primeiro lugar, a exigência de que só possa haver execução num Estado-Membro diverso do Estado de origem desde que a execução fosse possível no Estado de origem. Ora, a competência para esta verificação, deve ser e é do Estado de origem. Em segundo lugar, deve ser ao Estado de origem que cumpre avaliar da conformidade das suas disposições internas com as regras mínimas aplicáveis aos processos relativos a créditos não contestados, constantes do Regulamento.

18. O controlo destinado à certificação

44. Uma das questões suscitadas em torno do exercício da competência de certificação respeita aos respectivos limites e parâmetros.

Nesta sede, a primeira observação que deve ser feita refere-se à relação entre o acto de certificação e o título a certificar. O exercício da competência de certificação não poderá determinar uma alteração da decisão a certificar. Mesmo que a instância competente para a certificação conclua que a decisão não pode ser certificada, aquela decisão manter-se-á na ordem jurídica do Estado-Membro de origem, com todos os efeitos que aí lhe são conferidos. Os únicos (mas relevantes) efeitos que tal decisão não produzirá são os que adeririam à respectiva qualificação como título executivo europeu. Quer isto dizer que a eficácia desta decisão em ordens jurídicas de Estados-Membros diversos do Estado de origem depende do seu eventual reconhecimento e *exequatur*, ao abrigo do Regulamento (CE) 44/2001 e nesses Estados-Membros.

---

[23] RAUSCHER, Der Europäische Vollstreckungstitel, Rdnr. 72.

45. Os parâmetros do exercício da competência de certificação são, indirectamente, determinados pelo Regulamento: o órgão competente, de acordo com o direito interno do Estado de origem, para proceder à certificação deve verificar se estão concretamente verificados todos os pressupostos de que depende a certificação. Isto implicará aferir se, em concreto, foram observados os pressupostos de que o regulamento faz depender a certificação. Isto implicará que o órgão competente para a certificação atenda ao tipo de título a certificar, no caso de decisões judiciais, à atitude do devedor/réu no procedimento de que resultou a decisão a rever, ao valor dessa atitude perante o seu direito interno, à qualidade do devedor (consumidor ou não consumidor), ao tipo de citação concretamente realizada, aos mecanismos de revogação/revisão da decisão proferida. Conforme afirma RAUSCHER, apesar da falta desta indicação no art. 6, deve obviamente ser controlada a natureza litigiosa ou não litigiosa do crédito verificado na decisão[24].

46. Outra questão que não é expressamente resolvida respeita aos elementos de que o órgão competente para a certificação se deve socorrer para exercer a sua competência. E, aqui, parece que deve efectivamente este órgão aceder directamente ao processo de que resultou a decisão a certificar, não se limitando às afirmações constantes daquela decisão. Na verdade, só através deste acesso directo aos autos pode o decisor verificar da conformidade efectiva do procedimento com os parâmetros de que o Regulamento faz depender a certificação.

O exemplo mais claro desta necessidade de acesso directo aos autos é consubstanciado pela citação[25]. Com efeito, pode o tribunal de origem declarar que a citação foi regular, sendo-o ela efectivamente à luz do direito interno do Estado de origem. Mas desta conformidade do acto de citação com o direito interno do Estado de origem não decorre a conformidade deste acto com os parâmetros enunciados nos arts. 13 e seguintes. Isto significará que a citação concretamente efectuada, cuja legalidade foi correctamente declarada pelo tribunal de origem, não é suficiente para que a decisão possa ser certificada. Ora, esta desconformidade da citação com os critérios do Regulamento só pode ser verificada se o órgão competente para a certificação conhecer exactamente os termos do acto de citação, já que a decisão se limitará a declarar que tal citação foi regular.

---

[24] Der Europäische Vollstreckungstitel, Rdnr. 84.
[25] RAUSCHER, Der Europäische Vollstreckungstitel, Rdnr. 85.

47. Se o órgão competente para proceder à certificação do título concluir que foram respeitados todos os requisitos de que o Regulamento faz depender essa certificação, preencherá um dos modelos anexos ao Regulamento.

19. Irrecorribilidade da decisão de certificação e violação dos princípios fundamentais do processo: o calcanhar de Aquiles do Regulamento

48. A prossecução dos objectivos que o legislador comunitário se impôs determinou a criação de um regime específico, não para a criação do título executivo[26], mas para a respectiva execução. O título não é europeu quanto à sua constituição, mas tão só quanto à sua eficácia.

Porém, e como já vimos, para que esta execução transfronteiriça seja possível, necessário é que o título haja sido certificado como título executivo europeu no Estado de origem.

49. É duvidosa a qualificação do acto de certificação, podendo perguntar-se se se trata de acto materialmente jurisdicional, se de acto materialmente administrativo. Desta questão decorrerão efeitos imediatos quer quanto aos princípios aplicáveis ao procedimento de certificação (no sistema jurídico nacional, os princípios que informam o Direito Processual Civil ou aqueles que se aplicam ao procedimento administrativo?), quer quanto à competência para a prática do acto de certificação (reserva de jurisdição?). Veremos esta matéria na estrita medida em que ela releve para a resolução dos problemas que a ausência de impugnação do acto de certificação pode suscitar.

O acto de certificação implica que o órgão competente para a emissão da certidão confronte a decisão a certificar, bem como o procedimento do qual ela promanou com o Regulamento. No âmbito da sua actividade, deverá o órgão competente para a certificação analisar a citação do réu para a acção, da qual proveio o título. Deverá, igualmente, verificar se houve ou não contestação do crédito. Terá de apreciar a existência de um meio de impugnação no seu ordenamento, que permita a destruição da decisão nos termos previstos no art. 19.

---

[26] Chamando a atenção para este aspecto, RAUSCHER, *Der Europäische Voolstreckungstitel*, Rdnr. 2.

No final desta avaliação, emitirá a certidão se concluir que os parâmetros do Regulamento foram integralmente respeitados. Recusará essa emissão se concluir que um ou mais desses parâmetros não foram respeitados.

Ao emitir (ou recusar a emissão) a(da) certidão, o órgão competente não está dirimindo nenhum conflito de interesses tornado ostensivo. Isto porque a emissão da certidão é requerida pelo credor/autor, não sendo concedida ao devedor/réu qualquer oportunidade de se opor a essa emissão.

Por outro lado, refira-se que a actividade do órgão que procede à certificação não se reconduz ao exercício de um controlo da legalidade do acto praticado pelo juiz. Não cabe ao certificador emitir qualquer juízo acerca da validade ou da eficácia do acto jurisdicional; este continua a produzir todos os seus efeitos na ordem interna, sendo inclusivamente obrigatório para a Administração. O que a autoridade competente para a certificação deve fazer é o confronto de todo o procedimento que correu perante um tribunal do Estado de origem, bem como do respectivo sistema de impugnação de decisões judiciais com os parâmetros do Regulamento.

Estas pistas apontam no sentido da qualificação do acto de certificação como um acto materialmente administrativo. Sendo o acto de certificação qualificável como um acto materialmente administrativo, será este acto regulado pelas regras de Direito Administrativo concretamente aplicáveis.

50. A conclusão anterior apontaria para que a competência para a certificação coubesse (ou pudesse caber) a órgãos integrados na esfera da administração do Estado. A actual permeabilidade entre o exercício de funções administrativas por órgãos jurisdicionais e do exercício de funções jurisdicionais, pelo menos em primeiro grau, pela Administração permite ponderar se a competência para a prática de actos de certificação de decisões judiciais não deve ser atribuída aos tribunais. E a resposta a esta interrogação pensamos dever ir no sentido dessa afectação.

O mesmo não se dirá necessariamente quando o título a certificar não for uma sentença. Nestes casos, mais facilmente se admitirá que a competência para a certificação possa ser cometida a órgão administrativo.

51. Perante os dados que antecedem, vejamos o que pensar da solução acolhida no Regulamento, segundo a qual o acto de certificação não é recorrível. E com isto entramos na análise de um dos aspectos mais pro-

blemáticos do Regulamento, que torna duvidosa a respectiva conformidade constitucional.

Com efeito, do esquema introduzido resulta que é proferida uma decisão sem contraditório das partes. Estas nada podem dizer, nem antes de proferida, nem depois de emitida a certidão de título executivo europeu. Isto porque não se prevê nem qualquer procedimento contraditório a desencadear na sequência da formulação do pedido de emissão da certidão, que corra previamente à tomada de decisão neste procedimento, nem um processo contraditório subsequente à tomada da decisão de (não) emissão da certidão.

Em face da irrecorribilidade da decisão de certificação, afirma RAUSCHER que estamos perante uma grave lacuna no sistema de tutela do Regulamento[27], que acarreta grande fragilidade para o respectivo sistema: a violação do princípio do processo equitativo, decorrente da violação do princípio do contraditório. E, ao fazer o balanço final do Regulamento, primeiro passo num processo legislativo que prevê posto em marcha sem qualquer ponderação, sustenta, de modo contundente: *"Der Karussell der Kommissionsideen dreht sich schwindelerregend weiter. Geduld und systematische Konsequenz, so scheint es, sind in der Kommisssion wenig verbreitete Tugenden."*

52. Poderia esgrimir-se a improcedência do que se concluiu com fundamento na natureza materialmente administrativa do acto de certificação. Mas, perante esta qualificação, ainda se agudizam os problemas de conformidade constitucional do sistema introduzido pelo Regulamento. Para além da violação do princípio da participação e do direito à audiência dos interessados, vectores que devem ser acautelados antes da tomada da decisão, consagra a ordem jurídica portuguesa, a nível constitucional (cfr. art. 268/4 da CRP e 12 do CPrAdm), o direito ao contencioso de anulação. Ao declarar a decisão de certificação irrecorrível, vem o Regulamento suprimir esta prerrogativa que assiste necessariamente ao interessado.

53. A opção pela irrecorribilidade da decisão proferida sobre o pedido de emissão de certidão foi objecto de divergência entre o Parlamento Europeu e a Comissão. Se esta sustentou, desde a proposta inicial,

---

[27] Der Europäische Vollstreckungstitel, Rdnr. 36.

que esta decisão deveria ser irrecorrível[28] entendia o Parlamento Europeu que "a decisão relativa ao pedido de certidão de título executivo europeu ou o respectivo indeferimento são susceptíveis dos meios de recurso previstos pelo direito nacional relativamente à emissão de títulos executivos"[29]. Se a Comissão fundava a desnecessidade de prever meios específicos de impugnação da decisão de certificação na faculdade conferida ao devedor/réu de impugnar o crédito na instância de que promanava a decisão a certificar, via o Parlamento Europeu o problema da perspectiva do credor/autor, confrontado com uma decisão de recusa de emissão de certidão.

A Comissão reiterou e alargou a fundamentação da sua posição quanto à irrecorribilidade da decisão de emissão de certidão, mas aceitou, propondo a introdução de um art. 6 bis, a concessão, ao devedor/réu da faculdade de se opor ao pedido de emissão da certidão[30]. Esta alteração não veio, no entanto, a constar do texto final do Regulamento.

Aliás, sustenta-se na posição comum, que se perderiam todos os benefícios que o novo diploma visa alcançar: a rápida execução transfronteiras de títulos executivos[31].

54. Como é típico das estruturas burocráticas e formais, a rapidez e a (alegada) eficácia são os valores situados no topo da hierarquia. Isto implica que prevaleçam mesmo contra os princípios axiais/materiais do sistema. Infelizmente, a esta escolha não corresponde a coragem política suficiente para a respectiva assunção. O legislador, actualmente um político cujo poder depende do voto, atinge inclusivamente o cúmulo do cinismo quando, escolhendo soluções que postergam em concreto os valores fundamentais do sistema, alegadamente o faz para reforçar esses valores.

O Regulamento (CE) 805/2004, datado de 21 de Abril de 2004 (possivelmente o dia de maior produtividade legislativa das competentes instâncias da União!), é um triste exemplo deste estado de coisas. A necessidade de assegurar a rapidez na execução sobrepõe-se a princípios tão relevantes quanto os do processo equitativo e do contraditório. Sabendo-se, já, que a emissão da certidão de título executivo europeu supõe o exercício de uma competência jurisdicional (o controlo da conformidade do

---

[28] Cfr. o art. 8 da proposta inicial, onde se previa que "a decisão relativa ao pedido de certidão de título executivo europeu não é susceptível de recurso."

[29] Cfr. alteração 8 do Relatório do Parlamento Europeu; A5-0108/2003 final.

[30] Cfr. proposta alterada de Regulamento, COM/2003/0341 final – COD 2002/0090, alterações 6, 7, 8 e 16.

[31] Comunicação da Comissão ao Parlamento Europeu, 3.1..

processo de que proveio a decisão a certificar com os parâmetros impostos pelo Regulamento para que a certificação seja lícita), logo se intui que a visão correcta estava do lado do Parlamento Europeu. Na verdade, mal se compreende que a parte não possa reagir directamente quer contra o acto de não emissão de certidão, quer contra o pedido de emissão da certidão. E não vale a pena argumentar com a alegada protecção conferida ao réu/executado através da previsão da possibilidade de revogação do acto de certificação pois, como veremos, este apenas permite uma defesa restrita[32].

55. Está identificado o calcanhar de Aquiles do Regulamento 805/ /2004. O que a Comissão considerava ser o grande avanço será, possivelmente, o maior retrocesso representado pelo Regulamento. E enquanto o avanço se cifra numa aceleração da execução, o retrocesso atinge a esfera nuclear da cultura processual.

Por ora, podem os Estados-Membros invocar argumentos retirados das respectivas ordens constitucionais para travarem a vigência do esquema previsto no Regulamento. Tudo mudará se o projectado art. 6 da eventual Constituição Europeia vier a vigorar: "A Constituição e o direito adoptado pelas instituições da União, no exercício das competências que lhe são atribuídas, primam sobre o direito dos Estados-Membros."

20. A rectificação e a revogação da certidão

20.1. *A rectificação da certidão*

56. Segundo o art. 10/1a), a certidão de título executivo europeu será rectificada se se verificar uma desconformidade entre a decisão e a certidão. Uma vez que a certidão deve plasmar os elementos relevantes para a propositura da execução, tal como constantes da decisão, a desconformidade deve ser imputada a erro material no preenchimento daquela.

---

[32] Já ao credor/autor, que vê negada a emissão de certidão, nem a revogação acode pois que ele não estará munido de certidão alguma que possa revogar. Para estes casos e uma vez que não existe título que possa ser executado e, consequentemente, execução que possa ser retardada com a interposição de recurso, propõe RAUSCHER, Der Europäische Vollstreckungstitel, Rdnr. 170, que os Estados-Membros prevejam a recorribilidade da decisão de indeferimento de emissão de certidão.
Neste sentido, Posição Comum, Comunicação da Comissão ao Parlamento Europeu, 3.2.2., alteração 16.

57. Sendo que a rectificação supõe a detecção de um erro de preenchimento da certidão por simples confronto da certidão, tal como emitida/preenchida, e a decisão, não podem ser alvo de rectificação erros que não resultem deste confronto. Se, por exemplo, o órgão competente para a certificação, preencher erradamente o campo destinado à (ir)recorribilidade ou (in)exequibilidade da decisão, não podem estes erros ser corrigidos através de mero procedimento de rectificação da decisão. Isto porque não constará da decisão a indicação da sua recorribilidade ou irrecorribilidade, nem da sua exequibilidade ou inexequibilidade. Estas qualidades da decisão decorrerão das disposições do direito interno do Estado de origem, concretamente aplicáveis.

20.2. *A revogação da certidão*

58. A certidão de título executivo europeu poderá ainda ser revogada, nos termos do art. 10/1b). Segundo esta disposição regulamentar, "a certidão será (...) revogada nos casos em que tenha sido emitida de forma claramente errada, em função dos requisitos previstos no presente regulamento."

Resulta do art. 10/1b) que a revogação tem como fundamento único a ilegalidade do acto de emissão da certidão. Este desvalor decorre do facto de a certidão ter sido emitida sem que estivessem verificados todos os pressupostos de que o Regulamento faz depender a certificação.

59. A questão que imediatamente avulta perante o fundamento específico da revogação respeita à determinação dos limites deste meio de impugnação da decisão de certificação, podendo, mesmo, perguntar-se se através dele se não garante, afinal, o contraditório.

A certidão não pode ser emitida se forem violados os requisitos previstos no Regulamento para a certificação como título executivo europeu de uma decisão, transacção ou documento autêntico (*v.g.* a decisão certificada afinal não é exequível no Estado de origem, a obrigação não é liquidável por simples cálculo aritmético, a citação concretamente realizada não oferece garantias equivalentes àquelas que o Regulamento impõe a este acto nos arts. 13 e 14, etc.). Não se encontrando preenchidos os requisitos de que o Regulamento faz depender a certificação, é ilegal a decisão de certificação eventualmente proferida (assim como é ilegal a decisão de não certificação quando se encontrarem reunidos todos os pressupostos de que o Regulamento faz depender este acto). Ora, se a decisão não se mostra conforme com os parâmetros de que o Regulamento faz depender a respectiva certificação como título executivo europeu pareceria que a impugnação deveria ser directamente desferida contra a decisão de certificação e não contra a certidão em si.

Vimos, no entanto, que o Regulamento declara o acto de emissão de certidão (ou da respectiva não emissão) irrecorrível. Neste passo, há que proceder com cautela redobrada para que se não confundam os pontos de referência das diversos meios possíveis de impugnação. Como vimos, a decisão de certificação não é recorrível. Mas esta irrecorribilidade do acto de certificação não pode fazer-se equivaler a uma irrecorribilidade da própria decisão a certificar. No entanto, enquanto que a impugnação desta decisão se destinará a demonstrar que ela é ilegal, a impugnação da decisão de certificação teria, caso fosse lícita, como objectivo provar que a decisão, mesmo que lícita à luz do direito interno do Estado de origem, não poderia ter sido certificada por desconformidade entre os parâmetros desse direito interno formal com aqueles de que o Regulamento faz depender a certificação.

Sendo a decisão de emissão de certidão de título executivo europeu irrecorrível, resulta do art. 10/1b) que o procedimento de revogação é o meio adequado à verificação da (i)legalidade daquela decisão. Porém, a revogação supõe que se verifique (ou alegue verificar) uma violação *ostensiva* das regras de que o Regulamento faz depender a possibilidade dessa emissão. O recurso, que absorveria as ilegalidades não ostensivas, não existe.

60. O que temos como resultado? Algo de absolutamente extraordinário: nos termos do Regulamento, existe reacção possível contra a decisão de emissão da certidão quando a decisão for ostensivamente ilegal. Sendo a decisão ilegal, mas não sendo essa ilegalidade manifesta, nada pode o réu/executado fazer, pois que o meio que tem ao seu alcance é restrito quanto aos fundamentos, não absorvendo o tipo de ilegalidade concretamente verificado. No caso, à mulher de César basta parecer séria, não precisando sê-lo efectivamente! É mais uma pista que nos permite compreender a afirmação de RAUSCHER: paciência e consequência sistemática não são virtudes praticadas pela Comissão.

20.3. *Competência e procedimentos de rectificação e de revogação*

61. Resulta do art. 10/1 que a competência para a rectificação e a revogação da certidão de título executivo europeu pertence ao Estado de origem, devendo o pedido ser dirigido ao tribunal de origem. A razão justificativa deste regime estará, seguramente, na preservação da jurisdição do estado de origem para controlar e, eventualmente, alterar ou suprimir, a certidão por si anteriormente emitida.

Segundo o disposto no art. 10/2, à rectificação e à revogação da certidão será aplicável a legislação do Estado-Membro de origem. Sublinhe-se que as regras do Estado-Membro de origem serão apenas aplicáveis ao procedimento e não à determinação das causas de rectificação ou de revogação. Esta última matéria é exclusivamente regulada pelo disposto no art. 10/1 do Regulamento. O que significa que, havendo discrepância entre os fundamentos de rectificação ou de revogação previstos pelo Regulamento e aqueles que constam do direito interno dos Estados-Membros, prevalecerá o Regulamento.

V. A EXECUÇÃO

21. Os vectores fundamentais do Regulamento

62. Em matéria de execução, há a sublinhar quatro dos vectores fundamentais do Regulamento.

Em primeiro lugar, sublinhe-se, uma vez mais, que a competência para a determinação da exequibilidade de uma decisão pertence ao Estado-Membro de origem. E, como já vimos, uma decisão só pode ser certificada enquanto título executivo europeu e fundar, *qua tale*, a execução com dispensa de procedimento de concessão de *exequatur* no Estado de execução, se ela for exequível no Estado de origem. Esta competência exclusiva do Estado-Membro de origem para a certificação, atendendo à exequibilidade da decisão segundo o seu direito interno, vai implicar que só este Estado tenha competência para emitir certidão que indique a não existência ou a limitação da força executiva do título pretérito (cfr. art. 6/2, directamente aplicável às sentenças, e, por remissão, respectivamente, dos arts. 24/3 e 25/3, às transacções e aos documentos autênticos).

63. Em segundo lugar, prevê o art. 20/1 que será aplicável à execução a lei do Estado-Membro onde aquela houver sido requerida, com excepção do que se dispõe no próprio Regulamento quanto à recusa, suspensão e limitação da execução.

Esta previsão tem um duplo efeito. Por um lado, harmonizam-se, consequentemente, os aspectos de regime atinentes à possibilidade de execução de um título certificado de modo a evitar o *forum shopping*. Pretende-se, com esta harmonização, que a faculdade de execução seja de exercício uniforme no espaço comunitário. O mesmo vale quanto às limitações ao respectivo exercício.

Por outro, deixa-se na esfera reservada de jurisdição dos diversos Estados-Membros, não só a conformação das respectivas leis internas relativas aos processos de execução, como a aplicação, nos seus territórios, dessas mesmas leis.

Em segundo lugar, impõe o Regulamento o princípio da equiparação da execução dos títulos nacionais e dos títulos executivos europeus[33] (cfr. art. 20/1.§2, directamente aplicável às sentenças e, por remissão, respectivamente, dos arts. 24/3 e 25/3, às transacções e aos documentos). Quer isto dizer que não pode ser conferido tratamento jurídico diferenciado à execução de títulos executivos europeus. Esta proibição de discriminação irá traduzir-se na submissão da execução dos diversos tipos de títulos ao regime de execução de títulos nacionais semelhantes, tanto no que respeita às regras de execução, quanto no que se refere aos pressupostos gerais ou específicos da execução.

Em terceiro lugar, veda o Regulamento que seja imposta ao credor exequente a obrigação de prestar garantia em virtude de a execução se fundar num título executivo europeu e pela circunstância de este ter nacionalidade ou domicílio em país diverso do do Estado-Membro da execução. Com esta proibição se garante a efectividade do exercício da faculdade de execução em todo o espaço comunitário.

---

[33] Neste sentido, era mais explícita a redacção proposta pelo Parlamento Europeu (Comissão dos Assuntos Jurídicos e do Mercado Interno) para o art. 4. Segundo esta proposta, "(A) decisão relativa a um crédito não contestado, certificada enquanto título executivo europeu no Estado-Membro de origem, **é equiparada a um título executivo nacional**, o qual será reconhecido e executado nos outros Estados-Membros sem necessidade de qualquer processo especial no Estado-Membro de execução."

22. Suspensão e limitação da execução

64. Como já se disse, o Regulamento deixa uma margem de apreciação ao tribunal de execução quanto à efectiva exequibilidade de uma decisão certificada como título executivo europeu. E, como também se afirmou já, a execução pode ser recusada desde que se verifiquem as circunstâncias cumulativamente previstas no art. 21/1.

Pode, porém, suceder que a exequibilidade da decisão certificada dependa do resultado de um procedimento, desencadeado pelo devedor junto do Estado-Membro de origem, destinado a operar, quer uma revisão integral daquela decisão, quer a respectiva rectificação ou revogação.

Perante qualquer uma destas hipóteses, prevê o Regulamento como regra geral que os procedimentos de revisão, rectificação ou revogação da decisão não tenham efeito suspensivo da execução. Isto resulta do disposto na al. c) do art. 23/1, que limita a suspensão da execução, por decisão do órgão competente do Estado da execução, à verificação de circunstâncias excepcionais. No entanto, esta regra é atenuada pela concessão ao órgão de execução do poder de restringir a execução a providências cautelares.

No sistema português, não existe qualquer relação directa entre o processo de execução e o decretamento de providências cautelares, discutindo-se, tão somente, se o credor, que goza da protecção conferida pela penhora, pode requerer o arresto de bens do devedor/executado. Perante o que se dispõe no art. 23/1a), diremos, numa apreciação *prima facie*, que estando a execução limitada ao decretamento de medidas cautelares, afinal a execução, em si, está suspensa, podendo ser decretadas as providências que a situação justificar. Entre estas caberá o arresto.

65. Se o tribunal de execução não ordenar nem uma suspensão da execução, nem a respectiva limitação ao decretamento de medidas cautelares, a decisão é exequível. No entanto, e se as circunstâncias o justificarem, poderá o tribunal de execução fazer depender essa exequibilidade da prestação de garantias pelo credor/exequente. Isto se prevê no art. 23/1b).

VI. RELAÇÕES ENTRE INSTRUMENTOS COMUNITÁRIOS E ENTRADA EM VIGOR

23. A relação entre instrumentos comunitários

66. Dispõe o art. 27 que o Regulamento não afecta a possibilidade de requerer o reconhecimento e a execução de uma decisão relativa a um crédito não contestado, de uma transacção homologada por um tribunal ou de um instrumento autêntico nos termos do Regulamento (CE) 44/2001.

Concede-se, deste modo, uma faculdade alternativa ao credor/exequente: ou requer a certificação do título representativo do crédito não contestado como título executivo europeu, podendo proceder à execução imediata deste título em Estado diverso do Estado de origem, ou requer a concessão de *exequatur*, ao abrigo do disposto nos arts. 38 e seguintes e 57 e 58 do Regulamento (CE) 44/2001.

67. De acordo com o art. 28, o Regulamento não afecta a aplicação do Regulamento (CE) 1348/2000, do Conselho, de 29 de Maio de 2000, relativo à citação e à notificação dos actos judiciais e extrajudiciais em matérias civil e comercial nos Estados-Membros. A aplicação conjunta dos dois Regulamentos implica que qualquer citação que deva ser feita em Estado-Membro diverso do Estado-Membro de origem, perante o qual pende a acção relativa ao crédito, sê-lo-á nos termos do Regulamento (CE) 1348/2000.

Não procedendo o Regulamento (CE) 1348/2000 a uma uniformização dos actos de citação e de notificação a nível comunitário, a citação será efectuada, no Estado-Membro requerido, quer segundo a lei deste Estado-Membro, quer segundo a forma própria pedida pela entidade de origem (cfr. art. 7/2). A possibilidade de execução da citação de acordo com as disposições do direito interno do Estado-Membro requerido poderá levantar dificuldades quanto à aplicação das regras mínimas relativas à citação. Isto porque, nestes casos, não interessa saber como é realizada a citação no processo judicial no Estado de origem (cfr. art. 12/1 do Regulamento (CE) 805/2004), mas como foi efectivamente realizada a citação, à qual se aplicaram, nomeadamente no que às formalidades concerne, as regras, não do Estado de origem, mas do Estado-Membro requerido.

Para além deste problema, deve ainda atender-se a que uma citação realizada nos termos do Regulamento (CE) 1348/2000 não é necessariamente suficiente para a certificação de uma decisão como título executivo europeu. Para que a decisão seja certificada deverá o órgão competente para a certificação verificar se a citação concretamente realizada, em termos válidos, ao abrigo do Regulamento (CE) 1348/2000 se conforma com os parâmetros previstos nos arts. 13 e 14 do Regulamento 805/2004[34].

24. Entrada em vigor e aplicação efectiva

68. Apesar de ter sido fixado o dia 25 de Janeiro de 2005 como a data da entrada em vigor do Regulamento 805/2004 (CE), dispõe o art. 33 que este diploma será, com excepção dos arts. 29, 31 e 32, aplicável a partir de 21 de Outubro de 2005.

Aceitando as razões que possam justificar uma dilação de nove meses entre a entrada em vigor e a aplicação do Regulamento (seguramente a possibilidade de adaptação dos diversos operadores jurídicos dos diferentes Estados-Membros para a actuação tendente à criação ou à execução de um novo tipo de título executivo e ainda a concessão de um lapso de tempo razoável aos legisladores internos de modo a que possam adequar os respectivos ordenamentos às regras processuais mínimas), veja-se que do regime do art. 33 resultam dois efeitos:

– em primeiro lugar, a impossibilidade de certificação e de execução de decisões, transacções ou documentos autênticos, criados, homologadas ou registados pelos diversos Estados-Membros sobre créditos não contestados até 21 de Outubro de 2005;

– em segundo lugar, a criação, homologação ou registo de decisões, transacções ou documentos, a partir de 25 de Janeiro de 2005, que poderão, a partir de 21 de Outubro de 2005, ser certificados e executados como títulos executivos europeus sobre créditos não contestados (cfr. art. 26).

---

[34] Neste sentido, RAUSCHER, Der Europäische Vollstreckungstitel, Rdnr. 106.

VII. O REGULAMENTO (CE) 805/2004 E A ORDEM JURÍDICA PORTUGUESA

25. Razão de ordem

69. A última parte deste estudo será dedicada ao confronto do direito interno português com o Regulamento 805/2004. Tratar-se-á de saber até que ponto os títulos executivos, que tenham Portugal como Estado de origem, são susceptíveis de serem certificados como títulos executivos europeus.

Como vimos, esta certificação apenas será possível se forem observadas as regras mínimas impostas pelo Regulamento aos processos de que resultem decisões sobre créditos não contestados.

Antes, porém, haverá que determinar que realidades podem vir a ser certificadas como títulos executivos europeus.

26. Título executivo europeu e títulos executivos nacionais

70. O primeiro aspecto para o qual cumpre chamar a atenção refere-se à determinação dos tipos de títulos, previstos pelo art. 46 do CPC, que podem concorrer a uma qualificação como títulos executivos europeus.

Conforme acima se sublinhou, o Regulamento restringe o seu campo de intervenção às decisões judiciais, às transacções judiciais e aos documentos que, na versão portuguesa, surgem qualificados como autênticos.

Independentemente de se saber que tipos de documentos podem obter o estatuto de títulos executivos europeus, questão que veremos já em seguida, podem desde já excluir-se do âmbito da aplicação do Regulamento os documentos particulares que não tenham intervenção notarial (cfr. art. 46/c do CPC) e os demais títulos a que, por disposição especial, seja atribuída força executiva (cfr. art. 46/d) do CPC). Se assim é, não poderão vir a ser qualificados como títulos executivos europeus as injunções de créditos não contestados, salvo quando o procedimento simplificado vier a terminar com o proferimento de uma sentença condenatória, circunstância que ocorrerá quando a revelia do requerido for inoperante.

71. A questão que ficou em aberto respeita aos demais documentos previstos como títulos executivos pelo art. 46 do CPC.

A dúvida surge atendendo à noção de instrumento autêntico, constante do art. 4/3 do Regulamento. Segundo esta disposição, são instrumentos autênticos os documentos que, entre outros requisitos, tiverem sido formalmente redigidos ou registados como autênticos e cuja autenticidade esteja associada à assinatura e ao conteúdo do documento. Na versão oficial alemã pode ler-se: "*Öffentliche Urkunden: (a) ein Schriftstück, das als öffentliche Urkunde aufgenommen oder registriert worden ist, wobei die Beurkundung (i) sich auf die Unterschrift und den Inhalt der Urkunde bezieht.*" No texto em língua francesa lê-se: "*Acte authentique: (a)un acte dressé ou enregistré formellement en tant qu'acte authentique dont l'authenticité: (i) porte sur la signature et le contenu de l'acte authentique.*"

Se se confrontar esta noção de instrumento autêntico com as de documento autêntico e de documento particular autenticado, constantes do art. 363/2 do CC, fica-se com a dúvida se apenas aqueles ou se também estes podem ser considerados, desde que observados os requisitos constantes do art. 25 do Regulamento, títulos executivos europeus. O problema surge, não tanto por se admitir um sistema de registo de actos autênticos (desconhecido do nosso sistema mas vigente, por exemplo, na Escócia), mas mais por se afirmar, na al. (i) do art. 4/3a), que a autenticidade deve estar associada à assinatura e ao conteúdo do documento. Por definição, o documento autêntico, sendo exarado pela entidade competente (e desde que o seja na esfera da respectiva competência), não suporta uma intervenção desta autoridade destinada a autenticar o conteúdo ou a assinatura do próprio documento, sendo este conteúdo e esta assinatura imputados a pessoa diversa da entidade pública que praticou o acto. Isto nos poderia levar a pensar que poderiam ser também considerados como títulos executivos europeus os documentos autenticados, cujo conteúdo houvesse sido confirmado perante a autoridade competente, desde que esta certificasse igualmente a respectiva assinatura.

No entanto, semelhante interpretação seria incompatível com o facto de se considerarem como instrumentos autênticos os documentos redigidos (*aufgenommen*, na versão alemã, *dressé*, na versão francesa) como autênticos. Ora, só é autêntico o documento redigido/exarado pela autoridade competente, não o documento redigido pelas partes, mesmo que o respectivo conteúdo seja ulteriormente confirmado perante a autoridade competente.

Esta precisão nos determina a considerar que só possam gozar do estatuto de instrumentos autênticos os documentos autênticos[35]. Ficam,

---

[35] Neste sentido, TEIXEIRA DE SOUSA, A acção executiva singular, Lex 1998, p. 89.

consequentemente, de fora do âmbito de aplicação do Regulamento todos os documentos particulares, pelo que não podem, nem os documentos autenticados, nem os documentos particulares sem intervenção notarial ser certificados como títulos executivos europeus. Apesar de serem títulos executivos no Estado de origem, sendo este Estado o Estado português, não serão imediatamente exequíveis nos demais Estados-Membros.

27. O sistema nacional e as normas mínimas aplicáveis aos processos relativos a créditos não contestados

72. O aspecto porventura mais relevante respeita a saber se o ordenamento processual interno se conforma efectivamente com as normas mínimas aplicáveis aos processos relativos a créditos não contestados, constantes do Capítulo III do Regulamento. Da resposta a esta interrogação depende a possibilidade de títulos criados em Portugal acederem ao estatuto de títulos executivos europeus.

27.1. *As regras relativas à citação*

73. Assente na dicotomia citação pessoal/citação edital, dispõe o art. 233 do CPC que a citação pessoal é feita mediante:
Entrega ao citando de carta registada com aviso de recepção;
Depósito de carta nos termos do art. 237-A/5;
Certificação da recusa de recebimento da carta, nos termos do art. 237-A/3;
Contacto pessoal do solicitador de execução ou do funcionário judicial com o citando
Contacto pessoal do mandatário ou de pessoa por ele indicada com o citando.

Aparentemente, as hipóteses indicadas sob as als. a), d) e e) consubstanciaram casos de citação com prova de recepção pelo citando, sendo potencialmente reconduzíveis ao art. 13 do Regulamento. Mas há que analisar este aspecto com maior cautela.

Nas hipóteses d) e e), a citação implica um contacto pessoal com o citando. Como tal, oferecem estas modalidades de citação garantias de efectivo conhecimento da pendência da acção pelo devedor. Diremos que elas podem ser reconduzidas ao art. 13.

Com efeito, na citação por contacto pessoal do solicitador da execução ou do funcionário judicial com o citando, será lavrada certidão do acto de citação, que o citado (cfr. art. 239/3 do CPC). A situação reconduz-se à al. a) do art. 13/1 do Regulamento. Sendo a citação efectuada por contacto pessoal do mandatário ou de pessoa por ele indicada com o citando será "a documentação do acto datada e assinada pela pessoa encarregada da citação" (cfr. art. 246/1 do CPC). Verifica-se a previsão da al. b) do art. 13/1 do Regulamento.

74. Pode, porém, suceder que o citando se recuse a receber a citação, quer porque se recusa a assinar a certidão, quer porque se recusa a receber o duplicado. Neste caso, o solicitador de execução ou o funcionário judicial mencionarão tais ocorrências na certidão do acto. A citação considerar-se-á efectuada, ficando o duplicado à disposição do devedor/citando na secretaria judicial. Neste caso, verifica-se a previsão do art. 13/1b) (citação atestada pela pessoa competente para a efectuar com declaração de que o devedor se recusou a recebê-la) pelo que uma decisão proferida sem contestação pode ser certificada.

75. Se a citação pessoal por contacto directo com o citando se frustrar por o solicitador da execução ou o funcionário judicial o não encontrarem, proceder-se-á à citação com dia e hora certos (cfr. art. 240/1 do CPC). Esta hipótese não apresentará qualquer especialidade face ao que anteriormente se concluiu sempre que, no dia e hora designados, o solicitador ou o funcionário judicial puderem citar o citando ou este se recusar a receber a citação.

Porém, se o citando não for encontrado, será a citação realizada na pessoa capaz, que esteja nas melhores condições para a transmitir ao citando. Se não for possível obter a colaboração de terceiros, a citação será realizada, segundo o art. 240/3, por afixação da nota de citação, no local mais adequado e na presença de testemunhas. Nestes dois casos, a citação considera-se pessoal, não sendo possível garantir que o citando dela tome conhecimento. Para obviar a esta situação, impõe o art. 241 do CPC que seja enviada carta registada (sem aviso de recepção) ao citando.

Se os terceiros que recebem a citação se encontrarem em alguma das relações particulares com o devedor, a que se refere o art. 14/1a) e b), concluir-se-á que a citação reúne as condições de que o Regulamento faz depender a ulterior certificação da decisão em caso de revelia do devedor.

Mais complexas são as situações restantes. Se, quanto à notificação feita em pessoa distinta se remete para o que se disse anteriormente, quanto à citação por afixação de nota de citação estaria formalmente preenchida a previsão do art. 14/1c) se, após esta afixação, os documentos e os duplicados fossem depositados na caixa de correio do citando (cfr. art. 14/1c) do Regulamento) e desde que esse acto fosse comprovado nos termos do n. 3 do art. 14. Porém, pode suceder que a carta enviada pela secretaria ao citando seja devolvida se este não se encontrar para assinar o registo.

76. As observações antecedentes permitem-nos fixar uma conclusão, ainda que provisória: com as restrições acima indicadas, atendendo estritamente à modalidade da citação, poderão ser certificadas como títulos executivos europeus as decisões proferidas sobre créditos não contestados, em que o devedor haja sido citado quer por contacto pessoal com o solicitador de execução ou com o funcionário judicial, quer por contacto pessoal com o mandatário judicial ou por pessoa por ele indicada.

77. Mais problemática se afigura a citação por carta registada com aviso de recepção. Atendendo ao que se dispõe no art. 236 do CPC, esta modalidade de citação coincidiria, aparentemente, com a previsão da al. c) do art. 13/1. No entanto, exige este preceito que o aviso de recepção seja assinado pelo devedor. Ora, admite o direito interno que o aviso de recepção possa ser assinado por terceiro (cfr. art. 238/1 do CPC), considerando-se que a citação foi feita na pessoa do citando e exigindo-se-lhe que demonstre que a carta lhe não foi oportunamente entregue.

A particularidade introduzida pelo art. 238/1 do CPC impõe que se opere uma distinção.

Se a citação foi feita por carta registada com aviso de recepção, pode considerar-se que foi respeitado o parâmetro processual imposto à citação, constante do art. 13/1a) do Regulamento. A decisão proferida sobre crédito não contestado poderá ser certificada como título executivo europeu.

Ao invés, se o aviso de recepção não foi assinado pelo devedor/
/citando, mas por terceiro, estamos já fora do âmbito de aplicação do art. 13 (citação com prova de recepção pelo devedor). Quando muito, poderá aceitar-se como boa esta citação se se verificar alguma das situações previstas no art. 14/1a) ou b). Nestas hipóteses, a decisão poderá ser certificada. Ao invés, se o aviso de recepção não foi assinado nem por pessoa que viva ou trabalhe no domicílio do devedor, nem por pessoa que para ele

trabalhe no seu estabelecimento comercial, não será certificável a decisão. Isto porque, neste caso, não pode presumir-se com elevada probabilidade, ao invés do que se estabelece no art. 238/1 do CPC, que o devedor tomou conhecimento da pendência da acção.

78. Vejamos se a citação por depósito de carta, nos termos do art. 237-A/5 do CPC, ou feita com certificação da recusa de recebimento da carta, nos termos do art. 237-A/3 do CPC se conformam com os padrões estabelecidos no Regulamento.

A citação realizada ao abrigo do art. 237-A/5 do CPC conforma-se com o que se dispõe no art. 14/1c) ou d), na medida em que a carta é depositada ou na caixa de correio do devedor ou, não sendo este depósito possível, em estabelecimento postal (art. 236/5 do CPC, aplicável *ex vi* art. 237-A/5 do CPC). Mais se exige do distribuidor do serviço postal que certifique a data e o local exacto em que depositou o expediente, pelo que a citação se deve ter por comprovada, nos termos do art. 14/3 do Regulamento.

Também a citação feita com certificação da recusa de recebimento da carta, nos termos do art. 237-A/3 do CPC se conformam com os padrões estabelecidos no Regulamento. Com efeito, neste caso será lavrada, pelo distribuidor postal, nota da recusa da recepção da carta pelo citando, pelo que esta hipótese está coberta pelo art. 13/1b) do Regulamento.

27.2. *As regras relativas ao conteúdo da citação*

79. Como vimos, impõe o Regulamento regras mínimas, não apenas respeitantes às modalidades da citação, mas também atinentes ao conteúdo deste acto. Se estas regras não forem observadas não poderá a decisão proferida ser certificada enquanto título executivo europeu.

Segundo os arts. 16 e 17 do Regulamento, devem ser comunicados ao devedor, no acto de citação, todos os elementos que lhe permitam identificar a acção, as condições de exercício do direito de defesa e os efeitos decorrentes do não exercício desta situação jurídica.

Segundo o art. 235/1 do CPC, ao citando serão entregues ou remetidos, no acto de citação, duplicado da petição inicial e cópia dos documentos que a acompanharem. Com isto se garante que o citando tome conhecimento de todos os elementos indicados no art. 17 do Regulamento, já que da petição deverão constar os nomes e endereços das partes (cfr. art.

467/1a) do CPC), o montante do crédito e os juros (cfr. art. 467/1e) do CPC) e a causa de pedir (cfr. art. 467/1d) do CPC).

Por outro lado, especifica o n. 1 do art. 235 do CPC que, na citação, deve ser identificado o tribunal, juízo, vara e secção por onde corre o processo, estando parcialmente preenchido o art. 17/1a) do Regulamento. Por último, estabelece o art. 235/2 que deverão ser indicados ao citando o prazo dentro do qual pode deduzir a sua defesa (art. 17/1a)), a necessidade de constituição de mandatário judicial (art. 17/1a)) e as cominações em que incorre em caso de revelia (art. 17/1b)).

80. A análise do art. 235 do CPC permite-nos uma conclusão: atendendo aos elementos que, nos termos do direito interno, devem ser comunicados ao citando no acto de citação, conclui-se que estão preenchidas as regras mínimas constantes dos arts. 16 e 17 do Regulamento. Deste ponto de vista não haverá obstáculos à certificação como títulos executivos europeus das decisões proferidas por tribunais portugueses.

27.3. *O procedimento de revisão*

81. Como vimos, o sistema português conforma-se, no essencial, com o que se requer no Regulamento relativamente ao acto de citação. Por esta razão, pode dispensar-se o confronto deste sistema com as exigências constantes do art. 18.

O mesmo não sucede com o art. 19. Como vimos, este aplicava-se independentemente da conformação dos sistemas internos com as regras mínimas, previstas nos arts. 13 e seguintes.

Cumpre, deste modo, determinar se, à luz do direito interno português pode o devedor/réu requerer uma revisão da decisão pelo menos[36] quando:

– a citação foi feita sem prova da respectiva recepção pelo devedor; e

– esta citação não tiver sido efectuada em tempo útil para lhe permitir preparar a sua defesa; ou

---

[36] Segundo o n. 2 do art. 19, as condições nele previstas para o exercício da faculdade de revisão são condições mínimas, podendo o Estado de origem facultar esse exercício em condições mais favoráveis.

– o devedor tiver sido impedido de deduzir oposição ao crédito por motivo de força maior ou devido a circunstâncias excepcionais, sem que haja qualquer culpa da sua parte, desde que, em qualquer dos casos, actue prontamente.

82. Comecemos pelo primeiro caso. Pode o réu, condenado no cumprimento de determinada prestação, desencadear a revisão total da decisão se mostrar que a citação, realizada sem prova da respectiva recepção, não foi feita em tempo útil para lhe permitir a sua defesa?

Em primeiro lugar, há que ponderar os mecanismos através dos quais tal revisão seria possível. E temos três alternativas: o recurso ordinário da decisão, o recurso extraordinário da decisão e a oposição à execução.

Em segundo lugar, temos de atender ao fundamento específico da revisão: não ter sido a citação efectuada em tempo útil para que o devedor/réu tivesse podido deduzir a sua oposição.

83. O fundamento específico da revisão da decisão (falta de preenchimento das finalidades da citação) impede que possa ser, em tese (porque ainda não sabemos se o fundamento é relevante enquanto causa de revisão no ordenamento nacional), o recurso ordinário a preencher a função prevista pelo art. 19/1: este visa destruir uma decisão ilegal em si e não o ataque a este acto final por verificação de vícios em actos pretéritos.

Restam o recurso extraordinário de revisão e oposição à execução. Mas tanto um, como o outro meio (não podemos esquecer que estamos perante a eventual dedução de oposição à execução de uma sentença) são restritos quanto aos respectivos fundamentos. Ora, as causas de revisão ou de oposição, relacionadas com o acto de citação, que relevam na nossa ordem jurídica são a falta e a nulidade da citação.

Sucede que o conhecimento tardio da citação não é nem causa de falta, nem causa de nulidade da citação (cfr. arts. 195 e 198 do CPC). Com efeito, nem se está perante um caso em que o destinatário não chegou a ter conhecimento do acto (ele teve conhecimento desse acto, só que tardio), nem perante a falta de observância de uma formalidade prescrita por lei para o acto de citação. Este resultado é estranho, tanto porque a falta de recepção atempada da citação impede o exercício adequado do direito de defesa, sendo situação tão grave quanto a da falta de citação, como porque o nosso sistema é sensível aos prejuízos que da irregularidade da citação possam decorrer para a defesa do citado (cfr. art. 198/4). Mas certo é que, num sistema adjectivo relativamente hostil a cláusulas gerais, casos como o ora em equação acabam por não ter resposta adequada.

Poder-se-á ensaiar uma resposta alternativa, afirmando-se que, se o réu não foi citado em condições que lhe permitissem preparar adequadamente a sua defesa, foi violado o princípio do contraditório. Este arrastaria consigo a nulidade da decisão, já que aquela violação terá influenciado decisivamente o exame da causa. Mas uma vez mais esbarramos com a necessidade de ultrapassar o que quanto à citação e respectiva regularidade se dispõe no Código de Processo Civil.

84. Assim, pensamos não ser possível, à luz do sistema nacional, a revisão de uma decisão (seja através de recurso extraordinário de revisão, seja por meio de oposição à execução) com fundamento em não realização da citação em tempo útil. O que significa que, não estando preenchida a previsão do art. 19/1b), não poderão ser certificadas as decisões proferidas por tribunais portugueses sobre créditos não contestados.

Esta conclusão é tanto mais curiosa se se atender a que foi ponderada a previsão, entre os requisitos da citação suficiente para efeitos de certificação de uma decisão, ter esta sido feita em tempo útil (cfr. art. 15 da proposta inicial da Comissão, COM/2002/0159 final – CNS 2002/0090). Quer isto dizer que se pensou na previsão, enquanto requisito da citação, de um pressuposto que agora passa a relevar em sede de impugnação da decisão. E o mais estranho foi o fundamento invocado pela Comissão para a supressão desta previsão. Segundo se lê na comunicação dirigida ao Parlamento Europeu, em 9 de Fevereiro de 2004, o art. 15 foi suprimido porque é convicção geral poder confiar-se em que as legislações dos diversos Estados-Membros prevêem que a citação deve ser feita em tempo útil de modo a que o réu possa preparar a sua defesa (cfr. n. 3.3.2., artigo 15).

85. Vejamos, então, se pode o réu provocar a revisão da decisão se demonstrar que foi impedido de deduzir oposição ao crédito por motivo de força maior ou devido a circunstâncias excepcionais, sem que haja qualquer culpa da sua parte, desde que, em qualquer dos casos, actue prontamente.

Esta previsão do Regulamento remete-nos directamente para o instituto do justo impedimento. E o que há que saber é se, com base na invocação e na prova desse justo impedimento, pode o réu obter uma revisão integral de decisão.

O primeiro aspecto para o qual há que chamar a atenção respeita ao momento em que este justo impedimento deverá poder ser invocado. Resulta do art. 19 que ele é invocado como causa de revisão da decisão, o que significa que esta já foi proferida.

86. Admite a ordem jurídica portuguesa a invocação de justo impedimento enquanto causa genérica de revisão de decisões?
O regime do art. 146/2 é extremamente lacónico. Aí se dispõe que, se o juiz verificar o impedimento e reconhecer que a parte se apresentou a requerer logo que ele cessou, a admitirá a praticar o acto fora do prazo. Mas veja-se que a transposição desta previsão para a hipótese prevista no art. 19/1b) do Regulamento implicaria que a parte fosse autorizada a deduzir contestação depois de proferida a decisão.

É mais um caso para o qual o sistema português não está directamente preparado. Na verdade, se a decisão já foi proferida, a dedução da contestação só seria eficaz se aquela decisão pudesse ser directamente atingida, sendo revogada e substituída por outra, a proferir já depois da dedução da contestação.

Poder-se-ia ensaiar a seguinte solução. Estado o réu em prazo para recorrer, deduziria a nulidade da sentença, não por verificação de um das causas previstas no art. 668, mas por invocação do art. 201/1, em conjugação com o art. 146, ambos do CPC. O réu/recorrente alegaria no recurso que fora suprimido um acto (a contestação), imposto por lei, por causa que lhe não era imputável. A omissão da contestação seguramente que influíra directamente no exame da causa. Pelo que a falta de contestação, fundada em justo impedimento, determinaria a nulidade processual de todos os actos praticados depois desta omissão. O recurso transformar-se-ia num híbrido, pois a sua procedência implicava a análise de matéria nova. Este o problema desta construção.

87. Mais complexa é a resolução dos casos em que o réu já não está em tempo para recorrer. E isto porque os fundamentos da revisão são restritos. E entre eles não cabe a invocação do justo impedimento como fundamento de destruição do caso julgado.

88. Do que antecede, pensamos decorrer uma conclusão: o sistema português não se conforma com os parâmetros estabelecidos pelo art. 19 do Regulamento, estando em causa a possibilidade de certificação de decisões proferidas sobre créditos não contestados pelos tribunais nacionais.

Este resultado seria facilmente evitável se se previsse que a citação falta ou é nula se não houvesse sido feita em circunstancias que permitissem o exercício adequado do direito de defesa por causa não imputável ao réu. Dir-se-á que esta cláusula geral já integra o nosso sistema, na medida em que não pode conceber-se como (regularmente) realizada uma citação que não permite o exercício do direito fundamental do réu. E são muitos os dados que apontam no sentido de se partir sempre de uma citação feita de modo a permitir que o réu se possa defender dentro de um prazo adequado (cfr., *v.g.*, art. 252-A). Se estes dados apontam para a necessidade de interpretação substancial de conceitos como o de falta de citação, podendo admitir-se que se sustente que à falta de citação por desconhecimento total do acto possa corresponder a falta de citação por falta de conhecimento do acto em tempo útil para a dedução da defesa. No entanto, estas soluções deixarão sempre margem para dúvidas, dúvidas com as quais o art. 19 do Regulamento seguramente não visa contemporizar. Restará saber como responderá o Estado português à Comissão no que respeita ao procedimento de revisão, previsto pelo art. 19/1 (cfr. art. 30/1a)).

ELEMENTOS DE TRABALHO

Documentos [disponíveis em www.europa.int.]

– Proposta de Regulamento do Conselho que cria o Título Executivo Europeu para créditos não contestados/COM/2002/0159 final – CNS 2002/0090
– Parecer do Comité Económico e Social Europeu sobre a proposta de Regulamento do Conselho que cria o título executivo europeu para créditos não contestados, de 12 de Dezembro de 2002
– Relatório sobre a proposta de regulamento do Parlamento Europeu e do Conselho que cria o Título Executivo Europeu para créditos não contestados, de 26 de Março de 2003, COM/2002/159 – C5 – 0211/2002 –2002/0090 (COD), A5-0108/2003
– Proposta alterada de regulamento do Parlamento Europeu e do Conselho que cria o Título Executivo Europeu para créditos não contestados, COM/2003/0341 final – COD 2002/0090
– Posição Comum (CE) 19/2004, de 6 de Fevereiro, adoptada pelo Conselho, tendo em vista a adopção de um regulamento que cria o Título Executivo Europeu para créditos não contestados, 2004/C79E/03
– Comunicação da Comissão ao Parlamento Europeu, de 9 de Fevereiro de 2004, respeitante à posição comum adoptada pelo Conselho, tendo em vista a adopção de um regulamento que cria o Título Executivo Europeu para créditos não contestados, COM/2004/0090
– Recomendação do Parlamento Europeu, de 18 de 2004, para uma segunda leitura referente à posição comum adoptada pelo Conselho, tendo em vista a adopção de um

regulamento que cria o Título Executivo Europeu para créditos não contestados, C5/0067/2004-202/0090; A5 – 0187/2004 final

Bibliografia

– CORREA DELCASSO, Juan Pablo, Análisis de la propuesta de regulamento sobre el título ejecutivo europeo. Incidencia de la normativa comunitaria en la LEC, Revvista de Derecho Ibero-americana de Derecho Procesal, ano II, n. 3 (2003), 181-219
– NAGEL/GOTTWALD, Internationales Zivilprozessrecht, Verlag Otto Schmidt, Köln 2002
– RAUSCHER, Thomas. Der Europäische Vollstreckungstitel für unbestrittene Forderungen, Sellier. European Law Publishers, München/Recht und Wirtschaft. Verlag des Betriebs-Berater, Heidelberg, 2004
– SCHLOSSER, Peter, EU – Zivilprozessrecht, Kommentar, C.H.Beck, München 2003
– STADLER, Astrid, Das Europäische Zivilprozessrecht – Wie viel Beschleunigung verträgt Europa? Kritisches zur Verordnung über den Europäischen Vollstreckungstitel und ihre Grundidee, IPRax 2004, 2-11
– STEIN, Andreas, Der Europäische Vollstreckungstitel für unbestrittene Forderungen tritt in Kraft – Aufruf zu einer nüchternen Betrachtung, IPRax 2004, 181-191

O TRIBUNAL DE JUSTIÇA DAS COMUNIDADES EUROPEIAS E A REGULAMENTAÇÃO DO DIREITO AO NOME NAS RELAÇÕES PRIVADAS INTERNACIONAIS

Rui Manuel Moura Ramos
Professor da Faculdade de Direito da Universidade de Coimbra
Vice-Presidente do Tribunal Constitucional

A regulamentação jurídica do direito ao nome nas relações privadas internacionais foi objecto da atenção do Tribunal de Justiça das Comunidades Europeias através de duas decisões proferidas com um intervalo de aproximadamente dez anos. A primeira delas, de 30 de Março de 1993[1], faz ainda aplicação dos preceitos do Tratado da Comunidade Económica Europeia, nomeadamente do seu artigo 52.º (actualmente artigo 43.º CE), relativo à liberdade de estabelecimento, e constrói-se marcadamente no plano do desenvolvimento dos direitos de natureza económica, uma vez que se funda no "risco de confusão de pessoas junto da (...) potencial clientela" em que incorreria um profissional independente que exercera a liberdade de estabelecimento no âmbito do mercado comum[2]. Já a segunda, de 2 de Outubro de 2003[3], intervém posteriormente à instituição da cidadania da União[4] e situa-se no âmbito da interpretação dos artigos 17.º e 18.º, e

---

[1] Processo C-168/91, Konstantinides, *in Colectânea de Jurisprudência*, 1993, p. I-1191-1220.

[2] Pontos 16 e 11 da decisão citada na nota anterior.

[3] Processo C-148/02, Garcia Avello, *in Colectânea de Jurisprudência*, 2003, p. I-11613-11652.

[4] Que teve lugar, como se sabe, com o Tratado da União Europeia, de 7 de Fevereiro de 1992. Sobre este instituto, veja-se designadamente o que escrevemos em "Les nouveaux aspects de la libre circulation des personnes. Vers une citoyenneté europeenne" e "Maastricht e os direitos do cidadão europeu", *in Das Comunidades à União Europeia*,

particularmente do alcance do direito de circular e permanecer livremente no território dos Estados-Membros. O seu estudo comparativo constitui assim um interessante campo de avaliação da evolução por que tem passado, na União Europeia, o entendimento jurisprudencial dos direitos fundamentais nela reconhecidos[5], ao mesmo tempo que ilustra *inter alia* o impacto do direito comunitário sobre o direito internacional privado[6].

Estudos de Direito Comunitário, 2.ª edição, Coimbra, 1999, Coimbra Editora, pp. 256-276 e 323-358 e "Sobre a Cidadania da União Europeia" (em curso de publicação no livro de Homenagem ao Professor José António Garcia Ridruejo) e os autores e obras aí citados.

[5] Sobre este tema vejam-se os nossos trabalhos "A Carta dos Direitos Fundamentais da União europeia e a protecção dos direitos fundamentais", in *Estudos em Homenagem ao Prof. Doutor Rogério Soares* (Studia Iuridica, 61, Ad honorem – *1*), Coimbra, 2001, Coimbra Editora, pp. 964-989 e "Sobre a Cidadania da União Europeia" (*cit. supra* na nota anterior), António Goucha Soares, *A Carta do Direitos Fundamentais da União Europeia A protecção dos direitos fundamentais no ordenamento comunitário*, Coimbra, 2002, Coimbra Editora, Maria Luisa Duarte, "A Carta dos Direitos Fundamentais da União Europeia – Natureza e meios de tutela", in *Estudos em Homenagem à Professora Doutora Isabel de Magalhães Collaço* (organizado por Rui Manuel Moura Ramos – Carlos Ferreira de Almeida – António Marques dos Santos – Pedro Pais Vasconcelos – Luís Lima Pinheiro – Maria Helena de Brito e Dário Moura Vicente), v. I, Coimbra, 2002, Almedina, pp. 723--755 e AAVV, *Carta de Direitos Fundamentais da União Europeia*, Coimbra, 2001, Coimbra Editora, *Diritto, Diritti, Giurisdizione. La Carta dei diritti fondamentali dell'Unione Europea* (a cura di Roberto Toniatti), Padova, 2002, Cedam, e *Estudios sobre la Carta de los Derechos Fundamentales de la Union Europea* (coord. C. Ruiz Miguel), Universidade de Santiago de Compostela, 2004, pp. 211-246.

[6] Influência que, como o demonstra o sucedido noutros contextos, parece resultar claramente da conexão existente entre a metodologia do direito internacional privado e o grau de integração económica e política das unidades estaduais ou subestaduais num sistema político e económico mais vasto (para uma demonstração deste argumento, veja-se Antonio F. Perez, "The impact of economic integration on choice of law doctrine – Lessons from the interaction of U.S. federalism and choice of law for the evolutions of private international law within the context of EU integration", 44 *Revista da Faculdade de Direito da Universidade de Lisboa* (2003), pp. 159-168. Sobre os recentes desenvolvimentos no que à nossa disciplina respeita no quadro dos Estados-Membros da União Europeia, e de entre uma já esgotante bibliografia, vejam-se *"The Europeanisation of International Private Law"* (edited by Paul Lagarde and Bernard von Hoffmann), Köln, 1996, Bundesanzeiger, o número monográfico da *Revue des Affaires Européennes* (n.º 4 de 2001-2002, do 11.º ao 12.º Ano) dedicado a "Le droit international privé communautaire", *Systemwechsel im europäischen Kollisionsrecht* (herausg. Jurgen F. Baus und Heinz Peter Mansel), Munique, 2002, Verlag C. H. Beck, Philippe-Emmanuel Partsch, *Le droit international privé européen. De Rome à Nice*, Bruxelles, 2003, Larcier, Marie-Paule Puljak, *Le Droit International Privé à l'épreuve du principe communautaire de non-discrimination en raison de la nationalité*, Aix-en-Provence, 2003, Presses Universitaires d'Aix Marseille, *La cooperación judicial en matéria civil y la unificación del derecho privado en*

Aspecto este que cremos de importância não despicienda na avaliação do real alcance do movimento de "comunitarização" do direito internacional privado actualmente em curso.

2. Importa contudo precisar porque falamos a este propósito da "comunitarização do DIP", atento o sentido mais corrente, e que imediatamente ocorre, desta expressão, e que é o da substituição de fontes nacionais (essencialmente das regras de conflitos de origem nacional) por normas de origem comunitária.

Tal decorre, como sabemos, da existência de regras de conflitos que se encontram dispersas por instrumentos comunitários de vário tipo [regulamentos, directivas ou até convenções com um estatuto particular – as convenções comunitárias previstas no actual artigo 293.° do Tratado CE (antigo artigo 220.°) e que já foram ou estão em vias de ser transformadas em regulamentos]. Ora há que recordar que o direito ao nome não foi até agora objecto de regras deste tipo. Pelo contrário, pode dizer-se que a regulamentação do direito ao nome nas relações privadas internacionais[7]

Europa (editado por Sixto Sanchéz Lorenzo e Mercedes Moya Escudero), Madrid 2003, Dykinson, *Diritto Internazionale Privato e Diritto Comunitario* (a cura di Paolo Picone), Pádua, 2004, Cedam, *Les conflits de lois et le système juridique communautaire* (sous la direction de Angelika Fuchs, Horatia Muir Watt et Étienne Pataut), Paris, 2004, Dalloz, e entre nós, *Seminário Internacional sobre a Comunitarização do Direito Internacional Privado. Direito de Conflitos, Competência Internacional e Reconhecimento de Decisões Estrangeiras* (organizado por Luís de Lima Pinheiro), Coimbra, 2005, Almedina.

E, para uma abordagem da jurisprudência do Tribunal de Justiça a este respeito, cfr. Moura Ramos, "O Tribunal de Justiça das Comunidades Europeias e a teoria geral do direito internacional privado. Desenvolvimentos recentes" in *Estudos em Homenagem à Professora Doutora Isabel de Magalhães Collaço* (cit. supra nota 5), pp. 431-467, e Júlio Gonzalez Campos, "La Cour de Justice des Communautés Européennes et le non Droit international privé", in *Festschrift Erik Jayme*, (herausg. Heinz-Peter Mansel, Thomas Pfeiffer, Herbert Kronke, Christian Kohler und Rainer Hausmann), v. I, Munchen, 2004, Sellier. European Law Publishers, pp. 263-275.

[7] Sobre o ponto vejam-se, Giorgio Gaja, "Il diritto al nome nel diritto internazionale privato", 46 *Rivista di Diritto Internazionale* (1963), pp. 73-88, Fritz Sturm, "Der Name der Ehefrau aus kollisionsrechtlicher Sicht", *FamRZ* (1973), pp. 394-406, Christof Bohmer, "Der Name der verheirateten Frau im internationalen Privatrecht", *in Konflikt und Ordnung. Festschrift fur Murad Ferid zum 70. Geburtstag*, Munchen, 1978, C. H. Beck, pp. 103-116, José Carlos Fernández Rozas, "Aspectos recientes del nombre de las personas fisicas en el derecho internacional privado español", 33 *Revista Española de Derecho Internacional* (1981), pp. 597-624, Fritz Sturm, "Zur Reform des deutschen internationalen Namensrechts", *in Vorschlage und Gutachten zur Reform des deutschen internationalen Personen –, Familien und Erbrechts*, Tubingen, 1981, J. C. B. Mohr (Paul Siebeck),

continua a ser unicamente objecto de regras de conflitos nacionais e de preceitos contidos nos instrumentos clássicos de direito internacional. De resto, e no que toca ao direito material, ou seja, à disciplina substancial do nome[8], isto mesmo foi recentemente reconhecido pelo Tribunal de Justiça no ponto 25 do acórdão *Garcia Avello*, nos termos do qual "(...) no estado actual do direito comunitário, as normas que regulam o apelido de uma pessoa [são] da competência dos Estados Membros"[9]. E no que toca ao direito internacional privado é também verdade que nem a generosa interpretação que as autoridades comunitárias fizeram do actual artigo 65.º do Tratado CE, tal como ela se nos oferece no Plano de Acção de Viena[10] e

---

pp. 84-93, Georges van Hecke, "Le nom des personnes en droit international privé", *in Mélanges offerts à Raymond Vander Elst*, t. II, Bruxelles, 1986, Éditions Nemesis, pp. 811--820, Katharina Boele-Woelki, "IPR-Gesetzgebungen in die Niederlanden – Das Namenkollisions- und das Ehekollisionsgesetz", 10 *IPRax* (1990), pp. 337-342, Angeles Lara Aguado, *El nombre en derecho internacional privado*, Madrid, 1998, Editorial Comares, Dieter Henrich, "Wie soll unser Kind heissen? Ein Blick auf die Spielweise des internationalen Namensrechts", *in Gedachtnisschrift fur Alexander Luderitz*, Munchen, 2000, C. H. Beck, pp. 273-285, Fritz Sturm, "Namenserklarungen Auslandsdeutscher von Berliner Hurden? Zu § 15 und 31 a PStG", *in Privatrecht in Europa. Vielfalt, Kollision, Kooperation. Festschrift fur Hans Jurgen Sonnenberger zum 70. Geburtstag* (herausg. von Michael Coester, Dieter Martiny und Karl August Prinz von Sachsen Gessaphe), Munchen, 2004, C. H. Beck, pp. 711-726, Alfonso Luís Calvo Caravaca – Javier Carrascosa Gonzalez, *Derecho de Familia Internacional*, 2ª edição, Madrid, 2004, Colex, pp. 52-57, Fritz Sturm/Gudrun Sturm, "Der Renvoi im Namensrecht", *in Festschrift fur Erik Jayme* (cit. supra, nota 6), pp. 919-933, e M. Scherer, *Le nom en droit international privé. Étude de droit comparé français et allemand*, Paris, 2004, L. G. D. J.

[8] A este respeito, cfr. Uwe Diederichsen, "Vornamensgebung als Aufgabe fur den Gesetzgeber", *in Festschrift fur Dieter Henrich zum 70. Geburtstag*, Bielefeld, 2000, Verlag Ernst und Werner Gieseking, pp. 101-118, Fritz Sturm, "Europaisches Namensrecht im Dritter Jahrtausend. Ein Blick in die Zukunft, *ibidem*, pp. 611-620, e, entre nós, Manuel Vilhena de Carvalho, *Do Direito ao Nome. Protecção Jurídica e Regulamentação Legal*, Coimbra, 1972, Livraria Almedina.

[9] *Cit. supra*, nota 3, ponto 25.

[10] Cfr. o "Plano de acção do Conselho e da Comissão sobre a melhor forma de aplicar as disposições do Tratado de Amesterdão relativas à criação de um espaço de liberdade, de segurança e de justiça, aprovado pelo Conselho Justiça e Assuntos Internos de 3 de Dezembro de 1998, *in JOCE*, C, 19, de 23 de Janeiro de 1999, pp. 1-15. Sobre o enquadramento em que se processa tal desenvolvimento, cfr. Pedro Alberto de Miguel Asensio, "La evolución del derecho internacional privado comunitario en el Tratado de Amsterdam", 50 *Revista Española de Derecho Internacional* (1998), pp. 373-376, Christian Kohler, "Interrogations sur les sources du droit international privé européen après le traité d'Amsterdam", 88 *Revue critique de droit international privé* (1999), pp. 1-29, Moura Ramos, "Un diritto internazionale privato della Comunità Europea: origine, sviluppo,

nos documentos posteriores ao Conselho Europeu de Tampere[11], incluía nos programas de actividades a desenvolver nos próximos anos esta questão. É assim verdade que nos encontramos a este propósito fora do domínio actual do direito comunitário, mesmo considerando os desenvolvimentos que a breve trecho se avizinham.

Por outro lado, se é esta a situação que se vive a este respeito, há que não esquecer que este domínio, o do nome das pessoas em direito interna-

---

alcuni principi fondamentali", *in Divenire Sociale e Adeguamento del Diritto. Studi in onore di Francesco Capotorti*, II – Diritto dell'Unione Europea, Diritto Internazionale Privato, Diritto Pubblico, Milano, 1999, Giuffrè, pp. 273-305, Alegria Borrás, "Derecho Internacional Privado y Tratado de Amsterdam", 51 *Revista Española de Derecho Internacional* (1999), pp. 383-426, Burkhard Hess, "Die "Europaisierung" des internationalen Zivilprozessrechts durch den Amsterdamer Vertrag – Chancen und Gefahren", *Neue Juristische Wochenschrift* (2000), pp. 23-32, Ulrich Drobnig, "European private international law after the Treaty of Amsterdam: Perspectives for the next decade", 11 *King's College Law Journal* (2000), pp.190-201, Jurgen Basedow, "The communitarization of the conflict of laws under the Treaty of Amsterdam", 37 *Common Market Law Review* (2000), pp. 687-708, Jona Israel, "Conflict of laws and the EC after Amsterdam. A Change for the Worse?", 7 *Maastricht Journal of international and comparative law* (2000), pp. 81-99, Fausto Pocar, "La comunitarizzazione del diritto internazionale privato: una "european conflict of laws revolution"?", 36 *Rivista di diritto internazionale privato e processuale* (2000), pp. 873-884, Oliver Remien, "European private international law, the European Community and its emerging area of freedom, security and justice", 38 *Common Market Law Review* (2001), pp. 53-86, Karl Kreuzer, "La communitarisation du droit international privé: les acquis et les perspectives", *Droit Global*, 2001/1 [*Unifier le Droit: Le Rêve Impossible?* (sous la direction de Louis Vogel)], pp. 97-137, e Miguel Gardeñes Santiago, "El desarrollo del derecho internacional privado tras el Tratado de Amsterdam: los articulos 61 c) y 65 TCE como base juridica", 11 *Revista de Derecho Comunitario Europeo* (2002), pp. 231-249.

[11] Cfr., quanto àquele, as respectivas "conclusões da Presidência" (*in Boletim da União Europeia*, 1999/10, pp. 7-15, e Jean-Baptiste Avel, "Le développement de la coopération judiciaire européenne", 445 *Revue du Marché Commun et de l'Union Européenne* (2001), pp. 112-116, e Jorg Pirrung, "Zur Zukunft des europaischen Gerichtsbarkeit in Zivilsachen", *in Festschrift fur Hans Stoll zum 75. Geburtstag* (herausg. von Gerhard Hohloch, Rainer Frank, Peter Schlechtriem), Tubingen, 2001, J. C. B. Mohr (Paul Siebeck), pp. 647-659, e, para os desenvolvimentos posteriores, o "Painel de avaliação dos progressos realizados na criação de um espaço de "liberdade, segurança e justiça" na União Europeia" (Comunicação da Comissão ao Conselho e ao Parlamento Europeu, de 24 de Março de 2000 – COM(2000) 167 final) e as actualizações (semestrais) de que tem sido objecto.

Em particular sobre as realizações mais significativas no plano do direito processual civil internacional, cfr. Moura Ramos, "The new EC rules on jurisdiction and the recognition and enforcement of judgments", *in Law and Justice in a Multistate World. Essays in Honor of Arthur T. von Mehren* (edited by James A. R. Nafziger and Symeon C. Symeonides), Ardsley, 2002, Transnational Publishers, pp. 199-218, e Sergio M. Carbone – Manlio Frigo – Luigi Fumagalli, *Diritto Processuale Civile e Commerciale Comunitario*, Milano, 2004, Giuffrè.

cional privado, se insere num conjunto de questões em relação às quais é sabido que são maiores as resistências na comunidade científica no que toca ao exercício de uma competência comunitária.

Na verdade, se a doutrina tende a reconhecer geralmente a vantagem do desenvolvimento de regras de conflitos de jurisdições pelo legislador comunitário, já a criação de regras de conflitos de leis não é sempre olhada de forma igualmente favorável. Não estou a pensar nas questões de direito patrimonial, em relação às quais se encontram previstas regras de conflitos no próximo Regulamento dito Roma II, sobre a lei aplicável às obrigações extracontratuais[12], como igualmente no futuro Regulamento designado Roma I, que substituirá a Convenção actualmente existente em sede de lei aplicável às obrigações contratuais[13], mas nas de natureza pessoal. Se é certo que os programas de acção comunitários prevêm a elaboração

---

[12] Cfr. a proposta de regulamento do Parlamento Europeu e do Conselho sobre a lei aplicável às obrigações extracontratuais ("Roma II"), apresentada pela Comissão em 22 de Julho de 2003 [COM (2003) 427 final] e o Projecto de Relatório da Comissão dos Assuntos Jurídicos e do Mercado Interno do Parlamento Europeu [relatado por Diana Wallis – versão provisória de 15 de Março de 2004, documento 2003/0168(COD)] e, para os seus antecedentes e a análise das suas soluções, respectivamente, Moura Ramos, "Le droit international privé communautaire des obligations extra contractuelles", 11-12 *Revue des Affaires Européennes* (2001-2002/4), pp. 415-423, Guillermo Palao Moreno, "Hacia la unificación de las normas de conflicto en materia de obligaciones extracontractuales en Europa (Una visión crítica del anteproyecto de propuesta de reglamento "Roma II)", *in Derecho Patrimonial Europeo* (Guillermo Palao Moreno, Lorenzo Prats Albentosa, María José Reyes López), 2003, Editorial Aranzadi, pp. 271-299, Symeon Simeonides, "Tort conflicts in Rome II: A view from across", *in Festschrift fur Erik Jayme* (cit. supra, nota 6), pp. 935-954, e Bettina Heiderhoff, "Eine europäische Kollisionsnorm für die Produkthaftung: Gedanken zur Rom II – Verordnung", 2 *Zeitschrift für Gemeinschaftsprivatrecht* (2005), pp. 92-97.

[13] Cfr. a propósito, o *Livre Vert sur la transformation de la Convention de Rome de 1980 sur la loi applicable aux obligations contractuelles en instrument communautaire ainsi que sur sa modernisation*, apresentado pela Comissão a 14 de Janeiro de 2003 [COM(2002) 654 final], e, do Max-Planck Institut fur auslandisches und internationales Privatrecht, os "Comments on the European Commission's Green Paper on the conversion of the Rome Convention of 1980 on the law applicable to contractual obligations into a Community instrument and its modernization", 68 *Rabels Zeitschrift fur auslandisches und internationales Privatrecht* (2004), pp. 3-118. Vejam-se também os diversos estudos incluídos na obra colectiva *Enforcement of International Contracts in the European Union. Convergence and divergence between Brussels I and Rome I* (Johan Meeusen, Marta Pertegás and Gert Staetmans editors), Antwerp, 2004, Intersentia, e Pascal de Vareilles Sommières, "La communautarisation du droit international privé des contrats: remarques en marge de l' uniformisation européenne du droit des contrats", *in Le Droit International Privé: Esprit et Méthodes. Mélanges en l'honneur de Paul Lagarde*, Paris, 2005, Dalloz, pp. 781-801.

de um instrumento em matéria de divórcio[14], e que se encontram igualmente em curso trabalhos preparatórios em matéria de sucessões[15] e de regimes matrimoniais[16], há que não esquecer que sectores relevantes da doutrina continuam a defender a indesejabilidade (ou pelo menos a desnecessidade) de uma intervenção comunitária, em sede de conflito de leis, no domínio do direito das pessoas e da família[17].

[14] Sobre os problemas postos pela eventual incompatibilidade das regras existentes nesta matéria com o direito comunitário, cfr. a sentença de 10 de Junho de 1999, Johannes, processo C-430/97, in *Colectânea de Jurisprudência*, 1999, p. I-3475-3497, e, na doutrina, Ana Quiñones Escámez, "Compatibilidad de la norma de conflicto relativa a los efectos del divorcio con el derecho comunitario", 10 *Revista de Derecho Comunitario Europeo* (2001), pp. 645-661, e *Practical problems resulting from the non-harmonisation of choice of law rules in divorce matters* (JAI/A3/2001/04), relatório final apresentado pelo T.M.C. Asser Instituut, The Hague, The Netherlands, December 2002. Para uma proposta de evolução, cfr. Paul Lagarde, "Développements futurs du droit international privé dans une Europe en voie d'unification: quelques conjectures", 68 *Rabels Zeitschrift fur auslandisches und internationales Privatrecht* (2004), pp. 225-243 (236-238).

[15] Cfr. o inventário das soluções nacionais a este propósito recentemente levado a cabo nesta perspectiva pelo Instituto Notarial Alemão, *Les Successions Internationales dans l'UE. Perspectives pour une Harmonisation*, Wurzburg, 2004, Deutsches Notarinstitut, e a análise de Torstein Franzen, "Europaisches internationales Erbrecht", *in Festschrift fur Erik Jayme* (cit. supra, nota 6), pp. 187-196.

[16] Cfr. o relatório final, elaborado pelo consórcio Asser-UCL exclusivamente em atenção da Comissão Europeia, do *Étude sur les regimes matrimoniaux des couples mariés et sur le patrimoine des couples non mariés dans le droit international privé et le droit interne des Etats membres de l'Union Européenne*, contendo uma análise comparativa de dezasseis relatórios nacionais e propostas de uniformização nesta matéria.

[17] Vejam-se, neste sentido, por exemplo, os trabalhos de Helène Gaudemet-Tallon, "Quel droit international privé pour l'Union Européenne?", *in International Conflict of Laws for the Third Millennium. Essays in Honor of Friedrich K. Juenger* (edited by Patrick J. Borchers and Joachim Zekoll), Ardsley, 2001, Transnational Publishers, pp. 317-338, "De l'utilité d'une unification du droit international privé de la famille dans l'Union Européenne?" *in Estudos em Homenagem à Professora Doutora Isabel de Magalhães Collaço* (cit. supra, nota 5), pp. 159-185 e "Droit International Privé et Code Civil", *in 1804-2004. Le Code Civil. Un Passé. Un Présent. Un Avenir*, Paris, 2004, Dalloz, pp. 749-771.

Cfr. também o relatório final, apresentado à Comissão das Comunidades Europeias, Secretariado-Geral da Cooperação nos domínios de Justiça e Assuntos Internos, por Marc Fallon, *The valued added by a European Union instrument on jurisdiction and the enforcement of judgments in matrimonial causes in the light of existing conventions*, Louvain-la-Neuve, 31 de Maio de 1995, e Rolf Wagner, «EG-Kompetenz fur das Internationale Privatrecht in Ehesachen?», 68 *Rabels Zeitschrift fur auslandisches und internationales Privatrecht* (2004), pp. 119-153.

Para a interacção entre o direito comunitário e o direito da família, veja-se o estudo pioneiro de Marc Fallon, «Droit familial et droit des Communautés européennes», *Revue trimestrielle de droit familial*, 3/1998, pp. 361-400.

3. No entanto, ainda que não existam, por enquanto, nem se encontrem previstas, intervenções do legislador comunitário neste domínio, outra coisa, e bem diferente, é não se verificar, nas soluções existentes nesta matéria e na sua aplicação, a influência das regras e princípios de direito comunitário.

É a este propósito que o termo "comunitarização" pode aqui ser utilizado, para referir o impacto do direito comunitário sobre a nossa disciplina, impacto que se apresenta em termos algo semelhantes ao de um outro que foi sobretudo discutido vai para quatro décadas – o do direito constitucional, igualmente sobre a nossa matéria. Não evidentemente que o direito internacional privado tivesse então passado a ser objecto de regras de direito constitucional, apesar de a questão ter sido posta nestes precisos termos pela doutrina estadunidense – "Has the conflict of laws become a branch of constitutional law?", é o título de um conhecido ensaio de Ross[18] –, mas no sentido de que os valores e princípios de direito constitucional passaram também a ser considerados, desde essa época, e de forma praticamente unânime, como ideias-força cuja consideração se impunha igualmente no quadro do direito internacional privado[19].

---

[18] Publicado na *Minnesota Law Review*, v. 15 (1930-1931), pp. 161-181.

[19] Sobre o ponto, veja-se a nossa obra *Direito Internacional Privado e Constituição. Introdução a uma análise das suas relações*, Coimbra, 1979, Coimbra Editora, e ainda, entre outros, Gunther Beitzke, Grundgesetz und Internationales Privatrecht, Berlim, 1961; R. Leflar, "Constitutional limits on free choice of law", 28 *Law and Contemporary Problems* (1963), p. 706; os diversos ensaios de Brainerd Currie ("The Constitution and the Choice of Law:Governmental Interests and the Judicial Function", "The Constitution and the "Transitory" Cause for action", "Unconstitutional Discrimination in the Conflict of Laws: Privileges and Immunities", e "Unconstitutional Discrimination in the Conflict of Laws: Equal Protection") reunidos em *Selected Essays on the Conflict of Laws*, Durham, 1963, Duke University Press, respectivamente a páginas 188-282, 283-360, 445-525 e 526-583; José Puente Egido, "Influencia del derecho constitucional en la configuración de nuevas reglas de conflicto: Examen de la jurisprudencia civil de nuestro Tribunal Supremo de 1933 a 1937 en la determinación de la ley applicable a las relaciones personales entre conyuges", 25 *Revista Española de Derecho Internacional* (1972), pp. 327-348, Tito Ballarino, *Costituzione e Diritto Internazionale Privato*, Pádua, 1974, Dieter Henrich, "Verfassungswidrige Kollisionsnormen – ein Rechtschaos?", 38 *Rabels Zeitschrift fur auslandisches und* internationales Privatrechts (1974), pp. 490-506, J. Kropholler, *Gleichberechtigung durch Richterrecht. Erfahrungen im Familienrecht – Perspektiven im Internationalen Privatrecht*, Bielefeld, 1975, Verlag Ernst und Werner Gieseking; J. A. Martin, *Constitutional Limitations on Choice of Law*, Cornell L. R., v. 61 (1976), pp. 185 e s.; F. Schwind, "Verfassung und internationales Privatrecht – Unzeitgmäbe Betrachtungen zu einem zeitgemäbe Thema", *in Gedächtnisschrift für Albert A. Ehrenzweig* (herausg. von Erik Jayme und Gerhard Kegel), Heidelberg, 1976, C. F. Muller, pp. 121-127; O. Kahn-

Basta recordar a este propósito o acórdão de 4 de Maio de 1971 do *Bundesverfassungsgericht* no célebre *Spanierfall*[20], a discussão doutrinária que suscitou[21] e as diversas decisões das jurisdições constitucionais (e

---

-Freund, "Constitutional Review of Foreign Law", in *Internationales Recht und Wirtschaftsordnung. Festschrift fur F. A. Mann zum 70. Geburtstag*, Munchen, 1977, C. H. Beck, pp 207-225; W. Muller-Freienfelds, "Conflicts of Law and Constitutional Law", 45 *The University of Chicago Law Review*, (1978), pp. 598 e ss.; as diversas contribuições (designadamente de Russel J. Weintraub, A. T. von Mehren – D. T. Trautman, R. A. Sedler, J. A. Martin e D. Twerski) ao Symposium on "Choice-of-Law Theory after Allstate Insurance Co. v Hague", 10 *Hofstra Law Review* (1981); A. Ferrer Correia, "A revisão do Código Civil e a Constituição", in *Estudos Vários de Direito*, Coimbra, 1982, Almedina, pp. 279-307; R. Sedler, "Limiti costituzionali alla scelta della legge applicable: Prospettiva di generalismo costituzionale", 19 *Rivista di diritto internazionale privato e processuale* (1983), pp. 241-260; G. Barile, "Principi Fondamentale dell' Ordinamento Costituzionale e principi di ordine pubblico internazionale", 22 *Rivista di dirittto internazionale privato e processuale* (1986), pp. 5-20; J. M. Espinar Vicente, "Constitucion, Desarrollo, Legislatura e Derecho Internacional Privado", 38 *Revista Española de Derecho Internacional* (1986), pp. 109-134; Gene R. Shreve, "Interest Analysis as Constitutional Law", 48 *Ohio State Law Journal* (1987), pp. 51-62; F. Gamillscheg, "Ordine Pubblico e Diritti Fondamentali", in *Le Droit International à l'heure de sa codification*, v. IV, p. 89 e s.; R. A. Montero, "Derecho International Privado y Constitucion", *40 Revista Española de Derecho Internacional* (1988), n.º 2, pp. 89-103; U. Magnus, "Verfassunswidrige Kollisionsnormen und Vertrauensschutz", 35 *Neue Juristische Wochenschrift* (1982), pp. 1922-1923, Douglas Laycock, "Equal Citizens of Equal and Territorial States. The Constitutional Foundations of Choice of Law", 92 *Columbia Law Review* (1992), pp. 249 e ss., Gene R. Shreve, "Choice of Law and the Forgiving Constitution", 71 *Indiana Law Journal* (1996), pp. 271-296; Marques dos Santos, "Constituição e direito internanacional privado. O estranho caso do artigo 51, n.º 3 do Código Civil", *in Perspectivas Constitucionais. Nos 20 anos da Constituição de 1976* (editado por Jorge Miranda), v. III, Coimbra, 1998, Coimbra Editora, pp. 367-390, e Stephen Lorenz, "Deutscher Gleichberechtigungsgrundsatz und fremdes Kollisionsrecht oder: Soll am deutschen (Grundrechts)wesen die Welt genesen?", in *Mélanges Fritz Sturm* (sous la direction de Jean-François Gerkens – Roger Vigneron – Hansjorg Peter – Peter Trenk-Hinterberger), v. II, 1999, Éditions Juridiques de l'Université de Liège, pp. 1559-1572.

[20] Cfr. o texto desta decisão em 36 *Rabels Zeitschrift fur auslandisches und internationales Privatrecht* (1972), pp. 145-162.

[21] Vejam-se, na publicação citada na nota anterior, os comentários discrepantes de Dieter Henrich ("Die Bedeutung der Grundrechte bei der Anwendung fremden Rechts"), Erik Jayme ("Grundrecht der Eheschliessungsfreiheit und Wiederheirat geschiedener Ausländer"), Gerhard Kegel ("Embarras de Richesse"), Alexander Lüderitz (Grundgesetz contra Internationales Privatrecht? Vorschläge zur Bestimmung des Geltungsbereichs von Grundrechten"), Alexander Makarov (" Art 6.I Grundgesetz und die Anwendung sapanischen Eherechts"), Klaus Müller ("Deutsches Scheidungsurteil als prozessuale Vorfrage und fremder ordre public"), Karl H. Neumayer ("Zur Zivilehe eines Spaniers mit einer ges-

ordinárias) italiana e alemã da década de oitenta do século que findou[22], bem como as reformas legislativas – das quais salientaríamos, primeiro que todas as outras, a reforma portuguesa de 1977[23] – que expressamente visaram afastar, em diversos ordenamentos jurídicos, as conexões contrárias à Constituição[24].

É neste sentido e a este propósito que tem interesse verificar se e em que medida quer as regras de conflitos quer o resultado da sua aplicação (decorrente portanto da aplicação de regras materiais), em matéria de nome, podem ser afastados ou devem ser desconsiderados, por afrontarem princípios ou valores fundamentais, não agora da ordem jurídico-constitucional mas do sistema comunitário. Trata-se pois aqui do impacto deste ramo de direito, ou dos seus princípios essenciais, vistos enquanto *supreme law,* sobre o direito internacional privado do nome, na medida em que as regras existentes a este propósito, ou as normas materiais a que a sua aplicação conduz, sofrem a influência daquele sistema. Ponto que se afigura pacífico para o Tribunal de Justiça, que no acórdão *Garcia Avello* afirmou expressamente o dever dos Estados de respeitar, no exercício da sua competência de regulação do apelido das pessoas, o direito comunitário[25].

---

chiedenen Deutschen"), Kurt Siehr ("Grundrecht der Eheschliessungsfreiheit und Internationales Privatrecht. Zugleich ein Beitrag zum Lehre vom ordre public"), Wihelm Wengler ("Die Bedeutung der verfassungsrechtlichen Bestimmungen über die Eheschliessungsfreiheit und den Schütz der Familie für das Internationale Privatrecht") e Paul Heinrich Nenhaus ("Bundesverfassungsgericht und Internationales Privatrecht. Versuch einer Bilanz"), respectivamente a pp. 1-18, 19-26, 27-34, 35-53, 54-59, 60-72, 73-92, 93-115, 116-126 e 127-140. Fora de Alemanha, cf. designadamente Erik Jayme, " La Costituzione tedesca e il diritto internazionale privato" 8 *Rivista di Diritto Internazionale Privato e Processuale* (1972), pp. 76-81 e Catherine Labrusse, "Droit constitutionnel et droit international privé en Allemagne Fédérale (à propos de la décision du Tribunal Constitutionnel fédéral du 4 mai 1971)", 63 *Revue Critique de Droit International Privé* (1974), pp. 1-46.

[22] Veja-se a este respeito, por último, Moura Ramos, "A Reforma de 1977 e o direito internacional privado da família", in Comemorações dos 35 Anos do Código Civil e dos 25 Anos da Reforma de 1977, v. I – Direito da Família e das Sucessões, Coimbra, 2004, Coimbra Editora, pp. 725-742.

[23] Concretizada pelo Decreto-lei n.º 496/77, de 25 de Novembro

[24] Salientaríamos sobretudo, além da portuguesa, as reformas grega (de 1983), alemã (de 1986), espanhola (de 1990), italiana (de 1995) e belga (de 2004). Sobre as primeiras, vejam-se as referências que lhes fizemos no nosso trabalho citado na nota 22, a pp. 732-733.

[25] Lê-se, com efeito, no já referido ponto 25 desta decisão (*cit. supra*, nota 3), que os Estados-Membros "devem, não obstante, no exercício desta competência [de regular o apelido de uma pessoa] respeitar o direito comunitário".

4. Consideremos então os termos em que a jurisprudência comunitária se tem ocupado deste problema. Na primeira decisão que mencionámos[26], o Tribunal de Justiça pronunciou-se sobre a questão de saber se um nacional de um Estado-Membro das Comunidades Europeias que exerce uma actividade profissional a título autónomo ou dependente é lesado nos direitos que para si resultam do direito comunitário pelo facto de ser obrigado, noutro Estado-Membro, a admitir contra a sua vontade declarada a inscrição do seu nome no registo civil do país de acolhimento segundo uma grafia não conforme à transcrição fonética e tal que a pronúncia do seu nome resultava alterada e deturpada; em concreto, de tal modo que o nome grego Christos Konstantinides (tradução fonética directa) passava a ser "Hréstos Kónstantinidés". Numa motivação particularmente sumária, o Tribunal de Justiça limitou-se a recordar a este propósito que o direito de estabelecimento implica o respeito da equiparação dos nacionais dos Estados-Membros aos próprios nacionais e a proibição de qualquer discriminação em razão da nacionalidade[27]. Donde se impunha examinar se as regras nacionais relativas à transcrição em caracteres latinos do nome de um nacional grego no registo civil do Estado-Membro em que ele se estabelecera eram susceptíveis de o colocar numa situação de direito ou de facto desvantajosa em relação à situação existente, nas mesmas circunstâncias, para um nacional desse Estado-Membro[28].

O Tribunal reafirmou então a competência estadual em matéria de transcrição do nome das pessoas nos registos nacionais do estado civil[29], acrescentando contudo que devem ser consideradas incompatíveis com o artigo 52.º (hoje artigo 43.º) as regras pertinentes em vigor no Estado-Membro de acolhimento (tratava-se na circunstância de regras de origem convencional, constantes da Convenção relativa à indicação dos nomes próprios e apelidos no registo civil, de 13 de Setembro de 1973 – Convenção n.º 19 da Comissão Internacional do Estado Civil (CIEC)[30] –, cujo

---

[26] Cit. *supra*, nota 1.
[27] Ponto 12.
[28] Ponto 13.
[29] Ponto 14.
[30] Sobre esta convenção, cfr. A. V. M. Struycken, "La convention de Munich sur la loi applicable aux noms et prénoms", 42 *Revista Española de Derecho Internacional* (1990), pp. 153-170.
E, em geral, para a contribuição desta organização internacional nesta matéria, cfr. Paul Lagarde, "L'oeuvre de la Commission internationale de l'Etat Civil en matière de nom des personnes", in *Festschrift für Erik Jayme* (cit. *supra*, nota 6), v. II, pp. 1291-1305.

artigo 3.º prescrevia a aplicação da norma ISO-18 e previa uma transliteração) na medida em que a sua aplicação crie para um nacional grego um entrave tal que prejudique de facto o livre exercício do direito de estabelecimento[31].

E é a essa constatação que o Tribunal de Justiça chega, ao entender que tal ocorre quando a legislação do Estado de estabelecimento obrigar um nacional grego a utilizar, no exercício da sua profissão, uma grafia do seu nome resultante da transliteração no registo civil, se tal grafia provocar a deformação da pronúncia do nome e esta deturpação expuser o interessado ao risco de uma confusão de pessoas junto da sua potencial clientela[32].

O Tribunal de Justiça controla assim o resultado da aplicação de determinadas regras materiais, aliás constantes de uma convenção internacional, que previam a aplicação de uma dada norma técnica (a referida norma ISO-18) em sede de transliteração. Tal resultado (a obrigação da utilização de um nome com uma grafia que provoca a deformação da sua pronúncia em termos de a deturpação daí resultante expor o interessado ao risco de confusão de pessoas junto da sua potencial clientela) é assim considerado como constituindo um entrave que prejudica o direito de estabelecimento.

O afastamento do direito material aplicável é pois justificado pela circunstância de os efeitos da sua aplicação provocarem uma limitação do direito de estabelecimento contrária às regras do Tratado, num raciocínio que pode lembrar, nos quadros da nossa disciplina, o da contrariedade à ordem pública internacional das regras de um sistema jurídico estrangeiro tido por competente[33] ou da aplicação directa das regras

---

[31] Ponto 15.

[32] Ponto 16. Sobre esta decisão vejam-se designadamente Jean-François Flauss, "L'état civil saisi par le droit communautaire", in Les Petites Affiches, n.º 65, 1 de Junho de 1994, pp. 22-28, e "État civil et droit communautaire", in Mélanges Fritz Sturm (cit. supra, nota 19), pp. 1468-1488, e Angeles Lara Aguado, "Incidencia del derecho comunitario sobre el regimen juridico del nombre en derecho internacional privado (La sentencia del T.J.C.E. de 30 de marzo de 1993, caso Konstantinides, assunto C-168/91)", 79 Revista de Derecho Privado (1995), p. 671-694.

[33] Sobre esta figura, cfr., em geral, A. Pillet, De l'ordre public en droit international privé, Mélanges Antoine Pillet, v. I, Paris, 1929, Librairie du Recueil Sirey, pp 407-515; P. Louis-Lucas, «Remarques sur l'ordre public», 28 Revue de Droit International Privé (1933), pp. 393-442.; J. Maury, «L'ordre public en droit international privé français et en droit international privé allemand. Convergences et divergences»,43 Revue critique de droit international privé (1954), pp. 7-27; Taborda Ferreira, «Acerca da Ordem Pública no

do sistema do foro relativas à protecção dos direitos fundamentais na ordem jurídico-privada[34].

Direito Internacional Privado», 10 *Revista de Direito e de Estudos Sociais* (1959), pp. 1-15 e 185-200; P. Lagarde, *Recherches sur l'ordre public en droit international privé*, Paris, 1959, L. G. D. J.; G. Sperduti, «Sul limite dell' ordine pubblico» 43 *Rivista di Diritto Internazionale* (1960), p. 303-308, e «L' ordíne pubblico ín diritto internazionale privato», *ibídem*, v. 59 (1976), p. 669-676; C. Roth, *Der Vorbehalt des Ordre Public gegenüber fremden gerichtlichen Entscheidungen*, Bielefeld, 1967, Verlag Ernst und Werner Gieseking; W. Holder, «Publíc Policy and Natíonal Preferences: The Exclusion of Foreign Law in English Private International Law», 17 *International and Comparative Law Quaterly* (1968), p. 926-952; G. PAU, «Limiti di applicazione del diritto straniero nell ordinamento italiano», 52 *Rivista di Diritto Internazionale* (1969), p. 477-508, e *Richiami alla tradizione in tema di ordine pubblico internazionale, ibidem*, v. 60 (1977), p. 116-123; P. Francescakis, «Y-a-t-il du nouveau en matière d'ordre public?», *Travaux du Comité Français de Droit International Privé*, Anos 27-30 (1966-1969), Paris, 1970, Dalloz, p. 149-178; F. A. De Villiers, «Private International Law and public policy: two recent dutch cases», 3 *The Comparative and International Law Journal of Southern Africa* (1970), p. 99-106; Angulo Rodriguez, «Du moment auquel il faut se placer pour apprécier l'ordre public international», 61 *Revue critique de droit international privé* (1972), p. 369-399; Nicola Palaia, *L'ordine pubblico «internazionale»*, Padova, 1974, Cedam; H. Batiffol, «Quelques précisions sur le domaine de l'exception d'ordre public», *in Studi in onore di Giorgio Balladore Pallieri*, v. II, Milão, 1978, Vita e Pensiero, p. 34-45; Schutzd, *Der internationale ordre public. Der Ausschluss Volkerrechtswidrigen fremden Rechts im internationalen Privatrecht der Bundesrepublik Deutschland*, Frankfurt am Mein, 1984; Erik Jayme, *Methoden der Konkretisierung des ordre public im Internationalen Privatrecht*, Heidelberg, 1989, C. F. Muller; Andreas Bucher, "L'ordre public et le but social des lois en droit international privé", 239 *Recueil des Cours de l'Académie de Droit International* (1993-II), pp. 11-116; P Hiammje, «Droits fondamentaux et ordre public», 86 *Revue critique de droit international privé* (1997), pp. 1-31, E. Foher, *L'incidence de la Convention Européenne des Droits de l'Homme sur l'ordre public international français*, Bruxelles, 1999, Bruylant; Moura Ramos, "L'ordre public international en droit portugais", 74 *Boletim da Faculdade de Direito* (1998), p. 45-62, e «Public policy in the framework of the Brussels Convention. Remarks on two recent decisions by the European Court of Justice», 2 *Yearbook of Private International Law* (2000), pp. 25-39, Markus Voltz, *Menschenrecht und ordre public im Internationalen Privatrecht*, Frankfurt am Main, 2002, e Markus Renfert, *Uber die Europaisierung der ordre public Klausel*, Frankfurt am Mein, 2003, Peter Lang.

[34] H. Bernstein, "Ein Kollisionsrecht fur die Verfassung?", 18 *Neue Iuristische Wochenschrift* (1965), pp. 2273-2276; H. Stocker, "Grundrechtsschutz im Internationalprivatrecht", *Juristische Rundschau* (1965), pp. 455-459; F. Gamillscheg, "Die Grundrechte bei der Anwendung auslandischen Rechts", *in Festschrift fur H. C. Nipperdey*, v. I, Munique, 1968, C. H. Beck, pp. 323-350; F. Becker, "Zur Geltung der Grundrechte im Internationalen Privatrecht", 24 *Neue Iuristische Wochenschricht* (1971), pp. 1491-1493; O. Sandrock, "Das «Einseitige Kollisionsrech für die Verfassung» und das ausländische Privatrecht: viel Lärm und nichts?», *in Internationales Recht und Wirtschaftsordnung* (*cit. supra*, nota 19), p. 267-288; D. Cohen, «La Convention Européenne des Droits de

5. Na segunda decisão mencionada, o Tribunal de Justiça ocupou-se directamente das regras materiais relativas à constituição do nome.

No já referido caso *Garcia Avello*[35], as autoridades belgas haviam negado a um casal plurinacional (em que o cônjuge de sexo masculino era um cidadão espanhol e o de sexo feminino uma cidadã belga), residente na Bélgica, a possibilidade de alterar o apelido patronímico dos seus dois filhos binacionais (por possuírem quer a nacionalidade belga quer a espanhola), que haviam sido registados na Bélgica com o nome patronímico do pai (Garcia Avello) como apelido de família. O pedido, feito conjuntamente pelos dois cônjuges na qualidade de representantes dos seus filhos menores, no sentido de possibilitar que as crianças tivessem um duplo apelido, composto, segundo a prática espanhola, pelo primeiro apelido do pai seguido do da mãe (Webwe), de forma a corresponder ao registo consular feito na Embaixada de Espanha na Bélgica, foi apreciado à face da lei material belga, competente, nos termos do artigo 3.º, parágrafo 3, do Código Civil belga, para regular a matéria do estado e da capacidade dos cidadãos belgas, mesmo se residentes no estrangeiro. E isto porque as autoridades belgas, no caso de uma pessoa possuir igualmente outra ou outras nacionalidades além da belga, fazem prevalecer esta última, em aplicação da regra de origem consuetudinária codificada pelo artigo 3.º da Convenção da Haia de 12 de Abril de 1930, sobre determinadas questões relativas aos conflitos de leis sobre a nacionalidade, segundo o qual "um indivíduo que possua duas ou mais nacionalidades pode ser considerado nacional por cada um dos Estados cuja nacionalidade possui". E se bem que a ordem jurídica belga preveja a possibilidade de alteração do nome próprio e do apelido, designadamente quando para tal exista um motivo

---

l'Homme et le droit international privé français», 78 *Revue critique de droit international privé* (1989), pp. 651-665; P. Mayer, «La Convention Européenne des Droits de 'Homme et l'application des normes étrangères», *ibidem*, 80 (1991), pp. 651-665; M.-L. Niboyet-Hoegy, «La mise en oeuvre du droit international privé conventionnel (incidences du droit des traités sur les pouvoirs du juge national)», in *Nouveaux juges, nouveaux pouvoirs? Mélanges en l'honneur de Roger Perrod*, Paris, 1996, pp. 316-336, Y. Lequette, «Le droit international privé et les droits fondamentaux», in *Droits et Libertés Fondamentaux* (sous la direction de Rémy-Cabrillac, M. A. Frison-Roche e T. Revet), Paris, 1997, pp. 75-96, Franz Matscher, «Le droit international privé face à la Convention Européenne des Droits de l'Homme», in *Travaux du Comité Français de Droit International Privé* (Année 1996--1997), Paris, 1999, Éditions A. Pedone, pp. 211-234, e Stefan Bruinier, *Der Einfluss der Grundfreiheiten auf das Internationale Privatrecht*, Frankfurt am Main, 2003, Peter Lang.

[35] *Cit. supra*, nota 3.

sério, quando os apelidos solicitados se não prestem a confusão nem sejam susceptíveis de prejudicar o requerente ou terceiros, o certo é que as autoridades belgas, depois de proporem que o apelido fosse alterado no sentido de incluir apenas o primeiro apelido do pai, o que foi recusado pelos requerentes, indeferiram o pedido. Entenderam na verdade que não existiam motivos suficientes para a alteração requerida, acrescentando que, "habitualmente, todos os pedidos de alteração no sentido de, no nome de uma criança, o apelido da mãe figurar juntamente com o do pai são indeferidos, porque, na Bélgica, os filhos usam o apelido do pai"[36].

A alteração proposta pelas autoridades belgas, no sentido da utilização apenas do primeiro apelido do pai, parece corresponder à prática administrativa deste país nos casos de dupla nacionalidade, destinando-se alegadamente a atenuar os inconvenientes ligados a esta situação. É certo que se tem admitido neste Estado que o nome seja atribuído de acordo com uma lei estrangeira (da nacionalidade), quando existam poucos factores de ligação à Bélgica (o que não seria o caso na situação em questão, em que os menores, para além de possuírem a nacionalidade belga residiam e tinham nascido neste país), nomeadamente se a família tivesse vivido num país estrangeiro onde a criança houvesse sido registada com um duplo apelido, e isto para não prejudicar a sua integração. E que, mais recentemente, a prática revelaria uma maior flexibilização, em ordem a restabelecer a unidade do apelido no seio da família, nos casos em que um primeiro filho, de nacionalidade espanhola, possuía um duplo apelido, do pai e da mãe, em conformidade com o direito espanhol, enquanto o segundo filho, de nacionalidade belga e espanhola, possuía o duplo apelido paterno, nos termos do direito material belga que prescreve a adopção pela criança do apelido do pai, salvo se este estiver casado e reconhecer a criança como tendo sido concebida, durante o matrimónio, por outra mulher que não o seu cônjuge[37]. Mas a situação em apreço não correspondia a nenhuma destas hipóteses e o pedido foi rejeitado, como referimos, o que suscitaria um pedido de anulação, pelos requerentes, desta decisão, processo em que o Tribunal de Justiça seria chamado a pronunciar-se a título prejudicial.

O Tribunal de Justiça começou por estabelecer a relevância do direito comunitário para regular a situação em análise, sublinhando que as situações relativas ao exercício das liberdades fundamentais garantidas pelo

---

[36] Ponto 18.
[37] Veja-se a menção feita a esta posição no ponto 12 do acórdão a que nos estamos a referir.

Tratado, nomeadamente as que se enquadram no exercício da liberdade de circular e residir no território dos Estados-Membros, se inserem no domínio de aplicação *ratione materiae* do direito comunitário[38]. E, reconhecendo embora que, no estado actual do direito comunitário, as normas que regulam o apelido de uma pessoa são da competência dos Estados-Membros, realçou, como atrás já referimos[39], que estes devem, no exercício dessa competência, respeitar o direito comunitário[40]. E apesar de considerar que a cidadania da União, no âmbito da qual se insere (artigo 18.º do Tratado CE) a liberdade de circular e residir no território dos Estados-Membros, não tem por objectivo alargar o âmbito de aplicação material do Tratado a situações internas sem qualquer conexão com o direito comunitário[41], adiantaria que tal conexão existia em relação a pessoas em situação idêntica à dos filhos de Garcia Avello, por se tratar de nacionais de um Estado-Membro (a Espanha) a residir legalmente no território de outro Estado-Membro (a Bélgica)[42]. E precisou que uma tal conclusão não era prejudicada pelo facto de os interessados possuírem igualmente a nacionalidade do Estado-Membro onde residiam desde que nasceram (a Bélgica), nacionalidade esta que, segundo as autoridades deste Estado, é por esse motivo a única por elas reconhecida. Neste sentido, recordou que não cabe a um Estado-Membro restringir os efeitos da aquisição da nacionalidade de outro Estado-Membro, exigindo um requisito suplementar para o reconhecimento dessa nacionalidade com vista ao exercício das liberdades fundamentais previstas no Tratado[43], sublinhando ainda que o já referido artigo 3.º da Convenção da Haia se limita a conter uma faculdade, e não

---

[38] Ponto 24.
[39] *Cfr. supra*, n.º 2.
[40] Ponto 25.
[41] Ponto 26.
[42] Ponto 27.
[43] Como o fizera já antes no caso *Micheletti* (acórdão de 7 de Julho de 1992, C-369/90, *Colectânea*, p. I-4239-4264). Sobre esta decisão vejam-se, na nossa doutrina, um trabalho do autor (António Marques dos Santos) a quem a presente obra colectiva é dedicada, "Nacionalidade e efectividade", *in Estudos em memória do Professor Doutor João de Castro Mendes*, Lisboa, pp. 427-453 (450-453), e, mais recentemente, Daniel Rodrigues Morais, "O acórdão Micheletti e as suas repercussões em matéria de direito da nacionalidade dos Estados-Membros", 44 *Revista da Faculdade de Direito da Universidade de Lisboa* (2003), pp. 269-348. Para a análise desta jurisprudência e da sua evolução, cfr. Moura Ramos, "Conflitos positivos (concursos) de nacionalidade e direito comunitário. Anotação ao acórdão do Tribunal de justiça de 11 de Novembro de 1999", 134, *Revista de Legislação e de Jurisprudência* (2001-2002), pp. 146-160.

uma obrigação, de as partes contratantes fazerem prevalecer, em caso de conflito de nacionalidades, a nacionalidade do foro[44]. Em face do que concluiu que os filhos do casal Avello-Webwe podiam invocar o direito, previsto no artigo 12.º CE, de não sofrerem qualquer discriminação em razão da nacionalidade, à luz das normas que regulam o seu apelido de família[45].

O Tribunal enunciou depois a questão de fundo em termos de saber se os artigos 12.º CE e 17.º CE se opõem a que a autoridade administrativa belga indefira um pedido de alteração de apelido na situação descrita[46]. Depois de recordar os termos da sua jurisprudência relativa ao princípio da não discriminação[47], o Tribunal relembrou que os belgas duplos nacionais são tratados da mesma forma que os demais belgas e que a estes é habitualmente recusado o direito de mudar de apelido de família[48], não se encontrando entre as derrogações admitidas a esta regra a situação das pessoas que procuram remediar a diversidade do seu apelido de família que resulta da aplicação da legislação de dois Estados-Membros[49]. Nestes termos, a questão relevante seria a de saber se estas duas categorias de pessoas (as que possuem apenas a nacionalidade belga e as que, além desta, possuem ainda a de um outro Estado-Membro) se encontram numa situação idêntica ou se, pelo contrário, estão numa situação diferente, caso em que "o princípio da não discriminação implica que os nacionais belgas que possuem igualmente a nacionalidade de outro Estado-Membro possam reivindicar um tratamento diferente do que está reservado às pessoas que possuem apenas nacionalidade belga, a menos que o tratamento em causa seja justificado por razões objectivas"[50].

Atentando na situação de facto em apreciação, o Tribunal sublinhou em seguida que o *distinguo* existente entre as duas hipóteses estaria em que, ao contrário do que acontecia com as pessoas que apenas possuíam a nacionalidade belga, as que tinham ademais a nacionalidade espanhola "usam apelidos de família diferentes ao abrigo dos dois sistemas jurídicos em causa", (...) "sendo "recusado às crianças interessadas o uso do apelido de família que resulta da aplicação da legislação do Estado-Membro que

---

[44] Ponto 28.
[45] Ponto 29.
[46] Ponto 30.
[47] Ponto 31.
[48] Ponto 32.
[49] Ponto 33.
[50] Ponto 34.

determinou o apelido de família de seu pai"[51]. Para salientar em seguida que tal situação de diversidade de apelidos de família é susceptível de criar aos interessados sérios inconvenientes de ordem profissional e privada, resultantes, nomeadamente, das dificuldades em gozar, num Estado-Membro cuja nacionalidade possuem, os efeitos jurídicos de actos ou documentos elaborados noutro Estado-Membro cuja nacionalidade também possuem[52]. Assim sendo, as pessoas em questão poderiam invocar dificuldades próprias da sua situação e que as distinguiriam das pessoas que apenas possuem a nacionalidade belga, que são designadas por um só apelido de família[53].

As autoridades belgas haviam-se porém recusado a considerar tais dificuldades como "motivos sérios" que justificassem a alteração do nome de família solicitada pelos requerentes em ordem a evitar a diversidade de apelidos de família. E o Tribunal cuidou em seguida de rejeitar as razões adicionais que poderiam fundamentar aquela prática administrativa e que haviam sido aliás alegadas no processo. Assim, quanto ao princípio da imutabilidade do apelido da família, o Tribunal sublinhou que muito embora ele contribua para facilitar o reconhecimento da identidade das pessoas e da sua filiação, ele não é a tal ponto indispensável que não possa coexistir com a prática que consiste em permitir às crianças que possuam a nacionalidade de dois Estados-Membros usar um apelido de família composto de elementos diferentes dos previstos pelo direito de um dos Estados-Membros, elementos esses que são aliás objecto de uma inscrição num registo oficial do outro Estado-Membro. Tanto mais que, devido à amplitude dos fluxos migratórios no interior da União, coexistem num mesmo Estado-Membro diferentes sistemas de atribuição do apelido; ao que acresce que a circunstância de um sistema permitir a transmissão de elementos do apelido de família do pai e da mãe, longe de provocar confusão àcerca do elo de ligação das crianças, poder contribuir, pelo contrário, para reforçar o reconhecimento deste elo relativamente aos progenitores[54]. E quanto ao objectivo de integração que seria prosseguido pela prática em questão, limitou-se a recordar que, atendendo à coexistência,

---

[51] Ponto 35.
[52] Ponto 36. O Tribunal acrescentaria (*ibidem*) que "a solução proposta pelas autoridades administrativas que consiste em permitir que as crianças usem apenas o primeiro apelido de família de seu pai não constitui um remédio para a situação de diversidade de apelidos de família que os interessados procuram evitar".
[53] Ponto 37.
[54] Ponto 42.

nos Estados-Membros, de diversos sistemas de atribuição do apelido aplicáveis às pessoas neles residentes, tal prática não seria necessária nem apropriada para favorecer, num dado país, a integração dos nacionais de outros Estados-Membros[55]. E adiantaria que o carácter desproporcionado do indeferimento oposto pelas autoridades belgas ao pedido em causa era ainda realçado pelo facto de a prática administrativa referida admitir derrogações à aplicação do regime belga em matéria de transmissão do apelido de família em situações próximas da que se encontrava em apreciação[56].

Em face do exposto, o Tribunal concluiu então que os artigos 12.° CE e 17.° CE devem ser interpretados no sentido de que se opõem a que, nas circunstâncias descritas, a autoridade administrativa de um Estado-Membro recuse dar seguimento favorável a um pedido de alteração de apelido de crianças residentes nesse Estado-Membro e que disponham da dupla nacionalidade desse Estado-Membro e de outro Estado-Membro, quando o pedido tenha por objecto que as crianças possam usar o apelido de que seriam titulares ao abrigo do direito e da tradição do segundo Estado--Membro[57].

---

[55] Ponto 43
[56] Ponto 44.
[57] Ponto 45. Para uma análise desta decisão veja-se a anotação que lhe dedica Paul Lagarde, em 93 *Revue Critique de Droit International Privé* (2004) pp.184-202, Miguel Gardenes Santiago, "Cidadania europea, doble nacionalidad y aplicación de la ley nacional de la persona (Reflexiones en torno a la sentencia del TJCE *Garcia Avello,* de 2 de octubre de 2003), *Revista General de Derecho Europeo,* 2004, n.° 3, Marta Requejo Isidro, "Estratégias para la comunitarización: descubriendo el potencial de la ciudadanía europea", *Revista Jurídica Española La Ley,* de 28 de Novembro de 2003, Elsa Dias de Oliveira, "Transmissão do apelido de família em crianças com dupla nacionalidade belga e espanhola. Anotação ao acórdão do TJ de 2.10.2003, proc. C-148/02", 6 *Cadernos de Direito Privado* (Abril-Junho de 2004), pp. 28-42, Ana Quiñones Escamez, "Derecho Comunitario, derechos fundamentales y denegación del cambio de sexo y apellidos: Un orden público europeo armonizador? (a propósito de las SSTJCE, asuntos K.B. y García Avello)",18 *Revista de Derecho Comunitario Europeo* (2004) pp. 507-529, Anastasia Iliopoulou, "*What's in a name? Citoyenneté, égalité et droit au nom.* A propos de l'arrêt *Garcia Avello*", 40 *Revue trimestrielle de droit européen* (2004), pp. 565-579, e Tobias Helms, "Europarechtliche Vorgaben zur Bestimmung des Namensstatuts von Doppelstaateen: Anmerkung zu EuGH, Urteil vom 2.10.2003, C-148/02 – *Garcia Avello*", 2 *Zeitschrift für Gemeinschaftsprivatrecht* (2005), pp. 36-39. Pronunciando-se sobre a questão tratada no acórdão a que nos referimos mas num estádio em que apenas eram conhecidas as conclusões do advogado-geral Francis Jacobs, cfr. Santiago Alvarez Gonzalez, "Regimen de los apellidos, doble nacionalidad, internacionalidad intrinseca del problema e derecho internacional privado", 24 *La Ley*, n.° 5876, de 22 de Outubro de 2003.

Também aqui, como na espécie anteriormente recordada, o Tribunal controlou a aplicação de normas materiais de direito privado, desta vez por as autoridades administrativas de um Estado-Membro se recusarem a dar seguimento favorável a um pedido de alteração do nome de crianças residentes num Estado Membro e que dispunham da nacionalidade desse e dum outro Estado-Membro, quando o referido pedido visava que as crianças pudessem usar o apelido de que seriam titulares ao abrigo do direito e da tradição jurídica deste último Estado. E fê-lo por, ademais de reputar desproporcionado tal indeferimento, considerar que as pessoas que são simultaneamente nacionais de dois Estados-Membros se encontram, no que respeita à formação do respectivo apelido, numa situação diferente das que apenas possuem uma nacionalidade, pois que aquelas usam (ou podem usar) apelidos de família diferentes ao abrigo dos dois sistemas em causa, o que é susceptível de lhes criar sérios inconvenientes de ordem profissional e privada, resultantes, nomeadamente das dificuldades em gozar, num Estado-Membro cuja nacionalidade possuem, os efeitos jurídicos de actos ou de documentos elaborados sob o apelido reconhecido noutro Estado-Membro cuja nacionalidade também possuem. Nestes termos, entendeu violado o princípio da não discriminação em razão da nacionalidade, uma vez que as autoridades belgas haviam tratado de igual maneira, à luz das normas que regulam o apelido de família, situações diferentes (a dos recorrentes no processo principal, cidadãos binacionais, e a das pessoas que apenas possuíam a nacionalidade belga), sem que tal tratamento fosse justificado por razões objectivas.

6. Recordado o teor das intervenções do Tribunal de Justiça em situações em que se encontravam em questão situações privadas internacionais envolvendo o direito ao nome, importa agora indagar do seu sentido e alcance no que à nossa disciplina se refere.

A este propósito salientar-se-á, em primeiro lugar, o cuidado que o Tribunal teve em justificar a sua actuação, preocupando-se em precisar que as duas situações em análise se enquadravam no campo de actuação *ratione materiae* do direito comunitário. Preocupação esta que se justificava sobretudo quando atentamos em que as questões jurídicas em análise – o direito ao nome, e em particular os termos da inscrição do nome de uma pessoa nos registos civis de um dado país e a possibilidade de alteração dos apelidos – pertencem a domínios manifestamente enquadrados na competência estadual. Não tendo o Tribunal questionado este ponto, antes o tendo até expressamente recordado na segunda espécie jurisprudencial citada, ainda que precisando, embora, que uma tal asserção tinha lugar no presente estado do direito comunitário, curou no entanto de justificar a utilidade e a pertinência da sua intervenção nos dois casos.

Tal não se afigurava difícil na primeira situação. Assim, o Tribunal sublinhou que o interessado no processo principal era um nacional grego residente na Alemanha onde exercia, como independente, a profissão de massagista e de assistente em hidroterapia[58]. Pelo que se tratava de um nacional comunitário que exercera o seu direito de livre estabelecimento, o que claramente incluía a situação no domínio de aplicação do direito comunitário.

Os factos eram algo diversos na segunda espécie referida, o que obrigou o Tribunal a um percurso discursivo mais extenso. Depois de frisar que os interessados beneficiavam do estatuto de cidadãos da União por possuírem a nacionalidade de (no caso até) dois Estados-Membros, o Tribunal recordaria que as situações relativas ao exercício das liberdades fundamentais garantidas pelo Tratado, nomeadamente as que se enquadram no exercício da liberdade de circular e residir no território dos Estados-Membros, se inserem igualmente no domínio de aplicação *ratione materiae* do direito comunitário[59]. E frisando que a cidadania da União não visa o alargamento do âmbito de aplicação material do Tratado a situações internas sem qualquer conexão com o direito comunitário[60], salientou que tal conexão existia no caso dos interessados, nacionais de um Estado-Membro a residir legalmente noutro Estado-Membro[61]. E afastou expres-

---

[58] Ponto 10.
[59] Ponto 24.
[60] Ponto 26.
[61] Paul Lagarde (*op. cit. supra*, nota 57, pp. 195-197) salienta a novidade desta posição, que considera a dupla nacionalidade em si, como suficiente para "créer l'internationalité de la situation, condition d'application du droit communautaire, en dehors de tout déplacement des intéressés". E considera que, ao conferir à cidadania o efeito de alargar o domínio do direito comunitário, o acórdão ultrapassa os limites do conteúdo dado a esta noção pelo Tratado, ao contentar-se com uma afectação virtual da livre circulação das pessoas. Perfilhando conclusão oposta sobre este ponto, veja-se Anastasia Iliopoulou, "What's in a name? Citoyenneté, égalité et droit au nom. A propos de l'arrêt *Garcia Avello*" (*cit. supra*, nota 57), p. 572. O carácter inovador da postura do Tribunal a este respeito é ainda sublinhado por Marta Requejo Isidro ("Estratégias para la comunitarización: descubriendo el potencial de la ciudadanía europea", *cit. supra*, nota 57), para quem, contrariamente ao sustentado em anteriores decisões, em que a vinculação ao direito comunitário é feita depender de uma actividade, com fim económico ou não, que provoca uma deslocação entre os Estados-Membros da União Europeia, se dá aqui relevo a uma circunstância estática, que é afinal a internacionalidade estrutural da situação, que apresenta um elemento de

samente a relevância do facto de os interessados possuírem igualmente a nacionalidade do Estado-Membro onde residiam desde o seu nascimento, nacionalidade que, ademais, e por esse motivo, era a única reconhecida pelas autoridades desse Estado, uma vez que o reconhecimento de uma tal tese, implicaria permitir a um Estado-Membro restringir os efeitos da atribuição da nacionalidade de outro Estado-Membro, exigindo um requisito suplementar para o reconhecimento dessa nacionalidade com vista ao exercício das liberdades fundamentais previstas pelo Tratado. Pelo que estaria assente a possibilidade de os interessados invocarem os direitos reconhecidos pelo Tratado, designadamente, *in casu*, o de não serem sujeitos a qualquer discriminação[62] em razão da nacionalidade[63] (na hipótese, por força das normas reguladoras do seu apelido de família).

---

extraneidade traduzido na posse da nacionalidade de dois Estados-Membros acompanhada da residência num deles.

Para uma recensão do *case-law* do Tribunal de Justiça em matéria de liberdades de circulação e de cidadania da União, assim como para as sequelas deste instituto em sede de relações de carácter pessoal, cfr., respectivamente, A. Castro Oliveira, "Workers and other persons: step-by-step from movement to citizenship – Case Law 1995-2001", 39 *Common Market Law Review* (2002), pp. 77-127, e Norbert Reich (in collaboration with Solvita Harbacevica), "Citizenship and family on trial: a fairly optimistic overview of recent court practice with regard to free movement of persons", 40 *ibidem* (2003), pp. 615-638.

A posição do Tribunal de Justiça na espécie que comentamos não deixou de ser inspirada pelas conclusões do advogado-geral Francis Jacobs, para quem a pertinência da dupla nacionalidade não pode ser ignorada pelo direito comunitário, não se podendo pois admitir que "uma nacionalidade eclipse a outra consoante o lugar onde as pessoas se encontrem". Salientando a importância deste ponto, cfr. Elsa Dias de Oliveira, "Transmissão do apelido de família em crianças com dupla nacionalidade belga e espanhola. Anotação ao acórdão do TJ de 2.10.2003, proc. C-148/02" (*cit. supra* na nota 57), a p. 42.

[62] Contestando que a aplicação das mesmas regras em matéria de estatuto pessoal a pessoas possuindo unicamente uma nacionalidade e a cidadãos binacionais envolva necessariamente uma discriminação, veja-se Paul Lagarde, *op. cit.* na nota anterior, p. 198-199.

[63] Ponto 29. O acórdão assume expressamente que a cidadania da União tende a ser o estatuto fundamental dos nacionais dos Estados-Membros (ponto 22), que "permite aos que, entre estes últimos se encontrem na mesma situação obter, no domínio de aplicação *ratione materiae* do Tratado, independentemente da sua nacionalidade e sem prejuízo das excepções expressamente previstas a este respeito, o mesmo tratamento jurídico" (ponto 23).

Marta Requejo Isidro ("Estrategias para la comunitarización: descubriendo el potencial de la cidadania europea", *cit. supra*, nota 57), considera precisamente que "a chave do raciocínio do Tribunal de Justiça (no caso *García Avello*) se centra na noção e alcance da cidadania europeia, e na sua vocação de se converter no estatuto fundamental dos nacionais dos Estados-Membros".

7. Se passarmos agora às questões de fundo, importa notar que a jurisprudência acabada de citar não põe directamente em causa, ao contrário do que sucede com outras decisões do Tribunal de Justiça (estamos a pensar, por exemplo, no acórdão *Centros*, em matéria de sede das sociedades comerciais[64]), regras de direito internacional privado. Assim, todo o

---

[64] Acórdão de 9 de Março de 1999, C-212/97, in *Colectânea*, p. I-1459-1498. Sobre esta decisão, cfr. Moura Ramos, "O Tribunal de Justiça das Comunidades Europeias e a teoria geral do direito internacional privado. Desenvolvimentos recentes" (*cit. supra* nota 6), pp. 455-460, e Harald Halbhuber, "National doctrinal structures and european company law", 38 *Common Market Law Review* (2001), pp. 1385-1420.

Sobre a evolução desta jurisprudência, concretizada nos acórdãos de 5 de Novembro de 2002, Uberseering, C-208/00 (*Colectânea*, 2002, p. I-9919-9976) e de 30 de Setembro de 2003, Inspire Art, C-167/01 (*Colectânea*, 2003, pp. I-10155-10238), cfr. Wolf-Heuning Roth, "From *Centos* to *Uberseering*: free movement of companies, private international law and community law", 52 *International and Comparative Law Quaterly* (2003), pp. 177-208, Mathias Siems, "Convergence, competition, *Centros* and conflits of law: European company law in 21st century", 27 *European Law Review* (2002), pp. 47-59, Ludovic Bernardeau, "Droit communautaire d'établissement et transfert du siege des sociétés", *Gazette du Palais – Europe*, de 10/12/2002, pp. 1-8, Gianluca Contaldi, "Il diritto comunitario della societá tra evoluzione giurisprudenziali e legge di riforma della materia", *Il Diritto dell' Unione Europea*, 4/2003, pp. 711-735. Tito Ballarino, "Les règles de conflit sur les sociétés commerciales à l'épreuve du droit communautaire d'établissement. Remarques sur deux arrêts récents de la Cour de Justice des Communautés Européennes", 92 *Revue critique de droit international privé* (2003), pp. 373-402, Eddy Wymeersch, "The transfer of the company's seat in european company law", 40 *Common Market Law Review* (2003), pp. 661-695, Peter Behrens, "Das Internationale Gesellschaftsrecht nach dem Uberseering-Urteil des EuGH und den Schlussantragen zu Inspire Art", 23 *IPRax* (2003), pp. 193-207, Marc-Philippe Weller, "Scheinauslandsgesellschaften nach Centros, Uberseering und Inspire Art: Ein neues Anwendungsfeld fur die Existenzvernichtungshaftung", *ibidem*, pp. 207-210, Reinhold Geimer, *Gesellschaften und juristische Personen auf Wanderschaft in Europa*, Viena, 2004, Ludwig Boltzmann Institut für Europarecht, Kurt Lipstein, «The Law relating to the movement of companies in the European Community», in *Festschrift fur Erik Jayme* (*cit. supra*, nota 6), pp. 527-531, Hans-Jurgen Sonnenberger, «Europaische Herausforferungen des Internationalen Gesellschaften», in *Le droit international privé: esprit et méthodes. Mélanges en l'honneur de Paul Lagarde* (*cit. supra*, nota 13), pp. 749-763, e, na doutrina portuguesa, Maria Angela Coelho Bento Soares, «A liberdade de estabelecimento das sociedades na União Europeia", 15-16 *Temas de Integração* (2003), pp. 283-321, "O Acórdão Inspire Art Ldt: Novo incentivo jurisprudencial à mobilidade das sociedades na União Europeia", *ibidem*, v. 17 (2004), pp. 123-159, e Alexandre Mota Pinto, "Apontamentos sobre a liberdade de estabelecimento das sociedades", *ibidem*, pp. 59-120 e v. 18 (2004), pp. 141-179. E para uma consideração aprofundada da problemática a que estas decisões se referem, cfr. Annette Trost, *Faktische Sitzverlegung unter Sitz- und Gründungstheorie im Vergleich*, Frankfurt am Main, 2003, Peter Lang.

discurso do acórdão *Garcia Avello* se situa no interior do direito belga, sem que o Tribunal em algum momento conteste ou sequer discuta (no que podemos considerar uma das fraquezas da decisão) a competência desta ordem jurídica para regular a situação em apreço[65], ou sequer avance a hipótese da aplicação *qua tale* do direito espanhol; e mesmo a clássica regra que dá a prevalência à nacionalidade do Estado do foro em caso de concurso de nacionalidades quando uma das nacionalidades em presença é a do foro não é em si mesma criticada, apenas se adiantando que a sua aplicação não pode levar um Estado a "restringir os efeitos da nacionalidade de outro Estado-Membro", na senda do que se dissera já no acórdão *Micheletti*, em termos de se afastar a ideia de que a sua aplicação pudesse conduzir à desconsideração da nacionalidade de um Estado-Membro, enquanto fundamento da titularidade das liberdades fundamentais reconhecidas pelos Tratados[66]. Desta forma, a lógica discursiva do acórdão tende antes a controlar, à face do princípio da não discriminação em razão da nacionalidade, a solução material que as autoridades belgas retiraram dos preceitos da lei material em vigor no seu país. Nesta sede, o acórdão procede em termos que poderíamos considerar clássicos, no que respeita

---

[65] Note-se que, muito embora a lei belga fosse a lei do Estado da nacionalidade das crianças e de um dos seus progenitores (a mãe) e ainda da residência habitual, quer das crianças quer dos seus progenitores, a lei espanhola era, além da do Estado da nacionalidade do outro progenitor (o pai) também a lei do outro país do qual as crianças eram nacionais. O que implica que, em sede de conflito de leis [a menos que se reconhecesse algum efeito à *professio iuris*, como sucede por exemplo na Alemanha (artigo 10, § 3 da EGBGB) e na Suíça (artigo 37, n.º 2 da lei federal sobre o direito internacional privado de 18 de Dezembro de 1987)], e uma vez que a matéria do nome é geralmente incluída no domínio do estatuto pessoal, no caso dos Estados que reconhecem este instituto (assim por exemplo o § 13, (1), da lei federal austríaca de 15 de Junho de 1978 sobre o direito internacional privado), ou na competência da lei nacional (como na Alemanha, no citado artigo 10, § 1; deve considerar-se ser esta igualmente a situação entre nós, por o direito ao nome se dever considerar incluído nos direitos de personalidade que o artigo 26.º, número 1, do Código Civil manda regular pela lei pessoal, que, nos termos do artigo 31.º, número 1, é a lei nacional) ou da lei do domicílio (artigo 7.º da Lei de introdução ao Código Civil brasileiro de1942 e artigo 37, n.º 1 da lei federal suíça), dificilmente deixaria de se considerar competente a lei belga, quer enquanto lei da nacionalidade do foro quer enquanto nacionalidade efectiva (uma vez que os menores residiam com os pais neste país), dado que havia que resolver então o cúmulo de nacionalidades, quer enquanto lei do domicílio. Sobre o ponto, cfr., em geral, as obras citadas *supra*, na nota 7, e, na ordem jurídica portuguesa, Luís Lima Pinheiro, *Direito Internacional Privado*, v. II, Direito de Conflitos. Parte Especial, 2ª edição revista e ampliada, Coimbra, 2002, Almedina, pp.50-55.

[66] E isto mesmo, como o recorda Paul Lagarde (*cit. supra*, nota 61), fora das situações em que as pessoas exercem a sua liberdade de circulação.

ao controlo de normas ou de decisões judiciais à luz do princípio da igualdade. Depois de recordar os termos essenciais deste princípio, segundo os quais situações iguais não podem ser tratadas de modo diferente, e situações diferentes não podem ser tratadas de igual maneira, salvo se um tal tratamento se justificar por razões objectivas, o acórdão constata que se verifica *in casu* um tratamento igual de duas situações (a das pessoas que possuem apenas a nacionalidade belga e a daquelas que além desta possuem uma outra nacionalidade), precisando depois que tais situações são diferentes, pois que os nacionais belgas que são ademais nacionais espanhóis usam apelidos de família diferentes ao abrigo dos dois sistemas jurídicos em causa[67], sendo além disso recusado aos interessados o uso do apelido de família que resulta da aplicação da lei do Estado-Membro que determinou o apelido de família do seu pai. Tomando estas diferenças em estado puro, isto é, sem cuidar de se interrogar sobre a sua eventual razoabilidade (sobretudo no que se refere à segunda), e sublinhando que a diversidade de apelidos de família é susceptível de criar aos interessados sérios inconvenientes de ordem profissional e privada, resultantes nomeadamente das dificuldades em gozar num Estado-Membro, cuja nacionalidade possuem, os efeitos jurídicos de actos ou de documentos elaborados sob o apelido reconhecido noutro Estado-Membro cuja nacionalidade também possuem, o acórdão conclui que as pessoas na situação dos interessados podem invocar dificuldades que são próprias à sua situação e as distinguem das pessoas que possuem apenas a nacionalidade belga, as quais são designadas por um único apelido de família. Estabelecida assim a existência da diferença de situações, e, ademais, o seu carácter gravoso para os interessados, o Tribunal nota que as autoridades belgas se recusaram a tomar em consideração este *distinguo* como base de um tratamento diferenciado da situação dos interessados (o que, à luz do próprio direito belga teriam podido fazer como aliás fazem em casos análogos), e, depois de rejeitar as justificações para o efeito apresentadas, constata o carácter desproporcionado da decisão, considerando-a contrária ao princípio da não discriminação com base na nacionalidade contido no artigo 12.º do Tratado CE[68].

---

[67] Sobre as particuares dificuldades enfrentadas pela regulamentação do direito ao nome nas situações de plurinacionalidade, cfr. Andrea Gattini, "Diritto al nome e scelta del nome nei casi di plurima cittadinanza", 79 *Rivista di Diitto Internazionale* (1996), pp. 93-109.

[68] Recordem-se, a este respeito, as reservas de Paul Lagarde a que nos referimos *supra*, na nota 61.

Podemos assim concluir que o discurso argumentativo do acórdão se aparenta ao do de um órgão jurisdicional que curasse da conformidade de uma decisão administrativa a um princípio constitucional (da igualdade ou da não discriminação), podendo eventualmente ser desenvolvido em termos idênticos mesmo que a situação em causa não estivesse incluída no domínio de aplicação *ratione materiae* do direito comunitário, desde que o princípio da não discriminação constituísse igualmente um parâmetro (constitucional) integrador do sistema jurídico em questão (no caso o direito belga)[69]; pelo que poderíamos concluir que a natureza comunitária da situação não logra assim uma especial relevância. E o mesmo se diga do seu carácter plurilocalizado, pois que o contexto valorativo que leva à condenação da solução a que chegaram as autoridades belgas ignora por completo a questão da possível competência de duas leis (a belga e a espanhola) para regular a formação e alteração do nome dos interessados[70]. Dir-se-á até que um raciocínio semelhante ao que é feito no acórdão deveria levar também à condenação dos termos em que habitualmente tem lugar a aplicação da lei espanhola em situações congéneres (que é impregnada de igual rigidez, como se verifica pela prática existente nas relações luso-espanholas)[71]. É certo que os reconhecidos inconvenientes que resul-

---

[69] Que o que se diz em texto não constitui uma mera hipótese académica, revela-o desde logo a crescente atenção que ao direito ao nome têm dado quer as jurisdições constitucionais quer os instrumentos internacionais de protecção dos direitos do homem. Veja-se, a propósito, e recentemente, a decisão do *Bundesverfassungsgericht* alemão de 18 de Fevereiro de 2004 relativa ao nome conjugal (processo 193/97, da Primeira Secção, nos termos da qual se considerou inconstitucional, por violação dos princípios da liberdade humana e do livre desenvolvimento da personalidade, a regra (contida no parágrafo 135, alinea 2, do BGB), de que os cônjuges que desejam usar um nome conjugal comum (*Ehename*) devem obrigatoriamente escolher o nome de nascimento (*Geburtsname*) de um deles, e, na doutrina, Nadine Watté, "Les relations familiales en droit international privé et l'incidence du principe de l'égalité entre l'homme et la femme", in *Mélanges offerts à Raymond Vander Elst* (*cit. supra*, nota 7), pp. 911-928, Walter Pintens, "Name und MenschenrechtsKonvention", in *Festschrift fur Dieter Henrich zum 70. Geburtstag* (*cit. supra*, nota 8), pp. 451-450, e J. A. Frowein, "Die menschen- und verfassungsrechtswidrige Praxis bei Namen von Auslandsdeutschen", in *Festschrift fur Erik Jayme* (*cit. supra*, nota 6), pp. 197-203.

[70] No que constitui a aplicação de uma metodologia de que se podem encontrar diversos outros exemplos na jurisprudência do Tribunal de Justiça. A este respeito, cfr., por último, Júlio Gonzalez Campos, "La Cour de Justice des Communautés Européennes et le non Droit international privé", in *Festschrift Erik Jayme* (*cit. supra*, nota 6), pp. 263-275.

[71] Veja-se o estudo de Santiago Alvarez Gonzalez, "Regimen de los apellidos, doble nacionalidad, internacionalidad intrinseca del problema e derecho internacional privado",

tam para os interessados da dificuldade em gozar, num Estado-Membro cuja nacionalidade possuem, de documentos elaborados sob o apelido reconhecido noutro Estado-Membro cuja nacionalidade também possuem, poderiam eventualmente levar, num Estado terceiro, ao afastamento da solução da ordem jurídica belga aqui em apreço, se se entendesse que ela contrariaria de forma inaceitável um princípio fundamental do sistema do foro (eventualmente, o da unidade e continuidade do estatuto pessoal ou o da necessária identidade do nome das pessoas), mas então através do mecanismo da ordem pública internacional[72]. Mas este ponto de contacto (quanto ao resultado) entre o raciocínio do acórdão e um outro possível nos quadros da nossa disciplina, põe também ele a nu a ausência de assento internacionalprivatístico do quadro discursivo presente no acórdão do Tribunal de Justiça[73].

Algo de semelhante se poderá dizer, *mutatis mutandis*, quanto ao acórdão *Konstantinidis*. Aí, o Tribunal de Justiça condenou a aplicação de uma norma de direito do registo civil (de origem convencional) relativa à transcrição em caracteres latinos do nome de um nacional grego no registo civil do Estado-Membro em que ele se estabelecera, por entender que a

---

citado *supra*, na nota 57. O autor condena a aludida prática, que se traduz na aplicação mecânica da lei espanhola às situações de nome de um duplo nacional hispano-português, desde logo por negligenciar, sequer como dado de facto, a consideração do direito estrangeiro cuja competência não foi reconhecida (no caso, o direito português) no processo interpretativo que determina a aplicação da lei competente (a lei espanhola), o que seria desde logo exigido pela finalidade das normas materiais aplicáveis desta lei. Tal como é feita em Espanha (e o mesmo se pode dizer para a interpretação que as autoridades belgas fazem na Bélgica do direito belga), a interpretação da norma material não seria feita segundo as exigências da situação material a regular (cuja internacionalidade seria assim ignorada), mas da realidade interna em função da qual teria sido concebida (posição que tem pontos de contacto com a análise de Miguel Gardenes Santiago a que nos referimos *infra*, na nota 73). Mas salienta ainda, *inter alia*, que o raciocínio jurídico em questão não respeita nem a configuração constitucional da dupla nacionalidade hispano-portuguesa (que a Constituição espanhola concebe no contexto do fortalecimento de uma "comunidade hiberoamericana") nem as exigências do direito comunitário (apoiando-se para tanto nas conclusões do advogado-geral Francis Jacobs que precederam o acórdão *Garcia Avello*).

[72] Vejam-se, a este respeito, os autores e obras referidos *supra*, na nota 33.

[73] Assim também Julio Gonzalez Campos (*op. cit supra*, nota 6). Diversamente, Miguel Gardenes Santiago ["Cidadania europea, doble nacionalidad y aplicación de la ley nacional de la persona (Reflexiones en torno a la sentencia del TJCE *Garcia Avello*, de 2 de octubre de 2003), *cit. supra*, nota 57] sublinha a compatibilidade do discurso do Tribunal neste caso com a metodologia conhecida por "direito internacional privado em dois escalões" (*zweistufentheorie*).

aplicação dessa regra, ao obrigar o referido cidadão a utilizar, na sua profissão, uma grafia do seu nome resultante da transliteração no registo civil que provocava a deformação da pronúncia do nome, expondo o interessado, por esta deturpação, ao risco de uma confusão de pessoas junto da sua potencial clientela, constituía um entrave ao exercício do direito de estabelecimento previsto no (ao tempo) artigo 52.º do Tratado CEE. Não há pois também aqui qualquer específica orientação com relevo para a doutrina internacionalprivatística[74]. Também aqui se poderia eventualmente ter concluído que a aplicação da regra em questão contrariava afinal princípios fundamentais (o da identidade do nome da pessoa, designadamente) e que ela se apresentava assim em desconformidade com a sua própria razão de ser, ao provocar a deturpação do nome das pessoas, colocando-se em oposição aos objectivos que a haviam justificado. Uma tal conclusão poderia no entanto ser alcançada no interior de uma ordem jurídica estadual, não se afigurando que a contextualização do problema no seio da ordem jurídica comunitária acrescente algo de particularmente novo, e decisivo, ao tratamento da questão, ou tenha qualquer incidência sobre os mecanismos específicos do direito internacional privado.

8. A circunstância de as decisões que acabámos de analisar não trazerem um especial contributo para o discurso jurídico da nossa disciplina e de os resultados por elas obtidos poderem ser igualmente obtidos por outras e diferentes formas[75], sem que para tal houvesse necessidade de situar os problemas por elas tratados no seio da ordem jurídica-comunitária, não nos faz esquecer, no entanto, que tais resultados se afiguram bons, correctos e desejáveis em si mesmos. Na verdade, subscrevemos naturalmente o ponto de vista de que não é defensável que um processo de transliteração de um dado nome provoque a sua deturpação em termos tais que o tornem irreconhecível, ou, pelo menos, que exponham o seu titular ao risco de ser confundido com outras pessoas. Ou de que a ordem jurídica

---

[74] A menos que aqui se queira ver um eco da construção a que se alude *supra*, na nota 71. Diversamente, Ana Quiñones Escamez ["Derecho Comunitario, derechos fundamentales y denegación del cambio de sexo y apellidos: Un orden público europeo armonizador? (a propósito de las SSTJCE, asuntos K.B. y García Avello)", *cit. supra*, nota 57, pp. 515-517], vê implícita à decisão a defesa do princípio da autonomia da vontade em matéria de direito internacional privado

[75] Assim Paul Lagarde (*op. cit. supra*, nota 57), referindo-se ao método do reconhecimento mútuo que inspirou diversas convenções elaboradas no seio da Comissão Internacional do Estado Civil (CIEC), nota 14, pp. 229-235).

deve possuir mecanismos que evitem que, por possuírem duas ou mais nacionalidades, as pessoas tenham apelidos de família diferentes nos sistemas jurídicos aos quais se encontrem ligadas em razão da nacionalidade, com os apontados inconvenientes que daí resultam (nomeadamente a dificuldade em gozar, num Estado de que são nacionais, os efeitos jurídicos de actos ou documentos elaborados sob o apelido reconhecido noutro Estado cuja nacionalidade também possuem). Para evitar tais resultados existem contudo técnicas que operam em sede de definição do sistema competente para a criação de situações plurilocalizadas ou que promovem o seu reconhecimento – e não nos parece que, ao condenar sem mais, como inadmissíveis, aqueles resultados, se tenha trazido um qualquer contributo para a actuação de tais técnicas e o seu apuramento. De qualquer modo, se essas técnicas não foram utilizadas, ou não o foram de forma suficiente e adequada para o fim em vista, o certo é que é positivo que a actuação das instâncias responsáveis por tais resultados tenha sido censurada, em termos de se promover a adopção de soluções mais consentâneas com as necessidades da vida internacional de relação. Isto independentemente de terem existido outras formas de o fazer e de o modo como a correcção foi assumida pelo Tribunal de Justiça, apontando embora as soluções mais adequadas no caso concreto, não ter trazido outros contributos à articulação das técnicas e mecanismos necessários para as garantir em geral e não apenas neste ou naquele caso concreto.

Mas sempre se poderá dizer que essa não é já a missão primeira das decisões judiciais, e que a definição do direito no caso concreto constitui o fulcro do seu objectivo, pelo que, e independentemente da correcção da utilização do parâmetro para o efeito mobilizado (o direito comunitário), as soluções alcançadas não podem deixar de merecer a nossa aprovação, ainda que o discurso que as tenha sustentado deixe em aberto diversos problemas[76] e não tenha contribuído de forma significativa para o delinear do sistema que deverá garantir em geral aqueles resultados.

---

[76] Sobre eles, cfr. sobretudo o estudo de Paul Lagarde mencionado *supra*, na nota 57.

DIREITO INTERNACIONAL PRIVADO, RESPONSABILIDADE E AMBIENTE

RUTE SARAIVA
Assistente na Faculdade de Direito da Universidade de Lisboa

A problemática ambiental, enquanto fenómeno global, é tradicionalmente estudada no âmbito do Direito Internacional Público e de um dos seus sub-ramos, o Direito Internacional do Ambiente. A nível interno, e por se entender a defesa do ambiente na dupla acepção direito fundamental/tarefa do Estado, vem-se enquadrando-a sobretudo no âmbito do Direito Administrativo, o que não significa a ausência de análise (crescente) noutros ramos de Direito, facto que aliás se impõe devido ao carácter transversal e, portanto, pluridisciplinar da questão.

Ora, se o Direito Internacional peca, em especial, pela falta de eficácia e eficiência práticas[1], o Interno tem de compreender o carácter trans-

---

[1] O problema da efectividade de um Direito sem legislador, juiz ou polícia nos termos clássicos traduz-se, em especial: nas dificuldades a nível de implementação dos textos vinculativos e programas internacionais, de respeito pelos instrumentos internacionais, de garantir a efectividade dos direitos e dos deveres/obrigações consagrados e assumidos pelos Estados em matéria ambiental, de resolver litígios e executar sentenças ... Ora, estas deficiências, resultam em grande parte de receios por parte dos Estados, principais sujeitos do DIP, de sofrerem ingerências ou abusos, de verem limitada a sua autoridade, vasculhados os seus segredos, no fundo, de sentirem a sua sacrossanta soberania ameaçada. Soberania essa que funciona como uma concha, uma muralha contra as investidas internacionais, das quais se desconfia por se pensar, nomeadamente, que escondem interesses económicos, políticos, ideológicos, neocolonialistas, revolucionários, ... não só dos países mais desenvolvidos, num gigantesco *complot* contra os fracos mas, também, em sentido inverso. Assim, assistimos a um fenómeno semelhante ao que se passa a nível das relações económicas internacionais: em época de crise, proteccionismo. Em matéria de relações internacionais, ventos de desconfiança, igual a Estado escondido atrás de um conceito de

nacional da problemática ambiental. Daí, do nosso ponto de vista, a grande importância e riqueza do Direito Internacional Privado que, graças à sua

soberania, agarrado à materialidade do território nacional. Assim, em matérias como a responsabilidade, o DIP impotente remete para o Direito interno.

No entanto, não deixa de ser caricato observar a erosão deste conceito num mundo transformado pelos progressos tecnológicos, como a internet, numa aldeia global, onde a proximidade física e actualização da informação são uma constante, conduzindo mesmo a uma padronização de comportamentos e à exportação da filosofia e parâmetros ocidentais, já para não falar na "malfadada" globalização e reinado das multinacionais. Por outro lado, vários outros fenómenos ajudam à erosão da soberania: a celebração de acordos e a adesão a organizações internacionais (se bem que possamos dizer que resultam da vontade soberana dos Estados, ainda que retirem as matérias abordadas do seu domínio reservado), em especial a adesão a organizações de integração, como a União Europeia; a aceitação crescente do conceito de direito, ou mesmo dever, de ingerência humanitária; a existência de corredores aéreos controlados por operadores alheios ao Estado atravessado; a criação do conceito de Património Comum da Humanidade; os avanços em matéria de Direito do espaço e do mar, permitindo-se, neste último, em sede de situações críticas, a ingerência.

Mas mais bizarro ainda é verificar que, renitentes de se comprometerem internacionalmente, os Estados acabam por introduzir, na sua esfera interna, conceitos, ideias, programas, legislação inspirada no DIA. Pense-se, por exemplo, no caso português, em que se embelezou a CRP com conceitos como desenvolvimento sustentável ou solidariedade intergeracional e o ordenamento luso se tornou permeável a um reforço da participação e informação dos administrados, à responsabilidade objectiva, à tributação da energia, aos esforços de diminuir e destruir os resíduos... Por outras palavras, o DIA acaba por ter reflexos a nível interno, tanto no plano do Estado, como dos cidadãos que reclamam, cada vez mais, um direito a um ambiente saudável e à qualidade de vida.

Este comportamento dos Estados pode ter por base doutrinária o princípio da subsidiariedade, no sentido em que os problemas podem ser resolvidos nos patamares mais baixos com maior eficácia. Pense-se que a nível estadual a efectividade da aplicação do Direito é muito superior à do DIP, com uma jurisprudência mais atenta às questões ecológicas e, para além do mais, muitos problemas ambientais têm origem local. De certa forma, o princípio da subsidiariedade aproxima-se da ideia de que é preciso arrumar primeiro a própria casa antes de se avançar para uma arrumação maior. Por outras palavras, não pode haver mundo limpo nem desenvolvido de forma sustentada se todos e cada um dos Estados não o forem.

Do nosso ponto de vista, contudo, em matéria ambiental, a tendência será para um princípio da subsidiariedade de cima para baixo, ou seja centralizador, uma vez que as questões ambientais são, na maioria dos casos, transfronteiriças, não podendo, portanto, ser tratadas a nível de um só Estado, e, por outro lado, porque raros são os casos em que é possível identificar a fonte poluidora e a sua situação territorial, por consequência. Por outras palavras, as grandes questões ambientais como o buraco do ozono, as chuvas ácidas, as alterações climáticas, assim como a solidariedade Norte/Sul em matéria de desenvolvimento só podem ser resolvidas eficazmente a nível internacional. Isto não impede, pela lógica do princípio da subsidiariedade, que certos problemas sejam resolvidos, quer a nível regional (por exemplo, a poluição do Mediterrâneo ou do rio Tejo), quer a nível local (como a matéria relativa ao ruído).

dupla natureza[2], mais do que um conjunto de normas remissivas[3], serve de ponte entre ambos[4], em particular em matéria de responsabilidade, dirimindo litígios que envolvam relações jurídico-privadas interpessoais[5] atravessadas por fronteiras, parafraseando Isabel Magalhães Collaço. Recorde-se aqui casos célebres como *Trail Smelter*[6], Minas de potássio da Alsácia[7], Amoco Cadiz[8] ou Bhopal[9].

---

[2] Não pretendemos aqui discutir a natureza jurídica do Direito Internacional Privado.

[3] Não pretendemos, também aqui, discutir, nem sobre a delimitação do Direito Internacional Privado, nem sobre a natureza jurídica das normas que o poderão compor, assumindo uma visão lata.

[4] Aliás, assim se explica que Michel BACHELET, *A Ingerência Ecológica, Direito Ambiental em Questão*, Instituto Piaget, Lisboa, 1997, pg. 89, considere o DIA um Direito "apátrida" por ser transfronteiriço.

[5] Este pressuposto levanta o problema de saber se o Direito internacional privado consegue resolver problemas ligadas a danos puramente ecológicos, ou seja em relação à violação do ambiente em si. A solução poderá passar por via dos interesses difusos que na acepção de Vasco Pereira da SILVA, *Por um Contencioso Administrativo dos Particulares (Esboço de uma Teoria Subjectivista do Recurso Directo de Anulação)*, Almedina, Coimbra, 1989, se reconduzem a verdadeiros direitos subjectivos.

[6] A jurisprudência internacional apresenta-se como uma fonte de grande importância, visto as decisões do TIJ e dos tribunais arbitrais exprimirem, revelarem e mesmo consagrarem normas consuetudinárias, em particular em matéria de responsabilidade. Por exemplo, o acórdão *Trail Smelter* em 1941, é considerado como o fundamento do DIA, pelo menos em matéria de poluição transnacional, com reflexos em Estocolmo e na doutrina e jurisprudência internacional (Este caso, contudo, tem sido alvo das mais diversas interpretações, desde introdução estrita da responsabilidade internacional, a princípio vago de *sic utere tuo*, a utilização equitativa. Como se trata de uma decisão arbitral nunca se chegará, infelizmente, a qualquer conclusão definitiva sobre o seu sentido.), sendo reafirmado, em 1949, de uma forma geral, no caso de Corfu (CHURCHILL e LOWE, *The Law of the Sea*, 2ª Ed., Manchester University Press, 1988, pg. 245: o TIJ defendeu que os Estados tinham a obrigação de "*not to allow knowingly its territory to be used for acts contrary to the rights of other States*".) e mais tarde inspirando os processos do Lago Lanoux, do Canadá/Rússia sobre um satélite nuclear, da França/Nova Zelândia e Austrália, relativo aos testes nucleares e, recentemente, o caso do Projecto Gabcikovo-Nagymaros tido como o primeiro verdadeiro acórdão de DIA (Para mais detalhes sobre este último caso, ver M. Melo ROCHA, *A Avaliação de Impacto Ambiental como Princípio do Direito do Ambiente nos Quadros Internacional e Europeu*, Publicações Universidade Católica, Porto, 2000, pg. 48). Cf. ainda BALLARINO, *Questions de Droit International Privé et Dommages Catastrophiques*, RdC, Tomo 220, 1990-I, pgs. 312-313.

[7] BALLARINO, ob. cit. pgs. 310-311 e 322 e ss.; BOUREL, *Du Rattachement de Quelques Délits Spéciaux en Droit International Privé*, RdC, Tomo 214, 1989-II, pgs. 362 e ss.; CONFERENCE de LA HAYE de DROIT INTERNATIONAL PRIVE, *Note sur la Loi Applicable à la Responsabilité Civile pour Dommages Causés à l'Environnement*, établie par le Bureau Permanent, Doc. Prél., Maio 1992, pgs. 15 e ss..

Todavia, a sua função não é simples, a começar pela problemática da responsabilidade por danos ambientais e ecológicos, seguindo-se a definição de qual o método indicado para resolver a questão controvertida (normas materiais uniformes, normas de aplicação imediata, normas de conflito), do problema de como gerir questões de qualificação decorrentes do diferente entendimento de dano e responsabilidade[10] e, finalmente, como delimitar, na prática, a jurisdição e lei competentes e garantir o reconhecimento de sentenças.

Este foi, aliás, o repto que me lançou o Muy Ilustríssimo Senhor Prof. Doutor António Marques dos Santos no ano lectivo 2000/2001, quando leccionava, sob sua coordenação, a disciplina de Direito Internacional Privado, e que deu azo, com a sua preciosa ajuda, a um capítulo da minha tese de Mestrado entregue em Julho de 2001, que surge aqui autonomizado e revisto, em sua sincera homenagem.

1. Responsabilidade por danos ambientais e ecológicos

Como sabemos, o princípio da prevenção constitui a espinha dorsal do Direito do Ambiente (interno ou internacional) e mesmo do Direito do Desenvolvimento Sustentado. Em matéria tão delicada como a preservação do nosso planeta, a prevenção tem um papel primordial, antecipativo, pois há atentados que deixam feridas irrecuperáveis, não sendo possível a reconstituição natural (extinção de uma espécie), ou cujo tratamento de reabilitação representa um maior caderno de encargos (limpeza das praias por poluição por hidrocarbonetos) do que a preservação e conservação contínua dos bens ambientais. Por outras palavras, em termos de racionalidade económica é mais vantajoso "prevenir do que remediar". Baptista GONÇALVES[11], atendendo à nossa LBA, vai mais longe ao *salientar a circunstância algo curiosa de o princípio da prevenção vai ao ponto de impor ao poluidor a obrigação de corrigir ou recuperar o ambiente, ficando os encargos daí decorrentes por sua conta e ainda o dever de cessar a actividade poluente. Tais imposições não se coadunam com a ideia*

---

[8] BALLARINO, ob. cit., pgs. 311-312 e 341 e ss..
[9] BALLARINO, ob. cit., pgs. 309-310 e 358.
[10] BALLARINO, ob. cit., pg. 299; BOUREL, ob. cit., pg. 280.
[11] *A Responsabilidade Jurídico-Civil e Jurídico-Penal na Poluição do Ambiente*, RJUA, n.º 2, Dezembro 1994, pgs. 194-195.

tradicional de prevenção, cuja incidência se encontra vocacionada para o período anterior ao acto poluidor, pelo que melhor caberiam nos princípios de recuperação e de responsabilização. O legislador terá, no entanto, desejado mostrar de imediato quais as principais consequências que poderão advir para os agentes poluidores, no caso de falharem as medidas preventivas. Aflora aqui inegavelmente o célebre princípio do pagador-poluidor (...)". Assim, se explica, nomeadamente, a necessidade de obter licenças para conduzir determinadas actividades económicas e a sua fiscalização em diferentes fases do processo. Mais, cabe ao Estado, que se quer de Direito Ambiental, dar o exemplo[12], fomentando e aplicando, tanto no sector público administrativo, como empresarial uma atitude sobretudo preventiva de potenciais ataques ao meio ambiente. Pela função educadora e formativa do Estado passa grande parte desta tarefa de sensibilização e internalização de comportamentos ecologicamente correctos e sustentados.

Contudo, por mais diligência que exista, acidentes acontecem, quer por mão humana como natural. E parcos são ainda os agentes que internalizam a necessidade de poupar o ambiente. Desta feita, é necessária uma resposta para fazer face aos problemas colocados pela efectivação da deterioração ambiental. O instituto da responsabilidade constitui sem dúvida um contributo invejável. No entanto, alguns juristas do ambiente descuram esta vertente por considerarem que a especificidade deste "ramo" se traduz na intervenção *a priori* e não *a posteriori*[13]. Todavia, não podemos fechar os olhos a instrumentos jurídicos preciosos para a contribuição ambiental como a responsabilidade, na medida em que a degradação ecológica progride independentemente dos esforços preventivos. Para além do mais, a responsabilidade tem também ela uma função preventiva[14] (se calhar até

---

[12] Cf. N. Baptista Gonçalves, ob. cit., pg. 199.

[13] H. BENJAMIM, *A Responsabilidade Civil pelo Dano Ambiental no Brasil e as Lições de Direito Comparado*, Lusíada, RCC, n.º 2, Coimbra Editora, 1998, pg. 545. S. Doumbé-Billé, in IMPERIALI, *L'Effectivité du Droit International de l'Environnement, Contrôle de la Mise en Oeuvre des Conventions Internationales*, Economica, Paris, 1998, pgs. 76 e ss.

[14] Cf. J. Cunhal SENDIM, *Responsabilidade por Danos ao Ambiente. Notas sobre a Distinção entre Danos Ecológicos, Danos ao Ambiente e Danos Ambientais*, policopiado, Curso de Pós-Graduação em Ciências Jurídico-Administrativas, Lisboa, 1999, pg. 6, e *Responsabilidade Civil por Danos Ecológicos. Da Reparação do Dano através de Restauração Natural*, Coimbra Editora, Coimbra, 1998, pg. 50, pois "*constata-se, assim, que o vector mais geral do direito do ambiente – a ideia de* prevenção de danos (em itálico pelo autor referido) *– é susceptível de ser concretizado, quer por recurso ao direito adminis-*

mais significativa do que a sua função sancionatória[15]), uma vez que condiciona e molda os comportamentos dos agentes económicos por saberem as suas actividades susceptíveis de enfrentarem consequências quando ferem o meio ambiente.

A responsabilidade aliada ao instituto da indemnização surge como uma arma dissuasória de possíveis atentados ambientais ou de fomento de maior diligência. Aliás, note-se a relevância que lhe é conferida por Cunhal SENDIM, já que *"o direito do ambiente é actualmente um labirinto onde o espectro da inefectividade assume a figura de Minotauro, o princípio da responsabilidade bem poderia ser o seu fio de Ariadne."*[16] Mais, considera este instituto jurídico *"progressivamente estruturante"*[17] do Direito do Ambiente. Com efeito, este autor defende[18] que a função preventiva e de controlo é característica da primeira fase de desenvolvimento do Estado de Direito Ambiental que, todavia, necessariamente evoluiu para uma preocupação de reparação dos prejuízos resultantes da deterioração. Desta feita, *"verifica-se, contudo, a partir do início da década de oitenta uma orientação quase generalizada no sentido de reintrodução da temática da responsabilidade no discurso dogmático do direito do ambiente. Esta tendência – que expressa uma reacção a uma crise do sistema jurídico de comand and control (TEUBNER) sobre que tinha assentado a construção do Estado de Direito Ambiental – vem justificar-se, desde logo, com a constatação de um claro «défice de execução»* (Vollzug Defizit) *da teia de regulamentações jurídico-ambientais, que, entre outras possibilita a ocorrência de uma multiplicidade de danos ecológicos.*

Mais: constata-se que, mesmo quando os comandos jurídicos são amplamente executados, ainda assim ocorrem acidentes *que afectam os bens jurídicos protegidos pelo direito do ambiente e que, a par dos mecanismos de direito civil, também o* instrumentarium *do direito público se vem revelar incapaz de determinar o* ressarcimento *adequado dos danos ecológicos."*[19]

---

trativo e ao direito penal, quer de modo complementar, através do direito da responsabilidade." Também a convenção de Lugano defende este lado preventivo da responsabilidade no seu artigo 1º.

[15] Cf. N. Baptista GONÇALVES, ob. cit., pg. 198, defende que a responsabilidade civil é acima de tudo reparatória e não tanto sancionatória.

[16] *Responsabilidade Civil...*, pg. 48.

[17] *Responsabilidade por Danos...*, pg. 8.

[18] *Responsabilidade por Danos...*, pgs. 3 e ss. e *Responsabilidade Civil...*, pgs. 27 e ss.

[19] *Responsabilidade Civil...*, pgs. 47-48.

Esta tendência justifica-se ainda com[20]:

" *a necessidade de promover – através da* imputação *dos danos ecológicos ao seu causador – a* internalização *dos custos sociais decorrentes da utilização do ambiente* (...)
A importância das virtualidades preventivas *da responsabilidade civil* (...)
A importância dos riscos ecológicos *– associada à* especificidade *e* complexidade *dos sistemas naturais – e o actual cepticismo quanto à possibilidade do seu conhecimento e controlo.* (...)
A associação da ineficácia e diminuta potencialidade comunicativa do sistema jus ambiental *a uma estrutura* rígida *em que o controlo da execução dos comandos legais e a activação dos mecanismos repristinatórios e ressarciatórios compete em termos tendencialmente exclusivos ao Estado-Administração (LUHMAN).*(...)
A necessidade das sanções das normas jus ambientais, *também devem possibilitar a* reintegração *dos bens ecológicos afectados por forma a garantir a* conservação *da qualidade do ambiente; sendo certo que a responsabilidade civil e, em especial, o instituto da restauração natural em particular parecem encerrar os* instrumentos dogmáticos básicos *para realizar tal desígnio.*"

Contudo, pensamos que tudo depende do regime de responsabilidade e dos tipos e montantes das indemnizações. Se o regime for frágil e as compensações poucas (só para determinada categoria de danos) e baixas, pode compensar poluir apesar das contrapartidas legalmente estabelecidas. É o problema do "*aléa moral*", que beneficia os mais poderosos que podem com facilidade pagar a sua poluição, obtendo ainda lucros da sua actividade económica ecologicamente ofensiva. O Estado, uma vez mais, desempenha um papel determinante na preservação do ambiente, em particular através do estabelecimento de regimes legais aperfeiçoados e severos em matéria de responsabilidade e indemnização. Se a nível interno grandes são as reticências nesta matéria e muito diferentes as soluções acolhidas, a nível internacional maiores são as falhas no balanço dos jogos de interesses económicos e de protecção da sagrada soberania, não existindo mesmo um instrumento global para a responsabilização e indemnização por danos ambientais e ecológicos. Mais, apesar do caso precursor do *Trail Smelter* (resolvido, recorde-se, num tribunal arbitral), raros são os casos de responsabilidade julgados junto de instâncias internacionais.

---

[20] *Responsabilidade por Danos...*, pgs. 5-7.

Refira-se ainda a peculiaridade do conceito de responsabilidade comum mas diferenciada previsto no Princípio 7. da Declaração do Rio. Na segunda parte do Princípio estabelece-se um dever moral quanto aos Países Desenvolvidos na efectivação do DS. Na primeira, fixa-se uma verdadeira responsabilidade em sentido jurídico, comum a todos os Estados mas diferenciada devido às contribuições diversas de cada um para o estado do ambiente. A originalidade prende-se com três aspectos. Em primeiro lugar, com a confissão de culpa plasmada num texto internacional. Em segundo, com a ideia de graduação da responsabilidade entre os vários Estados. Em terceiro, o facto de não se determinar a acção de um queixoso. Esta última nota de singularidade reflecte, no fundo, uma tomada de consciência dos Estados da problemática ecológica, a ideia de solidariedade e de interdependência dos Estados[21]. Encontramos outros laivos de responsabilidade diferenciada na Convenção sobre a biodiversidade (artigos 12.º, 16.º, 19.º e 20.º), na Convenção sobre alterações climáticas (artigo 3.º) e no Protocolo de Montreal (artigo 5.º).

Sobre a responsabilidade comum dos Estados em relação à Comunidade internacional podemos acrescentar mais uma nota: a Carta de direitos e deveres económicos dos Estados (1974) coloca a questão quanto à exploração dos fundos marinhos (PCH) e à protecção do ambiente. A direcção tomada pelo Direito Internacional neste sentido poderá levar a uma hierarquização das normas e, pela extensão do conceito de crime internacional, à violação das normas superiores, o que consubstancia um recuo no interestatismo. Os Estados hesitam, contudo, em avançar.[22] Refira-se o artigo 19.º do projecto da CDI sobre responsabilidade dos Estados com alusão explícita à matéria ambiental, em que o crime internacional se associa a um regime agravado de responsabilidade[23].

---

[21] M. KAMTO, *Singularité du Droit International de l'Environnement*, in Les Hommes et l'Environnement, En Hommage à Alexandre Kiss, Editions Frison-Roche, Paris, 1998, pgs. 319-320; NGUYEN QUOC DINH, P. DAILLIER e A. PELLET, *Droit International Public*, 6ª Ed., LGDJ, Paris, 1999, pgs. 1235-1237; J. Manuel PUREZA, *O Património Comum da Humanidade: Rumo a um Direito Internacional da Solidariedade?*, Edições Afrontamento, Porto, 1998, pgs. 278-279.

[22] NGUYEN QUOC DINH, P. DAILLIER e A. PELLET, ob. cit., pg. 75.

[23] J. Manuel PUREZA, ob. cit. pgs. 102 e ss.; E. Borges MAIA, *Salvaguarda da Atmosfera e dos Mares e Crime Internacional. Trabalhos da Comissão de Direito Internacional sobre a Responsabilidade Internacional dos Estados*, Lisboa, 1998; HERRERO de la FUENTE, *Protection de l'Environnement et Sécurité Internationale*, in Les Hommes et l'Environnement, En Hommage à Alexandre Kiss, Editions Frison-Roche, Paris, 1998, pgs. 299-300.

Devido às especificidades do DIA, algumas soluções têm sido desenvolvidas para ultrapassar os impasses de uma responsabilidade objectiva dificilmente reconhecida no plano internacional. Assim, para além da perspectiva de criminalização dos atentados graves ao ambiente e ao Direito económico, reforçam-se as normas preventivas e desenvolve-se uma responsabilidade mole representada pelo procedimento de não-conformidade (*non-compliance*) e a possibilidade de uma acção popular internacional.

Apesar das dificuldades encontradas neste campo, Cunhal SENDIM, chama a atenção para uma evolução no conceito de responsabilidade ambiental. Segundo este autor, assiste-se a uma mudança de paradigma de "*meio agressor*" para "*meio agredido*"[24], facto que representa um significativo avanço na senda de um mundo ecologicamente equilibrado.

No que respeita a definição do conceito de responsabilidade, tenhamos em consideração as palavras sábias de KISS e SHELTON[25] que distinguem "*responsibility*" de "*liability*". Assim, "*liability for international environmental harm encompasses the concept of state responsibility for breaches of international law but also includes liability for harm resulting from an activity permitted under international law; that is, strict or absolute liability regarding activities for which the state is responsible. Responsibility is thus a question of duty while liability addresses both the consequences of a failure to perform the duty and allocation of risk.*" Sublinhe-se que esta distinção é notória no artigo 139.º da Convenção de Montego Bay, na sua versão em inglês:

> "*1. State Parties shall have the responsibility to ensure that activities in the Area, whether carried out by State Parties, or state enterprises or natural or juridical persons which possess the nationality of State Parties or are effectively controlled by them or their nationals, shall be carried out in conformity with this Part...*
> *2. Without prejudice to the rules of international law and Annex III, article 22, damage caused by the failure of a State Party or international organization to carry out its responsabilities under this Part shall entail liability; States Parties or international organizations acting together shall bear joint and civil liability.*"[26-27]

---

[24] J. Cunhal SENDIM, ob. cit., pgs. 27 e ss..
[25] KISS e SHELTON, *International Environmental Law*, Transnational Publishers, Nova Iorque, 1991, pgs. 347-348.
[26] Cf. KISS e SHELTON, ob. cit., pg. 348.
[27] Na versão portuguesa, no n.º 1 prevê-se uma "obrigação", um dever de zelo, enquanto no n.º 2 se dispõe sobre responsabilidade por danos causados por incumprimento

Para além da Convenção de Montego Bay e de outras convenções de Direito do Mar, mais instrumentos internacionais vinculativos e não vinculativos prevêem explicitamente o instituto da responsabilidade, havendo mesmo quem defenda o seu carácter consuetudinário, como, por exemplo, o Princípio 21. da Declaração de Estocolmo, a convenção de Paris de 1960 relativa à responsabilidade de terceiros no âmbito da energia nuclear, a Convenção de Viena de 1963 sobre a responsabilidade civil por danos nucleares, a Convenção sobre a responsabilidade internacional por danos causados por objectos espaciais de 1971, a Convenção de Genebra de 1979 relativa à poluição transfronteiriça de longo alcance e a Convenção de Lugano de 1993 sobre a responsabilidade civil por danos causados por actividades perigosas para o ambiente.

Classicamente, a responsabilidade internacional decorre de convenção ou do princípio de responsabilidade tradicional aceite em DIP, encontrando-se ligada à violação, por um Estado, de uma obrigação internacional. No entanto, esta conceptualização é demasiado frágil para a problemática ambiental que levanta questões delicadas como a susceptibilidade de se aceitar a objectivação da responsabilidade[28], em particular, no caso de actividades lícitas mas perigosas ou de risco elevado, a lesão ter origem privada, a dificuldade em determinar essa origem, o autor, os danos, o nexo de causalidade ...

Por outro lado, uma vez que estamos face a um conceito unitário que serve de ponte entre o Direito interno e o Direito internacional[29],

---

de obrigações internacionais. Por outras palavras, responsabilidade em português equivale, no âmbito da Convenção de Montego Bay, à *"liability"* anglo-saxónica.

[28] Sobre as dificuldades sentidas na Convenção de Bâle, Rummel-Bulska, *in* IMPERIALI, ob. cit., pgs. 210-211.

[29] Para J. Cunhal SENDIM, *Responsabilidade por Danos...*, pg. 29, *"sendo o ambiente um bem colectivo (ou público consoante a perspectiva dogmática) é claro que os danos ao ambiente e consequentemente os danos ecológicos devem ser caracterizados como danos colectivos.*

Da natureza pública do dano decorre uma acentuada publicitação do regime jurídico da responsabilidade civil por danos ecológicos que se vem a traduzir (...) numa especificidade do regime. Pode mesmo dizer-se que, nesta área, estamos predominantemente no campo significativo-ideológico do direito público e não do direito privado. (...) o instituto da responsabilidade nos surge como materialmente unitário *e, por isso, englobador das hipóteses de imputação dos danos verificados no direito público e no direito privado.*

Deste modo a arquitectura das situações de responsabilidade por dano ao ambiente (...) – apesar de baseada, em grande medida, nos princípios dogmáticos da responsabilidade civil (definição de situações de responsabilidade e princípio da imputação) – vem a assumir uma natureza predominantemente jurídico-pública".

convém, ainda que de forma célere, avaliar como a questão é abordada a nível dos Direitos nacionais, em particular no caso do ordenamento jurídico português.

Em matéria de responsabilidade civil, a regra geral no Direito lusitano é a da responsabilidade subjectiva, ou seja, com culpa (o que não implica necessariamente dolo, ou seja, intenção de causar prejuízos). No entanto, constatamos a presença de regimes especiais, como o relativo à água[30] ou à poluição (marítima) por hidrocarbonetos[31] e o carácter excepcional da responsabilidade por risco (objectiva) embora o seu regime, sobretudo no âmbito ambiental, levante algumas questões delicadas. Tradicionalmente não se responsabiliza se houver da parte do agente devida diligência mas, como vivemos numa sociedade de risco, admite-se a responsabilidade pelo risco como compensação dos benefícios usufruídos por quem, mesmo licitamente, leva a cabo uma actividade perigosa.

---

[30] Cf. Artigo 73.° do Decreto-Lei n.° 236/98 que estatui:
"1. Aqueles que, com dolo ou mera culpa, infringirem as disposições do presente diploma, provocando danos ao ambiente, em geral, e afectando a qualidade das águas, em particular, ficam constituídos na obrigação de indemnizar o Estado pelos danos a que deram causa.

2. O referido no número anterior não prejudica o exercício pelos particulares da pretensão indemnizatória fundada no n.° 4 do artigo 40.° da Lei n.° 11/87, de 7 de Abril, e demais legislação aplicável.

3. Quando não seja possível quantificar com precisão o dano causado, o tribunal fixará, com recurso a critérios de equidade, o montante da indemnização, tomando em consideração, nomeadamente, a lesão do componente ambiental, o custo previsível da reposição da situação anterior à prática do acto danoso e o proveito económico eventualmente angariado mediante a prática da infracção.

4. Em caso de concurso de infractores, a responsabilidade pelo dano é solidária.

5. O pedido de indemnização fundado na violação das disposições do presente diploma será sempre decidido perante os tribunais comuns.

6. As associações de defesa do ambiente com personalidade jurídica têm legitimidade para interpor a acção de indemnização prevista nos números anteriores.

7. As empresas que sejam parte nos contratos de adaptação e de promoção ambiental ou naqueles a que se refere o n.° 3 do artigo 78.° não se eximem pelo facto da responsabilidade prevista no presente artigo."

Note-se que, pela primeira vez, no ordenamento jurídico português, se prevê (no n.° 3) critérios de fixação para a indemnização de danos ecológicos, embora estranhos, aproximando-se do conceito de *punitive dammages* pois vai-se além da internalização dos custos, penalizando o enriquecimento sem causa (i. e., o proveito angariado com a lesão).

[31] Regulado pela Convenção de Bruxelas de 1969 relativa à responsabilidade civil por prejuízos devidos à poluição por hidrocarbonetos, aprovada para ratificação, em Portugal, pelo Decreto n.° 694/76, de 21 de Setembro.

O regime luso revela-se um verdadeiro quebra cabeças[32]. Senão vejamos:

Na Lei da Acção Popular dois artigos referem-se à matéria da responsabilidade, a saber, os artigos 22.° e 23.°. Enquanto o primeiro estipula a imputação de danos ao ambiente baseada no princípio clássico da culpa (responsabilidade subjectiva), já o artigo seguinte prevê a obrigação de indemnização independentemente de culpa no caso de acções ou omissões do agente que tenham resultado em prejuízo dos direitos ou interesses protegidos naquele diploma e no âmbito ou em sequência de actividade objectivamente perigosa. Dispõe-se ainda sobre a determinação de um seguro[33], ora este continua sem ser regulamentado. Também a LBA concretizou a responsabilização no seu artigo 41.°[34], estatuindo a obrigação de indem-

---

[32] Neste sentido, Vasco Pereira da SILVA, *Responsabilidade Administrativa em Matéria de Ambiente*, Principia, Lisboa, 1997, pgs. 13-14, defende a complexidade, senão mesmo um surrealismo do regime jurídico luso em matéria de responsabilidade civil. Assim, *"(...) o problema da responsabilidade civil no domínio do ambiente, sobretudo se se tiver presente o seu tratamento legislativo, parece ser antes marcado pela ideia de fragmentação. E isto a dois níveis:*
– *do regime jurídico, em que se verifica um tratamento diferenciado da responsabilidade civil da Administração e dos particulares no domínio do ambiente, para além da própria regulação da responsabilidade administrativa não ser uniforme (ora submetida a regras específicas, ora subordinada às mesmas regras que os privados). Mais ainda: no domínio da responsabilidade ambiental não apenas se verifica uma multiplicidade de fontes de direito (Constituição, D.L. n.° 48051, Lei de Bases do Ambiente, Código Civil, Lei da Acção Popular), como parece ter existido uma regulação parcelar e fragmentada da matéria, dado o carácter "estanque" dos sucessivos tratamentos legislativos, que torna difícil caracterizar o instituto da responsabilidade civil no domínio ambiental;*
– *do tribunal competente, uma vez que as questões da responsabilidade civil no domínio do ambiente tanto são da competência da jurisdição comum como da jurisdição administrativa, com os inerentes problemas de conflitos de jurisdições. (...)*
Esta falta de "unidade" de consideração das questões da responsabilidade civil no domínio ambiental, no ordenamento português, conduz a uma situação de verdadeira "manta de retalhos" de soluções jurídicas, a uma espécie de "labirinto" jurídico, que faria as delícias do escritor Jorge Luís Borges."

[33] A previsão do seguro deve-se ao facto da intervenção do Estado não ser suficiente para resolver a complexidade da questão ambiental. Sobre esta matéria, Gilles MARTIN, *Dommage Ecologique et Assurances: la Couverture des Risques*, Lusíada, n.° especial, Actos do I Congresso Internacional de Direito do Ambiente da Universidade Lusíada-Porto, Dano Ecológico, Formas Possíveis da sua Reparação e Repressão, Porto, 1996.

[34] Note-se, com estranheza, a discrepância entre o artigo 23.° da Lei da Acção Popular e o artigo 41.° n.° 1 onde se exige acção especialmente perigosa ou danos significativos. B. Martins da CRUZ, *Responsabilidade Civil pelo Dano Ecológico, Alguns Proble-*

nização dos danos ao ambiente resultantes de acção especialmente perigosa, sem prejuízo do normativo existente aplicável[35]. Por outro lado, tendo em consideração o artigo 43.°, o regime do artigo 41.° deveria ser complementado por um seguro relativo ao risco de actividades que criem alto perigo para o meio ambiente. Mais uma vez, apesar das promessas do artigo 51.°, ainda não existe regulamentação quanto ao montante de indemnização e do seguro a estabelecer por danos ao ambiente... Parece, portanto existir uma duplicação de regimes com as duas leis e não deixa de ser curioso notar que o artigo 41.° n.° 2 da LBA deposita as esperanças numa futura regulamentação sobre a indemnização, enquanto, por seu lado, na Lei da Acção Popular só se prevê a regulamentação do seguro. Sendo esta lei posterior à primeira estará o n.° 2 do artigo 41.° da LBA em vigor? Se calhar apenas para os interesses individuais e não para os interesses difusos, a não ser que consideremos que o artigo 41.° estatui um regime jurídico de responsabilidade objectiva especial no âmbito ambiental e como tal prevalece sobre o disposto na Lei da Acção Popular[36].

---

mas, Lusíada, n.° especial, Actos do I Congresso Internacional de Direito do Ambiente da Universidade Lusíada-Porto, Dano Ecológico, Formas Possíveis da sua Reparação e Repressão, Porto, 1996, pg. 197, considera que o primeiro revoga o segundo, na medida em que se pretende agora aliviar a carga do julgador.

[35] Estranhe-se também o facto do artigo 41.° n.° 1, numa interpretação literal, implicar a responsabilidade subjectiva quando os danos não são significativos. M. FLORES, *Responsabilidade Civil Ambiental em Portugal: Legislação e Jurisprudência, in* Textos, Vol. II, CEJ, Lisboa, 1996, pgs. 380-381.

[36] Neste sentido, J. Cunhal SENDIM, *Responsabilidade Civil...*, pg. 139, ao defender que *"o legislador no art. 41.° previu um regime jurídico de responsabilidade objectiva especial para os danos ao ambiente e que se traduz, por exemplo, na restrição da indemnização aos danos significativos e na ampliação da possibilidade de reparação, mesmo quando a actividade decorra com respeito do normativo aplicável. Dir-se-á, assim, que a axiologia ambiental ditou uma configuração especial desta «zona de responsabilidade», i. e., o seu regime jurídico reflecte uma ponderação específica do problema que lhe está subjacente: a compensação de «riscos socialmente inevitáveis que gravam sobre cada um mas que são, em si mesmos, permitidos em atenção a um interesse comum superior». Note-se, ainda que na LBA o legislador condicionou expressamente a entrada em vigor da norma à sua regulamentação e que o art. 23.° não preenche tal condição.*

Do exposto parece poder concluir-se que, quando as duas normas sejam hipoteticamente adequadas ao problema da reparação de danos ecológicos, deve entender-se aplicável a regra especial que prevê uma imputação pelo risco especificamente adequada à teleologia ambiental – i. e., o art. 41.° da LBA."

Ver também, B. Martins da CRUZ, ob. cit., pg. 198. M. GOMES, *Responsabilidade Civil na Tutela do Ambiente – Panorâmica do Direito Português, in* Textos, Vol. II, CEJ, Lisboa, 1996, pg. 404 defende que o artigo 23.° veio alargar o artigo 41.°.

Nesta matéria, note-se que é preciso também ter em conta, como complemento das normas acima citadas, o artigo 48.º da LBA que estipula a obrigação de indemnização dos danos ao ambiente através de reconstituição natural[37] ou, no caso de impossibilidade, de indemnização especial. Mais uma vez, atente-se que, para além de não definir claramente quem é o seu destinatário, não se encontra devidamente regulamentada esta indemnização especial, pelo que essa parte do artigo não está em vigor, ou seja, não é exequível. Mas não poderemos vislumbrar no n.º 3 do artigo 566.º do CC uma via para resolver esta questão? No entanto, refira-se que a problemática e susceptibilidade de imputação dos danos causados ao ambiente não constitui uma inovação revolucionária da LBA no regime da responsabilidade, pois do artigo 52.º n.º 3 da CRP pode-se retirar este instituto.[38]

Uma das dificuldades encontradas no campo ambiental é a determinação do autor da poluição, sobretudo nos casos de poluição atmosférica e de longa distância. Apesar do caso precursor do *Trail Smelter*, a verdade é que é, em regra, muito trabalhoso apurar a origem de poluição transfronteiriça. Imagine-se a questão da deterioração das florestas nórdicas por chuvas ácidas. Que empresa, que produtor, que agente económico deve ser responsabilizado? Como descobri-lo a tantos quilómetros de distância e no meio de tantos outros agentes e condicionantes? Esta problemática implicou que na Convenção de Genebra de 1979 se reformulasse o conceito de responsabilidade para poder responder, embora parcamente, às necessidades sentidas pela Comunidade internacional.

Para além da determinação do autor, coloca-se a questão quanto à determinação das vítimas[39]. Com efeito, o universo dos lesados não pode ser sempre identificado de forma célere, já que muitos efeitos se podem fazer sentir a médio e longo prazo. Mais, se atendermos à visão intergeracional implementada pelo DS, como estabelecer os prejudicados? Instituir fundos compensatórios para futuras vítimas pode ser uma solução. Por último, a natureza é também ela lesada. Ora, a sua representação por homens poderá ser ineficiente pois estes tendem a ouvir as suas próprias necessidades[40].

---

[37] Recorde-se o caso das cegonhas de Coruche. Note-se que o artigo 48.º da LBA é uma norma especial em relação ao artigo 562.º CC.

[38] J. Cunhal SENDIM, *Responsabilidade Civil...*, pgs. 140-141.

[39] H. BENJAMIM, ob. cit. pgs. 550-551; B. Martins da CRUZ, ob. cit., pg. 192.

[40] M. REMOND-GOUILLOUD, *Du Droit de Détruire, Essai sur le Droit de l'Environnement*, PUF, Paris, 1989, pgs. 44-45.

Outro ponto sensível é a definição dos danos cobertos pela responsabilidade ambiental. Que danos indemnizar? Os danos ambientais que ferem direitos subjectivos (saúde, propriedade ...) ou também os lucros cessantes? E os danos causados ao próprio meio ambiente? E ao Património Comum da Humanidade, ou seja, aos bens que se encontram fora de toda e qualquer jurisdição nacional? Aqui é de realçar e louvar a solução vanguardista da Convenção de Montego Bay quanto à Área com a instituição da Autoridade, competente por zelar pelos seus interesses. Desta feita, a doutrina tende a distinguir dois tipos de danos, se bem que a terminologia varie[41]: (1) os danos ambientais, ou seja, a lesão de particulares de situações e bens jurídicos concretos por emissões concretas; (2) os danos ecológicos, em que sem violação dos direitos individuais existe um prejuízo colectivo com a lesão profunda do ambiente (*res nullius* ou *res communis*)[42-43]. Quanto a este último tipo de danos torna-se árduo calcular a indemnização[44], preferindo-se optar em certos Estados pela solução de *punitive dammages*. Esta dificuldade foi sentida no caso do *Amoco Cadiz* em que nem sequer foram atendidos nem contabilizados. Por outro lado, quem tem legitimidade para defender o ambiente em si? Porque não

---

[41] Sobre a origem terminológica, cf. J. Cunhal SENDIM, *Responsabilidade Civil...*, pg. 70, nota 122. Atente-se, com estranheza, à variação de terminologia entre o artigo 41.º n.º 1 e n.º 2. Ver, B. Martins da CRUZ, ob. cit., pg. 197; TOMÉ e FLORES, *Sobre a Responsabilidade Civil por Factos de Poluição*, in Textos, 1994, pgs. 38-39.

[42] *Res nullius* podem ser objecto de ocupação, enquanto que *res communes* estão reservadas a um uso comum. M. REMOND-GOULLIOUD, ob. cit., pgs. 107-108. Sobre os danos ambientais e ecológicos, ver J. Cunhal SENDIM, *Responsabilidade Civil...*, pgs. 71 e ss., 104 e ss. e 129 e ss.; J.J. Gomes CANOTILHO, *A Responsabilidade por Danos Ambientais – Aproximação Juspublicista*, in Direito do Ambiente, INA, Oeiras, 1994, pgs. 402--403. Sobre as dificuldades inerentes ao dano ecológico, B. Martins da CRUZ, ob. cit., pgs. 210 e ss..

[43] Este tipo de danos é equacionado pela CRP, no seu artigo 52.º n.º3.

[44] Como calcular a indemnização quando a maioria dos bens ambientais se encontra fora do mercado? Mais, alguns autores consideram impossível monetarizar a natureza por assim se desvirtuar um bem alheio às acções humanas. B. Martins da CRUZ, *Princípios Jurídicos...*, pgs. 587-588. Na opinião desta autora deve-se fazer uma avaliação técnico-científica (mesmo se limitada), tendo em conta a avaliação económica da reconstituição natural e os princípios da prevenção, precaução, recuperação e responsabilização. Para C. JONES, *Valuing the Public Loss from Injuries to Natural Resources*, Lusíada, n.º especial, Actos do I Congresso Internacional de Direito do Ambiente da Universidade Lusíada-Porto, Dano Ecológico, Formas Possíveis da sua Reparação e Repressão, Porto, 1996, o cálculo tem por base o custo de transacção, a perda do valor interino e o custo razoável da ponderação dos danos.

desenvolver um tipo de acção popular internacional ou considerar que existe uma obrigação *erga omnes* de defesa do ambiente *per si*, dos interesses da comunidade em geral? Contudo, encontramos muitas reticências a nível dos Direitos nacionais e, por maioria de razão, a nível internacional.

E como estabelecer o nexo de causalidade? No sistema português é usual atender-se ao critério da causalidade adequada entre o facto originário e os danos consequentes dessa situação (cf. artigo 563.º do CC, que fazendo um juízo de prognose póstuma é, por vezes, criticado por conduzir à confusão entre causalidade e culpabilidade). Mas as dificuldades em matéria ambiental mais uma vez são inúmeras. Como estabelecer um nexo causal entre dois factos separados por centenas ou mesmo milhares de quilómetros? Por outro lado, os efeitos de uma determinada actividade poluente podem fazer-se sentir de curto a longo prazo e não de forma imediata. Mais, um mesmo poluente pode ter efeitos diferentes no meio ambiente dependendo da sua quantidade e de várias condicionantes, como o clima, a temperatura ou apenas reagir em combinação com outros agentes[45] ou por uma acção continuada. Aliás, a ciência actual poucas respostas tem para dar neste campo e muitas das experiências laboratoriais são "ficcionadas" na medida em que, sendo impossível atender a todas as variantes do meio ambiente, se consideram muitas delas fixas de forma a poder chegar-se a alguma conclusão (truncada pela técnica de *caeteris paribus*). Assim se explica que, em matéria ambiental, se proponha soluções alternativas para ultrapassar a dificuldade do estabelecimento do nexo de causalidade. Deste modo, surgem vozes defendendo uma causalidade estatística que, no fundo, se traduz numa presunção de nexo causal ou, *de iure condendo*, a aceitação da causalidade alternativa responsabilizando todos os intervenientes. Refira-se que o STJ, no seu acórdão de 2 de Junho de 1998 defendeu que, em matéria de ambiente, basta a existência de uma probabilidade séria que, no entanto, no caso concreto, foi afastada[46].

Novas soluções jurídicas têm de ultrapassar estes impasses embora nunca esquecendo o princípio da equidade, ou seja, não radicalizando as respostas de forma a paralisar a actividade económica. Assim, a objectivação da responsabilidade é o caminho mais adequado face à actual tragé-

---

[45] O Direito português não aceita a causalidade alternativa não dando, por isso, lugar a indemnização pois não se encontra demonstrado o nexo de causalidade (cf. artigo 490.º CC).

[46] Cf. BMJ n.º 478, pgs. 332 e ss..

dia ambiental mas cláusulas de escape devem ser equacionadas para certas situações especiais. Este regime adaptado às especificidades ambientais tem por consequência reflexos no regime das indemnizações, como acima aflorámos.

Dois exemplos são o expoente da elaboração jurídica internacional sobre a responsabilidade civil em relação a danos causados ao ambiente: o sistema existente no Direito do Mar e a Convenção de Lugano. Comecemos pelo primeiro.

A espinha dorsal em matéria de ambiente prende-se, como começámos por referir, com a prevenção, mas as falhas acontecem, sendo, por isso, necessário estabelecer um regime de responsabilidade internacional e a indemnização por danos. Contudo, esta matéria ainda navega em águas turvas no Direito do Mar, embora possamos descortinar, se bem que de forma não muito sistematizada, algumas disposições a este respeito em instrumentos internacionais e regionais. Esta dificuldade de regulamentação resulta da difícil compatibilização dos interesses económicos em jogo e da complexidade em matéria processual. A prova é uma empresa árdua, para não mencionar os problemas de determinação da lei aplicável, da competência dos tribunais, do número de sujeitos envolvidos no processo muitas vezes com nacionalidades diferentes[47]. Mas o acidente do *Torrey Canyon* despertou as consciências mundiais para a urgência de uma resposta aos danos da poluição. Quebra-se, deste modo, a perspectiva clássica de limitação da responsabilidade pelas partes envolvidas estarem ligadas ao mar pois noutra altura as suas posições poderiam inverter-se. Com a poluição a grande escala os próprios Estados são afectados, assim como os particulares em terra. 1967 foi, portanto, o ano da mudança. Contudo, quase quatro décadas depois, muito ainda se encontra ainda por fazer em matéria de responsabilidade com um ordenamento jurídico incipiente e pouco sistematizado, fazendo falta uma convenção englobando os diversos tipos de poluição e preconizando um regime coerente e harmonizador, em particular, dos procedimentos processuais para se efectivar a responsabilidade. Vejamos agora as principais normas convencionais neste campo.

A Convenção de Bruxelas de 1969[48] sobre a indemnização por danos causados por hidrocarbonetos patrocinada pela OMCI nasce como reacção

---

[47] Sobre estas dificuldades, cf. Gilles MARTIN, *A Reparação dos Danos Ecológicos*, II Curso de Direito do Ambiente, UCP e Ambiforum, 1990. CHURCHILL e LOWE, ob. cit., pgs. 264-265. Em matéria de Direito internacional privado, ver *infra*.

[48] Em Portugal, aprovada para ratificação pelo Decreto n.º 694/76, de 21 de Setembro. O protocolo de 1973 foi aprovado para adesão pelo Decreto n.º 17/87, de 22 de Abril.

imediata ao acidente mediático do *Torrey Canyon* e propugna uma responsabilidade quase objectiva por danos de contaminação por hidrocarbonetos derramados ou descarregados desde um navio no território de um Estado signatário, incluindo o custo das medidas preventivas tomadas e os danos causados pela aplicação dessas mesmas medidas[49]. Denominámos a responsabilidade como quase objectiva, pois prevêem-se excepções: no caso de acto de guerra ou similar, fenómeno natural excepcional, inevitável e irresistível, por acção de terceiros ou falta ou negligência do Estado lesado – erro do pessoal de terra, por exemplo. Por outro lado, o proprietário do navio pode limitar a sua responsabilidade a 2000 Francos[50] por tonelada de arqueação bruta, sem ultrapassar os 210 milhões de francos no total, salvo se o acidente derivar de falta concreta ou culpa do proprietário. Para limitar a responsabilidade, o armador deve constituir perante o tribunal ou autoridade competente de um Estado signatário um depósito de montante igual ao limite da sua responsabilidade, montante esse que será dividido entre os seus credores. No entanto, como medida preventiva, se o navio possuir uma capacidade superior ao transporte a granel de 2000 toneladas de hidrocarbonetos deve dar uma garantia ou um seguro no montante da sua responsabilidade. O Estado de matrícula ou de bandeira confere, então, ao navio um certificado atestando a existência de uma garantia, sob pena do navio não poder comerciar (legalmente). Em 1976, um Protocolo vem alterar a unidade monetária da indemnização e o seu valor. Assim, o franco é substituído pelo SDR (*Special Drawing Right*), que valia, em 1991, $1.3528. Os montantes de responsabilidade passam, por sua vez, para 133 SDR's por tonelada e com um limite máximo de 14 milhões de SDR's. No entanto, o acidente trágico do *Amoco Cadiz* vem pôr a nu as fraquezas da Convenção, em especial, no que respeita o valor baixo das indemnizações, as dificuldades processuais e situações não previstas, tais como certo tipo de danos e a nacionalidade do navio responsável não coincidir com uma das partes signatárias[51]. Desta feita, em 1984, a Convenção é objecto de alterações quanto ao montante compensatório, estende-se a aplicação da Convenção à ZEE e clarificam-se os danos

---

[49] Sobre o sistema de responsabilidade e indemnização por poluição de navios, ver, em especial, DUPUY e VIGNES, *A Handbook on the New Law of the Sea*, 1991, pgs. 1155-1168.

[50] Franco Poincaré, cada unidade corresponde a 75.5 mg de ouro fino de 900 milésimos.

[51] Por exemplo, o acidente do navio este-alemão Boelhen, em 1976, ao largo da ilha de Ouessant.

cobertos. O desastre do petroleiro liberiano chama também a atenção para as deficiências semelhantes do Fundo, modificado em moldes semelhantes[52].

O Fundo internacional[53] para a compensação por danos por contaminação por hidrocarbonetos[54], criado a 18 de Dezembro de 1971 no rescaldo do incidente do *Torrey Canyon*, visa complementar a Convenção de Bruxelas, pagando indemnizações em situações excepcionadas nesta e aumentando os *plafonds*, que atingem, numa primeira fase, os 450 milhões de francos[55]. Por outras palavras, o Fundo completa o pagamento das compensações e garante os responsáveis[56]. No entanto, tal não afasta a assunção de encargos pelo armador em caso de má conduta sua ou de desrespeito pelas normas internacionais de segurança no mar. Por fim, este fundo é alimentado por contribuições dos importadores que, durante um ano civil, recebem de um Estado signatário uma determinada quantidade de hidrocarbonetos, numa tentativa de partilha de responsabilidades entre armadores e companhias petrolíferas[57].

As companhias petrolíferas, por seu turno, numa tentativa de recuperação de imagem depois de uma sucessão de graves acidentes[58], estabelecem sistemas privados de responsabilização e indemnização por danos causados por hidrocarbonetos. Assim, é criado, em 1969, o TOVALOP pela *Tank Owners Pollution Federation*, que cobre cerca de 90% da frota mundial de petroleiros[59]. De acordo com este sistema, os países vítimas de acidentes de poluição por navios com hidrocarbonetos podem receber

---

[52] Outra crítica que se pode apontar prende-se com a imunidade soberana dos navios militares e governamentais.

[53] Em Portugal, aprovado para ratificação pelo Decreto n.º 13/85, de 21 de Junho. O protocolo de 76 foi aprovado para adesão na mesma data.

[54] A gestão do Fundo é assegurada por uma Assembleia constituída por representantes dos Estados signatários, por um Comité executivo eleito, por um Secretariado e por um Administrador, seu representante legal.

[55] Alterado em 1979, na sequência do acidente do *Amoco Cadiz*, para 675 milhões de francos. Este montante é revisto e actualizado em 1984, sendo seguido de um protocolo em 1992 para regulamentar a sua entrada em vigor.

[56] DESPAX, *Droit de l'Environnement*, LITEC, Paris, 1980, pg. 684.

[57] CHURCHILL e LOWE, ob. cit., pg. 266.

[58] M. REMOND-GOUILLOUD, ob. cit., pg. 185, afirma que *"il n'est pas une question de philantropie, mais d'image de marque"*, numa tentativa de provar que as companhias petrolíferas controlam a segurança em torno do processo de distribuição de hidrocarbonetos.

[59] Cf. DESPAX, ob. cit., pg. 685.

compensações por gastos com as operações de limpeza e com o combate às marés negras, até ao montante de 10 milhões de dólares, montante esse mais baixo do que o estipulado na Convenção de Bruxelas. De fora ficam, de início, os danos causados a particulares e ao ambiente e a responsabilidade é baseada na culpa. Dois anos depois, o plano CRISTAL (*Contract Regarding on Interim Supplement to Tanker Liability for Oil Pollution*) completa a iniciativa TOVALOP, aumentando o *plafond* para 30 milhões de dólares e abrangendo os particulares, desde que afectados por um navio coberto pelo TOVALOP[60]. Os valores têm vindo a ser actualizados. Por último, refira-se o PLATO *(Pollution Liability Agreement among Tanker Owners)* celebrado em 1985. Contudo, apesar do mérito destas iniciativas privadas, várias falhas podem ser detectadas em moldes semelhantes à Convenção de Bruxelas e ao Fundo: só se referem a hidrocarbonetos[61], os montantes são baixos, as complexidades processuais não se encontram resolvidas, não se equaciona a indemnização por danos causados ao ambiente e apenas se restringem a situações de acidentes, – estes representam um quinto da poluição por navios, omitindo-se, portanto, a responsabilidade por operacionalidade, pequenas fugas e poluição deliberada, como a lavagem dos tanques.

Aliás, note-se que cada vez que se tenta encarar as falhas deste sistema de responsabilidade se verifica uma pressão em sentido contrário, mesmo por parte dos Estados mais avançados na protecção do ambiente devido aos elevados interesses económicos em jogo. Assim, por via de regra, a responsabilidade e as indemnizações são reguladas pelo Direito interno que cobre a respectiva área de jurisdição do Estado. A Noruega possui um dos mais perfeitos e completos enquadramentos legais nesta matéria mas constitui uma ilha no meio do oceano. Neste âmbito, nem sequer a jurisprudência e o costume conseguem enquadrar devidamente a questão, por falta de consensos alargados. Muito há, portanto, a fazer.

Quanto ao *dumping*, registe-se apenas o artigo 10.º da LDC, muito primitivo, não resolvendo os complexos problemas colocados por um processo de responsabilização e indemnização. Este preceito não prevê sequer uma indemnização a outro sujeito jurídico que não o Estado lesado pela poluição, não enquadrando os danos aos particulares e ao ambiente.

---

[60] Neste aspecto, o sistema privado é mais abrangente do que a convenção de Bruxelas limitada por um carácter geográfico. Cf. DESPAX, ob. cit., pg. 685.

[61] Estas convenções não cobrem casos como o acidente do *Olympic Bravery* ao largo da Bretanha.

Quanto às convenções regionais não contêm quaisquer disposições específicas, ou pura e simplesmente omitem a questão.

No que respeita a poluição de origem telúrica, a Convenção de Paris não equaciona a questão e as convenções regionais no seio do PNUA são muito genéricas[62], salvo a Nórdica. De acordo com o artigo 3.°, um nacional de um Estado signatário pode, no tribunal competente de um outro Estado contratante, pedir o impedimento da propagação da poluição ou uma indemnização por danos. Se o requerente não quiser ou puder prosseguir o processo, a Autoridade Supervisora instituída por cada Estado pode continuar a conduzi-lo[63].

Quanto ao regime de responsabilidade e indemnização por poluição devido a actividades nos fundos marinhos e seu subsolo, a única regulamentação que existe neste domínio respeita a responsabilidade civil por danos causados por hidrocarbonetos, decorrente da procura e exploração de recursos minerais no subsolo submarino, ou seja, a Convenção de Londres de 1977. Esta estabelece um regime paralelo ao da Convenção de Bruxelas de 1969, permitindo a indemnização por danos causados por uma instalação artificial no mar colocada sob jurisdição de um Estado contratante, danos esses no território ou nas águas de um Estado parte ou resultantes de salvaguarda para prevenir ou limitar a poluição, independentemente do local onde sejam tomadas as medidas de salvaguarda. O explorador da instalação é, no momento do acontecimento, responsável de forma objectiva mas pode limitar a sua responsabilidade se constituir um fundo. No entanto, um Estado parte pode definir um *plafond* superior ao previsto na Convenção ou mesmo eliminar qualquer limitação, respeitando o princípio da não discriminação. Os tribunais competentes são os do Estado onde se sofreram os danos, devendo a sua decisão ser executada nos tribunais dos outros Estados contratantes.

Em matéria de responsabilidade e indemnizações chama-se ainda a atenção para um sistema industrial para as águas do noroeste europeu, a OPOL (*Offshore Pollution Liability Agreement*), existente desde 1975. As Partes Contratantes são companhias petrolíferas operando nessas águas jun-

---

[62] A falta de regulamentação neste campo prende-se, possivelmente, com o facto de esta ser a forma mais nacional de poluição e a que mais interfere com os interesses económicos dos Estados. Por outro lado, apresenta-se árdua a tarefa de averiguar a origem do foco de poluição e de estabelecer o nexo de causalidade com os danos sofridos.

[63] Cf. CHURCHILL e LOWE, ob. cit., pg. 281, defendem o alargamento para outros mares de um sistema como o da Convenção Nórdica.

tas num esquema privado semelhante aos previstos para a poluição por navios, como a CRISTAL e TOVALOP[64]. Até 1981, apenas 150 Libras tinham sido desembolsadas, o que demonstra bem os elevados níveis de segurança[65].

Por fim, façamos referência a outras convenções que directa ou indirectamente se relacionam com a responsabilidade por danos por poluição, a saber: a Convenção sobre a limitação da responsabilidade dos armadores de 1957, a Convenção sobre a limitação da responsabilidade civil no domínio nuclear de 1960, a já acima referida Convenção de Viena sobre a responsabilidade civil por danos nucleares de 1963 ou a Convenção sobre responsabilidade em matéria de transporte marítimo de material nuclear de 1971[66].

No que respeita a Convenção de Lugano, teçamos agora algumas notas sobre o seu regime.

A Convenção de Lugano[67], da responsabilidade do Conselho da Europa, surge como resposta ao desafio lançado na Declaração do Rio[68], no seu Princípio 13., no sentido dos Estados se munirem de legislação relativa aos danos causados pela poluição e às respectivas indemnizações e de, a nível internacional, cooperarem neste âmbito. Assim se explica o facto de estarmos perante um instrumento internacional aberto a ratificação por parte de Estados não Membros do Conselho da Europa (cf. artigo 33.º n.º 1) que estabelece um regime de responsabilidade objectiva[69] baseado no princípio do pagador poluidor, apesar de algumas particularidades, facilitando a prova do nexo de causalidade (cf. artigo 10.º)[70] e o acesso à informação relevante para a imputação da responsabilidade.

---

[64] Mais pormenores, DESPAX, ob. cit., pgs. 702-703.//
[65] CHURCHILL e LOWE, ob. cit., pg. 275.//
[66] Cf. CHURCHILL e LOWE, ob. cit., pgs. 267-268.//
[67] Ver sobre este assunto, V. di BUCCI, *Initiatives Européennes dans le Domaine de la Responsabilité Environnementale: la Convention du Conseil de l'Europe, le Livre Vert de la Commission Européenne et les Perspectives d'une Réglementation Communautaire*, Lusíada, n.º especial, Actos do I Congresso Internacional de Direito do Ambiente da Universidade Lusíada-Porto, Dano Ecológico, Formas Possíveis da sua Reparação e Repressão, Porto, 1996, pgs. 139 e ss..//
[68] Cf. Preâmbulo da Convenção de Lugano. O princípio da responsabilização também se encontrava presente no artigo 130R TCE e no V Programa de Acção Comunitário.//
[69] De acordo com DI BUCCI, ob. cit., pgs. 141-142 trata-se de um regime mínimo, possibilitando aos Estados tomar medidas mais restritivas em matéria ambiental.//
[70] B. Martins da CRUZ, *Política Comunitária para o Ambiente*, Lusíada, RCC, n.º 2, Coimbra Editora, 1998, pg. 609, refere-se a *"juízos de probabilidade séria"*.

Dividida em oito capítulos e dois anexos, a Convenção de Lugano começa por apresentar, no seu artigo 2.°, um conjunto de definições essenciais para a compreensão e aplicação da mesma. Assim, actividade perigosa (n.° 1), que pode ser levada a cabo quer por entes privados como públicos, implica ser efectuada a título profissional e constituir uma das situações seguintes:

> "*a. la production, la manipulation, le stockage, l'utilisation ou le rejet d'une ou plusieurs substances dangereuses, ou toute opération de nature similaire portant sur de telles substances;*
> *b. la production, la culture, la manipulation, le stockage, l'utilisation, la destruction, l'élimination, la libération ou toute autre opération concernant un ou plusieurs:*
> – *organismes génétiquement modifiés qui, en raison des propriétés de l'organisme, de sa modification génétique et des conditions dans lesquelles l'opération est réalisée, présentent un risque significatif pour l'homme, l'environnement ou les biens;*
> – *micro-organismes qui, en raison de leurs propriétés et des conditions dans lesquelles l'opération est réalisée, présentent un risque significatif pour l'homme, l'environnement ou les biens, tels que ceux qui sont pathogènes ou ceux qui produisent des toxines;*
> – *l'exploitation d'une installation ou d'un site d'incinération, de traitement, de manipulation ou de recyclage de déchets, comme les installations ou sites mentionnés dans l'annexe II, dans la mesure où les quantités impliquées présentent un risque significatif pour l'homme, l'environnement ou les biens;*
> – *l'exploitation d'un site de stockage permanent des déchets.*"

Por outro lado, entende-se, de forma abrangente, por substância perigosa (n.° 2):

> "*a. les substances ou les préparations qui possèdent des propriétés constituant un risque significatif pour l'homme, l'environnement ou les biens. Une substance ou une préparation qui est explosible, comburante, extrêmement inflammable, facilement inflammable, inflammable, très toxique, toxique, nocive, corrosive, irritante, sensibilisante, cancérogène, mutagène, toxique pour la reproduction ou dangereuse pour l'environnement au sens de l'annexe I, partie A de la présente Convention est dans tous les cas considérée comme constituant un tel risque;*
> *les substances énumérées dans l'annexe I, partie B à la présente Convention. Sans préjudice de l'application de l'alinéa a ci-dessus, l'annexe I, partie B peut limiter la qualification de substances dangereuses à certaines quantités ou concentrations, certains risques ou certaines situations.*"

Refira-se, que apesar de recortar também o significado de organismos geneticamente modificados (n.º 3) e micro-organismos (n.º 4), a Convenção não prevê a definição de resíduos, o que se pode talvez explicar pela dificuldade em concretizar o conceito a nível internacional. No entanto, precisa a noção de ambiente de forma bastante lata incorporando os recursos naturais e as suas interacções, a paisagem e os bens culturais (n.º 10) e a de operador (n.º 5) enquanto *"la personne qui exerce le contrôle d'une activité dangereuse"*. Mais, para além de definir outros conceitos tais como pessoa (n.º 6), medidas de restauração natural (n.º 8) e de salvaguarda (n.º 9) e incidente (n.º 11), a Convenção tem a preocupação de concretizar o que entende por danos de uma forma generosa. Assim de acordo com o n.º 7, os danos reconduzem-se a:

> *"a. le décès ou des lésions corporelles;*
> *b. toute perte ou tout dommage causé à des biens autres que l'installation elle-même ou que les biens se trouvant sur le site de l'activité dangereuse et placés sous le contrôle de l'exploitant;*
> *c. toute perte ou dommage résultant de l'altération de l'environnement, dans la mesure où ils ne sont pas considérés comme constituant un dommage au sens des alinéas a ou b ci-dessus, pourvu que la réparation au titre de l'altération de l'environnement, autre que pour le manque à gagner dû à cette altération, soit limitée au coût des mesures de remise en état qui ont été effectivement prises ou qui le seront;*
> *d. le coût des mesures de sauvegarde ainsi que toute perte ou tout dommage causés par lesdîtes mesures,*
> *dans la mesure où la perte ou le dommage visés aux alinéas a à c du présent paragraphe proviennent ou résultent des propriétés de substances dangereuses, des organismes génétiquement modifiés ou des micro-organismes, ou proviennent ou résultent de déchets."*

Depois de indicar, no seu artigo 4.º, as matérias excluídas do âmbito da Convenção, estabelecem-se, no Capítulo II, as normas relativas à responsabilidade prevendo-se, no artigo 6.º[71], a imputação da responsabili-

---

[71] Dispõe o artigo 6.º:
L'exploitant d'une activité dangereuse visée à l'article 2, paragraphe 1, alinéas a à c, est responsable des dommages causés par cette activité, résultant d'évènements survenus au moment ou pendant la période oú il exerçait le contrôle de celle-ci.
Si un évènement consiste en un fait continu, tous les exploitants ayant exercé successivement le contrôle de l'activité dangereuse pendant la durée de cet évènement sont solidairement responsables. Toutefois, si un exploitant prouve que le fait survenu pendant

dade ao operador, ou seja, a quem, no momento do incidente que causou danos, exercia e detinha as funções de controlo. No caso de aterros, o artigo 7.º determina a responsabilidade de quem os explora. Contudo, prevêem-se, nos artigos 8.º e 9.º, cláusulas de excepção em que se aceita a exclusão da responsabilidade. Esta solução compreende-se face não apenas a critérios de justiça, como de moeda de troca por se ter estatuído um regime jurídico de responsabilidade objectiva bastante amplo em matéria ambiental. Desta feita, o operador não é tido como responsável se provar que o incidente decorre de uma razão de força maior (guerra, fenómeno natural excepcional...), de acto doloso de terceiro apesar das medidas de segurança tomadas, do acatamento de uma ordem ou medida imperativa específica provinda de uma autoridade pública, de um nível tolerado de poluição num determinado contexto, de uma actividade perigosa mas lícita em benefício da vítima ciente do risco que corre e de acção da responsabilidade da vítima que contribui em todo ou em parte para os danos (neste caso, a indemnização terá de ter em conta a participação de ambas as partes). Por outro lado, parece que podemos retirar do artigo 35.º n.º 1 alínea b, a possibilidade das Partes Contratantes estabelecerem reservas em determinadas matérias e, em especial, no que respeita o operador não ser responsabilizado no caso de se provar que no momento do incidente, o estado de conhecimentos não permitia a previsão dos riscos e do carácter perigoso de certa actividade. Concordamos plenamente com Melo ROCHA quando defende que *"esta disposição consubstancia uma verdadeira cláusula de opting out e cumpre a um nível muito baixo o princípio da precaução, afastando-se notoriamente da doutrina que defende que a ausên-*

---

la période où il exerçait le contrôle de l'activité dangereuse n'a causé qu'une partie du dommage, il n'est responsable que de cette partie du dommage.

Si un évènement consiste en une succession de faits ayant la même origine, les exploitants ayant exercé le contrôle de l'activité dangereuse au moment où s'est produit l'un quelconque de ces faits sont solidairement responsables. Toutefois, si un exploitant prouve que le fait survenu au moment où il exerçait le contrôle de l'activité dangereuse n'a causé qu'une partie du dommage, il n'est responsable que de cette partie du dommage.

Si le dommage résultant d'une activité dangereuse apparaît après la cessation définitive de toute activité de ce type dans l'installation ou sur le site, le dernier exploitant de cette activité est responsible de ce dommage, à moins que lui-même ou la victime ne prouvent que tout ou partie du dommage a été causée par un évènement survenu avant qu'il ne soit devenu exploitant. Si la preuve en est ainsi apportée, les dispositions des paragraphes 1 à 3 du présent article s'appliquent.

Aucune disposition de la présente Convention ne porte atteinte aux droits de recours de l'exploitant contre toute tierce personne.

cia de certezas científicas não pode retardar mais a protecção ambiental e dos que sustentam que se deve incitar os Estados a renunciarem às actividades susceptíveis de produzirem danos ambientais."[72]

Na linha de efectivação da responsabilidade refira-se o artigo 11.º sobre a responsabilidade solidária dos poluidores, a previsão de um seguro ou garantia financeira de carácter obrigatório[73] (artigo 12.º), verdadeiro fundo de maneio, e a garantia do acesso à informação (capítulo III), preciosa arma de luta, embora com algumas restrições ligadas, designadamente, a questões de segurança nacional e de assegurar segredos comerciais, importantes em matéria de concorrência num mundo cada vez mais guiado pela economia de mercado. O capítulo IV, por sua vez, preocupa-se com o aspecto processual da efectivação da responsabilidade e o V com a relação entre a Convenção de Lugano e outras disposições internas e internacionais (em particular comunitárias – artigo 25.º n.º 2). Ficam aqui, deste modo expostos, os aspectos que consideramos mais relevantes no regime decorrente da Convenção de Lugano.

Em sequência do que aqui foi analisado, percebe-se a dificuldade em se celebrar uma convenção global sobre a responsabilidade ambiental. Os interesses e as diferenças económicas, o conceito de soberania, a diversidade de culturas jurídicas, as dificuldades inerentes à deterioração ambiental são, portanto, os principais factores que conduzem os Estados a uma certa relutância em resolver esta questão. Até quando? E não será esta uma das maiores fraquezas para a consagração de um Direito material uniforme nesta matéria?

2. Método para resolver a questão controvertida e qualificação

São três os principais métodos a ponderar para a resolução da questão controvertida, a saber: o Direito material uniforme (convencional)[74], as normas de aplicação imediata e as normas de conflito.

---

[72] Ob. cit., pg. 319.

[73] A solução não é satisfatória na medida em que não estabelece o destino da indemnização quando a reconstituição natural não é possível.

[74] Preferimos falar aqui em fonte convencional por ser menos controvertida do que a costumeira ou derivada de princípios. Muitos autores reconhecem, no regime da responsabilidade e das indemnizações por danos causados pela poluição, regras consuetudinárias, enquanto outros preferem classificá-las como princípios de Direito internacional (KISS e SHELTON, ob. cit., pg. 107 e KISS, *Le Droit International de l'Environnement, in* Textos,

No que respeita a primeira solução, é verdade que se insere bem, em teoria, no espírito transnacional das questões ecológicas e ambientais e poderia não só aproximar os diversos Estados num combate em prol do ambiente como minimizaria problemas por vezes complexos de determinação da lei aplicável e de qualificação.

No entanto, como já vimos, apresenta, na prática, desvantagens pois o seu carácter convencional implica que seja possível aos diversos Estados, ainda agarrados à sua soberania e regulamentações próprias, não aderir. Por outro lado, seria de esperar que uma solução deste tipo conduzisse, por um lado, a negociações complexas que terminariam com uma solução de mínimo consenso, abrindo portas para a existência de lacunas. Mais ainda, as frequentes interpretações nacionais divergentes retirar-lhe-iam a uniformidade desejada.

Apesar dos obstáculos, chamemos, no entanto, nesta sede, a atenção para a Convenção sobre a Responsabilidade Internacional pelos Danos Causados por Objectos Espaciais, de 29.3.1972[75] e, mais uma vez, para a Convenção de Lugano de 1993.

No que respeita, as normas de aplicação imediata[76] (veja-se aos artigos 45.º n.º 3 CC e 142.º LDIPR suíça), estas devem ser aplicadas/atendíveis independentemente da lei chamada em concreto para dirimir a questão de responsabilidade extracontratual. Contudo, nesta matéria, atente-se às ainda acesas polémicas em relação à aplicação das normas imperativas de uma terceira lei (que não a *lex causae* nem a *lex fori*) e à responsabilidade por actos causadores de prejuízos ecológicos ou ambientais que são lícitos no país onde ocorrerem[77].

Ambiente, CEJ, Lisboa, 1994, pgs. 332-333). Costume seria para os primeiros a responsabilidade por acto ou omissão do qual resulte qualquer dano, por violação do Direito Internacional. No entanto, certas dúvidas permanecem quanto a saber se esta responsabilidade é objectiva ou subjectiva (Ver F. Costa PINTO, *Direito Internacional e a Poluição Marítima*, Lisboa, 1987, pg. 53, que inclui esta situação a nível dos princípios). Na prática, o regime jurídico da responsabilidade e indemnização só raramente é concretizado, talvez por razões políticas ou porque se espera que a CDI se pronuncie sobre este assunto e estabeleça um sistema geral de responsabilidade ou porque nem sempre é possível determinar a origem do foco de poluição e o nexo de causalidade (Cf. BRUBAKER, *Marine Pollution and International Law*, Belhaven Press, Londres, 1993, pgs. 60-61 e 63).

[75] Cf. A. Marques dos SANTOS, *Breves Notas sobre o Direito Internacional Privado do Ambiente*, in Estudos em Homenagem ao Professor Doutor Jorge Ribeiro Faria, Coimbra Editora, 2003, pg. 176.

[76] Cf. BALLARINO, ob. cit., pgs. 346 e 384; BOUREL, ob. cit., pgs. 283 e 344 e ss..

[77] Cf. A. Marques dos SANTOS, ob. cit., pg. 181-182.

Por fim, no que concerna as normas de conflito[78], como sabemos, apesar de algumas válvulas de escape que podemos encontrar a verdade é que o critério é sobretudo formal: não se trata de escolher a melhor lei mas a lei mais adequada para resolver a questão. Contudo, não só surgem problemas de qualificação como a tentação prática de aplicação da lei do foro ou mesmo de procurar aplicar a lei mais favorável ao lesado (em nome da justiça material)[79], esvaziando-se, desta feita, parte da função das normas de conflito.

No que respeita a difícil problemática da qualificação (tanto em matéria de responsabilidade como de danos) a verdade é que, por vezes, nem sempre é clara a solução. Assim, pense-se, por exemplo, nos artigos 1346.º e 1347.º CC (incluídos no livro dos Direitos Reais) que deveriam ser aplicados ao abrigo dos artigos 15.º e 45.º CC se a lei portuguesa fosse considerada competente[80].

Com o intuito de resolver algumas destas dificuldades, encontramos, excepcionalmente, em certos ordenamentos, algumas soluções como no artigo 99.º n.º2 LDIPR suíça (inserido nos Direitos Reais) que remete para o artigo 138.º LIDPR suíça (actos ilícitos em Direito das Obrigações)[81] ou o artigo 44.º da EGBGB alemã (Direitos reais) que remete para o artigo 40.º do mesmo diploma que dispõe sobre responsabilidade extracontratual fundada em acto ilícito[82].

3. Escolha de jurisdição, lei aplicável e reconhecimento de sentenças

Imagine-se a seguinte hipótese: Ambientix, residente numa aldeia de irredutíveis gauleses sofre danos devido à poluição atmosférica causada

---

[78] Pela necessidade de normas de conflito, cf. CONFERENCE de LA HAYE de DROIT INTERNATIONAL PRIVE, ob. cit., pgs. 17 e ss.. Em matéria de normas de conflito, atente-se ao artigo 99.º n.º 2 LDIPR suíça específica para emissões danosas. (BALLARINO, ob. cit., pg. 313). Normalmente recorre-se às normas tradicionais de responsabilidade, como a velha *lex loci delicti commissi* ou a *lex favor laesi* como decorre da decisão do *Oberlandesgericht* de Saarbruck de 1957 (BALLARINO, ob. cit., pg. 321; A. REST, *The More Favourable Law Principle in Transfrontier Environmental Law*, Berlim, 1980, pgs. 69 e ss., A. Marques dos SANTOS, ob. cit., pgs. 176 e ss.).

[79] Cf. A. Marques dos SANTOS, ob. cit., pg. 180.

[80] Sobre esta matéria, A. Marques dos SANTOS, ob. cit., pgs. 179-180 e B. Martins da CRUZ, *Responsabilidade civil...*, pgs. 193-194.

[81] A. Marques dos SANTOS, ob. cit., pg. 179 nota 39.

[82] A. Marques dos SANTOS, ob. cit., pg. 180

pela fábrica de Tullius Detritus situada em solo britânico. Não querendo a protecção diplomática francesa, que levaria ao levantamento de uma questão de responsabilidade internacional, Ambientix resolve propor uma acção civil contra o poluidor. É através do Direito internacional privado que se garante a segurança, a confiança e a continuidade no e do comércio jurídico e no Direito. Para além das questões de identificação do poluidor, prova de danos e de nexo de causalidade entre a actividade de Tullius Detritus e os danos de Ambientix, outros problemas complicam este caso. Essencialmente, colocam-se, três questões, a saber, a escolha da jurisdição, a escolha da lei aplicável e, por fim, o reconhecimento de sentenças, em relação à questão da responsabilidade civil extracontratual, essencial para a resolução do litígio. Analisemos cada uma das questões.

Comecemos pela problemática da escolha de jurisdição competente.

Duas soluções nos surgem. Apresentar e julgar o caso no Estado da alegada vítima ou no Estado do alegado poluidor, mais precisamente, no Estado em que a vítima sofreu os danos e no Estado em que a actividade do poluidor teve origem. Refira-se que são estes os elementos de conexão aparentemente mais estreitos em matéria de jurisdição ambiental, embora possa pensar-se, no Estado da nacionalidade da vítima ou do poluidor, que pode não coincidir com os Estados atrás referenciados. No entanto, para além do problema da nacionalidade das pessoas colectivas que divide a doutrina (o poluidor é, regra geral, uma empresa) e da lei pessoal destas ser a da sede efectiva no caso português (artigo 33.° n.°1 do CC e 3.° n.° 1 do CSC), a nacionalidade não é por excelência um elemento de conexão em matéria de responsabilidade extracontratual (cf. artigo 45.° CC) mas sim em matéria de estatuto pessoal, que não é o caso[83].

Porquê estas duas opções? No que se refere à jurisdição do Estado da vítima (como acima o restringimos), note-se que se facilita ao arguente a sua tarefa, na medida em que, por um lado, não teria de arcar com despesas extras por se deslocar e litigar noutro Estado e, por outro, deveria beneficiar dos tribunais locais para receber uma indemnização justa, até porque lhe é mais fácil aqui provar o prejuízo alegadamente havido. No que respeita o Estado do poluidor (como acima definido), facilita a sua defesa nos

---

[83] Se bem que o nosso artigo 45.° n.° 3 do CC se refira à nacionalidade ou residência comum a lei competente continua, no entanto, a ser a relativa à responsabilidade extracontratual. Mais, note-se que podem surgir problemas de qualificação pois o artigo 33.° n.° 2 CC refere-se à responsabilidade de pessoas colectivas perante terceiros (estatuto pessoal).

tribunais locais, em especial, porque a prova da sua alegada actividade danosa é mais simples, nomeadamente com a existência de testemunhas abonatórias. No entanto, é preciso nunca esquecer o princípio geral de igualdade de acesso e de tratamento dos nacionais e estrangeiros no tribunal do foro.

Em relação à prática[84], exemplos nos dois sentidos têm surgido. Na Alemanha, desde 1957, os tribunais aceitam casos trazidos por alegadas vítimas de poluição embora muitas vezes se coloque um problema a nível de reconhecimento execução de sentenças no Estado do poluidor, factor que, por vezes induz, à escolha do tribunal do poluidor[85]. Refira-se ainda que a Convenção de Bruxelas de 1968 não é clara quanto à escolha de jurisdição. Tendo em conta o seu artigo 5.° n.° 3, o diferendo deve ser julgado no local onde ocorreu o dano. Contudo, a interpretação e aplicação desta solução pode ser ambígua: estará em causa o Estado onde ocorreu a poluição ou o Estado onde o dano foi sofrido? Esta problemática, suscitada no caso das Minas de potássio[86], levou à intervenção do TJCE para uma interpretação dos preceitos de acordo com o protocolo então anexado à Convenção que atribuía esta competência àquela Instituição europeia. Assim, por decisão de 30 de Novembro de 1976, o Tribunal apresentou a sua interpretação que não vai ao encontro das duas acima referidas. O Tribunal não decidiu a favor de nenhuma das duas jurisdições, pois ambas têm laços muitos estreitos com a situação a resolver. Segundo o TJCE, a ambiguidade da Convenção de Bruxelas tem como *ratio* permitir ao arguente a escolha daquele que considera ser, para si, o melhor fórum para apresentar as suas queixas, ponderando procedimentos, facilidades de prova, execução de sentença[87]. Por outras palavras, o TJCE estabeleceu o princípio da ubiquidade[88] e a aplicação da *lex favor laesi*, que no caso em

---

[84] Cf. KISS e SHELTON, ob. cit., pgs. 364 e ss..

[85] No caso português, os artigos 65.° e 65A do CPC conferem uma muito ampla competência internacional que, neste caso, não se reduz ao critério da causalidade.

[86] BALLARINO, ob. cit., pg. 323; BOUREL, ob. cit., pgs. 351 e 362 e ss.; CONFERENCE de LA HAYE de DROIT INTERNATIONAL PRIVE, ob. cit., pgs. 15 e ss..

[87] Atente-se à dificuldade de conciliar esta posição com o estabelecido no artigo 2.° da Convenção. Próximo deste artigo 2.°, ver artigo 21.° do projecto da Convenção relativa à indemnização dos danos transfronteiriços causados pelo ambiente (A. REST, *Convention sur l'Indemnisation des Dommages Transfrontières Causés à l'Environnement, Projet de Texte et Exposé des Motifs*, Erich Schmidt Verlag, Beiträge zur Umweltgestaltung, Caderno A 53, Berlim, 1976).

[88] Sobre a sua evolução, A. REST, *The More Favourable...*, pgs. 55-57. O TJCE argumentou a este propósito, "*La réponse à la question de savoir quel est le juge com-*

análise era a lei do foro. Esta jurisprudência foi de imediato abraçada pelos tribunais europeus, como se pode verificar pelo caso Bastia, colocado a 8 de Dezembro de 1976 e decidido a 28 de Fevereiro do ano seguinte.

Em matéria de competência para julgar casos de danos causados por poluição, atente-se ainda ao artigo 19.º da Convenção de Lugano de 1993 acima referida. Assim, de acordo com o seu n.º 1, as acções para reparação de danos devem ser apresentadas no tribunal (a) do local onde o dano foi sofrido; (b) do local onde a actividade perigosa se desenrolou ou (c) do local da residência habitual do defensor. No hipótese do autor ser uma organização regem os n.º 3 e 4. Este último refere-se ao tribunal do local onde a actividade perigosa se desenrolou ou irá desenrolar-se ou do local onde devem ser tomadas as medidas apropriadas.

Por fim, chame-se a atenção para o artigo 130.º da LDIPR suíça respeitando a competência dos tribunais helvéticos nas acções respeitantes a danos causados por uma instalação nuclear ou resultantes do transporte de materiais nucleares. Quanto às emissões, de forma mais genérica, o artigo 138.º do mesmo diploma dispõe, num sentido próximo de *favor laesi* e princípio da ubiquidade que, *"les prétensions résultant des immissions dommageables provenant d'un immeuble sont régies, au choix du lésé, par*

---

pétent pourrait ne pas être la même pour toutes les catégories d'actes illicites; elle pourrait dépendre de la nature du délit. S'agissant d'un dommage causé par une pollution internationale, on pourrait penser que la nature de ce délit commande de laisser au demandeur le choix du for. Si cette faculté d'option n'était pas ouverte par la convention, la nature du délit, en cas de pollution internationale, devrait conduire à retenir la compétence du juge du lieu où le dommage s'est produit.

En matière de pollution de l'environnement, un acte pourrait être qualifié d'illicite en raison de ses conséquences nuisibles plutôt qu'en raison de la nature du premier acte. Cette pollution pourrait être due à une omission illicite et, contrairement au dommage, une omission illicite seriat souvent difficilement localisable, lorsqu'une certaine distance sépare la cause de l'effet. Pour cette raison également, il n'apparaîtrait pas souhaitable d'exclure la compétence du juge du lieu du dommage.

Lorsque le dommage est causé par plusieurs auteurs, établis dans divers pays, l'attribution de compétence au juge du lieu où le dommage s'est réalisé présenterait l'avantage que la partie laisée peut saisir de toutes ses demandes en cette matière un seul et même juge; ceci favoriserait, dans une certaine mesure, le traitement égal de situations identiques.

Ces considérations vaudraient en particulier pour les actes qui entraînent une pollution de l'environnement dans divers pays. Dans le cadre de la politique juridique qui doit être suivie en matière d'environnement, il conviendrait de réservé au préjudicié une position forte, notamment en le plaçant dans une situation favorable au point de vue de la procédure." BALLARINO, ob. cit., pgs. 323-324 nota 44.

le droit de l'Etat dans lequel l'immeuble est situé ou par le droit de l'état dans lequel le résultat s'est produit".[89]

A segunda questão que se coloca é a de saber qual a lei competente, qual o ordenamento jurídico aplicável a um determinado diferendo. Encontrado o Estado do foro, vai ser este a determinar, em particular através do seu sistema de normas de conflitos (quando existe), qual a lei competente. No entanto, nem sempre este, nem os órgãos de aplicação do Direito se encontram preparados para fazer face a situações que envolvam mais do que um ordenamento jurídico, sobretudo se se verificar que se deve aplicar uma lei estrangeira. Assim, por se julgar que os tribunais desempenham melhor a sua tarefa ao aplicarem um ordenamento que conhecem e dominam, o do foro, é a lei local que acaba, normalmente, por ser aplicada, apesar de nem sempre ser a mais adequada para dirimir o conflito. Esta solução, além de revelar falta de maturidade jurídica, põe em causa o princípio da não discriminação e da *public choice*.

O artigo 3.º n.º 2 da Convenção de Protecção Ambiental do Nórdico estipula que a queixa não deve ser julgada de acordo com as regras menos favoráveis do que as que o juiz aplicaria no Estado onde a actividade danosa teve lugar. Por outras palavras, aplica-se a lei estrangeira se esta for mais favorável ao queixoso. No entanto, a prática jurisdicional internacional tem sido muito variada com soluções diversas. Ou seja, a decisão da lei competente ainda se encontra no arbítrio dos tribunais do foro que preferem a *lex fori*.

Refira-se, aliás, que se verifica a tendência de escolher a competência do tribunal de acordo com a lei que se quer aplicar à situação controvertida, regra geral a do foro, num caso claro de *fórum shopping*[90]. Veja-se rapidamente dois casos, embora com soluções distintas: Amoco Cadiz e Bhopal.

O caso do Amoco Cadiz é paradigmático, não apenas pelo alerta da opinião pública mas também por ter terminado com uma decisão judicial proferida pelo Tribunal do Distrito Norte de Illinois, a 11 de Janeiro de 1988. Recorde-se que o petroleiro liberiano naufragou em águas francesas e pertencia à Amoco Transport Company com sede efectiva nas Bermudas

---

[89] CONFERENCE de LA HAYE de DROIT INTERNATIONAL PRIVE, ob. cit., pgs. 17 e ss.. Sobre o caso holandês, cf. BETLEM, *Civil Liability for Transfrontier Pollution, Dutch Environmental Tort Law in International Cases in the Light of Community Law*, Graham & Trotman/Martinus Nijhoff, Londres, 1993, pgs. 154 e ss..

[90] Neste sentido, BALLARINO, ob. cit., pgs. 318 e 374; BOUREL, ob. cit., pg. 376.

que fazia parte do Grupo americano Standard Oil. Este último foi considerado responsável pelos prejuízos, na primeira parte do processo, numa lógica de *lifting the corporate veil*. Quanto aos prejuízos, o caso foi apresentado, como se viu, a um tribunal americano que viria a aplicar, de forma dúbia na nossa opinião, a *lex fori* com base na dificuldade de prova do Direito estrangeiro aplicável (direito francês[91] a título de *lex loci delicti commissi*[92]) e no carácter *facultativo (fakultatives/dispositives internationales Privatrecht)* da norma de conflitos referente à responsabilidade extra-contratual. Ou seja, assiste-se à discriminação habitual do Direito estrangeiro apesar do juiz reconhecer que a lei dos Estados-Unidos não pode ser considerada como a *proper law of the tort*.[93] Mais, refira-se que se colocam outras questões quanto à determinação da lei aplicável porque tanto a França como a Libéria eram, no momento do desastre, Partes Contratantes da Convenção de Bruxelas de 1969 sobre a responsabilidade civil por danos causados por poluição por hidrocarbonetos, ao contrário dos Estados-Unidos. Por outro lado, a norma francesa relativa ao *plafond* de indemnização era uma norma de aplicação imediata. No entanto, aplicou-se o Direito americano, mais favorável na altura às vítimas pois o regime da Convenção e francês limitavam a responsabilidade do proprietário do navio. Ou seja, imperou a *lex favor laesi* em contraposição com o declínio da *lex loci delicti commissi*.[94]

No Caso Bhopal poder-se-ia pensar que o tribunal chamado a dirimir a questão fosse indiano já que as vítimas eram indianas e o acidente deu--se em território indiano. Contudo, a fábrica pertencia em 50,9 % à americana Union Carbide Corporation (UCC) que tentou resolver o litígio amigavelmente. Várias vítimas (ou representantes) propuseram nos Estados--Unidos acções de indemnização mas o Estado indiano, por lei de 1985, assumiu o poder exclusivo de representação judicial das vítimas do desastre. Assim, uma acção conjunta foi apresentada no Federal District Court for the Southern District of New York, na medida em que se pretendia a aplicação da lei mais favorável para as vítimas. Os juris das grandes cida-

---

[91] Não deixa de ser irónico o Direito gaulês ter sido aplicado para apurar a legitimidade dos autores na acção.
[92] Sobre a *lex loci delicti*, cf. BETLEM, ob. cit., pgs. 170 e ss..
[93] BALLARINO, ob. cit., pgs. 344-345.
[94] BALLARINO, ob. cit., pgs. 346-347; BOUREL, ob. cit., pgs. 284 e 291; CONFERENCE de LA HAYE de DROIT INTERNATIONAL PRIVE, ob. cit., pgs. 27-29. Sobre a *lex favor laesi* e o Direito Comparado, A. REST, *The More*…, pgs. 58 e ss..

des americanas, em especial de Nova Iorque, tendem a ser extremamente generosos na determinação de montantes indemnizatórios. Daí a tendência de apresentar acções nos tribunais das grandes cidades mesmo quando o caso tem poucos laços com estas. Contudo, no caso em análise, o Juiz Keenan, responsável pelo processo, declarou-se *forum non conveniens*, já que o acidente tinha ocorrido na Índia, as testemunhas eram na maioria indianas (sem falar inglês), a fiscalização do local do acidente era mais fácil na Índia. A UCC voltou então a tentar um acordo amigável que o Supremo Tribunal Indiano aconselhou a aceitar.[95]

Refira-se ainda uma decisão peculiar quanto à lei aplicável em matéria de danos causados por poluição proferida pelo Juiz Weinstein no Court of Appeal Eastern District of New York, numa *class action* relativa ao agente laranja utilizado na guerra do Vietnam. As vítimas pertenciam a vários Estados americanos, à Austrália e Nova Zelândia. O produto nocivo foi fabricado em diversos Estados e no estrangeiro. Os danos ocorreram no Vietname do Sul que não existia aquando da instauração do processo. Afastada a lei federal, a solução do caso deveria passar pela aplicação de uma lei de um Estado (ordenamento complexo) mas nenhuma parecia convir. Assim, o Juiz Weinstein inventou uma pretensa *"federal or national consensus substantive law"*, ou seja, uma lei uniforme estabelecida através de um compromisso entre as diferentes leis potencialmente aplicáveis, com base na qual decidiu. No fundo, trata-se de uma solução que busca a equidade e compatibilidade com o espírito do sistema jurídico americano.[96]

No caso português, para a determinação da lei aplicável, seria de atender ao disposto no artigo 45.º do CC que se debruça sobre o conceito-quadro de responsabilidade extracontratual, questão central a dirimir nos litígios relativos a danos sofridos por poluição ou degradação ambiental. Refira-se que da leitura conjunta dos seus n.ºs 1 e 2 resulta uma solução semelhante à apresentada pela Convenção de Protecção Ambiental do Nórdico acima referida. Por outro lado, refira-se que, em abstracto, o n.º 3 também é passível de aplicação a litígios ambientais.

Por outro lado, no caso português, considerando o legado de Ferrer Correia em matéria de Direito Internacional Privado no Código Civil de 1966, há ainda que ponderar a aplicação dos artigos 16.º a 19.º relativos à devolução, para apurar o ordenamento jurídico aplicável e ainda, em caso

---

[95] BALLARINO, ob. cit., pgs. 358-359.
[96] BALLARINO, ob. cit., pg. 378.

de este postular uma solução suficientemente grave e chocante, fazer apelo, à excepção de ordem pública internacional. Por fim, refira-se que, no caso de não ser possível determinar a lei competente, o artigo 23.º n.º 2 do CC permite a aplicação de uma lei subsidiária e se esta não for encontrada recorrer ao artigo 348.º n.º 3 do mesmo diploma legal e à aplicação do Direito interno lusitano. Isto não significa, contudo, que na prática não se opte por aplicar, sem mais, a lei do foro.

Para terminar, analisemos a questão da aplicação e execução (reconhecimento) de sentenças. A aplicação e execução de sentenças fora do Estado do foro depende em grande medida da boa vontade do terceiro Estado ou da existência de uma convenção nesse sentido, já que se trata de uma via de introdução indirecta de conteúdos jurídicos estrangeiros. Para Portugal, há que ter em conta o regime especial da Convenção de Bruxelas e da jurisprudência do TJCE. Assim, se as vítimas podem escolher a jurisdição que lhes é mais favorável, por outro lado, vêm asseguradas pela Convenção a eficácia da decisão do julgamento no tribunal local no Estado do poluidor. Por outras palavras, a Convenção estabelece o reconhecimento automático de actos públicos estrangeiros (artigo 26.º) à excepção do efeito executivo (artigos 31.º e ss.), salvo nas condições dos artigos 27.º e 28.º. No que concerna o regime interno de reconhecimento de sentenças, veja-se os artigos 1094.º e ss. do CPC que estabelecem uma acção predominantemente formal para o reconhecimento de sentenças estrangeiras. Chame-se, no entanto, a atenção para o facto de nem todos os efeitos deverem ser submetidos a este processo: os efeitos probatórios, de mero facto jurídico e alguns casos de efeitos constitutivos. Assim, por exemplo, os factos dados como provados numa sentença estrangeira podem servir para provar perante o juiz português algumas circunstâncias que se pretendem demonstrar mas, evidentemente, estão sujeitos a livre apreciação. Também se admite o reconhecimento imediato quanto ao estado e capacidade relativos a factos que não careçam de registo em Portugal. Pense-se na problemática das presunções de sobrevivência e das sucessões por morte.[97]

Cabe apenas concluir desejando ter estado à altura do repto que me foi lançado e ter contribuído para fomentar o interesse numa área de interesse crescente do Direito Internacional Privado, a saber, o Ambiente, em que, como podemos observar, os caminhos ainda estão por desbravar

---

[97] BALLARINO, ob. cit., pgs. 314 e ss..

muito por culpa dos interesses político-económicos dos Estados e do seu apego a um conceito de soberania cada vez mais esvaziado e caduco.

Abreviaturas

CC	– Código Civil
CDI	– Comissão de Direito Internacional
CPC	– Código de Processo Civil
CRP	– Constituição da República Portuguesa
CSC	– Código das Sociedades Comerciais
DIA	– Direito Internacional do Ambiente
DIP	– Direito Internacional Público
DS	– Desenvolvimento Sustentado
LBA	– Lei de Bases do Ambiente
LDIPDR	– Lei de Direito Internacional Privado
PCH	– Património Comum da Humanidade
PNUA	– Programa das Nações Unidas para o Ambiente
STJ	– Supremo Tribunal de Justiça
TCE	– Tratado da Comunidade Europeia
TIJ	– Tribunal Internacional de Justiça
TJCE	– Tribunal de Justiça da Comunidade Europeia
ZEE	– Zona Económica Exclusiva

II
DIREITO CIVIL

DA NATUREZA CIVIL DO DIREITO DO CONSUMO

DOUTOR ANTÓNIO MENEZES CORDEIRO
Professor Catedrático da Faculdade de Direito da Universidade de Lisboa

> SUMÁRIO: *I. Origens e evolução geral: 1. Noção básica; 2. Fundamentação significativo-ideológica; 3. O Direito europeu; 4. As transposições para a ordem interna. II. Aspectos regulativos do Direito do consumo: 5. A defesa do consumidor e a Lei n.º 24/96, de 31 de Julho; 6. Os direitos do consumidor; 7. A sua natureza vinculativa; a defesa; 8. Aspectos complementares; 9. Um paradigma de dogmática integradora: os contratos pré-formulados; 10. A publicidade comercial. III. A natureza do Direito do consumo: 11. Um sector unitário e coerente? 12. O problema da codificação; 13. As especificidades materiais do consumo; a) O conceito de consumidor; 14. Segue; b) Outros aspectos e conclusão.*

I – ORIGENS E EVOLUÇÃO GERAL

1. Noção básica

I. A defesa do consumidor apresenta-se, hoje, como uma tarefa do Estado. No nosso País, ela resulta do artigo 60.º da Constituição, cujo teor cumpre recordar[1]:

---

[1] O final do artigo 60.º/3 da CR ("... sendo-lhe reconhecida legitimidade ...") foi aditado pela Revisão Constitucional de 1997; trata-se, efectivamente, de uma das mais eficazes evoluções, no campo da tutela do consumidor, como adiante melhor será sublinhado. Cf. ALEXANDRE SOUSA PINHEIRO/MÁRIO JOÃO DE BRITO FERNANDES, *Comentário à IV Revisão Constitucional* (1999), 185 ss..

1. Os consumidores têm direito à qualidade dos bens e serviços consumidos, à formação e à informação, à protecção da saúde, da segurança e dos seus interesses económicos, bem como à reparação dos danos.
2. A publicidade é disciplinada por lei, sendo proibidas todas as formas de publicidade oculta, indirecta ou dolosa.
3. As associações de consumidores e as cooperativas de consumo têm direito, nos termos da lei, ao apoio do Estado e a ser ouvidas sobre as questões que digam respeito à defesa dos consumidores, sendo-lhes reconhecida legitimidade processual para defesa dos seus associados ou de interesses colectivos ou difusos.

A tutela do consumidor é tão antiga quanto o Direito. Todavia, apenas no período industrial e pós-industrial ela ganhou autonomia sistemática e dogmática, surgindo como possível objecto de uma disciplina

II. Na linguagem económica aceite pelo Direito, o consumidor é o destinatário final dos bens e dos serviços. Nesta acepção, ele contrapõe-se quer ao produtor, quer ao distribuidor. Trata-se de um critério autónomo: não estão necessariamente em causa coisas consumíveis, tal como emergem do artigo 208.°, do Código Civil[2]. O consumidor pode efectivamente concluir o circuito económico adquirindo coisas tecnicamente não-consumíveis. Pois bem: o Direito do consumo viria dispensar ao consumidor, enquanto elo terminal do circuito económico, um regime especial, tendencialmente mais favorável.

III. Em rigor, a expressão técnica preferível deveria ser consumador e não consumidor. Temos dois étimos latinos distintos: *consummare* (realizar ou terminar), na base de consumar e *consumere* (destruir ou absorver), na origem de consumir. Ora o "consumidor" (*consummator*) é-o por consumar o circuito económico, adquirindo o bem final e não por consumir o bem adquirido (seria, então, o *consumptor*): essa opção depende da natureza do bem e das decisões do adquirente, sendo juridicamente indiferente.

Em francês, diz-se, no campo do Direito do consumo, *consommateur* e *consommer*[3] e não *consompteur* e *consumer*: expressões correctas, mas para designar o autor e o acto de consumir (comer, assimilar). Quanto a

---

[2] Cf. o nosso *Tratado de Direito civil português* I/2, 2ª ed. (2002), 155-156.
[3] *Vide* JEAN CALAIS-AULOY/FRANK STEINMETZ, *Droit de la consommation*, 6ª ed. (2003), 8.

coisas consumíveis: na língua de MOLIÈRE, são *consomptibles* e não *consommables* ...

Toda a subsequente confusão de étimos advém de más traduções do francês, que vieram mesmo contagiar o alemão jurídico. Aí usa-se *verbrauchen* quer para as coisas consumíveis (*verbrauchbare Sache*, § 92 do BGB), quer para o consumidor (*Verbraucher*, § 13 do BGB) quando, em rigor, este seria o *Vollender* (consumador).

A apontada confusão etimológica está ... consumada. O barbarismo envolvido não é inóquo: chamando-se consumidor ao consumador, está-se a pequena distância de exigir que ele possa, mesmo ... consumir os bens. Teria, pois, de ser pessoa singular. Adiante veremos o infundado desta opção, todavia bastante radicada.

2. Fundamentação significativo-ideológica

I. Desde o início que o Direito visou proteger os fracos[4]. Quer no Direito romano, quer no antigo Direito português, surgem normas destinadas a acautelar a posição dos adquirentes e a dos destinatários de certos serviços, especialmente os ligados à saúde pública.

Nos finais do século XIX, os progressos económicos derivados da revolução industrial e do desenvolvimento dos meios de transporte vieram multiplicar exponencialmente os bens à disposição dos interessados. Paralelamente, deu-se um alongamento do circuito económico, de tal modo que o adquirente final não tem qualquer contacto com o produtor. Quando fique mal servido, pouco ou nada poderá fazer junto deste, enquanto os intermediários facilmente descartariam qualquer responsabilidade. Em suma: questões velhas põem-se, agora, em termos quantitativa e politicamente diferentes.

O problema agudiza-se com a publicidade e as suas técnicas de criar necessidades aparentes, a satisfazer com bens vistosos, mas de qualidade nem sempre assegurada. O Estado intervinha em casos extremos: por exemplo, para proteger a saúde pública. Quanto ao resto: caberia ao mercado resolver.

---

[4] Quanto à História do Direito do consumo: EIKE VON HIPPEL, *Verbraucherschutz*, 3ª ed. (1986), 5 ss..

II. A interiorização do circuito económico como algo de finalisticamente dirigido ao consumidor e os sucessivos progressos efectivados no domínio dos transportes, da electricidade e da electrónica, levaram a que, globalmente, toda a sociedade fosse virada para um consumo sem limites absolutos. Pensadores de diversa formação vieram exigir uma protecção.

Podemos falar num nível significativo-ideológico da tutela do consumidor. No pós-guerra de 1945, economistas como J. K. GALBRAITH vieram sublinhar os excessos do capitalismo, no prisma dos cidadãos destinatários dos bens[5].

Em 1957, o norte-americano VANCE PACKARD explicou que a publicidade visava a manipulação do consumidor[6]. Trata-se de um tema presente sempre que se discutam questões de excessos de publicidade[7].

Uma referência especial deve ser feita a MARCUSE, alemão emigrado nos Estados Unidos, desde 1934, e Autor, em 1964, da obra *One Dimensional Man*[8]. Com recurso às categorias da dialéctica hegeliana[9], é posta em causa a paridade que, supostamente, subjazeria às opções dos consumidores[10].

Uma consagração impressiva da universalidade do tema ficou associada às muito citadas palavras do Presidente JOHN F. KENNEDY, na sua mensagem ao Congresso, de 1962: *Consumers, by definition, include as all*[11].

A aprovação de regras de tutela do consumidor pareceria, assim, matéria fácil e consensual. Mas os problemas não tardariam.

---

[5] J. K. GALBRAITH, *American Capitalism/The Concept of Countervailing Power* (1952); um troço significativo pode ser conferido em JOHN KENNETH GALBRAITH, *The Essencial Galbraith*, ed. ANDREA D. WILLIAMS (2001), 2 ss..

[6] VANCE PACKARD, *The Hidden Persuaders* (1957, 46ª reimp., 1976); cf., aí, 8 ss., quanto à persuasão como consumidores e 155 ss., como cidadãos.

[7] Assim: ALFONS VOGT/STEFAN VOGT, *Die Entwicklung des Wettbewerbsrechts in der Zeit von 1975 bis 1979*, NJW 1981, 12-17 (16), a propósito de jogos publicitários e KARL-HEINZ FEZER, *Imagewerbung mit gesellschaftskritischen Themen im Schutzbereich der Meinung und Pressfreiheit*, NJW 2001, 580583 (581/I).

[8] HERBERT MARCUSE, *One-Dimensional Man/Studies in the Ideology of Advanced Industrial Society* (1964), com 2ª ed., nova introdução por DOUGLAS KELLNER (1991); cf., aí, p. ex., 4 ss., quanto às falsas necessidades.

[9] Cf. KLAUS ADOMEIT, *Herbert Marcuse, der Verbraucherschutz und das BGB*, NJW 2004, 579-582 (580/I).

[10] Idem, *Die gestörte Vertragsparität/ein Trugbild*, NJW 1994, 2467-2469 (2468).

[11] Cf. o subtítulo de ADOMEIT, *Herbert Marcuse* cit., 579, bem como EIKE VON HIPPEL, *Verbraucherschutz*, 3ª ed. cit., 6.

III. Por definição, o consumidor irá suportar todos os custos do processo conducente à disponibilidade dos bens que ele procura. As cautelas e os controlos que o legislador queira impor traduzem-se em novos custos pagos, fatalmente, pelo próprio consumidor. As medidas a encarar terão, de certo modo, de se suportar a si próprias, reduzindo despesas alhures, dentro do circuito económico. Mas essa redução só é pensável na parcela em que se combatam preços monopolistas ou práticas abusivas que distorçam a verdade do mercado. Além disso, haverá que contar com a resistência dos agentes que ocupem segmentos a montante do circuito económico. Novo obstáculo é, ainda, constituído pela postura dos consumidores, desorganizados e motivados pelo "feitichismo" das mercadorias.

O Direito tradicional português continha regras de protecção aos adquirentes, inseridas no contrato de compra e venda. Não eram suficientes para suportar um sector autónomo de tutela do consumidor. Tal sector acabaria por advir pela força das "ideologias" dos consumidores e da pressão comunitária. Assim sucederia nos diversos países europeus[12], com projecções no ordenamento da União Europeia.

3. O Direito europeu

I. O Tratado de Roma, na versão de 1957, não continha nenhum preceito relativo aos consumidores. Além disso, ele perfilhava um pensamento "produtivista", preocupando-se, essencialmente, em abolir os entraves à livre circulação dentro das fronteiras comunitárias[13]. Apenas 15 anos volvidos, na Cimeira de Paris, os fundadores da Comunidade assentaram em que, para além dos objectivos puramente económicos, haveria que melhorar as condições de vida das populações, com reforço da tutela dos consumidores. Em 1975, o Conselho adoptou um "programa preliminar da CEE para uma política de protecção e de informação do consumidor[14], apoiado em cinco direitos fundamentais, a ele reconhecidos:

---

[12] Cf. as duas obras de referência: PETER BÜLOW/MARCUS ARTZ, *Verbraucherprivatrecht* (2003), 14 ss. e BETTINA HEIDERHOFF, *Grundstrukturen des nationalen und europäischen Verbrauchervertragsrechts/Insbesondere zur Reichweite europäischer Auslegung* (2004), 1 ss. e 41 ss..

[13] NORBERT REICH, *Der Verbraucher im Binnenmarkt*, em NORBERT REICH/HANS W. MICKLITZ, *Europäisches Verbraucherrecht*, 4ª ed. (2003), 9-80 (14 ss.).

[14] Cf. CALAIS-AULOY/FRANK STEINMETZ, *Droit de la consommation*, 6ª ed. cit., 35 e NORBERT REICH, *Der Verbraucher im Binnenmarkt* cit., 16.

– o direito à protecção das suas saúde e segurança;
– o direito à protecção dos seus interesses económicos;
– o direito à reparação dos danos sofridos;
– o direito à informação e à formação;
– o direito à representação ou a ser ouvido.

II. A consagração comunitária em conjunto com a divulgação dos temas dos consumidores levaram à aprovação da Lei n.º 29/81, de 22 de Agosto: o primeiro regime de defesa do consumidor[15]. O momento foi acompanhado pelos primeiros estudos alargados sobre o Direito do consumo[16]. Verificava-se um amadurecimento que justificou o passo seguinte: a Revisão Constitucional de 1982 introduziu um artigo 110.º – hoje 60.º – relativo aos "direitos dos consumidores", e acima transcrito.
É patente o enunciado comunitário de 1975, particularmente no n.º 1.

III. Entretanto, o Acto Único de 1987 veio estabelecer um horizonte para o mercado interno: 31-Dez.-1992. Além disso, facilitou os esquemas de tomada de decisão. Com um risco: o de se proceder a uma harmonização das legislações com alinhamento pelas menos protectoras. Por isso, o artigo 100.ºa – hoje: 95.º – do Tratado, no seu n.º 3, veio dispor:

> A Comissão, nas suas propostas previstas no n.º 1 em matéria de saúde, de segurança, de protecção do ambiente e de defesa dos consumidores, basear-se-á num nível de protecção elevado, tendo nomeadamente em conta qualquer nova evolução baseada em dados científicos. No âmbito das respectivas competências, o Parlamento Europeu e o Conselho procurarão igualmente alcançar esse objectivo.

IV. No plano interno, agora fortalecido com o apoio constitucional e com a inspiração europeia, foram adoptados diplomas importantes, com relevo para o Decreto-Lei n.º 238/86, de 19 de Agosto, que fixa a obriga-

---

[15] A Lei n.º 29/81 foi acompanhada por outros diplomas sugestivos: o Decreto-Lei n.º 195/82, de 21 de Maio, sobre associações de consumidores e o Decreto Regulamentar n.º 8/83, de 5 de Fevereiro, relativo ao Instituto Nacional de Defesa do Consumidor. Como curiosidade: o texto da Lei n.º 29/81, de 22 de Agosto, pode ser confrontado, em língua inglesa, em anexo a EIKE VON HIPPEL, *Verbraucherschutz*, 3ª ed. cit., 392-397; desse anexo constam outras leis, da época.

[16] Com relevo para CARLOS FERREIRA DE ALMEIDA, *Os direitos dos consumidores* (1982), 360 pp., e *Negócio jurídico de consumo/Caracterização, fundamentação e regime jurídico*, BMJ 347 (1985), 1138.

toriedade do uso da língua portuguesa nas informações sobre bens ou serviços oferecidos ao público[17], para o Decreto-Lei n.º 253/86, de 25 de Agosto, que define práticas comerciais incorrectas, designadamente a da redução de preços, pelo prisma da defesa do consumidor[18] e para o Decreto-Lei n.º 213/87, de 28 de Maio, que estabelece normas sobre bens e serviços que possam implicar perigo para os consumidores.

4. As transposições para a ordem interna

I. No Tratado que estabelece uma Constituição para a Europa, a matéria foi autonomizada no artigo II-98.º (Defesa dos consumidores), que dispõe:

> As políticas da União devem assegurar um elevado nível de defesa dos consumidores.

No plano comunitário, inicia-se uma produção de directrizes com relevo no plano da defesa do consumidor[19]. A sua transposição origina novas regras nacionais. Assim e como exemplo:

– Directriz n.º 87/355/CEE, de 25-Jun.-1987[20], relativa a imitações perigosas: foi transposta pelo Decreto-Lei n.º 150/90, de 10 de Maio[21];

– Directriz n.º 91/493/CEE, de 22 de Julho[22], referente à produção e colocação no mercado de produtos da pesca, alterada pela Directriz n.º 95/71/CE, de 22 de Dezembro[23]: foi transposta pelo Decreto-Lei n.º 375/98, de 24 de Novembro;

– Directriz n.º 96/22/CE, de 29 de Abril[24], que proíbe a utilização de certas hormonas, na produção animal; foi transposta pelo Decreto-Lei n.º 150/99, de 7 de Maio;

---

[17] Alterado pelo Decreto-Lei n.º 42/88, de 6 de Fevereiro e reforçado pelo Decreto-Lei n.º 62/88, de 27 de Fevereiro, no tocante a máquinas, aparelhos, utensílios e ferramentas.
[18] Alterado pelo Decreto-Lei n.º 73/94, de 3 de Março.
[19] Cf. BETTINA HEIDERHOFF, *Grundstrukturen des nationalen und europäischen Verbrauchervertragsrechts* cit., 42 ss..
[20] JOCE N.º L 192, 49-50, de 11-Jul.-1987.
[21] Rect. DR I Série, n.º 175/90, de 31-Jul.-1990, 1.º Suplemento.
[22] JOCE N.º L 268, 15-34, de 24-Set.-1991.
[23] JOCE N.º L 332, 40-41, de 30-Jan.-1995.
[24] JOCE N.º L 125, 3-9, de 21-Mai.-1996.

– Directriz n.º 98/6/CE, de 16 de Fevereiro[25], relativa à fixação de preços: foi transposta pelo Decreto-Lei n.º 162/99, de 13 de Maio.

Podemos afirmar, através de muitas dezenas de diplomas similares, que existe toda uma área, marcadamente técnica, em que a defesa do consumidor se consubstancia em preceitos regulamentares.

II. Paralelamente, surgiram as grandes directrizes civis de tutela do consumidor: n.º 85/374/CEE, de 25 de Julho, sobre responsabilidade do produtor[26], n.º 85/577/CEE, de 20 de Dezembro, referente a contratos celebrados fora do estabelecimento, n.º 87/102/CEE, de 22 de Dezembro, quanto a crédito ao consumo, n.º 94/47/CE, de 26 de Outubro, sobre direitos reais de habitação periódica, n.º 97/7/CE, de 20 de Maio, quanto a vendas à distância e n.º 99/44/CE, de 25 de Maio, reportada a vendas de bens de consumo[27].

Verifica-se, ainda, outro ponto relevante: temas de ordem mais geral vêm a ser aproximados, comunitariamente, da tutela do consumidor. Tal o caso da Directriz n.º 93/13/CEE, de 5 de Abril, sobre cláusulas abusivas nos contratos com consumidores. O Tribunal de Justiça da Comunidade vem produzindo decisões importantes que permitem modelar aspectos significativos desta área jurídica[28].

Toda esta matéria não tem unidade dogmática: a não ser por referência ao Direito civil[29].

III. A prática colhida e os elementos comunitários recomendavam uma revisão mais aprofundada da Lei de Defesa do Consumidor, de 1981.

---

[25] JOCE N.º L 80, 27-31, de 18-Mar.-1998.

[26] Uma das mais referidas na nossa jurisprudência; p. ex., RPt 13-Jul.-2000 (MOREIRA ALVES), CJ XXV (2000) 4, 179-182, RPt 6-Mar.-2001 (DURVAL MORAIS), CJ XXVI (2001) 2, 166-169 e STJ 29-Mar.-2001 (MIRANDA GUSMÃO), CJ/Supremo IX (2001) 1, 192-196.

[27] Referida ainda antes da transposição em RLx 23-Mai.-2002 (ANA PAULA BOULAROT), CJ XXVII (2002) 3, 85-86 (86).

[28] REINER SCHULZE/HANS SCHULTE-NÖLKE (publ.), *Casebook/Europäisches Verbraucherrecht* (1999), onde podem ser confrontados vinte casos exemplares da área do consumo, acompanhados de interessantes comentários.

[29] Cf. TOBIAS TRÖGER, *Zum Systemdenken im europäischen Schuldvertragsrecht/Probleme der Rechtsangleichung durch Richtlinien am Beispiel der Verbrauchsgüterkauf-Richtlinie*, ZeuP 2001, 525-540; este Autor recorda logo o cepticismo suscitado pelas directrizes e pondera a hipótese de uma codificação europeia plena.

Surgiu uma autorização legislativa: a da Lei n.º 60/91, de 13 de Agosto, que invocava a adequação ao ordenamento comunitário e ao novo enquadramento constitucional. Sem seguimento. Apenas cinco anos mais tarde, a Lei n.º 24/96, de 31 de Julho, fixou o regime legal aplicável à defesa dos consumidores. Poucos dias antes, a Lei n.º 23/96, de 26 de Julho, criara mecanismos destinados a proteger o utente de serviços públicos essenciais. A Lei n.º 24/96 – Lei de Defesa do Consumidor ou LDC – originou diversa legislação complementar.

As directrizes civis foram sendo objecto de transposição para leis civis extravagantes. Registaram-se atrasos: imputáveis à turbulência política mais do que à impreparação dos departamentos especializados. Todo um sector ganhou, entretanto, corpo, em torno da publicidade. Vigora o Código da Publicidade, aprovado pelo Decreto-Lei n.º 330/90, de 23 de Outubro, com alterações subsequentes, a última das quais adoptada pela Lei n.º 32/2003, de 22 de Agosto. Há diversas directrizes envolvidas.

III. No plano comunitário, cumpre referir o Tratado de Amsterdão, de 2-Out.-1997, que conduziu ao (actual) artigo 153.º do Tratado[30], cujo n.º 1 cumpre reter:

> A fim de promover os interesses dos consumidores e assegurar um elevado nível de defesa destes, a Comunidade contribuirá para a protecção da saúde, da segurança e dos interesses económicos dos consumidores, bem como para a promoção do seu direito à informação, à educação e à organização para a defesa dos seus interesses.

Este preceito surge no artigo III-235.º/1, da Constituição Europeia.

No fundo, estamos perante a reposição do programa da velha cimeira de Paris: de 1975. A forma solenemente assumida para o papel da União deixa esperar ulteriores actuações comunitárias em prol do consumidor. Foram, ao tempo do Tratado de Amsterdão, apontadas três hipóteses[31]:
– a harmonização sectorial, de acordo com os problemas concretos;
– o desenvolvimento de um Direito privado especial do consumidor;

---

[30] Cf. DIRK STAUDENMEYER, *Europäisches Verbraucherschutzrecht nach Amsterdam/Stand und Perspektiven*, RIW 1999, 733-737 (734), ponderando as alterações.
[31] *Idem*, 736-737.

– a codificação europeia do núcleo do Direito civil aqui relevante.

Por exclusão de partes, parece prevalecer a primeira hipótese. Uma (verdadeira) codificação europeia tem levantado dificuldades intransponíveis, enquanto um (também verdadeiro) Direito privado especial do consumo não tem apoio nas fontes e nos princípios. Esse ponto terá, todavia, de ser verificado.

II – ASPECTOS REGULATIVOS DO DIREITO DO CONSUMO

5. A defesa do consumidor e a Lei n.º 24/96, de 31 de Julho

I. O Direito do consumo, pela sua origem como pela vincada cobertura significativo-ideológica que o anima, está fortemente ligado a princípios de tipo militante. Isto é: a princípios que, em vez de resultarem de uma tarefa sistematizadora operada sobre múltiplas soluções periféricas para problemas concretos, como sucede no Direito civil, antes se apresentam como fontes inspiradoras de soluções.

Tais princípios podem, de resto, agrupar-se num vector básico: o da própria defesa do consumidor, assumido como máxima básica do Direito do consumo. A Ciência do Direito não deve, todavia, progredir apoiada em asserções tão vagas e genéricas. Há que precisar.

II. A máxima da defesa do consumidor pode analisar-se em diversas projecções. Assim:
– é um princípio programático, que o legislador ordinário deve ter presente, nos mais diversos quadrantes normativos;
– é um vector sistemático que permite agrupar e interpretar em conjunto múltiplas normas que visem a tutela do consumidor;
– é uma área formalmente delimitada da ordem jurídica que assume a finalidade expressa da tutela do consumidor.

Os aspectos programáticos têm a ver com a concretização do artigo 60.º da Constituição, designadamente no que ele não tenha de directamente aplicável. Tal papel coube à referida Lei n.º 29/81, de 22 de Agosto, depois substituída pela Lei n.º 24/96, de 31 de Julho: a Lei de Defesa do Consumidor (LDC)[32].

III. A LDC abrange 25 artigos repartidos por cinco capítulos: I – Princípios gerais (1.º e 2.º); II – Direitos do consumidor (3.º a 15.º); III – Carácter injuntivo dos direitos dos consumidores (16.º); IV – Instituições de promoção e tutela dos direitos do consumidor (17.º a 22.º); V – Disposições finais (23.º a 25.º).

Como princípios gerais, a lei apresenta o dever de protecção do Estado (1.º) e define, como consumidor – artigo 2.º/1[33]:

> (...) todo aquele a quem sejam fornecidos bens, prestados serviços ou transmitidos quaisquer direitos, destinados a uso não profissional, por pessoa que exerça com carácter profissional uma actividade económica que vise a obtenção de benefícios.

Trata-se de uma noção indevidamente estreita, uma vez que os consumidores devem ser protegidos perante entidades que forneçam bens ou serviços "sem carácter profissional" ou sem visar "a obtenção de benefícios". De resto, logo o artigo 2.º/2 inclui no âmbito da protecção, as actuações desenvolvidas pelo Estado, em diversas das suas configurações. E como veremos a propósito das especificidades materiais do consumo, nenhuma razão existe para se limitar a tutela às pessoas singulares.

6. Os direitos do consumidor

I. Como sucede nas áreas jurídicas envolvidas em objectivos marcados, com escopos programáticos assumidos e militância cívica, o Direito de consumo apresenta "direitos", a defender e a incentivar. Cumpre fazer um rápido levantamento.

---

[32] Cf. a Rectificação n.º 16/96, de 13 de Novembro, bem como a alteração introduzida pelo Decreto-Lei n.º 67/2003, de 8 de Abril.

[33] O § 13 do BGB, na redacção dada pela Lei de 30-Mar.-2000 veio definir o consumidor como:
> (...) toda a pessoa singular que celebre um negócio jurídico com um objectivo que não possa ser imputado nem à sua actividade empresarial nem à sua actividade profissional liberal.

II. Os direitos do consumidor são enumerados no artigo 3.º da Lei n.º 24/96 e desenvolvidos nos artigos seguintes. Temos:

a) *O direito à qualidade dos bens e serviços*: estes devem satisfazer o que deles se espera, quer segundo as normas legais, quer segundo as "legítimas expectativas" do consumidor – 4.º/1; retiramos, daqui, que a bitola é, desde logo, a legal; além disso, ela será contratual, devendo ainda ser respeitada a confiança do consumidor; o artigo 4.º/2, 3 e 4 fixa, depois, um dever de garantia, contra o fornecedor; o preceito foi alterado pelo Decreto-Lei n.º 67/2003, de 8 de Abril;

b) *O direito à protecção da saúde e da segurança física* – artigo 5.º – desenvolve-se em dois planos: por um lado – n.º 1 – é vedado o fornecimento de bens ou serviços que, em condições normais, "...impliquem riscos incompatíveis com a sua utilização, não aceitáveis de acordo com um nível elevado de protecção da saúde e da segurança física das pessoas"; por outro – n.ºs 2 e 3 – comina-se, à Administração Pública, um dever concreto de actuação para prevenir danos;

c) *O direito à formação e à educação* – artigo 6.º – consiste, na técnica da lei, em atribuir ao Estado diversos deveres formativos e escolares;

d) *O direito à informação para o consumo* é desdobrado num "direito à informação em geral" – artigo 7.º – e num "direito à informação em especial" – artigo 8.º. Há que estar prevenido: estes preceitos englobam regras muito diversas, apresentando uma técnica deficiente de redacção. O *direito à informação em geral* impõe ao Estado múltiplas actuações no domínio da informação ao consumidor – 7.º/1: apoio às associações; serviços municipais de informação; conselhos municipais de consumo; bases de dados; impõe, ainda, determinados deveres ao serviço público de rádio e televisão – 7.º/2. Mas de seguida, fixa três regras muito concretas, com diversas repercussões no Direito privado:
– a informação ao consumidor é prestada em língua portuguesa – 7.º/3;
– a publicidade deve ser lícita e verdadeira – 7.º/4;
– as informações concretas e objectivas contidas nas mensagens publicitárias "...consideram-se integradas no conteúdo dos contratos que se venham a celebrar após a sua emissão, tendo-se por não aceitas as cláusulas contratuais em contrário" – 7.º/5.

O *direito à informação em particular* abrange, desde logo, um pormenorizado dever de informar, na fase da negociação e da conclusão do contrato – artigo 8.º/1 a 3; a violação desse dever dá azo a um direito de retractação, por parte do consumidor e, ainda, a um dever de indemnizar, a favor dele – 8.º/4 e 5;

e) *O direito à protecção dos interesses económicos* – artigo 9.º – implica múltiplas cautelas quanto à celebração de contratos com consumidores; o n.º 1 impõe, "...nas relações jurídicas de consumo a igualdade material dos intervenientes, a lealdade e a boa fé, nos preliminares, na formação e ainda na vigência dos contratos"; o n.º 2 ocupa-se de contratos pré-elaborados, abaixo referidos, sujeitando-os ao regime das cláusulas contratuais gerais – n.º 3; subsequentemente, esse preceito exclui aquisições não encomendadas ou solicitadas – n.º 4 –, confere o direito à assistência pós-venda – n.º 5 – e veda fazer depender o fornecimento dum bem ou a prestação de um serviço da aquisição de outros – n.º 6; o consumidor tem, na aquisição de bens ou de serviços fora de estabelecimento comercial, um direito de retractação, no prazo de sete dias úteis – n.º 7; novos deveres são cometidos ao Governo – n.º 8 e n.º 9;

f) *O direito à prevenção e à reparação de danos patrimoniais e não patrimoniais* dá azo, quanto à prevenção, à acção inibitória – artigos 10.º e 11.º – e, quanto aos segundos, a um direito à reparação, independentemente de culpa do fornecedor – artigo 12.º, alterado pelo Decreto-Lei n.º 67/2003, de 8 de Abril; o artigo 13.º confere uma legitimidade alargada, para intentar as diversas acções;

g) *O direito à protecção jurídica e a uma justiça acessível e pronta* implica novos deveres do Estado – 14.º/1 – e traduz-se em diversos privilégios processuais – *idem*, 2 a 4;

h) *O direito de participação por via representativa* consiste, "nomeadamente", na audição e consulta prévias das associações de consumidores, no tocante a medidas que afectem os seus direitos.

III. Em termos técnico-jurídicos, a generalidade dos apontados "direitos" do consumidor não integra um verdadeiro conceito de direito subjectivo. Trata-se ora de princípios conformadores, ora de regras de conduta ora, finalmente, de fontes de deveres acessórios e de valorações próprias de conceitos indeterminados. Têm, todavia, a maior importância prática.

7. A sua natureza vinculativa; a defesa

I. Apesar da sua natureza técnica não coincidir com a dos verdadeiros direitos subjectivos, os direitos dos consumidores dão azo a regras cogentes, que devem ser observadas. Tocaremos, apenas, nalguns tópicos relacionados com essa sua natureza vinculativa.

II. Sem prejuízo do disposto no regime sobre cláusulas contratuais gerais, qualquer cláusula que exclua ou restrinja os direitos atribuídos pela LDC é nula – artigo 16.º/1; trata-se, porém, de uma nulidade *sui generis*, uma vez que apenas o consumidor ou os seus representantes a podem invocar – n.º 2 – e podendo, ainda, o mesmo consumidor optar pela manutenção do contrato – n.º 3. Neste último caso e no silêncio da LDC, haverá, provavelmente, que aplicar, por analogia, o dispositivo previsto no artigo 13.º da Lei sobre cláusulas contratuais gerais (LCCG), aprovada pelo Decreto-Lei n.º 465/85, de 25 de Outubro.

III. As instituições de promoção e tutela dos direitos do consumidor têm um estatuto especial – 17.º – e recebem múltiplos direitos, de ordem, designadamente, processual – 18.º[34]; tais associações podem negociar com os profissionais ou organismos que os representem, convenções colectivas – aqui ditas: "acordos de boa conduta" – 19.º. Prevê-se, ainda, uma especial actuação do MP[35] – 20.º – e o estabelecimento do Instituto do Consumidor – 21.º – e do Conselho Nacional do Consumo – 22.º. Temos, aqui, um importante nível colectivo de tutela de valores, nível esse que ocorre também na LCCG e no Direito do trabalho.

IV. Em síntese, podemos considerar que a defesa do consumidor impõe regras legais que atingem:
– a celebração dos contratos: estão em jogo deveres de informação artigo 8.º/1 a 3 da LDC e de lealdade e boa fé – *idem*, artigo 9.º/1;

---

[34] Quanto à capacidade das associações de defesa do consumidor para intentar acções para tutela de interesses colectivos e difusos (caso DECO *versus* Portugal Telecom) cf., com orientações diversas, RLx 12-Jun.-1997 (URBANO DIAS), CJ XXII (1997) 3, 107--109 e STJ 17-Fev.-1998 (PAIS DE SOUSA), CJ/Supremo VI (1998) 1, 84-86. Cf., ainda, STJ 23-Set.-1997 (MIRANDA GUSMÃO), BMJ 469 (1997), 432-439.

[35] Cf. JOSÉ MANUEL MEIRIM, *O Ministério Público e o acesso dos consumidores à justiça (algumas notas)*, BMJ 366 (1987), 11-39.

– o conteúdo dos contratos: os bens e serviços devem ter determinadas qualidades – *idem*, 4.º/1 –, não podem ser perigosos – artigo 5.º/1 – e devem apresentar certo equilíbrio – 9.º/2;
– a responsabilidade civil, em termos alargados.

Todo o esquema da formação dos contratos, prescrito no Código Civil é, assim, dobrado pelas referidas regras, quando se trate de consumidores. Impõe-se um conhecimento cuidadoso dos dispositivos vigentes, dispositivos esses que, todavia: nem surgem como corpo estranho à matéria civil, nem operam de modo auto-suficiente. Fazem sentido, apenas, em moldes integrados.

8. Aspectos complementares

I. Para além das regras gerais contidas na LDC, há, ainda, que lidar com diversos diplomas que dispensam protecções sectoriais[36]. Assim:
– Decreto-Lei n.º 253/86, de 25 de Agosto, que define as práticas comerciais consideradas de concorrência desleal, visando a defesa do consumidor; foi alterado pelo Decreto-Lei n.º 73/94, de 3 de Março, que regula as vendas com redução de preços (os "saldos") e outras práticas comerciais e pelo Decreto-Lei n.º 140/98, de 16 de Maio, sobre práticas individuais restritivas no comércio;
– Decreto-Lei n.º 383/89, de 6 de Novembro, relativo à responsabilidade do produtor pela venda de coisas defeituosas; este diploma veio transpor, para a ordem interna, a Directriz n.º 85//374/CEE, do Conselho, de 25 de Julho, sendo lapidar o seu artigo 1.º: "O produtor é responsável, independentemente de culpa, pelos danos causados por defeitos dos produtos que põe em circulação"[37]; foi alterado pelo Decreto-Lei n.º 131/2001, de 24 de Abril e, indirectamente, pelo Decreto-Lei n.º 67/2003, de 8 de Abril;
– Decreto-Lei n.º 370/93, de 29 de Outubro, que proíbe as práticas individuais restritivas do comércio; são, em especial, vedadas as

---

[36] Uma recolha de legislação pode ser confrontada em ÂNGELA FROTA, *Colectânea de Legislação/Dos contratos de consumo em especial* (1997).

[37] Cf. MARIA AFONSO/MANUEL VARIZ, *Da responsabilidade civil decorrente de produtos defeituosos* (1991). Vide RPt 13-Jul.-2000 (MOREIRA ALVES), CJ XXV (2000) 4, 179--182 (180-181).

práticas comerciais discriminatórias, de tal modo que a autonomia privada, no âmbito comercial dirigido ao público, fica, de facto, limitado; foi alterado pelo Decreto-Lei n.º 140/98, de 16 de Maio, que o republicou em anexo;

– Lei n.º 18/2003, de 11 de Junho, que contém o regime geral da defesa da concorrência; desta feita, o legislador proíbe, em especial, os acordos e as práticas concertadas que restrinjam a concorrência, bem como os abusos de posição dominante ou de exploração de dependência económica[38];

– Decreto-Lei n.º 23/96, de 26 de Julho, que cria mecanismos de tutela do utente de serviços públicos: o prestador deve agir de boa fé – artigo 3.º – dando informações e respeitando a qualidade.

Nos sectores da banca e dos seguros vigoram, ainda, múltiplos diplomas especiais[39].

II. A LDC é ainda complementada por outros diplomas. Assim, o Decreto-Lei n.º 234/99, de 25 de Junho, veio enquadrar os poderes conferidos ao Instituto do Consumidor pelo artigo 21.º/2, *a)* e *b)* da Lei n.º 24/96, de 31 de Junho.

A Lei n.º 23/96, de 26 de Julho, criou mecanismos destinados a proteger o utente de serviços públicos essenciais. Foi completada pelo Decreto-Lei n.º 230/96, de 29 de Novembro, quanto a serviços telefónicos hoje substituída pela Lei n.º 5/2004, de 10 de Fevereiro e pelo Decreto-Lei n.º 195/99, de 8 de Junho, quanto a cauções de contratos de fornecimento aos consumidores dos serviços públicos essenciais, cujo âmbito foi alargado pela referida Lei n.º 5/2004.

Finalmente, a Lei n.º 25/2004, de 8 de Julho, veio regular as acções inibitórias em matéria de protecção dos consumidores; transpôs para a ordem interna a Directriz n.º 99/27/CE, de 19 de Maio.

III. Temos diversos aspectos regulamentadores de relevo. Todavia, o legislador manteve, nos vários campos, categorias civis e esquemas já

---

[38] Cf., quanto às fontes, JOSÉ LUÍS DA CRUZ VILAÇA/MIGUEL GORJÃO-HENRIQUES, *Código da Concorrência* (2004).

[39] Com relevo para o Decreto-Lei n.º 359/91, de 21 de Setembro, quanto ao crédito ao consumo alterado pelo Decreto-Lei n.º 101/2000, de 2 de Junho, e para o Decreto-Lei n.º 176/95, de 26 de Julho, no tocante aos seguros, alterado pelo Decreto-Lei n.º 60/2004, de 22 de Março.

assimilados através, por exemplo, do regime das cláusulas contratuais gerais. Tal o caso das acções inibitórias.

9. Um paradigma de dogmática integradora: os contratos pré-formulados

I. Vamos confirmar a integração dogmático-civil do Direito do consumo perante um instituto controverso: o dos contratos pré-formulados.

Os contratos pré-formulados, também ditos contratos rígidos, resultam de clausulados submetidos por uma das partes à outra, para que esta, querendo contratar, os subscreva em bloco. No fundo, há como que uma supressão da liberdade de estipulação, tal como ocorre no domínio das cláusulas contratuais gerais. Simplesmente e ao contrário do que sucede nestas, o contrato pré-formulado não é marcado pela generalidade: apenas pela rigidez. Resta acrescentar que, muitas vezes, o contrato pré-formulado obedece a grandes linhas prefixadas para uma generalidade de contratos; não há, todavia, cláusulas contratuais gerais, seja por se introduzirem, no texto, modificações personalizadas seja, mais simplesmente, por não se demonstrar uma disponibilidade para celebrar, na sua base, uma multiplicidade de negócios.

Em relação aos contratos pré-formulados jogam diversos valores que levaram à consagração de regimes específicos para as cláusulas contratuais gerais. Por isso, já havíamos defendido, com outra doutrina, a possibilidade de, aos contratos pré-formulados e perante situações similares, aplicar a LCCG[40].

II. O problema dos contratos pré-formulados veio a ser encarado, pelos legisladores, pelo prisma da tutela do consumidor. A Directriz n.º 93/13, de 5 de Abril, regula "cláusulas abusivas nos contratos celebrados com consumidores". Dispôs que toda a cláusula:

> (…) que não tenha sido objecto de negociação individual é considerada abusiva quando, a despeito da exigência de boa fé, der origem a um desequilíbrio significativo em detrimento do consumidor, entre os direitos e obrigações das partes decorrentes do contrato.

---

[40] Cf. a nossa *Teoria geral do Direito civil*, 2.º vol., 2ª ed. (1991), 95 ss..

Esta fórmula atinge as cláusulas contratuais gerais. Mas atinge, ainda, as cláusulas rígidas, a incluir nos contratos pré-formulados, tal como acima os definimos. A grande novidade da Directriz n.º 93/13 foi, pois, a de alargar aos contratos pré-formulados a defesa dispensada aos contratos por adesão. Com uma particularidade: em ambos os casos, a defesa apenas funciona perante consumidores.

A opção em causa da Directriz n.º 93/13 tem a ver com um compromisso entre o Direito francês e o Direito alemão. Segundo o Direito francês – mais precisamente, hoje, o artigo 132-1/1 do Código do Consumo[41], num preceito que remonta à Lei de 1978 – caem sob a sindicância legal os próprios contratos individualmente concluídos, desde que com consumidores. Pelo contrário, o Direito alemão desde 1976 dava relevo aos contratos concluídos na base de cláusulas contratuais gerais.

O compromisso encontrado acabaria por dar abrigo à solução francesa, dentro da técnica alemã. Não parece uma saída harmónica.

III. O dispositivo referente aos contratos pré-formulados foi transposto para os diversos ordenamentos europeus. No caso alemão, a Lei de 19-Jul.-1996 introduziu, no AGBG, um § 24a; este preceito, com algumas especificações, determinou a aplicabilidade da Lei a condições contratuais pré-formuladas, dirigidas a consumidores[42]. Hoje, esse mesmo preceito encontra-se no § 310 (3) do BGB[43].

Em Itália, a transposição foi feita pela Lei n.º 52, de 6 de Fevereiro de 1996, que introduziu alterações no Código Civil[44]. O legislador seguiu uma técnica diversa: em vez de tocar no dispositivo relativo às cláusulas contratuais gerais, optou por introduzir uma rubrica sobre contratos de consumidores. E aí, respeitando os usos linguísticos, optou-se pela expressão *cláusulas vexatórias*. Nestes termos – artigo 1469 bis, do Código italiano:

---

[41] Com o seguinte teor:
   Nos contratos concluídos entre profissionais e não profissionais ou consumidores, são abusivas as cláusulas que tenham como objecto ou como efeito criar, em detrimento do não-profissional ou do consumidor, um desequilíbrio significativo entre os direitos e obrigações das partes no contrato.

[42] Cf. STAUDINGER/SCHLOSSER, *AGBG*, 13ª ed. (1998), 758 ss.. Cf. HORST LOCHER, *Begriffsbestimmung und Schutzzweck nach dem AGB-Gesetz*, JuS 1997, 389-392.

[43] Cf. JÜRGEN BASEDOW no *Münchener Kommentar*, 2 a, 4ª ed. (2003), § 310, Nr. 61 ss. (1461 ss.).

[44] Cf. a introdução de GUIDO ALPA/SALVATORE PATTI a *Le clausole vessatorie* cit., tomo I, XVII-LV.

No contrato concluído entre o consumidor e o profissional, que tenha por objecto a cessão de bens ou a prestação de serviços, consideram-se vexatórias as cláusulas que, contra a boa fé, determinem, a cargo do consumidor, um significativo desequilíbrio dos direitos e das obrigações derivados do contrato.

Qualquer uma das duas vias acima exemplificadas é possível, para assegurar a transposição da Directriz n.º 93/13. De todo o modo e como foi dito, este instrumento saiu tecnicamente incorrecto: justapôs, contra a tradição jurídica europeia, áreas problemáticas diversas.

IV. O legislador português, quando reformulou o Decreto-Lei n.º 445//85, de 25 de Outubro, com o fito de transpor a Directriz n.º 93/13, deparou com o seguinte problema: ou mutilava a LCCG, que boas provas dera de si e à qual a doutrina e a jurisprudência se haviam acostumado, ou garantia, através de alterações discretas, o funcionamento da LCCG perante as cláusulas vexatórias rígidas, incluídas em contratos com consumidores. Optou pela segunda hipótese, no Decreto-Lei n.º 220/95, de 31 de Agosto.

A referência a consumidores vinha já no artigo 20.º da versão inicial da LCCG: também aí o legislador português se antecipou ao alemão e ao comunitário.

Posto isso, atente-se no artigo 1.º/2 da LCCG na versão de 1995: o ónus da prova da prévia negociação duma cláusula recaía sobre quem pretendesse prevalecer-se do seu conteúdo. Ficava bem entendido que, a não se fazer tal prova, se aplicaria o regime das cláusulas contratuais gerais. Interpretado no seu conjunto, o artigo 1.º da LCCG podia, assim, funcionar perante contratos pré-formulados[45]. Uma interpretação conforme com as directrizes comunitárias faria o resto[46].

A LCCG, na versão de 1995, estava, pois, municiada para se aplicar a contratos pré-formulados.

V. Todavia, o importante residia noutra dimensão. O tema dos contratos pré-formulados, tal como resulta da Directriz n.º 93/13, *não pertence às cláusulas contratuais gerais*. É, antes, um ponto de defesa do con-

---

[45] ALMEIDA COSTA, *Direito das Obrigações*, 7ª ed. (1998), 228-229; cf., na 8ª ed. (2000), 236 e na 9ª ed. (2001, reimp., 2005), 238.
[46] Cf. BRECHMANN, *Die richtlinienkonforme Auslegung* (1994), STEFAN GRUNDMANN, *EG-Richtlinie und nationales Privatrecht*, JZ 1996, 274-287 e STAUDINGER/SCHLOSSER, *AGBG*, 13ª ed. cit., § 9, Nr. 62 ss. (241 ss.).

sumidor. E por isso, na LDC, acima examinada, vamos encontrar os seguintes preceitos:

Artigo 9.º
Direito à protecção dos interesses económicos

1 – O consumidor tem direito à protecção dos seus interesses económicos, impondo-se nas relações jurídicas de consumo a igualdade material dos intervenientes, a lealdade e a boa fé, nos preliminares, na formação e ainda na exigência dos contratos.

2 – Com vista à prevenção de abusos *resultantes de contratos pré-elaborados*, o fornecedor de bens e o prestador de serviços estão obrigados:

a) À redacção clara e precisa, em caracteres facilmente legíveis, das cláusulas contratuais gerais, incluindo as inseridas em contratos singulares;

b) À não inclusão de cláusulas em contratos singulares que originem significativo desequilíbrio em detrimento do consumidor.

3 – A inobservância do disposto no número anterior fica sujeita ao regime das cláusulas contratuais gerais.

(...)

Como se vê, no local próprio, o legislador tratava os contratos pré-formulados e remetia o seu regime para a LCCG, já preparada para os receber. Apenas por desconhecimento se poderia, pois, vir afirmar que o Estado português não havia transposto o regime da Directriz n.º 93/13, para a sua ordem interna.

VI. O desconhecimento da LDC e a incapacidade de interpretar convenientemente os textos civis portugueses vigentes levaram a Comissão Europeia a dirigir ao Estado português determinadas missivas: estaria em causa uma transposição insuficiente da Directriz n.º 93/13/CEE, por não se terem referido, de modo expresso, os contratos pré-formulados. Servil e desnecessariamente, legislou-se de imediato. Através do Decreto-Lei n.º 249/99, de 7 de Julho, foi novamente alterada a LCCG. Fundamentalmente, inseriu-se um novo n.º 2, no artigo 1.º, com o seguinte teor:

O presente diploma aplica-se igualmente às cláusulas inseridas em contratos individualizados, mas cujo conteúdo previamente elaborado o destinatário não pode influenciar.

A LCCG foi truncada sem qualquer necessidade: o preceito agora introduzido já resultava do artigo 9.º/1 a 3, da LDC. A Directriz n.º 93//13/CEE havia, pois, sido totalmente recebida, como temos vindo a repetir.

Mais grave é, no entanto, o facto de o legislador nacional, no seu afã de mostrar "europeismo", ter "transposto" erradamente a Directriz em jogo. Esta aplica-se apenas a contratos pré-formulados concluídos entre empresários e consumidores. O n.º 2 do artigo 1.º da LCCG, introduzido em 1999, não teve a cautela de o precisar. Tal como está, parece aplicar-se a todo e qualquer contrato pré-formulado. Ficariam especialmente atingidos os grandes contratos comerciais, que não tenham tido negociações prévias, e que nenhum sentido faria vir sujeitar ao crivo das cláusulas contratuais gerais. Será, pois, necessário recorrer a uma interpretação restritiva do preceito invocando, no limite, a necessidade de conformação com a Directriz n.º 93/13.

VII. Toda esta matéria só pode ser entendida e aplicada se manusearmos, sempre em conjunto, os vectores civis e as regras próprias do Direito do consumo. Não há antíteses: apenas articulações.

10. A publicidade comercial

I. Uma referência ao Direito do consumidor fica incompleta se não tivermos em conta a publicidade. Como vimos, esta originou boa parte dos níveis significativo-ideológicos que presidiram à autonomização do Direito do consumo.

A contratação é hoje incentivada, em termos de verdadeira indústria, pela publicidade comercial. Boa parte dos problemas do Direito do consumo e da tutela dos consumidores põem-se nesse plano.

II. A primeira regulação cabal da publicidade comercial foi levada a cabo pelo *Código da Publicidade de 1980*, aprovado pelo Decreto-Lei n.º 421/80, de 30 de Setembro – II Governo SÁ CARNEIRO.

Anteriormente, a publicidade era conhecida nas leis portuguesas. Mas apenas sectorialmente. Por exemplo:

– o Decreto-Lei n.º 12 700, de 20 de Novembro de 1926, que aprovou o regulamento do imposto de selo, taxava os "anúncios e cartazes" e regulava o modo de arrecadação do competente selo – artigos 31.º, 44.º, 45.º e 46.º e seguintes;
– o Decreto n.º 21 916, de 28 de Novembro de 1932, que aprovou a nova tabela do imposto de selo, fixava os montantes devidos pela publicidade;

– o Decreto-Lei n.º 38 382, de 7 de Agosto de 1951, que aprovou o Regulamento Geral das Edificações Urbanas (R.G.E.U.) previa que as câmaras municipais pudessem proibir certos elementos publicitários que prejudicassem o bom aspecto de arruamentos e praças – artigo 125.º;

– o Decreto-Lei n.º 42 466, de 22 de Agosto de 1959, que regulou a publicidade nas estradas, a qual ficava dependente de autorização;

– o Decreto-Lei n.º 44 278, de 14 de Abril de 1962, que aprovou o Estatuto Judiciário o qual, no artigo 571.º, proibia a publicidade de advogados;

– o Decreto-Lei n.º 315/70, de 8 de Julho, que veio regulamentar a comercialização de variados tipos de alimentos destinados a fins dietéticos ou de regime;

– o Decreto-Lei n.º 314/72, de 17 de Agosto, relativo à publicidade de géneros alimentícios;

– o Decreto-Lei n.º 375/72, de 3 de Outubro, referente à produção e comercialização de cosméticos;

– o Decreto-Lei n.º 3/74, de 8 de Janeiro, que regula a produção e comercialização de bebidas espirituosas;

– o Decreto-Lei n.º 85-C/75, de 26 de Fevereiro, que aprovou a Lei da Imprensa;

– o Decreto-Lei n.º 254/76, de 7 de Abril, que tomou medidas no tocante à pornografia.

Como se vê, toda esta legislação, que pode ser considerada especial e, assim, sobreviveu – quase intocada – aos Códigos da Publicidade que viriam a ser publicados após 1980, visava sectores particularmente sensíveis[47].

O primeiro Código da Publicidade português, aprovado pelo Decreto-Lei n.º 421/80, de 30 de Setembro[48], apresentou-se, logo no seu preâmbulo, como um diploma que visava colmatar uma lacuna grave.

Como fontes inspiradoras, o Código de 1980 apontou as experiências de certos países da CEE – tal como, então, ela se compunha – e a saber a França, o Reino Unido, a Irlanda e a Itália e, ainda o Brasil e a Espanha.

O Código de 1980 abrangia 53 artigos, assim agrupados:

Capítulo I – Âmbito – artigos 1.º a 3.º;
Capítulo II – Normas gerais – artigos 4.º a 11.º;

---

[47] Um levantamento actualizado da legislação avulsa relativa à publicidade, abrangendo 18 diplomas, pode ser confrontado em ÂNGELA FROTA, *Colectânea* cit., 77 ss.

[48] Sobre este diploma refira-se JOÃO M. LOUREIRO, *Direito da publicidade* (1981), prefaciado por JOSÉ MIGUEL JÚDICE.

Capítulo III – Disposições especiais – artigos 12.º a 32.º;
Capítulo IV – Sanções e penalidades – artigos 33.º a 40.º;
Capítulo V   – Conselho de Publicidade – artigos 41.º a 46.º;
Capítulo VI – Disposições finais – artigos 47.º a 53.º.

O essencial dos princípios nele fixados – artigos 4.º e seguintes – transitaria para os Códigos subsequentes. A legislação especial era ressalvada – artigo 49.º[49].

III. O Código da Publicidade de 1980 teve curta vigência. Ele foi substituído por novo diploma, aprovado pelo Decreto-Lei n.º 303/83, de 28 de Junho.

Como ressalta do preâmbulo deste Decreto-Lei, não houve propriamente uma alteração de fundo quanto ao modo de regular a publicidade em Portugal: apenas se tratou de introduzir "…rectificações de diversa ordem de modo a assegurar-lhe uma maior objectividade e eficácia". O essencial dos dispositivos de protecção ao consumidor, que vinham do Código de 1980, foram conservados. Quanto ao resto, houve alterações:
 – de tipo formal e sistemático;
 – no domínio das contra-ordenações, de modo a efectuar a aproximação com o regime do Decreto-Lei n.º 433/82, de 27 de Outubro;
 – no tocante ao Conselho de Publicidade, cuja composição foi adaptada às flutuações governativas.

O Código da Publicidade de 1983 teve, tal como o seu antecessor, vida breve: foi substituído por novo Código – o terceiro – aprovado pelo Decreto-Lei n.º 330/90, de 23 de Outubro. Aparentemente, tratava-se de coordenar o Direito nacional com as exigências comunitárias[50] e de introduzir melhoramentos possibilitados pela experiência entretanto acumulada.

O Código da Publicidade de 1990 saldou-se, sobretudo, por uma considerável melhoria técnica em relação aos seus antecessores. Eis a sua sistematização, abrangendo 40 artigos:

Capítulo   I – Disposições gerais – artigos 1.º a 5.º;

---

[49] Ainda que sob a designação menos correcta de "Direito subsidiário".
[50] Designadamente com as directrizes n.º 84/450/CEE e 89/552/CEE e referentes, respectivamente, à publicidade enganosa e ao exercício de actividades de radiodifusão televisiva.

Capítulo II – Regime geral de publicidade
Secção I – Princípios gerais – artigos 6.º a 13.º;
Secção II – Restrições ao conteúdo da publicidade – artigos 14.º a 16.º;
Secção III – Restrições ao objecto da publicidade – artigos 17.º a 22.º;
Secção IV – Formas especiais de publicidade – artigos 23.º e 24.º;
Capítulo III – Publicidade na televisão – artigos 25.º e 26.º;
Capítulo IV – Actividade publicitária
Secção I – Publicidade do Estado – artigo 27.º;
Secção II – Relações entre sujeitos da actividade publicitária – artigos 28.º a 30.º;
Capítulo V – Conselho Consultivo da Actividade Publicitária – artigos 31.º a 33.º;
Capítulo VI – Fiscalização e sanções – artigos 34.º a 40.º.

O Código conserva-se em vigor, até hoje, embora a quietude legislativa seja aparente. Com efeito, ele já foi modificado diversas vezes: pelos Decretos-Leis n.º 74/93, de 10 de Março, n.º 6/95, de 17 de Janeiro, n.º 61//97, de 25 de Março, n.º 275/98, de 9 de Setembro, pela Lei n.º 31-A/98, de 14 de Julho[51], pelos Decretos-Leis n.º 51/2001, de 15 de Fevereiro e n.º 332/2001, de 24 de Dezembro e pela Lei n.º 32/2003, de 22 de Agosto. Além do Código da Publicidade, há ainda que lidar com Directrizes Comunitárias. São elas, todas do Conselho:

– a Directriz n.º 79/112/CEE, de 18-Dez.-1978, relativa a géneros alimentícios[52];

– a Directriz n.º 84/450/CEE, de 10-Set.-1984, relativa a publicidade enganosa;

– a Directriz n.º 89/552/CEE, de 3-Out.-1989, relativa à radiodifusão televisiva;

– a Directriz n.º 89/622/CEE, de 13-Nov.-1989, relativa a publicidade do tabaco;

– a Directriz n.º 97/36/CE, de 30 de Junho;

– a Directriz n.º 97/55/CE, de 6 de Outubro.

---

[51] O Decreto-Lei n.º 275/98, de 9 de Setembro, providenciou a publicação, em anexo, do texto do Código da Publicidade, na versão em vigor.

[52] Alterada pelas Directrizes n.º 86/197/CEE, de 26-Mai.-1986 e n.º 89/395/CEE, de 14-Jan.-1989.

Mantém-se ainda em vigor numerosa legislação especial[53].

V. O Código da Publicidade vigente – aliás tal como o Código de 1983, embora em forma diferente – define *publicidade* nos termos seguintes[54]:

Artigo 3.º
Conceito de publicidade
1 – Considera-se publicidade, para efeitos do presente diploma, qualquer forma de comunicação feita por entidades de natureza pública ou privada, no âmbito de uma actividade comercial, industrial, artesanal ou liberal, com o objectivo directo ou indirecto de:
a) Promover, com vista à sua comercialização ou alienação, quaisquer bens ou serviços;
b) Promover ideias, princípios, iniciativas ou instituições.

A noção legal de publicidade, quando se trate de contratação e que corresponde, aliás, à ideia comum, assenta numa *ideia de divulgação* e, depois, num *duplo fim*:

– de dirigir a atenção do público para um determinado bem ou serviço;
– de promover a aquisição dos aludidos bens ou serviços.

Na verdade, apenas o *elemento teleológico* permite distinguir a publicidade de qualquer outra comunicação[55]: um *mesmo* comportamento de divulgação pode ser um noticiário, uma aula ou uma acção de publicidade, consoante o *fim prosseguido pelo agente*.

VI. A publicidade comercial que, de certo modo, terá surgido com o mercado, tem vindo a intensificar-se com a industrialização[56]. Hoje, ela

---

[53] Por exemplo, além do referido *supra*, nota 48, assinale-se que, na *Colectânea de Direito da Publicidade*, de PEDRO SIMÃO JOSÉ e de ANTÓNIO CÔRTE-REAL CRUZ, referem-se nada menos de 78 diplomas nessas condições.

[54] Quanto à noção de publicidade cabe referir, entre nós, FERREIRA DE ALMEIDA, *Conceito de publicidade*, BMJ 349 (1985), 115-134. Para aspectos de síntese refira-se o relatório de ARNAUD LYON-CAEN em *La publicité-propagande (Journées Portugaises)*, Travaux de l'Association Henri Capitant, tomo XXXII (1981), 6-16.

[55] Cf., por todos, FERREIRA DE ALMEIDA, *Conceito de publicidade* cit., 129.

[56] Cf. DINO VILLANI, *La pubblicità e i suoi mezzi* (1966), 3 ss., MAURIZIO FUSI, *Il nuovo Codice di lealtà pubblicitaria* (1971), 3 ss., SILVIO M. BRONDONI, *Le agenzie di*

constitui um elemento essencial de toda a actividade económica. A sua importância nas empresas tem crescido em contínuo; de igual modo, tem aumentado o seu relevo jurídico e o número de questões que ocasiona[57]. Em Portugal, tudo isto se documenta pela sucessão, em 25 anos, de três Códigos da Publicidade, o último dos quais já com diversas alterações e pela existência de dezenas de regras especiais e dispersas, sobre o tema.

À partida, a publicidade coloca problemas de propriedade industrial[58] e de concorrência[59]: trata-se de assegurar que não há um aproveitamento do nome ou da fama alheia[60] e de prevenir esquemas desleais de concorrência[61]. Estava-se, então, no que com algum simplismo poderia ser considerado como um nível puramente privatístico de colocação do tema.

Posteriormente, a publicidade ganhou uma relevância pública com o aparecimento, a seu propósito, de uma preocupação assumida de protecção do consumidor[62].

Como vimos, a protecção do consumidor pode ser prosseguida através da formação de um Direito privado especial a tanto destinado e ou com recurso a valorações difusas mas contínuas, a isso dirigidas[63]. Mas ela

---

pubblicità (1978), 3 ss. e SERAFINO GATTI, *Pubblicità commerciale*, ED XXXVII (1988), 1058-1064 (1058 ss.).

[57] Assim e como exemplo, é sugestivo comparar a dimensão do trabalho de VITO MANCINI, *Pubblicità commerciale*, NssDI XIV (1967), 530-532 com o de LUIGI SORDELLI, *Pubblicità commerciale ed altre informazioni pubblicitarie*, NssDI, *Appendice*, VI (1986), 179-192: em cerca de vinte anos, o espaço consagrado ao tema pelo prestigiado *Novissimo Digesto Italiano* mais do que quintuplicou.

[58] Cf. FRIEDRICH B. FISCHER, *Grundzüge des Gewerblichen Rechtsschutzes*, 2ª ed. (1986), 9 ss., com várias considerações históricas sobre aspectos conexos, bem como VÉRONIQUE DE CHANTÉRAC/RÉGIS FABRE, *Droit de la publicité et de la promotion des ventes* (1986), 12 ss..

[59] VOLKER EMMERICH, *Das Recht des unlauteren Wettbewerbs*, 5ª ed. (1998), 80 ss. e *passim* e LUIGI SORDELLI, *Pubblicità commerciale* cit., 187 ss..

[60] EMMERICH, ob. cit., 143.

[61] Cf. RUDOLF NIRK, *Gewerblicher Rechtsschutz* (1981), 363 ss..

[62] EIKE VON HIPPEL, *Verbraucherschutz* (1979), 76 ss., HEINRICH HUBMANN, *Gewerblicher Rechtsschutz*, 4ª ed. (1981), 286 ss., GUIDO ALPA, *Consumatore (tutela del)*, NssDI, *Appendice* II (1981), 516-543 (535) e BRIAN W. HARVEY/DEBORAH L. PARRY, *The law of consumer protection and fair trading*, 3ª ed. (1987), 344 ss.. Entre nós, cumpre referir JOÃO CALVÃO DA SILVA, *La publicité et le consommateur/Rapport portugais*, em *La publicité propagande*, Travaux de l'Association Henri Capitant (1981), 191-219 (191 ss.).

[63] Por exemplo, BARBARA DAUNER-LIEB, *Verbraucherschutz durch Ausbildung eines Sonderprivatrechts für Verbraucher/Systemkonforme Weiterentwicklung oder Schrittmacher der Systemveränderung?* (1983), 109 e *passim*.

pode, também, ser procurada mercê duma actuação do Estado, com esses objectivos[64]. Este ponto é importante: ele postula uma margem de iniciativa da Administração e, ainda, um conjunto de regras que legitimem as acções tomadas dentro dessa margem. Para evitar o domínio do arbítrio chega-se, assim, à necessidade de prévia definição de tipos inadmissíveis de publicidade.

E a tal propósito surgem determinadas formas de publicidade proibidas, como a publicidade oculta ou a publicidade enganadora, ou especialmente reguladas, como a publicidade comparativa.

VII. O artigo 6.º do Código da Publicidade vigente, na linha, aliás, do artigo 4.º do Código de 1983, vem dizer, precisamente sob a epígrafe "princípios da publicidade":

> A publicidade rege-se pelos princípios da licitude, identificabilidade, veracidade e respeito pelos direitos do consumidor.

Os artigos subsequentes desenvolvem cada um destes princípios. Assim, segundo o artigo 7.º – *princípio da licitude* –,

1 – É proibida a publicidade que, pela sua forma, objecto ou fim, ofenda os valores, princípios e instituições fundamentais constitucionalmente consagrados.

2 – É proibida, designadamente, a publicidade que:

a) Se socorra, depreciativamente, de instituições, símbolos nacionais ou religiosos ou personagens históricas;

b) Estimule ou faça apelo à violência, bem como a qualquer actividade ilegal ou criminosa;

c) Atente contra a dignidade da pessoa humana;

d) Contenha qualquer discriminação em virtude da raça, língua, território de origem, religião ou do sexo;

e) Utilize, sem autorização da própria, a imagem ou as palavras de alguma pessoa;

f) Utilize linguagem obscena;

g) Encorage comportamentos prejudiciais à protecção do ambiente;

h) Tenha como objecto ideias de conteúdo sindical, político ou religioso.

3 – Só é permitida a utilização de línguas de outros países na mensagem publicitária, mesmo que em conjunto com a língua portuguesa, quando

---

[64] Cf. EIKE VON HIPPEL, *Verbraucherschutz* cit., 82 ss. e GUIDO ALPA, *Consumatore* cit., 536.

aquela tenha os estrangeiros por destinatários exclusivos ou principais, sem prejuízo do disposto no número seguinte[65].
(...)

O artigo 8.º – *princípio da identificabilidade* –, dispõe:

1 – A publicidade tem de ser inequivocamente identificada como tal, qualquer que seja o meio de difusão utilizado.

2 – A publicidade efectuada na rádio e na televisão deve ser claramente separada da restante programação (...)[66].

O artigo 10.º – *princípio da veracidade* –, vem determinar:

1 – A publicidade deve respeitar a verdade, não deformando os factos.

2 – As afirmações relativas à origem, natureza, composição, propriedades e condições de aquisição dos bens ou serviços publicitados devem ser exactas e passíveis de prova, a todo o momento, perante as instâncias competentes.

Trata-se do importante princípio da *verdade material* da publicidade, que proveio do artigo 7.º do Código de 1983.

Finalmente, o artigo 12.º do Código da Publicidade fixa o *princípio do respeito pelos direitos do consumidor*:

A publicidade não deve atentar contra os direitos do consumidor.

Este preceito remete, no fundo, para toda a vasta legislação hoje existente sobre a tutela dos consumidores. O artigo 13.º do Código da Publi-

---

[65] O número seguinte dispõe: "É admitida a utilização excepcional de palavras ou de expressões em línguas de outros países quando necessárias à obtenção do efeito visado na concepção da mensagem". Este aditamento, introduzido pelo Decreto-Lei n.º 275/98, de 9 de Setembro, veio, sem qualquer mérito (sequer publicitário!) destruir o conteúdo do n.º 3, que defendia a língua portuguesa e a sua criatividade.

[66] Encontramos uma concretização deste princípio em RLx 4-Nov.-1998 (COTRIM MENDES), BMJ 481 (1998), 530 (o sumário): entendeu-se que ele era violado, atingindo os direitos do cidadão consumidor, pelo programa televisivo que dividia o *écran* ao meio, de modo a passar, de um lado, a informação horária e, do outro, publicidade: não se consegue ver aquela sem esta. Também em RLx 30-Nov.-2000 (MARGARIDA VIEIRA DE ALMEIDA), CJ XXV (2000) 5, 145-146, se entendeu que violava este princípio a estação de televisão que, sem separador, transmita por imagem e em voz *off* uma mensagem publicitária que se sobreponha à figura do relógio indicativo da aproximação da hora do telejornal.

cidade proíbe, especificadamente, determinadas condutas que lesem a saúde ou a segurança do consumidor.

VIII. A publicidade oculta ou dissimulada – portanto: aquela que recorra a imagens subliminares ou a outros meios dissimuladores que explorem a transmissão de publicidade sem que os destinatários se apercebam da natureza publicitária da mensagem – é vedada[67] – artigo 9.°. É proibida a publicidade enganosa[68] – artigo 11.° – enquanto a publicidade comparativa, isto é: aquela que identifique, explícita ou implicitamente, o concorrente fica sujeita a especiais cautelas – artigo 16.°.

O objecto da publicidade sofre múltiplas restrições – artigos 17.° e seguintes, sempre do Código da Publicidade: assim sucede nos casos de bebidas alcoólicas[69], do tabaco, de tratamentos e medicamentos, de jogos de fortuna e de azar, de cursos, de automóveis (não pode violar o Código da Estrada) e de produtos e serviços milagrosos.

IX. Certas manifestações de publicidade exigem medidas diferenciadas: a sua especial acutilância ou o simples facto de incomodarem o consumidor a tanto obrigam. Assim sucede com a chamada publicidade domiciliária, por telefone e por telecópia, regulada pela Lei n.° 6/99, de 27 de Janeiro[70]. São proibidas, designadamente, a publicidade domiciliária indiscreta, através da distribuição não endereçada de material, quando o destinatário tenha afixada mensagem de oposição (3.°) ou a publicidade por telefone ou telecópia, salvo quando o destinatário a autorize antes do estabelecimento da comunicação (5.°/1). No limite, podem intervir as próprias regras relativas à concorrência desleal[71].

X. Numa visão de síntese, podemos dizer que o Direito da publicidade procura aperfeiçoar os velhos princípios da boa fé na contratação,

---

[67] Quanto à publicidade oculta, cf. RLx 27-Mar.-1990 (COSTA FIGUEIRINHAS), CJ XV (1990) 2, 176-179 (caso "Vitinho").

[68] Quanto à publicidade enganosa, cf. RLx 13-Abr.-1988 (CARLOS F. JÚNIOR), CJ XIII (1988) 2, 159-161 e RLx 11-Jun.-1997 (ADELINO SALVADO), CJ XXII (1997) 3, 153-155.

[69] Cf. RLx 13-Jan.-1988 (LOPES DE MELO), CJ XIII (1988) 1, 155-156 e RLx 27-Abr.-1988 (TAVARES DOS SANTOS), CJ XIII (1988) 2, 163-164.

[70] Cf. CARLA AMADO GOMES, *O direito à privacidade do consumidor*, RMP XX, n.° 77 (1999), 89-103.

[71] Assim, em BGH 13-Mar.-2004, NJW 2004, 1655, entendeu-se que o envio de um *e-mail* publicitário, contra a vontade do próprio destinatário, viola os bons costumes previstos na Lei da Concorrência Desleal.

obrigando à informação correcta e à lealdade nos procedimentos. Além disso, ele explicita regras de ordem pública (álcool, violência, menores) e dá corpo a vectores de concorrência.

Também aqui estamos perante um claro sector privado: em termos técnicos e de ordenação sistemática.

III – A NATUREZA DO DIREITO DO CONSUMO

11. Um sector unitário e coerente?

I. A primeira questão a enfrentar, antes de se abordar o tema da natureza do Direito do consumo é, de certo modo, prejudicial: estamos perante um certo sector normativo e jurídico-científico dotado de alguma unidade? À partida, temos os princípios (já) tradicionais da defesa dos consumidores, formação e informação, tutela da saúde e da integridade física, protecção dos interesses económicos, associação e participação. Mas esses princípios são (demasiado) gerais, surgindo, de um modo ou de outro, em todo o Ordenamento.

II. Isto dito, verifica-se que o "Direito do consumo" abrange:
– regras sobre a formação dos contratos[72];
– publicidade;
– responsabilidade civil[73];
– regras técnicas sobre o tratamento e a apresentação de certos produtos;
– regras processuais[74];
– regras sancionatórias;
– regras administrativas.

---

[72] HANS-W. MICKLITZ, *Vertragsrecht*, em REICH/MICKLITZ, *Europäisches Verbraucherrecht*, 4ª ed. (2003), 457-734. Vide BÜLOW/ARTZ, *Verbraucherprivatrecht* cit., 52 ss.. e BETTINA HEIDERHOFF, *Grundstrukturen des nationalen und europäischen Verbraucherverstragsrechts* cit., 295 ss..

[73] *Idem, Produktsicherheit und freier Warenverkehr*, 849-938 e *Haftung für fehlerhafte Produkte und Dienstleistungen*, 1031-1081.

[74] *Idem, Rechtsschutz*, 1083-1233.

Não vemos unidade. Temos regras civis (o núcleo nobre), regras processuais, regras sancionatórias, regras administrativas e regras "técnicas". Um estudo razoável sobre estes temas obrigaria a dominar disciplinas distintas. Em consciência: perante o estado dos nossos conhecimentos, não há hipóteses sérias de reduzir tudo a uma disciplina una. Além do que já ficou dito, temos ainda de lidar com temas comunitários do ambiente[75], da concorrência e bancários[76]. As exposições alargadas sobre tudo isto, que nos surgem na doutrina francesa, são possíveis à custa da profundidade das análises[77]. Não é essa a nossa tradição jurídica.

Teremos de cingir o debate da natureza do Direito do consumo ao que chamaremos o núcleo civil.

12. O problema da codificação

I. No Direito do consumo, encontramos um núcleo civil. Temos em mente o seu sector mais significativo e materialmente relevante, que tem a ver com a formação de contratos, publicidade e responsabilidade. Os Direitos continentais oferecem-nos dois modelos[78]:
– o modelo francês, centrado no Código do Consumo, de 1993;
– o modelo alemão, que transpôs os temas "civis" para o Código Civil, através da grande reforma de 2001/2002[79].

Ora acontece que o Código do Consumo francês não é um verdadeiro Código. Sem partes gerais nem definições de princípios, ele agrupa, nos seus cinco livros[80]:

---

[75] CAROLA GLINSKI, *Umweltqualität*, em REICH/MICKLITZ, *Europaïsches Verbraucherrecht*, 4ª ed. (2003), 939-1030.

[76] NORBERT REICH, *Finanzdienstleistungen*, idem, 735-847.

[77] Cf. o conteúdo de CALAIS-AULOY/STEINMETZ, *Droit de la consommation*, 6ª ed. cit., com recurso ao índice (625-631). Estes Autores apontam, de resto e muito claramente, a natureza pluridisciplinar do Direito do consumo – ob. cit., 1618.

[78] Outras experiências documentam soluções diversas: o Código Civil holandês absorveu o Direito do consumo, ao contrário do brasileiro, como exemplos.

[79] Cf. o nosso *Da modernização do Direito civil português* I (2004). A matéria pode hoje ser seguida nos correspondentes §§ do BGB. Cf., como exemplo, a prenotação aos §§ 346-354 de DAGMAR KAISER, no *STAUDINGERS Kommentar* (2004), 459 ss..

[80] Cf. *Code de la Consommation*, da Dalloz, 8ª ed., 2003, com legislação complementar, num total de 1435 pp.. O Código foi organizado pela Lei n.º 93-949, de 26-Jul.-1993, sendo acompanhado por um regulamento adoptado pelo Decreto n.º 97-298, de 27-

– a informação dos consumidores e a formação dos contratos;
– a conformidade e a segurança dos produtos e dos serviços;
– o endividamento do consumidor;
– as associações de consumidores;
– instituições.

II. A própria doutrina francesa do consumo reconhece que este diploma é meramente compilatório, originando diversas disfunções e críticas[81]. Mesmo admitindo que a técnica usada em França, há já mais de dez anos, pudesse ser melhorada: não é possível codificar disciplinas tão diversas. Além disso, a mesma doutrina francesa reconhece as vantagens que adviriam da inclusão do Direito do consumo no Direito civil[82].

III. A situação alemã da integração do núcleo essencial de defesa do consumidor no Código Civil foi maduramente pensada. Enquanto Código universal, ele deveria conter, à partida, os vectores atinentes à protecção dos fracos[83]. Nos estudos realizados no início da década de 80 do século XX e que levariam à reforma de 2001/2002, foi especialmente ponderada a conveniência em inserir (ou não) a temática do consumo na lei civil fundamental[84]. A resposta foi positiva: ela deveria ser acolhida no BGB[85].

-Mar.-1997. Podem, aí, ser confrontadas as efectivas fontes dos textos em vigor. No Direito italiano, para além de diversas regras reconduzidas ao Código Civil, temos a considerar a Lei n.° 281, de 30-Jul.-1998, já várias vezes modificada e relativa aos direitos dos consumidores e dos utentes. Cf. GUIDO ALPA/VANNA LEVI (org.), *I diritti di consumatori e degli utenti* (2000), 668 pp., com outro material.

[81] Cf. CALAIS-AULOY/STEINMETZ, *Droit de la consommation*, 6ª ed. cit., 32; não tem um critério geral, como explica DOMINIQUE BUREAU, *Vers un critère général?*, em DOMINIQUE FENOUILLET/FRANÇOISE LABARTHE, *Faut-il recodifier le Droit de la consommation?* (2002), 52-84 (56).

[82] MARIE-STÉPHANIE PAYET, *Droit de la concurrence et droit de la consommation* (2001), 288 ss., depondo na mesma linha FRANÇOIS TERRÉ, na excelente *Synthèse* que apresenta a DOMINIQUE FENOUILLET/FRANÇOISE LABARTHE, *Faut-il recodifier le Droit de la consommation?* cit., 187-205 (188), embora reconhecendo a habituação francesa ao Code existente.

[83] HARMPETER WESTERMANN, *Sonderprivatrechtliche Sozialmodelle und das allgemeine Privatrecht*, AcP 178 (1978), 150-195 (176-177).

[84] HARM PETER WESTERMANN, *Verbraucherschutz/Empfiehlt sich bei der Aufnahme bisher entwickelter Verbraucherschutzvorschriften (z. B. Abzahlungsgesetz, AGB-Gesetz, Fernunterrichtsschutzgesetz) in das Bürgerliche Gesetzbuch eine einheiliche Abgrenzung ihrer Anwendung?/Gutachten und Vorschläge zur Überarbeitung des Schuldrechts*, Band III (1983), 7-122.

[85] *Idem, maxime* 118.

A integração foi ponderada: após cuidadoso debate, ela foi, de certo modo, logo perfilhada na reforma de 27-Jun.-2000, relativa ao euro e a contratos à distância. Inseriu-se, nessa ocasião e no § 12 do BGB, uma noção de consumidor[86]. Prosseguiram os trabalhos relativos ao que seria a grande reforma de 2001/2002. De novo os estudos realizados confirmaram a orientação da inserção, no BGB, da matéria do consumo. Realizada a reforma, a doutrina, mesmo quando crítica em relação a diversos aspectos envolvidos, considera acertada a opção de colocar, no BGB, as regras da tutela do consumidor[87].

IV. Um cotejo mínimo entre as experiências francesa e alemã revela, de imediato, a primazia indiscutível da segunda sobre a primeira. Seja em termos dogmáticos (isto é: jurídico-científicos), seja no campo da diferenciação e previsibilidade das soluções, seja finalmente, no domínio da eficácia quanto à efectiva defesa do consumidor. E entre nós?

As grandes opções científico-culturais foram realizadas em 1903, por GUILHERME MOREIRA, após a ante-estreia, em 1846, de COELHO DA ROCHA[88]: prevalece, mediante adequada aculturação, o estilo germânico. O legislador civil de 1966 confirmou, com o selo definitivo de um Código Civil, esse tipo de opção. Ela é praticada há cinco gerações de juristas. Seria bem estranho verificar-se, a propósito do Direito do consumo, uma inversão histórica. Haverá razões para a protagonizar? Impõe-se uma ponderação, ainda que elementar, das especificidades do consumo.

V. Está em preparação, há já vários anos, uma reforma do Direito do consumo português. Dela foi incumbida uma Comissão de excelente nível, presidida pelo Prof. ANTÓNIO PINTO MONTEIRO. Os trabalhos desta Comissão têm sido prejudicados pela instabilidade política, a qual só permite reformas de curto prazo. Todavia, essa Comissão pode levar a cabo a preparação de um anteprojecto de Código do Consumo, que não foi ainda tornado público. Trata-se de um normativo envolvente, que abrange matéria

---

[86] Cf., com diversos elementos, HANS W. MICKLITZ, no *Münchener Kommentar*, I, 4ª ed. (2001), prenot. §§ 13 e 14, Nr. 1 e ss. (341-344).

[87] WOLF-HENNING ROTH, *Europäischer Verbraucherschutz und BGB*, JZ 2001, 475--490 (487); este Autor não deixa de ter em mente outras soluções, como a francesa – *idem*, 476/II; todavia, ponderação feita, opta claramente pela integração no Código Civil.

[88] Cf. o nosso *Tratado de Direito civil* I/1, 3ª ed. (2005), 111.

processual e sancionatória além de, naturalmente, disciplinar com critério a problemática do consumo.

Pela nossa parte e pelas razões acima expostas, preferiríamos que as regras materiais do consumo fossem inseridas no Código Civil. A Comissão existente poderia receber mandato para iniciar os estudos eventualmente conducentes a essa solução: constituiria mesmo um prelúdio a uma revisão mais ampla do Código. Todavia, não sendo desde já possível encarar essa hipótese mais ambiciosa, melhor seria rever e aprovar rapidamente o anteprojecto existente, que honra a nossa Ciência do Direito. A experiência obtida com a sua vigência permitiria então, num segundo tempo, decidir sobre a sua eventual passagem para o Código Civil.

13. As especificidades materiais do consumo;
   a) **O conceito de consumidor**

I. Vamos agora ponderar as especificidades materiais do consumo. E a primeira questão que agita o Direito do consumo é a própria noção de consumidor[89]. Insistem os estudiosos na inexistência de um conceito unitário, perante o Direito europeu[90]. Em cada complexo normativo haverá, pois, que proceder a uma ponderação adequada. O § 13 do BGB alemão decidiu, todavia, arriscar uma definição:

> Consumidor é toda a pessoa singular que conclua um negócio jurídico com uma finalidade que não lhe possa ser imputada a título empresarial ou de profissional livre.

Cumpre reter o essencial: o consumidor surge como elo final no processo económico; ele adquire o bem ou o serviço sem fins empresariais ou profissionais livres[91]. Infere-se, daqui, que o próprio empresário ou profissional liberal, quando adquira bens ou serviços fora do seu específico âmbito de actuação produtiva, deve ser tratado como consumidor.

---

[89] JEAN CALAIS-AULOY/FRANK STEINMETZ, *Droit de la consommation*, 6ª ed. cit., 6 ss..

[90] MICKLITZ, no *Münchener Kommentar*, I, 4ª ed. cit., Prenot. §§ 13 e 14, Nr. 80 (374) e NORBERT REICH, *Der Verbraucher im Binnenmarkt* cit., 46.

[91] *Vide* uma aplicação deste princípio em STJ 11-Mar.-2003 (AFONSO CORREIA), CJ/Supremo XI (2003) 1, 122-126 (123/II).

II. Pergunta-se, depois, se apenas a pessoa singular pode ser consumidora, para efeitos de "beneficiar" do Direito do consumo. A doutrina francesa responde pela negativa: a pessoa colectiva, fora do seu específico âmbito profissional, pode ser consumidora, beneficiando das regras que não pressuponham a individualidade biológica[92]. Já a definição do § 13 do BGB alemão parece limitar a tutela às pessoas singulares. A doutrina mais criteriosa mostra-se extremamente crítica, perante essa restrição[93]. A correcção opera por três vias:

– admitindo um leque extenso de "pessoas singulares": o Direito alemão tradicional não reconhece personalidade a certas associações, a sociedades civis e a sociedades comerciais em nome colectivo que, assim, permitiriam a tutela própria dos consumidores;

– permitindo a aplicação analógica das regras do consumo às próprias pessoas colectivas;

– constatando noções mais amplas de "consumidor" em leis especiais; p. ex.: no crédito ao consumo[94].

III. A discussão em torno do "consumidor" e da sua eventual limitação às pessoas singulares é um excelente exemplo dos inconvenientes de, no Direito do consumo, pretender cortar as fontes com o Direito civil. A actual doutrina da personalidade colectiva explica que os destinatários das normas de conduta, permissivas, impositivas ou proibitivas, são, sempre e exclusivamente, os seres humanos[95]. Podem sê-lo em modo singular ou em modo colectivo. Neste último caso, a imputação a uma pessoa colectiva vai desencadear todo um regime, em regra complexo, e que concluirá por concretos desempenhos de seres humanos, isto é: de pessoas singulares. Serão sempre estas, em última análise, que irão beneficiar dos bens e serviços.

Perante uma regra de Direito do consumo, deveremos ponderar – como é de boa Ciência – quais os valores envolvidos e qual o escopo do

---

[92] CALAIS-AULOY/STEINMETZ, *Droit de la consommation*, 6ª ed. cit., 7 e 8.

[93] KARL LARENZ/MANFRED WOLF, *Allgemeiner Teil des Bürgerlichen Rechts*, 9ª ed. (2004), 764 (§ 42, Nr. 38) e MICKLITZ, no *Münchener Kommentar*, I, 4ª ed. cit., § 13, Nr. 13 (384).

[94] Quanto à variabilidade do conceito de "consumidor" nas diversas directrizes cf., ainda, WOLFGANG FABER, *Elemente verschiedener Verbrauchbegriffe in EG-Richtlinien, zwischenstaatlichen Übereinkommen und nationalen Zivil- und Kollisionsrecht*, ZeuP 1998, 854-892 (855 ss.).

[95] Cf. o nosso *Tratado de Direito civil* I/3 (2004), 516 ss..

legislador. Poderá resultar uma limitação a pessoas singulares ou, pelo contrário, uma tutela de pessoas colectivas e, por essa via, de pessoas singulares. A mensagem especial do Direito do consumo é a da não-intervenção directa no circuito económico. A pessoa tutelada – singular ou colectiva – sê-lo-á na medida em que, no caso considerado, opere como elo final do circuito económico. Se agir profissionalmente, seja a título empresarial seja como profissional livre, não se justifica este tipo de tutela.

IV. O porquê da restritividade alemã é claro, perante o Direito civil. Os meios económicos alemães reagem mal perante leis de tutela, tanto mais que, na Alemanha, elas têm aplicação efectiva, contrariamente ao que sucede nos países do Sul. Recordamos que a (antiga) Lei alemã das cláusulas contratuais gerais não tinha aplicação a comerciantes. Razões de sistema explicam que o § 13 do BGB limite a noção de consumidor a pessoas singulares. Em Portugal não há nenhuma razão para tais restrições[96]. A nossa lei sobre cláusulas contratuais gerais opera também perante empresários, individuais ou colectivos – artigo 17.º do Decreto-Lei n.º 446/85, de 25 de Outubro. Aliás: excluir as pessoas colectivas (mera categoria formal) de todo um sector normativo equivaleria a um ressuscitar do princípio da especialidade[97]: um retrocesso conceitual de todo impensável, para mais num sector normativo que procura uma melhor apreciação da realidade económica e social[98].

14. Segue; b) Outros aspectos e conclusão

I. O Direito do consumo tutela os destinatários finais do circuito económico, especialmente em três planos:
    – assegurando uma cabal informação[99];

---

[96] Em RLx 27-Set.-2001 (FERNANDA ISABEL PEREIRA), CJ XXVI (2001) 4, 106-108 (107/II), considera-se que uma pessoa colectiva não é consumidora, para efeitos de venda a domicílio; consegue-se, porém, uma tutela por outra via.

[97] Cf. o citado *Tratado*, I/3, 591 ss..

[98] A limitação do Direito do consumo a pessoas singulares nem sequer é tradicional, antes correspondendo, como se diz no texto, a mero refluxo conceitual. Assim, o *Consumer Protection Charter* do Conselho da Europa, de 17-Mai.-1973, vem definir *consumer* como *a physical or legal person to whom goods are supplied and services provided for private use*. Cf. VON HIPPEL, *Verbraucherschutz*, 3ª ed. cit., 3, nota 1.

[99] BETTINA HEIDERHOFF, *Grundstrukturen des nationalen und europäischen Verbrauchervertragsrechts* cit., 365 ss..

– prevendo o ressarcimento de eventuais danos;
– dispensando um direito à reflexão e ao arrependimento[100].

Estes vectores aparecem, de modo repetido, nos mais diversos âmbitos do consumo. Pois bem: dispensado o último, que opera como um contrapeso ao poder da publicidade, podemos considerar que se trata de regras puramente civis.

II. A grande especialidade das regras do consumo – e das directrizes que as originam – reside na preocupação de, pela uniformidade da tutela, prevenir distorções na concorrência, na dinâmica da atribuição de direitos e no "activismo judiciário" que propiciam[101]. Mas nada disto transcende o Direito civil.

Em compensação, temas importantes como a autonomia privada[102], a tutela da confiança[103], a informação[104] ou a responsabilidade[105], aprofundados no Direito civil, basilares para qualquer tutela consistente do consumidor, são civis. Perder-se-ão quando os estudiosos da matéria quebrem o contacto permanente com a disciplina-mãe.

III. O núcleo substancial do Direito do consumo é Direito civil. E nem muito diferenciado: fica aquém do Direito do trabalho e, até, do Direito comercial.

A prática de, do Direito do consumo, fazer uma lata disciplina horizontal, com regras técnicas, administrativas, processuais e penais é possível com qualquer outro sector civil. Por exemplo: com o arrendamento, com a propriedade ou com a família. As exposições horizontais têm interesse prático e permitem sempre ventilar os problemas. Mas nessa base, não é pensável quebrar a unidade do Direito civil.

O consumo deve ser estudado no Direito civil. Qualquer reforma consistente deverá – ao que pensamos – inseri-lo no Código Civil: mas sem prejuízo de, tudo ponderado, se poder adoptar, a título transitório, um diploma compilatório das hoje dispersas leis de consumo.

---

[100] *Idem*, 394 ss. e BÜLOW/ARTZ, *Verbraucherprivatrecht* cit., 26 ss..

[101] NORBERT REICH, *Die Vorlagepflicht und teilharmonisierten Rechtsgebieten am Beispiel der Richtlinien zum Verbraucherschutz*, RabelsZ 66 (2002), 531-552 (551).

[102] REINHARD DAMM, *Privatautonomie und Verbraucherschutz*, VersR 1999, 129--141 (137 ss.).

[103] BETTINA HEIDERHOFF, *Vertrauen versus Vertragsfreiheit im europäischen Verbrauchervertragsrecht*, ZeuP 2001, 769-788 (776 ss.) e *Grundstrukturen* cit., 295 ss..

[104] CALAIS-AULOY/STEINMETZ, *Droit de la consommation*, 6ª ed. cit., 51 ss., e 354 ss., como exemplos.

[105] MICKLITZ, *Haftung für fehlerhafte Produkte* cit., 1034 ss..

O NOVO REGIME JURÍDICO DA ADOPÇÃO NA ENCRUZILHADA REFORMISTA DO DIREITO DA FAMÍLIA E DOS MENORES

João Zenha Martins*
Mestre em Direito
Faculdade de Direito da Universidade de Lisboa

§. 1 **Considerações preliminares**

I. Uma das tendências marcantes do Direito da Família e dos Menores, no dealbar deste século, é o reforço dos poderes dos magistrados na regulação dos problemas familiares, num esboço cromático em que, a par da atribuição de uma maior liberdade aos sujeitos, a malha normativa sobre os menores tende a assumir um papel especial[1].

Como é sabido, não basta que imperativos constitucionais estabeleçam o dever da Sociedade e do Estado em proteger as crianças e os jovens

---

* Fui aluno do Professor António Marques dos Santos no 5.º ano da Licenciatura, na disciplina de Direito Internacional Privado. Recordo a vivacidade, o entusiasmo e o fulgor com que expunha a matéria. Como meu orientador de tese de mestrado, guardo, de forma muito especial, a imagem de um Homem que expressava as suas opiniões com desassombro e num estilo directo. Que procurava conversar e discutir as questões com destemor, sem prescindir da pedagogia científica. A forma preocupada e amiga com que foi acompanhando a elaboração da tese encontrava eco nas conversas que quase semanalmente íamos tendo. Raramente se cingiam ao tema do contrato de trabalho desportivo, objecto de investigação da tese. Mas, para mim, eram sempre sessões de aprendizagem. Não sendo retribuível tudo o que aprendi consigo, presto a minha singela homenagem ao Mestre, associando-me a estes Estudos com um texto que gravita em torno de uma matéria de que falámos algumas vezes: a adopção.

[1] Brigitte Helss-Fallon e Anne-Marie Simon, *Droit de la Famille*, 4.ª ed., Sirey Editions, Dalloz, Paris, 2002, p. 4 e, entre nós, Carlos Pamplona Corte-Real, "Direito da Família e das Sucessões. Relatório", *Suplemento da Revista da Faculdade de Direito de Lisboa*, Lex, Lisboa, 1996.

com vista ao seu desenvolvimento integral, conferindo um direito especial de protecção aos órfãos, abandonados ou por qualquer forma privados de um ambiente familiar adequado, nem afirmar que a Convenção sobre os Direitos da Criança, ratificada por Portugal em 1990, traduz um conjunto de direitos que se consideram indiscutíveis e inalienáveis[2]. Verificando-se que esses direitos não são ainda objecto de uma prática universal[3], é fundamental reflectir sobre a premência da menção e da defesa dos Direitos da Criança[4].

Como primeiro ponto de reflexão, avulta a arritmia legislativa que vem caracterizando este subsector do ordenamento.

Se não se pode falar numa verdadeira convulsão ao nível dos Direitos dos Menores, parece seguro que a crescente importância dos aspectos que este coenvolve têm concitado do legislador uma intervenção descoordenada[5] e, muitas das vezes, preditada por razões estritamente conjunturais. É mesmo interessante verificar que, no contexto de um ramo do Direito em que é particularmente exaltada a sua especificidade circunstancial, gerada por hábitos e costumes nacionais, tenha havido uma aproximação a alguns dos modelos que já vigora(va)m noutras latitudes e que, em termos de política legislativa, se procure dar uma resposta enérgica ao significativo irromper de várias situações de facto que agitam a consciência social dominante.

As crianças e os jovens em risco, que pelos mais variados motivos se encontram privados de um meio familiar, não necessitarão, porventura, de

---

[2] Assim, FRANÇOISE DEKEUWER-DÉFOSSEX, *Les droits de l'enfant*, Que sais-je, 4.ª ed., Paris, 1991, pp. 42-3.

[3] Mais de metade das crianças do Mundo sofrem de privações, que as afastam da chamada "infância ideal", conforme indica o décimo relatório anual feito pela UNICEF (o Fundo da Organização das Nações Unidas para a Infância). O estudo confirma que uma em cada duas crianças vive em situação de pobreza, sem alimentação adequada, sem acesso à educação e a água potável – em suma, privada de viver a infância como a outra metade dos que moram, muitas vezes, na mesma rua.

[4] Veja-se GUILHERME DE OLIVEIRA, "A criança maltratada", *Temas de Direito da Família*, Coimbra Editora, Coimbra, 1999, pp. 187 e ss. De facto, conforme faz notar o Autor, nas sociedades actuais, à revelia do que se encontra normado, as crianças são abandonadas, não têm condições afectivas e encontram-se sujeitas a maus tratos, num contexto factorialmente simbiótico em que avultam três pontos referenciais: 1) o valor que a sociedade dá às crianças, 2) o alcance da intervenção do Estado sobre a Família, e 3) a situação económica conjuntural das sociedades.

[5] Bastará atentar à existência dos vários lapsos legais, no plano remissivo, que facilmente se detectam na redacção da Lei n.º 31/2002, de 22 de Agosto.

muitos mais relatórios, estudos ou mesmo de muitos mais quadros legislativos laboratorialmente interessantes, que tantas vezes mais não são do que pulsões destinadas à transformação dos problemas em falsas soluções com vista à tranquilidade efémera da tecnocracia social.

Mas, neste cenário, e sem embargo das virtualidades pela *Lei de Protecção das Crianças e Jovens em Perigo*, pela *Lei Tutelar Educativa* e pela recente Lei de alteração ao *Regime Jurídico da Adopção*, nesta "época de transição entre o paradigma da ciência moderna e um novo paradigma, de cuja emergência se vão acumulando os sinais"[6], era vantajosa, senão mesmo necessária, uma tarefa de sistematização legislativa que pusesse cobro à descoordenação entre fontes que hoje se vislumbra e que, na prática, mais não é do que o consectário de uma legislação dispersa, fragmentária e avulsa, potenciadora de incerteza, indefinição e pouco consentânea com as margens de previsibilidade exigíveis a todos os que operam no mundo do Direito da Família e dos Menores[7].

No plano estritamente técnico, reassuma-se um conjunto de normativos com epígrafes incorrectas, sem expressão no seu corpo[8]; *normas intrusas*, desinseridas do pertinente diploma legal (com realce para o OTM, diploma que, começando no art.º 146.º, contém muitas disposições substantivamente referenciadas a preceitos que se encontram no Código Civil); utilização de formulações programáticas desprovidas de conteúdo

---

[6] BOAVENTURA DE SOUSA SANTOS, *Introdução a uma Ciência Pós-Moderna*, Afrontamento, Porto, 1998, p. 9.

[7] Sendo certo que uma das características específicas do direito de família é a sua permeabilidade às modificações das estruturas sociais, continua a ser fundamental (i) clarificar conceitos, práticas e soluções que erradiquem, de vez, a uniformização do que exige diferenciação; (ii) afastar a massificação onde se postula a existência de proximidade e personalização; (iii) e tolher o entrecruzamento de respostas desordenadas e opacas de acolhimento e de apoio social, acompanhamento familiar, ensino e formação, inserção sócio-profissional e reeducação, entre outros, que, não raro, radicam na desconcatenação das fontes, que, inevitavelmente, se posta como causa e consequência da arritmia legal que vem caracterizando este ramo do Direito. De resto, os instrumentos legais de nada valem sem os meios/instrumentos adequados à sua aplicação. E, neste campo, conforme se verá *infra*, é fundamental o estabelecimento do perfil profissional dos técnicos e demais pessoas que trabalham nas instituições de adopção, nas Comissões de Protecção de Menores e dos que devem acompanhar as Famílias de Acolhimento.

[8] Por exemplo, o art.º 72.º da Lei n.º 166/99, de 14 de Setembro, a Lei Tutelar Educativa, que, à luz do rigor conceptual trabalhado pela processualística penal, utiliza impropriamente o termo denúncia (declaração de ciência sobre facto típico), parecendo referir-se ao conceito de queixa, esta sim, o acto que consubstancia a vontade de encetamento de procedimento tutelar.

útil (verdadeiras *exortações promocionais*); contínuas redundâncias e tautologias; remissões legais em cadeia erroneamente estabelecidas[9], descoincidências terminológicas[10] e locuções desconformes com a filosofia do sistema[11].

Criam-se, neste sentido, entropias, já que a produção normativa não é digerida pela sociedade, e acentuam-se as fímbrias de disfunção entre os quadros legais e a realidade: surge a "colonização da Lebenswelt" e o trilema regulador que esta traz consigo, (i) ineficácia da malha reguladora sobre o sistema regulado, (ii) entropias e disfunções do sistema regulado ou (iii) entropias e disfunções do próprio sistema jurídico regulador[12].

Esta seria, porventura em futuro próximo, uma prioridade a ter em conta pelo legislador: a sistematização do já vasto edifício normativo que rege o Direito dos Menores (porque não codificação?[13]) e, a par da agilização de procedimentos, o acerto de algumas das gralhas e erros técnicos que pontuam este sub-sector do ordenamento jurídico.

---

[9] Por exemplo, art.º 8.º, n.º 5, do Decreto-Lei n.º 185/93, de 22 de Maio, onde se diz "(p)ara os efeitos do número anterior"; art.º 171.º, n.º 1, da OTM, quando se remete para o n.º 2 do art.º 1978.º; art.º 1978.º, n.º 4 do CCiv.; art.º 1981.º, n.º 2 do CCiv., quando se remete para o n.º 2 do art.º 1978.º; art.º 1981.º, n.º 3, al./b do CCiv..

[10] Por exemplo, a Lei n.º 147/99, de 1 de Setembro, a Lei de Protecção das Crianças e Jovens em *Perigo*, que cria a Comissão Nacional de Protecção das Crianças e Jovens em *Risco*.

[11] Por exemplo, *poder paternal*. Por um lado, fala-se em *poder*, quando, mais do que uma ideia dominial, se está, no quadro dos deveres mútuos de auxílio, colaboração e respeito que informam estas relações, perante um dever. Por outro lado, a locução *parental* traz consigo uma visão de preponderância do pai na condução da vida familiar que hoje deve ser considerada ultrapassada. Melhor seria que se utilizasse expressões como *cuidado parental* ou *responsabilidade parental*.

De outra parte, ainda, subsistem ressaibos, mais ou menos explícitos, que apontam para uma coisificação da criança, ainda que, naturalmente, não seja esta a filosofia da legislação pátria. Veja-se, por exemplo, a expressão **depósito** de menor que consta dos art.º 192.º, n.º 2 ou 199.º da OTM.

Sobre as concepções refutadas, de que infelizmente ainda existem *sinais legais*, veja-se, por todos, MOITINHO DE ALMEIDA, "O Poder paternal no Direito Moderno", *Scientia Iuridica*, n.º 89, Tomo XVII, Janeiro-Fevereiro de 1968, p. 34 e ss.

[12] GUNTHER TEUBNER, "Juridificação – noções, características, limites, soluções", *Revista de Direito e Economia*, ano XVI, 1988, n.º 14, p. 19 e ss.

[13] Afora, talvez, o instituto da adopção que, pela sua natureza, deve permanecer no Código Civil, tradicionalmente o diploma que rege as situações de constituição familiar.

§. 2 O novo ideário

A questão que marca o Direito dos Menores, à semelhança de outras áreas do Direito da Família, passa necessariamente pela superação do dogma institucional da família como uma instituição supra-individual, ideia que, conexamente, convoca a ideia de instrumentalização da própria família ao nível da realização pessoal de cada um[14].

Aqui, sem ambages, e com reflexos não só na legislação, mas, também, no momento simbiótico da interpretação-aplicação, sobreleva o interesse do menor, interesse que se materializa "no direito do menor ao desenvolvimento são e normal no plano físico, intelectual e moral, espiritual e social, em condições de liberdade e dignidade"[15] e que, para ser efectivo, postula a "definição de um direito menor em que sejam considerados os diferentes estádios do seu desenvolvimento e as consequentes capacidades de que vai dispondo"[16].

Sabendo-se que o essencial do conteúdo parental consiste nos cuidados quotidianos a ter com a saúde, a segurança e a educação da criança – através dos quais esta se desenvolve intelectual e emocionalmente –, o conceito de cuidado corresponde ao centro da relação entre pais e filhos, sendo o cuidado parental uma instituição altruísta, dirigida a fazer prevalecer o interesse da criança[17].

Atendendo a que a personalidade da criança se constrói nos primeiros tempos de vida[18], se neste estádio falha a noção de cuidado parental,

---

[14] Neste sentido, GRISOLÍA GONZÁLEZ, "Organización y Estructura de las Nuevas Realidades Familiares", *Anuario de Derecho*, n.º 21-2001, p. 83.

[15] As palavras são de ALMIRO RODRIGUES, "Interesse do Menor (contributo para uma definição)", *Revista Infância e Juventude*, n.º 1, Janeiro-Março de 1985, pp. 18-19.

[16] IDEM, "Interesse do Menor (contributo para uma definição)", cit., p. 20.

[17] Cfr. MARIA CLARA SOTTOMAYOR, "O Poder Paternal como Cuidado Parental e os Direitos da Criança", *A Função dos Juízes Sociais. Actas do Encontro*, Universidade Católica Portuguesa – Porto, Faculdade de Direito, Almedina, Coimbra, 2003, p. 54. Com interesse, ainda, BRIGITTE HELSS-FALLON/ANNE-MARIE SIMON (avec la collaboration de Hélène Hess), *Droit de la Famille*, 4.ª ed., Sirey Editions, Dalloz, Paris, 2002, p. 192, que, delineando um quadro legal sobre a evolução do instituto da adopção em França, salientam a emanação, em 2002, de um «"droit commun" de l'autorité parentale»., com a Lei de 4 de Março de 2002.

[18] A relação mãe-bebé e um total apoio na adolescência do indivíduo são fundamentais. Durante muito tempo considerou-se que a relação mãe-bebé se fundava apenas na satisfação das necessidades do recém nascido: eram os cuidados maternos que lhe assegurariam a sobrevivência (alimentação, higiene, protecção *etc.*). Contudo, as novas concepções sobre o recém-nascido – ser activo com um conjunto de competências – e a impor-

falha também a impavidez do Estado. É que, por força do primado da família biológica, se é necessário apoiar com efectividade as famílias disfuncionais sempre que se vislumbre a possibilidade de estas reencontrarem o equilíbrio, importa reconhecer que há situações em que tal não é viável, ou pelo menos não o é em tempo útil para a criança, devendo, pois, encetar-se firme e atempadamente o caminho da adopção[19].

O novo regime, ao contrário do que se vislumbrava em alguns casos na legislação anterior, acaba por sobrepor o interesse da criança a qualquer outro, funcionalizando explicitamente os interesses dos pais biológicos à afirmação de um projecto de vida para a criança e ao seu desenvolvimento pessoal[20]: quando a família biológica é ausente ou apresenta disfuncionalidades que comprometem o estabelecimento de uma relação afectiva gratificante e securizante com a criança, impõe a Constituição que se salvaguarde o superior interesse da criança, particularmente através da adopção.

Neste quadro, a adopção constitui o instituto que visa proporcionar às crianças desprovidas de meio familiar o desenvolvimento pleno e harmonioso da sua personalidade num ambiente de amor e compreensão, através da sua integração numa nova família (é fonte de relações jurídicas familiares, conjuntamente com o casamento, o parentesco e a afinidade)[21], concepção que corresponde àquela que está plasmada em importantes instru-

---

tância dada às interacções humanas vieram mostrar que a relação mãe-bebé assume uma grande importância no equilíbrio psicológico e na construção da personalidade da pessoa. As características dessa relação vão influenciar positiva ou negativamente o desenvolvimento da criança ao nível das inter-relações com os outros e da confiança em si próprio. Desta forma, o bebé é visto como um ser activo que age e interage com o meio dando uma especial importância à relação que se estabelece entre a mãe e o bebé, sendo neste quadro que se iniciam e realizam as primeiras aprendizagens sociais. Contudo, para além destas, a relação mãe-bebé tem grandes repercussões ao nível afectivo e emocional. A resposta, por parte da mãe, às necessidades de afecto e de índole emocional, o sentimento de confiança (ou não) que se pode gerar nesta relação marcam o futuro da pessoa.

[19] Veja-se EDUARDO SÁ/MARIA JOÃO CUNHA, *Abandono e adopção: o nascimento da família*, Almedina, Coimbra, 1996.

[20] Se o superior interesse da criança é o alicerce que justifica o instituto da adopção, este instituto de carácter eminentemente altruísta e solidário tem de dar prioridade ao interesse do adoptado sobre o dos adoptantes.

[21] Sobre a adopção, ALMIRO RODRIGUES, "a adopção: um antes e um depois?", *Infância e Juventude*, Lisboa, n.º 2 (Abr.-Jun. 1997), p. 31-70. O Autor acentua a evolução, no espaço e no tempo, da adopção, de acordo com valores e finalidades tão distintas e diversas quanto diferentes e variadas foram, e são ainda, as sociedades e culturas que a acolheram.

mentos jurídicos internacionais como a Convenção sobre os Direitos da Criança e a Convenção Europeia em Matéria de Adopção de Crianças[22],

---

[22] Com efeito, a actualidade do instituto e o interesse de que se reveste para a globalidade dos países estão bem patentes na forma como estes aceitaram, enquanto Estados Partes, o que nesta matéria vem regulado pela Convenção sobre os Direitos da Criança. Num mundo progressivamente mais interligado e mais próximo, assume a maior importância a Convenção Relativa à Protecção das Crianças e à Cooperação em Matéria de Adopção Internacional, que, tendo sido assinada em Haia em 29 de Maio de 1993, entrou em vigor para Portugal desde 1 de Julho de 2004.

Esta Convenção assegura que as adopções internacionais que estabeleçam um vínculo de filiação são feitas no interesse superior da criança e respeitem os seus direitos fundamentais, criando, para tanto, um sistema de cooperação entre os Estados aderentes que previne o rapto, a venda ou o tráfico de crianças, e que assegura o reconhecimento, das adopções realizadas, respeitando as suas regras nesses Estados (entre nós, incumbe à Direcção-Geral da Solidariedade e Segurança Social dar cumprimento às obrigações decorrentes da Convenção). A Convenção aplicar-se-á sempre que uma criança com residência habitual num Estado contratante («o Estado de origem») tenha sido, seja ou venha a ser transferida para outro Estado contratante («o Estado receptor»), seja após a sua adopção no Estado de origem por casal ou por pessoa residente habitualmente no Estado receptor, seja com o objectivo de ser adoptada no Estado receptor ou no Estado de origem; deixa de ser aplicável se a concordância das autoridades centrais de ambos os Estados quanto ao prosseguimento da adopção não tiver sido dada antes de a criança ter atingido a idade de 18 anos.

Como requisitos para as adopções internacionais, é necessário, desde logo, que as autoridades competentes no Estado de origem (1) tenham estabelecido que a criança está em condições de ser adoptada; (2) tenham constatado, depois de adequadamente ponderadas as possibilidades de colocação da criança no seu Estado de origem, que uma adopção internacional responde ao interesse superior da criança; (3) tenham assegurado que: a) as pessoas, instituições e autoridades, cujo consentimento seja necessário para a adopção, foram convenientemente aconselhadas e devidamente informadas sobre as consequências do seu consentimento, especialmente sobre a manutenção ou ruptura dos vínculos jurídicos entre a criança e a sua família de origem, em virtude da adopção; b) essas pessoas, instituições e autoridades exprimiram o seu consentimento livremente, na forma legalmente prevista e que este consentimento tenha sido manifestado ou seja comprovado por escrito; c) os consentimentos não foram obtidos mediante pagamento ou compensação de qualquer espécie e que tais consentimentos não tenham sido revogados; d) e o consentimento da mãe, se ele for exigido, foi expresso após o nascimento da criança; 4) tenham assegurado, tendo em consideração a idade e o grau de maturidade da criança, que: a) esta foi convenientemente aconselhada e devidamente informada sobre as consequências da adopção e do seu consentimento em ser adoptada, quando este for exigido; b) foram tomados em consideração os desejos e as opiniões da criança; c) o consentimento da criança em ser adoptada, quando exigido, foi livremente expresso, na forma exigida por lei, e que este consentimento foi manifestado ou seja comprovado por escrito; d) o consentimento não tenha sido obtido mediante pagamento ou compensação de qualquer espécie.

As adopções abrangidas por esta Convenção só podem realizar-se quando as autoridades competentes do Estado receptor (1) tenham constatado que os futuros pais adoptivos são elegíveis e aptos para adoptar; (2) se tenham assegurado de que os futuros pais adoptivos foram convenientemente aconselhados; (3) tenham verificado que a criança foi ou será autorizada a entrar e a residir com carácter de permanência naquele Estado.

No que tange aos requisitos de procedimento para a adopção internacional, as pessoas com residência habitual num Estado contratante que desejem adoptar uma criança cuja residência habitual seja noutro Estado contratante deverão dirigir-se à autoridade central do Estado da sua residência habitual. Se a autoridade central do Estado receptor considerar que os candidatos são elegíveis e aptos para adoptar, deverá preparar um relatório contendo informações sobre a identidade, capacidade jurídica dos solicitantes para adoptar, a sua situação pessoal, familiar e médica, o seu meio social, os motivos da adopção, a sua aptidão para assumir uma adopção internacional, assim como as características das crianças que eles estariam em condições de cuidar. A autoridade central do Estado receptor transmitirá o relatório à autoridade central do Estado de origem. Se a autoridade central do Estado de origem considerar que a criança é apta para adopção deverá: (1) preparar um relatório contendo informações sobre a identidade da criança, a sua aptidão para ser adoptada, o seu meio social, a sua evolução pessoal e familiar, a história clínica da criança e da sua família, assim como sobre as suas necessidades particulares; (2) levar em conta as condições de educação da criança, assim como a sua origem étnica, religiosa e cultural; (3) assegurar-se de que os consentimentos foram obtidos legalmente e determinar, baseando-se especialmente nos relatórios relativos à criança e aos futuros pais adoptivos, se a colocação prevista obedece ao interesse superior da criança.

A autoridade central do Estado de origem deve transmitir à autoridade central do Estado receptor o seu relatório sobre a criança, a prova dos consentimentos requeridos e as razões que determinaram a colocação, tomando precauções para não revelar a identidade da mãe ou do pai, no caso de o Estado de origem não permitir a divulgação dessas identidades.

Qualquer decisão por parte do Estado de origem no sentido de confiar uma criança aos futuros pais adoptivos só poderá ser tomada se: (1) a autoridade central do Estado de origem se tiver assegurado da anuência dos futuros pais adoptivos; (2) a autoridade central do Estado receptor tiver aprovado tal decisão, quando esta aprovação for requerida pela lei do Estado receptor ou pela autoridade central do Estado de origem; (3) as autoridades centrais de ambos os Estados estiverem de acordo quanto ao prosseguimento da adopção e tenha sido constatado que os futuros pais adoptivos são elegíveis e aptos para adoptar e que a criança foi ou será autorizada a entrar e residir com carácter de permanência no Estado receptor.

As autoridades centrais dos dois Estados tomarão as medidas necessárias para que a criança receba a autorização de saída do Estado de origem, assim como a de entrada e de permanência definitiva no Estado receptor, sendo que a transferência da criança para o Estado receptor deve ser feita com toda a segurança, em condições adequadas e, quando possível, em companhia dos pais adoptivos ou futuros pais adoptivos.

As autoridades centrais manter-se-ão informadas sobre o procedimento de adopção e as medidas tomadas para a sua conclusão, assim como sobre o desenrolar do período pro-

e que se filia, agora e também, no eixo central do vasto campo temático dos Direitos Humanos, face à sua atinência com a dignidade da pessoa humana (*persona*)[23].

Neste contexto, e na linha do estabelecido pela *Lei que aprovou a Lei Tutelar Educativa* – que, na sua essência, veio reformular por completo o regime legal que regula a prática, por menor entre os 12 e os 16 anos, de factos qualificados pela lei como crime e a respectiva aplicação de medida

---

batório, se este for requerido. Quando a adopção se deva realizar após a transferência da criança para o Estado receptor e a autoridade central desse Estado considerar que a manutenção da criança junto dos potenciais pais adoptivos já não corresponde ao interesse superior da criança, a autoridade central tomará as medidas necessárias para a protecção da criança, tendo em vista, designadamente: (1) assegurar que a criança é retirada aos potenciais pais adoptivos e assegurar-lhe cuidados temporários; (2) assegurar, em consulta com a autoridade central do Estado de origem, a imediata colocação da criança com vista à sua adopção ou, na sua falta, uma colocação alternativa de carácter duradouro; não se deverá realizar uma adopção sem que a autoridade central do Estado de origem tenha sido devidamente informada sobre os novos potenciais pais adoptivos; (3) como último recurso, e se os interesses da criança o exigirem, assegurar o regresso da criança ao Estado de origem. Tendo em consideração a idade e maturidade da criança, esta deverá ser consultada e, quando tal se afigurar apropriado, deverá ser obtido o seu consentimento relativamente à adopção destas medidas.

No que concerne ao reconhecimento e efeitos da adopção, uma adopção certificada por uma autoridade competente do Estado onde se realizou, como tendo sido efectuada em conformidade com a Convenção, deverá ser reconhecida de pleno direito nos demais Estados contratantes. O certificado deverá especificar a data e o autor da autorização concedida, sendo que o reconhecimento de uma adopção só pode ser recusado num Estado contratante se esta for manifestamente contrária à sua ordem pública, tomando em consideração o interesse superior da criança. Neste cenário, o reconhecimento de uma adopção implica o reconhecimento: (1) da relação de filiação entre a criança e os seus pais adoptivos; (2) da responsabilidade dos pais adoptivos relativamente à criança; (3) do termo da relação de filiação previamente existente entre a criança e a sua mãe e o seu pai, se a adopção produzir este efeito no Estado contratante em que teve lugar.

Se a adopção tiver por efeito o termo do vínculo de filiação previamente existente, a criança gozará, tanto no Estado receptor quanto em qualquer outro Estado contratante em que a adopção seja reconhecida, de direitos equivalentes aos resultantes de adopções que produzam esses efeitos em cada um desses Estados. E se estas regras não impedem a aplicação de disposições mais favoráveis à criança em vigor no Estado contratante que reconheça a adopção, salienta-se que sempre que uma adopção concedida no Estado de origem não tiver por efeito o termo do vínculo de filiação previamente existente, poderá ser convertida numa adopção que produza tais efeitos no Estado receptor, que reconhece a adopção, em conformidade com a Convenção, conquanto (1) a lei do Estado receptor o permita; e (2) os consentimentos exigidos foram ou sejam outorgados para tal adopção.

[23] Veja-se ISABELLE LAMMERANT, *L'adoption et les droits de l'homme en droit comparé* (prefácio de M. T. Meulders-Klein), Bruylant, L.G.D.J., Bruxelas, 2001, pp. 22 e ss.

tutelar educativa, implicando uma profunda reformulação dos princípios e regras que actualmente regem a denominada Organização Tutelar de Menores – e pela *Lei que aprovou a Lei de protecção das Crianças e Jovens em Perigo* – que veio regular a promoção dos direitos e a protecção das crianças e jovens em perigo, rompendo com o modelo de protecção até então em vigor[24] –, procura-se, num pressuposto de celeridade procedimental, deslocar o epicentro da justiça de menores da mera protecção da infância para a promoção e protecção dos direitos das crianças e dos jovens, de forma mais consentânea com os instrumentos internacionais que regem sobre a matéria[25], emprestando-se, para tanto, particular enfoque à situação sócio-familiar do menor.

a) *Lei de Protecção das Crianças e Jovens em Perigo*

Até 1999, o regime jurídico plasmado na Organização Tutelar de Menores preconizava uma intervenção estadual relativamente a crianças ou jovens vítimas de acções ou de omissões que colocam em risco a sua vida ou o seu processo de desenvolvimento humano e social, e relativamente a crianças ou jovens cujo comportamento é qualificado pela lei penal como crime.

Se, por um lado, se acreditava que qualquer situação de perigo, moral ou físico — potencializado quer pelo desamparo, quer pela própria violência de que a criança ou jovem era vítima — desembocaria no incremento da delinquência juvenil, por outro lado, desde que a criança praticasse um acto qualificado como crime pela lei penal, ela seria objecto de uma medida tutelar cuja eleição e duração não se reportavam ao ilícito praticado. Nesta linha, porque a intervenção estadual em tais situações prosseguia a protecção da criança ou do jovem – sendo-lhe alheia a punição dessa mesma criança ou jovem ou mesmo a intimidação ou reprovação sociais – é possível reconstruir as duas premissa básicas em que se escorava o regime ora revogado, substanciado pela OTM: 1) qualquer situação

---

[24] Que permitia que "crianças vítimas" e "crianças agentes da prática de crimes violentos" fossem internadas nas mesmas instituições. A *Lei de Protecção de Crianças e Jovens em Perigo* (Lei n.º 147/99, de 1 de Setembro) veio assim criar novos mecanismos que visam prevenir e proteger situações de perigo para os jovens, cortando com o regime instituído pelo Decreto-Lei n.º 314/78, de 27 de Outubro (OTM).

[25] Aqui, naturalmente, cumprirá realçar o papel primacial que as estruturas associativas familiares, em conexão com os agentes do sistema educativo, podem desempenhar.

de perigo conduz à delinquência; 2) protecção da criança, independentemente da motivação ao nível da intervenção.

Todavia, sem embargo da bondade intrínseca deste instrumentário, as consequências que brotaram da sua aplicação cedo se revelaram descoincidentes com os propósitos do legislador, porquanto não só (**i**) as situações de risco não determinam inexoravelmente comportamentos violadores dos valores fundamentais da vida em comunidade, como também (**ii**) as crianças ou jovens que tenham praticado acções qualificadas pela lei penal como crimes necessitam, em primeira linha, de reeducação e não propriamente de protecção, pois esta apenas surgirá numa segunda fase do processo reeducacional[26].

Pensando que, neste contexto específico, é redutor circunscrever a protecção das crianças ou jovens à mera protecção da infância – já que, ultrapassado este *minimum*, afigura-se ainda necessário reconhecer e promover a realização de direitos económicos, sociais, culturais e cívicos –, irrompeu a Lei n.º 147/99, de 1 de Setembro, também conhecida por *Lei de Protecção das Crianças e Jovens em Perigo*.

Assim, no novo quadro legal, o Estado apenas tem legitimidade para intervir conquanto haja (**i**) perigo para a segurança, saúde, formação, educação ou desenvolvimento da criança ou jovem, criado pelos pais, representante legal ou quem tenha a sua guarda de facto ou ainda quando esse perigo resulte de acção ou omissão de terceiros, ou da própria criança ou do jovem a que aqueles não se oponham de modo adequado a removê-lo (art.º 3.º)[27], sendo que (**ii**) a intervenção das comissões de protecção das

---

[26] Deve-se aqui salientar a discussão social que surgiu nos anos oitenta entre a crítica ao cunho paternalista da intervenção do Estado no âmbito da (então) organização tutelar educativa — que não reconhecia os menores como sujeitos processuais, não havendo, por isso, o direito a serem ouvidos, e que levava à estigmatização da pobreza — e a crítica ao crescimento da delinquência juvenil, causando insegurança na sociedade, que clamava pela repenalização dos jovens, impondo a diminuição da idade da imputabilidade penal.

[27] O n.º 2 deste dispositivo legal, elenca, aliás, a título exemplificativo, uma série de situações que consubstanciam realidades de perigo para a criança ou jovem, como aquelas em que ela: (i) está abandonada ou vive entregue a si própria, (ii) sofre maus tratos físicos ou psíquicos ou é vítima de abusos sexuais, (iii) não recebe os cuidados ou a afeição adequados à sua idade e situação pessoal, (iv) é obrigada a actividades ou trabalhos excessivos ou inadequados à sua idade, dignidade e situação pessoal ou prejudiciais à sua formação ou desenvolvimento, (v) está sujeita, de forma directa ou indirecta, a comportamentos que afectem gravemente a sua segurança ou o seu equilíbrio emocional, (vi) assume comportamentos ou se entrega a actividades ou consumos que afectem gravemente a sua saúde, segurança, formação, educação ou desenvolvimento, sem que os pais, representante legal

crianças e jovens depende do consentimento expresso dos seus pais, do representante legal ou da pessoa que tenha a guarda de facto (art.º 9.º)[28] e da ausência de oposição da criança ou do jovem com idade igual ou superior a 12 anos, sendo ainda relevante a oposição da criança com idade inferior a 12 anos, de acordo com a sua capacidade para compreender o sentido da intervenção (art.º 10.º)[29].

Nesta linha, os princípios enformadores e vinculativos de qualquer intervenção estadual são:

– *princípio do interesse superior da criança e do jovem* – a intervenção deve atender prioritariamente aos interesses e direitos da criança e do jovem. Na harmonização da referida tríade deve prevalecer sempre o superior interesse do menor, quer ao nível da oportunidade da intervenção, quer ao nível da medida a eleger ou ainda ao nível dos direitos dos responsáveis legais;

– *princípio da privacidade* – de acordo com este princípio, e com vista ao afastamento das situações estigmatizantes surgidas no quadro da lei antiga, deve respeitar-se a privacidade do menor, bem como o seu direito à imagem; pretende-se, agora, que a intervenção estadual coloque o menor fora de perigo, mas que não determine repercussões estigmatizantes (*v.g.* rotulagem dos menores tendo em conta a origem de pobreza familiar ou algumas disfunções familiares, como o alcoolismo ou abusos sexuais)[30].

---

ou quem tenha a guarda de facto se lhes oponham de modo adequado a remover essa situação. Note-se que este elenco é meramente indicativo, e não típico e fechado, o que permite uma intervenção em situações semelhantes que não figuram no universo da prognose legislativa.

[28] Cfr. art.º 9.º. Entende-se a exigência deste requisito, uma vez que, tratando-se de um procedimento administrativo, seria inconcebível que este fosse levado a cabo sem o referido consentimento, já que os filhos não podem ser separados dos pais, senão mediante decisão judicial (art.º 36.º, n.º 6 da CRP).

[29] V. art.º 10.º.

[30] De notar que este princípio nem sempre é devidamente observado, uma vez que muitas das vezes os responsáveis pelas instituições onde as crianças e jovens se encontram, permitem que se filme ou fotografe os menores, em completo desrespeito pela reserva da vida privada e seu direito à imagem. Quando isto acontece, ficam prejudicados os objectivos legais, que procuram que a aplicação de tais medidas apenas tenha como efeito a erradicação do perigo em relação ao menor e a promoção do seu normal desenvolvimento, de acordo com a medida mais adequada, sem que, para tanto, esta fique associada *ad aeternum* ao menor.

– *princípio da intervenção precoce* – este princípio visa essencialmente evitar o agravamento dos efeitos nocivos que uma situação de maus tratos ou abandono provoca nas crianças ou jovens; assim, verificada uma situação de perigo, a intervenção deverá efectuar-se imediatamente[31];

– *princípio da intervenção mínima* – esta intervenção deve ser exercida exclusivamente pelas entidades e instituições cuja acção seja indispensável à efectiva promoção do direitos da criança e do jovem em perigo, limitando-se às situações de risco que ponham em perigo a sua segurança, saúde, formação, educação ou desenvolvimento; para tal, promove-se a actuação inter-institucional e inter-disciplinar: as comissões de protecção de menores passam a denominar-se "comissões de protecção de crianças e jovens", e constituem instituições oficiais não judiciárias que visam a protecção de crianças e jovens em perigo, com a participação dos principais agentes da comunidade[32]. Elas passam a funcionar nas modalidades de (i) *comissão alargada*, vocacionada para desenvolver acções no âmbito geral de promoção dos direitos e de prevenção das situações de perigo – cfr.. art.º 16.º e segs – e (ii) *comissão restrita* com competência para intervir nas situações concretas em que uma criança ou jovem está em perigo – art.º 20.º e segs.;

– *princípio da proporcionalidade e da actualidade* – como a intervenção implica restrições aos direitos fundamentais — quer dos pais (*v.g.*, direito à educação e à manutenção dos filhos), quer dos filhos (*v.g.*, direito à liberdade e autodeterminação pessoal) –, o regime dessa intervenção reconhece o seu carácter excepcional, e em conformidade com o disposto no art.º 18.º, n.º 2 da CRP, subordina-se rigorosamente aos princípios da necessidade, adequação e proporcionalidade. Assim, a intervenção deve ser necessária e adequada à

---

[31] De resto, a intervenção junto destes menores encontra fundamento no próprio art.º 69.º da CRP, que impõe à sociedade e ao Estado o dever de os proteger contra todas as formas de abandono, discriminação e opressão, e contra o exercício abusivo da autoridade, com vista ao seu desenvolvimento integral.

[32] É atribuição do Ministério Público acompanhar a actividade das Comissões de Protecção, tendo em vista apreciar a legalidade e a adequação das decisões, a fiscalização da sua actividade processual e a promoção dos procedimentos judiciais adequados. Sobre o novo desenho instituído pela LPJCP, veja-se RUI DO CARMO, "O Ministério Público e as Comissões de Protecção de Crianças e Jovens", *Revista do Ministério Público*, n.º 91, ano 23, Julho-Setembro 2002, pp. 135 e ss.

situação em que a criança ou jovem se encontra no momento em que a decisão é tomada e só pode interferir na sua vida e na sua família na medida em que for estritamente necessária a essa finalidade;

– *princípio da responsabilidade parental* – a intervenção deve ser efectuada de modo a que os pais assumam os seus deveres para com a criança e o jovem – cfr. art.º 35.º;

– *princípio da prevalência da família* – na promoção dos direitos e na protecção da criança e do jovem deve ser dada prevalência às medidas que os integrem na sua família – cfr. art.º 35.º, n.º 1;

– *princípio da obrigatoriedade da informação* – a criança e o jovem, os pais, o representante legal, ou a pessoa que tenha a sua guarda de facto, têm o direito de ser informados dos seus direitos, dos motivos que determinaram a intervenção e da forma como esta se processa[33]; no regime das comunicações, verifica-se a preocupação de estabelecer a comunicação entre os vários intervenientes e o Ministério Público, essencialmente para que este possa apreciar da legalidade, tempestividade, e adequação das medidas adoptadas pelas comissões de protecção;

– *princípio da audição obrigatória e da participação* – a criança e o jovem, em separado ou na companhia dos pais ou de pessoa por si escolhida, bem como os pais, o representante legal, ou a pessoa que tenha a sua guarda de facto, têm direito a ser ouvidos e a participar nos actos e na definição da medida de promoção de direitos e de protecção. Trata-se da concretização de uma abordagem em que se reconhecem os direitos e o facto de que o desenvolvimento desta se efectiva através da realização destes; arquitecta-se, assim, um novo modelo de justiça de menores que, ao contrário dos anteriores, assenta no princípio de que as crianças e jovens são actores sociais e não mero objecto de acções de protecção, sem que a sua opinião seja relevante;

– *princípio da subsidiariedade* – por um lado, a intervenção deve ser efectuada sucessivamente pelas entidades com competência em matéria de infância e juventude, pelas comissões de protecção de crianças e jovens e, em última instância, pelos tribunais; por outro, a intervenção deve ser feita sucessivamente no que às medidas aplicá-

---

[33] Veja-se, por exemplo, o art.º 36.º (que pressupõe um acordo relativamente às medidas aplicadas), a art.º 59.º, n.º 1 (quanto à execução das medidas) e o art.º 62.º (quanto à revisão das medidas a pedido de tais pessoas).

veis pelas comissões e tribunais diz respeito[34]. Tipificam-se as medidas (art.º 35.º), estabelecendo-se um critério de preferência em relação às que colham a adesão e incentivem a responsabilização dos pais e se executem no meio natural de vida. Assim, só se procede à institucionalização como *última ratio*.

b) *Lei Tutelar Educativa*

No que respeita à *Lei Tutelar Educativa*, substanciada pela Lei n.º 166/99, de 1 de Setembro, a sua aplicação, pressupondo um comportamento ilícito, depende não só da subsunção da actuação da criança a um ilícito criminal (art.º 1.º), como também da identificação do crime praticado, uma vez que a intervenção tutelar tem como finalidade a educação ou reeducação do menor, para corrigir a sua personalidade no plano do *dever-ser*, manifestada na prática daquele facto em concreto (arts.º 2.º, 6.º e 7.º).

O agravamento das formas de violência juvenil sustentou as opções tomadas pelo legislador, ainda que, a despeito de algumas propostas políticas, não se haja baixado a idade para efeitos de imputabilidade penal, pelo que menores de 12 anos que pratiquem um facto considerado crime pela lei penal não estão sujeitos a uma medida tutelar educativa, face ao juízo de que não têm condições psico-biológicas bastantes para suportar a responsabilidade jurídica dos seus actos[35]. Sendo certo que nestes casos a

---

[34] Deste princípio promanam os princípios da *proporcionalidade* e da *actualidade*, pois que a medida adoptada tem de ser proporcionada ao perigo concreto em que a criança se encontra, no momento em que a decisão é tomada, sendo que, em qualquer dos casos, atentos os princípios *da intervenção precoce* (que convoca uma ideia de presteza) e da *intervenção mínima* (que exige uma limitação dos direitos do poder paternal e da própria criança restrita aos aspectos estritamente necessários à sua efectiva protecção), se desenha uma estrutura de intervenção desenvolvida em patamares sucessivos, em que a actuação é realizada apenas pelas pessoas e entidades cuja acção seja necessária à consecução do resultado pretendido. Ainda, ELIANA GERSÃO, "As novas leis de protecção das crianças e jovens em perigo e de tutela educativa – uma reforma adequada aos dias de hoje", *Infância e Juventude*, Abril-Junho 2000, n.º 2, pp. 10 e ss.

[35] Ainda, ELIANA GERSÃO, *ult. loc. cit.*, p. 17. Conforme faz notar a Autora, a intervenção do Estado não é agora de admitir sempre que um adolescente pratique qualquer acto criminalmente censurável: com a LTE a intervenção estatal cinge-se à medida necessária para a correcção dos aspectos da personalidade do jovem em que a acção da família não tenha sido suficiente para o levar a conformar as suas condutas com as normas jurídico-criminais.

infracção deve ser encarada e suportada como o *pathos* que envolve os acidentes da natureza, já entre os 12 e os 16 anos, na hipótese de cometimento de um facto criminoso, conhece aplicabilidade uma acção tutelar educativa, porquanto se considera que estes menores têm capacidade natural – isto é capacidade de entender a realidade que os rodeia – e de querer – isto é, determinar a sua conduta de acordo com a representação da realidade[36], sendo que, perante a perfacção dos 16 anos, suscitar-se-ão as medidas do sistema penal em vigor (art.º 28.º, n.º 2, al. /a).

Nesta senda, os princípios fundamentais da lei tutelar educativa são os seguintes:

– *princípio da intervenção mínima* – à semelhança do direito penal, também aqui este é um dos princípios basilares. A intervenção só se efectiva quando se verifique a violação de bens jurídicos fundamentais sujeitos à axiologia penal, coabitando com esta intervenção os direitos do menor (*v.g.*, o direito à autodeterminação e o direito ao desenvolvimento no seu ambiente familiar natural). A medida tutelar não pretende ser um sucedâneo do direito penal pois está vocacionada, em primeiro lugar, para realizar o interesse do menor, desiderato, *qua tale*, incompatível com uma lógica estritamente punitiva. Ademais, a medida a aplicar depende do tipo penal praticado pelo menor;

– *princípio da tipicidade* – de acordo com este princípio, terá de haver um elenco taxativo das medidas aplicáveis (art.º 4.º), sendo que o juiz, na operação de selecção de uma medida, deve seguir uma concepção gradualista, *(i)* escolhendo a menos grave e só aplicando outra quando esta se revelar inadequada ou insuficiente, *(ii)* fixando o tipo que represente menor interferência na autonomia do menor e que suscite a maior adesão possível, *(iii)* procurando um acompanhamento pessoal do menor[37].

– *princípio do contraditório* – este princípio consubstancia uma das principais novidades deste modelo. A participação constitutiva no processo só pode realizar-se se for conferido ao menor o direito de

---

[36] A propósito da imputabilidade civil, veja-se o art.º 488.º, n.ºs 1 e 2 do CCiv..

[37] Para uma visão panorâmica dos mecanismos acolhidos pelo novo direito tutelar, veja-se o Volume V do Centro de Direito da Família da Universidade de Coimbra, editado pela Almedina (2002), intitulado *Direito Tutelar de Menores. O Sistema em mudança* e, mais recentemente, MANUEL MONTEIRO GUEDES VALENTE, NIEVES SANZ MULAS, *Direito de Menores. Estudo Luso-Hispânico sobre Menores em Perigo e Delinquência Juvenil*, Âncora Editora, Lisboa, 2003.

ser ouvido e de contradizer os factos que lhe são imputados, requerendo diligências e indicando as provas que entender convenientes (arts.º 45.º e 47.º).

– *princípio da obtenção da verdade material* – de acordo com este princípio, o juiz não pode remeter-se à posição de árbitro, que julga de acordo com os factos fornecidos pelos participantes, mas, atenta a relevância do interesse público prosseguido pela intervenção tutelar, deve construir autonomamente as bases da sua decisão (art.º 117.º).

– *princípio da oralidade e da imediação* – este princípio permite na estruturação da audiência uma maior comunicação entre os intervenientes e o tribunal, de forma a facilitar a apreensão da verdade material (art.º 105.º).

– *princípio da livre apreciação da prova* – em conexão com o anterior, este princípio significa que o julgador deve decidir sobre a matéria de facto da causa segundo a sua íntima convicção, formada através do confronto dos vários meios de prova. Compreende-se como este novo princípio se situa na linha lógica do anterior: é porque há imediação, oralidade e concentração que ao julgador cabe, depois da prova produzida, tirar as suas conclusões, em conformidade com as impressões recém colhidas e com a convicção de que através delas se foi gerando no seu espírito, de acordo com as máximas de experiência que, perante a tessitura do caso, sejam consideradas aplicáveis.

– *princípio da publicidade* – este princípio está fortemente restringido, face ao risco de estigmatização social e à sensibilidade do menor à presença do público, tendo, sobretudo, em atenção o seu estado de desenvolvimento físico e psicológico (art.º 97.º).

c) *A revisão do regime jurídico da adopção*

Vislumbradas as disfunções e diagnosticada a inoperacionalidade que trespassavam o regime jurídico da adopção[38], aprovou-se a Lei n.º 31/

---

[38] Este instituto, introduzido no nosso direito de família pelo actual Código Civil há praticamente três décadas, sofreu nos últimos anos quatro mudanças legislativas: em primeiro lugar, com o Decreto-Lei n.º 496/77, de 25 de Novembro, em segundo lugar com o Decreto-Lei n.º 185/93, de 22 de Maio, depois com o Decreto-Lei n.º 120/98, de 8 de Maio

/2003, de 22 de Agosto, com o objectivo de, em conformidade com a sedimentação do princípio do superior interesse do menor, se entregar à família um tributo normativo consentâneo com a sua essencialidade social[39].

Assim, a mais de ter passado a ser expressamente mencionado o superior interesse da criança como critério fundamental para ser decidida a adopção, desenvolveram-se os conceitos de colocação do menor em perigo e de manifesto desinteresse pelo filho, pressupostos do decretamento da confiança judicial, clarificando-se que, quanto a este conceito, se encontram essencialmente em causa a qualidade e a continuidade dos vínculos próprios da filiação[40].

Neste rasto, surgem-nos soluções, ao nível da última alteração ao regime jurídico da adopção, como:

1) a elevação para sessenta anos do limite etário máximo para adoptar plena ou restritamente – art.º 1979.º, n.º 3 do CCiv.[41];

2) a equiparação da aplicação de medida de promoção e protecção de confiança a pessoa seleccionada para adopção ou a instituição (tendo em vista a adopção) à confiança judicial ou administrativa – art.º 1980.º, n.º 1 do CCiv. e arts.º 35.º, n.º 1, al./g e 38.º-A, al./a da LPCJP[42];

---

e, mais recentemente, com a Lei n.º 31/2003, de 22 de Agosto, todos eles visando a adequação do instituto à realidade, no sentido de assegurar um desenvolvimento pleno e harmonioso às crianças desprovidas de meio familiar.

[39] Assinalando este objectivo como sendo o que conforma todo o desenho do instituto adoptivo, veja-se PIERO PAJARDI/ADELE QUARONI, *Famiglia, adozione e minori nella giurisprudenza* (Raccolta Sistematica di Giurisprudenza Commentata), Milano: Giuffrè, 1995, pp. 7 e ss.

[40] De notar que, no que concerne ao inquérito, há agora uma precedência de um período de tempo em que o menor deve estar ao cuidado do adoptante. Este deverá ser um prazo suficiente para se poder avaliar a conveniência da constituição do vínculo (art.º 1974.º, n.º 2 do CCiv.). A adopção será precedida da confiança do menor ao futuro adoptante e, estabelecida a confiança administrativa, a confiança judicial ou a confiança a pessoa seleccionada para a adopção, abre-se o período de pré-adopção, não superior a 6 meses, seguido muito de perto pelo organismo de segurança social.

[41] Sendo certo que nesta faixa etária ainda é possível constituir um vínculo semelhante ao da filiação, aumentando-se, deste modo, as possibilidades de as crianças desprovidas de meio familiar terem uma nova família. O limite de idade deixa de ser aplicado sempre que o adoptando for filho do cônjuge do adoptante – art.º 1979.º, n.º 3.

[42] O que se justifica pelo facto de o decretamento desta medida envolver a definição da adopção como o projecto de vida da criança, na sequência da detecção de uma situação de risco.

3) a fixação, como efeito da confiança judicial, da inibição do exercício do poder paternal, resultado coadunável com o facto de o sério comprometimento do vínculo próprio da filiação constituir o pressuposto essencial da decisão de confiança judicial, não se justificando *hoc sensu* que o exercício dos poderes-deveres integrantes da relação paterno-filial continuem a incumbir aos pais biológicos – art.º 1978.º-A do CCiv.[43];

4) a eliminação da possibilidade de os pais revogarem o consentimento prestado independentemente da instauração do processo de adopção – arts.º 1982.º do CCiv.[44];

5) o desaparecimento do carácter de prejudicialidade dos processos de averiguação e investigação da maternidade ou da paternidade face ao processo de adopção e respectivos procedimentos preliminares, bem como face ao processo de promoção e protecção, situação que permite avançar, desde logo, com os procedimentos tendentes à adopção, solução preciosa em termos de tempo útil da criança e, sobretudo, de adoptabilidade, sabendo-se como são mais facilmente adoptáveis as crianças de tenra idade.

---

[43] Ainda os arts.º 164.º a 172.º, 173.º-B e 173.º-F da OTM. Aqui, conforme nota JOANA MARQUES VIDAL, uma vez decretada a confiança judicial, encontra-se desde logo decidida a questão do consentimento dos pais, problema fulcral do instituto da adopção. Cfr. "Adopção – Confiança administrativa e Confiança Judicial", *Revista do Ministério Público,* ano 19.º, Julho-Setembro 1998, n.º 75, p. 169. Aliás, haverá que ter sempre presente, na exacta medida em que a responsabilidade parental constitui um poder-dever consagrado constitucionalmente, que só os tribunais, mediante decisão judicial, a podem afastar (p. 171).

[44] Isto, sem prejuízo da caducidade do mesmo nos termos do art.º 1983.º. Assim, ao revés do que sucedia com a anterior redacção deste preceito, o consentimento para a adopção não pode ser agora revogado, em tradução do reconhecimento da seriedade do consentimento. Simultaneamente, esta alteração responde ainda à necessidade de uma definição firme e atempada de um projecto de vida para a criança. Nestes termos, o Tribunal comunicará ao organismo de segurança social a prestação do consentimento prévio à adopção, conforme dispõe o art.º 12,.º do Decreto-Lei n.º 185/93, de 22 de Maio. Em França, ao contrário, é permitida a revogação do consentimento nos casos de adopção restrita. Mais: admite-se a revogação da adopção restrita a pedido do próprio adoptado, do adoptante, no caso de o menor ter menos de 15 anos; e, na situação de adopção restrita, caso o adoptado (restrito) seja menor, a pedido da (denominada) família de origem. Cfr. BRIGITTE HELSS-FALLON/ANNE-MARIE SIMON (avec la collaboration de Hélène Hess), *Droit de la Famille,* 4.ª ed., Sirey Editions, Dalloz, Paris, 2002, p. 188.

Neste cenário, embora seja necessária a agilização dos processos tendentes à adopção – processos que, inserindo-se numa fase vestibular do processo de adopção *de per se* (que, com reflexos no art.º 1990.º do CCiv., constitui um *acto complexo ou misto*)⁴⁵, acabam por influenciar a forma como a própria adopção é constituída –, importa não perder de vista a necessidade de preservação de todo um conjunto de garantias, face aos efeitos que o instituto adoptivo produz: sendo esta uma das fontes das relações jurídicas familiares (art.º 1976.º CCiv.)⁴⁶, tem, necessariamente, de se assegurar, com rigor, a adoptabilidade do menor adoptando, *pari passu*, com a selecção do(s) respectivo(s) candidato(s) a adoptantes(s), binómio, enquanto tal, dificilmente compaginável com diligências apressadas e/ou procedimentos demasiado céleres⁴⁷.

A criança adoptada tem direito a viver num ambiente familiar estável e saudável que lhe permita um crescimento humano autêntico, do ponto de vista afectivo, social e económico. E qualquer situação de indefinição constitui um factor de ambivalência para a criança e dificulta o seu desenvolvimento psíquico, social e até físico, com reflexo na construção de vínculos afectivos saudáveis. Deste modo, se uma das *guide-lines* da recente

---

⁴⁵ As palavras são de FRANCISCO PEREIRA COELHO/GUILHERME DE OLIVEIRA, *Curso de Direito da Família*, Volume I, Coimbra Editora, Coimbra, 2003, p. 96. Em sentido idêntico, cfr. BRIGITTE HELSS-FALLON/ANNE-MARIE SIMON (avec la collaboration de Hélène Hess), *Droit de la Famille*, 4.ª ed., Sirey Editions, Dalloz, Paris, 2002, pp. 182 e ss.

⁴⁶ Isto, porque se constitui como o "vínculo que, à semelhança de filiação natural, mas independentemente de laços de sangue, se estabelece legalmente entre duas pessoas nos termos dos artigos 1973.º e seguintes" (art.º 1586.º CCiv.).

⁴⁷ Já o assinalava THOMAS LAKIES, «Zum Verhaeltnis von Pflegekindschaft und Adoption», Zeitschrift fuer das Gesamte Familienrecht, Jahr. 37, Heft 7 (1990), pp. 698-703. A conexão entre as situações disfuncionais e o encaminhamento para a adopção conduz a uma tensão conflituante inarredável: além do genético conflito que perpassa o Direito dos Menores entre os extremos de excessiva permissividade e os perigos de protecção desmesurada (que traz consigo intromissões abusivas), encontramos, de um lado, o interesse do menor enquanto critério fundamental para decidir o decretamento da adopção, o qual constitui o conceito-base nesta matéria e, do outro, a celeridade que estes processos convocam, já que o respectivo arrastamento pode desvirtuar a consecução do objectivo (matricial) que permeia toda esta legislação. Ao que se sabe, até à entrada em vigor da *nova* legislação sobre adopção, a duração média da selecção de candidatos a adoptantes era de cerca de 15 meses, sendo que a duração média de concretização de uma adopção, desde o acolhimento da criança em instituição até ao decretamento da adopção, levava cerca de 38/39 meses. Por seu turno, já a duração média dos processos de confiança administrativa ou judicial durava cerca de 2 anos. Agora, estima-se que a adopção de uma criança, no globo, passe a demorar apenas 18 meses, ou seja, metade do tempo.

revisão do regime jurídico sobre a adopção foi o encontro de soluções que desobstruissem e abreviassem o tempo de internamento nas instituições de crianças em condições de adopção, esta bipolaridade dialéctica marca de forma constante os quadros de análise empreendíveis e o desenho do processo adoptivo em sede de política legislativa: a compatibilização da celeridade da adopção (em vista da sedimentação da estabilidade que se requer para o menor) com a necessidade, impreterível, de garantir uma decisão, pelos contornos de *definitividade* que a caracterizam[48], o mais rapidamente possível, face à *falência da família biológica* e à subrogação por uma família adoptiva, que, para todo o efeito, tem de assegurar, com consistência, a suposição de que "entre o adoptante e o adoptado se estabelecerá um vínculo semelhante ao da filiação" e, nesta linha, porque se visa sempre realizar o "superior interesse da criança", tem de apresentar reais vantagens para o adoptando (art.° 1974.° CCiv.)[49].

E é assim não só para a construção identitária da criança, como também para os candidatos a adoptantes, que, idealizando uma vivência de parentalidade plena, desejam acolher crianças de tenra idade, de forma a poderem acompanhar todo o seu crescimento e a permitir a criação de laços afectivos desde muito cedo[50].

Nesta trilha, a revisão do regime da adopção, à partida, encurta significativamente o prazo de conclusão do processo, sem prejuízo da segurança das crianças, destacando-se, a par da precisão dos conceitos de colocação em perigo e desinteresse pelo filho (pressupostos de decretamento da confiança judicial), a redução para três meses do período relevante para efeitos de aferição do desinteresse por banda dos progenitores biológicos (cfr. art.° 1978.°, n.° 1, al./e).[51]

---

[48] Cf. art.° 1989.° do CCiv..

[49] Daí que, como bem se pode ler no Ac. STJ de 21-3-2000 (PAIS DE SOUSA), BMJ 495, 2000, p. 315, a decisão judicial sobre a "adopção desdobra-se em dois juízos: um juízo de legalidade, relativo, primeiro, à adoptabilidade, e, determinada esta, à verificação dos requisitos legais da adopção; seguidamente, e desde que aquele haja sido positivo, um juízo de oportunidade ou equidade, tendente a apurar se a adopção trará ou não reais vantagens para o menor".

[50] Na verdade, se a adopção é tanto mais favorável quanto mais precocemente se iniciar a ligação com a família adoptiva, deve notar-se que a fase ideal para ocorrer a adopção é a que antecede o reconhecimento da mãe na sua individualidade, situação em que a ignorância sobre a possibilidade da adopção, a existência de problemas pessoais e os preconceitos sociais funcionam muitas das vezes como factores impeditivos de uma decisão a montante por parte da mãe (=*adiamento* da adopção).

[51] Considerando, pois, que este prazo é suficiente esse efeito e que, simultaneamente, permite uma aceleração do processo conducente à adopção. De resto, já em 1998,

Conexamente, é de salientar a criação de uma rede nacional da adopção, de molde a por cobro à dispersão das oportunidades que o sistema oferece às crianças adoptáveis e aos candidatos à adopção[52], sobressaindo, também, o afastamento da impreteribilidade de um processo de confiança judicial como *prius* da adopção: embora o processo de confiança judicial possa ser fundamental em muitas das situações – já que "permitirá que o investimento afectivo e educacional no período de pré-adopção se processe com a segurança e a serenidade indispensáveis, sem incertezas prejudiciais ao êxito do processo de integração da criança na nova família"[53] –, há situações, como aquelas em que a criança em risco é colocada à guarda da futura família adoptante, em que a confiança judicial, por se revelar desnecessária, pode ser dispensada.

§. 3 Considerações de lege ferenda

A adopção, na sua origem histórica, visava sobretudo "dar um filho a uma família sem filhos". Foi assim na Roma antiga, em que se procu-

---

com a (então) revisão do regime jurídico da adopção, se havia promovido uma simplificação dos procedimentos relativos ao consentimento dos detentores do poder paternal para que a criança seja adoptada; uma simplificação das diligências prévias à citação edital nos casos de crianças abandonadas, de forma a tornar o processo de adopção mais rápido; a possibilidade de a Segurança Social atribuir a confiança administrativa de um menor a uma família ou pessoa interessada em adoptar, significando isto que a criança lhe pode ser imediatamente entregue ou que, no caso de estar já à sua guarda, aí permanecer já com o estatuto de confiança administrativa; a possibilidade de, uma vez decidida a confiança administrativa, os candidatos ou candidato a adoptante poderem ser designados como curadores provisórios do menor; a possibilidade de, uma vez requerida a confiança judicial, o menor ser imediatamente entregue aos candidatos ou candidato a adoptante, se o tribunal assim o entender.

[52] Até então, os casais candidatos à adopção tinham que se inscrever na área de residência e ficar em lista de espera. O que se pretendeu foi que, não havendo crianças nessa área, se faça uma busca a nível nacional para que se encaixe com mais eficácia o perfil dos adoptantes com as crianças para adopção. Nesta linha, o art.º 7.º da Lei n.º 31/2003 vem estabelecer a necessidade de existência, no seio dos organismos de segurança social, de listas nacionais de candidatos seleccionados para a adopção bem como das crianças e dos jovens em situação de adoptabilidade, por forma a aumentar as possibilidades de adopção e a adequação na escolha dos candidatos a adoptantes e do menor que lhes seja confiado para adopção.

[53] As palavras são de ARMANDO LEANDRO, "O Novo Regime Jurídico de Adopção" Dec.-Lei n.º185/93, de 22 de Maio, Centro de Estudos Judiciários, Lisboa, Maio de 1993. Em sentido idêntico, veja-se ainda ALMIRO RODRIGUES, "O novo regime jurídico da adopção", *Infância e Juventude*, n.º1/94, p. 25.

rava, no essencial, perpetuar a família por varonia para ser continuado o culto dos deuses familiares – ainda e também, a *adoptio spiritualis*, impulsionada com o Cristianismo, e, fortemente incentivada por Teodósio[54] – e, entre nós, já nas Ordenações (onde a adopção era designada de perfilhamento e em que o efeito principal era conceder ao "perfilhado" a qualidade de herdeiro[55]) a menoridade era condição necessária à filiação adoptiva[56], existindo, ainda hoje, a ideia de que *cada criança deve ter uma família e que cada família que não tem crianças deve ter uma criança*"[57].

Todavia, porque as recentes alterações legais fazem eco da família enquanto *locus* preferencial para educar e viver na liberdade responsável, poder-se-ia ter ido mais longe, mitigando (que não necessariamente rompendo) a necessária imbricação da adopção com a menoridade do adoptando: a questão foi já apreciada, em sede de fiscalização concreta, pelo Tribunal Constitucional, com o Acórdão n.º 320/00, de 21 de Junho de 2000 (MARIA DOS PRAZERES PIZARRO BELEZA)[58], que, debruçando-se sobre os pressupostos em que se escora a conversão da adopção restrita em adopção plena, considerou jurídico-constitucionalmente incólume a solução legal, fluente da conjunção dos artigos 1977.º (n.º 2) e 1980.º (n.º 2, 2.ª parte) do CCiv., que faz depender a procedência da adopção plena da menoridade do adoptado[59]. E se o art.º 36.º, n.º 7 da CRP, dispõe que "a

---

[54] Cfr. CARMELA RUSSO RUGGERI, *La datio in adoptionem. Dalla pretesa influenza elleno-cristiana alla riforma giustinianea*, Giufrrè, Milão, 1995, pp. 9 e ss.

[55] Conforme faz notar CAPELO DE SOUSA, *A adopção. Constituição da relação adoptiva*, cit., p. 24.

[56] Assim continuou no Código Civil de 1966, que cortou com a omissão vislumbrável no Código de Seabra (1867). De resto, a menoridade encontra-se geneticamente associada à disseminação da figura da adopção pelos mais variados países (mormente na Europa), pois que, com a Grande Guerra de 1914-1918 e depois, também, com a II Grande Guerra Mundial, foram muitos os pais e crianças deixados ao abandono, sentido-se a necessidade de dar uma família a tantos órfãos de guerra. Insuflou-se, assim, um novo espírito à adopção, de então para cá fortemente estimulada: *acudir a toda essa infância desvalida*.

[57] Cfr. FRANÇOIS BOULANGER, *Enjeux et défis de l'adoption: etude comparative et internationale*, Economica, Paris, 2001, pp. e 33 e ss.

[58] *Boletim do Ministério da Justiça*, n.º 498, 2000, pp. 26-29.

[59] Factualmente, os adoptantes restritos requereram ao Tribunal da Comarca da Lourinhã a conversão em adopção plena da adopção restrita de uma adoptada (restrita), pretensão liminarmente indeferida, com fundamento na conjugação do disposto nos artigos 1977.º, n.º 2, 1980.º, n.º 2, e 1974.º do Código Civil. Inconformados com a decisão, interpuseram recurso para o Tribunal da Relação que manteve a decisão tomada em primeira instância. Considerou-se, para o efeito, que, embora a conversão de uma adopção restrita numa adopção plena não se encontre sujeita a quaisquer limites de natureza temporal,

adopção é regulada e protegida nos termos da lei, a qual deve estabelecer formas céleres para a respectiva tramitação" – podendo mesmo falar-se de uma *garantia de instituto*[60] –, importará não esquecer direitos que, tendo um âmbito de protecção próprio, acabam por se justapor axiologicamente ao instituto adoptivo[61].

Neste percurso, sabe-se que a consequência positiva primária da adopção plena é a de extinguir todos os vínculos familiares do adoptado e seus descendentes com a família natural, e, em substituição, criar novos vínculos familiares entre o adoptado e os seus descendentes e o adoptante e a sua família: o adoptando tem de ser menor[62] e "depois de decretada a adopção plena, não é possível estabelecer a filiação natural do adoptado nem fazer a prova dessa filiação fora do processo preliminar de publicações do casamento " (art.º 1987.º do CCiv.)[63].

---

o acolhimento de uma adopção plena, à luz do disposto no n.º 2 do art.º 1980.º, sempre haverá de respeitar, neste plano, um requisito *per essentiam* ligado à razão de ser do instituto da adopção: a menoridade do adoptando.

[60] Neste sentido, GOMES CANOTILHO e VITAL MOREIRA *Constituição da República Portuguesa Anotada*, 3.ª edição, Coimbra Editora, Coimbra, 1993, p. 223 e GUILHERME DE OLIVEIRA, "Protecção de menores. Protecção familiar – Perspectivas", *Temas de Direito da Família*, 2.ª edição aumentada, Coimbra Editora, Coimbra, 2001, p. 295.

[61] Bastará pensar, a este propósito, no direito à identidade pessoal, ao desenvolvimento da personalidade, ao bom nome e à reputação, à imagem, à reserva da intimidade da vida privada e, mais irradiantemente, no direito à não discriminação.

[62] Do art.º 1980.º do CCiv. resulta, com alternatividade, que os menores têm de: (1) ser filhos do cônjuge; (2) ter sido confiados ao adoptante mediante confiança administrativa, confiança judicial ou medida de promoção e protecção da confiança a pessoa seleccionada para a adopção prevista nos arts. 35.º, n.º 1, al. g) e 38.º-A, da LPCJP; (3) ter menos de 15 anos na data de entrada da petição judicial; ou (4) ter menos de 18 anos e não ser emancipados, quando, desde idade não superior a 15 anos, tiverem sido confiados aos adoptantes a um destes ou quando forem filhos do cônjuge do adoptante.

[63] Assim, e retomando o *distinguo* entre adopção restrita e adopção plena, importa ter presente que se com a adopção restrita o adoptado mantém uma ligação com a família bilógica (art.º 1944.º), já com a adopção plena existe uma integração plena do adoptado na família dos adoptantes, que fica, assim, para todos os efeitos, assimilado *de pleno* a um *filho natural*: dá-se, aqui, uma espécie de corte absoluto dos laços com a família natural (ainda a irrevogabilidade da criação desta situação). E se na adopção restrita o adoptado mantém os apelidos da família natural (sem prejuízo de o juiz poder atribuir ao adoptado os apelidos do adoptante, sem que, todavia, estes se substituam aos da família natural), já na adopção plena o adoptado perde os seus apelidos de origem e o seu nome é constituído com aplicação das regras definidas para a filiação natural (art.º 1988.º, n.º 1 do CCiv.).

Mas, tendo presente que, em Itália, o art. 291 e ss do *Codice Civile* possibilitam a adopção de pessoas maiores de idade[64] e que em França o art. 361 do *Code Civil* não estabelece qualquer limite legal no que tange à idade do adoptando restrito (*adoption simple*)[65], se calhar, também aqui, seria curial abandonar-se verdades seculares, obviando-se a soluções que, perante os verdadeiros contornos do caso concreto, se revelam substancialmente iníquas e contrariam os interesses de todos os envolvidos. Bastaria que, à luz dos princípios que animam esta matéria, se entregasse a possibilidade de adopção de um maior de idade ao prudente arbítrio do julgador, situação que, ao cabo e ao resto, não substanciaria um desvio assinalável face ao regime vigente: nos termos do art.º 150.º da OTM, é o juiz quem decide se a adopção é conforme ao interesse do *adoptando* (aí menor), retendo-se, além do mais (cf. art.º 1410.º do CProc. Civ), que este não se rege por critérios de estrita legalidade (ainda, e também, *ex vi* do art.º 1857.º do CCiv., a latitude com que se admite a perfilhação de maiores; contradição sistemática? [66]).

Na verdade – sem quaisquer resvalamentos para uma absoluta privatização das situações jus-familiares[67], mas sabendo-se que o "direito da Família tende a conformar-se sob a inspiração de um princípio de verdade: as prescrições jurídicas tendem a reconhecer as aspirações, as necessidades e a situação real, biológica e afectiva, dos membros da comunidade familiar"[68] –, afigura-se justificável uma maior abertura legal por banda

---

[64] Com muito interesse, cfr. ROBERTO TRIOLA, *Codice Civile Annotato com la Giurisprudenza*, 2001/2002, Giuffrè Editore, Milão, pp. 205-207.

[65] BRIGITTE HELSS-FALLON/ANNE-MARIE SIMON (avec la collaboration de Hélène Hess), *Droit de la Famille*, 4.ª ed., Sirey Editions, Dalloz, Paris, 2002, p. 186. Já para a *adoption plénière*, o art 345 do *Code Civil* é muito semelhante. Aliás, uma análise ao regime legal francês conduz-nos à conclusão que, em termos de requisitos e procedimentos, o nosso sistema, afora detalhes de regime, é muito similar.

[66] Assim, também, de duvidosa constitucionalidade, o art.º 1987.º do CCiv., que não permite ao adoptado a obtenção do reconhecimento da sua filiação natural. Sobre o ponto, v. FRANCISCO PEREIRA COELHO/GUILHERME DE OLIVEIRA, *Curso de Direito da Família*, Volume I, Coimbra Editora, Coimbra, 2003, p. 86 e MARIA CLARA SOTTOMAYOR, "Quem são os verdadeiros pais?: adopção plena de menor e oposição dos pais biológicos", Separata de *Direito e Justiça*, Vol. 16 tomo 1 (2002), pp. 215 e ss.

[67] De resto, centrando-nos especificamente na natureza jurídica da adopção, bem notam FRANCISCO PEREIRA COELHO/GUILHERME DE OLIVEIRA, *Curso de Direito da Família*, cit., p. 95, com argumentos plenamente probantes, que a adopção não é um contrato.

[68] Tomamos de empréstimo as palavras de GUILHERME DE OLIVEIRA, "Sobre a verdade e a ficção no direito da família", *Temas de Direito da Família*, 2.ª ed. aumentada, Coimbra, Coimbra Editora, 2001, p. 9.

do legislador para o estabelecimento de um vínculo que, substituindo a filiação biológica, logra satisfazer os interesses dos candidatos a adoptantes e comprazer os anseios do que pretende – mas não pode (!) – ser adoptado. Dispondo o art.º 1980.º, n.º 2 do CCiv. que *o adoptando deve ter menos de 15 anos à data da petição judicial de adopção ou, tendo menos de 18 anos, não se encontre emancipado, quando, desde idade não superior a 15 anos, tenha sido confiado aos adoptantes a um deles ou quando for filho do cônjuge adoptante*[69], parece razoável que, ao menos na situação de conversão adoptiva (estabelecível ao abrigo do 1977.º, n.º 2 do CCiv.), os pressupostos conducentes ao estabelecimento da adopção restrita, à semelhança do que se verifica em Itália, possam justificar a conversão em adopção plena, mesmo que o adoptado (restrito) não tenha, à data da pretensão convertiva, a menoridade que hoje se exige para o efeito[70].

Atentos os efeitos irradiantes do *princípio de protecção à adopção*[71], seria, provavelmente, uma solução mais consentânea com o direito à cons-

---

[69] Embora o art.º 1980.º do CCiv. seja omisso, do que se viu, podem ser adoptados os menores que tiverem sido confiados mediante confiança medida de promoção e protecção da confiança a instituição com vista à futura adopção e não apenas os menores sujeitos à medida de promoção e protecção de confiança a pessoa seleccionada para a adopção, pois que a medida a que o art.º 1980.º alude, constitui, na verdade, apenas uma modalidade de uma medida, que, com base nos arts. 35.º, n.º 1, al. g) e 38.º-A, da LPCJP, estando recortada a partir da promoção e protecção da criança, é, em qualquer das suas valências, aplicada pelo tribunal, no âmbito do processo judicial de promoção e protecção – arts.º 38.º e 38.º-A da LPCJP –, assim se verifique qualquer das situações previstas no art.º 1978.º do CCiv.

[70] Por exemplo, um adoptado restrito há mais de 15 anos, tratado como filho pelos adoptantes. Havendo 15 anos de adopção, tendo o adoptado 24 anos e os seus adoptantes, sem quaisquer outros filhos, 48 anos, porquê privar estas pessoas de uma familiaridade plena?

[71] Assim, FRANCISCO PEREIRA COELHO/GUILHERME DE OLIVEIRA, *Curso de Direito da Família*, Volume I, Coimbra Editora, Coimbra, 2003, p. 86. Veja-se ainda, de forma não negligenciável, os direitos que o legislador, numa perspectiva sistémica, atribui aos adoptantes trabalhadores no art.º 38.º do Código do Trabalho e no art.º 68.º da Lei n.º 35/2004, de 29 de Julho, que regulamenta o Código. Resumidamente, nas situações em que o trabalhador adopte um menor tem direito a uma licença de cem dias para acompanhar a criança, com início a partir da confiança judicial ou administrativa, tendo, para o efeito, que avisar o empregador com pelo menos dez dias de antecedência. Quando é um casal a adoptar, e se ambos trabalharem, aquele direito pode ser exercido por qualquer um dos membros do casal integralmente, ou por ambos, em tempo parcial ou sucessivamente, conforme decisão conjunta, sendo que este direito apenas não existe na hipótese de o menor ser filho do cônjuge candidato a adoptante ou se já se encontrar a seu cargo há mais de sessenta dias.

tituição de família previsto no art.º 36.º da CRP[72], instituição que, de resto, o art.º 67.º da Lei Fundamental trata como "sujeito" de um direito à protecção da sociedade e do Estado e *à efectivação de todas as condições que permitam a realização pessoal dos seus membros*[73].

Estando-se perante um campo em que ainda se discernem na *geografia do direito* (= Direito Comparado) muito heterogéneas e desencontradas soluções[74], e porque a adopção permite a constituição ou a reconstituição

---

[72] De resto, foi também louvada nesta consideração que a Corte Costituzioniali italiana (19 Maggio, 1988, n.º 577) considerou inconstitucional a condição inscrita no art. 291 do *Codice Civile* de que o candidato a adoptante não podia ter antecedentes de abandono ou de maus tratos infligidos a crianças. Noutro plano, merecem especial reflexão as situações em que a adopção deriva de um luto recente, face ao risco de *fungibilização* da criança adoptanda, que, neste cenário, pode funcionar como uma tentativa de substituição do filho perdido. O assunto é tratado em sede de avaliação psicológica dos candidatos à adopção, sendo que, verificadas tais circunstâncias, EDUARDO SÁ/MARIA JOÃO CUNHA, *Abandono e adopção: o nascimento da família*, Almedina, Coimbra, 1996, p. 130, sugerem a conveniência na atribuição de uma criança de outros sexo e idade que os do filho perdido. Com interesse, veja-se ainda o retrato estatístico feito por FAUSTO AMARO em "A Adopção na Misericórdia de Lisboa – indicadores e tendências (1977-1992)", *Cidade Solidária, Revista da Santa Casa da Misericórdia de Lisboa*, n.º 2, Ano II, 1.º Semestre de 1999, pp. 17-22.

[73] Cfr. GOMES CANOTILHO/VITAL MOREIRA, *Constituição Portuguesa da República Anotada*, 3.ª ed., Coimbra editora, Coimbra, 1993, pp. 220 e ss. Nesta linha, FRANÇOISE DEKEUWER-DÉFOSSEX fala mesmo *direito juridicamente reconhecido à existência de uma família*. Com efeito, a facilitação crescente que se vem vislumbrando no que toca à aplicabilidade do instituto da adopção (assim, também, homologamente, *apprenticeship, affidamento, assistance éducative Vormundschaft, Pflegschaft und Betreuung* e, no direito islâmico, a *Kfaleh*, a *Wisayeh* e o *Tabanni*) permite a leitura de que a figura perdeu os seus condicionamentos iniciais, basicamente estribados na ideia de *dar um lar a um menor*, sendo que, também aqui, e analogamente ao que sucede com a inseminação artificial (homóloga e heteróloga) ou com a fecundação *in vitro*, justifica-se que todo o leque de princípios, dilemas e problemas que atravessam o Direito da Família e Menores actual possam ser suficientemente debatidos e, sendo o esse o caso (acompanhando as necessidades da comunidade), enquadrados juridicamente com clareza, diferenciando-se, no plano dos requisitos exigíveis, a adopção restrita – cuja manutenção legal, ao que dão nota PEREIRA COELHO e GUILHERME DE OLIVEIRA, foi posta em causa por ocasião da segunda reforma (*Curso de Direito da Família*, Volume I, Coimbra Editora, Coimbra, 2003, p. 90) – da adopção plena, já que, no domínio dos efeitos, as *modalidades* são claramente apartadas. É, pois, nesta ordem de ideias, que se questiona o sentido da homologia dos requisitos previstos para a adopção plena e para a adopção restrita.

[74] Ainda, ALMIRO RODRIGUES, "a adopção: um antes e um depois?", *Infância e Juventude*, Lisboa, n.º 2 (Abr.-Jun. 1997), p. 31-70. O Autor acentua a evolução, no espaço e no tempo, da adopção, de acordo com valores e finalidades tão distintas e diversas quanto diferentes e variadas foram e são ainda, as sociedades e culturas que a acolheram. Com

de vínculos em tudo semelhantes aos que resultam da filiação biológica – de essencial relevância no contexto dos complexos processos de desenvolvimento social e psicológico próprios da formação da autonomia individual –, talvez se conseguisse tornar mais feliz e humano o futuro de muitas famílias se o regime actualmente desenhado de forma *compactada* para os pressupostos adoptivos fosse matizado.

No mais, porque o regime jurídico da adopção é *parte de um todo*, justifica-se que, no futuro, se preste maior atenção no plano legal à conjugação de direitos e valores constitucionalmente protegidos com os propósitos facilitadores da adopção: teria sido desejável que as alterações ao regime da adopção não houvessem ignorado a necessidade de apoio às famílias de adoptantes de crianças que necessitam de auxílios especiais (doença crónica, cidadãos portadores de deficiência....), de molde a que estas crianças, carecidas de especiais cuidados e assistência médica, não possam ficar *de facto* afastadas do processo adoptivo e que as famílias, que as desejam adoptar, não fiquem, com a adopção, sujeitas a um esforço suplementar, muitas das vezes financeiramente assaz penoso[75] e, por isso, dissuasor do encetamento daquele processo.

§. 4 As modernas concepções sobre o Direito dos Menores

Objecto de crescente atenção, as situações que atinam com a dignidade da criança têm concitado preocupações comunitárias e logrado marcante repercussão normativa, como, de resto, atestam os profusos instru-

---

muito interesse, ainda, a obra colectiva dirigida por ROLAND GANGHOFER, *Le droit de la famille en Europe: son evolution depuis l'antiquite jusqu'a nos jours: actes des journees internationales d'histoire du droit* (Publications de la Maison des Sciences de l'Homme de Strasbourg, n.° 7), Presses Universitaires de Strasbourg, Strasbourg, 1992, *passim*.

[75] No reverso, também importará notar que adoptantes portadores de uma doença crónica ou portadores de deficiência não têm, à partida, qualquer diminuição de capacidade para a adopção. Apesar da importância que o estado de saúde dos candidatos à adopção logra obter na ponderação do decretamento da adopção – considerando, nomeadamente, a possível repetição de um sentimento de perda para o adoptando (neste sentido, cf. EDUARDO SÁ/MARIA JOÃO CUNHA, *Abandono e adopção: o nascimento da família*, Almedina, Coimbra, 1996, p. 129) –, não se pode considerar que um cidadão portador de deficiência ou com menos saúde se encontra, *qua tale*, impedido de adoptar, com o que, no oposto, não havendo um "*justo espírito de sacrifício*", se vislumbraria uma discriminação arbitrária e irrazoável, desprovida de uma razão necessária ou suficiente, e se contrariaria, sem qualquer suporte racional, o direito à constituição de família.

mentos jurídicos sobre a matéria que têm surgido não só no plano nacional, mas, também, em reflexo da visão macroscópica que o fenómeno reclama, no plano internacional[76].

Se o *terminus* do século findo marca a transição da simples enunciação programática de direitos das crianças para uma força enunciativa de vocação aplicativa, neste domínio, é impossível fazer-se qualquer análise sobre o(s) sistema(s) de intervenção comunitária e judicial que estas situações concitam, sem se utilizar uma metodologia que atenda aos mais plúrimos fenómenos sociais emergentes – nas suas mais variadas dimensões –, quer se trate dos resultados conseguidos, da cultura civilizacional, da mudança de paradigmas familiares, da alteração dos modelos institucionais, das transformações nos modos de resolução dos conflitos ou do papel da sociedade civil na prevenção e tratamento deste tipo de situações: *multiplicam-se as necessidades de conectar a selectividade de situações estruturalmente diferentes em largas cadeias de conexões reais*[77].

Nesta trilha, é patente, nos últimos anos, uma intensificação das preocupações comunitárias com as situações afligidas que envolvem a criança, consubstanciada na multiplicação de instrumentos jurídicos dirigidos à sua tutela, via regulativa esta que, embora com alguma descontinuidade (e, reconheça-se, nem sempre acompanhada dos necessários meios humanos técnicos e materiais indispensáveis à sua plena consecução[78]), tem procu-

---

[76] Neste cenário, assiste-se, também, à propagação na *Internet* do fenómeno das adopções internacionais, com a emergência de sítios especificamente criados para o efeito. Com efeito, aquilo que começou por ser uma forma de ajudar os órfãos de guerra transformou-se num negócio que, segundo a *Reuters*, só nos Estados Unidos movimenta qualquer coisa como dois mil milhões de dólares por ano. De acordo com a estatística do Departamento de Estado norte-americano, o número de adopções internacionais não tem parado de crescer no país: em 1993, houve 746; em 2003 já houve 21616, sendo que os principais fornecedores eram a China (6859), a Rússia (5209), a Guatemala (2328), a Coreia do Sul (1790), o Cazaquistão (825), a Ucrânia (702) e a Índia (472), destacando-se o facto de países como Espanha, China e Rússia, que assinaram a Convenção de Haia (1993), terem agências moderadoras de adopção a operar. Sobre esta realidade, com interesse, "Globalized, Wired, Sex Trafficking In Women And Children", *Murdoch University Electronic Journal of Law*.

[77] Cfr. NIKLAS LUHMANN, *Sistema Juridico y Dogmatica Juridica*, Centro de Estudios Constitucionales (trad. Ignacio de Otto Pardo de *Rechtssystem und rechtsdogmatik*), Madrid, 1983, p. 120.

[78] Assinalando o aspecto, com incidência na situação específica da definição de um plano atempado para o encaminhamento do menor, veja-se HELENA ISABEL DIAS BOLIEIRO, "O Menor em perigo, a sua Protecção e o encaminhamento para a adopção: quando e em

rado acompanhar as transformações e progressos que a sociedade tem vivido, e que, de forma irremissível, tem aportado ao reconhecimento de que, mau grado os múltiplos desafios e também dificuldades que a instituição familiar tem encontrado, é à família, enquanto *locus* onde os laços afectivos são mais intensos e ricos, que compete o desenvolvimento de uma função *genética* de humanização das relações sociais[79] e, porventura mais do que nunca, a promoção do desenvolvimento social, económico e cultural acerbamente reclamado pelas sociedades contemporâneas[80].

Embora seja um *lugar comum* a alusão ao fenómeno de recomposição da noção de família, é inquestionável, a despeito de qualquer menção analítica se mostrar dificilmente compaginável com enfoques exclusivamente nacionais – sendo o direito da família, enquanto ramo que espelha as diferentes concepções civilizacionais, um espaço matricialmente apegado aos diferentes ordenamentos nacionais –, que a abordagem de todos os epifenómenos que contribuem para a sua recomposição, postula, antes de mais, a impostação dos seus múltiplos aspectos nas coordenadas de cada sistema jurídico *in concreto*[81]. De facto, as opções normativas sobre este ramo do jurídico (a família e os menores) são ainda geograficamente bem localizadas, tratando-se, como se afigura vítreo, de um domínio sensível a diferentes concepções jurídicas e sociais, que são também o *húmus* do próprio Direito[82] e que, neste quadro analítico, menos tem acolhido a penetração do direito comunitário[83].

---

que casos?", *Trabalhos do Curso de Pós-Graduação. "Protecção de Menores – Prof. Doutor Pereira Coelho" – I, Vol. 6,* Coimbra Editora, Coimbra, 2002, p. 43 (5-82).

[79] Assim, ADELINA GIMENO, *A Família. O desafio da diversidade*, Instituto Piaget, Lisboa, 2003 que desfibra, com muito interesse, as funções básicas da família (pp. 54 e ss).

[80] Para um breve retrato diacrónico do instrumentário jurídico colocado ao serviço da criança, cfr. GUILHERME DE OLIVEIRA, "A criança maltratada", *Temas de Direito da Família*, 2.ª edição aumentada, Coimbra Editora, Coimbra, 2001, p. 215 e ss.

[81] Sem se querer significar que, por um lado, a existência de documentos internacionais deva ser subestimada, e que, por outro lado, não se discirna um núcleo gravitacional de valores, comuns aos diferentes ordenamentos jurídicos, e que derivam do latísssimo princípio da dignidade da pessoa humana, a partir do qual, de resto, se reassuma toda uma paleta de sub-princípios e de parâmetros que compõem a ideia de justiça, fundamento da noção de Direito.

[82] Por exemplo, é indubitável que na esmagadora maioria dos sistemas jurídicos perpassa ainda a noção de que o casamento é um acordo entre um homem e uma mulher, apresentando-se, pois, a heterossexualidade como requisito de validade, senão mesmo de existência, do casamento nas respectivas legislações.

[83] Esta tendencial polarização das questões do direito da família na paroquialidade dos diferentes sistemas jurídicos nacionais não invalida, porém, esforços de unificação

Se uma das características mais salientes do nosso tempo é a interdisciplinaridade científica e a sua presença activa na progressiva complexidade social que vivemos, com a abertura de novos horizontes e novas possibilidades – e "nesta fase de transição paradigmática, a sua acuidade será maior nas ciências naturais, mas o facto de a nova conflitualidade se jogar entre sentidos sociais (ético ou técnico) revela a prioridade epistemológica das ciências sociais nas lutas científicas (mesmo nas cientifíconaturais) e na reflexão global sobre a ciência no período de crise de degenerescência do paradigma da ciência moderna e da emergência, apenas entrevista, de um novo paradigma"[84] –, os problemas e desafios que atravessam o Direito da Família e dos Menores entroncam em questões conexas *(i)* com a mudança de condições sociais, *(ii)* com a identificação das necessidades dos diferentes grupos sociais, *(iii)* e com promoção dos direitos humanos[85], quadro em que ao Estado incumbe o desenvolvimento de

---

regulativa: se os conceitos jurídicos não são imutáveis, semelhante comparação sempre será relativa, na medida em que se encontra espácio-temporalmente condicionada, e, portanto, sempre será susceptível de actualização, em função da evolução dos princípios fundamentais que informam cada Estado. Neste sentido, veja-se, entre outros tantos, o Regulamento Comunitário de 27 de Novembro de 2003, sobre matéria matrimonial e responsabilidades parentais, cuja análise se pode encontrar em AGNÈS BIGOT, "Le Nouveau Règlement Communautaire du 27 Novembre 2003 en Matière Matrimoniale et de Responsabilité Parentale", *Droit de la Famille. Juris Classeur*, 9 Année, n.º 3, Mars 2004, pp. 13 e ss.

[84] BOAVENTURA DE SOUSA SANTOS, *Introdução a uma Ciência Pós-Moderna*, 5.ª ed., Edições Afrontamento, Porto, 1998. São variados e complexos os problemas relacionados com a família nas diferentes partes do mundo, porquanto não só a família é, quiçá mais do que qualquer outra realidade, um conceito historicamente situativo – tal como sucede com as realidades que fisicamente a compõe –, como também os graus de responsabilidade e/ou de maturidade não são niveláveis abstractamente, sendo que são estes, na exacta medida em que as análises empreendíveis não devem ser baseadas no formalismo ou na generalização, que contribuem para a expressão da vida de cada indivíduo na sociedade.

[85] Tratando-se de situações multifactoriais, complexas e que não se compadecem com análises simplistas, GUILHERME DE OLIVEIRA, "A criança maltratada", *Temas de Direito da Família*, 2.ª edição aumentada, Coimbra Editora, Coimbra, 2001, p. 215, polariza a situação da criança, como objecto de violência, (i) no valor que a sociedade dá às crianças, (ii) no alcance da intervenção do Estado sobre a Família, (iii) na situação económica conjuntural das sociedades, diagnóstico que também que se colhe por impressão, do dia-a-dia nos Tribunais de Família, a olho nu, pois, também aqui, legisla-se, alega-se, decide-se, e trabalha-se sem o exigível conhecimento do terreno, sem estudos de campo, bafejados por uma informação estatística imprestável. Apesar de os problemas sobreditos ocorrerem tendencialmente em famílias disfuncionais – com problemas de alcoolismo, de toxicodependência, de pobreza extrema –, a situação é transversal (com saliência para a violência e para os crimes sexuais), atravessando todas as classes sociais. Ainda assim,

um papel de regulação e de criação efectiva das condições para que os direitos da criança sejam efectivamente respeitados[86].

Sendo certo que, *a latere*, aparecem os mecanismos típicos de frustração e de alívio sobre os mais fracos que as sociedades moderna propiciam, a verdade é que, apesar da atenção devotada pelos plúrimos normativos incidentes sobre os direitos das crianças, é na revalorização do trabalho com as famílias que se encontra um dos caminhos a percorrer pela normação incidente sobre as questões jus-familiares. Cuidando-se de um trabalho que é ainda muito incipiente, existe toda uma gama de recursos pessoais – como a sensibilidade e a pedagogia –, que, a par da tecnicidade e cientificidade profissionais exigíveis a todos os actores que participam nestes processos, tem de ser especialmente enfocada[87], já que as situações de maus-tratos ou comportamentos abandónicos surgem, muitas das vezes, como corolário da falta de acompanhamento e diálogo que, numa fase prodómica da vida da criança, exponenciam os problemas familiares. E se o Estado não actua, por vezes, com a presteza e dimensão exigíveis, o advento daqueles factores, que agudizam a conflitualidade familiar e a falta de comunicação, potenciam o estado larvar de antagonismo psicorelacional que está subjacente a situações com estes contornos e convocam mecanismos reactivos (sem que se esqueça, porém, a importância – quiçá maior – dos mecanismos preventivos) particularmente enérgicos[88].

Assim, a despeito da abertura legal quanto a uma reacção enérgica por banda do Estado sempre que estejam em causa os direitos das crianças

---

seria artificioso olvidar que a falta de emprego, a pobreza, e o alcoolismo criam a ambiência propícia ao aparecimento e situações de desequilíbrio e agudizam os comportamentos impulsivos que, as mais das vezes, estão na génese de situações com este jaez.

[86] Construindo o perfil político-ideológico do Estado a partir das relações que se estabelecem entre Estado, família, comunidade e mercado, *vide* SÍLVIA PORTUGAL, "Família e Política Social em Portugal", *Direito da Família e Política Social*, UCP do Porto, Coimbra Editora, Coimbra, 2001, p. 21.

[87] De resto, neste âmbito, é também necessário acentuar-se a importância de prevenir, acompanhar e definir "boas práticas" no âmbito do funcionamento dos estabelecimentos de acolhimento de menores (e, ainda que exorbitante do presente contexto, também de idosos ou deficientes). Na verdade, do diagnóstico feito concluiu-se que alterar a presente situação da adopção em Portugal impõe medidas conjugadas a vários níveis, nomeadamente reestruturação e apetrechamento dos serviços de adopção, coordenação entre serviços públicos e entre estes e os serviços de instituições que trabalham com crianças abandonadas e outros menores em risco.

[88] JANET WEINSTEIN, *And Never the Twain Shall Meet: The Best Interests of Children and the Adversary System*, 52 University Miami Law Review, 1997, n.º 79, 104-105.

e jovens, torna-se mister acentuar a necessidade de um maior investimento no diagnóstico, na prevenção, na intervenção precoce e na disponibilização de respostas de ordem social a estas situações agónicas, papel que, constituindo um dever de que todos somos fautores, é, em primeira linha, e de modo específico, desempenhável primacialmente pelas Comissões de Protecção, cujo acompanhamento e dinamização devem ser promovidos, ainda que, operacionalmente, se afigure necessária a introdução de mecanismos de correcção e de agilização na adopção dos procedimentos, designadamente no que diz respeito ao papel atribuído aos tribunais, porquanto a direcção para as Comissões das situações de maus tratos que conduzem muitas crianças aos hospitais retira eficácia aos procedimentos adoptáveis, face à prévia investigação que é desenvolvida pelas Comissões, impedindo, por conseguinte, o rápido encaminhamento das crianças, apenas efectuável por via judicial.

É, pois, neste contexto que as tendências legiferantes apontam para a proliferação de medidas de assistência educativa, para a criação de tribunais de competência especializada[89] (os tribunais de família e menores, cf. artigos 82.° e 83.° da LOTJ), assistindo-se a uma crescente *publicização* da malha jurídico-familiar[90]. Irrompe, com foros de autonomia dogmática, um verdadeiro Direito dos Menores, em que o alargamento da necessária tutela estadual da criança abandonada constitui, em conexão com o instituto da adopção, o ombrear da verdade sociológica com a verdade biológica[91].

---

[89] Em França, sobre esta evolução, veja-se BRIGITTE HELSS-FALLON/ANNE-MARIE SIMON (avec la collaboration de Hélène Hess), *Droit de la Famille*, 4.ª ed., Sirey Editions, Dalloz, Paris, 2002, p. 6, que destacam o facto de só a partir de 1993 se ter instituído o *juge aux affaires familiales* (JAF).

[90] Recorde-se, a este propósito, que uma das características comummente apontadas ao direito da família se traduz na preponderância, nesta matéria, de normas imperativas, isto é, de normas inderrogáveis pela vontade das partes (entre as quais, as relativas aos requisitos de fundo do casamento), circunstância *«que revela o interesse público atinente à organização da vida familiar»*. Neste sentido, cfr. MARCELLA FORTINO, *Diritto di famiglia: i valori, i princìpi, le regole*, Giuffrè, Milão, 1997, pp. 10-18, e, entre nós, PEREIRA COELHO E GUILHERME DE OLIVEIRA, *Curso de Direito da Família*, Vol. I, 2.ª ed., Coimbra: Coimbra Editora, 2001, p. 163; também, PIRES DE LIMA e ANTUNES VARELA, *Código Civil Anotado*, Vol. IV, 2.ª ed. rev. e actual., Coimbra, Coimbra Editora, 1992, pp. 13-14. Conexamente, e referenciada à protecção dos menores, destaca-se, num outro plano, a incriminação dos mau tratos ou sobrecarga de menores (art.° 152.° do Código Penal), e, das várias disposições que prevêem crimes de natureza sexual contra crianças, a que estabelece um agravamento das penas quando o autor for pai ou familiar (art.° 177.° do Código Penal).

[91] Assim, salientando também o novo cariz e funcionalidade que vem tomando o instituto da adopção, cfr. GIOVANNI GALUPPI, "Famiglia distruttiva, adozione ed affida-

Tendo presente a necessidade de confecção de mecanismos que previnam o aparecimento situações potencialmente desviantes – neste sentido, em França, o art. 552-3 do *Code de la Sécurité Sociale* prevê já a supressão ou suspensão de quaisquer apoios à família em caso de absentismo escolar por parte da criança e a Lei n.º 2004-1, de 1 de Janeiro de 2004, desenha, no plano institucional, um Observatório da Criança, com vista à detecção e tratamento das situações de maus-tratos[92] –, e sendo claro que todas as crianças têm direito a um projecto de vida – em que deve avultar uma prioridade de inserção familiar –, deve assinalar-se que a institucionalização não pode ser considerada uma solução, mas tãosomente uma medida de protecção, apenas desencadeável após o esgotamento de todas as outras alternativas[93]: o Estado está cativo de vocação afectiva e não logra, pela natureza das coisas, proporcionar às crianças e jovens a afectividade que caracteriza a filiação *lato sensu* (manutenção ou estabelecimento *ex novo* por via adoptiva), afigurando-se outrossim irra-

---

mento familiare", *Il Diritto di Famiglia e delle Persone* – Anno 19, 3 (Lugl./Sett. 1990), parte seconda, pp. 941-1004 e, entre nós, CARLOS PAMPLONA CORTE-REAL, "Direito da Família e das Sucessões. Relatório", *Suplemento da Revista da Faculdade de Direito de Lisboa*, Lex, Lisboa, 1996. Assim se compreendem outrossim, em *interlocução* com o regime da inibição ou limitação do poder paternal, a existência do instituto da assistência educativa (artigos 1918.º e 1919.º do Código Civil) e toda a plétora de medidas que foram sendo sucessivamente redesenhadas com vista à facilitação do processo de adopção, figura que, emergindo como o meio preferencial para pôr cobro à situação da criança desprovida de meio familiar normal, aparece a dar resposta à própria exigência constitucional ditada pelo art.º 69.º, e, nesta linha, também a substanciar a intervenção crescente do Direito Internacional nesta matéria – *v.g.* Convenção das Nações Unidas sobre os Direitos da Criança, de 20 de Novembro de 1989, ratificada pelo Decreto Presidencial n.º 49/90, de 12 de Setembro (artigos 20.º e 21.º) e a Convenção Europeia em Matéria de Adopção de Crianças, ratificada pelo Decreto Presidencial n.º 7/09, de 20 de Fevereiro.

[92] Cfr. ADELINE GOUTTENOIRE, "La Loi du 2 Janvier 2004 relative à L'Accueil et à la protection de l'enfance ou da politique des petits pas", *Droit de la Famille. Juris Classeur*, 9 Année, n.º 3, Mars 2004, pp. 8 e ss.

[93] Um dos aspectos trazidos pela Lei 31/2003 diz respeito à imposição às instituições públicas e IPSS da necessidade de comunicação às comissões de protecção — ou, nos casos de estas não se encontrarem instaladas, ao Ministério Público — do acolhimento de menores a que procederam em qualquer das situações previstas no art.º 1918.º do CCiv. e no art.º 3.º da Lei 147/99. Esta imposição visa, desde logo, a tentativa de colocar estas crianças em período de pré-adopção, para que não fiquem demasiado tempo institucionalizadas, sendo preferível enquadrá-las no seio familiar.

zoável transformar a última das soluções na mais fácil ou expedita para sossego da indiferença ou subverter a ideia primeira da prevenção[94].

Neste trilho, consumida a possibilidade de manutenção do menor no seu meio natural de vida (aqui, família biológica)[95], uma família adoptiva, devidamente avaliada e acompanhada, é sempre melhor para a criança do que a mais qualificada das instituições[96], ainda que, também neste domínio, se anteveja a necessidade de trabalhar melhor os critérios de acolhimento, de diagnóstico, de elaboração do projecto de vida dos menores sem enquadramento familiar, pelos quais, face ao caso concreto, o encaminhamento para a adopção é a medida mais ajustada. Tanto a montante, quanto a jusante[97]. Encontrando-se afastada uma política de tutela dos menores assente numa visão, que já conheceu maior voga, de redução dos grupos sociais, etários ou familiares a arquétipos formatados em visões mais ou menos abstraccionistas – quadros estereotípicos que, inexoravelmente, se traduzem, as mais das vezes, em decisões frias, distantes e mecânicas –[98],

---

[94] Neste sentido, nos EUA, veja-se o *Adoption Assistance and Child Welfare Act* of 1980, 42 U.S.C. § 620-628 (1980) e o *Adoption and Safe Families Act* ("ASFA"), 42 U.S.C. § 671 (a) (15), que contem uma série de tópicos acerca dos mecanismos de prevenção.

[95] Possibilidade que só deve ser abandonada quando se mostre absolutamente inviável. Assim se compreende também a preferência outorgada pela LTE à aplicação de medidas não institucionais.

[96] Assim, também, Santiago Espiau, Vaquer Aloy, *Protección de menores, acogimiento y adopción*, Marcial Pons, Ediciones Jurídicas y Sociales, Madrid, 1999, p. 6.

[97] Com efeito, quando confrontada com os pais adoptivos a criança reage muitas das vezes de forma negativa, traduzindo a dificuldade em integrar aquelas pessoas estranhas na representação que tem de pai e de mãe. Embora este tipo de reacção seja perfeitamente normal, se os pais adoptivos não são devidamente preparados e esclarecidos, este tipo de reacção da criança pode gerar mau-estar e dificultar a futura evolução de todo o processo de adopção. Deste modo, existirão situações em que a gravidade dos casos leva a desaconselhar o encaminhamento para a adopção, uma vez que é pouco previsível a adaptação da criança a um determinado ambiente familiar, sendo reduzida a possibilidade de se vir a estabelecer uma relação pais-filhos que se possa considerar normal.

[98] De notar que, no quadro do regime vertido na OTM (hoje revogado pela LTE), as medidas limitavam-se muitas das vezes a um reecaminhamento judicial do menor para um estabelecimento de reeducação em regime de internamento ou à decretação do seu acompanhamento pelo Instituto de Reinserção Social. Ao contrário, com a LTE procurou-se a singularização de cada situação, com particular saliência, quanto ao leque de medidas aplicáveis, para a integração do menor num projecto educativo concreto (projecto educativo pessoal), da autoria do Instituto de Reinserção Social e homologável pelo tribunal (arts.° 16.°, ns.° 1 e 3, e 164.°, ns.° 1 e 3 da LTE).

os novos traços que trespassam o Direito dos Menores conferem assim prioridade ao encontro de um família de adopção em detrimento do primado, detectável *ex ante*, de instalação das crianças em Centros de Acolhimento (institucionalização)[99].

Embora se figure inevitável que, perante as circunstâncias do caso concreto, se tenha que abandonar a sacramentalidade da família biológica – e pensamos, designadamente, nas situações de adopção plena, em que o consentimento dos pais pode ser dispensado, numa solução legal que dimensiona, uma vez mais, o superior interesse das criança[100] –, parece seguro que a intervenção para a promoção e protecção dos direitos da criança e jovens deve privilegiar o suporte às famílias, tentando ajudá-las a reencontrar o equilíbrio necessário em tempo útil para a criança, sendo imprescindível que à criança seja prestado o cuidado, a confiança e o afecto essenciais à sua identidade[101].

§. 5 **Nota conclusiva**

XX. As *modificações* incidentes sobre o instituto adoptivo inserem-se num contexto de permanentes transformações, e, dando corpo ao movi-

---

[99] Isto, porque a intervenção do Estado (*lato sensu*) deve assentar nos princípios da solidariedade, da subsidiariedade e da proporcionalidade – procurando permanentemente uma resposta preventiva e dignificadora através da inserção social (cf. art.º 4.º da LPJCP) –, e o desenvolvimento reclamado para as crianças e jovens é tanto tanto mais fácil quanto o encontro de uma família que viabilize as condições emocionais e sociais necessárias a uma vivência afectiva e equilibrada e uma pedagogia da responsabilidade para as exigências da cidadania, intervenção que, em primeiro lugar, deve procurar apoiar e responsabilizar os pais para que seja possível assumirem a sua função insubstituível e natural. Em todo o caso, em matéria de adopção, e reportando-nos agora às situações em que os pais põem em perigo grave a segurança, a saúde, a formação, a educação ou o desenvolvimento do menor (cfr. art.º 1978.º, al./ d do CCiv.), tendo em conta que a família biológica, mais do que um espaço, é um valor que deve ser potenciado, importa não perder de vista que há um tempo para intervir.

[100] Com muito interesse, ainda, MARIA CLARA SOTTOMAYOR, "Quem são os verdadeiros pais?: adopção plena de menor e oposição dos pais biológicos", Separata de *Direito e Justiça*, Vol. 16 tomo 1 (2002), pp. 191-241.

[101] A esta luz se compreende também o princípio que promana da LTE de que a intervenção do Estado, através das medidas aplicáveis, constitui um mal para o menor, devendo, por isso, conter-se a sua aplicação. Se no quadro da OTM a medida era valorável como um bem para a criança (ainda a latitude das medidas), privilegia-se agora a efectivação do direito (e dever) parental de educação dos filhos, buscando-se um crescimento em autonomia, liberdade e responsabilidade do menor.

mento reformista que atravessou o Direito dos Menores, procuram corresponder aos legítimos anseios e necessidades de toda a comunidade.

A Lei de Protecção das Crianças e Jovens em Perigo – que procurou contribuir para a a promoção do bem estar e desenvolvimento integral das crianças e jovens –, bem como a Lei Tutelar Educativa – que visou promover a educação e inserção social de jovens que, tendo cometido factos qualificados pela lei como crime, tenham revelado necessidade de uma intervenção tutelar –, têm de ser lidas harmonicamente com os objectivos que presidem à facilitação jurídica do processo relativo à adopção recentemente normado, avultando, em qualquer dos casos, uma necessidade de atendimento *à identidade individual da criança*.

De um lado, encontra-se um apertar da malha normativa incidente sobre o exercício dos cuidados parentais – e que amplia o feixe de situações em que o instrumentário estadual tem aplicação –, sem que, do outro, seja o Estado a prover ao desenvolvimento e a assegurar a educação de todos aqueles que, por razões várias, não cresceram numa família que garantisse as condições de um efectiva educação para a liberdade e para o desenvolvimento físico-psíquico que uma Sociedade Humanista há-de reclamar para uma criança[102].

Neste cenário, a actuação do Estado aparece preditada por uma filosofia que privilegia as medidas que integram as crianças e os jovens no seio familiar, e que, ao cabo e ao resto, procurando evitar intervenções não abusivamente intrusivas na família, acaba por gravitar em torno de uma ideia de *corresponsabilização*, que tem como referência a família como núcleo fundamental da Sociedade[103].

Todavia, apesar de as soluções adoptadas traduzirem pontos de equilíbrio, importa não desconsiderar as múltiplas variantes que, de forma mais ou menos directa, confluem numa área tão sensível como esta e que, por definição, à semelhança do que se topa com a matéria atinente ao casamento, postulam uma sedimentação social que permita a apreensão por

---

[102] Sobre a disciplina e a educação para a liberdade, veja-se, por todos, JOSÉ ADRIANO SOUTO DE MOURA, "Liberdade: escolha e obediência (quadro jurídico da responsabilidade disciplinar")", *Infância e Juventude*, Abril-Junho 2000, n.º 2, pp. 65 e ss.

[103] Ainda, GUILHERME DE OLIVEIRA, "Protecção de menores. Protecção familiar – Perspectivas", *Temas de Direito da Família*, 2.ª edição aumentada, Coimbra Editora, Coimbra, 2001, pp. 298 e ss. e JOÃO BARROSO, "A intervenção do psicólogo no processo de adopção – Abandono e adopção que temos nós a ver com isso)" *Adopção em Portugal*, Colecção Temas de Psicologia, APPORT (Associação de Psicólogos Portugueses), Porto, 1989, pp. 21-28.

parte da comunidade das normas que a regem[104], assimilação, enquanto tal, não incompatível com a correcção de alguma desarmonia legal e com a rectificação de muitas das gralhas técnicas que ainda permeiam este subsector do ordenamento jurídico.

Considerando que "subjacente à vivência familiar está a ideia de vir a ter filhos"[105], em matéria de *affidamento* de menores, na época histórica que se vive, já se entrevê que, perante a *possível sucedaneidade funcional das modernas técnicas de procriação artificial*[106] *face à adopção (aliud*, atentas as motivações geralmente subjacentes à adopção[107]), também aqui não é possível a consecução de certezas nem de resultados definitivos.

---

[104] Em sentido aparentado, STEPHEN CRETNEY, *Family law in the twentieth century: a history*, Oxford University Press, Oxford, 2003, pp. 112 e ss.

[105] Assim, ELSA GOMES/LÚCIA LIMA (coordenação de FERNANDA INFANTE), *Motivações à Adopção – Estudo de casos*, CEJ, 1991, p. 27.

[106] Assim, DONALD EVANS, *Creating the child: the ethics, law and practice of assisted procreation*, Martinus Nijhoff Publishers, 1996, p. 8 e FRANÇOISE DEKEUWER-DÉFOSSEX, *Les droits de l'enfant*, cit., pp. 58 e ss.

[107] Sobre as motivações subjacentes à adopção, veja-se, entre nós, FAUSTO AMARO, *Aspectos sociológicos da adopção em Portugal: um estudo exploratório*, Cadernos do CEJ, n.º 1/92, Centro de Estudos Judiciários, Lisboa, 1993, JOÃO SEABRA DINIZ, "A adopção a concretização de um projecto familiar – o pai, a mãe e o mundo", *Congresso Europeu de Adopção, Família – Quando e Como a Adopção?*, pp. 99 e ss (*maxime* pp. 103-105) e ARMANDO LEANDRO, "A adopção internacional: caracterização e implicações para Portugal", *Adopção em Portugal*, Colecção Temas de Psicologia, APPORT (Associação de Psicólogos Portugueses), Porto, 1989, p. 51 e ss, referindo, a este propósito, "que a esterilidade é frequente e a reprodução humana artificial dá ainda passos incertos, pelo menos no domínio das consciências. Pelo que àqueles que desejam um filho apresenta-se, muitas vezes, como único meio a adopção". E se o impacto da adopção sobre os adoptantes depende muito das suas motivações, assinale-se que quando um casal procura os serviços de adopção existem vários aspectos que são avaliados, tais como a história do casal, as preferências e justificações relativamente à idade e sexo da criança desejada, o tipo de relação do casal, *etc*. De facto, um casal jovem com problemas de fertilidade apresenta provavelmente motivações diferentes das de um casal de idade avançada, preocupado com a perspectiva de uma velhice marcada pela solidão. Neste seguimento, o desempenho das funções parentais, quer se trate de pais adoptivos ou não, depende mais daquilo que cada um é como pessoa e da forma como aprendeu a lidar com os problemas do que de questões biológicas, embora os pais adoptivos em igualdade de circunstâncias tenham por vezes de enfrentar maiores dificuldades. Efectivamente, se os pais adoptivos não sentirem especiais dificuldades como pais, o filho adoptado não encontrará muito provavelmente dificuldades especiais no seu desenvolvimento como filho. Veja-se, ainda, EDUARDO SÁ/MARIA JOÃO CUNHA, *Abandono e adopção: o nascimento da família*, Almedina, Coimbra, 1996, pp. 125 e ss.

Bem dizia, pois, HANS-GEORG GADAMER que "o problema do começo, onde se põe, na verdade, é sempre o problema do fim, pois define-se, aqui, a partir do fim, o começo enquanto começo do fim"[108].

---

[108] *Wahrheit und Methode* (trad. esp. *Verdad y Metodo*), 6.ª ed., Ed. Sígueme, Salamanca, 1995, p. 448.

PROCRIAÇÃO MEDICAMENTE ASSISTIDA*

JORGE DUARTE PINHEIRO**
Professor da Faculdade de Direito de Lisboa

> SUMÁRIO: 1. Noção de procriação medicamente assistida. 2. Plano. 3. Conveniência ou necessidade de uma legislação geral. 4. Os princípios fundamentais de direito aplicáveis à matéria da procriação medicamente assistida. 5. Motivos legítimos de recurso à procriação medicamente assistida. 6. Os beneficiários do acesso à procriação assistida. 7. A admissibilidade dos processos heterólogos. 8. A admissibilidade da maternidade de substituição. 9. A admissibilidade da procriação assistida *post mortem*. 10. O destino dos embriões excedentários. 11. O estabelecimento da filiação. 12. Conclusão.

1. Noção de procriação medicamente assistida

No Acto Uniforme de Filiação norte americano, a procriação medicamente assistida (PMA) é definida como o "método de causar gravidez sem ser através do coito"[1]. Entre nós, alguns autores usam a expressão

---

* Texto baseado numa palestra proferida em 10 de Maio de 2004 sobre o mesmo tema, no âmbito do Curso de Direito da Bioética, organizado pelo Conselho Distrital de Lisboa da Ordem dos Advogados em conjunto com a Associação Portuguesa de Direito Intelectual.

** Autor da dissertação de doutoramento *O núcleo intangível da comunhão conjugal (Os deveres conjugais sexuais)*, elaborada sob a orientação do Prof. Doutor António Novais Marques dos Santos.

[1] Cfr. artigo 1, secção 104, n.º 2, do Acto ("*Assisted reproduction* means a method of causing pregnancy other than sexual intercourse"). O *Uniform Parentage Act* foi elabo-

para agrupar o conjunto de técnicas destinadas à formação de um embrião humano sem a intervenção do acto sexual[2].

No âmbito destas técnicas independentes da prática de cópula, devem separar-se os processos de procriação sexuada dos processos de procriação assexuada. Os processos de procriação sexuada pressupõem o recurso a dois componentes genéticos, um de uma pessoa do sexo masculino e outro componente de uma pessoa de sexo feminino. Mais precisamente, recorre-se a gâmetas ou células reprodutoras, ao espermatozóide e ao óvulo ou ovócito.

Os processos de procriação assexuada são aqueles que podem ser efectuados com o recurso apenas a um componente genético, que tanto pode ser proveniente de uma pessoa do sexo feminino como do sexo masculino. No seio destes processos, destaca-se a clonagem reprodutiva humana, na qual um óvulo previamente desnucleado (privado da sua informação genética) é "fertilizado" com uma célula não genital que possua todos os cromossomas necessários para dar origem a um ser humano (por exemplo, uma célula mamária, intestinal ou estomacal). O embrião resultante da introdução da célula somática no óvulo desnucleado é transferido para o útero de uma pessoa, culminando o processo com o nascimento de uma criança que reproduzirá, quase fielmente, aquela pessoa que forneceu a célula somática[3].

Os processos de procriação assexuada, como a clonagem, levantam problemas muito particulares, que são distintos daqueles que são suscitados pela utilização dos outros processos de procriação medicamente assistida. No plano ético e jurídico, basta referir, por exemplo, a dificuldade de harmonizar a clonagem com o direito à individualidade e à unicidade da pessoa humana[4].

---

rado pela National Conference of Comissioners on Uniform State Laws, que também o aprovou em 2000, com o objectivo de levar a uma aproximação das legislações dos vários Estados federados norte-americanos relativas ao estabelecimento da filiação. O documento, que sofreu a sua última alteração em 2002 e foi aprovado pela American Bar Association em 2003, pode ser consultado em *www.law.upenn.edu/bll/ulc/ulc_frame.htm*.

[2] Cfr. CASTRO MENDES/TEIXEIRA DE SOUSA, *Direito da Família*, Lisboa, AAFDL, 1990/91, p.235.

[3] Cfr. Relatório Anexo ao Parecer 44/CNECV/04, de Julho de 2004, n.º1.3., elaborado pelo Conselho Nacional da Ética para as Ciências da Vida (CNECV), que foi consultado em *www.cnecv.gov.pt*.

[4] Cfr. PAULO OTERO, *Personalidade e identidade pessoal e genética do ser humano: Um perfil constitucional da bioética*, Coimbra, Almedina, 1999, p. 67: a clonagem humana não é compatível com o direito fundamental à identidade pessoal absoluta. Ver ainda:

Atendendo à particularidade dos processos de procriação assexuada, o nosso texto irá centrar-se nos outros processos, os de procriação medicamente assistida sexuada, em que se inserem técnicas muito utilizadas, como é o caso da inseminação artificial (IA), da fertilização *in vitro* seguida da transferência de embriões para o útero (FIVETE), da transferência intratubária de gâmetas (GIFT), zigotos (ZIFT) ou embriões (TET), e da injecção intracitoplasmática de esperma (ICSI)[5].

A IA e a GIFT têm em comum o facto de a fecundação operar dentro do organismo materno ou *in vivo*. As outras técnicas mencionadas – FIVETE, ZIFT, TET e ICSI – caracterizam-se por a fecundação operar *in vitro*, fora do organismo materno.

A IA consiste na introdução de esperma nos órgãos genitais femininos sem ser por intermédio de cópula. Na GIFT, óvulos e espermatozóides, previamente preparados em laboratório, são transferidos para o interior das trompas uterinas de modo a que aí se dê a sua fusão.

No que toca às técnicas de fecundação extracorporal, a FIVETE consiste na inseminação laboratorial de ovócitos previamente recolhidos e na transferência dos embriões assim obtidos para o útero. A ICSI também envolve a transferência de embriões para o útero, mas distingue-se da FIVETE, na medida em que a obtenção de embriões é conseguida mediante a introdução de um único espermatozóide no interior do ovócito,

---

CATARINA AFONSO, "A clonagem, um desafio à ordem jurídica", em *Prémio Dr. João Lopes Cardoso, Trabalhos premiados I*, Conselho Distrital do Porto da Ordem dos Advogados/Almedina-Coimbra, 2002, pp.237, 254 e 261; ADALGISA BALDOTTO EMERY, *Bioética: Margens da autonomia da vontade face às novas tecnologias biocientíficas. Aspectos positivos e negativos da evolução científica*, texto policopiado, relatório do curso conducente ao Mestrado, Faculdade de Direito de Lisboa, 2000, p.41; MÓNICA GOMES, "Clonagem: legitimidade face à protecção dos direitos fundamentais", texto policopiado, relatório de Mestrado, Faculdade de Direito de Lisboa, 2001, em particular, p.32 e s. De assinalar que a clonagem humana é uma prática proibida na nossa ordem jurídica, onde desde 1 de Dezembro de 2001 vigora o Protocolo Adicional à Convenção para a Protecção dos Direitos do Homem e da Dignidade do Ser Humano face às Aplicações da Biologia e da Medicina, Que Proíbe a Clonagem de Seres Humanos. O Protocolo Adicional, aberto à assinatura em Paris, a 12 Janeiro de 1998, foi ratificado pelo Decreto do Presidente da República n.º1/2001, de 3 de Janeiro.

[5] No resto deste número, além do Relatório Anexo ao Parecer 44/CNECV/04, seguimos de perto outro documento do CNEV sobre procriação medicamente assistida: o Relatório-Parecer 3/CNE/93, de 10 de Fevereiro de 1993, I.1. e I.2., consultado em *www.cnecv.gov.pt*.

mais precisamente, no próprio citoplasma ovocitário[6]. A ZIFT e a TET comportam uma etapa de inseminação *in vitro* de ovócitos semelhante à da FIVETE. No entanto, a transferência dos produtos de concepção, realizada após um determinado período de permanência laboratorial, é feita para a trompa de Falópio e não para o útero. Por fim, o que separa a ZIFT da TET é aquilo que é objecto de transferência para o organismo materno: na ZIFT, zigotos, isto é, óvulos que já foram fertilizados mas que ainda não deram origem a embriões[7]; na TET, embriões, o que aproxima, neste aspecto, tal técnica da FIVETE e da ICSI.

Quando um casal se submete a uma das técnicas de procriação medicamente assistida sexuada, é comum distinguir em razão da proveniência das células reprodutoras. Se os espermatozóides e os ovócitos provêm do próprio casal estamos na presença de procriação medicamente assistida *homóloga*. Se os espermatozóides ou/e os ovócitos não provêm do casal, tendo havido recurso a um dador, a alguém que é exterior ao casal, a procriação diz-se *heteróloga*. É o que sucede, por exemplo, se, na inseminação artificial, o esperma introduzido nos órgãos genitais de mulher casada não pertencer ao marido (situação em que a inseminação artificial é designada pelas siglas IAD).

2. Plano

A procriação medicamente assistida suscita várias questões éticas e jurídicas que, pela sua importância e sensibilidade, serão aqui objecto de consideração. Curiosamente, a primeira dificuldade consiste em saber se deve haver, ou não, uma legislação expressamente destinada a regulamentar a generalidade dessas questões. Independentemente deste problema,

---

[6] A ICSI enquadra-se no seio de um conjunto de técnicas que pretendem introduzir artificialmente espermatozóides no interior do ovócito. Além da ICSI, cabem neste conjunto de técnicas, por vezes designado pela expressão "fecundação assistida", a dissecação parcial da zona pelúcida ovocitária (PZD) e a inseminação subzonal (SUZI). A PZD "procura facilitar o acesso do espermatozóide ao ovócito, reduzindo a espessura da sua membrana externa"; através da SUZI "injectam-se alguns espermatozóides dentro do ovócito entre a zona pelúcida e a membrana externa". Cfr. Relatório anexo ao Parecer 44/CNECV/04 cit., n.º 1.3., no qual se esclarece que, actualmente, a ICSI é "quase a única e exclusiva forma de fecundação assistida".

[7] Apesar de constituir um produto da fecundação ovocitária, o zigoto precede a clivagem, processo de divisão que cria as células originais do embrião.

que será estudado no próximo número do presente estudo, há circunstâncias e eventualidades que não podem ser ignoradas pelo jurista e que exigem uma solução; não *uma solução qualquer*, note-se, mas uma resposta que satisfaça no plano prático e sistemático. Deste modo, o n.º 4 é dedicado à indagação dos critérios normativos susceptíveis de nortear o jurista na resolução das questões mais sensíveis em torno da procriação medicamente assistida. Entre essas questões encontra-se, nomeadamente, o problema das condições de admissibilidade. Qualquer motivo serve para recorrer à procriação independente da prática do acto sexual, ou só a esterilidade? É disso que se tratará no n.º 5. E o n.º 6 constituirá o momento oportuno para debater outra questão polémica: quem pode beneficiar do acesso à procriação medicamente assistida? Casais heterossexuais ou também casais homossexuais? Casais ou também pessoas sós? No n.º 7 serão analisados os problemas específicos decorrentes da utilização dos processos heterólogos, *v.g.*, o impacto da quebra entre a filiação e a biologia, a contrapartida económica da dação de material genético e o anonimato do dador. Segue-se, no n.º 8, o tema da maternidade de substituição. A figura será apreciada sob a óptica conceptual e sob a óptica da conformidade com a nossa ordem jurídica. Os avanços tecnológicos obrigam-nos a reflectir sobre a admissibilidade da procriação assistida *post mortem*, no n.º 9. Será aceitável a constituição deliberada de uma família monoparental? O n.º 10 refere-se a um problema particularmente difícil. As técnicas de fertilização *in vitro* criam embriões que não chegam a ser transferidos para o organismo materno. Que destino dar aos embriões excedentários? Devem ser conservados para efeitos de futura procriação? Devem ser destruídos? Podem ser usados em experiências científicas? No n.º 11, enfrenta-se a problemática do estabelecimento da filiação nas várias situações de procriação medicamente assistida. É que o sistema de estabelecimento da filiação traçado pelo nosso Código Civil tem como pressuposto central a procriação por cópula. O presente artigo termina com uma nota conclusiva, que é apresentada no n.º 12.

3. Conveniência ou necessidade de uma legislação geral

A legislação ordinária portuguesa sobre procriação assistida resume-se ao seguinte: o artigo 1839.º, n.º 3, do Código Civil, que não permite a impugnação de paternidade "com fundamento em inseminação artificial ao cônjuge que nela consentiu"; o artigo 168.º do Código Penal, que prevê pena de prisão de 1 a 8 anos para "quem praticar acto de procriação artificial em mulher, sem o seu consentimento"; a Lei n.º 3/84, de 24 de Março, sobre educação sexual e planeamento familiar, que incumbe o Estado de aprofundar "o estudo e a prática da inseminação artificial como forma de suprimento da esterilidade" (artigo 9.º, n.º 2); o Decreto-Lei n.º 319/86, de 25 de Setembro, que estabelece normas relativas à disciplina e actividade de bancos de esperma, proíbe a execução da inseminação artificial com esperma fresco, determinando que a inseminação heteróloga deve apenas poder ser realizada com esperma recolhido, manipulado e conservado por "organismos públicos ou privados que tenham sido expressamente autorizados pelo Ministério da Saúde" (artigo 1.º, n.º 1); a Lei n.º 12/93, de 22 de Abril, sobre colheita e transplante de tecidos e órgãos de origem humana, cujo n.º 1 do artigo 1.º prevê que a "dádiva de óvulos, de esperma e a transferência de embriões são objecto de legislação especial".

Deste conjunto normativo pouco se retira em matéria de regime vigente aplicável à procriação medicamente assistida, o que é confirmado pela análise de cada um dos textos referidos. O artigo 1839.º, n.º 3, do Código Civil, a que a doutrina atribui, com justiça, grande relevo no campo do estabelecimento da filiação[8], está longe de assumir relevância

---

[8] Abarcando a inseminação quer homóloga quer heteróloga, o artigo 1839.º, n.º 3, prevê um terceiro tipo de filiação, que se não confunde nem com a filiação natural nem com a filiação adoptiva. Ao proibir a impugnação de paternidade com fundamento em inseminação artificial ao cônjuge que nela consentiu, a disposição legal atribui a paternidade ao marido da mãe que foi sujeita a inseminação, mesmo que o esperma seja de terceiro, o que representa um afastamento do critério biológico da filiação natural, e sem que o vínculo de filiação tenha sido constituído por sentença, como acontece na adopção. Cfr. OLIVEIRA ASCENSÃO, "Procriação assistida e Direito", *Estudos em Homenagem ao Professor Doutor Pedro Soares Martínez*, vol. I, Coimbra, Almedina, 2000, pp. 660-661; PAMPLONA CORTE-REAL, "Os efeitos familiares e sucessórios da procriação medicamente assistida (P.M.A)", *Estudos em Homenagem ao Prof. Doutor Pedro Inocêncio Galvão Telles*, vol. I, Coimbra, Almedina, 2002, pp.356-357; TIAGO DUARTE, *"In vitro veritas?" – A procriação medicamente assistida na Constituição e na lei*, Coimbra, Almedina, 2003, pp. 56, 59 e 60.

Uma parte da doutrina opõe-se a esta interpretação, alegando que se está perante uma simples proibição do *venire contra factum proprium*. Deste modo, o filho resultante da inseminação poderia impugnar a paternidade do marido da mãe, porque ele não está entre as pessoas que consentiram no acto de procriação assistida. Cfr. CASTRO MENDES/TEIXEIRA DE SOUSA, *Direito da Família* cit., pp. 288-289; PIRES DE LIMA/ANTUNES VARELA, em anotação ao artigo 1839.º, *Código Civil Anotado*, vol. V, Coimbra, Coimbra Editora, 1995, pp.187-188; ANTUNES VARELA, "A inseminação artificial e a filiação perante o Direito Português e o Direito Brasileiro", *Revista de Legislação e de Jurisprudência* ano 127.º, 1994--1995, n.º 3849, p.359; FRANCISCO AGUILAR, "O princípio da dignidade da pessoa humana

directa comparável na área que nos ocupa. O preceito alude a apenas uma de muitas das técnicas de reprodução assistida, limitando-se a fixar o efeito que o consentimento do cônjuge do sexo masculino, prestado quanto à aplicação dessa técnica ao outro cônjuge, produz no plano da determinação da paternidade. Não oferece sequer uma base segura para dizer que o legislador se pronunciou pela licitude da inseminação artificial heteróloga[9].

Apesar de a incriminação da procriação artificial não consentida traduzir a tutela da "liberdade (negativa) da mulher de e para a maternidade"[10], uma liberdade fundamental, a verdade é que o contributo do artigo 168.° do Código Penal, no domínio específico da procriação assistida, se esgota no reforço da ideia de que é indispensável o consentimento da mulher para que esta possa submetida a qualquer técnica de procriação assistida; ideia já contida no "direito de constituir família"[11], consagrado pelo artigo 36.°, n.° 1, da Constituição da República Portuguesa.

---

e a determinação da filiação em sede de procriação medicamente assistida", *Revista da Faculdade de Direito da Universidade de Lisboa* 2000, p.676 e s.; JOANA CABRAL PEREIRA, "Considerações sobre o artigo 1839.°, n.° 3, do Código Civil (Implicações ético-jurídicas da inseminação artificial heteróloga)", *Scientia Ivridica*, tomo 51, n.° 292, 2002, p.156.

Contudo, como defende PAMPLONA CORTE-REAL (ob. e loc. cit.), o artigo 1839.°, n.° 3, é "uma inerência da *definitividade* virtual dos chamados *estados de família*"; a interdição da impugnação da paternidade estende-se, portanto, a todas as pessoas referidas no artigo 1839.°, n.° 1, incluindo o filho nascido do acto de procriação medicamente assistida. De facto, num domínio particularmente marcado pelo interesse público como é o do estabelecimento da filiação, parece-nos muito questionável a escolha de um caminho interpretativo assente na figura do abuso do direito. Com maior facilidade se inscreve no espírito do Direito da Filiação o propósito de uma definição clara e estável do vínculo de filiação do que a preocupação circunscrita de manter tal vínculo só para reprovar o comportamento contraditório de uma certa pessoa.

[9] Cfr. GUILHERME DE OLIVEIRA, "Aspectos jurídicos da procriação assistida", *Revista da Ordem dos Advogados* n.° 49, Dezembro de 1989, p. 773: o legislador não quis tomar partido na discussão acerca da admissibilidade da inseminação heteróloga; ele limitou-se a estabelecer um determinado aspecto do regime, na eventualidade de esta modalidade de procriação assistida ser praticada.

[10] Cfr. ANABELA RODRIGUES, "Procriação artificial não consentida" (anotação ao artigo 168.°), em *Comentário Conimbricense ao Código Penal*, dirigido por Jorge de Figueiredo Dias, *Parte especial*, tomo I, *Artigos 131.° a 201.°*, Coimbra, Coimbra Editora, 1999, pp.501-503.

[11] O mesmo direito confere ao consentimento do homem o carácter de requisito essencial para a utilização do seu esperma em actos de procriação artificial, não obstante a falta de uma tipificação penal autónoma destinada a proteger a "liberdade (negativa) do homem de e para a paternidade". De qualquer maneira, a utilização abusiva de esperma,

Quanto à Lei n.º 3/84, pronunciando-se unicamente sobre uma das possíveis técnicas de procriação medicamente assistida, nada mais faz do que atribuir uma tarefa ao Estado, sem qualquer calendarização e sem outra concretização que não seja aquela que decorre da ligação entre a técnica mencionada e o suprimento da esterilidade. Abstraindo da ilegalização da perigosa prática da inseminação artificial heteróloga com esperma fresco[12], o Decreto-Lei n.º 316/86 não cumpriu os seus objectivos; procurando impor condições para a autorização dos actos exigidos pelas técnicas de procriação medicamente assistida, remeteu a definição de tais condições para um decreto regulamentar que nunca chegou a ser publicado. Por fim, também não foi até hoje publicada a legislação especial, a que alude o artigo 1.º, n.º 1, da Lei n.º 12/93.

O exíguo quadro normativo em apreço faz de Portugal um dos raros países europeus que não dispõem de uma legislação sobre a generalidade da matéria da procriação assistida[13]. Todavia, a ausência de regulamentação não é forçosamente sinal de atraso ou ineficiência. Basta ver o caso dos Estados Unidos, onde praticamente não há regulamentação estatal da reprodução assistida. Aqui o "vácuo legislativo" baseia-se em três razões principais[14]: o reconhecimento de que a procriação assistida é um acto

---

enquanto violação da liberdade pessoal do homem, é susceptível de configurar um crime de coacção, previsto e punido pelo artigo 154.º do Código Penal (cfr. ANABELA RODRIGUES, "Procriação artificial não consentida" cit., pp.499-500).

[12] A existência dessa prática foi aliás invocada como argumento favorável a uma intervenção legislativa na área da procriação assistida. Cfr., nomeadamente, a própria exposição que antecede o Decreto-Lei n.º 316/86, na qual se sublinham os riscos da inseminação artificial heteróloga (*v.g.*, transmissão da sida ou de doenças hereditárias); PRATAS FERREIRA, "Procriação artificial humana. Perspectiva médica. Situação em Portugal" (alocução proferida em 1987), *Revista Jurídica* n.ºs 11/12, Jan./Jun. 1989, p.45, que afirma: "O que se não pode admitir é o que hoje se passa entre nós. Sem qualquer lei que defenda os casais dos oportunistas e dos inconscientes. Arrepia saber que em alguns consultórios médicos, clandestinamente, e sem a mínima garantia ética ou científica, se pratica, hoje, a IAD com esperma fresco, obtido de meia dúzia de indivíduos, escolhidos pela sua aparente saúde e boa compleição física, que vêm a Lisboa a pedido e periodicamente. Se têm ou não sida, o futuro o mostrará."

[13] Entre os quais já se não encontra a Itália, que, no início de 2004, aprovou a *Legge 19 febbraio 2004, n. 40*, intitulada "Norme in materia di procreazione medicalmente assistita", que foi publicada na Gazzetta Ufficiale n.45, de 24 de Fevereiro de 2004, e entrou em vigor no dia 10 do mês seguinte.

[14] Cfr. GEORGE ANNAS, "The Shadowlands: The Regulation of Human Reproduction in the United States", em *Cross Currents (Family Law and Policy in the US and England)*, obra colectiva dirigida por Sanford Katz e outros, Oxford/New York, Oxford University Press, 2000, p.143 e s.

médico, associado ao princípio tradicional da regulação dos actos médicos pelos próprios profissionais do sector; a ideologia do livre-mercado, que leva a ver a medicina como uma oferta de serviços, à qual as pessoas aderem ou não, consoante os respectivos desejos e capacidades económicas; as dúvidas acerca da constitucionalidade da regulamentação estatal relativa ao aborto (no pressuposto de que a mulher e o médico são aqueles que estão em melhores condições para tomar uma decisão) e a conexão que se estabeleceu entre esta matéria e a da procriação assistida.

Não se pode dizer que razões análogas expliquem o actual vazio legislativo português: muitas vezes, são os próprios médicos a solicitar uma regulação estatal[15]; a aplicação da ideologia liberal na área da medicina não se coaduna bem com o direito social à protecção da saúde, consagrado pelo artigo 64.º da Constituição da República Portuguesa; e, entre nós, o aborto está tipificado como crime. Mas os condicionalismos do modelo americano não são os únicos que conferem racionalidade a um cenário em que falte uma disciplina normativa estatal.

Na já clássica discussão sobre a conveniência ou a necessidade de legislar sobre a procriação medicamente assistida[16] detectamos alguns argumentos que não estão estreitamente ligados aos principais alicerces do abstencionismo norte-americano. Contra a existência de uma legislação sobre tal assunto, afirma-se que a mesma é inconveniente porque iria travar a evolução científica ou não obteria o consenso da comunidade. Ou aponta-se a sua inutilidade porque seria rapidamente ultrapassada pela prática, pela evolução das técnicas de procriação. A favor de uma legislação geral sobre a procriação medicamente assistida, diz-se que a sua inexistência torna tudo o que é tecnicamente possível juridicamente admissível, o que é indesejável ou perigoso. Ou esclarece-se que a ausência de legislação não remete a problemática da procriação medicamente assistida para o domínio extrajurídico. Surgem problemas que exigem uma solução jurí-

---

[15] Cfr., nomeadamente, a posição do CNECV (expressa no Parecer 23/CNECV/98, de 29 de Julho de 1997, II.1, que considerou oportuno um projecto de proposta de lei relativo à procriação medicamente assistida, por vir preencher um vazio legislativo; e no Parecer 44/CNECV/04, de 26 de Julho de 2004, consultado tal como o anterior em *www.cnecv.gov.pt*, que alude à "prolongada ausência da necessária e urgente legislação específica relativa à PMA"), sustentada pelos votos de vários médicos, e as afirmações de PRATAS FERREIRA, *supra*, na nota 12.

[16] Sobre esta discussão, cfr., designadamente, GUILHERME DE OLIVEIRA, "Legislar sobre procriação assistida", *Revista de Legislação e de Jurisprudência* ano 127.º, 1994--1995, n.ºs 3841/3842, p.98 e s.

dica, havendo que lançar mão de processos de integração de lacunas. A ausência de uma legislação geral traduz-se afinal numa situação em que não é assegurada a aplicação uniforme do Direito aos casos concretos, o que cria incerteza e não é compatível com o princípio da igualdade.

Os motivos invocados em defesa da abstenção legislativa não parecem particularmente consistentes. Se é certo que uma lei pode restringir a curto prazo os avanços da investigação, a verdade é que uma regulamentação criteriosa pode contribuir para o prestígio de médicos e cientistas e evitar que se produzam circunstâncias que, sendo de tal forma condenadas pela opinião pública, propiciem o estabelecimento no futuro de proibições amplas[17]. Apesar do seu potencial polémico global, a matéria da procriação assistida contém aspectos que obtêm já algum consenso social[18] e que são passíveis de dar corpo a uma intervenção legislativa cuja legitimidade não seja muito contestada. Quanto à hipótese da rápida desactualização da disciplina legal, por força dos progressos científicos, trata-se de um risco cuja probabilidade de verificação depende, afinal de contas, da própria formulação legislativa; nomeadamente, são mais resistentes ao tempo os conceitos indeterminados, as cláusulas gerais e os enunciados de princípios fundamentais.

No entanto, o arsenal argumentativo dos adversários da legiferação não se esgota assim. Entre nós, Fernando Araújo[19] considera que, em domínios como o da procriação assistida, o único caminho satisfatório é o de uma ponderação casuística; a generalidade das regras jurídicas torna-as insensíveis e impotentes para apreciar questões humanas "individualmente absorventes". Por minha parte, confesso que me custa a aceitar a ideia de que o Direito não tenha capacidade para enfrentar problemas concretos que se situam no âmago da condição humana. Quero acreditar que a normatividade jurídica não está, por natureza, confinada aos aspectos secundários da nossa vida.

---

[17] Cfr. DEECH, "The Legal Regulation of Infertility Treatment in Britain", em *Cross Currents* (obra colectiva citada, *supra*, na nota 14), p.165 e s., em especial p.186, que faz um balanço positivo da adopção pela Grã-Bretanha daquilo que considera ser o "sistema de regulação mais rigoroso do mundo".

[18] Cfr., a título de exemplo, GUILHERME DE OLIVEIRA, "Legislar sobre procriação assistida" cit., p.100, que se refere "à intenção de não criar, propositadamente, embriões excedentários; à limitação das utilizações do mesmo dador de esperma; ao controlo administrativo e sanitário das entidades que se dedicam à Procriação Assistida; à necessidade de se criar um registo especial das utilizações destas técnicas e dos nascimentos conseguidos".

[19] FERNANDO ARAÚJO, *A procriação assistida e o problema da santidade da vida*, Coimbra, Almedina, 1999, pp. 17, 166, 169 e s.

A revisão constitucional de 1997 tomou partido nesta discussão. Desde então, como se lê no artigo 67.°, n.° 2, alínea e), da Constituição da República Portuguesa, incumbe ao Estado, para protecção da família, regulamentar a procriação assistida, em termos que salvaguardem a dignidade da pessoa humana.

Seja como for, até hoje, Portugal não dispõe de nenhuma regulamentação da procriação assistida. Apesar disso, tem-se tentado legislar, o que afasta o juízo de inconstitucionalidade por omissão. Em 1999, a Assembleia da República aprovou um Decreto que regulava as técnicas de procriação medicamente assistida e que se destinava a ser promulgado como lei[20], mas o diploma foi vetado pelo Presidente da República[21]. Em Dezembro de 2004, estavam pendentes, na Assembleia da República, três projectos de lei sobre a mesma matéria[22] e havia referências na imprensa à iminente apresentação de um quarto projecto de lei (da autoria do PSD e do CDS/PP).

Deste modo, enquanto não for aprovada uma dessas iniciativas e, acrescente-se, promulgada, porque, como demonstra a experiência de 1999, estamos perante uma área que, pela sua delicadeza, não exclui a possibilidade do veto presidencial, o ordenamento português conta com algumas escassas disposições legais directamente aplicáveis à procriação medicamente assistida. Há, portanto, uma lacuna, uma imensa lacuna[23], que tem de ser integrada.

---

[20] Decreto n.° 415/VII, aprovado pela Assembleia da República em 17 de Junho de 1999 (com os votos a favor do PS e do CDS/PP; a abstenção do PSD e os votos contra do PCP e do Partido "Os Verdes") e publicado no *Diário da Assembleia da República*, II série-A, n.° 80, de 16 de Julho de 1999. O Decreto teve por base a proposta de lei n.° 135/VII, que foi apresentada pelo Governo depois de ter sido aprovada em Conselho de Ministros no dia 30 de Julho de 1997.

[21] O veto presidencial ocorreu em 30 de Julho de 1999, tendo sido publicado no *Diário da Assembleia da República*, II série-A, n.° 82, de 3 de Agosto de 1999. O Presidente da República justificou o veto aludindo ao carácter demasiado controverso e conflitual das soluções preconizadas pelo Decreto n.° 415/VII nas áreas da fecundação *in vitro*, das técnicas de diagnóstico pré-implantatório, da investigação de embriões e da protecção do direito à privacidade.

[22] Projecto de lei n.° 90/IX, apresentado pelo PS e publicado no *Diário da Assembleia da República*, II série-A, n.° 29, de 7 de Outubro de 2002; Projecto de lei n.° 371/IX, apresentado pelo Bloco de Esquerda e publicado no *Diário da Assembleia da República*, II série-A, n.° 12, de 5 de Novembro de 2003; Projecto de lei n.° 512/IX, apresentado pelo PCP e publicado no *Diário da Assembleia da República*, II série-A, n.° 16, de 18 de Novembro de 2004.

[23] Uma *lacuna de expectativa*, segundo PAMPLONA CORTE-REAL, "Os efeitos familiares e sucessórios da procriação" cit., p.352. De facto, a persistência da lacuna não pode

Os processos de integração das lacunas da lei vêm previstos no artigo 10.º do Código Civil: são a analogia e "a norma que o próprio intérprete criaria se houvesse de legislar dentro do espírito do sistema". Contudo, é reduzido o papel integrador da analogia neste campo: por um lado, as disposições sobre procriação medicamente assistida são raras, como se disse e, além disso, paira sobre elas a dúvida relativamente à sua excepcionalidade[24], excepcionalidade que, uma vez firmada, obsta à aplicação analógica, por força do artigo 11.º do Código Civil; por outro lado, a aplicação analógica das disposições não atinentes à procriação medicamente assistida embate, frequentemente, no carácter *sui generis* da realidade não disciplinada, ou seja, muitas vezes será pouco clara a detecção de uma semelhança juridicamente relevante entre um caso que está regulado, mas não é de procriação medicamente assistida, e um caso de procriação medicamente assistida que carece de regulamentação[25]. Entre os casos regulados e os casos não regulados tende a observar-se uma diferença tal que impede

---

ser dissociada do fundamento do veto mencionado, *supra*, na nota 21: depois de 1999, aspira-se a uma solução que obtenha um amplo consenso político, ético e técnico.

[24] Cfr., por exemplo, as dúvidas em torno do artigo 1839.º, n.º 3, do Código Civil. PAMPLONA CORTE-REAL, "Os efeitos familiares e sucessórios da procriação" cit., pp.356-357, entende que está em causa uma norma especial, no âmbito das regras de estabelecimento da filiação, admitindo a aplicação analógica do artigo às situações de maternidade heteróloga. Em contrapartida, TIAGO DUARTE, "*In vitro veritas?*" cit., p.70, considera o artigo 1839.º, n.º 3, uma norma excepcional, por afastar a regra geral em matéria de estabelecimento de filiação, que é o critério biológico, acabando, consequentemente, por negar a aplicação analógica do preceito à dação de óvulos. Se tivermos em conta a extensão interpretativa que leva à detecção de um terceiro tipo de filiação (cfr., *supra*, nota 8), que é defendida também pelo último autor, a primeira orientação aparenta ser mais coerente. Se o biologismo não obstou ao reconhecimento de um terceiro tipo de paternidade, por que motivo há-de obstar ao reconhecimento de um terceiro tipo de maternidade (a maternidade da mulher receptora que consentiu na implantação do óvulo, que não é nem genética nem adoptiva)?

[25] A especificidade da matéria origina hesitações também quanto à aplicação analógica das escassas disposições sobre procriação medicamente assistida. Tomemos um exemplo de novo inspirado no artigo 1839.º, n.º 3, do Código Civil: embora proponham a aplicação analógica do artigo quando, mediante o consentimento dos cônjuges, tiver sido implantado no cônjuge do sexo feminino um óvulo fecundado de outra mulher, CASTRO MENDES/TEIXEIRA DE SOUSA (*Direito da Família*, pp.269 e 289) rejeitam a solução de GUILHERME DE OLIVEIRA (*Critério Jurídico da Paternidade*, reimpressão da ed. de 1983, Coimbra, Almedina, 2003, pp.355 e 356), que aplica, por analogia, o regime do mesmo preceito ao estabelecimento da paternidade de filho nascido de adultério da mulher consentido pelo marido (desde que o marido não tenha feito qualquer reserva contra uma fecundação possível). Nesta última hipótese, há também procriação heteróloga mas mediante acto sexual.

a verificação daquele que é um dos pressupostos da analogia, nos termos do n.º 2 do artigo 10.º: a existência no caso omisso das razões justificativas da regulamentação do caso previsto na lei.

Sendo assim, o processo preferencial de integração de lacunas será o da norma que o próprio intérprete criaria, se houvesse de legislar dentro do espírito do sistema.

4. Os princípios fundamentais de direito aplicáveis à matéria da procriação medicamente assistida

A norma que o próprio intérprete criaria tem de ser conforme ao sistema, o que significa que se tem de basear nos princípios fundamentais inspiradores do sistema jurídico português. Sublinhe-se que estes princípios não são apenas relevantes no plano da integração da vasta lacuna da lei em matéria de procriação medicamente assistida, que hoje se observa. Mesmo que, em breve, entrasse em vigor um acto legislativo que procedesse a uma regulamentação geral da matéria, não deixaria de haver lacunas, até porque estamos numa área que se encontra em constante evolução. Mais: a própria validade do acto legislativo dependeria da sua conformidade com os princípios fundamentais constantes da Constituição. E, por fim, a interpretação da lei teria de ser feita de harmonia com tais princípios.

A relevância dos princípios fundamentais do direito, que é patente, não se esgota nos domínios da validade constitucional, da interpretação e da integração da lei. Esses princípios condicionam também a validade, a interpretação e a integração dos actos, negócios e contratos. A vasta lacuna legal que se verifica só aparentemente legitima uma afirmação incontrolada da autonomia privada.

O exercício da autonomia privada está balizado pelos princípios fundamentais do direito. Estes princípios penetram em conceitos indeterminados como, por exemplo, o de ordem pública, de bons costumes e de boa fé. Ora, os actos e negócios jurídicos são nulos se contrariarem a ordem pública ou os bons costumes, como resulta dos artigos 280.º e 295.º do Código Civil. As declarações negociais devem ser integradas de harmonia com os ditames da boa fé, nos termos do artigo 239.º. E o princípio do aproveitamento do negócio jurídico, subjacente aos institutos da conversão e da redução, impõe uma interpretação que não ponha em perigo a validade do negócio, por desconformidade com a ordem pública, com os bons costumes ou com a boa fé.

Mas quais são os princípios fundamentais do sistema jurídico aplicáveis à procriação medicamente assistida? Eles são sobretudo princípios do Direito da Personalidade e do Direito da Família, expressamente constitucionalizados ou não.

O primeiro desses princípios é mencionado expressamente no artigo 67.º, n.º 2, alínea e), da Constituição da República Portuguesa. Ao Estado incumbe regulamentar a procriação assistida, mas em termos que salvaguardem a dignidade da pessoa humana. O princípio da dignidade da pessoa humana, que é, aliás, o princípio fundador da nossa ordem jurídica, como decorre do artigo 1.º da Constituição, volta a ser invocado no artigo 26.º, n.º 3, da lei fundamental, no qual se estabelece que a lei garantirá a dignidade pessoal do ser humano, nomeadamente na criação, desenvolvimento e utilização das tecnologias e na experimentação científica. Deste princípio decorre que a pessoa deve ser tratada *como pessoa*, como um fim em si mesmo; que à pessoa deve ser reconhecida autonomia, autodeterminação; que o ser humano não deve ser coisificado, instrumentalizado nem comercializado.

O princípio da dignidade da pessoa humana tem uma importância cimeira, influindo na delimitação de outros princípios, interesses e direitos, em que se incluem o direito à investigação científica, consagrado no artigo 42.º da Constituição da República Portuguesa, e o direito de constituir família, previsto no artigo 36.º, n.º 1, da Constituição.

Vejamos justamente o direito de constituir família em condições de plena igualdade. O direito de constituir família abarca o direito de procriar e o direito de estabelecer a filiação[26]. O direito de procriar[27] compreende o direito de procriar em sentido estrito e o de não procriar. O direito de procriar em sentido estrito está sujeito a limites intrínsecos e a limites extrínsecos. Os limites intrínsecos do direito de procriar correspondem ao

---

[26] Cfr. GUILHERME DE OLIVEIRA, "Aspectos jurídicos da procriação assistida" cit., p. 768.

[27] Mostra-se reticente quanto à existência de um direito fundamental à procriação, FERNANDO ARAÚJO, *A procriação assistida* cit., pp.19-21. Começando por declarar que "a liberdade de procriar é um interesse muito relevante", o ilustre académico sustenta, porém, que a utilização da "linguagem dos direitos" pode suscitar questões melindrosas, contribuindo para uma cultura de irresponsabilidade no campo da decisão reprodutiva. Todavia, o autor não ignora a proibição da esterilização forçada, que, inevitavelmente, comprova a presença de um direito de procriar. Supomos que, no fundo, não pretende negar o direito mas sim o seu carácter irrestrito.

fim do direito, que não é meramente egoísta nem imediatista. O direito de procriar é concedido para a constituição de um grupo familiar, composto por filho e progenitor; neste grupo, o interesse mais ponderoso é o da criança[28], como decorre da Constituição da República Portuguesa e da legislação ordinária de Direito da Família. Que o interesse mais ponderoso é o da criança percebe-se no artigo 36.º, n.ºs 5, 6 e 7, da Constituição, quando se atribui aos pais não só o direito mas também o dever de educação e manutenção dos filhos, quando se admite que os filhos sejam separados dos pais se estes não cumprirem os seus deveres fundamentais e quando se protege a adopção. Que o interesse mais ponderoso é o da criança percebe-se quando o artigo 67.º, n.º 2, alínea d), da mesma lei básica, estabelece como incumbência do Estado garantir o direito ao planeamento familiar, de forma a permitir o exercício de uma maternidade e paternidade conscientes. Que o interesse mais ponderoso é o da criança percebe-se quando o artigo 69.º, n.º 1, da Constituição reconhece às crianças o direito à protecção da sociedade e do Estado contra todas as formas de abandono, de discriminação e de opressão e contra o exercício abusivo da autoridade na família. E no n.º 2, desse artigo ainda, determina-se que o Estado assegura especial protecção às crianças órfãs, abandonadas ou por qualquer forma privadas de um ambiente familiar normal.

A disciplina constitucional projecta-se na legislação ordinária de Direito da Filiação: o artigo 1878.º do Código Civil determina que o poder paternal é exercido no interesse dos filhos; o artigo 1974.º estabelece que a adopção tem como finalidade "o interesse superior da criança". Na lógica do "interesse superior da criança" se insere a tendencial biparentalidade que anima o Direito da Filiação: na perspectiva do legislador, o ideal é que a criança tenha um pai e uma mãe; desta forma se compreende a averiguação oficiosa da paternidade ou da maternidade, a regra do exercício conjunto do poder paternal ou a preferência pela adopção plena conjunta em detrimento da adopção plena singular (veja-se a diferença de requisitos quanto à idade do adoptante, no artigo 1979.º).

E além dos limites intrínsecos, o direito de procriar enfrenta limites extrínsecos, *v.g.*, o direito de não procriar da outra pessoa que eventualmente forme um casal com a pessoa que pretenda procriar[29].

---

[28] Portanto, o direito de procriar não implica o "direito de ter uma criança". Como frisa DEECH, "The Legal Regulation " cit., p.172, "there is no «right to a baby», even though this is sometimes taken up by the media when there is a heart-rending case".

[29] Múltiplos limites extrínsecos são configuráveis. Cfr., nomeadamente, o caso *Gerber v. Hickman*, 264 F.3d 882 (9th Cir.2001), referido por WADLINGTON/O'BRIEN, *Cases*

Relativamente ao direito de estabelecer a filiação, este traduz-se no direito de ver reconhecido juridicamente o parentesco, de ver reconhecida juridicamente a qualidade de pai ou de filho de certa pessoa. O nosso sistema de estabelecimento da filiação baseia-se na procriação decorrente da prática de acto sexual. Mas, em certas situações, que são circunscritas, admite-se o estabelecimento da filiação sem que tenha havido procriação por acto sexual. Contudo, nestas situações, exige-se uma declaração de vontade da pessoa que virá a ser juridicamente o progenitor. É o que acontece no caso de procriação através de inseminação artificial: o marido da pessoa inseminada só será juridicamente o pai da criança resultante da utilização da técnica de procriação assistida se tiver consentido na inseminação da mulher. Isto à luz do artigo 1839.º, n.º 3, do Código Civil. E, além do artigo 1839.º, n.º 3, encontramos outra situação de filiação constituída por declaração de vontade: a filiação adoptiva, que pressupõe a vontade de adoptar do candidato a adoptante. Por conseguinte, podemos identificar um princípio fundamental, em matéria de estabelecimento da filiação – a declaração de vontade do candidato a progenitor é um elemento mínimo, indispensável, do estabelecimento da filiação que se não baseie na prática de um acto sexual[30].

---

and Materials. Domestic Relations, 5ª ed., New York, Foundation Press, 2002, pp. 706--707: um homem que cumpria uma pena de prisão pretendia enviar, por correio, esperma destinado a ser utilizado na inseminação artificial homóloga da mulher; a U.S. Court of Appeals reconheceu que o direito de procriar subsiste durante o período de encarceramento, mas considerou que esse direito está sujeito a uma restrição baseada em "interesses penais legítimos".

[30] É frontalmente contrário a esta ideia FRANCISCO AGUILAR, "O princípio da dignidade da pessoa humana" cit., p.665, que atribui exclusividade ao critério biológico na determinação da filiação natural: "Isto porque o critério complementar que estaria em causa – o «volitivo» – ao fazer depender a paternidade/maternidade natural da existência de um «projecto de paternidade/maternidade» conduziria a resultados inaceitáveis. Não só não explicaria o facto de na procriação «não» medicamente assistida o critério da filiação não se encontrar dependente da vontade dos progenitores, como principalmente, faltando esse elemento volitivo, negar-se-ia, *ope legis* e *ab initio* a maternidade e/ou paternidade jurídicas."

Contudo, o elemento volitivo só produziria realmente resultados inaceitáveis se fosse o critério principal ou exclusivo na determinação da filiação natural. Não é assim, como se extrai do texto principal. No plano da filiação não adoptiva, o consentimento releva no domínio da procriação medicamente assistida e mesmo aqui sem assumir carácter absolutamente decisivo. Seja como for, o artigo 1839.º, n.º 3, é inexplicável mediante um apelo estrito ao critério biológico, até na tese que o reconduz a uma mera proibição do *venire contra factum proprium*. Nesta orientação, o cônjuge que consentiu na inseminação artifi-

E, para concluir esta digressão sobre os princípios fundamentais aplicáveis à procriação medicamente assistida, importa aludir ao direito à identidade pessoal, que é reconhecido pelo artigo 26.°, n.° 1, da Constituição da República Portuguesa, e à garantia da identidade genética do ser humano, nomeadamente na criação, desenvolvimento e utilização das tecnologias e na experimentação científica, que vem consagrada no n.° 3 do artigo 26.°. Há, assim, um direito à identidade pessoal e à identidade genética, de que necessariamente beneficia o filho nascido, na sequência do uso de uma técnica de procriação medicamente assistida.

É com base nestes princípios que iremos enfrentar agora, sucintamente, um conjunto de questões que estão longe de ser pacíficas ou fáceis.

5. Motivos legítimos de recurso à procriação medicamente assistida

Levanta alguma polémica a problemática das condições de admissibilidade da procriação medicamente assistida. Será aceitável o recurso à procriação assistida por uma pessoa que alegue, pura e simplesmente, que quer ter um filho sem ter que manter relações sexuais com quem quer seja? É admissível o recurso à procriação assistida para se conseguir escolher o sexo, a cor dos olhos ou outras características da criança?

Os princípios do nosso sistema de filiação impõem a subsidiariedade das técnicas de procriação medicamente assistida. Em regra, o estabelecimento da filiação assenta na prática do acto sexual. Só em certos casos é que a filiação é independente do acto sexual. Não há um direito a escolher livremente entre a procriação mediante acto sexual e a procriação assistida. Não se suponha, porém, que a subsidiariedade é imposta por razões de mera coerência interna do sistema legal de estabelecimento da filiação. O princípio da dignidade da pessoa humana, adverso à instrumentalização do ser humano e da sua faculdade reprodutiva, opõe-se à utilização da procriação assistida como um processo normal, incondicionalmente alternativo à procriação através de relações sexuais. Uma atitude demasiado libe-

---

cial heteróloga da mulher será juridicamente o pai, desde que o filho originado pela inseminação não venha a impugnar a paternidade. Há, portanto, uma hipótese de filiação não adoptiva, sem que haja uma transferência genética. Só porque o cônjuge da mãe consentiu na inseminação (sendo, a partir de certa altura, inadmissível, porque abusiva, a revogação do consentimento) e porque o filho resultante da inseminação não manifesta vontade de afastar a paternidade daquele...

ral repercute-se numa vulgarização do fenómeno reprodutivo, que simboliza cedência perante interesses económicos da "indústria da procriação" ou indiferença perante o risco de comercialização da concepção, da gestação e das próprias crianças[31]. O recurso à procriação assistida só pode ser encarado quando a outra forma de procriação não constitua uma autêntica opção, nomeadamente em situações de esterilidade.

Quanto à segunda questão, ela está expressamente resolvida na nossa ordem jurídica quando se trata da escolha do sexo. O artigo 14.º da Convenção para a Protecção dos Direitos do Homem e da Dignidade do Ser Humano face às Aplicações da Biologia e da Medicina[32] exclui a utilização de técnicas de procriação medicamente assistida para escolher o sexo da criança a nascer, salvo para evitar graves doenças hereditárias ligadas ao sexo. Entre tais doenças destaca-se a hemofilia, que é transmitida pela mãe apenas a crianças do sexo masculino. Esta solução, baseada no princípio da dignidade da pessoa humana, adequa-se também à hipótese de estarem em causa outras características da criança[33]. Não é admissível a utilização de técnicas de procriação assistida para conseguir determinadas características do nascituro, a não ser com o objectivo de evitar a probabilidade elevada de doenças genéticas ligadas a características diversas. A escolha de características, sem rigorosa justificação médica, abre a porta à livre-selecção genética e ao tratamento das crianças como bens de consumo.

Desta forma se desenha uma tomada de posição quanto a outro assunto controverso. O carácter subsidiário da procriação assistida não

---

[31] Cfr. Relatório Anexo ao Parecer 44/CNECV/04 cit., n.º s 3.3.1. e 3.3.2., onde se alude também a motivos de saúde pública: "A publicação de estudos recentes, advertindo para a possibilidade de incidências negativas graves decorrentes da utilização de técnicas de procriação medicamente assistida na saúde dos nascituros, justifica o confinamento da respectiva utilização."

[32] A Convenção, que foi adoptada pelo Conselho da Europa em 4 de Abril de 1997 e ratificada pelo Decreto do Presidente da República n.º 1/2001, de 3 de Janeiro, entrou em vigor, no ordenamento jurídico português, em 1 de Dezembro de 2001.

[33] Sem prejuízo de poder haver motivos específicos, acrescidos, para a proibição da selecção do sexo, v.g., "o perigo de reforço dos estereótipos sexuais com desvantagem para as mulheres" (um dos fundamentos para a tendencial proibição que foram invocados pela Human Fertilization and Embryology Authority, na Grã-Bretanha: cfr. DEECH, "The Legal Regulation " cit., p.178). Curiosamente, em Espanha, os casos judiciais mais conhecidos de tentativa de escolha do sexo, sem motivação estritamente médica, versaram situações em que a mãe pretendia ter uma filha e não um filho (cfr. TIAGO DUARTE, "In vitro veritas?" cit., p.83).

impede o seu uso para evitar o aparecimento e desenvolvimento de anomalias genéticas. Nem me parece que haja obstáculos, entre nós, ao uso da procriação assistida para evitar a transmissão do vírus de doenças graves, como é o caso da sida[34]. Confesso que não vejo em que medida o princípio da dignidade da pessoa humana e o "interesse superior da criança" justifiquem a alternativa entre a não procriação ou uma procriação segundo técnica que comporte risco elevado de saúde para o filho e que não consigo vislumbrar uma razão que leve a favorecer os que não podem conceber através do acto sexual em detrimento dos que o podem fazer com riscos elevados para a saúde do nascituro. Tenho, portanto, dificuldade em aceitar uma visão que atribua, *a priori*, à procriação assistida uma natureza ultra-subsidiária: a esterilidade não deve ser o único motivo legítimo de recurso à procriação medicamente assistida.

6. Os beneficiários do acesso à procriação assistida

Outra área de polémica é a dos beneficiários do acesso à procriação assistida: Pode ser uma pessoa só ou tem de ser um casal? Pode ser um casal homossexual ou tem de ser um casal heterossexual?

No sentido do acesso das mulheres sós à procriação assistida, diz-se que o direito de procriar é reconhecido a todos e não somente àqueles que

---

[34] O nascimento de filhos de pais seropositivos, sem o HIV, é assegurado através da técnica de injecção intracitoplasmática de espermatozóides (ICSI), que foram previamente separados do líquido seminal (onde pode estar o HIV) através da chamada "lavagem de esperma".

Sobre a utilização da procriação assistida para alcançar a gestação sem o perigo de contágio com o HIV, cfr., no entanto, o Relatório Anexo ao Parecer 44/CNECV/04 cit., n.º 3.3.5, onde se lê que "pode ser reprovável, da perspectiva dos interesses do nascituro, a procriação assistida com risco de orfandade precoce ou a programação livre da vinda de um filho com pais doentes. Visa-se evitar que o filho seja privado logo à nascença dos benefícios de que dispõem as crianças com progenitores saudáveis". É claro que a questão tem de ser apreciada tendo em conta as circunstâncias concretas – ninguém é imortal nem completamente são e a seropositividade não acarreta forçosamente a morte próxima do portador do HIV. Por isso, o Parecer a que está anexo o Relatório, depois de declarar que as técnicas de procriação medicamente assistida devem ser utilizadas em situações de infertilidade/esterilidade (n.º 2), considera que, excepcionalmente e mediante autorização de uma entidade independente (a criar), as técnicas poderão ser usadas com vista à "prevenção da transmissão de doenças graves de origem genética ou outra" (n.º 4).

são casados ou vivem em união de facto[35], que a lei prevê a adopção singular e que existem famílias monoparentais. Mas os argumentos não são muito convincentes[36]. Sendo o direito de procriar intrinsecamente limitado pelo interesse da criança, é compreensível que seja dada preferência ao seu exercício por aqueles que estão em melhores condições de proporcionar à criança vindoura "um ambiente familiar normal". A monoparentalidade não se enquadra na "normalidade" do ambiente familiar que constitui um ideal constitucional para a infância (cfr. artigo 69.°, n.° 2, da Constituição da República Portuguesa)[37]. Mal ou bem[38], a biparentalidade exprime uma característica do que socialmente se entende que deve ser a família composta por filhos menores. Mal ou bem, é a biparentalidade que inspira o regime do estabelecimento da filiação e que é incentivada pelas regras da constituição do vínculo da adopção plena e do exercício do poder paternal. É exacto que há famílias monoparentais e que a lei até permite a sua formação por sentença de adopção. No entanto, isto não legitima o acesso de uma pessoa só à procriação assistida. Como já se demonstrou, o modelo familiar tido como juridicamente desejável para o filho menor é aquele em que este tem dois progenitores. E a possibilidade de adopção singular não se opõe a tal conclusão, porque se detecta uma diferença importante entre a adopção e a procriação assistida[39]. No momento de decidir acerca da constituição do vínculo adoptivo, estamos perante uma criança que existe e que carece de progenitores; se ela não pode ter dois, que tenha, pelo menos, um. No momento de decidir acerca da procriação assistida, a criança ainda não existe; deste modo, custa a aceitar que se afectem recursos médicos, mais ou menos escassos, num contexto em que se desencadeiam ponderosas questões éticas e jurídicas que se não cingem

---

[35] Cfr., nomeadamente, A. LOPES CARDOSO, "Procriação humana assistida: alguns aspectos jurídicos", *Revista da Ordem dos Advogados* n.° 51, Abril de 1991, p. 10, que entende que a proibição da inseminação da mulher não casada é pouco compatível com "liberdades individuais basilares como são as da liberdade sexual ou de transmissão da vida".

[36] Cfr., em especial, a réplica de TERRÉ/FENOUILLET, *Droit civil. Les personnes. La famille. Les incapacités*, 6ª ed., Paris, Dalloz, 1996, pp.798-799.

[37] Cfr. PAULO OTERO, *Personalidade e identidade pessoal* cit., pp.75-76.

[38] Cfr. DEECH, "The Legal Regulation " cit., p.172: vários estudos têm mostrado que não é pior a educação das crianças criadas por mulheres sós ou lésbicas.

[39] Cfr. LUÍS AZEVEDO, "O Direito da procriação entre a ordem e o caos", *Revista do Ministério Público*, n.° 90, Abril/Junho de 2002, p.100: sustentando que o direito à procriação é um direito de exercício necessariamente compartilhado, o autor afirma que não é correcto invocar a adopção para contrariar esta tese, uma vez que a adopção é um *remédio jurídico*.

ao problema da mono- ou biparentalidade, com vista à concepção deliberada de uma criança que, quando nascer, terá somente um progenitor efectivo.

O acesso à procriação assistida está, pois, reservado aos casais. Mas terão de ser casais heterossexuais? Aos homossexuais não é negado o direito de procriar e o artigo 13.°, n.° 2, da Constituição da República Portuguesa, veda a discriminação em razão da orientação sexual. No entanto, o direito de procriar apresenta uma dimensão funcional superior à de um direito subjectivo comum. Há que considerar o interesse da criança que irá nascer. Actualmente, a homossexualidade já não escandaliza profundamente a maioria da sociedade. Todavia, continua a ser uma orientação minoritária que ainda não é tida como "normal". A ideia, por exemplo, de um casal de lésbicas com um filho causa estranheza. Na óptica social dominante, é aconselhável que a parentalidade seja exercida por um casal "mais padronizado", óptica que é constitucionalmente apoiada, por força da conexão que o artigo 69.°, n.° 2, da nossa lei fundamental estabelece entre interesse da criança e "ambiente familiar normal". Deparamos, aliás, com dados bastante concretos do sistema que impõem presentemente uma exclusão do acesso dos casais homossexuais à procriação assistida: o estabelecimento legal da filiação baseia-se na biparentalidade biológica, que é heterossexual; e aos homossexuais não é concedida a faculdade de adopção conjunta (interpretação *a contrario sensu* do artigo 7.° da Lei n.° 7/2001, de 11/5), aspecto especialmente revelador em virtude de ser nítida a necessidade de os requisitos da procriação assistida serem mais rigorosos do que os da adopção.

Contudo, o pressuposto do maior nível de exigência quanto às condições da procriação assistida suscita dúvidas quanto à situação de certos casais que gozam da faculdade de adopção conjunta. Embora seja reconhecido o direito de adopção conjunta às pessoas de sexo diferente que vivam em união de facto há mais de dois anos (cfr. artigo 7.° da Lei n.° 7/2001, de 11/5), não será de concluir pela inadmissibilidade do acesso de quaisquer uniões de facto heterossexuais às técnicas de reprodução medicamente assistida? Afinal, a união de facto não é uma relação jurídica familiar nem se caracteriza pela tendencial perenidade[40].

---

[40] Cfr. o ponto n.° 6 do Parecer n.° 44/CNECV/04 e a parte VII da Declaração de voto do Conselheiro J. P. Ramos Ascensão. O ilustre jurista contesta a inclusão, que é feita pelo Parecer, dos casais heterossexuais que vivam em união de facto entre os beneficiários das técnicas de procriação medicamente assistida, apontando duas principais ordens de motivos: por um lado, o critério da protecção da família deve presidir às opções político-

É verdade que a união de facto é uma relação parafamiliar[41] e que se dissolve por vontade de um dos seus membros (artigo 8.º da Lei n.º 7/2001, de 11/5), independentemente de qualquer intervenção estatal. Todavia, o que importa é que a criança venha a encontrar um "ambiente familiar normal". Se não há uma relação jurídica familiar entre os membros da união de facto, ninguém contesta o carácter jusfamiliar da relação que liga o filho a cada um dos progenitores que vivem em união de facto. E socialmente, pelo prisma estrito da filiação, não se faz distinção entre um casal unido pelo matrimónio com filhos e um casal heterossexual não unido pelo matrimónio com filhos. Se a união de facto se não caracteriza juridicamente pela tendencial perenidade, isto não significa que se trate de uma união sociologicamente mais instável que a união conjugal; além disso, a união de facto genericamente protegida pela lei é a que dura há mais de dois anos, aquela cujo passado sugere uma expectativa de continuidade. Na perspectiva da tutela da criança, a estabilidade almejada é a do *lar*, a que se baseia numa comunhão real, num relacionamento afectivo, e não a que decorre da dificuldade de extinção de um vínculo jurídico preexistente entre dois progenitores.

Em suma, o círculo de beneficiários do acesso à procriação assistida é composto por pessoas casadas ou pessoas que, sendo de sexo diferente, vivam em união de facto. No entanto, uma união heterossexual não é suficiente. A decisão de procriar reveste-se de um alcance que não está aquém da decisão de adoptar plenamente. Por isso, defendemos que, no mínimo, os requisitos formulados na adopção plena, quanto aos adoptantes, e destinados assegurar a realização do superior interesse da criança, são aplicá-

---

-legislativas no domínio da procriação assistida e a união de facto, ao contrário do casamento, não constitui uma relação familiar; por outro lado, a união de facto é mais instável do que a união conjugal, revelando-se menos apta a satisfazer o direito da criança a um "ambiente familiar normal".

[41] O elemento da coabitação torna a união de facto semelhante à união conjugal. Mas a comunhão de vida só é objecto de um dever jurídico no casamento. Acresce que a união de facto não apresenta traços que estão presentes nas relações familiares nominadas independentes dos laços de sangue nem características que são comuns a todas as relações familiares nominadas. A constituição das relações familiares nominadas independentes do sangue, como a união conjugal e o vínculo de adopção, exige a intervenção de uma autoridade estatal ou equivalente (conservador do registo civil, ministro do culto, juiz). E a extinção dessas e das demais relações familiares nominadas não ocorre com a simples manifestação de vontade de uma das partes; é imprescindível um acto estatal ou equivalente (despacho de homologação do conservador do registo civil, sentença de um tribunal judicial ou eclesiástico).

veis ao acesso à procriação assistida, quanto aos beneficiários. Ou seja, a união heterossexual, matrimonial ou de facto, tem de durar há mais de 4 anos (cfr. artigo 1979.°, n.° 1, do Código Civil, e artigo 7.° da Lei n.° 7/2001, de 11/5).

7. A admissibilidade dos processos heterólogos

O artigo 4.°, n.° 3, da recente lei italiana sobre procriação assistida[42], veda o recurso aos processos heterólogos, aderindo a uma concepção absoluta do biologismo em matéria de estabelecimento da filiação, com adeptos em Portugal[43]. Contudo, o biologismo não é um valor absoluto[44], como é comprovado, entre nós, pelo artigo 1839.°, n.° 3, do Código Civil, pela consagração do instituto da adopção plena e pela sujeição das acções relativas à filiação a prazos de caducidade.

Várias vozes[45] se têm insurgido contra a procriação com gâmetas de terceiros, explicando que ela implica uma quebra da unidade procriativa do casal, uma interferência de terceiro, do dador, patente na existência da própria criança, que acabaria por destruir a relação do casal. Seguindo esta linha de pensamento, os processos heterólogos violariam o princípio constitucional da protecção da família. Será exactamente assim? O mencionado efeito negativo da procriação de tipo heterólogo não é inevitável, varia de caso para caso. É até a exclusão total dos processos heterólogos que é susceptível de contribuir para a desagregação do casal, na medida em que se nega o exercício do direito de procriar ao membro do casal (que pode fazê-lo, com gâmetas próprios) enquanto estiver unido ao outro. Para mais, registam-se previsões legais de "biointerferência" de terceiro na família. Veja-se, a propósito, o famoso artigo 1839.°, n.° 3, a regulamen-

---

[42] Cfr., *supra*, nota 13.

[43] Cfr. FRANCISCO AGUILAR, "O princípio da dignidade da pessoa humana" cit., pp. 706-708: o princípio da dignidade da pessoa humana impõe o biologismo como elemento exclusivo de determinação de toda a filiação natural, impedindo a dação de gâmetas destinada à inseminação ou fertilização *in vitro* heterólogas.

[44] Cfr. ALICE FEITEIRA, "Princípios informadores do estabelecimento da filiação no Direito da Família", em Fazenda Martins e outros, *Temas de Direito da Filiação*, Lisboa, AAFDL, 1994, p.243 e s.

[45] Cfr., nomeadamente, no Parecer 44/CNECV/04, as declarações de voto dos Conselheiros Daniel Serrão, Jorge Biscaia, J. P. Ramos Ascensão, Marta Mendonça e Michel Renaud.

tação da adopção singular do filho do cônjuge (que, a nível dos requisitos, é favorecida perante outras espécies de adopção: cfr. artigo 1979.°, n.°s 2 e 5, e artigo 1992.°, n.° 2, ambos do Código Civil) e, sobretudo, a possibilidade de o filho de apenas um dos cônjuges, concebido na constância do matrimónio, viver no lar conjugal (cfr. artigo 1883.° do Código Civil). Nestas hipóteses tão diversas, em que se afigura violento um juízo de desconformidade constitucional, o que se observa é somente a imposição do consentimento (do cônjuge que não seja o progenitor biológico) como condição da "biointerferência".

No entanto, há, é verdade, um ideal de coincidência entre a biologia e a filiação, que se vislumbra, por exemplo, na aproximação entre filiação não adoptiva e os laços de sangue (artigo 1586.° do Código Civil) ou quando se permite o uso dos exames de sangue como meios de prova nas acções relativas à filiação (artigo 1801.°). Isto aponta para o carácter subsidiário dos processos heterólogos no que toca aos processos homólogos: a utilização daqueles só deve ser permitida quando a procriação por processos homólogos não seja possível ou quando implique elevados riscos para a saúde dos beneficiários ou do nascituro.

A admissibilidade subsidiária dos processos heterólogos suscita, porém, dois problemas: o da contrapartida económica da dação de espermas, ovócitos e embriões, e o do anonimato do dador.

No que respeita à contrapartida da dação, o princípio da dignidade da pessoa humana afasta a licitude da venda de material biológico destinado à procriação[46].

No que toca ao anonimato do dador, parece-nos seguro que o mesmo não pode ser absoluto. É preciso garantir que a pessoa nascida mediante o recurso a técnica heteróloga de procriação medicamente assistida não venha, futuramente, a casar com a pessoa que fez a dação ou com os descendentes do dador. Há um forte interesse público contrário ao casamento consanguíneo. Neste sentido, registe-se o disposto nos artigos 1603.° e 1986.°, n.° 1, do Código Civil. A identidade do dador deve ser conhecida no âmbito do processo preliminar de publicações.

---

[46] Diferentemente, A. LOPES CARDOSO, "Procriação humana assistida" cit., pp.17-
-18, que, *de iure condito*, se pronuncia pela validade do estabelecimento de um preço pela dádiva de esperma, à luz do artigo 281.° do Código Civil, alegando que o fim do negócio seria contrário à ordem pública e aos bons costumes somente quanto ao dador. Mas é a comercialização de células reprodutoras humanas em si mesma que ofende a ordem pública, pelo que a dação onerosa de gâmetas será nula, nos termos do artigo 280.°, n.° 2.

Mas será que o dador deve beneficiar de um segredo de identidade oponível aos beneficiários da procriação e à pessoa nascida graças à dádiva? Por vezes, responde-se afirmativamente, com o argumento de que, sem o anonimato, haveria uma redução do número de dadores de gâmetas ou de que o conhecimento da identidade do dador, por parte da pessoa nascida graças à dação, acabaria por prejudicar a relação de filiação legalmente estabelecida. Abstraindo do impacto que a identificação dos dadores tenha sobre o universo de dádivas, supomos que é constitucionalmente muito duvidosa a defesa do anonimato do dador[47]. A pessoa nascida graças à dação tem direito à sua identidade pessoal genética. Nesse direito cabe, parece-nos, o direito de conhecer a pessoa que lhe transmitiu os genes. Quanto ao argumento da eventual lesão da relação afectiva existente entre o filho e os pais jurídicos, convém ter presente que, como escreve certo autor[48], não é bom que uma relação de filiação se baseie numa mentira, num segredo ou numa ocultação.

8. A admissibilidade da maternidade de substituição

Na maternidade de substituição, uma mulher dispõe-se a suportar uma gravidez por conta de outrem e a entregar a criança após o parto a outra mulher, reconhecendo a esta a qualidade jurídica de mãe. Em certos casos, a mãe de gestação é inseminada artificialmente com espermatozóides do elemento masculino do casal de recepção. Em alguns casos, dá-se a transferência, para o útero ou para as trompas, da mãe de gestação, de um óvulo ou de um embrião resultante da fertilização *in vitro* dos gâmetas do casal de recepção.

O tratamento jurídico do contrato de gestação varia de Estado para Estado. A título de exemplo, a situação nos Estados Unidos em Dezembro de 2000 era a seguinte: cerca de metade dos Estados tinham legislação ou regra do precedente sobre o assunto; no seio destes, cerca de metade permitia o contrato de gestação, enquanto os restantes o proíbiam; e alguns dos Estados que acolhiam a validade do contrato afastavam a possibilidade de ser atribuída uma compensação de qualquer tipo à mãe de gestação.

---

[47] Cfr., entre outros, PAULO OTERO, *Personalidade e identidade pessoal* cit., pp.73-74, que, peremptoriamente, considera inconstitucional qualquer regra de anonimato do dador do material genético.

[48] TIAGO DUARTE, *"In vitro veritas?"* cit., p.48.

Aludindo a este panorama, o artigo 8 do *Uniform Parentage Act* norte-americano opta pela solução da admissibilidade do contrato de gestação, mas faz depender a vinculatividade do acordo de uma homologação judicial, estabelecendo um paralelo com o processo de adopção; ao contrato de gestação não homologado é negada relevância na determinação da filiação, sem prejuízo de os pais de recepção poderem ser responsabilizados pelo sustento da criança nascida na sequência do parto da mãe de substituição.

Entre nós, é nítida a repulsa pelo contrato de gestação a título oneroso[49]. De facto, tal contrato é nulo, nos termos do artigo 280.°, n.° 1, do Código Civil, por violar claramente um princípio de ordem pública. A gestação e entrega do filho, a troco de dinheiro, atenta contra o valor da dignidade humana: a gestação é tida como um serviço qualquer, ignorando-se totalmente a sua natureza íntima, e a criança é equiparada a uma mercadoria.

O contrato de gestação a título gratuito não enfrenta o mesmo grau de oposição. A exclusão de uma contrapartida económica para a mãe de gestação, que revela o altruísmo da sua atitude, leva os autores a defenderem a plena validade do contrato nos casos em que a mãe de recepção seja também a mãe genética, por não haver colisão com aquele que seria o critério exclusivo ou predominante de estabelecimento da filiação (o critério biológico)[50]; ou a pugnar, ainda que *de lege ferenda*, pela validade de todos os contratos de gestação a título gratuito, de forma a que se evite uma discriminação dos casais compostos por mulheres impossibilitadas de levar a cabo uma gestação com sucesso, que não poderiam ter filhos, perante os casais inférteis, que já poderiam ter filhos mediante o recurso às técnicas de procriação assistida[51].

Não obstante a menor censura moral que enfrentam os contratos gratuitos de gestação por conta de outrem ou até a simpatia pública de que por vezes gozam, um ilustre cultor do Direito da Filiação[52] pronuncia-se pela

---

[49] Cfr., nomeadamente, GUILHERME DE OLIVEIRA, *Mãe há só uma (duas): O contrato de gestação*, Coimbra Editora, Coimbra, 1992, p.17 e s.; SOUSA DINIS, "Procriação assistida: questões jurídicas", *Colectânea de Jurisprudência* 1993/4, p.12. Noutro sentido, cfr. FERNANDO ARAÚJO, *A procriação assistida* cit., p. 29 e s., que aduz argumentos relativizadores da proibição do "aluguer do útero".

[50] Cfr. FRANCISCO AGUILAR, "O princípio da dignidade da pessoa humana" cit., p.682 e s.; TIAGO DUARTE, *"In vitro veritas?"* cit., p.86 e s.

[51] Cfr. SOUSA DINIS, "Procriação assistida" cit., pp.12-13.

[52] Cfr. GUILHERME DE OLIVEIRA, *Mãe há só uma (duas)* cit., p.60 e s. Com base em razões semelhantes, SOUSA DINIS, "Procriação assistida" cit., pp.13, aceita, *de iure condito*, a proibição dos contratos de gestação gratuitos.

sua invalidade, apresentando fundamentalmente as duas seguintes razões: ao estipularem a entrega (de facto e de direito) da criança que venha a nascer a alguém que não é a mãe de gestação, tais contratos são nulos, ao abrigo do disposto no artigo 280.°, n.° 1, do Código Civil, porque violam o princípio da taxatividade dos meios de regular o destino dos menores, que é um dos princípios básicos da regulamentação dos estados de família; além disso, o consentimento da mãe de gestação quanto à entrega da criança, sendo prestado antes da concepção, ofende o artigo 1982.°, n.° 3, do Código Civil (que prevê que o consentimento para a adopção só pode ser dado pela mãe do adoptando decorridas seis semanas após o parto), aplicável analogicamente, o que torna nulo o consentimento estruturante do contrato de gestação, por força do artigo 294.° do mesmo diploma.

Salvo o devido respeito, os dois motivos apontados não são decisivos: na eventualidade de coincidência entre a mãe genética e a mãe de recepção, é discutível quer a existência de uma violação das regras legais de regulação do destino dos menores, dado o predomínio do critério biológico no estabelecimento da filiação (que, por isso, tende a orientar a definição da titularidade dos direitos e deveres paternais), quer uma aplicação análoga do regime da prestação do consentimento da mãe do adoptando à prestação do consentimento da mãe de gestação, já que o regime da adopção pressupõe que os adoptantes não sejam também progenitores biológicos...

Seja como for, o contrato de gestação a título gratuito não deixa de ser sempre nulo, nos termos do artigo 280.°, n.° 1, do Código Civil, mas por violar princípios da ordem pública em matéria de Direito da Personalidade, uma vez que esse contrato impõe a uma das partes que ela suporte "uma gestação integral necessariamente perturbadora da condição da mulher"[53]. Há uma intensa instrumentalização do corpo de uma pessoa para que outra pessoa venha a receber um filho. Apesar disso, nada impede que a mãe de substituição, desde que seja mãe jurídica da criança[54], decida livremente dá-la em adopção à mãe de recepção, prestando o consentimento adequado para o efeito depois de decorridas seis semanas após o parto[55].

---

[53] É o que escreve PAMPLONA CORTE-REAL, "Os efeitos familiares e sucessórios da procriação" cit., p.358.

[54] Cfr., *infra*, n.° 11 do presente artigo.

[55] Cfr. CAPELO DE SOUSA, *O direito geral de personalidade*, Coimbra, Coimbra Editora, 1995, pp.226-227, nota 466.

Para ser decretada a adopção, terão de ser observados todos os requisitos do instituto. O resultado da posição ora assumida não é idêntico ao que decorre do artigo 8 do Acto

9. A admissibilidade da procriação assistida post mortem

Será permitida, à luz do nosso ordenamento, a inseminação artificial ou a fecundação *in vitro*, em benefício de uma mulher, mediante o uso de esperma do outro membro do casal, entretanto falecido? À primeira vista, a resposta deve ser negativa, tendo em conta a biparentalidade tendencial, não meramente genética, que funda o nosso sistema de filiação, e que obsta, aliás, ao acesso à procriação das pessoas que não estejam casadas nem vivam em união de facto. A programação consciente da vinda de um filho que nascerá já órfão de pai representa uma secundarização do interesse da criança relativamente ao interesse dos progenitores[56] – interesse, indevidamente privilegiado, que tanto poderá ser o do defunto (desejo de imortalidade ou vontade de resolver problemas sucessórios) como o do membro sobrevivo do casal (tentativa de obter consolo ou evitar a solidão).

10. O destino dos embriões excedentários

A fertilização *in vitro* produz um efeito colateral negativo: a criação de embriões que excedem o número daqueles que clinicamente podem ser implantados numa mulher ou daqueles que o casal aceita que venham a ser transferidos para o útero ou para as trompas da mulher. Surge assim uma questão eticamente muito sensível, que para alguns[57] ilustra o carácter indesejável da utilização desta categoria de técnicas. Qual o destino a dar aos embriões excedentários? Devem ser conservados para serem usados pelo casal originariamente beneficiário ou por outro casal? Devem ser des-

---

Uniforme de Filiação norte-americano. Embora se preveja a necessidade da homologação judicial do contrato de gestação ser requerida por todas as partes do contrato e de o respectivo processo ser, em regra, instruído por um parecer técnico, no qual se conclua que os pais de recepção preenchem os *standards* exigidos para os pais adoptivos, o Acto Uniforme determina que o referido requerimento seja apresentado antes do parto, que a denúncia do contrato pela mãe de substituição é irrelevante após o parto e que o tribunal possa dispensar a junção do mencionado parecer.

[56] Cfr. LUÍS AZEVEDO, "O Direito da procriação entre a ordem e o caos" cit., p.100; TERRÉ/FENOUILLET, *Droit civil. Les personnes. La famille*, cit., p. 803.

[57] Cfr. a Declaração de voto do Conselheiro J. P. Ramos Ascensão, ao Parecer n.º 44/CNECV/04: "a PMA, desde logo, é ética e juridicamente reprovável, na medida em que só excepcionalmente é dissociável de um elevado desperdício de embriões" (parte III).

truídos, mantidos indefinidamente num estado de criopreservação[58] ou utilizados para fins de investigação científica?

A solução está em aberto, porque depende do estatuto que for reconhecido ou concedido ao embrião humano[59-60]. Designadamente, se se entender que o embrião não passa de um mero aglomerado de células humanas, não chocará a possibilidade de ser destruído ou usado para fins de investigação científica. Mas se se considerar que o embrião é um ente vivo da espécie humana que irá ser uma pessoa, então o único destino configurável será a sua afectação a um projecto parental.

Na dúvida, *pro* embrião[61]; penso que se deve seguir a solução que mais protege e dignifica o embrião. Por isso, há que encarar a sua implantação *post mortem* como um desvio lícito ao princípio da biparentalidade, em contraste com o juízo que merece a inseminação artificial de uma mulher ou a fecundação *in vitro*, mediante o uso de esperma do outro membro do casal já falecido[62]. E, na falta de afectação ao projecto parental do casal originariamente beneficiário, afigura-se desejável a implantação do embrião num membro de outro casal, desde que seja legalmente combatido o risco de a possibilidade de adopção embrionária estimular a tendência para criar embriões excedentários[63].

---

[58] "Os embriões, a partir de cinco ou mais anos de criopreservação, e alguns antes, são quase todos moribundos, impróprios para transferência intra-uterina" (n.º 4 da Declaração de voto do Conselheiro Daniel Serrão, ao Parecer n.º 44/CNECV/04).

[59] Sobre este assunto, cfr., em particular as reflexões de DANIEL SERRÃO, *Livro Branco. Uso de embriões humanos em investigação científica*, Lisboa, Ministério da Ciência e do Ensino Superior, 2003, obra que foi consultada em www.portugal.gov.pt.

[60] E do próprio conceito de embrião, pois há quem considere que não há embrião, mas sim pré-embrião, antes do 14.º dia da fertilização. Entre nós, esta tese foi sustentada, nomeadamente, pelo Dr. Mário Sousa, especialista em procriação medicamente assistida, médico e investigador no Hospital de São João, no Porto, numa entrevista dada a um jornal (semanário "Expresso", de 31 de Julho de 2004, caderno principal, p.20).

[61] Cfr. PAULO OTERO, *Personalidade e identidade pessoal* cit., pp.40-41: "optar na dúvida pela vida" é a única posição conforme com a garantia constitucional da inviolabilidade da vida humana.

[62] Igualmente, TIAGO DUARTE, *"In vitro veritas?"* cit., p.99, nota 208.

[63] Alerta para este risco GUILHERME DE OLIVEIRA, "Aspectos jurídicos da procriação assistida" cit., p.785: "Conhecidas as dificuldades de praticar a adopção por falta de crianças nas condições legais e sociais idóneas, poderia ser tentador procurar as «adopções pré-natais» de embriões excedentários, contrariando, afinal, o preceito básico de evitar a superfecundação *in vitro*."

A "tentação" pode ser repelida mediante a fixação de um número máximo de ovócitos a inseminar por cada implantação e a previsão da punibilidade do acto deliberado de criação de embriões excedentários.

11. O estabelecimento da filiação

Sempre que nasce uma criança mediante o uso de uma técnica de procriação medicamente assistida é necessário estabelecer a respectiva filiação, independentemente de aquele uso ter sido ou não conforme às regras e aos princípios do ordenamento jurídico.

Como atrás dissemos[64], no nosso sistema, a declaração de vontade do candidato a progenitor é um elemento mínimo indispensável para o estabelecimento de uma relação de filiação, que se não baseie na prática de um acto sexual. A filiação de uma criança não será estabelecida em relação a uma pessoa que não tenha consentido no uso da técnica de procriação medicamente assistida. Não é, portanto, progenitor jurídico o membro de um casal que não tenha consentido no uso de uma técnica de procriação assistida, seja ela homóloga ou heteróloga. Tão-pouco é progenitor jurídico o mero dador[65], porque através da dação ele não manifesta a vontade de assumir um projecto parental.

No entanto, como resolver as hipóteses da maternidade de substituição, da procriação assistida em benefício de uma só pessoa, da procriação assistida em benefício de casal homossexual ou da procriação assistida *post mortem* especificamente consentida pelo membro masculino do casal falecido?

Há um interesse público forte, no estabelecimento da filiação, que se extrai da regulamentação constitucional sobre a protecção da infância e do direito de estabelecer a filiação. Tal interesse justifica, em princípio, a relevância pura e simples da vontade parental dos beneficiários que se sujeitam a técnicas de procriação medicamente assistida. Todavia, é preciso resolver situações hipotéticas de conflito positivo de filiação, isto é, situações em que duas ou mais pessoas invoquem a paternidade ou a maternidade em relação a uma mesma criança. Se houver uma norma específica sobre o estabelecimento da filiação, o conflito será resolvido de harmonia com ela. Temos, por exemplo, o artigo 1839.º, n.º 3, do Código Civil, que, pela letra, abarca quer a inseminação homóloga quer a inseminação heteróloga. Uma vez que a técnica de procriação – inseminação artificial – foi

---

[64] Cfr., *supra*, n.º 4.
[65] Cfr. GUILHERME DE OLIVEIRA, *Critério Jurídico da Paternidade* cit., pp.500-501: o dador de esperma não é pai porque "age na expectativa legítima de jamais ser reconhecido socialmente como o *pater*, ou mesmo como o simples genitor de um certo indivíduo que acabou por nascer graças à sua participação".

referida por ser a mais conhecida e utilizada na época e não com o intuito de excluir a aplicação do regime constante do preceito no caso de outras técnicas de procriação, supomos que não haverá obstáculo à sua extensão a qualquer técnica de procriação medicamente assistida de que seja beneficiário um casal heterossexual, que esteja casado, desde que a gestação se faça através do elemento feminino do casal. Fora do âmbito de aplicação, directa ou analógica, do artigo 1839.°, n.° 3, e ainda para resolver conflitos positivos de filiação, é preciso verificar se algum dos candidatos a progenitor jurídico contribuiu com células reprodutoras. Em caso afirmativo, prevalece a pretensão daquele em que o elemento biológico se tenha aliado ao elemento volitivo. A preponderância do elemento biológico extrai-se dos motivos da relevância que é conferida ao acto sexual no estabelecimento da filiação: o acto é tido como apto para a concepção.

Na hipótese de maternidade de substituição, importa ver se a mãe de recepção contribuiu ou não com o seu óvulo. Se foi o caso, a maternidade deve ser estabelecida em relação à mãe de recepção[66] porque se conjugam dois elementos fortes no domínio do estabelecimento da filiação: o elemento biológico e o elemento do consentimento, mais precisamente, da vontade de assumir o projecto parental. Embora o artigo 1796.°, n.° 1, do Código Civil, determine que, relativamente à mãe, a filiação resulta do facto do nascimento, o preceito tem em vista a situação de coincidência entre a mãe biológica e a mãe de gestação, na sequência da prática de um acto sexual. Se a mãe de recepção não contribuiu com o seu óvulo, a maternidade será estabelecida relativamente à mãe de gestação, quando esta, tendo contribuído com o óvulo, declare ser mãe da criança. Aqui de novo se conjuga o elemento biológico e, embora tardiamente, o elemento volitivo de assunção do projecto parental. Se a mãe de gestação contribuir com o seu óvulo mas não declarar sua a maternidade, a maternidade da mãe de recepção será estabelecida graças exclusivamente à relevância do elemento volitivo[67]. Se o óvulo pertencer a uma terceira mulher (simples

---

[66] A favor, OLIVEIRA ASCENSÃO, "Procriação assistida e Direito" cit., p.668; FRANCISCO AGUILAR, "O princípio da dignidade da pessoa humana" cit., p.682 e s.; TIAGO DUARTE, "*In vitro veritas?*" cit., p.84 s. Contra, GUILHERME DE OLIVEIRA, *Mãe há só uma (duas)* cit., pp. 65, 73 e 74; ANTUNES VARELA, "A inseminação artificial e a filiação" cit., ano 128.°, 1995-1996, n.° 3852, pp.67-68.

[67] Maternidade que será, porém, precária: dada a nulidade do contrato de gestação, a mãe parturiente pode impugnar em juízo a todo o tempo a maternidade estabelecida, desde que na mesma acção reivindique para si própria a posição parental.

dadora), a vontade será novamente decisiva. Recaindo duas pretensões de maternidade sobre a mesma criança, vencerá a pretensão da mãe uterina – não porque o parto seja um critério de estabelecimento da filiação, no âmbito da procriação medicamente assistida, mas porque a gestação surge como um sucedâneo (biológico) do elemento genético. É a mãe uterina, e não a mãe de recepção, que, através de uma ligação física, orgânica, minimamente duradoura, ao nascituro, assegura o nascimento completo e com vida do ser humano.

Quanto ao estabelecimento da filiação na hipótese de procriação assistida em benefício de uma só pessoa ou em benefício de casal homossexual, há que aceitar a relevância da vontade de ser progenitor, sem prejuízo da regra da biparentalidade estritamente heterossexual: a filiação é estabelecida apenas quanto a uma pessoa, mesmo que ela integre um casal homossexual.

Se houver procriação assistida *post mortem* especificamente consentida pelo membro masculino do casal que faleceu, a filiação considera-se estabelecida quanto ao pai, em virtude de se conjugarem dois elementos fortes do sistema: o elemento biológico e o elemento volitivo, concretamente correspondente ao desejo de assumir a paternidade de um filho póstumo. E, ainda que falte o elemento biológico (*v.g.*, transferência de embriões com origem noutro casal), chegará o elemento volitivo, se não houver outro candidato à paternidade jurídica.

Por fim, importa apreciar a questão dos direitos sucessórios desse filho póstumo. O artigo 2033.º, n.º 2, alínea a), do Código Civil, atribui capacidade testamentária ou contratual aos nascituros não concebidos, que sejam filhos de pessoa determinada, viva ao tempo da abertura da sucessão. Ou seja, o filho sucede se tiver sido contemplado com uma liberalidade testamentária ou contratual, na qualidade de descendente do membro sobrevivo do casal. O artigo 2033.º, n.º 1, atribui capacidade sucessória geral a todas as pessoas nascidas ou concebidas ao tempo da abertura da sucessão, o que não viabiliza o reconhecimento de direitos sucessórios legais ao filho nascido por inseminação *post mortem*, que é concebido após a abertura da sucessão[68]. Apesar de o preceito consagrar, indistinta-

---

[68] Cfr., no entanto, PAMPLONA CORTE-REAL, "Os efeitos familiares e sucessórios da procriação" cit., p.361: no caso de a inseminação *post mortem* vir a ser permitida por uma futura lei, o prestigiado professor sugere que se aplique o disposto no artigo 2033.º, n.º 2, alínea a), admitindo-se "extensivamente a capacidade sucessória de conceptüros nascidos por inseminação *post mortem*, *maxime* como filhos do dador falecido e na sucessão legal, nos mesmíssimos termos".

mente, a capacidade sucessória de pessoa já concebida à data da morte do *de cuius*, não caberá a qualidade de sucessível legítimo e legitimário ao filho resultante de uma transferência póstuma de embriões, já existentes no momento da abertura da sucessão, quando o respectivo nascimento não tiver ocorrido dentro dos 300 dias subsequentes à abertura da sucessão[69]. No sistema do Código, o momento da concepção está associado ao da gestação ou gravidez, como se depreende dos artigos 1798.° a 1800.°; a previsão da capacidade sucessória do nascituro é compreensível unicamente no pressuposto de que as dúvidas em torno da concretização da sua vocação sucessória serão rapidamente dissipadas – dentro de um prazo curto, como é o do período legal de gestação.

12. Conclusão

Há uma imensa lacuna da lei relativamente à procriação medicamente assistida. Isto não significa que a matéria pertença a um domínio extrajurídico ou que esteja inteiramente confiada à autonomia privada. As situações têm de ser resolvidas juridicamente e não necessariamente de harmonia com as estipulações das partes. Os princípios fundamentais do Direito da Família e do Direito da Personalidade são determinantes na resolução dos casos omissos. E não deixarão de ter um papel importante quando e se o nosso ordenamento vier a ser dotado de uma legislação geral sobre a procriação assistida. Nesse outro contexto, os princípios serão relevantes no domínio da integração, da interpretação e da avaliação da lei que venha a vigorar. De qualquer modo, é imperioso agir com prudência e humildade, uma vez que é grande o risco de incerteza e de subjectividade.

---

[69] Cfr. OLIVEIRA ASCENSÃO, "Procriação assistida e Direito" cit., p.672. Contra, TIAGO DUARTE, "*In vitro veritas?*" cit., p.114, nota 237: o filho será herdeiro legal, independentemente do tempo que mediar entre a abertura da sucessão e o nascimento.

DIREITO DE AUTOR *VERSUS* DESENVOLVIMENTO TECNOLÓGICO?

José de Oliveira Ascensão
Professor da Faculdade de Direito da Universidade de Lisboa

SUMÁRIO: 1. Um caso paradigmático: o caso Napster; 2. As repercussões da revolução informática; 3. A disciplina das operações em rede; 4. A redução das potencialidades da internet; 5. O ataque ao uso privado: o intercâmbio de ficheiros musicais; 6. O "processo contra a cidade".

1. Um caso paradigmático: o caso Napster

Vamos partir de um caso de todos conhecido, porque ilustra o percurso a ser trilhado.

O desenvolvimento tecnológico permitiu o intercâmbio de ficheiros através da internet. Por meio do programa designado MP3 pode fazer-se a comunicação de conteúdos sonoros, nomeadamente música. Programas análogos foram desenvolvidos posteriormente para possibilitar o intercâmbio de ficheiros audiovisuais.

Os conteúdos transmitidos podem consubstanciar obras musicais ou outras; mas também podem não consistir em obras de nenhuma categoria (trechos de um jogo de futebol, por exemplo). A nova tecnologia representou um grande avanço, permitindo formas muito mais aperfeiçoadas de comunicação.

Mas suscitou a reacção por parte de entidades de gestão colectiva de direitos autorais, particularmente dos produtores de fonogramas. Foi invocada a violação de direitos autorais que tais práticas implicariam. O procedimento tecnológico entrou em choque com a estrutura jurídica de protecção do direito de autor.

Na base estava a ameaça financeira que representava a possibilidade de as obras serem descarregadas de modo praticamente gratuito de utente para utente. Isso foi apresentado como um dano das gravadoras, ou pelo menos como um lucro cessante[1].

Mas o intercâmbio de conteúdos, de terminal para terminal, pode ser um acto de *uso privado*. Sob reserva do aprofundamento posterior, avançamos que em termos de Direito Autoral o uso privado é tendencialmente livre, porque o direito respeita como regra à exploração *pública* de obras.

Isto obriga a esclarecer qual o modo técnico de funcionamento do sistema.

A empresa particularmente em causa, a Napster, não disponibilizava ela própria as obras musicais em causa. A sua prestação consistia em localizar os ficheiros disponíveis em rede para intercâmbio. Seria depois o interessado quem, de posse dessa informação, realizava por si a operação de descarga.

Isso não foi considerado suficiente pela jurisprudência norte-americana que acabou por prevalecer. O argumento principal foi encontrado no prejuízo que essa prática trazia para as gravadoras. No *common law*, ao contrário do que acontece no nosso sistema, o prejuízo causado a outrem na vida comercial é um elemento de ponderação autónomo do *fair use*[2]. Admitido esse prejuízo, a prática foi considerada ilícita.

No que respeita ao audiovisual, a situação era ainda mais radical. O prestador de serviços em rede não localizava sequer os ficheiros disponíveis. Limitava-se a fornecer aos interessados um programa de computador adequado. Na posse deste, cada utente podia localizar o que desejava e obter a transferência. Se tudo era realizado exclusivamente pelo utente, tudo poderia limitar-se ao exercício de uso privado. Mas a questão não chegou a ser sequer debatida ou especificamente configurada. A decisão teve por bastante considerar aplicável ao audiovisual quanto se dissera para o intercâmbio de ficheiros musicais, nomeadamente por extrapolação da valoração feita com base no prejuízo.

---

[1] Veja-se por exemplo uma descrição completa do desenvolvimento do caso e do debate jurídico em William Fisher / Christopher Yang, *Peer-to-Peer Copying*, que pode ser encontrado na internet.

[2] Cfr. o nosso *O "fair use" no Direito Autoral*, in Revista da ABPI (São Paulo) – XXII Seminário Nacional de Propriedade Intelectual, Anais 2002, 94-101; *in* Revista Forense, 365, 73-83; e *in* "Direito da Sociedade da Informação", vol. IV, APDI/Coimbra Editora, 2003, 89-106, 4, n.º 4. É um dos factores a ter em conta, para determinar se uma utilização é ou não *fair*.

Como é natural, a evolução subsequente fez-se no sentido de levar à diluição do que havia de específico no sistema operado pela Napster e em sistemas análogos. A Napster procurou subsistir através de acordos com os titulares de direitos. Acabou por ser vendida e procura actualmente relançar-se através de um esquema de descargas pagas.

Destes episódios extraem-se sumariamente estes resultados:

1. Reforçou a orientação segundo a qual o ciberespaço está sujeito às mesmas regras que o espaço comum.
2. Restringiu possibilidades tecnológicas de actuação.
3. Reduziu o âmbito do uso privado.
4. Contribuiu por outro lado para uma diminuição dos preços praticados na disponibilização de obras musicais e audiovisuais na internet.

2. As repercussões da revolução informática

Para colocar devidamente a questão, observemos que a revolução informática teve um impacto profundo neste domínio.

Perante uma situação tão sem analogia com os meios de exploração económica até aí disponíveis, pôs-se a questão da subordinação dos instrumentos digitais ao Direito Autoral existente.

À corrente radical, que sustentava que o ciberespaço é um espaço livre do Direito, opôs-se a corrente radical antagónica: o Direito existente aplicava-se à informática tal qual, sem necessitar de adaptação[3].

Historicamente, esta última corrente foi sempre levando vantagem, porque as empresas e as entidades de gestão colectiva em que se apoiava dominavam as alavancas do poder.

Veremos adiante os vários passos desta evolução e a influência que teve sobre as próprias tecnologias de acesso à informação e à cultura e sobre os usos consentidos destas.

3. A disciplina das operações em rede

A expansão do Direito Autoral prolonga-se agora na disciplina das operações realizadas em rede.

---

[3] Cfr. sobre esta matéria o nosso *Propriedade Intelectual e internet*, *in* Revista de Direito do Tribunal de Justiça do Estado do Rio de Janeiro, n.º 60, Jul-Set/04, 68-86.

Começa-se pela possível qualificação do próprio sítio como uma base de dados. Se assim se admitir (o que está ainda em debate), ele será objecto dum direito de autor; e além disso, o seu conteúdo estará protegido pelo chamado direito *sui generis* do fabricante da base de dados, nos países que o admitem[4].

Nas próprias operações de navegação na rede se divisou o exercício de direitos autorais.

Muito importante é o que respeita aos *hipernexos*, ou às *hiperconexões* em geral. Se eu primo a tecla sobre a referência que surge no visor salientada no texto, sou transportado (aparentemente) para outro sítio[5]. O estabelecimento da hiperconexão representará exercício de faculdades compreendidas no direito de autor? Se o representar, está sujeito à autorização do titular do sítio *ad quem*[6].

Destas pequenas ilustrações resulta exuberantemente o objectivo de proteger todas as manifestações informáticas através do Direito Autoral. E a razão é simples. O Direito Autoral dá a protecção mais ampla que se conhece no domínio dos direitos intelectuais. Mais ainda, dá protecção automática (não depende de registo ou qualquer outra formalidade) e não obriga a desvelar dados sobre o processo em causa, permitindo manter o segredo. O titular do programa de computador, por exemplo, é protegido sem ter de revelar o código-fonte do seu programa. Pode assim nunca chegar a ser revelado, nem mesmo passados 70 anos após a morte do autor! É o contrário do que se passa na patente, em que o exclusivo atribuído é a contrapartida da revelação feita à comunidade do teor da invenção, de maneira a poder ser executada por terceiros quando o exclusivo findar.

Esta extensão abriu brechas profundas no edifício, até hoje relativamente coerente, do Direito Autoral. Limitamo-nos a um breve apontamento.

---

[4] Que praticamente se confundem com os países do espaço económico europeu.

[5] Ou para outra página do mesmo sítio, mas esse aspecto é irrelevante para o que nos ocupa.

[6] Ou seja, do sítio de destino daquela hiperconexão. Cfr. sobre toda esta matéria os nossos *Hyperlinks, frames, metatags – a segunda geração de referências na Internet*, in Estudos sobre Direito da Internet e da Sociedade da Informação, Associação Portuguesa de Direito Intelectual / Almedina, 2001, 199-218; *in* Direito da Internet e da Sociedade da Informação – Estudos, Forense (Rio de Janeiro), 2002; *in* Direito, Sociedade e Informática – Limites e perspectivas da vida digital, Colecção Fundação Boiteux, Florianópolis, Nov. 2000, 135-147; e *in* Revista da ABPI (São Paulo), n.º 49, Nov/Dez 2000, 22-30. Cfr. também a nossa *A liberdade de referências em linha e os seus limites*, in Rev. Ordem Advogados (Lisboa), ano 61-II, Abr/01, 499-528; *in* Rev. Fac. Dir. Lisboa, XLII (2001), n.º 1, 7-27; e *in* Rev. Forense, ano 97, vol. 358, Nov-Dez/01, 59-74.

Dissemos atrás[7] que a orientação que via na informática um campo de aplicação do Direito Autoral clássico triunfou em toda a linha.

Mas esse triunfo não se operou sem distorções profundas, que se verificaram não só no uso dos meios informáticos como na própria estruturação do Direito de Autor.

Acompanhámos as várias fases deste processo. Logo a modalidade inicial, consistente na qualificação como obras de produtos meramente técnicos, implica uma violentação das bases do direito de autor.

Vejamos um exemplo. Embora os programas de computador estejam hoje protegidos em todo o mundo por um direito de autor, resta-nos a liberdade intelectual de discordar. O programa de computador é a expressão obrigatória dum processo, não um texto em que manifesto a minha criatividade. Não há criatividade nenhuma: se altero algo no texto, o programa fica incorrecto. É por isso falso dizer-se que o programa é obra literária, para justificar a outorga de uns absurdos 70 anos de protecção pós-morte.

4. A redução das potencialidades da Internet

Esta evolução é ainda acompanhada pela redução maltusiana das potencialidades de aproveitamento das novas tecnologias.

Progride-se muito rapidamente no conhecimento de técnicas que inibem a realização de certas funções. Tal como no mundo material se vendem discos que são insusceptíveis de reprodução, assim no ciberespaço se reduzem as utilizações que a técnica possibilita.

Certos conteúdos não podem ser reproduzidos, ou só o podem ser uma única vez.

Ou limita-se o número de vezes que uma música pode ser ouvida.

Ou apuram-se sistemas que impedem a transferência de ficheiros.

Tudo parece de facto caminhar para soluções técnicas que implicam uma redução maltusiana das potencialidades da tecnologia[8].

---

[7] *Supra*, n.º 2.

[8] Vejam-se hoje em Portugal os novos arts. 217 a 222 do Código do Direito de Autor e dos Direitos Conexos, aprovados pela Lei n.º 50/04, de 24.VIII, que transpõem para a ordem jurídica portuguesa o art. 6 da Directriz n.º 01/29, de 22 de Maio. Pelo art. 221 numerosas limitações aos direitos exclusivos são praticamente suprimidas na internet, uma vez que não é autorizada para o seu exercício a neutralização de dispositivos tecnológicos de protecção. Assim acontece, impressionantemente, com o próprio direito de citação.

A indústria informática ofereceu alguma resistência. Mas hoje anunciam-se planos que levarão a que estas limitações fiquem radicalmente consagradas.

A Intel promove a TCPA – *Trust Computing Platform Alliance*. A Microsoft propõe-se desenvolver um *software* correspondente, sob a designação de Palladium.

Enaltece-se a segurança que as inovações trarão. Fala-se em informática fiável (ou de confiança, ou confiável). Mas baseia-se numa arquitectura que controla todos os movimentos do utilizador, e portanto num sistema altamente intrusivo[9].

Isto vem acompanhado de uma redução efectiva das potencialidades de utilização da informática. Na realidade, o Direito Autoral (ou o que como tal se afirma) funcionou efectivamente como uma barreira às potencialidades técnicas já disponíveis com os conhecimentos de hoje.

5. O ataque ao uso privado: o intercâmbio de ficheiros musicais

Iniciámos este estudo pela problemática criada pelo intercâmbio de ficheiros musicais. Retomemo-la, fortes do que apurámos até agora.

Sustentámos que a questão não foi equacionada à luz dos dados do sistema em que vivemos. Não se considerou que não havia comercialização de músicas em rede, mas antes um processo que assentava numa troca de ficheiros, o que exigia um enquadramento diferente.

Mas vamos deixar agora de lado este aspecto, para aprofundar outros vectores.

O que nos ensina o desfecho do caso Napster, se porventura for transferível para a nossa ordem jurídica?

Confirma, em primeiro lugar, o que atrás dissemos: a erosão do espaço do uso privado é cada vez mais acentuada. A tónica posta na satisfação de interesses comerciais conduz a um retalhamento cada vez maior dos domínios ainda livres – no caso, o do uso privado.

No ponto de vista económico, os produtores de fonogramas querem manter preços elevados sem a "concorrência" trazida pelas utilizações privadas das obras musicais[10].

---

[9] Cfr. Ross Andersen, *TCPA / Palladium frequently asked questions*, http:// TCPA/Palladium frequently asked questions.

[10] E possivelmente até sem concorrência de qualquer outra espécie. A comercialização de fonogramas é dos ramos mais monopolizados a nível mundial.

Dirigem os seus focos contra os prestadores intermediários de serviços. Conseguem êxitos, mas com a fragilidade de surgirem sempre empresas substitutas a desempenhar a mesma função.

A certa altura mudam de táctica e passam a dirigir-se directamente contra os usuários. Anunciam-se megaprocessos contra aqueles que foram detectados a realizar intercâmbios de ficheiros musicais. Ao mesmo tempo agravam-se cada vez mais as penalidades, de maneira que estas actividades em rede acabam por ser mais duramente reprimidas que actividades no espaço real que têm um desvalor ético muito mais acentuado.

Aqui impõe-se uma pausa para reflectir. Qual foi o delito do usuário?

Se o usuário faz uso privado, trocando ficheiros musicais, como o poderia fazer com livros ou com documentos de escritório, tudo isso deve considerar-se vedado[11]?

É esta a lógica, pelo menos quando o conteúdo desses ficheiros for algum material protegido pelo Direito de Autor. Mas então temos a outra vertente negativa deste processo: estão-se vedando resultados comuns possibilitados pela técnica. Se eu não posso praticar estes actos, a tecnologia de que disponho fica muito aquém daquilo que me poderia facultar.

Dir-se-á: mas está-se a violar o direito autoral! Afirmá-lo representaria porém tomar a conclusão por um pressuposto. Porque justamente o que está em causa é um acto de uso privado, e pergunta-se como pode um uso privado originar uma sanção daquela ordem. Mesmo o ADPIC/TRIPS só vincula os Estados a criminalizar actos de pirataria em relação ao direito de autor numa escala comercial (art. 61).

As medidas repressivas, levadas até este ponto sobre actos de uso privado, perdem substrato ético. São contestáveis até na sua constitucionalidade, por serem desproporcionadas.

Há que procurar um modo de conciliar uma protecção necessária dos titulares de direitos com a liberdade possível dos utilizadores, evitando uma confrontação de que só podem resultar tensão e descrédito permanentes na sociedade. Já hoje, quando se fala em Direito de Autor, as perguntas que nos são dirigidas são sempre referentes à pirataria – como se o único problema do Direito de Autor fosse a repressão dos actos que atingem os interesses dos produtores de fonogramas e outros empresários.

Por outro lado, são os poderes públicos quem fica sobrecarregado com o sistema. Exige-se-lhes que consagrem meios muito onerosos a essa

---

[11] É obviamente diferente se o acto for instrumental em relação a uma exploração económica da obra.

actividade de repressão, quando estes escasseiam, de modo ostensivo, para finalidades essenciais de segurança da vida do comum das pessoas ou para o fomento da cultura.

6. O "processo contra a cidade"

O encrespar do confronto leva hoje a extremos absurdos.

O preço dos fonogramas e videogramas mantém-se muito elevado. Em Inglaterra, uma comissão oficial de inquérito concluiu que o preço dos CD era três vezes superior ao do disco comum, quando os custos de produção eram idênticos. Há margens difíceis de justificar.

Mas o encarniçamento dirige-se agora, como se disse, contra os utentes. Em Espanha, por exemplo, foi anunciada a denúncia de 95 000 usuários de P2P[12]. É um número completamente louco e fora de qualquer praticabilidade.

Foi há vários anos lançado o título: "Processo contra a cidade". Podemos utilizá-lo aqui. É impraticável uma incriminação de toda a gente. Há que procurar meios alternativos que evitem esta confrontação inglória.

Não é nosso encargo nem nossa competência apontar caminhos. Mas supomos que só poderá chegar-se a uma via do meio. As gravadoras têm de renunciar a parte dos seus lucros (como algumas parece terem já compreendido[13]); os utentes terão em contrapartida de renunciar à total gratuitidade.

Ocupam-nos apenas as descargas de música por intercâmbio de ficheiros através da internet. Neste domínio, só se abandonarmos o beco sem saída em que nos vamos enredando, que não beneficia autores, nem artistas, nem produtores de fonogramas, nem os entes públicos e muito menos o público em geral, será possível chegar a um ponto de equilíbrio.

A linha de equilíbrio não pode deixar de apontar para a conciliação da protecção efectiva dos direitos com a adopção de tecnologias que expandam, em vez de limitar, as potencialidades da rede. Neste sentido, a informação para a gestão dos direitos pode ser alternativa aos esquemas que assentam na redução das potencialidades tecnológicas da rede. A gra-

---

[12] Portanto, de sistemas de intercâmbio de ficheiros directamente pelos usuários.

[13] Efectivamente, foi anunciado um acordo de vários grandes produtores norte-americanos em reduzir os seus preços em um terço.

tuitidade não pode ser elevada a condição do diálogo cultural; mas a redução das potencialidades tecnológicas é uma ameaça efectiva que deve ser esconjurada.

O sistema só pode ser por isso aceitável se for reformulado, de maneira a evitar estes abusos dum lado e doutro.

Deveriam admitir-se casos de lícita circunvenção destes dispositivos, a exemplo do que se prevê no âmbito das chamadas medidas tecnológicas de protecção, para salvaguardar as situações de utilização lícita e livre dos conteúdos em causa; e deveria denunciar-se a distorção consistente em estender dispositivos fundados na criação intelectual a conteúdos que com esta nada têm que ver.

A notação fidedigna das utilizações, informando que transferências ou descargas foram realizadas, dá a base para a fixação de contrapartidas razoáveis. Permite também diferenciar os utilizadores: não pode estar na mesma posição quem faz uma descarga e quem faz mil. Isto permite abrir um largo leque, da isenção à repressão.

Será talvez a maneira de evitar este transe, em que supomos que nos estamos a obstinar numa estratégia errada.

CAUSALIDADE ADEQUADA E PREVISIBILIDADE:
COMENTÁRIO AO ARTIGO 7.4.4. DOS PRINCÍPIOS UNIDROIT E AO ARTIGO 9:503 DOS PRINCÍPIOS DE DIREITO EUROPEU DOS CONTRATOS*

NUNO MANUEL PINTO OLIVEIRA
Professor da Escola de Direito da Universidade do Minho

SUMÁRIO: I. Introdução. II. O princípio da não reparação do dano contratual imprevisível 1. O princípio da não reparação do dano contratual imprevisível no art. 7.4.4. dos Princípios relativos aos Contratos Comerciais Internacionais e no art. 9:503 dos Princípios de Direito Europeu dos Contratos. 2. O princípio da não reparação do dano contratual imprevisível nos sistemas de *Civil Law* e de *Common Law*. 2.1. O princípio da não reparação do dano contratual imprevisível nos sistemas de *Civil Law*. 2.2. O princípio da não reparação do dano contratual imprevisível nos sistemas de *Common Law*. 2.3. Comparação entre os sistemas de *Civil Law* e de *Common Law*. 3. O princípio da não reparação do dano contratual imprevisível nos sistemas de *Common Law* e de *Civil Law* (cont.). Interpretação do art. 1150 do Código Civil francês e do art. 1225 do Código Civil italiano. 3.1. O regime geral da responsabilidade do devedor. 3.2. O regime especial da responsabilidade do devedor por dolo ou culpa grave. III. Comparação entre o critério da causalidade adequada e o princípio da não reparação do dano contratual

---

* Este texto baseia-se no relatório apresentado no seminário *The Europeanization of Private Law*, organizado no Instituto Universitário de Florença no primeiro semestre do ano lectivo de 1997/1998, pelos Professores CHRISTIAN JOERGES e MARIE-JEANNE CAMPANA.

imprevisível. 1. O art. 563.° do Código Civil português. 2. O critério da causalidade adequada. 3. Comparação entre os critérios da causalidade adequada e da previsibilidade. IV. Crítica do princípio da não reparação do dano contratual imprevisível.

I. INTRODUÇÃO

Entre os contributos mais importantes para a criação – ou para a descoberta – de um "direito privado europeu" contam-se os Princípios relativos aos Contratos Comerciais Internacionais elaborados pelo Instituto Internacional para a Unificação do Direito Privado (UNIDROIT) e os Princípios de Direito Europeu dos Contratos formulados pela Comissão de Direito Europeu dos Contratos (dirigida por OLE LANDO)[1-2].

a) Os Princípios em causa não têm carácter vinculativo, devendo aplicar-se somente em três casos: se as partes acordarem expressamente em submeter o contrato aos Princípios UNIDROIT ou aos Princípios de

---

[1] A Academia dos Jusprivatistas Europeus apresentou recentemente um anteprojecto de Código Europeu dos Contratos, com a intenção expressa de contribuir "para uma unificação efectiva do direito dos contratos da União Europeia". O articulado do anteprojecto de Código Europeu dos Contratos encontra-se publicado na *Gazette du Palais* de 19-20 e de 21-22 de Fevereiro de 2003 em anexo ao artigo de JEAN-PIERRE GRIDEL, "Sur l'hypothèse d'un Code européen des contats: les propositions de l'Académie des privatistes européens" [sobre o conteúdo do documento, *vide* designadamente GIUSEPPE GANDOLFI, "Il progetto 'pavese' di un Codice Europeo dei contratti", in: *Rivista di diritto civile*, I, 2001, págs. 455-473; e, de forma mais desenvolvida, MARIA LETIZIA RUFFINI GANDOLFI, "Problèmes d'unification du droit en Europe et le Code européen des contrats", in: *Revue internationale de droit comparé*, 2002, n.° 4, págs. 1075-1103)]. – RUI DE ALARCÃO considera-o como "[u]m projecto de formulação excessivamente doutrinária, que, sem embargo do grande interesse científico de que se reveste, é duvidoso que venha a triunfar no seu desígnio legislativo" ["Contrato, democracia e direito: Um esboço", in: JORGE DE FIGUEIREDO DIAS/IRENEU CABRAL BARRETO/TERESA PIZARRO BELEZA/EDUARDO PAZ FERREIRA (orgs.), *Estudos em homenagem a Cunha Rodrigues*, vol. II *(Estudos variados. Direito comunitário)*, Coimbra Editora, Coimbra, 2001, págs. 9-22 (15)].

[2] Sobre o problema da unificação do direito civil europeu, *vide*, p. ex., JOSÉ SIMÕES PATRÍCIO, *Do Euro ao Código Civil europeu?*, Coimbra Editora, Coimbra, 2001, esp. nas págs. 97-112; JORGE FERREIRA SINDE MONTEIRO (org.) *Um Código Civil para a Europa?*, Faculdade de Direito da Universidade de Coimbra/Coimbra Editora, Coimbra, 2002; e, por último, ANTÓNIO MENEZES CORDEIRO, *Da modernização do direito civil – I. Aspectos gerais*, Livraria Almedina, Coimbra, 2004, esp. nas págs. 51-65 e 137-150.

Direito Europeu dos Contratos; se as partes acordarem em submeter ou subordinar o contrato aos "princípios gerais de direito", à *lex mercatoria* ou outra fórmula equivalente; e, por último, se for absolutamente "impossível determinar qual a regra pertinente da lei aplicável"[3].

O n.º 2 do art. 1:101 dos Princípios de Direito Europeu dos Contratos adopta atitude mais ambiciosa, dizendo que "[e]stes princípios podem ser aplicados [...] quando as partes não escolheram qualquer sistema jurídico nem quaisquer regras de direito para reger o seu contrato"[4]. Embora a lei aplicável aos contratos internacionais seja normalmente determinada de acordo com o direito internacional privado da *lex fori*, os autores dos Princípios de Direito Europeu dos Contratos dão conta da existência de tribunais internacionais – como, p. ex., o Tribunal de Justiça das Comunidades Europeias – sem regras específicas sobre o conflito de leis: a al. b) do n.º 2 do art. 1:101 "convidaria" os tribunais arbitrais e os tribunais internacionais sem regras específicas sobre os conflitos de leis a aplicarem os Princípios de Direito Europeu dos Contratos ainda que as partes os não tivessem escolhido[5].

b) O direito internacional privado distingue a referência conflitual e a referência material, enunciando os dois conceitos nos seguintes termos: na primeira, na *referência material*, os contraentes, "partindo já duma lei determinada como competente e cujas normas imperativas têm que ser respeitadas, [...] reportam-se a uma outra lei com o fim de 'incorporar' no contrato aquelas disposições dessa lei que pareçam convenientes aos seus interesses"; na *segunda*, na referência conflitual, os contraentes "fixa[m] a própria conexão relevante no plano do [direito internacional privado], [...] 'localiza[m]' o negócio, [...] 'escolhe[m]' a lei competente para regular este e, portanto, para superiormente (isto é, independentemente da vontade

---

[3] Instituto Internacional para a Unificação do Direito Privado (UNIDROIT), *Princípios relativos aos Contratos Comerciais Internacionais* (versão provisória em língua portuguesa), s/e., Roma, 1995, pág. 21; e OLE LANDO/HUGH BEALE (org.), *Principles of European Contract Law (Parts I and II)*, Kluwer, The Hague/London/Boston, 2000, págs. 95-99.

[4] *"These principles may be applied when the parties [...] have not choosen any system or rules of law to govern their contract"*

[5] *"The justification for such application is the comparative preparation and international discussion which is reflected by the Principles. For the adjudication of an international contract the Principles may furnish a more appropriate basis than any specific system of national contract law"* [cf. OLE LANDO/HUGH BEALE (org.), *Principles of European Contract Law*, cit., pág. 97].

das partes) estabelecer os quadros legislativos dentro dos quais se insere a autonomia privada e o negócio por elas gerado"[6].

MOURA RAMOS analisou desenvolvidamente a admissibilidade de escolha pelos contraentes de uma lei não estadual – designadamente, dos princípios gerais de direito ou da *lex mercatoria* – como lei do contrato.

Entendendo a *lex mercatoria* como um conjunto "de usos e de práticas comerciais", como uma "ordenação própria do comércio internacional, constituído em função das especificidades deste e proveniente do espaço onde ele se desenvolve", o autor citado inclina-se para a inadmissibilidade de uma *referência conflitual* a usos e regras corporativas:

> "a necessária incompletude da *lex mercatoria* e a sua distanciação no que concerne aos processos de formação como aos conteúdos respectivos dos modelos seguidos pelas legislações nacionais não a qualifica [...] como ordem jurídica primária para a disciplina dos contratos internacionais"[7].

O argumento da incompletude ou da fragmentaridade da *lex mercatoria* afigura-se-nos inadequado – ou pelo menos insuficiente – para explicar e/ou justificar a inadmissibilidade de uma referência conflitual aos Princípios UNIDROIT ou aos Princípios de Direito Europeu dos Contratos: embora "nem todas as questões emergentes de um dado contrato [...] possam obter adequada resposta" através da aplicação de um dos dois instrumentos, há um amplo conjunto de questões que pode consegui-la, mesmo "em termos de uma tal resposta ser previsível pelas partes".

O argumento da "distanciação [da *lex mercatoria*] no que concerne aos processos de formação como aos conteúdos respectivos dos modelos seguidos pelas legislações nacionais" revela-se-nos mais convincente. MOURA RAMOS acentua a "despreocupação" da *lex mercatoria* relativamente a princípios acolhidos na generalidade das legislações nacionais, extraindo daí a ilação de que é "difícil esperar dos ordenamentos estaduais, e dos órgãos de aplicação respectivos, o reconhecimento dos critérios normativos da *lex mercatoria*"[8-9]. Ora os Princípios relativos aos Contratos

---

[6] JOÃO BAPTISTA MACHADO, *Lições de direito internacional privado*, 3.ª ed., Livraria Almedina, Coimbra, 1993, págs. 350-361.

[7] *Da lei aplicável ao contrato de trabalho internacional*, Livraria Almedina, Coimbra, 1991, pág. 513.

[8] Ob. cit., pág. 511: "existe [...] algum irrealismo na defesa da *lex mercatoria* como ordem jurídica de base, estatuto primário dos contratos internacionais, quando se tem em

Comerciais Internacionais (ou Princípios UNIDROIT) e os Princípios de Direito Europeu dos Contratos apresentam-se (apenas) como uma codificação da *lex mercatoria*. Estendendo-se o argumento da distanciação aos dois instrumentos, deverá excluir-se a admissibilidade de uma referência conflitual:

> "não poderemos [...] aqui estar perante outra coisa que não seja uma pura referência material *(materiellrechtliche Verweisung)*, a ser compreendida por isso no âmbito de uma *lex contractus* designada no quadro aberto pela regra de conflitos do foro, e não portanto uma verdadeira e autónoma referência conflitual *(kollisionsrechtliche Verweisung)*"[10].

MOURA RAMOS concebe deste modo a liberdade de escolha da lei aplicável ao contrato internacional como uma liberdade de escolha de "sistemas jurídicos completos" – i. e.: de escolha de sistemas jurídicos que constituem "o módulo da disciplina das relações interindividuais em sociedades dotadas de uma determinada organização, isto é, e no presente momento, a sistemas estaduais; apenas nos limites por estes admitidos podendo assim ter lugar a referência (agora já puramente material) a complexos normativos não estaduais, sejam eles o Direito Internacional, seja o próprio direito espontâneo ou a *lex mercatoria*"[11].

MARQUES DOS SANTOS concorda com a concepção exposta da liberdade de escolha da lei aplicável ao contrato internacional, declarando que "o art. 41.º [do Código Civil português] apenas permite a designação, expressa ou tácita, de uma lei estadual – com a exclusão de outros complexos normativos anacionais, como a *lex mercatoria* ou os Princípios

---

conta a progressiva preocupação dos legisladores nacionais com a tutela de certos valores – como os interesses de terceiros – que não serão necessariamente considerados na *lex mercatoria*, atenta a origem em muitos casos corporativa, e portanto unilateral, da regulamentação respectiva".

[9] HUGH COLLINS apresentou em Março de 2004 o texto de um "manifesto" subscrito por universitários de diversos Estados-membros da União Europeia criticando a actividade da Comissão Europeia na área do direito europeu dos contratos por desrespeitar as exigências da democracia e por desvalorizar a justiça social [cf. "Social Justice in European Contract Law: A Manifesto", disponível através da Internet no *site* da Faculdade de Direito da Universidade de Harvard: http://www.law.harvard.edu/programs/elrc/events/2003-2004/].

[10] RUI MANUEL MOURA RAMOS, *Da Lei aplicável ao contrato de trabalho internacional*, cit., pág. 515.

[11] Ob. e pág. cits..

relativos aos Contratos Comerciais Internacionais, elaborados no âmbito do UNIDROIT (Instituto Internacional para a Unificação do Direito Privado)"[12].

c) O comentário aos Princípios relativos aos Contratos Comerciais Internacionais aceita implicitamente a concepção de MARQUES DOS SANTOS e de MOURA RAMOS, aconselhando os contraentes "a combinarem a referência aos Princípios com uma cláusula compromissória":

"qualquer referência das partes aos Princípios será normalmente havida como um mero acordo destinado a incorporá-los no contrato [i. e.: como uma referência material], continuando a lei reguladora do contrato a ter que ser determinada com base nas regras de direito internacional privado do foro"[13].

O comentário ao art. 1:101 dos Princípios de Direito Europeu dos Contratos distingue dois tipos de cláusulas de escolha do estatuto do contrato. As cláusulas do primeiro tipo declaram que o contrato incorpora os Princípios; as cláusulas do segundo tipo declaram que o contrato se lhes submete ou se lhes subordina: no primeiro caso, a referência aos Princípios de Direito Europeu dos Contratos deveria interpretar-se como uma referência material[14]; no segundo caso, a referência aos Princípios de Direito Europeu dos Contratos deveria interpretar-se como uma autónoma referência conflitual[15].

---

[12] "Algumas considerações sobre a autonomia da vontade no Direito Internacional Privado em Portugal e no Brasil", in: *Estudos em homenagem à Professora Doutora Isabel de Magalhães Collaço*, vol. I, Livraria Almedina, Coimbra, 2002, págs. 379-429 [= *Revista brasileira de direito comparado*, n.º 23, 2.º semestre de 2002, págs. 81-151 (101)].

[13] Instituto Internacional para a Unificação do Direito Privado (UNIDROIT), *Princípios relativos aos Contratos Comerciais Internacionais*, cit., pág. 23. – MICHAEL JOACHIM BONNELL usa abertamente os termos "referência conflitual" e "referência material [cf. "I Principi UNIDROIT – Un approccio moderno al diritto dei contratti", in: *Rivista di diritto civile*, 1997, I, págs. 231-247 (esp. pág. 241)].

[14] OLE LANDO/HUGH BEALE (org.), *Principles of European Contract Law*, cit., pág. 96: "*The first type of clause may be drafted upon the following lines: 'This contract incorporates the Principles of European Contract Law'. Such a clause merely incorporates the Principles into the body of the specific contract. The contract remains subject to that national legal system which is applicable according to the forum state's conflict of law rules, including its mandatory provisions.*"

[15] Ob. e pág. cits.: "*Alternatively, the parts may agree on a clause drafted along the following lines: 'This contract is subject to the Principles of European Contract Law'.*

Evitando as dificuldades decorrentes da distinção entre os dois tipos de cláusulas de escolha da disciplina jurídica do contrato, a concepção de MARQUES DOS SANTOS e de MOURA RAMOS afasta ou exclui (justificadamente) o segundo termo da alternativa: a referência ao anteprojecto de Código Europeu dos Contratos, aos Princípios relativos aos Contratos Comerciais Internacionais ou aos Princípios de Direito Europeu dos Contratos reconduzir-se-á a uma referência material.

II. O PRINCÍPIO DA NÃO REPARAÇÃO DO DANO CONTRATUAL IMPREVISÍVEL

1. O princípio da não reparação do dano contratual imprevisível no art. 7.4.4. dos Princípios relativos aos Contratos Comerciais Internacionais e no art. 9:503 dos Princípios de Direito Europeu dos Contratos

O art. 7.4.4. dos Princípios UNIDROIT e o art. 9:503 dos Princípios de Direito Europeu dos Contratos consagram a regra da não reparação do dano contratual imprevisível: "[o] devedor só está obrigado a reparar o prejuízo que previu, ou podia razoavelmente prever, no momento da conclusão do contrato, como consequência provável do incumprimento"[16]. Entre as duas disposições encontra-se uma – e só uma – diferença de regime: enquanto o art. 7.4.4. dos Princípios UNIDROIT não admite excepções à regra da não reparação do dano contrato imprevisível, o art. 9:503 dos Princípios de Direito Europeu dos Contratos admite-as, estabelecendo que o devedor está obrigado a reparar todos os danos, incluindo

---

Such a contractual clause would not necessarily give the contract the aspect of a 'supranational' or 'anational' contract. Since the Principles have a limited scope, aspects of contract law not covered by the Principles may still have to be determined by the applicable national law".

[16] O art. 7.4.5. dos Princípios UNIDROIT inspira-se no art. 74.º da Convenção das Nações Unidas sobre os contratos de compra e venda internacional de mercadorias (CVIM), embora os dois textos não coincidam inteiramente: o art. 7.4.4. dos Princípios UNIDROIT fala na obrigação do devedor de "reparar o prejuízo que previu, ou podia razoavelmente prever, no momento da conclusão do contrato, *como consequência provável do incumprimento*"; o art. 74 da CVIM, na obrigação do devedor de reparar o prejuízo "que previu ou devia ter previsto, no momento da conclusão do contrato, como consequência *possível* do incumprimento, *tendo em conta as circunstâncias que então conhecia ou devia conhecer*".

danos imprevisíveis, quando tenha actuado com dolo ou com negligência grosseira (*"intentional breach or gross negligence"*).

O art. 162.º do anteprojecto de Código Europeu dos Contratos apresentado pela Academia dos Jusprivastistas Europeus e coordenado por GIUSEPPE GANDOLFI adopta uma fórmula algo diferente: Exceptuados os casos em o devedor que tenha actuado com dolo ou com culpa (grave?), o direito à indemnização encontrar-se-ia limitado ao dano por que deva razoavelmente considerar-se que o devedor tenha assumido de forma implícita a obrigação de responder no momento da conclusão do contrato, tendo em conta designadamente o teor literal do contrato, a boa fé, as circunstâncias do caso e os usos do comércio jurídico [*"[à] moins que le débiteur ait agi par dol ou faute, la réparation qu'il doit est limitée au dommage duquel – sur la base du texte du contrat, des circonstances, de la bonne foi, des usages – on doit raisonnablement considérer qu'il a, en tant que personne normalement avisée, au moment de la stipulation du contrat, implicitement assumè l'obligation de répondre"*[17]].

O princípio da não reparação do dano contratual imprevisível não causará dificuldades a um jurista francês, italiano ou inglês: o jurista francês encontrará aí um eco do art. 1150 do Código Civil de 1804; o jurista italiano, um eco do art. 1228 do Código Civil de 1865 e do art. 1225 do Código Civil de 1942; o jurista inglês, um eco da *contemplation rule* estabelecida no caso *Hadley v. Baxendale* [[1854] 9 Ex. 341].

O jurista alemão e o jurista português, habituados às teorias da causalidade adequada e/ou do fim tutelado pelo contrato ou pela norma legal infringida, talvez estranhem, todavia, a adopção de um princípio que contradiz decisões do legislador, expressa ou implícita, mas sempre inequivocamente, consagradas nos seus códigos civis[18].

---

[17] O articulado do anteprojecto de Código Europeu dos Contratos publicado pela *Gazette du Palais* emprega a expressão *"[à] moins que le débiteur ait agi par dol ou faute"*. O texto contém provavelmente um erro: a excepção à regra deverá aplicar-se exclusivamente aos casos de dolo ou de culpa grave (*"faute lourde"*).

[18] Os trabalhos preparatórios do Código Civil alemão (*Bürgerliches Gesetzbuch* – BGB) confirmam a decisão legislativa de afastar o princípio da não reparação do dano contratual imprevisível: a disposição do anteprojecto de Código Civil por que se determinava que o dever de indemnizar não abrangesse os danos ou prejuízos "cuja produção estivesse fora do alcance do provável ou que, tendo em conta as circunstâncias que o devedor conhecia ou devia conhecer, pudesse considerar-se fora desse alcance" foi eliminada pelo *Bundesrat* – e essa eliminação foi mantida pelo *Reichstag* [cf. LUDWIG ENNECCERUS/HEINRICH LEHMANN, *Derecho de obligaciones*, vol. II, tomo I, Bosch, Barcelona, s/d., pág. 74 (§ 11)]

O comparatista atento às controvérsias doutrinais e jurisprudenciais em curso na França e na Inglaterra duvidará da conveniência de colocar um princípio tão contestado no centro do "direito europeu dos contratos":

– na França, a doutrina dominante apresenta o art. 1150 do Código Civil como "uma derrogação dificilmente justificável do princípio da reparação integral do dano injustamente causado e propõe ou que ele seja revogado, ou que ele seja conservado somente como 'instrumento de uma política de limitação judiciária da responsabilidade contratual'"[19];

– na Inglaterra, a jurisprudência demonstra "uma excessiva – uma quase obsessiva – ansiedade em encontrar uma fórmula única capaz de indicar o grau de previsibilidade [exigido pela *contemplation rule*]".

PATRICK S. ATIYAH critica as decisões dos tribunais ingleses precisamente por adoptarem critérios de decisão formalistas, omitindo uma apreciação das circunstâncias do caso concreto em que se atribua a adequada relevância ao conteúdo do contrato ou à probabilidade de os preços serem afectados pelas consequências previsíveis do incumprimento[20].

Independentemente da sua aplicação aos conflitos relacionados com o comércio internacional, o anteprojecto de Código Europeu dos Contratos, os Princípios relativos aos Contratos Comerciais Internacionais e os Princípios de Direito Europeu dos Contratos apresentam-se como a codificação de um "direito geral dos contratos da União Europeia"[21], contribuindo para o desenvolvimento de uma cultura jurídica comum[22].

---

[19] PHILIPPE RÉMY, "La 'responsabilité contractuelle': histoire d'un faux concept", in *Revue trimestrielle de droit civil*, 1997, págs. 323-355 (351).

[20] Cf. PATRICK S. ATIYAH, *An Introduction to the Law of Contract*, 5.ª ed., Clarendon Press, Oxford, 1995, pág. 466.

[21] OLE LANDO/HUGH BEALE (org.), *Principles of European Contract Law*, cit., págs. xxi-xxiv e 95-99.

[22] Cf. STEFAN GRUNDMANN, "La struttura del diritto europeo dei contratti", in: *Rivista di diritto civile*, I, 2002, págs. 365-401 (374-378); acentuando a conexão entre (i) o desenvolvimento da ciência do direito, (ii) a distribuição de funções entre direito, moral e política no Estado e na sociedade contemporâneas e (iii) a unificação do direito privado, JÜRGEN BASEDOW considera os dois instrumentos indicados como expressão de uma "abertura pós-positivista do sistema jurídico" [cf. "Das BGB im künftigen europäischen Privatrecht: Der hybride Kodex – Systemsuche zwischen nationaler Kodifikation und Rechtsangleichung", in *Archiv für die civilistische Praxis (AcP)*, 2000, págs. 446-492 (457-465)]

Ora a Comissão Europeia decidiu elaborar um "quadro comum de referência" do direito europeu dos contratos destinado a definir conceitos, a enunciar princípios fundamentais e a propor "regras-modelo" "inspirad[as] no acervo comunitário ou nas melhores soluções encontradas no ordenamento jurídico dos Estados-membros"[23].

O actual estudo concentra-se no princípio da não reparação do dano contratual imprevisível, apreciando a oportunidade ou inoportunidade da sua inclusão num "quadro comum de referência" do direito europeu.

2. O princípio da não reparação do dano contratual imprevisível nos sistemas de *Civil Law* e de *Common Law*

2.1. *O princípio da não reparação do dano contratual imprevisível nos sistemas de Civil Law*

No espaço jurídico-cultural da *Civil Law*, o princípio da não reparação do dano contratual imprevisível encontra-se explicitamente consagrado nos sistemas do "círculo jurídico romanístico"[24]: o art. 1150 do Código Civil francês declara: "o devedor só é responsável pelos danos que foram previstos ou que podiam ser previstos por ocasião do contrato, desde que não tenha sido pelo seu dolo que a obrigação não foi executada"; o art. 1225 do Código Civil italiano (de 1942) determina: "se o incumprimento ou a mora não decorrem de dolo do devedor, a reparação é limitada ao dano que podia prever-se, no momento em que se constituiu a obrigação"[25]; o art. 1107 do Código Civil espanhol (de 1889) encontra-se redigido nos seguintes termos: "Os danos e prejuízos pelos quais res-

---

[23] Cf. "Comunicação da Comissão ao Parlamento Europeu e ao Conselho – O direito europeu dos contratos e a revisão do acervo: o caminho a seguir" de 11 de Outubro de 2004 [COM (2004) 651] (cujo texto se encontra em http://europa.eu.int/comm/consumers/cons_int/safe_shop/fair_bus–pract/cont_law/index_en.htm).

[24] Cf. KONRAD ZWEIGERT/HEIN KÖTZ, *Einführung in die Rechtsvergleichung*, J. C. B. Mohr (Paul Siebeck), Tübingen, 1996, pág. 73 ss. (§§ 6-9).

[25] O texto original das duas disposições é o seguinte: "*Le débiteur n'est tenu que des dommages-intérêts qui ont été prévus ou qu'on a pu prévoir lors du contrat, lorsque ce n'est point par son dol que l'obligation n'est point executée*" (art. 1150 do Código Civil francês); "*Se l'inadempimento o il ritardo non dipende dalla dolo del debitore, il risarcimento è limitato al danno che poteva prevedersi nel tempo in cui è sorta l'obbligazione*" (art. 1225 do Código Civil italiano).

ponde o devedor de boa fé são os previstos ou que pudessem prever-se ao tempo em que se constituiu a obrigação e que sejam consequência necessária da sua falta de cumprimento. Em caso de dolo, o devedor responderá por todos os prejuízos que consabidamente *(conocidamente)* derivem da falta de cumprimento da obrigação".

2.2. *O princípio da não reparação do dano contratual imprevisível nos sistemas de Common Law*

No espaço jurídico-cultural da *Common Law*, o princípio da não reparação do dano contratual imprevisível encontra-se implicitamente consagrado no sistema jurídico inglês no acórdão *Hadley v. Baxendale*:

"where two parties have made a contract which one of them has broken, the damages which the other party ought to receive in respect of such breach of contract should be such as may fairly and reasonably be considered either arising naturally, i. e. according to the usual course of things, from such breach of contract itself, or such as may reasonably be supposed to have been in the contemplation of both parties, at the time they made the contract, as the probable result of the breach of it".

O excerto transcrito contém duas regras: a primeira é a de que o devedor responde por todos os danos normais ou previsíveis por uma pessoa razoável *("damages which [...] may fairly and reasonably be considered [as] arising naturally i. e. according to the usual course of things, from [the] breach of contract itself")*; a segunda é a de que o devedor responde por todos os danos anormais ou excepcionais previstos por ambas as partes aquando da conclusão do contrato como "provável resultado" do incumprimento *("damages which [...] may reasonably be supposed to have been in the contemplation of both parties, at the time they made the contract, as the probable result of the breach of it")*[26].

---

[26] Cf. GUENTHER TREITEL, *Remedies for Breach of Contract (Courses of Action Open to a Party Aggrieved)*, cap. 16 do vol. VII *(Contracts in General)* da *International Encyclopedia of Comparative Law*, J. C. B. Mohr (Paul Siebeck)/Mouton, Tübingen/The Hague/Paris, 1976, pág. 60; HUGH BEALE, *Remedies for the Breach of Contract*, Sweet and Maxwell, London, 1980, pág. 180; H. L. A HART/TONY HONORÉ, *Causation in the Law*, 2.ª ed., Clarendon Press, Oxford, 1985, pág. 317; P. S. ATIYAH, *An Introduction to the Law of Contract*, cit., pág. 465.

2.3. Comparação entre os sistemas de Civil Law e de Common Law

O acórdão *Hadley v. Baxendale* distancia-se dos direitos civis da França, da Itália e da Espanha em dois aspectos: em primeiro lugar, enquanto o art. 1150 do Código Civil francês, o art. 1225 do Código Civil italiano e o art. 1107 do Código Civil espanhol adoptam (implicitamente) o critério da previsibilidade do dano *para o devedor*, o acórdão *Hadley v. Baxendale* consagra o critério da previsibilidade do dano ou do prejuízo para os dois contraentes: *para o credor e para o devedor*[27]; em segundo lugar, enquanto o art. 1150 do Código Civil francês, o art. 1225 do Código Civil italiano e o art. 1107 do Código Civil espanhol afastam ou excluem a aplicação do princípio da previsibilidade nos caso de dolo (ou de culpa grave) do devedor, o acórdão *Hadley v. Baxendale* não a exclui[28].

3. O princípio da não reparação do dano contratual imprevisível nos sistemas de *Civil Law* e de *Common Law* (cont.). Interpretação do art. 1150 do Código Civil francês e do art. 1225 do Código Civil italiano

3.1. *O regime geral da responsabilidade do devedor*

O art. 1150 do Código Civil francês encontra-se no centro da actual controvérsia relativa ao conceito de responsabilidade contratual.

PHILIPPE RÉMY enunciou as ideias fundamentais de uma revisão das caregorias do direito do incumprimento do contrato num artigo intitulado "La 'responsabilité contractuelle': histoire d'un faux concept".

---

[27] TREITEL considera contudo como "factor crucial" a previsibilidade do dano para o devedor, explicando que a expressão *"contemplation of both parties"* tem como função essencial excluir a indemnização dos danos que só foram – e só podiam ser – previstos pelo credor: *"it is foreseeability by the defendant which is the crucial factor, though in practice foreseeablity by the plaintiff will in fact also exist. The main point of requiring 'contemplation' by both parties is to emphasize that contemplation by the plaintiff is not enough"* (*Remedies for Breach of Contract*, cit., pág. 64).

[28] Cf. GUENTHER TREITEL informa-nos que *"[i]t has [...] been suggested in a recent English case that foreseeability is irrelevant in an action based on fraud, but the suggestion is an isolated one and the law cannot be regarded as settled in this sense"* (*Remedies for Breach of Contract*, cit., pág. 59; na página seguinte, o autor reafirma a tese apresentada em texto: *"There is [...] no suggestion in the rule in* Hadley v. Baxendale *of any special treatment of a debtor who is guilty of fraud"*).

O estudo distingue duas concepções do direito do credor à "indemnização": a primeira assinala-lhe a função de proporcionar ao credor a compensação de uma desvantagem (de um dano ou prejuízo); a segunda assinala-lhe a função de proporcionar ao credor "o equivalente da vantagem que ele esperava (ou podia legitimamente esperar) do contrato"[29]. RÉMY defende a escolha do segundo termo da alternativa, interpretando a "indemnização" como "execução por equivalente" dos deveres contratuais: "a obrigação não cumprida não se extingue pelo simples facto do não cumprimento; é precisamente a execução por equivalente o que o credor reclama quando pretende a indemnização"[30].

Entre as consequências da alteração de paradigma do direito do incumprimento do contrato encontrar-se-ia a reabilitação do art. 1150.

Inspirando-se em MOLINAEUS[31], POTHIER concebia os danos previsíveis como danos intrínsecos e os danos imprevisíveis como danos extrínsecos. Os danos intrínsecos seriam aqueles que o credor sofre, em consequência do não cumprimento da obrigação, "relativamente à coisa que constitui o seu objecto"; os danos extrínsecos, "aqueles que o não cumprimento da obrigação ocasiona nos [...] outros bens [do credor]"[32-33]. O conceito de previsibilidade de POTHIER configurar-se-ia assim como um conceito estritamente objectivo: "o 'dano previsível' não [seria] nem mais,

---

[29] "La 'responsabilité contractuelle': histoire d'un faux concept", cit., pág. 325.
[30] Ob. e pág. cits..
[31] Cf. REINHARD ZIMMERMANN, *The Law of Obligations*, Juta/Kluwer, Cape Town/Deventer/Boston, 1992, págs. 829-830.
[32] Cf. PHILIPPE RÉMY, "La 'responsabilité contractuelle': histoire d'un faux concept", cit., págs. 351; e ERIC SAVAUX, "La fin de la responsabilité contractuelle?", in: *Revue trimestrielle de droit civil*, 1999, págs. 1-26 (21).
[33] MANUEL DE ANDRADE expõe o exemplo utilizado por POTHIER para ilustrar a diferença entre as duas espécies de dano contratual com inexcedível elegância: "suponhamos que um lavrador comprou uma vaca, cumprindo entender que ela deveria estar sã e escorreita. Sucede, que a vaca entregue ao comprador estava infectada de moléstia contagiosa. Não sabendo disso, o lavrador não curou de evitar que o contágio se comunicasse ao seu restante gado bovino. O resultado foi morrer-lhe a vaca comprada e todo esse outro gado. Por causa deste desastre, o lavrador não pôde lavrar as suas terras, que ficaram incultas. Assim gravemente prejudicado na sua situação económica, o lavrador não pôde pagar as dívidas que se venciam nesse ano. Os credores, não podendo ou não querendo esperar, executaram-lhe os bens, que foram vendidos ao desbarato. E COLMET DE SANTERRE figurou ainda, para cúmulo, a hipótese de o infeliz lavrador, farto de tanto azar, se ter suicidado" (*Teoria geral das obrigações*, 3.ª ed., Livraria Almedina, Coimbra, 1966, págs. 351-352). Os "danos intrínsecos" do lavrador consistiriam em morrer-lhe a vaca comprada; os "danos extrínsecos" englobariam tudo o mais.

nem menos que o objecto da obrigação não cumprida – a vantagem prometida [pelo devedor] e não recebida [pelo credor]"[34].

Embora o art. 1150 do Código Civil francês encontre o seu fundamento nos textos de POTHIER[35], a lei "adquire, com o decurso do tempo, uma vida própria e afasta-se, deste modo, das ideias dos seus autores"[36].

Os civilistas franceses e italianos converteram a concepção objectiva de previsibilidade de POTHIER em concepção subjectiva "justificando [os arts. 1150 do Código Civil francês e 1225 do Código Civil italiano através da] 'vontade' implícita das partes, que teriam tacitamente previsto o incumprimento e considerado as suas consequências"[37]. O princípio da não reparação do dano contratual imprevisível destinar-se a proporcionar aos contraentes a oportunidade de apreciarem os riscos do contrato, calculando a extensão da responsabilidade civil[38-39].

---

[34] PHILIPPE RÉMY, "La 'responsabilité contractuelle': histoire d'un faux concept", cit., p. 351. GIOVANNA VISINTINI concorda (aparentemente) com a concepção objectiva de previsibilidade, ao indicar como "função originária" do art. 1225 do Código Civil italiano "limitar a reparação aos danos conexos com a destinação económica do bem objecto do contrato", responsabilizando-se o devedor somente "pelos riscos previsíveis em caso de inexecução do contrato, e não pelos [riscos] inerentes às repercussões que o incumprimento pode ter em relação ao património do [credor] e, em geral, à sua esfera económica" ["L'inadempimento delle obbligazioni: risarcimento del danno", in PIETRO RESCIGNO (dir.), *Trattato di diritto privato*, vol. IX *(Obbligazioni e contratti)*, UTET, Torino, 1984, pág. 211. - VISINTINI escreve "devedor" em lugar de "credor"; mas é certamente um lapso.] – O estudo mais recente da autora sobre o tema desvaloriza contudo a controvérsia relativa ao conceito de responsabilidade contratual, julgando-a "ociosa" ["Colpa contrattuale: un falso concetto?", in: *Contratto e impresa*, 2004, págs. 13-26 (esp. pág. 22)].

[35] MENEZES CORDEIRO escreve que a influência do *Tratado das obrigações* de POTHIER "foi determinante no Código Napoleão e, daí, em todo o espaço jurídico europeu" [*Da boa fé no direito civil*, Livraria Almedina, Coimbra, 1997 (reimpressão), pág. 243].

[36] KARL LARENZ, *Metodologia da Ciência do Direito* (título original: *Methodenlehre der Rechtswissenschaft*), 3ª ed., Fundação Calouste Gulbenkian, Lisboa, 1997, pág. 446.

[37] PHILIPPE RÉMY, "La 'responsabilité contractuelle': histoire d'un faux concept", cit., pág. 351. GENEVIÈVE VINEY afirma, contudo, que "o art. 1150 está na lógica da concepção voluntarista do contrato que os redactores do Código Civil [francês] adoptaram" [*La responsabilité: effets*, in JACQUES GHESTIN (dir.), *Traité de droit civil*, LGDJ, Paris, 1988, pág. 439].

[38] FRANÇOIS TERRÉ/PHILIPPE SIMLER/YVES LEQUETTE, *Droit civil – Les obligations*, 7.ª ed., Dalloz, Paris, 1999, págs. 505-506. Os autores acrescentam que "[o] devedor há-de poder avaliar o risco que corre por causa do contrato *(le risque qu'il court du chef du contrat)*. Se o risco é excessivo, ele hesitará antes de concluir um contrato ou exigirá um

GENEVIÈVE VINEY associa o actual declínio do princípio da não reparação do dano contratual imprevisível ao declínio do dogma da autonomia: "o fundamento do art. 1150 [do Código Civil francês] residia em 1804 na preocupação de respeitar a vontade dos contraentes e foi precisamente o declínio do papel da vontade no contrato a explicar o declínio paralelo do art. 1150". O princípio da não reparação do dano contratual imprevisível poderia porém reabilitar-se reinterpretando-o como "instrumento de uma política de limitação judiciária da responsabilidade contratual"[40].

Esforçando-se por promover um *"retour à la pureté des concepts"*[41], PHILIPPE RÉMY e ERIC SAVAUX propõem-se abandonar a concepção psicológica, subjectivista ou voluntarista de previsibilidade e restituir ao art. 1150 do Código Civil francês a sua função essencial no direito dos contratos:

> "Tratando-se de atribuir ao credor o equivalente da vantagem que lhe teria proporcionado o cumprimento [do dever contratual] é claro que esse equivalente não pode ultrapassar o que foi prometido"[42].

---

aumentos do preço para celebrar um contrato de seguro, a menos que prefira ficar como seu próprio segurador, recebendo o suplemento".

ALAIN SÉRIAUX apresenta o princípio da não reparação do dano contratual imprevisível como *"une solution naturelle naturelle aux contrats"*: na responsabilidade contratual, "trata[r-se-ia] somente de proporcionar ao credor o equivalente daquilo que podia esperar do devedor. É por isso que a indemnização deve normalmente medir-se pela prestação prometida" (*Droit des obligations*, 2ª ed., PUF, Paris, 1998, págs. 256-257). As afirmações citadas indiciam que o autor interpreta os termos "danos que foram previstos ou que podiam ser previstos" como significando danos que foram previstos ou que podiam ser previstos por ambos os contraentes – pelo credor e pelo devedor –: se se trata "de proporcionar ao credor o equivalente daquilo que podia esperar", não seria coerente cingir-se a indemnização aos "danos que foram previstos ou que podiam ser previstos" pelo devedor. Entendendo-se assim os excertos citados da obra de SÉRIAUX, deve dizer-se que a sua interpretação conflitua com a doutrina e a jurisprudência dominantes.

[39] O comentário ao art. 7. 4. 4. dos Princípios UNIDROIT consagra explicitamente a concepção psicológica, subjectivista ou voluntarista de previsibilidade, explicando que a limitação do prejuízo reparável ao prejuízo previsível está relacionada "com a própria natureza do contrato" e que "nem todos os lucros de que o devedor é privado cabem no âmbito do contrato e o devedor não deve ser responsabilizado pela reparação de prejuízos que nunca poderia ter previsto no momento da conclusão do contrato e cujo risco não poderia ter coberto por um seguro" [Instituto Internacional para a Unificação do Direito Privado (UNIDROIT), *Princípios relativos aos Contratos Comerciais Internacionais*, cit., pág. 231].

[40] *La responsabilité: effets*, cit., pág. 441.

[41] ERIC SAVAUX, "La fin de la responsabilité contractuelle?", cit., pág. 16.

[42] ERIC SAVAUX, "La fin de la responsabilité contractuelle?", cit., pág. 16; cf. PHILIPPE RÉMY, "La 'responsabilité contractuelle': histoire d'un faux concept", cit., pág. 351;

O direito dos contratos apreciaria essencialmente os problemas relacionados com a execução; o direito da responsabilidade civil, os problemas relacionados com a reparação dos danos ou prejuízos[43-44].

3.2. O regime especial da responsabilidade do devedor por dolo ou culpa grave

Existindo dolo, o devedor responde por todos os danos que constituam uma consequência directa e imediata do não cumprimento (cf. art. 1151 do Código Civil francês e art. 1223 do Código Civil italiano).

O conceito de dolo relevante para efeitos do art. 1150 do Código Civil francês é consensual – o devedor actua com dolo desde que não cumpra conscientemente *(sciemment)* os deveres contratuais[45] –; o conceito de dolo relevante para efeitos do art. 1225 do Código Civil italiano é controverso, encontrando-se três teses sobre o tema: a primeira afirma que o dolo

---

e GIOVANNA VISINTINI, "L'inadempimento delle obbligazioni: risarcimento del danno", cit., pág. 211, nota n.º 69 (na qual a autora defende que a distribuição do custo de certos danos a cargo de um ou de outro dos contraentes em caso de incumprimento" deve apreciar-se "com base em elementos objectivos").

[43] Cf. LAURENCE LETURMY, "La responsabilité délictuelle du contractant", in: *Revue trimestrielle de droit civil*, 1998, págs. 839-872 (870): *"la réparation de tous les préjudices subis relèverait du seul régime de responsabilité existant, qu'il existe ou non entre l'auteur du dommage et sa victime des relations contractuelles"*.

[44] GENEVIÈVE VINEY propôs recentemente que se apagasse ou eliminasse a controvérsia através de uma alteração do art. 1382 do Código Civil francês, acrescentando-lhe um n.º 2 com o seguinte teor: "Toda a violação de um vínculo contratual obriga o devedor a reparar o dano causado ao credor com esse incumprimento" *(Tout manquement à un engagement contractuel oblige le débiteur à réparer le dommage causé ai créancier par cette inexécution).* O texto confirmaria a autonomia da responsabilidade contratual (do direito à indemnização) relativamente ao direito ao cumprimento, adquirindo um "alcance não negligenciável" ["Les difficultés de la recodification du droit de la responsabilité civile", in: *Le Code Civil 1804-2004 – Livre du Bicentenaire*, Dalloz/Litec, Paris, 2004, págs. 255--281 (260)].

[45] ALAIN SÉRIAUX di-lo de forma impressiva: "Todo o devedor que não cumpre com conhecimento de causa, ainda que não tenha a intenção de prejudicar a contraparte, actua com dolo" *(Droit des obligations,* cit., pág. 259); no mesmo sentido, GENEVIÈVE VINEY, *La responsabilité: effets,* in JACQUES GHESTIN (dir.), *Traité de droit civil,* LGDJ, Paris, 1988, pág. 434 (com uma análise da evolução jurisprudencial); e PHILIPPE DELEBECQUE/FRÉDÉRIC-JERÔME PANSIER, *Droit des obligations – Contrat et quasi-contrat,* Litec, Paris, 2000, pág. 203.

exige cumulativamente a consciência e intenção de não cumprir e a consciência e/ou a intenção de causar danos ou prejuízos[46]; a segunda afirma que o dolo exige exclusivamente a consciência e/ou a intenção de não cumprir – nos termos do acórdão da *Corte di Cassazione* de 30 de Outubro de 1994 (n.º 5566), o dolo consiste "[n]a consciência de dever uma determinada prestação e [em] não a executar intencionalmente, sem que seja necessária a consciência do dano"[47] –; a terceira considera que o dolo reside "nos artifícios *(raggiri)*, nas falsas declarações e em toda a actividade enganatória perpetrada [pelo devedor] ao tempo da constituição da obrigação e capaz de influir sobre a relação obrigacional"[48]. Os arestos mais recentes da *Corte di Cassazione* têm-se inclinado para a segunda tese e concedido ao credor a indemnização integral dos danos sempre que o devedor tenha a consciência e a intenção de infringir o dever contratual (exista ou não exista a consciência ou intenção de prejudicar o credor, de lhe causar danos)[49].

Invocando o adágio *culpa lata dolo æquiparatur*, a doutrina e a jurisprudência acolhem uma interpretação extensiva do art. 1150 do Código Civil francês e do art. 1225 do Código Civil italiano[50].

TREITEL apresenta duas explicações para a excepção consagrada nas duas disposições legais: a primeira coloca o incumprimento imputável ao devedor a título de dolo ou de culpa grave no domínio da responsabilidade contratual ou obrigacional; a segunda explicação coloca-o já no domínio da responsabilidade extracontratual ou extrabrigacional.

Quando a responsabilidade do devedor por dolo ou culpa grave é considerada como contratual ou obrigacional, o dever de reparação ou ressarcimento de todos os danos ou prejuízos que constituam uma consequência directa e imediata do não cumprimento é apresentado como uma derrogação dos princípios gerais resultante de um "acordo implícito": os contraentes concordariam em excluir a responsabilidade do devedor pelos danos ou prejuízos imprevisíveis decorrentes de um incumprimento imputável a título de culpa leve, não concordariam – não poderiam concordar –

---

[46] C. MASSIMO BIANCA, *Diritto civile*, vol. V *(La responsabilità)*, Giuffrè, Milano, 1994, págs. 155-156.

[47] Cf. ALESSANDRA PINORI, "Prevedibilità del danno", in *Rivista di diritto civile*, II, 1994, págs. 139-149 (145-147).

[48] GIOVANNA VISINTINI, "L'inadempimento delle obbligazioni: risarcimento del danno", cit., pág. 210.

[49] ALESSANDRA PINORI, "Prevedibilità del danno", cit., págs 146-147.

[50] Cf. GENEVIÈVE VINEY, *La responsabilité: effets*, cit., pág. 433.

em excluir a responsabilidade do devedor pelos danos ou prejuízos (previsíveis ou imprevisíveis) decorrentes de um incumprimento que lhe é imputável a título de dolo ou de culpa grave[51].

Quando a responsabilidade do devedor por dolo ou culpa grave é considerada como extracontratual ou extraobrigacional, o dever de reparação ou ressarcimento de todos os danos ou prejuízos que constituam uma consequência directa e imediata do não cumprimento é apresentado como uma explicitação dos princípios e regras gerais: a responsabilidade por dolo (ou por culpa grave) seria sempre uma responsabilidade extracontratual, pelo que o princípio da não reparação do dano contratual imprevisível não poderia aplicar-se (*"liability in case of fraud [would be] a form of delictual liability, to which the requirement that loss must be foreseeable does not apply"*)[52-53].

O recurso às regras da responsabilidade extracontratual para resolver os problemas resultantes do incumprimento conflitua em todo o caso com a regra do direito civil francês relativa ao concurso entre as responsabilidades contratual e extracontratual *(non cumul)*[54].

---

[51] GUENTHER TREITEL, *Remedies for Breach of Contract*, cit., pág. 58: *"no agreement to limit damages on this way can be implied to cover cases of 'fraud'"*.

[52] *Remedies for Breach of Contract*, cit., pág. 58. TREITEL encara a segunda tese com reserva, escrevendo: *"It is [...] hard to see how delictual liability can be said to arise in a case involving nothing more than a failure to perform an obligation"*.

[53] GENEVIÈVE VINEY informa-nos de que a assimilação do dolo e da culpa grave contribuiu para a desvalorização da regra do art. 1150 do código francês *"au point que l'on a pu parler d'une quasi-desuétude* [*Introduction à la responsabilité*, 2.ª ed., in: JACQUES GHESTIN (dir.), *Traité de droit civil*, LGDJ, Paris, 1995, págs. 304-305].

[54] Cf. FRANÇOIS TERRÉ/PHILIPPE SIMLER/YVES LEQUETTE, *Droit civil – Les obligations*, cit., pág. 507: *"On explique parfois autrement ce résultat, en disant qu'en cas de dol le débiteur engage sa responsabilité délicutelle et que cette dernière ne connaît pas la limitation de l'art. 1150. Mais cette explication paraît mauvaise; elle est contraire au principe du non-cumul de la responsabilité contractuelle et de la responsabilité délictuelle"*; sobre o concurso entre as responsabilidades contratual e extracontratual, vide, p. ex., TONY WEIR, *Complex liabilities*, cap. XII do vol. XI *(Torts)* da *International Encyclopedia of Comparative Law*, J. C. B. Mohr (Paul Siebeck)/Martinus Nijhoff, Tübingen/Dordrecht/Boston/Lancaster, 1983, págs. 24-39, em particular nas págs. 27-29 (sobre o direito civil francês).

III. COMPARAÇÃO ENTRE O CRITÉRIO DA CAUSALIDADE ADEQUADA E O PRINCÍPIO DA NÃO REPARAÇÃO DO DANO CONTRATUAL IMPREVISÍVEL

1. O art. 563.º do Código Civil português

Os dois Códigos Civis portugueses – de 1867 e de 1966 – distanciam-se do princípio da não reparação do dano contratual imprevisível[55].

O art. 707.º do Código Civil de 1867 declarava que "[s]ó podem ser tomados em conta de perdas e danos, as perdas e danos que necessariamente resultem da falta de cumprimento do contrato".

GOMES DA SILVA interpretava as disposições do primeiro Código Civil português associando os conceitos de causalidade e de previsibilidade.

O problema da conexão causal entre o facto e o dano ou prejuízo deveria reconduzir-se a um problema de interpretação ou integração da lei: "um facto [dir-se-ia] causa dum dano, para efeitos de responsabilidade civil, quando o [produzisse] pela forma que a lei tinha em vista ao considerar os factos da mesma espécie fontes de responsabilidade civil"[56].

Na responsabilidade fundada na culpa, o dever de indemnizar dirigir-se-ia exclusivamente aos "danos evitáveis e previsíveis":

> "como os danos que a lei manda reparar são os que, não obstante serem previsíveis e evitáveis, o agente causa, é preciso, para haver responsabilidade, que ele lhes tenha dado origem pela forma por que era previsível que esses danos se produzissem".

Na responsabilidade fundada no risco, o dever de indemnizar dirigir-se-ia exclusivamente aos danos "produzido[s] por aquele processo em

---

[55] Cf. JORGE FERREIRA SINDE MONTEIRO, "Responsabilidade civil: O novo Código Civil do Brasil face ao direito português, às reformas recentes e ás actuais discussões de reforma na Europa", in: *Revista brasileira de direito comparado*, n.º 23, 2.º semestre de 2002, págs. 153-166 (162-163): "Quer nos *Principles of European Contract Law* ('Comissão Lando'), quer no anteprojeto de um Código dos Contratos elaborado pelo chamado Grupo de Pavia, sob a orientação do Prof. Gandolfi, apenas é indemnizável o prejuízo previsível [...]. Ao passo que em Portugal entende-se que a culpa só tem de se referir à violação ou, como é vulgo dizer-se, a um primeiro dano. A partir daí, trata-se pura e simplesmente de uma questão de causalidade".

[56] MANUEL GOMES DA SILVA, *O dever de prestar e o dever de indemnizar*, vol. I, s/e., Lisboa, 1944, pág. 233.

relação ao qual o legislador entendeu que ela [*scl.:* a actividade desenvolvida] envolvia o perigo de produzir o mesmo dano"[57].

Opondo-se à tese de GOMES DA SILVA, PEREIRA COELHO contrapunha cuidadosamente os critérios da previsibilidade e da probabilidade.

O critério da previsibilidade obrigaria o intérprete a pronunciar-se sobre uma conexão *psicológica* ou *subjectiva* entre o agente e o dano; o critério da probabilidade acolhido na doutrina da causalidade adequada obrigá-lo-ia a pronunciar-se sobre uma conexão exclusiva ou essencialmente *objectiva* entre o acto e o dano: "o prejuízo [dir-se-ia] causado pelo facto quando ele surg[isse] ou *aparece[sse] como provável,* segundo o curso normal das coisas ou a regra da vida"[58].

O critério da previsibilidade do dano ou prejuízo conflituaria com a função "apenas reparadora" do direito da responsabilidade civil, o critério da probabilidade conciliar-se-ia ou harmonizar-se-ia com ela: "Se o fim do dever de indemnizar é aproximar a 'situação real' da 'situação hipotética' do lesado – então os prejuízos reparáveis devem ser aqueles que o lesado *provavelmente não sofreria se não fosse a lesão*"[59].

O estudo de PEREIRA COELHO encerrava com a proposta de uma alteração do direito civil então existente destinada a consagrar a doutrina da cuasalidade adequada:

"[d]izendo [...] o legislador, pelo menos, que os prejuízos causados são aqueles ´que o lesado provavelmente não teria sofrido se não fosse a lesão', nós cremos que esta fórmula – deixando nas mãos do julgador a necessária margem de livre apreciação – seria todavia uma luz a aclarar o caminho do intérprete"[60].

O art. 563.º do Código Civil de 1966 acolhe a proposta de PEREIRA COELHO determinando que "[a] obrigação de indemnizar só existe em relação aos danos que o lesado provavelmente não teria sofrido se não fosse a lesão".

O uso do advérbio "provavelmente" deixa claro que o legislador quis consagrar a doutrina da causalidade adequada – ou, pelo menos, o seu "pensamento fundamental"[61-62].

---

[57] Ob. cit., pág. 234.
[58] "O nexo de causalidade na responsabilidade civil", in: *Suplemento IX* ao *Boletim da Faculdade de Direito* [da Universidade de Coimbra], 1951, págs. 65-242 (212).
[59] Ob. cit., págs. 238.
[60] Ob. cit., pág. 242.
[61] Cf. JOÃO DE MATOS ANTUNES VARELA, *Das obrigações em geral*, vol. I, 10.ª ed., Livraria Almedina, Coimbra, 2000, págs. 898-901; MÁRIO JÚLIO DE ALMEIDA COSTA,

2. O critério da causalidade adequada

O "pensamento fundamental" da doutrina da causalidade adequada encerrar-se-á na seguinte tese:

"uma condição *[sine qua non]* só deve ser tida como causa do dano se, segundo a sua natureza geral, se revelar apropriada para o provocar"[63].

Entre as formulações destinadas a concretizá-lo e/ou esclarecê-lo destacam-se duas: a primeira – formulação positiva – diz-nos que a condição *sine qua non* será causa adequada do dano se, segundo a sua natureza geral, favorecer a sua produção; a segunda – formulação negativa – diz--nos que a resolução do problema da causalidade deve arrancar teoria da equivalência das condições: em regra, toda a condição *sine qua non* do dano deve ser considerada como sua causa; exceptuam-se os casos em que a condição, "segundo a sua natureza geral, era de todo indiferente para o surgir de um tal dano e só se tornou uma condição dele em em resultado de outras circunstâncias extraordinárias, sendo portanto inadequada para o dano em questão"[64-65].

Direito das obrigações, 8.ª ed., Livraria Almedina, Coimbra, 2000, págs. 697-701; RUI DE ALARCÃO, *Direito das obrigações*, policopiado, Coimbra, 1983, págs. 280-286; JORGE RIBEIRO DE FARIA, *Direito das obrigações*, vol. I, Livraria Almedina, Coimbra, 2001, págs. 494-508; INOCÊNCIO GALVÃO TELLES, *Direito das obrigações*, 7.ª ed., Coimbra Editora, Coimbra, 1997, págs. 408-410; FERNANDO PESSOA JORGE, *Ensaio sobre os pressupostos da responsabilidade civil*, Livraria Almedina, Coimbra, 1999 (reimpressão), págs. 403-413; e LUÍS MANUEL TELES DE MENEZES LEITÃO, *Direito das obrigações*, vol. I, Livraria Almedina, Coimbra, 2000, págs. 305-306; contra a tese interpretativa exposta, ANTÓNIO MENEZES CORDEIRO, *Da responsabilidade civil dos administradores das sociedades comerciais*, Lex, Lisboa, 1997, pág. 541 (dizendo que "o artigo 563.º do Código Civil, ao contrário do que se entende em decisões jurisdicionais, não impõe a causalidade adequada, como Direito vigente. De resto, nem faria sentido prescrever teorias obrigatórias")

[62] FRANCO FERRARI afirma que o teste da previsibilidade, adoptado no Código Civil francês, foi recebido "noutros ordenamentos inspirados nesse *Code*, como por exemplo no belga, no luxemburguês, no italiano e no português, assim como no suíço, ao menos por determinado período" ["Prevedibilità del danno e *contemplation rule*", in: *Contratto e impresa*, 1993, págs. 760-769 (764)]; no que concerne ao ordenamento jurídico português, a afirmação é inexacta e deve, por isso, ser corrigida.

[63] MANUEL DE ANDRADE, *Teoria geral das obrigações*, cit., pág. 355.

[64] Ob. e pág. cits..

[65] O interesse prático da distinção entre as duas formulações da teoria da causalidade adequada projecta-se na resolução de dois problemas: em primeiro lugar, "a fórmula

O juiz deveria apreciar a adequação ou a probabilidade objectiva do dano ou prejuízo atendendo às circunstâncias conhecidas pelo agente e às circunstâncias cognoscíveis por um observador experimentado no momento da prática do facto (juízo de prognose posterior objectiva)[66].

3. **Comparação entre os critérios da causalidade adequada e da previsibilidade**

RUI MOURA RAMOS e MARIA ÂNGELA BENTO SOARES desvalorizam a diferença entre os critérios da causalidade adequada e da previsibilidade.

Os dois autores declaram que o art. 74 da Convenção das Nações Unidas sobre os contratos de compra e venda internacional de mercadorias – colocando a cargo do devedor a obrigação de indemnizar os danos ou prejuízos "que [ele] previu ou devia ter previsto, no momento da conclusão do contrato, como consequência possível do incumprimento, tendo em conta as circunstâncias que então conhecia ou devia conhecer"[67] – se funda na doutrina ou teoria da causalidade adequada[68].

HANS STOLL encontra contudo uma diferença entre os dois critérios: o critério da causalidade adequada acolhido no direito civil alemão ampliaria a responsabilidade do devedor – apenas afastando o dever de indemnizar os danos cuja produção se encontrasse fora de toda a probabi-

---

de ENNECCERUS [*scl:* a formulação negativa] permite abranger os casos em que o facto não *aumenta* [não *favorece*], mas simplesmente *modifica* o círculo de riscos de verificação do dano". Em segundo lugar, "enquanto [a formulação positiva de] TRAEGER põe a cargo do lesado a prova da adequação, [a formulação negativa] ENNECCERUS põe a cargo do lesado [...] simplesmente a prova da condicionalidade, cumprindo depois ao lesante a prova da inadequação" (FRANCISCO MANUEL PEREIRA COELHO, *Obrigações*, policopiado, Coimbra, 1967, pág. 163).

[66] Cf. designadamente FRANCISCO MANUEL PEREIRA COELHO, "O nexo de causalidade na responsabilidade civil", cit., págs. 202-207.

[67] O texto em inglês do art. 74 da Convenção das Nações Unidas sobre os contratos de compra e venda internacional de mercadorias é este: *"Damages for breach of contract by one party consist of a sum equal to the loss, including loss of profit, suffered by the other party as a consequence of the breach. Such damages may not exceed the loss which the party in breach foresaw or ought to have foreseen at the time of the conclusion of the contract, in the light of the facts and matters of which he then knew or ought to have known, as a possible consequence of the breach of contract"* [extraído de PETER SCHLECHTRIEM (org.), *Commentary on the UN Convention on the International Sale of Goods (CISG)*, 2.ª ed., Oxford University Press, Oxford, 1998, pág. 552].

[68] *Contratos internacionais*, Livraria Almedina, Coimbra, 1986, pág. 201.

lidade *(outside the bonds of all probability)* –; o critério da previsibilidade acolhido no direito internacional restringi-la-ia[69].

O texto do comentário de HANS STOLL carece de um esclarecimento.

Os critérios da causalidade adoptados na Alemanha e em Portugal não coincidem: no direito civil português, a probabilidade do dano é apreciada atendendo às circunstâncias conhecidas pelo devedor ou cognoscíveis por por um observador experimentado *(erfahrener Beobachter)*[70]; no direito civil alemão, a probabilidade do dano é apreciada atendendo às circunstâncias conhecidas pelo devedor ou cognoscíveis por um observador excelente *(optimaler Beobachter)*[71].

PEREIRA COELHO descrevia-o – a esse *optimaler Beobachter* – como "um homem muito perspicaz, [como] o mais perspicaz dos homens"[72].

Interpretando-se a doutrina da causalidade adequada de acordo com o paradigma de um "observador quase omnisciente" *(optimaler Beobachter)*, a diferença entre os resultados da aplicação dos dois critérios é evidente[73]; interpretando-se a doutrina da causalidade adequada de acordo

---

[69] Comentário ao art. 74 da Convenção dad Nações Unidas sobre a venda internacional de mercadorias, in: PETER SCHLECHTRIEM (org.), *Commentary on the UN Convention on the International Sale of Goods (CISG)*, cit., pág. 567 (n. m. 34).

[70] O estudo de VAZ SERRA acerca do dever de indemnizar advogava a consagração expressa do critério do "observador experimentado" através de uma disposição legal com o seguinte teor: "Tomam-se em conta, para apreciação do nexo causal [...] as circunstâncias que o agente podia, na data do acto conhecer, assim como as que podiam, nessa data, ser conhecidas pelas pessoas *medianamente inteligentes e cuidadosas*, colocadas na situação dele, a não ser, quando esta segunda hipótese, que a responsabilidade suponha a culpa em concreto do dito agente" ["Obrigação de indemnização (Colocação. Fontes. Conceito e espécies de dano. Nexo causal. Extensão do dever de indemnizar. Espécies de indemnização). Direito de abstenção e de remoção", in: *Boletim do Ministério da Justiça*, n.º 84 (Março de 1959), págs. 5-301 (284-285)]. Embora não tenha ficado no Código Civil, o critério do "observador experimentado" é consensual [cf. JOÃO DE MATOS ANTUNES VARELA, *Das obrigações em geral*, vol. I, cit., pág. 892; MÁRIO JÚLIO DE ALMEIDA COSTA, *Direito das obrigações*, cit., pág. 698; RUI DE ALARCÃO, *Direito das obrigações*, cit., págs. 284-285; JORGE RIBEIRO DE FARIA, *Direito das obrigações*, vol. I, cit., págs. 504-505].

[71] Cf. OTTO VON PALANDT/HELMUT HEINRICHS, *Bürgerliches Gesetzbuch,*, 61.ª ed., C. H. Beck, München, 2002, anotação preliminar ao § 249, pág. 282 (n. m. 60); HANS BROX/WOLF-DIETRICH WALKER, *Allgemeines Schuldrecht*, 29.ª ed., C. H. Bcck, München, 2003, págs. 314-315 (n. m. 9); DIETER MEDICUS, *Schuldrecht I – Allgemeiner Teil*, 13.ª ed., C. H. Beck, München, 2002, pág. 276 (n. m. 598).

[72] *O problema da causa virtual na responsabilidade civil*, Livraria Almedina, Coimbra, 1998 (reimpressão), pág. 171, nota n.º 1.

[73] Cf. ERNST VON CAEMMERER, "Das Problem von Kausalzusammenhangs im Privatrecht", in: *Gesammelte Schriften*, vol. I, J. C. B. Mohr (Paul Siebeck), Tübingen,

com o paradigma – mais razoável[74] – de um "observador experimentado" *(erfahrener Beobachter)*, a diferença entre os resultados da aplicação dos dois critérios não é de forma nenhuma clara – nem muito menos evidente.

Os estudos de HONORÉ e de TREITEL na *International Encyclopedia of Comparative Law* acentuam três diferenças entre a doutrina da causalidade adequada e a doutrina da previsibilidade[75].

Em primeiro lugar, o critério da causalidade adequada exigiria uma apreciação abstracta e objectiva da probabilidade do dano ou prejuízo; o critério da previsibilidade, uma apreciação concreta e subjectiva[76-77].

Em segundo lugar, o juízo acerca da previsibilidade do dano exigido pelo art. 74 da Convenção das Nações Unidas sobre a venda internacional de mercadorias reporta-se às circunstâncias conhecidas ou cognoscíveis pelo devedor aquando da conclusão do contrato[78]; o juízo acerca da pro-

---

1968, págs. 395-410; JORGE RIBEIRO DE FARIA, *Direito das obrigações*, vol. I, cit., pág. 504: "o entendimento do BGH [*scl.*: do Supremo Tribunal Federal alemão] [...] toma para base do juízo de adequação o entendimento de um observador quase omnisciente, [...] de tal forma que o limite da teoria da causalidade adequada, face à tese da equivalência das condições, perdeu mesmo nitidez".

[74] Cf. KARL LARENZ, *Lehrbuch des Schuldrechts*, vol. I *(Allgemeiner Teil)*, 14.ª ed., C. H. Beck, München, 1987, págs. 439 s. (§ 27 III); HERMANN LANGE, *Schadensersatz*, 2.ª ed., in: JOACHIM GERNHUBER (org.), *Handbuch des Schuldrechts*, J. C. B. Mohr (Paul Siebeck), Tübigen, 1990, pág. 95 (§ 3, VI); DIETER MEDICUS, *Schuldrecht I – Allgemeiner Teil*, cit., pág. 276 (n. m. 598).

[75] TONY HONORÉ, *Causation and Remoteness of Damage*, Cap. 7 do vol. XI *(Torts)* da *International Encyclopedia of Comparative Law*, J. C. B. Mohr (Paul Siebeck)/Mouton/Oceana Publications Inc., Tübingen/The Hague/Paris/New York, 1971, págs. 49-60 (esp. págs. 55-58); GUENTHER TREITEL, *Remedies for Breach of Contract*, cit., págs. 67-68.

[76] Cf. TONY HONORÉ, *Causation and Remoteness of Damage*, cit., pág. 56: *"Under the foreseeability theory in its crude form subjective foreseeability of the harm is required. The alleged tortfeasor must have been able himself to foresee the harm, or must actually have foreseen it"*.

[77] CARNEIRO DA FRADA di-lo de uma forma clara e expressiva: "o critério da previsibilidade tem arrancar do horizonte do sujeito, ao passo que o da adequação parece apelar antes de tudo a um juízo de normalidade de cariz objectivo, não condicionado por aquele horizonte" (*Teoria da confiança e responsabilidade civil*, Livraria Almedina, Coimbra, 2004, pág. 319, nota n.º 306).

[78] O art. 1150 do Código Civil francês e o art. 1225 do Código Civil italiano deixam claro que o juízo de previsibilidade há-de referir-se ao momento da conclusão do contrato (ou da constituição da obrigação): no art. 1150 do Código Civil francês empregam-se os termos "por ocasião do contrato" *("lors du contrat")*; no art. 1225 do Código Civil italiano, os termos "no momento em que a obrigação se constituiu" *("nel tempo in cui è sorta l'obbligazione")*: A expressão "tempo em que a obrigação se constituiu" designa o momento em que "ocorre um daqueles factos (como por exemplo o contrato) de que ela pode deri-

babilidade do dano ou prejuízo exigido pela doutrina da causalidade adequada reporta-se às circunstâncias conhecidas ou cognoscíveis pelo devedor aquando do facto ilícito: aquando do incumprimento[79].

Em terceiro lugar, o critério da causalidade adequada aplica-se independentemente da forma e do grau de culpa do devedor – independentemente de o devedor actuar com dolo ou com mera culpa (negligência) e, na segunda hipótese, na hipótese de mera culpa ou de negligência, independentemente a culpa ser grave ou leve –; o critério da previsibilidade não se aplica independentemente da forma ou grau de culpa do devedor: existindo dolo ou com culpa grave, o devedor deverá há-de indemnizar o credor de todos os danos decorrentes do incumprimento – sejam eles previsíveis, sejam eles imprevisíveis.

O alcance da primeira diferença – apreciação abstracta e objectiva da adequação ou da probabilidade *vs.* apreciação concreta e subjectiva da previsibilidade do dano ou prejuízo – é hoje extremamente reduzido[80].

Os tribunais franceses, italianos e ingleses pronunciam-se sobre a previsibilidade ou imprevisibilidade do dano recorrendo ao critério (abstracto e objectivo) dos riscos "que um *devedor normal, colocado nas mesmas circunstâncias, podia e devia tomar em consideração*"[81-82].

---

var *(il tempo in cui è posto in essere uno di quei fatti (contrato, ecc.) da cui essa può derivare)*" [cf. ADRIANO DE CUPIS, *Il danno – Teoria generale della responsabilità civile*, vol. I, 3.ª ed., Giuffrè, Milano, 1979, pág. 285; ALBERTO TRABBUCHI, *Instituzioni di diritto civile*, 33.ª ed., CEDAM, Padova, 1992, pág. 525, nota n.º 1; GIOVANNA VISINTINI, "L'inadempimento delle obbligazioni: risarcimento del danno", cit., págs. 209-210]. Enquanto em França "não foi nunca contestado que o carácter previsível ou imprevisível do dano deve apreciar-se no momento da conclusão do contrato e não no momento fixado para o cumprimento" (cf. GENEVIÈVE VINEY, *La responsabilité: efets*, cit., pág. 424), em Itália discute-se se ele deve apreciar-se no momento da conclusão do contrato ou no momento em que o devedor é colocado "perante a escolha entre cumprir e não cumprir" (ALESSANDRA PINORI, "Prevedibilità del danno", cit., pág. 141).

[79] TREITEL considera que a "deslocação" do juízo acerca da previsibilidade ou da probabilidade da data da conclusão do contrato para a data do facto ilícito – para a data do incumprimento do contrato – funciona geralmente em favor do credor, reduzindo o grau de protecção proporcionado ao devedor pelo critério da causalidade adequada (*Remedies for Breach of Contract*, cit., pág. 68).

[80] HONORÉ admite-o escrevendo que *"in most systems objective foreseeability is now regarded as enough"* (*Causation and Remoteness of Damage*, cit., pág. 56).

[81] GENEVIÈVE VINEY, *La responsabilité: effets*, cit., pág. 432.

[82] HANS STOLL confirma-o no seu comentário ao art. 74 da Convenção das Nações Unidas sobre a venda internacional de mercadorias: o critério da previsibilidade contém um "elemento empírico" e um "elemento normativo", responsabilizando o contraente faltoso "pelas consequências que ele não previu, mas que uma pessoa razoável na sua posição

O acórdão da *Corte di Cassazione* italiana de 21 de Maio de 1993 (n.º 5778) atribui explicitamente ao art. 1225 a função de exigir "um juízo sobre a provável ocorrência futura [de um dano] a apreciar em conformidade com a imagem de um homem de normal diligência"[83].

Exigindo-se ao juiz a apreciação abstracta e objectiva da previsibilidade, o contraste entre os critérios da causalidade adequada e da previsibilidade cingir-se-á "a aspectos pouco menos que residuais"[84].

PEREIRA COELHO reconhecia-o sustentando que "falar em 'previsibilidade pelo homem-médio' é vasar já o conceito de previsibilidade em moldes abertamente objectivos, é já desnaturar por completo o conteúdo subjectivo (psicológico) de previsibilidade, que neste sentido não é mais que a 'probabilidade objectiva' com que a nossa doutrina joga"[85].

O alcance da terceira diferença entre os critérios da causalidade adequada e da previsibilidade – irrelevância *vs.* relevância do dolo – exige a distinção estrita entre dois grupos de casos: (i) no caso de o devedor actuar com a consciência e/ou com a intenção de causar o dano, os dois critérios conduzem a resultados concordantes[86]; (ii) no caso de o devedor actuar tão-só com a consciência e/ou com a intenção de infringir o dever contra-

---

poderia prever no momento da conclusão do contrato" [in: PETER SCHLECHTRIEM (org.), *Commentary on the UN Convention on the International Sale of Goods (CISG)*, cit., pág. 568 (n. m. 36)]

[83] *Apud* GIOVANNI VALCAVI, "Una chiara puntualizzazione in tema di prevedibilitá del danno da colpa contrattuale", in: *Rivista di diritto civile*, 1994, págs. 755-759 (757).

[84] Cf. MANUEL CARNEIRO DA FRADA, *Teoria da confiança e responsabilidade civil*, cit., pág. 319, nota n.º 306.

[85] "O nexo de causalidade na responsabilidade civil", cit., pág. 213.

[86] Cf. OTTO VON PALANDT/HELMUT HEINRICHS, *Bürgerliches Gesetzbuch*,, cit., anotação preliminar ao § 249, pág. 282 (n. m. 60); HERMANN LANGE, *Schadensersatz*, cit., pág. 99 (§ 3, VII); e, encarando com alguma reserva o abandono do critério da adequação em caso de dolo, WOLFGANG GRUNSKY, in: *Münchener Kommentar zum Bürgerlichen Gesetzbuch*, vol. II (§§ 241-432), 3.ª ed., C. H. Beck, München, 1994, pág. 366 (n. m. 41a). MANUEL DE ANDRADE afirma que "o devedor será responsável pelos danos que efectivamente previu ou até tenha querido provocar, mesmo que porventura o inadimplemento constitua para esses danos uma causa inadequada" (*Teoria geral das obrigações*, cit., pág. 363); criticando os termos empregues no texto de MANUEL DE ANDRADE, FRANCISCO MANUEL PEREIRA COELHO esclarece que "[o] dolo do lesante relativamente a certo prejuízo não é *em si mesmo* motivo bastante para que esse prejuízo seja considerado causado pelo facto do lesante. *Em si mesmo:* pois o dolo traduz-se sempre – é esse o seu 'momento intelectual' – em o lesante conhecer certas condições e circunstâncias – e isso tudo é [...] tomado em conta na nossa doutrina, porque tudo isso serve de base ao juízo de probabilidade" ("O nexo de causalidade na responsabilidade civil", cit., pág. 236, nota n.º 1).

tual (sem a consciência e a intenção de causar o dano), os dois critérios conduzem a resultados discordantes: o art. 1150 do Código Civil francês e o art. 1225 do Código Civil italiano responsabilizam-no por todos os danos – incluindo os danos imprevisíveis –; o art. 563.º do Código Civil português não o responsabiliza, porém, pelos danos improváveis.

IV. CRÍTICA DO PRINCÍPIO DA NÃO REPARAÇÃO DO DANO CONTRATUAL IMPREVISÍVEL

Esclarecidas as diferenças entre os dois critérios deve apreciar-se a conveniência ou oportunidade de abandonar ou de complementar o critério da causalidade adequada do art. 563.º do Código Civil.

CARNEIRO DA FRADA propôs-se recentemente recuperar o princípio da não reparação do dano contratual imprevisível dos direitos de *Common Law*, relacionando-o com um "entendimento funcional do plano indemnizatório com respeito à relação de prestar instituída pelas partes".

Os deveres primários de prestação concretizariam o plano ou programa de relacionamento específico entre os sujeitos da relação obrigacional; os deveres secundários de indemnização encontrar-se-iam – ou deveriam encontrar-se – em consonância com esse plano ou programa: "se a responsabilidade decorre de um relacionamento específico entre sujeitos (*maxime*, [de um relacionamento] obrigacional) deve[ria] ficar aberta a possibilidade de ponderar valorativa e teleologicamente a sua natureza e circunstâncias, de modo a fazer obedecer a medida da responsabilidade a uma distribuição equilibrada dos riscos desse relacionamento"[87].

O critério da causalidade adequada constituiria um "crivo demasiado largo"; o critério da previsibilidade estreitá-lo-ia, concedendo ao aplicador do direito a oportunidade de determinar a extensão do dever de indemnizar de acordo com "ponderações teleológico-valorativas"[88].

O recurso a "ponderações teleológico-valorativas" para delimitar a extensão do dever de indemnizar afigura-se-nos correcto; o regresso ao

---

[87] *Teoria da confiança e responsabilidade civil*, cit., pág. 321.
[88] Ob. cit., pág. 120: "haverá de compreender-se que, considerando demasiado largo o crivo da causalidade adequada, se reclame a previsibilidade dos danos derivados do incumprimento contratual para o devedor, assim como reconhecer-se pelo menos uma ponta de verdade no pensamento que busca a fundamentação da respectiva ressarcibilidade numa tácita assunção de riscos pelo devedor".

princípio da não reparação do dano contratual imprevisível causa-nos, porém, duas reservas: a primeira relaciona-se com a dificuldade de explicar e/ou de justificar a diferença entre as regras aplicáveis aos danos previsíveis e imprevisíveis; a segunda, com a dificuldade de realizar adequadas "ponderações teleológico-valorativas" no quadro do art. 7.4.4. dos Princípios relativos aos Contratos Comerciais Internacionais ou do art. 9:503 dos Princípios de Direito Europeu dos Contratos.

Em primeiro lugar, a concepção subjectivista do critério da previsibilidade colide com as regras de uma "argumentação aberta"[89] – explicando e/ou justificando a diferença entre as regras aplicáveis aos danos previsíveis e aos danos imprevisíveis através da ficção de um "acordo implícito" entre os sujeitos da relação obrigacional[90-91] –; a concepção objectivista desse critério [atribuindo ao princípio da não reparação do dano contratual imprevisível o significado de princípio da não reparação do "dano (contratual) extrínseco"] colide com as regras legais: os "danos intrínsecos" são sempre ou quase sempre danos previsíveis; os "danos extrínsecos" não são sempre danos imprevisíveis.

Em segundo lugar, o princípio da não reparação do dano contratual imprevisível carece de correcção ou de esclarecimento em dois casos: o primeiro é o de o plano ou programa de relacionamento específico entre os sujeitos da relação obrigacional resultante do contrato onerar o devedor com o risco de danos ou prejuízos imprevisíveis[92]; o segundo é o de ele desonerar o devedor do risco de danos previsíveis[93].

---

[89] Sobre o uso de "cripto-argumentos" e de ficções, *vide* PAULO DA MOTA PINTO, *Declaração tácita e comportamento concludente no negócio jurídico*, Livraria Almedina, Coimbra, 1995, págs. 71-155 (esp. págs. 147-148).

[90] Cf. JEAN CARBONNIER, *Droit civil – Les obligations*, 21.ª ed., PUF, Paris, 1998, p. 289-290: "*Cette limitation de la responsabilité au dommage prévisible paraît se rattacher à la notion même de contrat: la satisfaction dont le créancier se trouve privé n'était pas entrée dans le champ des volontés contractuelles*".

[91] Entre os críticos da tese do "acordo implícito", deve destacar-se GIOVANNA VISINTINI, "L'inadempimento delle obbligazioni: risarcimento del danno", cit., pág. 211, nota n.º 69; e C.MASSIMO BIANCA, *Diritto civile*, vol. V, cit., págs.. 153-154.

[92] Cf. PATRICK S. ATIYAH, *An Introduction to the Law of Contract*, cit., pág. 466: "*Some contracts, for instance, may be of a risk-allocation character, and the risks allocated may be of a general or even all-embracing kind. Then unforeseeable results must fall within the risks assumed*".

[93] Cf. HANS STOLL, comentário ao art. 74 da Convenção dad Nações Unidas sobre a venda internacional de mercadorias, in: PETER SCHLECHTRIEM (org.), *Commentary on the UN Convention on the International Sale of Goods (CISG)*, cit., pág. 567 (n. m. 34): se a interpretação razoável do contrato demonstrasse que as partes não pretenderam que o deve-

HANS STOLL esforça-se por resolver o problema assinalando ao art. 74 da Convenção das Nações Unidas uma função secundária ou subordinada relativamente à interpretação das cláusulas contratuais: as intenções explícitas ou implícitas dos contraentes deveriam prevalecer sempre[94].

O raciocínio de STOLL evoca irresistivelmente a chamada doutrina do fim de protecção do dever jurídico infringido *(Schutzzwecklehre)*.

MENEZES CORDEIRO e MENEZES LEITÃO apresentam a doutrina do fim de protecção do dever jurídico infringido como um critério apropriado de resolução dos problemas da causalidade[95]; ANTUNES VARELA assinala-lhe exclusivamente a função de auxiliar o aplicador do direito "na resolução das dúvidas suscitadas quanto à existência, em algumas espécies, quer da ilicitude, quer do nexo de causalidade"[96]; SINDE MONTEIRO esforça-se por compatibilizar ou conciliar as doutrinas da causalidade adequada e do fim de protecção: "[c]omo nenhuma das teorias exclui a outra, mas antes procuram alcançar uma delimitação materialmente adequada do dano a partir de pontos de vista diferentes, parece[ria] razoável, em tese geral, a utilização, um ao lado do outro, de ambos os critérios"[97].

Inspirando-se na *contemplation rule* de *Hadley v. Baxendale*[98], a doutrina do fim de protecção do dever jurídico infringido conduzirá aplicador do direito a contrapor ou distinguir os interesses protegidos e os interesses não protegidos pelo contrato recorrendo à integração ou à interpretação complementadora *(ergänzende Vertragsauslegung)*[99].

---

dor respondesse por determinados danos, o credor não poderia pretender a sua reparação, "mesmo que tivessem sido efectivamente previstos pela parte em falta ou fossem pelo menos subjectivamente previsíveis".

[94] Ob. cit., págs. 554-555 (n. m. 4).

[95] Cf. ANTÓNIO MENEZES CORDEIRO, *Da responsabilidade civil dos administradores das sociedades comerciais*, cit., págs. 532-548; LUÍS MENEZES LEITÃO, *Direito das obrigações*, vol. I, cit., pág. 306.

[96] *Das obrigações em geral*, vol. I, cit., pág. 902.

[97] *Responsabilidade por conselhos, recomendações ou informações*, Livraria Almedina, Coimbra, 1989, pág. 271.

[98] Cf. PETER SCHLECHTRIEM, *Schuldrecht – Allgemeiner Teil*, 5.ª ed., J. C. B. Mohr (Paul Siebeck), Tübingen, 2003, pág. 129, nota n.º 122: "[a] doutrina do fim de protecção arranca da regra de limitação da responsabilidade do direito anglo-saxónico por que se adstringe o devedor de uma obrigação contratual a compensar o credor dos danos que se encontravam *within the contemplation of the parties* aquando da conclusão do contrato".

[99] Sobre o conceito de "interpretação complementadora", *vide* ANTÓNIO MENEZES CORDEIRO *Tratado de direito civil português*, vol. I *(Parte geral)*, tomo I, Livraria Almedina, Coimbra, 1999, págs. 493 ss.; CARLOS FERREIRA DE ALMEIDA, *Texto e enunciado na*

Os danos decorrentes da lesão de interesses do credor protegidos através do contrato seriam indemnizáveis; os danos decorrentes da lesão de interesses do credor não protegidos pelo contrato não o seriam[100].

O n.º 4 do art. 162 do anteprojecto de Código Europeu dos Contratos exprime de forma apropriada a doutrina do fim de protecção do dever jurídico infringido restringindo a responsabilidade do devedor aos danos ou prejuízos que devam razoavelmente reconduzir-se à esfera de risco assumida implicitamente aquando da conclusão do contrato.

SINDE MONTEIRO considera o art. 7.4.4. dos Princípios relativos aos Contratos Comerciais Internacionais, o art. 9:503 dos Princípios de Direito Europeu dos Contratos e o n.º 4 do art. 162 do anteprojecto de Código Europeu dos Contratos como disposições equivalentes destinadas a consagrar o princípio da não reparação dos danos imprevisíveis[101].

Entre os três instrumentos encontrar-se-á contudo a seguinte diferença: o n.º 4 do art. 162 do anteprojecto de Código Europeu dos Contratos exige de uma forma directa que o aplicador do direito aprecie os danos por que o devedor assumiu implicitamente a responsabilidade através de "ponderações teleológico-valorativas"; o art. 7.4.4. dos Princípios relativos aos Contratos Comerciais Internacionais e o art. 9:503 dos Princípios de Direito Europeu dos Contratos só o exigem de forma indirecta, acolhendo um critério cujos resultados têm de ser controlados ou corrigidos através da interpretação e/ou integração do contrato.

O uso de uma fórmula análoga à do n.º 4 do art. 162 do anteprojecto coordenado por GIUSEPPE GANDOLFI no "quadro comum de referência" coadunar-se-ia assim com o "papel principal" que lhe foi assinalado pela Comissão Europeia: a saber, o de "melhorar a qualidade e a coerência [...] dos instrumentos legais na área do direito dos contratos"[102].

---

teoria do negócio jurídico, vol. I, Livraria Almedina, Coimbra, págs. 221-224 (reconduzindo a "interpretação complementadora" à integração).

[100] Cf. HERMANN LANGE, *Schadensersatz*, cit., págs. 108-109. LANGE admite ainda uma limitação da responsabilidade através da consideração do tipo de contrato *(Vertragstypus)*: assim, p. ex., nos contratos concluídos em massa *(bei versachlichten und massenweise abgeschlossenen Verträgen im Wirtschaftsverhehr)*, o dever de indemnizar haveria de cingir-se aos danos patrimoniais – "a contraparte [...] deveria contar com uma perturbação do contrato e preparar-se psicologicamente para ela" (ob. cit., pág. 113).

[101] "Responsabilidade civil: O novo Código Civil do Brasil face ao direito português, às reformas recentes e ás actuais discussões de reforma na Europa", cit., págs. 162-163.

[102] Cf. "Comunicação da Comissão ao Parlamento Europeu e ao Conselho – O direito europeu dos contratos e a revisão do acervo: o caminho a seguir", cit., pág. 3.

ANÁLISE DO VÍNCULO JURÍDICO DO ÁRBITRO EM ARBITRAGEM VOLUNTÁRIA *AD HOC*[1]

PEDRO ROMANO MARTINEZ
Professor da Faculdade de Direito da Universidade de Lisboa

SUMÁRIO: I. Introdução. II. Composição do Tribunal Arbitral. 1. Diferentes hipóteses. 2. Designação de árbitro. 3. Natureza da designação de árbitro. 4. Inadmissibilidade do contrato de árbitro. 5. Adesão do árbitro à convenção de arbitragem. 6. Responsabilidade do árbitro.

I. INTRODUÇÃO

Na ordem jurídica portuguesa, de modo relativamente amplo em confronto com outros sistemas jurídicos, permite-se que as partes recorram à arbitragem para dirimir determinados litígios, indicando um ou mais árbitros a quem conferem o poder de tomar uma decisão.

Como resulta do regime da Lei n.º 31/86, de 29 de Agosto, atendendo à autonomia privada, permite-se o ajuste de um compromisso arbitral ou de uma cláusula compromissória, nos termos dos quais as partes pretendam dirimir um litígio actual ou um litígio eventual emergente de determinada relação jurídica (art. 1.º, n.º 2, da Lei n.º 31/86).

---

[1] Nesta homenagem ao meu colega e saudoso amigo, Prof. Doutor ANTÓNIO MARQUES DOS SANTOS, que prematuramente nos deixou, optei por escrever breves linhas sobre um tema que constituía uma das suas áreas de eleição: a arbitragem. Apesar de o tema impor uma análise mais profunda, não me sendo, neste momento, possível enveredar por tal investigação, considerei que seria preferível associar-me à homenagem com este pequeno estudo, relembrando, em particular, o proveito que retirei das inúmeras trocas de impressões no Conselho Científico da Faculdade de Direito de Lisboa, onde, invariavelmente, me sentava à esquerda do Prof. MARQUES DOS SANTOS.

Em qualquer dos casos, por via da convenção de arbitragem, existindo um litígio e delimitado o respectivo objecto, pode ser conferido a particulares – árbitros – o poder de tomar uma decisão, com força idêntica à de uma sentença de um tribunal judicial. Além de se cometer aos árbitros o poder de dirimir um litígio – situação mais usual –, nada obsta a que as partes acordem que cabe aos árbitros a função de «precisar, completar, actualizar ou mesmo rever os contratos ou as relações jurídicas que estão na origem da convenção de arbitragem» (art. 1.º, n.º 3, da Lei n.º 31/86).

Neste breve estudo pretende-se tão-só aludir à natureza jurídica do vínculo por via do qual o árbitro (ou árbitros) fica habilitado a proferir uma decisão com força idêntica à de uma decisão judicial ou a exercer qualquer das actividades exemplificativamente indicadas no n.º 3 do art. 1.º da Lei n.º 31/86. Por via de regra, os estudos sobre a arbitragem têm vista analisar a validade da convenção de arbitragem, o Direito aplicável, a competência dos árbitros e o valor da decisão arbitral[2]; sem ter em conta

---

[2] Os estudos sobre a arbitragem analisando estes aspectos são em número elevado, podendo indicar-se, a título exemplificativo: FRANCISCO CORTEZ, «A Arbitragem Voluntária em Portugal. Dos "Ricos Homens" aos Tribunais Privados», *Revista da Ordem dos Advogados*, Ano 1992, III, pp. 365 e ss. e IV, pp. 541 e ss.; CARVALHO FERNANDES, «Dos Recursos em Processo Arbitral», *Estudos em Homenagem ao Prof. Doutor Raúl Ventura*, Volume II, *Direito Comercial, Direito do Trabalho, Vária*, Lisboa, 2003, pp. 139 e ss.; LEBRE DE FREITAS, «Algumas Implicações da Natureza da Convenção de Arbitragem», *Estudos em Homenagem à Prof.ª Doutora Isabel de Magalhães Collaço*, Almedina, Coimbra, 2002, pp. 625 e ss; LIMA PINHEIRO, «Convenção de Arbitragem (Aspectos Internos e Transnacionais)», *Revista da Ordem dos Advogados*, Ano 64 (2004), I/II, pp. 125 e ss.; MARQUES DOS SANTOS, «Nota sobre a Nova Lei Portuguesa relativa à Arbitragem Voluntária», *Estudos de Direito Internacional Privado e de Direito Processual Civil Internacional*, Almedina, Coimbra, 1998, pp. 255 e ss. e «Arbitragem no Direito do Consumo», *Estudos do Instituto de Direito do Consumo*, Volume I, Almedina, Coimbra, 2002, pp. 281 e ss.; BOTELHO DA SILVA, «Pluralidade de Partes em Arbitragens Voluntárias», *Estudos em Homenagem à Prof. Doutora Isabel Magalhães Collaço*, vol. II, Almedina, Coimbra, 2003, pp. 499 e ss. e *Arbitragem Voluntária. A Hipótese da Relatividade da Posição do Árbitro perante o Direito de Conflitos de Fonte Estatal*, Almedina, Coimbra, 2004; PAULA COSTA E SILVA, «Anulação e Recursos da Decisão Arbitral», *Revista da Ordem dos Advogados*, Ano 52 (1992) III, pp. 893 e ss., «Os Meios de Impugnação de Decisões Proferidas em Arbitragem Voluntária no Direito Interno Português», *Revista da Ordem dos Advogados*, Ano 56 (1996) I, pp. 179 e ss. e «A Arbitrabilidade de Medidas Cautelares», *Revista da Ordem dos Advogados*, Ano 63 (2003) I/II, pp. 211 e ss.; TEIXEIRA DE SOUSA, «A Recorribilidade das Decisões Arbitrais, Anotação ao Acórdão do Supremo Tribunal de Justiça de 15 de Janeiro de 1987, *O Direito*, Ano 120 (1988) III-IV, pp. 561 e ss.; RAÚL VENTURA, «Convenção de Arbitragem», *Revista da Ordem dos Advogados*, Ano 46 (1986), II, pp. 289 e ss.; MOURA VICENTE, «A Convenção de Bruxelas de 27 de Setembro de 1968, Relativa à Competência

estes aspectos, de indiscutível relevância, atender-se-á unicamente à situação jurídica do árbitro na relação com as partes litigantes.

II. COMPOSIÇÃO DO TRIBUNAL ARBITRAL

1. Diferentes hipóteses

No que respeita à composição do tribunal, as partes têm liberdade de optar por vários modelos: desde o árbitro único à pluralidade de árbitros, podendo a escolha ser das partes ou de terceiro. Como resulta do art. 6.º, n.º 1, da Lei n.º 31/86, «o tribunal arbitral poderá ser constituído por um único árbitro ou por vários, em número ímpar».

Na hipótese que se pode considerar paradigmática, e que constitui o regime subsidiário, o tribunal será composto por três árbitros (art. 6.º, n.º 2, da Lei n.º 31/86); nesse caso, cada uma das partes escolhe um árbitro – razão pela qual estes são, não raras vezes, designados árbitros de parte –, cabendo aos dois árbitros a escolha do terceiro, que, por via de regra, será o árbitro presidente.

Mas, na prática, encontram-se outras hipóteses, com conteúdos variados. Por vezes, a designação do árbitro único já consta da cláusula compromissória; é frequente que as partes remetam a nomeação dos árbitros para uma instituição credível ou que façam a escolha de entre uma lista previamente conhecida; também ocorre a hipótese de as partes optarem por ser um tribunal judicial a escolher o árbitro. Em suma, qualquer indicação de situações será necessariamente exemplificativa, podendo a composição do tribunal e a escolha dos árbitros dependerem de múltiplos factores.

---

e à Execução de Decisões em Matéria Civil e Comercial e a Arbitragem», *Revista da Ordem dos Advogados*, Ano 56 (1996) II, pp. 595 e ss. e «A Manifestação do Consentimento na Convenção de Arbitragem», *Revista da Faculdade de Direito da Universidade de Lisboa*, Volume XLIII (2002), n.º 2, pp. 987 e ss.

Sobre os regimes particulares de arbitragem desportiva e no âmbito laboral colectivo, veja-se MENDES BAPTISTA, «Arbitragem Desportiva. Tribunal Competente para o Conhecimento de Anulação de Decisão Arbitral», *Revista do Ministério Público*, n.º 87 (2001), pp. 125 e ss.; GONÇALVES DA SILVA, «Traços Gerais da Arbitragem Obrigatória», *VII Congresso Nacional de Direito do Trabalho*, Almedina, Coimbra, 2004, pp. 245 e ss.; MOURA VICENTE, «Arbitragem de Conflitos Colectivos de Trabalho», *Estudos do Instituto de Direito do Trabalho*, Volume IV, Almedina, Coimbra, 2003, pp. 249 e ss.

2. Designação de árbitro

O árbitro ou os árbitros terão de ser designados pelas partes, podendo constar da convenção de arbitragem ou de escrito posterior o modo como os árbitros serão escolhidos (art. 7.°, n.° 1, da Lei n.° 31/86). Nada obsta a que os árbitros sejam seleccionados por terceiros e, frequentemente, um deles é escolhido pelos árbitros previamente designados pelas partes ou por terceiros. Como se referiu, na situação paradigmática, que corresponde à regra supletiva (art. 7.°, n.° 2, da Lei n.° 31/86), as partes designam, cada uma, um árbitro e estes escolhem o terceiro árbitro.

No caso de árbitro único basta a designação de uma pessoa; havendo pluralidade de árbitros, o tribunal só se constitui depois de terem sido designados todos os árbitros que o compõem.

3. Natureza da designação de árbitro

I. Se uma das partes, com base na convenção de arbitragem, pretende designar um árbitro, fará uma proposta a essa pessoa e, havendo aceitação, designá-la-á árbitro. Daqui se poderia inferir a existência de um contrato de árbitro, em que determinada pessoa aceitava a incumbência, que lhe fora proposta, de assumir as funções de árbitro; o contrato resultaria, pois, da proposta da parte (ou de terceiro se era a este que cabia a designação) e da aceitação pelo árbitro. Na eventualidade de árbitro único a designação resultaria de uma proposta feita pelas duas partes, em consequência do acordo de escolha entre elas ajustado, e a correspondente aceitação do árbitro indigitado.

Ainda que a designação do árbitro implique uma proposta (da parte ou de terceiro) e uma aceitação (do árbitro), as duas declarações negociais não consubstanciam um verdadeiro contrato; por vezes designado contrato de árbitro.

II. O árbitro ou árbitros que compõem o tribunal arbitral serão necessariamente pessoas singulares, pois a arbitragem é incompatível com a designação de uma pessoa colectiva para árbitro.

A inadmissibilidade de designação de uma pessoa colectiva como árbitro não resulta do facto de se estar perante uma função que é atribuída *intuitu personae*, pois o carácter pessoal é compatível com a realização da prestação por parte de uma pessoa colectiva (por exemplo, uma sociedade pode ser incumbida de fazer uma tradução, um programa de computador ou até uma intervenção cirúrgica). Por outro lado, o árbitro não tem de ser pessoa singular porque desempenha uma actividade intelectual, na medida em que as pessoas colectivas também podem ser incumbidas de desempenhar actividades intelectuais (*v. g.*, um estudo científico sobre as repercussões de um medicamento solicitado a uma sociedade farmacêutica). A razão de ser da imperiosidade de o árbitro ser uma pessoa singular tem que ver com a atribuição da função de julgar e com a consequente necessidade de imparcialidade, que justifica a identificação do árbitro com o juiz relativamente a impedimentos e escusas (art. 10.º, n.º 1, da Lei n.º 31/86).

4. Inadmissibilidade do contrato de árbitro

I. A relação contratual que se possa estabelecer com o árbitro (ou árbitros), apesar de poder assentar em declarações negociais que, aparentemente, correspondem a uma proposta e a uma aceitação, enferma de várias falhas para se poder qualificar como um contrato (autónomo) de árbitro.

Nos pontos seguintes indicam-se alguns aspectos que, com maior ou menor relevância, podem, no seu conjunto, constituir um óbice a que se qualifique como contrato de árbitro a relação jurídica em que os árbitros se inserem.

II. No art. 209.º da Constituição, como categoria de tribunais, incluem-se os tribunais arbitrais, aos quais são, pois, incumbidas funções de julgar, e, no art. 10.º, n.º 1, da Lei n.º 31/86, a propósito de impedimentos e recusas dos árbitros, remete-se para «o regime de impedimentos e escusas estabelecido na lei de processo civil para os juízes». Apesar de não se equipararem os árbitros aos juízes, nem sequer se ficcionar uma similitude, atendendo à mencionada remissão para um regime aplicável aos juízes, resulta que os árbitros se integram num paradigma similar ao dos juízes; isto é, estão sujeitos a determinados requisitos de isenção e de imparcialidade.

Na medida em que os árbitros, tal como os juízes, têm de dar garantias da sua imparcialidade, mesmo quando designados por uma das partes não recebem destas uma incumbência. De facto, da longa lista de impedimentos constante do art. 122.º do Código de Processo Civil – aplicável aos árbitros –, infere-se que os árbitros não são representantes das partes nem deverão com estas manter uma relação jurídica que possa afectar a sua imparcialidade.

Dir-se-ia que a independência é um requisito imposto a uma das partes em variados contratos, nomeadamente de prestação de serviços – por exemplo, um contrato com um revisor oficial de contas –, mas não se pode confundir a independência de uma das partes na execução da prestação contratual com a imparcialidade imposta ao árbitro. No primeiro caso, o contraente, apesar de desempenhar a sua tarefa com independência, terá de tutelar os interesses da contraparte, inclusive aconselhando-a; ora, a imparcialidade opõe-se a essa tutela, mormente a qualquer função de aconselhamento ou apoio.

III. O legislador, na Lei de Arbitragem (Lei n.º 31/86) não teve em conta o contrato de árbitro, não lhe fazendo nenhuma alusão. Atende somente à convenção de arbitragem, e a referência legal a partes é sempre nesta convenção. Em lugar algum se alude a uma eventual relação contratual com os árbitros; isto é, à existência de um contrato entre os litigantes e os árbitros.

IV. Pode ocorrer que uma das partes se recuse a designar o árbitro, caso em que «caberá essa nomeação ao presidente do tribunal da relação do lugar fixado para a arbitragem ou, na falta de tal fixação, no domicílio do requerente» (art. 12.º, n.º 1, da Lei n.º 31/86). Nessa hipótese, ter-se-ia de admitir a existência de um contrato celebrado entre a parte que se recusa a fazer a designação e o árbitro nomeado pelo presidente do tribunal da relação; o que parece um contra-senso.

De facto, no âmbito contratual vale o princípio da autonomia privada, em especial na vertente da liberdade de celebração, pelo que não seria admissível ajustar-se um contrato contra a vontade de uma das partes. É evidente que se poderia contra-argumentar, invocando a execução específica do contrato-promessa ou a venda judicial de bens penhorados. A situação em análise assemelhar-se-ia à primeira hipótese, podendo então afirmar-se que a convenção de arbitragem conteria implicitamente um contrato-promessa para nomeação de árbitro e, faltando a parte a essa designação, mediante uma execução específica simplificada, o presidente do tribunal da relação designaria o árbitro. Nesta construção, admitir-se-ia a constituição de uma relação contratual atípica, contra a vontade de uma das partes, por via da intervenção de um terceiro.

V. Mas mesmo admitindo-se que a relação jurídica estabelecida com o designado árbitro de parte, ainda que este tenha sido indicado pelo presidente do tribunal da relação, consubstancia um contrato, surge a dificuldade de qualificação relativamente ao outro (ou outros) árbitro de parte. De facto, o árbitro designado por uma das partes, nesta construção contratual, não tem qualquer relação jurídica com a outra parte.

Assim, na situação paradigmática de três árbitros, a construção contratual leva a concluir que, para a constituição do tribunal arbitral, se celebram dois contratos distintos, cada um deles ajustado entre uma parte e o respectivo árbitro. Esta construção conduz à desintegração da estrutura unitária do tribunal; admitir que cada um dos árbitros (de parte) tem um contrato distinto não propicia a ideia de organização unitária do tribunal.

Nesta sequência, suscitar-se-ia ainda a dificuldade de qualificação quanto ao terceiro árbitro. Poder-se-iam colocar duas hipóteses: celebra um contrato autónomo com os outros dois árbitros (solução pouco plausível); é contratado pelas duas partes litigantes por via de poderes de representação – ou tão-só mediante poderes de escolha – conferidos aos árbitros de parte. Nesta hipótese, o designado terceiro árbitro ficaria vinculado por dois contratos distintos com cada uma das partes.

Na construção de dois contratos celebrados por cada uma das partes litigantes com o «seu» árbitro e, subsequentemente, com o terceiro árbitro, ter-se-ia de admitir a possibilidade de os contratos ajustados com cada uma das partes serem distintos. Assim sendo, poder-se-ia constituir um tribunal arbitral em que cada um dos árbitros, tendo vínculos distintos, estaria adstrito a diferentes deveres, o que seria um contra-senso. Em última análise, admitir-se-ia a hipótese de, num mesmo tribunal arbitral, os diferentes árbitros terem honorários diferenciados em função do contrato que os vinculasse com as partes.

Para superar a dificuldade da pluralidade de vínculos com conteúdos distintos, poder-se-ia sustentar que se ajusta um só contrato com os diversos árbitros. Mas a ideia de um contrato com os três (ou mais) árbitros é dificilmente sustentável, porque o árbitro designado por uma das partes não teria uma relação jurídica com a outra parte. Na situação usual de três árbitros, os dois árbitros de parte, independentemente de um deles ter sido designado pelo presidente do tribunal da relação, não estabelecem uma relação contratual com a parte que os não designou, pois normalmente não terá havido qualquer contacto, ainda que informal, entre uma parte e o árbitro designado pela outra parte.

VI. Cabe ainda acrescentar que a natureza contratual, nem sequer formalmente, pode ser admitida em relação ao árbitro designado pelos outros árbitros. O terceiro árbitro, que normalmente assume as funções de presidente, não recebeu qualquer proposta das partes nem aceitou o encargo perante estas.

Na situação mais usual que constitui o regime supletivo, os dois árbitros designados – cada um deles por uma das partes –, de comum acordo, escolhem o terceiro árbitro. Relativamente à designação deste último, dificilmente se pode admitir a existência de um contrato com as partes litigantes; excepto na eventualidade de se acolher a ideia de que aos árbitros designados pelas partes lhes seriam conferidos poderes para, em representação delas, designarem o terceiro árbitro.

VII. A dificuldade de enquadramento contratual intensifica-se na eventualidade de arbitragem necessária, que remete para a voluntária (art. 1526.° e ss. do Código de Processo Civil). Por exemplo, no caso de arbitragem obrigatória, prevista nos artigos 567.° e ss. do Código do Trabalho, sem ter havido um prévio acordo quanto ao recurso à arbitragem (convenção de arbitragem), as partes têm de se submeter à decisão arbitral. Nesse caso, uma das partes pode não querer a arbitragem e, por isso, não indica voluntariamente um árbitro, que, contra a sua vontade, será designado por uma entidade independente de entre uma lista de árbitros. Em tal situação será dificilmente sustentável a existência de um contrato entre essa parte e o árbitro assim designado, porque, neste caso, nem a justificação de que a convenção de arbitragem consubstancia um contrato-promessa, podendo a respectiva execução específica ser efectivada pela escolha feita pelo presidente do tribunal da relação, seria defensável.

VIII. Do disposto no art. 11.° da Lei n.° 31/86, poder-se-ia entender que o regime da arbitragem voluntária recorre às regras gerais de formação dos negócios jurídicos, mas este preceito não pode ser invocado para a formação do designado «contrato de árbitro», porque não trata de tal matéria. Está em causa a constituição do tribunal arbitral, para a qual valem as regras gerais de formação de negócios entre as partes litigantes – não tendo aplicação no que respeita aos árbitros. Do citado preceito resulta que a parte que pretenda instaurar o litígio, notifica a contraparte, indicando o «seu» árbitro, ficando a aguardar que a destinatária proceda à designação de outro árbitro. Sendo árbitro único será necessário haver acordo entre as partes.

O art. 11.º da Lei n.º 31/86 não faz nenhuma referência a um eventual acordo entre as partes e os árbitros, mas tão-só ao ajuste entre as partes relativamente à constituição do tribunal, razão pela qual não tem aplicação no que respeita à questão em análise.

IX. O regime de substituição dos árbitros, previsto no art. 13.º da Lei n.º 31/86, não se coaduna com a figura contratual. Pois, contrariamente à regra da caducidade dos vínculos contratuais por morte ou impossibilidade de uma das partes, se um dos árbitros falecer, se escusar ou ficar impossibilitado definitivamente de exercer funções, será substituído segundo as regras enunciadas para a nomeação ou designação dos árbitros.

É evidente que na alínea *a)* do n.º 1 do art. 4.º da Lei n.º 31/86 se determina a caducidade da convenção de arbitragem em caso de morte, escusa ou impossibilidade permanente de um árbitro exercer a sua função, salvo no caso de substituição nos termos do citado art. 13.º. Admitindo-se a existência de um contrato de árbitro autónomo esta regra aplicar-se-lhe--ia, mas, ainda assim, haveria dificuldade em explicar a excepção, relativa à substituição do árbitro.

A este propósito cabe ainda atender às limitações no que respeita à substituição dos árbitros por acordo. Não é em razão do *intuitu personae* que os árbitros não poderão delegar as suas funções em terceiros nem fazer-se substituir por outrem. Em relação aos árbitros não se aplica o art. 264.º do Código Civil, em que a substituição resultaria do conteúdo da relação jurídica, porque ter-se-á de atender à função de julgar, de que estão incumbidos. Nada obsta a que, segundo as regras processuais, se proceda a uma peritagem, em que os peritos auxiliarão os árbitros na sua decisão, mas o recurso a auxiliares não depende do negócio ou da natureza do acto, mas do regime processual aplicável.

X. Da mencionada construção contratual, principalmente na versão que admite a existência de um só contrato que vincula os três (ou mais) árbitros perante as duas partes, decorrem algumas dificuldades de regime.

Poder-se-ia questionar em que data se concluiria o contrato quando a aceitação dos três (ou mais) árbitros será necessariamente em momento diferente. Seria defensável que a aceitação se verificasse com a designação do último árbitro, mas então questionar-se-ia o valor da aceitação dos outros árbitros antes da aceitação por parte do último.

Como é habitual que na convenção de arbitragem se remeta para um regulamento de arbitragem (art. 15.º, n.º 2, da Lei n.º 31/86), justificar-se-

-ia a aplicação do regime das Cláusulas Contratuais Gerais (Decreto-Lei n.º 446/85, de 25 de Outubro), razão pela qual se teriam de analisar as cláusulas do regulamento da arbitragem institucionalizada à luz deste diploma, que não parece uma solução muito plausível.

O regime contratual é de difícil aplicação a um «contrato» com os árbitros; por exemplo, as regras relativas à excepção de não cumprimento não se poderão aplicar linearmente, o mesmo se diga no que respeita à cessação do contrato. Assim, e fazendo referência só a alguns aspectos, se os árbitros desrespeitam certas regras durante o processo, não podem as partes suspender o pagamento de custas, e se a decisão violar normas legais, não cabe a uma das partes resolver o contrato.

XI. Admitindo que se trata de um contrato, dever-se-ia qualificar como contrato de prestação de serviços atípico que, tendo em conta o disposto no art. 1156.º do Código Civil, reger-se-ia pelas regras relativas ao contrato de mandato.

Deste modo, o mandante (uma das partes) poderia livremente revogar o contrato com o mandatário (árbitro), nos termos previstos nos arts. 1170.º e ss. do Código Civil. Contudo, no art. 2.º, n.º 4, da Lei n.º 31/86, só se admite a revogação da convenção de arbitragem, até à pronúncia da decisão arbitral, por acordo escrito das partes litigantes. Deste modo, seria estranho que, sem revogar a convenção de arbitragem, uma das partes pudesse revogar o contrato com o árbitro por si designado e, por maioria de razão, seria inadmissível que fosse lícito a uma das partes revogar o mandato conferido ao terceiro árbitro.

Além de as regras de revogação do mandato não se aplicarem às partes, também não se justificariam relativamente aos árbitros. Seria inadmissível que, ao abrigo dos arts. 1170.º e ss. do Código Civil, o árbitro (mandatário) revogasse o encargo de que fora incumbido, deixando de desempenhar as respectivas funções. Como resulta do art. 9.º n.º 3, da Lei n.º 31/86, o árbitro poderá desvincular-se, escusando-se justificadamente de exercer a função, não podendo, por isso, abandonar as funções de que está investido sem justo motivo.

A referência às regras da revogação do mandato serve tão-só para indicar que o regime estabelecido para este contrato tem alguma dificuldade de adaptação ao vínculo estabelecido com os árbitros.

Eventualmente, poder-se-ia entender que o designado contrato de árbitro se enquadraria no âmbito da empreitada, admitindo-se que a incumbência de tomar uma decisão (julgar) poderia ser qualificada como uma obra (intelectual)[3]. Sem atender ao facto de ser contestável tal qualificação por via da noção de obra do art. 1207.º do Código Civil, a aplicação do regime da empreitada seria problemática relativamente ao árbitro; pense-se, nomeadamente, no direito de o dono da obra fiscalizar a actuação do empreiteiro (árbitro), nas regras relativas à propriedade da obra, no regime dos defeitos de cumprimento ou nas especificidades da impossibilidade de realização da obra.

XII. No pressuposto de se tratar de um contrato, distinto da convenção de arbitragem, ter-se-ia de entender que haveria uma coligação de contratos, em que as vicissitudes desta se repercutiriam na relação com os árbitros. Assim, a revogação da convenção de arbitragem (art. 2.º, n.º 4, da Lei n.º 31/86) determinaria a caducidade do contrato de árbitro. Mas o regime comum da união de contratos pode apresentar algumas dificuldades nesta sede, alterando a situação jurídica dos árbitros em função de vicissitudes na relação entre as partes litigantes.

XIII. Refira-se, por último, que a solução contratual, em que se admite a existência de um contrato de árbitro, não parece adequada à possibilidade de a decisão arbitral vir a ser corrigida, interpretada ou completada, e, em especial, de poder impugnar a decisão arbitral nos tribunais judiciais.

5. Adesão do árbitro à convenção de arbitragem

I. Em vez de contrato de árbitro, pode entender-se que a fonte do vínculo jurídico que se estabelece com o árbitro será a convenção de arbitragem; deste modo, subsiste a natureza contratual, da qual resulta a possibilidade – e eventualmente o dever – de as partes designarem os árbitros e de estes, ao aceitarem o encargo (art. 9.º da Lei n.º 31/86), aderirem à convenção de arbitragem.

---

[3] HENRIQUE MESQUITA, «Arbitragem: Competência do Tribunal Arbitral e Responsabilidade Civil do Árbitro», *Ab Uno ad Omnes, 75 Anos da Coimbra Editora*, Coimbra, 1998, p. 1389 e nota 2 desta pág., fazendo alusão à doutrina alemã, refere que se qualifica como contrato de prestação de serviço, na modalidade de *Werkvertrag* (contrato de empreitada), não sendo um contrato de mandato.

A convenção de arbitragem é, pois, um contrato complexo, que vincula as partes outorgantes a recorrerem à arbitragem e permite a aceitação de terceiros (árbitros que aceitam a incumbência, independentemente de terem ou não sido designados pelos litigantes). Os árbitros, ao aderirem à convenção de arbitragem, aceitam o regime legal e contratual emergente dessa convenção – que poderá eventualmente ser completado pelos próprios árbitros ao estabelecerem, directa ou indirectamente (por remissão), regras processuais –, e adquirem a competência para decidirem o litígio. Assim, os árbitros não são parte num contrato autónomo com as partes litigantes, mas aceitam os efeitos da convenção de arbitragem por a ela terem aderido. A relação contratual com os árbitros encontra-se, por isso, contida na convenção de arbitragem. A própria remuneração dos árbitros (art. 5.º da Lei n.º 31/86) é um efeito da convenção de arbitragem a que os árbitros têm direito por força da adesão a esta convenção.

Em suma, da convenção da arbitragem retira-se a competência ou legitimação para decidir, e desta emergem certos deveres e direitos para os árbitros.

II. Contudo, a legitimação para decidir não se baseia só na convenção de arbitragem, pois advém especialmente da lei. Atendendo ao disposto no art. 25.º da Lei n.º 31/86, aos árbitros é conferido um poder jurisdicional – findando «com a notificação do depósito da decisão que pôs termo ao litígio (...)» –, que não resulta da convenção de arbitragem, mas da lei. Na Constituição (art. 209.º, n.º 2), entre as categorias de tribunais, menciona-se expressamente os tribunais arbitrais ao lado dos tribunais marítimos e julgados de paz, e, na lei de arbitragem, alude-se ao poder jurisdicional dos árbitros. Daqui se infere que a legitimação para os árbitros tomarem uma decisão quanto ao litígio, apesar de ser desencadeada pela convenção de arbitragem, tem a sua justificação na lei.

O poder jurisdicional dos árbitros não pode derivar de um contrato celebrado com as partes, pois não tem fonte contratual. A convenção de arbitragem, a que os árbitros aderem, serve de impulso (contratual) para lhes ser conferido o poder jurisdicional, que tem base legal.

Mas da lei não resulta só a legitimação para os árbitros decidirem, pois dela também decorrem certas regras que respeitam ao exercício da actividade, como os impedimentos, os prazos para decidir, etc.

III. Como os árbitros não foram contratados pelas partes para cumprirem um encargo em troca de uma retribuição (honorários), a convenção de arbitragem, na sequência do disposto na lei, atribui-lhes o poder de julgar um litígio, devendo estes actuar com independência; razão pela qual os árbitros não recebem ordens nem instruções das partes litigantes, nem podem ser pressionados com os meios jurídicos usuais de que um contraente pode tomar mão relativamente à contraparte, como a excepção de não cumprimento, a realização coactiva da prestação e a responsabilidade contratual.

6. Responsabilidade do árbitro

I. A natureza jurídica do vínculo em que o árbitro se insere condiciona os termos da responsabilidade civil por eventual incumprimento de deveres emergentes da situação jurídica de árbitro.

Como os árbitros não celebram um contrato com as partes – limitando-se a aderir à convenção de arbitragem por estas ajustada – estão adstritos a cumprir deveres que emergem da lei de arbitragem, da convenção de arbitragem e de instrumentos acessórios, como regulamentos aplicáveis, muitas vezes por remissão.

Não cabe, pois, às partes exigir determinados comportamentos dos árbitros e, por isso, não lhes é facultado, por exemplo, com fundamento na excepção de não cumprimento, recusar o pagamento de custas invocando incumprimento dos árbitros. De igual modo, por maioria de razão, as partes não poderão recorrer à realização coactiva das obrigações impostas aos árbitros que estes, supostamente, não tenham cumprido.

II. Da situação jurídica particular em que os árbitros se inserem resultam várias especificidades no que tange à responsabilidade civil.

Numa perspectiva contratual, os árbitros seriam responsáveis perante as partes pelos danos que causassem durante a execução do processo arbitral e pela prolação da decisão arbitral.

Mas nem todo o incumprimento de deveres a que os árbitros se encontram adstritos determina a constituição de uma obrigação de indemnizar fundada em responsabilidade civil. A indemnização baseada em responsabilidade civil dos árbitros assenta no pressuposto do incumprimento de determinados deveres – relacionados com a violação culposa de algumas imposições, nomeadamente legais (por exemplo, terem obstado injustificadamente a que a decisão seja proferida no prazo fixado, art. 19.º, n.º 5, da Lei n.º 31/86) –, de que resultem danos para as partes. Mas não haverá responsabilidade, mormente em caso de uma deficiente aplicação da lei, em virtude de uma interpretação contestável, ou mesmo justificada por um desconhecimento da realidade jurídica, como no caso de se aplicar uma disposição revogada. Como esclarece HENRIQUE MESQUITA, o árbitro pode ser responsabilizado «por não proferir a decisão no prazo convencionado ou fixado supletivamente pela lei» e, em geral, sempre que «se eximir ao cumprimento da sua função», mas no «que respeita (...) à *actividade decisória propriamente dita* e à *responsabilidade* pelo conteúdo das respectivas decisões, deve aplicar-se ao árbitro exactamente o mesmo regime a que se encontram sujeitos os juízes estaduais»[4].

Este regime particular tem sentido na medida em que não se estabelece uma relação contratual entre os árbitros e as partes e porque aqueles, apesar de não serem juízes, exercem uma função de natureza jurisdicional. A função jurisdicional e a consequente imparcialidade só se coaduna com a qualificação dos árbitros como terceiros supra partes litigantes e não como contraentes em vínculos (ou num vínculo) com as partes em litígio. É necessário ainda reiterar que a legitimidade conferida aos árbitros para tomar a decisão, apesar de se fundar na convenção de arbitragem, só se justifica na medida em que a lei admite o recurso à arbitragem; por isso, atendendo à justificação legal, a viabilidade de dirimir litígios por via da arbitragem não tem uma solução uniforme no plano internacional, sendo frequentes as limitações em várias ordens jurídicas à via arbitral. Tendo em conta que aos árbitros é conferido um poder jurisdicional para dirimir um conflito entre as partes, os motivos que justificam a não responsabilização dos juízes, salvo em caso de dolo – consagrada nomeadamente no art. 216.º, n.º 2, da Constituição e no art. 4.º, n.º 3, da Lei de Organização e Funcionamento dos Tribunais Judiciais – são igualmente válidos em relação aos árbitros.

Em suma, os árbitros exercem uma função jurisdicional, nos termos em que a lei permite, com base na convenção de arbitragem, pelo que a sua responsabilidade não pode assentar no contrato (inexistente) entre estes e as partes litigantes.

Apesar de em relação aos árbitros valer a regra da irresponsabilidade consagrada para os juízes, estabelecem-se excepções, pois, como resulta do n.º 3 do art. 9.º da Lei n.º 31/86, os árbitros, que aceitaram o encargo, respondem pelos danos causados quando se escusem injustificadamente de

---

[4] HENRIQUE MESQUITA, «Arbitragem: Competência do Tribunal Arbitral e Responsabilidade Civil do Árbitro», cit., p. 1391 (itálico no original).

exercer a sua função, e, no n.º 5 do art. 19.º da Lei n.º 31/86, determina-se que os árbitros são responsáveis se, injustificadamente, não proferirem a decisão no prazo fixado.

Concluindo, os árbitros são responsáveis por não decidirem, mas, tal como em relação aos juízes, não há responsabilidade pelo conteúdo da decisão tomada. Independentemente da possibilidade de anulação da decisão arbitral (art. 27.º da Lei n.º 31/86), as partes, se não se conformarem e não tiverem prescindido do recurso, poderão recorrer para o correspondente tribunal da relação (art. 29.º da Lei n.º 31/86).

III. Nas situações limitadas em que os árbitros podem ser responsabilizados, a que se fez alusão no ponto anterior, cabe verificar qual o regime aplicável.

Como se indicou, os árbitros não celebraram um contrato com as partes, tendo-se limitado a aderir à convenção de arbitragem. Na eventualidade de serem responsabilizados por não decidirem nos termos previstos nos arts. 9.º, n.º 3, e 19.º, n.º 5, da Lei n.º 31/86, caberia indagar qual o regime de responsabilidade aplicável. Apesar de se entender que a responsabilidade civil assenta num regime unitário, previsto nos arts. 483.º e ss. do Código Civil, é indiscutível a existência de algumas diferenças entre a designada responsabilidade extracontratual e a responsabilidade contratual. No caso em análise, os árbitros serão responsabilizados pela violação de deveres específicos, que emergem da lei, da convenção de arbitragem ou de regras posteriormente indicadas (*v. g.*, remissão para determinado regulamento); estando em causa a violação de deveres específicos, apesar de não haver um contrato celebrado entre as partes e os árbitros, aplica-se o regime contratual. Daí que, por exemplo, se deva ter em conta a presunção de culpa, prevista no art. 799.º, n.º 1, do Código Civil, assim como a regra da responsabilidade conjunta (art. 513.º do Código Civil); o árbitro presume-se culpado pela violação do dever de tomar uma decisão no prazo fixado, mas, em caso de pluralidade, cada árbitro responde pelos actos que lhe sejam imputáveis, não valendo a regra da solidariedade.

III
DIREITO COMERCIAL

PUBLICIDADE COMPARATIVA E CONCORRÊNCIA DESLEAL*

ADELAIDE MENEZES LEITÃO
Assistente da Faculdade de Direito da Universidade de Lisboa

1. Conceito de publicidade comparativa; circunstâncias que aumentam ou diminuem o efeito comparativo na publicidade

O conceito de publicidade comparativa comporta dois elementos essenciais para a sua caracterização: (1) a referência a outras prestações e (2) o estabelecimento de uma comparação ou confronto com as próprias prestações. A referência a outros produtos ou serviços pode ser explícita ou implícita. É explícita quando há uma menção expressa à marca ou ao nome do concorrente ou quando surge num anúncio uma imagem do produto ou uma imagem do estabelecimento. É implícita quando não existe qualquer menção. As referências implícitas também são relevantes, desde que sejam inequívocas. Há uma referência inequívoca quando uma parte significativa do público destinatário daquela mensagem pode deduzir com segurança, em função das circunstâncias, a que concorrente ou concorrentes é que se está a fazer referência[1] na mensagem publicitária.

---

* O presente trabalho resultou de pesquisas jurídica realizada nas Universidades norte-americanas de Virginia, em Charlottesville, e Georgetown, em Washington, em Agosto de 2001, e no Max-Planck-Institut für Geistiges Eigentum, Wettbewerbs- und Steuerrecht, em Munique, entre Agosto e Dezembro de 2002, para as quais foi fundamental a bolsa concedida para o efeito pela Fundação Calouste Gulbenkian, tendo sido elaborado no âmbito do convite da Associação Portuguesa de Direito Intelectual para participar numa conferência leccionada no 4.º Curso de Pós-graduação em Direito Industrial, que teve lugar no dia 20 de Março de 2003. A ambas as entidades fica consignada uma palavra de agradecimento.

[1] Anxo Tato Plaza, *La publicidad comparativa*, Marcial Pons, Madrid, 1996.

Algumas circunstâncias permitem aumentar ou diminuir as possibilidades de identificação de um concorrente. Assim, consideram-se como circunstâncias que aumentam a possibilidade de identificação de um concorrente a agressividade da mensagem resultante da utilização de um superlativo ou de um comparativo na forma negativa (ex. *"Não há um hotel melhor na zona"*, ou *"Não há um dentífrico que combata melhor a cárie"*) ou a conjugação de uma crítica com um aviso (ex. *"não se deixem enganar por empresas que prometem mais"*), ou através da identificação de regiões na mensagem publicitária (ex. *"na nossa região não se fabricam móveis melhores"*)[2].

Entre as expressões publicitárias *"A melhor tortilha do mundo"*, *"A melhor tortilha da cidade"* e a *"A melhor tortilha da rua"*, é a última que alcança um efeito comparativo superior, na medida em que permite uma maior identificação do outro ou dos outros concorrentes.

Em outros casos, através da invocação da publicidade realizada por outro concorrente, é igualmente possível a sua identificação. Do mesmo modo, quando se regista uma coincidência temporal e espacial entre campanhas publicitárias de concorrentes diferentes, existe uma maior susceptibilidade de identificação dos concorrentes (ex. um concorrente publicita num jornal uma feira de tapetes e um outro concorrente vem publicar no mesmo jornal um anúncio afirmando ser preferível adquirir tapetes em lojas do que a vendedores ambulantes, ou quando, por exemplo, dois concorrentes recorrem a campanhas publicitárias semelhantes, como o caso verificado em Berlim, de um anunciante de pasta de dentes, que recorreu aos autocarros da cidade para publicitar o seu produto e outro anunciante veio posteriormente a utilizar os mesmos autocarros para colocar a seguinte mensagem publicitária ao seu dentífrico: *"Ja, aber Odol ist besser"*[3]).

Quando o anúncio é dirigido a um público especializado, como a publicidade de produtos farmacêuticos, a mera referência à composição do produto farmacêutico pode ser suficiente para identificar o concorrente. Certos aspectos que se relacionam com a própria estrutura do mercado permitem de forma idêntica, à partida, a identificação do outro concorrente a que se está a fazer referência: são os casos de duopólio ou de oligopólio, de que o caso mais paradigmático é a rivalidade entre a *Coca-Cola* e a *Pepsi*. Relativamente a estes casos – em que a identificação do outro con-

---

[2] Os exemplos apresentados no texto são retirados ou adaptados da obra de Anxo Tato Plaza, *La publicidad comparativa* cit, 3 ss.

[3] Anxo Tato Plaza, *La publicidad comparativa* cit, 28.

corrente é resultado directo da estrutura de mercado – tem sido defendido que esse facto não deve ser assacado ao anunciante, nem tão pouco igualmente se justifica que os que ocupam posições de domínio, em situações de duopólio ou oligopólio, sejam subtraídos à concorrência[4].

Como já foi referido, existem circunstâncias que, em vez de aumentar o efeito comparativo, o diminuem; enquadram-se nas mesmas os exageros publicitários (que não são avaliados em termos racionais pelos destinatários das mensagens), a retórica publicitária (ex. *"lava mais branco"* ou *"esta e mais nenhuma"*), os versos publicitários (em que os destinatários concentram-se nas rimas e não no significado comparativo do verso ex. *"Kennst du dich in Preisen aus, kaufst du nur in Steinerhaus"*[5]), o humor, a sátira e a ironia publicitárias (normalmente compreendidos pelo público como exageros[6])[7].

2. Casos de qualificação duvidosa

Alguns casos são considerados de qualificação duvidosa enquanto modalidade de publicidade comparativa. Com efeito, a publicidade comparativa, para além da referência às prestações de outro concorrente, exige uma menção às próprias prestações; ora, não se registando esta última, falta um elemento essencial à sua caracterização *qua tale*, pelo que a mensagem deve ser vista como publicidade denegritória.

De forma idêntica, quando as prestações alheias são referidas para anunciar a sua equivalência e não para sublinhar a melhor qualidade da própria prestação em relação à prestação concorrente, então a publicidade não é comparativa, mas tão-somente adesiva, porque visa um aproveitamento da reputação de outra prestação[8].

A publicidade de tom pessoal (*persönliche Reklame*), que se refere a aspectos puramente pessoais do concorrente, tais como, nacionalidade, religião, ideologia política, antecedentes criminais, é considerada um acto

---

[4] Anxo Tato Plaza, *La publicidad comparativa* cit, 29 ss.

[5] Alguns versos porventura operam de forma oposta, alcançando uma especial dimensão comparativa, quando são utilizadas formas agressivas ou denegritórias.

[6] Em alguns casos, a circunstância de só existir um comerciante no mercado que comercialize café descafeínado, permite que através do humor se registe um acentuar do nível comparativo (ex. *"o café sem cafeína é como um carro sem gasolina"*).

[7] Anxo Tato Plaza, *La publicidad comparativa* cit, 34 ss.

[8] Anxo Tato Plaza, *La publicidad comparativa* cit, 41ss.

concorrencial desleal de denegrição. Nerreter distinguia na publicidade comparativa, a publicidade comparativa crítica, em que se ressaltam as diferenças entres as diferentes prestações, e a publicidade comparativa adesiva, em que se salientam as semelhanças. A publicidade comparativa, de tom pessoal e adesiva são englobadas pela doutrina alemã na publicidade alusiva (*bezugnehmende Werbung*), dado que em todas as modalidades se faz referência a outras prestações.

Outra modalidade que se discute se se trata ou não de publicidade comparativa, é a publicidade de tom excludente em que o anunciante afirma uma posição predominante no mercado. Entende-se que, neste caso, a comparação é um efeito secundário (*Nebenwirkung*) e não o efeito principal (*Hauptwirkung*) da publicidade realizada.

A publicidade comparativa deve ainda ser distinguida da auto-comparação, em que o anunciante compara o seu produto actual com outro produto anterior que comercializa. Muitas vezes, porém, este é um processo que encapota uma verdadeira comparação com os demais concorrentes.

Há situações que, à semelhança das anteriores, localizam-se na franja da publicidade comparativa, nomeadamente o caso da comparação de sistemas económicos, *v.g.* a vantagem da compra em relação ao aluguer, ou, no que concerne aos géneros alimentícios, a comparação entre a manteiga e a margarina.

Outra forma de fazer publicidade comparativa passa pelo recurso a testes comparativos, que podem ser realizados pelos próprios concorrentes ou por organismos independentes. Ora, nos casos em que o anunciante publicita um teste comparativo que o mesmo promoveu, é indiscutível a existência de publicidade comparativa. Diferentemente, se um organismo independente como, por exemplo, entre nós, a Deco realizar comparações, (*maxime* na revista Pró-teste) e torná-las públicas, não há em rigor publicidade, pelo que, por maioria de razão, não se trata de qualquer caso de publicidade comparativa. Caso seja o concorrente a "utilizar publicitariamente" o teste independente, esta utilização, em certos casos, deve ser vista como publicidade comparativa (não basta uma mera referência ao teste é necessário que o anunciante apresente os seus resultados e os dos seus concorrentes em relação a um parâmetro ou a todos do teste)[9].

---

[9] Hans Marshall, *Unlauter Wettbewerb, Materielles Recht und Verfahren*, 2. Auflage, Jehre-Rehm, (1993), 51, defende que os *warentests* não são publicidade comparativa pois são realizados para mera informação dos consumidores.

3. Publicidade comparativa e concorrência desleal; defesa e recusa da publicidade comparativa

Anxo Tato Plaza[10] entende que o debate que se desenvolveu em torno da publicidade comparativa no domínio das suas vantagens e dos seus defeitos é resultado da própria evolução do direito da concorrência desleal, que passou por três modelos muitos distintos: paleoliberal, profissional e social[11]. Ora, uma atitude complacente ou negativa relativa à publicidade comparativa oscila em razão do modelo que vigora no direito da concorrência desleal. O modelo paleoliberal, essencialmente penal, é manifestamente avesso à publicidade comparativa. O modelo profissional, protector do concorrente numa lógica da inércia instalada, reprime por todas as vias a comparação, salvaguardando o próprio anonimato do empresário enquanto direito inerente à sua esfera privada. Neste modelo, desenvolveu-se jurisprudencialmente o conhecido *Hellegold Motiv,* defensor da ideia de que, mesmo que o concorrente oferecesse os produtos de menor qualidade no mercado, não tinha de ser confrontado com qualquer comparação para aumentar a capacidade empresarial de outros concorrentes. Apenas o modelo social, que enquadra o consumidor e o interesse da generalidade, e concebe o direito da concorrência desleal como um instrumento de regulação do mercado, *par et passu* com o direito da concorrência, alcança "abrangência" para visualizar a natureza filoconcorrencial da publicidade comparativa, autonomizando-a do direito da concorrência desleal e inserindo-a no plano da defesa do consumidor.

Com efeito, à partida, podem ser assinaladas vantagens indiscutíveis na publicidade comparativa: racionalização do processo de compra através da existência de mais informação sobre todas as prestações no mercado, maior transparência do mercado e mais informação para o consumidor.

Certos sectores, porém, mantêm uma atitude hostil à publicidade comparativa, quer negando o seu efeito informativo, quer pondo em causa a objectividade da informação que é fornecida em causa própria; recusando que se possa ganhar transparência no mercado à custa dos concorrentes, que são os primeiros interessados em ocultá-la. Acresce que, sempre que a publicidade comparativa recorre a parâmetros técnicos, possui uma alegada objectividade que, segundo Eichman, teria maior potencial de indução em erro dos consumidores.

---

[10] *La publicidad comparativa*, 71 ss.
[11] Adelaide Menezes Leitão, *Estudo de Direito Privado sobre a Cláusula Geral de Concorrência Desleal*, Almedina, 2000, 20 ss.

Ora, todas estas críticas que se levantam à publicidade comparativa assentam no facto de o anunciante ser juiz e parte em causa própria (Kohler)[12] na valorização que apresenta da sua prestação em detrimentos das dos seus directos concorrentes. Na realidade, o concorrente deve ser visto não como um juiz, mas antes como um advogado que salienta as vantagens do seu produto. Acresce que, não obstante uma parte significativa das comparações comportar uma informação incompleta, tal não significa que as mesmas não possuam qualquer teor informativo. De referir ainda que para os defensores da publicidade comparativa, esta não possui a alegada objectividade que lhe forneceria uma especial aptidão para induzir em erro. Alguns estudos demonstram mesmo que a atitude dos consumidores em relação à publicidade comparativa é mais céptica e crítica do aquela que se regista em relação à restante publicidade, o que afastaria a sua especial capacidade enganadora. Por fim, deve tomar-se em consideração que a publicidade comparativa é uma modalidade de publicidade baseada nas próprias prestações *(Leistungswettbewerb)*[13], que pode melhorar a estrutura do mercado e fomentar o progresso técnico e económico[14].

Porém, alguma doutrina é defensora da tese que a publicidade comparativa pode ser utilizada como uma arma das grandes empresas contra as pequenas e médias empresas, configurando-se não como um elemento "filoconcorrencial" mas como elemento "filomonopolista". De forma oposta, a defesa da comparação na publicidade passa por ver nela uma forma excelente e acessível das pequenas e médias empresas combaterem o domínio das grandes empresas no mercado.

---

[12] No estudo *"Persönliche und sachliche Reklame in der Grossenindustrie"* foi criada a teoria de que o anunciante que recorre à publicidade de tom pessoal (*i. e.* à publicidade comparativa) é simultaneamente juiz e parte (Anxo Tato Plaza, *La Publicidad Comparativa*, 168).

[13] Sobre a *Leistungswettberb*, vide Oliveira Ascensão, *O Princípio da Prestação: Um Novo Fundamento para a Concorrência Desleal*, ROA, Ano 56, Lisboa, Janeiro 1996, 5 ss e Adelaide Menezes Leitão, *Estudo cit*, 82 ss.

[14] Anxo Tato Plaza, *La Publicidad Comparativa*, 88-89, indica que Eichmann e Schricker defendem esta posição. Schricker admite efeitos laterais obstrucionistas (*Behinderungswettberb*).

4. Publicidade comparativa e concorrência desleal nos direitos continentais[15]

Em França, a inexistência de disciplina especial de concorrência desleal impôs que fosse através da responsabilidade civil por factos ilícitos que se registasse a repressão contra a concorrência desleal. Só em 1992[16], fruto da implementação das teorias de defesa do consumidor, começou a aceitar-se a publicidade comparativa nas mensagens publicitárias. Antes daquela data, a publicidade comparativa era vista pela jurisprudência francesa como uma forma indirecta de denegrir o concorrente e, por isso mesmo, era considerada contrária aos usos honestos do comércio. No entanto, quando nenhum concorrente era afectado pela comparação, esta poderia ser considerada lícita. Vigorava, nestes termos, a regra de que o superlativo era permitido, ao passo que o comparativo era proibido. Nesta órbita de reflexão, a ilicitude da publicidade comparativa em nada dependia do seu carácter verídico, mas única e exclusivamente de afectar um ou vários concorrentes determinados, pelo que *exceptio veritatis* não funcionava como causa de exclusão da sua ilicitude.

Algumas excepções foram-se, porém, desenvolvendo na jurisprudência que excluiam a ilicitude da publicidade comparativa: o direito de crítica, a legítima defesa e a defesa de interesses legítimos. O direito de crítica era admitido caso a crítica fosse objectiva, não excessiva e não houvesse identificação do concorrente. A legítima defesa pressupunha um acto de concorrência desleal anterior e que a mensagem publicitária surgisse como uma mera defesa e não como um ataque. A defesa de interesses legítimos poderia, em certos casos, permitir a denegrição. Estas excepções relacionavam-se, no entanto, pouco com a publicidade comparativa, tendo sido essencialmente pensadas para a denegrição.

Em Itália, a publicidade comparativa não se encontrava regulada expressamente, pelo que a jurisprudência italiana tendeu a incluí-la no art. 2.598.2 do *Codice Civile*, que se refere aos actos de denegrição e de descrédito dos concorrentes[17]. Esta disposição permitia traçar uma distinção

---

[15] Segue-se Anxo Tato Plaza, *La publicidad comparativa* cit, 121 ss.

[16] *Loi renforçant la protection des consommateurs de 1992* (art. 10 posteriormente incorporado no Código do Consumo, o art. L 121, disponível em http://sos-net.eu.org/conso/code/infodat1j.htm)

[17] Gustavo Ghidini. *Trattato di Diritto Commercial e di Diritto Pubblico dell' economia* (coord. Francesco Galgano), 186, defende que a publicidade comparativa inclui-se num conceito abrangente de comparação que constitui uma das formas da denegrição.

entre publicidade comparativa directa e indirecta, consoante houvesse ou não possibilidade de identificação do concorrente. Ora, a publicidade comparativa directa era vedada, enquanto a publicidade indirecta era admitida. Com efeito, os tribunais italianos orientavam-se no sentido da ilicitude da publicidade comparativa quando as afirmações proferidas fossem falsas ou, mesmo que fossem verdadeiras, quando tivessem sido proferidas com uma intenção malévola ou tendenciosa[18]. O direito italiano enquadrou também algumas excepções à ilicitude das comparações: direito de crítica, legítima defesa ou comparações realizadas a pedido dos consumidores[19]. Posteriormente desenvolveram-se novas excepções: a comparação necessária em função da estrutura do mercado e a comparação de preços para produtos semelhantes. A Directiva comunitária sobre publicidade comparativa veio porém implementar uma situação de liberalização em matéria de publicidade comparativa em Itália.

Na Suíça, um país de significativa dimensão empresarial, e com uma forte tradição doutrinária em torno da concorrência desleal, desde cedo se admitiu a publicidade comparativa (UWG 1943), sendo que o mesmo princípio foi consagrado na UWG 1986[20]. Nesta última lei de concorrên-

---

A publicidade comparativa abrange quer as situações em que há uma referência expressa quer implícita a um ou vários concorrentes. Esta autor italiano considera que a publicidade superlativa (*Alleinstellung*) possui um imanente efeito comparativo, sendo considerada em princípio lícita, a não ser que deva ser considerada enganosa. No mesmo sentido, Salvatore Sanzo, *La concorrenza sleale*, Cedam, 1998, 394 ss, admite que a publicidade comparativa ilícita, pode ser considerada como um acto de denegrição, nos termos do art. 2598.2, enquanto a publicidade superlativa pode ser considerada publicidade enganosa, abrangida pelo art. 2598.3.

[18] Sobre o não funcionamento da *exceptio veritatis* na denegrição, vide Giorgio Florida, *Correttezza e responsalitità dell'imprensa*, Milano, 1982, 1 ss.

[19] Marizio Fuzi, *La communicazione pubblicitaria nei suoi aspetti giuridici*, Milano, Giuffrè, 1970, 93 ss, defende que o direito de crítica resulta da liberdade de expressão garantida constitucionalmente (na linha de Ascarelli), pelo que não deve ser restringida. Todavia, a crítica deve manter-se dentro de alguns limites: (1) deve ser objectiva no sentido de dizer respeito aos produtos e serviços e não à pessoa do concorrente, (2) deve ser feita tecnicamente em revistas especializadas, de modo a permitir a réplica e (3) deve ser objectiva, não veiculando factos falsos. Quando a crítica ultrapassa estes limites implica descrédito e é ilícita. Alguma doutrina equipara o descrédito à denegrição. Fuzi, por sua vez, entende que o descrédito é o resultado da denegrição. O descrédito corresponderia à noção de crédito comercial, que seria o equivalente no plano comercial à reputação ou ao bom nome. Alguma jurisprudência italiana nega a licitude do direito de crédito com base no facto de não ser inócuo. É este conceito de inocuidade que serve para afirmar a licitude da superlativização.

[20] Anxo Tato Plaza, *La Publicidad Comparativa*, 162: a identificação do parasitismo como pressuposto da publicidade comparativa resulta da sentença do BG 18.5.1976, na qual se apreciava a licitude da seguinte mensagem publicitária "*o nosso somier é mais*

cia desleal tipificaram-se pela primeira vez os pressupostos da licitude da publicidade comparativa, que são: que seja exacta, que não seja enganosa, que não seja desnecessariamente ofensiva e que não seja parasitária[21]. O ordenamento jurídico suíço inverteu, assim, o princípio, comparativamente com o restante continente europeu (antes da entrada em vigor da directiva comunitária sobre publicidade comparativa), estabelecendo *a priori* a licitude das mensagens publicitárias comparativas e só, num segundo momento, os seus pressupostos de licitude. Diferentemente, os restantes países europeus recusaram qualquer comparação e só, num segundo momento, admitiram algumas excepções.

A regulação jurídica germânica em matéria de publicidade comparativa teve um percurso ziguezagueante entre a sua admissibilidade e a sua repressão, com maior pendor para esta última tendência. Com efeito, no início do século passado a jurisprudência admitiu, antes da UWG 1909, §1, a publicidade comparativa[22], porém, decorrente do trabalho doutrinário de Kohler, orientou-se decisivamente no sentido de reprimir a comparação, ao abrigo da concorrência desleal. A sentença *Hellegold* constitui o *leading case*, que vai conformar a jurisprudência alemã na recusa da comparação publicitária, sendo que o trabalho jurisprudencial dos anos seguintes se limitou ao desenvolvimento de excepções a uma recusa tão categórica. Nestes termos, à semelhança do que já referimos quanto aos ordenamentos francês e italiano, também na Alemanha se desenvolveu um conjunto de excepções à ilicitude das mensagens publicitárias comparativas: comparação de métodos industriais e de sistemas de distribuição (*Systemvergleich*)[23], legítima defesa (*Abwehrvergleich*), comparação a

---

barato 20% do que o da Lattoflex e é de igual qualidade em todos os aspectos, em nossa opinião inclusive é melhor e mais robusto". Esta publicidade não era enganosa, nem desnecessariamente ofensiva. Contudo era parasitária, aproveitando-se da reputação de outra marca, tendo vindo a ser considerada ilícita.

[21] Carl Baudenbacher, *Das UWG auf neuer Grundlagen*, Haupt, 1988, 79 ss.

[22] Na Lei de Concorrência Desleal Alemã de 1909 (UWG), a publicidade comparativa crítica verdadeira era admitida, porquanto a actividades que não estavam expressamente proíbidas eram consideradas admitidas. Foi, em 1917, pela influência de Josef Kohler que se considerou que os empresários tinham o direito de não ser acusados de quaisquer aspectos negativos e que o Supremo Tribunal do Reich Alemão estabeleceu uma proibição mesmo para a publicidade comparativa verdadeira. Vide Eva-Marina Bastian, *Comparative Advertising in Germany – Present Situation and Implementation of EC Directive*, IIC 02/2000, 153.

[23] Winfried Tilmann, *Vergleichende Werbung, Systemvergleich, Alleinstellungswerbung*, Grur Int, 06/07/1983, 598-607.

pedido dos consumidores (*Auskunftvergleich*), comparação para explicar um progresso técnico ou económico (*Fortschrittsvergleich*). A partir da década de sessenta, decorrente do trabalho dos tribunais inferiores que se estende posteriormente ao BGH, a teoria do motivo suficiente (*hinreichender Anlass*) permitiu que as excepções à ilicitude da publicidade comparativa fossem alargadas atendendo a outros interesses, como o do público em ser informado. Nos últimos tempos, por influência jurídica comunitária[24], o percurso foi no sentido da admissibilidade da publicidade comparativa, ainda que se salientem recuos e avanços ao longo de três décadas[25-26].

---

[24] Ainda antes da transposição da directiva comunitária abriu-se um amplo debate em que as associações de consumidores eram favoráveis à publicidade comparativa, ao passo que as associações de industriais eram contrários à liberalização, por entenderem tratar-se de uma prática comercial menor e rara e que os concorrentes preferem viver em harmonia. Na sua discussão em Bruxelas, a Alemanha apresentou objecções à Directiva, porque a proposta de Directiva não continha uma cláusula geral de casos de publicidade comparativa ilícita e porque tinha muitos conceitos jurídicos indeterminados, o que implicaria diferentes interpretações nos Estados membros. No entanto, a verdadeira razão para a rejeição devia residir no facto de, como a Directiva permitia a comparação de preços, temer-se o acesso ao mercado alemão, de preços altos, por Estados-membros com preços baixos. Esta razão evidenciou-se no facto de as pequenas e médias empresas dos Estados que praticavam preços mais baixos serem favoráveis à Directiva. Eva-Marina Bastian, *Comparative Advertising in Germany – Present Situation and Implementation of EC Directive*, IIC 02/2000, 159. Sobre a influência de Directiva no direito alemão, *Ansgar Ohly/Michael Spence, Vergleichen Werbung: Die Auslegung der Richtlinie 97/55/EG in Deutschland und Grobritannien*, GRUR Int 08/09/1999, 684-696, Frauke Henning Bodewig, *Vergleichende Werbung – Lieberalisierung des deutschen Rechts?*, GRUR Int 05/1999, 385-394, Winfried Tilmann, *Richtlinie vergleichende Werbung*, GRUR 11/1997, 790-799 e Pla, *Die gesetzliche Neuregelung der vergleichen Werbung*, NJW 2000, Heft 43, 3168.

[25] Wolfgang Berlitt, *Wettbewerbsrecht*, 2. Auflage, Beck, München, 1995, 38, coloca a publicidade comparativa (*Vergleichen Werbung*) na agressão (*Behinderung*), sendo este o "conceito-critério" que permite avaliar da licitude ou ilicitude (*Bereich der behindernden*) da publicidade comparativa. Mesmo quando a lei não autorizava a publicidade comparativa (§14 UWG), sempre foram admitidas algumas excepções, sobretudo para esclarecimento dos consumidores (*Aufklärungsbedürfnisses der Allgemeinheit*), nomeadamente quando se regista a apresentação de vantagens dos próprios bens ou a comparação com produtos anteriores ou a comparação de sistemas (*Systemvergleich*). O critério da instância superior alemã (*Bundesgerichthof*) para determinar a ilicitude da publicidade comparativa assentava no facto da reputação do concorrente poder ser atingida quando, de uma forma crítica, se avalia o produto de um concorrente, como no caso da publicidade de um cognac em que se afirmava "*Vergleichen Sie z. B. Unseren Cognac "Arc Royal" mit anderen Cognacs, die Ihnen durch grossen Werbeaufnand auffallen*". O BGH também considera ilícita a publicidade comparativa que possa comportar engano

Em Espanha, tanto a Lei de Concorrência Desleal de 1991 (LCD), como a lei reguladora da publicidade (LGP) contêm disposições que regulam a publicidade comparativa, pelo que necessitam de ser correctamente articuladas. A LCD (art. 9.°) regula os actos de denegrição, enquanto que

---

(*Irreführung*), como na publicidade "*Kleidung wie nach Mass: X-Kleidung*" (68). Sobre esta jurisprudência do tribunal superior veja-se BGH GRUR 1987, 49 f (Cola-Test), BGH GRUR 1992, 61 (Preisvergleichliste) e BGH GRUR 1989, 602 f (Die echte Alternative) em Reiner Schmidt, *Unlauterer Wettbewerb und Wettbewerbsprozess*, Kommunikatinsforum, Köln, 16-17. *Cfr.* Fritz Rittner, *Wettbewerbs- und Kartellrecht*, 4. Auflage, Müller, Heidelberg, 52 ss avalia a compartimentação jurídica dos diferentes casos. A publicidade com referências pessoais, como a nacionalidade, o cadastro criminal ou a situação financeira não pode ser utilizada na concorrência. A publicidade que se pendura na reputação (*anlehnende Werbung*) não está dentro da categoria da agressão (*Behinderung*), mas configura uma forma de aproveitamento (*Ausbeutung*). A comparação de sistemas ou de tipos de mercadorias (*System – und Warenartenvergleich*) cai fora da publicidade comparativa, porque não compara nem agride concorrentes determinados, mas somente especificações técnicas ou qualidades de produtos. A publicidade comparativa crítica (*kritisierende vergleichen Werbung*) é, em princípio, ilícita ainda que se registem alguns casos em que pode ser considerada lícita. Admite-se a publicidade comparativa de defesa (*Abwehrvergleich*) e a publicidade comparativa necessária (*notwendige Vergleich*), que é indispensável. A publicidade superlativa ou individual (*Superlativ oder Alleinstellungswerbung*) deve ser apreciada de acordo com a proibição de engano prevista no §3 UWG ou de acordo com a cláusula geral contra os bons costumes §1 UWG. Os testes com listas de preços com todos os produtores não devem ser vistos como publicidade comparativa; de igual modo, nos casos em que um consumidor pede um conselho sobre preços, não há qualquer comparação. Normalmente os testes de mercadorias agridem os comerciantes com menor qualidade. Se o teste não tiver sido realizado por um concorrente só pode ser enquadrado pelo §§ 824 e 823.1 BGB, mas se tiver sido feito por concorrentes e com fim comercial, então terá de estar submetido ao critério da publicidade comparativa e da probição do engano. *Vide* Wilhelm Nordemann, *Wettbewerbsrecht*, 7. Auflage, Nomos, 182 ss sobre o carácter inimigo, em termos concorrenciais, de toda e qualquer publicidade referencial (*Bezugnehmende Werbung*). Nordemann defende que as excepções que se foram desenvolvendo jurisprudencialmente em matéria de proibição de publicidade comparativa, primeiro, passaram pelo interesse dos anunciantes (nomeadamente para esclarecimento de uma inovação técnica (*Fortschriftvergleich*) e, só a partir dos anos setenta, começou a admitir-se a licitude de uma publicidade que criticamente serve para o esclarecimento dos consumidores e para a transparência do mercado. Criando-se um triplo critério de licitude: (a) *entweder das Interesse der Verbraucher an sachge-mässer Aufklärung sie deckte (Aufklärungsvergleich)* (b) *oder das Interesse des Werbenden sie sonst nötig macht, was nur zu Abwehr eines rechtswidrigen Angriffs denkbar ist (Abwehrvergleich und wenn* (c) *die Grenzen des nach Art und Mass Erforderlichen nicht überschritten werden.*
[26] Eva-Marina Bastian, *Advertising in Germany – Present Situation and Implementation of EC Directive*, IIC 02/2000, 152 considera que o Supremo Tribunal Alemão alterou a sua atitude em relação à publicidade comparativa ainda antes da Directiva Directiva 97/55/CE.

o art. 10.º aplica-se aos actos de comparação. Os actos de denegrição são idóneos a causar o descrédito de um ou vários concorrentes. Com efeito, a denegrição existe independentemente de qualquer resultado, basta que os meios sejam idóneos a esse fim.

O art. 9.º da LCD admite a *exceptio veritatis*, não bastando que as afirmações sejam verdadeiras, é necessário que sejam igualmente exactas e pertinentes. A denegrição pode ser directa ou indirecta, podendo ser expressamente formulada ou resultar implicitamente de outra. Antes da entrada em vigor da LCD considerava-se como uma forma clássica de denegrição indirecta a comparação entre os produtos de um concorrente e os do próprio[27].

O art. 10.º, n.º 1 da LCD regula os actos de comparação estabelecendo a deslealdade da comparação pública que assente em aspectos incomparáveis ou sem qualquer relevância. O n.º 2 do mesmo artigo considera também desleal a comparação que importe engano nos termos dos arts. 7.º e 9.º da Lei. Note-se que há quem considere esta referência completamente despicienda[28].

Tradicionalmente no ordenamento espanhol, à semelhança dos restantes ordenamentos europeus, considerava-se que a publicidade comparativa comportava denegrição, mas a introdução da retórica da defesa do consumidor e a compreensão do benefício que pode trazer ao consumidor permitiu admitir a licitude da publicidade comparativa informativa, objectiva e transparente[29]. No entanto, ainda nos dias que correm, a comparação é olhada com desconfiança pelos operadores no mercado, sobretudo porque possuiu um enorme potencial concorrencial: sendo uma arma na luta concorrencial positiva, para quem a ela recorre, e negativa, para quem é objecto de comparação[30].

O direito espanhol faz uma distinção entre publicidade comparativa e comparação pública: se se utilizam meios publicitários para a comparação existe publicidade comparativa, se não, trata-se de comparação pública. Não é pública a comparação que é feita entre o vendedor e o comprador verbalmente ou mediante notas. A comparação não pública pode ser desleal atendendo a outros actos de concorrência desleal. Não há qual-

---

[27] Concepción Molina Blázquez, *Protección Jurídica de la Lealtad en la competencia*, Montecorvo, Madrid, 1993, 280 ss.

[28] Concepción Molina Blázquez, *Protección Jurídica*, 283.

[29] Concepción Molina Blázquez, *Protección Jurídica*, 282.

[30] Juan José Otamendi Rodriguez-Bethencourt, *Comentarios a la Ley de Competencia Desleal*, 194.

quer comparação na publicidade superlativa ou quando se verifica a comparação com uma generalidade de comerciantes não identificável[31].

O art. 6.° c) da LGP estabelece uma exigência superior de veracidade da publicidade comparativa, impondo que as afirmações sejam "*objectivamente demonstráveis*", quando confrontado com o art. 4.° da mesma lei que apenas determina que a publicidade não induza em erro[32]. Do art. 6.° c) resulta a seguinte noção de publicidade comparativa: a que compara ou contrapõe as características dos produtos ou serviços do empresário com os de um concorrente ou de vários, fazendo ou não menção expressa ao nome ou à marca do concorrente, sendo o critério de proibição a indução em erro.

A análise do publicidade comparativa nos ordenamentos jurídicos europeus evidencia-nos três tópicos essenciais: 1) a profunda ligação entre o modelo de concorrência desleal vigente e a "atitude de princípio" (em termos de proibição ou de admissão) em relação à publicidade comparativa, 2) a importância do tópico da defesa dos interesses do consumidor na implementação de uma "nova atitude" em relação à publicidade comparativa e 3) a influência que o direito comunitário tem em matéria de uniformização dos diferentes ordenamentos no sentido de uma maior abertura à publicidade comparativa.

5. Direito comunitário

Actualmente é impossível compreender as evoluções jurídicas dos diferentes países da União Europeia sem enquadrar o bloco jurídico comunitário[33], que surge, nas últimas duas décadas, em algumas matérias de

---

[31] Juan José Otamendi, *Comentarios cit*, 194 ss.

[32] Carme Madrenas i Beadas, *Sobre la interpretacion de las prohibiciones de publicidad engañosa y desleal, La parcialidad de la publicidad y los costes de la competencia*, Civitas, Madrid, 1990, 165, refere que a expressão objectivamente demonstráveis deve ser interpretada no sentido da objectividade e da neutralidade para a protecção dos consumidores e não na protecção do empresário que não a merece.

[33] Friedrich-Karl Beier, *The Law of Unfair Competition in the European Community Its Development and Present Status*, ICC 02/1985, 138 ss, considera que o Tratado de Roma de Janeiro de 1958 é o marco de uma nova fase na evolução da concorrência desleal na Europa, porquanto os arts. 85.° e 86.° introduziram uma aproximação neoliberal à concorrência, completando as legislações sobre propriedade industrial e concorrência desleal com a ideia de concorrência livre. Entre 1958/1965 o Instituto para as patentes, direito de autor e concorrência, sediado em Munique, sobre a direcção de Eugen Ulmer ficou com

relevo jurídico-económico, como uma especial força motriz no sentido da aproximação jurídica entre os diferentes ordenamentos. No que concerne à matéria que nos ocupa, a Directiva 97/55/CE[34] veio definitivamente estabelecer a matriz europeia da licitude da publicidade comparativa, salvaguardando, no entanto, os pressupostos em que a mesma pode operar licitamente. No seguimento desta directiva, que os Estados europeus tinham de transpor para o seu ordenamento jurídico até 23 de Abril de 2000, os países que, àquela data, possuiam uma legislação em sentido contrário, tiveram de se converter à linha europeia da aceitação das comparações publicitárias[35].

Podemos assim afirmar que o direito comunitário veio criar um último patamar de evolução, no sentido da admissibilidade jurídica da publicidade assente na comparação, permitindo um mercado único onde vigora a "mesma lei". De referir que "a Europa" (comunitária) começou por regular aspectos parcelares da concorrência, tais como a publicidade enganosa e comparativa, para só em data futura (ainda desconhecida),

---

a incumbência de preparar estudos comparativos dos seis Estados membros da Comunidade Económica com vista à uniformização da concorrência desleal.

[34] A Directiva 97/55/CE introduz a noção de publicidade comparativa, definindo-a como sendo *"qualquer publicidade que, explicita ou implicitamente, identifica um concorrente ou bens e serviços de um concorrente"*. A publicidade comparativa é lícita desde que respeite as seguintes condições: não ser enganosa; comparar bens e serviços que respondam a necessidades idênticas ou que visem o mesmo objectivo; comparar objectivamente características essenciais, pertinentes, verificáveis e representativas desses bens e serviços, das quais o preço pode ser parte integrante; não induzir confusão no mercado entre o anunciante e um concorrente; não desacreditar ou denegrir marcas, nomes comerciais ou outro sinal distintivo de um concorrente; sempre que incidir sobre produtos que têm uma designação de origem, deve relacionar-se com produtos que tenham a mesma designação; não tirar proveito da notoriedade ligada a uma marca ou outro sinal distintivo de um concorrente; não apresentar um bem ou um serviço como uma imitação ou uma reprodução de um bem ou serviço de marca ou nome comercial protegido. As disposições relativas à luta contra a publicidade enganosa aplicam-se à publicidade comparativa ilícita. A directiva prevê a criação de um dispositivo para dar seguimento às reclamações transfronteiriças em matéria de publicidade comparativa. (elementos recolhidos em http://europa.eu.int/scadplus/leg/pt/lvb/132010.htm)

[35] Brunhilde Ackermann, *Wettbewerbsrecht unter Berücksichtigung europa rechtlicher Bezüge*, Springer, 1997, 161, considera que foi a Directiva que marcou a mudança de atitude em relação à publicidade comparativa, de negativa para positiva, estabelecendo que quando é material, relevante, comprovável e representativa constitui um meio importante de informação do consumidor. De acordo com o art. 2.º da Directiva é publicidade comparativa a que directa ou indirectamente compara concorrentes, produtos ou prestações de serviços, estabelecendo-se no art. 3.º as condições da sua licitude. É também a directiva que leva à transformação do direito alemão.

apresentar uma reforma global no domínio da concorrência desleal, tardando a ser aprovada a Directiva que irá uniformizar as legislações europeias nesta matéria[36].

No entanto, hoje as legislações, como a portuguesa, que transpuseram para o seu ordenamento a Directiva Comunitária em matéria de publicidade, possuem uma coincidência literal – para o bem e para o mal – com este texto comunitário. Uma das críticas que tem sido veiculada quanto à Directiva centra-se no conceito que apresenta de publicidade comparativa como publicidade que identifica expressa ou implicitamente um concorrente. Ora, alguma doutrina[37], correctamente, vem afirmar que a identificação de um corrente não é a característica fundamental da publicidade comparativa, que assenta essencialmente na existência de uma comparação entre prestações próprias e alheias. Além disto, a identificação de um concorrente é uma característica que só por si é insuficiente para caracterizar a publicidade comparativa, já que se verifica quer na publicidade adesiva, quer na publicidade de tom pessoal. Acresce que no texto da Directiva confunde-se um requisito constitutivo da publicidade comparativa – a comparação de bens ou de serviços que respondam às mesmas necessidades ou a objectivos idênticos – com um requisito da licitude da própria mensagem publicitária comparativa.

De referir que os requisitos de licitude que a Directiva estabelece resultam de ainda não haver uma harmonização, através de uma Directiva comunitária em matéria de concorrência desleal, pelo que, atendendo à disciplina jurídica da concorrência desleal nos diferentes ordenamentos jurídicos, a fixação daqueles limites torna-se supérflua ou até redundante.

Por outro lado, os limites que são fixados na Directiva não podem ser ultrapassados pelos legisladores nacionais – configuram limites máximos – sob pena de funcionarem como uma medida de efeito equivalente a uma restrição à liberdade de circulação de mercadorias e, como tal, contrária ao artigo 30.º do Tratado de Roma. Não obstante, a jurisprudência *Cassis de Dijon*, ao abrigo de uma interpretação extensiva do art. 36.º do Tratado, tem permitido configurar certas restrições de concorrência desleal e de publicidade como lícitas. Por fim, desde a sentença *Keck* que o Tribunal das Comunidades orienta-se para considerar que as legislações nacionais,

---

[36] Gerhard Schricker, *Twenty five years of Protection Against Unfair Competition*, IIC, refere-se a uma uniformização lenta e fragmentária do direito europeu da concorrência desleal.

[37] Anxo Tato Plaza, *La Publicidad Comparativa*, 260.

que estabelecem certas restrições publicitárias ou comerciais, desde que as apliquem, quer a nacionais, quer a estrangeiros, caiem fora do âmbito do art. 30.º do Tratado de Roma.

Para a realização da união europeia, em especial da união económica, é determinante a forma como a publicidade, em geral, e a publicidade comparativa, em especial, está regulada nos diferentes Estados-membros, uma vez que a mesma cumpre na concorrência económica uma vital função informativa acerca dos bens e serviços[38]. A publicidade comparativa pode fornecer informações relevantes para a formação da decisão do consumidor. Uma das questões fundamentais centra-se na necessidade de uma uniformização europeia desta matéria, para que o que não seja proibido num país da união, seja permitido noutro. Daí a importância da uniformização jurídica, processo que nos parece não poder ser travado.

Na União Europeia, a publicidade comparativa é, em princípio, lícita, desde que seja objectiva, comprovável, não comporte engano e não seja desleal. A directiva sobre publicidade comparativa orientou-se no sentido da liberalização da publicidade comparativa, por se entender que a mesma é benéfica para o consumidor e para a própria concorrência, que tenderia a apresentar inovações cada vez melhores e mais competitivas.

A Directiva apresenta, no seu artigo 2.º, a publicidade comparativa como aquela que, directa ou indirectamente, torna conhecido (*erkanntbar*) um concorrente ou os seus idênticos bens ou serviços (*gleichartige*)[39], texto utilizado pelo legislador nacional na alteração do art. 16/1 do Código da Publicidade (CPub). Assim, esta noção abarca a publicidade que se aproveita da reputação de outros concorrentes ou prestações (*anlehnde Werbung*), abrangendo as comparações pessoais (*persönliche vergleichende Werbung*) e as comparações reais (*sachliche vergleichende Werbung*), havendo quem considere correcta tal abrangência, atendendo à sua proximidade[40]. Por outro lado, a expressão «*erkenntbar*» inclui quer as referências directas quer as referências indirectas às prestações alheias. Algumas críticas levantaram-se, no entanto, quanto ao facto de a noção da Directiva se referir somente a um concorrente e não a vários[41].

---

[38] Sibylle M. Wirth, *Vergleichende Werbung in der Schweiz, den Usa und der EG in Zivilrecht, Werbe- und MedienKodizes*, Shulthess Polygraphisher Verlag Zürich, 1993, 215.
[39] «*Vergleichende Werbung ist iede Werbung die unmittelbar oder mittelbar einen Mitbewerber oder dessen gleichartige Erzeugnisse oder Dienstleistungen erkenntbar macht*» (na versão alemã).
[40] Sibylle M. Wirth, *Vergleichende Werbung*, 221.
[41] Sibylle M. Wirth, *Vergleichende Werbung*, 222.

Um dos elementos fundamentais da própria identificabilidade da publicidade comparativa centra-se na identidade ou similaridade entre os bens e serviços (algo que, escapou na tradução ao legislador nacional). A identidade ou similitude de produtos significa que os mesmos satisfazem necessidades idênticas, o que significa que abrange produtos sucedâneos. No entanto, a comparação entre um veleiro e um iate não é publicidade comparativa porque falta a identidade entre os produtos[42]. Em relação à comparação de produtos que não sejam idênticos, a Directiva defende a sua ilicitude. Em Portugal isso resulta não da definição do artigo 16.º/1, mas da alínea b) do n.º 2 do art. 16.º CPub.

Do artigo 3.º da Directiva resulta que a publicidade comparativa é lícita sempre que não consubstanciar uma forma de concorrência desleal. Ao só estabelecer alguns limites à publicidade comparativa, o caminho da Directiva é o da liberalização das comparações na publicidade. Os valores que se protegem com semelhante liberalização centram-se no desenvolvimento da concorrência e na disponibilização de mais e melhor informação para o consumidor.

Ora, a publicidade comparativa só cumpre esta função de informação quando a comparação é objectiva, incide sobre características relevantes e tem como objecto bens ou serviços idênticos. A publicidade que compare objectos não idênticos é ilícita nos termos do art. 2.º da Directiva. Assim, comparações sobre detalhes menores são consideradas ilícitas e os produtos têm de ser semelhantes nas suas características essenciais, nomeadamente na qualidade, na quantidade, no resultado e no preço.

A comparação não pode ser enganosa (Directiva 84/450/CE) nem falsear a concorrência. Não deve resultar das comparações qualquer confusão entre bens ou serviços, marcas, designações comerciais, ou outros sinais distintivos do anunciante e de um concorrente. A comparação não pode igualmente desacreditar ou depreciar marcas, designações comerciais, sinais distintivos, bens, serviços, actividades ou situação de um concorrente ou tirar partido indevido da marca ou designação comercial de um concorrente. Resulta desta proibição, a ilicitude da publicidade que se pendura na reputação de outro concorrente. Note-se que sempre que se recorra a testes comparativos há a necessidade de mencionar a entidade que os conduziu.

Para além destas limitações constantes da Directiva, a publicidade comparativa não deve possuir mais limitações decorrentes das legislações nacionais.

---

[42] Sibylle M. Wirth, *Vergleichende Werbung*, 222.

Quando se realizam comparações é necessária uma referência à marca ou designação comercial do concorrente. Ora, de acordo com Directiva, essa referência é lícita.

Há ainda uma Directiva em matéria de marcas, de 21 de Dezembro de 1988 (89/104/CEE), para protecção da função distintiva da marca (*Herkunftsfunktion*), que promove uma protecção para marcas iguais para os mesmos produtos. A protecção contra marcas semelhantes está dependente do perigo de confusão que exista. De acordo com esta tutela, o titular da marca goza de um direito de exclusivo, podendo actuar contra terceiros que se aproveitem do exclusivo económico da marca.

O emprego de uma marca ou qualquer sinal distintivo na publicidade comparativa é lícito, não violando o círculo do direito de exclusivo, desde que vise única e exclusivamente a comparação e não pretenda aproveitar--se do prestígio de outra marca[43]. O perigo de confusão é o elemento decisivo para a protecção das marcas. A sua apreciação está dependente de diferentes factores: o grau de conhecimento da marca no mercado, as associações mentais que resultam da marca, o grau de semelhança entre as marcas, desenhos ou outros sinais distintivos.

6. Direito norte-americano

Um conjunto variado de disposições normativas regula a publicidade comparativa neste ordenamento. A 1.ª Emenda da Constituição norte-americana reconhece a liberdade de expressão, que abrange também a liberdade de discurso comercial quando verdadeiro (*commercial speech*)[44]. Quer a liberdade de expressão comercial, quer a publicidade comparativa estão limitadas em defesa dos concorrentes. Também o *Lanham Trade-Mark Act* regula no plano federal a publicidade comparativa. A *Federal Trade Comission* (FTC) é o organismo administrativo que controla a publicidade comparativa. Esta comissão desenvolveu um conjunto significativo de directivas para apreciação da publicidade comparativa, que originaram um conjunto abundante de decisões administrativas que influenciam a jurisprudência dos tribunais norte-americanos.

---

[43] Cfr. a mesma posição em *Metatags e Correio Electrónico entre os Novos Problemas do Direito da Internet*, Estudos da Sociedade da Informação, V, Coimbra Editora, 2003.

[44] Sibylle M. Wirth, *Vergleichende Werbung*, 137.

O federalismo americano baseia-se numa grande autonomia dos Estados federados não só do ponto de vista legislativo, mas igualmente do ponto de vista judicial. Existem no sistema judicial norte-americano tribunais federais e tribunais estaduais cujas decisões não são ultrapassadas pelos tribunais federais. Ao nível dos Estados federados encontra-se um significativo corpo de regras de *common law* e o direito estatutário legislado pelos diferentes Estados no qual se deparam disposições sobre a publicidade comparativa. Neste estudo vamos limitar-nos ao plano federal.

A publicidade comparativa, tal como é concebida pelo direito norte-americano, é aquela que compara um produto ou serviço próprio com outro de um concorrente, sendo que a comparação pode ser realizada de diferentes modos, tais como, a referência ao nome da prestação do concorrente ou a afirmação da superioridade da própria prestação. A jurisprudência veio também incluir no domínio da publicidade comparativa a que se pendura (*anlehnende Werbung*) em outros produtos concorrentes como no caso *Calvin Klein Cosmetics Corp. v. Parfums de Coeur, Lta* (8th Circuit, 1987), que teve como objecto a mensagem publicitária «*If You like Obsession, you'll love Confess*» na qual um produto conhecido é copiado. Existem inúmeros casos que chegam às instâncias norte-americanas baseados em publicidade comparativa ilícita, por ser enganosa e por violar a lei.

Um dos casos *Hot Sparks Industries, Inc. vs Scintilla Electronics Co.* opôs estas duas empresas com base numa publicidade em que a Scintilla comparou o computador que comercializava Home-Com 777 ao HSI-45 1, afirmando a maior velocidade e segurança do seu computador, o que não se provou ser objectivamente verdadeiro[45].

Num outro caso *American Home Products Corp. v. Johnson & Johnson*[46], o tribunal de apelação do Segundo Circuito considerou que mensagens ambíguas, que falsamente comparassem dois produtos, violavam directamente o §43 do *Lanham Act*. Numa primeira apreciação, o tribunal averiguou se efectivamente a publicidade ao medicamento Anacin tinha realizado qualquer comparação desleal com o Tylenol. Numa segunda fase, apreciou a reacção dos consumidores às referidas frases, tendo chegado à conclusão que a mensagens veiculadas eram falsas, já que as alegadas propriedades anti-inflamatórias do Anacin não foram comprovadas.

---

[45] W. Thomas Hofstetter/Frederick T. Davis, *Comparative advertising in court: outline of briefs*, Antritust Law Journal, vol. 49, summer 1980, 861-883.

[46] John E. Stiner, *The Lanham Act offers relief for implied advertising claims:* American Home Products Corp. v. Johnson & Johnson, patent and trademark review, vol. 78, n.º 6, June 1980, 252-265.

O tribunal veio a defender que, sob a égide do §43 do Lanham Act, proibia-se mais do que o mera falsidade literal, estando igualmente incluídas nessa base normativa as sugestões implícitas e indirectas.

Também no caso *American Brands v. R. J. Reynolds Co.* o tribunal admitiu uma acção fundamentada no §43 do *Lanham Act* relativamente a uma mensagem implícita de superioridade comparativa, ainda que acção não tivesse obtido procedência por falta de prova da reacção dos consumidores.

Apesar desta jurisprudência, a tolerância em relação a todo o tipo de comparações é muito superior nos Estados Unidos do que na Europa[47]. A liberdade de pensamento e de expressão, mesmo no estrito contexto económico, possui muito menos limites naquele país do que aqueles que existem nos ordenamentos europeus. O recurso às comparações na publicidade mostra-se uma técnica muito eficaz, sendo a modalidade que recorre a pretensos testes científicos a mais eficaz junto do consumidores, em virtude da relevância das afirmações científicas na nossa sociedade[48]. Não existem normas legisladas no ordenamento norte-americano a proibir a publicidade comparativa[49]. Assim, esta é subsumida no §43 do *Lanham Act* que funciona com cláusula geral da concorrência desleal, o qual admite a publicidade comparativa que não seja falsa ou enganosa. Os norte americanos distinguem diferentes tipos de publicidade comparativa, ainda que os mesmos sejam sempre reconduzidos ao §43 do *Lanham Act*, sendo avaliados sobre a sua licitude sempre pelo mesmo critério, quer se trate de uma publicidade crítica quer de uma publicidade que se pendura na reputação de outro bem. O direito norte-americano admite referências explícitas a outras marcas (*Smith v. Chanel, Inc.* e *Saxony v. Guerlain*). As marcas não possuem um carácter monopolista, não se registando uma pro-

---

[47] Charles J. Walsh and Marc S. Klein, *From dog food to prescription drug advertising: litigation false scientific establishment claims under the Lanham Act*, Setton Hall Review, vol. 22, 1992, 389-445: "*Advertising is an ancient practice, at least two thousand years old. But comparative advertising is a truly modern phenomenon, just twenty years old. It is also a uniquely American activity. While comparative advertising is disdained in most other countries, it is a commonplace here*".

[48] A industria farmacêutica foi nos Estados Unidos da América a que mais recorreu a essa publicidade comparativa (pretensamente científica). Porém, a falsa publicidade em matéria de medicamentos pode afectar a saúde de inúmeras pessoas, pelo que tem de ser especialmente vigiada. Daí as especiais competências nesta matéria da Federal Trade Comission (FTC) e da Federal Food and Drug Administration (FDA), Charles J. Walsh and Marc S. Klein, *From dog food cit*, 393.

[49] Sibylle M. Wirth, *Vergleichende Werbung*, 134.

tecção absoluta contra a possibilidade de outros as utilizarem na publicidade, nomeadamente quando a referência à marca é verdadeira. A protecção só se estende aos casos em que a referência à marca é enganosa. O §43 do *Lanham Act* estabelece uma acção de responsabilidade civil, sempre que a publicidade comparativa consubstancie concorrência desleal.

A FTC teve um papel determinante no desenvolvimento da jurisprudência norte-americana em matéria de publicidade comparativa. Num primeiro momento encorajou a publicidade comparativa, concebendo-a como um meio especialmente idóneo para promover a concorrência[50]. A publicidade comparativa desenvolveu-se de uma forma mais visível a partir da publicidade da Avis que recorreu ao slogan publicitário "*We try harder*". Ora, Avis era, ao momento da difusão desta mensagem publicitária, o número 2 das empresas de aluguer de automóveis e procurava destronar a posição de supremacia que a Hertz ocupava no mercado. Uns anos mais tarde, a Hertz respondeu directamente ao anúncio da Avis com a seguinte mensagem publicitária: "*Durante anos a Avis tem vos dito que a Hertz é a número 1. Agora nós vamos dizer-lhe porquê*". No seguimento da campanha publicitária da Hertz seguiram-se outras que recorriam a comparações: por exemplo, a Ford afirmava que o seu Granada parecia um Mercedes Benz[51].

A aceitação da publicidade comparativa e a afirmação do seu carácter benéfico para a concorrência e para os consumidores, mesmo nos Estados Unidos, não é universal. Um estudo recente conclui mesmo que a natureza informativa da publicidade comparativa não é superior à da publicidade não comparativa. Alguns publicitários recusaram o recurso à publicidade comparativa, entendendo que ela representa uma promoção grátis para a empresa expressa ou implicitamente objecto de comparação[52].

O *National Advertising Division of the Council of Better Business Bureau* (NAD) tem através da auto-regulação corrigido alguns abusos cometidos através da publicidade comparativa. Para além desta auto-regulação, um corpo de leis federais tem regulado o fenómeno da publicidade comparativa. No entanto, o direito norte-americano não reprime as afirmações exageradas na publicidade, trata-se de uma prática usual que é designada por *puffing* (soprar); de modo diferente, a agressão já constitui

---

[50] Jerome L. Gee, *Comparative Advertising, commercial disparagement and false advertising*, The Trademark Reportes, v. 71, 1981, 620-640.
[51] Jerome L. Gee, *Comparative Advertising cit*, 620-640.
[52] Jerome L. Gee, *Comparative Advertising cit*, 620-640.

uma modalidade publicitária ilícita, porquanto o anunciante não se limita a afirmar a superioridade do seu produto ou serviço, mas a denegrir o outro produto ou serviço com o qual concorre. No *disparagement* verifica-se um verdadeiro ataque a outro produto ou serviço.

A publicidade comparativa enganosa ocorre quando o anunciante profere declarações falsas acerca do seu produto. Todavia o engano também pode resultar de afirmações verdadeiras. Foi o que se verificou na comparação realizada num anúncio publicitário da *Schick Krona Chrome* e *da Schick Super Stainless Steel*, em que, num teste em que ambas as lâminas de barbear eram utilizadas cinco vezes, a de ferro estava muito mais corroída do que a cromada. No entanto, a FTC defendeu que o grau de corrosão em nada interferia na capacidade de barbear, pelo que, apesar das afirmações veiculadas serem verdadeiras, o resultado comparativo alcançado era falso. Em matéria de intenção, na publicidade comparativa não é necessário provar a intenção de confundir ou de enganar[53].

No caso *Vidal Sassoon, Inc. v. Bristol Meyers Co.* foi decisivo que a apresentação enganosa de testes comparativos fosse ainda mais enganosa do que as falsas afirmações. Neste caso, a publicidade da Bristol Meyers afirmava que mais de 900 mulheres prefeririam o seu champô, quando na realidade só tinham sido entrevistadas 200 mulheres e não tinha sido feita qualquer comparação entre produtos, só se oferecendo a experimentar o champô da Meyers.

7. Portugal: evolução legislativa; o novo Código de Propriedade Industrial (CPI)

Em Portugal, pode-se, à semelhança das restantes legislações europeias autonomizar três períodos em matéria de concorrência desleal: o paleoliberal, o profissional e o social.

A primeira legislação de concorrência desleal não fazia menção à publicidade comparativa. No entanto, no artigo 212.º do CPI de 1941 a publicidade comparativa era recusada com base nos actos de descrédito, independentemente do carácter verídico ou não das afirmações proferidas. Era a doutrina da repressão da denegrição. Posteriormente, com a publicação do primeiro Código da Publicidade, manteve-se a mesma proibição que veio a ser alterada no sentido da licitude com o Decreto-Lei n.º 339/

---

[53] Jerome L. Gee, *Comparative Advertising cit*, 620-640.

/90, de 23 de Outubro. O Código da Publicidade aprovado pelo Decreto-Lei n.º 339/90, de 23 de Outubro, sofreu, até à data, significativas alterações[54] introduzidas pelo Decreto-Lei n.º 74/93, de 10 de Março, e pela Lei 6/95, de 17 de Janeiro. Novas alterações foram ainda introduzidas posteriormente pela Lei 31-A/98, de 14 de Julho, e pelos Decreto-Lei n.º 51//2001, de 15 de Fevereiro, e n.º 332/2001, de 24 de Dezembro (este último na esteira do Plano de Acção contra o Alcoolismo).

A publicidade comparativa constitui um dos domínios em que foram introduzidas significativas mudanças[55]. Com efeito, o conjunto normativo que se vislumbra no artigo 16.º foi das áreas da disciplina publicitária aquela que porventura sofreu alterações mais profundas com a entrada em vigor da Lei 31-A/98, de 14 de Julho. No entanto, cumpre referir que a reforma de que aquela disposição foi objecto limitou-se a traduzir para o português a Directiva comunitária sobre publicidade comparativa, ainda que a mudança de paradigma efectuada mereça ser aplaudida. Efectivamente, antes de 1998, a técnica de construção da norma passava por traçar o círculo da proibição da publicidade comparativa. Ora, como a

---

[54] Quanto aos aspectos que se mantêm idênticos, de citar, a título de exemplo, os seguintes: o âmbito do diploma (artigo 1.º), o direito aplicável (artigo 2.º), o conceito de publicidade (artigo 3.º), o conceito de actividade publicitária (artigo 4.º), a noção de sujeitos publicitários (artigo 5.º), e os princípios da publicidade (artigo 6.º). Assim, o cerne do diploma não parece ter sido profundamente alterado, ainda que alguns aspectos parciais tenham sofrido alterações. Por exemplo, em matéria de licitude da mensagem publicitária admitiu-se a utilização, ainda que excepcional, de língua estrangeira, o que mereceu reacções críticas provenientes dos sectores mais puristas da língua nacional. No entanto, algumas críticas parecem porventura excessivas, já que a europeização da economia nacional necessita de uma abertura a outros idiomas mais comerciais, sendo um ónus demasiado pesado para a actividade publicitária a defesa da língua nacional, quando outros a não protegem. De modo idêntico, o legislador nacional introduziu mudanças na publicidade enganosa ao introduzir o n.º 3 do artigo 11.º. Visa-se com a introdução desta disposição promover a veracidade na publicidade que recorre a prémios, que alegadamente não exigem qualquer contrapartida económica, ou não estão dependentes de sorteio, ou da realização de qualquer encomenda, o que normalmente não resulta de forma transparente. É tradicional encontrar-se publicidade, enviada por correio, na qual se anuncia ao destinatário que ganhou um prémio, ou empresas de *telemarketing* anunciarem prémios recorrendo a telefonemas, que induzem os destinatários mais incautos a deslocarem-se a determinados locais em busca de prémios ou promoções, onde os mesmos são "importunamente" convidados a realizar aquisições comerciais. No entanto, malgrado a pretensa novidade legislativa do n.º 3 do artigo 11.º, as situações que se visa obstar estão já abrangidos pelo n.º 1 do artigo 11.º, sendo despicienda, por redundante, a referência introduzida pelo novo n.º 3.

[55] Cfr. o nosso *Concorrência Desleal e Direito da Publicidade – Um estudo sobre o ilícito Publicitário, Concorrência Desleal*, Almedina, Coimbra, 1996.

norma era proibitiva, a proibição funcionava como excepção, pelo que se admitia, na linha do ensino de Oliveira Ascensão[56], que fora do círculo da proibição, funcionava implicitamente a admissão da publicidade comparativa sobre características essenciais dos produtos[57].

Diferentemente, a Lei 31-A/98, de 14 de Julho, alterou a arquitectura normativa, apresentando, num primeiro momento, um conceito de publicidade comparativa (art. 16.º/1) e, num segundo momento, a previsão da publicidade comparativa consentida (art. 16.º/2). Todavia, como descreve minuciosamente as condições de admissão da publicidade comparativa, hoje, o círculo de proibição implícito é muito mais abrangente que o círculo de proibição expresso da norma anterior. Isto leva-nos a entender que há, nesta matéria, uma verdadeira alteração de paradigma, porquanto, antes, sob a aparência da proibição, consentia-se, hoje, sobre a aparência do consentimento, proíbe-se. Estas são as normais perplexidades interpretativas, mas, mais do que as descrever, impõe-se compreendê-las.

A publicidade comparativa pode ser enganosa, normalmente contém uma referência não autorizada, podendo, consequentemente, suscitar o concurso com a concorrência desleal[58]. Na e através da publicidade podem praticar-se quase todos os actos de concorrência exemplificadamente previstos no art. 260.º do Código da Propriedade Industrial[59]. Ora, o legislador veio a consagrar a regra que a publicidade comparativa só será consentida se não for enganosa. Não nos parece, porém, muito útil essa referência, porquanto a mesma já resultaria do artigo 11.º do Código da Publicidade.

Em termos gerais, a nova disciplina jurídica da publicidade comparativa consagrou um conjunto de requisitos de licitude com vista à tutela de direitos industriais e da concorrência leal, que aponta, porventura, para uma maior tutela dos concorrentes instalados do que dos que estão para vir e dos consumidores, na medida em que estes últimos possuem mais informação em termos de comparação de prestações oferecidas no mercado,

---

[56] Concorrência Desleal, AAFDL.
[57] Cfr. o nosso *A Concorrência desleal e o direito da publicidade*, in Concorrência Desleal, Almedina, Coimbra, 1997, 155.
[58] *A Concorrência Desleal e o direito da publicidade*, 156.
[59] À data da presente conferência foi entretanto publicado um novo Código de Propriedade Industrial, que entrou em vigor em 1 de Julho de 2003, que apresenta uma nova numeração dos artigos do Código de Propriedade Industrial e que procedeu à descriminalização do ilícito de concorrência desleal. A matéria do artigo 260.º é agora regulada pelos artigos 317.º e 318.º do Decreto-Lei n. 36/2003, de 5 de Março.

permitindo maior transparência no mercado. Mas, centremo-nos um pouco mais detalhadamente no resultado das mudanças legislativas:

1) Por um lado, o conceito que é apresentado pelo legislador comporta uma incorrecta tradução da Directiva, colocando inúmeras dificuldades.

É de criticar o referido conceito por apresentar uma noção demasiada ampla de publicidade comparativa, ao ponto de abraçar realidades que nunca se poderiam classificar enquanto tal. Normalmente, os conceitos são adventícios não conseguindo alcançar a totalidade da realidade que representam. Neste caso, a noção que é apresentada inclui mais do que devia; é, por isso, excessivamente compreensiva, e pouco analítico.

Com efeito, se uma mensagem publicitária contém uma referência expressa ou implícita a outro concorrente ou aos bens ou serviços de outro concorrente, tal mensagem publicitária não é necessariamente comparativa, pois o essencial da mensagem comparativa é a comparação, *i.e.* o confronto entre dois bens ou serviços. Ora, pode haver identificação de outro concorrente, sem comparação. Aliás, a comparação raramente incide sobre concorrentes, mas frequentemente sobre produtos ou serviços.

Acresce que a referência a identificação é algo controversa se se pensar que a mesma pode ser explícita ou implícita. Como é possível identificar concorrentes, bens ou serviços implicitamente? Pode-se fazer uma referência comparativa aos mesmos implicitamente. Acha-se duvidoso que se possa identificar implicitamente. A definição tal como se apresenta no artigo 16.º/1 não é, pois, isenta de reparos e convida à sua reelaboração.

Por fim, a noção é incompleta, porque o legislador esqueceu-se (pura e simplesmente) de fazer menção a que os produtos ou os serviços têm de ser semelhantes.

2) Por outro lado, o n.º 2 do artigo 16.º é de uma complexidade vertiginosa, porquanto estabelece que só é admitida a publicidade que reúna simultaneamente várias condições. Trata-se, com efeito, de condições cumulativas que não foram elaboradas sobre um critério material único, mas que, diferentemente, resultam de uma congregação de diversas disciplinas jurídicas, cuja aplicação pode ser difícil de articular, a saber: a da publicidade, a dos direitos industriais e a da concorrência desleal. Porém, nada de verdadeiramente novo acresce ao que já resultaria das normas daqueles espaços jurídicos e que teriam sempre de ser consideradas em termos de unidade e de coerência do ordenamento jurídico. Parece-nos que será de rejeitar a técnica legislativa de "evidenciar" relações de disciplinas

jurídicas, que se resolveriam, *prima facie*, em termos de interpretação e aplicação jurídicas, com recurso às regras do concurso.

Com efeito, já referimos a total inutilidade da alínea a), do número 2 do artigo 16.º do CPub que decalca o que resulta directamente do artigo 11.º do mesmo Código. No entanto, as críticas estendem-se também à alínea b) do número 2 do artigo 16.º que refere que só é consentida a publicidade que compare bens ou serviços que respondam às mesmas necessidades ou tenham os mesmos objectivos. Ora, é difícil, desde logo, do ponto de vista linguístico, que os bens ou os serviços possam ter objectivos. Seria, então, preferível a expressão «*que sirvam aos mesmos objectivos*».

De salientar ainda que o conceito de publicidade apresentado no n.º 1 conflitua com as alíneas b) e c), das quais decorre claramente que o essencial da publicidade comparativa é a comparação, explícita ou implícita, que se desenvolve entre produtos e serviços, que respondem às mesmas necessidades ou a necessidade similares, em que as ofertas podem ser sucedâneas.

Acresce que, para além do confronto de duas prestações, que se evidencia na mensagem publicitária, impõe-se que a comparação seja objectiva, nomeadamente, que assente sobre características relevantes em relação aos produtos que se publicitam, nas quais se inclui obviamente o preço. Ora, caso as comparações não se apoiem em características verdadeiramente pertinentes, a publicidade pode ser, de acordo com o conceito de engano explanado no artigo 11.º CPub, enganosa. A necessidade de comprovação das características sobre as quais incide a comparação, bem como o facto de o ónus da prova da veracidade da mensagem publicitária incumbir ao anunciante (artigo 16.º/5), constitui a consagração, ao nível da publicidade comparativa, do princípio publicitário da veracidade (artigo 10.º/2).

As condições previstas nas alíneas d) a h) do número 2 do artigo 16.º relacionam-se com a protecção de valores do direito industrial e da concorrência leal.

De salientar que o artigo 317.º do recente CPI estabelece que só as falsas informações, feitas no exercício de uma actividade económica com o fim de desacreditar os concorrentes, é que constituem concorrência desleal, pelo que não faz hoje sentido inserir a publicidade comparativa nesta disposição. Já algumas mensagens publicitárias, que recorrem a comparações, podem ser abrangidas pelas invocações ou referências não autorizadas de marcas alheias. No entanto, como actualmente a sanção contra--ordenacional é comum ao ilícito publicitário e à concorrência desleal deve-se traçar uma relação de especialidade entre e o ilícito publicitário e o ilícito de concorrência desleal.

8. Síntese

1. A presente investigação deu conta de uma especial ligação entre a publicidade comparativa e a concorrência desleal. Com efeito, em quase todos os ordenamentos analisados, o combate à publicidade comparativa inicia-se nos quadros dogmáticos da concorrência desleal, em especial na teoria da denegrição e dos actos de descrédito.

2. É o tópico da defesa do consumidor e a passagem da clientela, como "objecto do direito do empresário", ao consumidor, como "sujeito de novos direitos", que determinam uma nova retórica em torno da publicidade comparativa, permitindo salientar alguns aspectos vantajosos para a informação dos consumidores e para a transparência do mercado.

3. Como consequência de uma retórica que culmina um processo histórico iniciado com a Revolução industrial e que passa por três fases distintas ao longo do século XX – a industrialização, a comercialização e a consumerização da sociedades humanas ocidentais – a disciplina publicitária evade-se dos quadros estreitos do direito industrial e do direito da concorrência desleal e começa a construir-se em torno do novo direito do consumo.

4. No entanto, a sua ligação à "disciplina-mãe" da concorrência desleal não pode ser completamente escamoteada, porquanto um dos pólos que necessariamente está presente na regulação da publicidade comparativa é constituído pelas relações entre empresários, comerciantes, industriais, anunciantes, enfim, entre concorrentes.

5. Nestes termos, mesmo se autonomizada hoje da órbita da concorrência desleal, a disciplina da publicidade comparativa ainda protege os interesses dos concorrentes nos domínios que se vieram estabelecer como condicionantes da licitude da mesma.

6. Actualmente, defende-se a posição que não há qualquer regulação da publicidade comparativa na disciplina da concorrência desleal (art. 317.° do CPI), mas, ao contrário, que as alíneas d) (actos de confusão), e) (actos de descrédito), g) e h) (actos de aproveitamento) do art. 16.° do C. Pub se apresentam como disposições especiais de "concorrência desleal", fora do arts. 317.° e 318.° do CPI, no específico contexto publicitário.

7. Poder-se-á dizer *in fine* que o legislador comunitário, que tarda em criar uma Directiva comunitária para a concorrência desleal para uniformizar as legislações europeias, aproveitou a directiva sobre publicidade comparativa para nos presentear, antecipadamente, o sentido dessa reforma europeia.

9. Perspectivas futuras

Estão em curso significativas mudanças no mundo comercial, que são resultado da invasão do espaço comercial pela Internet e da forma como a sociedade se reequilibra face ao impacto das novas tecnologias.

Um dos aspectos que comporta um especial significado "metamorfoseante" do mundo jurídico decorrente da Internet, é a transformação da sociedade industrial numa sociedade post-industrial, em que a informação surge como a produção de massa por excelência, informação esta que vai permitir uma reorganização dos tradicionais factores de produção; estes, por sua vez, vão ter de ser reequacionados nas estruturas jurídicas, transformando a sociedade actual numa sociedade mais competitiva em termos de informação.

Assim, também estas realidades explicam a mudança de paradigma na publicidade comparativa no sentido de uma maior liberalização. No entanto, a grande matriz jurídica que a sociedade industrial do século XX produziu, ainda não foi destronada por uma nova ordem jurídica, sendo que temas como o da protecção da concorrência e da protecção do consumidor continuam a fazer sentido na nova sociedade jurídica.

Deste modo, atendendo ao enquadramento legislativo e ao ambiente jurídico-económico-social que se desenha no universo da publicidade comparativa, podem e devem ser projectadas novas relações entre as disciplinas da publicidade e da concorrência desleal. A publicação do novo Código da Propriedade Industrial, que, em matéria de concorrência desleal, realiza a sua descriminalização, pela conversão do ilícito de concorrência desleal num ilícito contra-ordenacional[60], é bem um sinal dessa mudança. Acresce a esta alteração a relevância autónoma das informações e da sua protecção (artigo 318.°). O futuro concede cada vez mais espaço à informação e esse parece ser o caminho.

---

[60] Cfr. o nosso *Estudo de direito Privado sobre a cláusula geral de concorrência desleal*, Almedina, Coimbra, 2000, 130, no qual defendemos que reforço penal que se encontrava na concorrência desleal era essencialmente simbólico. Assim, é completamente justificada a descriminalização que o novo Código promoveu. No entanto, parece-nos importante sublinhar a natureza essencialmente civil deste dispositivo, para além do ilícito contra-ordenacional, que se traduz essencialmente no pagamento de coimas ao Estado.

REGISTO DE VALORES MOBILIÁRIOS

CARLOS FERREIRA DE ALMEIDA
Professor da Faculdade de Direito da Universidade Nova de Lisboa

SUMÁRIO: I. Sinopse histórico-comparativa. II. Estrutura e características gerais dos registos de valores mobiliários no direito português. III. Os registos de valores mobiliários no cruzamento de várias tradições. IV. Efeitos e natureza jurídica do registo de valores mobiliários. V. Vícios do registo e de actos subjacentes ao registo de valores mobiliários. VI. Epílogo.

As mais longas e profundas amizades começam geralmente na juventude. Mas há excepções. Conheci o António Marques dos Santos enquanto colega na Faculdade de Direito da Universidade de Lisboa em 1978, quando ambos, da mesma idade, já tínhamos passado os quarenta anos. Apesar das nossas diferenças, logo nasceu uma forte amizade, enraizada nas nossas convergências acerca da política universitária e da perspectiva do poder. Esta nossa relação, quase fraterna, durou até à sua morte, vinte e cinco anos depois. No António, eu admirava a persistência, a coerência de vida, a generosidade, o espírito de serviço, a coragem, a frontalidade, a exigência e a prática da igualdade de direitos, a capacidade de indignação. E, claro, as suas notáveis qualidades de jurista e de pedagogo. Ele era um modelo de professor, em todas as dimensões da função.

As nossas carreiras universitárias – tardias – decorreram em paralelo. Pareceu-me por isso que a minha homenagem neste livro pudesse consistir em dedicar-lhe o texto que serviu de base à minha lição de agregação, prova que ele teria também realizado por estes dias.

I. SINOPSE HISTÓRICO-COMPARATIVA

1. A oportunidade informática na reacção ao aumento das transacções sobre valores mobiliários.

No final dos anos sessenta do século XX transaccionavam-se na bolsa de Nova Iorque cerca de 30 milhões de acções por dia. A avalanche de papéis (*paperwork crunch*) provocada pelas entregas de títulos transaccionados tornou-se quase insuportável para a celeridade e para a segurança dos negócios. Vinte anos depois, o volume de transacções tinha subido para mais de 150 milhões de acções por dia, mas o sistema funcionava de modo confortável[1].

Em grau e em tempo diferentes, fenómeno semelhante ocorreu nas bolsas de valores de todo o mundo em relação a acções, a obrigações e a outros valores mobiliários[2].

O que se passou entretanto?

Basicamente duas coisas, ambas em reacção a esta revolução quantitativa verificada nas sociedades capitalistas desenvolvidas:

– por um lado, uma série de reformas legislativas orientadas para a substituição, facultativa ou imperativa, do suporte em papel em que estavam inscritos os valores mobiliários por registos informáticos com conteúdo equivalente;

– por outro, paralelamente, com ou sem lei de cobertura, a progressiva adaptação de práticas anteriores ou a invenção de fórmulas em que persiste a associação, ao menos simbólica, dos valores mobiliários ao papel.

---

[1] ARONSTEIN, "The Disappearing Stock Certificate", *Abschied vom Wertpapier?, Dokumentelose Wertbewegung im Effekten-, Gütertransport- und Zahlungsverkehr*, Neuwied, Frankfurt, 1988, p. 43 ss (p. 43).

[2] Neste contexto não é necessário delimitar com rigor o conceito de valor mobiliário, designadamente perante o dinheiro português. É suficiente – e até conveniente, considerando as incursões comparativas – tomar um sentido restrito e quase-empírico de valor mobiliário que abrange certamente as acções e as obrigações. O desenvolvimento deste ponto conduziria à verificação de diferenças terminológicas (*valores mobiliarios, valeures mobilières, valori mobiliari*, noutros direitos latinos, mas *Effekten*, nos direitos de língua alemã, e *securities*, nos direitos de língua inglesa) e semânticas entre sistemas jurídicos e de dúvidas dentro do mesmo sistema jurídico, cujo aprofundamento seria incompatível com o objecto específico da presente investigação.

Em ambas as mudanças se aproveitou, embora de modo diverso, a oportunidade informática[3] que a tecnologia contemporânea oferecia. Daí a designação comum – não muito rigorosa – de "desmaterialização" dos valores mobiliários. Melhor será, como se verá, falar na alteração na alteração das técnicas de registo de valores mobiliários.

2. Reformas legislativas para a introdução de valores mobiliários meramente escriturais.

O registo de valores mobiliários começou ainda antes da informatização, através de práticas ou disposições legais anteriores ao desenvolvimento informático, aplicáveis porém apenas ao registo da dívida pública[4]. Mas só a partir da década de 70 do século XX se pode falar de "desmaterialização" com o sentido de escrituração de valores mobiliários sem suporte em papel.

As primeiras e, por isso, mais influentes reformas legislativas foram, por ordem cronológica, as seguintes:

– em 1976, no Brasil, a introdução (facultativa) das acções escriturais na Lei das Sociedades Anónimas[5];

---

[3] FERREIRA DE ALMEIDA, "Desmaterialização dos títulos de crédito: valores mobiliários escriturais", *Revista da Banca*, n.º 26, 1993, p. 23 ss (p. 24).

[4] Na Alemanha, os livros de registo de obrigações emitidas pelo *Reich* foram objecto de uma sequência de leis e de regulamentos dos quais os mais citados remontam a 1891 (mas há também referência a uma lei prussiana de 1883) e a 1940 (EINSELE, *Wertpapierrecht als Schuldrecht. Funktionsverlust von Effektenurkunden im internationalen Rechtsverkehr*, Tübingen, 1995, p. 15 ss; ZAHN & KOCK, "Die Emission von unverbrieften Schuldtiteln durch Europäische Zentralbank – Abkehr vom Verbriefungserfordnis für Effekten: Perspektiven für privaten Emittenten?", *Zeitschrift für Wirtschaft und Bankrecht, Wertpapiermitteilungen*, 39/1999, p. 1955 ss, p. 1957 ss). Nos Estados Unidos, a desmaterialização da dívida pública federal desenvolveu-se desde os anos 70 do século XX (ARONSTEIN, ob. cit., p. 45 ss). Nos Estados Unidos, há ainda, no mesmo decénio, além de referências doutrinárias, antecedentes em leis estaduais e no *Model Business Corporation Act* aplicáveis a valores mobiliários emitidos por sociedades (cfr. HENN & ALEXANDER, *Laws of Corporations*, 3ª ed., St. Paul, Minn., 1983, p. 315, nota 23).

[5] Artigos 34.º e 35.º. Cfr. PESSOA JORGE, "Acções escriturais (Projecto de diploma legal)", *O Direito*, 1989, I, 93 ss (p. 99 s).

– em 1977, nos Estados Unidos, a revisão do artigo 8.º do *Uniform Commercial Code* que passou a prever e a regular valores mobiliários sem certificado (*uncertificated securities*)[6];

– em 1980, na Dinamarca, a obrigatoriedade de desmaterialização dos valores mobiliários ao portador[7];

– em 1983, em França, a prescrição imperativa de representação apenas por inscrição em conta aplicável à generalidade dos valores mobiliários[8].

A estas leis muitas outras se seguiram em sentido semelhante. De entre elas destaco as seguintes:

– a *Ley del Mercado de Valores* espanhola que, em 1988, veio regular as *anotaciones en cuenta*[9];

– o diploma que, no mesmo ano, introduziu em Portugal, as acções escriturais[10]; a sua generalização, reformulada, deu origem aos valores mobiliários escriturais com o regime constante do Código do Mercado de Valores Mobiliários, de 1991;

– as *Uncertificated Securities Regulations* em vigor no Reino Unido, cuja primeira versão data de 1992[11];

---

[6] A referência a *uncertificared securities* foi intercalada em vários §§ do Artigo 8.º, designadamente os §§ 8-102, 8-103, 8-106 a 8-108, 8-121, 8-201 a 8-204, 8-207, 8-313 a 8-320, 8-408 do UCC; cfr. *Uniform Commercial Code*, 14ª ed., 1995. Official text with comments (org. American Law Institute & National Conference of Commissioners on Uniform State Law), Philadelphia, Chicago, 1996, Appendix I, 1977 Amendments, p. 972 ss. Cfr. EINSELE, *Wertpapierrecht als Schuldrecht*, cit., p. 305 ss.

[7] *Apud* DROBNIG, "Dokumenteloser Effektenverkehr", *Abschied vom Wertpapier?*, cit., p. 11 ss (p. 22; cfr. p. 33).

[8] Decreto n.º 83-359, de 2 de Maio de 1983, em aplicação do artigo 94-II da Lei de Finanças para 1982 (n. 81-1160, de 30 de Dezembro de 1981). Para estas normas remete, desde 2001, o *Code de Commerce*, artigo L.228-1, 2ª frase. Sobre o sistema francês, ver, entre muitos outros, WITZ, "Die Entmaterialisierung des Effektenwesens in Frankreich", *Abschied vom Wertpapier?*, cit., p. 47 ss; LE NABASQUE & REYGROBELLET, "L'inscription en compte des valeurs mobilières", *Revue de droit bancaire et financier*, n.º 4, 2000, p. 261 ss.

[9] Lei de 28 de Junho de 1988, nesta parte regulada pelo Real Decreto 116/1992, de 14 de Fevereiro, sobre *Representación de Valores por Medio de Anotaciones en Cuenta y Compensación de Operaciones Bursátiles*; cfr., por todos, RECALDE CASTELS, "La smaterializzazione dei titoli di credito in Spagna (Il sistema delle annotazioni in conto)", *Giurisprudenza italiana*, 1994, Parte quarta, p. 135 ss.

[10] Decreto-Lei n.º 229-D/88, de 4 de Julho; cfr. PESSOA JORGE, "Acções escriturais", cit.

[11] Cfr. EINSELE, *Wertpapierrecht als Schuldrecht*, cit., p. 255.

— a lei belga de 1995 que aditou à lei das sociedades comerciais um artigo sobre "valores mobiliários desmaterializados emitidos por sociedades anónimas"[12];
— o conjunto de diplomas que, em 1998, impôs em Itália a desmaterialização total dos instrumentos financeiros destinados à negociação em mercados regulamentados[13].

3. Experiências de "imobilização" sem "desmaterialização".

Sem outros dados, poder-se-ia concluir que este triunfo da informática sobre o papel seria eficaz, satisfatório, progressivo, definitivo e irreversível. Mas não é bem assim, porque o (real) triunfo da informática não implicou ainda a (efectiva) eliminação do papel ou da referência ao papel, que resiste a despedir-se[14] da sua função tradicional de suporte dos valores mobiliários.

Na verdade, em paralelo com os valores mobiliários representados apenas por registos informáticos, subsistem, nalguns mercados em maioria, outros modelos, dotados de eficácia razoável, em que não houve propriamente "desmaterialização", mas apenas a chamada "imobilização" dos títulos[15]. Nestes modelos, a função informática, decisiva para a circulação rápida dos direitos, circunscreve-se assim ao registo de situações jurídicas relativas a valores mobiliários depositados, que continuam a ser representados em papel. Estes, embora fungíveis e depositados sem movimentação física em instituições financeiras, mantêm, pelo menos em parte, o seu valor enquanto documentos atributivos da titularidade dos direitos. Adiante se discutirá se este sistema corresponde à realidade jurídica ou se não passa de um mera ficção, construída em homenagem à associação simbólica e fetichista da riqueza mobiliária ao papel.

---

[12] Cfr. DABIN, "La dématérialisation et la circulation scripturale des valeurs mobilières dans le cadre des marchés financiers", *Revue internationale de droit économique*, 1997, 3, p. 291 ss (p. 291, nota 1).

[13] Cfr. CARMIGNANI, "La gestione accentrata di strumenti finanziari", *Intermediari finanziari, mercati e società quotate* (org. Griffi e o.), Torino, 1999, p. 469 ss (p. 489 ss).

[14] KLEINER, "Zäher Abschied vom Wertpapier im Effenktenbereich", *Schweizerische Zeitschrift für Wirtschaftsrecht*, 1995, p. 290 ss.

[15] Ver, por exemplo, ROGERS, "Policy Perspectives on Revised U.C.C. Article 8", *UCLA Law Review*, vol. 43, 1996, p. 1431 ss (p. 1443); GOODE, "The Nature and Transfer of Rights in Dematerialised and Immobilised Securities", *The Future for the Global Securities Market* (org. F. Oditah), Oxford, 1996, p. 107 ss (p. 110 s).

4. *a*) **O depósito colectivo de modelo alemão.**

Nesses modelos incluem-se os depósitos colectivos de valores mobiliários que têm como antecedente uma prática bancária assinalada já no século XIX[16], potenciada na Alemanha durante a inflação galopante posterior à 1ª Guerra Mundial e consagrada neste mesmo país por lei de 1937[17]. O sistema funcionava, e continua a funcionar, na Alemanha em dois escalões: os investidores procedem ao depósito dos valores em instituições financeiras que, por sua vez, os depositavam – e depositam – num pequeno grupo de instituições financeiras especializadas (*Kassenvereine*), reduzido actualmente à unidade[18].

Este sistema foi logo a seguir implantado em países sob ocupação alemã[19] e difundiu-se mais tarde, com a matriz essencial alemã, para outros Estados europeus e não europeus[20], embora em vários destes Esta-

---

[16] Na Alemanha, esta prática terá sido iniciada pela *Berliner Kassenverein* em 1882 e foi referida em lei de 1896 sobre os deveres dos comerciantes em relação à guarda de títulos de crédito alheios; ver ZOBL & LAMBERT, "Zur Entmaterialisierung der Wertpapiere", *Schweizerische Zeitschrift für Wirtschaftsrecht*, 1991, p. 117 ss (p. 119, nota 14).

[17] *Gesetz über Verwahrung und Anschaffung von Wertpapieren*, conhecida por *Depotgesetz*, ainda em vigor com alterações.

[18] Primeiro nove, depois sete e agora (desde 1990) uma só (*Deutscher Kassenverein*), que veio a originar o actual (desde 2002) *Clearstream Banking AG*, dominado a 100% pela sociedade gestora da bolsa de Frankfurt (LENENBACH, *Kapitalmarkt- und Börsenrecht*, Köln, 2002, p. 46).

[19] Áustria, 1938, depois alterado em 1969 (cfr. DROBNIG, ob. cit., p. 17); França, 1941, sob o governo de Vichy, com a *Caisse central de dépôts et virement de titres*, depois remodelado em sucessivas prescrições legislativas a partir de 1949 com base num sistema, encimado pela *Société interprofessionnelle de compensation des valeurs mobilières – Sicovam*, que subsistiu até 1981; cfr. VAUPLANE & BORNET, *Droit des marchés financiers*, Paris, 1998, p. 205 ss; RIPERT & ROBLOT, *Traité de droit commercial*, II, 16ª ed., por Delebecque & Germain, Paris, 2000 p. 14 ss.

[20] Bélgica (1967), Suíça (onde se desenvolveu paulatinamente a partir dos anos 70, até à criação da *Schweizerische Effekten und Giro AG – SEGA*; cfr. NOBEL, *Schweizerisches Finanzmarktrecht. Einführung und Überlick*, Bern, 1997, p. 430 s, 437 ss; MEIER-HAYOZ & CROME, *Wertpapierrecht*, 2ª ed., Bern, 2000, p. 325 ss), Espanha (1974; cfr. ESPINA, *Las anotaciones en cuenta. Un nuevo medio de representación de los derechos*, Madrid, 1995, p. 142 ss), México (1974), Holanda (1977), Itália (com o sistema centralizado na sociedade Monte Titoli instituído em 1978, modificado em 1986; cfr. LENER, *La «dematerializzazione» dei titoli azionari e il sistema Monte Titoli*, Milano, 1989; CITTADINI, "Gestione accentrata di strumenti finanziari", *Commentario al testo unico delle disposizioni in materia di intermediazione finanziaria*, org. Alpa e o., I, Padova, 1998, p. 758 ss; CARMIGNANI, "La gestione accentrata di strumenti finanziari", cit.), Canadá (1979), Japão (1984); sobre o conjunto, cfr. DROBNIG, ob. cit., p. 17 s.

dos, mas em menor grau na Alemanha, esteja a ser progressivamente preterido nos últimos anos em favor de sistemas puramente escriturais[21].

Com o depósito colectivo, a situação jurídica do titular de valores mobiliários em papel transforma-se numa quota ou fracção na compropriedade sobre o conjunto de valores mobiliários da mesma categoria que estejam neste mesmo regime de depósito colectivo[22]. A transmissão destas situações jurídicas efectua-se sem circulação física dos documentos, que perdem assim a sua função enquanto valores mobiliários[23], em especial, a sua função legitimadora[24].

Não há contudo unanimidade acerca da explicação do instituto, em especial, no que se refere ao fundamento do direito do adquirente e da aquisição por terceiro de boa fé. As opiniões dividem-se, por um lado, entre aqueles que, mais próximos do regime geral da aquisição através da posse da propriedade sobre coisas móveis (BGB §§ 929 e seguintes), justificam as sucessivas situações jurídicas pela transmissão por acordo da composse indirecta do depositante[25], e aqueles que se fundam antes na

---

[21] Cfr. notas 8, 9, 12, 13 e 36.
[22] HUECK & CANARIS, *Recht der Wertpapiere*, 12ª ed., München, 1986, p. 15; SANDKÜHLER, *Bankrecht*, 2ª ed., Köln, Berlin, Bonn, München, 1993, p. 183; KÜMPEL, *Bank- und Kapitalmarktrecht*, Köln, 1995, p. 896; KOHLS, *Bankrecht*, 2ª ed., München, 1997, p. 126; SCHWINTOWSKI & SCHÄFER, *Bankrecht*, Köln, Berlin, Bonn, München, 1997, p. 816; MARBURGER, "Vorbem zu §§ 793 ff", *Staudingers Kommentar*, 1997, an. 35. Construção semelhante é acolhida pela doutrina dominante em Itália. Como a lei se refere a "depósito regular", subsistem vozes no sentido da natureza meramente obrigacional do direito; cfr. SCHIAVELLO, "Deposito accentrato", *Commentario al testo unico*, cit., I, p. 791 ss (p. 806 s); CARMIGNANI, "La gestione accentrata di strumenti finanziari", cit., p. 471 s; LIBONATI, *Titoli di credito e strumenti finanziari*, Milano, 1999, p. 136 ss. Para BERNASCONI, *La loi applicable aux actes de disposition de titres détenus dans le cadre d'un système de détention indirecte*, Conférence de la Haye de Droit International Privé, Document préliminaire No 1 de novembro 2000, p. 23 s, a natureza regular do depósito de coisas fungíveis não passa de ficção jurídica.
[23] Cfr., por todos, MEYER-CORDING, *Wertpapierrecht*, 2ª ed., Neuwied, Frankfurt, 1990, p. 20; LENENBACH, ob. cit., p. 43 ss.
[24] HUECK & CANARIS, ob. cit., p. 16; ZOBL & LAMBERT, ob. cit., p. 132 (com referência ao direito suíço).
[25] MEYER-CORDING, ob. cit., p. 19; MARBURGER, loc. cit.; SCHWINTOWSKI & SCHÄFER, ob. cit., p. 815 ss; WIESNER, *Münchener Handbuch des Gesellschaftsrechts*, Bd. 4, *Aktiengesellschaft*, 2ª ed., München, 1999, p. 91 s; HORN, "Die Erfüllung von Wertpapiergeschäften unter Einbeziehung eines Zentralen Kontrahenten an der Börse", *Zeitschrift für Wirtschaft und Bankrecht, Wertpapiermitteilungen*, 20/2000, p. 3 ss (p. 11 ss); cfr. ainda ZOBL & LAMBERT, loc. cit., concedendo embora que a transmissão é de facto escritural.

aparência criada pelo próprio registo, por força da lei especial que é a *Depotgesetz*[26].

Dividem-se ainda, por outro lado, entre os que mantêm no essencial a qualificação real da posição do titular[27], vista no quadro de uma compropriedade modificada[28], e os que, contestando a existência de composse indirecta, preferem reconduzir a situação a um perfil fiduciário, acentuando o carácter obrigacional dos direitos do titular[29].

As opiniões parecem convergir todavia quanto a aspectos tão relevantes para o regime e a qualificação jurídica do instituto, como sejam a admissibilidade de exercício do direito de voto por cada um dos investidores com base na simples certificação do depósito[30] e o direito dos depositantes à separação dos valores em compropriedade em caso de insolvência do depositário[31].

---

[26] HUECK & CANARIS, ob. cit., p. 16; MEYER-CORDING, ob. cit., p. 22; LENENBACH, ob. cit., p. 240 ss; análise e crítica, desenvolvidas, em EINSELE, *Wertpapierrecht als Schuldrecht*, cit., p. 161 ss.

[27] Pretensão obrigacional à divisão, pretensão real à oponibilidade enquanto comproprietário (KÜMPEL, ob. cit., p. 897 s).

[28] ZOBL & LAMBERT, ob. cit., p. 126 s; LENENBACH, ob. cit., p. 217 s.

[29] EINSELE, *Wertpapierrecht als Schuldrecht*, cit., p. 88 ss, 545 ss; ID., "Wertpapiere im elektronischen Bankgeschäft", *Zeitschrift für Wirtschaft und Bankrecht, Wertpapiermitteilungen*, 1/2001, p. 7 ss (p. 13). A tese fiduciária da A. é claramente sugerida pelos direitos de *common law* (cfr. *Wertpapierrecht als Schuldrecht*, cit., p. 284 ss), especialmente o direito inglês, onde a explicação predominante acerca do fundamento dos direitos dos investidores sobre valores mobiliários detidos através de um intermediário se reconduz ao *trust* (BENJAMIN, *Interests in securities: a proprietary law analysis of the international securities markets*, Oxford, 2000, p. 40 ss, 323, 325) ou, mais especificamente, à compropriedade em *trust* (BENJAMIN, *The Law of Global Custody*, London, 1996, p. 21, 193 ss; GOODE, "The Nature and Transfer of Rights in Dematerialised and Immobilised Securities", cit., p. 125 s; PENNINGTON, *Company Law*, 8ª ed., Bath, 2001, p. 475 ss; MOLONEY, *EC Securities Regulation*, Oxford, 2002, p. 709; BERNASCONI, ob. cit., p. 21). Note-se porém que, no direito inglês, o *trust* tem alguns efeitos reais (cfr. PENNINGTON, ob. cit., p. 479; BENJAMIN, *Interests in securities*, cit., p. 45 ss, 306 s). No direito americano, é menos clara ou até contestada a construção da detenção indirecta no âmbito do *trust* (cfr. nota 54).

[30] AkG § 123, 3 (2); cfr. MARBURGER, loc. cit.

[31] SCHWINTOWSKI & SCHÄFER, ob. cit., p. 818; LENENBACH, ob. cit., p. 220; DABIN, ob. cit., p. 314.

5. *b*) Macro-títulos e títulos de impressão diferida.

Entretanto a tendência para uma adaptação gradual e criativa, em que o papel mantém uma função (quase) simbólica – porventura reforçada, nos direitos que usam a língua alemã, pela própria designação tradicional do documento representativo do direito (*Wertpapier*, à letra, papel-valor) – engendrou outras soluções, por vezes combinadas com o instituto do depósito colectivo. As fórmulas mais interessantes são os macro-títulos e os títulos de impressão diferida.

Os macro-títulos (*Sammelurkunde, jumbo certificates*), reconhecidos pela lei alemã desde 1972[32] e de uso corrente noutros países, representam num só título (em papel) um número muito elevado de acções, que pertencem frequentemente em compropriedade a uma pluralidade de accionistas. Trata-se afinal de simplificar e de racionalizar, reduzindo, no limite à unidade, o suporte documental do objecto sobre que incidem os direitos singulares no depósito colectivo, cujo regime se lhes aplica directamente ou por analogia[33]. Na máxima concentração, os macro-títulos representam de modo definitivo toda uma emissão (títulos globais, *Dauer-Globalurkunde*)[34], com exclusão do direito de exigir a entrega de títulos representativos de direitos individuais[35]. Documentam portanto a emissão, sem qualquer real função representativa em relação à titularidade.

A impressão diferida do título (*aufgeschobener Titeldruck*) constitui uma "descoberta" suíça, introduzida em legislação de 1986, nos termos da qual o título só será impresso em papel a pedido do respectivo titular. Aplicado às acções nominativas, este sistema confere-lhes fungibilidade e a consequente possibilidade de gestão em sistemas de "depósito" colectivo. Na verdade, as acções comportam-se como meramente escriturais, embora com a potencialidade de conversão em acções tituladas em papel[36].

---

[32] Através do aditamento do § 9a à *Depotgesetz*, mas já antes usado num empréstimo público em 1938 (EINSELE, *Wertpapierrecht als Schuldrecht*, cit., p. 13).

[33] ZOBL & LAMBERT, ob. cit., p. 132 s, 135; HORN, ob. cit., p. 15 s; LENENBACH, ob. cit., p. 221. Contra, contestando a existência de composse entre os titulares, HABERSACK & MAYER, "Globalverbriefte Aktien als Gegenstand sachenrechtlicher Verfügungen? – Eines (weiteres) Plädoyer für die Ablösung der Globalurkunde durch Wertrechte", *Zeitschrift für Wirtschaft und Bankrecht, Wertpapiermitteilungen*, 34/2000, p. 1678 ss.

[34] Cfr., além das obras citadas na nota anterior e na seguinte, KÜMPEL, ob. cit., p. 902 ss; ZAHN & KOCK, ob. cit., p. 1961 s; WIESNER, ob. cit., p. 78 s; CLAUSSEN, *Bank- und Börsenrecht*, 2ª ed., München, 2000, p. 507 s.

[35] MARBURGER, ob. cit., an. 36; LENENBACH, ob. cit., p. 47.

[36] ZOBL & LAMBERT, ob. cit., p. 130; KLEINER, ob. cit., p. 291; BRUNNER, *Wertrechte*

Em ambos os casos, é evidente que a subsistência, efectiva ou potencial, de papéis não chega para contrariar a base puramente contabilística do regime substantivo de atribuição da titularidade e da sua transmissão. O suporte documental vai-se tornando relativamente indiferente[37], como demonstra o sistema CASCADE[38], que constitui uma variante meramente escritural de títulos globais representativos de acções nominativas[39]. Ora, neste sistema, em funcionamento desde 1997, no país, a Alemanha, que se tem mostrado mais resistente a abandonar a referência dos valores mobiliários ao papel, a ligação ao passado já não se traduz nesta referência mas na expansão, adaptada ao contexto escritural, de um modelo (o depósito colectivo) que – não se esqueça – foi congeminado e desenvolvido para defrontar a multiplicação descontrolada de papéis[40].

6. c) Revisão do Artigo 8.º do *Uniform Commercial Code* norte-americano.

Para esta e para outras evoluções nos direitos europeus não foi indiferente o que entretanto se passou nos Estados Unidos, que são – ou são considerados como – os pioneiros do progresso nos mercados financeiros.

Como se viu, a principal inovação introduzida pela revisão em 1977 do artigo 8.º do *Uniform Commercial Code* consistiu em prever e regular a emissão e a transmissão de valores mobiliários através de simples registos nos livros do emitente, substitutivos dos tradicionais certificados em papel. O texto não fazia menção ao suporte informático desse registo, mas

---

– *nicht verurkundete Rechte mit gleicher Funktion wie Wertpapiere*, Bern, 1996, p. 121 ss; NOBEL, ob. cit., p. 435; MEIER-HAYOZ & CROME, *Wertpapierrecht*, cit., p. 333; BOHNET, *La théorie générale des papiers-valeurs. Passé, présent, futur*, Bâle, 2000, p. 83 s.

[37] GOODE, ob. cit., p. 109 ss.

[38] *Central Application for Settlement, Clearing and Depositary Expansion – Registered Shares* (CASCADE-RS).

[39] Cujo detentor directo é o depositário central (Clearstream Banking AG). Sobre este sistema, cfr. THAN & HANNÖVER, "Depotrechtliche Fragen bei Namenaktien", *Die Namenaktien* (org. von Rosen & Seifert), s/l, 2000, p. 279 ss (p. 284 ss); SCHMITZ, *Der Einfluss neuer Technologien auf die Aktionärsmitverwaltung*, Köln, 2003, p. 16 ss.

[40] A gestão colectiva de valores mobiliários puramente escriturais já tinha antecedentes no direito alemão, a começar pelas obrigações da dívida pública emitidas em 1940 (ZAHN & KOCK, ob. cit., p. 1958 s). Com referência à actualidade, ver LENENBACH, ob. cit., p. 223 s, 238 s.

seria este naturalmente o meio mais adequado para resolver as dificuldades práticas suscitadas pelo *paperwork crunch*.

O *Uniform Commercial Code* (UCC) é uma lei modelo, de origem privada, dependendo o seu êxito da adopção por cada um dos Estados da União. No caso, a mencionada reforma foi recebida em 48 dos 50 Estados[41]. Tudo parecia correr pelo melhor. Como porém a emissão de valores sem certificado era facultativa e concorrente com o sistema tradicional de valores com certificado (em papel), a sua implantação dependia na prática de deliberações favoráveis das sociedades emitentes, influenciadas pelos intermediários e por outras instituições de índole financeira.

Ora os destinatários da norma permissiva não foram atraídos por ela e mantiveram ou conceberam práticas à margem de qualquer dos dois modelos previstos no UCC, ou melhor, preferiram basear-se no sistema de valores com certificado e adaptá-lo de modo a reduzir os milhões de transacções económicas para um mínimo de transacções jurídicas. Este efeito constitui o resultado combinado da emissão de *jumbo certificates*, representativos de enormes quantidades de acções ou de obrigações num só título em papel, e do depósito da maioria destes e doutros certificados em papel numa só instituição (*Depository Trust Company*, DTC) com contas de títulos abertas em nome de umas escassas centenas de clientes.

Assim, apesar de, nos Estados Unidos, quase todos os valores mobiliários serem nominativos, dependendo a sua titularidade do registo nos livros da entidade emitente, estes indicam como titular um universo restrito de pessoas. Os milhões de pequenos, de médios e até de grandes investidores institucionais não figuram em regra como accionistas nos livros da sociedade, constando a sua posição jurídica apenas nos registos de intermediários financeiros, que, por sua vez, registam o conjunto dos valores em seu nome noutros intermediários financeiros de maior dimensão. Forma-se assim uma rede contabilística, composta por uma quase-pirâmide com várias camadas, cujo topo é ocupado pela Cede & Co. Em consequência, esta sociedade, agindo por conta (como *nominee*) da DTC, apresenta-se como accionista, segundo os registos das entidades emitentes, detentora de cerca de 70 % do capital das sociedades sediadas nos Estados Unidos.

A revisão do UCC em 1995, adoptada em todos os Estados menos um[42], consistiu precisamente em consagrar esta prática e este modelo no

---

[41] EINSELE, *Wertpapierrecht als Schuldrecht*, cit., p. 303; BRUNNER, *Wertrechte*, cit., p. 100.

[42] BERNASCONI, ob. cit., p. 25, nota 102.

plano legislativo. Na nova versão do Artigo 8.º, dita neutral, vão assim coexistir, em concorrência, dois modelos básicos de titularidade sobre valores mobiliários, deixando ao mercado a opção por um ou por outro.

Por um lado, a chamada detenção directa, em que tanto os valores mobiliários tradicionais inscritos em papel (*certificated securities*) como os valores mobiliários não certificados, apenas escriturais (*uncertificated securities*), mantêm, no essencial, o regime introduzido na revisão de 1977. Apesar da diferença de suporte, em ambas as situações o investidor económico é igualmente o titular *erga omnes* da posição jurídica sobre os valores mobiliários que adquiriu e que pode invocar directamente contra o emitente.

Por outro lado, a chamada detenção indirecta, que era e continua a ser estatisticamente predominante nos Estados Unidos, em que os valores mobiliários (emitidos em papel ou sob forma escritural) estão registados em intermediários financeiros[43].

Para caracterizar a posição jurídica indirecta do investidor, o UCC adoptou uma expressão nova (*security entitlement*), que, segundo o próprio autor do texto revisto do Artigo 8.º, é o direito que uma pessoa tem sobre valores mobiliários detidos através de um intermediário[44].

A expressão *security entitlement* pode pois traduzir-se, livremente e à falta de melhor, por "direito indirecto sobre valores mobiliários"[45]. Este direito, que se adquire pela inscrição (ou pela obrigação de inscrição) em conta junto do intermediário[46], é constituído por um conjunto de faculda-

---

[43] Sobre a revisão de 1995 e a prática que a antecedeu, ver *Uniform Commercial Code*, 14ª ed., 1995, cit., revised Article 8, Prefatory Note, p. 691 ss; ROGERS, "Policy Perspectives on Revised U.C.C. Article 8", 43 *UCLA L. Rev.*, 1431 (1996); HAMILTON, *The Law of Corporations in a nutshell*, 4ª ed., St. Paul, Minn., 1996, p. 332 ss. O modelo do Artigo 8.º do UCC, na sua versão actual, influenciou fortemente um projecto canadiano de *Loi uniforme sur le transfert de placement en valeurs mobilières*, redigido em 1997 por uma comissão presidida por Eric Spink e ainda em discussão, e também, parece, o novo artigo 41.º (redacção de 2001) da lei das sociedades anónimas brasileira que, ao lado das acções escriturais, prevê acções fungíveis em depósito, em relação às quais a instituição depositária adquire a propriedade fiduciária.

[44] ROGERS, ob. cit., p. 1434.

[45] A tradução por *droit sur titre*, proposta por BERNASCONI, ob. cit., p. 24, não me parece feliz, porque não é distintiva em relação a direitos sobre valores com diferente configuração. ROGERS, ob. cit., p. 1451 s, reconhece porém como natural que, na linguagem dos negócios, se continue a falar de *securities* mais do que de *security entitlements*.

[46] ROGERS, ob. cit., p. 1453; WILLISTON & LORD, *A Treatise on the Law of Contracts*, vol. 17, 4ª ed., St. Paul, Minn., 2000, p. 636; cfr UCC, § 8-501.

des pessoais e patrimoniais oponíveis ao intermediário, detentor directo dos valores mobiliários sobre que incide o direito[47].

A protecção do titular do *security entitlement* é oponível também aos credores gerais do intermediário[48]. Mas, em relação a quaisquer outras pessoas, incluindo o emitente, o exercício de faculdades, por exemplo, os direitos de voto e de subscrição, exige a intervenção do intermediário, que deve agir de acordo com as instruções que receba do titular indirecto ou, na falta delas, respeitar o *duty of care*[49]. No conflito entre titulares indirectos, prevalece o direito posterior, desde que adquirido a título oneroso e de boa fé[50].

A qualificação genérica deste direito é difícil, porquanto o seu conteúdo é complexo e inovador. Embora o direito não incida sobre uma coisa específica[51], constitui um feixe de faculdades não só obrigacionais como reais[52]. Embora o exercício dessas faculdades seja indirecto, não é isento de dúvidas qualificar o instituto como compropriedade[53], à semelhança do seu homólogo alemão, nem parece que possa ser construído como *trust*[54].

7. Detenção directa e detenção indirecta de valores mobiliários. Sistema latino, sistema germano-americano e sistema misto.

Este panorama da evolução verificada ao longo dos últimos trinta anos permite concluir que, em matéria de valores mobiliários, se assistiu à crescente utilização da informática mas não à eliminação radical do papel.

---

[47] ROGERS, ob. cit., p. 1451, 1455 s.
[48] ROGERS, ob. cit., p. 1450; BERNASCONI, ob. cit., p. 25.
[49] ROGERS, ob. cit., p. 1450, 1457.
[50] UCC § 8:503 (d)(4) e (e); cfr. Official comment, p. 801. ROGERS, ob. cit., p. 1460 ss.
[51] ROGERS, ob. cit., p. 1456.
[52] "Uma espécie de direito de propriedade ao qual se junta um conjunto de direitos pessoais oponíveis ao intermediário [..] direito de propriedade único no seu género (BERNASCONI, ob. cit., p. 25). "Os investidores tem direito de propriedade sobre os valores mobiliários detidos pelos intermediários, não apenas direitos *in personam*" (SCHWARCZ, "Intermediary Risk in a Global Economy", *Duke Law Journal*, vol. 50, 2001, p. 1541 ss, p. 1556).
[53] Contra, BERNASCONI, ob. cit. (comparar epígrafes das p. 21, 22 e 23); a favor, GOODE, ob. cit., p. 120, no sentido de que o modelo do UCC se configura como uma combinação de direito pessoais com compropriedade. ROGERS, ob. cit., p. 1467, refere-se a *some form of common ownership with others*.
[54] Cfr. UCC, Official comment, p. 807.

Sob este aspecto, as medidas legislativas tendentes a assegurar o monopólio da representação escritural aplicam-se apenas em alguns Estados, com realce para a imperatividade decretada em França, em 1983[55], e o princípio da irreversibilidade, vigente em Espanha, desde 1992[56]. Na maior parte dos outros, valem ideias de coexistência e de concorrência, que sustentam a continuidade do predomínio efectivo do papel em mercados tão relevantes como o alemão e o norte-americano.

Tal não significa porém que as transacções de valores mobiliários exijam a presença ou o manuseamento de papel. Onde este permanece, a sua função é, como se disse, meramente referencial, simbólica ou até fictícia. Os negócios sobre valores mobiliários dos nossos tempos implicam quase sempre, e já não apenas quando se trate de valores nominativos, uma série de registos que, por razões de ordem técnica, constam de suporte informático. Não é portanto neste ponto que incide a diferença entre os vários sistemas de circulação de valores mobiliários, mas antes na natureza directa ou indirecta da titularidade que tais registos atribuem ao investidor.

Ora, como a subsistência de valores mobiliários representados em papel é apenas residual e até nula nalguns mercados, a dicotomia actual relevante já não é entre representação escritural e não escritural, mas entre detenção directa e detenção indirecta[57]. Nesta contraposição, é evidente a influência da nomenclatura adoptada na revisão de 1995 do UCC[58], embora com o antecedente da distinção alemã entre posse directa ou imediata e indirecta ou mediata.

Diz-se que há detenção directa sempre que o investidor pode invocar e exercer directamente os seus direitos perante o emitente ou qualquer terceiro. Na detenção directa clássica, relativa a valores mobiliários em

---

[55] Abrange todos os valores emitidos em França e sujeitos ao direito francês, com escassíssimas excepções (cfr. RIPERT & ROBLOT, ob. cit., p. 17).

[56] Artigos 3.º e 4.º do Real Decreto 116/1992, de 14 de Fevereiro, sobre *Representación de Valores por Medio de Anotaciones en Cuenta y Compensación de Operaciones Bursátiles.*

[57] Na doutrina espanhola adopta-se uma classificação próxima que distingue sistemas correctores (de depósito colectivo) e sistemas substitutivos (de anotações em conta); cfr. TAPIA HERMIDA, *Derecho del mercado de valores*, 2ª ed., Barcelona, 2003, p. 51; CAMACHO CLAVIJO, *La prenda de valores anotados en cuenta: constitución y efectos. La D. A. 6ª de la Ley 37/98 del mercado de valores*, Valencia, 2003, p. 18 ss. Mas esta fórmula, que tem em vista ainda a subsistência ou a eliminação do papel, não constitui verdadeira dicotomia, porque implica omissões e sobreposições.

[58] Cfr. *Uniform Commercial Code*, 14ª ed., cit., Prefatory Note, p. 690 ss.

papel, os títulos ao portador transmitem-se por tradição e os títulos nominativos segundo processos mais ou menos complexos que terminam com o registo pela entidade emitente. A detenção directa de valores mobiliários escriturais exige sempre um registo de titularidade, que, conforme os modelos adoptados, se efectua junto da entidade emitente (ou de um seu representante) ou junto de um intermediário financeiro.

Nalguns textos a detenção directa surge contudo circunscrita à relação directa entre investidor e entidade emitente[59], ou seja (parece), à situação em que o direito do investidor deriva de registo junto da entidade emitente. Mas esta limitação apenas se compreende em face de direitos, como os direitos de *common law*, que não admitem o registo junto de um intermediário financeiro como meio único de representação do direito[60]. Para que a distinção dicotómica entre detenção directa e indirecta faça sentido e abranja todos os sistemas jurídicos, impõe-se alargar o conceito de detenção directa de modo a incluir tanto os casos de registo directo na entidade emitente como os casos de depósito ou de registo junto de intermediário financeiro, quando a intervenção deste não exceda a mera certificação ou a actuação representativa de fonte negocial.

Prefiro por isso dizer titularidade ou propriedade directa[61]. Na verdade, é aceitável usar a expressão detenção (ou posse ou compose) indirecta em relação a situações que não atribuem a plenitude dos poderes nem

---

[59] *Uniform Commercial Code*, 14ª ed., cit., Prefatory Note, p. 692; BENJAMIN, *Interests in securities*, cit., p. XVII; PAECH, "Harmonising Substantive Rules for the Use of Securities Held with Intermediaries as Collateral: the Unidroit Project", *Uniform Law Review*, 2002, 4, p. 1140 ss (p. 1142 ss). Mais restrita ainda é a ideia de que a detenção directa implica tradição física; cfr. MERKT & ROSSBACH, "Das «Übereinkommen über die auf bestimmte Rechte in Bezug auf bei einem Zwischenverwahrer sammelverwahrte Effekten anzuwndende Recht» der Haager Konferenz für Internationales Privatrecht", *Zeitschrift für vergleichende Rechtswissenschaft*, 102 (2003), p. 33 ss, p. 35, trata-se obviamente de uma visão que só tem em conta a lei e a prática alemãs mais antigas.

[60] No direito norte-americano, § 8-301 (b) do UCC, que considera como "entrega" o registo no emitente. É a adaptação do sistema tradicional aplicável aos títulos nominativos; cfr. HENN & ALEXANDER, *Laws of Corporations*, cit., p. 449; HAMILTON, *The Law of Corporations*, cit., p. 207. No direito inglês, segundo o artigo 24 das *Uncertificated Securities Regulations 2001*, o registo no emitente constitui prova *prima facie* do direito, salvo se não for confirmado pelo registo no *operator* (intermediário financeiro). A natureza dos efeitos produzidos pelo registo no emitente é discutida (PENNINGTON, *Company Law*, cit., p. 416 s).

[61] Direito directo, absoluto e exclusivo, segundo REYGROBELLET, "Le droit de propriété du titulaire d'instruments financiers dématérialisés", *Revue trimestrielle de droit commercial et de droit économique*, 1999, 52 (2), p. 305 ss (p. 309 s).

o exercício directo das respectivas faculdades. Mas o seu simétrico – detenção directa – sugere, sem razão, uma situação mais fraca do que a resultante do respectivo regime jurídico, em que os investidores são, de direito, titulares de situações jurídicas activas oponíveis *erga omnes* e não apenas à entidade emitente ou aos intermediários financeiros junto do quais têm as suas contas de valores mobiliários.

É este segundo sistema o que predomina nos direitos espanhol[62] e português[63]. O sistema francês é misto, valendo como regra o registo no emitente para os valores nominativos e o registo em intermediário financeiro para os valores ao portador[64].

Diz-se que há detenção indirecta quando o investidor só pode invocar e exercer os seus direitos através de um intermediário financeiro. A detenção indirecta abrange várias modalidades de suporte (depósito de títulos em papel, simples registo sem outro suporte físico, macro-certificados) com regimes jurídicos comuns ou diferenciados. A construção jurídica correspondente varia também de sistema para sistema e até no mesmo sistema jurídico. As formulações mais significativas são a recondução à compropriedade (opinião dominante no direito alemão), a atribuição legal de um direito *sui generis* (o *security entitlement* do direito norte-americano) e a qualificação como relação de tipo fiduciário (adoptada por algumas correntes dos direitos inglês e alemão).

Nenhum sistema jurídico adopta um só modelo de detenção directa ou indirecta de valores mobiliários, mas nalguns sistemas é claro o predomínio de um ou de outro dos modelos[65].

Neste sentido, é pois possível distinguir entre ordens jurídicas onde predomina a detenção directa, entre os quais avultam os direitos francês[66],

---

[62] Ver, por todos, GARCÍA DE DUEÑAS, *Valores mobiliarios anotados en cuenta. Concepto, naturaleza y régimen jurídico*, Pamplona, 1997, p. 98 ss.

[63] Ver *infra* II.

[64] Ver, por todos, LE NABASQUE & REYGROBELLET, "L'inscription en compte des valeurs mobilières", cit., p. 261.

[65] Na já cit. obra de BERNASCONI, *La loi applicable aux actes de disposition de titres détenus dans le cadre d'un système de détention indirecte*, p. 19 ss, houve a preocupação, que não encontro noutro lugar, de classificar comparativa e sistematicamente os sistemas jurídicos quanto à titularidade e ao exercício de direito sobre valores mobiliários. Os critérios aí utilizados não coincidem porém na totalidade com aqueles que me parecem mais rigorosos.

[66] Cfr. porém *Code de Commerce*, article L-228-1, 3ª e 4ª frases, como cedência parcial ao sistema de detenção indirecta aplicável a acções de que sejam titulares pessoas sem domicílio em França.

espanhol e português. Pode assim falar-se de um sistema latino de detenção directa.

Ao contrário, a detenção indirecta é quase exclusiva no direito alemão e fortemente predominante na prática norte-americana, embora o UCC tenha plasmado os dois modelos em concorrência. Pode assim falar-se de um sistema germano-americano de detenção indirecta[67]. Afinal Zweigert sempre veio a ter alguma razão ao distinguir entre os sistemas jurídicos românicos e sistemas jurídicos germânicos[68].

Nalgumas ordens jurídicas verifica-se a coexistência legal e a prática efectiva de ambos os modelos sem claro predomínio de nenhum deles. É o que sucede nos direitos italiano e inglês, bons exemplos de sistema misto.

Sob o aspecto quantitativo, o modelo de detenção indirecta ganha clara vantagem sobre o modelo de detenção directa, uma vez que, além de ser dominante nos direitos sob égide dos quais se processam a maior parte das transacções internas e internacionais de valores mobiliários[69], está também pressuposto na prática de importantes instituições de pagamento e de compensação internacional de valores mobiliários com sede noutros países, como a Bélgica e o Luxemburgo[70]. Não é pois de estranhar que no primeiro ensaio de uniformização de normas de conflitos – a Convenção da Haia de 2002 sobre a lei aplicável a certos direitos respeitantes a valores mobiliários detidos junto de um intermediário – se tenha tido principalmente em vista o modelo de detenção indirecta[71], em especial, na formulação norte-americana[72].

---

[67] Próximos, EINSELE, *Wertpapierrecht als Schuldrecht*, cit., p. 544 ss, DABIN, ob. cit., p. 303 s.

[68] ZWEIGERT & KÖTZ, *Einführung in die Rechtsvergleichung*, 3ª ed., Tübingen, 1996, p. 62 ss, 130 ss, que, neste ponto, critiquei em *Direito Comparado. Ensino e método*, Lisboa, 2000, p. 104 s.

[69] Cfr. SCHWARCZ, "Intermediary Risk in a Global Economy", cit., p. 1547 ss.

[70] Euroclear e Cedel, respectivamente; cfr. GOODE, ob. cit., p. 113 s; DABIN, ob. cit., p. 297 ss; BENJAMIN, *Interests in securities*, cit., p. 26, 28.

[71] Conforme resulta expressamente do título de alguns artigos sobre a Convenção (por exemplo, BERNASCONI & POTOK, "The future Hague Convention on indirectly held securities", *Cross Border Collateral: Legal Risk and the Conflict of Laws* (org. Richard Potok), London, 2002, p. 615 ss; BERNASCONI, *La loi applicable aux actes de disposition de titres détenus dans le cadre d'un système de détention indirecte*, cit.) ou de uma leitura da Convenção (aliás discutível) que restringe a sua aplicabilidade a valores mobiliários em depósito colectivo (MERKT & ROSSBACH, ob. cit., p. 41). Sobre esta Convenção de direito internacional privado ver ainda VAUPLANE & NIZARD, "Les titres inscrits en compte en

Mais abrangente, embora hesitante, é o projecto UNIDROIT de direito material uniforme aplicável a valores mobiliários detidos junto de um intermediário[73]. Após uma perspectiva inicial limitada à detenção indirecta[74], os trabalhos evoluíram no sentido de uma formulação neutra e funcional, ditada pelo intuito de evitar expressões cujo enquadramento conceptual criasse embaraços à uniformização do regime substancial[75]. Assim se explica (parece) a posterior eliminação de qualquer menção a detenção indirecta.

8. Vantagens e desvantagens dos modelos de detenção directa e de detenção indirecta.

Os defensores do modelo de detenção indirecta pretendem valorizar as suas vantagens: eficiência, clareza do regime jurídico e redução do risco sistémico[76]. Isto é relativamente exacto, em especial nos Estados Unidos

---

droit international privé", *Droit bancaire et financier. Mélanges AEDFB–France*, III (org. Hubert de Vauplane & Jean-Jacques Daigre), Paris, 2001, p. 401 ss; REUSCHLE, "Haager Übereinkommen über die auf bestimmte Rechte in Bezug auf Intermediärverwahrte Wertpapiere anzuwendende Rechtsordnung", *IPRax* 2003, 6, p. 495 ss; ID., "Grenzüberschreitender Effektengiroverkehr. Die Entwicklung des europäischen und internationalen Wertpapierkollisionsrecht, *Rabels Zeitschrift für ausländisches und internationales Privatrecht*, 68, 2004, p. 687 ss; MARIA HELENA BRITO, "A Convenção da Haia sobre a lei aplicável a certos direitos respeitantes a valores mobiliários depositados num intermediário", *Direito dos Valores Mobiliários*, V, 2004, p. 91 ss.

[72] VAUPLANE & NIZARD, ob. cit., p. 410.

[73] UNIDROIT. Study Group for the Preparation of Harmonised Substantive Rules on Transactions on Transnational and Connected Capital Markets. Restricted Study Group on Item 1 of the Project: Harmonised Substantive Rules regarding Securities Held with an intermediary, *Draft convention on substantive rules held with an intermediary (Preliminary Discussion Draft)*, Rome, April 2004.

[74] The UNIDROIT Study Group on Harmonised Substantive Rules Regarding Indirectly Held Securities, *Position Paper*, August 2003.

[75] *Position Paper*, cit., p. 14. A referência a detenção indirecta surgia porém no título deste documento e só veio a ser abandonada no projecto de 2004. Continua porém a ser mencionada por EINSELE (membro do *Study Group*) em artigo a propósito do projecto UNIDROIT ("The Book-Entry in a Securities Account: Linchpin of a Harmonised Legal Framework of Securities Held with an Intermediary", *Uniform Law Review*, 2004-1, p. 41 ss).

[76] Cfr. ROGERS, ob. cit., p. 1437 ss, 1440; SCHWARCZ, "Intermediary Risk in a Global Economy", cit., p. 1556; projecto canadiano de *Loi uniforme sur le transfert de placement en valeurs mobilières*, cit., n.ºs. 36 ss.

após a revisão do UCC em 1995, se a comparação se fizer com a insuficiência das regras jurídicas anteriores aplicáveis à detenção indirecta. Mas já não é exacto em comparação com os modelos de detenção directa.

Em relação à eficiência, os modelos de detenção indirecta conseguem, quando muito, que o número de movimentos escriturais seja igual ao dos modelos de detenção directa, mas esse número tende a aumentar sempre que, como é normal, a pirâmide de sucessivas detenções ultrapasse dois níveis[77].

Em relação à clareza jurídica, basta atentar nas dúvidas de construção jurídica que subsistem na Alemanha e na fluidez do conceito e do regime dos *security entitlements* norte-americanos em comparação com o perfil escorreito dos sistemas latinos de titularidade.

Em relação ao risco gerado pela falência de um intermediário, os efeitos sistémicos estão minimizados[78], mais nas transacções internas do que nas internacionais[79], mas não os efeitos perniciosos sobre os investidores que não podem opor o seu direito a outros intermediários financeiros. O risco de sobre-emissão é comum a ambos os sistemas, embora tendencialmente menor nos sistemas de detenção directa, em que geralmente as contas de controlo são separadas das contas de titularidade[80].

Tem de se reconhecer porém que, em situações de normalidade, os dois modelos se equivalem em termos de eficiência e de segurança. Geralmente os investidores nem sequer se interessam pela base jurídica do

---

[77] Nos modelos típicos de detenção directa, haverá, por cada transacção, no mínimo dois e no máximo quatro movimentos. Os movimentos serão apenas dois (na conta de titularidade), um débito do alienante e outro a crédito do adquirente, quando aquela conta seja escriturada pelo emitente ou por um seu representante ou quando seja escriturada autonomamente por um intermediário financeiro, desde que o alienante e o adquirente sejam ambos seus clientes. Poderá haver mais dois movimentos, em conta de controlo abertas em nome dos intermediários financeiros, se as contas de titularidade movimentadas forem escrituradas por intermediários financeiros diferentes. Nos modelos de detenção indirecta, os movimentos podem ser também só dois, se alienante e adquirentes forem clientes do mesmo intermediário financeiro, mas podem chegar a seis ou mais, se o sistema tiver três ou mais graus e se a transacção implicar também movimentos entre contas de intermediários financeiros.

[78] Ver leituras parcialmente diferenciadas em DABIN, ob. cit., p. 303; BERNASCONI, ob. cit., p. 25; SCHWARCZ, ob. cit., p. 1544.

[79] GOODE, ob. cit., p. 127, SCHWARCZ, loc. cit.

[80] Esta vantagem da titularidade directa é reconhecida por EINSELE, "The Book-Entry in a Securities Account: Linchpin of a Harmonised Legal Framework of Securities Held with an Intermediary", cit., p. 49, considerando porém que tal se consegue à custa de outros investidores.

seu direito, porque a diferença jurídica não tem reflexo económico[81]. Mas as diferenças são efectivas.

Por um lado, em casos limite, a detenção directa protege mais o titular registado; a detenção indirecta protege mais, porventura excessivamente, os adquirentes de boa fé, mesmo contra investidores com um registo anterior a seu favor[82]. Por isso, se diz que este modelo é preferível para o desenvolvimento dos mercados. Resta saber se os próprios mercados não sofrem com o aumento de conflitos de titularidade, mais improváveis nos sistemas de detenção directa.

Por outro lado, a detenção directa permite o exercício simples e directo dos direitos inerentes ao valor mobiliário, enquanto a detenção indirecta implica, geralmente, exercício dos direitos inerentes ao valor mobiliário através do intermediário financeiro. Se estiverem em causa direitos patrimoniais de conteúdo definido, como o direito a dividendos, a diferença só se sentirá em caso de falência do intermediário financeiro (e já não é pouco ...). Mas em relação a outros direitos, como o direito de voto e os direitos de subscrição, a diferença entre detenção directa e indirecta pode envolver resultados efectivamente também diferentes, mesmo em situações de normalidade financeira do intermediário. Na verdade, sendo este o titular formal dos direitos perante o emitente, só por seu intermédio poderá o investidor fazer valer os seus interesses. Então, e salvo disposição legal específica[83], o investidor poderá ver limitado o exercício efectivo de algumas faculdades inerentes aos valores mobiliários de que é titular indirecto.

A diferença entre detenção directa e indirecta não será ainda assim de monta em relação aos investidores passivos, que, em nenhuma das modalidades, se dispõem a exercer por si direitos inerentes aos valores mobiliá-

---

[81] Cfr. BENJAMIN, *Interests in securities*, cit., p. 31, 332; ID, "Cross-border Electronic Transfers in the Securities Markets", *The International Lawyer*, 35, 2001, p. 31 ss (p. 35). Só nestes termos se pode compreender a opinião segundo a qual os direitos americano e francês resolvem o mesmo problema de forma quase idêntica (VAUPLANE & NIZARD, ob. cit., p. 409).

[82] Caso típico: um intermediário financeiro I vende a T, em seu nome, valores mobiliários que, segundo os seus próprios registos, pertencem a um seu cliente C. Em modelo de detenção directa, o direito de C prevalece sobre T, que em nenhum caso poderá registar a aquisição. Em modelo de detenção indirecta – pelo menos quando se aplique o UCC § 8:503 (d) (4) (e) – o direito de C cede perante o direito de T, se este, adquirente a título oneroso, estiver de boa fé. Cfr. *supra* nota 50.

[83] Em relação ao direito alemão, cfr. *supra* nota 30.

rios. Mas é muito significativa para os intermediários financeiros junto de quem as contas estão abertas, porque, na detenção directa, os direitos do titular só serão exercidos se ele se dispuser a conceder poderes ao intermediário financeiro, enquanto na detenção indirecta, pelo menos no sistema norte-americano, o intermediário financeiro, titular formal, pode exercê-los sem atribuição específica de poderes de representação conferidos pelo investidor, embora naturalmente com respeito pelo *duty of care*[84]. Na prática, toda a diferença está em que os votos correspondentes a investidores passivos, em sistemas de detenção directa, não contam e, em sistemas de detenção indirecta, contam a favor dos intermediários financeiros.

Será essa afinal a explicação de fundo para a preferência pelos sistemas de detenção indirecta que se mantém nos mercados mais desenvolvidos onde o poder das instituições financeiras é mais influente?

II. ESTRUTURA E CARACTERÍSTICAS GERAIS DOS REGISTOS DE VALORES MOBILIÁRIOS NO DIREITO PORTUGUÊS

1. Registos de emissão, registos de titularidade e contas de controlo.

O regime legal português aplicável às situações jurídicas incidentes sobre valores mobiliários[85] é porventura um dos mais completos actualmente vigentes[86]. O regime assenta num sistema registral, uma vez que, na criação e transmissão de valores mobiliários, só prescinde de registo, nalguma das suas diferentes modalidades, para o efeito de transmissão de

---

[84] Cfr. UCC § 8:506 e *supra* nota 49.

[85] Sobre o sistema consagrado no Código dos Valores Mobiliários podem ver-se, com critérios de classificação e nomenclatura variáveis, AMADEU JOSÉ FERREIRA, *Títulos de crédito e valores mobiliários*, Sumários das matérias leccionadas no ano lectivo 2002-
-2003, 1.º semestre, Faculdade de Direito da Universidade Nova de Lisboa, p. 14 s; ISABEL VIDAL, "Da ir(relevância) da forma de representação para efeitos de transmissão de valores mobiliários", *Cadernos do Mercado de Valores Mobiliários*, n.º 15, Dezembro de 2002, p. 287 ss (p. 296 ss); BRANDÃO DA VEIGA, *Transmissão de valores mobiliários*, Coimbra, 2004, p. 28 ss.

[86] Segundo BRANDÃO DA VEIGA, *Transmissão de valores mobiliários*, cit., p. 223, o sistema português é aquele que consagra maior diversidade e generalidade de soluções. Não se esqueça porém que omite – e bem, na minha opinião – a regulação da detenção indirecta.

valores mobiliários titulados ao portador não depositados em intermediário financeiro (artigo 101.º, n.º 1)[87].

O sistema português de registo de valores mobiliários compõe-se de três tipos de contas: contas de emissão (compostas por registos de emissão), contas de titularidade (compostas por registos de titularidade) e contas de controlo[88].

Os registos de emissão (ou registos em contas de emissão)[89] competem à entidade emitente dos valores mobiliários[90], seja qual for o seu modo de representação e a sua categoria. Dele consta a descrição qualitativa comum ao conjunto de valores mobiliários compreendidos no mesmo processo de

---

[87] Os preceitos legais citados sem outra referência pertencem ao Código dos Valores Mobiliários, aprovado pelo Decreto-Lei n.º 486/99, de 13 de Novembro (com alterações).

[88] Cfr. Regulamento 14/2000, da CMVM, artigo 3.º, que, além de contas especiais (relacionadas com contas integradas em sistemas estrangeiros), considera contas comuns, entre as quais distingue contas de emissão, contas globais e contas individualizadas (cfr. também artigos 12.º, 11.º e 9.º, respectivamente). A classificação e a nomenclatura das contas comuns é igual à proposta por BRANDÃO DA VEIGA, "Sistemas de controlo de valores no novo Código dos Valores Mobiliários", *Cadernos do Mercado de Valores Mobiliários*, n.º 7, 2000, 105 ss (p. 111). Em relação ao sistema na vigência do Cód. MVM, distinguindo entre contas globais e contas de registo individualizado, AMADEU JOSÉ FERREIRA, *Valores mobiliários escriturais – Um novo modo de representação e circulação de direitos*, Coimbra, 1997, p. 101 ss, 115 ss.

[89] A expressão emissão de valores mobiliários tem vários sentidos. Pode referir-se, por um lado, a valores mobiliários individualizados, significando o acto de incorporação de um direito num documento. Mas pode também referir-se a um conjunto homogéneo de valores mobiliários, designando o processo *comum* que precede e legitima a emissão *singular* de cada um deles ou designando o conjunto de valores emitidos num mesmo processo. Ver a propósito *infra* V.3, e, na literatura portuguesa, OSÓRIO DE CASTRO, *Valores mobiliários. Conceito e espécies*, Porto, 1996, p. 49; PAULO CÂMARA, "Emissão e subscrição de valores mobiliários", *Direito dos valores mobiliários*, Lisboa, 1997, p. 201 ss (p. 206 ss); FLORBELA PIRES, *Emissão de valores mobiliários*, Lisboa, 1999, p. 27 s. Para o direito espanhol, TAPIA HERMIDA, *Derecho del mercado de valores*, cit., p. 53 s, distingue entre constituição genérica da emissão, considerada em si e pelas características dos valores emitidos (o que, naquele direito, se obtém através de escritura pública depositada na entidade encarregada do registo) e constituição específica da emissão, através da primeira inscrição no registo. Neste contexto, não parece que seja útil retomar a polémica entre as teorias da criação e da emissão de títulos de crédito.

[90] Desde que não tenham resultado do destaque de outros valores mobiliários (cfr. artigo 43.º, n.º 1, com referência ao artigo 1.º, f); cfr. BRANDÃO DA VEIGA, "Direitos destacados e warrants autónomos", *Direito dos valores mobiliários*, III, 2001, p. 85 ss (p. 94 s).

emissão, assim como a quantidade de valores emitidos na totalidade e em cada uma das eventuais séries (artigos 44.°, n.° 1 e 91.°, n.° 1, a)[91].

Os registos de titularidade (ou registos em contas de titularidade)[92] competem a intermediários financeiros autorizados[93] e, marginalmente, à respectiva entidade emitente.

Em sistema centralizado, isto é, quando exista uma entidade central gestora de um sistema em duplo grau, os registos de titularidade estão em regra dispersos por vários intermediários financeiros "periféricos" ou de 1.° grau (artigos 61.°, a) e 91.°, n.° 1, b), de acordo com a escolha feita por cada um dos investidores, que podem até manter contas de titularidade em mais do que um intermediário financeiro. Só em casos especialmente previstos na lei, os registos de titularidade estão concentrados na entidade gestora de sistema centralizado (artigo 91.°, n.° 6)[94]. Estas regras aplicam--se tanto a valores mobiliários escriturais, isto é, representados apenas por registo em conta (artigos 65.° e seguintes) como a valores mobiliários titulados depositados (artigos 99.°, n.° 1, b), n.° 2, a) e 105.°).

---

[91] Cfr. Portaria n.° 289/2000, de 25 de Maio, e Regulamento 14/2000, da CMVM, artigos 8.° e 12.°, este com uma interpretação do artigo 44.° do Código dos Valores Mobiliários no sentido de englobar numa mesma conta toda uma categoria, sem distinção entre "emissões". Este registo de emissão substituiu e generalizou a todos os valores mobiliários o livro de registo de acções previsto no Código das Sociedades Comerciais, artigo 305.° (entretanto revogado). Nos termos do n.° 4 da citada Portaria, o registo divide-se em três partes: vicissitudes da emissão (anexo I), primeiras inscrições (anexo II) e inscrições de titularidade (anexo III), sendo esta parte apenas aplicável quando a emissão integre valores mobiliários nominativos titulados (artigo 102.°).

[92] A lei usa a designação de contas de registo individualizado (artigo 68.°), mas a designação como contas de titularidade justifica-se pelo valor atribuído pela lei aos registos nelas efectuados (artigos 73.°, 74.°, n.° 1 e 80.°).

[93] "Entidades de custódia" segundo a infeliz designação do artigo 7.° do Regulamento 14/2000, ao arrepio da nomenclatura usada no Código dos Valores Mobiliários (cfr. designadamente o artigo 343.°) e da correcta qualificação jurídica, uma vez que não há "custódia" em relação a valores mobiliários escriturais e que a "custódia" de valores mobiliários titulados depositados em sistema centralizado não compete aos intermediário financeiro aí designados como "entidades de custódia". Esta designação é igual à proposta por BRANDÃO DA VEIGA, loc. cit.

[94] Cfr. Regulamento da CMVM n.° 14/2000, artigo 35.°, onde se estabelece o elenco das entidades titulares sujeitas a este regime das chamadas "contas de titularidade directa" abertas na entidade gestora de sistema centralizado. Nos termos da alteração a este preceito efectuada pelo Regulamento da CMVM n.° 3/2003, esse elenco ficou reduzido (e bem) às instituições de investimento colectivo e aos fundos de pensões (anteriormente incluía também as sociedades abertas, os investidores institucionais, os titulares de participação qualificada em sociedade aberta e os consultores autónomos).

Quando os valores mobiliários não estejam integrados em sistema centralizado, as situações são variadas, mas em todas elas há um, e só um, registo de titularidade:

– se a entidade emitente designa um só intermediário financeiro a quem comete a função de, em nome próprio ou em sua representação, proceder ao registo de valores mobiliários (artigos 61.°, b) e c), 2ª parte, 63.° e 64.°, n.° 2, e portaria n.° 289/2000, de 25 de Maio), o registo destes valores, que têm natureza meramente escritural, compete ao intermediário financeiro designado;

– se um conjunto de investidores deposita um macro-título junto de um intermediário financeiro (artigo 99.°, n.° 2, b), o registo dos valores mobiliários compete ao intermediário financeiro depositário (artigo 99.°, n.° 5);

– se os investidores depositam valores mobiliários ao portador junto de um intermediário financeiro (artigo 99.°, n.° 1, a), a transmissão pode efectuar-se, e efectua-se geralmente, por registo em conta do intermediário financeiro ou dos intermediários financeiros onde estavam e onde ficaram depositados esses valores (artigo 101.°, n.°s 2 e 3);

– se, por último, os valores mobiliários fora de sistema centralizado forem nominativos, o processo de transmissão conclui-se, ou pode concluir-se, através de registo na entidade emitente: sempre, se foram titulados (artigo 102.°), eventualmente, se a entidade emitente reservar para si o exercício pessoal e directo dessa função (artigo 61.°, c), 1ª parte, 64.°, n.° 1); são estas, no direito português, as duas únicas e limitadas hipóteses em que um registo interferente na titularidade compete à entidade emitente.

As contas de controlo estão reguladas e são exigíveis em duas hipóteses, que abrangem porém a maioria dos valores mobiliários: em primeiro lugar, quando estejam integrados em sistema centralizado, caso em que naturalmente as contas de controlo estão a cargo da respectiva entidade gestora (artigos 44.°, n.° 3, a) e 91.°, n.° 1, c); em segundo lugar, quando a entidade emitente tenha designado um único intermediário financeiro responsável pelo registo, caso em que lhe compete também proceder ao controlo dos valores em circulação (artigos 44.°, n.° 3, b) e 64.°, n.° 4)[95].

---

[95] Cfr. Regulamento 14/2000, artigo 6.°, n.° 1.

Nas contas de controlo não há propriamente registos mas controlo global de registos. O controlo incide especialmente sobre a correspondência entre a quantidade de valores emitidos e a quantidade de valores em circulação, isto é, entre o somatório de saldos das contas de emissão e o somatório dos saldos das contas de titularidade (cfr. artigo 91.º, n.º 4).

2. Titularidade directa

Concentremo-nos agora nos registos de titularidade.

No direito português todos os registos efectuados conferem *titularidade directa* à pessoa que deles consta como titular quer sejam registos no emitente quer sejam registos lavrados por intermediário financeiro.

Esta característica coloca o direito português, como já se disse, no âmbito do sistema latino dito de detenção directa. Em comparação com os direitos francês e espanhol, o direito português dispõe porém da particularidade de coexistência de valores mobiliários puramente escriturais com valores mobiliários integrados em sistema de depósito centralizado e representados por macro-títulos. Mas esta diferença não altera em nada as características assinaladas.

O depósito centralizado, tal como a representação escritural pura, determina a fungibilidade, mas não colectiviza a titularidade[96] nem desempenha em relação a esta qualquer função actual. O depósito de valores mobiliários em sistema centralizado determina afinal a sua conversão *ex lege*, embora resolúvel, em valores escriturais. Nos valores mobiliários em sistema centralizado, o papel mantém-se, mas as suas funções tradi-

---

[96] Cfr. porém, em sentido diverso, OSÓRIO DE CASTRO, *Valores mobiliários*, cit., p. 37, que, considerando o regime do Código do Mercado de Valores Mobiliários e acolhendo o essencial da construção alemã sobre compropriedade, atribui à escrituração nas instituições depositárias o valor de posse e faz equivaler o registo à tradição, e MIGUEL GALVÃO TELES, "Fungibilidade de valores mobiliários e situações jurídicas meramente categoriais", *Estudos em homenagem ao Professor Doutor Inocêncio Galvão Telles*, vol. I, Coimbra, 2002, p. 579 ss (p. 595), que, criticando a tese anterior e escrevendo já na vigência do Código dos Valores Mobiliários, configura a situação como contitularidade divisa, contitularidade de título ou de títulos sem contitularidade de direitos. Contra a construção de OSÓRIO DE CASTRO, ver PEREIRA NEVES, "A protecção do proprietário desapossado de dinheiro", em *Transmissão da propriedade e contrato*, Coimbra, 2001, p. 139 ss (p. 211 ss).

cionais estão suspensas até uma eventual reconversão[97]. A titularidade dos investidores é atribuída apenas e directamente pelo registo, ficando, durante o período do depósito, sem qualquer outro referente documental externo eficaz.

A exclusão da detenção indirecta também não é perturbada pela menção (isolada, artigo 99.º, n.º 2, b) a macro-títulos – títulos que representem toda a emissão ou série, que devem ser depositados em intermediário financeiro ou em sistema centralizado. Se tais títulos estiverem depositados em sistema centralizado, seguirão o regime dos restantes títulos em situação similar. Se estiverem depositados em intermediário financeiro, aplica-se-lhe, por força do artigo 99.º, n.º 5, o regime dos valores mobiliários registados num (único) intermediário financeiro, que é aquele com o qual têm maior semelhança estrutural. Num caso e noutro, as contas individualizadas revelarão e determinarão a titularidade directa e também individualizada, se para tanto forem fornecidos os elementos indispensáveis[98]. Não vigora pois no direito português, também nesta hipótese, qualquer regime da detenção indirecta.

A lei portuguesa não regula aliás nenhum dos modelos de detenção indirecta que antes foram referidos. O Código dos Valores Mobiliários, que não inova nesta parte em relação ao seu antecessor (o Código do Mercado de Valores Mobiliários[99]), nem contempla o depósito colectivo de valores mobiliários, segundo o figurino germânico, nem necessita de figuras novas, do tipo do *security entitlement*, porque o modo de representação dos valores mobiliários é neutro[100], não influindo no conteúdo dos respectivos direitos.

---

[97] Cfr. artigos 50.º, n.º 5, e 107.º. Próximo da posição adoptada, AMADEU JOSÉ FERREIRA, *Direito dos valores mobiliários*, Lisboa, 1997, p. 229 s. Também OLIVEIRA ASCENSÃO, *Direito comercial*, Vol. IV, *Sociedades Comerciais. Parte Geral*, Lisboa, p. 531, escreve que, havendo depósito centralizado, "tudo se reduz ou resulta de meros movimentos de conta".

[98] Em sentido diferente, sustentando, talvez por não atentar no n.º 5 do artigo 99.º, que as contas *jumbo* não são reconhecidas pelo sistema senão como contas de controlo interno, sem efeito na transmissão, BRANDÃO DA VEIGA, *Transmissão de valores mobiliários*, cit., p. 36.

[99] No n.º 14 do Preâmbulo do diploma que aprovou o Cód. MVM, esclarece-se que se seguiu "um modelo próximo do francês", abandonando "o modelo brasileiro".

[100] Cfr. Preâmbulo, n.º 10 (princípio da neutralidade); ISABEL VIDAL, "Da ir(rele)vância) da forma de representação para efeitos de transmissão de valores mobiliários", cit., p. 309 ss.

Nada impede todavia o depósito ou a inscrição, em conta aberta em Portugal junto de intermediário financeiro ou nos livros da entidade emitente de valores mobiliários, em nome de um só titular que de facto os detém por conta de outrem. É mesmo normal que tal suceda em relação a investidores habituados a lidar com sistemas de detenção indirecta ou por efeito de transmissões operadas a partir de instituições financeiras estrangeiras integradas em sistemas com esta natureza.

A lei portuguesa, que é em princípio a lei aplicável[101], não concede cobertura específica a tais situações, não atribuindo aos co-titulares nenhum direito real. Eventuais registos relativos aos co-titulares não valem como registos de titularidade por falta de suporte legal. Tal não obsta porém a que as relações entre co-titulares e destes com o titular formal sejam atendíveis, nos mesmo termos em que o seriam em situação meramente interna, embora com as dificuldades adicionais resultantes da lacuna legal e da tradicional relutância portuguesa em reconhecer o *trust* e figuras afins[102].

3. Outras características.

O sistema português de registo de valores mobiliários tem pois como primeira e principal característica a atribuição de titularidade directa. O regime que vem sendo descrito permite atribuir mais quatro características ao sistema português.

A segunda característica, que é, de certo modo, um corolário da primeira, consiste na atribuição de titularidade singular, sempre que o titular inscrito seja singular. Da inscrição registral não resulta por si só qualquer relação de contitularidade. Esta só se verifica por efeito de contitularidade material revelada pelo registo (cfr. artigo 74.º, n.º 2)[103].

---

[101] Código dos Valores Mobiliários, artigo 41.º, a) e b); cfr. MARIA HELENA BRITO, "Sobre a aplicação no espaço do novo Código dos Valores Mobiliários", *Cadernos do Mercado de Valores Mobiliários*, n.º 7, 2000, p. 49 ss = *Direito dos valores mobiliários*, IV, 2003, p. 85 ss (p. 98 ss); igual é a solução supletiva da Convenção da Haia de 2002, artigo 5.º, n.º 2.

[102] Ver porém o artigo 74.º, n.º 3, onde aflora o reconhecimento (limitado nos efeitos) das relações fiduciárias.

[103] A lei espanhola (Real Decreto 116/1992, art. 14) é explícita no sentido de que os "valores em compropriedade se inscrevem em nome de todos os contitulares."

A terceira característica põe em evidência a auto-suficiência dos registo de titularidade, cuja eficácia prescinde de qualquer referente corpóreo, quer em relação a valores escriturais quer em relação a valores depositados em sistema centralizado[104].

A quarta característica resulta do predomínio do registo em intermediário financeiro sobre o registo pelo emitente, mesmo em valores mobiliários nominativos, desde que integrados em sistema centralizado.

Esta característica diferencia o direito português[105] não só dos direitos de *common law*, onde, em princípio, mesmo nas *uncertificated securities*, só o registo no emitente confere titularidade directa[106], como de outros direitos do sistema latino, como o francês, em que o registo em intermediário financeiro está circunscrito aos valores mobiliários ao portador, permanecendo no emitente, ou em intermediário financeiro único por este designado, o registo de valores mobiliários escriturais nominativos[107].

Esta amplitude dos registos em intermediário financeiro explica a alteração do critério clássico de distinção entre títulos de crédito nominativos e ao portador conforme deles conste ou não a identidade do titular. Uma vez que os valores registados indicam necessariamente a identidade do titular, o critério substitutivo adoptado na lei portuguesa consiste antes no conhecimento ou desconhecimento da identidade do titular pelo emi-

---

[104] Nos valores mobiliários depositados em sistema descentralizado o registo também se reporta à titularidade, uma vez que substitui a entrega ou a declaração de transmissão (cfr. artigo 101.º e 102.º, n.º 2, a). Mas a sua função é mais limitada, porque para o texto descritivo do respectivo objecto continua a ser relevante o título, ainda que seja reproduzido no registo.

[105] Na primeira formulação legislativa portuguesa sobre valores escriturais, o registo em intermediário financeiro era limitado a acções cotadas em bolsa, competindo ao emitente o registo das restantes (artigo 3.º, n.ºs 1 e 4, do Decreto-Lei n.º 229-D/88, de 4 de Julho).

[106] *Uniform Commercial Code*, §§ 8-301 (b) e § 8-401; PENNINGTON, *Company Law*, cit., p. 499; *Uncertificated Securities Regulation 2001*, n.ºs 20 e 24 (1) e (2) (mas para as obrigações emitidas por entidades do sector público basta o registo em intermediário financeiro; cfr. n.ºs 21 e 24 (5)); cfr. ainda, em obras portuguesas, BRANDÃO DA VEIGA, *Transmissão de valores mobiliários*, cit., p. 223.

[107] Embora o titular possa encarregar um intermediário de gerir a sua carteira, mantendo-se a matriz da inscrição no emitente (RIPERT & ROBLOT, *Traité de droit commercial*, II, 16ª ed., por Delebecque & Germain, cit., p. 29; LASSALAS, *L'inscription en compte des valeurs: la notion de propriété scripturale*, Clermont-Ferrand, 1997, p. 169; REYGROBELLET, "Le droit de propriété du titulaire d'instruments financiers dématérialisés", cit., p. 309; BERNASCONI, ob. cit., p. 23).

tente[108], que é na verdade a razão de fundo para separar os regime dos valores que são e dos que não são anónimos do ponto de vista da entidade emitente[109].

A quinta característica refere-se à dispersão dos registos de titularidade por vários intermediários financeiros seleccionados pelos investidores, que só comporta dois desvios: em sistema descentralizado, a concentração num só intermediário financeiro seleccionado pela entidade emitente para o registo de valores escriturais[110]; e, em sistema centralizado, a excepcional relevância para a titularidade dos registos efectuados pelas entidades centrais, cuja função normal se limita ao controlo da quantidade de valores em circulação.

O direito português pertence pois ao restrito grupo de direitos que privilegiam o registo em contas individuais junto de intermediários financeiros escolhidos livremente pelos investidores como instrumento constitutivo e exclusivo de titularidade directa sobre valores mobiliários ao portador e nominativos.

---

[108] Artigo 52.º. Critério similar vale para o direito francês; cfr. MERLE, *Droit commercial. Sociétés commerciales*, Paris, 1998, p. 277 s; RIPERT & ROBLOT, *Traité de droit commercial*, II, 16ª ed., por Delebecque & Germain, cit., p. 26. Mas o direito francês conhece também a figura dos títulos ao portador identificáveis (ob. ult. cit., p. 28), que ou é ficção ou é contradição.

[109] Sobre este ponto, RECALDE CASTELS, "En torno a la pretendida nominatividad de las anotaciones en cuenta y su régimen de publicidad", *Revista de derecho bancario y bursátil*, 1993, p. 361 ss; AMADEU JOSÉ FERREIRA, *Valores mobiliários escriturais*, cit., p. 169 ss.

[110] No direito espanhol, as "anotações em conta" consistem num registo único a cargo de um só intermediário financeiro indicado pelo emitente, no caso de valores não cotados em mercados oficiais, ou num registo de duplo escalão, a cargo do Serviço de Compensação e de Liquidação de Valores e de entidades aderentes ao Serviço, no caso de valores cotados em mercados oficiais. Nesta hipótese, não é todavia inequívoco qual seja o registo de titularidade. A opinião que parece ser mais defensável sustenta que o sistema só dá valor às inscrições em que o titular está individualizado, ou seja, a conta no registo central para as entidades aderentes, as contas nas entidades aderentes para os clientes destas (GARCÍA DE DUEÑAS, *Valores mobiliarios anotados en cuenta*, cit., p. 100). Mas há também quem sustente a opinião inversa, isto é, que o "pretenso efeito constitutivo" se produz com a inscrição no registo central e não nos institutos aderentes (RECALDE, "La smaterializzazione dei titoli di credito in Spagna", cit., p. 140). Uma boa parte das obras espanholas que abordam o assunto descrevem o sistema mas são omissas quanto à solução deste aspecto.

III. OS REGISTOS DE VALORES MOBILIÁRIOS NO CRUZAMENTO DE VÁRIAS TRADIÇÕES

Um autor português escreveu, a propósito do Código do Mercado de Valores Mobiliários de 1991, que ele reflectia a tradição representada por um tripé de institutos preexistentes: o regime de depósito e de registo de acções, os princípios do registo predial e a doutrina dos títulos de crédito causais[111]. Estou de acordo no essencial, mas atrevo-me a aumentar para cinco os caminhos da tradição cujo cruzamento explica a evolução e o regime actual do registo de valores mobiliários: o contrato de depósito, o regime dos títulos de crédito, o registo das acções nominativas, os registos públicos e a conta corrente bancária.

1. O contrato de depósito.

Tudo começou com os contratos de depósito de acções e de obrigações. Para o efeito, é remota a influência do depósito em cofre forte ou depósito fechado. O verdadeiro antecedente deriva dos contratos mistos de depósito regular, mas aberto[112], e de mandato[113], celebrados com instituições financeiras encarregadas de guardar acções e obrigações e de prestar alguns serviços com elas relacionados, em especial a cobrança de dividendos e de juros[114].

Com, ou mesmo sem, poderes de representação, os bancos, especialmente quando os bens depositados eram ao portador, e agindo com base em acordos tácitos, na mera tolerância ou abusando até, de forma subtil e fugidia, da sua qualidade de depositários, assumiram a pouco e pouco outras tarefas. Passaram assim a exercer direitos de voto[115], a decidir a

---

[111] OLIVEIRA ASCENSÃO, "Valor mobiliário e título de crédito", *Direito dos valores mobiliários*, Lisboa, 1997, p. 27 ss (p. 53).

[112] Sobre depósito fechado e depósito aberto, GARRIGUES, *Contratos bancarios*, 2ª ed., Madrid, 1975, p. 396 ss; ZOBL, "Zur Entmaterialisierung der Wertpapiere", cit., p. 126.

[113] Sobre a natureza mista do contrato de depósito e de administração, KÜMPEL, *Bank- und Kapitalmarktrecht*, cit., p. 867; KOHLS, *Bankrecht*, cit., p. 123; LENENBACH, *Kapitalmarkt- und Börsenrecht*, cit., p. 209 ss.

[114] Cfr. AMADEU JOSÉ FERREIRA, *Valores mobiliários escriturais*, cit., p. 75.

[115] Elucidativo para uma época intermédia, GARRIGUES, "El derecho de voto de los bancos depositarios de acciones", *Hacia un nuevo derecho mercantil*, Madrid, 1971, p. 80 ss.

participação em aumentos de capital, a realizar transacções através das quais foram substituindo os valores inicialmente entregues por dinheiro ou por outros valores de natureza semelhante. Estes depósitos administrados[116], que subsistem na lei[117] e na prática, constituem também a génese dos actuais e mais complexos contratos de gestão de carteira de valores mobiliários[118], em que a obrigação de administração se sobrepõe à obrigação de custódia (que, em rigor, nem existe).

Os depósitos abertos e administrados constituem naturalmente o antecedente dos depósitos colectivos, facultativos ou obrigatórios, criados pela prática e pela lei alemãs. Estão portanto também na origem da versão alemã da chamada detenção indirecta, que, nesse direito, como se viu, melhor se designará como compropriedade indirecta.

No direito português, o sistema de registo e depósito de acções[119], ditado por razões fiscais e de controlo estatal[120], poderia ter tido função correspondente, mas foi mal assimilado na prática e os contornos jurídicos revelaram-se imprecisos. Teve vigência efectiva fugaz. O depósito de valores mobiliários subsiste porém no direito português actual.

Por um lado, em relação a valores mobiliários titulados integrados em sistema centralizado, mantêm-se as características essenciais do contrato de depósito, com obrigação de guarda e direito à restituição, embora com natureza híbrida de depósito irregular, porque relativo a coisas fungíveis, e de depósito regular, porque a propriedade não se transfere para o depositário[121]. Mas a equiparação quase plena ao sistema puramente escri-

---

[116] GARRIGUES, *Contratos bancarios,* cit., p. 400; ESPINA, *Las anotaciones en cuenta*, cit., p. 103, 110.

[117] No direito português, artigo 405.º do Código Comercial, artigo 343.º, n.º 2, do Código dos Valores Mobiliários; no direito alemão, o *Sonderverwahrung*, regulado pelo § 2 da *Depotgesetz*.

[118] Artigos 332.º e seguintes do Código dos Valores Mobiliários.

[119] JOÃO LABAREDA, *Das acções das sociedades anónimas*, Lisboa, 1988, p. 245 ss; BRITO CORREIA, *Direito comercial*, 2.º vol., *Sociedades comerciais*, Lisboa, 1989, p. 378 ss. Em Espanha, verificou-se também uma experiência de depósito especial fungível de valores, que durou desde 1974 até à *Ley del Mercado de Valores* de 1988; cfr. GARRIGUES, *Contratos bancarios,* cit., p. 402; PÉREZ DE LA CRUZ, "Valores representados mediante anotaciones en cuenta", *Curso de derecho mercantil* (org. Uría & Menéndez), II, Madrid, 2001, p. 851 ss, p. 851.

[120] OLIVEIRA ASCENSÃO, "As acções", *Direito dos valores mobiliários*, II, Coimbra, 2000, p. 57 ss (p. 80).

[121] Cfr. OSÓRIO DE CASTRO, *Valores mobiliários,* cit., p. 34 s (sem intervenção legislativa sobre propriedade dos títulos, o depósito seria irregular); AMADEU JOSÉ FERREIRA, *Direito dos valores mobiliários*, cit., p. 228 (depósito regular com fungibilidade); MIGUEL

tural justifica a dúvida sobre a autonomia jurídica e a necessidade prática desta modalidade de depósito.

Por outro lado, em relação a valores mobiliários titulados fora de sistema centralizado, mantêm-se as características do depósito singular e regular, com a particularidade de a lei explicitar que a transmissão dos valores depositados se pode efectuar através de constituto possessório, com detenção pelo depositário sucessivamente em nome do alienante e do adquirente[122].

Também se encontram referências ao "depósito" de valores escriturais[123]. Esta qualificação é contudo incorrecta, porque, na falta de coisa corpórea, não há guarda[124], logo não há depósito. Trata-se afinal de uma metáfora, que se verifica igualmente em relação ao dinheiro escritural, explicável pela evolução do registo do depósito de valores mobiliários para o simples registo de valores mobiliários. O registo de valores escriturais tem, no essencial, o mesmo objecto do depósito de valores titulados em papel. Podem ter ainda em comum obrigações de administração. Mas, apesar da crescente indiferença da natureza do suporte, quando não há custódia, não há depósito nem regular nem irregular.

Tudo visto – e retendo apenas o essencial – a prática e a regulação do depósito bancário de acções e de obrigações foram fundamentais para encaminhar a intervenção dos intermediários financeiros para a calha da sua participação na titularidade de valores mobiliários.

GALVÃO TELES, "Fungibilidade de valores mobiliários ...", p. 594 (depósito regular de coisas fungíveis).

[122] Artigo 101.º, n.º 2; cfr. COUTINHO DE ABREU, *Curso de direito comercial*, II, *Das Sociedades*, Coimbra, 2002, p. 369; ESPINA, *Las anotaciones en cuenta*, cit., p. 104.

[123] Em relação ao direito português, cfr. nota 93. Em relação ao direito alemão, tal resulta do tratamento unitário dado a valores mobiliários titulados (*Wertpapiere*) e escriturais (*Wertrechte*) como objecto de depósito colectivo; cfr. MÜLLER-VON PILCHAU, "Von der physischen Urkunde zur «virtuellen» Aktie. Die Realisierung der Girosammelverwahrung für Namenaktie in Deutschland", *Die Namenaktie*, cit., p. 97 ss; THAN & HANNÖVER, "Depotrechtliche Fragen bei Namenaktien", cit.; EINSELE, "Wertpapiere im elektronischen Bankgeschäft", cit., p. 11 ss; HORN, "Die Erfüllung von Wertpapiergeschäften ..., 2002, cit., p. 13, 16. Em relação ao direito francês, a *Cour de Cassation* atribuiu-lhe em 1996 a natureza de contrato de depósito e continua a discutir-se a possibilidade de qualificação, além de outras, como contrato de depósito, regular ou irregular (VAUPLANE & BORNET, *Droit des marchés financiers*, cit., p. 824 ss). Em relação ao direito inglês, cfr. PENNINGTON, *Company Law*, cit., p. 477 ss, a propósito dos *depositary certificates*.

[124] Nem tão pouco direito à restituição: CAUSSE, *Les titres négociables. Essai sur le contrat négociable*, Paris, 1993, p. 324; VAUPLANE & BORNET, ob. cit., p. 826.

2. O regime dos títulos de crédito.

Não se pode também esquecer que, nos direitos romano-germânicos[125], as acções e as obrigações tinham tradicionalmente a natureza de títulos de crédito, cuja teoria nasceu e se desenvolveu de modo a abranger tanto os títulos de crédito individuais (letras, livranças e cheques) como os títulos de crédito de massa[126]. O objecto do depósito bancário de acções e de obrigações em papel era portanto formado por títulos de crédito. Esta circunstância não poderia pois deixar de ser influente na configuração do depósito de valores mobiliários (expressão mais tardia e com nomenclaturas diversas nas várias línguas)[127].

Reconhece-se sem discrepância que a desmaterialização parcial desses valores (em depósito ou em título colectivo) ou total (nos valores escriturais puros) determinou a perda, parcial ou total, da função que neles desempenhava o papel. Reconhece-se também que as novas formas são funcionalmente equivalentes às tradicionais[128], que a função do papel é agora desempenhada pelo registo em conta[129] e que o regime dos valores mobiliários é, no mínimo, inspirado pelo regime e pela cultura[130] dos títulos de crédito. A controvérsia circunscreve-se apenas à questão de saber se os valores mobiliários escriturais, sucedâneos dos títulos de crédito de massa, mantiveram ou perderam a natureza de títulos de crédito.

---

[125] Nos direitos de *common law* as *securities* não são *negotiable instruments*; ver BENJAMIN, *The Law of Global Custody*, cit., p. 20; SPEIDEL & NICKLESS, *Negotiable instruments and check collection (the new law) in a nutshell*, St. Paul, Minn., 1993, p. V; ELLINGER, *Negotiable instruments*, International Encyclopedia of Comparative Law, vol. IX, cap. 4, Tübingen, 2000. Mas na "Prefatory note" ao artigo 8 do *Uniform Commercial Code*, versão de 1995 (p. 694), afirma-se que as regras da 2ª parte, relativas a *direct holding*, pretendem aplicar às *investment securities* os princípios dos *negotiable instruments*, evitando a invocação de excepções contra adquirentes posteriores.

[126] Cfr., por exemplo, ASCARELLI, *Teoria geral dos títulos de crédito*, S. Paulo, 1943, p. 184 ss, 424 ss; GARRIGUES, *Contratos bancarios*, cit., p. 99 s; FERNANDO OLAVO, *Direito Comercial*, volume II, 2ª Parte, Fascículo I, *Títulos de crédito em geral*, 2ª ed., Coimbra, 1978, p. 46 ss, 62 s; FERRI, *Diritto commerciale*, por Angelici & G.B.Ferri, 9ª ed., Torino, 1993, p. 712 s.

[127] Cfr. nota 2.

[128] Por todos, BRUNNER, *Wertrechte – nicht verurkundete Rechte mit gleicher Funktion wie Wertpapiere*, cit., esp. p. 211.

[129] EINSELE, "The Book-Entry in a Securities Account: Linchpin of a Harmonised Legal Framework of Securities Held with an Intermediary", cit., p. 42.

[130] AMADEU JOSÉ FERREIRA, *Valores mobiliários escriturais*, cit., p. 423.

Pela negativa pronunciava-se, até há muito pouco tempo, em uníssono, a doutrina alemã[131], bem como a doutrina suíça[132], tomando como referência, para a refutar, a velha tese de Opitz, que, a propósito da *Depotgesetz*[133], atribuía carácter real ou quase-real aos direitos de participação ou de crédito não documentados. Desta tese sobreviveu a palavra *Wertrecht* (direito-valor), através da qual se continuam a designar os valores mobiliários não cartulares, isto é, representados exclusivamente por registos. Recusava-se a sua equiparação aos títulos de crédito, apodada de ficção, bem como o efeito real comum aos *Wertpapiere* e aos *Wertrechte*, embora se aceitasse a aplicação analógica aos *Wertrechte* do regime dos *Wertpapiere*[134].

A legislação alemã sobre a negociação de valores mobiliários veio abrir porém uma brecha neste muro, ao reconhecer expressamente a inclusão dos valores mobiliários escriturais negociados em mercado no conceito de *Wertpapier*, para o qual passou a ser indiferente a inscrição em papel ou em registo informático[135]. Nem por isso a reacção doutrinária tem sido entusiástica[136].

---

[131] Ver, entre outros, seguindo em regra na linha traçada por CANARIS, *Bankvertragsrecht*, 2ª ed.., Berlin, New York, 1981, an. 2044: MEYER-CORDING, ob. cit., p. 23; EINSELE, *Wertpapierrecht als Schuldrecht*, cit., p. 19 s; KÜMPEL, ob. cit., p. 909; MARBURGER, ob. cit., an. 40 s; LENENBACH, ob. cit., p. 51 s.

[132] ZOBL & LAMBERT, "Zur Entmaterialisierung der Wertpapiere", cit., p. 128 s; BRUNNER, *Wertrechte*, cit., p. 198 ss; *Kommentar zum schweizerischen Kapitalmarktrecht* (org. Vogt & Watter), Basel, Genf, München, 1999, Art. 2 lit. a-c BEHG, an. 9 s; MEIER-HAYOZ & CROME, *Wertpapierrecht*, cit., p. 332. O termo *Wertrecht* atraiu também alguma doutrina espanhola que o usa como meio de expressar a diferença entre valores registados e títulos-valor (cfr. GARCÍA DE DUEÑAS, ob. cit., p. 151 ss; HEESEN, *Die Entkörperung im spanischen Effektenwesen. Die "Ley del Mercado de Valores" (1988): Gesetzliche Regelung und Anerkennung einer selbständigen Kategorie von "Wertrechten"?*, Frankfurt am Main, 1997, p. 176 ss).

[133] OPITZ, *Depotgesetz, Gesetz über die Verwaltung und Anschaffung von Wertpapieren vom 4. Februar 1937, Kommentar*, 2ª ed., 1955, § 42, an. 12, cit. pela generalidade dos AA. referidos nas duas notas anteriores.

[134] Mais radical é um autor suíço que critica a teoria dos *Wertrechte* por excesso de dogmatismo, esperando que os erros cometidos pela teoria dos títulos de crédito sirvam de lição para que uma futura teoria geral dos títulos não caia na ratoeira do construtivismo (BOHNET, *La théorie générale des papiers-valeurs. Passé, présent, futur*, cit., p. 87, 93, 259).

[135] *Wertpapierhandelsgesetz (WpHG)*, de 1995, § 2 (1); ver curto comentário em *Wertpapierhandelsgesetz* (org. Assmann e o.), 2ª ed., Köln, 1999, § 2, an. 11; e *Wertpapiererwerbs- und Übernahmegesetz (WpÜG)*, de 2001, § 2 (2); ver curto comentário em GEIBEL & SÜSSMANN, *Wertpapiererwerbs- und Übernahmegesetz. Kommentar*, München, 2002, § 1, an 33.

Na doutrina dos países latinos europeus, as opiniões estão mais divididas. Assim, para a maioria dos autores espanhóis e também para alguns autores portugueses e italianos, impõe-se formular um conceito autónomo de valor mobiliário escritural, "um novo modo de representação e circulação de direitos"[137], com natureza jurídica[138] e estrutura[139] diversas das dos títulos de crédito.

As mais frequentes razões invocadas são a ausência ou a ficção de incorporação[140], a inexistência de posse[141] e de transmissão dos registos[142]. Mas também se argumenta, designadamente, com diferenças na literalidade[143], que em rigor só seria aplicável aos documentos em papel [144], e com o desaparecimento[145], ou a alteração de critério[146], da distinção entre valores nominativos e ao portador.

Dominante na doutrina francesa, mas representada também por outros autores latinos, é a tese contrária, no sentido de que os valores mobiliários, escriturais ou não, pertencem à categoria dos títulos de crédito[147], ou de que, pelo menos, a teoria dos títulos de crédito se mostra

---

[136] Favoráveis à ampliação do conceito, GROSS, *Kapitalmarktrecht*, München, 2000, p. 121, 365 s; FLORIAN, *Rechtsfragen des Wertpapierhandels im Internet*, München, 2001, p. 3. Contra, pelo risco de o obscurecer, MARBURGER, ob. cit., an. 5. REUSCHLE, "Grenzüberschreitender Effektengiroverkehr", cit., p. 694, aceita um conceito amplo de *Wertpapier* no direito bancário, que admite indistintamente valores com e sem "documento". Outras obras posteriores a 1995 omitem a questão.

[137] AMADEU JOSÉ FERREIRA, *Valores mobiliários escriturais – Um novo modo de representação e circulação de direitos*, cit., p. 405; próximo, CAMACHO CLAVIJO, *La prenda de valores anotados en cuenta*, cit., p. 38.

[138] GARCÍA DE DUEÑAS, ob. cit., p. 135, 148, 160.

[139] ESPINA, ob. cit., p. 33, 679.

[140] LA VILLA, *Il diritto dei valori mobiliari*, Firenze, 1986, p. 23 s; RIGHINI, *I valori mobiliari*, Milano, 1993, p. 4 ss; ESPINA, *Las anotaciones en cuenta*, cit., p. 163 ss; AMADEU JOSÉ FERREIRA, ob. cit., p. 400; GARCÍA DE DUEÑAS, ob. cit., p. 132, 149 s.

[141] ESPINA, ob. cit., p. 677; OPPO, "Tramonto dei titoli di credito di massa ed esplosione dei titoli di legitimazione", *Rivista di Diritto Civile*, 1998, 6.°, I, p. 645 ss (p. 649).

[142] AMADEU JOSÉ FERREIRA, ob. cit., p. 403; próximo, ESPINA, ob. cit., p. 679. GARCÍA DE DUEÑAS, ob. cit., p. 218 ss, qualifica a inscrição em conta como *ficta traditio*.

[143] ESPINA, ob. cit., p. 676, reconhecendo porém que da literalidade cartular se passou para a literalidade das contas; AMADEU JOSÉ FERREIRA, ob. cit., p. 402, entendendo que nos valores escriturais a literalidade é completada pelos documentos de suporte.

[144] OPPO, ob. cit., p. 650.

[145] GARCÍA DE DUEÑAS, ob. cit., p. 135, nota (100).

[146] AMADEU JOSÉ FERREIRA, *Direito dos valores mobiliários*, cit., p. 158.

[147] MARTIN, *Banques et bourses*, 3ª ed., Paris, 1991, p. 747 ss; DIOGO DRAGO,

apta para se generalizar[148] e evoluir[149], com base na revisão parcial do conceito e das características dos títulos de crédito[150].

Em resposta ao argumento da falta de incorporação, diferentes vias têm sido adoptadas pelos defensores desta tese.

Uns renegam a teoria da incorporação[151] ou consideram-na fictícia[152], porque nunca foi característica comum dos títulos de crédito, não abrangendo designadamente os títulos nominativos.

Outros pretendem reabilitar a teoria da incorporação, desvalorizando o fenómeno físico e valorizando a relação instrumental entre o título e o direito, que tanto pode ser assegurada pelo papel como por qualquer escrito[153]. Sendo a incorporação um elemento convencional e não natural, não seria incompatível com suportes informáticos[154]; a relação real com o documento e a posse alcançar-se-iam pela referência ao beneficiário no documento electrónico[155].

Outros ainda preferem faz evoluir o próprio conceito de incorporação, referindo-se a uma forma atenuada de incorporação com um novo *corpus*[156], incorporação sem corpo[157], incorporação *per relationem* ou incorporação exangue[158].

"Actos abstractos e circulação de valores mobiliários", *Direito dos Valores Mobiliários*, V, 2004, p. 407 ss (p. 514 s).

[148] OSÓRIO DE CASTRO, *Valores mobiliários*, cit., p. 32 s.

[149] ANGULO RODRÍGUEZ e VELASCO, *apud* HEESEN, *Die Entkörperung im spanischen Effektenwesen*, cit., p. 170.

[150] FERREIRA DE ALMEIDA, "Desmaterialização dos títulos de crédito", cit., p. 38.

[151] CAUSSE, *Les titres négociables. Essai sur le contrat négociable*, cit., p. 320 ss, 506 ss; note-se porém que o A. unifica os títulos negociáveis enquanto contratos negociáveis.

[152] LUCAS, *Les transferts temporaires de valeurs mobilières. Pour une fiducie de valeurs mobilières*, Paris, 1997, p. 206 ss, 225 ss; note-se porém que o A. inclui os valores mobiliários como os títulos de crédito na categoria única de direitos de crédito.

[153] LASSALAS, *L'inscription en compte des valeurs*, cit., p. 184 s.

[154] DEVESCOVI, *Titolo di credito e informatica*, Padova, 1991, p. 96, 107; PAIS DE VASCONCELOS, "O problema da tipicidade dos valores mobiliários", *Direito dos valores mobiliários*, III, 2001, p. 61 ss (p. 64), continuando porém a separar título de crédito e valor mobiliário (p. 65).

[155] MARTORANO, *Titoli di credito*, 3ª ed., Milano, 1997, p. 23 s.

[156] ANGULO RODRÍGUEZ, *apud* HEESEN, *Die Entkörperung im spanischen Effektenwesen*, cit., p. 170 s.

[157] REYGROBELLET, "Le droit de propriété du titulaire d'instruments financiers dématérialisés", cit., p. 308.

[158] COTTINO, *Diritto commerciale*, II, 1, 2ª ed., Padova, 1992, p. 252 s, 276 (referindo-se porém a situações de depósito colectivo junto da sociedade Monte Titoli).

Uma derradeira via – e parece-me ser a mais adequada – consiste em encontrar para a incorporação, que sempre foi aliás uma metáfora, um equivalente mais amplo e mais racional, porventura com nova designação: inerência ou imanência[159].

Também há, como seria inevitável, posições intermédias, favoráveis à integração dos valores mobiliários na teoria ou no conceito de título de crédito, mas mais fluidas ou cautelosas.

No sentido da convergência entre valor mobiliário escritural e título de crédito, verificam alguns AA, além da coincidência funcional, a correspondência técnica, quase ponto por ponto, entre documento cartular e conta registral[160], assim como a afinidade dos regimes[161], mais notável em relação aos efeitos homólogos da tradição e do registo na legitimação para o exercício de direitos, na sua transmissão e na sua aquisição *a non domino*[162].

No sentido da divergência, ou desvio[163], os maiores obstáculos para a equiparação advêm da óbvia diferença de suporte e dos já mencionados reflexos na incorporação[164].

O resultado deste balanço pode ser a simples enunciação da pergunta ou da dúvida[165], a assimilação apenas parcial[166] ou a inserção das duas entidades em comparação numa categoria comum mais ampla do que

---

[159] FERREIRA DE ALMEIDA, loc. cit. Como aí lembrei, a palavra inerência, como sinónimo de incorporação, foi usada por FERRER CORREIA, *Lições de direito comercial*, III, *Letra de câmbio*, 1966, p. 5.

[160] LIBONATI, *Titoli di credito e strumenti finanziari*, cit., p. 108.

[161] São os títulos de crédito que dão o regime básico dos valores mobiliários (OLIVEIRA ASCENSÃO, "Valor mobiliário e título de crédito", cit., p. 44).

[162] RECALDE CASTELS, "Los valores negociables", *Derecho del mercado financiero*, I, vol. 2 (org. Alonso Ureba & Martinez-Simancas y Sanchez), Madrid, 1994, p. 265 ss (p. 289 ss); ID., "La smaterializzacione dei titoli di credito in Spagna", cit., p. 141 ss; CANO RICO, "Operación o compraventa de valores. Delimitación conceptual (operación o compraventa al contado y a plazo)", *Contratos sobre acciones* (org. Gil del Moral e o.), Madrid, 1994, p. 537 ss (p. 542).

[163] OLIVEIRA ASCENSÃO, ob. cit., p. 36.

[164] OLIVEIRA ASCENSÃO, "As acções", cit., p. 84. Repare-se porém que a qualificação final deste A. é negativa, uma vez que afirma não serem as acções escriturais títulos de crédito (*Sociedades Comerciais*, cit., p. 533).

[165] BOCHICCHIO, *Titoli di credito e finanziamento di massa alle imprese tra disciplina dei beni e disciplina dei contratti*, Padova, 1998, p. 147 ss (continuidade ou ruptura?); LIBONATI, ob. cit., p. 135 (conforme a "veste cartular" seja ou não essencial)

[166] OLIVEIRA ASCENSÃO, "As acções", cit., p. 84; RECALDE CASTELS, "Los valores negociables", cit., p. 272.

título de crédito, como título de legitimação[167] ou modo de representação de situações jurídicas[168].

Em resumo, quanto a este ponto, o mínimo que se pode afirmar é que a função, o regime e a teoria dos títulos de crédito de massa formam, nos direitos romano-germânicos, um acervo de que a função, o regime e a teoria dos valores mobiliários não podem prescindir. Adiante se retomará e aprofundará este aspecto a propósito da natureza do registo de valores mobiliários em face do direito português vigente.

3. O registo das acções nominativas pela entidade emitente.

Outro factor influente no regime actual dos valores mobiliários provém das tradições de registo das acções nominativas pela sociedade emitente.

As tradições são diferentes quanto ao enquadramento jurídico. Nos direitos latinos, as acções nominativas têm a natureza e seguem o regime dos títulos de crédito nominativos[169], categoria que abrange também, por exemplo, as obrigações nominativas. Nos direitos germânicos, as acções nominativas são geralmente *Wertpapiere* à ordem, transmissíveis por endosso[170]. Nos direitos anglo-saxónicos, não se usa a expressão acções nominativas, mas há uma classe equivalente, as acções registadas, que na prática sobrelevam, de longe, a modalidade alternativa das acções ao portador[171].

Os elementos comuns de regime são relevantes e claros: para a transmissão de acções deste tipo é naturalmente necessário o acordo entre transmitente e transmissário, através da declaração de transmissão aposta

---

[167] PEREIRA DE ALMEIDA, *Sociedades comerciais*, 3ª ed., Coimbra, 2003, p. 361; OLIVEIRA ASCENSÃO, "Valor mobiliário e título de crédito", cit., p. 45, referindo-se a documento de legitimação.

[168] MIGUEL GALVÃO TELES, "Fungibilidade de valores mobiliários ...", cit., p. 598.

[169] VIVANTE, *Trattato di diritto commerciale*, vol. III, Milano, 1924, p. 163 ss; ASCARELLI, *Teoria geral dos títulos de crédito*, cit., p. 184; PAIS DE VASCONCELOS, *Direito Comercial. Títulos de crédito*, Lisboa, 1990, p. 42.

[170] Para o direito alemão, HUECK & CANARIS, *Recht der Wertpapiere*, cit., p. 23; WIESNER, *Aktiengesellschaft*, cit., p. 92; para o direito suíço, MEIER-HAYOZ & CROME, *Wertpapierrecht,*, cit., p. 261.

[171] *GOWER's Principles of Modern Company Law*, 5ª ed., London, 1992, p. 385; PENNINGTON, *Company Law*, cit., p. 398.

no título[172], de endosso[173] ou de entrega do certificado[174], respectivamente nas tradições latina, germânica e anglo-saxónica. Mas em nenhum destes direitos tal acordo é suficiente para a produção de efeitos plenos, que dependem ainda da inscrição da qualidade de accionista em registo lavrado pela sociedade emitente.

A configuração dos efeitos do registo não é todavia coincidente. Segundo alguns autores a transmissão depende do registo pela sociedade emitente[175] (e eventualmente também da anotação no título), mas outros, porventura a maioria, recusam a natureza constitutiva do registo pelo emitente[176], afirmando a sua eficácia meramente declarativa[177], legitimadora[178] ou probatória da qualidade de sócio, com variações ainda sobre a natureza ilidível (prova *prima facie*[179]) ou inilidível[180], salvo rectificação[181], da presunção derivada do registo.

---

[172] Artigo 102.º, n.º 1.

[173] *Aktiengesetz* § 68, (1), incluindo o endosso em branco (WIESNER, *Aktiengesellschaft*, cit., p. 92, 94).

[174] HENN & ALEXANDER, *Laws of Corporations*, cit., p. 449; *Uniform Commercial Code*, § 8-302 (a).

[175] Esta formulação é mais clara em AA. como CAMPOBASSO, *Diritto commerciale*, 3, Torino, 1992, p. 231; LIBONATTI, *Titoli di credito e strumenti finanziari*, cit., p. 73; BRANDÃO DA VEIGA, *Transmissão de valores mobiliários*, cit., p. 44. Materialmente equivalentes, COTTINO, *Diritto commerciale*, II, 1, p. 261; RIPERT & ROBLOT, *Traité de droit commercial*, II, cit., p. 20; LASSALAS, *L'inscription en compte des valeurs*, cit., p. 242. A anotação no título ("pertence") era exigida pelo CSC, artigo 326.º, n.º 1, entretanto revogado pelo diploma que aprovou o Código dos Valores Mobiliários.

[176] OLIVEIRA ASCENSÃO, *Direito Comercial*, volume III, *Títulos de crédito*, Lisboa, 1992, p. 45; RECALDE CASTELS, "En torno a la pretendida nominatividad de las anotaciones en cuenta", cit., p. 384.

[177] SCHMITZ, *Der Einfluss neuer Technologien auf die Aktionärsmitverwaltung*, cit., p. 14.

[178] GARRIGUES, *Curso de derecho mercantil*, Madrid, 1968, I, cit., p. 383; RECALDE CASTELS, ob. cit., p. 384 s; URÍA, MENÉNDEZ & PÉREZ DE LA CRUZ, "Distintas clases de títulos-valores", *Curso de derecho mercantil* (org. Uría & Menéndez), II, Madrid, 2001, 699 ss (p. 706); COSTA E SILVA, "A transmissão de valores mobiliários fora de mercado secundário", *Direito dos valores mobiliários*, I, p. 217 ss (p. 234).

[179] GOWER's *Principles of Modern Company Law*, cit., p. 386, mas adiantando que a transacção só se completa com o registo, porque nem o acordo nem a entrega atribuem *legal title* (p. 389).

[180] HÜFFER, *Aktiengesetz*, 4ª ed., München, 1999, p. 306; WIESNER, *Aktiengesellschaft*, cit., p. 104. HENN & ALEXANDER, *Laws of Corporations*, cit., p. 446, referem-se a *conclusive evidence*.

[181] OSÓRIO DE CASTRO, *Valores mobiliários*, cit., p. 18; WIESNER, *Aktiengesellschaft*, cit., p. 107.

Mas há um mínimo comum que consiste em considerar o registo como acto indispensável para a oponibilidade da transmissão à sociedade[182], sem o qual o adquirente não pode exercer o direito de voto, o direito de crédito ao dividendo e outros direitos sociais[183].

O registo de acções nominativas pela sociedade emitente não pertence apenas ao passado. A evolução informática não impediu a sua subsistência em todas as ordens jurídicas, embora com relevância e modelos diferenciados. Nos direitos de *common law* o registo no emitente continua a ser o elemento central – diria mesmo o único concebível – para a verificação da titularidade directa e do universo dos accionistas, mesmo que as acções sejam *uncertificated*[184]. Os registos em intermediários financeiros só relevam para a detenção indirecta, ainda assim dependente da inscrição como accionista nos livros da sociedade do intermediário financeiro colocado no topo da pirâmide dos sucessivos registos.

Muito próximo estava o direito alemão até à introdução do sistema CASCADE[185].

Em sentido contrário, evoluíram os direitos ibéricos onde o registo de valores mobiliários se deslocou da entidade emitente para os intermediários financeiros. No direito português, o registo de valores mobiliários nominativos na entidade emitente mantém-se apenas nalgumas situações: em geral, nos valores nominativos titulados (artigo 102.º) e, nos valores nominativos escriturais, apenas se estiveram fora do sistema centralizado (artigo 61.º, b) e c), embora a entidade emitente possa transferir a sua competência para um só intermediário financeiro[186], agindo por conta própria ou por conta do seu mandante.

Mista é a situação em França que continua a atribuir à entidade emitente, ou a um seu mandatário, a incumbência do registo de valores nominativos, circunscrevendo aos valores mobiliários ao portador o exclusivo do registo por intermediário financeiro[187].

---

[182] MERLE, *Sociétés commerciales*, cit., p. 303; COUTINHO DE ABREU, *Das Sociedades*, cit., p. 370 (condição de eficácia em relação à sociedade). PEREIRA DE ALMEIDA, *Direito Comercial*, 3.º volume, *Títulos de crédito*, Lisboa, 1988, p. 83, faz depender do registo os efeitos perante o emitente e também em relação a terceiros.

[183] *Uniform Commercial Code*, § 8-207.

[184] Cfr. nota 106.

[185] Cfr. notas 38 e 39.

[186] Facultativo no direito português, imperativo no direito espanhol no caso de valores não cotados em mercados oficiais (cfr. nota 110).

[187] Cfr. nota 107.

É inegável pois que o regime e a prática do registo das acções nominativas na sociedade emitente forneceram decisivos contributos para o registo de valores mobiliários, independentemente de quem seja a entidade encarregada de os lavrar.

4. Os registos públicos de bens.

A influência sobre o registo de valores mobiliários exercida pelos registos públicos de bens e especialmente pelo registo predial é notória nos direitos espanhol e português[188].

Esta influência reconhece-se, em primeiro lugar, na recepção de princípios oriundos dos registos públicos[189], que constam por vezes da própria lei aplicável ao registo de valores mobiliários e são glosados e desenvolvidos pela doutrina: princípio da prioridade, princípio do trato sucessivo[190], princípio da legalidade[191], princípio da fé pública[192].

A influência nota-se, em segundo lugar, no uso de termos da técnica processual dos registos públicos, tais como apresentação[193], oficiosidade e instância[194], registo definitivo e registo provisório, por natureza e por dúvidas[195].

---

[188] Cfr. obs. cits. nas notas 190 ss. No artigo de THAN & HANNÖVER, "Depotrechtliche Fragen bei Namenaktien", cit., p. 291 ss, pergunta-se se o caminho se dirige para um "direito do registo". Não é certamente o registo predial que se tem especialmente em vista, mas não deixa de ser interessante que no direito alemão se perspective a substituição das normas sobre depósito e sobre títulos de crédito por normas sobre registo.

[189] Um elenco dos princípios dos "registos de segurança jurídica" pode ler-se em SEABRA LOPES, *Direito dos registos e do notariado*, 2ª ed., Coimbra, 2003, p. 14.

[190] Apenas com referência a estes dois princípios, de resto mencionados expressamente no artigo 16.º do Real Decreto espanhol 116/1992, CACHÓN BLANCO, *Derecho del mercado de valores*, Madrid, I, 1992, p. 137; ESPINA, *Las anotaciones en cuenta*, cit., p. 400 ss; TAPIA HERMIDA, *Derecho del mercado de valores*, cit., p. 55.

[191] Com referência a estes três princípios, AMADEU JOSÉ FERREIRA, *Valores mobiliários escriturais*, p. 234 ss, 220 ss, 194 ss, respectivamente. Ver também *infra* V.2.

[192] ZUNZUNEGUI, *Derecho de mercado financiero*, 2ª ed., Madrid, 2000, p. 165; CAMACHO CLAVIJO, *La prenda de valores anotados en cuenta*, cit., p. 25 ss (com referência a todos estes princípios e acrescentando ambos o princípio da legitimação, mas acentuando a segunda A. diferenças em relação ao princípio da legalidade).

[193] Código do Mercado de Valores Mobiliários, artigo 62.º, n.º 1; cfr. AMADEU JOSÉ FERREIRA, ob. cit., p. 229 ss.

[194] Código dos Valores Mobiliários, artigo 66.º; cfr. AMADEU JOSÉ FERREIRA, ob. cit., p. 203 ss.

Já se sustentou até a aplicação supletiva das normas e princípios do sistema registral clássico ao registo de valores mobiliários[196]. Mas há também vozes críticas que recusam a proximidade do registo de valores mobiliários com o registo predial[197] ou a aplicação de alguns dos seus princípios, em especial o princípio do trato sucessivo[198] e o princípio da fé pública[199].

A inspiração dos sistemas de registo de valores vigentes nos Estados ibéricos no registo predial – e o decalque, por vezes excessivo, da sua nomenclatura[200] – é um facto histórico inegável. Deve todavia notar-se que, no âmbito dos registos públicos, não é o registo predial, mas o registo comercial de quotas[201] aquele com o qual o registo de valores mobiliários tem maior similitude quanto ao objecto e à função económica. A influência directa do registo predial só se compreende por ter sido este o instituto que serviu de modelo a todos os registos de bens, incluindo os bens móveis[202].

Esta influência aparece atenuada no Código dos Valores Mobiliários, aprovado em 1999, com a exclusão de alguns institutos ou expressões muito marcadas pela técnica do registo predial[203].

---

[195] Código do Mercado de Valores Mobiliários, artigo 63.°; cfr. FERREIRA DE ALMEIDA, "Desmaterialização dos títulos de crédito", cit., p. 31; AMADEU JOSÉ FERREIRA, ob. cit., p. 209 ss.

[196] RAMOS GASCÓN, *Régimen jurídico de los valores*, Madrid, 1997, p. 482, citando a opinião de Angulo Rodríguez.

[197] OLIVEIRA ASCENSÃO, "Valor mobiliário e título de crédito", cit., p. 40 s, considerando que os registos a cargo dos intermediário financeiro não são públicos, não têm base real e se reportam a coisas fungíveis; o segundo argumento foi retomado por COSTA E SILVA, "Efeitos do registo e valores mobiliários. A protecção conferida ao terceiro adquirente", *ROA*, 1998, p. 859 ss (p. 865 s), e "A transmissão de valores mobiliários fora de mercado secundário", cit., p. 250.

[198] COSTA E SILVA, "Efeitos do registo e valores mobiliários", cit., p. 867.

[199] OLIVEIRA ASCENSÃO, "Valor mobiliário e título de crédito", cit., p. 40. AMADEU JOSÉ FERREIRA, ob. cit., p. 310 s, considera haver apenas semelhança.

[200] OSÓRIO DE CASTRO, *Valores mobiliários*, cit., p. 42, a propósito do modo como o artigo 64.° do Cód. MVM estabeleceu o regime sobre eficácia e oponibilidade dos factos sujeitos a registo; AMADEU JOSÉ FERREIRA, ob. cit., p. 209, criticando a "colagem ao registo predial" no que respeita aos registos definitivos e provisórios, adoptada pelo artigo 63.° do Cód. MVM.

[201] Cfr. Código do Registo Comercial, artigos 3.°, n.° 1, c), d), e), f), 12.°, 13.°, 14.° e 31.°.

[202] Cfr. a propósito o malogrado Decreto-Lei n.° 277/95, de 25 de Outubro, que aprovou o Código do Registo de Bens Móveis.

[203] Por um lado, alterou-se o modo de enunciação da eficácia do registo, mais próximo agora da lógica dos títulos de crédito (cfr. artigos 55.° e 56.°) do que da lógica dos

5. A conta corrente bancária.

Em seu lugar, diz-se no n.º 10 do Preâmbulo do diploma que aprovou o Código, fez-se a "aproximação ao modelo das contas bancárias, mitigado com a experiência do registo de acções nominativas".

Na verdade, desde há muito que se verifica um certo paralelismo entre o dinheiro e os valores mobiliários[204]. Mais esbatida ou discutida no tempo do papel-moeda e dos valores mobiliários em papel, atendendo a que só estes eram considerados títulos de crédito[205], a aproximação acentuou-se com a comum representação e circulação informática[206], que se desenvolveu mais cedo no âmbito do registo e da transferência de dinheiro.

As coincidências entre o dinheiro escritural[207] e os valores mobiliários escriturais assumem múltiplas facetas. Ambos têm no depósito bancário a sua origem histórica e continuam, no presente, a ter as instituições financeiras como protagonistas necessários. A técnica dos registos de

---

registos públicos; mas subsistem, por outro lado, expressões como "prioridade do registo" (artigo 69.º) e instituições como o trato sucessivo, apelidado de "sucessão de registos" (artigo 70.º).

[204] Por exemplo, CUNHA GONÇALVES, *Da compra e venda no direito comercial português*, Coimbra, 1925, p. 256, chamava a atenção para a semelhança entre os títulos de crédito, especialmente os títulos de crédito ao portador, e o papel-moeda de curso forçado ou legal; GARRIGUES, *Contratos bancarios* (1975), cit., p. 57 ss, abordava em conjunto o dinheiro e os títulos com objecto da actividade bancária.

[205] Julius VON GIERKE, *Das Recht des Wertpapiere*, Köln, Berlin, 1954, p. 3. Para MIGUEL GALVÃO TELES, "Fungibilidade de valores mobiliários", cit., p. 590, o papel-moeda era título de crédito no período de convertibilidade.

[206] Especial destaque merece a propósito a obra de LASSALAS, *L'inscription en compte des valeurs: la notion de propriété scripturale*, cit., 1997, que pretende aproximar os valores mobiliários da moeda (p. 7), à procura de uma visão de conjunto (p. 13). Referências mais fugazes podem ver-se em DROBNIG, "Dokumenteloser Effektenverkehr", cit., p. 20; DABIN, "La dématérialisation et la circulation scripturale des valeurs mobilières dans le cadre des marchés financiers", cit., p. 305; ZUNZUNEGUI, *Derecho de mercado financiero*, cit., p. 159 s.

[207] A admissibilidade de qualificar, sob o ponto de vista jurídico, o dinheiro (ou moeda) escritural (ou bancária) como dinheiro é discutida. Entre os textos mais antigos a favor, GARRIGUES, ob. cit., p. 87. Na literatura portuguesa, a doutrina tradicional ignora o problema. Pronunciaram-se, a favor, OSÓRIO DE CASTRO, *Os efeitos da nulidade da patente sobre o contrato de licença da invenção patenteada*, Porto, 1994, p. 190, e JÚLIO GOMES, *O conceito de enriquecimento. O enriquecimento forçado e os vários paradigmas do enriquecimento sem causa*, Porto, 1998, p. 627; contra, PEREIRA NEVES, "A protecção do proprietário desapossado de dinheiro", cit., p. 146 ss (nota 14).

valores mobiliários – em especial, nos sistemas jurídicos que dispensaram ou reduziram a função registadora das entidades emitentes – é subsidiária, quase ponto por ponto, da técnica dos registos de dinheiro em conta bancária[208].

A sua estrutura comum baseia-se na conta corrente[209], movimentada na contabilidade[210] de uma instituição financeira através de lançamentos a crédito e a débito do titular, o cliente, sendo o respectivo saldo escriturado e revelado em contínuo ou em períodos muito curtos.

Esta terminologia já era usada para os valores mobiliários escriturais pelo Código do Mercado de Valores Mobiliários (abertura de conta, lançamento a débito e a crédito, aviso de lançamento[211]). No Código dos Valores Mobiliários foi mantida e reforçada com outras referências (transferência entre contas, saldo, extracto da conta)[212].

Os lançamentos têm como objecto bens incorpóreos, fungíveis, meramente categoriais[213]. As diferenças entre tais objectos – designadamente as que possam resultar da discussão acerca da sua natureza obrigacional ou real[214] – pouco interferem na estrutura das contas. Ressalvam-se a inadmissibilidade de saldos negativos e a movimentação quase exclusiva por transferência em relação a contas de valores mobiliários, característi-

---

[208] Assim, considerando o sistema inglês de registo de acções (CREST), PENNINGTON, *Company Law*, cit., p. 496.

[209] Que é por sua vez uma modalidade da conta corrente comercial. Sobre as semelhanças e diferenças entre esta e a conta corrente bancária, GARRIGUES, *Contratos bancarios*, cit., p. 113 ss. CACHÓN BLANCO, *Derecho del mercado de valores*, II, Madrid, 1993, p. 121 ss, confere tal importância a este aspecto que qualifica o contrato entre o intermediário financeiro e o investidor como "contrato de conta corrente do mercado de valores". Parece porém que esta qualificação deixa na sombra aspectos essenciais que são melhor evidenciados pela qualificação como contrato de mandato (cfr. IV.3).

[210] Daí a "natureza contabilística dos valores anotados" de que fala GARCÍA DE DUEÑAS, *Valores mobiliarios anotados en cuenta*, cit., p. 85, 164 ss, 298.

[211] Cfr. artigos 56.º, n.º 1, 65.º, n.º 1, 70.º, n.º 1.

[212] Cfr. artigos 68.º, n.º 1, b) e c), 71.º, 85.º, n.º 4, a), 91.º, n.º 4.

[213] MIGUEL GALVÃO TELES, "Fungibilidade de valores mobiliários e situações jurídicas meramente categoriais", cit., p. 605 ss, 617 ss.

[214] A doutrina clássica considera a conta bancária (de dinheiro) como sendo (apenas) uma relação entre devedor e credor (assim, ROGERS, "Policy Perspectives on Revised U.C.C. Article 8", cit., p. 1451, para quem "dinheiro no banco" é uma expressão coloquial imprópria do discurso jurídico). Contrária é a construção desenvolvida na ob. cit. de LASSALAS: a conta é um reservatório de unidades monetárias (p. 100), o saldo é moeda sob forma diferente das notas, que não se pode analisar enquanto crédito ((p. 101) antes como direito de propriedade sobre a inscrição escrita em conta (p. 130).

cas resultantes da natureza finita dos valores mobiliários contra a indeterminação quantitativa ou ultrafungibilidade[215] do dinheiro[216].

Estas afinidades explicam certas práticas de tratamento conjunto das contas de dinheiro e de valores mobiliários, através da abertura de uma só conta numa mesma instituição financeira, à qual se aplicam cláusulas contratuais gerais comuns e as mesmas cláusulas singulares sobre a sua movimentação.

IV. EFEITOS E NATUREZA JURÍDICA DO REGISTO DE VALORES MOBILIÁRIOS

1. Delimitação.

É o momento de defrontar o tema central deste artigo: os efeitos e a natureza jurídica dos registos de valores mobiliários. A análise circunscreve-se aos registos de titularidade directa de direitos, sem prejuízo de eventual comparação com sistemas de detenção indirecta, e centra-se no direito português, sem prejuízo da invocação de outros direitos, em especial os direitos latinos similares. Usando a nomenclatura da lei portuguesa, a análise terá assim como objecto:

1.º conjunto: registos a cargo de intermediário financeiro agindo em seu nome e por sua conta, o que abrange quatro sub-conjuntos:

– registos de valores mobiliários escriturais em sistema centralizado (artigo 61.º, a);
– registos de valores mobiliários titulados em sistema centralizado, aos quais se aplica o mesmo regime (artigo 105.º) por identidade da função do registo (cfr. *supra*, II.2);
– registos de valores escriturais fora de sistema centralizado a cargo de um único intermediário financeiro indicado pela entidade emitente (artigo 61.º, b);
– registos relativos a valores mobiliários representados por macro-títulos (cfr. artigo 99.º, n.ºs 2, b), e 5), uma vez que o seu

---

[215] PEREIRA NEVES, ob. cit., p. 161.
[216] Sobre os riscos de perder de vista esta diferença, FERREIRA DE ALMEIDA, "Desmaterialização dos títulos de crédito", cit., p. 39.

regime se reconduz ao regime de um dos sub-conjuntos anteriores (cfr. *supra* II.2);

2.º conjunto: registos de valores escriturais a cargo de intermediário financeiro agindo em representação da entidade emitente (artigo 61.º, c), 2ª parte);

3.º conjunto: registos de valores escriturais directamente a cargo da entidade emitente (artigo 61.º, c), 1ª parte).

De fora ficam pois apenas os registos de valores titulados fora de sistema centralizado, depositados em intermediário financeiro (artigo 101.º) ou com o registo a cargo da entidade emitente ou de intermediário financeiro que a represente (artigo 102.º), que, sendo registos tradicionais e em declínio, já foram objecto de breves referências (cfr. *supra* II.1 e III.3).

Estão pois sob observação os registos relativos a valores mobiliários escriturais e equiparados (titulados em sistema centralizado ou em macro-título), ou seja, todos os registos relativos a valores mobiliários sem papel ou em que o papel perdeu, ainda que temporariamente, a sua função legitimadora. Numa primeira linha, não se cuida de saber se tais registos são lavrados por intermediário financeiro ou pela entidade emitente, mas esta diferença continua a ser relevante para certos pontos da construção jurídica.

Cada uma das questões de natureza jurídica será precedida, na medida do necessário e como mandam os cânones, pela análise dos efeitos jurídicos em que assenta.

2. O registo de valores mobiliários como registo valorativo, real, que tem como objecto situações jurídicas.

Em sentido muito amplo, registos são anotações escritas de factos ou de situações. Os registos com objecto jurídico (registos jurídicos) podem ser registos meramente reprodutivos (certificativos) ou registos valorativos, se envolverem a verificação da veracidade e da legalidade dos factos a que se reportam. O objecto de um registo jurídico pode ser um facto jurídico ou uma situação jurídica.

Os registos de titularidade de valores mobiliários são registos jurídicos valorativos, porque não só devem corresponder aos factos em que se baseiam como devem verificar a sua legalidade. O seu conteúdo inclui a descrição do valor mobiliário[217], em conformidade com o registo de emissão, e a inscrição de direitos[218], em conformidade com o requerimento do interessado ou a iniciativa oficiosa. São portanto registos reais e não registos pessoais[219].

Embora se baseiem em factos, melhor, em documentos comprovativos de factos, são essencialmente registos de situações jurídicas (direitos)[220], reveladas pelos saldos de cada conta. Incluem porém marginalmente meras situações de facto (por exemplo, pagamento de dividendos, propositura de acções). Os registos de titularidade directa são, também sob este aspecto, muito diferentes dos registos de titularidade indirecta que, sendo registos de depósitos, são essencialmente registos de factos.

3. O registo de valores mobiliários como acto jurídico privado, devido, vinculado, unilateral e heterónomo, sem natureza negocial.

O registo de valores mobiliários escriturais ou equiparados a cargo de intermediário financeiro tem sempre como fonte um contrato de man-

---

[217] Cfr. artigos 68.°, n.° 1, proémio, com referência ao 44.°, n.° 1, a) e), e AMADEU JOSÉ FERREIRA, *Valores mobiliários escriturais*, cit., p. 152.

[218] Cfr. artigos 44.°, n.° 1, f), 47.°, 55.°, n.° 2, 67.°, n.° 168.°, n.° 2, 70.°, 73.°.

[219] Isto é, registo de situações jurídicas reais (FERREIRA DE ALMEIDA, *Publicidade e teoria dos registos*, Coimbra, 1966, p. 118 ss; SEABRA LOPES, *Direito dos registos e do notariado*, cit., p. 15) ou de fólio real (MEJÍAS GOMEZ, "Las acciones representadas mediante anotaciones en cuenta. Transmisión y pignoración", *Contratos sobre acciones* (org. Gil del Moral e o.), Madrid, 1994, p. 471 ss, p. 477). Contra, COSTA E SILVA, "Efeitos do registo e valores mobiliários", cit., p. 865 ss; GARCÍA DE DUEÑAS, cit., p. 83 s. A literatura de *common law* tanto se refere a *registered shares* como a *register of shareholders* (ou *members*).

[220] Os registos públicos usam geralmente a técnica de registo de factos. Não admira pois que se diga serem registos de factos (SEABRA LOPES, ob. cit., p. 12, 15). Em tempos, pronunciei-me no sentido de que o objecto da publicidade registral é constituído por situações jurídicas, ainda que essas situações se deduzam a partir de factos (*Publicidade e teoria dos registos*, cit., p. 181). Reafirmei posição similar no artigo "Desmaterialização dos títulos de crédito: valores mobiliários escriturais", cit., p. 29. Esta opinião tem hoje apoio no Código dos Valores Mobiliários: por um lado, o sistema assenta na revelação de saldos (isto é, quantidades de direitos) e não dos factos justificativos dos saldos; por outro lado, os artigos 55.°, n.°s 1 e 2, 74.° e 75.° referem-se, de modo mais ou menos directo, a registo de direitos sobre valores mobiliários.

dato[221], visto que o intermediário financeiro se obriga à prestação de serviços entre os quais se inclui a prática de actos jurídicos. O mandante pode ser um investidor, titular presente ou potencial adquirente de valores mobiliários (artigo 343.°), ou a entidade emitente, sempre que esta encarregue do registo um único intermediário financeiro (artigo 61.°, b).

Só nesta segunda hipótese, a lei prevê expressamente que o intermediário financeiro actue em representação do mandante (artigo 61.°, c), 2ª parte). Nas restantes hipóteses não há representação, porque o intermediário financeiro não age em nome do mandante. O mandatário está até, em princípio, sujeito a dever de segredo, se o mandante for um investidor (artigo 304.°, n.° 4). Quanto aos interesses envolvidos, o contrato de registo obriga o intermediário financeiro a agir em conformidade com os legítimos interesses do seu cliente, mas deve assegurar também os interesses gerais do mercado (artigo 304.°, n.° 1, e 311.°) e fica obrigado à prestação dos actos de registo a favor de outras pessoas com legitimidade para os requerer (cfr. artigos 66.°, n.° 2, e 67.°, n.° 1).

Diferente é a fonte jurídica dos registos a cargo da entidade emitente. O dever de registar é então um dever *ex lege* (artigo 64.°, n.° 1), que prolonga o tradicional dever de registar as transmissões de acções nominativas em papel. Pode qualificar-se como obrigação estatutária, porque recai sobre o titular de uma situação passiva mais complexa cujo núcleo não tem natureza obrigacional[222].

Em qualquer dos casos, o registo é um acto jurídico privado e não um acto administrativo[223]. Embora praticado também no interesse público[224],

---

[221] Esta qualificação tem sido pacífica no direito português: PINTO DUARTE, "Contratos de intermediação no Código dos Valores Mobiliários", *Cadernos do Mercado de Valores Mobiliários*, n.° 7, 2000, p. 351 ss (p. 370); REBELO PEREIRA, "Contratos de registo e depósito de valores mobiliários", *Cadernos do Mercado de Valores Mobiliários*, n.° 15, Dezembro de 2002, p. 317 ss (p. 322; a referência a contrato de depósito só se pode entender com referência a contratos que envolvam a guarda de valores titulados). Noutros direitos, o contrato entre intermediário financeiro e cliente é qualificado por RIPERT & ROBLOT, *Traité de droit commercial*, II, cit., p. 30, como mandato e por LASSALAS, ob. cit., p. 160 ss, como mandato ou empreitada. Mais hesitante, VAUPLANE & BORNET, *Droit des marchés financiers*, cit., p. 826. ESPINA, *Las anotaciones en cuenta*, cit., p. 349 s, qualifica o contrato entre emitente e registador como contrato de empreitada com elementos do mandato.

[222] Cfr. FERREIRA DE ALMEIDA, "Direito a dividendos no âmbito de oferta pública de aquisição de acções", *Direito dos Valores Mobiliários*, V, 2004, p. 29 ss (p. 52).

[223] É conclusão pacífica na doutrina espanhola: GARCÍA DE DUEÑAS, ob. cit., p. 82; MEJÍAS GOMEZ, ob. cit., p. 477; RAMOS GASCÓN, ob. cit., p. 494. No direito português, AMADEU JOSÉ FERREIRA, *Direito dos valores mobiliários*, p. 202. Também se diz que

é decidido e executado por entidades privadas que actuam sem poderes de autoridade no âmbito de competência fundada em contrato ou estatuto de direito privado[225]. O registo de valores mobiliários integra-se pois na administração privada do direito privado[226].

Sendo acto performativo, o seu conteúdo é vinculado e não inovador. Os seus efeitos repercutem-se sempre em património alheio, sem afectar geralmente o património do próprio agente[227].

O registo é pois um acto jurídico privado, devido, vinculado, unilateral e heterónomo, sem natureza negocial[228].

é registo de segurança jurídica (locs. cits. e RECALDE CASTELS, "En torno a la pretendida nominatividad...", cit., p. 392; contra, COSTA E SILVA, "Efeitos do registo e valores mobiliários", cit., p. 864).

[224] A qualificação de actividades privadas como "delegação de funções públicas", "concessão de poderes administrativos" (VITAL MOREIRA, *Auto-regulação profissional e Administração Pública*, Coimbra, 1997, p. 342 ss; ID, *Administração autónoma e associações públicas*, Coimbra, 1997, p. 544 ss, 566 ss) ou de substituição de funções públicas (PAULO OTERO, *O poder de substituição em direito administrativo. Enquadramento dogmático-constitucional*, Lisboa, 1995, p. 58 ss) tem sido feita com referência a situações de auto-regulação. PAULO OTERO, "Alguns problemas do direito administrativo do mercado de valores mobiliários", *Direito dos valores mobiliários*, I, 1999, p. 253 ss, não inclui os registos de valores mobiliários no âmbito do que chama direito administrativo dos valores mobiliários, composto, ao que se depreende, apenas por actos de regulação, supervisão, fiscalização, promoção e organização.

[225] Sob este aspecto, assemelham-se às decisões arbitrais, que são actos de jurisdição privada fundados em contrato (a convenção arbitral).

[226] FERREIRA DE ALMEIDA, "Desmaterialização dos títulos de crédito", cit., p. 30; AMADEU JOSÉ FERREIRA, *Valores mobiliários escriturais*, cit., p. 223, 422. COSTA E SILVA, "Efeitos do registo e valores mobiliários", cit., p. 873, faz a qualificação pela negativa (não são registos públicos).

[227] A excepção decorre da admissibilidade de registo por intermediário financeiro em contas de que o próprio é titular, apenas vedado por lei no caso de registo num único intermediário financeiro (artigo 63.º, n.º 3). Os movimentos em contas próprias deverá contudo ser efectuado com observância das normas sobre conflito de interesses (artigos 309.º, 346.º e 347.º), das quais resulta um regime mais flexível do que o regime comum dos negócios consigo mesmo (cfr. artigo 261.º do Código Civil).

[228] GARCÍA DE DUEÑAS, ob. cit., p. 166, 299. Para HÜFFER, *Aktiengesetz*, cit., p. 315, e WIESNER, *Aktiengesellschaft*, cit. p. 103, a anotação de acções nominativas pela sociedade emitente é um acto jurídico quase-negocial recipendo. As duas últimas qualificações, de duvidosa aplicabilidade ao direito português em relação aos registos pela entidade emitente, não são certamente generalizáveis para os registos por intermediário financeiro.

4. O registo de valores mobiliários como requisito de oponibilidade a terceiros. Natureza declarativa ou natureza constitutiva do registo de valores mobiliários?

Não sendo o registo público, será que confere fé pública?

A doutrina espanhola vem considerando que do registo de valores mobiliários resulta publicidade material mas não publicidade formal [229]. Confunde, a meu ver, publicidade com certos efeitos da publicidade. Os registos de valores mobiliários não são acessíveis ao público e estão geralmente sujeitos a segredo. Não conferem portanto qualquer espécie de publicidade[230].

Mas, não sendo clandestinos e estando sujeitos a uma apertada supervisão, a lei atribui-lhes certos efeitos iguais aos efeitos dos registos públicos de bens. O registo de valores mobiliários é fonte necessária e geralmente suficiente de legitimidade para a transmissão de direitos (artigo 55.º, n.º 1) e, o que afinal é o mesmo, requisito de oponibilidade a terceiros dos factos e das situações jurídicas sujeitas a registo (artigo 64.º do CMVM).

Este princípio, equivalente ao princípio da fé pública, tem duas consequências, uma negativa e outra positiva. Sob o aspecto negativo, significa que ao titular de direitos segundo o registo não são oponíveis direitos adquiridos com fundamento numa pretensa legitimidade material não revelada pelo registo. Sob o aspecto positivo (a chamada aquisição *a non domino*), significa que, para a aquisição de direitos sujeitos a registo, basta a aquisição a quem esteja legitimado pelo registo, desde que o adquirente esteja de boa fé e proceda ao registo (artigo 58.º, com referência ao artigo 55.º, n.º 1).

Com variantes na formulação, o reconhecimento deste princípio e a atribuição destes efeitos ao registo de valores mobiliários é pacífico, pelo menos nos direitos português e espanhol. É este o núcleo comum às teses declarativa e constitutiva, que, nos direitos latinos, resolvem a controversa questão dos efeitos do registo de valores mobiliários escriturais.

Para a tese declarativa, o registo é, e é só, requisito de oponibilidade. Para a tese constitutiva, o registo tem, além destes, outros efeitos nas relações entre as partes e com a entidade emitente.

---

[229] MEJÍAS GOMEZ, ob. cit., p. 477; GARCÍA DE DUEÑAS, ob. cit., p. 83 ss, 302; RAMOS GASCÓN, ob. cit., p. 494. No direito português, AMADEU JOSÉ FERREIRA, *Valores mobiliários escriturais*, cit., p. 224.

[230] Próxima, COSTA E SILVA, "Efeitos do registo e valores mobiliários", cit. p. 863.

Em Espanha, é quase[231] unânime a tese constitutiva. A partir da fórmula do título e do modo, tradicional naquele direito como esquema explicativo da transmissão de direitos reais, considera-se a anotação em conta de valores como o modo de transmissão, integrado num processo que não prescinde do título[232].

Em França, onde o problema se enuncia em termos de saber se o registo transmite ou não a propriedade, há defensores mais ou menos extremados da posição positiva[233] ou negativa[234], mas também de uma tese mista, segundo a qual a resposta é positiva ou negativa conforme os valores estejam ou não cotados em mercado regulamentado[235].

Em Portugal, as opiniões estavam e estão divididas entre a tese constitutiva[236] e a tese declarativa[237]. Também se construíram teses híbridas[238]

---

[231] Referências aos defensores da tese declarativa, podem ver-se em GARCÍA DE DUEÑAS, *Valores mobiliarios anotados en cuenta*, cit., p. 223 s; RAMOS GASCÓN, *Régimen jurídico de los valores*, cit., p. 489, 535 s.

[232] Ver, com formulações diferentes, RECALDE CASTELS, "En torno a la pretendida nominatividad...", cit., p. 392 s; ID., "Los valores negociables", cit.. p. 295 ss; CANO RICO, "Operación o compraventa de valores", cit., p. 542 s; GARCÍA DE DUEÑAS, *Valores mobiliarios anotados en cuenta*, cit., p. 213 ss, 305 ss. Ver ainda outros AA no mesmo sentido cits. nesta ob., p. 223 (60), e em RAMOS GASCÓN, ob. cit., p. 489 s, 534 s.

[233] A favor da eficácia transmissiva do registo, LASSALAS, *L'inscription en compte des valeurs: la notion de propriété scripturale*, cit., p. 205 ss, criticando a tese consensualista (p. 210 ss) e verificando o ressurgimento da distinção entre título de propriedade e modo de aquisição (p. 241 ss). Mais radical é o autor belga DABIN, "La dématérialisation et la circulation scripturale des valeurs mobilières dans le cadre des marchés financiers", cit., p. 312, que, referindo-se ao direito francês, vê a inscrição em conta como condição de validade da cessão de valores.

[234] Le NABASQUE & REYGROBELLET, "L'inscription en compte des valeurs mobilières", cit., p. 262 ss, que, apoiando-se na jurisprudência da *Cassation* e restringindo o âmbito de aplicação da lei de 1993 aplicável aos valores cotados, configuram a inscrição, à semelhança da notificação da cessão de créditos, como requisito de oponibilidade, simples presunção ou aparência de propriedade, que só merece protecção segundo o princípio francês de que posse vale título.

[235] RIPERT & ROBLOT, *Traité de droit commercial*, II, cit., p. 32 s, com base na jurisprudência da *Cassation*, em relação aos valores não cotados, e numa alteração da lei em 1993, em relação aos valores cotados. Esta opinião é reproduzida como sendo a correspondente ao direito francês pelo A. suíço BRUNNER (*Wertrechte*, cit., p. 95 s), embora ele mesmo, face à lacuna do direito suíço, prefira o efeito constitutivo do registo (p. 214 ss).

[236] Na vigência do Código do Mercado de Valores Mobiliários, FERREIRA DE ALMEIDA, "Desmaterialização dos títulos de crédito: valores mobiliários escriturais", cit., p. 34 s; após a vigência do Código dos Valores Mobiliários, COUTINHO DE ABREU, *Das Sociedades*, cit., p. 370; BRANDÃO DA VEIGA, *Transmissão de valores mobiliários*, cit., p. 30, 224. Parece ser também esta a opinião actual de AMADEU JOSÉ FERREIRA, *Títulos de*

e mistas[239]. Continuo convencido de que, no direito português, o registo de valores mobiliários escriturais tem natureza constitutiva.

A demonstração desta asserção exige, antes de mais, que se esclareça o que significa natureza constitutiva[240]. Diz-se que um acto é constitutivo de uma situação jurídica quando esse acto é necessário, ainda que não seja suficiente, para a aquisição dessa situação jurídica e, em consequência, para o exercício das faculdades que lhe são inerentes. Entre inoponibilidade e requisito de eficácia, por um lado, e natureza constitutiva, por outro, não há portanto exclusão ou contradição conceptual. Natureza constitutiva significa o mesmo que opononibilidade absoluta.

O registo será pois constitutivo se for requisito necessário, ainda que não seja requisito suficiente, para a aquisição e o exercício do direito registado ou registável. O registo de direitos absolutos não deixará porém de ser

---

crédito e valores mobiliários, Sumários ..., cit., p. 16, ao escrever que, em sistema centralizado, "a transmissão opera pelo registo na conta do adquirente (art. 80.°/1)".

[237] Na vigência do Código do Mercado de Valores Mobiliários, OLIVEIRA ASCENSÃO, "Valor mobiliário e título de crédito", cit., p. 46; FAZENDA MARTINS, "Direito reais de gozo e garantia sobre valores mobiliários", *Direito dos valores mobiliários*, Lisboa, 1997, p. 99 ss (p. 105, embora atribua eficácia constitutiva ao registo de penhor e de usufruto); COSTA E SILVA, "Compra, venda e troca de valores mobiliários", *Direito dos valores mobiliários*, Lisboa, 1997, p. 243 ss (p. 260), embora, em artigo pouco posterior ("A transmissão de valores mobiliários fora de mercado secundário", cit.), a mesma A. tenha escrito, criticamente (p. 249 s): "se as transmissões sobre valores mobiliários escriturais não forem levadas ao registo, tudo se passa como se a operação não tivesse tido lugar".

[238] Na vigência do Código do Mercado de Valores Mobiliários, AMADEU JOSÉ FERREIRA, *Valores mobiliários escriturais*, cit., p. 334, recusava a "dicotomia declarativo-constitutivo" (p. 334); aproximava-se mais da tese declarativa, quando qualificava o registo como "mera condição de oponibilidade a terceiros", embora se aproximasse mais da tese constitutiva ao reconhecer o registo como "constituinte da legitimidade" e dotado de "eficácia circulatória" (p. 334) e ao afirmar que os valores mobiliários se transmitem, a título oneroso, desde que o negócio jurídico de transmissão entra em conexão com o sistema (p. 422).

[239] Após a vigência do Código dos Valores Mobiliários, ISABEL VIDAL, "Da ir(rele-vância) da forma de representação para efeitos de transmissão de valores mobiliários", cit., p. 307 s, sustenta que o registo só tem carácter constitutivo em relação a operações que se realizem fora de mercado regulado, tomando a posição contrária em relação à transmissão de valores mobiliários em mercado regulamentado.

[240] Seguindo a via propugnada por OLIVEIRA ASCENSÃO, "Valor mobiliário e título de crédito", cit., p. 46: "registo constitutivo é aquele que integra a factispécie aquisitiva dum direito" (exemplo, a hipoteca).

constitutivo se, sem ele, entre as partes, o negócio subjacente produzir efeitos meramente obrigacionais[241].

Concretizando para a presente questão: o registo de valores mobiliários será constitutivo, se, sem ele, o direito a registar, em si e em relação às faculdades que lhe são inerentes, não puder ser invocado nem perante terceiros nem perante a entidade emitente nem sequer entre as partes intervenientes no negócio subjacente.

Ora é isto que resulta claramente da lei em vigor[242]:

O artigo 73°, n.° 1, exprime directamente a qualificação constitutiva: "Os valores mobiliários escriturais constituem-se por registo em contas individualizadas abertas junto das entidades registadoras".

O artigo 80°, n.° 1, contém o preceito material característico da natureza constitutiva do registo: "Os valores mobiliários escriturais transmitem-se pelo registo na conta do adquirente".

O artigo 75° resolve os conflitos de prioridade de direitos em conformidade com a prioridade dos registos e não segundo a ordem dos negócios subjacentes.

Os artigos 55.° e 56.° conferem ao registo as mesmas funções de legitimação (activa) para o exercício de direitos e de legitimação (passiva) para a realização de prestações que conferem aos títulos em papel, cuja natureza constitutiva (dita incorporação) não merecia nem merece dúvidas.

Sem registo, as pessoas indicadas em negócios de subscrição ou de compra como adquirentes de valores mobiliários registáveis não podem exercer nenhuma das faculdades que lhes são inerentes (cfr. artigo 55.°, n.° 3): nem votar, nem receber dividendos, juros ou outros rendimentos, nem exercer direitos de subscrição ou de aquisição. Não podem pois ser qualificadas como titulares desses valores, porque não faz sentido ser titular de um direito vazio de conteúdo.

---

[241] Em relação a direitos absolutos, pode dizer-se que um acto é constitutivo se a sua falta impedir a eficácia *erga omnes* do direito. Mas numa perspectiva mais restritiva pode dizer-se que a natureza constitutiva de uma acto não é prejudicada pela mera eficácia entre as partes. Tal implica afinal a admissibilidade de uma espécie de "propriedade entre as partes", que, no seu pragmatismo, o direito inglês reconhece (*property between the parties*), mas que não é expressão corrente nos direitos romano-germânicos.

[242] Mais claramente ainda do que resultava do Cód. MVM revogado: o artigo 64.° baseava-se na oponibilidade em relação a terceiros, o artigo 65.° era menos claro do que o actual artigo 80.°, n.° 1 e não havia correspondência directa para os actuais artigos 55.°, 56.° e 73.°, n.° 1.

Significa isto que não têm quaisquer direito? Claro que não, porque, por mero efeito do contrato, adquirem o direito ao registo[243] e, perante a outra parte, o direito à sua (eventual e necessária) colaboração para a transmissão da titularidade e o direito à omissão de alienar a outrem e de onerar o direito que foi objecto do contrato. Estes direitos em face da contraparte não são todavia faculdades de um direito absoluto, que ainda não está formado, mas antes direitos de crédito. A compra e venda de valores mobiliários, como outros contratos dirigidos à sua alienação, não são portanto contratos reais *quoad effectum*, mas contratos com efeitos imediatos meramente obrigacionais[244], como sempre foram os contratos do mesmo tipo cujo objecto incidia sobre títulos de crédito em papel, para a transmissão dos quais se exigia e exige a tradição, o endosso ou acto equivalente[245].

Significa isto que o registo é condição suficiente da titularidade? Nem sempre, porque o registo, como adiante melhor se verá, pode vir a ser cancelado com base na falta ou na invalidade do negócio que lhe serviu de base. O registo é *modo* imprescindível de aquisição de valores mobiliários, mas a consolidação definitiva desta pode depender de um *título*, que é o negócio causal subjacente[246].

Não se pode passar adiante sem responder às objecções que alguma doutrina portuguesa tem levantado contra a tese constitutiva.

A primeira objecção jogava e joga com as palavras transferência e transmissão, usadas em ambos os Códigos[247], acentuando a distinção entre transferência entre contas e transmissão de valores[248]. A resposta é fácil: o objecto dos dois conceitos é efectivamente diferente, mas interligado.

---

[243] FERREIRA DE ALMEIDA, "Desmaterialização dos títulos de crédito: valores mobiliários escriturais", cit., p. 34.

[244] COUTINHO DE ABREU, *Das Sociedades*, cit., p. 372; VERA EIRÓ, *A transmissão de valores mobiliários (as acções em especial)*, Themis, 2005 (no prelo). BRANDÃO DA VEIGA, *Transmissão de valores mobiliários*, cit., p. 65,217, observa que o Código dos Valores Mobiliários afasta o princípio consensualista consagrado pelo artigo 789.º, a), do Código Civil.

[245] Só por preconceito consensualista se pode afirmar que, no regime do CSC, os direitos incorporados nas acções, nominativas ou ao portador, se transmitiam por efeito do contrato – COSTA E SILVA, "A transmissão de valores mobiliários fora de mercado secundário", cit., p. 234.

[246] COUTINHO DE ABREU, ob. cit., p. 370.

[247] Cód. MVM, artigo 65.º, n.ºs 1 e 2; Código dos Valores Mobiliários, artigos 71.º e 80.º, n.º 1.

[248] AMADEU JOSÉ FERREIRA, *Valores mobiliários escriturais*, cit., p.253 s; OLIVEIRA ASCENSÃO, "Valor mobiliário e título de crédito", cit., p. 49; ISABEL VIDAL, ob. cit., p. 302.

Conforme resulta da lei, o lançamento a crédito decorrente da transferência é precisamente o facto determinante da transmissão do direito para o adquirente. Não é a transmissão que gera a transferência[249], é a transferência que gera a transmissão[250].

A segunda objecção consiste na alegada contradição entre o valor do registo como meio de presunção e de prova do direito e a sua natureza constitutiva[251]. A resposta também é fácil: embora a eficácia probatória possa existir sem eficácia constitutiva, não há relação alternativa entre um e outro tipo de efeitos. Não é por a escritura pública ser requisito (constitutivo) de forma para certos actos jurídicos que se exclui, ou é supérfluo afirmar, o seu valor probatório, que aliás não é pleno. A justificação do artigo 74.º do Código dos Valores Mobiliários reside precisamente na admissibilidade de prova contra o registo, quando ele reflicta uma titularidade formal sob a qual subjazem relações fiduciárias. Um dos mais relevantes propósitos do preceito incide no exercício de poderes de supervisão, para os quais é permitido observar à transparência os registos e a titularidade sobre valores mobiliários[252].

A terceira e mais repetida objecção provém de dois preceitos do Código dos Valores Mobiliários: o artigo 80.º, n.º 2 ("a compra em mercado regulamentado de valores mobiliários escriturais confere ao comprador, independentemente do registo e a partir da realização da operação, legitimidade para a sua venda nesse mercado") e o artigo 226.º, n.º 1 ("os direitos patrimoniais inerentes aos valores mobiliários vendidos [em bolsa] pertencem ao comprador desde a data da operação"). Alguma doutrina pretende que estes preceitos entram em contradição[253] com a natureza constitutiva do registo afirmada no n.º 1, manifestando por isso perplexidade[254]

---

[249] ISABEL VIDAL, loc. cit.
[250] Muito próximo, LASSALAS, ob. cit., p. 214, referindo-se a *transmission par le virement*.
[251] BRANDÃO DA VEIGA, *Transmissão de valores mobiliários*, cit., p. 137 ss, que ultrapassa todavia o que designa como "problema" sem contestar a natureza constitutiva do registo (cfr. nota 236).
[252] Solução semelhante à do n.º 3 é praticada no direito inglês (identificação do verdadeiro beneficiário pela *Secretary of State for Trade and Industry*; ver PENNINGTON, *Company Law*, cit., p. 423 ss).
[253] OLIVEIRA ASCENSÃO, "O actual conceito de valor mobiliário", *Direito dos valores mobiliários*, III, 2001, p. 37 ss (p. 41 s).
[254] PEREIRA DE ALMEIDA, *Sociedades comerciais*, cit., p. 363.

ou razão para circunscrever a natureza constitutiva ao registo de operações realizadas fora de mercado regulamentado[255].

Não há porém contradição nem dualidade de regimes. O registo é sempre constitutivo. Os preceitos invocados em sentido diferente explicam-se pela dualidade de efeitos que o contrato de compra e venda (e similares) pode produzir no direito português. Sendo geralmente um contrato real *quoad effectum*, nem sempre os efeitos reais são imediatos e nem sempre prescindem de um outro facto jurídico[256]. Ora, quando um contrato de compra e venda tenha por objecto valores mobiliários e títulos de crédito em geral, o seu efeito translativo depende sempre de um outro facto jurídico: a entrega do título, o endosso ou a declaração de transmissão, quando sejam valores mobiliários em papel; o registo, quando sejam valores mobiliários escriturais ou equiparados.

Apesar do princípio geral do artigo 408.° do Código Civil, ninguém consegue, mesmo no direito português, transferir a propriedade por mero efeito do contrato, quando este tenha como objecto valores mobiliários. Por não se terem apercebido disto é que muitos advogados celebram contratos promessa, quando deviam celebrar contratos definitivos meramente obrigacionais em que o vendedor se obriga a transmitir a propriedade no tempo e outras circunstâncias previstas no contrato[257].

É neste quadro que se inserem os dois preceitos do Código dos Valores Mobiliários em análise.

O artigo 226.°, n.° 1, resolve o problema de saber como se repartem entre vendedor e comprador os juros e os dividendos dos valores mobiliários vendidos, definindo critérios para esclarecer quais as obrigações que a tal respeito recaem sobre o vendedor e sobre o comprador[258].

O artigo 80.°, n.° 2, aplicável numa situação em que o comprador ainda não é titular dos bens mas já é credor da transmissão da propriedade, limita-se a conferir legitimidade para alienar, em contrato também obrigacional, valores comprados no mesmo mercado onde o comprador os pretende vender. A venda comercial de coisa alheia é em geral

---

[255] ISABEL VIDAL, loc. cit. na nota 239.
[256] ASSUNÇÃO CRISTAS & MARIANA GOUVEIA, "Transmissão da propriedade de coisas móveis e contrato de compra e venda", *Transmissão da propriedade e contrato*, Coimbra, Almedina, 2001.
[257] VERA EIRÓ, ob. cit.
[258] Sobre este ponto, com referência ainda ao Cód. MVM, FERREIRA DE ALMEIDA, "Direito a dividendos no âmbito de oferta pública de aquisição de acções", cit.

permitida[259] – o que aliás frequentemente se esquece – mas, em relação a valores mobiliários, há razões prudenciais para restringir a *short selling*, que não se justificariam quando o vendedor, não sendo ainda proprietário, já tem o direito a ser proprietário e tal direito é facilmente controlável. Esta faculdade serve, em geral, a liquidez dos mercados e, em particular, atribui ao comprador a disponibilidade que exclui a recusa de uma ordem por parte do intermediário financeiro a quem seja dirigida (artigo 326.º, n.º 2, a).

Do ponto de vista dogmático, não constitui sequer antecipação parcial do direito de propriedade que pudesse ser vista como restrição do efeito constitutivo do registo[260], porquanto se apresenta mais como uma abertura aos limites especiais de venda de valores mobiliários alheios do que como afloramento de eficácia real *solo consensu*.

Os efeitos jurídicos do registo quanto à titularidade de direitos e a sua consequente natureza constitutiva são, a meu ver, comuns a todos os valores mobiliários escriturais e equiparados, sem distinção, para este efeito, entre registos a cargo de intermediário financeiro e registos a cargo da entidade emitente. A natureza constitutiva do registo verifica-se também nas relações entre os interessados na titularidade e a entidade emitente, mesmo que a entidade registadora seja a entidade emitente ou um intermediário financeiro em sua representação. Como para os valores nominativos escriturais não há acto correspondente à declaração de transmissão ou ao endosso, o registo passa a ser o único acto de legitimação. Em consequência, a entidade emitente não pode invocar situações não registadas se tal redundar na afectação efectiva ou potencial de pessoas que não estão em relação subjacente directa com tal entidade. Assim, por exemplo, a entidade emitente não pode, ressalvado o abuso de direito, recusar o voto ou o pagamento de dividendos a pessoa que nos seus registos figure como accionista, mesmo que já tenha conhecimento da celebração de contrato de alienação ainda não levado ao registo.

Compreende-se assim a designação de registos de titularidade que adoptei para os registos individualizados de valores mobiliários e só para estes. A entidade emitente pode ter a seu cargo registos individualizados de titularidade, mas os seus registos de emissão não valem como tal.

---

[259] Esta aproximação é feita também por Diogo Drago, "Actos abstractos e circulação de valores mobiliários", cit., p. 514.

[260] Amadeu José Ferreira, *Títulos de crédito e valores mobiliários*, Sumários ..., cit., p. 16, reporta o artigo 80.º, 2, à legitimidade e não à transmissão.

Mesmo para a primeira inscrição a conta de titularidade é a conta individualizada que transcreve a conta de emissão na parte relevante[261].

5. O registo de titularidade como acto e como texto (documento). Caracterização comparativa dos valores mobiliários escriturais e dos títulos de crédito no direito português.

Nas qualificações anteriores mantive alguma ambiguidade quanto a um aspecto central da natureza do registo de titularidade de valores mobiliários, que pode ser visto e qualificado como acto e como documento. Enquanto acto jurídico, concluí, além do mais, pela sua natureza privada, unilateral e não negocial (*supra*, n.º 3). Mas este, como outros registos, tem também a natureza de documento[262] (ou assento), que é o texto escrito (com forma escrita) que reproduz o conteúdo do acto de registo.

O registo de valores mobiliários é documento, porque é um objecto que reproduz actos e representa direitos (cfr. artigo 362.º do Código Civil). O Código dos Valores Mobiliários reconhece de resto tal natureza, quer na (indirecta) qualificação como documento de todos os valores mobiliários, seja qual for a forma de representação[263], quer na enunciação de um princípio geral de neutralidade dos suportes documentais[264]. A resistência alemã em considerar os documentos electrónicos como verdadeiros documentos[265] é pouco menos do que incompreensível. Por vezes as palavras cristalizam preconceitos.

Sendo documento, merecerá o registo de valores mobiliários a qualificação de título de crédito? É questão sobre a qual já expus as diferentes

---

[261] Cfr. artigos 73.º, n.ºs 2 e 3, 44.º n.º 1, f), 68.º, n.º 1, e nota 91. Ver, a propósito, OLIVEIRA ASCENSÃO, "Valor mobiliário e título de crédito", cit., p. 47, e, com referência ao direito espanhol, artigo 11.º do Real Decreto 116/1992; ZUNZUNEGUI, *Derecho de mercado financiero*, cit., p. 167; TAPIA HERMIDA, *Derecho del mercado de valores*, cit., p. 54.

[262] OLIVEIRA ASCENSÃO, "O actual conceito de valor mobiliário", cit., p. 50.

[263] Artigo 1.º, actual alínea g), nesta parte correspondente ao n.º 2, entretanto revogado. Se "outros documentos representativos de situações jurídicas homogéneas" são valores mobiliários, então todas as espécies de valores mobiliários referidos nas alíneas anteriores são documentos, seja qual for a forma de representação (em papel ou escritural).

[264] Artigos 4.º, 46.º, n.º 1 e n.º 5 do Preâmbulo. Próximo, DIOGO DRAGO, "Actos abstractos e circulação de valores mobiliários", cit., p. 473 ss.

[265] Cfr. *WpHG*, § 2; *WpÜG*, § 2 (2) (*keine Urkunden*) e BGB § 126ª (*elektronisches Dokument*); BGB § 126b (*Urkunde oder andere zur dauerhafte Wiedergabe*).

posições doutrinárias (*supra* III.2) mas em relação à qual ainda não tomei posição face ao direito português vigente.

Embora não haja no direito português nem um conceito legal nem um regime geral dos títulos de crédito, a resposta pode encontrar-se a partir do conceito e do conjunto de características comuns que a doutrina portuguesa, de forma convergente, atribui aos títulos de crédito. Se os valores mobiliários escriturais corresponderam a tais características, pode afoitamente afirmar-se que são títulos de crédito; se não corresponderem, não são títulos de crédito para o direito português[266].

O conceito dominante tem sido e continua a ser o que foi proposto por Cesare Vivante no princípio do século XX: documento necessário para exercer o direito literal e autónomo nele mencionado[267].

As características, formuladas a partir deste conceito e de outra doutrina italiana, com destaque para Ascarelli[268], por sua vez sob influência da doutrina alemã, são as seguintes: incorporação, literalidade e autonomia[269]. Alguns autores referem também a circulabilidade[270]. Vejamos se estas características se adaptam aos registos de titularidade de valores mobiliários, seguindo a ordem do que é menos controverso para o que é mais controverso.

A circulabilidade ou transmissibilidade, isto é, a aptidão para a sua fácil transmissão, sem as peias do direito comum[271], mantém-se em toda

---

[266] A base da demonstração acompanha de perto a que segui em "Desmaterialização dos títulos de crédito: valores mobiliários escriturais", cit., p. 36 ss.

[267] VIVANTE, ob. cit., p. 123. A definição foi, no essencial, adoptada por MÁRIO DE FIGUEIREDO, *Caracteres gerais dos títulos de crédito e seu fundamento jurídico*, Coimbra, 1919, p. 214; CUNHA GONÇALVES, *Da compra e venda no direito comercial português*, cit., p. 255; FERRER CORREIA, *Letra de câmbio*, cit., p. 3; FERNANDO OLAVO, *Títulos de crédito em geral*, cit., p. 12; PEREIRA DE ALMEIDA, *Títulos de crédito*, cit., p. 15. Ver, contudo, crítica da definição de Vivante em DONATI, *Il titolo di credito nella teoria del negozio giuridico*, Napoli, 1999, p. 29.

[268] Em especial, a obra *Teoria geral dos títulos de crédito*, publicada no Brasil em 1943.

[269] MÁRIO DE FIGUEIREDO, ob. cit., p. 23 ss (escrevia "encorporação"), p. 64 ss, p. 93 ss; FERRER CORREIA, ob. cit., p. 9, 38 ss; FERNANDO OLAVO, ob. cit., p. 39; PAIS DE VASCONCELOS, *Títulos de crédito*, cit., p. 5 ss (além da legitimação e da circulabilidade); OLIVEIRA ASCENSÃO, *Títulos de crédito*, cit., p. 4.

[270] Cotada até como a característica principal: PAIS DE VASCONCELOS, *Títulos de crédito*, cit., p. 5, 31 ss; AMADEU JOSÉ FEREIRA, *Títulos de crédito e valores mobiliários*, Sumários ..., cit., p. 4. Em sentido diferente, FERNANDO OLAVO, *Títulos de crédito em geral*, cit., p. 39 s, por não ser "tipológica", embora seja causa das outras características.

[271] PAIS DE VASCONCELOS, ob. cit., p. 5, 28 s, 38.

a sua pujança nos valores mobiliários registados. A chamada "desmaterialização" constitui efeito e meio do aumento da velocidade de circulação dos valores mobiliários. Os registos não circulam como circulavam os papéis[272], mas o que essencialmente importa é a circulação dos direitos.

A literalidade consiste na correspondência exacta entre o conteúdo do direito e o sentido literal do texto do documento.

Ora a literalidade está consagrada em relação aos valores escriturais, como resulta do artigo 74.º, que delimita a existência e a pertença do direito "nos precisos termos dos respectivos registos". Está ainda subjacente na formulação da regra de legitimação activa, que, independentemente da forma de representação, é aferida pela conformidade com o registo ou com o título. O registo de valores mobiliários, como o título em papel, contém todos os elementos descritivos do conteúdo do direito e a identificação do seu titular. São esses elementos – e só esses – que, interpretados literalmente, configuram as situações jurídicas registadas. A circunstância de constarem de um suporte electrónico e não de um rectângulo de papel é irrelevante para a qualificação como documento[273].

A autonomia, quando indicada como característica dos títulos de crédito, tem dois sentidos.

No 1.º sentido, autonomia do titular[274], significa autonomia do direito subjectivo do titular actual em relação a direitos de anteriores titulares, isto é, significa que ao titular do direito, que o tenha adquirido segundo as regras de transmissão do título e que esteja de boa fé, não são oponíveis excepções resultantes de transmissões anteriores.

É o que, em relação a valores mobiliários escriturais, resulta do valor do registo como requisito de oponibilidade de direitos (artigos 55.º e 74.º, n.º 1) e da inoponibilidade perante o titular legitimado pelo registo de excepções não reveladas pelo registo (artigo 58.º). Estes efeitos do registo não sofrem contestação, mesmo por parte de quem lhe atribua apenas eficácia declarativa. Não se poderá, claro, falar em autonomia do direito do portador[275], mas sim em autonomia do direito do titular inscrito. Mas o essencial subsiste: autonomia do direito do titular actual em relação a direitos de titulares precedentes[276].

---

[272] Cfr. *supra* nota 137.
[273] Próximo, DIOGO DRAGO, "Actos abstractos e circulação de valores mobiliários", cit., p. 491 ss.
[274] ASCARELLI, *Teoria geral dos títulos de crédito*, cit., p. 278 ss.
[275] FERNANDO OLAVO, *Títulos de crédito em geral*, cit., p. 30.
[276] Cfr. OLIVEIRA ASCENSÃO, *Títulos de crédito*, cit., p. 29.

No 2.º sentido, autonomia do direito[277] ou do título[278], significa autonomia do direito constante do título em relação à conformação objectiva de negócios jurídicos subjacentes e outros negócios extracartulares[279].

Neste 2.º sentido, a autonomia só é plena para títulos de crédito abstractos. Nos títulos de crédito causais e de massa, como são as acções, as obrigações e outros valores mobiliários, não existe autonomia do direito cartular em relação ao negócio de emissão (no sentido de negócio comum de emissão)[280]. Mas a autonomia do direito revela-se ainda em relação a aspectos como a ininvocabilidade, fora das relações imediatas, de acordos parassociais ou de situações fiduciárias.

Ora não há, também sob este aspecto, nenhuma alteração derivada do modo de representação dos valores mobiliários, aos quais, sejam titulados em papel ou escriturais, se aplica o mesmo regime (cfr. artigos 55.º e 56.º)[281].

Incorporação significa uma relação tal entre o título e o direito que a posse do título é necessária para o exercício do direito ou, dito de outro modo, que o direito mencionado no título (*Recht aus dem Papier*) depende do direito sobre o título (*Recht am Papier*)[282].

Incorporação é uma palavra-síntese que exprime o essencial da clássica definição de *Wertpapier*, proposta por Brunner[283]. Mas, como se tem reconhecido, a incorporação é uma imagem (que provém de Savigny[284])

---

[277] ASCARELLI, loc.cit.
[278] OLIVEIRA ASCENSÃO, loc. cit.
[279] FERNANDO OLAVO, loc. cit.
[280] Ver *infra* V.3.
[281] Favorável à verificação da autonomia em ambos os sentidos, em face do regime do Código dos Valores Mobiliários, DIOGO DRAGO, "Actos abstractos e circulação de valores mobiliários", cit., p. 497 ss.
[282] Por todos, HUECK & CANARIS, *Recht der Wertpapiere*, cit., p. 2; MEYER-CORDING, *Wertpapierrecht*, cit., p. 4.
[283] BRUNNER, *Die Wertpapiere*, Endemanns Handbuch des deutschen Handels-, See-, und Wechselrechts, Bd. II, 1882, p. 147, 177 ss (*apud* MARBURGER, ob. cit., an 1): *Ein Wertpapier ist eine Urkunde, die ein privates Recht in der Weise verbrieft, dass zu dessen Geltendmachung die Innehabung der Urkunde erfordlich ist* (documento no qual está inscrito um direito privado de tal modo que para fazer valer o direito é necessária a posse do documento). Cfr. também a definição do artigo 965 do Código suíço das Obrigações: títulos nos quais um direito está de tal modo incorporado que não é possível fazê-lo valer ou transmiti-lo independentemente do título.
[284] SAVIGNY, *Das Obligationenrecht als Theil des heutigen Römischen Rechts*, vol. 2, Berlin, 1853, p. 99 (*Verkörperung der Obligation*). BOHNET, ob. cit., p. 26, indica mais imagens sugeridas por outros AA: guarda jóias, enlace, órgão, símbolo, veículo, transubstanciação no papel.

explicativa de uma conexão incomum que faz depender a existência de um bem incorpóreo (o direito) da posse de uma coisa corpórea (o papel)[285]. Substancialmente a incorporação exprime não só esta função de legitimação pela posse[286] (legitimação activa) mas também a função de legitimação passiva, que desonera o devedor pelo cumprimento da prestação a quem no título figure como credor[287]. A incorporação desempenha a função de tornar o direito em direito ao título e considerar o próprio título como um bem[288].

Os argumentos contra a aplicabilidade da característica da incorporação aos valores mobiliários escriturais giram à volta do seguinte silogismo. Incorporação pressupõe corpo, posse de uma coisa corpórea, papel. Nos valores apenas registados não há suporte corpóreo, não há posse, logo não há incorporação.

Na verdade é inexacto dizer que nos registos informáticos não há um suporte corpóreo. Bem dizia o Código do Mercado de Valores Mobiliários (artigo 56.º, n.º 1) que os valores mobiliários escriturais são "exclusivamente materializados pela sua inscrição em contas abertas em nome dos respectivos titulares". Quanto a este aspecto, faço *mea culpa* por ter aceite acriticamente o termo desmaterialização[289]. Mesmo sem papel pode continuar a falar-se em incorporação, já não em incorporação no papel mas em incorporação nos registos informáticos.

Mas este ponto não é o mais importante, porque a palavra incorporação não vale mais do que uma imagem sugestiva. O que importa é verificar se, em substância, o regime jurídico correspondente à incorporação se mantém ou se se alterou. Ora a lei vigente não poderia ser mais clara no sentido positivo ao consagrar os princípios e as regras de legitimação activa e de legitimação passiva (artigos 55.º e 56.º), delineados sobre a tra-

---

[285] Cfr. Osório de Castro, *Valores mobiliários*, cit., p. 20.
[286] Garrigues, *Curso de derecho mercantil*, I, cit., p. 608. García de Dueñas, ob. cit., p. 33 s.
[287] Cfr. Pais de Vasconcelos, *Títulos de crédito*, cit., p. 35, e, relacionando a incorporação apenas com a legitimação passiva, Oliveira Ascensão, ob. cit., p. 25 s. A distinção entre legitimação activa e legitimação passiva surge também, por exemplo, em Fernando Olavo, *Títulos de crédito em geral*, cit., p. 19 ss, e Galgano, *Diritto commerciale. L'imprenditore*, 4ª ed., Bologna, 1991, p. 271.
[288] Bochicchio, *Titoli di credito e finanziamento di massa alle imprese tra disciplina dei beni e disciplina dei contratti*, cit., p. 6.
[289] "Desmaterialização dos títulos de crédito: valores mobiliários escriturais", 1993, cit.

dição dos títulos de crédito mas aplicáveis agora tanto a valores mobiliários em papel como a valores mobiliários apenas registados.

Dir-se-á: continua a faltar a posse; em relação a registos de valores mobiliários não há posse do título (do documento) pelo titular. É exacto, mas é indispensável verificar se a posse era um elemento essencial do regime ou apenas um instrumento. É óbvio que era (e continua a ser) apenas um instrumento.

Vejamos como, em 1956, Giuseppe Ferri, um clássico e uma autoridade na matéria, definia incorporação: "conexão de um direito com um documento de modo que o próprio documento seja meio necessário e suficiente para o exercício do direito mencionado no título e um meio técnico de circulação"[290].

Que falta aos valores mobiliários escriturais ou que têm eles a mais ou de diferente para não se ajustarem a este conceito? Absolutamente nada. Para integrar os valores mobiliários escriturais no conceito tradicional de título de crédito, basta substituir título por registo ou considerar que o registo é título (documento).

A função da posse do título foi integralmente substituída pelo registo nos valores mobiliários escriturais, a legitimação pela posse foi substituída por legitimação pela inscrição [291]. Para os valores mobiliários escriturais vigora o princípio "registo vale título", rigorosamente equivalente ao princípio "posse vale título", que vigorava e vigora para os títulos de crédito em papel.

A incorporação, ou se se quiser, a imanência [292], continua a relacionar intimamente o direito com o documento. O registo de valores mobiliários é um documento constitutivo (cfr. *supra* IV.4), como constitutivo é o documento onde, nos títulos de crédito, se inscreve o direito [293]. Isto é o essencial.

---

[290] FERRI, "Sul concetto di titolo di credito", *Banca, borsa e titoli di credito*, 1956, 1ª, p. 322 ss (p. 326).

[291] Assim, RECALDE CASTELS, "La smaterializzazione dei titoli di credito in Spagna", p. 141; CAMACHO CLAVIJO, *La prenda de valores anotados en cuenta*, cit., p. 25. Observações semelhantes foram feitas por AA contrários à qualificação dos valores mobiliários como títulos de crédito.

[292] Cfr. nota 159.

[293] REHFELD, *Wertpapierrecht*, 7ª ed., München, Berlin, 1963, p. 6; FERRER CORREIA, ob. cit., p. 4; OLAVO, *Títulos de crédito em* geral, cit., p. 17; PEREIRA DE ALMEIDA, *Títulos de crédito*, cit., p. 16.

Secundário é que o papel já não seja sempre necessário para o exercício do direito[294], porque nem sempre o documento está vertido num papel, é mais frequente que seja informático. Trata-se de uma simples adaptação decorrente da evolução das formas de escrita. Não só não colide com o regime tradicional como confirma a sua resistência ao tempo. Permite mesmo extrair deste regime todas as suas virtualidades, como bem demonstra a actual flexibilidade do destaque de direito inerentes[295], em contraste com as limitadas possibilidades conferidas pelos tradicionais cupões. A informática assegura a continuidade e liberta a circulação mobiliária das grilhetas impostas pelos limites físicos do papel.

Concluo assim – confirmando como tese a hipótese que formulei em 1993[296] – que os valores mobiliários escriturais ou, com mais precisão, os registos de titularidade de valores mobiliários escriturais, considerados como textos ou documentos, pertencem à categoria mais ampla dos títulos de crédito, para a definição dos quais é indiferente o suporte (em papel ou informático).

Valerá a pena distinguir com nomes diferentes os títulos de crédito conforme o documento onde se inscreve o direito seja escrito em papel ou em base informática?

No direito alemão, partindo da palavra *Wertpapier*, inventou-se a palavra *Wertrecht*, inadequada para a mudança, uma vez que foi o registo informático, não o direito, que substituiu o papel. A expressão própria para a generalização independente do suporte seria antes *Werturkunde* (documento-valor).

No direito francês, há uma velha distinção entre *effets de commerce* e *valeurs mobilières*, que corresponde à distinção, corrente noutros direitos, entre títulos de crédito individuais e títulos de crédito em série ou de massa, consoante sejam infungíveis ou fungíveis. Esta classificação pode ser mantida, mas não resolve a questão terminológica, porque a categoria

---

[294] Como escrevia Julius von GIERKE há 50 anos (*Das Recht des Wertpapiere*, cit., p. 1, 3).

[295] COSTA SANTOS, "Direitos inerentes aos valores mobiliários (em especial, os direitos equiparados a valores mobiliários e o direito ao dividendo)", *Direito dos valores mobiliários*, Lisboa, 1997, p. 55 ss; PAIS DE VASCONCELOS, "Direitos destacáveis – O problema da unidade e pluralidade do direito social como direito subjectivo", *Direito dos valores mobiliários*, I, 1999, p. 167 ss; BRANDÃO DA VEIGA, "Direitos destacados e warrants autónomos", cit.

[296] "Desmaterialização dos títulos de crédito: valores mobiliários escriturais", cit., p. 38.

valor mobiliário não distingue conforme o modo de representação e porque também há títulos de crédito individuais em suporte informático (*lettre de change-relevé*[297], conhecimentos de carga[298]).

Lembrar esta classificação é todavia um bom ensejo para notar como a expressão portuguesa título de crédito (e a expressão italiana homóloga) é inadequada para referir os chamados "títulos de crédito" participativos e representativos de mercadorias, que não representam, ou não representam apenas, direitos de crédito[299]. No âmbito dos valores mobiliários, a expressão títulos de crédito assenta bem às obrigações, mas é imprópria para designar as acções de sociedades anónimas. Mas esta questão não é específica dos valores mobiliários escriturais; já se verificava quando todos os títulos de crédito tinham o papel como suporte.

Tudo visto, a melhor nomenclatura seria *títulos-valor* (que é a designação tradicional espanhola) ou *documentos-valor* (que se poderia construir a partir da designação tradicional alemã). Ambas indicam a ligação íntima do direito ao documento, prescindido de qualquer alusão ao papel sem sugerir um âmbito mais restrito do que o conceito pretende abranger.

6. Os valores mobiliários como títulos de crédito causais e de massa. Características distintivas da estrutura textual dos valores mobiliários escriturais em comparação com outros títulos de crédito.

Prescindindo neste contexto de corrigir a expressão "título de crédito", os valores mobiliários são pois títulos de crédito causais, porque revelam a sua causa no documento por que se constituem. São também títulos de crédito de massa[300], porque emitidos em série, isto é, com repe-

---

[297] JEANTIN, *Droit commercial*, 3ª ed., Paris, 1992, p. 230 ss; SZULMAN, "La LCR magnétique: enfin une véritable lettre d'échange?", *Banque et Droit*, n.º 74, 2000, p. 10 s.

[298] *CMI Rules for Electronic Bills of Lading 1990* (cfr. TODD, "Dematerialisation of Shipping Documents", *Journal of International Banking Law*, 1994, p. 410 ss); Projecto BOLERO (cfr. CHUAH, *Law of international trade*, 2ª ed., London, 2001, p. 171 ss).

[299] Cfr. FERRI, "Sul concetto di titolo di credito", cit., p. 325.

[300] Os títulos de crédito de massa constituíam no sistema tradicional um simples termo de uma classificação, sem efeitos no regime. LIBONATTI, ob. cit., p. 110 ss, e BOCHICCHIO, ob. cit., p. 5, 63 ss, 139, chamam a atenção para que só a moderna regulação sobre valores mobiliários se preocupou verdadeiramente com as consequências que da massificação se deveriam tirar para o regime, isto é, com a tutela dos investidores. Talvez seja por isso que OPPO, "Tramonto dei titoli di credito di massa ed esplosione dei titoli di legitimazione", cit., prevê o ocaso ou mesmo a morte dos títulos de crédito de massa. Contra

tição em cada um dos exemplares da mesma série de um conjunto de elementos identificadores dos direitos neles inscritos. A repetição só não abrange o titular e a quantidade. São por isso fungíveis, embora a fungibilidade plena só se atinja pela eliminação ou indiferença do número de série.

Estas qualificações aplicam-se a todos os valores mobiliários, seja qual for a sua forma de representação. Há todavia diferenças na estrutura textual dos valores mobiliários (títulos de crédito), conforme o respectivo suporte seja o papel ou o documento informático.

Geralmente os títulos de crédito em papel incluem no mesmo documento uma pluralidade de declarações[301] em co-presença textual e subscritas por diversos declarantes: o sacador, o aceitante, o subscritor, os endossantes, os avalistas, nos títulos individuais; o emitente, o transmitente ou o endossante[302], nos títulos de massa. Mas há excepções, por exemplo, a livrança e o cheque não endossados e os títulos ao portador. Essas declarações – a cada das uma quais corresponde um acto cambiário ou cartular com a natureza de negócio jurídico unilateral – são, nos títulos em papel, sempre emitidas e subscritas pelo titular de uma situação passiva (ou por seu representante): o aceitante, o subscritor da livrança, o avalista, o emitente da acção ou da obrigação. Mesmo o sacador, que dá uma ordem, também se compromete perante futuros portadores.

Ora sob este aspecto é parcialmente diferente a estrutura documental dos valores mobiliários escriturais.

Em primeiro lugar, porque é mais limitada a coexistência de declarações no mesmo documento. O registo, que vale como documento representativo do direito, não revela em simultâneo a sucessão de direitos da mesma natureza. Em vez da cumulação no mesmo documento de endossos ou de outras declarações de transmissão, a declaração registral (cartular) revela apenas em directo a titularidade actual, com o respectivo saldo. A reconstituição das transmissões só pode fazer-se geralmente por recurso a arquivos, que podem ser até arquivos de outra entidade registadora.

A coexistência só se verifica em relação a situações jurídicas com objecto diferente, desde que seja compatível a sua subsistência contemporânea (por exemplo, registo da propriedade e registo do penhor). Por isso

---

a inserção nestes da totalidade dos valores mobiliários, LA VILLA, ob. cit., p. 23, e RIGHINI, ob. cit., p. 6.

[301] ASCARELLI, *Teoria geral dos títulos de crédito*, cit., p. 365.
[302] No direito alemão.

se disse que o registo de valores mobiliários é essencialmente um registo de situações jurídicas e não um registo de actos jurídicos.

Em segundo lugar, nos valores mobiliários escriturais, há sempre um só declarante, que é o autor de cada um dos actos de registo e que pode ser, mas, no direito português vigente, geralmente não é, titular da situação passiva inscrita no documento.

Nos valores mobiliários escriturais registados pelo emitente, ou por um seu representante, mantém-se uma certa relação entre quem inscreve e quem se obriga. Mas não é essa a relação de que emerge o acto que o emitente regista. O emitente regista actos de transmissão entre titulares. O emitente e autor do registo é portanto terceiro em relação ao acto registado.

Ora tal já acontecia nos títulos de crédito nominativos em papel. A diferença consiste apenas em o registo ser o único acto que representa a transmissão, sem necessidade de declaração inscrita no título pelo transmitente. Sob este aspecto, os registos do emitente relativos a valores mobiliários escriturais aproximam-se mais do "pertence" e ainda mais do modelo tradicional anglo-saxónico, em que por cada transmissão, por cada novo accionista, o emitente emitia e emite um novo certificado[303].

Mais sensível é a diferença quando, como é regra no direito português, o registador é um intermediário financeiro que não é titular de qualquer situação jurídica passiva inscrita no registo. Não intervindo em representação do emitente ou do seu cliente, o intermediário financeiro é então terceiro[304] não só em relação ao direito que inscreve e ao acto jurídico que lhe está subjacente como também em relação à totalidade das situações jurídicas descritas e inscritas no registo, isto é, no documento que constitui o valor mobiliário e o título de crédito. Por isso, se afirmou genericamente que os actos de registo de valores mobiliários são heterónomos e são desprovidos de natureza negocial.

Estas circunstâncias – sem equivalente sequer nas contas de moeda escritural, em que a conta corrente descreve o passado e o registador é ele mesmo devedor – não afectam a qualificação dos valores mobiliários escriturais como títulos de crédito, porque umas também se verificam nos

---

[303] FARRAR'S *Company Law*, 3ª ed., London, 1991, p. 248; GOWER's *Principles of Modern Company Law*, cit., p. 395; PENNINGTON, *Company Law*, cit., p. 445.

[304] Ver observações semelhantes em GARCÍA DE DUEÑAS, *Valores mobiliarios anotados en cuenta*, cit., p. 252 ss; LASSALAS, *L'inscription en compte des valeurs*, cit., p. 12; LIBONATI, *Titoli di credito e strumenti finanziari*, cit., p. 132.

valores mobiliários titulados em papel e as outras – em especial, a qualidade de terceiro do declarante – não atingem elementos que alguma vez tenham sido considerados como essenciais nos títulos de crédito.

Vejamos se têm influência no regime jurídico dos vícios dos registos de titularidade de valores mobiliários.

V. VÍCIOS DO REGISTO E DE ACTOS SUBJACENTES AO REGISTO DE VALORES MOBILIÁRIOS

1. Vícios dos registos de valores mobiliários; fundamentos; razão de ordem.

Os registos de titularidade de valores mobiliários são actos jurídicos privados unilaterais. Embora sejam actos cartulares, porque se inserem em títulos de crédito, são geralmente actos heterónomos, isto é, actos de terceiro em relação aos respectivos titulares. Não têm portanto natureza negocial.

Tal não obsta a que, quando o regime das suas invalidades e de outros seus vícios não esteja especificado na lei ou não pertença ao regime comum dos títulos de crédito, se procure a solução no regime dos negócios jurídicos, se com estes o acto registral tiver analogia bastante (Código Civil, artigo 295.º). A natureza heterónoma e a similitude de conteúdo apelam também a que se dê, para o efeito, a devida atenção ao regime dos registos públicos da titularidade de bens, sempre que a analogia com estes pareça maior do que a analogia com os actos negociais.

O regime dos vícios dos registos de valores mobiliários reparte-se por três áreas principais: os fundamentos, as soluções (os remédios, os meios processuais) e os efeitos.

Em relação aos fundamentos, não há qualquer resposta directa no Código dos Valores Mobiliários, que dá contudo pistas indirectas e processuais a propósito dos fundamentos de recusa[305]. Mas, além de se perguntar se tais fundamentos são taxativos, pode haver certamente vícios

---

[305] Próximo, BRANDÃO DA VEIGA, *Transmissão de valores mobiliários*, cit., p. 198. Técnica semelhante à do Código dos Valores Mobiliários é utilizada pela *Uncertificated Securities Regulation 2001*, que, na secção 27, contém listas de fundamentos que impõem ou que permitem a recusa do registo pelo operador (intermediário financeiro).

diferentes dos que constituem fundamento de recusa de registo: registos lavrados com incorrecção e registos indevidamente omissos.

À procura do regime substantivo, vou proceder por aproximação analítica, acompanhando (não estas pistas legais mas) o quadro geral dos fundamentos de invalidade dos negócios jurídicos, com distinção entre vícios de forma, vícios de formação e vícios de conteúdo.

2. Vícios de forma. Vícios de formação. Vícios de conteúdo. Omissão e atraso do registo.

Vícios de forma. Os registos de valores mobiliários devem constar de suporte informático (artigo 65.°) e estão sujeitos à forma escrita[306], embora sem necessidade de assinatura[307]. Estes requisitos de forma são indispensáveis para assegurar a certeza, a memória, a conexão e a acessibilidade dos dados registados. A inobservância de qualquer deles – por exemplo, registo em papel, simples depósito de documentos, gravação oral em suporte informático – produz nulidade[308] nos termos gerais (Código Civil, artigo 220.°).

Vícios de formação. Atendendo à natureza heterónoma do acto, não se coloca o problema da incapacidade, mas o problema homólogo da incompetência.

São competentes para os actos de registo em análise: em sistema centralizado, qualquer intermediário financeiro autorizado a exercer tal actividade[309]; fora de sistema centralizado, a entidade emitente (artigo 64.°,

---

[306] Conforme se deduz da sua própria designação (poderia "escritural" não ser escrito?) e de diversos preceitos, designadamente dos que se referem a "inscrição em conta" (por exemplo, artigos 47.°, 50.°, n.° 1, 55.°, n.° 2, 67.°, n.° 1).

[307] A assinatura é mencionada no âmbito de documentos em papel (valores titulados, artigo 97.°, n.° 2, e certificados de valores escriturais, artigo 84.°), mas não no elenco das menções nos registos de valores escriturais (cfr. artigo 68.°, n.° 2, que menciona apenas a data e a referência aos documentos de base como elementos comuns a todas as inscrições).

[308] Ou mesmo inexistência, por se tratar de "forma interna"; cfr. PAIS DE VASCONCELOS, "Superação judicial da invalidade formal no negócio jurídico de direito privado", *Estudos em Homenagem à Professora Doutora Isabel de Magalhães Collaço*, Coimbra, 2002, vol. II, p. 313 ss (p. 318), dando como exemplo falta de forma em letras, livranças e cheques. A inexistência está prevista como vício de registos públicos (cfr. CRP, artigos 14.° e 15.°).

[309] Artigo 61.°, a), com referência aos artigos 293.°, n.° 1, a), 291.° a), 289.°, n.° 1, b).

n.º 1) ou o intermediário financeiro que, actuando ou não em sua representação, por ela tenha sido indicado, em concreto, para proceder ao registo de valores mobiliários pertencentes a uma mesma categoria[310].
A incompetência é fundamento de recusa do registo (artigo 77.º, n.º 1, b). Se, apesar disso, tiver sido efectuado, o registo é nulo[311] por força do artigo 294.º do Código Civil. A homologia com a capacidade não atrai o respectivo regime de anulabilidade, porque estas regras não são estabelecidas no interesse da entidade registadora mas para protecção do interesse geral na habilitação da entidade registadora e no controlo dos valores emitidos. Por isto mesmo, não se encontra na lei solução diferente da nulidade (cfr. 2ª parte do citado artigo 294.º) que é a sanção mais radical, mas também a mais apropriada quando se ofende o interesse geral.

Os actos de registo de valores mobiliários são necessariamente praticados por representantes (orgânicos ou voluntários) em consequência de as entidades registadoras serem pessoas jurídicas e, por isso, desprovidas de capacidade de exercício. Dificilmente se colocam porém problemas de falta ou de abuso de poderes de representação, uma vez que os registos não identificam a pessoa física que os realiza e que os requisitos de proficiência organizacional e profissional[312] fazem presumir a suficiência de poderes. Todos os registos são portanto imputáveis em princípio à pessoa jurídica que os controla e em nome de quem são efectuados, sem possibilidade de invocação de qualquer questão de ilegitimidade.

O limite estará apenas na falsificação, v. g., por intromissão de um estranho no sistema informático, caso em que o registo é falso e, em consequência, inexistente, por ser, em absoluto, ineficaz[313].

---

[310] Artigos 61.º, b) e c), 2ª parte, 63.º, 64.º, n.º 2, e 45.º.

[311] Ou mesmo inexistente, se se aplicar por analogia o artigo 14.º do Código do Registo Predial.

[312] Cfr. artigos 304.º, n.º 2, 305.º e 316.º, assim como Regulamento da CMVM n.º 12/2000, cujo artigo 16.º sujeita a registo individual na CMVM o responsável pelo controlo da actividade de registo e depósito de valores mobiliários.

[313] Assim resulta da aplicação de um princípio geral que aflora em preceitos inseridos em diplomas legais tão diferentes como o artigo 7.º da LULL (ineficácia de assinatura falsa ou fictícia), o artigo 246.º do Código Civil (falta de consciência da declaração, no caso, por parte da pessoa a quem se imputa a declaração falsificada), artigo 372.º do mesmo Código (ilisão da força probatória de documentos autênticos e, por identidade de razão, de documentos particulares como é o registo de valores mobiliários) e o artigo 16.º, a), do CRP (inexistência do registo falso). No mesmo sentido, AMADEU JOSÉ FEREIRA, *Valores mobiliários escriturais*, cit., p. 214 s.

O registo de valores mobiliários pode estar viciado por erro, como a lei indirectamente reconhece ao prever a sua rectificação (artigo 79.°, n.° 1 e 2). Só está naturalmente em causa o erro na declaração, porquanto os motivos de quem regista – terceiro em relação à titularidade que regista – são para o efeito irrelevantes. São todavia outros, em relação ao regime do Código Civil, os requisitos para a sua verificação e para a sua relevância.

Quanto ao primeiro aspecto, a realidade atendível para que haja divergência está circunscrita ao contexto, considerando como tal não só o restante texto do registo como os documentos em que se baseia e os restantes registos a cargo da mesmo registador. Outras eventuais divergências provenientes de negócios e de situações jurídicas subjacentes estão excluídas em consequência da autonomia cartular do registo enquanto título de crédito. Quanto aos requisitos de relevância, o erro não tem de ser essencial e ainda menos recognoscível, porque o sistema pretende a plenitude do rigor na conformidade objectiva de cada um dos registos com os documentos de suporte e na coerência entre todos os registos respeitantes a valores mobiliários pertencentes à mesma categoria.

Tudo isto se deduz de ser a rectificação o tipo de remédio que a lei estabelece para este conjunto de circunstâncias. Por isso mesmo, inexactidão[314] (não nulidade nem anulabilidade) parece ser a qualificação que melhor corresponde ao perfil deste vício sanável por rectificação.

Este modelo aproxima-se pois muito, tanto na previsão como na estatuição, da figura do erro de cálculo ou de escrita regulado pelo artigo 250.° do Código Civil, que tem mais afinidades com o instituto da interpretação do que com o instituto do erro. Mas a característica da literalidade do registo impede a total equiparação das duas figuras, designadamente o enquadramento no instituto da interpretação deste erro no registo de valores mobiliários. A rectificação do erro de cálculo ou de escrita previsto no Código Civil é uma rectificação do sentido que opera mesmo sem alteração do texto. A rectificação de sentido no Código dos Valores Mobiliários só opera em conformidade com a correspondente alteração textual[315].

Quanto à coacção sobre o declarante, não tem efeitos próprios neste domínio, porque não está em causa a protecção do seu interesse. Também não se configura simulação, porque o registo é uma declaração unilateral

---

[314] Cfr. CRP, artigos 18.° e 120.° ss, e *Ley del Mercado de Valores* espanhola, artigo 7.°, VI.

[315] Ver conclusão semelhante, formulada no âmbito do registo no livro de acções nominativas em papel, em OSÓRIO DE CASTRO, *Valores mobiliários*, cit., p. 18.

não recipienda, que não dispõe de um declaratário com quem se pudesse realizar um acordo simulatório. Situações de facto que se assemelhem a estas deverão ser pois resolvidas no âmbito do erro ou dos vícios objectivos de conteúdo.

Vícios de conteúdo. Objecto do registo só podem ser actos e situações jurídicas sujeitas a registo. Outras realidades jurídicas devem ser recusadas (artigo 77.°, n.° 1, a). Qualquer registo que as inclua é nulo, por inidoneidade do objecto (cfr. artigo 280.° do Código Civil)[316].

O registo deve incluir o conjunto das menções prescritas no artigo 68.°. São elementos comuns a todos os registos de titularidade:

– a descrição do valor mobiliário a que respeita, através da indicação das suas características completas e da identificação do emitente (artigo 44.°, n.° 1, a) e b), por força do artigo 68.°, n.° 1, proémio); a descrição inicial pode ser afectada pelo destaque de direito inerente, que deve por isso constar também do registo (artigo 68.°, n.° 1, f);

– a identificação do titular, a menção da natureza do direito e da sua quantidade, indicada através do saldo entre lançamentos a crédito e a débito (artigo 68.°, n.° 1, b) e c); por defeito, o direito será de titularidade plena (ou propriedade), se não for usufruto, penhor, arresto, penhora ou outra situação jurídica que onere os valores, incluindo o bloqueio (artigo 68.°, n.° 1, g) e h);

– a data da inscrição e a referência abreviada aos documentos que lhe serviram de base (artigo 68.°, n.° 2).

A lei não diz expressamente qual é o efeito da omissão destes elementos, isto é, da omissão parcial do conteúdo do registo. A solução deve ser encontrada por aplicação analógica das correspondentes regras aplicáveis aos negócios jurídicos e a outros títulos de crédito, designadamente os artigos 1.° e 2.° da LULL e da LUC [317].

Na medida em que redunde na indeterminação do objecto (omissão da descrição do valor mobiliário, da identificação do titular ou da quanti-

---

[316] No mesmo sentido, BRANDÃO DA VEIGA, *Transmissão de valores mobiliários*, cit., p. 198.

[317] Cfr. também o artigo 16.° CRP que, entre as causas de nulidade do registo, inclui (alínea c) "omissões ou inexactidões de que resulte incerteza acerca dos sujeitos ou do objecto da relação jurídica a que o facto registado se refere".

dade[318]), deve entender-se que o registo é nulo, por força do artigo 280.°, n.° 1, do Código Civil.

A falta da data de inscrição e da referência aos documentos, sendo suprível pelo contexto, constituirá mera irregularidade passível de rectificação e de sanção contraordenacional (artigo 392.°, n.° 1, d), e n.° 5). A omissão de registo de outros factos e de outras referências (atribuição e pagamento de dividendos, juros e outros rendimentos, subscrição e aquisição de outros valores, acções judiciais – artigo 68.°, n.° 1, d), e, i) e j) determinará, além da sanção contraordenacional, a inoponibilidade do facto não registado (artigos 55.° e 58.°).

Além da insuficiência textual do registo, pode este ser lavrado em violação de outras regras legais. Deixando para depois eventuais ilegalidades do acto subjacente ao registo, defronta-se agora a questão de saber quais são os efeitos da violação pela entidade registadora de preceitos legais relativos ao próprio processo registral. O artigo 77.° manda recusar o registo por falta de legitimidade do requerente (alínea a) e por manifesta inadequação dos documentos (alínea e). Parece poder daí concluir-se que é nulo o registo efectuado em violação das regras de legitimidade (processual, artigo 66.°, n.° 2), incluindo registos lavrados oficiosamente quando não se verifiquem os respectivos requisitos (artigo 66.°, n.° 1)[319], e das regras elementares de instrução.

E outras ilegalidades, designadamente a violação dos princípios da prioridade (artigo 69.°) e da sucessão de registos (artigo 70.°)? Uma vez que o artigo 77.° não lhes faz referência como fundamento de recusa, pergunta-se a um tempo: O elenco deste preceito é taxativo[320]? Vigora no sistema português de registo de valores mobiliários a plenitude do princípio da legalidade?

A inobservância do princípio da prioridade não consta nem deveria constar entre os fundamentos de recusa, porque se aplica a registos efectuados, não dependendo a sua observância dos termos do pedido de registo, mas, antes e apenas, do cumprimento de regras legais pelo registador. A violação destas, isto é, a aposição de uma data ou de ordem dos registos em desconformidade com as regras legais, não pode deixar de

---

[318] A natureza do direito é determinável por defeito em favor da titularidade plena, como se disse.

[319] Cfr. também CRP, artigo 16.°, e), 1ª parte.

[320] Neste sentido, BRANDÃO DA VEIGA, Transmissão de valores mobiliários, cit., p. 198.

gerar nulidade do registo, por força do artigo 294.º do Código Civil. Uma solução mais branda perturbaria a confiança na base em que assentam alguns dos principais objectivos do sistema: a legitimação do titular inscrito e a oponibilidade do direito em conformidade com o registo.

A regra da sucessão de registos ou do trato sucessivo funciona, para os valores mobiliários escriturais, como equivalente da sucessão regular de posses, de endossos e de outras declarações de transmissão vigentes para os título de crédito em papel. A sua violação põe em causa não só a base da legitimação como o controlo da quantidade de valores em circulação. A transmissão a descoberto é o maior risco da "desmaterialização". A inobservância de tais regras pela entidade registadora, agindo ou não a pedido do pretenso titular, constitui óbvio fundamento de nulidade, nos termos do citado artigo 294.º[321]. Pode dizer-se, sem forçar, que se inclui entre os fundamentos de recusa de registo como ilegitimidade, desde que se confira a este termo um duplo alcance processual e substantivo, na maior parte das vezes coincidente no resultado.

Não parece pois necessário alargar o elenco dos fundamentos de recusa do registos enunciados no artigo 77.º (lembro novamente que os fundamentos de invalidade do registo não têm de coincidir com os fundamentos da sua recusa).

Quanto à presença de um princípio da legalidade, que estaria implícito no sistema de registo de valores mobiliários e que haveria de ser observado pela entidade registadora, é necessário distinguir entre legalidade dos actos subjacentes ao registo (cfr. *infra* n.º 3) e legalidade do acto e do processo de registo.

Em relação a estes, o guia é o artigo 294.º do Código Civil que, devidamente interpretado com o elemento teleológico, só determina a nulidade quando seja esta a sanção necessária para alcançar os objectivos e preservar o âmbito de protecção da norma violada. Nas restantes hipóteses bastará a aplicação de outra sanção prevista na lei [322].

Omissão e demora. Os vícios de registo anteriormente referidos são vícios do acto do registo efectivamente lavrado que se reflectem no documento (assento). Mas os vícios do registo (enquanto acto decisório) podem também ser negativos, por o registo ser totalmente omisso ou tardio.

---

[321] Cfr. também CRP, artigo 16.º, e), 2ª parte.

[322] Parecem-me pois excessivas algumas das conclusões tiradas a propósito por BRANDÃO DA VEIGA, *Transmissão de valores mobiliários*, cit., p. 198 s, designadamente quanto à nulidade de registos efectuados com dúvidas sobre os "pressupostos" e "elementos acidentais".

A omissão de registo tanto pode ser consequência da recusa do pedido de registo como consistir numa omissão voluntária ou involuntária. Em qualquer caso, a omissão é ilícita se o registo houvesse de ser lavrado, como ilícito é o retardamento do registo[323].

3. Repercussão no registo da invalidade de negócios subjacentes.

A questão que se segue é a de saber se, além dos vícios próprios do acto e do processo de registo, haverá outros *vícios (em negócios ou actos subjacentes)* que se comuniquem ao acto de registo ou que de algum modo nele se repercutam.

Os negócios e outros actos subjacentes aos valores mobiliários, enquanto direitos representados por documentos, são de duas naturezas: negócios e actos de emissão; negócios de constituição e de transmissão de direitos[324].

O negócio de emissão (entendido como negócio comum de emissão) é único para o conjunto homogéneo de direitos a que respeita[325]. É objecto de registo próprio, o registo de emissão, que está a cargo da entidade emitente e é transcrito em cada um dos registos de titularidade na parte relativa à descrição dos valores mobiliários que formam o seu objecto. É esta característica do negócio (comum) de emissão dos valores mobiliários que confere a estes a natureza de títulos de crédito de massa ou em série.

A emissão singular é o acto constitutivo de cada um dos exemplares de valor mobiliário. Realiza-se através da entrega do título pela entidade emitente ao primeiro titular ou da primeira inscrição em registo de titularidade, por transcrição dos elementos relevantes do registo de emissão

---

[323] Cfr. artigos 87.º e 94.º, ambos com referência à omissão e demora na realização dos registos como fundamento da responsabilidade civil das entidades registadoras. No direito espanhol, ver artigo 7.º, VI, da *Ley del Mercado de Valores* e artigo 27.º, n.º 1, do Real Decreto espanhol 116/1992, ambos os preceitos com referência à falta, inexactidão e atraso do registo.

[324] Esta terminologia é inspirada naquela que foi adoptada por ASCARELLI, *Teoria geral dos títulos de crédito*, cit., p. 319, 354), com a diferença de que este A. preferia falar em negócio de criação (por ser adepto desta teoria em alternativa à teoria da emissão) e não se referia a negócios de constituição de direito menores. Na literatura portuguesa, ver PEREIRA DE ALMEIDA, *Títulos de crédito*, cit., p. 67, 73; OLIVEIRA ASCENSÃO, *Títulos de crédito*, cit., p. 48, 54 (negócio de transmissão)

[325] Cfr. nota 89.

(artigo 73.º, n.º 2). Sendo um acto devido e sem novidade estrutural, não tem natureza negocial.

Os negócios de constituição, *hoc sensu*, reportam-se portanto apenas a direitos singulares e menores de gozo, de aquisição ou de garantia, incidentes sobre valores mobiliários ou deles destacados. Os negócios de transmissão referem-se às sucessivas transmissões da titularidade plena[326] ou limitada de direitos sobre valores mobiliários. Os negócios de transmissão e os negócios de constituição conferem direitos individuais (singulares) e estão directamente subjacentes a cada um dos actos de registo de titularidade. O negócio de emissão comum relaciona-se só indirectamente com os registos de titularidade, mas está subjacente a todos eles.

O negócio de emissão de valores mobiliários é sempre um negócio causal, como é normal em negócios subjacentes a títulos de crédito, sejam eles causais ou abstractos. Diferentemente, no direito português, todos os negócios de transmissão e uma parte dos negócios de constituição[327] tanto podem ser causais como abstractos. É o que resulta do artigo 67.º, que admite como base documental do registo quer o documento bastante para a prova do facto a registar quer uma simples ordem escrita do disponente, que pode ser omissa quanto à causa da transmissão ou da constituição do direito menor a registar[328].

Vejamos então se a invalidade dos negócios e actos subjacentes a valores mobiliários influencia a validade ou a eficácia dos respectivos registos.

Em relação a *vícios* nos negócios singulares de transmissão e de constituição, a lei fornece um indicador importante: se a sua nulidade for manifesta, o registo deve ser recusado (artigo 77.º, n.º 1, d). É razoável concluir, na linha de conclusões anteriores paralelas, que o registo efectuado em desconformidade com esta prescrição é ele próprio nulo[329].

---

[326] Entenda-se esta plenitude em função do conjunto de faculdades de que o valor mobiliário em concreto se compõe e que podem ser também limitadas (por exemplo, *warrants* autónomos ou valores mobiliários constituídos por destaque de outros valores mobiliários).

[327] É duvidoso que a ordem para a constituição de penhor possa ser abstracta, atendendo ao conjunto de elementos que deve indicar.

[328] Já assim era, no Cód. MVM, para os negócios de transmissão, embora o preceito aplicável falasse em "declaração de venda" (artigo 65.º, n.º 3). Cfr. FERREIRA DE ALMEIDA, "Desmaterialização dos títulos de crédito", cit., p. 33, nota 20.

[329] Repare-se todavia que este fundamento não é referido por BRANDÃO DA VEIGA, loc. cit., nem consta no elenco dos fundamentos de nulidade do registo indicados no artigo 16.º do CRP.

Mas parece possível ir mais longe nas inferências, numa matéria em que, apesar da sua antiguidade, a teoria e o regime dos títulos de crédito pouco ajudam[330].

Observa-se, por um lado, que não resulta da lei uma imunidade total da invalidade do registo em relação à invalidade do negócio subjacente. A autonomia do direito do titular emergente do registos de valores mobiliários não é portanto absoluta.

Verifica-se, por outro lado, que a comunicabilidade directa de vícios tem dois limites: primeiro, só abrange a nulidade (não a anulabilidade, a ineficácia *stricto sensu*); segundo, em relação à nulidade, só abrange os casos em que ela seja manifesta, isto é, aparente pela análise do contexto, incluindo neste os documentos de suporte e outros registos acessíveis ao intermediário financeiro ou à entidade emitente a quem compete o registo, mas excluindo outros elementos que exigissem instrução complementar.

Mais circunscrita ainda, senão excluída, é a possibilidade de repercussão na invalidade do registo da invalidade de ordens abstractas, uma vez que está afastada a indagação sobre a eventual invalidade do negócio causal, directamente subjacente em relação à ordem e subjacente ao registo apenas em 2.º grau.

Tal não impede porém que, por outra via, as nulidades não manifestas e outras invalidades do negócio transmissivo ou constituivo subjacente ao registo se venham a reflectir indirectamente nos registos de titularidade. A autonomia do direito do titular significa apenas a restrição de efeitos – inoponibilidade de excepções – de eventuais vícios do negócio subjacente; não apaga por completo as consequências previstas pela ordem jurídica em relação a pessoas não abrangidas pela inoponibilidade. Se a transmissão de valores mobiliários exige um título (o negócio subjacente) e um modo (o registo), a verificação da invalidade do título não pode deixar de se reflectir na subsistência do registo, que é simultaneamente modo constituinte de transmissão e meio de revelação da situação jurídica registada.

---

[330] A doutrina tem limitado a sua análise aos vícios geradores de anulabilidade (erro, dolo, coacção, incapacidade), pronunciando-se maioritariamente, salvo em relação à incapacidade, no sentido da sua inoponibilidade aos titulares de boa fé de direitos incorporados em títulos de crédito (ver, em diversos direitos, ASCARELLI, *Teoria geral dos títulos de crédito*, cit., p. 321 s; FERRER CORREIA, *Letra de câmbio*, cit., p. 43 s; JEANTIN, *Droit commercial*, cit., p. 163 ss, FERRI, *Diritto commerciale*, por Angelici & GBFerri, 9ª ed., cit., p. 496).

Só assim se compreende que a lei preveja o registo de acções judiciais relativas não só ao registo de valores mobiliários como relativas aos "valores mobiliários registados" (artigo 68.º, n.º 1, i), o que não pode deixar de incluir acções em que se discuta a validade da transmissão ou da constituição de direitos sobre valores mobiliários (cfr. *infra* n.º 5). A nulidade do registo não é pois o único fundamento para o seu cancelamento.

Em relação aos eventuais vícios nos actos de emissão, deve distinguir-se entre a emissão singular do valor e a emissão comum da série.

O acto de emissão singular consta do registo de primeira titularidade. Não se vê pois razão para não lhe aplicar, *mutatis mutandis*, o regime das invalidades dos registos de transmissão de direitos[331]. Se, apesar de improvável, a nulidade do acto for manifesta, o registo será também nulo.

A emissão comum de valores mobiliários é um processo complexo, que se desenvolve segundo uma sequência de actos encadeados, entre os quais sobressaem a deliberação da emissão, a subscrição e o registo da emissão. Não é possível proceder à análise separada de cada um destes actos para avaliar a eventual repercussão dos seus vícios na invalidade ou ineficácia dos registos singulares de titularidade. Os elementos legais e os contributos doutrinários são parcos, indirectos e dispersos. Neste exercício, quase sem rede, limitar-me-ei pois a considerações introdutórias e genéricas.

A emissão de valores mobiliários consta de registo próprio, peça fundamental do sistema de registos pela qual e com a qual se pauta a qualidade e a quantidade dos valores emitidos. A qualidade há-de estar repetida em todos os registos de titularidade e de controlo respeitantes à mesma emissão. A quantidade total tem de ser igual ao somatório das parcelas constantes dos registos conexos. Não pode haver pois alterações de qualidade e de quantidade nos registos de titularidade que não correspondam aos registos de emissão, logicamente e cronologicamente prévios em relação àqueles.

Tanto basta para concluir que nenhum vício do processo de emissão pode ter repercussão directa nos registos de titularidade, sem antes passar por alterações ao registo de emissão. A validade dos registos de titularidade não é portanto afectada pela invalidade do negócio de emissão. Pelo

---

[331] Na linha da doutrina que, para os títulos de crédito individuais, tendia a equiparar a relevância ou irrelevância dos vícios em negócios de emissão e de transmissão (cfr. Ascarelli, ob. cit., p. 354; Pereira de Almeida ob. cit., p. 73).

contrário, nulo seria o registo de titularidade que fosse desconforme com o registo de emissão.

Estarão então os registos de titularidade imunes em relação a eventuais vícios do processo de emissão? A resposta deve ser negativa.

O Código dos Valores Mobiliários dá um exemplo, isolado mas significativo. Segundo o artigo 26.º, "a anulação de uma deliberação de aumento de capital social de uma sociedade aberta determina a amortização das novas acções, se estas tiverem sido objecto de admissão à negociação em mercado regulamentado". Ora a amortização implica a extinção das acções amortizadas[332] e, em consequência, a extinção dos valores mobiliários correspondentes, que, por sua vez, implica a alteração ou mesmo o cancelamento do registo da emissão. Só depois se poderá, e deverá, proceder ao cancelamento de cada um dos registos de titularidade, não por ser inválido o acto de registo em si, mas pela repercussão indirecta da invalidade na impossibilidade superveniente do objecto registado. A eficácia dos registos subsistirá de resto para o efeito de titulação e de prova dos direitos de crédito (valor da participação, restituição da entrada, indemnização) sucedâneos dos direitos sociais extintos.

No caso, todo este processo está facilitado pela providência do artigo 25.º, que coloca as acções provenientes do aumento de capital de sociedades abertas em situação de segregação ou autonomia temporária em relação à categoria a que pertencem as acções com as mesmas características que foram anteriormente emitidas. Nada impede em teoria que o princípio se aplique, na medida do possível, a outras hipóteses em que, por decisão judicial, seja anulado ou declarado nulo algum dos actos componentes do processo de emissão[333]. Nos valores mobiliários, como noutros títulos de crédito causais, a autonomia do direito cartular é apenas relativa e não impeditiva de reflexos ou efeitos indirectos decorrentes de perturbações verificadas na fonte extra-cartular.

---

[332] Cfr. artigo 26.º, n.º 2, e CSC, artigos 346.º e 347, e Código dos Valores Mobiliários (mesmo que não haja redução do capital, o conteúdo dos direitos passa ser diferente do que era antes da amortização).

[333] Por exemplo, na emissão de obrigações, de *warrants* autónomos, de valores mobiliários formados pelo destaque de direitos inerentes que abranja toda a emissão e até na constituição da sociedade. Neste último caso, porém, a probabilidade é menor, atendendo às restrições legais à declaração de nulidade após o registo comercial (CSC, artigo 42.º) e à natureza do efeito (exoneração) prescrito para vícios a que normalmente corresponderia anulabilidade (CSC, artigos 45.º e 48.º). Cfr., a propósito, ASCARELLI, ob. cit., p. 190, sustentando que os vícios do contrato social, mas não as suas modificações, são oponíveis aos accionistas, ainda que estes não estivessem cientes de tais vícios.

4. Meios processuais.

A lei prevê dois meios processuais especiais para expurgar os vícios dos registos de valores mobiliários: a rectificação e a impugnação.

Pela rectificação pretende-se a correcção de registos inexactos. Providências similares estão reguladas nas leis espanhola[334], inglesa[335] e alemã, esta com referência restrita aos registos de acções nominativas[336]. No direito português, a competência para a rectificação pertence à entidade registadora. A iniciativa pode ser oficiosa ou pertencer a qualquer interessado (artigo 79.º, n.º 1)[337].

A impugnação é um meio processual mais amplo que – embora a lei no seu laconismo o não diga com clareza – abrange pretensões diversas:

– o cancelamento ou a alteração de registos nulos (impugnação do registo),

– a efectivação de registos omissos, que deveriam ter sido lavrados, mas foram indevidamente recusados (impugnação da recusa de registo) e ainda

– a rectificação de registos que não tenham sido rectificados ou que, no entender do autor da acção, não tenham sido devidamente rectificados (impugnação da decisão sobre rectificação)[338].

---

[334] Artigo 23.º do Real Decreto 116/1992: a rectificação só pode ser feita pela própria entidade registadora em relação a erros puramente materiais ou aritméticos; a rectificação de outros erros depende de decisão judicial.

[335] *Uncertificated Securities Regulation 2001*, sec. 25: a rectificação pode ser realizada em conjunto pelo emitente e pelo operador (intermediário financeiro) ou por ordem judicial. Para as *certificated securities*, a doutrina oscila, na falta de lei expressa, entre a admissibilidade de rectificação pelo emitente, se houver acordo dos interessados (*GOWER's Principles of Modern Company Law*, cit., p. 386) ou se o erro for indubitável (PENNINGTON, *Company Law*, cit., p. 394 s) e a necessidade de intervenção judicial (*FARRAR's Company Law*, cit., p. 245 s).

[336] O § 67 (3) da *Aktiengesetz* admite o cancelamento do registo pelo emitente, se não houver oposição dos interessados; a doutrina admite a rectificação oficiosa de erros de escrita manifestos (HÜFFER, *Aktiengesetz*, cit., p. 307; WIESNER, *Aktiengesellschaft*, cit., p. 106 s).

[337] O sistema de rectificação previsto pelos artigos 120.º ss do CRP pode aplicar-se, por analogia, à rectificação de registos de valores mobiliários, mas flexibilizando os procedimentos.

[338] À semelhança do recurso da decisão do conservador, previsto pelo artigo 131.º ss do CRP.

A impugnação é uma acção judicial de anulação da decisão registral que corre perante os tribunais comuns (artigo 79.º, n.º 3)[339]. No silêncio da lei, deve entender-se que se lhe aplicam as regras gerais da legitimidade processual. Este meio específico não tem correspondência directa noutros direitos, mas não está naturalmente excluído o recurso a acções judiciais comuns[340].

Como já ficou dito, a acção de impugnação não preclude no direito português o uso da acção declarativa comum para a resolução de litígios que não caibam no âmbito próprio da acção de impugnação, designadamente para anulação ou declaração de nulidade de actos subjacentes aos registos de titularidade ou de emissão.

5. Efeitos reais e efeitos obrigacionais da nulidade e da rectificação de registos de titularidade e da invalidade de negócios subjacentes.

As sentenças judiciais procedentes relativas a valores mobiliários registados ou a registar e a decisão de rectificação do registo proferida pela entidade registadora produzem efeitos de natureza diversa que, no essencial, se podem qualificar como efeitos reais e efeitos obrigacionais.

Efeitos reais. Se a sentença disser respeito a acto subjacente a toda a emissão, afectando a sua validade ou a configuração do seu conteúdo, o registo de emissão deve ser modificado em conformidade. No limite, deverá ser cancelado, por força da extinção superveniente daquela categoria de valores mobiliários. Em consequência, extinguem-se todos os valo-

---

[339] A impugnação pode ser precedida de reclamação para a entidade registadora (cfr. artigo n.º 69.º, 6.º) ou para a CMVM, no âmbito dos seus poderes de supervisão (cfr. designadamente os artigos 358.º, a), b), e), 360.º, n.º 1, a), b), f), mas tais actos não suspendem nem interrompem o prazo de impugnação, que se conta a partir do conhecimento pelo impugnante do acto impugnado (artigo 79.º, n.º 3). Cfr. a propósito AMADEU JOSÉ FERREIRA, *Direito dos valores mobiliários*, cit., p. 202. No UCC, § 8-403, prevê-se uma fórmula preventiva de reclamação (*demand that issuer not register transfer*).

[340] O artigo 63.º, n.º 2, f) do Cód. MVM previa várias acções judiciais registáveis nas contas de valores mobiliários: declaração de nulidade do registo, impugnação da recusa de registo e reconhecimento ou extinção de situações jurídicas relativas a valores mobiliários. O processo declarativo comum era o meio adequado para todas elas (FERREIRA DE ALMEIDA, "Desmaterialização dos títulos de crédito", cit., p. 31; AMADEU JOSÉ FERREIRA, *Direito dos valores mobiliários*, p. 202 s; OLIVEIRA ASCENSÃO, "Valor mobiliário e título de crédito", cit. p. 42 ss).

res mobiliários incluídos naquela emissão e devem ser cancelados todos os registos de titularidade que os tivessem como objecto.

Se a sentença ou a rectificação pela entidade registadora disserem respeito a um registo de titularidade, só esse registo deve ser modificado em conformidade, com as consequentes criação, extinção ou modificação do direito subjectivo inscrito, conforme a decisão respeite à omissão, à nulidade ou à rectificação do registo.

A sentença judicial que diga respeito a algum negócio subjacente a um determinado registo de titularidade pode reconhecer, declarar a nulidade, anular ou modificar um direito subjectivo relativo a valores mobiliários registados. Deve então em consequência, o respectivo registo ser lavrado, cancelado[341] ou rectificado.

Em qualquer das hipóteses de alteração do registo de titularidade, os efeitos reportam-se à dupla face do valor mobiliário (do título de crédito) enquanto direito imanente num documento. Na primeira hipótese, a criação, extinção ou modificação do documento, com efeitos retroactivos[342], importa a criação[343], extinção ou modificação do direito, também com efeitos retroactivos; na segunda hipótese, a criação, extinção[344] ou modificação do direito importa a correspondente criação, extinção ou modificação do documento[345].

A determinação em concreto destes efeitos não prescinde porém da interferência que pode advir do sistema de eficácia próprio dos registos de valores mobiliários. A lei é expressa em relação à rectificação do registo, que tem efeitos retroactivos mas salvaguarda os direitos de terceiros de boa fé (artigo 79.º, n.º 2)[346]. O mesmo princípio vale para

---

[341] Cfr. artigo 76.º e artigo 13.º do CRP.

[342] Cfr. artigo 69.º, n.º 6, aplicável a registos indevidamente recusados, e artigo 79.º, n.º 2, aplicável a registos rectificados.

[343] Para LASSALAS, *L'inscription en compte des valeurs*, cit., p. 178 ss, a falta de inscrição em conta tanto de valores mobiliários como de moeda escritural acarreta a sua inexistência jurídica.

[344] É interessante verificar que o artigo 289.º do Código Civil se não refere à extinção de direitos como efeito da nulidade ou da anulação de negócios jurídicos. Mas este efeito, que de resto é o efeito primário, aflora no artigo 291.º.

[345] FERNANDO OLAVO, *Títulos de crédito em geral*, cit., p. 96, refere-se à extinção do título de crédito enquanto "extinção do título em si [...] e do direito nele incorporado". PAIS DE VASCONCELOS, *Títulos de crédito*, cit., p. 89, reporta-se à extinção do título de crédito por causas atinentes ao título como documento e ao direito incorporado.

[346] Cfr. CRP, artigo 122.º.

o cancelamento de registos[347] e para os registos lavrados por ordem do tribunal, por força da aplicação conjugada dos princípios da legitimação activa (artigo 55.°), da aquisição a pessoa não legitimada (artigo 58.°), da prioridade (artigo 69.°) e da sucessão de registos (artigo 70.°).

Quem figure como titular de direitos sobre valores mobiliários não se pode prevalecer desses direitos, se o registo for declarado nulo ou se for cancelado por invalidade do acto subjacente ou se, e na medida em que, for rectificado. Sob este aspecto, a declaração de nulidade e de rectificação do registo têm eficácia plena e retroactiva.

Mas o cancelamento, a realização tardia ou a rectificação do registo não afectam os direitos adquiridos por terceiro de boa fé que tenha a seu favor um registo válido e anterior ao registo da correspondente acção. Os direitos protegidos são não só o direito de propriedade como direitos menores sobre valores mobiliários (usufruto, penhor, penhora[348]).

Repare-se a propósito que esta salvaguarda de efeitos não exige nem a aquisição onerosa do direito, conforme dispunha o Cód. MVM (artigo 64.°, n.° 6) e continuam a dispor os preceitos paralelos do Código Civil (artigo 291.°, n.° 1) e do Código do Registo Predial (artigos 17.°, n.° 2, e 122.°) em relação a bens sujeitos a registo público, nem exige o decurso do prazo de três anos para convalidação do direito, como preceitua o artigo 291.°, n.° 2, do Código Civil[349].

Um exemplo. Em registos a cargo de um só ou de vários intermediários financeiros, A, B e C figuram sucessivamente como titulares de uma certa quantidade de valores mobiliários de uma mesma categoria, havendo elementos bastantes para saber que esses valores foram transmitidos por A a B e por B a C. A declaração judicial de nulidade do negócio de transmissão de A a B ou a nulidade do respectivo registo não afectam os direitos de C, se este desconhecia a invalidade da transmissão de A a B ou a nulidade do registo e se o registo a favor de C for anterior ao registo da acção de A contra B.

---

[347] No direito alemão, o cancelamento do registo de acções nominativas só produz efeitos para o futuro (HÜFFER, *Aktiengesetz*, cit., p. 308).

[348] Cfr. artigos 58.°, n.° 2, e 68.° n.° 1, g) e i).

[349] O prazo de 3 anos a que se refere o artigo 79.°, n.° 3, é um prazo de caducidade da acção de impugnação. Mas a procedência desta não afecta os direitos de terceiros que reúnam os requisitos de protecção estabelecidos pela lei.

Se a transacção entre B e C tiver envolvido apenas uma parte dos valores que foram objecto do acto nulo – ou se tiver havido uma mera rectificação de quantidade –, A poderá reaver essa parte, promovendo o registo correspondente.

Observe-se que, na prática, a protecção de terceiros pode ser ainda mais forte, porque a natureza fungível dos valores impedirá com frequência a possibilidade de reconstituir o trajecto dos valores transmitidos, prevalecendo os registos efectuados sobre uma virtual recomposição consequente à decisão judicial de invalidade. É o preço a pagar pela velocidade de circulação, pelo anonimato e pela eficiência dos mercados de valores mobiliários.

Observe-se finalmente que não se vislumbra razão para aplicar neste domínio o conceito restritivo de terceiro constante do artigo 5.° do Código do Registo Predial, tal como vem sendo interpretado pela maioria da jurisprudência e da doutrina. Se tal conceito é em geral merecedor de crítica, a sua aplicação no âmbito dos valores mobiliários redundaria em obstáculo à confiança nas transacções e no financiamento garantido com valores mobiliários.

Efeitos obrigacionais. Os efeitos obrigacionais podem ocorrer, em primeiro lugar, como complemento ou sucedâneo de efeitos reais.

Assim, e em geral, as entidades registadoras, intermediários financeiros ou emitentes, estão obrigadas a executar as sentenças judiciais respeitantes a registos a seu cargo, efectuando registos omissos, rectificando ou cancelando registos subsistentes.

Outra situação obrigacional, já referida, deriva do cancelamento do registo da emissão, que se repercute em obrigações de pagamento pela entidade emitente substitutivas de direitos sociais extintos.

Mais frequente será a obrigação decorrente do reconhecimento judicial da nulidade do registo ou da invalidade de negócio subjacente, sempre que o direito real de terceiros prevaleça sobre o direito real do autor na acção, impedido por isso de registar o seu direito, no todo ou em parte. A solução consiste então, nos termos gerais (artigo 289.°, n.° 1, do Código Civil), na chamada restituição, com rigor, prestação de valor equivalente, a cargo do titular segundo o registo (ou o negócio) que o tribunal declarou inválido.

Os efeitos obrigacionais podem ocorrer, em segundo lugar, no âmbito da *responsabilidade civil.*

"As entidades registadoras de valores mobiliários escriturais respondem pelos danos causados aos titulares de direitos sobre esses valores ou a terceiros, em consequência de omissão, irregularidade, erro, insuficiência ou demora na realização dos registos ou destruição destes" (artigo 87.º, n.º 1)[350].

A responsabilidade civil é, no caso, objectiva. A justificação reside, mais uma vez, no carácter heterónomo da declaração cartular. Sempre que o titular de uma situação jurídica cartular não seja simultaneamente o declarante, não pode ser ele a assumir o risco – ou todo o risco – inerente a uma declaração de que não é autor e que só em parte controla. Não pode em especial suportar o risco inerente aos efeitos rigorosos da literalidade e da legitimação. O risco recai então sobre quem desempenha a função do registo, seja ele o emitente dos valores em circulação seja ele um intermediário financeiro que exerce uma profissão[351] para a qual se exigem elevados padrões de aptidão, qualidade, eficiência e diligência (cfr. artigos 305.º e 304.º, n.º 2). Para o obrigado cartular, o risco adviria da auto-vinculação negocial. Para um terceiro, o regime apropriado é o da responsabilidade civil objectiva.

Os factos geradores de responsabilidade ultrapassam a omissão indevida, o erro, rectificado ou não, e a nulidade do registo, abrangendo também a demora, a prática de outras irregularidades ou insuficiências e ainda a destruição dos suportes dos registos. Não abrangem obviamente a invalidade dos actos subjacentes ao registo, salvo se tais actos forem fundamento de nulidade de registo indevidamente efectuado.

Como a culpa própria não é, no caso, requisito de responsabilidade, não se admite sequer a prova da sua inexistência. O único factor de exclusão é a culpa (exclusiva?[352]) do lesado, não servindo como tal o caso fortuito[353] ou de força maior[354].

---

[350] Todo o regime deste preceito, que tem como antecedentes o artigo 4.º do Decreto-Lei n.º 229-D/88, de 4 de Julho, e o artigo 73.º do Cód. MVM, é muito semelhante ao regime consignado para o direito espanhol pelos preceitos citados na nota 323. Diversamente, aplica-se no direito francês o regime comum da responsabilidade civil, depois de ter sido revogado um decreto de 1955 que estabelecia um regime especial (RIPERT & ROBLOT, Traité de droit commercial, II, cit., p. 31). Na mesma linha se situam – parece – outros direitos que, em relação ao registo de acções nominativas, explicitam a responsabilidade do emitente, sem indicação de regras especiais (em Itália, Código Civil italiano, artigo 2022, n.ºs 3 e 4, e artigo 35.º do Decreto legislativo 213/1998 – cfr. LIBONATI, ob. cit., p. 129; nos EUA, Uniform Commercial Code, § 8-404; no Reino Unido, GOWER'S Principles of Modern Company Law, cit., p. 387).

[351] Assim, GARCÍA DE DUEÑAS, Valores mobiliarios anotados en cuenta, cit., p.113.

[352] Assim, literalmente, nos cits. preceitos espanhóis. Ao mesmo resultado se chega, julgo, no direito português, compaginando o preceito especial do Código dos Valores Mobiliários com a regra geral do artigo 570.º do Código Civil.

Os danos cobertos não têm outro limite que não seja a relação causal com o facto gerador, abrangendo, sem limite quantitativo[355], danos na propriedade ou danos patrimoniais puros sofridos por qualquer pessoa, seja ou não cliente do intermediário financeiro seja ou não accionista ou obrigacionista da sociedade emitente. Além das pessoas com quem o intermediário financeiro celebrou contrato de registo e dos accionistas e obrigacionistas inscritos no registo da sociedade emitente, lesados, e beneficiários deste regime especial, podem ser também, por exemplo, os titulares de direitos à aquisição de valores mobiliários não inscritos e os credores dos alienantes ou dos adquirentes, com direitos inscritos ou não inscritos.

O ressarcimento faz-se, "sempre que possível", através de "valores mobiliários da mesma categoria daqueles a que o registo se refere".

Sendo porventura um dos regime mais rigorosos de responsabilidade civil conhecidos no direito português, não é fácil enquadrá-lo nos quadros da clássica distinção entre responsabilidade contratual e extracontratual[356]. Não se trata de responsabilidade contratual, porque nem sempre o lesado e o lesado são partes num contrato. Mas também se não pode dizer que seja um caso claro de responsabilidade extracontratual, porque muitas das situações geradoras do dano constituem também incumprimento do contrato de registo.

Estamos assim perante mais um regime de responsabilidade civil *ex lege* e *ad hoc*, em que a pré-existência de um contrato é indiferente. Ou, se se quiser, em que a responsabilidade contratual é, na parte relativa aos actos de registo[357], consumida pela responsabilidade *ex lege*, porque da lei derivam também ou até exclusivamente os deveres de comportamento da

---

[353] GARCÍA DE DUEÑAS, loc. cit.

[354] Em sentido muito diferente, a secção 23 da *Uncertificated Securities Regulation 2001* circunscreve a responsabilidade dos operadores aos casos de violação de preceitos legais expressos, incumprimento de instruções, fraude e negligência.

[355] Sobre o sistema afim (mas mais limitado) do Decreto-Lei 41/2000, de 17 de Março, cfr. CALVÃO DA SILVA, "Responsabilidade bancária por transferência de créditos", *Estudos em Homenagem à Professora Doutora Isabel de Magalhães Collaço*, Coimbra, 2002, vol. II, p. 3 ss.

[356] Domínguez García, *apud* RAMOS GASCÓN, ob. cit., p. 496, inclina-se a favor da qualificação como responsabilidade objectiva extracontratual.

[357] Do contrato de registo de valores mobiliários resultam geralmente outras obrigações, como a cobrança de rendimentos, cuja violação gera responsabilidade nos termos gerais e não segundo o regime especial do artigo 87.º.

entidade registadora[358]. Eventuais lacunas da lei serão resolvidas pelas regras do modelo que, no caso, sejam mais próximas.

Embora a lei não seja explícita, a responsabilidade civil causada por irregularidades do registo de valores mobiliários não recai apenas sobre as entidades registadoras[359]. Pode recair também sobre outras pessoas obrigadas a promover a realização ou o cancelamento de registos[360], seja por efeito de cláusula contratual directa e explícita seja como meio necessário para cumprir a obrigação de transmitir ou de constituir direitos sobre valores mobiliários. O obrigado tanto pode ser o alienante ou onerante do direito como um mandatário (por exemplo, advogado ou solicitador).

Se a obrigação não for cumprida, aplicar-se-á o regime geral da responsabilidade civil contratual. Tratando-se porém de obrigações próprias, isto é, obrigações cuja prestação final e característica só pode ser cumprida por entidades habilitadas para o efeito, o devedor terá de recorrer a estas como auxiliares para o cumprimento da obrigação. Aplica-se então o regime do artigo 800.º do Código Civil, respondendo o devedor directo pelo incumprimento do auxiliar, embora sem os agravamentos de regime que incide exclusivamente sobre a entidade registadora.

É um exemplo feliz, neste aspecto também incomum, em que o lesado tem à sua disposição dois alvos para o ressarcimento dos danos: por um lado, o disponente do direito ou um mandatário, enquanto responsáveis contratuais pelo incumprimento culposo, próprio ou da entidade registadora; por outro lado, esta mesma entidade registadora, enquanto responsável objectiva nos termos do regime especial do Código dos Valores Mobiliários. Mais provável é que o pedido se dirija à entidade registadora, responsável em termos mais amplos e tendencialmente mais solvente. Mas pode suceder, em situações especiais, que seja preferível exigir a indemnização ao responsável contratual, se, no caso concreto, estiver mais à mão e se os requisitos mais exigentes da responsabilidade contratual também se verificarem [361].

---

[358] Próximo, ESPINA, *Las anotaciones en cuenta*, cit., p. 368.

[359] A responsabilidade civil das das entidade gestora do sistema centralizado, a quem compete o registo de contas de controlo, é regulada, por via directa ou por efeito de direito de regresso, pelos artigos 94.º e 87.º, n.º 2, com âmbito e requisitos semelhantes aos do artigo 87.º, n.º 1.

[360] ESPINA, loc. cit.

[361] Na parte comum a obrigação de indemnização será, em princípio, solidária nos termos do artigo 497.º, n.º 1, do Código Civil e do artigo 100.º do Código Comercial.

VI. EPÍLOGO

Considerando os diferentes regimes analisados, pode concluir-se que, em matéria de representação de valores mobiliários, estamos ainda numa fase de transição. Por um lado, nos sistemas latinos, a tendência vai no sentido de abandono definitivo do papel em favor de registos informáticos, escriturados por intermediários financeiros e representativos da titularidade directa dos valores. Por outro lado, os Estados Unidos e, em parte, a Alemanha continuam presos ao fetichismo do papel e ao preconceito de que a titularidade formal depende dos registos na entidade emitente. Predomina pois a chamada detenção indirecta, privilegiada também nos testos de direito uniforme.

A informática é fundamental em qualquer dos sistemas, mas, no modelo americano, não passa de um instrumento prático sem assumir a função verdadeiramente substitutiva e libertadora que lhe conferem os modelos latinos. A tradição e os interesses continuam triunfando sobre a racionalidade e a modernidade.

Não se vislumbram porém razões jurídicas ou financeiras, transparentes e de fundo, para preferir os modelos de detenção indirecta aos modelos de detenção directa. Parafraseando, mas alterando, a frase de uma autora inglesa, os valores mobiliários em papel pertencem ao passado, a detenção indirecta ao presente transitório e a titularidade directa ao melhor futuro[362].

Para que esta previsão se confirme, tanto ao nível local como ao nível global, é necessário que, em relação aos valores mobiliários, se verifiquem os pressupostos da célebre lei física de Arquimedes: dêem-me um ponto de apoio e uma alavanca e levantarei o mundo[363]. O "ponto de apoio" é um registo central; a "alavanca" é o sistema normativo que estabelece os seus requisitos e os seus efeitos; o "mundo" é o mercado, local ou global, que se pretenda organizar ou fomentar.

---

[362] BENJAMIN, *The Law of Global Custody*, cit., p. 21.
[363] Citado por Papus de Alexandria (*Synagoge*, livro VIII, c. AD 340, ed. Hultsch, Berlin, 1878, p. 1060).

POLUIÇÃO MARÍTIMA POR HIDROCARBONETOS E RESPONSABILIDADE CIVIL

CARLOS OLIVEIRA COELHO
Advogado

SUMÁRIO: 1 – Evolução histórica. 2 – O regime jurídico da CLC 1969/92. 3 – A responsabilidade civil do proprietário. 4 – A ideia de comunidade marítima. 5 – A temática privatística dos portos de refúgio. 6 – A regra da canalização. 7 – A responsabilidade civil consagrada na CLC 1969/92

No centro das subsequentes notas estará o exame da Convenção de Bruxelas de 1969/92, nomeadamente dos mais relevantes aspectos relativos à responsabilidade civil dos transportadores marítimos de hidrocarbonetos, aqui designada, abreviadamente, por CLC-69/92 (*Civil Liability Convention*). Isto equivale a identificar qual a entidade ou entidades que a CLC considera responsáveis, de que forma e quais os danos ressarcíveis. Esta exposição, deixando, em todo o caso, de fora importantes aspectos que o exame completo deste tema necessariamente implica, gira em torno de três eixos de reflexão. Antes de mais, tem em conta a linha de desenvolvimento histórico da CLC e documentos jurídicos à mesma associados. Depois, examina o regime jurídico de responsabilidade civil do armador. Enfim, analisa o tipo de responsabilidade civil do responsável pelos danos causados.

1 – Há unanimidade na doutrina [1] no que concerne à ligação, tanto da génese como da sua redacção, da CLC [2] à catástrofe do *Torrey Canion*. Em

---

[1] René Rodière, Emmanuel du Pontavice, Droit Maritime, 11.ª edição, Paris, 1991, págs. 124 e segts., Michael M 'Gonigle, Mark Zacher, Polllution, Politics and International Law, Tankers at Sea, University of California Press, 1970, págs. 149 e segts.

rápida síntese, este acidente marítimo consistiu no encalhe do navio-tanque *Torrey Canion*, no dia 18 de Março de 1967, nas costas da Bretanha, seguido do derramamento de 113.000 toneladas de crude no mar e a poluição de, aproximadamente, 180 kms de praias e de costas na Cornualha e na Bretanha. A associação, nunca mais desfeita, entre um difícil problema jurídico-marítimo e as sempre inevitáveis dimensões[3] dos danos causados e do elevado número de lesados, conferiu à CLC um papel central como texto concebido especificamente para tal tipo de situações e, como tal, susceptível de lidar com elas. Quase quarenta anos passados após a sua redacção, esse papel foi reforçado através da aprovação e início da vigência do Protocolo de Londres de 1992[4]. Este sistema normativo, isto é a CLC/92[5], juntamente com a convenção do Fundo, continua a ser o coração do sistema ressarcitório para os países aderentes.

Os incidentes, respectivamente do *Torrey Canion* e do *Amoco Cadiz*[6], permitiram o reconhecimento de uma dupla realidade. Por um lado, dada

---

[2] Aprovada, para ratificação, pelo Decreto n.º 694/76, de 21 de Setembro. 1969; cfr. texto em Manuel Januário da Costa Gomes, Leis Marítimas, Coimbra, 2004, págs. 813 e segts. e págs. 467 e segts.

[3] Mais tarde a doutrina conceptualizou estas situações, reconhecendo a sua especificidade e a necessidade de as colocar em categoria própria, ainda que sob múltiplas designações. Assim Tito Ballarino, Questions de Droit International Prive et dommages catastrophiques, Recueil des Cours, 220 (1990), págs. 289 e segts. denominou-os de "dommages catastrophiques"; Christian von Bar, Environmental Damage in Private International Law, Recueil des Cours, 268 (1997), págs. 219 e segts. classificou-os como "Environmental Damages" e Upendra Baxi, Mass torts, Multinational Enterprise Liability and Private International Law, Recueil des Cours, 276 (1999), págs. 297 e segts., intitulou-os de "Mass Torts".

[4] Aprovado, para ratificação, pelo Decreto n.º 40/2001, de 28 de Setembro; cfr. texto em Manuel Januário da Costa Gomes, Leis Marítimas, cit. págs. 829 e segts.

[5] Cfr. texto em Manuel Januário da Costa Gomes, Leis Marítimas, cit. págs. 843 e segts.

[6] Sobre o caso *Amoco Cadiz* a bibliografia é vastíssima. Cite-se aqui, tão somente, Pierre Bonassies, L'Affaire de L'Amoco Cadiz, in Espaces et Ressources Maritimes, Paris, 1986, n.º 1, nota n.º 20; Laurent Lucchini, Le Procés de L'Amoco Cadiz: présent et voies du futur, Annuaire Français de Droit Maritime, Vol. XXXI, Paris, 1985, págs. 762 e segts. e a vasta bibliografia aí indicada; Mirella Vialle, Inquinamento maritimo e damni ressarcibili (contendo extensas passagens da sentença do United States Ditract Court, Northern District of Illinois Eastern Division de 11 de Janeiro de 1988, proferida no caso do Amoco Cadiz – in re spill by the "Amoco Cadiz" of the coast fo the France in March 16, 1978); Il Diritto Marittimo, anno XCI, págs. 876 e segts.; Othmar Gundling, The Amoco Cadiz Incident, in Encyclopedia of Public International Law, ed. R. Bernhardt, Vol. I, pág. 93; Emmanuel du Pontavice, L'apport du procès de L'Amoco Cadiz, in Le droit de L'Environment Marin, develloppements récents, Paris, 1988, págs. 273 e segts., passim.

a extensão dos danos, mostrou a insuficiência dos mecanismos ressarcitórios então colocados ao alcance dos lesados, para obter a sua reparação[7]. Por outro lado, permitiu equacionar a opção pela canalização da responsabilidade civil para o proprietário, como aspecto decisivo para, no plano jurídico, proporcionar às vitimas indemnizações pelos danos sofridos.

Após a entrada em vigor da CLC/69, não demorou muito o aparecimento da percepção de que os limites ressarcitórios nela contidos tinham sido fixados num nível demasiado baixo e que a evolução previsível deste tipo de danos, considerando o aumento do tráfego marítimo de navios tanques e o aumento da sua tonelagem, rapidamente os tornaria ainda mais insuficientes.

De facto, o sistema da CLC/69, mesmo complementado pela Convenção do Fundo[8], tinha, como observou um autor, um ponto fraco, consistente no facto da responsabilidade do proprietário do navio-tanque ter «… um limite máximo bastante baixo …»[9], sendo que a garantia complementar proporcionada pelo Fundo era incapaz de compensar os limites indicados na CLC/69. As somas totais proporcionadas pelos dois sistemas, operando conjuntamente, não podiam ultrapassar valores cuja insuficiência os sinistros do *Amoco Cadiz* e do *Tanio*[10], em breve iriam mostrar"[11].

---

[7] Ao tempo da catástrofe do *Torrey Canion*, encontrava-se em vigor a Convenção sobre os limites da responsabilidade dos proprietários dos navios de alto mar, de 10 de Outubro de 1957 (ratificada por Portugal através do Decreto n.º 48.036, de 14 de Novembro de 1967, introduzida no direito interno português pelo Decreto-lei n.º 49028, juntamente com o Decreto n.º 49.029, ambos de 26 de Maio de 1969; cfr. textos em Manuel Januário da Costa Gomes, Leis Marítimas, cit., respectivamente a págs. 781 e segts. e págs. 467 e segts. Ora, se aplicados, os critérios deste Convenção dariam lugar a uma indemnização, três vezes superior, de US$ 14.240.000. À luz deste contexto compreende-se que a Inglaterra e a França tenham aceite um acordo por, somente, USD$ 7.000.000. Cfr., a este respeito, Gonigle/Zacher, Pollution, Politics and International Law, cit. pág. 164.

[8] A chamada «Convenção do Fundo» é a «Convenção Internacional para a Constituição de um Fundo Internacional para Compensação pelos Prejuízos Devidos à Poluição por Hidrocarbonetos», aprovada para ratificação, pelo Decreto do Governo n.º 13/85, de 21 de Junho. Abreviadamente esta convenção internacional será, neste âmbito, designada por convenção FIPOL; texto em Manuel Januário da Costa Gomes, págs. 853 e segts.

[9] Pierre Bonassies, Le Droit Maritime Classique et la Securité des Espaces Maritimes, in Espaces et Ressources Maritimes, Paris, 1986, n.º 1, págs. 115 e segts. e, em especial, para a citação supra, cfr. 132.

[10] Sobre o caso do «Tanio» cfr. Chao Wu, La Pollution du Fait du Transport maritime des Hydrocarbures, Responsabilité et Indemnisation des Hydrocarbures, Monaco, 1994, pág. 172.

[11] Pierre Bonassies, Le Droit Maritime Classique et la Securité des Espaces Maritimes, cit. pág.132.

Procurou resolver-se tal situação através do Protocolo de 25 de Maio de 1984[12]. Mas este nunca chegou a entrar em vigor por razões ligadas à evolução legislativa interna norte-americana[13]. Por isso, concluiu-se pela necessidade de, prescindindo da presença norte-americana, consagrar vinculativamente as soluções do Protocolo de 1984. Assim, fundamentalmente[14], as ideias anteriormente já previstas no dito Protocolo de 1984 vieram a ser retomadas pelo Protocolo de 1992. Questão a encarar, contudo, é a de saber qual a forma como se interrelaciona a CLC/92 com a Convenção FIPOL, versão 1992.

Antes desse exame, contudo, como aspecto prévio ao mesmo, proceder-se-á à análise das relações entre a CLC/69 e a Convenção FIPOL, texto de 1971, pois da análise das relações entre as duas resultarão importantes elementos para o estudo dos nexos que, mais tarde, se estabeleceriam entre a CLC/92 e a Convenção FIPOL, versão 1992.

Aliás, essa tarefa, mesmo que brevemente realizada, impõe-se, tanto mais quanto a CLC – versão de 1969 ou versão de 1992 – foi pensada para funcionar conjuntamente com a Convenção FIPOL. De facto, já foi sustentado ser a convenção de 1971 a sequência indispensável da CLC. Na verdade, já se escreveu, tivesse a CLC «... saído sozinha da conferência de Bruxelas em 1969 não teria dado satisfação a ninguém, nem aos Estados costeiros, potenciais vítimas da poluição, nem aos armadores, potenciais responsáveis dos danos»[15].

De acordo com o artigo 2.º da Convenção FIPOL, versão 1971, o Fundo tinha duas finalidades. A primeira, alínea a) do n.º 1, era a de «Assegurar uma compensação pelos prejuízos por poluição na medida em que seja insuficiente a compensação concedida pela Convenção sobre a Responsabilidade». A segunda, alínea b) do n.º 1 era a de «Desobrigar os proprietários da obrigação financeira adicional que lhes impõe a convenção sobre a responsabilidade, ficando essa desobrigação sujeita às condições que visam garantir o cumprimento das convenções sobre a segurança marítima e outras convenções». Na ocasião em que, pelo Protocolo de

---

[12] Ver texto respectivo em «Espaces et Ressources Maritimes», cit. págs. 223 e segts.

[13] Neste sentido, cfr. Chao Wu, La Pollution du Fait du Transport maritime des Hydrocarbures, cit. pág. 179, nota n.º 1.

[14] Chao Wu, La Pollution du Fait du Transport maritime des Hydrocarbures, cit. pág. 179.

[15] Chao Wu, La Pollution du Fait du Transport maritime des Hydrocarbures, cit. pág. 95.

1992, foi alterada a CLC/69, igualmente foi modificada a Convenção FIPOL, na sua versão de 1971.

As alterações são importantes tendo, v.g., desaparecido a finalidade indicada na alínea b). Logo, o artigo 5.º, por complementar essa alínea b), foi suprimido. Isto equivale a dizer que o FIPOL deixou de desobrigar os proprietários da obrigação financeira adicional que lhes impõe a convenção sobre a responsabilidade.

Contudo, os proprietários dos navios-tanque, no âmbito da CLC, mesmo após a entrada em vigor do Protocolo de 1992, mantêm as suas obrigações ressarcitórias perante os lesados. Logo, terá de concluir-se que, no âmbito da CLC, um novo equilíbrio das responsabilidades dos proprietários foi obtido. Sendo assim, as alterações à CLC/69, mais do que modificações de redacção, estabelecem uma nova CLC – a denominar CLC/92, mantendo a matriz da CLC/69. Na realidade, tanto no que respeita à sua estrutura – que, bem vistas as coisas, é a mesma – como nas soluções, não difere a CLC/92, substancialmente, da CLC/69, tendo sido o seu grande objectivo o de, tendo presente tendências jurisprudenciais e a prática marítima, precisar, antes, as já consagradas.

2 – Ao examinar o regime da responsabilidade civil do transportador ocupar-me-ei de três aspectos: o facto lesivo, a rigorosa concentração da responsabilidade civil no proprietário e a determinação da responsabilidade civil que recai no proprietário.

A CLC indica quais os requisitos que a poluição deve revestir para a ressarcibilidade do dano por ela causado. Segundo o seu artigo I/6, «Prejuízo por poluição» significa "qualquer perda ou dano exterior ao navio causado por uma contaminação resultante da fuga ou descarga de hidrocarbonetos provenientes do navio, qualquer que seja o local onde possam ter ocorrido, desde que a compensação pelos danos causados ao ambiente, excluindo os lucros cessantes motivados por tal dano, seja limitada aos custos das medidas necessárias tomadas ou a tomar para a reposição das condições ambientais". Figurando nesse artigo I/6 o termo «hidrocarbonetos», o anterior artigo I/5 definira o sentido em que na CLC deve ser entendido «hidrocarbonetos». Em suma: (a) apenas danos causados por dados «hidrocarbonetos» são ressarcíveis, (b) só os danos de dados derramamentos são indemnizáveis e, (c), enfim, desse derramamento deve resultar «contaminação».

Os hidrocarbonetos que a CLC/92 tem em atenção, de acordo com o disposto no artigo I/5, são os «... hidrocarbonetos minerais persistentes, nomeadamente, petróleo bruto, fuelóleo, óleo diesel pesado e óleo de lubrificação ...». A razão de ser desta restrição não é clara, parecendo, em todo o caso, assentar no facto, já indicado, de os «hidrocarbonetos não persistentes se evaporarem depressa: a experiência e os ensaios no terreno mostraram de forma conclusiva que, em alto mar, todos os traços de «produtos brancos» desaparecem rapidamente depois do derramamento»[16]. Porém, de acordo com a definição do art. 1/1, alínea 4), da Convenção das Nações Unidas sobre o Direito do Mar (CNUDM)[17], poluição do meio marinho significa "(...) a introdução directa ou indirecta pelo homem, de substâncias ou de energia no meio marinho (...)». Logo, a definição compreende também a introdução de óleos não persistentes[18], qualquer que seja a definição dos mesmos. Ou seja, a definição de «substância poluente» que decorre da CNUDM, enquanto mais ampla do que a definição do artigo I/5 da CLC, deve ser tida em atenção.

Questão que igualmente se coloca é a de saber se estão abrangidos além das descargas acidentais, igualmente, as operacionais[19]. Ter-se-á a noção da importância prática da dúvida se nos recordarmos que nas descargas operacionais estão incluídas as lavagens das cisternas dos navios. Creio que a resposta, apesar de tudo não inequívoca, é a de que todos os tipos de descargas estão aqui incluídos. Na verdade, no projecto apresentado à reunião de Tóquio e à conferência diplomática de Londres, falava-se em «... descarga intencional ...». Ora, no texto definitivo aprovado,

---

[16] Neste sentido, cfr, Chao Wu, La Pollution du Fait du Transport Maritime des Hydrocarbures, cit. pág. 49. Contudo, do debate científico o que, sobretudo, emerge é a multiplicidade de factores a ter presente. Cfr. ainda, M'Gonigle, Zaecher, Pollution, Politics, and International Law..., cit. págs. 31 e segts. passim.

[17] Aprovada para ratificação pelo Decreto do Presidente da República n.º 67-A/97, de 14 de Outubro de 1997.

[18] Caso, v.g., da gasolina ou do querosene. Cfr. a este respeito M'Gonigle, Zacher, Pollution, Politics, and International Law..., cit. págs. 33 e 34. A questão, aparentemente técnica, tem contudo, no plano ressarcitório, importantes consequências, tendo sido objecto de debate na conferência diplomática de que veio a surgir a CLC 1969. As delegações francesa, sueca e norte-americana, vg., eram de parecer de incluir os hidrocarbonetos não persistentes no âmbito da Convenção. Cfr., a este respeito, Chao Wu, La Pollution du Fait du Transport Maritime des Hydrocarbures, cit. pág. 186 e 187. Sobre a temática, no plano normativo, dos «óleos persistentes», cfr. ainda G. Timagenis, International Control of Marine Pollution, Londres, 1980, Volume I, págs. 398 e segts., passim.

[19] No que precede acompanhou-se de perto, Chao Wu, La Pollution du Fait du Transport Maritime des Hydrocarbures, cit., págs. 59 e segts., passim.

essa menção desapareceu. Daí um autor (Lucchini) ter notado que «... só são tomados em atenção os danos acidentais»[20].

Isso explica que a delegação alemã à conferência de 1971 considerasse excluída do âmbito da CLC/69 as lavagens de cisternas, enquanto acto normal de exploração do navio. A doutrina maioritária não seguiu, contudo, este ponto de vista. Ora, independentemente de saber se algo permite, no âmbito da aplicação da CLC/92, a distinção entre descargas acidentais e descargas operacionais, parece-me que, falando o preceito em «... fuga ou descarga ...», nada autoriza a introduzir a distinção mencionada entre descargas acidentais e operacionais. De resto, acrescentarei, não será o facto de uma descarga ser operacional que lhe retira o carácter de descarga intencional.

A definição de dano por poluição consta do artigo I/6 da CLC/92, o qual dispõe que prejuízos por poluição significa «Qualquer perda ou dano exterior ao navio causado por *uma contaminação* resultante da fuga ou descarga de hidrocarbonetos provenientes do navio, qualquer que seja o local onde possam ter ocorrido...» (sublinhado nosso). A utilização da expressão *uma contaminação* deve ser posta em destaque, dado o papel fulcral que, na CLC, seja na versão de 1969 na de 1992, lhe foi atribuído.

A evocação do que, a este respeito, ocorreu no decurso dos trabalhos, mostra-o. Na verdade, o termo, incluído no projecto constante das redacções preparatórias, na conferência de Tóquio, fora suprimido do projecto de tratado apresentado à conferência diplomática de 1969. Ora, no desenrolar dos respectivos trabalhos, acabou por ser reintroduzido[21], notando a doutrina terem sido indicados como justificação para a utilização deste termo, objectivos limitadores do âmbito da Convenção[22]. Os debates a este respeito evocados demonstram estarem os redactores da CLC conscientes de que a inclusão do termo «contaminação» levava a uma definição restritiva de poluição – propósito aceite, de resto, pela jurisprudência.

---

[20] Citado por Chao Wu, na passagem citada na anterior nota.

[21] A história, vicissitudes e os objectivos concretos prosseguidos com o emprego do termo "contaminação", na CLC 1969, encontram-se relatados em Chao Wu, La Pollution du Fait du Transport Maritime des Hydrocarbures, cit., págs. 57 e segts., passim.

[22] Neste sentido, Chao Wu, La pollution du fait du transport maritime des hydrocarbures, cit., págs. 57 e 58 e P. Simon, La réparation civil des dommages causés en mer", citado por Chao Wu, ob. cit., pág. 57 e nota n.º 69.

[23] Sobre o caso do "Marão", cfr. o acórdão do Tribunal da Relação de Lisboa de 20 de Outubro de 1994, in Colec. Jurisp. Ano XIX, Tomo IV, págs. 125/126/128.

Vale a pena, a este respeito, citar dois casos, resolvidos por tribunais, respectivamente, português e norte-americano.

No dia 14 de Julho de 1989 o navio tanque *Marão*[23] embateu no fundo, tendo rasgado dois dos seus tanques. Como consequência, o petróleo neles contido derramou-se, espalhando-se ao longo de cerca de 40 kms de extensão de praias da costa sudoeste alentejana, poluindo toda essa extensão da costa. O Tribunal da Relação de Lisboa considerou importante ter presente que, no sistema indemnizatório da CLC, a ideia de "contaminação" é central. Partindo dessa ideia, afirma o aludido aresto que «... a não ser assim a referida expressão «... causados por contaminação ...», referida aos danos, contida no artigo I/6 da convenção «... seria redondamente inútil». Ao equacionar desta forma o problema do ressarcimento, este acórdão conformou-se com a estricta ortodoxia interpretativa da CLC. De facto, o aresto vai ao encontro da tendência da jurisprudência anglo-saxónica de adoptar um critério de «conexão física», de forma a impedir a excessiva ampliação dos danos potencialmente ressarcíveis, evitando, assim, a possibilidade de suscitar grande litigiosidade[24]. O aresto do Tribunal da Relação de Lisboa mostra que essa possibilidade estava no seu espírito, pois, após afastar uma interpretação lata da palavra "contaminação", acrescenta que, a não ser assim, «cair-se-ia num ciclo infernal que na referida Convenção de 1969 se procurou evitar ...»[25].

Outra não foi a solução, isto é a da necessidade de ter havido «contaminação», a que se chegou no caso, em todo o caso a ser resolvido fora do quadro normativo da CLC/69, do *Exxon Valdez*[26]. Sumarie-se o mesmo. A 24 de Março de 1989, o navio tanque *Exxon Valdez* encalhou no estreito do "Príncipe Guilherme". Como consequência do encalhe foram

---

[24] Neste sentido, cfr. Chau Wu, La Pollution du Fait du Transport Maritime des Hydrocarbures ... cit. pág. 371 (para a jurisprudência inglesa) e pág. 387 (para a jurisprudência norte-americana).

[25] O pedido que o tribunal tinha perante si era o da indemnização de um comerciante grossista que vira o seu volume de vendas reduzido face à diminuição de encomendas dos retalhistas. Por sua vez, a redução de negócios destes últimos ligava-se ao facto de exercerem a sua actividade comercial na zona adjacente à costa em que o encalhe ocorrera. O tribunal recusou o pedido de indemnização a partir da exigência de o dano dever ter ligação directa com o crude, isto de forma a ter em atenção a necessidade de o dano provir da «contaminação».

[26] Haverá que ter em atenção três decisões: 26 de Janeiro de 1994 e 23 de Março de 1994, ambas do "United States District Court – District of Alaska" e de 19 de Maio de 1994 do "Superior Court of Alaska – Third Judicial District». O texto pode ser examinado in Il Diritto Marittimo, XCVII, págs. 528 segts., com nota de Charles B. Anderson, «Recent Developments in the Exxon Valdez Case».

derramadas 38.000 toneladas de petróleo bruto que veio a poluir cerca de 2.500 km de costas do Alaska. Este caso[27] aproxima-se do do *Marão*», não ao abrigo da CLC/69, que, por não ratificada, não é direito interno dos Estados Unidos, antes por aplicação da regra construída a partir do «leading case» «Robins Dry Dock & Repair Co. V. Flint» da jurisprudência norte-americana, de acordo com a qual só é possível obter ressarcimento por danos se houver «contacto físico»[28-29], critério, repete-se, aplicado em Portugal no caso *Marão*[30]. É certo terem sido feitos pagamentos a pescadores e que, sempre no âmbito deste caso, houve a concessão de *punitive damages*. Isto, contudo, não altera as coisas. Com efeito, a jurisprudência «Robins Dry Dock & Repair Co. V. Flint» abre excepções ao critério do «contacto físico», justamente no que respeita a pescadores. De resto, numa outra sentença proferida, também no âmbito no caso do *Exxon Valdez*[31], o tribunal recorda as finalidades de quantias que, a título de *punitive damages*, já haviam sido pagas. Nota então que esses fundos se dirigem a ser «...usados na recuperação, reabilitação e fomento dos recursos naturais na área afectada pelo *Exxon Valdez*. Os residentes da área, em geral, e os nativos do Alaska em particular, retirarão benefícios directos deste esforço. O seu objectivo é a restauração do que foi perdido de todos os interesses culturais»[32]. Em suma, a regra não foi alterada no caso *Exxon Valdez*[33].

---

[27] Haverá que ter em atenção três decisões: 26 de Janeiro de 1994 e 23 de Março de 1994, ambas do "United States District Court – District of Alaska" e de 19 de Maio de 1994 do "Superior Court of Alaska – Third Judicial District». O texto pode ser examinado in Il Diritto Marittimo, XCVII, págs. 528 segts., com nota de Charles B. Anderson, «Recent Developments in the Exxon Valdez Case».

[28] Sentença de 26 de Janeiro de 1994, do United States Court – District of Alaska, Il Diritto Marittimo, cit. pág. 534 e 535.

[29] Para uma extensa análise da jurisprudência «Robins Dry Dock», cfr. Chao Wu, La Pollution du Fait du Transport Maritime des Hydrocarbures, cit. págs, 373 segts,. passim.

[30] O que pode, porventura, haver de chocante na jurisprudência «Robin Dry Dock» pode encontrar a sua explicação no facto de os tribunais temerem que, do mais simples incidente, possa resultar uma multiplicidade de acções, de forma tal que torne extremamente caro o custo desse incidente, como de resto foi afirmado no caso do navio «TestBank». Creio que, em grande parte, esta mesma preocupação explica o carácter restritivo da jurisprudência afirmada no caso do «Marão».

[31] Julgamento de 26 de Março de 1994, in Il Diritto Marittimo, cit., pág. 541.

[32] Julgamento de 26 de Março de 1994, cit., Il Diritto Marittimo, cit., pág. 541.

[33] A situação mudou após a aprovação do «Oil Pollution Act» (OPA), norte americana de 1990, no qual todos estes danos são ressarcíveis e não apenas os que têm a ver com o «contacto físico». Cfr., a este respeito, Nicholas. Healy, Gordon Paullsen, Matthew

Nunca se sublinhará demasiado a importância, quase se diria superlativa, do critério da «contaminação» no âmbito da CLC/69, como factor decisivo para a sua aplicação. Essa importância, de resto, manteve-se no Protocolo de Londres de 1992. Um quarto de século mais tarde, no decorrer do qual vários casos jurisprudenciais tinham, também eles, tomado posição no assunto, esse desiderato limitador continuava presente. De facto, na sua XXXV reunião (Outubro de 1994, em Sidney), o Comité Marítimo Internacional (CMI) recordava o aspecto central da noção de «contaminação», no contexto da CLC. No relatório intitulado "Admissibility and assessment of claims for pollution damage", então apresentado, escreveu-se: «No contexto das convenções só podem ser retiradas linhas directrizes contendo a exigência de que o dano por poluição deve ser causado por «contamination» causada por fugas de óleo. Se for dado adequado relevo a estas palavras, as mesmas podem ser a base para proporcionar uma resposta directa a alguns dos mais remotos tipos de pedidos acima indicados». Curioso é notar que o CMI advertia: «Todavia, por si só, em casos incertos (*in borderline cases*) não serão necessariamente suficientes»[34]. Nesta medida, de forma a concretizar, mais ainda, o conceito de poluição, através da expressão «contaminação», nas suas recomendações, a CMI, na reunião mencionada, veio propor (Parte II.5): «5.Os danos puramente económicos podem ser ressarcidos quando causados por contaminação por óleo, mas normalmente só como adiante indicado. Os danos devem ter sido causados pela própria contaminação. Não basta uma conexão causal entre a perda e o incidente que a causa, a fuga ou o derramamento do óleo do navio envolvido no incidente»[35]. Ou seja, um quarto de século mais tarde, a CMI, reiterava as soluções que a leitura da CLC permitia, o que se compreende, por não ser uma convenção ambiental.

Centrando-se esta convenção na indemnização do dano causado pela poluição, coloca-se como questão, que releva do seu âmbito de aplicação, saber quando se está perante contaminação. O critério contido, a este respeito, na convenção de Bruxelas é um critério limitativo. Nas «CMI Gui-

---

Marion, The United States Oil Pollution Act», Il Diritto Marittimo, XCIII, págs. 244 e segts. e, para este ponto, pág. 247 e segts.

[34] Norbert Trotz and Colin de la Rue, Admissibility and Assessment of Claims for Pollution Damage, Il Diritto Marittimo, ano XCVI, págs. 298 e segts. e para a citação supra, no texto, cfr. pág. 313.

[35] CMI, Guidelines on oil pollution damage, págs. 480 e segts., Il Diritto Marittimo, ano XCVII, pág. 51.

delines on oil pollution damage»[36], este aspecto foi sublinhado ao referirem as mesmas que «A perda tem de ser causada pela própria contaminação» e que «... não é suficiente ter ocorrido entre a perda e o incidente ...». Também no relatório Trotz e De La Rue apresentado à conferência de Sidney do CMI, este aspecto foi objecto de chamada de atenção. Na verdade, observou-se não ser «suficiente mostrar, meramente, que foi causado pelo incidente (isto é colisão, encalhe ou ocorrências similares que conduzem à poluição ...», acrescentando-se que, se, v.g., os factos no caso do *Júpiter*[37], «... ocorressem num país aderente à convenção é altamente provável que se chegasse ao mesmo resultado, isto é não poderia haver recuperação de puras perdas económicas, resultantes do bloqueio do canal de um rio pelo afundamento de um navio, apenas porque o óleo se espalhou na ocasião do desastre: contaminação, mais do que bloqueio ou outros factores têm de ser a causa da perda»[38].

O critério fixado na jurisprudência portuguesa deve, consequentemente, ser seguido enquanto expressão dos propósitos limitadores a este respeito da CLC, expressos tanto na sua redacção inicial, como na, posterior, do protocolo de Londres de 1992 que a reviu e actualizou. Este critério, contudo, não foi seguido no caso do *Haven*. De facto, o tribunal de Génova, após ter recordado a definição contida no artigo I/6 da CLC/69, transcrevendo-a desta maneira «... qualsiasi perdita o dano all'esterno della nave che trasporta idrocarburi causati da inquinamento che risulti da una fuga o dallo scarico di idrocarburi ...», conclui que «... em tal amplíssima acepção o conceito de "pollution damage" não suporta qualquer limitação para além das decorrentes da causalidade do dano que, justamente, deve emanar do derramamento de hidrocarbonetos transportados no navio. O dano ao ambiente constitui, pois, dano ressarcível no sentido da citada

---

[36] Guidelines on oil pollution damage, Resolution, Il Diritto Marittimo, 1995, I, págs. 48 e segts., em especial, pág. 51.

[37] No caso do navio *Jupiter*, Il Diritto Marittimo, 1994, II, pág. 307, págs. 307 e 308, o mesmo, na sequência de incêndio e explosão, corrido em Bay City, Michigan, desprendeu-se do molhe onde estava atracado, vindo a afundar-se no canal que, por essa razão, ficou encerrado à navegação durante mais de um mês. O tribunal considerou, à luz do direito norte-americano, o OPA (*Oil Pollution Act*) não dever ressarcir danos de perdas causadas pelo derramamento da gasolina que transportava e que se havia derramado. Com efeito, considerou, as perdas não haviam resultado da contaminação, antes do bloqueio do canal do rio causado pelo afundamento do navio.

[38] Norbert Trotz e De La Rue, Admissibility and Assessment of Claims for Pollution Damage, Il Diritto Marittimo, 1994, II, págs. 298 e segts. e, em especial, pág. 311.

convenção»[39]. Ora, creio, atento o texto da CLC/69, na decisão não foi dada atenção ao facto de o preceito exigir que o dano resulte da contaminação física do crude derramado com o objecto lesado. Acresce, já no plano dogmático, não ser a causalidade fonte de limitação do ressarcimento, antes, da existência do próprio dano indemnizável.

3 – O sistema ressarcitório previsto na CLC, assenta na regra do artigo III/1, logo de seguida acompanhada de várias precisões, segundo a qual «O proprietário de um navio no momento em que se verifique um evento (...) é responsável por qualquer prejuízo devido à poluição ...».
Esta regra evidencia a ausência de qualquer referência ou alusão ao elemento «culpa». O contraste do preceito transcrito com, v.g., o artigo 483.º do CCivil ajudará a tornar este aspecto mais claro. Neste último preceito afirma-se que aquele que "... com dolo ou mera culpa violar ilicitamente o direito de outrem (...) fica obrigado a indemnizar o lesado ...", preceito este que, de acordo com o disposto no artigo 499.º do CCivil, é, igualmente, aplicável à responsabilidade civil pelo risco. Não obstante o que precede, o elemento «culpa» não está ausente da CLC/92 como o mostram as excepções contidas nos n.ºs 2 e 3 do seu artigo III.
No n.º 1 contêm-se os aspectos fulcrais para a descrição do regime da responsabilidade civil do proprietário do navio nestes casos. Com efeito, logo após a regra transcrita segundo a qual o proprietário do navio no momento em que se verifique um evento é responsável por qualquer prejuízo por poluição, o preceito prossegue: «... salvo nos casos previstos nos parágrafos 2 e 3 do presente artigo». A caracterização geral do sistema de responsabilidade civil passa pela análise das regras dos subsequentes parágrafos 2.º e 3.º, em especial, das do parágrafo 2.º.
Assim, a nossa análise centrar-se-á na determinação de qual a natureza das excepções contidas nas várias alíneas desse parágrafo 2.º e, bem assim, no exame da respectiva influência na determinação do tipo de responsabilidade civil prevista na CLC. Contudo, é importante a excepção contida no parágrafo 3.º da qual também haverá ocasião de nos ocuparmos.
A leitura do artigo III/2, alínea a) da CLC/92 mostra que o proprietário do navio não será responsabilizado se provar que o dano por poluição *resulta de um acto de guerra, de hostilidades, de uma guerra civil, de uma insurreição ou de um fenómeno natural de carácter excepcional ine-*

---

[39] Sentença do Tribunal de Génova de 5 de Maio de 1996, cit., Il Diritto Marittimo, cit. págs. 513 e 514.

vitável e irresistível". Esta alínea, na sua parte final, pretende aludir ao caso fortuito ou de força maior, menção traduzindo a vontade de criar possibilidades, inexistentes nas outras alíneas do artigo III/2, de desresponsabilização do proprietário do navio como a ausência da palavra «totalidade» denota. De forma a esclarecer melhor o que está em causa transcrevem-se as várias alíneas do artigo III/2.

«*O proprietário não será responsável se provar que o dano por poluição:*
"*a) resulta de um acto de guerra, de hostilidades, de uma guerra civil, de uma insurreição ou de um fenómeno natural de carácter excepcional inevitável e irresistível; ou*
b) resulta, na totalidade, de um facto deliberadamente praticado ou omitido por terceiro, com a intenção de causar um prejuízo; ou
c) resulta, na totalidade, da negligência ou de qualquer outra acção prejudicial de um Governo ou de outra autoridade responsável pelo bom funcionamento dos faróis ou de outros auxiliares da navegação, praticada no exercício destas funções» (sublinhados meus).

É fácil notar que, enquanto nas alíneas b) e c) se escreveu «... na totalidade ...», o mesmo não sucedeu na alínea a), na qual a mencionada expressão foi omitida. Esta omissão, de acordo com a doutrina, foi intencional[40]. De facto, da mesma decorre o alargamento dos casos de desoneração ou, pelo menos, a possibilidade de a presença das circunstâncias indicadas na transcrita alínea a) bastar para levar à não responsabilização do proprietário, ainda que o papel de tais circunstâncias no acidente tenha sido mínimo. Assim, concluiu-se já que «... a presença, só por si do acto de guerra ou da força maior basta para liberar o armador da sua responsabilidade seja qual for a importância do papel desempenhado pelo caso de força maior ou pelo acto de guerra no acidente»[41]. Aliás, isto é tanto mais assim quanto, ao que parece, «... os negociadores queriam que os casos de força maior, nessas hipóteses fossem exoneratórios da responsabilidade do proprietário»[42]. Assim, através da prova da simples presença do caso fortuito ou de força maior, independentemente do papel (que, no evento causador da poluição pode, mesmo, ter sido mínimo) que as mesmas possam ter desempenhado no sinistro, mesmo que em concorrência com a culpa do

---
[40] Chao Wu, La Pollution du Fait du Transport Maritime, cit. pág. 157, nota n.° 150.
[41] Chau Wu, La Pollution du Fait du Transport Maritime, cit., pág. 75
[42] Chao Wu, La Pollution du Fait du Transport Maritime, cit., pág. 75.

autor do facto lesivo, este pode desonerar-se da sua responsabilidade. Logo, é correcto admitir que, bem vistas as coisas, na alínea a) do n.º 2, o caso fortuito e de força maior continuam, no âmbito da CLC, a desempenhar um papel de primeiro plano nas causas exoneratórias da responsabilidade do proprietário[43].

Na aplicação, tanto do artigo V/2 da CLC/69 como na do artigo V/2 da CLC/92, sempre terá o julgador português não poucas dificuldades. Na verdade, nos mesmos encontram-se modelos de responsabilidade civil não acolhidos no direito português. Na CLC/69, «Se o evento for causado por falta pessoal do proprietário ...», o mesmo não poderá prevalecer-se da limitação da responsabilidade prevista na convenção. O texto português mais não é do que a tradução literal do texto francês de acordo com o qual «Si l'évenement est causé par une *faute personelle* du proprietaire ...» (itálico do autor). Ora, o preceito legal que, de certa maneira – e mesmo assim não completamente – pode ser aproximado deste é o artigo 483.º do CC[44], ao dispor que «*Aquele que, com* dolo ou mera *culpa*, violar ilicitamente o direito de outrem ...» (itálico do autor). Ora, para além do termo "faute" não ser susceptível de ser traduzido por "culpa", o certo é que, agora, no plano dogmático, o mesmo não tem equivalente no direito português, como aliás o revela a circunstância de não figurar no artigo 2361.º do CC de Seabra[45]. Quer-me assim parecer, o termo "faute" no texto da

---

[43] Em sentido diferente, cfr. João Carlos Brandão Proença, A conduta do lesado como pressuposto e critério de imputação do dano extracontratual, Coimbra, 1998, que, a pág. 281, na importante nota 903, cita como exemplo do que denomina de «... descaracterização da força maior ...» o artigo III da Convenção Internacional sobre a responsabilidade civil pelos prejuízos devidos à poluição por hidrocarbonetos. Na verdade, se bem interpreto o pensamento do ilustre autor, o mesmo considera que, o que chama de contenção proporcionada da auto-responsabilidade do lesado tem a ver com a «.... compressão desse limite natural que é a força maior ...». Ora, a meu ver, no sistema da CLC através da "força maior", na mesma excessivamente alargada, nas condições já expostas, deixa o lesado em condições de grande dificulade para provar a culpa do autor da lesão e, mesmo, da sua intervenção no próprio processo causal que levou ao dano. Dir-se-á, assim que esse alargamento da "força maior", não é feito em função de uma tentativa de equilíbrio, nos termos que propõe e em que o artigo 570.º é chamado a desempenhar importante papel, das várias situações em concurso, antes de um propósito de não onerar a posição e, em consequência, a culpa do proprietário do navio tanque.

[44] De facto, para além de outras razões que, no texto, adiante serão explicitadas, está em causa, em qualquer dos preceitos, a responsabilidade civil extracontratual.

[45] Procurando caracterizar a atitude do Visconde de Seabra face ao artigo 1382.º do Código Civil francês, nota Menezes Cordeiro que Seabra «Provavelmente embaraçado com a tradução de *faute* ...» se limitou a redigir um preceito (o artigo 2361.º) no qual «Desa-

CLC revela a influência do artigo 1382.° CCivil francês que preceitua «Tout fait quelconque de l'homme, qui cause à autrui un dommage oblige celui par la *faute* duquel il est arrivé, à le reparer» (itálico do autor). Assim, a dogmática, acima evocada, que se desenvolveu em torno do artigo V/2 da CLC/69 seria percebida pelo julgador português, não tanto como o apuramento do elemento subjectivo da responsabilidade civil, em termos de determinação da sua intenção subjectiva, como, sobretudo, a indicação de critérios de normativização da culpa. Trata-se, em suma, da manifestação neste âmbito, daquilo que Menezes Cordeiro denomina – no contexto da «... passagem da "culpa" a "questão-de-direito" ...» – o apuramento do «... nível normativo de fixação de culpa ...»[46]. Requisito, contudo, para o funcionamento da limitação da responsabilidade civil do proprietário do navio é a exigência de os eventos originadores da poluição não terem sido causados por culpa do proprietário do navio, *rectius*, segundo o preceituado no artigo V/2 da CLC/69 «... por uma culpa pessoal do proprietário». Resta, contudo, saber em que é que essa «culpa pessoal» consiste.

No texto francês da CLC/69, escreveu-se "faute personelle du proprietaire". No inglês empregou-se, antes, a expressão "fault or privity of the owner". O sentido material das duas versões, contudo, não coincide. Na primeira, inclui-se, indiferenciadamente, ilicitude, culpa, causalidade. O seu corolário lógico será, pois, o agravamento da posição do proprietário do navio, considerando que, este último, terá de provar os três aspectos acima assinalados[47]. O conceito de "... fault or privity of the owner ..." é, no entanto, mais restrito por conexionar-se, tão *só*, com a responsabilidade pessoal do proprietário do navio. De notar, no entanto, que nesta responsabilidade estão incluídos os «... acts of the agents or servants»[48]. O sentido da jurisprudência formada sobre esta expressão foi já resumida da forma seguinte: «... trata-se não somente da «faute personelle», no sen-

---

parece a referência à culpa: o papel da *faute* parece despenhado pela ilicitude», Da Responsabilidade Civil dos Administradores das Sociedades Anónimas, Lisboa, 1997, pág. 450.

[46] Menezes Cordeiro Da Responsabilidade Civil dos Administradores das Sociedades Anónimas, cit., 526.

[47] Neste sentido, cfr. Menezes Cordeiro, Privatização da Sociedade Financeira e Vícios Ocultos: das Pretensões de Reparação, in a Privatização da Sociedade Financeira Portuguesa, págs. 145 e segts. em especial pág. 152, passagem na qual é analisado o regime da responsabilidade civil em direito francês.

[48] Cfr., a este respeito, Payne and Ivamy's, Carriage of Goods by Sea, London, 1985, págs. 185 e segts.

tido próprio do termo, dos directores da sociedade proprietária do navio (ou, ainda, dos directores da sociedade gerente do navio perante os tribunais ingleses), mas pode consistir, ainda, na «faute» dos empregados da sociedade se os seus dirigentes não exerceram controles suficientemente diligentes, relativamente às actividades dos seus empregados»[49]. Ora, a parte final do artigo III/4 da CLC/69 impede que os mesmos fossem demandados. Assim, a ampliação da responsabilidade civil do proprietário do navio, através do alargamento do número de pessoas ligadas ao armador, pelas razões já indicadas, compaginava-se dificilmente com as razões que tinham levado à anuência, após vivo debate[50], da consagração de um regime de responsabilidade civil por culpa pessoal de proprietário no navio, embora culpa presumida. De facto, a mesma só fora aceite no decurso dos trabalhos da conferência diplomática encarregada de redigir a CLC 1969, mediante a redução dos limites dos montantes ressarcitórios máximos constantes da própria convenção.

É assim fácil reconhecer que qualquer orientação jurisprudencial, designadamente como a afirmada no caso do *Amoco Cadiz*, que não tenha em conta o equilíbrio assinalado rompe a ponderação de sacrifícios que explica em boa medida as soluções da CLC. Na verdade, desta jurisprudência veio a resultar a supressão das contrapartidas – limitação dos montantes indemnizatórios fixados – aceites como compensação pela consagração em termos gerais de um regime de responsabilidade civil por culpa presumida. Assim, na interpretação da expressão «... causé par une faute personelle du proprietaire...», a pura ortodoxia da CLC impõe o respeito dessa característica da limitação da responsabilidade, a exemplo, aliás, do que sucede em convenções de direito marítimo.

Na CLC/92 o artigo V foi objecto de nova redacção. Explicação para a nova redacção, pode, porventura encontrar-se na intenção de impedir a constituição, no campo normativo da CLC de uma jurisprudência muito rigorosa relativamente ao conceito de culpa pessoal, de que, v.g, o caso «Marion», embora fora do âmbito normativo desta convenção,[51] é para-

---

[49] Chaw wu, La Responsabilité du Fait du Transport Maritime des Hydrocarbures ..., cit., pág. 226.

[50] M'Gonigle/ Zacher, Pollution, Politics and International Law, cit., pág. 170.

[51] No caso Marion decidiu-se. "The owners were denied the right to limit their liability. The necesary fault or privity of the owners was found in their failure to maintain effectiv supervision. This occurred in two ways. The first was the failure to conduct an effective program the charts on board up-to-date whether by replacement or correction. The second was the failure of the managing director to take note of a marine inspectorate

digma. De facto, bem vistas as coisas, essa jurisprudência acabava por reintroduzir neste campo o regime geral da responsabilidade civil. Ou seja, o desiderato prosseguido com as novas alterações era o de reintroduzir na CLC, pela via legal, o que a via jurisprudencial da mesma tinha retirado ou, pelo menos em boa parte, privado do seu original sentido. De facto, ao abrigo da versão do Protocolo de 1992, torna-se mais difícil obter a responsabilização do proprietário (artigo V/2, da CLC, 1992), como, aliás, a doutrina já observou[52].

Assim, a CLC/92 não marca a passagem de um paradigma normativo a outro, antes traduzindo o firme propósito de reafirmar, reforçando a tradição jurídica do direito marítimo, o papel da culpa, como culpa realmente pessoal, impedindo, ao menos no sector aqui em estudo, o desenvolvimento do que denominei a jurisprudência «Marion». O artigo V/2 da CLC/92 elimina qualquer tipo de alusão à culpa do armador. Contudo, retira-lhe a possibilidade de limitar a sua responsabilidade «... se se provar que o prejuízo devido à poluição resultou de acção ou omissão que lhe seja imputada, cometida com a intenção de causar tal prejuízo ou com imprudência e o conhecimento de que tal prejuízo se poderia verificar». O texto inglês mostra que a CLC/92, procurou, abandonando a ideia de culpa pessoal, responsabilizar com severidade o autor do dano de poluição ao falar na «... personal act or omission, committed with the intent to cause such damage, or recklessly and with knowledge that such damage would probably result». A francesa, por sua vez, refere-se a «... son fait ou son omission personnels commis avec l'intention de provoquer un tel dommage, ou commis témérairement et avec conscience qu'un tel dommage en résulterait probablement». A fórmula encontra-se flagrantemente próxima da utilizada nas chamadas regras de Visby[53]. Ora, perante as mesmas, a doutrina veio dizer tratar-se de uma forma de negligência par-

---

report that referred to the unsatisfactory condition of the ship's charts", Yearbook of Maritime Law, 1984, pág. 419. Sobre o mesmo caso, cfr. Stefen Hazelwood, " actual fault or privity", such as to deprive a shipowner of the right to limit liability, YearBook of Maritime Law, cit. pág. 291 e segts.

[52] Nota Chao Wu ser da «... opinião de que o Protocolo de 1984 concede ao proprietário do navio um direito praticamente não refutável de limitação da responsabilidade» e que «Deste ponto de vista, o protocolo representa um verdadeiro carácter revolucionário ao reforçar duma maneira radical o princípio da limitação da responsabilidade», La Pollution du Fait du Transport Maritime des Hydrocarbures, cit., pág. 228.

[53] Cfr. texto em Manuel Januário da Costa Gomes, Leis Marítimas, cit., pags. 573 e segts.

ticularmente agravada sustentando-se que «...as regras de direito uniforme invocáveis individualizam portanto um conceito unitário de culpa equivalente ao dolo...»[54]. Assim, bem vistas as coisas, poderá defender-se que as várias questões que a temática da «faute personelle» colocava num contexto algo diferente, continuam a manifestar-se de forma não muito diferente. No texto de 1969, podia falar-se na «privity», para designar a responsabilidade particularmente agravada que onera proprietário do navio. Agora, no novo artigo V/2 da CLC/92[55] consagra-se a chamada «wilful misconduct», não podendo, pois, em termos de pura hermenêutica jurídica, ser afirmado ter esse artigo desonerado a posição do proprietário do navio[56]. Apesar de ser assim, no plano da concretização dos seus deveres ressarcitórios, as coisas passam-se de forma algo diversa. De facto, nota um autor ser raro o proprietário cometer «.. *pessoalmente* uma tal falta indesculpável que cause o dano por poluição, tanto mais que é conhecido no transporte marítimo que a gestão do navio poucas vezes se encontra nas mãos do seu proprietário»[57], pelo que a conclusão, ao invés, deve ser a de que a CLC/92, prática e invariavelmente, libera o proprietário da obrigação de indemnizar os lesados por danos de poluição[58].

Ou seja, o caminho de agravamento da responsabilidade civil do armador que, de certa forma, a CLC 1969 não vedava, encontra-se agora quase encerrado. Desta maneira, a intenção inicial dos legisladores de 1969, no sentido de tanto quanto possível adoptarem uma linha de estreita ligação da responsabilidade civil à culpa, sai reafirmada, e mesmo, pode

---

[54] A este respeito, cfr. Paola Ivaldi, *Wilful Misconduct* e Colpa Grave Tra Diritto Internazionale e Diritto Interno, Rivista di Diritto Internazionale Privato e Processuale, Ano XXII, pág. 339.

[55] A este respeito, cfr. Paola Ivaldi, *Wilful Misconduct* e Colpa Grave Tra Diritto Internazionale e Diritto Interno, Rivista di Diritto Internazionale Privato e Processuale, ano XXII, págs. 327 e segts.

[56] Sobre o conceito e respectiva problemática da «*Wilful Misconduct*» e, bem assim da «*Recklessness*», cfr. Paola Ivaldi, *Wilful Misconduct* e colpa grave tra diritto internazionale e diritto interno, Rivista di Diritto Internazionale Privato e Processuale, ano XXII, págs. 327 e segts, em especial págs. 338 e segts, passim.

[57] Neste sentido, cfr. Chao Wu, La Pollution du Fait du Transport Maritime des Hydrocarbures, cit., págs. 228 e segts.

[58] Chao Wu, La Pollution du Fait du Transport Maritime des Hydrocarbures, cit., págs. 228 e segts., exprime juízo idêntico relativamente ao Protocolo de 1984. Ora, as opções que foram consagradas no Protocolo de 1984 são as que, posteriormente, vieram a ser transpostas para o Protocolo de Londres de 1992.

afirmar-se, reforçada com a CLC 1992. O lesado, em todo o caso, é beneficiado com a elevação dos limites ressarcitórios fixados na nova convenção internacional sobre o «Fundo ...», podendo até ligar-se a desresponsabilização pessoal do armador à elevação de tais montantes indemnizatórios.

4 – Tanto na forma como na CLC foi estruturada a responsabilidade civil do armador como no rigorismo com que a jurisprudência encara a responsabilidade do proprietário, dever-se-á ter presente a influência da tradição de comunidade marítima. De acordo com o disposto no artigo V/1, alínea a) da CLC/92 o proprietário de um navio tem o direito de limitar a sua responsabilidade a 3 milhões de unidades de conta para um navio cuja arqueação não exceda as 5.000 unidades, acrescendo a este montante 420 unidades de conta por unidade de arqueação adicional. Todavia (parte final da alínea b), o montante global não poderá exceder, em nenhum caso, 59,7 milhões de unidades de conta. Este preceito consagra uma instituição tradicional do *shipping*, a saber a da limitação da responsabilidade civil do proprietário do navio. Um seu precedente encontra-se estabelecido no artigo 1.º/1 da «Convenção Internacional sobre a limitação da responsabilidade dos proprietários de navios de alto mar»[59]. O sistema instituído é, há muito, um particularismo do direito marítimo, pois, em contraposição à regra geral civilista – integral reparação dos danos causados – em direito marítimo, as coisas passam-se diferentemente. Nota Pierre Bonnassies que a instituição da limitação da responsabilidade se justifica «... pela consideração dos riscos do mar, riscos que subsistem apesar da evolução das técnicas e que os exemplos do «Torrey Canion» ou do «Amoco Cadiz», só o provam. Justifica-se, também, como observava Georges Ripert, por uma referência à noção de comunidade marítima. É um facto que qualquer armador vítima de um incidente marítimo no qual não tem qualquer responsabilidade e que sofra, com a limitação, desta tirará, ele próprio, talvez um dia proveito, quando for responsável e não vítima. Assim, a instituição aparece, numa certa medida, pelo menos, como a tradução da ideia fundamental de solidariedade marítima»[60]. O rigorismo que na visão jurispru-

---

[59] Aprovado para ratificação pelo Decreto-Lei n.º 48036, de 14 de Novembro de 1967. Texto publicado em Manuel Januário da Costa Gomes, Leis Marítimas, cit., págs. 781 e segts.

[60] La responsabilité pour pollution en droit maritime, in Droit de L'Environnment marin, Développements Récents, Paris, 1988, págs. 291 e segts. e, para a citação supra no texto, cfr. em particular, pág. 303; Cfr., ainda, René Rodiére/Martine Rémond-Gouilloud, La Mer, Droits de L'Homme ou proie des États?. Paris, 1980, págs. 71 e segts, no que, em

dencial a este respeito perpassa, tem uma explicação. Na verdade, quer-me parecer emergir a mesma da dificuldade existente neste campo em colocar os interesses da dita "comunidade marítima" ou das suas "práticas marítimas tradicionais" à frente dos interesses dos lesados. É que, para além da própria dificuldade em definir qualquer das noções acima indicadas, a verdade é que os lesados não estão integrados na mencionada comunidade. Na verdade, nesta última apenas estão em causa os operadores habituais e respectivos interesses presentes no comércio marítimo. Ora, as vítimas da poluição marítima não se encontram nessa situação. Citando novamente Pierre Bonassies, pode dizer-se que "... a solidariedade marítima não vale senão para aqueles que estão envolvidos da mesma maneira na comunidade marítima. Não vale para terceiros, estranhos a esta comunidade, que são vítimas de um sinistro marítimo, como sucede com as vítimas terrestres de uma poluição originária de um navio"[61].

De facto, muito cedo se reconheceu o que havia de paradoxal em pretender, nos casos de poluição marítima de que aqui nos ocupamos, invocar os interesses da comunidade marítima. Ainda no decurso dos trabalhos da conferência diplomática de que sairia a CLC/69, o Ministro dos Transportes do Canadá ponderava ser «difícil perceber, por isso, porque razão se deve solicitar aos interesses piscatórios ... ou aos contribuintes dos estados costeiros que suportem o ónus financeiro de subsidiar a indústria petrolífera a uma escala mundial»[62]. A verdade é que esta divergência, situa-se no campo da determinação do conceito de «falta pessoal». É difícil prever quais seriam, no âmbito da noção de «culpa indesculpável», os efeitos da jurisprudência «Marion» que, quer-me parecer, em todo o caso, restringe o papel da tradição da «comunidade marítima». Assim, tal jurisprudência se aplicada a este tipo de sinistros, teria como mais previsível efeito o aumento da severidade jurisprudencial a respeito dos armadores.

5 – A questão dos portos de refúgio, nos seus aspectos privatísticos, é tema que mal começa a merecer atenção doutrinária. Justifica-se, pois, dedicar-lhe alguma atenção.

---

particular, concerne a génese do sistema. Sobre o funcionamento do chamado "Fundo de Limitação", págs. 71 e sgts.

[61] La Responsabilité Pour Pollution en Droit maritime, in Droit de L'Environnment Marin, Développements Récents, cit. pág. 304.

[62] Citado por M 'Gonigle, Zacher, in Pollution, Politics, and International Law ..., cit., pág. 171.

Dispõe o artigo III/3 da CLC: «Se o proprietário provar que o prejuízo por poluição resulta, na sua totalidade ou em parte, quer de um facto que a pessoa que o suportou praticou ou se absteve de praticar com a intenção de causar um prejuízo, quer da negligência da referida pessoa, o proprietário pode ser isento de toda ou de parte da sua responsabilidade em relação àquela pessoa». A figura aqui delineada é a da conduta do lesado enquanto factor susceptível de afectar a expressão do dano indemnizável. É, afinal de contas, a expressão, no plano desta convenção, da regra *casum sentit dominus*. A introdução desta regra, mesmo que uma análise pormenorizada pudesse mostrar pontos de afastamento em relação à regra interna portuguesa homóloga, não inovou no direito civil português, pois o princípio encontrava-se já consagrado no artigo 570.º/1 do CC. Em todo o caso, o que nos interessa, ao destacar este instituto no plano deste estudo, é ver como o mesmo se integra numa normativa com os propósitos e as particulares características da CLC. De notar, antes de mais, que o ónus da prova pertence ao proprietário. Isto não significa, contudo, que ao lado dos eventos desculpabilizantes previstos nas várias alíneas do artigo III/2 da CLC/92, o n.º 3 venha criar uma nova forma de desresponsabilização para o proprietário, resultante de actuação do lesado, mesmo que, tão somente, parcial.

No n.º 2 está em causa a sua responsabilidade no acidente do qual veio a resultar o dano ressarcível. No n.º 3 o que está no centro da preocupação do legislador é o montante do próprio dano. Ou seja, enquanto no artigo 570.º do CC, o mesmo preceito ocupa-se da intervenção do lesado tanto no processo causal que levou ao acidente como no que determinou o agravamento do dano, na CLC/92 – e já assim era na CLC/69 – as duas situações aparecem reguladas em disposições diferentes. Daqui duas soluções diversas. A intervenção do lesado no processo que determina a produção do facto lesivo não é prevista como fundamento de exoneração da responsabilização do armador. Assim, a intervenção do lesado, por acção ou omissão, só releva como fonte de isenção – parcial ou total – no que concerne a fixação do *quantum* ressarcitório. O resultado final, relativamente à doutrina do artigo 570.º, acaba por ser mais favorável ao lesado. Com efeito, só a sua intervenção no agravamento do dano é susceptível de poder ser sancionada E, mesmo assim, ainda que se esteja em situação de intervenção do lesado na produção total do prejuízo ocorrido, não estará em causa algo inevitável.

A consagração desta figura num texto como a CLC não é tão natural como poderá pensar-se. Num documento dominado pela preocupação de, tanto quanto possível, exonerar o armador da sua responsabilidade, quase que não se estranharia que a culpa, mesmo que tão só parcial, do lesado pudesse levar à completa exoneração do lesante[63], ideia esta que o mesmo artigo III/2, alínea c), de certa maneira transmite, ao prescrever que o armador não é responsável se o prejuízo (não o evento, note-se) resultar, «...na totalidade, da negligência ou de qualquer outra acção prejudicial de um Governo ou de outra autoridade responsável pelo bom funcionamento dos faróis ou de outros auxiliares de navegação...». De facto, num quadro de completa ausência de culpa do lesado, é o lesante exonerado de qualquer responsabilidade.

Bem vistas as coisas, as situações passíveis de serem aqui enquadradas são factos que só podem ser praticados pelo Estado, assim equiparado a «pessoa» para efeitos do disposto no artigo III/3 da CLC[64]. A leitura das decisões que se têm ocupado do ressarcimento dos danos causados pelo derramamento no mar de hidrocarbonetos mostra, com frequência, figurarem entre os lesados entidades de natureza pública, tais como municipalidades, pessoas colectivas públicas e mesmo Estados. Com efeito, por um lado, numerosos desses danos ocorrem em pleno domínio marítimo e, por outro lado, é necessária a colaboração de tais entidades, nomeadamente do Estado, na remoção de detritos, lixos tóxicos. Acrescem, ainda, os danos porventura causados em pontões, molhes portuários etc., pertença do Estado, sem falar dos recursos humanos ou materiais, eventualmente utilizados para prevenir ou minorar os danos ocorridos. Em princípio, nada se opõe ao ressarcimento de todos esses prejuízos como a leitura da jurisprudência relevante o mostra. De notar, ainda, não ser esta regra privativa das pessoas colectivas de direito público, aplicando-se a todo e qualquer lesante. O facto de, no contexto da descrição do regime da responsabili-

---

[63] Sobre esta visão das coisas, que, a ser aceite, retomaria a velha regra pomponiana «quod quis ex culpa sua damnum sentit non intellegitur damnum sentire», cfr., em sentido crítico, contudo, José Carlos Brandão Proença, A Conduta do Lesado como Pressuposto e Critério de Imputação do Dano Extracontratual, cit., págs. 369 e segts., passim. Sobre a regra pomponiana acima transcrita cfr. José Carlos Brandão Proença, A Conduta do Lesado cit. págs. 69 e segts. e G. Grifo, Enciclopedia del diritto, Vol. XI, Milão, págs. 618 e segts., passim.

[64] Neste sentido, no caso do *Prestige*, Fernandez Quirós, Responsabilidade Civil por Daños Derivados de la Contaminación Marítima por Hidrocarburos: Algumas Consideraciones a Propósito del «*Prestige*», citado por José Juste Ruiz, in «El accidente del Prestige y el derecho internacional», Revista Española de Derecho Internacional, Vol. LV (2003), I, pág. 40.

dade civil dos armadores de navios tanque, a ter agora referido tão só à situação do Estado, tem a ver com o apuramento de qual a responsabilidade civil de dado Estado, na situação particular, a que agora irá ser dedicada alguma atenção, de não ter constituído um «porto de refúgio».

Uma das formas de equacionar a responsabilidade pelos danos ocorridos nos casos de *Erika*[65] ou do *Prestige* é a de entender que as catástrofes em que intervieram talvez pudessem ter sido evitadas se as autoridades portuárias tivessem permitido que entrassem em portos nos quais teria sido possível descarregar em segurança o crude transportado e, em seguida, às reparações que obviassem ao derramamento dos hidrocarbonetos, permitindo, assim, a continuação em segurança da sua navegação. Ao deixar os navios no mar em plena tempestade, sempre a partir de tal ponto de vista, tais entidades deram um forte contributo para que uma situação, já em si muito grave, se convertesse em catástrofe. Em contraposição a estes casos, a evocação do que sucedeu com o navio *Castor*[66] mostra poder a concessão de refúgio a navios em perigo ajudar a solucionar situações porventura insolúveis, de outra forma. A questão pode ser equacionada a partir de um triplo ponto de vista.

(i) – Numa primeira perspectiva deste assunto, a mesma é visionada a partir da CNUDM. De acordo com o disposto no seu artigo 18.º, o direito de «passagem», no sentido do artigo 17.º da Convenção, consiste no facto de navegar no mar territorial. O artigo 18.º/2 dispõe que: «A passagem deverá ser contínua e rápida. No entanto, a passagem compreende o parar e o fundear, mas apenas na medida em que os mesmos constituam incidentes comuns da navegação ou sejam impostos por motivos de força maior ou por dificuldade grave ou tenham por fim prestar auxílio a pessoas, navios ou aeronaves em perigo ou em dificuldade grave». No âmbito do nosso problema, o alcance deste preceito é reduzido pelo artigo 21.º/1, alínea f), segundo a qual o Estado costeiro pode adoptar leis e regulamentos relativos à passagem inofensiva pelo seu mar territorial, que podem incidir sobre «preservação do meio ambiente do Estado costeiro e prevenção, redução e controlo da sua poluição». Nesta medida, a passagem, mesmo a processar-se da forma indicada no artigo 18.º/2, 1.ª parte, fica

---

[65] O navio *Erika* partiu-se ao meio, afundando-se em seguida a 12 de Dezembro de 1999 no Golfe da Gasconha, poluindo as costas francesas; cfr. Il Diritto Marittimo, 2003, págs. 139 e segts., passim.

[66] Sobre este caso, cfr. Pollastrini, I Porti Rifugio, Il Diritto Marittimo, CV, págs. 1041 e segts., passim.

condicionada à necessidade de autorização do Estado ribeirinho. De qualquer maneira, o preceito é omisso sobre a necessidade do dito Estado ribeirinho criar portos refúgios.

(ii) – Uma outra maneira de encarar esta questão é a ter presente o artigo 11.º da *International Convention on Salvage* de 1989, entrada em vigor em 14 de Julho de 1996[67]. Segundo com este preceito, «Um Estado parte, ao regular ou ao decidir questões relativas às operações de salvamento, tais como as de admitir a entrada nos portos de navios em perigo ou a concessão de facilidades aos salvadores, tomará em conta a necessidade de cooperação entre salvadores, outras partes interessadas e as autoridades públicas, de forma a garantir a realização eficiente e bem sucedida das operações de salvação com a finalidade de salvar a vida ou a propriedade em perigo bem como prevenir danos ao meio ambiente em geral». Portugal não ratificou esta convenção internacional, antes tendo editado legislação interna própria. Refiro-me ao Decreto-lei n.º 203/98, de 10 de Julho. Ora este diploma prevê a salvação feita pelo capitão de dada embarcação ou de quem, nessa embarcação, desempenhe funções de comando (artigo 3/1). Está-se, como se vê, longe da temática dos portos de refúgio.

(iii) – Enfim este tema pode ser perspectivado de um ponto de vista do direito comunitário. Com efeito, a Directiva 95/21 CE, do Conselho de 19 de Junho[68], vem dizer no artigo 11.º/6 que «... o acesso a um porto específico pode ser autorizado pela autoridade competente do Estado desse porto, em caso de força maior ou considerações de segurança primordiais, para *reduzir ou minimizar os riscos de poluição*, ou para corrigir anomalias, *desde que o proprietário, o armador ou o comandante do navio tenham tomado medidas adequadas, a contento da autoridade competente desse Estado-membro*, para assegurar a entrada do navio em segurança no porto». Ou seja, ainda aqui o texto potencialmente aplicável, não tem carácter imperativo. De facto, o mesmo não cria qualquer obrigação de permitir a entrada. Mesmo nos casos em que a mesma é aceite, terá de ser feita a prova de que, segundo os critérios do Estado a cuja jurisdição o dito porto esteja submetido, *o armador ou o comandante do navio tomaram medidas adequadas* para fazer face aos riscos de poluição. Logo, tivesse ainda o texto natureza imperativa, a sua aplicação sempre depen-

---

[67] Texto em Manuel Januário da Costa Gomes, Leis Marítimas, cit., págs. 529 e segts.

[68] Texto em Manuel Januário da Costa Gomes, Leis Marítimas, cit., págs. 1026 e segts.

deria da utilização de procedimentos práticos cuja escolha está condicionada ao critério do Estado em cuja costa ficasse localizado o porto refúgio.

O artigo 199.º, 1.ª parte, da CNUDM dispõe que nos casos de risco eminente de dano ou de dano efectivo, os Estados situados na zona afectada devem cooperar, na medida do possível, com a finalidade de eliminar os efeitos da poluição e de prevenir ou reduzir ao mínimo os danos. E, logo em seguida, a 2.ª parte do preceito dispõe que «Para tal fim, os Estados devem elaborar e promover em conjunto planos de emergência para enfrentar incidentes de poluição no meio marinho». Num artigo recente, Patrick Griggs[69] delineou qual o estado da concretização, na prática marítima, do mencionado artigo. A mesma é reduzida. Na verdade, as condições estabelecidas pelos Estados são muito restritas, acrescendo ser diminuto o número de Estados que têm mecanismos preparados para fazer face a eventuais catástrofes ambientais resultantes de poluição por derrame de hidrocarbonetos. O que precede, contudo, conexiona-se, tão só, com a responsabilidade internacional do Estado em causa, não interferindo, assim, directamente com o regime da responsabilidade civil do proprietário do navio fonte do derramamento de produto poluidor[70].

A pergunta que, contudo, no âmbito deste trabalho surge é a de saber qual a relevância, no contexto do artigo III/3 da CLC, isto é no plano do regime da responsabilidade civil do armador (a diminuição, se não mesmo da exclusão, da mesma), como consequência ou da inexistência de portos de refúgio ou, existindo os mesmos, da recusa de autorização das autoridades competentes no ingresso da dita embarcação. Não creio que o número de casos[71] em que foi possível detectar culpa do lesado no agravamento dos danos por ele sofridos seja tal que permita formular desde já um qualquer juízo em matéria tão delicada. Contudo, com a reserva

---

[69] Places of Refuge, Il Diritto Marittimo, 2003, págs. 1033 e segts., passim.

[70] José Juste Ruiz, in «El accidente del Prestige y el derecho internacional», nota, no contexto do caso *Prestige*, a propósito do afastamento do dito navio da costa e, logo, do afastamento de um porto de refúgio que «...se não houve violação de uma obrigação internacional, *não há* facto internacionalmente ilícito nem *responsabilidade internacional do Estado espanhol*», Revista Española de Derecho Internacional, cit., pág. 35 (sublinhado meu).

[71] Raimondo Pollastrini, Il Diritto Marittimo, 2003, págs. 1033 e segts., passim, enumera cinco casos entre os quais, como os mais divulgados pelos media, estão os ocorridos com os navios "Exxon Valdez", Erika", Prestige". Este estudo refere, ainda, os casos do "Castor" e do "Sea Empress".

que acaba de fazer-se, parece que, nesses casos, o lesado deve ver a sua culpa reconhecida ao menos como tendo contribuído para o agravamento dos prejuízos ocorridos. Nesta forma de colocar o problema, dir-se-á, porventura, é dado escasso relevo à natureza da conduta – ou omissão – assumida pelo lesado, designadamente se a mesma é ou não normativamente exigível. E, de facto, assim é. Com efeito, para além de determinar se a presença ou não de portos de refúgio é ou não obrigação de direito internacional público, questão que no contexto deste trabalho terá de ficar em aberto[72], a verdade é que não pode excluir-se que os danos seriam evitados, pelo menos na extensão que concretamente revestiram, caso tal tipo de actuação, previamente, tivesse sido autorizada pelo próprio lesado. De facto, não está tanto em causa um raciocínio de tipo causalista, em termos de apurar a contribuição de cada uma das actuações para dado evento lesivo[73], antes uma exigência de responsabilização de cada um dos intervenientes nesse acontecimento ou, se se preferir, numa feliz expressão já utilizada no direito português, um «princípio de auto responsabilidade»[74]. É claro que a conclusão, em termos genéricos enunciada, não prescinde do apuramento das circunstâncias concretas do caso, de forma a determinar se tal actuação era necessária[75]. O que é tanto mais necessário em contexto – portos de refúgio – em que a conduta do lesado tem papel de primeiro plano.

6 – Como se viu mais acima, de acordo com o artigo III/1 da CLC «O proprietário de um navio no momento em que se verifica um evento (...) é responsável por qualquer prejuízo devido à poluição ...». Esta regra é precisada no seu n.º 4, que cria um "destinatário forçado" da responsabilidade pelos danos produzidos. Na verdade, na CLC, a individualização

---

[72] Nem este aspecto é, verdadeiramente, relevante. Como nota José Carlos Brandão Proença, embora no contexto do direito interno português, a conduta do lesado não está, em geral, «... enquadrada em moldes normativos», A Conduta do Lesado ..., cit., pág. 417.

[73] De notar a este respeito que no preceito em causa da CLC o acento é colocado, não tanto na sua contribuição para o evento danoso, antes na sua adequação para a produção do prejuízo.

[74] José Carlos Brandão Proença, A Conduta do Lesado ..., cit., pág. 418.

[75] Quanto ao ónus da prova da necessidade do navio em causa entrar no porto de refúgio, o mesmo pertence ao autor da omissão ou da recusa autorização, o que, para além de corresponder ao estado da doutrina (neste sentido, cfr. Eric Van Hooydonk: The Obligation to Offer a Place of Refuge to a Ship in disstress, CMI YEARBOOK, 2003, pág. 432 e 433), enquadra-se na linha da CLC de exonerar de responsabilidade o proprietário caso o mesmo tenha procedido de acordo com o que lhe é imposto.

do obrigado a ressarcir os danos causados ao lesado não tem a ver tão só com a actuação de quem, em termos de conduta, foi, de facto, o causador do evento danoso. Igualmente, essa individualização decorre do facto de dado sujeito de direitos ser o proprietário do navio que causou ou que interveio nos factos lesivos. Outros intervenientes e potenciais responsáveis são, à partida, imediatamente isentos de qualquer possibilidade de responsabilização, surgindo, assim, a interrogação sobre qual a justificação jurídica para criar um tal «destinatário forçado».

A explicação deste circunstancialismo encontra-se na história das negociações de que emergiu o sistema (não apenas a Convenção CLC/69) ressarcitório dos danos causados pela poluição provinda do derramamento no mar de hidrocarbonetos[76]. De facto, o mecanismo instituído para ressarcir este tipo de danos implicou, simultaneamente, nos termos acima vistos, a criação de um fundo indemnizatório – o FIPOL – destinado a completar as reparações indemnizatórias determinadas pela aplicação das regras da CLC, sendo a responsabilização exclusiva do proprietário compensada com a fixação de limites indemnizatórios máximos. Caso estes sejam insuficientes, considerando os danos sofridos, a vítima é compensada através de um complemento de reparação proporcionado pelo FIPOL. Ora, a indústria petrolífera, nos termos dos estatutos da organização internacional que administra o mencionado fundo, é uma das actividades sobre a qual recai a obrigação de suportar esse fundo, verdadeiramente um fundo ressarcitório. Desta maneira, também os carregadores acabam, embora por via indirecta, por responder pelas indemnizações a pagar. Ou seja, o desvio aos princípios gerais aplicáveis acaba, consequentemente, por ser uma consequência da ponderação global do sistema instituído. Isto mostra a necessidade de, no exame deste temática, ter em atenção que o sistema ressarcitório estabelecido pela CLC tem a vocação de ser complementado pelas regras do FIPOL. Em suma, embora possa considerar-se ter a CLC canalizado para o proprietário, enquanto um dos intervenientes no processo causal que levou ao dano, toda a responsabilidade, o certo é que o exame conjunto de todo o sistema instituído dá uma diferente visão das coisas.

---

[76] No derramamento do petróleo no mar não se tem em mira, tão só, o petróleo transportado nas cisternas dos navios. Igualmente, deve ter-se em atenção o óleo utilizado como propulsor do navio e o óleo dos sistemas hidráulicos de lemes das embarcações aqui em causa, ou seja navio tanque.

A CLC privilegiou o proprietário enquanto responsável em função de considerações ligadas à natureza dos prejuízos causados neste tipo de eventos. Na verdade, nos mesmos os danos são tão elevados que é irrealista pretender que agentes como, v.g., membros da equipagem do navio, designadamente o seu comandante, os possam ressarcir, ainda que tão só parcialmente. Assim, ao concentrar sobre o proprietário, o legislador convencional teve em atenção considerações «... de *predictability*, a fim de realizar a *insurability* do contrato»[77]. Isto, em suma, significa que imperativos de cariz jurídico-funcional, designadamente os que se conexionam com a temática seguradora, foram tidas em consideração sem sacrificar puras exigências normativas. De facto, desta forma, conservando a regra, cardinal, da responsabilização do autor do dano – aqui o proprietário – os lesados não serão afectados pela eventual incapacidade financeira do autor da lesão para indemnizar os prejuízos de que foram vítimas.

Apesar do disposto no artigo III/3 e 4 da CLC/69, o certo é que a jurisprudência, interpretou estas disposições de maneira restritiva. A consequência foi, no que importa ao apuramento da dimensão da regra da "canalização"[78], o seu quase esvaziamento. A observação da jurisprudência relevante permitirá ilustrar o que acaba de ser afirmado. Esta tendência manifestou-se no caso do *Amoco Cadiz*[79]. Nesta hipótese provou-se que todas as decisões que o comandante tomara haviam sido precedidas de prévia consulta dos proprietários "de facto" do navio. Daí que o tribunal condenasse não o proprietário inscrito no respectivo registo mas, antes, o proprietário de facto. Esta primeira forma de esvaziamento da regra da canalização, foi, assim, efectuada através da ampliação – a entender, note-

---

[77] Luigi Ferrari Bravi, Les Rapports entre Contrats et Obligations Délictuelles en Droit International Privé, Recueil des Cours, Vol. 146, pág. 377.

[78] Sobre este princípio, cfr. em direito português, Isabel de Magalhães Collaço, Lisboa, s/d, Problemas Jurídicos no domínio do risco nuclear, págs. 38 e segts., passim. Parece depreender-se uma atitude de compreensão da ilustre autora no que concerne à adopção da dita regra no domínio do risco nuclear, embora sublinhando que a solução " ... envolve um desvio importante às regras comuns em matéria de responsabilidade civil que vigoram em muitas legislações". A justificação, encontra-a a autora na necessidade de resolver o problema da "segurabilidade" de tão elevado risco. Como nota, a serem aplicados " ... os princípios comuns neste domínio, para cobrir todos esses eventuais responsáveis pelo sinistro ocorrido numa instalação nuclear, haveria que contratar um seguro extraordinariamente oneroso que de resto não é certo que pudesse ser obtido" (ob. cit. pág. 40). Se se substituir a expressão "instalação nuclear", por "navio tanque" as palavras da ilustre autora são aqui, inteiramente aplicáveis.

[79] Sobre este caso cfr. supra, nota 6.

se, de forma muito particular – do significado do termo «proprietário». De facto, o que o tribunal, realmente, fez foi «desconsiderar»[80] a personalidade jurídica, não pondo em causa, directamente, a dita «canalização». Só que, através da desconsideração, aceitou-se ser responsável tanto o proprietário registral do navio como quem, sobre o navio e equipagem, exercia de facto, poderes como tal; operação sempre muito delicada que, no direito marítimo, oferece ainda mais especificidades. Com efeito, a fixação de personalidade das sociedades proprietárias de navios, designadamente de navios tanques, é efectuada na prossecução de objectivos, designadamente no da atribuição de dada nacionalidade aos navios, que não revestem apenas uma pura natureza jus-privatista. Por tal motivo, pode entender-se que a operação efectuada pelo tribunal norte-americano teve, muito em especial, a finalidade de ultrapassar o obstáculo constituído pelo facto do navio ter a nacionalidade de país não aderente à CLC/69, desta maneira contornando os tectos ressarcitórios da CLC /69.

É certo que o mesmo sucedia com os Estados Unidos, igualmente não aderentes à dita convenção. Contudo, o tribunal aplicou a convenção, tanto pelo facto de considerar o direito francês aplicável (enquanto *lex loci delicti*), como pela circunstância, como escreve, de «as exigências da vida civilizada e a razão e a lógica comum a todos os homens ditarem que a lei de toda as nações incluindo a França e os Estados Unidos resultarem no *favorecimento da vítima ...*»[81] (sublinhados meus). A este *favor lesii*, tal como entendido pelo tribunal norte-americano, ficou a dever-se a não tomada em atenção da regra da «canalização». A esta justificação para rodear a regra da «canalização», o tribunal acrescentou uma outra. Ao analisar tal regra considerou-se – e, literalmente, tal leitura do artigo relevante a este propósito é correcta – que o seu funcionamento opera, tão só, nos limites da convenção internacional que a cria (no nosso caso a CLC/92). Na verdade, o artigo III/4, 1.ª parte, preceitua que «Nenhum pedido de reparação por prejuízos devidos a poluição que não tenha por fundamento o disposto na presente Convenção, pode ser formulado contra o proprietário», o que significa não poder o proprietário do navio ser demandado ao

---

[80] Na doutrina portuguesa adoptam o termo "desconsideração", Pedro Cordeiro (A desconsideração da Personalidade jurídica das Sociedades, Lisboa, 1989) e Coutinho de Abreu (Da Empresarialidade, Coimbra, 1996,págs, 204 e segts.). Propondo, antes, o termo "levantamento", cfr. Menezes Cordeiro, O Levantamento da Personalidade Colectiva, Coimbra, 2000, págs. 102 e segts. e 112 e segts.
[81] Il Diritto Marittimo, cit., pág. 880.

abrigo da CLC. Mas isto não paralisa a utilização de outras vias, mesmo responsabilizando outras entidades, que não apenas o proprietário, se feito ao abrigo de outros meios jurídicos. Ou seja, a eventual existência e funcionamento de quaisquer outros meios processuais constantes de, v.g., legislação interna, não é prejudicada pela existência da Convenção. Isto monta a dizer que, fora do sistema convencional, considerado pois como não sendo o único à disposição dos lesados, é possível a responsabilização de outras entidades, para além do proprietário do navio[82]. Por ser assim, o juízo de um autor de acordo com o qual, «esta disposição, com efeito, não opera uma canalização exclusiva das acções susceptíveis de serem propostas ...» deverá ser acompanhado. E, justamente por ser assim, o mesmo autor, consequentemente, acrescenta, ainda: «Não exclui, de forma alguma, que possam, eventualmente, serem deduzidos pedidos contra outras pessoas»[83]. Esta visão, repete-se, não poderá deixar de ser acompanhada.

O reconhecimento de que, bem vistas as coisas, a regra da canalização podia ser contornada, bem como a observação da forma como a CLC tinha sido aplicada no caso *Amoco Cadiz*, levou à alteração da regra da «canalização», concretizada numa redacção inovadora, relativamente à inicial, para o artigo III/4 da Convenção, através do chamado «Protocolo de 1984»[84-85]. O Protocolo de 1984 não chegou nunca a entrar em vigor sendo, contudo, o assunto, retomado na CLC/92. Nesta, o alargamento da

---

[82] Doutrina semelhante parece fluir do acórdão do Tribunal da Relação de Lisboa de 20 de Outubro de 1944, acima referido, mesmo não tendo a questão sido equacionada. Com efeito, o tribunal detecta uma certa hesitação da lesada que parece hesitar entre a invocação da CLC/69 e os preceitos do CC. Perante essa incerteza, o tribunal optou por uma solução híbrida. Para a questão da definição do conceito de "dano ressarcível" causado por poluição, socorreu-se do n.º 6 do artigo I da CLC. Contudo, para o problema, fulcral, relativo à determinação de qual o regime jurídico da responsabilização civil, optou, antes, pela disciplina do CC.

[83] Laurent Lucchini. Le Procés de L'Amoco Cadiz..., cit., pág. 767. Compreende-se, pois, dado o que precede, que o mesmo autor observe que " ... a Convenção de 1969, organiza, em parte pelo menos, o seu próprio funeral abrindo as vias para eliminar a sua aplicação, Le Procés de L'Amoco Cadiz..., cit., pág. 767.

[84] Protocolo de 25 de Maio de 1984; texto em Espaces et Ressources Maritimes, cit., págs. 223 e segts.

[85] Sobre a problemática do"Protocolo de 1984", não entrado em vigor, cfr. Laurent Lucchini, "Le Procés de L'Amoco Cadiz", em particular págs. 777 e segts. As suas soluções, mais tarde, seriam retomadas na Convenção de Londres de 1992. A valia das reflexões do ilustre autor a este respeito mantêm-se pois.

regra da «canalização», isto é a concentração da responsabilidade civil exclusivamente em dados responsáveis, imperativamente escolhidos pela lei, aqui a CLC/69, é efectuada através de meios processuais. É que o preceito veda não tanto a responsabilização quanto, sobretudo, proíbe o accionamento das entidades que indica, reformulando, assim, as regras sobre legitimidade passiva contidas no artigo III/4, já que impõe a não formulação de pedidos de indemnização por dano de poluição (*claim for compensation for pollution damage*) contra funcionários ou mandatários do armador. Ora, na CLC/92 o preceito correspondente ao da CLC/69, relativo à mesma matéria, alarga o número de entidades que, a serem demandados, são partes ilegítimas. Assim, além dos já referidos, não podem ser demandadas (artigo III/4) as seguintes classes de pessoas:

«(a) Os funcionários ou agentes do proprietário ou membros da tripulação;

(b) O piloto ou qualquer outra pessoa que, não sendo membro da tripulação, preste serviço no navio;

(c) Qualquer afretador (seja qual for o seu estatuto, incluindo o afretador de navio em casco nu), gestor ou operador do navio;

(d) Qualquer pessoa que desenvolva operações de salvamento com o consentimento do proprietário ou de acordo com instruções de uma autoridade pública competente;

(e) Qualquer pessoa que esteja a executar medidas de salvaguarda;

(f) Todos os funcionários ou agentes das pessoas mencionadas nas alíneas c), d) e e)».

Apesar do reforço da regra da «canalização», é duvidoso ter a Convenção de Londres conseguido consagrar a regra em causa em termos tais que tornem impossível demandar o proprietário. De facto, por um lado, a «canalização» da responsabilidade civil para o proprietário do navio, nos casos do artigo III/4, deixa de operar quando – parte final do preceito – (a) o prejuízo resultar de acção ou omissão de qualquer das pessoas indicadas e (b) o mesmo tenha sido cometido intencionalmente ou de forma temerária e com a consciência de que esse dano resultaria provavelmente desse seu comportamento. Por outro lado, terá de notar-se que, apesar do substancial aumento das pessoas insusceptíveis de serem demandadas – numa clara tentativa de reforçar a regra da «canalização» – continuam a ser possíveis acções contra outras entidades além do proprietário. É o caso, v.g., do «... navio abalroador, das sociedades de classificação, o construtor ...»[86].

É fácil reconhecer que a regra da canalização, relativamente aos membros da equipagem e, em geral, às várias categorias de profissionais em causa neste tipo de ilícitos, continua insusceptível de ser respeitada, continuando, pois, a via aberta para a formulação de pedidos contra outros responsáveis. Vale a pena, a este respeito, recordar o que sucedeu com uma proposta apresentada pela OCIMF[87], na conferência de 1984 da OMI com o seguinte teor: «Nenhum pedido de indemnização por perdas e danos devidos a prejuízos causados por poluição ao abrigo desta convenção, ou de qualquer outro texto, poderá ser deduzido contra qualquer outra pessoa que não seja o proprietário». Se aprovada, implicaria um exigente regime jurídico de «canalização» da responsabilidade civil sobre o proprietário do navio[88]. Contudo, foi rejeitada[89] o que, a meu ver, leva a não poder considerar-se ter a CLC/92 conseguido assegurar que, nestes casos, a responsabilidade civil esteja, exclusivamente «canalizada» para o proprietário: Privilegia a sua exclusiva responsabilidade mas não impede a de outros intervenientes.

7 – Como ponto de partida para determinação de qual o tipo de responsabilidade civil que recai sobre o proprietário, tem-se, por um lado, o facto de a mesma, como regra geral, recair exclusivamente sobre o proprietário, aparentemente, apenas pelo simples facto de o ser e, por outro lado, a circunstância de a regra da «canalização» impedir que o proprietário, através de ficções, como «culpa in vigilando» ou «culpa in eligendo», repercuta a responsabilidade civil sobre qualquer outro eventual responsável como, v.g. membros da tripulação. Isto é, perante a CLC, é responsá-

---

[86] Laurent Lucchini, Le Procés de L'Amoco Cadiz..., cit., pág. 780, nota 74.

[87] Iniciais de "Oil Companies International Maritime Forum".

[88] Vale a pena recordar que na Convenção de Bruxelas de 25 de Maio de 1962 (Convenção sobre a responsabilidade dos armadores de navios nucleares, aprovada para ratificação pelo Decreto-lei n.º 47988, de 9 de Outubro de 1967 – cfr. texto em Alcides de Almeida, Miranda Rodrigues, Legislação Marítima Anotada, II, volume, Coimbra, 1971, págs. 575 e segts. – optou-se por uma "canalização" exclusiva da responsabilidade sobre a entidade que explora o navio nuclear. Ora, nesta convenção, a redacção do seu artigo II/2 encontra-se flagrantemente próximo da proposta da OCIMF, rejeitada pela OMI. O texto em questão é do seguinte teor: "Ninguém, a não ser o armador é responsável por tal dano, a menos que a presente Convenção disponha outra coisa".

[89] Indicações a este respeito em Laurent Lucchini, "Le Procès de L'Amoco Cadiz ..., cit., Annuaire ..., cit. págs. 779 e sgts. passim.

vel tão só o proprietário, nos termos acima já analisados. A regra constava já da versão inicial da CLC/69. No entanto, na da CLC/92 foi reafirmada e reforçada, de forma a impedir que o proprietário venha a exonerar-se da sua própria e pessoal responsabilidade, como, v.g., sucede na situação do artigo 491.º do CC. Ou seja, reitera-se a concepção da responsabilidade civil extracontratual baseada na culpa pessoal e inderrogável do lesante. Não obstante, o regime instituído é, em princípio, o da responsabilidade civil por culpa presumida por ao proprietário ser facultada a prova da verificação de circunstâncias que, a terem ocorrido, o isentam de responsabilidade. Está-se, assim, perante mera presunção de culpa susceptível de ser elidida pelo proprietário. Ao permitir-se a exoneração do proprietário, se ele provar que a poluição proveio de «... um fenómeno natural de carácter excepcional, inevitável e irresistível ...» artigo III/2, alínea a) da CLC/92 ou que o evento proveio de qualquer das excepções tipificadas nas várias alíneas do artigo III, bem vistas as coisas, não pode deixar de se evocar a fórmula, para dar um exemplo retirado do direito interno, v.g., do artigo 493.º/2 do CC, de acordo com o qual não há obrigação de indemnizar se quem exerce uma actividade perigosa mostrar ter empregado «... todas as providências exigidas pelas circunstâncias com o fim de os prevenir".

Sem embargo de ser assim, o paralelismo entre o artigo 493.º/2 e o artigo III/2, alínea a) não é total. Com efeito, facto fiel ao classicismo da sua visão da culpa na base da responsabilidade aquiliana, a prova da mera presença do caso fortuito ou de força maior basta para a CLC/92 desresponsabilizar o proprietário, o que o CC não permitiria. Acresce ser o seu alcance ampliado pela circunstância de a exoneração ser conseguida pelo facto de bastar uma reduzida participação de tal caso fortuito ou de força maior no evento lesivo para o armador conseguir a sua própria exoneração. Ou seja, embora a situação seja reconduzível ao quadro do artigo 493/2, 2.ª parte, CC, o artigo III/2, alínea a), tem nuances inexistentes no artigo 493.º/2, 2.ª parte, que, sem dúvida, é mais exigente do que artigo III/2, alínea a), mesmo sendo as matrizes dos preceitos semelhantes.

Isto significa dever afastar-se a tematização da responsabilidade civil do proprietário como responsabilidade objectiva o que pode ser confirmado se se tiver presente o que sucederia, acaso fosse essa a situação. Se, porventura, assim sucedesse, seria a mesma enquadrada em preceito contendo doutrina como a do artigo 500.º do CC. Este preceito exclui qualquer possibilidade de prova de não ter havido culpa, como fundamento exonerador da responsabilidade civil. De facto, a disposição em causa determina haver obrigação de indemnizar "independentemente de culpa". A este respeito, nota Antunes Varela não se tratar «...de presunção de culpa que ao comitente incumba elidir para se eximir à obrigação de indemnizar», acrescentando que, sendo assim, nada adianta a prova de que o comitente agiu sem culpa ou «...que os danos se teriam igualmente registado, ainda que não houvesse actuação culposa da sua parte»[90]. Ora, o artigo III/2 da CLC contém, nas suas alíneas a), b) e c), largas possibilidades de exoneração, dificilmente compatíveis com a irrelevância, ao menos em termos gerais, da prova da inexistência de culpa ou da inevitabilidade da ocorrência do dano. Aliás, refira-se, no espírito da maioria dos participantes[91] na conferência de que veio a resultar a redacção do articulado da CLC/69 não havia qualquer intenção, estado de espírito este transposto para o texto da Convenção, de tutelar a posição dos lesados através da instituição de um regime de responsabilidade civil objectiva[92]. Enfim, acrescente-se, a leitura do texto do Protocolo de 1992 não mostra ter havido, a este respeito, qualquer alteração. Trata-se de entendimento não susceptível de ser posto em causa, apesar de ser sobre o proprietário que recai o ónus da prova de que a responsabilidade pelos danos não lhe pertence[93], dado o preceituado no artigo III/1, 2 e 3 da CLC/92.

---

[90] João de Matos Antunes Varela, Das Obrigações em Geral, Vol. I, 9.ª edição, Coimbra, 1996, pág. 661.

[91] Mesmo Portugal, no decurso dos trabalhos votou no sentido da consagração de um regime de responsabilidade civil pela culpa (*strict liability*) e não de responsabilidade civil objectiva (*absolut liability*) (indicações constantes de Gonigle/Zacher, Pollution, Politics and International Law, cit. pág. 177, mapa 9).

[92] No sentido da desvalorização deste debate, cfr. Chao Wu, La Pollution du Fait du Transport des Hidrocarbures, cit., pág. 73, no qual afirma que a controvérsia evocada mais não é do que " ... disputa puramente doutrinária não apresentando muito interesse". Quer-me parecer, à luz do que tenho vindo a dizer, que, pelo contrário, pode ser fulcral, em não poucas situações da vida real, a clara determinação de qual a natureza da responsabilidade civil do transportador marítimo de hidrocarbonetos. O facto do acórdão acima citado (cfr. supra, nota 21) do Tribunal da Relação de Lisboa, de 20 de Outubro de 1994, se ter envolvido nesse debate, disso é prova.

[93] No C.Civil o caso de força maior, tem, é certo, efeito exoneratório. Contudo isso sucede, apenas, quando a ocorrência seja provocada por caso de força maior estranho ao funcionamento de veículo de circulação terrestre ou seja, nos casos de responsabilidade civil objectiva de que se ocupa o artigo 503.º, o que torna a doutrina deste preceito insusceptível de transposição para este contexto. Acresce que as situações em estudo neste trabalho, se porventura integrassem hipótese de responsabilidade civil objectiva, seriam enquadráveis no artigo 500.º e não no artigo 503.º. Mas outra é a previsão do artigo II/2, alínea a) CLC/92. Nesta situação, ainda que o facto resulte do

Na melhor doutrina maritimista, de resto, esta, é a doutrina preponderante. Com efeito, escrevendo pouco após a redacção da CLC 1969, René Rodière ponderava: «Não se trata, como tem sido geralmente escrito, de uma responsabilidade «objectiva», porque esta não deixaria qualquer escapatória ao proprietário. Trata-se, propriamente, de uma presunção de responsabilidade»[94-95-96]. Mas se o proprietário, provando que o acidente ficou a dever-se a caso fortuito ou de força maior, obtiver a sua exoneração, isto quer dizer que a regra do artigo III/1 não impede que o armador prove a sua ausência de culpa que, nos casos indicados na convenção, pode ser exoneratória. Ou seja, a convenção não estabelece uma presunção absoluta de culpa do armador. Não tendo sido previsto qualquer tipo de responsabilidade objectiva, em todo o caso, pode dizer-se ter sido consagrado um regime que se aproxima do contido no artigo 493.º/2 CC, embora algo distante do rigor deste último. Com efeito, devendo neste caso o responsável, para se exonerar da sua responsabilidade, «... mostrar que empregou todas as providências exigidas pelas circunstâncias com o fim de os prevenir», o artigo III/2, alínea a), basta-se com a prova de a poluição ter resultado, mesmo que só parcialmente, do condicionalismo dessa alínea, estando, pois bem longe o condicionalismo do citada 493.º/2 do CC.[97]. A doutrina portuguesa, aliás escassa a este respeito, se bem a compreendemos, em todo o caso não acompanha inteiramente o entendimento proposto. Na verdade, quando a CLC/69 foi redigida, o direito da responsabilidade civil português já superara a fase da inaceitabilidade da responsabilidade civil pelo risco que, ainda no princípio do século, auto-

---

funcionamento do navio, só haverá exoneração do responsável se, a esse facto, se juntar a causa de força maior.

[94] Traité Géneral de Droit Maritime, Introduction, L'Armement, Paris, 1976, págs. 660 e segts.

[95] Não é muito diferente a perspectiva, agora a partir de um ponto de vista de Direito do meio ambiente, de Michel Despax. Afirma este autor que o "Proprietário não pode afastar a presunção de responsabilidade que o onera, senão provando que o dano é devido a um acto de guerra ou acto similar, a um fenómeno natural de carácter excepcional, inevitável ou irresistível ...", Droit de L'Environnement, Paris, 1980, pág. 638.

[96] Em sentido contrário, contudo, cfr. E. Langavant, que nota que a convenção retoma como «... fundamento de responsabilidade o risco ...», Droit de la Mer, Vol. I, Paris, 1979, págs. 154 e segts.

[97] No mesmo sentido, cfr. Rüdiger Wolfrum, Means of Ensuring Compliance and Enforcement of International Environmental Law, Recueil des Cours, Vol. 272, pág. 89 e D. O'Connel, The International Law of the Sea, Vol. II, edited by I.A. Shearer, Londres, 1984, pág. 1008 e segts., passim..

res tão importantes, como, v.g., Guilherme Moreira[98], não obstante a existência de legislação sobre acidentes de trabalho, punham em causa. Porém, fizera-o de forma muito prudente. Não admira, assim, que, a propósito da atitude da jurisprudência portuguesa, um autor, após notar que «O nosso direito veio adoptar uma concepção restritiva da responsabilidade pelo risco...», a justo título, de resto tenha acrescentado que isso «...tem vindo a funcionar como um travão ao desenvolvimento jurisprudencial neste domínio»[99]. Estas afirmações indiciam uma dada visão do problema. Nesta ordem de ideias, Brandão Proença, que teve ocasião de referir-se a esta convenção, começa por recordar não ter o legislador português introduzido «...um princípio geral de responsabilidade objectiva (*maxime* pelo risco)». Salientando em seguida que o legislador português, «...ciente da possibilidade da norma do artigo 493.° n.° 2 poder suprir de certa forma, a inelutável desactualização do sistema e da sua capacidade em poder reagir, com maior ou menor celeridade, às novas esferas de periculosidade...»[100], considera, ainda, que foi a partir dos anos 80 que o mesmo «... começa a mostrar-se sensível ao risco do quotidiano...»[101], sendo que «...o direito especial chamou a si a defesa dos direitos das pessoas contra os perigos ligados ao funcionamento de certas *instalações* e ao exercício de determinadas *actividades perigosas* e à verificação de «danos significativos» no *ambiente*, enquanto bem jurídico heterogéneo...». Enfim, acaba por afirmar que «Num enquadramento mais geral, e que tem ainda a ver com a preservação ambiental, não pode ser esquecida a tutela contra os danos decorrentes do emprego da energia nuclear ou devidos à poluição resultantes de fugas ou de descargas de hidrocarbonetos provindas de navios»[102]. Apesar deste ponto de vista não ter sido explicitamente afirmado, penso encontrar-se na posição acima exposta do ilustre autor, a concepção de se estar em face de um caso de responsabilidade objectiva. De facto, a aproximação entre, por um lado, o risco nuclear, no qual a responsabilidade objectiva é a regra, designadamente no caso dos navios nucleares e, por outro lado, o risco por poluição por hidrocarbonetos, é

---

[98] Cfr. v.g. Guilherme Moreira, Estudo sobre a Responsabilidade Civil, agora in Boletim da Faculdade de Direito de Coimbra, 1977, pág. 391 e segts. e, em especial para este ponto págs. 427 e segts., passim.

[99] Neste sentido, cfr. Menezes Leitão, Direito das Obrigações, Vol. I, 2.ª edição, Coimbra, 2002, pág. 342.

[100] João Carlos Brandão Proença, A Conduta do Lesado ..., cit. pág. 241.

[101] João Carlos Brandão Proença, A Conduta do Lesado ..., cit. pág. 241.

[102] João Carlos Brandão Proença, A Conduta do Lesado ..., cit. pág. 243.

susceptível de conduzir a esse entendimento, o que é confirmado pelo facto de o referido autor visionar o regime do artigo 493.º/2 CC como a norma destinada a suprir, no direito português, a desactualização do sistema de responsabilização pelo risco. Esta perspectivação implica ainda, tanto «...a contenção *proporcionada* da auto-responsabilidade do lesado...» como a «...compressão desse limite natural que é a força maior...»[103], tudo isto, afinal de contas, concorrendo para acentuar a necessidade de assegurar a posição do lesado.

É duvidoso, em todo o caso, poderem estas ideias, no plano da situação em análise neste estudo – a responsabilidade civil consagrada na CLC – ser partilhadas. Neste caso, as palavras de Guilherme Moreira, que Brandão Proença transcreve[104], segundo as quais o caso de força maior é uma isenção necessária, mantêm-se inteiramente válidas, por opção do legislador da CLC/69, reafirmada na CLC/92. Admitir que na CLC está presente a «...compressão desse limite natural que é a força maior...»[105], equivale a admitir uma visão da CLC ampliativa da culpa do proprietário. Ora, mesmo sendo a culpa do proprietário central no sistema de Bruxelas/Londres, o certo é que a força maior[106], tanto pela largueza da definição como pelo papel que lhe é dado, afecta decisivamente a exoneração da responsabilidade dos proprietários dos petroleiros. Logo, a afirmação de que o artigo III da CLC consagra «...a descaracterização da força maior...»[107] deve suscitar cautela. O que antecede repercute-se no valor das indemnizações pagas, mesmo se aquém dos danos causados. Alterar esse equilíbrio – fulcral na CLC – implica destruir a delicada conciliação de interesses entre armamento e carga.

---

[103] João Carlos Brandão Proença, A Conduta do Lesado ..., cit. pág. 281.
[104] João Carlos Brandão Proença, A Conduta do Lesado ..., cit. pág. 281, nota 903.
[105] João Carlos Brandão Proença, A Conduta do Lesado ..., cit. pág. 281.
[106] Cfr. supra, págs. 14 e segts. 16 e segts., passim.
[107] João Carlos Brandão Proença, A Conduta do Lesado ..., cit. pág. 281, nota 903.

O DEVER DE INFORMAÇÃO DO TOMADOR DE SEGURO EM CONTRATO DE SEGURO AUTOMÓVEL

José Alberto Vieira
Professor da Faculdade de Direito de Lisboa

I. O DEVER DE INFORMAÇÃO DO TOMADOR DE SEGURO NA FORMAÇÃO DO CONTRATO

1. O Código Comercial estabelece no art. 429.° um dever de informação pré-contratual. Dispõe o corpo do preceito que "toda a declaração inexacta, assim como toda a reticência de factos ou circunstâncias conhecidas pelo segurado ou por quem fez o seguro, e que teriam podido influir sobre a existência ou condições do contrato tornam o seguro nulo".

Este preceito tem levantado algumas questões na doutrina[1], que se prendem, sobretudo, com a extensão do dever de informação previsto e com o tipo de invalidade aí consagrada, mera anulabilidade ou nulidade, como sugere o elemento literal.

Uma vez que a questão de saber se o art. 429.° do Código Comercial consagra uma verdadeira nulidade ou uma mera anulabilidade será tratada no ponto seguinte, abordaremos de seguida e previamente o conteúdo do dever de informação do tomador de seguro.

2. Com a celebração do contrato de seguro, a seguradora, contra o pagamento de um prémio pelo tomador de seguro, aceita realizar uma ou

---

[1] Em particular, cf. Júlio Gomes, "O dever de informação do tomador de seguro na fase pré-contratual", publicado em II Congresso Nacional de Direito dos Seguros, Coimbra, Almedina, 2001, pág. 75 e ss.; veja-se também Menezes Cordeiro, "Contrato de seguro e seguro de crédito", idem, pág. 39 e ss. e Manual de Direito Comercial, I Volume, Coimbra, Almedina, 2003, pág. 580 e ss.

mais prestações em caso de verificação do risco coberto, vulgarmente designado sinistro na terminologia das seguradoras.

O risco é um elemento típico do contrato de seguro[2], o elemento aleatório cuja ocorrência desencadeia o dever de prestar da seguradora. Compreende-se, assim, que a seguradora deva estar esclarecida sobre todos os elementos que configuram o risco a segurar e lhe fixam os seus contornos, pois só com o seu conhecimento pode tomar a decisão de celebrar o contrato de seguro e de acordar sobre o conteúdo deste (o objecto a segurar, as exclusões de cobertura, o prazo do seguro, o prémio, etc.).

Em abstracto, tanto pode ser a seguradora a investigar o âmbito do risco a segurar, como pode ser aquele que quer celebrar o seguro (candidato a tomador de seguro) a fornecer os elementos do risco para a apreciação da seguradora. E uma combinação dos dois sistemas surge, naturalmente, como possível.

Como regra geral, o art. 429.º do Código Comercial impõe ao candidato a tomador de seguro o dever de informar a seguradora do risco a segurar. Esta solução adequa-se perfeitamente aos interesses em presença. Por um lado, e particularmente numa actividade que envolve a contratação em massa, a seguradora não está em condições de providenciar a investigação do risco relativamente a todos os contratos de seguro que lhe são propostos; os recursos humanos requeridos e o tempo consumido na tarefa tornariam impraticável que fosse deixada à seguradora o ónus da recolha da informação sobre o risco a cobrir relativamente a todos os interessados na contratação de seguros com ela. Por outro lado, é aquele que pretende segurar o risco que tem conhecimento dele e está em condições de o caracterizar à seguradora.

O dever de informação resultante do art. 429.º constitui um dever pré-contratual. O que significa que a informação sobre o risco a cobrir através do contrato de seguro deve ser prestada pelo candidato a tomador de seguro antes da celebração do contrato ter lugar[3]. O cumprimento de tal

---

[2] MENEZES CORDEIRO, Manual de Direito Comercial cit., pág. 577, fala no sinistro como elemento típico do seguro; mas o sinistro representa a verificação histórica do risco coberto, em si, não é o elemento constitutivo do contrato de seguro. Elemento constitutivo é o risco assumido, que se verificará ou não, só no primeiro caso havendo sinistro.

[3] Neste sentido, o Ac. STJ de 04.03.2004, Proc. 03B3631, consultado em www.dgsi.pt, no qual se afirma muito justamente que o vício do contrato, nos termos do art. 429.º, se refere tão só à formação do contrato e não ao desenvolvimento do mesmo; ver também o Ac. STJ de 08.07.2003, Proc. 03A2264, onde se diz que "este dispositivo destina-se a contemplar a validade ou nulidade do contrato de seguro com referência ao momento inicial

dever só pode, deste modo, ocorrer até ao momento em que o contrato de seguro é concluído e nunca depois[4].

Por conseguinte, o candidato a tomador de seguro deve disponibilizar à seguradora toda a informação relevante sobre o risco a segurar antes desta emitir a sua declaração negocial. A omissão, ainda que parcial, da informação sobre o risco em causa, nomeadamente, pela prestação de informação incompleta ou inexacta, importa a violação do dever referido.

3. A seguradora não está obrigada a investigar o risco cuja cobertura lhe é proposta[5], nem a veracidade ou compleição[6] da informação a si prestada por aquele que pretende fazer o seguro[7]. Nem, igualmente, se pode falar de um ónus da seguradora relativamente a estes aspectos. Isso equivaleria, na verdade, a inverter o sentido da vinculação resultante do art. 429.º do Código Comercial. Em matéria de risco, o único dever que o direito português prevê impende sobre o candidato a tomador de seguro: prestar à seguradora a informação – exacta e completa – sobre o risco a segurar.

---

da sua formação", o Ac. STJ de 14.04.1999, Proc. n.º 99S067, o Ac. RL de 29.06.2000, Proc. n.º 0024976 e o Ac. RP de 27.02.1984, Proc. 0002886, em www.dgsi.pt.

[4] Tal asserção releva na medida em que a comunicação da informação devida à seguradora em momento posterior à conclusão do contrato não representa um cumprimento do dever inserto no art. 429.º do Código Comercial e não evita (ou sana) a invalidade aí prevista. Se, por exemplo, o tomador de seguro automóvel comunica à seguradora que o condutor habitual do veículo seguro não é ele, mas o seu filho, como sempre foi, tal comunicação não afasta a existência de falsas declarações e a invalidade do contrato de seguro de acordo com o art. 429.º do Código Comercial.

[5] Não temos aqui em vista unicamente a proposta em sentido técnico-jurídico. O dever de informação pré-contratual que surge consagrado no art. 429.º do Código Comercial para o candidato a tomador de seguro não depende deste ser o proponente do contrato de seguro; também quando não figura nessa posição no processo de formação do contrato é sobre si que recai o dever referido.

[6] Também não temos aqui em vista o problema da validade do contrato de seguro quando a seguradora aceitou o contrato mesmo com a ausência de resposta do tomador a perguntas colocadas no formulário de proposta ou no questionário disponibilizado por aquela, mas simplesmente a situação em que o candidato a tomador não presta à seguradora a informação sobre factos ou circunstâncias por si conhecidas.

[7] O que naturalmente não implica que o faça por sua própria iniciativa, para obter informação adicional sobre o risco ou para confirmar a veracidade da informação recolhida através do candidato a tomador de seguro.

A seguradora que forma a sua vontade negocial e emite uma declaração negocial tendente à conclusão do contrato de seguro[8] com base nos elementos sobre o risco que lhe foram comunicados pelo candidato a tomador de seguro não é, assim, penalizada pelo facto de a informação recebida ser inexacta (falsa) ou incompleta.

A seguradora pode, assim, confiar, de boa fé, na informação relativa ao risco a segurar livremente prestada pelo interessado na celebração do contrato de seguro, mesmo que se venha a provar depois que ela não é exacta nem completa (falsas declarações). E, por isso, em caso algum se poderá falar em inalegabilidade, pela seguradora, da invalidade prevista no art. 429.º do Código Comercial com o fundamento de que esta não controlou a veracidade dos elementos constitutivos do risco fornecidos por aquele que pretende celebrar o contrato de seguro ou que não apurou se este deixou algum aspecto relevante do risco por declarar[9].

4. No direito português, aquele que pretende celebrar o contrato de seguro tem o dever de comunicar à seguradora os elementos relativos ao risco a segurar. Porém, a extensão deste dever é um problema controvertido.

Que elementos do risco devem ser comunicados à seguradora? Do art. 429.º do Código Comercial pode retirar-se que são todos os factos ou circunstâncias conhecidas por quem pretende celebrar o seguro que possam influir na celebração ou no conteúdo do contrato.

Importa reconhecer, em todo o caso, que um candidato a tomador de seguro inexperiente ou desconhecedor da técnica seguradora, situação que deverá considerar-se ser a regra, não está em condições de saber quais são os elementos decisivos para a seguradora tomar a decisão de contratar, pelo menos todos eles, e quais são aqueles que influem no conteúdo do contrato.

A evolução doutrinária e jurisprudencial tem caminhado no sentido de reconhecer à seguradora o ónus de orientar o candidato a tomador de seguro quanto à declaração de risco a apresentar. Justamente porque, na grande maioria dos casos, o interessado na celebração do seguro não está

---

[8] Propondo a celebração do seguro ou, inversamente, emitindo uma aceitação a uma proposta de seguro emitida pelo candidato a tomador de seguro.

[9] Não tomamos posição sobre o problema da ausência de resposta pelo tomador de seguro a algumas perguntas de questionário elaborado por seguradora, que tem um tratamento distinto.

em condições de saber quais são os elementos do risco cujo conhecimento a seguradora necessita para decidir se contrata ou não e quais as condições (de prémio e outras) por que se dispõe a fazê-lo, a seguradora deve elucidá-lo acerca da informação requerida para o efeito.

Como a seguradora deve cumprir esse ónus permanece um ponto obscuro, mas uma linha de regulação vem despontando. O candidato a tomador de seguro deve informar a seguradora sobre os elementos do risco a que se reportam as questões colocadas por esta última, seja em formulário próprio (questionário), constante ou não de proposta de seguro[10], seja em qualquer solicitação a ele dirigida para o efeito. O dever de informação imposto ao candidato a tomador de seguro pelo art. 429.° do Código Comercial abrange, por conseguinte, a resposta a todas as questões a si dirigidas pela seguradora[11], em formulário específico ou por qualquer outro meio[12].

Existe controvérsia no tocante ao cumprimento do dever de informação por parte daquele que pretende celebrar o contrato de seguro. MENEZES CORDEIRO[13] sustentou recentemente que o dever de informação previsto no art. 429.° do Código Comercial inclui não apenas factos e circunstâncias conhecidas pelo candidato a tomador de seguro, mas também os que este devesse conhecer. Em sentido contrário, JÚLIO GOMES[14] e JOSÉ VASQUES[15] englobam apenas os factos e circunstâncias conhecidas pelo candidato a tomador de seguro. E também neste último sentido já se pronunciou o Supremo Tribunal de Justiça[16].

---

[10] Para facilitar o processo de contratação nos seguros de massa, as seguradoras disponibilizam aos interessados formulários completos que configuram, quando devidamente prenchidos pelo candidato a tomador de seguro, verdadeiras propostas de contrato de seguro.

[11] Ressalvando-se, evidentemente, aquelas perguntas às quais o candidato a tomador de seguro possa fundamentadamente recusar a resposta, por violarem um direito subjectivo na sua titularidade (por exemplo, um direito de personalidade) ou por serem contrárias à ordem pública ou aos bons costumes.

[12] Escrito ou não. Em nossa opinião, a regra de forma do contrato de seguro não se estende à declaração pré-contratual de risco quando esta não se insira na declaração negocial que conclua o contrato de seguro.

[13] "Contrato de seguro e seguro de crédito" cit., pág. 41 e Manual de Direito Comercial cit., pág. 581.

[14] "O dever de informação do tomador de seguro na fase pré-contratual" cit., pág. 89 e ss.

[15] Contrato de Seguro, Coimbra, Almedina, 1999, pág. 223.

[16] Cf. Ac. STJ de 04.03.2004, Proc. 03B3631, retirado de www.dgsi.pt e o AC. STJ de 14.04.1999, CJ VII (Acórdãos do Supremo Tribunal de Justiça), 2, pág. 258; veja-se ainda o Ac. RP de 06.06.2000, Proc. 9920373, também em www.dgsi.pt.

Concordamos com a posição mais restritiva. O art. 429.º do Código Comercial refere apenas os factos e circunstâncias conhecidas pelo candidato a tomador de seguro. Não sendo, é certo, decisivo este argumento literal, afigura-se-nos excessivo que se comine a invalidade do contrato de seguro, deixando o tomador de seguro sem a garantia da seguradora, quando aquele, informando embora esta de tudo o que sabia sobre o risco a cobrir, não comunicou elementos do risco que deveria conhecer, sem que, de facto, conhecesse.

Por outro lado, esta posição tem o inconveniente de desproteger os terceiros lesados que o seguro visa proteger, nomeadamente, nos seguros obrigatórios. Nos casos em que não haja um fundo de garantia para assegurar o pagamento dos danos a terceiro lesado na falta de seguro válido, como sucede, por exemplo, com o Fundo de Garantia Automóvel[17], o terceiro, na eventualidade de o seguro ser inválido, poderá ficar sem ressarcimento do seu prejuízo pela falta de capacidade do segurado para satisfazer a indemnização devida. É um aspecto ponderoso do sistema de protecção instituído pelo seguro obrigatório que importa considerar e que milita contra a solução propugnada por MENEZES CORDEIRO.

Somos, por conseguinte da opinião que o dever de informação do risco a segurar imposto ao que pretende a celebração de contrato de seguro engloba, unicamente, os factos e circunstâncias conhecidos e não também os que devessem ser conhecidos.

5. O dever de informação consagrado no art. 429.º do Código Comercial não fica cumprido meramente porque aquele que pretende celebrar o contrato de seguro respondeu a todas as questões postas pela seguradora. Para se compreender isto, convém atentar nos dois aspectos caracterizadores deste dever de informação.

O primeiro é o de que a informação prestada à seguradora deve ser verdadeira para que o contrato de seguro seja válido. O preceito começa logo por dispor que "toda a declaração inexacta ..." torna o seguro nulo. Se o candidato a tomador de seguro presta uma informação imprecisa, incorrecta, não verdadeira, existem falsas declarações. Assim, se o proponente de seguro automóvel declara à seguradora que tem licença de condução há 10 anos quando a tem apenas há 1 ano, há declaração inexacta nos termos da lei.

---

[17] Nos termos do artigo 20.º e ss. do DL n.º 522/85, de 31 de Dezembro.

É irrelevante que a falta de veracidade na comunicação do risco a segurar, a declaração inexacta, haja sido realizada involuntariamente (com negligência), porquanto o preceito não distingue o dolo e a mera negligência, como se depreende com clareza do § único, abrangendo ambos os casos. Tanto presta uma falsa declaração o que distraidamente declarou que tinha carta há 10 anos, quando pretendia dizer há um ano, como aquele que o fez intencionalmente para enganar a seguradora.

O segundo aspecto caracterizador do dever de informação reporta-se à compleição da informação prestada. Ainda que toda a informação sobre o risco a segurar que haja sido declarada pelo candidato a tomador de seguro seja verdadeira, ocorre ainda uma violação do dever de informação previsto no art. 429.º do Código Comercial se aquele deixou de comunicar à seguradora um facto ou circunstância por si conhecido relativo ao risco a segurar (declaração reticente).

A análise destes dois aspectos suscita a pergunta sobre se o dever de informação do candidato a tomador de seguro lhe impõe que declare à seguradora com exactidão tudo o que conhece sobre o risco a segurar. Supomos que não; uma tal exigência não encontra fundamento na lei. Para a seguradora apenas interessa a informação que lhe permite decidir sobre a celebração do contrato e o conteúdo deste. Toda a informação sobre o risco que não se projecte na formação da vontade de contratar ou nas condições do contrato é irrelevante para ela. Isso mesmo surge confirmado pelo art. 429.º do Código Comercial, que apenas fere de invalidade o contrato de seguro quando as falsas declarações se repercutem na decisão da seguradora celebrar o contrato seguro ou de o fazer com aquele conteúdo.

Portanto, a veracidade e compleição da declaração de risco prestada à seguradora respeita unicamente à informação sobre o risco que se projecta na decisão de contratar e na conformação do conteúdo do contrato. Se a declaração falsa ou incompleta incide sobre um aspecto anódino do risco não há violação do dever de informação pelo candidato a tomador de seguro.

6. Como deixámos já enunciado de passagem no número anterior, é indiferente se a declaração inexacta ou reticente do risco a segurar haja sido produzida com dolo ou negligência. A valoração normativa é a mesma para ambos os casos.

II. FALSAS DECLARAÇÕES E ERRO NA FORMAÇÃO DA VONTADE NEGOCIAL DA SEGURADORA

7. O dever de prestar principal emergente para a seguradora do contrato de seguro constitui-se apenas com o sinistro, ou seja, quando ocorre historicamente o risco coberto.

Naturalmente, porquanto o dever de prestar se liga à verificação do risco seguro, o conhecimento deste por parte da seguradora é absolutamente determinante para a formação da sua vontade negocial. A decisão de celebrar o contrato de seguro e o clausulado do mesmo resultam de uma análise prévia do risco a segurar.

As seguradoras trabalham com modelos matemáticos e estatísticos de projecção e previsão do risco, recorrem a métodos actuariais para cálculo dos prémios, celebram tratados de resseguro com seguradoras mais poderosas financeiramente para controlar a sua própria exposição à sinistralidade, tudo numa óptica de rentabilidade económica e financeira da sua actividade e de solvência.

Riscos diversos suscitam posições distintas das seguradoras no processo de formação do contrato, conduzindo, umas vezes, à rejeição da celebração de contrato proposto, outras a um diferente conteúdo do contrato. Por exemplo, uma declaração falsa relativa à sinistralidade do condutor altera imediatamente a classificação que a seguradora faz do risco, podendo induzir esta a recusar um contrato que seria normalmente aceite, assim como a indicação de um condutor diferente daquele que irá conduzir efectivamente a viatura segura pode desencadear a aplicação de um prémio inferior ao que seria devido.

E não é só a celebração ou não do contrato do seguro ou a aplicação de um diferente prémio (normalmente superior) que está em causa[18]. Muitas cláusulas contratuais são definidas em face da declaração de risco efec-

---

[18] As condições contratuais a que alude o art. 429.º não envolvem somente o prémio de seguro, mas também qualquer outra cláusula do contrato celebrado que tenha expressão na economia contratual acordada. Se bem que é indiscutível que uma boa parte dos casos de falsas declarações envolve um prémio inferior ao que seria devido com uma declaração exacta do risco, não é menos verdade que o conteúdo contratual afectado pelas falsas declarações pode respeitar a muitos outros aspectos igualmente relevantes ao equilíbrio contratual e não apenas ao valor do prémio de seguro. A consagração de cláusula de exclusão do risco, a fixação do capital seguro (que é o limite da responsabilidade da seguradora), a franquia contratual, são exemplos bem elucidativos de como as falsas declarações podem contender com muitas outras cláusulas do contrato de seguro para além do prémio.

tuada à seguradora pelo tomador. Assim, podem estar em causa cláusulas atinentes à exclusão do risco (cláusulas de exclusão de risco), à duração do contrato, ao valor do capital a segurar, ao local do risco, à franquia contratual, etc.

Se a vontade negocial da seguradora é induzida por uma falsa declaração do tomador de seguro quanto ao risco a segurar, há erro. Trata-se de um erro vício ou erro na formação da vontade negocial. A seguradora declarou a vontade negocial que quis exteriorizar, simplesmente a mesma foi determinada por uma falsa representação da realidade: o risco relativamente ao qual formou a sua vontade de contratar não corresponde ao risco real segurado.

O erro vício por falsas declarações do risco a segurar não está, porém, submetido ao regime geral do erro vício constante dos artigos 251.° a 254.° do Código Civil, mas ao regime especial trazido pelo art. 429.° do Código Comercial.

E é esse regime que analisamos no ponto seguinte.

III. VONTADE NEGOCIAL DA SEGURADORA E DESVALOR DO CONTRATO DE SEGURO CELEBRADO COM FALSAS DECLARAÇÕES

8. O art. 429.° do Código Comercial dispõe que "toda a declaração inexacta, assim como toda a reticência de factos ou circunstâncias conhecidas pelo segurado ou por quem fez o seguro, e que teriam podido influir sobre a existência ou condições do contrato tornam o seguro nulo".

Este preceito tem sido objecto de opiniões desencontradas, particularmente na jurisprudência, quanto ao desvalor do contrato de seguro que comina. Aparentemente, de acordo com o teor literal expresso do art. 429.°, o contrato de seguro celebrado com falsas declarações seria nulo[19].

---

[19] Na jurisprudência, no sentido favorável à nulidade do contrato de seguro celebrado com falsas declarações, cf. Ac. STJ de 13.05.1999, Proc. n.° 98P583, Ac. STJ de 27.11.97, Proc. n.° 96B947, Ac. STJ de 30.01.1992, Proc. n.° 081044, Ac. STJ de 03.05.1990, Proc. n.° 078689, Ac. STJ de 19.12.1985, Proc. n.° 073263, Ac. STJ de 12.12.1980, Proc. n.° 000132, Ac. RL de 04.06.1992, Proc. n.° 0038946, Ac. RL de 10.01.1985, Proc. n.° 0021790, Ac. RP de 12.10.2000, Proc. n.° 0030772, Ac. RP de 29.05.2000, Proc. n.° 0050677, Ac. RP de 05.06.2000, Proc. n.° 0050544, Ac. RP de 10.11.1999, Proc. 9910763, Ac. RP de 01.10.1998, Proc. n.° 9830916, Ac. RP de 14.03.1995, Proc. n.° 9420632, Ac. RP de 16.10.1990, Proc. n.° 0224948, consultados em www.dgsi.pt.

Não obstante a letra da lei, a quase totalidade dos autores que procedem à interpretação do art. 429.º do Código Comercial afirma que este preceito consagra, na verdade, uma anulabilidade e não uma nulidade em sentido técnico. MOITINHO DE ALMEIDA[20], JOSÉ VASQUES[21], MENEZES CORDEIRO[22] e JÚLIO GOMES[23], todos eles perfilham a tese, segundo a qual, a invalidade prevista no art. 429.º é a anulabilidade e não a nulidade. Os argumentos variam, porém.

Enquanto MOITINHO DE ALMEIDA[24] limita-se a aduzir que "não existem quaisquer razões que imponham um regime tão drástico como a nulidade", MENEZES CORDEIRO e JÚLIO GOMES apontam para uma interpretação actualista do art. 429.º, utilizando um argumento histórico e um argumento sistemático. Uma vez que o Código Comercial não distingue ainda nulidade e anulabilidade e o tratamento do erro e do dolo no Código Civil postula a anulabilidade do negócio jurídico, o art. 429.º deve ser lido como consagrando igualmente uma anulabilidade.

Também na jurisprudência a tese da anulabilidade adquiriu apoio. Minoritária no início, foi ganhando campo e a partir de 1999 tornou-se mesmo a jurisprudência constante do Supremo Tribunal de Justiça[25-26]. No aresto mais recente sobre a matéria[27], o STJ afirma que o art. 429.º do Código Comercial deve ser interpretado no sentido de estabelecer a mera

---

[20] O Contrato de Seguro cit., pág. 61, nota 29 e pág. 79.

[21] Contrato de Seguro cit., pág. 380.

[22] "Contrato de seguro e seguro de crédito" cit., pág. 41 e Manual de Direito Comercial cit., pág. 581.

[23] "O dever de informação do tomador de seguro na fase pré-contratual" cit., pág. 102 e ss.

[24] Ob. e loc. cit.

[25] Ac. STJ de 18.03.2004, Proc. 04B295, Ac. STJ de 04.03.2004, Proc. 03B3631, Ac. STJ de 18.12.2002, Proc. n.º 02B3891, Ac. STJ de 19.02.2002, Proc.n.º 02B2270, Ac. STJ de 07.07.1999, Proc. n.º 99A482, Ac. STJ de 11.03.1999, Proc. n.º 99A009, todos consultados em www.dgsi.pt; antes de 1999, cf. o Ac. STJ de 19.10.1993, Proc. n.º 083857, Ac. STJ de 26.05.1993, Proc. 083220, também consultados em www.dgsi.pt.

[26] Na jurisprudência das Relações, no sentido da defesa da tese da anulabilidade, cf. Ac. RG de 23.10.2002, Proc. n.º 589/02-1, Ac. RC de 10.10.2000, Proc. n.º 1898/2000, Ac. RP de 08.01.2003, Proc. 0211057, Ac. RP de 21.11.2002, Proc. n.º 0231222, Ac. RP de 18.10.2002, Proc. n.º 0231211, Ac. RP de 23.11.2000, Proc. 0031402, Ac. RP de 05.04.2001, Proc. n.º 0130163, Ac. RP de 18.11.1998, Proc. n.º 9741210, Ac RP de 9.11.1998, Proc. n.º 9850891, Ac. RP de 30.06.1998, Proc. n.º 9820008, Ac. RP de 14.01.1997, Proc. n.º 9620728, Ac. RP de 14.01.1997, Proc. n.º 9620728, RP de 03.11.94, Proc. n.º 9340162.

[27] Ac. STJ de 18.03.2004, Proc. 04B295, consultado em www.dgsi.pt

anulabilidade do contrato de seguro, citando a argumentação utilizada por MOITINHO DE ALMEIDA.

No Ac. do STJ de 4 de Março de 2004[28], o Supremo vai mais longe na fundamentação da posição tomada, defendendo que "não obstante a terminologia legal, a doutrina e a jurisprudência vêm assinalando que a natureza particular dos interesses em jogo e a inexistência de violação de qualquer regra imperativa determinam que deva ser a anulabilidade a consequência ou a sanção ligada à emissão de declarações inexactas ou reticentes do segurador susceptíveis de influírem na existência ou condições do contrato de seguro. É, na verdade, a anulabilidade que está geralmente colimada à tutela dos interesses particulares de uma das partes do contrato, enquanto a nulidade é, em regra, estabelecida para os casos em que o reconhecimento do negócio contraria exigências de carácter geral ou o interesse público".

9. O facto de o Código Comercial não separar ainda a nulidade e a anulabilidade, como acontecia igualmente com o Código Civil de Seabra de 1867, não depõe certamente a favor da tese da anulabilidade. Na verdade, tal argumento tanto dá para defender essa tese, como a tese da nulidade, e esta até com maior acuidade, face ao teor literal expresso.

O argumento sistemático do regime do erro é mais sério. Uma vez que as falsas declarações do tomador de seguro geram uma vontade negocial assente em erro (erro vício), o paralelismo com o regime do erro no Código Civil depõe a favor da anulabilidade, pois é este o desvalor dos negócios jurídicos celebrados com erro, tanto o erro simples, como o erro provocado por dolo (cf. os artigos 251.º a 254.º do Código Civil).

Tal argumento, porém, não pode ser olhado como decisivo. Um regime geral não impede a existência de regimes especiais (e excepcionais). O facto de o Código Civil consagrar o desvalor da anulabilidade negocial em caso de erro na formação da vontade não impede que, para situações particulares, sejam consagrados regimes especiais (ou excepcionais). É até frequente o direito comercial apresentar desvios ao regime geral do direito civil. Por exemplo, enquanto a venda por non domino provoca a nulidade do negócio jurídico no regime geral da compra e venda (art. 892.º do Código Civil), no regime comercial ela não afecta a validade da venda (art. 467.º do Código Comercial). A ponderação de valores específicos do

---

[28] Proc. 03B3631, consultado em www.dgsi.pt.

comércio pode justificar que seja consagrado um regime jurídico diverso do regime geral, seja um regime especial, seja um regime excepcional.

Nesta ordem de ideias, o art. 429.º do Código Comercial pode muito bem constituir um regime especial de erro vício, com um desvalor diverso do regime geral, em atenção à existência de razões que justifiquem a nulidade do contrato de seguro e não a simples anulabilidade.

O fundamental para este ponto de vista interpretativo é que se detectem razões que justifiquem a consagração de um regime especial de nulidade a propósito da formação do contrato de seguro com erro da seguradora, isto é, que se explique por que razão a celebração do contrato de seguro com falsas declarações fica sujeito a um diferente desvalor jurídico face ao regime geral do erro.

Pensamos que a razão principal se encontra no desequilíbrio das prestações gerado pelas falsas declarações do tomador de seguro[29] e que a mera anulabilidade do contrato de seguro não permite eliminar de todo. Vejamos.

Com uma informação exacta e completa do risco a segurar, a seguradora faz uma análise técnica do mesmo, tomando em consideração modelos matemáticos e estatísticos de previsão e gestão da sinistralidade, e pode decidir de um modo tecnicamente fundado se celebra ou não o contrato de seguro. Essa mesma análise serve para, caso decida contratar, negociar cláusulas de delimitação do risco, como as cláusulas de exclusão, o valor do capital seguro, que limita igualmente a responsabilidade da seguradora e a sua exposição ao risco, o local geográfico do risco, a existência de franquia contratual e o seu valor, a duração do contrato e, naturalmente o valor do prémio, entre outras cláusulas igualmente relevantes.

O conhecimento do risco a segurar projecta-se, no entanto, para lá do conteúdo do contrato de seguro propriamente dito. A seguradora tem muitas vezes de colocar o risco seguro noutra seguradora de maior capacidade financeira (resseguro). Uma declaração inexacta ou reticente pode conduzir a uma subavaliação da exposição potencial ao risco, levando a seguradora a não ressegurar o mesmo e a sujeitar-se a suportar com o seu património uma prestação que, se houvesse recebido a informação correcta do risco, teria transferido para outra seguradora. Há também provisões técnicas a constituir pela seguradora, em obediência a deveres específicos da

---

[29] Mencionando expressamente que o art. 429.º do Código Comercial "visa o equilíbrio das prestações do segurado e da seguradora, em homenagem ao princípio do equilíbrio contratual", Ac. RL de 26.05.1992, Proc. n.º 0048501, consultado em www.dgsi.pt.

sua actividade[30], e cujo valor se prende com o risco a segurar. Falsas declarações sobre o risco influenciam o valor das provisões técnicas, podendo ter como consequência a insuficiência das mesmas para cobrir um sinistro.

Sem ter podido formar a sua vontade negocial com o conhecimento exacto e completo do risco a segurar, sem ter podido convencionar as cláusulas que negociaria se houvesse conhecido o risco verdadeiro e, ainda, recebendo um prémio inferior ao que normalmente cobraria (se contratasse o seguro) para o risco em causa, a seguradora pode ter de cumprir uma prestação para a qual não se encontra preparada.

Por outro lado, o tomador de seguro, sobre o qual recai o dever de prestar a informação à seguradora nos termos do art. 429.º do Código Comercial, poderá vir a beneficiar de uma prestação que a seguradora contratou em erro. O que não deixa de ser anómalo. Sendo o tomador de seguro a violar o dever de informação que a lei lhe impõe, é sobre a seguradora que recaem os efeitos da violação. E isto, ainda que o tomador de seguro haja actuado dolosamente, atendendo a que o art. 429.º não distingue para efeitos de cominação da invalidade o dolo e a negligência.

Quer dizer, a seguradora, tendo confiado de boa fé na informação sobre o risco a segurar, pode vir a ter de cumprir uma prestação num contrato que celebrou com o consentimento viciado em erro, enquanto o tomador de seguro, que violou o dever legal de informação que sobre ele impendia, podendo até tê-lo feito com dolo, virá a beneficiar da prestação. O desequilíbrio da posição contratual das partes é tão evidente que dispensa ulteriores aprofundamentos.

O Supremo Tribunal de Justiça, no aresto de 4 de Março de 2004[31], afirma que "é, na verdade, a anulabilidade que está geralmente colimada à tutela dos interesses particulares de uma das partes do contrato, enquanto a nulidade é, em regra, estabelecida para os casos em que o reconhecimento do negócio contraria exigências de carácter geral ou o interesse público" para afastar a tese da nulidade quanto ao art. 429.º do Código Comercial.

Pensamos, ao contrário, que é justamente por haver razões de salvaguarda do interesse geral que o desvalor cominado no art. 429.º é a nulidade e não a anulabilidade. Para compreender isso, há que ponderar o

---

[30] Cf. os art. 68.º e ss. do DL n.º 94-B/98, de 17 de Abril.
[31] Citado supra.

papel das empresas seguradoras no contexto da socialização do risco de danos em Portugal.

Num ordenamento em que o sistema de assumpção de riscos é praticamente todo privado, com o Estado e as empresas públicas a ficarem de fora, são as empresas seguradoras que suportam o funcionamento das actividades sobre as quais existe um dever de segurar (seguro obrigatório) e as outras, relativamente às quais as pessoas colectivas, públicas e privadas, e as pessoas singulares pretendam transferir o risco de danos (ou outros riscos seguráveis).

Ora, se as seguradoras tiverem de cumprir obrigações relativamente a riscos que por falta de informação exacta e completa, não ponderaram devidamente, não resseguraram ou não constituíram provisões técnicas suficientes, e sem que, para além disso, recebam os prémios devidos para o risco em causa, a sua capacidade para solver as obrigações decorrentes dos contratos que celebram por via da sua actividade pode ser posta em causa. O exemplo clássico dos danos potencialmente decorrentes de um acidente com um veículo de transporte de mercadoria perigosa (combustíveis ou outra), cuja declaração não foi feita à seguradora, basta para se ter uma ideia do que está em causa.

Com a solvabilidade das seguradoras ameaçada, é todo o sistema de transferência de risco em que repousa a organização social e económica portuguesa que é posto em causa. O que não pode deixar de se repercutir em todos aqueles, muitos milhares, que tenham direito a uma indemnização por uma seguradora. Se uma seguradora deixa de ter solvabilidade, os titulares de créditos indemnizatórios sobre ela ficarão, muito provavelmente, sem, toda ou parte, da indemnização devida.

A multiplicação decorrente da contratação de riscos em massa, muitos deles envolvendo capitais seguros de valor consideravelmente elevado, agrava o problema, pois a incidência das falsas declarações é também muito maior, aumentando o número de contratos em que elas ocorrem.

É justamente porque existem considerações de interesse geral associados ao cumprimento do dever de informação previsto no art. 429.º do Código Comercial, que o desvalor do contrato aí mencionado é a nulidade e não a anulabilidade. O interesse público na conservação da solvabilidade das seguradoras para que o sistema de transferência de riscos continue a funcionar manifesta-se aqui.

E não se venha dizer, para desvalorizar os argumentos expendidos, que não há razão para se insistir na nulidade, uma vez que a anulabilidade permite à seguradora deixar de cumprir a sua prestação em caso de ocorrência de sinistro, pois o negócio anulável produz os seus efeitos até à anulação e é susceptível de convalidação e o negócio nulo não. E, por outro lado, aspecto que não pode ser esquecido, a lei pode estabelecer a inoponibilidade do negócio anulável e não o fazer para o negócio nulo, cujo desvalor é mais grave. Não é, assim, de modo nenhum, irrelevante discutir a natureza da invalidade subjacente ao art. 429.º do Código Comercial.

Concluímos, deste modo, pronunciando-nos no sentido de que a invalidade constante do art. 429.º é uma nulidade em sentido próprio e não uma anulabilidade (nulidade mista). Ponderando o interesse de carácter geral desta actividade económica e o reflexo potencial das falsas declarações na solvabilidade da seguradora que contrata um seguro com desconhecimento do risco a segurar, sem esquecer que é ao tomador de seguro que incumbe o dever de prestar à seguradora a informação exacta e completa desse risco, o legislador português optou pelo desvalor mais grave, acabando por consagrar um regime especial de erro vício.

Temos, em todo o caso, a consciência que a tese da anulabilidade está já fortemente enraizada no Supremo Tribunal de Justiça e que, pelo menos nos anos mais próximos, se deve esperar, não uma viragem jurisprudencial, mas uma consolidação desta orientação.

10. Nem toda a declaração inexacta ou reticente provoca a nulidade do contrato de seguro. Segundo o art. 429.º do Código Comercial a nulidade do contrato seguro depende de demonstração pela seguradora de que esta, caso tivesse conhecido o risco verdadeiro, não celebraria o contrato de seguro em causa ou, caso o celebrasse, não o fizesse nas condições em que contratou.

Cabe à seguradora o ónus de provar que não celebraria o contrato de seguro ou só o faria noutras condições contratuais[32].

---

[32] Cf. a propósito o Ac. STJ de 07.07.1999, Proc. n.º 99ª482 (embora fale em anulabilidade e não em nulidade como nós fazemos), Ac. STJ 03.05.1990, Proc. n.º 078689, Ac. do STJ de 12.12.1980, Proc. n.º 000132, Ac. RP de 07.05.2001, Proc. 0150336, consultados em www.dgsi.pt.

IV. A OPONIBILIDADE A TERCEIRO LESADO DA INVALIDADE DE SEGURO AUTOMÓVEL POR FALSAS DECLARAÇÕES DO TOMADOR DE SEGURO

11. O art. 14.º do DL n.º 522/85, de 31 de Dezembro, vem dispor que "para além das exclusões ou anulabilidades que sejam estabelecidas no presente diploma, a seguradora apenas pode opor aos lesados a cessação do contrato nos termos do n.º 1 do artigo anterior, ou a sua resolução ou nulidade, nos termos legais e regulamentares em vigor, desde que anteriores à data do sinistro".

Este preceito levanta a questão de saber se a invalidade do contrato de seguro automóvel com fundamento em falsas declarações do tomador de seguro, ao abrigo do art. 429.º do Código Comercial, pode ser oposta ao lesado de acidente automóvel.

Esta questão tem resposta pacífica caso se entenda, como nós entendemos, que o art. 429.º consagra uma verdadeira nulidade, dado que o art. 14.º do DL n.º 522/85 estabelece expressamente que a nulidade do contrato de seguro automóvel pode ser oposta ao terceiro lesado.

O problema surge verdadeiramente quando se interpreta o art. 429.º do Código Comercial como consagrando uma anulabilidade e não uma nulidade. Pode a seguradora, à luz do art. 14.º do DL n.º 522/85, opor ao terceiro lesado a anulabilidade do seguro automóvel celebrado com falsas declarações do tomador de seguro?

Recentemente, o Supremo Tribunal de Justiça decidiu no sentido negativo[33]. Uma vez que, no entender do tribunal, o art. 429.º prevê uma verdadeira anulabilidade, esta não poderia ser oposta ao lesado de acidente automóvel, de acordo com o art. 14.º, 1.ª parte do DL n.º 522/85. O Supremo Tribunal justifica a sua interpretação deste normativo com o imperativo de garantir uma rápida indemnização do lesado: "um regime que faça depender a determinação do responsável de eventual nulidade resultante de falsas declarações sobre o risco seria fonte de incerteza para os lesados quanto à forma de exercerem os respectivos direitos. Os atrasos que daí resultariam, e o caso dos autos é disso um exemplo, afectariam de modo intolerável a protecção jurídica das vítimas de acidentes de circulação".

Este acórdão tem de ser lido com particular cautela. Levado até ao fim, pareceria que a seguradora não poderia invocar nenhum dos seus

---

[33] Ac. STJ de 18.12.202, Proc. n.º 02B3891; ver, ainda, no mesmo sentido, o Ac. RP de 03.11.1994, Proc. n.º 9340162, consultados em www.dgsi.pt.

meios contratuais de defesa – entre os quais se contam a caducidade, a resolução e a nulidade do contrato de seguro – sempre que fosse posto em causa o pagamento rápido da indemnização do lesado, conclusão, de resto, que surge infirmada pelo preceito.

Por outro lado, o Supremo Tribunal não pondera devidamente o disposto no art. 21.º, n.º 5 do DL n.º 522/85, com a redacção dada pelo DL n.º 130/94, de 19 de Maio, que ao transpor a directiva 90/232/CEE, de 14 de Maio, visa precisamente obstar a demoras no pagamento da indemnização devida ao lesado. É aspecto a que voltaremos no ponto seguinte.

A celeridade do pagamento da indemnização ao lesado, um objectivo em que todos estarão de acordo, não pode servir para coarctar à seguradora a invocação dos meios de defesa que a lei lhe reconheça, desde logo, aqueles que o art. 14.º admite serem oponíveis a terceiro. O exercício regular do direito do lesado a ser indemnizado não se faz no direito português à custa dos meios de defesa da seguradora, conforme decorre do art. 14.º conjugado com o art. 21.º, n.º 5 do DL n.º 522/85, adiante melhor explicitado.

Assim, o que unicamente importa saber, é se o art. 14.º do DL n.º 522//85 afasta a oponibilidade pela seguradora da anulabilidade do contrato de seguro automóvel celebrado com falsas declarações do tomador de seguro, para quem entenda que o art. 429.º do Código Comercial estabelece essa espécie de invalidade.

Embora defendamos que o art. 429.º do Código Comercial prevê uma genuína nulidade do contrato de seguro celebrado com falsas declarações do tomador de seguro, e não a anulabilidade, como vimos no ponto anterior, vamos, em todo o caso, analisar este problema na perspectiva dos defensores da tese da anulabilidade.

12. Começamos por dizer, que o art. 14.º do DL n.º 522/85 não tem por finalidade impedir a seguradora de invocar a invalidade do contrato de seguro celebrado com falsas declarações. Na verdade, o preceito tem um escopo duplo.

O primeiro escopo do art. 14.º do DL n.º 522/85 consiste em impedir que a seguradora, por via de acordo com o tomador de seguro, limite contratualmente a sua responsabilidade em caso de sinistro para além das situações que aquele diploma prevê. O artigo não se limita, porém, a mencionar as cláusulas de exclusão ("exclusões"), referindo também as anulabilidades "que sejam estabelecidas no presente diploma". Deve esta referência à anulabilidade ser entendida em sentido técnico?

Há duas razões que nos levam a dizer que não. A primeira reside logo no facto de o DL n.º 522/85 não prever nenhum fundamento de anulabilidade do contrato de seguro automóvel. Cria perplexidade que o legislador mencione a possibilidade de a seguradora invocar as anulabilidades previstas no DL n.º 522/85 e se entenda esta referência no seu sentido técnico quando é certo que o diploma não consagra nenhuma situação em que o contrato de seguro automóvel seja anulável.

A segunda razão é de ordem sistemática. O ordenamento jurídico português não prevê expressamente nenhum caso de contrato de seguro anulável. Descontando agora o problema interpretativo que alguns preceitos, como o art. 429.º do Código Comercial, podem levantar quanto à espécie de invalidade acolhida normativamente, a verdade é que a lei portuguesa comina com a nulidade todos os vícios do contrato de seguro. Com efeito, os artigos 428.º, § 1, 429.º, 434.º e 436.º do Código Comercial estatuem a nulidade do contrato de seguro, não surgindo nunca a menção à anulabilidade.

Importa não esquecer, por outro lado, que para além das exclusões propriamente ditas do seguro automóvel, consagradas no art. 7.º do DL n.º 522/85, existem outras cláusulas que podem limitar a responsabilidade da seguradora, como sejam, nomeadamente, as que se reportam à matéria dos artigos 6.º, 9.º, n.º 2 e 10.º, n.º 2 do diploma. É a eficácia dessas cláusulas defronte do terceiro lesado que o art. 14.º, 1.ª parte do DL n.º 522/85 pretende atacar, estabelecendo a sua inoponibilidade.

O sentido da primeira parte do art. 14.º não é, assim, o de vedar à seguradora o direito de invocar contra o terceiro lesado a anulabilidade do seguro automóvel, e menos ainda as falsas declarações fundadas no art. 429.º do Código Comercial, mas simplesmente tornar inoponíveis àquele as cláusulas de limitação da responsabilidade acordadas entre a seguradora e o tomador de seguro que não tenham fundamento no DL n.º 522/85.

O segundo escopo do art. 14.º do DL n.º 522/85 já não se prende com a limitação contratual da responsabilidade da seguradora perante terceiro lesado, mas com a restrição da oponibilidade a este das excepções de extinção ou invalidade do contrato de seguro que sejam anteriores à data do sinistro[34]. Factos extintivos do contrato de seguro automóvel que se

---

[34] A rigor, a formulação do preceito apenas está correcta para os factos extintivos do contrato de seguro automóvel, mas não para a invalidade, uma vez que esta ocorre no momento da celebração do contrato e é sempre anterior ao sinistro.

tornem eficazes somente em momento posterior ao sinistro não podem ser invocados pela seguradora.

A parte final do art. 14 do DL n.º 522/85 apenas refere a nulidade. Isto pode ser interpretado no sentido de excluir a mera anulabilidade do contrato de seguro automóvel. E assim o fez o Ac. STJ de 18.12.2002[35]. O que pensar desta interpretação?

Começamos por dizer que a teleologia do art. 14.º do DL n.º 522/85 não vai no sentido de excluir a oponibilidade das anulabilidades do contrato de seguro automóvel a terceiro lesado. Esta norma impede unicamente que a seguradora invoque factos extintivos do contrato de seguro automóvel cuja eficácia seja posterior ao sinistro. Assim, se após a data do acidente ocorreu um fundamento de resolução do contrato de seguro para a seguradora e esta exerceu o seu direito de resolução, não é a circunstância de o contrato de seguro se encontrar extinto (pela resolução) no momento em que o lesado reclama o pagamento de indemnização que exonera a seguradora da sua responsabilidade, uma vez que a obrigação de indemnizar se constituiu no momento em que o contrato de seguro ainda estava em vigor.

Perguntar-se-á, no entanto: se é assim, por que razão o art. 14.º apenas menciona a nulidade e não a anulabilidade, que, aliás, está referida na primeira parte do preceito?

A explicação é simples atendendo a um argumento histórico e outro sistemático. Começando por este, lembramos uma vez mais que o direito português não prevê expressamente casos de anulabilidade do contrato de seguro; em contrapartida, a nulidade surge em vários preceitos (artigos 428.º, § 1, 429.º, 434.º e 436.º do Código Comercial), entre os quais justamente o art. 429.º do Código Comercial no tocante às falsas declarações.

Por outro lado, em 1979, quando o preceito foi originariamente redigido como parte do DL n.º 408/79, de 25 de Setembro, passando depois para o DL n.º 522/85, a tese da anulabilidade subjacente ao art. 429.º do Código Comercial era meramente embrionária[36] e não tinha ainda qualquer expressão relevante na jurisprudência, que se limitava a usar o elemento literal do preceito para qualificar como nulo o contrato de seguro celebrado com falsas declarações do tomador de seguro.

Compreende-se, deste modo, que o legislador do DL n.º 522/85 tenha apenas mencionado a nulidade do contrato de seguro no art. 14.º, em vez

---

[35] Citado.
[36] Defendia-a na doutrina MOITINHO DE ALMEIDA, Contrato de Seguro cit.

de abarcar as duas espécies de invalidade: a lei portuguesa, particularmente o Código Comercial, prevê somente o desvalor da nulidade para os vícios na formação do contrato. E compreende-se igualmente que na referência à nulidade esteja compreendida a hipótese de seguro celebrado com falsas declarações, por ser esse um dos casos legalmente previstos de nulidade (art. 429.° do Código Comercial) que o art. 14.° do DL n.° 522/85 ressalva ("nos termos legais e regulamentares em vigor").

Os argumentos expendidos permitem elucidar com suficiente clareza, julgamos, a razão pela qual o art. 14.° do DL n.° 522/85 não alude à anulabilidade na parte final do preceito e somente o faz para a nulidade. E nenhum deles apoia a tese que a seguradora não pode opor a terceiro a anulabilidade do contrato de seguro, qualquer que seja o fundamento da anulabilidade, nomeadamente as falsas declarações (para quem entende que art. 429.° estatui uma anulabilidade).

Concluímos, afirmando que o art. 14.° do DL n.° 522/85 admite a oponibilidade da invalidade do contrato de seguro por falsas declarações do tomador de seguro, mesmo quando se interpreta o art. 429.° do Código Comercial no sentido de consagrar a anulabilidade do contrato de seguro.

13. O Ac. da Relação de Guimarães de 02.06.2004[37], interpretando o art. 14.° do DL n.° 522/85, julgou que a nulidade do contrato de seguro automóvel "para ser oponível ao lesado, tinha de ser declarada antes do sinistro e não, como se vê, apenas após a ocorrência do acidente e por via da excepção". Deve, então, concluir-se que o art. 14.° daquele diploma só permite à seguradora a invocação da nulidade ou anulabilidade se o contrato de seguro já houver sido judicialmente declarado nulo ou anulado?

Uma tal interpretação, a ser verdadeira, importaria a derrogação de uma boa parte do regime geral da invalidade do negócio jurídico. Assim, a seguradora teria de fazer declarar judicialmente a invalidade para poder prevalecer-se dela, ao contrário do que resulta do quadro normativo geral (art. 285.° e ss. do Código Civil), que não faz depender o juízo sobre a invalidade de uma decisão judicial; a seguradora deixaria de poder deduzir a excepção da nulidade ou anulabilidade do contrato a todo o tempo (no caso do contrato anulável, só se o negócio jurídico não estiver ainda cumprido – art. 287.°, n.° 2 do Código Civil), isto é, sem dependência de prazo, tendo de, por acção, fazer declarar a nulidade ou anular o contrato de seguro.

---

[37] Ainda não publicado.

Havendo anulabilidade do contrato de seguro, o direito de o anular, por acção, no prazo de um ano após o conhecimento do vício ficaria comprometido (art. 287.º, n.º 1 do Código Civil), como comprometido ficaria o direito a declarar a nulidade – caso o desvalor do contrato de seguro fosse esse – se a seguradora, por qualquer coincidência, aliás, muitíssimo frequente, só viesse a conhecer o vício gerador da invalidade após o sinistro.

Na prática, com esta interpretação do art. 14.º, a seguradora teria a preclusão da sua defesa da invalidade do contrato de seguro.

Mas o alcance e o sentido do art. 14.º do DL n.º 522/85 é bem menor do que o pretendido pela Relação de Guimarães. O art. 14.º não coarcta à seguradora o direito a defender-se por invocação da invalidade do contrato de seguro ou de qualquer facto extintivo do mesmo. Como salientámos atrás, o art. 14.º veda unicamente a oponibilidade ao lesado dos fundamentos de extinção ou de invalidade do contrato de seguro que sejam posteriores ao sinistro do qual resultou o seu direito de indemnização e não estabelece que qualquer daqueles fundamentos deva ter sido judicialmente declarado como condição de oponibilidade ao lesado.

Na prática, como a invalidade do contrato de seguro ocorre no momento da sua celebração e não em momento posterior, a seguradora nunca vê afectado o seu direito a excepcionar a nulidade (ou a anulabilidade para quem entenda ser esta a invalidade em causa) do contrato de seguro celebrado com falsas declarações por força do art. 14.º do DL n.º 522/85.

V. O PAPEL DO FUNDO DE GARANTIA AUTOMÓVEL NO PAGAMENTO DA INDEMNIZAÇÃO A LESADO QUANDO A SEGURADORA INVOQUE A INVALIDADE DO SEGURO AUTOMÓVEL

14. O Supremo Tribunal de Justiça julgou no seu acórdão de 18.02.2002[38] que a seguradora não pode opor ao lesado a anulabilidade do contrato de seguro celebrado com falsas declarações do tomador de seguro, argumentando que o lesado não deve sofrer com a demora no pagamento da indemnização devida.

Esta argumentação não procede, pois não retrata a lógica actual do sistema português de ressarcimento do lesado por acidente automóvel. O art. 21.º, n.º 5 do DL n.º 522/85, com a nova redacção resultante do DL

---

[38] Ac. STJ de 18.12.202, Proc. n.º 02B3891, consultado em www.dgsi.pt.

n.º 130/94, de 19 de Maio, que transpôs a directiva 90/232/CEE, de 14 de Maio (art. 4.º e considerando décimo), estipula que "ocorrendo um fundado conflito entre o Fundo e uma seguradora sobre qual deles recai o dever de indemnizar, caberá ao Fundo reparar os danos sofridos pelos lesados, sem prejuízo de vir a ser reembolsado pela seguradora ..."[39].

A ratio do preceito é a de evitar que o lesado seja prejudicado com a disputa acerca de quem é o dever de indemnizar, da seguradora do veículo do responsável pelo acidente automóvel ou do FGA. O comando normativo é linear: cabe ao FGA pagar a indemnização ao lesado, sem discutir, ainda que, porventura, tenha direito ao reembolso do que pagou contra a seguradora que se recusou a indemnizar o lesado.

Deste modo, se a seguradora alegar, de modo fundamentado, que o contrato de seguro não é válido, pela ocorrência de falsas declarações do tomador de seguro, o FGA está obrigado a avançar no pagamento da indemnização devida ao lesado, ainda que sustente que tal dever é da seguradora.

Afigura-se inquestionável que existe uma controvérsia sobre o desvalor da invalidade prevista no art. 429.º do Código Comercial. E se a tendência recente da jurisprudência, sobretudo do STJ, aponta no sentido da anulabilidade, não é menos verdade que ela não tem carácter vinculativo e nada impede que qualquer tribunal perfilhe a tese da nulidade (como, de resto, numerosos arestos perfilharam).

Por outro lado, ainda que se assente na premissa que o art. 429.º do Código Comercial prevê uma anulabilidade, daí não se retira que tal anulabilidade seja inoponível ao lesado de acidente de automóvel de acordo com o art. 14.º do DL n.º 522/85. A existência de uma decisão do STJ[40]

---

[39] O considerando décimo à directiva 90/232/CEE diz o seguinte: "considerando que, na eventualidade de um litígio entre o organismo referido e o segurador da responsabilidade civil sobre a questão de saber qual deve indemnizar a vítima do acidente, os Estados membros devem, para evitar atrasos no pagamento da indemnização à vítima, providenciar para que seja designada a parte a quem, numa primeira fase, incumbe a obrigação de indemnizar a vítima, enquanto se aguarda a resolução do litígio". O art. 4.º, por sua vez, dispõe que "em caso de conflito entre o organismo referido no n.º 4 do artigo 1.º da Directiva 84/5/CEE e o segurador da responsabilidade civil quanto à questão de quem deve indemnizar a vítima, os Estados membros tomarão as medidas adequadas para que seja designada a parte a quem, numa primeira fase, incumbe a obrigação de indemnizar a vítima".

[40] Ac. STJ de 18.12.202, Proc. n.º 02B3891; ver, ainda, no mesmo sentido, o Ac. RP de 03.11.1994, Proc. n.º 9340162, consultados em www.dgsi.pt.

nesse sentido não basta obviamente para se firmar tal asserção, pois nada impede que qualquer tribunal, mesmo o próprio STJ, adopte tese oposta noutro(s) aresto(s).

Estas considerações bastam para evidenciar que a recusa de seguradora em pagar a lesado a indemnização devida por acidente automóvel com fundamento na invalidade do seguro automóvel celebrado com falsas declarações é susceptível de integrar o significado de "fundado conflito" para os efeitos do art. 21.º, n.º 5 do DL n.º 522/85.

Nesta ordem de ideias, sempre que a seguradora alegue a inexistência de seguro válido, por ocorrência de falsas declarações, o FGA encontra-se obrigado, de acordo com o art. 21.º, n.º 5 do DL n.º 522/85, a satisfazer prontamente a indemnização ao lesado[41]. Naturalmente, sem prejuízo de, uma vez satisfeita esta indemnização, poder vir a ser reembolsado, pela seguradora, do montante pago, caso prove que o seguro é válido[42].

15. É completamente indiferente para este problema que a invalidade invocada pela seguradora seja a nulidade ou a anulabilidade do contrato de seguro.

Na verdade, o Fundo de Garantia Automóvel está obrigado a satisfazer a indemnização ao terceiro lesado em dois grupos de casos (art. 21.º, n.º 2 do DL n.º 522/85):

– Morte ou lesões corporais, quando o responsável seja desconhecido ou não beneficie de seguro válido ou eficaz, ou for declarada a falência da seguradora;
– Lesões materiais, quando o responsável, sendo conhecido, não beneficie de seguro válido ou eficaz.

Em qualquer destes dois grupos de casos, a lei menciona a existência de seguro válido. Ora, é sabido que a invalidade, como conceito de género, abrange a nulidade e a anulabilidade. Deste modo, para o efeito do art. 21.º, n.º 5 do DL n.º 522/85, não faz diferença a espécie de invalidade do

---

[41] Neste sentido, o Ac. STJ de 24.02.1999, BMJ 484, pág. 368.
[42] Como facto constitutivo do seu direito ao reembolso, é ao FGA que cabe o ónus da prova da validade do seguro automóvel. À seguradora cabe, inversamente, a prova dos factos impeditivos deste direito, ou seja, a prova das falsas declarações relevantes nos termos do art. 429.º do Código Comercial.

contrato de seguro invocada pela seguradora. O FGA está obrigado a efectuar o pagamento ao lesado, qualquer que seja a invalidade em causa.

16. Temos conhecimento que o FGA se tem recusado a pagar as indemnizações devidas aos lesados quando a seguradora invoca a invalidade do contrato de seguro com fundamento em falsas declarações, aduzindo o argumento da inoponibilidade dessa excepção à luz do art. 14.º do DL n.º 522/85.

Já atrás deixámos explicitada a nossa interpretação do artigos 14.º e 21.º, n.º 5 do DL n.º 522/85 e é nossa opinião que a posição do FGA não se encontra em conformidade com o direito português.

Impressiona-nos, em todo o caso, que funcionando o FGA no âmbito do ISP tome uma posição que entra em colisão com este. Na realidade, a apólice uniforme de seguro automóvel, aprovada pelo ISP, consagra a solução da nulidade do contrato para as falsas declarações prestadas pelo tomador de seguro à seguradora (Art. 11.º).

Ora, se para o ISP as falsas declarações produzem a nulidade do seguro, seria lógico esperar que um Fundo que funciona no seu âmbito agisse na conformidade da orientação daquela entidade. Estranhamente, tal não sucede.

Importa, no entanto, não esquecer que comportamentos contraditórios têm relevância jurídica para o direito português. Um mesmo vício na formação do contrato de seguro não pode gerar nulidade para um efeito (falsas declarações) e constituir anulabilidade não oponível ao lesado para outro (art. 14.º do DL n.º 522/85) ...

A posição do FGA pode, deste modo, servir de fundamento ao instituto do abuso de direito e cominar, inclusivamente, a sua responsabilização civil nos termos do art. 334.º do Código Civil.

VI. CONCLUSÕES

17. Em conclusão, diremos:

   a) É sobre o tomador de seguro que recai o dever de declaração do risco à seguradora;

   b) A declaração inexacta ou incompleta do risco a segurar origina a nulidade do contrato de seguro, de acordo com o art. 429.º do Código Comercial;

c) A nulidade do contrato de seguro por falsas declarações é oponível ao terceiro lesado em acidente automóvel;

d) Mesmo admitindo como hipótese de raciocínio que o art. 429.º do Código Comercial fundamenta a anulabilidade, e não a nulidade, do contrato de seguro, também ela é oponível ao terceiro lesado nos termos do art. 14.º do DL n.º 522/85, de 31 de Dezembro;

e) A invalidade do contrato de seguro automóvel não tem de ser judicialmente declarada antes do sinistro ocorrer, bastando que já existisse antes deste evento, o que, considerando que o sinistro é posterior ao momento da celebração do contrato, sucederá sempre;

f) Quando a seguradora deduza ao lesado a excepção de invalidade do contrato de seguro automóvel nos termos do art. 429.º do Código Comercial, o FGA deve pagar àquele a indemnização devida, sem prejuízo do seu direito ao reembolso caso se venha a provar posteriormente a validade do contrato de seguro.

CONCORRÊNCIA DESLEAL*

LUÍS M. COUTO GONÇALVES
Professor da Escola de Direito da Universidade do Minho

SUMÁRIO: 1. A origem e evolução do instituto. 2. O direito português. 3. O acto desleal de concorrência. 3.1. Acto de concorrência. 3.2. Contrário a normas e usos honestos comerciais. 3.3. De qualquer ramo de actividade económica. 4. Tipologia de actos desleais. 4.1. Actos de confusão. 4.2. Actos de descrédito. 4.3. Actos de aproveitamento. 4.4. Actos enganosos. 4.5. Violação de segredos negociais. 5. Actos desleais e atípicos. 6. Natureza jurídica da concorrência desleal.

1. A origem e evolução do instituto.

A concorrência desleal é uma criação da jurisprudência francesa a partir da 2ª metade do século XIX. Faltando uma disciplina legislativa especial para reprimir os actos desleais de concorrência, os tribunais franceses basearam-se no princípio geral da responsabilidade civil extra-contratual previsto no art. 1382.º do Código Civil Napoleónico de 1804. Os tribunais começaram a entender que a ilicitude se podia reconduzir tanto à violação directa de normas legais como ao exercício abusivo de direitos, como o da liberdade de concorrência, e que a responsabilidade tanto poderia tutelar direitos subjectivos como meros interesses privados.

---

* Este trabalho encontra-se actualizado até Novembro/2004.

Na Itália a jurisprudência também manifestou receptividade em incluir a concorrência desleal no âmbito do ilícito civil extracontratual (art. 1151.º do Código Civil de 1865).

Posteriormente, a Alemanha, de modo pioneiro, consagrou uma disciplina específica sobre a concorrência desleal, primeiro com a lei de 27/5/1896 e depois com a lei de 7/6/1909 (*Gesetz gegen den unlauteren Wettbewerb* – UWG). Esta lei, revogada em 2004 (lei de 3 de Julho), teve particular importância no desenvolvimento doutrinal e legislativo do instituto. O acto desleal traduzia a contrariedade do acto com a cláusula geral dos bons costumes ("aquele que no tráfico mercantil realiza actos, com finalidade de concorrência, que atentem contra os bons costumes, pode ser sujeito a uma acção de cessação e reparação de danos" – art. 1.º)[1]. Esta técnica jurídica de combate à concorrência desleal baseada na formulação de uma cláusula geral acompanhada de uma enumeração exemplificativa de categorias de actos desleais viria a tornar-se prevalecente em detrimento do modelo francês.

O modelo alemão acabaria por receber um forte impulso da Convenção da União de Paris de 1883 (CUP), na Revisão de Haia de 6/11/1925, que alterou o art. 10.º *bis*. Foi introduzida a cláusula geral de concorrência desleal ("o acto de concorrência contrário aos usos honestos em matéria industrial ou comercial") e acrescentados, a título indicativo, duas espécies de actos desleais (actos de confusão e de descrédito). Para além disso, foi aditado, ainda, com conteúdo adjectivo, o art. 10.º *ter* que consagrou a legitimidade activa das associações profissionais para actuarem contra actos de concorrência desleal.

O texto originário do art.10.º *bis* havia sido introduzido na revisão de Bruxelas de 1900 e alterado na Revisão de Washington de 2/6/1911, mas apenas manifestava a preocupação genérica de repressão da concorrência desleal. Na revisão de Estocolmo de 1967 foram acrescentados os actos enganosos no elenco indicativo de actos desleais.

O art.10.º *bis* influenciou decisivamente o disposto no art. 212.º do Código da Propriedade Industrial (CPI) português de 1940 e ainda os arts. 2598.º a 2601.º do C.C. italiano de 1942[2].

---

[1] Sobre a lei alemã de 1909, várias vezes alterada, cfr.: BAUMBACH/HEFERMEHL, *Wettbewerbsrecht*, 22ª ed., C.H. Beck, München, 2001; VOLKER EMMERICHT, *Das Recht des unlauteren Wettbewerbs*, 5ªed., C.H. Beck, München, 1998; HUBMANN/GÖTTING, *Gewerblicher Rechtsschutz*, C.H.Beck, 7ª ed., München, 2002, pp. 349 e ss.

[2] No direito italiano *vide*: VANZETTI/DI CATALDO, *Manuale di Diritto Industriale*, 4ª ed., Giuffré Ed., Milano, 2003, pp. 3 a 114; ABRIANI/COTTINO/RICOLFI, *Diritto Industriale*,

É de realçar, todavia, que a lei portuguesa da propriedade industrial de 15/12/1894 já previa uma norma sobre o combate à concorrência desleal ("O Estado garante a propriedade industrial e comercial pela cominação de penas aos que a ofendam e prejudiquem por meio de concorrência desleal" – art. 5.º) e enumerava um conjunto de actos desleais no art. 201.º. A lei de propriedade industrial de 21/5/1896 manteve ambos os preceitos embora acrescentasse mais uma situação de deslealdade no art. 201.º n.º 7.

Em Espanha o art. 131.º da lei de 1/5/1902 estabeleceu um conceito geral de concorrência ilícita, mas o conteúdo do preceito, exigindo que o lesado fosse titular de um direito privativo, retirou-lhe, como esmagadoramente reconheceu a doutrina, efectividade prática. Por outro lado, a natureza penalista da solução e os limites impostos pelo princípio da tipicidade não contribuiu para uma aplicação flexível e evolutiva do preceito.

A situação, estranhamente, só mudou com a lei de marcas de 1988 que regulava a matéria nos arts. 87.º a 89.º, entretanto revogada pela actual lei de concorrência desleal (lei 3/1991 de 10 de Janeiro).

O art. 87.º consagrava uma cláusula geral da disciplina: "considera-se desleal o acto de concorrência contrário às normas de correcção e bons usos comerciais". O art. 88.º estabelecia um catálogo de condutas desleais.

A lei espanhola em vigor é uma legislação que, assumidamente, representa uma mudança radical na concepção tradicional do direito da concorrência desleal. Apoiou-se na experiência alemã de interpretação e aplicação do alcance e sentido da cláusula geral prevista no § 1.º UWG de 1909 (sem esquecer as reformas legislativas, nomeadamente da lei de 21/7/1965 que introduziu a legitimidade activa das associações de consumidores no § 13 II) e na lei suíça de 19/12/1986[3].

Por contraposição ao chamado *modelo profissional* adoptou o denominado *modelo social*. A concorrência desleal deixou de ser encarada como um ordenamento dirigido primacialmente a resolver conflitos entre

---

CEDAM, Padova, 2001, pp. 271 a 334; SALVATORE SANZO, *La Concorrenza sleale*, CEDAM, Padova, 1998; REMO FRANCESCHELLI, *Studi sulla Concorrenza Sleale*, "Rivista di Diritto Industriale" (RDI), 1962, I, pp. 11 e ss, 1962, I, pp. 183 e ss, 1963, I, pp. 257 e ss; PAOLO AUTERI, *La Concorrenza Sleale*, in "Tratatato di Diritto Privato", UTET, Torino, vol XVIII, 1994, pp. 341 a 416; TÚLIO ASCARELLI, *Teoria de la Concurrencia y de los bienes inmateriales* (tradução de Verdera/Suárez-Llanos), Ed. Bosch, Barcelona, 1970, pp. 157 a 241.

[3] Sobre a lei Suíça, cfr. o comentário de MARTIN-ACHARD, *La loi fédérale contre la concurrence déloyale du 19 Décembre 1986*, Payot, Lausanne, 1988.

os concorrentes para passar a ser um instrumento de regulação e controlo das condutas no mercado. A lei é moldada não só nos interesses privados dos concorrentes, mas também nos interesses colectivos dos consumidores e no interesse público.

Também é inovadora a nível dos conceitos. Adopta um *conceito estrutural* de acto de concorrência. Para que exista um acto de concorrência desleal não se exige que exista uma relação de concorrência entre os sujeitos. É bastante que o acto se realize no mercado (isto é, no "espaço institucional onde se encontram a procura e a oferta e no qual se formam e desenvolvem as relações económicas"), seja praticado com finalidade concorrencial (vise interferir com "o processo de troca de bens ou serviços no mercado" ou promover ou assegurar a difusão no mercado das prestações próprias ou de um terceiro) e seja objectivamente contrário às exigências da boa fé.

Nos arts. 6.º a 17.º tipificam-se actos concretos de concorrência desleal. Por outro lado, a lei de concorrência desleal tem um âmbito de aplicação subjectiva muito amplo, abrangendo o empresário, o agente económico profissional ou esporádico, o profissional liberal e o autor (artista ou cientista)[4].

A lei alemã de 2004 vem culminar, de modo coerente, um longo processo de evolução legislativa, jurisprudencial e doutrinária favorável a uma profunda modernização e mudança de perspectiva do instituto traduzida, essencialmente, na adopção do referido modelo social, numa nova noção de acto de concorrência e de acto desleal (sucumbindo a tradicional referência à cláusula geral dos bons costumes) e no alargamento do campo objectivo de aplicação.

A lei visa a protecção dos interesses dos concorrentes, dos consumidores e de outros participantes do mercado[5] em relação a actos de

---

[4] Sobre a evolução do direito espanhol, para mais desenvolvimentos, cfr.: MARTIN-LABORDA, *Libre Competencia y Competencia Desleal*, La Ley, Madrid, 2001, pp. 13 a 80; JOSÉ MASSAGUER, *Comentario a la ley de Competencia Desleal*, Ed. Civitas, Madrid, 1999, pp. 45 a 57 e pp 105 a 163; BARONA VILAR, *Competencia Desleal*, 2ª ed., Ed. Tirant lo Blanch, Valencia, 1999, pp. 11 a 29; JUAN JOSÉ OTAMENDI, *Competencia Desleal*, Aranzadi Ed., Pamplona, 1992, pp. 21 a 37; AURELIO MENÉNDEZ, *La Competencia Desleal*, Ed. Civitas, Madrid, 1988, pp. 21 a 132; BAYLOS CORROZA, *Tratado de Derecho Industrial*, Civitas, Madrid, 1978, pp. 313 a 320; EVA DOMINGUEZ PÉREZ, *Competência desleal a través de actos de imitación sistemática*, Thomson-Aranzadi, Navarra, 2003, pp. 31 a 36 e pp. 121 e ss.

[5] Por contraposição à noção restritiva de consumidor (pessoa física, consumidor final, que actua fora do âmbito comercial), caberá neste conceito todo o adquirente de produtos ou serviços para uso empresarial ou profissional.

concorrência desleal e a protecção do interesse geral a uma concorrência não falseada (§ 1).

O acto de concorrência é o "acto que uma pessoa realiza com o objectivo de promover as vendas de produtos ou a aquisição de serviços – incluindo bens imóveis, direitos ou obrigações exigíveis – próprias ou de um terceiro empresário" (§ 2 I 1).

O acto de concorrência desleal é definido por uma nova cláusula geral: "consideram-se ilícitos os actos de concorrência desleal susceptíveis de afectar de modo não irrelevante a concorrência em prejuízo dos concorrentes, consumidores ou outros participantes no mercado" (§ 3). O acto desleal é, pois, valorado como um ilícito objectivo e de mero perigo, desprovido de qualquer juízo subjectivo sobre a intenção do sujeito activo.

No § 4 enumeram-se, a título indicativo, alguns actos desleais típicos: actos de influência abusiva sobre o consumidor (n.° 1); actos que explorem a ignorância, inexperiência, medo ou situação de dependência do consumidor (n.° 2); actos publicitários dissimulados (n.° 3); actos obscuros e ambíguos relacionados com promoção de vendas, organização de sorteios ou concursos promocionais (4, 5, 6); actos de descrédito de concorrentes (n.°s 7 e 8); actos de confusão (n.° 9); actos desleais contrários ao livre acesso ao mercado[6] (n.° 10); actos de infracção de normas que tenham por objecto regularem as condutas concorrenciais no interesse dos participantes no mercado (n.° 11). Também são considerados actos desleais, os actos enganosos (§ 5), a publicidade comparativa (quando efectuada nas condições previstas nos vários números do § 6 II) e os actos injustificáveis de perturbação dos consumidores ou de outros participantes no mercado (§ 7).

Por último, merece também uma referência o capítulo IV que regula um conjunto de actos desleais puníveis criminalmente, entre os quais a publicidade enganosa dolosa quando, mediante a difusão de mensagens a um grande número de destinatários, se crie, de modo intencional, a impressão de que uma oferta é especialmente vantajosa (§16.1) e a revelação, divulgação e apropriação de segredos empresariais (§17)[7].

---

[6] A avaliação do requisito da deslealdade fará a diferença entre o acto desleal e o acto *antitrust* ou restritivo da concorrência.

[7] Sobre a lei alemã de 2004, de um modo exaustivo, *vide* BAUMBACH/HEFERMEHL, *Wettbewerbsrecht*, 23ª edição, Verlag C.H.Beck, München, 2004, pp. 109 a 1221 e HARTE-BAVENDAMM/HENNING-BODEWIG, *UWG, Gesetz gegen den unlauteren Wettbewerb- Kommentar*, Verlag C.H.Beck, München, 2004, pp. 471 a 2147.

2. O direito português

Em Portugal, o art. 260.º do CPI de 1995, seguindo a tradição do CPI de 1940, considerava a concorrência desleal um ilícito de natureza penal.

No entanto, a previsão penal do proémio baseada, no essencial, numa cláusula geral, afigurava-se um tipo aberto *(escancarado)* de crime que não parecia preencher os requisitos mínimos de segurança impostos pelo princípio da tipicidade penal. O proémio, em si mesmo considerado, devia, com boas e fundadas razões, ser considerado inidóneo para configurar um tipo penal. A solução possível para salvaguardar a natureza criminal da concorrência desleal seria a de aceitar a proposta de OLIVEIRA ASCENSÃO, segundo a qual o proémio devia ser visto como mera noção integradora de todas as específicas previsões previstas nas várias alíneas do art. 260.º e estas, assim interpretadas, como tipos penais. Por outras palavras, os arts. 260.º do CPI de 1995 e 212.º do CPI de 1940 não representariam um tipo penal unitário, mas diferentes tipos penais, tantos quantas as previsões referidas nas diferentes alíneas. Isto significava que se um acto desleal coubesse no proémio, mas não em cada uma das situações recobertas pelas alíneas, só poderia revestir natureza de ilícito civil se houvesse dano[8].

A grande alteração introduzida pelo CPI de 2003, em sede de concorrência desleal, reside no abandono da sanção penal, como era tradição no nosso ordenamento jurídico.

Corresponde, de resto, a uma exigência há muito reivindicada pela doutrina[9], mas sempre postergada pelo legislador que, inclusivamente, no Código agora revogado tinha procedido a um agravamento das penas (art. 266.º do CPI de 1995).

A concorrência desleal surge, no actual CPI, como um ilícito contra-ordenacional (art. 331.º) dando origem à aplicação de uma coima.

---

[8] OLIVEIRA ASCENSÃO, *Concorrência Desleal*, Almedina, 2002, especialmente, pp. 275 e ss e *Concorrência Desleal, Parte Geral*, AAFDL, 2000, pp. 11 a 71.

[9] Cfr., por exemplo, OLIVEIRA ASCENSÃO, *Concorrência Desleal*, 2002, *cit.*, p. 17 e LUÍS BIGOTTE CHORÃO, "O conceito de concorrência desleal – evolução legislativa", in: AA.VV., *Concorrência Desleal,* Coimbra, Almedina, 1997, pp.178 e 180.

3. O acto desleal de concorrência

A noção de concorrência desleal continua a ser dada através de uma definição (cláusula geral), seguida de uma enumeração exemplificativa de actos desleais (arts. 317.º e 318). Mas no novo código foram efectuadas algumas alterações.

No que respeita à definição de concorrência desleal destacamos a supressão do elemento finalístico (o chamado dolo específico alternativo), que havia sido introduzido no CPI de 1995, em consonância, aliás, com o desaparecimento do ilícito penal[10], e a reintegração do qualificativo da actividade económica.

Um acto de concorrência desleal pressupõe três requisitos: a) um acto de concorrência; b) contrário às normas e usos honestos; c) de qualquer ramo de actividade económica.

O legislador nas diversas alíneas do art. 317.º e no art. 318.º enumerou exemplificativamente actos de concorrência desleal (como decorre da expressão "nomeadamente"), mas para que estes sejam qualificados como tal é indispensável que observem os requisitos estabelecidos no proémio.

3.1. *Acto de concorrência*

A disciplina legal em vigor é ainda fortemente influenciada pelo modelo profissional não tendo prescindido da existência de uma relação de concorrência entre os sujeitos, contrariando a tendência, como referimos atrás, de outros países como a Alemanha, Espanha e Suíça, nos quais a concorrência desleal é, essencialmente, uma disciplina de comportamentos do mercado.

A concorrência em sentido económico, o sentido que aqui mais importa, significa, essencialmente, regras de livre iniciativa económica, a existência de uma pluralidade de agentes económicos e de um público consumidor com liberdade de escolha[11]. No âmbito da concorrência des-

---

[10] OLIVEIRA ASCENSÃO (*Concorrência Desleal, cit.*, p.181) refere, precisamente, que "esta intenção particularizada está ligada à construção de tipos penais" e PATRÍCIO PAÚL ("Os pressupostos da concorrência desleal", in AA.VV., *Concorrência Desleal*, cit., p. 48) considerava o dolo específico alternativo pressuposto do acto de concorrência desleal apenas para efeitos penais.

[11] OLIVEIRA ASCENSÃO (*idem*, p. 112), em alternativa ao conceito económico que considera inutilizável na concorrência desleal, propõe o conceito de "relação especial de

leal o conceito de concorrência deve, todavia, ser entendido de um modo mais restritivo, nos planos merceológico (actividade exercida), temporal ou espacial[12].

Há um acto de concorrência, de grau máximo, quando dois concorrentes, de modo actual e efectivo, produzam ou comercializem um produto ou prestem serviços idênticos, com simultaneidade e no mesmo domínio territorial relevante. Mas pode haver relação de concorrência noutras situações.

No plano merceológico, pode haver um acto de concorrência não só no caso de se procurar satisfazer as mesmas necessidades do público consumidor, mas também quando as necessidades, apesar de diferentes, se possam inserir no mesmo sector do mercado, dirigindo-se ao mesmo tipo de clientela[13]. É defensável, ainda, sustentar que, residualmente, em casos concretos, também possa haver concorrência mesmo não havendo qualquer identidade ou afinidade de produtos ou serviços ou identidade de sector de mercado. Faz todo o sentido, num mercado cada vez mais abrangente, dinâmico, complexo, interrelacionado e *mediatizado,* que se não feche a porta à possibilidade de uma apreciação casuística bem fundamentada, que não seja condicionada à aplicação rígida dos princípios gerais. Do mesmo modo, também deve haver abertura para a aceitação de uma concorrência objectiva potencial, isto é, que se traduza num acto de um concorrente que incida sobre a actividade iminente de outro concorrente.

---

concorrência" que "coloca os operadores económicos em situação de disputarem a mesma clientela". Defendendo mesmo um conceito jurídico cfr. ADELAIDE LEITÃO, *Estudo de Direito Privado sobre a Cláusula Geral de Concorrência Desleal*, Almedina, 2000, pp. 39 e ss. A autora entende que há duas concepções para definir o acto de concorrência: a funcional e a estrutural. De acordo com a primeira, o acto de concorrência visa o desvio de clientela, ainda que este resultado possa não chegar a verificar-se; de acordo com a segunda, o acto de concorrência incide no mercado, quer directa quer instrumentalmente. É possível ainda um critério combinatório. A autora, no entanto, defende uma nova via para definir o acto desleal: o recurso à *primazia metodológica do dano*. A *ratio* da disciplina só é alcançada no campo da deslealdade do acto. O acto de concorrência desleal traduz-se "na potencialidade ou efectividade de um dano concorrencial através de padrões de (des)lealdade ou através da violação das regras de (des)lealdade que o legislador exemplificou nas alíneas". A atribuição ao dano de uma capacidade identificadora do acto de concorrência não representa o afastar da necessidade da relação concreta de concorrência desleal, antes permite evidenciá-la. O dano exponencia a relação de concorrência.

[12] Inspiramo-nos em SANZO, *La concorrenza sleale* cit., pp. 53 e ss.
[13] CARLOS OLAVO, *Propriedade Industrial,* Almedina, 1997, pp. 154 e ss.

No plano temporal também se afigura justificável, com as necessárias cautelas, o conceito de concorrência potencial permitindo a avaliação de actos praticados por concorrentes que se encontrem, objectivamente, numa fase preparatória de arranque de uma actividade económica.

O acto de concorrência, para além da relação de concorrência, pressupõe um acto relacional no mercado[14] e finalidade concorrencial.

Um acto relacional no mercado significa um acto realizado por um concorrente, agindo nessa qualidade, na relação com outro(s) concorrente(s) e-ou na relação com os consumidores, que tenha, consequentemente, projecção no âmbito do espaço institucional, regulado por regras de mercado[15], onde se encontram a oferta e procura de bens ou serviços.

Um acto com finalidade concorrencial significa um acto susceptível de interferir, objectivamente[16], na posição concorrencial dos agentes económicos e/ou nas opções dos consumidores tendo em vista o desvio de clientela[17].

Deste modo, o acto de concorrência deve ser um acto externo produzido no mercado (embora possa não ser ostensivo[18]), com finalidade concorrencial.

Isto significa que ficam excluídos os actos que, embora não sejam imunes a uma finalidade concorrencial, não sejam actos de (e no) mercado[19]

---

[14] Trata-se de um conceito mais amplo que o conceito de *acto de mercado* com o qual pretendemos abranger ainda os actos de concorrentes que se dirigem directamente a outros concorrentes (v.g. os actos previstos no art. 317.º alªs. b), c) e d)) e não exclusivamente a actos de oferta ou procura de bens ou serviços. Aceitando igualmente um conceito mais amplo, cfr. OLIVEIRA ASCENSÃO, *Concorrência Desleal* cit., pp. 125/126.

[15] E não, por exemplo, regras proteccionistas ou sujeitas ao controlo da legalidade administrativa. Mas fique claro que o concorrente pode revestir natureza pública desde que actue segundo um regime jurídico privado. Não é a natureza pública do agente económico que releva, mas o regime jurídico (privado ou público) de actuação.

[16] Independentemente da intenção do agente. O que importa é verificar a adequação objectiva entre o acto praticado e o resultado produzido.

[17] Sobre os conceitos de acto realizado no mercado e com finalidade concorrencial cfr. JOSÉ MASSAGUER, *Comentario a la ley de Competencia Desleal* cit., pp. 119 e ss. O autor chama a atenção para a estreita relação entre os dois requisitos: "a realização no mercado expressa a aptidão da conduta para influenciar a estrutura e relações de mercado pelo facto de transcender o âmbito do sujeito que a realiza, enquanto a finalidade concorrencial expressa a efectiva relação da conduta com o processo de intercâmbio de bens ou serviços no mercado" (p. 122).

[18] Por exemplo, apropriação de segredos industriais de outros concorrentes.

[19] Os actos de não pagamento de impostos ou de contribuições da segurança social, de corrupção de autoridades públicas ou de fogo posto numa empresa concorrente são actos

e os actos que se esgotem no âmbito da organização interna ou da esfera jurídica de cada concorrente[20].

Por último, um acto de concorrência desleal pressupõe, salvo os casos excepcionais de concorrência temporal potencial, que o autor do acto seja um concorrente. Para ser concorrente é condição necessária e suficiente tratar-se de um agente económico susceptível de influenciar o mercado, independentemente, quer da sua natureza jurídica, quer da dimensão ou natureza empresarial da sua unidade económica[21].

Do lado passivo, depende do tipo de actos desleais. É possível tanto a lesão directa de um concorrente determinado como, v.g. nos actos enganosos, a lesão de interesses colectivos de concorrentes e dos consumidores.

3.2. *Contrário a normas e usos honestos comerciais*

O acto de concorrência deve ser contrário a normas e usos honestos comerciais de uma actividade económica.

A opção legislativa não foi a de impor uma ética concorrencial, ou reenviar o intérprete para cláusulas gerais do direito (v.g. bons costumes ou boa fé), mas antes aceitar as normas[22] e usos (num caso e noutro do que se trata em bom rigor é de padrões comerciais *codificados* ou não) próprios de um ramo ou sector de actividade económica. No entanto, há um

---

ilícitos que podem ser valorados, igualmente, verificado o desvalor ético-comercial, como actos contrários a normas e usos honestos. Todavia, não podem ser considerados actos desleais de concorrência porque não preenchem o requisito de actos relacionais no mercado. Não são actos que se traduzem numa relação entre concorrentes, nessa qualidade, ou numa relação de mercado traduzida na oferta e procura de bens ou serviços. A concorrência desleal só visa punir condutas concorrenciais no mercado (concorrente-concorrente ou concorrente-consumidor) e não condutas na relação concorrente-Estado ou cidadão (concorrente)-Estado.

[20] Por exemplo, uma comunicação aos empregados sobre a organização interna e os métodos de trabalho de uma empresa concorrente.

[21] No mesmo sentido, OLIVEIRA ASCENSÃO, *Concorrência Desleal* cit., pp. 58 e ss.

[22] PATRÍCIO PAÚL, "Os Pressupostos da concorrência desleal", in AA.VV., *Concorrência desleal* cit., p. 44, defende que "as normas aí mencionadas deverão sobretudo entender-se como sendo as regras constantes dos códigos de (boa) conduta, elaborados, com crescente frequência, por diversas associações profissionais, traduzindo uma manifestação da autonomia privada". Cfr., ainda, no mesmo sentido, OLIVEIRA ASCENSÃO, *Concorrência Desleal*, cit., pp.155 e ss.

limite: as normas de comportamento devem ser honestas. Isto significa que cabe aqui um controlo ético geral sobre a *bondade* das normas. Trata-se de uma solução ajustada. Não faria sentido o direito aceitar passivamente uma qualquer *moral empresarial*[23].

A deslealdade afere-se por violação autónoma de normas sociais de conduta e não por violação de normas legais, ainda que possa haver actos desleais que possam ser também actos ilegais (v.g. violação desleal de uma marca registada). Mas os requisitos de apreciação valorativa do acto desleal são autónomos. Ainda que num caso concreto possa ter lugar o concurso de ambas as disciplinas isso acontece porque, circunstancialmente, se verificam, cumulativamente, os pressupostos autónomos de actuação do instituto legal em causa e do instituto de concorrência desleal.

3.3. *De qualquer ramo de actividade económica*

O CPI actual reintroduziu o qualificativo da actividade económica.
O legislador, no CPI de 1995, tinha prescindido desse qualificativo (art. 260.º). Interpretando esta omissão, OLIVEIRA ASCENSÃO afirmava existir uma "evidente intenção extensiva nesta proposição" e uma consequência desta alteração seria a de ser difícil sustentar que a concorrência desleal não se aplicaria às profissões liberais[24].

Pensamos que a questão não pode ser resolvida a partir da inclusão ou exclusão do qualificativo "económico". As profissões liberais também desenvolvem uma actividade económica. De outra forma como aceitar, à luz do disposto no artigo 980.º do Código Civil que pressupõe o requisito da actividade económica no conceito de sociedade, que haja sociedades cujo objecto seja o exercício de profissões liberais?

O problema é um outro: o que se deve indagar é se há razões ou não para alargar a concorrência desleal às profissões liberais.

Na nossa opinião, não devemos dar uma resposta única. A situação das profissões liberais não é estruturalmente homogénea.

Ainda há lugar para dois modos essencialmente distintos de exercer a profissão: ou em moldes tradicionais, individual ou societariamente, mas em que a pessoa do profissional é o mais importante, ou em moldes empre-

---

[23] No mesmo sentido VANZETTI/DI CATALDO, *Manuale* cit., pp. 25 e 26.
[24] OLIVEIRA ASCENSÃO, *Concorrência Desleal, cit.*, p.173.

sariais em que a organização sobreleva ou pelo menos reveste tanta importância como os profissionais que a servem. Em relação ao primeiro modo ainda há que distinguir as profissões organizadas em ordens profissionais e as não protegidas. Feitas estas destrinças somos de opinião que a aplicação da concorrência desleal é justificável no caso das profissões liberais (protegidas ou não protegidas) organizadas empresarialmente e no caso das profissões liberais não organizadas empresarialmente, mas não sujeitas a um controlo público de exercício.

Em relação às profissões liberais protegidas exercidas não empresarialmente pensamos que a especificidade destas actividades e a deontologia, muito exigente e rigorosa, a que estão sujeitos os seus profissionais justifica a não aplicação do instituto repressivo da concorrência desleal. As sanções disciplinares previstas, algumas delas muito severas, são suficientes para a solução dos principais problemas de deslealdade profissional. As eventuais situações não cobertas, mas abrangidas pelo instituto da concorrência desleal, não são aplicáveis atendendo ao modo de exercício pessoal (e não empresarial) da profissão.

Com estas reservas a concorrência abrange o conjunto de actividades económicas, de produção e comercialização de bens e de prestação de serviços, excluindo as actividades de cunho exclusivamente cultural, político e religioso.

4. Tipologia de actos desleais

Os actos desleais típicos encontram-se previstos nas várias alíneas do art. 317.º e no art. 318.º.

No art. 317.º distinguem-se, segundo o critério do conteúdo e de acordo com a nossa posição, os actos de confusão (al^a a)), os actos de descrédito (al^a b)), os actos de aproveitamento (al^a c)) e os actos enganosos (als. d), e), f)).

Consideramos que o tipo de actos previstos no art. 318.º justifica uma qualificação específica, na medida em que pode ser um acto de aproveitamento, mas também um acto de agressão.

4.1. *Actos de Confusão*

O acto de confusão, em acto ou potência[25], pode verificar-se em relação à empresa, o estabelecimento, produtos ou serviços dos concorrentes, qualquer que seja o meio empregue (al³ a).
Podemos ter três tipos de situações:
    1ª o uso de sinais distintivos protegidos por direitos privativos industriais, essencialmente firma, nome e insígnia e a marca;
    2ª o uso de sinais distintivos típicos susceptíveis de protecção individualizada, mas não protegidos;
    3ª o uso de sinais ou meios distintivos atípicos insusceptíveis de protecção individual.

1ª Situação

Esta situação suscita o problema das relações entre as normas da concorrência desleal e as normas da propriedade industrial. A nossa posição é a de que estamos perante institutos autónomos e não perante normas que se relacionam, entre si, numa relação de género e espécie. Ainda que, num caso concreto, possa ter lugar o concurso de ambas as disciplinas isso não acontece porque um e outro instituto concorram directamente na protecção do mesmo bem, mas porque, circunstancialmente, se verificam, cumulativamente, os pressupostos autónomos de actuação de cada instituto. Nestas hipóteses em que as normas de tutela dos direitos privativos se justapõem às da concorrência desleal pode ter lugar um concurso de normas.
Admitamos um acto de confusão com um produto identificado com uma marca registada.
É preciso distinguir os dois planos: uma coisa é a confusão entre as marcas dos dois produtos e a relevância da propriedade industrial, outra é a confusão entre os dois produtos e a repressão da concorrência desleal.
No primeiro caso, a apreciação limita-se ao quadro legal do direito de marcas e à verificação dos requisitos, e só esses, previstos no art. 245.º

---

[25] Não é exigível a prova de uma confusão efectiva e prejudicial, mas é bastante o perigo de que a mesma aconteça. A lei fala de "actos susceptíveis de criar confusão" (cfr. alª a)). Sobre a problemática da noção de acto perigoso, embora no contexto legislativo anterior que consagrava a natureza criminal deste ilícito, *vide*, OLIVEIRA ASCENSÃO, *Concorrência desleal* cit., pp. 191 e ss (especialmente pp. 204 e ss).

n.º 1 (prioridade da marca registada; identidade ou afinidade dos produtos; semelhança entre os sinais). Nada mais.

No segundo caso, a apreciação tem de ser mais ampla: para haver um acto desleal de confusão entre produtos não basta a confusão entre os sinais distintivos mesmo que um deles se encontre registado. É necessário ainda que à usurpação de marca registada (o que implica um uso típico dos sinais) se junte ainda, por exemplo, a confusão objectiva dos produtos (para a qual pode não ser bastante a confusão dos sinais ou o seu uso típico), a relação de concorrência (e não um simples comportamento de mercado de um não concorrente) e a contrariedade de normas ou usos honestos comerciais (para além da violação da norma legal).

Se, como defendemos, estes institutos são juridicamente autónomos parece-nos mais coerente sustentar a solução do cúmulo das referidas normas e não a solução do mero concurso aparente, com sacrifício da aplicação das normas de concorrência desleal.

2ª Situação

O acto desleal atinge bens susceptíveis de protecção, por revestirem capacidade distintiva e não serem confundíveis com sinais anteriores, mas não cobertos por um direito privativo (v.g. marca de facto[26], marca notória[27]

---

[26] Em abono da verdade, deve dizer-se que o actual CPI reforçou a protecção da marca de facto a ponto de permitir a anulação do registo de uma marca conflituante com fundamento em concorrência desleal objectiva, isto é, que não pressupõe qualquer prova de ter havido por parte do titular da marca registada intenção de praticar um acto de registo desleal (art. 24.º n.º 1 al. d) e art. 266.º n.º 1 al. b)).

Esta possibilidade de o usuário poder passar a invalidar o registo de uma marca com fundamento em concorrência desleal objectiva (art. 266.º n.º 1 al. b)), e sem ter de fazer prova de ter havido manifesta má fé do titular da marca registada, aumenta substancialmente o conteúdo de protecção da marca de facto e não deixa de ferir parcialmente *de morte* a lógica de um sistema de aquisição do direito de marca baseado no registo, de acordo com o princípio legal enunciado no art. 224.º n.º 1. Sobre esta importante inovação do Código, para mais desenvolvimentos, *vide* o nosso *Direito de marcas*, 2ª edição, Livraria Almedina, 2003, pp. 164 e ss.

[27] A marca notoriamente conhecida é entendida como a marca conhecida de uma grande parte do público consumidor como a que distingue de uma forma imediata um determinado produto ou serviço. Uma forte corrente doutrinária e jurisprudencial distingue ainda duas hipóteses: se o produto ou serviço for de grande consumo, a marca deve ser conhecida do grande público; se o produto ou serviço for de consumo específico, a marca deve ser conhecida de grande parte do público interessado nesse produto ou serviço. Aliás,

e marca de prestígio[28] não registadas[29] ou nome de estabelecimento não registado). A concorrência desleal visa, nestes casos, proteger uma situação

a este propósito, deve dizer-se que, nos últimos tempos, o conceito de marca notoriamente conhecida tem atravessado uma fase de inusitada *agitação* confrontando-se duas perspectivas: a perspectiva tradicional segundo a qual a marca notória deve ser protegida no quadro do princípio da especialidade; a perspectiva moderna segundo a qual a marca notória pode ser protegida, em certas condições, para além desse princípio. O CPI actual resistiu à *pressão* da mudança e não enveredou pela perspectiva moderna o que se saúda. A marca notória embora limitada pelo princípio da especialidade beneficia de protecção não confinada ao princípio da territorialidade (art. 241.º n.º 1). Para mais desenvolvimentos, *vide* o nosso *Direito de Marcas* cit., pp. 146 e ss.

[28] O âmbito de protecção da marca de prestígio abrange qualquer marca confundível ainda que destinada a produtos ou serviços diferentes, em derrogação, pois, do princípio-regra da especialidade da marca (art. 242.º n.º 1). Esta tutela alargada, não podemos ignorá-lo, representa uma solução anómala num sistema assente no interesse da diferenciação de bens ou serviços num pretenso mercado de livre concorrência. Na verdade, a protecção da marca por forma tendencialmente intemporal só faz sentido se a marca for essencial e normalmente protegida na sua dimensão funcionalmente distintiva. Só esta dimensão justifica a atribuição de um direito privativo indefinidamente renovável no tempo ao contrário do que acontece, por exemplo, com as criações de tipo autoral ou industrial em que a atribuição do direito corresponde a uma compensação, temporariamente limitada, para um esforço de criação e inovação de um bem em si mesmo considerado. Por tudo isto, a abertura do sistema à protecção de marcas de prestígio deve ser o mais exigente possível. Essa marca deve obedecer a dois apertados requisitos: 1.º gozar de excepcional notoriedade; 2.º gozar de excepcional atracção e-ou satisfação junto dos consumidores. O primeiro requisito significa que a marca deva ser, espontânea, imediata e generalizadamente conhecida do grande-público consumidor, e não apenas dos correspondentes meios interessados, como o sinal distintivo de uma determinada espécie de produtos ou serviços. O segundo requisito referido significa que a marca deva contar *ou* com um elevado valor simbólico-evocativo junto do público consumidor, não obstante não seja de grande consumo, *ou* com um elevado grau de satisfação junto do grande público consumidor. Este último aspecto não significa que os produtos ou serviços, em si mesmos, devam ter uma excepcional, sequer, boa qualidade objectiva. Não é da qualidade dos produtos ou serviços que se trata, mas sim do particular significado que a marca representa junto do consumidor médio em ordem à satisfação, bem sucedida, de determinadas necessidades concretas. Nesse sentido, deve tratar-se de uma marca que haja penetrado no espírito do consumidor com uma imagem positiva de qualidade dos produtos ou serviços que distingue. Em conclusão, a marca de prestígio, para além de uma excepcional capacidade distintiva, deve ter ou uma excepcional capacidade evocativa e-ou uma excepcional aceitação no mercado, num caso e noutro de modo tão intenso que, dificilmente, e sempre com o risco de depreciação, se a imagina desligada dos produtos ou serviços que assinala ou ligada, simultaneamente, a outros produtos ou serviços. Para mais desenvolvimentos, *vide*, o nosso *Direito de Marcas* cit., pp. 153 e ss.

[29] Todavia, a protecção da marca notória e de prestígio não registadas é substancialmente reforçada, com dignidade penal, se o respectivo titular houver já solicitado o registo das mesmas em Portugal, de acordo com o disposto no art. 323.º als. d) e e).

objectiva de mercado juridicamente relevante. O concorrente lesado tem de efectuar a prova de uso e da capacidade distintiva do sinal respectivo[30].

3ª Situação

Na terceira situação cabem, residualmente, as situações em que um concorrente usa meios ou sinais distintivos alheios não passíveis de protecção exclusiva. São os casos, por exemplo, da imitação da apresentação de um estabelecimento ou de apresentação de um produto ou do seu continente[31], desde que a forma em causa, nesta última hipótese, seja minimamente distintiva, mas não seja funcional ou esteticamente condicionante[32]. A forma do produto não pode revestir a natureza de forma própria de modelo de utilidade ou de desenho ou modelo, pois, de outro modo, a protecção tendencialmente intemporal da concorrência desleal colidiria com a protecção temporalmente limitada das normas reguladoras daqueles direitos de propriedade industrial.

O acto de confusão deve normalmente ser aferido pelo critério de um consumidor médio dotado de média inteligência, diligência e perspicácia.

---

[30] Como se trata de proteger uma situação de facto conquistada legitimamente no mercado parece-nos que faz todo o sentido aceitar que a capacidade distintiva possa advir também por recurso ao *secondary meaning,* no caso da marca não registada. Se é possível invocar o *secondary meaning*, no momento do registo da marca por efeito do uso então afigura-se coerente invocá-lo para accionar um concorrente por concorrência desleal. Quem permite o mais (leia-se a possibilidade de atribuição de um direito privativo sobre um sinal originariamente indistintivo), permite o menos (leia-se a possibilidade de recurso à concorrência desleal para punir uma conduta desleal de um concorrente). Por *secondary meaning* quer-se aludir ao particular fenómeno de conversão de um sinal originariamente privado de capacidade distintiva num sinal distintivo de produtos ou serviços, reconhecido como tal, no tráfico económico, através do seu significado secundário, por consequência do uso e de mutações semânticas ou simbólicas. Em Portugal, desde o CPI de 1995, passou a ser possível, no momento do registo, aferir o uso de uma marca para justificar a aquisição sucessiva da capacidade distintiva de um sinal (art. 188.º n.º 3). Com o CPI actual, é possível, para além disso (art. 238.º n.º 3), invocar o *secondary meaning* para a convalidação de uma marca registada (art. 265 n.º 2).

[31] No pressuposto, neste último caso, de que não se trate de uma forma de produto ou embalagem susceptível de protecção como marca tridimensional, permitida pelo disposto no art. 222.º n.º 1, preenchidos os requisitos impostos pelo art. 223.º n.º 1 alª b) do CPI. Nesta hipótese, a situação caberia na situação anterior referida no texto.

[32] É aquilo a que a doutrina italiana designa como *imitação servil*. A bibliografia sobre a imitação servil é muito vasta. Para mais desenvolvimentos *vide,* por todos, SANZO, *La Concorrenza sleale* cit., pp. 342 e ss.

Todavia, não se deve perder de vista os bens, elementos ou meios em questão e admitir um diferente perfil em função da natureza da empresa ou das características e preço dos produtos e serviços.

Nesse sentido, faz sentido, na nossa opinião, admitir ao lado da figura do consumidor médio (menos diligente no caso dos produtos terem um baixo preço e um largo consumo), a figura do consumidor profissional e especializado no caso da empresa ser mais especializada e os produtos e serviços serem normalmente adquiridos por profissionais ou peritos e ainda no caso dos preços dos produtos e serviços serem mais selectivos.

O conceito de confusão pode ser em sentido estrito ou em sentido amplo.

O primeiro, traduz-se na confusão típica de tomar uma empresa, estabelecimento ou prestações de um concorrente pela empresa, estabelecimento ou prestações de outro concorrente e na inevitável confusão quanto à origem.

O segundo, consiste na confusão atípica, por risco de associação, em que o público consumidor, não obstante não estabelecer confusão quanto à origem, incorre no risco de pensar existir uma qualquer relação de tipo jurídico, económico ou comercial entre as diferentes origens.

O conceito de risco de associação vem sendo recortado, juridicamente, como uma modalidade do risco de confusão. Isto permite, na nossa opinião, que o risco de associação possa ser aplicável igualmente à concorrência desleal. Como o próprio TJ teve oportunidade de esclarecer, no sentido que consideramos correcto, "o risco de associação não é uma alternativa ao conceito de risco de confusão, mas serve para definir o alcance deste"[33].

4.2. *Actos de Descrédito*

O acto de descrédito verifica-se quando um concorrente faça falsas afirmações no mercado com o fim de desacreditar os concorrentes (art. 317.° al^a b)).

A deslealdade ocorre se o acto puder produzir um dano concorrencial de diminuição da confiança que um concorrente goza no mercado tradu-

---

[33] Ac. de 11/11/97, C-251/95, *(Sabel BV v. Puma AG)*, http://europa.eu.int/jurisp/cgi-bin/gettext.pl?lang=pt. Sobre esta decisão, *vide* o nosso comentário "A "marca" do Tribunal de Justiça no direito de marcas", in *Estudos em Homenagem à Professora Doutora Isabel Magalhães Collaço*, Almedina, 2002, vol. II, pp. 81 e ss.

zido, por exemplo, na perda de clientes, na quebra de negócios com fornecedores ou na desconfiança por parte das instituições de crédito.

Este acto desleal pressupõe, normalmente, a divulgação plural junto de um conjunto de destinatários, operadores económicos, mas pode ocorrer, igualmente, no caso de uma divulgação singular, desde que a mesma seja bastante para provocar dano concorrencial. Já não relevará, para efeitos de concorrência desleal, a comunicação que se produza apenas em direcção ao concorrente-alvo.

O ilícito abrange todo o tipo de informações falsas, consciente ou inconscientemente falsas[34], relacionadas com a actividade económica de um concorrente (produtos, serviços, reputação, clientela, instalações, gestão, pessoal, situação económica, competência profissional, contratos etc.), com a excepção de afirmações de índole estritamente pessoal ou privada, feitas com o fim de desacreditar.

A denigrição de um concorrente pode revestir igualmente natureza de ilícito penal (v.g. difamação, injúria)[35]. No entanto, não olvidemos que a concorrência desleal é um instituto jurídico autónomo que visa reprimir condutas concorrenciais e não tutelar valores jurídicos fundamentais da comunidade como o direito penal.

Não se verifica a *facti species* se as afirmações forem verdadeiras. Este aspecto é especialmente relevante, igualmente, na chamada publicidade comparativa cuja admissibilidade decorre da verificação das condições estabelecidas no art. 16.º do Código da Publicidade[36].

Se uma informação verdadeira não é subsumível à al^a b) pode colocar-se a questão de saber se essa situação não caberá no proémio do artigo 317.º. Pensamos que não haverá lugar para falar em concorrência desleal se a informação for verdadeira e apresentada de modo objectivo (isto é, sem apreciação subjectiva num contexto forjado para prejudicar, a cha-

---

[34] A circunstância de o concorrente pensar que as informações seriam verdadeiras não retira a deslealdade ao acto. Não se pode consentir que um concorrente possa prejudicar outro e fique imune à concorrência desleal alegando que não tinha consciência da falsidade das afirmações. Ainda assim restaria sempre a deslealdade de proferir informações graves sem ter o cuidado exigível de as comprovar.

[35] Por exemplo, se um concorrente acusa outro, de falsificar os produtos de forma a prejudicar a saúde pública, de coagir as trabalhadoras a não engravidarem, de contrabando, etc.

[36] Aprovado pelo Dec-Lei n.º 330/90, de 23/10. A actual redacção do art. 16.º foi introduzida pelo Dec-Lei n.º 275/98 de 9/9.

mada "verdade tendenciosa" como lhe chama a jurisprudência italiana[37]) ainda que, como é óbvio, a verdade possa "magoar", isto é, possa contribuir para o descrédito de um concorrente[38].

O sujeito passivo do acto desleal não tem que ser identificado directamente, mas tem de ser identificável. Isto significa, por um lado, que não releva um acto de descrédito genérico e, por outro, que o concorrente ou conjunto de concorrentes atingidos não têm de ser explicitamente referidos, podendo ser apenas referenciado(s) pela natureza, individual ou plural, do bem e interesses atingidos.

4.3. Actos de Aproveitamento

Os actos de aproveitamento estão previstos na al^a c) do art. 317.º: "invocações ou referências não autorizadas feitas com o fim de beneficiar do crédito ou da reputação de um nome, estabelecimento ou marca alheios".

Para se verificar o acto desleal é necessário que a invocação ou referência não seja autorizada, seja contrária às normas e usos honestos e tenha por fim o benefício ilegítimo do autor.

Isto significa que ficam afastadas as referências autorizadas (a título oneroso ou gratuito), as referências lícitas ou não contrárias à ética comercial de um ramo de actividade económica (como, v.g., a utilização lícita da marca de outrem prevista no art. 260.º) e, por último, as referências *ingénuas* que não visam a obtenção de qualquer benefício podendo mesmo acarretar prejuízo.

A *facti species* não menciona a falsidade da referência. O significado desta omissão legal parece ser o de, em princípio, serem proibidas tanto as referências falsas como as referências verdadeiras.

De todo o modo, parece-nos recomendável que nem toda a indicação verdadeira não autorizada seja considerada desleal. Aplicando aqui um critério utilizado a propósito da situação anterior, pensamos que não haverá concorrência desleal se a referência for verdadeira e apresentada de modo objectivo sem ser num contexto forjado para obter benefício.

---

[37] Cfr. SANZO, *La Concorrenza Sleale* cit., pp. 373 e ss.

[38] Informando, por exemplo, que os produtos são vendidos a preços mais baixos porque apresentam defeito de fabrico não advertido ao consumidor, que o concorrente não cumpre as suas obrigações dentro dos prazos ou que tem salários em atraso, etc.

4.4. *Actos Enganosos*

a) O primeiro tipo de acto enganoso encontra-se previsto na al[a] d): "falsas indicações de crédito ou reputação próprios, respeitantes ao capital ou situação financeira do estabelecimento, à natureza ou âmbito das suas actividades e negócios e à qualidade ou quantidade da clientela".

O traço essencial deste tipo legal é a falsidade das indicações e o engano dos consumidores. Trata-se de difundir uma imagem empresarial enganosa com o objectivo de alcançar um benefício ilegítimo no mercado. Não cabem na *facti species* as afirmações exageradas (publicidade superlativa), feitas com *dolus bonus*, na convicção de os consumidores não as tomarem à letra, os juízos de apreciação subjectiva de natureza opinativa ou as considerações objectivamente comprováveis, ainda que revestindo carácter auto-promocional.

b) O segundo está regulado na al[a] e): "as falsas descrições ou indicações sobre a natureza, qualidade ou utilidade dos produtos ou serviços, bem como as falsas indicações de proveniência, de localidade, região ou território, de fábrica, oficina, propriedade ou estabelecimento, seja qual for o modo adoptado".

O legislador aproveitou, e bem, para juntar na mesma alínea as duas situações que no anterior Código estavam desnecessariamente previstas em duas alíneas diferentes: as falsas descrições ou indicações sobre a natureza, qualidade ou utilidade dos produtos ou serviços (al.[a] e) parte final do art. 260.°) e as falsas indicações de proveniência, de localidade, região ou território, de fábrica, oficina, propriedade ou estabelecimento, seja qual for o modo adoptado (al.[a] f) do art. 260.°).

A falsa indicação de proveniência só deverá relevar se a indicação de origem for usada de forma séria, de modo a induzir o consumidor em erro, e não de forma manifestamente fantasiosa da qual resulte evidente que não há, nem pode haver, qualquer conexão relevante entre a indicação e a origem do produto.

A nossa lei continua a restringir os actos enganosos típicos aos actos que produzem falsidade não incluindo aqueles que provoquem simples erro. Isto significa que o acto deve ser objectivamente contrário à verdade não sendo bastante que o acto seja subjectivamente enganoso susceptível de provocar uma discrepância entre o entendimento da informação feito pelo consumidor e a realidade. Por outro lado, a exigência do requisito da falsidade afasta o acto de omissão de informação como um acto tipicamente enganoso.

O acto enganoso só é relevante se tiver lugar no mercado, revestir um conteúdo fáctico (correspondente a descrições relevantes dos produtos ou serviços e não a meros juízos de valor) e for susceptível de ludibriar a decisão dos consumidores.

c) O terceiro tipo é o previsto na al^a f): "supressão, ocultação ou alteração, por parte do vendedor ou de qualquer intermediário, da denominação de origem ou indicação geográfica dos produtos ou da marca registada do produtor ou fabricante em produtos destinados à venda e que não tenham sofrido modificação no seu acondicionamento".

São actos enganosos porque consistem numa falsa apresentação do produto, traduzida na ocultação ou deturpação da denominação de origem ou da marca registadas do produto feita pelo vendedor ou por um qualquer intermediário.

Com o primeiro acto de comercialização dos produtos identificados pela marca praticado pelo titular ou por terceiro com o seu consentimento esgota-se o direito de o titular controlar a circulação e distribuição desses produtos. É o chamado esgotamento do direito de marca, previsto no art. 7.° n.° 1 da DM[39] e no art. 208.° do CPI que tem eficácia a nível do espaço económico europeu.

No entanto, o esgotamento só opera se não houver motivos legítimos que justifiquem que o titular se oponha à comercialização posterior dos produtos (art. 208.° n.° 2). Um desses motivos será o de um vendedor ou intermediário ter oculto a marca do produto ou a ter modificado, sem que tenha havido qualquer reacondicionamento ou re-rotulagem. No caso de reeembalagem ou re-rotulagem a jurisprudência do Tribunal de Justiça da União Europeia elaborou um conjunto de orientações segundo as quais esse procedimento será lícito:

– se, doutro modo, o exercício do direito de marca pelo seu titular, em função do sistema de distribuição por ele adoptado, contribuir para compartimentar artificialmente os mercados entre os Estados membros;

– se se demonstrar que o reacondicionamento não pode afectar o estado original do produto;

– se o titular da marca for notificado previamente da colocação do produto reacondicionado;

---

[39] Primeira Directiva do Conselho de 21/12/1998 que harmoniza as legislações dos Estados-membros em matéria de marcas, n.° 89/104/CEE, JO n.° L 40/1 de 11/2/1989.

– se na nova embalagem se indicar quem reacondicionou o produto e o nome do titular;
– se a nova apresentação do produto não for de molde a causar prejuízo à reputação da marca e do seu titular[40].

4.5. *Violação de segredos negociais*

A violação de segredos corresponde à ilícita aquisição, utilização ou divulgação dos segredos de negócios de outrem (art. 318.º).

O novo Código procedeu a uma autonomização desta previsão, mas trata-se de uma autonomização formal porque este artigo contempla, na verdade, mais um tipo de actos desleais, não revestindo qualquer tipo de infracção autónoma[41].

O CPI de 1995 (art. 260.º al^a i)) referia-se à "ilícita apropriação, utilização ou divulgação dos segredos da indústria ou comércio de outrem".

O actual código tem uma previsão mais ampla propondo a protecção das informações não divulgadas no âmbito da concorrência desleal, de acordo com o disposto no ADPIC (art. 39.º)[42].

Trata-se agora da protecção de "informações não divulgadas"[43] ou, melhor dito, de "segredos de negócios" (como consta do corpo do artigo 318.º) e já não apenas de "segredos da indústria ou comércio"[44-45]. A dife-

---

[40] Cfr.: Ac. de 11/7/1996, nos processos apensos C-427/93, C-429/93 e C-436/93 *(Bristol e outros/Paranova)*; Ac. de 11/7/1996, nos processos apensos C-71/94, C-72/94 e C-73/94 *(Eurim-Pharm e outros/Beiersdorf e outros)*; Ac. de 11/7/1996, nos processos apensos C-232/94 *(MPA Pharma/Rhône-Poulenc Pharma)*; Ac. de 11/11/97, Proc. C-349/95 *(Frits Loendersloot/Ballantine e outros)*; Ac. de 12/10/99, Proc. C-379/97, *(Pharmacia & Upjohn/Paranova)* in http://europa.eu.int/jurisp/cgi-bin/gettext.pl?lang=pt.

[41] Aliás, o corpo do artigo 318.º é suficientemente explícito em relação a este ponto: "Nos termos do artigo anterior (...)".

[42] "Acordo sobre os Aspectos dos Direitos de Propriedade Intelectual Relacionados com o Comércio" (Anexo IC ao Acordo que cria a Organização Mundial do Comércio, ratificado pelo Dec. do Presidente da República n.º 82-B/94 de 27/12). O artigo 39.º preceitua que "ao assegurar uma protecção efectiva contra a concorrência desleal, conforme previsto no artigo 10.º bis da Convenção de Paris (1967), os membros protegerão as informações não divulgadas em conformidade com o disposto no n.º 2 e os dados comunicados aos poderes públicos ou organismos públicos em conformidade com o disposto no n.º 3".

[43] O legislador limitou-se a transpor a epígrafe do art. 39.º do ADPIC.

[44] Relativamente à expressão "informações não divulgadas" *(undisclosed information)* adoptada pelo ADPIC Daniel Gervais *(The TRIPS Agreement – Drafting History and Analysis*, London, Sweet & Maxwell, 1999, p. 185), salienta que esta foi escolhida

rença não é, porém, muito significativa, pois os segredos de indústria e comércio cobrem, indiscutivelmente, a quase totalidade dos segredos de negócios.

Apesar de a norma se referir, *nomeadamente*,[46] a ilícita aquisição, utilização ou divulgação o certo é que há ou pode haver dois momentos juridicamente relevantes: o da ilícita apropriação (primeiro) e o da utilização e-ou da divulgação (depois)[47]. A aquisição é ilícita se não resultar da actividade do próprio concorrente ou de autorização do titular do segredo. Mas, mesmo no caso de a aquisição ser lícita pode ocorrer uma utilização ou uma divulgação ilícita do licenciado. Nesta hipótese pode verificar-se, em simultâneo, uma violação contratual, mas também um acto desleal de concorrência de utilização e-ou divulgação que podemos designar de actos de agressão, mas não de apropriação. Nesta medida, a violação de segredos deve merecer uma qualificação específica fora da qualificação geral dos demais actos. Por essa razão a autonomizamos na classificação de actos desleais.

A protecção legal do segredo pressupõe três requisitos: o carácter sigiloso do conhecimento; o valor comercial desse conhecimento; a vontade objectiva do titular do conhecimento de o manter oculto (cfr. als a), b) e c) do art. 318.°)[48].

---

para evitar a ligação a uma expressão de qualquer sistema legal concreto. Mas, como reconhece o autor citado, o resultado pode ser enganoso, já que o que é protegido é não propriamente informação "não divulgada" (pois se ninguém a revelar a ninguém, não poderia ser usada de forma nenhuma), mas antes informação divulgada selectivamente e sob condições precisas".

[45] De acordo com OLIVEIRA ASCENSÃO (*Concorrência Desleal, cit.*, p. 469) esta diversidade de terminologia não é casual. Justifica-se pela preocupação que a ordem jurídica norte-americana tem com o segredo, levando a um empolamento da sua tutela. Aliás, como é sublinhado por STEFANO SANDRI (*La nuova disciplina della proprietè industriale dopo i GATT-TRIPs*, 2.ª ed., Padova, CEDAM, 1999, p179, nota 1), "a protecção dos *trade secrets* no ADPIC foi fortemente desejada em sede negocial pelos EUA que, no final, acabaram por aceitar a posição dos países europeus baseada numa tutela diferenciada (normas penais, direito do trabalho, concorrência desleal (...)), em vez da conferida pelo direito de propriedade, reconhecido pela *common law*".

[46] É estranho e criticável que o legislador tivesse adoptado a expressão "nomeadamente", a propósito do recorte legal de um acto desleal típico. É uma contradição nos termos. Parece tratar-se de um lapso "grosseiro".

[47] No mesmo sentido PATRÍCIO PAÚL, "Concorrência desleal e segredos de negócios", in *Direito Industrial*, AA.VV., vol. II, Almedina, 2002, p. 147.

[48] Os requisitos constantes das alíneas a), b) e c) do art. 318.° são *ipsis verbis*, os estabelecidos nas al.ªs a)-c) do n.° 2 do art. 39.° do ADPIC para a "protecção das informações não divulgadas".

O segredo de negócios aproxima-se, em extensão, do conceito de segredo empresarial[49] e abrange, como vimos, duas espécies essenciais: o segredo industrial e o segredo comercial.

O segredo industrial, entendido como todo o conjunto de conhecimentos técnicos patenteáveis[50] ou não patenteáveis e de técnicas ou práticas industriais inovadoras de saber fazer (mais e melhor), é a componente mais importante do conhecido conceito de *know-how*[51]. O *know-how* é definido no Regulamento (CE) n.º 240/96 da Comissão de 31/1/1996 (JO n.º L 31/2 de 9/2/1996), sobre transferência de tecnologia, como "um conjunto de informações técnicas que são secretas, substanciais e identificadas por qualquer forma adequada".

O segredo comercial abrange os conhecimentos aplicáveis no sector comercial da empresa (técnicas de gestão, contabilidade, comercialização, publicidade, *marketing,* métodos de trabalho etc).

O segredo de negócios não deve confundir-se com todo o conhecimento intencionalmente reservado de uma empresa. Só é relevante, de acordo com o segundo requisito indicado nos termos legais o segredo cujo objecto seja um conhecimento que tenha *valor comercial*, em si mesmo, isto é, susceptível de avaliação pecuniária e negociável como bem jurídico.

A susceptibilidade de identificação e descrição do bem é muito importante para permitir distinguir o segredo, susceptível de protecção e negociação (um bem em sentido jurídico[52]), de outros conhecimentos ou

---

[49] Fora do conceito ficam apenas os segredos económicos ligados, por exemplo, a actividade exercidas em moldes não empresariais (v.g. segredos artesanais).

[50] O segredo é a outra via possível de proteger invenções, embora seja bem mais frágil no plano jurídico.

[51] GÓMEZ SEGADE, num primeiro momento chegou mesmo a considerar coincidentes os dois conceitos – cfr. *El secreto industrial (know how), Concepto y protección*, Ed. Tecnos, Madrid, 1974, pp. 159 e ss. Num segundo momento, rectificou a *radicalidade* inicial e reconheceu que o *know-how* também pode abranger conhecimento sobre ideias e processos comerciais (*Algunos aspectos de la licencia de know-how*, "Actas de Derecho Industrial" (ADI), VII, pp. 201 e ss).

[52] No plano jurídico, o segredo negocial é um bem incorpóreo, isto é, um conhecimento exteriorizável, mas não é uma coisa em sentido jurídico sobre a qual possa incidir um direito real ou exclusivo. Tratando-se de um bem incorpóreo não cabe ao intérprete a possibilidade de alargar o elenco dos bens, produtos do espírito, que possam ser subtraídos ao livre acesso e atribuídos a um só titular. Só a soberania legislativa consente a conversão de um bem jurídico num objecto de direitos subjectivos absolutos. A tutela do segredo pela concorrência desleal limita-se a atribuir interesses juridicamente protegidos ao concorrente

práticas sem valor técnico e comercial, seja por estarem conexos incindivelmente a uma empresa[53], seja por não serem delimitáveis objectivamente ou exprimíveis negocialmente[54]. O plano negocial concretiza-se, através, normalmente, de contratos de licenças puras de saber-fazer ou licenças mistas de patente e de saber-fazer[55].

Tratando-se de um acto desleal também lhe é aplicável o proémio do art. 317.º. Isto significa que o autor do acto de apropriação deve ser um concorrente que pratique uma acto contrário às normas e usos honestos. Um empregado que divulgue segredos empresariais da empresa onde trabalha não pratica concorrência desleal embora possa praticar um delito penal (v.g. abuso de confiança, infidelidade) e disciplinar.

A situação do ex-empregado é mais complexa. Se não exercer qualquer actividade económica em nome próprio e comunicar o segredo a um terceiro concorrente será este que pratica concorrência desleal; se exercer uma actividade económica em nome próprio e utilizar o segredo nessa mesma actividade a regra será considerar que o ex-empregado pratica concorrência desleal. No entanto, a solução poderá ser diferente se a utilização do segredo for razoavelmente justificada pelas necessidades decorrentes da sua actividade e o conhecimento do segredo não tiver sido obtido de modo contrário aos ditames da boa fé e dos bons costumes.

5. Actos desleais

Para além dos actos desleais tipicamente previstos, nas várias alíneas do art. 317.º e no art. 318.º, pode haver actos desleais atípicos, que caibam

---

e a reprimir o agente económico que ilicitamente se haja aproveitado do mesmo. É certo que o segredo pode ser objecto de negociações e de direitos, mas são direitos patrimoniais não reais.

[53] Por exemplo, a lista de trabalhadores, de fornecedores, de contratos, relatórios de gestão, situação financeira, etc.

[54] Este é o significado preciso da expressão *identificadas* constante da definição de know-how do Regulamento Comunitário a que nos referimos no texto.

[55] Os acordos de licença de saber-fazer ou mistos de patente e de saber-fazer são acordos pelos quais uma empresa titular de um saber-fazer ou de uma patente e de um saber fazer conexo com a patente (licenciante) autoriza uma outra empresa (licenciado) a explorar o seu saber-fazer ou a patente e o seu saber-fazer com vista, nomeadamente, ao fabrico, à utilização e a comercialização (cfr. § 5.º do preâmbulo ao Regulamento Comunitário n.º 240/96 referido).

apenas no proémio do referido artigo. Serão actos desleais que, como tais, podem configurar a natureza de ilícito contra-ordenacional e mesmo cível, se houver dano.

Um exemplo de um acto atípico, que merece especial atenção por parte da literatura estrangeira especializada, é a chamada concorrência parasitária[56].

A concorrência parasitária é um conceito, trabalhado pela doutrina italiana, que consiste na actuação de um concorrente que segue, de modo sistemático, continuado, próximo e essencial, ainda que não provoque confusão, as iniciativas e ideias empresariais de outro concorrente[57].

Outro exemplo poderá ser o do aliciamento de trabalhadores, desde que essa subtracção seja feita com a intenção de desorganizar ou desagregar a empresa do concorrente *(animus nocendi)*. É óbvio que não será concorrência desleal contratar trabalhadores de terceiros. O que será desleal é contratar não com o fim normal de renovação e melhoria de quadros da empresa contratante, mas com o fim *desleal* de prejudicar seriamente a empresa concorrente. Tudo passa por uma apreciação concreta de uma série de circunstâncias, v.g., qualificação dos trabalhadores, número de trabalhadores, respectivas funções, consequências para o funcionamento, grau de proximidade da actividade económica, etc[58].

A análise dos hipotéticos actos atípicos desleais não se afigura tarefa fácil. Nessa tarefa deve ter-se sempre presente as fronteiras do instituto da concorrência desleal com os institutos da concorrência ilícita e das normas de defesa da concorrência (legislação *anti-trust*).

---

[56] Há doutrina que distingue a concorrência parasitária, propriamente dita, da imitação sistemática, considerando que esta, ao contrário da primeira, visa afastar o concorrente do mercado. O parasita, por definição, mantém uma dependência do concorrente parasitado; o imitador tem uma estratégia de neutralizar o concorrente imitado. Sobre este apuro conceitual *vide* EVA DOMINGUEZ PÉREZ, *Competencia desleal a través de actos de imitación sistemática* cit., pp. 141 e ss.

[57] SANZO, *La concorrenza sleale* cit., pp. 277 e ss. referindo-se ao primeiro caso *(Motta v. Alemagna)* em que o Supremo Tribunal Italiano (por sentença de 17/04/1962 que pode ser vista *in* RDI, II, 1962, pp. 12-31), considerou a concorrência parasitária um acto desleal de concorrência.

[58] Outro exemplo, que se retira do que escrevemos a propósito dos actos enganosos, é o acto susceptível de provocar erro, mas que não seja, em si mesmo, falso (ver ponto 4.4. supra).

6. Natureza jurídica da concorrência desleal

Como já tivemos oportunidade de escrever[59], o direito industrial é o direito que surgiu para resolver um problema que se manifestava com particular especificidade: a necessidade de proteger os modos de *afirmação económica da empresa,* em mercado de livre concorrência e produção em massa. Essa protecção concretiza-se por duas vias distintas: pela atribuição de *direitos privativos* em relação a concretas formas de afirmação e pela *proibição de determinados comportamentos* concorrenciais. Pela primeira via (propriedade industrial) é possível proteger, eficazmente, conforme o caso, a afirmação *técnica* (patentes de invenção e modelos de utilidade, de um modo especial), *estética* (desenhos ou modelos) e *distintiva* (sinais distintivos) da empresa; pela segunda via (a concorrência desleal), é possível garantir que não seja prejudicada a afirmação autónoma de uma empresa e-ou seja possível a afirmação desleal de uma outra.

O direito industrial protege a afirmação da empresa e, portanto, a sua principal preocupação é a defesa da *actividade empresarial concreta*. Essa defesa é feita através de dois mecanismos legais: pela atribuição de direitos privativos (propriedade industrial) e pela proibição de determinadas condutas (proibição da concorrência desleal).

O instituto da concorrência desleal, embora não conceda nenhum direito subjectivo aos concorrentes, porquanto, essencialmente, estabelece uma proibição de actos desleais, reconhece a cada um deles um interesse juridicamente protegido.

Adoptamos assim uma concepção objectivista da concorrência desleal. O que está em causa não é a atribuição de direitos, mas a proibição de condutas.

Contraposta a esta perspectiva estão as correntes que aceitam uma natureza mais subjectivista. Há duas correntes principais: uma primeira, de índole personalista, centrada na tutela do direito de personalidade do concorrente ao livre exercício da sua actividade ou à lealdade de concorrência; uma segunda, de índole patrimonialista, centrada na defesa de direitos ligados à empresa ou a bens a esta afectos, sustentando que o instituto visa proteger o estabelecimento como um todo ou alguns dos seus valores, como o aviamento ou a clientela.

---

[59] "Direito Industrial: conceito e objecto", in *Estudos em Comemoração do 10.º Aniversário da Licenciatura em Direito* (AA.VV.), Livraria Almedina, Coimbra, 2003, pp. 481 e ss.

ENTRE A SALVAÇÃO MARÍTIMA E O REBOQUE
A PROPÓSITO DO AC. STJ 05.06.2003
– O CASO DO "ILHA DA MADEIRA"

MANUEL JANUÁRIO DA COSTA GOMES
Professor da Faculdade de Direito da Universidade de Lisboa

SUMÁRIO: 1. Introdução; 2. Os requisitos da salvação marítima no CCom e na CB 1910; 3. A salvação marítima na LSM; 4. A salvação e o reboque; 5. O Ac. STJ 05.06.2003 e a jurisprudência anterior; 6. Os vários perigos; 7. Conclusão.

1. Introdução**

I. Conforme resulta com clareza do texto do Acórdão do STJ de 05.06.2003[1], encontrando-se o navio *Ilha da Madeira* à deriva no mar com avaria na máquina principal e sem hipóteses de reparação no local, o respectivo capitão contactou o *Insular*, que navegava a cerca de 45 milhas de distância.

** São as seguintes as principais abreviaturas utilizadas: Ac.=Acórdão; Acs.=Acórdãos; al.=alínea; art.=artigo; BMJ=Boletim do Ministério da Justiça; CB=Convenção de Bruxelas; CC=Código Civil; CCom=Código Comercial; CJ=Colectânea de Jurisprudência; CJ-STJ=Colectânea de Jurisprudência / Acórdãos do Supremo Tribunal de Justiça; CL=Convenção de Londres; DL=Decreto-Lei; DMF=Droit Maritime Français; LSM=Lei da Salvação Marítima (DL 203/98, de 10 de Julho); n.=nota; NssDI=Novíssimo Digesto Italiano; NvDI=Nuovo Digesto Italiano; p(p).=página(s); RDE=Revista de Direito e Economia; RDES=Revista de Direito e Estudos Sociais; RDM=Revista de Direito Marítimo; ROA=Revista da Ordem dos Advogados; STJ=Supremo Tribunal de Justiça; t=tomo.
A identificação de cada elemento bibliográfico é feita na primeira citação.

[1] CJ/STJ, XI, t. II/2003, p. 97 e ss..

Na sequência do contacto estabelecido, o *Insular* foi ao encontro do *Ilha da Madeira*, lançou o cabo de reboque sem dificuldades e rebocou-o até junto do porto do Funchal, a cerca de 1,4 milhas de distância do respectivo molhe, tendo sido, então, rebocado pelo *Cabo Girão*.

Os tripulantes do *Insular* identificados no Acórdão accionaram a sociedade proprietária do *Ilha da Madeira*, pretendendo a condenação desta a pagar-lhe salário de salvação, por entenderem que a actividade prestada se insere no âmbito da previsão do DL 203/98, de 10 de Julho (LSM), preenchendo os requisitos que este diploma erege para que haja lugar a salvação marítima e, em consequência, a salário de salvação[2].

Para o feito, os AA., que, em escudos, pediam um salário não inferior a 20.000 contos, invocavam, para enquadrar a situação no âmbito do regime de salvação, que o *Ilha da Madeira* estava à deriva no mar encrespado, longe de qualquer porto ou lugar susceptível de amarração, não podia navegar pelos seus próprios meios e se encontrava em perigo iminente, com possível perda total ou parcial do navio, caso não tivesse sido socorrido pelo I*nsular*.

A sentença do Tribunal Marítimo de Lisboa foi no sentido de julgar a acção improcedente, absolvendo a Ré do pedido. A Relação de Lisboa, para onde tinham apelado os AA., julgou no mesmo sentido.

Decorre do Acórdão do STJ que, aquando da apelação, os AA. suscitaram, subsidiariamente, a questão da aplicação do regime do reboque, disciplinado pelo DL 431/86, de 30 de Dezembro, pretendendo que, caso a actividade desenvolvida não fosse considerada como de salvação, sempre o deveria ser como de *reboque*, sendo, consequentemente, devida a remuneração prevista no art. 5 do referido DL 431/86.

A Relação de Lisboa considerou que não podia tomar conhecimento da questão suscitada, por ser nova, não tendo havido, sequer, alegação de matéria de facto condizente com a nova pretensão.

II. No que respeita ao pedido de condenação da proprietária do *Ilha da Madeira* no pagamento de um salário da salvação, o STJ negou-o claramente, por entender, acompanhando a Relação, não estarem verificados os requisitos necessários para a aplicação do regime de salvação marítima. Em causa está o "perigo no mar", exigido no art. 1/1 da LSM, como requisito da salvação.

---

[2] Os factos ocorreram no ano de 1999, já depois, portanto, da entrada em vigor do DL 203/98 e da correlativa revogação dos arts. 676 a 691 CCom.

Socorrendo-se basicamente de Azevedo Matos e de Cunha Gonçalves, o STJ considerou que a salvação supõe um "perigo iminente" de a embarcação e a respectiva carga se perderem, entendendo que "da matéria de facto aprovada não pode extrair-se a ilação de que, na realidade, haja ocorrido uma situação de perigo iminente de perda do navio "Ilha da Madeira" e da carga que transportava".

No que tange ao pedido subsidiário – já formulado na apelação – de uma retribuição pelo reboque, o STJ afastou-a com base em dois argumentos. O primeiro, já focado na Relação, é de ordem processual: a invocação do regime do reboque seria matéria nova, entendendo, face à ausência de matéria alegada que desse suporte à "via" do reboque, estarmos "perante um caso típico de ausência de relação lógica entre a causa de pedir e o pedido, que ao tribunal é vedado suprir, até por força da necessidade de observância dos princípios do dispositivo e do contraditório".

O segundo argumento, já não estritamente processual (embora se reconduza a uma situação de ilegitimidade) mas maritimista, é o de que o contrato de reboque, a ter existido, teria sido celebrado entre o proprietário ou armador do *Insular* e o proprietário e armador do *Ilha da Madeira*, pelo que a retribuição decorrente do reboque caberia ao proprietário ou armador do *Insular* e não aos respectivos tripulantes.

2. Os requisitos da salvação marítima no CCom e na CB 1910

I. A matéria da salvação encontra-se regulada na Convenção de Bruxelas de 1910 para a Unificação de certas Regras em matéria de Assistência e Salvação (CB 1910) e pela LSM.

A um outro nível, há que considerar também, pela influência nalgumas opções legislativas tomadas pela LSM, a Convenção de Londres de 1989 sobre Salvação (*International Convention of Salvage*) – adiante, CL 1989 – apesar de não ter sido ratificada por Portugal[3-4].

---

[3] Como observa MÁRIO RAPOSO, *Notas sobre o Dec-Lei n.º 203/98, de 10 de Julho*, in "Estudos sobre o novo direito marítimo. Realidades internacionais e situação portuguesa", Coimbra Editora, Coimbra, 1999 (=*Notas sobre o DL 203/98*), p. 19, até Portugal ratificar a Convenção de 1989, haverá um "medio tempore" em que o nosso direito interno é baseado naquela Convenção, enquanto que ao direito internacional se aplica a CB 1910. Os textos relevantes nesta matéria podem ser consultados em M. J. COSTA GOMES, *Leis marítimas*, Almedina, Coimbra, 2004 (=*Leis marítimas*), pp. 423 e ss., 525 e ss. e 529 e ss..

[4] A dimensão universal da CL 1989, em função do regime estabelecido no seu art. 2, é justamente salientada por BONASSIES, *La convention internationale de 1989 sur l'as-*

Para o caso do Acórdão em apreciação, verdadeiro interesse *directo* só terá o DL 203/98, já que, sendo todos os interessados portugueses e português o tribunal que conheceu da causa, a CB 1910 não era aplicável (art. 15/2.º). Contudo, tratando-se, para mais, de uma área do direito onde o internacionalismo é patente[5], não podemos deixar de atentar, ainda que para mero confronto seja, nos regimes da CB 1910 e da CL 1989. Temporalmente a montante do regime do DL 203/98, importa atentar também no regime do CCom sobre a matéria, apesar de revogado[6].

Conforme tem sido salientado pelos autores[7], a institucionalização de regimes de salvação preventiva só começou verdadeiramente após as inovações tornadas possíveis pela Revolução Industrial, ao nível da propulsão marítima e do aparecimento das telecomunicações. Até então, o direito desconhece a salvação preventiva, limitando-se, praticamente, a disciplinar as consequências dos naufrágios[8]. Ainda manifestação dessa preocu-

---

sistance, in DMF 635, 2003 (=*La convention internationale de 1989 sur l'assistance*), p. 242. De acordo com o art. 2, a Convenção é aplicável sempre que num Estado contratante se instaurem processos judiciais ou arbitrais relativos a questões tratadas na mesma Convenção. Também LIMA PINHEIRO, *Contributo para a reforma do direito comercial marítimo*, in ROA, ano 60, III (2000), p. 1118, se refere ao "carácter uniformizador e universal" da Convenção, "aplicando-se tanto a relações internas como internacionais e independentemente de qualquer conexão com os Estados contratantes". Cf. ainda, entre outros, MÁRIO RAPOSO, *Notas sobre o DL 203/98*, p. 20 ("a *lex fori* levada a um ponto máximo) e GABALDÓN GARCIA/RUIZ SOROA, *Manual de derecho de la navegación marítima*, 2.ª ed., Marcial Pons, Madrid, 2002 (=*Manual de derecho de la navegación marítima*[2]), p. 655 ("define su campo de aplicación en una forma que no atiende a la internacionalidad o domesticidad del supuesto de hecho").

[5] Cf., v. g., RODIÈRE/PONTAVICE, *Droit maritime*, 12ª ed., Daloz, Paris, 1997 (=*Droit maritime*[12]), p. 23 e ss., CARBONE, *Il diritto maritimo attraverso i casi e le clausole contrattuali*, 2.ª ed., Giappichelli Editore, Torino, 2002 (=*Il diritto marittimo*[2]), p. 10 e ss., e MATILLA ALEGRE, *Internacionalidad del derecho marítimo y jurisdicción internacional*, Universidad de Deusto, 1999, p. 47 e ss..

[6] Pensamos, na verdade, que é importante estudar a génese e a evolução dos institutos, de modo a captarmos a sua natureza e mesmo aspectos de regime. É essa circunstância que está na base do facto de, nas nossas *Leis Marítimas*, inserirmos as disposições revogadas do CCom respeitantes ao comércio marítimo.

[7] Cf., v.g., RIVERO ALEMÁN, *El salvamento marítimo*, Dijusa, Madrid, 2003 (=*El salvamento marítimo*), p. 37 e ss. e PULIDO BEGINES, *Las averías y los accidentes de la navegación marítima y aérea*, Marcial Pons, Madrid, 2003 (=*Las averías*), p. 227 e ss..

[8] Daí que, como refere SERRA BRANDÃO, *Direito Internacional Marítimo*, Lisboa, 1963 (=*Direito Internacional Marítimo*), p. 134, durante muito tempo só foi considerado o problema da salvação: "quando um navio se encontrava em perigo sob um temporal, qualquer outro que pretendesse socorrê-lo encontrar-se-ia em idênticas circunstâncias a não ser

pação é o facto de o CCom 1888 – em repúdio do justamente demonizado *ius naufragii*[9]– começar o título "Da assistência e salvação" com uma disposição (art. 676)[10] proibindo a apropriação, pela ocupação, de embarcações naufragadas e outros bens. Já o CCom 1833 inseria a matéria da assistência e salvação no título (arts. 1584 a 1609) "Do naufrágio, varação e fragmentos náufragos".

II. O CCom 1833 separava, no âmbito do socorro de navio ou fazendas em perigo ou naufragadas, a assistência do salvamento ou salvado.

---

que a situação de risco do primeiro fosse devida à muita idade do navio ou a risco próprio ou da construção". E explica: "De facto, um navio de vela descaindo para a costa sob a acção de um temporal soprando do largo, dificilmente podia contar com um socorro eficaz da parte de outro veleiro; na época da navegação à vela procurava-se, sobretudo, atenuar as circunstâncias de um sinistro já verificado e recolher os destroços ou os sobreviventes do naufrágio".

[9] Sobre a bárbara prática do *ius naufragii* e as tentativas e iniciativas para lhe pôr cobro, mesmo antes da Ordenança de Luís XIV, cf., por todos, CUNHA GONÇALVES, *Comentário ao Código Comercial Português*, III, Empresa Editora José Bastos, Lisboa, 1918 (=*Comentário*, III), p. 473, VASCONCELOS ESTEVES, *Acontecimentos de mar. Abalroamento, assistência e salvamento e avarias marítimas*, Petrony, Lisboa, 1987 (=*Acontecimentos de mar*), p. 48 e ss., ANTONIO SCIALOJA, *Naufragio*, in NvDI VIII, p. 866 e ss., FERRARINI, *Naufragio*, in NssDI XI, p. 72 e ss., GIORGIO BERLINGIERI, *Salvatagio, assistenza, ricupero e ritrovamento di relitti della navigazione*, in NssDI XVI (=*Salvatagio, assistenza, ricupero e ritrovamento di relitti della navigazione*), p. 435 e ss., IGNACIO ARROYO, *Curso de Derecho Marítimo*, Bosch, Barcelona, 2001 (=*Curso de Derecho Marítimo*), p. 714 e ss., MORRAL SOLDEVILA, *El salvamento marítimo (Especial referencia al Convenio de 1989)*, Bosch, 1997 (=*El salvamento marítimo*), p. 67 e ss., MÁRIO RAPOSO, *Assistência marítima. Evolução e problemas*, in "Estudos sobre o novo direito marítimo. Realidades internacionais e situação portuguesa", Coimbra Editora, Coimbra, 1999 (=*Assistência marítima*), pp. 75-76; cf. também MOTA PINTO, *Acerca da distinção, em direito marítimo, entre salvação e assistência de navios e recolha de achados*, in RDES XV (1968) (=*Acerca da distinção, em direito marítimo, entre salvação e assistência de navios e recolha de achados*), p. 229, considerando que o reconhecimento, nos vários sistemas jurídicos, de situações especiais em que um terço do valor das coisas recuperadas pertence ao recuperador é ainda um resquício do repudiado *ius naufragii*.

[10] Cf., sobre este dispositivo, CUNHA GONÇALVES, *Comentário*, III, p. 473 e ss.. Aliás, a situação encontrava-se ressalvada pelo próprio art. 428 do Código de Seabra, sobre "Ocupação das embarcações e de outros objectos naufragados", que remetia para as disposições do Código Comercial e das leis administrativas "tudo o que diz respeito a embarcações naufragadas, à sua carga, ou a quaisquer fazendas ou objectos de domínio particular, que o mar arroje às praias ou que se apreenderem no alto mar"; cf. também DIAS FERREIRA, *Codigo civil annotado*, I, 2.ª ed., Coimbra, Imprensa da Universidade, 1894, p. 292.

O art. 1600 estabelecia ser devido salário de assistência "quando o navio e carga conjunta ou separadamente são repostos no mar e conduzidos a bom porto". Já seriam casos de *salvamento* ou *salvado*, dando lugar a *salário de salvamento* ou *salvados*, os elencados no art. 1601: "– recuperando-se e salvando-se um navio ou fazendas encontradas no mar alto ou nas praias sem direcção; – salvando-se fazendas dum navio dado à costa ou varado sobre penedos em tal perigo que se não possa considerar nem de segurança para as fazendas nem de asilo às gentes da tripulação; – retirando-se fazendas dum navio efectivamente partido; – finalmente se achando-se um navio em perigo iminente ou sem segurança é abandonado pela tripulação; – ou quando, tendo-se esta ausentado, o navio é ocupado pelos que querem salvá-lo e conduzido ao porto com toda ou parte da carga".

O CCom 1888 continuou na mesma linha de diferenciação entre assistência e salvação. O art. 682 enunciava os casos em que era devido *salário de assistência*: 1.º; quando o navio encalhado ou varado é reposto com ou sem carga no mar com o auxílio de terceiro; 2.º: quando o navio, achando-se no mar com avaria, é socorrido e conduzido a bom porto com auxílio de terceiros".

Por sua vez, o art. 681 referia-se às situações que davam lugar a *salário de salvação*: 1.º: quando os navios ou fazendas encontradas sem direcção no mar alto ou nas praias são salvos e recuperados; 2.º: salvando-se fazendas de um navio dado à costa ou varado sobre penedos em perigo tal, que não possa oferecer segurança à carga e asilo à tripulação; 3.º: retirando-se as fazendas de um navio efectivamente partido; 4.º: quando o navio em perigo iminente e sem segurança, abandonado pela tripulação ou tendo-se esta ausentado, é ocupado pelos que querem salvá-lo e conduzi-lo ao porto com toda ou parte da carga; 5.º: quando o navio e carga, conjunta ou separadamente, são repostos no mar ou conduzidos a bom porto com auxílio de terceiro.

A consequência imediata da distinção estava na remuneração ou salário, superior no caso da salvação; o § 1.º do art. 686 CCom 1888 estabelecia mesmo que "o salário de assistência deve ser fixado em menos do que o de salvação", o que não deixava de suscitar as dificuldades de que dá nota Cunha Gonçalves [11]: "Esta norma, porém, além de fundada no critério demasiado *apriorístico* de que "a assistência é menos custosa do que a salvação", é de mui difícil execução prática, visto que, não havendo

---

[11] *Comentário*, III, p. 478.

identidade material e jurídica nos dois factos, não será jamais possível calcular o salário que seria devido pela salvação, para depois ser ele reduzido, por se tratar duma assistência".

Prova evidente da difícil fronteira entre a salvação e a assistência era, por exemplo, o confronto entre o n.º 5.º do art. 681 e o n.º 2.º do art. 682. Para o primeiro, havia lugar a salário de salvação, "quando o navio e carga, conjunta ou separadamente, são repostos no mar ou conduzidos a bom porto com auxílio de terceiro"; para o segundo, havia salário de assistência "quando o navio, achando-se no mar com avaria, é socorrido e conduzido a bom porto com auxílio de terceiro".

A partir do n.º 2.º do art. 682, Adriano Anthero[12] explicava, assim, a diferença face ao n.º 5.º do art. 681: "Faz diferença do n.º 5.º do art. 681.º; porque, na hipótese desse outro número, supõe-se, como já dissemos, que o navio, embora não esteja abandonado, está em risco iminente, porque lá se fala *na salvação do navio e carga conjunta ou separadamente*. E aqui, neste n.º 2.º do art. 682.º, não se fala da carga, pela razão que demos de que, não estando ainda o navio em perigo iminente, também a carga o não está, e de que o simples auxílio ao navio basta para salvar essa carga".

Perante esta movediça diferenciação, compreende-se que o próprio Adriano Anthero[13] elogiasse o facto de a CB 1910 não distinguir entre serviços de assistência e salvação.

III. Eram patentes as dificuldades da doutrina e da jurisprudência em definir um critério delimitativo, lendo-se em Adriano Anthero[14] que a assistência "é o socorro prestado em circunstâncias difíceis melindrosas para obstar a um perigo já declarado, embora não iminente e fatal, mas que ameaça tornar-se tal e tornar-se até sinistro consumado, caso falte o socorro"; a salvação seria já "o conjunto de medidas ou de operações que têm por fim obstar a um perigo iminente e fatal ou recolher e pôr em segurança pessoas ou cousas, depois de efectuado o sinistro".

Apreciando as diferenças entre salvação e assistência, o mesmo autor referia haver diferença não só quanto ao objecto de uma e outra, mas também quanto ao *perigo*[15]: "E quanto ao perigo, no caso de salvação, a perda

---

[12] *Comentario ao Codigo Commercial Portuguez*, III, 2.ª ed., Companhia Portuguesa Editora, Porto (=*Comentario*, III²), p. 435.
[13] *Comentario*, III², p. 440.
[14] *Comentario*, III², p. 433.
[15] *Comentario*, III², p. 433. Os termos da diferenciação, tal qual feita por Adriano Anthero, passaram a constituir, de algum modo, referência para vários autores; cf., v. g.,

do navio ou carga era infalível. Pelo menos, devia presumir-se que essa perda estava iminente, e era fatal sem acção dos salvadores. Pelo contrário, no caso de assistência, a perda não era fatal ou infalível imediatamente, ou, pelo menos, devia presumir-se que o não era, embora se pudesse dar, e, naturalmente se daria sem aquele auxílio, pelo decurso do tempo".

Azevedo Matos[16], baseando-se em vária doutrina, considerava que "para a gente do mar, em sentido geral, a assistência é o auxílio prestado a barco em perigo, para evitar acidente ou sinistro maior, sendo essencialmente uma *tentativa*; a salvação é o socorro levado em circunstâncias graves ou depois do facto acontecido, ligando-se à ideia de integridade da coisa e de salvar dela o que puder ser salvo".

No que tange aos critérios jurídicos para delimitar a assistência da salvação, Azevedo Matos[17] não enuncia um critério, apresentando a posição de diversos autores nacionais e estrangeiros, salientando-se a afirmação[18] de que "pelo que respeita a navio, socorrido por navio, a assistência e salvação confundem-se".

Por seu lado, Cunha Gonçalves[19] adoptava a seguinte distinção: "Assim, a *salvação* é a operação pela qual o navio e a sua carga, atingidos por um sinistro e em risco iminente de se perderem, são, conjunta ou separadamente, total ou parcialmente, recolhidos por terceiro e postos em segurança pelos seus cuidados, num porto ou na praia, mormente quando um e outro estavam já abandonados pela tripulação ou esta se encontrava em igual risco e na impossibilidade física de proceder a esta operação. E *assistência* é o socorro prestado a um navio, que, junto com a sua carga e as pessoas existentes a bordo, se encontravam em perigo, mas não iminente risco de se perder, podendo a respectiva tripulação auxiliar a presta-

---

SERRA BRANDÃO, *Direito Internacional Marítimo*, p. 135, autor que, no entanto, irrelevando, de algum modo, a não coincidência de campos de aplicação da CB 1910 sobre assistência e salvação e do CCom, considerava que a distinção entre assistência e salvação tinha um interesse reduzido, atento o facto de a CB 1910 sobre assistência e salvação não distinguir os dois institutos. Neste mesmo sentido, pode ver-se MOTA PINTO, *Acerca da distinção, em direito marítimo, entre salvação e assistência de navios e recolha de achados*, p. 223.

[16] *Princípios de Direito Marítimo*, III. *Dos acontecimentos de mar. Arribadas – Abalroação – Assistência e Salvação – Avarias*, Edições Ática, Lisboa, 1958 (=*Princípios*, III), p. 174.

[17] *Princípios*, III, pp. 175-176.

[18] *Princípios*, III, p. 176.

[19] *Comentário*, III, p. 469.

ção desse socorro como sucede no desencalhe e no reboque, que são operações típicas da assistência". Irrelevando a aparente confusão do trecho de Cunha Gonçalves entre assistência e reboque, vejamos, mais recentemente, Mário Raposo[20]; este autor resume assim a diferença: "Embora diversos critérios tenham sido alvitrados para caracterizar uma e outra, tudo faz crer que a assistência corresponderá ao socorro prestado a um navio sujeito a um perigo ainda não concretizado, enquanto que a salvação dirá respeito a um navio já naufragado ou abandonado, quando ainda não constituir uma *épave*".

As referências às posições doutrinais expostas são largamente suficientes para darmos nota da amiúde dificílima diferenciação entre assistência e salvação. Esse facto, gerador, como dizem Rodière / Pontavice[21], de "dificuldades sem fim", justificava plenamente a redução a uma só figura.

IV. A CB 1910 não diferencia a assistência da salvação marítimas, pese embora a cumulativa utilização dos dois termos.

O art. 1 é expresso no sentido da não existência de uma distinção entre "estas duas espécies de serviços", só se compreendendo a sinonimização das expressões em causa à luz de um compromisso entre as correspondentes designações em língua francesa (*assistance*) e inglesa (*salvage*).

Essencial à assistência ou salvação[22] – aplicável independentemente das águas em que seja prestada (mar ou águas interiores) – é o *perigo* em que se encontre o navio[23] socorrido, sendo que a salvação tanto pode ter por objecto o navio em perigo quanto as coisas que se encontrem a bordo, o frete ou o preço da passagem.

A CB omite qualquer definição ou caracterização de *perigo*, o que tem determinado a necessidade da respectiva concretização pela jurisprudência e a tentativa de estabelecimento de critérios gerais pela doutrina[24].

---

[20] *Assistência marítima*, p. 77.
[21] *Droit maritime*[12], p. 446.
[22] Cf., numa perspectiva analítica da salvação, GABALDÓN GARCIA/RUIZ SOROA, *Manual de derecho de la navegación marítima*[2], p. 657 e ss..
[23] O art. 1 CB alude a "embarcações marítimas", mas os artigos seguintes (cf. arts. 3, 4, 5, 6, 8, 9, 10, 11, 14 e 15) referem-se a *navio* ou a *navios*. Mais coerente, neste particular, é a redacção francesa: no art. 1, lê-se *navires de mer* e nos demais *navire* ou *navires*.
[24] Cf., v. g., PULIDO BEGINES, *Las averías*, p. 236 e ss., GABALDÓN GARCIA/RUIZ SOROA, *Manual de derecho de la navegación marítima*[2], p. 663 e RIVERO ALEMÁN, *El salvamento marítimo*, p. 244 e ss..

Uma vez apurado, pela cumulativa verificação dos diversos requisitos, que o acto praticado é de salvação, há lugar a uma remuneração equitativa se houver resultado útil (art. 2). Sem prejuízo da questão de saber o que é *resultado útil* para efeitos do regime da salvação, designadamente à luz da CB 1910[25], esta Convenção adopta claramente o sistema anglo-saxónico de fazer depender qualquer remuneração desse resultado: *no cure no pay*[26].

O juiz tem, depois, uma ampla margem de apreciação para fixar a remuneração (art. 8), considerando, em primeiro lugar (al. a)), o êxito obtido, os esforços e o mérito dos que houverem prestado socorro, o perigo que tiverem corrido o navio socorrido, os seus tripulantes e passageiros, a sua carga, os salvadores e o navio salvador, o tempo empregado, as despesas e danos sofridos, e os riscos de responsabilidade e outros que os salvadores tiverem corrido, o valor do material por estes exposto, tendo em atenção, quando for caso disso, a adaptação especial do navio assistente" e, em segundo lugar (al. b)), o valor das coisas salvas.

3. A salvação marítima na LSM

I. Como se disse, o DL 203/98 veio revogar os arts. 676 a 691 CCom, estabelecendo um novo regime da salvação marítima.

Na esteira da CB 1910 e da CL 1989, cessa a diferenciação entre assistência e salvação, passando a ser tudo *salvação marítima*. Neste particular – no que concerne à designação – a LSM afasta-se, de algum modo, da CL 1989 (*International Convention on Salvage*) que, como vimos supra, apesar de não ter sido ratificado por Portugal, influenciou claramente algumas soluções constantes da LSM, que não tinham tradução nos sucessivos códigos comerciais nem na CB 1910.

A CL 1989 é uma convenção internacional sobre *salvação* e a al. a) do art. 1 não define "salvação marítima" mas "operação de salvação" (*salvage operation*), como qualquer acto ou actividade desenvolvida para assistir a um navio ou a qualquer outro bem em perigo em águas navegáveis ou em quaisquer outras águas.

---

[25] Cf. AZEVEDO MATOS, *Princípios*, III, p. 207, referindo, e bem, que o *resultado útil* não tem de ser salvação completa.

[26] Cf., sobre este, por todos, CARBONE, *Il diritto marittimo*[2], p. 369.

Na linha do âmbito de aplicação traçado pela CL 1989 – que não na linha da designação – o art. 1/2 da LSM veio considerar ainda salvação marítima a prestação de socorro em quaisquer outras águas sob jurisdição nacional, desde que desenvolvidas por embarcações[27]. Melhor teria andado o legislador nacional se, querendo manter a designação "salvação marítima" – em merecida homenagem ao berço do instituto – optasse por, no art. 1/2, dizer algo como o seguinte: "O regime da salvação marítima é também aplicável à prestação de serviços em quaisquer outras águas sob jurisdição nacional, desde que desenvolvidas por embarcações".

II. Tal como no direito interno anterior, na CB 1910 e na CL 1989, o *perigo no mar* é um requisito essencial da salvação marítima[28], afirmado explicitamente no art. 1/1, al. a) da LSM.

O problema está na determinação das situações em que, para efeitos do regime da salvação, há *perigo no mar*[29]. Nessa determinação importará começar por deixar claro que o *perigo no mar* não pode ser sinonimizado com *risco de mar*. Por outro lado, conforme realçam D'Ovidio / Pescatore / Tullio[30], o ser *perigo no mar* não significa que o mesmo deva estar estritamente associado aos riscos particulares da navegação marítima, sendo de abandonar essa limitação – de contornos, aliás, delicados – em tempos adoptada.

À partida, cada expedição marítima está sujeita a *riscos* – à *fortuna de mar* – podendo, *a priori*, identificar-se vários[31]. Contudo, como é

---

[27] A limitação à prestação por embarcações não tem, assim, no direito interno, circunscrição às águas do mar.

[28] Para GIORGIO BERLINGIERI, *Salvatagio, assistenza, ricupero e ritrovamento di relitti della navigazione*, p. 273 e ss., o perigo constitui "più ancora che una nota essenziale, un vero pressuposto per la formazione di quel rapporto giuridico che ricollega ed accompagna tutte le varie figure di soccorso, e che talmente le penetra, da scolorire tutte le altre note differenziatrici fra di esse".

[29] Diversamente do que se lê em AZEVEDO MATOS, *Princípios*, III, p. 203, o conceito de perigo é um conceito de *direito* e não uma mera questão de facto, o que, obviamente, não invalida a circunstância (que estará, segundo se presume, na base da afirmação do autor) de a conclusão de direito pressupor, amiúde, um complexo e especializado juízo técnico.

[30] *Manuale di diritto della navigazione*, 9.ª ed., Giuffrè, Milano, 2000 (=*Manuale di diritto della navigazione*⁹), p. 652; cf. também IGNACIO ARROYO, *Curso de Derecho Marítimo*, p. 720.

[31] Cf. a "lista" de riscos inventariados por RIVERO ALEMÁN, *El salvamento marítimo*, p. 225 e ss..

óbvio, a sujeição de um navio no mar a riscos de mar não o coloca em *perigo no mar*[32]. Refere-se Rivero Alemán[33] a um *iter* normal até à ocorrência de danos: risco-perigo-sinistro e que enquanto o risco significa algo genérico, o perigo já constitui uma alusão a algo concreto. A esta luz, falar-se em "perigo iminente" significará que existe uma alta probabilidade de ocorrência de determinado sinistro, o que vale dizer que é alta a probabilidade de concretização de um risco (já antes) associado à aventura marítima. É pacífico que a identificação do *perigo* não supõe o início de concretização do risco (v. g. naufrágio), o qual pode ser iminente.

Mas aqui entramos num campo onde se impõe a ponderação de todas as circunstâncias de cada situação concreta e uma apreciação objectiva e razoável da probabilidade de ocorrência de um determinado sinistro, para usarmos uma expressão quase cativa da linguagem seguradora. Nesse juízo de probabilidade, devem ser tomados em consideração todos os elementos que, para o caso, se apresentem como relevantes, desde os internos ao navio[34] aos externos, *maxime* ao estado do mar e às condições metereológicas.

Mais complexas são as situações de *perigo virtual*, entendendo-se por tal[35] a ocorrência de uma situação anormal para o navio que permita supor de maneira razoável, a ocorrência de danos num futuro mais ou menos próximo, que não possam ser evitados sem ajuda ou assistência. Nesta linha e socorrendo-se, aliás, do sentido da jurisprudência espanhola, Rivero Alemán[36] classifica os seguintes graus possíveis de perigo: *real*, *iminente* ou então *suficientemente grave*, quando o navio, numa previsão racional dos acontecimentos, pode temer pela sua integridade ou perda.

---

[32] O perigo relevante para efeitos do regime da salvação é o perigo corrido pelo navio que da mesma é objecto e não também o navio salvador; cf., em crítica a uma corrente jurisprudencial no sentido de que o perigo deveria ameaçar também o navio assistente e a respectiva tripulação, GABALDÓN CARCIA/RUIZ SOROA, *Manual de derecho de la navegación marítima*[2], p. 663. O facto de a al. a) do art. 8 CB (cf. também o art. 6/1, al. d) LSM e o art. 13/1, al. g) CL 1989) referir o perigo corrido pelos salvadores e pelo navio salvador não erege tal perigo em requisito da salvação; ele é apenas um dos elementos a considerar pelo juiz na fixação do salário. Cf. também RODIÈRE/PONTAVICE, *Droit maritime*[12], p. 456. Sobre o problema, cf. ainda RIVERO ALEMÁN, *El salvamento marítimo*, p. 253.

[33] *El salvamento marítimo*, p. 231.

[34] Neste particular, o facto de o navio dispor ou não de meios de propulsão pode revelar-se fundamental; cf. v. g. REBORA, *L'assistance maritime*, Presses Universitaires d'Aix-Marseille, 2003 (=*L'assistance maritime*), p. 81.

[35] Cf., v. g., RIVERO ALEMÁN, *El salvamento marítimo*, p. 245.

[36] *El salvamento marítimo*, p. 269.

No sentido de relevar o perigo não efectivo (ou real) nem inerente, desde que suficientemente grave, escreve González-Lebrero[37]: "no es indispensable que el peligro sea inminente o absoluto; es suficiente que sea posible, pero debe ser real y sensible, es decir, efectivo e idóneo para producir la destrucción de los bienes expuestos a él"; e ainda: "la situación de peligro no debe ser imaginada sino resultar de una apreciación razonable, si bien será siempre una cuestión de hecho que deberá resolverse según las circunstancias particulares de cada caso".

Entre nós, na literatura mais recente, Vasconcelos Esteves[38] entende que o perigo não tem de ser iminente mas deve ser *real* e não meramente hipotético. No mesmo sentido, Mário Raposo[39] considera que o perigo tem de ser *grave*, não tendo, contudo, de ser iminente.

Os qualificativos e adjectivações do perigo utilizados pelos autores nacionais e estrangeiros são, amiúde, diversos, mas não conduzem, necessariamente, a resultados diferentes. O determinante é, no nosso entender, que o perigo, quando não seja *imediato*, seja de concretização altamente provável, à luz da experiência das coisas; aqui se incluem as situações em que o perigo é *iminente* mas também aquelas em que, não o sendo, embora, a ocorrência do sinistro surge, num juízo de prognose (também póstuma), como um efeito normal previsível do conjunto dos elementos conhecidos. Ademais, o perigo deve, em qualquer das variantes referidas, ser *objectivamente grave*.

Um elemento a que é de prestar especial atenção é o *pedido de auxílio* e seus termos. Dando também nota das posições doutros autores, neste particular, Rivero Alemán[40] diferencia consoante as situações: se é feito um pedido de socorro geral e impessoal, isso bastaria para, salvo prova em contrário, definir e qualificar uma situação como de verdadeiro perigo para o barco. Se, ao contrário, é feito um pedido de ajuda concreta, capitão a capitão, ou através dos armadores ou consignatários, não será de presumir a existência de uma situação de autêntico perigo.

Mas também aqui não há que absolutizar critérios: todos os critérios devem funcionar em termos móveis.

---

[37] *Manual de derecho de la navegación*, 4.ª ed., Depalma, Buenos Aires, 2000, p. 552.
[38] *Acontecimentos de mar*, p. 53.
[39] *Assistência marítima*, p. 80.
[40] *El salvamento marítimo*, p. 274 e ss..

III. Quanto ao objecto da salvação, o art. 1/1, al. a) refere-se a qualquer acto ou actividade que vise prestar socorro a "navios, embarcações ou outros bens, incluindo o frete em risco". Supomos que terão sido as clássicas dúvidas sobre o que é um navio[41] que estarão na base da transformação do "vessel" da CL 1989 em "navio ou embarcação". Presume-se – articulando agora com o art. 1 do DL 201/98, de 10 de Julho, que aprovou o Estatuto Legal do Navio – que estará em causa qualquer "engenho flutuante destinado à navegação por água", sendo as duas expressões sinónimas para efeitos do diploma, que tanto utiliza a palavra *embarcação* (v. g., arts. 2/4, 3/1, 3/3, 4, al. e), 5/4, etc.) quanto a palavra *navio* (art. 9/1, 11/2 e 16)[42].

Para além dos navios ou embarcações, quaisquer *outros bens* – incluindo o frete em risco – que estejam em perigo no mar podem ser objecto de salvação. A LSM não estabelece aqui a limitação que consta do art. 1, al. c) da CL 1989 ("any property not permanently and intentionally attached to the shoreline"), limitação esta que se revela, contudo, lógica e natural – nem a exclusão, feita pelo art. 3 da mesma Convenção, das plataformas e unidades de perfuração[43].

4. A salvação e o reboque

I. Para além e sem prejuízo das dificuldades de delimitar a assistência da salvação, a doutrina, face ao regime anterior à LSM, debruçou-se sobre a difícil fronteira, em certas situações, entre a assistência e salvação, por um lado, e o reboque, por outro. Essa é, como diz Vialard[44], uma distinção "pleine de conséquences".

Como é evidente, a dificuldade de delimitação a que nos referimos é a da salvação relativamente ao *reboque em sentido técnico-jurídico*, que não em relação à *operação material de reboque*. Ilustrando com o caso do

---

[41] Cf., v. g., FREDERICO MARTINS, *Direito Comercial Marítimo*, I, Livraria J. Rodrigues e C.ª, Lisboa, 1932, p. 1 e ss., VICTOR NUNES, *O conceito de navio e a sua relevância em Direito Marítimo*, in RDM 1 (1958), p. 9 e ss., CUNHA GONÇALVES, *Comentário*, III, p. 81 e ss. e VIALARD, *Droit maritime*, PUF, Paris, 1997 (=*Droit maritime*), p. 25 e ss..

[42] Embora com claro predomínio da palavra *embarcação*. Aliás, nos artigos onde é feita referência a *navio* ou *navios*, surge a alusão alternativa a *embarcação* ou *embarcações*.

[43] Cf., a propósito, MÁRIO RAPOSO, *Notas sobre o DL 203/98*, p. 27.

[44] *Droit maritime*, p. 204.

Ilha da Madeira, a circunstância de este navio ter sido rebocado para o porto do Funchal pelo *Insular*, não impede, de per si, a qualificação da operação em causa como de salvação, já que o reboque a que nos referimos quando narramos os factos ocorridos, é o reboque material ou físico. Podemos dizer, assim, que, identificada a operação material de reboque, a mesma tanto pode ser juridicamente qualificada como *reboque*, à luz do DL 431/86, como pode corresponder a uma situação de *salvação*, à luz da CB 1910 e da LSM, integrando a factualidade respectiva.

II. Azevedo Matos[45], depois de dar nota da posição de Fariña, constatava que o art. 4 da CB 1910 era interpretado confusamente e concluía: "Na prática, o rebocador invoca sempre serviços de assistência ao rebocado, e este pretende qualificar o facto como simples reboque, para evitar o salário ou a remuneração. Mas a questão não é só de palavras; há que averiguar o que existe em cada caso de perigo. Se este não surge, trata-se então de autêntico reboque".

Noutro passo[46], o autor apontava, de forma mais directa, o critério decisivo na delimitação entre salvação e assistência: "O critério distintivo entre este e a assistência está no perigo corrido pelo rebocado, e o facto tem interesse por causa da remuneração, da classificação das despesas em avaria comum e ainda das avarias originadas por culpa do rebocador".

Admitia, contudo, o autor, tanto a transformação do reboque em assistência – quando se trate de serviços excepcionais[47] – quanto o contrário[48].

Com referência ao disposto no n.° 2.° do art. 682 CCom, Azevedo Matos considerava[49] que a qualificação da situação aí descrita ("quando o navio, achando-se no mar com avaria, é socorrido e conduzido a bom porto com auxílio de terceiros") como assistência, suponha necessariamente – diversamente do que uma primeira leitura poderia fazer crer – que o navio corresse perigo, sugerindo que, na ausência desse requisito, o caso seria de reboque.

---

[45] *Princípios*, III, p. 178 e ss.. Refira-se que, para AZEVEDO MATOS, *Princípios*, III, p. 173, mais complexa que esta era a questão da diferenciação entre assistência e salvação.
[46] *Princípios*, III, p. 196.
[47] AZEVEDO MATOS, *Princípios*, III, p. 199.
[48] Cf. a referência feita pelo autor, in *Princípios*, III, pág. 197, aos conflituantes interesses dos intervenientes na qualificação como salvação ou reboque, em função das situações.
[49] *Princípios*, III, p. 198.

Mais recentemente, Mário Raposo[50] traça a diferenciação pela negativa, mas no mesmo sentido: "Tais operações não deverão resultar de uma situação de *perigo específico* (para além, claro está, dos clássicos e genuínos riscos de mar) no navio rebocado".

III. Conforme é dito, desde logo no preâmbulo do DL 431/86, de 30 de Dezembro, a caracterização de uma determinada operação como reboque ou assistência (leia-se, agora, *salvação*) surge, na prática, como difícil e controversa: "o navio que *dá* a sua força motriz estará sempre interessado em que a sua actuação seja configurada como assistência, porque muito melhor remunerada"; e citando Dor e Villeneau: "o reboque é o parente pobre da rica assistência".

A acentuação do *perigo no mar* como critério para distinguir a salvação do reboque é salientada pela generalidade dos autores. Rodière / Pontavice[51] consideram que o traço distintivo da assistência e do reboque é o *perigo*: "L'assistance doit avoir été prêtée à un navire en danger de se perdre". Contudo, os autores dão nota do facto de a jurisprudência francesa se mostrar "assez large sur ce point", em termos de considerar em perigo um navio privado da sua hélice ou do seu governo, mesmo com mar calmo, na medida em que estará, então, sujeito aos acontecimentos de mar.

Também Vialard[52] distingue o reboque da assistência, considerando que o navio rebocado "n'est pas exposé à des dangers particuliers"; il n'est pas en danger de se perdre comme l'est, par hypothèse, le navire assisté".

Le Prado[53], concordando que o critério essencial é a determinação "se o navio rebocado estava ou não em perigo de se perder", considera que "la seule constatation d'un aléa ne suffit pas à qualifier l'opération d'assistance, en l'absence de situation périlleuse du navire".

Lê-se, por sua vez, em Pulido Begines[54]: "La distintión entre salvamento y remolque depende de la existencia o inexistencia de un estado de peligro en el buque remolcado, en función de lo qual corresponderá al remolcador una recompensa pecuniaria elevada (salvamento), o una retri-

---

[50] *Assistência marítima*, p. 79.
[51] *Droit maritime*[12], pp. 455-456.
[52] *Droit maritime*, p. 204.
[53] *Le remorquage devant la Cour de Cassation*, in "Études de droit maritime à l'aube du XXI siècle. Mélanges offertes à Pierre Bonassies», Éditions Moreux, Paris, 2001, p. 183.
[54] *Los contratos de remolque marítimo*, Bosch, Barcelona, 1996 (=*Los contratos de remolque marítimo*), p. 89.

bución de los servicios prestados en su más estricta valoración (remolque)". Nesta linha, o autor erege, pela negativa, como um dos elementos característicos do contrato de reboque[55] ser a "operación realizada en circunstancias que no entrañen peligro".

Lê-se, finalmente, em Morral Soldevila[56]: "aunque para ejecutar el salvamento es necesario remolcar el buque en peligro un lugar de seguridad, en el remolque no esiste una situación de peligro de los elementos remolcados, mas propria de salvamento y, a la vez, requisito esencial de esa institución". E ainda: "El remolque se presta sin que exista una situación de peligro en el buque que se remolca. En cambio, en el salvamento la existencia del peligro es una nota esencial, de tal suerte que si no se presta el servicio, el buque corre la posibilidad de perderse".

IV. Regulando directamente um problema de fronteiras entre a salvação e o reboque, o controverso art. 4 CB 1910[57] estabelece que o rebocador só terá direito a remuneração pela salvação do navio rebocado ou da sua carga "quando houver prestado serviços excepcionais, que não possam ser considerados como cumprimento do contrato de reboque".

Na mesma linha, embora com uma previsão mais ampla, o art. 17 CL 1989 estabelece que não é devido, no âmbito desta Convenção, qualquer pagamento, excepto se os serviços prestados excederem o que puder ser razoavelmente considerado como normal execução de um contrato celebrado antes do aparecimento do perigo[58].

Consentâneo com este regime, o art. 4 do DL 431/86 estabelece que a operação de reboque só pode dar lugar a remuneração por salvação (à data, ainda "assistência ou salvação") quando, durante a sua execução, forem prestados *serviços excepcionais* não enquadráveis no âmbito do contrato de reboque.

Decorre claramente, quer do art. 4 CB 1910 quer do art. 4 DL 431/86 que a questão dos *serviços excepcionais* supõe uma prévia qualificação de uma determinada operação como de reboque. No mesmo sentido vai o art. 17 da CL 1989.

---

[55] *Los contratos de remolque marítimo*, p. 88 e ss..
[56] *El salvamento marítimo*, p. 215, n. 365.
[57] Cf. REBORA, *L'assistance maritime*, p.108 e ss., dando nota, sucessivamente, da "interpretação francesa" e da "interpretação inglesa" do art. 4 CB 1910.
[58] Cf., v. g., REBORA, *L'assistance maritime*, p. 116 e ss..

Isto significa que uma primeira não identificação do *perigo no mar* (requisito essencial da salvação) e consequente enquadramento no regime do reboque – satisfeitos que estejam, como parece óbvio, os demais requisitos deste, à luz do disposto no art. 1 do DL 431/86, de 30 de Dezembro[59] – não impede que a dúvida sobre a dicotomia salvação-reboque se volte a colocar, não já, como é óbvio, na já "arrumada" qualificação da operação contratada, mas na superveniente questão do relevo dos *serviços excepcionais*.

Neste quadro, pensamos que tanto o art. 4 CB 1910 quanto o art. 4 DL 431/86 devem ser objecto de uma interpretação restritiva: não bastará, para que a remuneração por salvação possa existir, que os serviços excepcionais prestados não se enquadrem no âmbito dos previstos no contrato de reboque (*requisito negativo*); é ainda necessário[60] que tais serviços excepcionais (*requisito positivo*) mereçam o qualificativo de acto ou actividade de salvação, em face da identificação (superveniente) de *perigo no mar*. Não pode, no nosso entender, deixar de ser assim, sob pena de grave ilogicidade: de se permitir pela via do reboque – digamos que a reboque do reboque – a qualificação como acto ou actividade de salvação de actos ou actividades que, *a priori*, não teriam essa qualificação jurídica.

V. Numa situação deste jaez, o rebocador-salvador teria, *a priori*, duas pretensões[61]: uma baseada no contrato de reboque – pretensão à remuneração (art. 5 DL 431/86) – e outra fundada na operação de salvação – pretensão ao salário de salvação (art. 5 LSM). O concurso não pode ser resolvido em termos cumulativos absolutos, isto é: o rebocador-salvador não pode perceber, a um tempo, a remuneração de reboque e o salário de salvação, como se, quanto a este, as operações em causa não tivessem tido início como reboque contratado.

---

[59] Cf., por todos, COSTEIRA DA ROCHA, *O contrato de transporte de mercadorias. Contributo para o estudo da posição jurídica do destinatário no contrato de transporte de mercadorias*, Almedina, Coimbra, 2000 (=*O contrato de transporte de mercadorias*), p. 92 e ss. e MÁRIO RAPOSO, *Assistência marítima*, p. 78 e ss..

[60] Cf. também REBORA, *L'assistance maritime*, p. 111, preocupado com a delimitação do campo de aplicação do art. 4 CB 1910 face ao "remorquage exceptionnel": "Pour permettre de qualifier les services rendues par le remorqueur de services exceptionnels, il est impératif que le bien assisté soit en danger. Cette notion de danger permet la distinction entre assistance et le remorquage exceptionnel".

[61] Em geral, sobre o concurso de pretensões, cf., por todos, TEIXEIRA DE SOUSA, *O concurso de títulos de aquisição da prestação. Estudo sobre a dogmática da pretensão e do concurso de pretensões*, Almedina, Coimbra, 1988, *passim*.

À partida, há quatro soluções possíveis. A *primeira* é a do cúmulo de pretensões, mas de exercício alternativo: o rebocador-salvador escolheria a via do reboque ou a da salvação, exigindo, em consequência, a remuneração pelo reboque ou salário de salvação. A *segunda* alternativa é a da consunção do reboque pela salvação: o concurso seria resolvido a favor da salvação, (só) podendo o rebocador-salvador exigir salário de salvação. A *terceira* via seria a (inversa) consunção da salvação pelo reboque: o concurso seria resolvido a favor do reboque, em detrimento da salvação, privilegiando-se a base contratual da operação, um pouco à semelhança da defesa, feito por alguma doutrina[62], da consunção da responsabilidade extracontratual pela contratual: o rebocador-salvador só poderia, então, exigir a remuneração pelo reboque, nos termos do art. 5 DL 431/86. A *quarta* via, que não é confundível com a segunda, será admitir a pretensão baseada no reboque e uma pretensão adicional, relevando os serviços excepcionais, mas em termos, parece-nos, de a remuneração global final não exceder a da salvação.

À primeira vista, só a terceira hipótese pareceria estar excluída, face ao art. 4 CB 1910 e art. 4 DL 431/86. Admitimos, contudo, que, face aos dispositivos citados, seja ainda de excluir, não só a segunda alternativa indicada – que determinaria a irrelevância do contrato de reboque e seus termos – mas também a primeira, que, a ser possível, permitiria ao rebocador-salvador optar pela via da salvação em detrimento da via do reboque.

VI. Haverá, com certeza, serviços não enquadráveis no âmbito da operação de reboque, tal qual contratada, que são *excepcionais*, precisamente por estarem fora desse âmbito. Não nos parece, porém, conforme exposto, que seja neste sentido que devem ser interpretados os referidos arts. 4 CB 1910 e 4 DL 431/86: serviços excepcionais são os que não se enquadram na operação contratada *e* se enquadrem no âmbito do regime da salvação. O mesmo se passa em relação aos serviços que "exceed what can be reasonably considered as due performance of a contract entered into before the danger arose", do art. 17 da CL 1989.

Assim, o que sejam *serviços excepcionais* é, claramente, uma questão de direito[63] – uma delicada questão de direito, que não prescinde, como é óbvio, de uma quiçá complexa e especializada ponderação factual.

---

[62] Cf., v. g., ALMEIDA COSTA, *Direito das Obrigações*, 8.ª ed., Almedina, Coimbra, 2000, p. 490 e ss..

[63] Cf., porém, AZEVEDO MATOS, *Princípios*, III, p. 199: "Mas que se deve entender por serviços excepcionais? É tudo uma questão de facto e de técnica. Esses serviços podem

Afastamos a hipótese de enquadrar no âmbito de aplicação do art. 4 CB 1910 ou do art. 4 DL 431/86 as situações em que, no decurso da operação de reboque, surge um perigo agravado para o rebocador, sem que o mesmo seja "acompanhado" de um perigo para o navio objecto do reboque. Tais situações – que estão na base da ideia de um *tertium genus*[64] – poderão, ainda assim, como dizíamos, legitimar um acréscimo de remuneração, não já com base nos referidos arts. 4 CB 1910 e 4 DL 431/86, mas no regime geral do art. 437 CC.

Fora do âmbito de aplicação do art. 4 da CB 1910 e do art. 4 do DL 431/86 – bem como, com maior clareza, do art. 17 da CL 1989[65] – estão os casos de serviços, também excepcionais, que satisfazem o requisito negativo acima enunciado (não se enquadrem no âmbito dos razoavelmente previstos no contrato de reboque concreto) mas não preenchem o requisito positivo identificado (constituírem, à luz da CB 1910, da LSM ou da CL 1989, acto ou actividade de salvação). Uma via de enquadramento do regime a aplicar a esses actos é a da modificação do contrato (de reboque) por alteração das circunstâncias, nos termos do art. 437 do CC[66], podendo, por essa via, o contratante-rebocador conseguir um aumento da retribuição acordada antes da verificação dos serviços.

Fora, também, do âmbito de aplicação do art. 4 CB 1910 e do art. 4 DL 431/86 estão outros serviços excepcionais específicos como seja um desencalhe[67], a não ser na medida em que o mesmo constitua matéria de salvação, pela verificação do requisito do *perigo no mar*.

---

consistir em reboque, tendo por fim evitar um sinistro maior ao rebocado, em pilotagem, por exemplo, no caso do rebocador navegar ao lado do navio em risco, pronto a todas as eventualidades, ou ainda em fornecimento de força motriz, sem que haja reboque no sentido exacto da palavra".

[64] Cf. as referências feitas, v. g., por REBORA, *L'assistance maritime*, p. 111 e ss., designadamente à posião do "Doyen" Ripert; cf. também MÁRIO RAPOSO, *Assistência marítima*, p. 82, para quem a ideia deste *tertium genus* "é, no entanto, controvertível, por arrastar a uma infixidez não menos tacteante do que a que resulta, pura e simplesmente, da dicotomia *reboque-assistência*".

[65] A maior clareza do art. 17 da CL 1989 decorre do facto de esse artigo, diversamente do que ocorre com o art. 4 da CB 1910 e com o art. 4 do DL 431/86, deixar claro que os serviços excepcionais aí previstos são prestados em situação de perigo ("... before the danger arose").

[66] Cf., sobre este regime, por todos, MENEZES CORDEIRO, *Da boa fé no direito civil*, II, Almedina, Coimbra, 1985, p. 903 e ss..

[67] Cf. MÁRIO RAPOSO, *Assistência marítima*, p. 81.

5. O Ac. STJ 05.06.2003 e a jurisprudência anterior

I. O Ac. do STJ de 05.06.2003 considerou, como vimos, que o *Ilha da Madeira* não estava em perigo no mar. É importante vermos como é que o aresto caracteriza o perigo: o que é que "faltava" para que de salvação e não de (mero) reboque se tratasse. Neste ponto, o Ac., à semelhança, aliás, de outra jurisprudência nacional e estrangeira, considera essencial a ponderação dos factos nas diversas situações concretas, entendendo não ser possível formular regras fixas. Destacamos algumas directrizes deste Ac. que, para o efeito, se socorre de anterior jurisprudência, também do STJ, *maxime* dos Acs. de 12.02.1975 e de 11.03.1999. Refere-se, assim, o Ac. a:

a) "perigo iminente", que "deve ser real e não meramente hipotético"[68];

b) necessidade de "um perigo real, uma situação crítica, um perigo sério, iminente ou, pelo menos, seriamente provável"[69];

c) necessidade de "perigo real ou iminente ou extremamente provável de perda da embarcação ou da sua carga"[70].

II. Vejamos agora, sumariamente, como é que a mais recente jurisprudência dos nossos tribunais superiores tem as situações em que é discutida a delimitação entre a salvação e o reboque.

Remontemos ao Ac. STJ de 03.11.1967[71] no qual estava em causa a caracterização de uma situação concreta como salvação ou recolha de achados. O STJ considerou que, no caso, a barca e carga assistidas e materialmente rebocadas não constituíam um caso de recolha de achados mas de salvação, uma vez que tinham sido "atingidas por sinistro marítimo e em perigo iminente de se perderem". Neste Ac., o STJ não desenvolveu argumentação centrada no *perigo*, uma vez que o mesmo era evidente e assumido pela autora, estando em causa a delimitação da salvação face a uma situação que está, digamos, a jusante da mesma: a *recolha de achados*[72].

---

[68] CJ/STJ, XI, t. II (2003) p. 99 (1.ª coluna).
[69] CJ/STJ, XI, t. II (2003) p. 99 (1.ª coluna), seguindo os Acs. STJ de 11.02.1975 e 11.03.1999.
[70] CJ/STJ, XI, t. II (2003) p. 99 (2.ª coluna).
[71] BMJ 171, p. 322; cf. também M. J. COSTA GOMES, *Direito Marítimo. Jurisprudência seleccionada para as aulas práticas*, AAFDL, 2002 (=*Direito Marítimo. Jurisprudência seleccionada*), p. 27 e ss..
[72] Cf. a importante anotação de MOTA PINTO, *Acerca da distinção, em direito marítimo, entre salvação e assistência de navios e recolha de achados*, passim. A "trilogia con-

O Ac. STJ de 03.02.1970[73] pronunciou-se directamente sobre uma situação em que estava designadamente em causa tratar-se de assistência ou de reboque. A embarcação *Maria Armanda* saíra do porto de Lobito para trazer do mar, onde se encontrava avariado, o palhabote *Maria Isabel*. Contrariando o Acórdão da Relação – que considerava tratar-se de um *simples reboque*, que não dava lugar a salário de assistência – o STJ considerou[74] que, em função do risco que o *Maria Armanda* correra e o serviço que prestou, trazendo para o porto de abrigo um navio sem governo, o caso não era de simples reboque.

Temos, assim, a aceitação, pelo STJ, neste Ac. de 1970, como assistência, de um caso em que, como ocorria na situação do Ac. de 05.06.2003, em análise, o navio socorrido estava apenas sem governo no mar. O Ac. não dá nenhuma outra informação que permita identificar uma situação de perigo iminente ou real do *Maria Isabel*, aceitando sem reservas ou considerações adicionais o caso como sendo de assistência[75].

No Ac. STJ de 21.07.1972[76], estava em causa o âmbito de aplicação do regime da assistência e salvação, numa dupla perspectiva: a da aplicação a embarcações de pesca (conforme veio a ser decidido) e da aplicação do regime da CB 1910 (e da legislação interna sobre socorro prestado pelas Capitanias dos portos) quando o navio salvador é pertença do Estado. Fazendo uma correcta aplicação do disposto no art. 14 da CB 1910, o STJ considerou que, no caso, o rebocador era exclusivamente empregado em serviço público, razão pela qual não era aplicável o regime da CB 1910. Quanto à situação concreta que deu lugar ao processo, os serviços tinham sido prestados pelo rebocador *Montalto*, adstrito ao serviço dos Portos do Douro e Leixões, traduzindo-se no socorro ao arrastão espanhol *Monte*

---

ceital" de que fala o Ac. STJ de 03.11.1967 é apenas aparentemente sufragada por Mota Pinto, se atentarmos no facto de, a dado passo, (*op. cit.*, p. 223), o autor considerar "puramente académica" a *vexata quaestio* da distinção entre assistência e salvação, invocando, para o efeito, o art. 1 da CB 1910

[73] BMJ 194, p. 233 e ss..
[74] BMJ 194, pp. 234-235.
[75] Independentemente de o Acórdão em causa revelar pouco estudo, o STJ ter-se-á, porventura, deixado impressionar pelo facto de a própria companhia de seguros ré não contestar que fosse devido salário de "salvação e assistência", sustentando, em recurso, que a autora recorrida, proprietária do *Maria Armanda* só ter direito a metade do salário, já que, segundo o art. 688 CCom, a outra metade pertenceria ao capitão e à tripulação do *Maria Armanda*, embarcação essa que não era nem um rebocador nem um vapor especialmente destinado a salvação, reboques e assistência no mar.
[76] BMJ 219, p. 230 e ss..

Inda, que fora abalroado na proa, encontrando-se no mar com água aberta; após ter estabelecido, sem dificuldade, o cabo de reboque, o *Montalto* rebocou o *Monte Inda*, que, entretanto, estava todo metido de popa, prestes a afundar-se, para o porto de Leixões, não logrando, porém, evitar o afundamento do navio que, no entanto, pôde ser recuperado. O STJ não apreciou a verificação concreta dos requisitos da assistência ou da salvação marítimas, certamente por a ter por pacífica.

No Ac. STJ de 19.06.1979[77], o STJ teve de decidir sobre a caracterização de uma determinada situação como assistência ou reboque. O navio *Império*, que, afretado pelo Estado português, navegava carregado de material de guerra e mantimentos destinados às forças armadas que combatiam nas, então chamadas, províncias ultramarinas, ficou, a certa altura, imobilizado em pleno Atlântico, com água aberta, a casa das máquinas inundada e impossibilitado, por isso, de utilizar as mesmas máquinas: "enfim, no alto mar, sem governo, à deriva"[78]. No caso, tanto as instâncias quanto o STJ consideraram haver uma situação de perigo: "e assim também quaisquer dúvidas sobre tratar-se de um serviço de assistência ou salvação e não apenas de um simples reboque, ficaram do mesmo passo afastadas"[79]. Refere ainda o Ac. um passo que, para o caso, é fundamental: "Dessa assistência beneficiou inclusivamente o afretador Estado, salvando-se a carga que correu o risco de perder-se nas circunstâncias expostas".

Este Ac. de 1979 revela-se, assim, importante por traçar claramente a linha de fronteira entre a assistência ou salvação, por um lado, e o reboque, por outro, traduzida na existência de *perigo no mar*. Contudo, quanto à caracterização do *perigo no mar*, o Ac. é pobre, não se sabendo, ao certo, se bastaria a situação de estar no alto mar sem governo, à deriva, para a identificação do perigo ou se, para o caso, foi determinante a água aberta.

---

[77] BMJ 288, p. 431 e ss..
[78] BMJ 288, p. 433.
[79] BMJ 288, p. 434. No caso, estava apenas em discussão o salário devido pela assistência ou salvação da *carga*, propriedade do Estado afretador do navio, já que, quanto ao *navio*, o salário já fora pago pela companhia fretadora. Um outro ponto, de algum modo a montante deste, estava em discussão: o de saber se, em função de se tratar de um navio afretado pelo Estado para transporte de material de guerra, estaríamos no âmbito de aplicação do art. 14 da CB 1910. O STJ considerou que não se verificava essa excepção (não aplicação da Convenção aos navios de guerra e aos navios pertencentes ao Estado e exclusivamente empregados em serviço público), já que o Império, que não era navio de guerra, estava fretado ao Estado português, que não era, obviamente, seu proprietário.

No Ac. de 07.10.1986[80], a RL, tendo embora ensejo para versar a questão da delimitação entre a assistência e a salvação, face ao reboque, por um lado, e face à empreitada de remoção de destroços por outro, centrou-se na questão de saber se a tarefa de renovação do célebre *Tollan*, encalhado de casco para o ar, no Tejo, frente ao Terreiro do Paço, constituía, efectivamente, conforme era pretendido pela empresa encarregada dessa tarefa, um caso de assistência ou salvação. A RL, numa decisão a que, em termos de conclusão, nada há a criticar, concluiu que inexistia salário de assistência ou salvação por, no caso, o navio não estar numa situação de perigo: "(...) não integram quaisquer actos de salvação ou assistência, porque não houve qualquer acto de socorro nem o *Tollan* se encontrava em perigo marítimo real ou iminente"[81].

No Ac. STJ de 11.03.1999[82] estava também em causa uma situação de delimitação entre salvação e reboque[83], em que o auxílio fora solicitado pelo capitão. Um dos "pontos fortes" da argumentação do autor – capitão da embarcação assistente – era o de que seria facto notório "que os navios desembaraçados à deriva em alto mar se encontram em situações de perigo real, uma vez que não têm meios *próprios* para se deslocarem ou manobrarem e para se defenderem de todo o tipo de agressões, como sejam climatéricas, mar de vaga, existência de outros navios"[84]. O STJ não aceitou que tal situação constituísse facto notório de perigo real[85]: "(...) no caso não é de aceitar como sendo do conhecimento geral, o da grande maioria dos cidadãos do país, normalmente informados, que a imobilização de um navio no alto mar, por avaria, cria de imediato e sem mais uma situação de

---

[80] CJ XI (1986), t. 4, p. 139 e ss..

[81] CJ XI (1986), t. 4, p. 140. No caso, fora requerido o arresto preventivo do *Tollan*, justificando-o com um alegado crédito de salvação e assistência. Para a RL, "não havendo operação de assistência ou de salvação, não existe qualquer probabilidade da existência dos créditos dos arrestantes, que a fundamentaram precisamente na prática desses actos de socorro".

[82] Reproduzido in M. J. COSTA GOMES, *Direito Marítimo – Jurisprudência seleccionada*, p. 35 e ss.; o Ac. em causa foi retirado de *www.dgsi.pt*.

[83] Na realidade, estavam em causa duas situações, já que o autor se baseava em dois acontecimentos diferentes, um ocorrido em 24.04.1990 e outro em 07.11.1990, ambos em águas da Terra Nova. No primeiro caso, o arrastão assistido estava impedido de navegar pelos seus próprios meios, devido a avaria na máquina principal. No segundo, o arrastão assistido estava impedido de navegar pelos seus próprios meios por ter enrolada na hélice parte do aparelho de pesca ou outro objecto.

[84] Cf. M. J. COSTA GOMES, *Direito Marítimo – Jurisprudência seleccionada*, p. 38.

[85] Cf. M. J. COSTA GOMES, *Direito Marítimo – Jurisprudência seleccionada*, p. 45.

real perigo para a embarcação"; e ainda: "se o auxílio é uma necessidade, a prestação dele pode revestir formas diversas e não assume premência igual em todas as situações". E concluindo neste ponto: "consequentemente, não serve o disposto no art. 514 do Código de Processo Civil para afirmar, como notória, uma situação de perigo real, dispensando a alegação e prova do circunstancialismo verificado em cada caso".

Quanto à caracterização do perigo marítimo, legitimador da conclusão pela existência de salvação, o Ac. invoca Vasconcelos Esteves para referir que o mesmo "não tem de ser iminente mas deverá ser real e não meramente hipotético"[86].

No caso, o STJ considerou que a situação concreta dos arrastões socorridos não era de *perigo real*[87], sendo, para o caso, irrelevante o facto de a própria operação – que assim qualifica como *reboque* – envolver riscos que lhe são inerentes[88]: "a maior dificuldade que nessa tarefa se depara a um "rebocador" que não seja embarcação especialmente concebida para esse tipo de operação, não pode levar à caracterização de uma situação de perigo superior àquele que realmente existe, como as incidências que ocorrem já depois de iniciada a tracção, como quebra ou soltura de cabo de reboque".

6. Os vários perigos

I. E quanto ao risco – ao perigo, se quisermos – corrido pelo navio assistente?

O Ac. em análise refere-se-lhe mas não parecendo retirar daí qualquer requisito para a salvação. Assim, refere [89] que a salvação pressupõe "que o navio salvador vá acudir a uma situação que oferece perigo concreto, forçando, por isso, a manobras que envolvem riscos anormalmente acrescidos". Noutro passo [90], o Ac. alude à dificuldade da operação concreta, em virtude de o *Insular* não estar concebido para este tipo de operações. Contudo, essa referência serve para, na esteira do Ac. STJ 11.03.1999, concluir que essa dificuldade "não pode levar à caracteriza-

---

[86] Cf. M. J. COSTA GOMES, *Direito Marítimo – Jurisprudência seleccionada*, pp. 46-47.
[87] Cf. M. J. COSTA GOMES, *Direito Marítimo – Jurisprudência seleccionada*, p. 47.
[88] Cf. M. J. COSTA GOMES, *Direito Marítimo – Jurisprudência seleccionada*, p. 47.
[89] CJ/STJ, XI, t. II (2003), p. 99 (1.ª coluna).
[90] CJ/STJ, XI, t. II (2003), p. 99 (2.ª coluna).

ção de uma situação de perigo superior àquele que realmente existe com as incidências que são integrantes dos riscos próprios daquela operação".

O perigo que está em causa para que de salvação se trate, é o perigo que corre o navio objecto da operação, que não aquele que corre o navio assistente[91]. Contudo, quer à luz da al. a) do art. 8 CB 1910 quer à luz da al. d) do art. 6/1 do DL 203/98, é ponderado o risco corrido pelo salvador. No entanto, essa ponderação não é idónea para a qualificação de uma operação como salvação, colocando-se, antes, a jusante dessa qualificação, no âmbito da fixação de salário de salvação. Também a CL 1989, no âmbito dos "criteria for fixing the reward", considera (art. 13/1, al. g)) "the risk of liability and other risks run by the salvors or their equipment".

Aliás, já o CCom dava, no art. 688, um relevo especial a estas situações, ao estabelecer uma repartição diferente da solução geral estabelecida no art. 687, em situações que envolveriam presumivelmente maior dificuldade para o assistente: aquelas em que o serviço de salvação ou assistência fosse "prestado por outro navio, que não seja rebocador ou vapor especialmente destinado a serviços de salvação, reboques e assistência"[92].

A dificuldade dos serviços prestados tem sido abordada também pela jurisprudência nacional mais recente, destacando-se os Acs. STJ de 11.03.1999[93] e o Ac. de 05.06.2003, ora em análise, nos quais tem sido seguida a boa orientação de não confundir os planos, ou seja de não confundir o risco assumido pelo navio que socorre – *maxime* quando não seja navio apetrechado e preparado para o efeito – com a situação de perigo – o *perigo no mar* – do navio objecto dos serviços.

II. Estamos, no caso, perante uma daquelas situações a que, com Rebora [94], podemos chamar situação de *perigo clássico*, para distinguir

---

[91] Realçando o perigo da própria operação de reboque, pode ver-se, v. g. PESTEL-DEBORD, *Le remorquage maritime: controverses et contentieux*, in DMF n.º 636 (2003), p. 324: "L'activité du remorquage maritime est dangereuse, les accidents sont fréquents. Les dangers les plus fréquents sont les risques d'abordage lors de la prise de remorque et de se retrouver en travers par rapport à l'axe de la remorque».

[92] Cf. sobre este dispositivo, os comentários, aliás lacónicos, de ADRIANO ANTHERO, *Comentario*, III², p. 453, CUNHA GONÇALVES, *Comentário*, III, p. 475 e AZEVEDO MATOS, *Princípios*, III, p. 240.

[93] Cf. M. J. COSTA GOMES, *Direito Marítimo – Jurisprudência seleccionada*, p. 35 e ss..

[94] *L'assistance maritime*, p. 74 e ss..

claramente daquelas – relevantes após a CL 1989 e, entre nós, após o DL 203/98 – em que a situação perigosa do navio resulta da criação de uma ameaça de poluição ambiental[95], situação essa que o autor designa por de *perigo particular* – e que talvez possamos melhor designar por *perigo específico*.

Demonstrativo das dificuldades de caracterização do *perigo relevante* é o modo como, na análise de Rebora[96] – nas situações de navio desprovido de meios de propulsão e ou de direcção – a jurisprudência francesa evoluiu, cronologicamente, no sentido de um "assouplissement des caractères de ce danger", desde a exigência de um *perigo imediato*, até à suficiência do *perigo previsível*. Numa primeira fase, a jurisprudência exigia o carácter imediato (ou actual) do perigo, perigo esse que deveria ser *insurmontable*.

Esse rigor foi mais tarde abandonado no sentido de que o perigo deveria ser grave e ainda que não fosse actual, deveria ser *certo*: "le danger sera reconnu dans les cas où le péril encouru par le navire est un péril grave, qui à default d'être actuel, est certain"[97]. No caso dos navios *Cheliff* e *Algeria*[98] foi já tomada em conta a verosimilhança das consequências favoráveis do perigo (pese embora a referência a um "perigo grave e actual"): "(…) se trouve dans un danger grave et actuel le navire en panne de moteur a 15 milles d'une côte rocheuse vers laquelle un coup de vent pouvait le porter sans qu'il ait possibilité de s'échapper par ses propres moyens (…)".

Ilustrativo da dificuldade em concluir pelo perigo no mar é a constatação de uma diferença de critérios entre juízes e árbitros[99] e o facto de, numa sentença de 25.04.1955, a *Cour de Cassation* ter condenado "le

---

[95] Sobre o relevo factor ambiental na CL 1989 e no DL 203/98, cf., entre nós, MÁRIO RAPOSO, *Assistência marítima*, p. 90 e ss. e *O novo direito comercial marítimo português*, in "Estudos sobre o novo direito marítimo. Realidades internacionais e situação portuguesa", Coimbra Editora, Coimbra, 1999, p. 266 e ss.. Como diz BONASSIES, *La convention internationale de 1989 sur l'assistance*, p. 244, a protecção do ambiente está no "coração do sistema" da CL de 1989; cf. também IGNACIO ARROYO, *Comentarios al convenio de salvamento de 1989*, in "Estudios de Derecho Marítimo", Bosch, Barcelona, 1995, p. 338, para quem a CL de 1989 persegue três objectivos: a unificação internacional, a protecção do meio ambiente e o estímulo aos salvadores.

[96] *L'assistance maritime*, p. 75 e ss..
[97] REBORA, *L'assistance maritime*, p. 76.
[98] REBORA, *L'assistance maritime*, p. 77 e ss..
[99] REBORA, *L'assistance maritime*, p. 75: "les juges plus sévères que les arbitres (…)».

laxisme des juges qui reconnaissent qu'un navire est en danger alors qu'il n'est que dans une situation difficile"[100]. A *Cour de Cassation* foi então chamada a apreciar uma situação de uma das embarcações nos mares da Terra Nova, em situação similar àquela que o STJ foi chamado a decidir no Ac. de 11.03.1999[101]: aquando de uma campanha de pesca nos bancos da Terra Nova, a hélice do *Volontaire* ficou presa pela rede de arrasto; não conseguindo soltar a rede pelos seus próprios meios, o comandante do *Volontaire* pediu a ajuda do *Madiana* que se encontrava na zona. A *Cour d'Appel* de Rennes considerou que não havia lugar a salário de assistência, já que o navio não estava em situação perigosa mas simplesmente difícil. No recurso para a *Cour de Cassation*, o proprietário do *Madiana* pretendia fazer valer um argumento a favor da aplicação do regime da assistência: o facto de que "la notion d'assistance n'impose pas que le danger soit iminent mais simplement qu'il soit possible et prévisible"[102]. A *Cour de Cassation* confirmou a *Cour d'Appel*, considerando que «le danger doit être iminent à défaut d'être immédiat»[103].

7. Conclusão

O navio *Ilha da Madeira* encontrava-se à deriva no mar, não podendo navegar pelos seus próprios meios, em consequência de avaria na máquina principal e sem hipóteses de reparação no local. Estes elementos são suficientes para concluir que o *Ilha da Madeira* estava em perigo no mar?

O STJ decidiu que não e decidiu bem. Esses elementos poderiam, noutra situação concreta, com outras circunstâncias, designadamente de mar, metereológicas e de costa, consubstanciar uma situação de perigo grave, se não iminente, pelo menos seriamente provável. Mas nada disso se verificava no caso concreto: o mar estava em bom estado, havia boas condições de tempo e não existiam baixios, leixões ou outros obstáculos de qualquer natureza contra os quais o navio pudesse ser impelido.

A partir daqui, concluído que se tratava de uma operação de reboque e não de salvação, o STJ não se pronunciou sobre as questões que se pode-

---

[100] REBORA, *L'assistance maritime*, p. 79.
[101] Cf. M. J. COSTA GOMES, *Direito Marítimo – Jurisprudência seleccionada*, p. 35 e ss..
[102] Cf. REBORA, *L'assistance matitime*, p. 79.
[103] Cf. REBORA, *L'assistance matitime*, p. 79.

riam suscitar a jusante, relacionadas com a modalidade de reboque e respectivo regime[104].

Afastada a caracterização da operação de reboque material como sendo *salvação marítima*, o STJ negou aos AA., de modo consequente, o pretendido salário de salvação marítima. A ter havido perigo no mar, legitimador da aplicação do regime da salvação, ter-se-ia, no caso concreto, verificado o requisito fundamental para a existência de salário de salvação, traduzido no *resultado útil*, exigido – em aplicação do princípio *no cure no pay*[105] – no art. 5/1 da LSM e, a nível internacional, no art. 2 CB 1910 e no art. 12 CL 1989[106].

Não sendo salvação marítima, não poderia estar, à partida, em causa uma pretensão à *compensação especial* prevista nos arts. 5/2[107] e 9 LSM, por clara inspiração do art. 14 CL 1989. Aliás, mesmo que salvação marítima fosse, o direito à compensação especial não se colocaria, no caso, quer por ter havido *resultado útil* (art. 5/1 LSM) quer por não ter havido, nem estar, de resto, em causa, um "resultado útil ambiental"[108].

---

[104] Sobre as modalidades de reboque, em particular sobre o reboque-manobra e o reboque-transporte, cf. RODIÈRE/PONTAVICE, *Droit maritime*[12], p. 413 e ss., VIALARD, *Droit maritime*, p. 205 e ss., D'OVIDIO/PESCATORE/TULLIO, *Manuale di diritto della navigazione*[9] p. 628 e ss., COSTEIRA DA ROCHA, *O contrato de transporte de mercadorias*, p. 92 e ss., VASCONCELOS ESTEVES, *Contratos de utilização do navio*, Petrony, Lisboa, 1988, pp. 217--218, PULIDO BEGINES, *Los contratos de remolque marítimo*, p. 131e ss. e 257 e ss.; cf. também VÍCTOR NUNES, *O contrato de reboque em direito marítimo*, in RDM n.º 3 (1959), p. 14 e ss..

[105] Cf. sobre este, v. g., CARBONE, *Il diritto marittimo*[2], p. 369, AZEVEDO MATOS, *Princípios*, III, p. 232, MÁRIO RAPOSO, *Assistência marítima*, p. 95, HODGES/HILL, *Principles of maritime law*, L.L.P., London – Hong-Kong, 2001, p. 203, BAUGHEN, *Shipping law*, 2.ª ed., Cavendish, London, 2003, p. 286 e ss., GABALDÓN CARCIA/RUIZ SOROA, *Manual de derecho de la navegación marítima*[2], p. 664 e ss. e MORRAL SOLDEVILLA, *El salvamento marítimo*, p. 283 e ss..

[106] A previsão de uma compensação especial (*special compensation*), associada a preocupações de ordem ambiental, no art. 14 CL 1989, veio, porém, relativizar o princípio. Sobre a crise do princípio *no cure no pay*, cf. MORRAL SOLDEVILA, *Algunas consideraciones en torno a la reforma del régimen jurídico español en materia de salvamento marítimo*, in "Estudios en Homenaje a Ricardo Vigil Toledo", Bosch, Barcelona, 2000, p. 268 e ss..

[107] Apesar de (mal) misturada com o *salário de salvação marítima*, parece claro que a compensação especial não integra este último conceito, o que tem, de resto, importantes consequências a nível de regime, mesmo fora do âmbito específico do regime da salvação: pense-se, v. g., no art. 2/3 da CB 1926 sobre privilégios e hipotecas marítimas ou na al. c) do art. 1/1 da CB 1952 sobre o arresto de navios de mar.

[108] Como é evidente, este resultado útil ambiental, de aqui se fala, não se confunde com aquele que é pressuposto da regra *no cure no pay*, do art. 5/1 LSM; cf. também

Os AA. tinham, porém, sustentado[109] que, mesmo a entender-se que não tinha ocorrido uma situação de salvação marítima, haveria, pelo menos, lugar à compensação pelo reboque, nos termos do art. 5 DL 431/86.

Quer as instâncias quer o STJ consideraram que, não tendo a questão sido suscitada nos articulados, se tratava de questão nova que não poderia ser conhecida, considerando o STJ[110] que "a causa de pedir invocada pelos recorrentes foi a salvação marítima e daí a decorrência do pedido de pagamento de salário da salvação marítima". E ainda: "se a causa de pedir tivesse sido a efectivação do reboque, poderia, então, o pedido ser a quantia pecuniária referente a esse serviço". Em relação ao argumento dos AA. de que se trataria de "mera qualificação de factos alegados", o STJ considerou que estaríamos, antes, "perante um caso típico de ausência de relação lógica enter a causa de pedir e o pedido, que ao tribunal é vedado suprir".

Com a reserva de desconhecermos exactamente o processo, temos, à partida, algumas reservas relativamente à argumentação do STJ, neste particular, já que o arsenal de factos trazidos ao processo tendo em vista a tese da salvação é, em princípio, "excedentário", relativamente ao necessário a um "mero reboque". Tenderíamos, assim, neste ponto, a admitir a ponderação da aplicação do regime do reboque.

Havia, no entanto, um obstáculo de peso à prevalência da pretensão decorrente de reboque, obstáculo esse bem salientado pelo STJ: os credores da retribuição devida pelo reboque não seriam os AA., membros da tripulação do *Insular*, mas o proprietário ou armador deste navio[111].

Faculdade de Direito da Universidade de Lisboa, Dezembro de 2004.

GABALDÓN GARCIA/RUIZ SOROA, *Manual de derecho de la navegación marítima*², pp. 421-422 e TETTLEY, *Maritime transportation*, vol. XII de "Law of transport", International Encyclopedia of Comparative Law, Mohr Siebeck, Tübingen, 2001 p. 278.

[109] CJ/STJ, XI, t. II (2003) p. 99 (2.ª coluna).
[110] CJ/STJ, XI, t. II (2003) p. 100 (1.ª coluna).
[111] De resto, é bem diferente o regime aplicável ao salário de salvação. De acordo com o art. 7 LSM, o pagamento do salário de salvação marítima é feito pelos salvados, de harmonia com as regras aplicáveis à regulação da *avaria grossa* ou *comum*; cf., sobre esta, v. g., FERREIRA BORGES, *Commentarios sobre a legislação portuguesa acerca d'avarias*, Londres, 1830, *passim*, CUNHA GONÇALVES, *Comentário*, III, p. 396 e ss., FRANCISCO FARIÑA, *Derecho comercial marítimo*, III, 2.ª ed., Bosch, Barcelona, p. 527 e ss., RODIÈRE/PONTAVICE, *Droit maritime*¹², p. 470 e ss., e YVES TASSEL, *Regards sur l'avarie commune, le coeur du droit maritime*, in "Roger Roland – Liber Amicorum", Larcier, Bruxelles, 2003, *passim*.

A DIRECTIVA DOS PROSPECTOS:
CONTEXTO, CONTEÚDO E CONFRONTO COM O DIREITO POSITIVO NACIONAL

PAULO CÂMARA*
Assistente da Faculdade de Direito de Lisboa e Director da CMVM

1. Contexto da Directiva

I – Ainda hoje persiste uma irreprimível tendência para se considerar que o sistema de regulação do mercado de capitais baseado na informação (*full disclosure*) tem raízes no mercado norte-americano. Todavia, a ideia não é totalmente acertada, nomeadamente porquanto no Reino Unido e na Alemanha já no final do séc. XIX se conhecia a figura do prospecto. A cultura da informação foi até anterior, no Reino Unido, ao reconhecimento legislativo da limitação da responsabilidade das sociedades: nesse percurso histórico têm lugar de destaque o *Companies Act* britânico de 1844, a introduzir o princípio de informação através do registo de prospecto nas ofertas de acções dirigidas ao público, impondo a divulgação dos documentos estatutários e financeiros, em termos mais tarde desenvolvidos através do *Companies Act* de 1867; não pode escamotear-se, além disso, o papel do *Directors' Liability Act* de 1890 na cominação de uma responsabilidade por negligência aos autores do prospecto informativo. A alargar a análise até à génese histórica do prospecto de admissão em bolsa, também com determinante função informativa, chame-se a atenção para o papel pioneiro da *Börsengesetz* germânica de 1896 e do sistema adjacente de responsabilidade civil ali consagrado. O prospecto constitui, assim, indiscutivelmente, uma figura de origem europeia.

---

* As opiniões expressas no presente texto são-no a título exclusivamente pessoal.

O certo é que a generalização, à escala mundial, da importância do prospecto teve como primeiro responsável o sistema jurídico norte-americano, em larga medida devido à eficácia do sistema de supervisão com ampla gama de poderes (na matriz das demais *agencies* federais) de forma a assegurar uma vigilância apertada e eficaz sobre o cumprimento das normas informativas. Este papel do sistema norte-americano surge na sequência de uma evolução entre dois modelos fundamentais na regulação mobiliária das ofertas públicas testados nos Estados Unidos. Aqui conheceu-se primeiramente a regulação de mérito, desenvolvida através de intervenções estaduais em inícios do século XX nas designadas *blue sky laws*, em que as autoridades administrativas ensaiavam um controlo sobre a bondade económica da oferta proposta ao público. A partir dos anos 30, com a aprovação dos dois diplomas federais em matéria mobiliária ainda hoje (embora com modificações) em vigor – o *Securities Act* de 1933 e o *Securities Exchange Act* de 1934 – ganhou primazia nítida o modelo de regulação informativa. É baseado no princípio da *full disclosure*, postulando uma ampla malha de deveres informativos para permitir que os investidores tomem decisões de investimento esclarecidas[1].

Este modelo de regulação informativa – afinado na órbita do mercado norte-americano – constituiu uma clara inspiração das Directivas comunitárias respeitantes ao prospecto. O impulso comunitário incidiu primeiro sobre o prospecto de admissão, através da Directiva n.° 80/390/CEE, referente à coordenação do conteúdo, da supervisão e da divulgação do prospecto a ser publicado para a admissão oficial de valores mobiliários em bolsa de valores (*Listing Particulars Directive*, na designação inglesa)[2]. Aí se impunha o dever de publicação de prospecto de admissão ao mercado de cotações oficiais e se prescreviam extensos anexos sobre o respectivo conteúdo. Esta Directiva veio a ser objecto de diversas modificações, introduzidas sucessivamente pela Directiva n.° 82/148/CEE, de 3 de Março de 1982[3], pela Directiva n.° 87/345/CEE, de 22 de Junho de 1987[4],

---

[1] LOUIS LOSS, *Fundamentals of Securities Regulation*, Boston/ Toronto (1983), 1-7; HAHLO, *Cases and Materials on Company Law*[3], London, (1987), 179-193; HEINZ-DIETER ASSMANN, *Prospekthaftung*, Köln/ Berlin/ Bonn/ München, (1985), 39-66; Id., *Civil Liability for the Prospectus*, [versão escrita de comunicação proferida na Faculdade de Direito de Lisboa em 6 de Julho de 2004] in *Direito dos Valores Mobiliários*, Vol. VI (no prelo).

[2] JO L100/1.

[3] JO L62/22.

[4] JO L185/81.

pela Directiva n.º 90/211, de 23 de Abril de 1990[5] e pela Directiva n.º 94//18/CE, de 30 de Maio de 1994[6].

O processo de harmonização dos prospectos de ofertas públicas de distribuição foi mais tardio, tendo-se apenas iniciado em finais dos anos oitenta, através da Directiva n.º 89/298/CEE, de 17 de Abril de 1989[7]. Ulteriormente, para facilitar a leitura sistemática das regras comunitárias nesta matéria, as Directivas de prospectos de admissão, juntamente com a Directiva dos requisitos de admissão (Directiva n.º 79/279/CEE, de 5 de Março de 1979) e a Directiva sobre transparência de participações qualificadas (Directiva n.º 88/627/CEE, de 12 de Dezembro de 1988), foram objecto de uma consolidação através da Directiva n.º 2001/34/CE, de 28 de Maio de 2001[8].

II – Quando, em finais dos anos noventa, se procedeu a uma reavaliação profunda sobre o sistema de regulação financeira na Europa, o balanço feito sobre o processo de harmonização das regras sobre prospectos era manifestamente insatisfatório. De facto, as primeiras directivas mostravam-se excessivamente detalhadas e de elaboração muito morosa. Assim, a Directiva sobre o Prospecto de Admissão ocupou mais de oito anos de gestação: aprovada em 1980, teve por base uma Proposta de 1972[9]. Por seu turno, a Directiva sobre Prospecto de Ofertas Públicas, como referido, apenas logrou ser aprovada em 1989 – ou seja, doze anos mais tarde do que Código de Conduta comunitário de 1977 que recomendava a existência de prospecto em oferta pública[10].

Além disso, ao estabelecerem patamares mínimos de exigência informativa, como actos normativos comunitários de *harmonização mínima*, as mencionadas Directivas levaram os Estados-membros a fixar requisitos informativos superiores, assim aumentando as assimetrias normativas e contribuindo para a fragmentação dos mercados. Por seu turno, um dos institutos emblemáticos do regime comunitário, o mecanismo de reconhecimento mútuo dos prospectos – visando facultar a utilização do prospecto fora do Estado europeu onde foi aprovado[11] – não se revelaria muito fun-

---

[5] JO L112/24.
[6] JO L135/1.
[7] JO L124/8
[8] JO L184/1.
[9] JO C131/61.
[10] Princípio Suplementar n.º 14, JO L212/37.
[11] Cfr. os arts. 147.º e 237.º do Código dos Valores Mobiliários (CVM).

cional, por reclamar um acto administrativo (de reconhecimento) por parte do Estado de acolhimento, por vezes a demorar muito tempo, na medida em que aquele Estado poderia exigir imposições adicionais quanto à informação a incluir no prospecto – sobretudo no que respeita à necessidade de tradução e à inclusão de informação local[12]. A desconfiança no mecanismo descrito era agravada por práticas muito dissemelhantes entre as autoridades de supervisão dos Estados membros no processo de escrutínio e aprovação de prospecto – sendo notório o contraste entre a atitude dos Estados que se bastavam com a utilização mecânica de listas de verificação (*check lists*) dos requisitos exigidos por lei e a postura mais exigente dos Estados que procuravam uma análise profunda sobre a suficiência e a qualidade da informação contida no prospecto.

Em resultado destas debilidades do mecanismo de reconhecimento mútuo, em Outubro de 1998 foi publicado um documento da autoria do mercado EASDAQ intitulado *A Pan-European Passport for Public Offers Throughout the European Union* que representava um libelo a favor de um passaporte europeu para os prospectos na União Europeia, baseado num sistema de simples notificação. As deficiências apontadas ao sistema de reconhecimento mútuo do prospecto eram designadamente as seguintes: discriminação de tratamento entre os vários Estados-Membros quanto ao estabelecimento de suplementares requisitos informativos; imposição da tradução do prospecto em diversos Estados-Membros; diferente padronização do prospecto nos vários Estados-Membros; demora na aprovação de prospectos; imposição de inclusão nos prospectos de informação relativa ao Estado-Membro de acolhimento. O documento, espelhando várias críticas do mercado e dos seus agentes privados, em particular dos emitentes, tendo formulado sugestões concretas em prol de um mercado europeu mais integrado, viria a ter uma função importante na construção da vindoura disciplina europeia dos prospectos.

No mesmo mês, a Comissão Europeia aprovou uma Comunicação sobre reformulação da regulação financeira, na qual, entre outras medidas, se anunciava o propósito de facilitar o acesso dos emitentes ao mercado de capitais, à escala europeia, nomeadamente através da reformulação das regras dos prospectos e do funcionamento do reconhecimento mútuo[13].

---

[12] Cfr. *infra*, 5. I. Um espelho das críticas a este regime encontra-se em GEORG WITTICH, *Implementing the Lamfalussy Report: The Contribution of Europe's Securities Regulators*, JIFM (2001), 211-213.

[13] *Financial Services: Building a Framework for Action*, (28-Out.-1998), disponível em < http://europa.eu.int/comm/internal_market/en/finances/general/fspt.pdf >.

Estas ideias viriam a ser aprofundadas no *Plano de Acção dos Serviços Financeiros*, no qual a modificação do regime dos prospectos foi considerada primeira prioridade – com o objectivo de facilitar a utilização do mesmo prospecto em ofertas internacionais e de adoptar um registo de referência (*shelf registration*) baseados em prospectos construídos a partir dos documentos de prestação de contas anuais[14].

III – A reacção das autoridades reguladoras, organizadas através do *Forum of European Securities Commissions* (FESCO), não se faria esperar. Consciente da necessidade de modernização do regime comunitário dos prospectos, e em resposta ao documento do EASDAQ e às indicações da Comissão Europeia, o FESCO decidiu criar um Grupo de Peritos dedicado à análise do assunto. O mandato deste grupo seria o de elaborar propostas para facilitar as ofertas públicas internacionais realizadas por sociedades europeias, assegurando elevados níveis de informação. Em particular, foi solicitado um aperfeiçoamento do mecanismo de reconhecimento mútuo dos prospectos e de incorporação através de remissão. Este grupo teve a sua primeira reunião em Fevereiro de 1999, ainda antes do mandato ser formalmente atribuído ao grupo, o que só aconteceu em 17 de Março de 1999.

Em Março de 2000, o grupo chegou a um acordo quanto a um primeiro documento que denominou de "*A European Passport for Issuers*", que foi objecto de aprovação em reunião de Presidentes do FESCO realizada em 4 e 5 de Maio do mesmo ano, tendo sido colocado subsequentemente à consulta pública[15]. A versão final do documento foi submetida à Comissão Europeia em 20 de Dezembro de 2000[16]. Nesse documento foi descrito um conjunto de acções que viriam a ser objecto de desenvolvimento futuro, pelo mesmo grupo de peritos, de onde se destaca uma harmonização ao nível das ofertas de valores mobiliários por parte de pequenas e médias empresas, da informação contabilística, dos prazos para aprovação e reconhecimento de documentos, bem como das actividades publicitárias sobre essas mesmas ofertas.

O texto referido viria a ser complementado através de um outro documento produzido nos meses seguintes, que desenvolveria a ideia de um

---

[14] *Financial Services: Implementing the Framework for Financial Markets: Action Plan,* COM (1999) 232, (11-Mai.-1999), disponível em < http://europa.eu.int/comm/internal_market/en/finances/general/actionpt.pdf >.

[15] FESCO, *A "European Passport" For Issuers*, (10-Mai.-2000), FESCO/99-098e.

[16] FESCO/00-138b.

prospecto composto por blocos padronizados de informação exigida, os quais se combinariam em função das características concretas da oferta e do emitente (*building-block approach*). Como adiante se verá, esta abordagem viria a desempenhar uma influência decisiva na ulterior evolução da disciplina comunitária dos Prospectos[17]. O documento foi sujeito a acordo ao nível do grupo de peritos em reunião de Fevereiro de 2001 e foi objecto de apresentação e aprovação em reunião de Presidentes do FESCO de 6 de Março de 2001. Oficialmente, o documento viria a ser datado de Julho de 2001[18].

Procurando descrever de uma breve forma os princípios inerentes aos dois documentos apresentados, estes seriam os seguintes: defesa da existência de um documento de registo (*registration document*), a ser anualmente objecto de registo pelas empresas emitentes, em regime facultativo; reconhecimento da necessidade de um complemento informativo, a que se daria o nome de nota sobre os valores mobiliários (*securities note*), que teria uma dupla função: de um lado, prestar informação sobre os valores mobiliários; de outro lado, incluir a informação que o documento de registo não menciona; em caso de ofertas transfronteiriças, aceitação do inglês como idioma para o prospecto; possibilidade de exigência de um resumo do documento aprovado, sempre que o documento de registo estivesse redigido num idioma diferente do Estado de acolhimento. O resumo seria objecto de divulgação na língua do Estado onde o investimento viesse a ser solicitado; o objectivo do passaporte europeu dos emitentes implicaria a aprovação do prospecto única e exclusivamente pela autoridade do Estado-Membro de origem, sendo o regime do reconhecimento mútuo actualmente vigente substituído por um sistema de notificação automática, sem qualquer intervenção da autoridade do Estado-Membro de acolhimento; a incorporação por remissão representaria um procedimento a ser aceite para efeitos de divulgação de informação no prospecto.

---

[17] A utilização dos *building blocks* é particularmente nítida no Regulamento da Comissão Europeia n.º 809/2004, de 29 de Abril de 2004, sobre o conteúdo dos Prospectos, a que adiante se fará referência: cfr. conceito de *building block* no art. 2.º, 2 e os anexos do Regulamento citado.

[18] *A European Passport for Issuers: An Additional Submission to the European Commission on the issues raised in paragraph 18 of the FESCO report of 20 December 2000*, FESCO/01-045, disponível na página da Internet do *FESCO – The Forum of European Securities Commissions*, actual *Committee of European Securities Regulators* < http://www.cesr-eu.org >.

Apresentadas estas propostas, não constituiria novidade que o Relatório Preliminar do Grupo presidido por Lamfalussy viesse a acentuar o balanço insatisfatório sobre o regime europeu dos prospectos e a necessidade de introduzir reformas profundas seja quanto ao conteúdo da disciplina seja quanto ao procedimento regulador que a mesma deveria estar sujeita[19].

IV – Na sequência destes importantes passos, em 30 de Maio de 2001 foi divulgada uma proposta de Directiva relativa ao prospecto a publicar em caso de oferta pública de valores mobiliários ou da sua admissão à negociação[20].

O diploma comunitário fazia explícita referência aos trabalhos anteriores do FESCO e anunciava a substituição do método de reconhecimento mútuo por um modelo de notificação simples que permitisse ofertas transeuropeias com base no mesmo prospecto. Além disso, na linha do sistema Lamfalussy[21], apelava a uma extensa utilização do método comitológico no desenvolvimento normativo das linhas gerais fixadas na Directiva, designadamente na determinação dos blocos padronizados de informação a constar do prospecto, não se pretendendo que as referências a este propósito encontradas nos Anexos da Directiva fossem exaustivas[22].

---

[19] *Initial Report of the Committee of Wise Men on the Regulation of European Securities Markets*, (Nov.-2000), 16.

[20] COM (2001) 280 final, acessível em < http://europa.eu.int/eur-lex/en/com/pdf/2001/en_501PC0280.pdf >. Ainda sobre esta versão, consulte-se o autorizado comentário de NIAMH MOLONEY, *EC Securities Regulation*, Oxford (2002), 217-231; e GUIDO FERRARINI, *Securities Regulation and Pan-European Markets*, in GUIDO FERRARINI/KLAUS HOPT/EDDY WYMEERSCH, *Capital Markets in the Age of the Euro*, The Hague/ London/ New York, (2002), 279-282.

[21] O novo sistema de regulação europeu, inspirado no modelo Lamfalussy, comporta quatro estratos de intervenção, assim sub-divididos: Nível 1: Princípios-quadro; Nível 2: Medidas de execução (aprovadas ao abrigo de normas comitológicas); Nível 3: Cooperação; Nível 4: Vigilância do cumprimento. Sobre esta arquitectura normativa, reenvia-se em particular para EÍLIS FERRAN, *Building an EU Securities Market*, Oxford, (2004), 58-126; ARTHUR DOCTERS VAN LEEEUWEN/FABRICE DEMARIGNY, *Europe's securities regulators working together under the new EU regulatory framework*, Journal of Financial Regulation and Compliance Vol. 12 n. 3 (2004), 206-215; JOSÉ BRITO ANTUNES, *Notas Pessoais sobre o Processo Lamfalussy*, Cadernos do MVM, n.º 18 (2004), 48-61.

[22] Sobre a Directiva, é útil consultar o sítio da Internet da Comissão Europeia onde estão acessíveis todos os documentos relevantes no percurso que conduziu à aprovação do texto final. Cfr. < http://europa.eu.int/comm/internal_market/en/finances/mobil/prospectus_en.htm >.

Por esse motivo, sob o âmbito do *Committee of European Securities Regulators* (CESR), iniciar-se-ia o procedimento comitológico de desenvolvimento de normas que complementassem a Directiva (normas de nível 2, na nova designação comunitária[23]). O mandato provisório foi aprovado em Março de 2002, tendo como aspecto central – mas não exclusivo – a conformação do conteúdo dos blocos informativos a constar do prospecto, em função do tipo de valor mobiliário e do emitente. A presidência do Grupo de Peritos em Prospectos foi assegurada pelo Professor FERNANDO TEIXEIRA DOS SANTOS, Presidente da CMVM.

Os pareceres técnicos emitidos por este Grupo de Peritos no âmbito do CESR viriam a servir de base ao Regulamento da Comissão Europeia n.º 809/2004[24]. Tal acarreta um duplo significado: por um lado, convém ter presente que a disciplina sobre prospectos encontrada na Directiva se limitou aos aspectos essenciais nos aspectos tratados; por outro lado, é de acentuar que, ao passo que a Directiva carece de transposição para o direito interno de cada Estado-membro, o respectivo desenvolvimento através de normas de nível 2, constando de um Regulamento da Comissão Europeia, é de aplicação directa e automática a todos os Estados-membros a partir do dia 1 de Julho de 2005.

V – Entretanto, a Proposta de Directiva apresentada mereceu críticas por parte do Conselho Europeu e do Parlamento Europeu, sobretudo perante a necessidade de acautelar os interesses dos emitentes frequentes e de aligeirar procedimentos em caso de ofertas dirigidas apenas a investidores institucionais. Sob crítica estiveram sobretudo o dever de elaborar um prospecto composto por três partes – documento de registo, nota dos valores mobiliários e sumário – e a obrigação de actualização anual do prospecto. Foram ainda feitos apelos a uma maior aproximação aos Princípios da IOSCO sobre Ofertas Internacionais[25]. Tal levou a Comissão a apresentar uma segunda Proposta em 9 de Agosto de 2002, em que – entre outras novidades – se previa o direito de escolha do modelo de prospecto

---

[23] Sobre esta terminologia, cfr. *supra* nota 21.

[24] Regulamento da Comissão Europeia n.º 809/2004, de 29 de Abril de 2004, JO L 149, 1-126, de 30.04.2004, que será igualmente referido de modo abreviado ao longo deste trabalho como Reg. P. A Directiva dos prospectos será aqui designada abreviadamente por Dir.P.

[25] IOSCO, *International Disclosure Standards for Cross-Border Offerings and Initial Listings by Foreign Issuers*, (1998), disponível em < http://www.iosco.org/pubdocs/pdf/IOSCOPD81.pdf>.

(tripartido ou único), se consagrava um dever de divulgação de uma lista da informação prestada anualmente[26] e um regime menos exigente para valores mobiliários de denominação elevada (tipicamente destinados apenas a investidores institucionais)[27].

Ao aditar um capítulo à versão anterior – dedicado ao regime linguístico e aos emitentes de países terceiros –, o texto desta Proposta modificada determinou a estrutura definitiva da Directiva, desdobrando-se em oito capítulos, assim distribuídos:

Capítulo I: Disposições Gerais
Capítulo II: Elaboração do Prospecto
Capítulo III: Mecanismos de Aprovação e Modalidades de Publicação do Prospecto
Capítulo IV: Ofertas Transfronteiriças e Admissão à Negociação
Capítulo V: Regime Linguístico e Emitentes Constituídos em Países Terceiros
Capítulo VI: Disposições Finais e Transitórias

Na sua substância, o texto surgiu norteado pelos três objectivos fundamentais que o marcariam até final. Em primeiro lugar, esteve subjacente o objectivo de facilitar a realização de ofertas públicas de distribuição internacionais no espaço europeu, concretizado seja através do mecanismo do passaporte comunitário do prospecto, seja através de um regime do idioma do prospecto que permite em várias circunstâncias a utilização do inglês, eufemisticamente designado como a língua de uso corrente nos mercados financeiros internacionais[28]. Em segundo lugar, a Directiva almejou a um alargamento do âmbito da harmonização, o que é traduzido nomeadamente no facto de promover uma harmonização máxima (*"ceiling approach"*) nas matérias atingidas pelo passaporte do prospecto[29], na cir-

---

[26] Art.10.º DirP.

[27] COM (2002) 460, publicado no JO C 20E, 28.1.2003, 122 e disponível em < http://europa.eu.int/eur-lex/pt/com/pdf/2002/com2002_0460pt01.pdf >. Cfr. a propósito deste texto os comentários de UTA KUNOLD/MICHAEL SCHLITT, *Die neue EU-Prospektrichtlinie*, BB (2004) 501-512; WOLF VON KOPP-COLOMB/JÜRGEN LENZ, *Der Europäische Pass für Emittenten*, AG n.º 1 (2002), 24-29; STEFANO VICENZI, *Mercato Finanziario e Armonizzazione Europea*, Roma (2003), 40-99; GUIDO FERRARINI, *Pan-European Securities Markets: Policy Issues and Regulatory Responses*, CEDIF WP 4 (2002), 34-47; CHRISTOPH CRÜWELL, *Die europäische Prospektrichtlinie*, AG n.º 5/2003, 243-253.

[28] Cfr. *infra*, 5.

[29] Embora nem todas as disposições da Directiva encerrem regimes de harmonização máxima: confrontar a propósito *infra*, 3. II e 4. II.

cunstância de harmonizar as excepções à obrigação de apresentação de prospecto[30] e na aplicação do dever de elaboração de prospecto a casos anteriormente excluídos (nomeadamente as obrigações emitidas por instituições de crédito e os valores mobiliários atribuídos por ocasião de fusão que envolve mais de 100 accionistas)[31]. Por último, a Directiva dos Prospectos assumiu igualmente, sobretudo nesta derradeira versão, o intuito claro de modernizar a cultura dos prospectos, ao disponibilizar novos formatos de prospecto – o prospecto tripartido (arts. 5.º, n.º 3 e 12.º), o prospecto puramente electrónico (art. 14.º, n.º 2), o prospecto de base (art. 5.º, n.º 4) – e ao acolher a incorporação por remissão (art. 11.º) como técnica de elaboração do prospecto através de remissão para informação já (ou simultaneamente) divulgada ou notificada à autoridade de supervisão.

VI – A partir da Proposta modificada de Directiva dos Prospectos, o processo viria a conhecer um célere progresso. Tal revestiu-se de grande importância para o êxito do percurso normativo, uma vez que a Proposta de Directiva (medida de nível 1, na terminologia herdada do método Lamfalussy) encontrava-se em fase de apreciação ao mesmo tempo que os pareceres técnicos do CESR (a servir de base às medidas de nível 2) eram preparados e sujeitos a um exigente processo de consultas públicas.

Assim, o acordo político no Conselho seria obtido no dia 5 de Novembro de 2002 e em 24 de Março de 2003 chegar-se-ia a uma Posição Comum do Parlamento e do Conselho quanto ao texto da Directiva[32]. O texto da Directiva viria ainda a ser objecto de pequenas alterações na resolução de aprovação pelo Parlamento Europeu em 2 de Julho de 2003[33]. Finalmente, a Directiva seria publicada no Jornal Oficial em 31 de Dezembro de 2003, sob a designação completa de Directiva n.º 2003/71 do Parlamento Europeu e do Conselho de 4 de Novembro de 2003 relativa ao prospecto a publicar em caso de oferta pública de valores mobiliários

---

[30] A delimitação negativa deste dever socorre-se de quatro técnicas distintas: a exclusão de aplicação da Directiva, o afastamento de aplicação por via da demarcação conceptual, a exclusão de aplicação a ofertas e a exclusão de aplicação a ofertas públicas. Tal acrescenta significativa complexidade ao texto comunitário. Cfr. artigos 1.º a 4.º DirP.

[31] Cfr. respectivamente art. 1.º, n.º 2 j) e art. 4.º, n.º 1 c) e n.º 2 d) Dir.P.

[32] JO C 125 E, 27.5.2003, 21 e disponível em < http://register.consilium.eu.int/pdf/pt/03/st05/st05390pt03.pdf >.

[33] http://europa.eu.int/comm/internal_market/en/finances/mobil/docs/prospectus/prospectus-parliament-resolution_en.pdf.

ou da sua admissão à negociação. É a este texto e ao seu confronto com o direito positivo português que se dedicam as páginas seguintes.

2. A estrutura conceptual

I – Constitui timbre de quase todas as intervenções normativas comunitárias a circunstância de apresentarem à cabeça um rol, usualmente longo, de definições normativas. Certamente por razões de certeza jurídica, a Directiva n.º 2003/71/CE, de 4 de Novembro de 2003, não se coloca à margem desta prática e apresenta no seu art. 2.º um volumoso glossário normativo.

Trata-se de um normativo, por sinal o mais extenso preceito da Directiva, que excede largamente em dimensão os preceitos homólogos nas anteriores Directivas referentes a prospectos (art. 3.º Directiva n.º 89/298/ /CEE e art. 1.º da Directiva n.º 2001/34).

A técnica empregue pelo novo texto comunitário não será de aplaudir integralmente, porquanto entre as 16 definições patentes no diploma, escondem-se algumas disposições preceptivas, nomeadamente respeitantes à determinação da autoridade competente para a aprovação do prospecto ("conceito" de Estado-membro de origem, constante da alínea m) do n.º 1) ou do horizonte temporal máximo considerado nas emissões contínuas (alínea l) do n.º 1). Estes melhor seriam tratados fora do art. 2.º, se inseridos em local próprio, ao longo da Directiva.

II – A Directiva começa por se referir ao conceito de valor mobiliário, furtando-se porém a apresentar uma definição normativa. O texto legislativo não é sequer auto-suficiente, operando uma remissão para a Directiva 93/22/CEE, hoje revogada pela Directiva n.º 200/39/CE, relativa aos Mercados de Instrumentos Financeiros (cfr. n.º 18 do art. 4.º da Directiva n.º 2004/39/CE[34]), em termos que adiante retomaremos[35]. Em decorrência desta técnica, a lista dos instrumentos visados é mais extensa do que a constante das anteriores Directivas, cobrindo-se agora os warrants destacados, os warrants autónomos e os certificados, como indicado no Considerando n.º 12 da Directiva dos Prospectos. Trata-se de uma lista mera-

---

[34] JO 30.04.2004.
[35] Como à frente se dirá, a Directiva dos Mercados Financeiros não apresenta uma definição mas antes uma enumeração exemplificativa de valores mobiliários. Cfr. *infra*, 2. III.

mente exemplificativa, devendo incluir-se na noção que, por remissão, aqui foi acolhida todos os valores mobiliários, ainda que de natureza derivada. A título ilustrativo, aqui cabem claramente os valores mobiliários convertíveis por opção do emitente e os valores mobiliários condicionados por eventos de crédito[36].

O conceito de valor mobiliário assume importância capital na delimitação do âmbito da Directiva e dos diversos normativos que contém. Assim, a título de exemplo, apenas beneficiam de passaporte comunitário (art. 17.º) os prospectos relativos a instrumentos que se subsumam naquele conceito[37]. Na sua concretização, porém, importa articular a remissão feita para a Directiva dos Serviços de Investimento – que como referido deve entender-se feita para a nova Directiva dos Mercados de Investimentos Financeiros – com a exclusão do âmbito da Directiva dos Prospectos efectuada no seu art. 1.º, n.º 2.

O conceito de valor mobiliário é depois desdobrado em dois subtipos: os valores mobiliários representativos de capital e os valores mobiliários não representativos de capital. Esta *summa divisio* acarreta diversas consequências no conteúdo da disciplina prevista no diploma comunitário, reservando-se um tratamento diferenciado para os valores mobiliários não representativos de capital nos seguintes aspectos: exclusão da Directiva de alguns valores mobiliários não representativos de capital emitidos de forma contínua por instituições de crédito (art. 1.º f) e j)); permissão de emissão sob a forma de programa (art. 2.º n.º 1 k); art. 5.º, n.º 4; art. 9.º, n.º 3); determinação do Estado-membro de origem (art. 2.º, m) ii); e dispensa de inclusão de alguma informação no prospecto (por exemplo, confira-se o Anexo II, E e o Anexo IV, E Reg.P). Além disso, foi fixado um regime mais ligeiro para os valores mobiliários não representativos de capital cujo valor nominal seja pelo menos equivalente a 50.000 euros, quanto aos seguintes pontos: dispensa de sumário (art. 5.º, n.º 2 d); dispensa de anúncio sobre informação anual (art. 10.º, n.º 3); e maior abertura para a utilização do idioma inglês (art. 19.º, n.º 4).

Ainda a propósito do conceito de valor mobiliário, deve reparar-se que, surpreendentemente, a qualificação conferida pelo Considerando 12 da Directiva aos valores mobiliários convertíveis é diametralmente oposta à decorrente do art. 2.º: naquele local da Directiva os instrumentos convertíveis são considerados não representativos de capital, ao passo que o

---

[36] Cfr. Regulamentos da CMVM n.º 15/2002 e n.º 16/2002, respectivamente.
[37] Cfr. *infra*, 5.

art. 2.º, n.º 1 b) claramente inclui os valores convertíveis como valores representativos de capital. Os cânones interpretativos gerais – e designadamente a prevalência dos enunciados normativos sobre os enunciados preambulares – levam a dar natural primazia a esta última qualificação.

Notar-se-á ainda que o Regulamento da Comissão Europeia sobre Prospectos[38] não acolheu a distinção entre valores mobiliários representativos de capital e valores mobiliários não representativos de capital, acolhendo ao invés uma sistematização que compreende quatro grandes categorias de tipos de valores mobiliários. Com efeito, neste diploma complementador da Directiva dos Prospectos são previstos blocos informativos padronizados para unidades de participação em fundos fechados, acções, valores mobiliários representativos de dívida e valores mobiliários de natureza derivada. Ou seja, estes valores mobiliários de natureza derivada, em vez de se repartirem entre as categorias da dívida e do capital accionista, deram origem a uma categoria autónoma na opção, que parece feliz, do Regulamento da Comissão Europeia n.º 809/2004.

Outro aspecto peculiar relacionado com o mesmo conceito de valor mobiliário, tal como delimitado nesta Directiva, prende-se com as unidades de participação em fundos de investimento fechados. O facto de estas não serem atingidas pelo conceito de valor mobiliário da Directiva dos Mercados de Investimentos Financeiros (para que o art. 2.º DirP, como vimos, remete) não prejudica a sua inclusão no âmbito da Directiva do Prospecto. À semelhança do que sucedia no direito comunitário anterior, prevalece a circunstância de a Directiva excluir as unidades de participação em fundos abertos para, em termos interpretativos, se inferir *a contrario* a vocação aplicativa quanto às unidades de participação em fundos fechados. Apesar da antinomia normativa de base, esta é uma leitura hermenêutica consensual, que foi subscrita pelos serviços da Comissão Europeia. Daí que o Regulamento da Comissão Europeia n.º 809/2004 inclua igualmente padrões informativos para prospectos de ofertas e admissões à negociação de unidades de participação em fundos fechados.

O conceito de oferta de valores mobiliários ao público (alínea d)) não consegue libertar-se da redundância de incluir parte do definido na definição, no tocante ao elemento "público"[39]. Deve, no entanto, complementar-

---

[38] Regulamento da Comissão Europeia n.º 809/2004, de 29 de Abril de 2004, JO L 149, 1-126, de 30.04.2004.

[39] É a seguinte a definição comunitária de oferta pública de valores mobiliários: *uma comunicação ao público, independentemente da forma e dos meios por ela assumi-*

se a caracterização da oferta como pública através do exame das excepções à obrigação de apresentação de prospecto de oferta, designadamente quando dirigida unicamente a investidores qualificados e a menos de 100 investidores não-qualificados (art. 3.º, n.º 2 Dir.P). Merece também salientar a extensão do conceito de oferta pública às revendas feitas por intermediário financeiro (art. 3.º, n.º 2, 2.º parágrafo Dir.P), o que tem manifesta importância dado o número crescente de valores mobiliários distribuídos no circuito bancário – facto que, aliás, tem merecido ampla atenção no rescaldo do recente incumprimento de larga escala de obrigações emitidas pela sociedade de direito italiano *Parmalat Finanziaria, spa*. Embora a Directiva não o diga expressamente, nestas situações parece dever-se aplicar o critério quantitativo por intermediário financeiro, visto o enunciado referir que cada revenda configura uma oferta distinta[40].

A norma relativa à determinação do Estado-membro de origem, constante da alínea m) do n.º 1, distingue três situações. A situação principal é a referente a emissões de valores mobiliários não representativos de capital cujo valor nominal unitário seja pelo menos equivalente a 1.000 euros e todas as emissões de valores mobiliários de estrutura derivada, cujo activo subjacente sejam valores mobiliários, desde que o emitente daqueles não seja o emitente do activo subjacente ou entidade pertencente ao grupo. Para estes casos (art. 1.º, m) ii)), existe a possibilidade de escolha entre uma de três autoridades: a autoridade do Estado-membro em que o emitente tem a sua sede; a do Estado em que os valores mobiliários serão admitidos à negociação; ou a autoridade do Estado em que os valores mobiliários serão oferecidos ao público.

---

dos, que apresente informações suficientes sobre as condições da oferta e os valores mobiliários em questão, a fim de permitir a um investidor decidir sobre a aquisição ou subscrição desses valores mobiliários. Esta definição é igualmente aplicável à colocação de valores mobiliários através de intermediários financeiros. Cfr. ainda MICHAEL SCHLITT//SUSANNE SCHÄFER, *Auswirkungen des Prospektrichtlinie Umsetzungsgesetzes auf Aktien- und Equity linked Emmissionen*, AG (2005) 499-500.

[40] A articulação do conceito de oferta pública com o de Estado-membro de origem levanta algumas dificuldades, sobretudo em relação a ofertas realizadas antes da data de transposição da Directiva. A dúvida principal consiste em saber se o conceito se aplica a ofertas realizadas na vigência da Directiva mas antes da sua transposição para o Direito interno dos Estados-membros, já que o art. 2.º, n.º 1 m) (iii) faz relevar as ofertas pretéritas em relação a emitentes não-Europeus: sobre este problema, adiantando a sugestão da sua resolução com medidas (interpretativas) aprovadas pela Comissão Europeia, cfr. FINANCIAL MARKETS COMMITTEE, *Issue 89 – Prospectus Directive – Choice of Home Member State*, (Setembro 2004), < www.fmlc.org >.

Nos valores mobiliários representativos de capital e outros não cobertos na situação anterior (art. 1.º, m) i)), a indicação é mais simples, sendo competente a autoridade do Estado onde se situa a sede estatutária do emitente.

Quanto aos valores mobiliários emitidos por países terceiros, é consagrado um direito de escolha entre a autoridade do Estado-Membro em que os valores mobiliários serão pela primeira vez admitidos à negociação ou a autoridade do Estado-Membro em que os valores mobiliários serão oferecidos ao público.

Da primeira e da terceira situações elencadas resulta um ambiente de concorrência entre reguladores comunitários apenas possível graças à tónica de harmonização máxima de algumas partes da Directiva, não apenas no tocante às normas aplicáveis, mas também no que respeita ao escrutínio do prospecto, mercê da harmonização do conceito de aprovação (art. 2.º, n.º 1 q) Dir.P). A influência da intervenção do Parlamento Europeu – e, designadamente, do relator britânico do Parecer emitido sobre a Directiva, CHRISTOPHER HUHNE[41] – neste aspecto foi decisiva. Este cenário poderá atrair um maior volume de processos para as autoridades de supervisão que se mostrarem mais diligentes na apreciação de prospectos e que sejam dotadas de maior especialização técnica: funciona, pois, como um estímulo salutar para um afinamento dos procedimentos dos supervisores europeus e para o reforço do seu *know how*, particularmente em relação a valores mobiliários de estruturação complexa. Chama-se todavia a atenção que esta disciplina pode revelar-se desajustada fora dos casos em que a Directiva preveja uma harmonização máxima.

Estranha-se ainda que a ressalva da escolha posterior pelo emitente, prevista na parte final da subalínea iii) da alínea m), não tenha equivalência na subalínea ii). Trata-se de previsões que neste ponto deveriam receber resposta idêntica.

Através da definição do acto de aprovação do prospecto (alínea q)), a Directiva deixa bem claro que não admite aprovações tácitas (o acto deve ser *positivo*, o que melhor seria traduzido como *expresso*), indicando outrossim qual a finalidade de tal acto – determinação se o prospecto está completo e se a informação prestada é coerente e compreensível. Visa-se, deste modo, procurar harmonizar critérios de escrutínio do prospecto, na

---

[41] Cfr. CHRISTOPHER HUHNE, *A Last Chance for the Single Financial Market*, FT (5.11.2002); Id., *Choice or What?*, *Financial News* (5.09.2002). Em ambos os textos, o autor dirige a acusação de proteccionismo aos reguladores adversários do direito de escolha da autoridade competente.

medida em que, nos tempos actuais, uma comparação pelos Estados Europeus revelaria práticas bastante dissemelhantes[42].

Por último, a definição de prospecto de base (alínea r) do n.° 1), utilizada a propósito dos programas de ofertas (alínea k) e l) do n.° 1)), serve sobretudo para esclarecer que naqueles a inclusão das condições finais da oferta é facultativa. A matéria é objecto de desenvolvimento, através do Regulamento comunitário n.° 809/2004 sobre o Prospecto[43], ao abrigo do n.° 4 deste art. 2.° Dir.P.

III – Contrariamente ao que poderia pensar-se a partir da leitura norma remissiva do art. 2.°, n.° 1, alínea a) Dir.P, na Directiva relativa aos Serviços de Investimento – e na Directiva dos Mercados de Instrumentos Financeiros que a substituiu (Directiva n.° 2004/39/CE) – não encontramos em rigor um conceito de valor mobiliário. Este recente texto comunitário, no seu n.° 18 do art. 4.°, contém, ao invés, uma cláusula geral conceptualmente inócua, salvo a evidente exclusão dos meios de pagamento. À cláusula geral mencionada, o texto comunitário acrescenta uma lista de valores mobiliários reconhecidos – mas de pouca valia, por ser extremamente sintética e assumir natureza exemplificativa[44].

Esta lista constante da Directiva dos Mercados de Instrumentos Financeiros, por seu turno, apenas se distingue da delimitação nacional de valor mobiliário ao qualificar directamente como tal os certificados de depósito de valores mobiliários. Ora, estes certificados de depósito, de sua banda, à luz do sistema jurídico nacional, podem considerar-se indirectamente qualificados como valores mobiliários, visto que o art. 231.°, n.° 3 CVM prevê a sua admissão à negociação. Nessa medida o preceito comunitário não obriga, de todo, a uma alteração do art. 1.° do Código dos Valores Mobiliários.

---

[42] Cfr. *supra*, 1. II.

[43] Cfr. arts. 22.°, 23.°, 24.°, 26.° e 33.° RegP.

[44] A transcrição, neste caso, torna-se necessária: *"Transferable securities" means those classes of securities which are negotiable on the capital market, with the exception of instruments of payment, such as: (a) shares in companies and other securities equivalent to shares in companies, partnerships or other entities, and depositary receipts in respect of shares; (b) bonds or other forms of securitised debt, including depositary receipts in respect of such securities; (c) any other securities giving the right to acquire or sell any such transferable securities or giving rise to a cash settlement determined by reference to transferable securities, currencies, interest rates or yields, commodities or other indices or measures.*

Já o conceito de instrumento de mercado monetário é delimitado na Directiva do Prospecto em termos diversos aos que surgem no Código de Valores Mobiliários. No nosso Código, presume-se que têm natureza monetária as obrigações emitidas por prazo *igual ou inferior* a um ano (art. 2.º, n.º 3), ao passo que os instrumentos com prazo de vencimento de um ano não são, à luz da Directiva, tidos como instrumentos do mercado monetário.

Tal obrigará a efectuar dois ajustamentos no Código dos Valores Mobiliários. De um lado, importará reformular o n.º 3 do art. 2.º, rectificando-se o limiar temporal relevante – mas mantendo-se a técnica da presunção *iuris tantum* na qualificação dos valores mobiliários de natureza monetária. De outro lado, a Directiva implicará a necessidade de efectuar uma alteração à alínea c) do art. 111.º do Código dos Valores Mobiliários, passando este a excluir do Título III as ofertas públicas de distribuição de valores mobiliários representativos de dívida emitidos por prazo *inferior* a um ano. De contrário, haveria uma lacuna quanto às exigências informativas aplicáveis aos valores mobiliários representativos de dívida com prazo de um ano.

Por seu turno, o conceito de oferta pública do Código nacional apenas carecerá de pequena modificação, quanto ao limiar quantitativo relevante – o limite da ultrapassagem do número de 200 destinatários mencionado na alínea c) do n.º 3 do art. 109.º deve dar lugar ao critério baseado na cifra de pelo menos 100 investidores não institucionais.

O conceito de investidor qualificado (alínea e) do n.º 1 e n.ºs 2 e 3 do art. 2.º Dir.P) deve ser confrontado não apenas com o conceito nacional de investidor institucional (art. 30.º CVM[45]) mas também com o texto da Directiva relativa aos Mercados de Instrumentos Financeiros (Directiva n.º 2004/39/CE). Como se sabe, esta última Directiva inclui o conceito de cliente profissional, que é próximo do conceito de investidor qualificado, embora dele distinto por abarcar também as empresas locais (*locals*) e as grandes empresas, tal como definido no Anexo II da mencionada Directiva. A tarefa do legislador interno na transposição das Directivas teria sido substancialmente facilitada se a Directiva dos prospectos, neste ponto, se tivesse bastado com uma remissão para a Directiva relativa aos Mercados de Instrumentos Financeiros.

---

[45] Relembre-se que este normativo sofreu modificações importantes através do DL n.º 66/2004, de 24 de Março.

3. A responsabilidade pelo prospecto

I – A Directiva n.º 2001/34/CE obrigava a que o conteúdo do prospecto incluísse nomeadamente a lista das pessoas responsáveis pela informação nele contida (pontos 1.1. dos esquemas A. e B.; art. 21.º n.º 2). Mas omitia qualquer referência ao regime da responsabilidade civil pela prestação defeituosa de tal informação. A Directiva em causa nem sequer esclarecia, em ofertas internacionais, qual o direito perante o qual a divulgação dos responsáveis pelo prospecto seria efectuada. Tais lacunas não eram supridas por nenhum outro texto comunitário.

A existência de indicações comunitárias sobre responsabilidade pelo prospecto, constante do art. 6.º Dir.P, representa por isso uma novidade em relação às fontes antecedentes.

II – O mencionado art. 6.º não deixa de confirmar a necessidade de o prospecto conter a identificação de todas as pessoas por ele responsáveis. Além disso, tal como já resultava da Directiva n.º 2001/34/CE (cfr. por exemplo Esquema A, Capítulo 1, 1.2), é igualmente requerida uma declaração das pessoas em causa no sentido de que a informação vertida no prospecto, segundo o seu melhor conhecimento, está de acordo com os factos e de que o prospecto não omite qualquer dado relevante. Trata-se de uma exigência de discutível utilidade na disciplina de imputação de danos. Os textos normativos norte-americanos recorrem frequentemente a esta técnica[46], que é na sua essência estranha à tradição continental[47]. Deve considerar-se duvidoso que semelhantes declarações tenham efeitos preventivos da ocorrência de danos, nomeadamente atento o facto de não haver um dever de declarar que se procedeu a uma investigação para apurar eventuais omissões ou incorrecções. Reconhecem-se-lhe mais facilmente virtudes no plano probatório, ao abrir caminho à responsabilidade por declarações "de conformidade" inverídicas. A declaração, nessa medida, não representando embora o vício principal do prospecto, pode

---

[46] Para citar um exemplo recente, consulte-se a secção 302 (a) do norte-americano *Public Company Accounting Reform and Investor Protection Act of 2002* (conhecido usualmente como lei Sarbanes-Oxley), a obrigar os presidentes comissões executivas (CEO's) e os administradores encarregues do pelouro financeiro (CFO's) de sociedades cotadas a produzir declarações expressas atestando a completude e o rigor dos documentos de prestação de contas anuais e trimestrais.

[47] Técnica semelhante é utilizada na Proposta de Directiva da Transparência, nos seus arts. 4.º e 5.º.

facilitar a efectiva condenação do lesante, em caso de produção de danos originados por uma deficiência do prospecto.

Além disso, a Directiva fixa um rol de pessoas de entre os quais pelo menos uma haja forçosamente de reputar-se responsável pelo prospecto à luz da legislação nacional de cada Estado-Membro: aí cabem o emitente dos valores mobiliários, os titulares do seu órgão de administração (independentemente da sua estrutura), o oferente, a pessoa requerendo a admissão à negociação ou a pessoa que prestou garantia.

Todavia, a disciplina comunitária mostra-se extremamente lacunosa, silenciando aspectos elementares do regime de responsabilidade, dadas as diferenças substanciais que subsistem no domínio geral da responsabilidade civil entre os sistemas jurídicos dos vários Estados da União Europeia[48]. Nesta Directiva ficam nomeadamente por tratar: os critérios de apreciação da culpa do lesante; a distribuição do ónus da prova; a delimitação dos tipos de danos protegidos; o critério de cálculo da indemnização; o regime da responsabilidade plurisubjectiva; a determinação da lei competente em danos provocados por prospectos de ofertas internacionais; ou a cessação do direito à indemnização.

Apesar do que vai dito, a preocupação pela efectividade das soluções atinentes à responsabilidade pelo prospecto justifica o primeiro parágrafo do n.º 2 do normativo em apreço: os Estados-membros devem assegurar que haja uma aplicação das competentes regras. Nem, aliás, a Directiva impõe que a resposta dos Estados-membros surja necessariamente através de normas de responsabilidade civil: o preceito abrange quer regras destinadas à reparação de danos, quer dispositivos sancionatórios de natureza administrativa ou penal, cabendo ao legislador interno a escolha do tipo de responsabilidade mais adequada[49].

A possibilidade de os prospectos conterem sumários, e o receio de uma vaga de litigância em torno da matéria a incluir no sumário para que este seja suficientemente informativo, levou os *law makers* comunitários a consagrar no segundo parágrafo do art. 6.º uma norma respeitante à responsabilidade originada por tais peças. A função do normativo aqui é a de limitar responsabilidade, negando relevância a danos originados por sumário que sejam não fundados em sumário enganador, incorrecto ou incoe-

---

[48] Nos trabalhos de discussão da Proposta de Directiva, a Alemanha havia proposto uma harmonização mais ambiciosa; mas sem êxito: CHRISTOPH CRÜWELL, *Die europäische Prospektrichtlinie*, cit., 252-253.

[49] HEINZ-DIETER ASSMANN, *Civil Liability for the Prospectus*, cit..

rente quando lido em confronto com o prospecto. A responsabilidade pela incompletude do sumário é, por si (e compreensivelmente), arredada pela Directiva. Afigura-se no entanto evidente que se o sumário for fiel a um prospecto viciado, constitui-se uma situação de responsabilidade pelo prospecto e não pelo sumário.

Em suma, percebe-se que este artigo 6.º alberga regras de diferente natureza. Com efeito, há-de reconhecer-se que o n.º 1 contém uma solução de harmonização mínima, que claramente não preclude desenvolvimentos normativos empreendidos por cada Estado-membro. Sentido simetricamente inverso é o do segundo parágrafo do n.º 2, cuja função limitadora da responsabilidade pelo sumário obriga a considerá-lo como fixando o limiar máximo de regulação sobre a matéria.

III – O direito português dedica desenvolvida atenção à responsabilidade civil pelo prospecto sobretudo nos arts. 149.º a 154.º do Código dos Valores Mobiliários, conjunto de preceitos que, centrados embora no prospecto de oferta pública, servem de referência para a imputação de danos em prospecto de admissão (art. 243.º), em prospecto preliminar apresentado no âmbito de recolha de intenções de investimento (art. 166.º), em mensagem publicitária (121.º, n.º 3) e em caso de incumprimento de deveres de informação periódica e por factos relevantes (art. 251.º). Trata-se de um instituto central no direito dos valores mobiliários, enriquecido com diversos contributos doutrinários[50], cuja análise não cabe, por certo, num trabalho desta natureza.

---

[50] Merece destacar, no âmbito nacional, AMADEU FERREIRA, *Direito dos Valores Mobiliários*, Lisboa (1997), 368-413; ANTÓNIO ROCHA ALVES, *Responsabilidade do intermediário financeiro pelo prospecto no mercado primário. Pressupostos e natureza*, polic., Lisboa, (1998); ANA CATARINA MENDONÇA PERES, *Responsabilidade do emitente pelo conteúdo do prospecto*, in Cadernos do Mercado de Valores Mobiliários, n.º 5 (Agosto 1999), 53-95; CARLOS COSTA PINA, *Dever de Informação e responsabilidade por Prospecto no Mercado Primário de Valores Mobiliários*, Coimbra (1999); LUÍS MENEZES LEITÃO, *Actividades de intermediação e responsabilidade dos intermediários financeiros*, in Direito dos Valores Mobiliários, II, Coimbra (2000) 151-ss; MANUEL BOTELHO DA SILVA, *Dos critérios de aferição de insuficiência de informação numa oferta pública de subscrição de valores mobiliários fundadora de responsabilidade civil pelo prospecto*, in Cadernos do Mercado de Valores Mobiliários, n.º 3 (segundo semestre 1998), 161-199; MANUEL CARNEIRO DA FRADA, *Teoria da Confiança e Responsabilidade Civil*, Coimbra (2004), 180--192; SINDE MONTEIRO, *Responsabilidade por Conselhos, Recomendações ou Informações*, Coimbra (1989), 97-ss.

Para acomodar o Código dos Valores Mobiliários ao conteúdo do art. 6.º Dir.P, haverá tão-só que proceder a dois acertos. De um lado, impõe-se tornar obrigatória a declaração de responsabilidade como elemento constante da instrução do prospecto e incluído no próprio texto deste. De outro lado, há que consagrar um regime em matéria de responsabilidade pelo sumário do prospecto, na linha do disposto no art. 6.º, n.º 2 II Dir.P.

4. A publicidade

I – É sabido que o enfoque do direito dos valores mobiliários é eminentemente preventivo, procurando acautelar decisões de investimento informadas. Por outro lado, sabe-se igualmente que, em virtude das usuais extensão e complexidade técnica dos prospectos de ofertas e de admissão, muitos investidores não dispõem de tempo ou de conhecimentos técnicos bastantes para se empenharem numa leitura atenta daquela peça informativa, tomando na prática as suas decisões de investimento com base nas mensagens publicitárias sobre a oferta ou a admissão que lhes são dirigidas.

Por estes motivos, é natural a atenção que a Directiva dos Prospectos dedica à matéria da publicidade sobre ofertas públicas e admissão de valores mobiliários. De um modo geral, subjaz-lhe o propósito de acautelar a confiança dos investidores, como confessado no Considerando n.º 33.

Convém esclarecer de antemão, porém, que a área respeitante à publicidade é por tradição difícil de harmonizar no espaço europeu. Com efeito, as práticas dos Estados-membros são usualmente contrastantes entre si, seja em relação aos critérios empregues na apreciação das mensagens publicitárias para aferir da sua admissibilidade, seja no tocante ao modelo de escrutínio utilizado. Soma-se o facto de o tema da publicidade de ofertas e admissões mostrar uma dependência em relação a outras áreas jurídicas – v. g. em relação ao direito do consumo.

Não estranha, assim, que o tratamento comunitário conferido à publicidade seja extremamente fragmentário, repartindo-se pela Directiva de Publicidade Enganadora (Directiva n.º 84/450/CEE, alterada pela Directiva n.º 97/55/CE), pela Directiva de Comercialização Porta-a-Porta (Directiva n.º 85/577/CEE), pela Directiva de Comércio Electrónico (arts. 6.º a 8.º da Directiva n.º 2000/31/CE e, com maior atenção à área mobiliária, pela Directiva de Comercialização à Distância de Serviços Financeiros (Directiva n.º 2002/65/CE), pela Directiva de Serviços de Investimento (art. 13.º da Directiva n.º 93/22/CEE), pela Directiva sobre fundos de investimento (art. 44.º n.º 2 da Directiva n.º 85/611/CEE) e por este art. 15.º da Directiva do Prospecto.

No tocante à publicidade sobre ofertas e admissões, os anteriores textos comunitários reguladores da matéria eram extremamente limitados. No respeitante à publicidade sobre admissões, o art. 101.º da Directiva n.º 2001/34 bastava-se com a indicação de que as mensagens publicitárias deveriam ser comunicadas previamente às autoridades competentes, as quais decidiriam sobre se as submeteriam ou não a um controlo prévio. A isto juntava-se a obrigação de que das mensagens publicitárias conste a menção sobre a existência de prospecto e local da sua publicação. O regime antes aplicável à publicidade sobre ofertas de valores mobiliários era praticamente coincidente, constando dos arts. 10.º e 17.º da Directiva n. 89/298/CEE.

O carácter quase minimalista destas disposições foi, de resto, reconhecido no documento do FESCO, que fez apelo a uma harmonização mais profunda nesta matéria (§ 18).

II – O texto contido no art. 15.º aplica-se a todo o tipo de publicidade referente quer a ofertas públicas de distribuição de valores mobiliários, quer a admissões a estes respeitantes. Não se curou aí de explicitar o conceito de publicidade subjacente a esta norma, tendo-se mesmo evitado – e bem – a abordagem mais descritiva (referindo-se a anúncios, avisos, cartazes e documentos que anunciem a oferta e a admissão) que figurava no texto europeu anterior. Para o texto actual irreleva, pois, o suporte da mensagem publicitária – o que poderia também deduzir-se das intervenções sobre o mesmo ponto decorrentes das Directivas n.º 2001/34 e n.º 89/298 (dada a amplitude da expressão anúncios), embora com alguma margem para dúvidas.

Um aspecto merecedor de crítica relaciona-se com a limitação da aplicação da Directiva vigente aos casos em que é obrigatória a apresentação de prospecto. Tal restrição não constava da versão inicial da correspondente Proposta de Directiva e esquece que pode haver uma apresentação voluntária de prospecto. Ora, nesses casos as exigências de coerência da publicidade com o prospecto (art. 15.º n.º 4), deveriam igualmente aplicar-se. Infelizmente, não foi essa a opção final do legislador comunitário, entendendo suficiente nesses casos a disposição consagrada no n.º 5.

O dispositivo em apreço mantém o *acquis communautaire* quanto às menções que devem figurar obrigatoriamente na mensagem publicitárias.

Esta deve indicar que o prospecto está ou estará disponível e mencionar onde pode ser obtido. Tal permitirá dirigir os destinatários da publicidade à fonte mais completa de informação sobre a oferta, a admissão e os valores mobiliários envolvidos. A exigência destas menções é aplicável independentemente do suporte da publicidade, valendo assim também para rádio e televisão, e não apenas para publicidade com suporte em papel.

Da Directiva decorre outra regra importante: a da admissibilidade de publicidade antes do prospecto ser aprovado (art. 15.º, n.º 2). Deve, assim, considerar-se que o normativo em apreço veda a imposição, vigente em alguns Estados-membros, de períodos de abstenção de publicidade antes da divulgação do prospecto (os denominados black-out periods).

O texto comunitário fixa regras atinentes à qualidade da informação e da apresentação da mensagem publicitária. Neste contexto, são consagrados dispositivos a forçar uma clara identificabilidade da publicidade, para não haver uma confusão entre o material publicitário e o puramente informativo.

Além disso, quanto à qualidade da informação transmitida em mensagens publicitárias, esta deve obedecer a três requisitos: não ser incorrecta; não ser enganadora; e não ser incoerente quando lida em confronto com o prospecto. A formulação negativa aqui adoptada no estabelecimento destes requisitos não surgia na Proposta inicial da Comissão e difere da existente, por exemplo, no art. 7.º do Código dos Valores Mobiliários português. A aplicação destes requisitos – e sobretudo do terceiro – revela naturalmente maior dificuldades quando encarada em relação a comunicações publicitárias a antecederem a existência de prospecto. O texto comunitário não o refere, mas a autoridade competente deve munir-se de garantias para que, também nesses casos, na medida do possível (designadamente, perante um projecto de prospecto ou outros elementos informativos referentes à oferta ou à admissão), possa aferir do respeito pelas exigências legais.

Os n.ºs 4 e 5 do artigo 15.º tratam de matéria diferente, cujo acerto da sua inserção sistemática no normativo pode ser questionada. De um lado, o primeiro procura alargar a exigência da coerência com a informação divulgada no prospecto a toda a informação transmitida sobre a oferta, ainda que de forma oral. De outro lado, o n.º 5 visa anular a possibilidade de disseminação assimétrica de informação, nos casos em que nenhum prospecto é requerido.

Os poderes respeitantes ao controlo sobre a actividade de publicidade são tratados no n.º 6 do preceito, a que acresce – a propósito do poder de proibição e de suspensão de campanha publicitária – a alínea e) do n.º 3 do art. 21.º. Aqui, é bom fazer notar que a Directiva declara que as autoridades devem ter os poderes para controlar a publicidade, mas não indica directamente se tais poderes devem ser exercidos – e, caso afirmativo, em que sentido ou através de que modelo. Designadamente, repara-se que a Directiva não obriga a um controlo prévio da publicidade, embora tãopouco o impeça. A escolha sobre a modalidade de controlo a efectuar pertence, pois, ao critério de cada Estado-membro. De todo o modo, a Directiva consigna neste local uma importante regra de competência para apreciação da publicidade, atribuindo tal competência ao Estado-membro de origem, o que preclude portanto qualquer aprovação pelo Estado-membro de acolhimento.

Em balanço sobre este dispositivo, interessa esclarecer que não se estabelece aqui uma disciplina exaustiva sobre publicidade atinente a ofertas e admissões. Vários são os pontos que a Directiva não regula, tais como a língua da publicidade, a responsabilidade civil por dano ocasionado por publicidade ou o modo de escrutínio de comunicações publicitárias.

Importa por isso concluir que neste ponto, a Directiva do Prospecto não impõe uma disciplina de harmonização máxima, antes encerrando um regime de harmonização mínima. Assiste assim a faculdade de os Estadosmembros estenderem o âmbito da sua regulação de publicidade sobre prospectos aos casos não previstos na Directiva, como sucede por exemplo em caso de publicidade de oferta com apresentação facultativa de prospecto (por exemplo, em oferta particular, sobretudo no caso português em atenção ao art. 109.º n.º 3. b CVM).

O regime sobre publicidade aqui descrito foi desenvolvido através de normas adoptadas através de procedimento comitológico, ao abrigo do n.º 6 do art. 15.º[51]. As regras da Comissão estabelecidas na sequência deste procedimento, porém, quedaram-se apenas pela indicação de uma lista exemplificativa de meios que podem ser utilizados na disseminação de mensagens publicitárias (art. 34.º do Regulamento da Comissão Europeia n.º 809/2004).

III – O Código dos Valores Mobiliários contém diversas regras sobre publicidade em geral sobre valores mobiliários (arts. 7.º e 366.º CVM),

---

[51] O tema foi objecto do mandato emitido pela Comissão Europeia ao CESR em 31 de Janeiro de 2003, no seu ponto 3.6.

bem como inclui regras dedicadas especialmente à publicidade respeitante a ofertas públicas (arts. 121.º, 122.º, 155.º e 167.º CVM)[52]. A transposição destas novas indicações comunitárias para o sistema jurídico português não obrigará, assim, senão a acertos pontuais na disciplina vigente.

Assim, a referência à existência do prospecto (art. 15.º, n.º 2 Dir.P) pode considerar-se já exigida por força do art. 7.º, n.º 3 CVM, mas carecerá de complemento quanto ao local em que o prospecto está disponível. A exigência de coerência com o prospecto (art. 15.º, n.º 3 e 4 Dir.P) já se encontra vertida para texto normativo nacional, no art. 121.º, n.º 1 c) CVM. A igualdade de tratamento informativo (art. 15.º, n.º 4 Dir.P) decorre já dos princípios gerais (art. 15.º, 112.º CVM), mas ganha em ser objecto de concretização mais directa. E, em geral, o regime da publicidade a ofertas deve ser objecto de uma remissão explícita para valer igualmente quanto à publicidade a admissões de valores mobiliários.

Por outro lado, devem ser considerar-se já transpostas as imposições seguintes: permissão de publicidade anterior ao prospecto (art. 15.º, n. 2 Dir.P; art. 122 CVM); identificabilidade da comunicação publicitária (art. 15.º, n.º 3 Dir.P; art. 8.º Código Publicidade ex vi do art. 7.º, n.º 4 CVM); correcção e carácter não enganador (objectivo) da mensagem publicitária (art. 15.º, n.º 3 Dir.P; art. 7.º, n.º 1 e art. 121.º, n.º 1 a) CVM); poderes da autoridade competente (art. 15.º, n.º 6 Dir.P; art.121.º, n.º 2 e 366.º CVM).

Em atenção ao carácter de harmonização mínima do texto comunitário quanto a este ponto, outros traços do direito português podem manter-se inalterados. Assim, desde logo, pode manter-se a regulação de publicidade sobre ofertas públicas de aquisição e sobre recolhas de intenções de investimento (art. 167.º CVM), não cobertas pela Directiva.

Além disso, o nosso Código é mais exigente quanto ao conteúdo da informação contida em mensagem publicitária, obrigando a que esta seja também actual, clara e lícita (art. 7.º, n.º 1 CVM), requisitos que não constam da Directiva dos Prospectos. A remissão operada pelo art. 7.º, n.º 4 para o regime geral da publicidade não deve igualmente sofrer modificações. Finalmente, inalterado deve também permanecer o regime de responsabilidade civil, que por força do art. 121.º, n.º 3 toma por referência

---

[52] Cfr. sobre estas CARLOS COSTA PINA, *Publicidade, promoção e prospecção nos serviços financeiros*, em *Direito dos Valores Mobiliários* Vol. IV (2003), 256-287 (269--271); SOFIA NASCIMENTO RODRIGUES, *Publicidade relativa a Valores Mobiliários* Cad MVM n.º 1 (2001), 95-136.

as regras nacionais sobre responsabilidade civil pelo prospecto (arts.149.º e seguintes CVM).

5. O passaporte comunitário dos prospectos

I – É interessante conhecer o percurso do direito comunitário no tocante ao reconhecimento transfronteiriço (mas intra-comunitário) de prospectos de admissão e de ofertas públicas de valores mobiliários. A primeira versão da Directiva de admissão apenas previa um dever, a cargo dos Estados-membros, de empreenderem os seus melhores esforços no sentido de atingir uma máxima coordenação das suas exigências para valores mobiliários destinados à cotação em várias bolsas europeias (art. 24.º). Em 1987 foi aprovada uma alteração a essa Directiva, passando a consagrar um mecanismo de reconhecimento mútuo para prospectos aprovados simultaneamente ou com um intervalo temporal mínimo (arts. 24.º-A e 24.º-B da Directiva n.º 80/390/CEE, mais tarde integrados na Directiva n.º 2001/34/CE, nos arts. 38.º e 39.º). Mais tarde, em 1989, a Directiva sobre ofertas públicas abraçou idêntica solução, nos seus arts. 20.º e 21.º[53].

O processo de reconhecimento mútuo previa no entanto diversas limitações: de um lado, o Estado de origem podia solicitar a tradução integral do prospecto e a inclusão de informação específica do Estado-membro de acolhimento (v.g. informação fiscal, sobre serviço financeiro e modo de publicação de anúncios pelo emitente); de outro lado, o reconhecimento impunha a aprovação de um acto de reconhecimento pelo Estado de acolhimento e circunscrevia-se às admissões e ofertas realizadas simultaneamente ou em datas próximas da aprovação pela autoridade competente do Estado de origem; por fim, os Estados-membros poderiam não fazer valer o reconhecimento mútuo relativamente a emitentes com sede estatutária situada fora da União Europeia. Somavam-se as limitações próprias do âmbito da Directiva, que não abarcava todos os tipos de valores mobiliários, deixando nomeadamente de fora os warrants e os demais valores mobiliários de estrutura derivada, e que valia tão-só em relação a prospectos de admissão a mercado de cotações oficiais, e não a prospectos de admissão em outros mercados regulamentados.

---

[53] Para uma apresentação mais desenvolvida desta evolução, cfr. NIAMH MOLONEY, *EC Securities Regulation*, cit., 198-205.

II – O art. 17.º constitui o preceito-chave de toda a Directiva, na medida em que consuma a consagração de um mecanismo de eficácia extra-territorial da aprovação de prospectos aprovados por autoridades competentes europeias baseado num sistema de notificação à autoridade do Estado de acolhimento[54]. Este instituto na gíria mereceu a designação de *passaporte dos prospectos*.

São introduzidas diversas modificações ao esquema anterior de reconhecimento mútuo do prospecto. Assim, o passaporte depende apenas de notificação à autoridade do Estado de acolhimento, aliás nos prazos estreitos previstos no art. 18.º: a aprovação do prospecto torna-se eficaz extra-territorialmente a partir do preciso momento da notificação, não carecendo de qualquer acto administrativo no Estado de acolhimento. Além disso, no próprio art. 17.º, esclarece-se a aplicabilidade do passaporte às adendas. Por outro lado, contrariamente ao esquema de reconhecimento mútuo, a autoridade do Estado de acolhimento não pode solicitar a introdução de nova informação (designadamente fiscal ou sobre serviço financeiro). Demais, apenas se prevê a possibilidade de exigência de tradução do sumário (art. 19.º, n.º 2). Desapareceu ainda a limitação temporal preexistente, já que a Directiva admite uma validade do prospecto por doze meses a contar da sua publicação (art. 9.º). O passaporte incide também sobre emitentes não-europeus, conforme o esclarece directamente o Considerando n.º 34. Por último, mercê do amplo conceito de valor mobiliário acolhido na Directiva, são cobertos todos os tipos de valores mobiliários no passaporte do prospecto, nos termos já examinados[55].

Neste figurino, a autoridade competente do Estado-Membro de acolhimento apenas goza de dois poderes: o poder de exigência de tradução do sumário, como já mencionado (art. 19.º, n.º 2 Dir.P); e o poder de alertar a autoridade competente do Estado-Membro de origem para a necessidade de eventuais informações novas (art. 17.º, n.º 2 Dir.P).

Frise-se ainda que o regime agora consagrado a propósito da notificação apresenta um desenvolvimento maior do que era oferecido através da Directiva n.º 2001/34/CE. Em múltiplos aspectos, o preceito em exame vai além do previsto pelo regime homólogo da Directiva anterior. Por um

---

[54] Tal objectivo era, aliás, já anunciado no Considerando n.º 13 DirP.

[55] Cfr. *supra*, 2. II. É bom esclarecer que relativamente aos instrumentos financeiros que não se incluam no conceito de valor mobiliário não vigora uma proibição de elaboração de prospecto. No entanto, na eventualidade de elaboração de prospecto para tais instrumentos, o passaporte comunitário não se lhes aplicará.

lado, esclarece-se quem tem legitimidade para apresentar o pedido de certificado – indicando-se como tal o emitente e a pessoa responsável pelo prospecto. Por outro lado, a Directiva comina, no seu art. 18.º, prazos curtos para o cumprimento do dever de envio do certificado: assim se pretende contrariar a morosidade que era típica no procedimento de reconhecimento mútuo, para que seja célere o funcionamento do mecanismo de "passaporte" do prospecto[56]. Demais, apresenta indicações quanto ao conteúdo do certificado, obrigando que o mesmo reflicta informação equivalente exigida ao abrigo do art. 8.º, n.º 3 Dir.P ou documento eventual dispensa de informação (por desajustada), fundada neste mesmo normativo. Acresce que o preceito obriga a que o certificado seja acompanhado de uma tradução oficial do sumário, embora esta não seja da responsabilidade da autoridade competente mas do emitente ou da pessoa responsável pela elaboração do prospecto. Por fim, diz-se claramente que todo o procedimento deve aplicar-se em caso de adenda ao prospecto.

III – O Código dos Valores Mobiliários consagra, nos seus arts. 147.º e 237.º, o mecanismo de reconhecimento mútuo de prospectos de oferta e de admissão. A única diferença em relação ao desenho comunitário anterior respeita ao tipo de valores mobiliários reconhecidos, dado que a transposição para o direito interno não colocou qualquer restrição aos tipos de valores mobiliários reconhecidos, não se limitando aos previstos na Directiva então em vigor (acções e obrigações).

Esta experiência do regime de reconhecimento mútuo, no figurino nacional, revela uma lição importante que convém, ainda que em termos sintéticos, assinalar. É que os expedientes que visam atribuir eficácia extra-territorial às aprovações de prospectos de quaisquer tipos de valores mobiliários condenam na prática os regimes de tipicidade mobiliária (*numerus clausus*) em relação aos potenciais Estados de acolhimento. Com efeito, reprimir a liberdade na criação de novos tipos mobiliários não só condiciona a inovação financeira como também priva os emitentes nacionais de desenhar formas de captação de aforro que estão ao alcance dos seus concorrentes europeus – à escala de toda a União Europeia, graças aos mecanismos analisados de reconhecimento extra-territorial da aprovação de prospectos.

Bem esteve, por isso, o legislador nacional ao ter, através do DL n.º 66/ /2004, de 24 de Março, modificado o art. 1.º CVM, em particular ao ter

---

[56] Cfr. *supra*, 1., II e 5., I.

suprimido o n.º 2 desse preceito, e ao ter aditado a nova alínea g)[57]. Conjugando as duas medidas, resulta claro que a criação de novos tipos de valores mobiliários não está já condicionada por uma prévia intervenção legislativa ou regulamentar. A criação de valores atípicos torna-se agora permitida, resultando da autonomia privada do emitente – consagrando-se por isso, de novo, um princípio de atipicidade (*numerus apertus*) de valores mobiliários[58]. À semelhança da evolução do percurso histórico da liberdade contratual, também a atipicidade mobiliária constitui um sintoma de amadurecimento do sistema jurídico: é demonstração de que as exigências informativas, designadamente em ofertas públicas e em admissões a mercados regulamentados, e os adjacentes poderes da autoridade de supervisão são suficientes para acautelar os interesses dos investidores e do mercado perante valores atípicos.

A não ser assim, criar-se-ia o risco de uma distribuição pública junto de investidores residentes em Portugal de tipos de valores mobiliários apenas reconhecidos em outras ordens jurídicas – colocando, mesmo em território nacional, em clara desvantagem competitiva os emitentes portugueses se não lhes fosse concedida a liberdade na criação de novos tipos[59].

---

[57] Lê-se agora no preceito inicial do Código dos Valores Mobiliários: *São valores mobiliários, além de outros que a lei como tal qualifique: a) As acções; b) As obrigações; c) Os títulos de participação; d) As unidades de participação em instituições de investimento colectivo; e) Os warrants autónomos; f) Os direitos destacados dos valores mobiliários referidos nas alíneas a) a d), desde que o destaque abranja toda a emissão ou série ou esteja previsto no acto de emissão; g) Outros documentos representativos de situações jurídicas homogéneas, desde que sejam susceptíveis de transmissão em mercado.*

[58] Sobre esta terminologia: à luz do Código anterior, PAULO CÂMARA, *Emissão e subscrição de valores mobiliários*, Direito dos Valores Mobiliários, Lex, Lisboa (1997), 230-234; à luz do Código actual, OLIVEIRA ASCENSÃO, *O Actual Conceito de Valor Mobiliário*, Direito dos Valores Mobiliários, Vol. III (2001), 54-60; PEDRO PAIS DE VASCONCELOS, *O Problema da Tipicidade dos Valores Mobiliários*, Direito dos Valores Mobiliários, Vol. III (2001), 61-72 (72).

[59] Na mesma linha, aliás, se inscreve a recente reforma francesa operada através da *Ordonnance* de 24 de Junho de 2004. Com esta intervenção, o art. L 228-1 do Code de Commerce passou a dispor *"les sociétés par actions émmettent toutes valeurs mobilières dans les conditions du présent titre»*. O propósito de dilatar a margem de autonomia dos emitentes é claro – conquanto que o alcance da solução tenha criado certas hesitações nos intérpretes. Seja como for, as exigências de internacionalização dos mercados de capitais são apontadas sem ambiguidades como motor decisivo dessa reforma: cfr. FRANCE DRUMMOND, *Un Nouveau Príncipe: La Liberte d'Émettre "Toutes Valeurs Mobilières"*, Revue de Droit Bancaire et Financier n.º 5 (2004), 361-364 (362).

Assim ficou devidamente preparada a futura transposição para o direito interno da Directiva do Prospecto, que neste particular envolverá alterações profundas a todos os dispositivos dedicados à aprovação de prospectos em ofertas e admissões internacionais[60]. E assim se entende igualmente que as restrições na liberdade de conformação de novos tipos são, em última análise, hostis à internacionalização dos mercados de valores mobiliários.

6. Balanço final

I – A nova Directiva dos Prospectos não introduziu rupturas no modelo informativo pré-vigente – antes o renovou e o complementou.

Fica patente, como impressão dominante, uma maior ambição harmonizadora – ao serem incluídas mais matérias no núcleo de temas sujeitos a tratamento comunitário, em muitos casos[61] com carácter de harmonização máxima. Ilustrativo é o caso da interferência da Directiva no modo de escrutínio do prospecto: a definição de aprovação do prospecto (art. 2.º, n.º 1 q) DirP)[62], somada à regra de concentração de poderes (art. 21.º DirP), diminui a margem para um *dumping normativo* à escala europeia, favorecendo um ambiente de rigor informativo.

O reverso da medalha é o de que a harmonização máxima significa que autoridades europeias deixam de poder regular o conteúdo do prospecto; além disso, é claro que o passaporte europeu de prospectos implica uma redução dos poderes de intervenção do Estado de acolhimento[63]. Outro aspecto que apenas se tornou possível graças ao tipo de harmonização (máxima) aqui ensaiada é o da concorrência entre reguladores, fundada na permissão de escolha da autoridade competente em algumas situações.

Demais, mercê do amplo recorte dos valores mobiliários considerados[64], a Directiva não impõe uma tipicidade mobiliária e faculta formatos informativos alternativos (inserção de informação por remissão, prospecto

---

[60] Arts. 145.º-ss e 237.º CVM.
[61] Mas não em todos: cfr. *supra*, 3., II e 4., II.
[62] Cfr. *supra*, 2., II.
[63] Cfr. *supra*, 5., II.
[64] Cfr. *supra*, 2., II e III.

tripartido, prospecto electrónico, prospecto de base) – criando assim bases para o amadurecimento da cultura de mercado num ambiente inovador.

II – É igualmente relevante o acentuar da clivagem entre o regime dos prospectos para investidores qualificados e o dos destinados a investidores não-qualificados. Tal resulta, não apenas do conceito de oferta pública – que arreda as ofertas destinadas exclusivamente a investidores qualificados – mas também do regime dos valores mobiliários de denominação elevada (a saber: dispensa de sumário; dispensa de anúncio sobre informação anual; e, quanto ao idioma, maiores possibilidades de utilização do inglês)[65].

Trata-se de uma aproximação sensível da disciplina do prospecto em relação àquilo que corresponde, em termos centrais, ao seu perfil funcional.

III – Questão de fundo, emergente desta nova constelação normativa, é a de saber se o novo regime comunitário irá contribuir para um incremento dos índices de leitura do prospecto enquanto ferramenta de apoio às decisões de investimento. Trata-se de um teste decisivo ao modelo de regulação informativa a que esta Directiva dá continuidade.

À partida, existem dois factores a induzir uma resposta positiva: a um tempo, a generalização da figura do sumário tornará a informação mais acessível, sem embargo da possibilidade de fazer uso do prospecto integral, aliás com um conteúdo mais completo e com um regime mais avançado em termos da sua divulgação; a outro tempo, o reforço da integração dos mercados financeiros, potenciada pelo afinamento da eficácia extraterritorial da aprovação do prospecto, pode conduzir a uma redução dos custos de captação de aforro – o que por si serve de estímulo adicional ao mercado.

Porém, em sentido adverso ao apontado poderão funcionar a ausência de uma padronização rígida na ordenação das matérias contidas no prospecto, bem como a estratificação normativa do novo sistema comunitário, de uma complexidade significativa para os não-especialistas. A praticamente nula participação de movimentos representativos de investidores não-qualificados nos processos comitológicos de consulta pública para elaboração da proposta do parecer técnico do CESR que

---

[65] Cfr. *supra*, 2., II.

esteve na base do Regulamento n.º 809/2004 não deixa de ser, neste contexto, um sinal preocupante.

É por isso arriscado prever, a esta distância, qual dos vectores será prevalecente – pelo que a efectividade do contributo da Directiva dos Prospectos para uma maior utilização do prospecto pelos investidores e para uma diminuição da iliteracia financeira representa, em rigor, uma nebulosa incógnita que apenas o futuro permitirá dissipar.

Dezembro de 2004

IV
DIREITO DO TRABALHO

FORMAS DE CESSAÇÃO DO CONTRATO DE TRABALHO E PROCEDIMENTOS

Luís Manuel Teles de Menezes Leitão
Professor da Faculdade de Direito da Universidade de Lisboa

1. Generalidades.

O tema escolhido para esta conferência respeita essencialmente à questão das formas de cessação do contrato de trabalho e procedimentos relativos a essa cessação, no âmbito do novo Código do Trabalho, aprovado pela Lei 99/2003, de 27 de Agosto, e que entrou em vigor no passado dia 1 de Dezembro*.

Nos termos do actual art. 384.º CT, correspondente ao anterior art. 3.º da LCCT, o contrato de trabalho pode cessar por caducidade, revogação, resolução e denúncia. Convém, por isso, examinar separadamente estas formas de extinção do contrato de trabalho, bem como os procdimentos que necessariamente desencadeiam.

2. A caducidade do contrato de trabalho.

Conforme se sabe, a caducidade é a extinção do contrato em resultado da verificação de um facto jurídico *stricto sensu*, ou seja de um facto jurídico não voluntário. Em relação ao contrato de trabalho, o art. 387.º CT admite que o contrato de trabalho possa caducar nos termos gerais dos contratos, referindo exemplificativamente como causas da sua extinção a

---

* O presente trabalho corresponde à versão escrita da conferência por nós realizadas no Curso de Pós-Graduação em Direito do Trabalho e é dedicado aos Estudos em Homenagem ao Professor Doutor António Marques dos Santos.

verificação do termo; a verificação de impossibilidade superveniente, absoluta e definitiva de o trabalhador prestar o seu trabalho ou de o empregador o receber; e ainda a reforma do trabalhador. Cada uma destas causas de caducidade obriga a específicos procedimentos, que serão analisados separadamente.

2.1. *Verificação do termo.*

Tratando-se de um contrato de trabalho a termo certo, a caducidade no termo do prazo estipulado pressupõe que o empregador ou o trabalhador comuniquem, respectivamente no prazo de quinze ou oito dias, por forma escrita a vontade de não fazerem renovar o contrato (art. 388.º CT). Tratando-se de um contrato de trabalho a termo incerto, prevendo-se a sua ocorrência, deve o empregador comunicar ao trabalhador a cessação do mesmo com a antecedência mínima de sete, trinta ou sessenta dias, conforme o contrato tenha durado até seis meses, de seis meses até dois anos ou por período superior (art. 389.º CT). Neste caso, no entanto, a omissão dessa comunicação apenas implica para o empregador o pagamento da retribuição correspondente ao período de aviso em falta, uma vez que a caducidade opera automaticamente, só sendo o contrato a termo incerto convertido em contrato sem termo, se o trabalhador continuar a exercer a actividade quinze dias após a sua verificação (art. 145.º CT).

Em ambas as situações a extinção do contrato de trabalho pela verificação do termo pode implicar o pagamento ao trabalhador de uma compensação pela extinção do contrato, correspondente a três ou dois dias de retribuição base e diuturnidades por cada mês de duração do vínculo, consoante o contrato tenha durado por um período que, respectivamente, não exceda ou seja superior a seis meses (art. 388.º, n.º 2 CT). Tratando-se de contrato de trabalho a termo certo, essa compensação só é devida se a caducidade resultar de declaração do empregador (art. cit.). Tratando-se de contrato de trabalho a termo incerto, essa compensação é devida em qualquer caso (art. 389.º, n.º 4 CT).

A natureza jurídica da compensação pela caducidade do contrato de trabalho a termo tem sido controvertida na doutrina. Para uma posição (MENEZES CORDEIRO, BERNARDO XAVIER, JOSÉ JOÃO ABRANTES e PAULA PONCES CAMANHO) tratar-se-ia de uma compensação ao trabalhador pela natureza precária do seu vínculo, visando-se por essa via desincentivar a contratação a termo[1]. Para outra posição (SÉRGIO GONÇALVES DO CABO) corresponde a um prémio de fim de contrato[2]. Uma última tese (ANTÓNIO JOSÉ MOREIRA) considera que esta figura tem uma natureza mista, desempenhando tanto as funções de compensação pela natureza precária do vínculo, como as de prémio de fim de contrato[3].

A nosso ver, a primeira posição é a correcta, já que com esta figura não se visa premiar o trabalhador pelo fim do contrato. Trata-se antes de uma compensação pela natureza precária do vínculo que ele celebrou, através da qual se visa tornar mais onerosa para o empregador a contratação a termo. A sua natureza é assim uma compensação pecuniária pela precariedade do vínculo laboral, que, no entanto, apenas se concretiza aquando da extinção da própria relação laboral por iniciativa do empregador. A compensação surge assim como uma contrapartida da extinção da relação laboral por parte da entidade patronal, cuja ameaça esteve sempre presente em consequência da celebração de uma relação laboral precária.

2.2. *A impossibilidade superveniente, absoluta ou definitiva de o trabalhador prestar o seu trabalho ou de o empregador o receber.*

A outra causa de caducidade prevista no art. 387.º b) CT é a impossibilidade superveniente, absoluta e defitinitiva de o trabalhador prestar o seu trabalho ou de o empregador o receber. Tratando-se de uma referência genérica a uma forma de extinção do contrato de trabalho, a verdade é que o art. 390.º CT vem regular especificamente a situação da morte do empregador e da extinção ou encerramento da empresa. Quanto à morte do empregador pessoa singular, esta faz caducar o contrato de trabalho,

---

[1] Cfr. MENEZES CORDEIRO, *Manual de Direito do Trabalho*, Coimbra, Almedina, 1991, p. 679, BERNARDO LOBO XAVIER, *Curso de Direito do Trabalho*, 2ª ed., Lisboa, Verbo, 1996, p. 471, JOSÉ JOÃO ABRANTES, *Direito do Trabalho. Ensaios*, Lisboa, Cosmos, 1995, PAULA PONCES CAMANHO, "Algumas Reflexões sobre o Regime Jurídico do Contrato de Trabalho a Termo", em MANUEL AFONSO VAZ/J. A. AZEREDO LOPES, *Juris et de jure. Nos vinte anos da faculdade de Direito da Universidade Católica Portuguesa – Porto*, Porto, Universidade Católica, 1998, pp. 969-986 (985, nota (45)).

[2] Cfr. SÉRGIO GONÇALVES DO CABO, "O novo regime jurídico do contrato de trabalho a prazo" na *RJ* 15 (1991), pp. 56 e ss. (115)

[3] Cfr. ANTÓNIO JOSÉ MOREIRA, "Caducidade do contrato de trabalho a termo", em ID (org.), *IV Congresso Nacional de Direito de Trabalho (Memórias)*, Coimbra, Almedina, 2002, pp. 381-395 (386).

a menos que os sucessores continuem com a actividade ou o estabelecimento seja transmitido para terceiro (art. 390.º, n.º 1 CT). Também a extinção da pessoa colectiva empregadora determina a cessação do contrato de trabalho, se não se verificar a referida transmissão do estabelecimento (art. 390.º, n.º 2 CT). Não se verificando a extinção, mas apenas o encerramento total e definitivo da empresa, há lugar igualmente à caducidade do contrato de trabalho, mas esta situação obriga à aplicação dos procedimentos exigidos para o despedimento colectivo, referidos nos arts. 419.º e ss. e a que nos referiremos posteriormente (art. 390.º, n.º 3, CT). Exceptuam-se desta situação apenas as microempresas, de cujo encerramento deve, não obstante o trabalhador ser informado com sessenta dias de antecedência (art. 390.º, n.º 4, CT).

Verificando-se a caducidade do contrato, pela morte ou extinção do empregador ou pelo encerramento da empresa, o trabalhador tem sempre direito à mesma compensação estabelecida para o despedimento colectivo (art. 390.º, n.º 5 e 401.º CT).

É ainda referida especificamente a situação da insolvência e recuperação de empresas (art. 391.º), estabelecendo-se que a declaração judicial de insolvência não faz cessar os contratos de trabalho, ainda que o administrador da insolvência possa fazer os contratos dos trabalhadores cuja colaboração não seja indispensável ao regular funcionamento da empresa. Essa cessação, salvo no caso das micro-empresas obedece ao procedimento exigido para o despedimento colectivo (arts. 419.º e ss.). Apesar de a lei não repetir a remissão para o art. 401.º atribuiríamos também ao trabalhador neste caso a mesma compensação referida no art. 401.º, naturalmente sujeita ao processo de insolvência. A este propósito, há que chamar a atenção para o novo art. 113.º do Código da Insolvência que se limita a referir que a declaração de insolvência do trabalhador não suspende o contrato de trabalho, mas que o ressarcimento de prejuízos decorrentes de uma eventual violação dos deveres contratuais apenas pode ser reclamado ao próprio insolvente.

2.3. *A reforma do trabalhador por velhice ou invalidez.*

Outra situação de caducidade do contrato de trabalho é a reforma do trabalhador por velhice ou invalidez (art. 387.º c) CT). Relativamente à reforma por velhice, estabelece o art. 392.º, n.º 1, que a permanência do trabalhador ao serviço, decorridos trinta dias sobre o conhecimento por ambas as partes da sua reforma por velhice determina a aposição ao contrato de um termo resolutivo, situação que também ocorre quando o trabalhador atinja os setenta anos de idade sem ter havido caducidade por reforma (art. 392.º, n.º 3 CT). Trata-se, no entanto, de um termo resolutivo sujeito a regime especial, uma vez que o n.º 2 do art. 392.º dispensa expressamente a redução a escrito, estabelecendo que o contrato vigora pelo prazo de seis meses, sendo renovável por períodos iguais e sucessivos sem sujeição a limites máximos; a caducidade fica sujeita a aviso prévio de sessenta dias, se for da iniciativa do empregador ou de quinze dias, se a iniciativa pertencer ao trabalhador e não determina o pagamento de qualquer compensação ao trabalhador. Quanto à reforma por invalidez, esta não aparece autonomizada no Código por se considerar que constitui uma impossibilidade superveniente, absoluta e definitiva de o trabalhador prestar o seu trabalho[4].

3. A revogação do contrato de trabalho.

Outra forma de cessação do contrato de trabalho é a revogação do contrato. A revogação consiste na extinção do negócio jurídico por virtude de uma manifestação da autonomia privada em sentido oposto àquela que o constituiu. Consequentemente, se estiver em causa um contrato, a revogação — que nesse caso é também denominada de distrate — é necessariamente bilateral, assentando no mútuo consenso dos contraentes em relação à extinção do contrato que tinham celebrado (cfr. art. 406.º, n.º 1, do Código Civil). Essa figura é também aplicável ao contrato de trabalho, pois o art. 393.º CT admite a possibilidade de este cessar por acordo entre o trabalhador e o empregador. Sendo baseada na autonomia privada, a revogação é de exercício livre, ficando os seus efeitos na disponibilidade das partes, desde que não contrariem disposições injuntivas (art. 394.º, n.º 3 CT). Exige-se, no entanto, forma escrita para esse acordo, nos termos do art. 394.º CT, que deve especificar a data da sua celebração e a data de

---

[4] Cfr. PEDRO ROMANO MARTINEZ, "Caducidade do contrato de trabalho", em JOSÉ DE OLIVEIRA ASCENSÃO/RUY DE ALBUQUERQUE/MARTIM DE ALBUQUERQUE/PEDRO ROMANO MARTINEZ, *Estudos em Homenagem ao Prof. Doutor Raul Ventura*, II, FDL/Coimbra Editora, 2003, pp. 695-715 (713) e PEDRO ROMANO MARTINEZ/LUÍS MIGUEL MONTEIRO/ /JOANA VASCONCELOS/PEDRO MADEIRA DE BRITO/GUILHERME DRAY/LUÍS GONÇALVES DA SILVA, *Código do Trabalho Anotado*, 3ª ed., Coimbra, Almedina, 2004, sub art. 387, III, p. 635.

produção dos respectivos efeitos. Se no acordo de cessação, ou conjuntamente com este, as partes estabelecerem uma compensação pecuniária de natureza global para o trabalhador, presume-se que naquela data foram pelas partes incluídos e liquidados os créditos já vencidos à data da cessação do contrato ou exigíveis em virtude dessa cessação (art. 394.°, n.° 4 CT), presunção essa que deve ser considerada *iuris tantum*, por força do art. 350.°, n.° 2, do Código Civil.

Por razões de tutela do trabalhador vem, no entanto, a ser admitida a possibilidade de unilateralmente se arrepender da revogação do contrato, desde que o comunique no prazo de sete dias após a data da celebração do contrato (*cooling-off period*; cfr. art. 395.°, n.° 1 CT). Esse arrependimento só é, no entanto, considerado eficaz se, em simultâneo com a declaração o trabalhador entregar ou puser à disposição do empregador o valor das compensações que tenha recebido em cumprimento do acordo de revogação, ou por efeito da cessação do contrato de trabalho (art. 395.°, n.° 3, CT) e é, em qualquer caso, excluído se o acordo for devidamente datado e as assinaturas objecto de reconhecimento notarial presencial (art. 395.°, n.° 4 CT).

4. A resolução do contrato de trabalho.

4.1. *Generalidades.*

Conforme refere o art. 384.° CT a resolução é uma das formas de extinção do contrato de trabalho. A resolução do contrato vem prevista genericamente nos arts. 432.° e ss. C.C. e caracteriza-se por, ao contrário da revogação, se processar sempre através de um negócio jurídico unilateral. Consequentemente, nesta situação a extinção do contrato ocorre por decisão unilateral de uma das partes, não sujeita ao acordo da outra. Para além disso, a resolução caracteriza-se ainda por ser normalmente de exercício vinculado (e não discricionário), no sentido de que só pode ocorrer se se verificar um fundamento legal ou convencional que autorize o seu exercício (art. 432.°, n.° 1, C.C.). Assim, se ocorrer esse fundamento, o contrato pode ser resolvido. Se não ocorrer, a sua resolução não é permitida (cfr. art. 406.°, n.° 1).

O Código elenca vários fundamentos para a resolução do contrato de trabalho, distinguindo consoante a resolução resulte da iniciativa do empregador ou do trabalhador. Quanto aos fundamentos para a resolução do contrato de trabalho por iniciativa do trabalhador, estes subdividem-se em fundamentos para o despedimento por facto imputável ao trabalhador (art. 396.º CT), fundamentos para o despedimento colectivo (art. 397.º e ss. CT), fundamentos para o despedimento por extinção do posto de trabalho (arts. 402.º e ss. CT), e fundamentos para o despedimento por inadaptação (arts. 405.º e ss. CT). Quanto à resolução do contrato por iniciativa do trabalhador, esta é possível com fundamento em justa causa, nos termos dos arts. 441.º e ss. CT.

4.2. *Despedimento por facto imputável ao trabalhador.*

O primeiro fundamento de resolução do contrato de trabalho por iniciativa do empregador consiste na justa causa de despedimento, que o art. 396.º, n.º 1, define como o comportamento culposo do trabalhador que, pela sua gravidade e consequências torne imediata e praticamente impossível a subsistência da relação de trabalho. Temos aqui uma cláusula geral, cuja concretização a lei estabelece por duas vias, sendo a primeira a indicação dos vectores pelos quais se deve estabelecer a apreciação da justa causa (art. 396.º, n.º 2, CT) e outra a enumeração de uma série de comportamentos susceptíveis de exemplificar o referido conceito (art. 396.º, n.º 3 CT).

O procedimento a adoptar para o despedimento por facto imputável ao trabalhador encontra-se referido nos arts. 411.º e ss. CT. e sendo o despedimento considerado neste caso como uma sanção disciplinar (cfr. art. 366.º f) CT) é ainda necessário que obedeça ao respectivo procedimento disciplinar, referido nos arts. 371.º e ss. CT. Assim, o procedimento tem que exercer-se nos sessenta dias subsequentes àquele em que o empregador, ou o superior hierárquico com competência disciplinar, teve conhecimento da infracção, prescrevendo a infracção ao fim de um ano a contar do momento em que teve lugar, salvo se os factos constituírem igualmente crime, caso em que são aplicáveis os prazos prescricionais da lei penal (art. 372.º CT), e só podendo a aplicação da sanção ter lugar nos três meses subsequentes à decisão (art. 373.º CT).

Para se poder exercer o despedimento é necessário que o empregador comunique por escrito ao trabalhador, no referido prazo de sessenta dias após a prática dos factos, a sua intenção de proceder ao despedimento, juntando nota de culpa com a descrição circunstanciada dos factos que lhe são imputados (art. 411.º, n.º 1 CT), sendo na mesma data remetida à comissão de trabalhadores da empresa cópia daquela comunicação e da nota de culpa (art. 411.°, n.° 2 CT), a qual é ainda enviada à associação sindical respectiva, no caso de o trabalhador ser representante sindical (art. 411.°, n.° 3 CT). A comunicação da nota de culpa ao trabalhador interrompe os prazos de prescrição da infracção disciplinar (art. 411.°, n.° 4 CT), estando igualmente prevista a sua interrupção através da instauração de procedimento prévio de inquérito, desde que, mostrando-se aquele procedimento necessário para fundamentar a nota de culpa, seja iniciado e conduzido de forma diligente, não mediando mais de trinta dias entre a suspeita da existência de comportamentos irregulares e o início do inquérito, nem entre a sua conclusão e a notificação da nota de culpa (art. 412.° CT).

Com a notificação da nota de culpa, o empregador pode suspender preventivamente o trabalhador, sem perda de retribuição, sempre que a sua presença se mostrar inconveniente (art. 417.°, n.° 1 CT), como é regra geral relativamente a qualquer procedimento disciplinar (cfr. art. 371.°, n.° 3 CT). A suspensão pode ainda anteceder a nota de culpa em trinta dias, desde que o empregador, por escrito, justifique que, tendo em conta indícios de factos imputáveis ao trabalhador, a sua presença na empresa é inconveniente, nomeadamente para a averiguação de tais factos, e que ainda não lhe foi possível elaborar a nota de culpa (art. 417.°, n.° 1, CT).

Como é princípio básico no procedimento disciplinar, a sanção não pode ser aplicada sem audiência prévia do trabalhador (art. 371.°, n.° 1, CT). Precisamente por isso, o art. 413.° CT prevê a possibilidade de o devedor responder à nota de culpa, deduzindo por escrito os elementos que considere relevantes para o esclarecimento dos factos e da sua participação nos mesmos, para o que dispõe de dez dias úteis após a comunicação, podendo durante esse prazo consultar o processo, juntar documentos e solicitar as diligências probatórias que se mostrem pertinentes para o esclarecimento da verdade. Após a resposta compete ao empregador, por si ou através de instrutor que tenha nomeado proceder às diligências probatórias referidas, apenas podendo rejeitar as patentemente dilatórias ou impertinentes, o que tem que justificar por escrito (art. 414.°, n.° 1, CT), havendo em qualquer caso uma limitação ao número de testemunhas que o empregador tem que ouvir (três por cada facto e dez no total), cuja comparência deve ser assegurada pelo trabalhador (art. 414.°, n.° 2 CT). Concluídas as diligências probatórias, deve ser enviada cópia do processo à comissão de trabalhadores e, tratando-se de representantes sindicais, também à associação sindical respectiva que podem, no prazo de cinco dias úteis, fazer juntar ao processo o seu parecer fundamentado (art. 414.°, n.º 3 CT). Tratando-se de trabalhadora grávida, puérpera ou lactante, é ainda necessário um parecer prévio da entidade que tenha competência na área da igualdade de oportunidades entre homens e mulheres (art. 51.º, n.º 3 CT), o qual deve ser comunicado no prazo de trinta dias (art. 51.º, n.º 2, CT) e, caso seja favorável ao despedimento, determina que este só possa ser efectuado pelo empregador após decisão judicial que reconheça a existência de motivo justificativo (art. 51.º, n.º 5, CT).

Concluído o prazo de pronúncia das entidades acima referidas, o empregador dispõe do prazo de trinta dias para proferir a sanção, sob pena de caducidade do direito de a aplicar (art. 415.º, n.º 1, CT), a qual tem que ser fundamentada e constar de documento escrito (art. 415.º, n.º 2, CT), a qual é comunicada ao trabalhador, à comissão de trabalhadores e, no caso de se tratar de representantes sindicais, à associação sindical (art. 415.º, n.º 4, CT). Relativamente à eficácia da comunicação do despedimento, o art. 416.º CT repete desnecessariamente a regra do art. 224.º do CC, n.ºs 1 e 2, mas não faz referência ao n.º 3, cuja aplicação temos por inquestionável. Não vemos, por isso, necessidade neste artigo.

O procedimento exigido para o despedimento individual com justa causa é consideravelmente simplificado em relação às microempresas (art. 418.º, n.º 1 CT), salvo se o trabalhador for membro da comissão de trabalhadores ou representante sindical (ar. 418, n.º 4 CT). São dispensadas as comunicações à comissão de trabalhadores, exigindo-se apenas a comunicação da nota de culpa e a audição do trabalhador, que a poderá substituir por uma alegação escrita sobre os factos e a sua participação nos mesmos, podendo requerer a audição de testemenunhas. A decisão deve ser fundamentada e comunicada por escrito ao trabalhador (art. 418.º, n.º 3, CT).

4.3. *Despedimento colectivo.*

Outro fundamento de resolução do contrato de trabalho por iniciativa do empregador corresponde ao despedimento colectivo, que o art. 397.º CT define como a cessação do contrato de trabalho promovida pelo empregador e opera simultânea ou sucessivamente no período de três meses, abrangendo pelo menos dois trabalhadores nas micro e pequenas empresas e cinco trabalhadores, nas médias e grandes empresas, sempre que aquela ocorrência se fundamente em encerramento de uma ou várias secções ou estrutura equivalente ou redução de pessoal determinado por motivos de mercado, estruturais ou tecnológicos. O trabalhador cujo contrato cesse em virtude de despedimento colectivo tem direito a uma compensação correspondente a uma mês de retribuição base e diuturnidades por cada ano de antiguidade, ou à parte proporcional em relação à fracação do ano, não podendo em qualquer caso essa compensação ser inferiore a três meses de retribuição base e diuturnidades, presumindo-se que o trabalhador aceita o despedimento quando recebe essa compensação (art. 401.º CT).

O despedimento colectivo pressupõe um aviso prévio com menção expressa do motivo, comunicado por escrito a cada trabalhador com uma antecedência não inferior a 60 dias relativamente à data prevista para a cessação do contrato (art. 398.º, n.º 1 CT), cuja inobservância implica para o empregador o pagamento da retribuição correspondente ao período de antecedência em falta (art. 398.º, n.º 2 CT). Durante o prazo de aviso prévio, o trabalhador tem direito a um crédito de horas correspondente a dois dias de trabalho pro semana sem prejuízo da retribuição (art. 399.º CT), podendo ainda durante esse prazo denunciar o contrato, sem prejuízo do direito à compensação (art. 400.º CT).

Para além disso, o despedimento colectivo implica que o empregador efectue uma comunição escrita dessa intenção à comissão de trabalhadores ou, na sua falta, à comissão intersindical ou às comissões sindicais da empresa representativas dos trabalhadores a abranger na intenção de proceder ao despedimento (art. 419.º, n.º 1 CT), comunicação que deve mencionar toda uma série de elementos a que se refere o art. 419.º, n.º 2. Na falta destas entidades, a comunicação deve ser efectuada por escrito a cada um dos trabalhadores que possam ser abrangidos para que eles designem, no prazo de cinco dias úteis a contar da recepção, uma comissão representativa, que receberá os elementos referidos no art. 419.º, n.º 2. Esses elementos devem ainda ser comunicados aos serviços competentes do ministério responsável pela área laboral (art. 419.º, n.ºs 3 e 5 CT).

Após a recepção dessas comunicações deve ter lugar uma fase de informações e negociação entre o empregador e a estrutura representativa dos trabalhadores que possa permitir a obtenção de um acordo sobre a dimensão e os efeitos do despedimento, bem como sobre a aplicação de outras medidas que possam permitir a redução do número de trabalhadores a despedir, como a suspensão e redução da prestação de trabalho, a reconversão e reclassificação profissional e reformas antecipadas e pré-reformas (art. 420.º), cabendo aos serviços responsáveis pela área laboral participar no processo de negociação, com vista a assegurar a regularidade da instrução e promover a conciliação entre as partes (art. 421.º). Obtido o acordo ou, na falta deste, decorridos vinte dias sobre a comunicação à estrutura representativa, o empregador deve comunicar aos trabalhadores a despedir a decisão do despedimento com indicação expressa do motivo e da data de cessação do respectivo contrato, indicando o montante da compensação, assim como a forma e o lugar do seu pagamento. Ao mesmo tempo deve ser enviada a acta da reunião, bem como um mapa descritivo dos trabalhadores e medidas abrangidas ao ministério responsável pela área laboral, bem como à estrutura representativa dos trabalhadores (art. 422.º CT).

4.4. *Despedimento por extinção do posto de trabalho.*

Outro fundamento para a resolução do contrato por iniciativa do empregador consiste na extinção do posto de trabalho justificada por motivos económicos, tanto de mercado como estruturais ou tecnológicos, relativos à empresa (art. 402.º CT). Exige-se neste caso que os motivos não sejam devidos a uma actuação culposa do empregador ou do trabalhador, seja praticamente impossível a subsistência da relação de trabalho, não se verifique a existência de contratos a termo para as tarefas correspondentes ao posto de trabalho extinto, não se aplique o regime para o despedimento coelctivo, e seja posta à disposição do trabalhador a compensação devida (art. 403.º, n.º 1). Havendo vários trabalhadores susceptíveis de ser abrangidos, a escolha do trabalhador envolvido obedece a critérios objectivos, referidos no art. 403.º, n.º 2.

Em qualquer caso o trabalhador sujeito a um despedimento por extinção do posto de trabalho tem exactamente os mesmos direitos que no despedimento colectivo, como o aviso prévio, a compensação, crédito de horas e possibilidade de denúncia do contrato (cfr. art. 404.º CT).

O procedimento para o despedimento por extinção do posto de trabalho é relativamente mais simples do que o do despedimento colectivo, ainda que também obrigue a uma comunicação escrita do empregador aos trabalhadores abrangidos e à comissão de trabalhadores ou, na sua falta, à comissão intersindical ou comissão sindical, com indicação dos respectivos fundamentos (cfr. art. 423.º CT). Após receber a comunicação tem a estrutura representativa dos trabalhadores um prazo de dez dias para apresentar parecer, onde pode contestar não apenas os fundamentos invocados, bem como os critérios de escolha dos trabalhadores abrangidos, podendo ainda no mesmo prazo os trabalhadores abrangidos pronunciar-se (art.

424.º). Se a estrutura representativa dos trabalhadores assim o entender pode desencadear a intervenção dos serviços do Ministério responsável pela área laboral para contrôle dos pressupostos (art. 424.º, n.º 3), os quais devem elaborar relatório sobre a matéria, que é enviado ao requerente e ao empregador (art. 424.º, n.º 4).

No prazo de cinco dias após o termo do prazo anterior pode o empregador, deve empregador proferir a decisão referindo as respectivas justificações, decisão que é comunicada aos trabalhadores envolvidos, às suas entidades representativas e aos serviços do Ministério responsável pela área laboral (art. 425.º).

4.5. *Despedimento por inadaptação.*

Outro fundamento de resolução do contrato por iniciativa do empregador é a inadaptação superveniente do trabalhador ao posto de trabalho (arts. 405.º e ss.), cujos fundamentos se encontram previstos no art. 406.º, n.º 1 e n.º 2 que obedecem especificamente aos requisitos do art. 407.º, n.ºs 1 e 2. Se a inadaptação se tiver verificado em resultado de uma transferência do trabalhador de anterior posto de trabalho nos três meses anterior ele tem direito reocupá-lo, com garantia da mesma retribuição base, salvo se entretanto esse posto de trabalho tiver sido extinto (art. 408.º). O despedimento por inadaptação do trabalhador não pode implicar diminuição do nível de emprego da empresa, nos termos do art. 410.º CT.

Em qualquer caso o trabalhador sujeito a um despedimento por inadaptação tem exactamente os mesmos direitos que no despedimento colectivo, como o aviso prévio, a compensação, crédito de horas e possibilidade de denúncia do contrato (cfr. art. 409.º CT).

O procedimento no despedimento por inadaptação é, no entanto mais simples ainda que também obrigue a uma comunicação escrita do empregador ao trabalhador abrangido e à comissão de trabalhadores ou, na sua falta, à comissão intersindical ou comissão sindical, com indicação dos respectivos fundamentos (cfr. art. 426.º CT). Após receber a comunicação tem a estrutura representativa dos trabalhadores um prazo de dez dias para apresentar parecer, podendo ainda no mesmo prazo o trabalhador opor-se e apresentar meios de prova (art. 427.º). No prazo de cinco dias após o termo do prazo anterior pode o empregador, deve empregador proferir a decisão referindo as respectivas justificações (art. 428.º).

4.6. *Resolução do contrato por iniciativa do trabalhador com fundamento em justa causa.*

Da mesma forma que o empregador também o trabalhador pode resolver o contrato com fundamento em justa causa, nos casos referidos no art. 441.°. A resolução deve ser efectuada por escrito, com indicação sucinta dos factos que a justificam nos trinta dias subsequentes ao conhecimento dos factos, salvo se estiver em causa a necessidade de cumprimento de obrigações legais incompatíveis com o serviço, em que o trabalhador deve notificar o empregador logo que possível (art. 442.°). Se a resolução tiver por fundamento factos imputáveis ao empregador este adquire direito a indemnização por todos os danos patrimoniais e não patrimoniais sofridos, devendo esta corresponder a uma indemnização a fixar entre 15 e 45 dias de retribuição base e diuturnidades por cada ano completo de antiguidade que, no caso do contrato a termo não pode ser inferior às retribuições vincendas (art. 443.° CT).

À semelhança do que se prevê com a revogação, a resolução por iniciativa do trabalhador pode ser revogada pelo trabalhador até ao sétimo dia seguinte à data em que chega ao empregador (art. 449.° CT). No caso de a resolução ser exercida ilicitamente o empregador tem direito a uma indemnização pelos prejuízos causados, referida no art. 446.°.

5. A denúncia do contrato de trabalho.

Uma outra forma de extinção do contrato de trabalho consiste na denúncia do contrato, referida no art. 384.° d) CT. A denúncia do contrato, à semelhança da resolução, resulta igualmente de um negócio unilateral, bastando-se, por isso, com a decisão de apenas uma das partes. No entanto, ao contrário da resolução não se baseia em fundamento algum, sendo, por isso, de exercício livre. O seu campo de aplicação é limitado aos contratos de execução continuada ou duradoura, em que as partes não estipulam um prazo fixo de vigência. Como a vigência do contrato ilimitada no tempo seria contrária à liberdade económica das pessoas, que não se compadece com a criação de vínculos perpétuos ou de duração indefinida, admite-se normalmente a sua denúncia a todo o tempo. No âmbito do contrato de trabalho, a necessidade de conferir alguma segurança económica ao trabalhador leva a que não se atribua normalmente a faculdade de denunciar o contrato ao empregador mas apenas ao trabalhador, salvo em situações especiais como no caso da comissão de serviço, a que se refgerem os arts. 244.° e ss. do Código.

A denúncia do contrato de trabalho encontra-se assim prevista apenas em relação ao trabalhador nos arts. 447.° e ss. CT, onde se refere que o trabalhador pode denunciar o contrato, mediante comunicação escrita enviada ao empregador com a antecedência mínima de trinta ou sessenta dias, conforme tenha respectivamente, até dois anos ou mais de dois anos de antiguidade (art. 447.°, n.° 1), podendo, no entanto, esse prazo de aviso prévio ser alargado por instrumento de regulamentação colectiva de trabalho até seis meses, relativamente a trabalhadores que ocupem cargos de administração ou direcção, bem como funcões de representação ou de responsabilidade (art. 447.°, n.° 2, CT). Já em se tratando de contrato a termo, o trabalhador que se pretenda desvincular antes do decurso do prazo acordado deve avisar o empregador com a antecedência mínima de 30 dias, se o contrato tiver duração igual ou superior a 6 meses, ou de 15 dias, se for de duração inferior (art. 447.°, n.° 3 CT). No caso de contrato de trabalho a termo incerto, esse prazo é calculado com base no tempo de duração efectiva do contrato (art. 447.°, n.° 4 CT). O incumprimento do prazo de aviso prévio implica que o trabalhador tenha que pagar ao empregador uma indemnização de valor igual à retribuição base e diuturnidades correspondentes ao período de antecedência em falta, sem prejuízo da responsabilidade civil pelos danos eventualmente causados (art. 448.° CT).

À semelhança do que se prevê com a revogação e a resolução por iniciativa do trabalhador também a denúncia do contrato pode ser revogada pelo trabalhador até ao sétimo dia seguinte à data em que chega ao empregador (art. 449.° CT).

A lei refere ainda uma hipótese de denúncia tácita do contrato de trabalho, que consiste na figura do abandono de trabalho, prevista no art. 450.° CT, e que o n.° 1 define como a ausência do trabalhador ao serviço acompanhada de factos que, com toda a probabilidade, revelem a intenção de o não retomar. Presume-se a existência desse abandono do trabalho, sempre que o trabalhador se ausente ao serviço durante, pelo menos, dez dias úteis seguidos, sem que o empregador tenha recebido comunicação do motivo da ausência (art. 450.°, n.° 2 CT), admitindo-se, porém, que essa presunção seja ilidida pelo trabalhador mediante prova da ocorrência de motivo de força maior impeditivo da comunicação de ausência (art. 450.°, n.° 3 CT). Sendo, conforme se referiu, uma situação de denúncia tácita do contrato de trabalho, o abandono, pelo falta de aviso prévio que necessariamente envolve, obriga igualmente o trabalhador a uma indemnização pelos prejuízos causados, a qual não pode ser inferior ao montante referido no art. 448.º CT (art. 450.º, n.º 4 CT). O abandono do trabalho envolve, porém, um ónus suplementar para o empregador que é a necessidade de o confirmar perante o trabalhador mediante comunicação por carta registada com aviso de recepção para a sua última morada conhecida.

    Diferente é a situação específica da comissão de serviço, cuja cessação pode ser promovida por qualquer das partes nos termos do art. 246.º do Código, com os efeitos previstos no art. 247.º.

O PODER DISCIPLINAR LABORAL NO CÓDIGO DO TRABALHO

NOTAS BREVES[1]

MARIA DO ROSÁRIO PALMA RAMALHO
Professora da Faculdade de Direito da Universidade de Lisboa

1. Considerações gerais

I. O tema do poder disciplinar é um tema estruturante e fundamental, tanto para a compreensão da natureza e da dinâmica específicas do contrato de trabalho, como, genericamente, para aferir da singularidade do direito do trabalho, porque consiste num dos institutos de maior especificidade desta área jurídica.

Efectivamente, no contrato de trabalho o poder disciplinar laboral desempenha uma função dupla e de grande importância. Assim, através da sua faceta sancionatória ou punitiva (que se manifesta na poder de aplicação de sanções disciplinares ao trabalhador), o poder disciplinar constitui o mecanismo específico que a lei atribui ao empregador para assegurar a eficácia do poder de direcção, bem como para garantir a sua posição genérica de domínio no contrato. Por outro lado, na sua faceta prescritiva (ou seja, enquanto poder de emitir regras de comportamento ou de disciplina

---

[1] O presente estudo foi elaborado a partir da comunicação que apresentámos no âmbito do VI Congresso de Direito do Trabalho, em 2003, tendo-se desenvolvido o tema e procedido às actualizações decorrentes da aprovação final do Código do Trabalho, entretanto ocorrida. Com ele prestamos homenagem ao Prof. Doutor ANTÓNIO MARQUES DOS SANTOS. Investigador incansável e Juscientista de mérito, Professor de grande dedicação à Escola e querido dos seus alunos, é como Colega do Grupo de Ciências Jurídicas da Faculdade de Direito de Lisboa, mas, sobretudo, como Amigo, que o recordamos, lamentando profundamente o seu desaparecimento prematuro.

no seio da sua organização, que extravasam o âmbito da prestação de trabalho), o poder disciplinar constitui um instrumento valioso para dissipar dúvidas de qualificação do contrato, quando não sejam claros outros critérios de qualificação e, designadamente, em caso de enfraquecimento do poder directivo, uma vez que se trata de um poder sem paralelo noutros negócios jurídicos privados[2].

Mas o poder disciplinar laboral é também um instituto-chave do direito do trabalho no seu todo, confirmando a autonomia dogmática da área jurídica e a sua dinâmica específica.

Com efeito, o poder disciplinar é um dos institutos laborais que mais contribuiu para a emancipação do Direito do trabalho em relação aos parâmetros juscientíficos civis, pela sua singularidade estrutural, que o faz colidir com princípios gerais do direito comum: é que, na sua faceta sancionatória, este poder tem uma essência punitiva (já que se consubstancia na aplicação de sanções aflitivas sem escopo ressarcitório), mas não deixa de ser um poder privado (porque o seu titular é um ente jurídico privado ou que se comporta como tal) e egoísta (porque prossegue os interesses próprios do seu titular), correspondendo, para além disso, a uma forma de reacção ao incumprimento que dispensa o recurso aos meios jurisdicionais comuns de reintegração dos direitos. Em suma, com esta configuração, que decorre da lei, o poder disciplinar põe em causa o princípio do monopólio da justiça pública, o que confirma a singularidade dogmática da área jurídica em que se insere.

De outra parte, o poder disciplinar laboral atesta a capacidade do direito do trabalho para desenvolver mecanismos próprios de auto-tutela e de preservação dos seus institutos, em prossecução dos seus próprios interesses – no caso, o interesse da preservação da posição de domínio do empregador no contrato de trabalho e, mediatamente, o interesse de subsistência desse contrato. Ora, na medida em que constitui um garante da subsistência do contrato de trabalho, cuja actuação prescinde do recurso aos meios jurisdicionais comuns, o poder disciplinar confirma a maturidade dogmática do direito do trabalho[3].

---

[2] Sobre esta construção do poder disciplinar laboral, com as facetas indicadas, e sobre as funções que desempenha no contrato de trabalho, *vd* M. R. PALMA RAMALHO, *Do Fundamento do Poder Disciplinar Laboral*, Coimbra, 1993, 252 ss., e 265 ss.

[3] Especificamente sobre a importância do poder disciplinar laboral como argumento em favor da autonomia dogmática do Direito do trabalho, *vd* M. R. PALMA RAMALHO, *Da Autonomia Dogmática do Direito do Trabalho*, Coimbra, 2001, 949 ss.

III. A importância do poder disciplinar laboral justifica a sua análise, quer numa perspectiva estrutural ou de conceptualização, quer numa perspectiva de apreciação do seu regime jurídico.

As observações que vamos fazer inserem-se na segunda perspectiva indicada, e retiram a sua oportunidade da aprovação do Código do Trabalho, pela L. n.º 99/2003, de 27 de Agosto, que introduziu algumas alterações nesta matéria. Correspondendo a uma primeira apreciação do novo texto legal – que, por isso mesmo, tem um carácter mais problemático do que assertivo – estas reflexões situam-se a três níveis: um nível sistemático, relativo à inserção da matéria do poder disciplinar laboral no seio da organização do Código e respectivas implicações; um nível regimental-comparativo, destinado a dar conta das mais relevantes alterações da matéria na especialidade; e, por fim, um nível teleológico, em que se procurará retirar do regime jurídico proposto algumas ilações gerais, sobretudo na óptica de verificar se a perspectiva da lei no tratamento desta matéria se adequa aos principais interesses em jogo no instituto do poder disciplinar laboral[4].

2. A inserção sistemática do poder disciplinar laboral no Código e respectivas implicações

I. O primeiro ponto que ressalta na aproximação ao poder disciplinar no Código tem a ver com a inserção sistemática desta matéria: o poder disciplinar laboral é tratado a propósito do «*Incumprimento do contrato de trabalho*», no Capítulo VIII do Título II do Livro I do Código; nesse capítulo, que integra quatro secções, o regime do poder disciplinar consta da Secção II, que tem um total de doze artigos, vindo imediatamente a seguir a uma secção intitulada «Princípios Gerais» (com dois artigos) e antes das secções relativas às «Garantias dos Créditos» (com quatro artigos) e à «Prescrição» (com um artigo apenas).

Esta opção sistemática do legislador constitui uma novidade, uma vez que, como é sabido, desde o surgimento da LCT e até hoje, o poder disciplinar foi tratado pela lei a propósito dos direitos, deveres e garantias das partes (Capítulo II da LCT).

---

[4] Uma vez que elegemos como tema do estudo o poder disciplinar em geral, deve ainda dizer-se que não faremos qualquer reflexão sobre a sanção específica do despedimento com justa causa.

II. Feita esta verificação, dela importa retirar as devidas ilações. É que a inserção sistemática dos regimes jurídicos na lei não é uma opção arbitrária e inconsequente, mas, bem pelo contrário, revela as grandes linhas de orientação do legislador no desenho do regime jurídico que dispôs e tem implicações de fundo. E, se isto é verdade em qualquer lei, é quase «*lapalissiano*» afirmá-lo com reporte a um diploma com a magnitude deste Código.

No caso em apreço, entendemos que a opção de tratamento do poder disciplinar laboral a propósito do incumprimento do contrato de trabalho evidencia o fio condutor, a grande linha de pensamento que parece ter orientado o legislador no tratamento do contrato de trabalho no Código e que transparece a cada passo, ao longo da exposição do seu regime: uma concepção essencialmente «civilista» ou obrigacional do contrato de trabalho, que valoriza, sobretudo, os seus aspectos patrimoniais e a igualdade dos contraentes, em detrimento das suas componentes de pessoalidade e organizacional e do elemento dominial que também lhe assiste[5-6].

Ora, sendo o poder disciplinar o instituto laboral que mais evidencia a componente dominial do contrato de trabalho, para além de revelar também os seus aspectos de pessoalidade, uma vez que se trata de um poder pessoal de punir que assiste apenas ao empregador e que atinge globalmente o trabalhador na sua personalidade (e não apenas no seu patrimó-

---

[5] Sobre estes elementos do contrato de trabalho, *vd* ROSÁRIO PALMA RAMALHO, *Da Autonomia Dogmática...cit.*, *maxime*, 716 ss. e 751 e ss., e ainda *Relação de trabalho e relação de emprego – contributos para a construção dogmática do contrato de trabalho*, in M. R. PALMA RAMALHO, *Estudos de Direito do Trabalho*, I, 125-155.

[6] Tivemos já ocasião de ilustrar amplamente noutra sede, a perspectiva civilista sobre o contrato de trabalho adoptada por este Código, que se evidencia numa dupla e constante preocupação: por um lado, preocupação de demonstrar a posição igualitária das partes no contrato de trabalho, que se evidencia em pontos tão diversos como o princípio do tratamento mais favorável ao trabalhador, que aparece de forma mais diluída (art. 4.º), o reconhecimento dos direitos de personalidade do empregador e das empresas a par dos direitos de personalidade do trabalhador (arts. 14.º e ss.), a formulação em termos exactamente equivalentes dos deveres de informação do empregador e do trabalhador (art. 95.º), ou a diminuição do vigor de algumas garantias tradicionais do trabalhador; por outro lado, a essência eminentemente patrimonial do contrato de trabalho, em detrimento da sua componente de pessoalidade e do enfoque da sua dimensão organizacional, é também patente em múltiplos pontos. Sobre esta matéria, com desenvolvimentos, *vd* M. R. PALMA RAMALHO, *O Novo Código do Trabalho. Reflexões sobre a Proposta de Lei relativa ao Código do Trabalho*, in Estudos de Direito do trabalho, I, 15-67.

nio), e tendo sido estas características do poder disciplinar[7] que o tornaram particularmente difícil de reconduzir aos quadros dogmáticos do direito civil e, designadamente, aos parâmetros axiológicos dos contratos obrigacionais, a verdade é que ele se revela difícil de enquadrar numa concepção «civilista» do contrato de trabalho, como a que perpassa pelo Código. Ora, pode ter sido essa dificuldade que levou o legislador a integrá-lo num capítulo intitulado, de uma forma mais anódina e de conotação obrigacional imediata, «*Incumprimento do contrato*», mas que, corresponde, sem dúvida a uma opção pela secundarização do poder disciplinar no contrato de trabalho.

III. Justificada a opção, poderia, ainda assim, duvidar-se do interesse prático desta constatação, uma vez que a matéria não deixa, evidentemente, de ser tratada na lei – aliás, em regime que não apresenta modificações substanciais de relevo em relação ao regime anterior.

Uma conclusão deste tipo seria, contudo, apressada, porque a opção tomada quanto à inserção sistemática desta matéria tem implicações a vários níveis. Destacaremos apenas aquelas implicações que, a nosso ver, revelam o artificialismo desta solução, as incongruências que ela produz e os perigos que dela decorrem.

IV. Em primeiro lugar, deve ter-se em conta que à remissão da matéria do poder disciplinar para o capítulo do incumprimento inere a visão deste poder como um poder residual e eventual do empregador, que apenas intervém e faz sentido numa fase patológica do contrato – correspondendo o incumprimento à patologia dos negócios jurídicos, a opção da lei não deixa margem para outra conclusão.

Ora, a realidade do vínculo laboral demonstra o artificialismo de uma solução deste tipo, em dois aspectos: por um lado, esta concepção do poder disciplinar é artificial porque redutora do conteúdo deste poder e incompatível com a sua importância no contrato de trabalho; por outro lado, esta solução também se coaduna mal com a função essencial que este poder desempenha na operação de delimitação do contrato em relação a

---

[7] Que tivemos oportunidade de desenvolver noutros trabalhos – ROSÁRIO PALMA RAMALHO, *Do Fundamento...cit., passim,* e ainda *Sobre os limites do poder disciplinar laboral, in* A. MOREIRA (coord.), *I Congresso Nacional de Direito do Trabalho – Memórias,* Coimbra, 1998, 181-198.

figuras afins, em casos de dúvida sobre a qualificação, justamente pela essencialidade e omnipresença deste poder no contrato de trabalho, aliadas à sua singularidade.

Assim, a secundarização do poder disciplinar e a sua visão como um poder «patológico» do empregador não corresponde à realidade, porque o poder disciplinar é um poder essencial e omnipresente no contrato de trabalho, desde o momento da sua celebração e até à sua cessação, e tem não só uma componente sancionatória como uma componente prescritiva. Como acima referimos, é ao abrigo do poder disciplinar que o empregador dispõe e impõe aos trabalhadores as regras de disciplina na empresa, que não têm a ver directamente com a prestação de trabalho, elabora o regulamento interno e fiscaliza o cumprimento dos deveres do trabalhador. Ora, evidentemente, esta parcela do conteúdo do poder disciplinar não pressupõe qualquer incumprimento do contrato, manifestando-se, de forma regular, ao longo do desenvolvimento normal do mesmo. Acresce que, também do ponto de vista prático, o poder disciplinar é, reconhecidamente, a componente essencial da posição de domínio do empregador no contrato de trabalho, como acima indicámos: ora, também este papel fundamental do poder se compagina mal com a sua secundarização na lei.

Por outro lado, esta visão do poder disciplinar obscurece a sua função de delimitação do contrato de trabalho relativamente a figuras afins, em casos de dúvida, por menor operacionalidade de outros critérios de determinação da subordinação jurídica. É bem sabido que em situações de enfraquecimento do poder directivo (como no caso dos trabalhadores dirigentes), de atribuição do poder directivo a entidade diversa do empregador (como no caso do trabalho temporário), ou mesmo de suspensão do poder directivo (em consequência da suspensão da prestação de trabalho), é a sujeição do trabalhador ao poder disciplinar (que compreende o ordenamento disciplinar da empresa) que constitui a pedra de toque para a qualificação laboral da situação jurídica, justamente porque, ao contrário do poder directivo, este poder é omnipresente no contrato, nunca se suspende e não tem paralelo noutros contratos de direito privado envolvendo a prestação de um serviço[8]. Ora, a previsão deste poder como um poder residual e eventual do empregador compagina-se mal com esta função delimitadora do poder.

---

[8] Para mais desenvolvimentos sobre esta função do poder disciplinar laboral, ainda o nosso *Do Fundamento...cit.*, 265 ss.

Em suma, cremos que, na sua tentativa de «civilizar» o contrato de trabalho, a lei acabou, neste particular, por adoptar uma solução que contraria a dinâmica própria e singular do vínculo laboral. Por outras palavras, em vez de procurar adaptar o regime jurídico à natureza das coisas, procurou adaptar a realidade aos arquétipos formais que julgou mais adequados para a conterem.

V. Para além de artificial, a concepção do poder disciplinar laboral que encontramos na lei tem também efeitos incongruentes, tanto no plano sistemático como no plano dogmático.

No plano sistemático, chamamos a atenção para o facto de o tratamento do poder disciplinar num ponto muito adiantado do regime jurídico do contrato de trabalho determinar a incongruência de serem feitas referências a infracções disciplinares em pontos anteriores do Código (ou seja, antes da apresentação do próprio poder disciplinar) – neste sentido, veja-se, por exemplo, a qualificação das faltas injustificadas como infracção disciplinar no art. 231.° n.° 2. Evidentemente, o tratamento desta matéria num momento mais precoce da explanação do regime do contrato de trabalho teria evitado este tipo de incongruências.

Mais grave se nos afigura, todavia, a incongruência estrutural de construção da própria matéria do incumprimento no Código, que acaba por se comunicar ao poder disciplinar, em virtude da sua inserção sistemática no mesmo capítulo. A nosso ver, esta incongruência evidencia-se a dois níveis: o do âmbito do incumprimento do contrato de trabalho; e o das consequências típicas desse incumprimento.

Quanto ao âmbito do incumprimento, a dúvida que se pode suscitar decorre da formulação do princípio geral nesta matéria, conjugado com a inserção sistemática do poder disciplinar neste capítulo. Refere a lei como princípio geral em matéria de incumprimento, no art. 363.°, que «se uma das partes faltar culposamente ao cumprimento dos seus deveres, torna-se responsável pelo prejuízo causado à outra parte». Ora, embora o termo *«deveres»* permita concluir que o incumprimento se pode reportar a qualquer um dos deveres das partes, a verdade é que esta formulação aponta, *prima facie*, para o incumprimento dos deveres negociais das partes, com destaque para os deveres principais (de cujo incumprimento se ocupam, aliás, o artigo seguinte e as secções III e IV do mesmo capítulo).

A nosso ver, não resulta pois com suficiente clareza da lei que também constitui «incumprimento», para efeitos do Código, a violação culposa de qualquer dever acessório legal, organizacional, convencional colectivo, ou decorrente de conceitos indeterminados, por parte do empregador ou do trabalhador, mesmo quando, por hipótese, as prestações principais sejam escrupulosamente executadas – situação que é, aliás, muito frequente na prática. Por outras palavras, a complexidade da posição debitória do empregador e do trabalhador no contrato de trabalho – e, por força dela, a amplitude e a diversidade das situações de incumprimento que podem surgir – não é suficientemente enfatizada pela lei.

Por outro lado, não podemos deixar de estranhar que a lei tenha considerado necessário consagrar expressamente um princípio de responsabilidade civil no contrato de trabalho (quando se trata de um princípio comum, que decorre do Código Civil), mas, sobretudo, que tenha considerado esse princípio como o «princípio geral» em matéria de incumprimento dos deveres laborais.

É que, como bem sabemos, a consequência típica da violação dos deveres laborais não é a responsabilização civil dos prevaricadores, que só é actuada em casos raros ou após a cessação do vínculo, mas, de acordo com o princípio fundamental do direito do trabalho que já designámos de princípio da auto-tutela[9] (e que é, efectivamente, um princípio estranho à lógica obrigacional da disciplina jurídica do incumprimento!), é sim o recurso aos dois meios específicos de tutela que a lei põe à disposição do empregador e do trabalhador: o poder disciplinar, através do qual o empregador pune, de forma rápida e eficaz, a violação de qualquer dever laboral pelo trabalhador; e o direito de greve, que os trabalhadores podem exercer em caso de violação dos deveres do empregador.

Não sendo pois a responsabilidade civil, mas sim a responsabilidade disciplinar e a greve as consequências típicas do incumprimento dos deveres laborais, respectivamente por parte do trabalhador e do empregador, não se descortina a vantagem desta opção do legislador, que, de novo em obediência a uma visão «obrigacional» do vínculo laboral, se afastou da realidade das coisas. E, por outro lado, não podemos deixar de chamar a atenção para a possibilidade de surgimento de dúvidas, na articulação deste suposto princípio geral de responsabilidade civil com a responsabilidade disciplinar, já que os pressupostos de uma e de outra formas de responsabilidade não são os mesmos (designadamente, como é sabido, a responsabilidade disciplinar não pressupõe o dano a que alude o art. 363.º).

---

[9] ROSÁRIO PALMA RAMALHO, *Da Autonomia Dogmática...cit.*, 991.

Por estas razões parece-nos que teria sido preferível manter a velha formulação do art. 27.º n.º 4 da LCT, que estabelecia o princípio da cumulação da responsabilidade disciplinar com a responsabilidade criminal e civil, no contrato de trabalho, e que assegurava a independência dos respectivos pressupostos.

VI. Por último, ainda nesta apreciação sistemática, cabe uma observação sobre o que consideramos serem os perigos desta opção de secundarização do poder disciplinar laboral. E aqui, do nosso ponto de vista, deve, sobretudo, apontar-se o perigo da menor visibilidade das garantias do trabalhador associadas a este poder, que pode resultar do seu tratamento em sede de incumprimento e não em sede de direitos e deveres essenciais das partes.

Este é, quanto a nós, um ponto essencial, dada a natureza peculiar do próprio poder, por ser um poder privado, unilateral, relativamente discricionário, incidente na pessoa do trabalhador e de escopo punitivo, e dada a gravidade que as sanções disciplinares podem efectivamente assumir, causando, no limite, a ruptura do vínculo laboral.

Ora, estas características do poder disciplinar têm conduzido a unanimidade da doutrina a enfatizar a necessidade de rodear o seu exercício de princípios gerais e de garantias processuais que assegurem a sua conformação dentro de limites aceitáveis. E, naturalmente, estas garantias passam também pela visibilidade desta matéria, que seria porventura maior se tivesse outra inserção sistemática.

3. Apreciação na especialidade

I. Passando agora a uma apreciação do poder disciplinar laboral, na perspectiva da comparação do regime anterior com o novo regime legal nesta matéria, entendemos que as alterações introduzidas pelo Código do Trabalho na especialidade não são vultuosas mas existem algumas novidades.

Podemos agrupar estas alterações em três grupos: alterações de índole semântica ou terminológica; alterações de reorganização e de saneamento de algumas normas; e alterações substanciais.

II. Do ponto de vista terminológico, o Código do Trabalho aproveitou, desde logo, para proceder ao saneamento de expressões de origem corporativa e à consequente actualização de alguns preceitos – assim, em relação ao destino das multas (art. 370.º do CT, correspondente ao art. 27.º n.º 5 da LCT) ou às referências aos organismos corporativos a propósito das sanções abusivas (art. 374.º, correspondente ao art. 32.º da LCT). Para além destas, chamamos a atenção para duas alterações terminológicas: a designação da sanção de multa, que passa a ser referida como «*sanção pecuniária*» (art. 366.º alínea c) do CT); e a uniformização da designação dos aspectos processuais ligados ao exercício do poder disciplinar neste ponto (art. 371.º do CT) e a propósito das várias formas de despedimento por iniciativa do empregador, através da expressão «*procedimento*», deixando cair as referências da LCT e da LCCT a «processo».

Na nossa opinião, uma e outra alterações não foram felizes. Quanto à designação da sanção de multa como «sanção pecuniária», cremos que ela pode induzir em erro, já que, embora esta seja a única sanção pecuniária directa, há outras sanções com efeitos pecuniários. Quanto à expressão «procedimento», não descortinamos a razão de ser da alteração (que, aliás, carece de firmeza, porque a epígrafe do art. 372.º continua a referir-se à «acção disciplinar»), não só porque, efectivamente, está em causa um processo em sentido próprio, mas porque a expressão é mais vaga, o que não é desejável do ponto de vista da visibilidade das garantias do trabalhador nesse mesmo processo.

Noutra linha, lamentamos que não se tenha aproveitado a oportunidade para substituir a referência tradicional da LCT à «audiência prévia» do trabalhador, (que se mantém no art. 371.º), por uma mais clara referência ao direito de defesa ou ao princípio do contraditório. Trata-se, como é sabido de uma expressão de pendor «administrativizante» (aliás, como a expressão «procedimento»), que a inspiração originária do regime jurídico desta matéria no poder disciplinar dos serviços públicos poderia justificar na LCT, mas que faz hoje pouco sentido num regime jurídico de direito privado. E o mesmo se diga de expressões como «superior hierárquico» e outras...

III. O segundo tipo de alterações introduzidas pelo Código do Trabalho, nesta matéria, é de ordem organizacional: nuns casos, estas alterações passam pela junção de normas (por exemplo, art. 370.º, quanto ao destino da sanção pecuniária, e art. 372.º, que junta agora as regras relativas à prescrição da infracção disciplinar e à caducidade do processo disciplinar) e, noutros casos, são soluções de desdobramento.

Com maior relevo, neste último grupo, apontamos o desdobramento dos princípios fundamentais em matéria de aplicação das sanções e de processo disciplinar por diversas normas (o princípio da proporcionalidade está no art. 367.º, o princípio do contraditório no art. 371.º n.º 1, e o princípio da celeridade está distribuído pelos artigos. 372.º e 373.º), que teria, porventura ganho, com uma apresentação conjunta e mais clara.

IV. Mais interessantes são, naturalmente, as alterações substanciais. E aqui cabe referir, evidentemente, as mais importantes modificações introduzidas, mas também aquelas que, do nosso ponto de vista, deveriam ter sido feitas e não foram.

As principais alterações de substância encontram-se nos seguintes pontos: o elenco das sanções disciplinares, previsto no art. 366.º, foi alargado com a previsão da sanção de perda de dias de férias (art. 356.º d)); os limites à sanção pecuniária e de suspensão do contrato, constantes dos artigos 368.º e 369.º, foram alargados significativamente; e a regra da prescrição da infracção disciplinar foi alterada para as situações em que a infracção constitua crime (art. 372.º n.º 2).

A alteração da regra da prescrição não nos suscita grandes dúvidas: como é sabido, o ponto era já discutido na doutrina e o Código tomou posição, sendo mantido o prazo prescricional geral de um ano sobre a prática da infracção, mas excepcionando-se desse prazo as infracções que também constituam crime e cujos prazos de prescrição são os da lei penal.

Já no que se refere às duas outras alterações, elas nos parecem mais gravosas.

Assim, no que se refere ao aumento dos limites da sanção de multa, não podemos deixar de chamar a atenção para o facto de o Código ter seguido uma orientação oposta à de outros países da Europa, que têm vindo a erradicar a sanção de multa dos seus ordenamentos[10], pela facilidade de abusos do empregador na sua aplicação e pelos reflexos desta sanção na função alimentar do salário. Aliás, deve-se lembrar-se que, mesmo entre nós, essa foi também a opção de muitas convenções colectivas, que proíbem essa sanção[11]. Ora, tendo o Código seguido a orientação inversa, aumentam, do nosso ponto de vista, as probabilidades de abuso na respec-

---

[10] Foi o caso de Espanha, por exemplo – art. 58.º n.º 3 do *Estatuto de los Trabajadores,* na versão refundida, aprovada pelo Real Decreto Legislativo 1/1995, de 24 de Março.

[11] Sobre o ponto, com múltiplos exemplos, ROSÁRIO PALMA RAMALHO, *Do Fundamento...cit.,* 76 e nota (79).

tiva aplicação e pode até vir a ser posto em causa o princípio constitucional da suficiência salarial mínima (art. 59.º n.º 1 a) *in fine*, e n.º 2 a) da CRP), sobretudo se tivermos em atenção que os limites máximos da sanção podem ser elevados para o dobro, nos termos do artigo 369.º.

O mesmo se diga em relação ao aumento dos limites da sanção de suspensão da prestação do trabalho com perda de retribuição, sobretudo, porque foi mantida a possibilidade de elevação desses limites para o dobro, em convenção colectiva (art. 369.º n.º 1). É que da conjugação destes preceitos resulta que o tempo de suspensão pode ir até seis meses, o que parece manifestamente excessivo, para além de reverter contra o empregador, que continua a manter as suas obrigações contributivas e não pode substituir o trabalhador... Como já alguém disse, esta sanção é quase uma sanção para o empregador[12].

Por último, também não nos parece feliz a previsão, como sanção disciplinar, da perda de dias de férias (art. 356.º d) do CT), tanto por um motivo jurídico como por uma razão prática.

Do ponto de vista jurídico, cremos que esta sanção contraria directamente a função primordial do direito a férias (reconhecida constitucionalmente – art. 59.º n.º 1 d) da CRP), que é a de propiciar aos trabalhadores o tempo necessário de recuperação física ao fim de um ano de trabalho. E entendemos que a questão da constitucionalidade não é ultrapassada com a salvaguarda dos vinte dias de férias, prevista no art. 368.º n.º 2 do CT: é que, sendo o direito a férias um direito do trabalhador, com fundamento em razões de interesse do trabalhador mas também de interesse público, não deve poder ser retirado por um terceiro, mesmo que se admita a limitação (e de novo apenas em termos estritos), pelo seu titular[13].

Por outro lado, do ponto de vista prático, não podemos deixar de observar a facilidade de aproveitamento desta norma para atingir outros objectivos por um empregador menos escrupuloso: é que sempre haverá a tentação de

---

[12] Apesar de tudo, relativamente a esta sanção, pode apontar-se como consequência positiva do novo regime, que o aumento dos seus limites máximos pode fazer diminuir as situações de recurso ao despedimento. É, esta, aliás a opinião manifestada, por ROMANO MARTINEZ em anotação a esta norma (cfr., ROMANO MARTINEZ/L. M. MONTEIRO/JOANA VASCONCELOS/MADEIRA DE BRITO/GUILHERME DRAY/GONÇALVES DA SILVA, *Código do Trabalho Anotado*, 4ª ed., Coimbra, 2005, 609.

[13] Note-se que esta sanção é também proibida noutros ordenamentos – é o caso espanhol, nos termos do já referido art. 58.º n.º 3 do *Estatuto de los Trabajadores*.

aplicar esta sanção a um trabalhador que faça falta à empresa no período das férias, ainda que, evidentemente, apostemos pouco na produtividade do trabalhador que fique a trabalhar nestas condições. Efectivamente, só um trabalhador de muito boa índole é que não «preguiçará» durante aqueles dias, continuando, obviamente, a receber o seu salário...

Por fim, realçamos alguns problemas técnicos suscitados pela sanção da perda de dias de férias e para os quais a lei não fornece uma resposta clara: o primeiro é o das eventuais repercussões desta sanção no subsídio de férias; o segundo é o dos seus limites, tendo em conta que o trabalhador pode ter um período de férias superior ao mínimo legal; e o terceiro é do momento da execução da sanção.

Quanto ao primeiro problema, coloca-se a questão de saber se à perda de dias de férias pode corresponder a perda da parcela correspondente do subsídio de férias. No nosso entender, esta hipótese não é de admitir, porque o subsídio de férias é um direito do trabalhador garantido pela lei (art. 255.º n.º 2) e dessa qualificação decorre que não pode ser limitado por outra pessoa que não o respectivo titular, como decorre, aliás, do art. 213.º n.º 5; e, pragmaticamente, porque a admissão da repercussão desta sanção no subsídio de férias aumentaria a probabilidade de utilização abusiva da mesma por parte dos empregadores.

O problema dos limites desta sanção decorre da duração efectiva das férias anuais do trabalhador, uma vez que a duração mínima do período de férias (fixada pelo art. 213.º n.º 1 do CT em 22 dias úteis) pode ser objecto de majoração, quer em instrumento de regulamentação colectiva do trabalho, quer por força da lei como compensação pela assiduidade do trabalhador, nos termos do art. 213.º n.º 3. Ora, da conjugação destas possibilidades de majoração com o único limite relativo a esta sanção disposto pela lei (o do gozo de 20 dias úteis de férias – art. 368.º n.º 2), parece decorrer que a sanção poderá variar tendo em conta a duração efectiva das férias do trabalhador no ano a que se reporta, podendo, no limite, ir até 5 dias. Por outro lado, também parece decorrer do limite estabelecido no art. 368.º n.º 2 que esta sanção não poderá ser aplicada nas situações em que o direito a férias do trabalhador não atinja o período mínimo legal (o que pode acontecer em contratos a termo de curta duração ou no ano de admissão do trabalhador).

Por fim, esta sanção coloca o problema da sua execução, por força do princípio da celeridade na aplicação das sanções disciplinares, estabelecido pelo art. 373.º, conjugado com as regras do vencimento do direito a férias, estabelecidas no art. 212.°, que podem, em concreto, determinar que o tempo máximo previsto pela lei para a aplicação da sanção (90 dias) decorra do vencimento do direito a férias. A nosso ver, uma hipótese de resolução deste problema será considerar a sanção como executada com a respectiva decisão, ainda que os respectivos efeitos sejam postergados para o momento do vencimento do direito a férias. Mas, de novo, este é um problema que exige uma reflexão mais profunda.

V. Para terminar esta apreciação na especialidade, diremos uma palavra sobre as alterações que não foram introduzidas nesta matéria, devendo tê-lo sido. E, nesta linha, realçaremos três pontos.

Em primeiro lugar, deveria ter-se ponderado sobre a conveniência da introdução de uma noção de infracção disciplinar, não porque, em geral, deva caber ao legislador a tarefa de definir, mas, neste caso particular, porque a indicação dos deveres do trabalhador cuja violação pode consubstanciar infracção disciplinar é feita num momento muito anterior do Código (art. 121.°) e porque o princípio geral em matéria de incumprimento (constante do art. 363.°), aponta, nos termos acima indicados, para a não execução das prestações principais do contrato, não dando assim a medida clara do âmbito possível das situações de infracção. Por esta razão, uma definição simples de infracção disciplinar, eventualmente com remissão para os deveres do trabalhador, teria, porventura, utilidade.

Em segundo lugar, poderia ter-se aproveitado para aperfeiçoar a norma relativa à titularidade e ao exercício do poder disciplinar, que se mostra hoje um pouco desajustada: quanto ao exercício, porque o poder disciplinar pode, na verdade, ser delegado pelo empregador em trabalhadores que não sejam superiores hierárquicos do infractor e mesmo em terceiros; quanto à titularidade do poder, porque a referência aos trabalhadores que estejam «ao serviço» do empregador não será fácil de conjugar com algumas situações laborais atípicas, como a do trabalho temporário, ou a da pluralidade de empregadores, etc...

Por último, estranhamos que a lei continue a qualificar a simples repreensão como uma sanção disciplinar ou, pelo menos a tratá-la como as outras, ao arrepio da tendência de outros ordenamentos, que a retiraram do elenco das sanções disciplinares[14] ou a isentaram das exigências processuais, que não lhe são, pela natureza das coisas, aplicáveis.

---

[14] Foi a orientação do sistema jurídico francês, que se pode cotejar no art. L. 122-40 do *Code du Travail*.

4. Notas de conclusão geral

Feita a apreciação da matéria na especialidade, resta concluir.

No nosso entender, a secundarização do poder disciplinar no elenco dos poderes do empregador, decorrente da sua remissão para o capítulo relativo ao incumprimento, e a perspectiva adoptada pelo legislador na regulamentação desta matéria merece-nos um juízo global negativo e de desadequação aos principais interesses dos trabalhadores e dos empregadores em jogo neste instituto, pelos seguintes motivos:

i) Por um lado, trata-se de uma solução artificial, porque oblitera o facto de o poder disciplinar constituir a expressão magna da posição dominante do empregador no contrato e de actuar em termos de normalidade ao longo da execução do vínculo, seja através do estabelecimento das regras de disciplina na empresa, seja na fiscalização do desempenho dos trabalhadores e, portanto, independentemente da prática de infracções disciplinares e da aplicação de sanções disciplinares. Nesta perspectiva, a solução proposta não serve os interesses dos empregadores.

ii) Por outro lado, esta solução obscurece a importância do poder disciplinar como elemento distintivo fundamental do contrato de trabalho em situações de dúvida. Não se compreende, pois, a lógica de remeter para o capítulo do incumprimento um poder de importância tão grande na própria qualificação do contrato.

iii) Por último, a solução tem inconvenientes do ponto de vista da garantia dos direitos dos trabalhadores em matéria disciplinar, situação que pode ser particularmente gravosa pela essência punitiva deste poder, na sua faceta sancionatória. Efectivamente, a secundarização do poder disciplinar diminui a sua visibilidade e esse facto pode facilitar o desrespeito pelas garantias de defesa dos trabalhadores, no processo disciplinar. A solução proposta não é pois também a mais adequada do ponto de vista dos interesses dos trabalhadores nesta matéria.

Abreviaturas utilizadas

CRP	– Constituição da República Portuguesa
CT	– Código do Trabalho
L	– Lei
LCCT	– Regime Jurídico da Cessação do Contrato de Trabalho e do Trabalho a Termo
LCT	– Regime Jurídico do Contrato de Trabalho

V
DIREITO PROCESSUAL CIVIL

A EXECUÇÃO LABORAL À LUZ DA REFORMA DA ACÇÃO EXECUTIVA

ISABEL ALEXANDRE
Assistente da Faculdade de Direito de Lisboa
Assessora do Gabinete dos Juízes do Tribunal Constitucional

> SUMÁRIO: I – Introdução; II – Elenco de títulos executivos; III – Execução de sentença pendente de recurso; IV – Patrocínio judiciário; V – Competência internacional dos tribunais do trabalho; VI – Competência em razão da matéria dos tribunais do trabalho; VII – Competência em razão do território dos tribunais do trabalho; VIII – O agente de execução na execução laboral; IX – Dualidade das formas de execução; X – Tramitação da execução baseada em sentença de condenação em quantia certa; XI – Tramitação da execução baseada em outros títulos; XII – Conclusão.

I – INTRODUÇÃO

O Código de Processo do Trabalho (CPT)[1] regula o processo de execução no Título V do Livro I, mais precisamente nos artigos 88.º a 98.º. Aí vem tratada a matéria do título executivo, a execução baseada em sentença de condenação em quantia certa e a fundada noutros títulos, bem como a exclusão da reclamação de créditos.

Fora do CPT, outros diplomas assumem pertinência para a execução laboral. É o caso da Lei n.º 3/99, de 13 de Janeiro (Lei de Organização e Funcionamento dos Tribunais Judiciais – LOFTJ)[2], ou o do próprio

---
[1] O actual CPT foi aprovado pelo Decreto-Lei n.º 480/99, de 9 de Novembro.
[2] A LOFTJ foi republicada em anexo à Lei n.º 105/2003, de 10 de Dezembro, que também a alterou. Posteriormente, viria ainda a ser modificada pelo Decreto-Lei n.º 53/2004, de 18 de Março.

Código de Processo Civil (CPC), atenta a aplicação subsidiária da legislação processual civil ao processo do trabalho (cfr. artigo 1.º, n.º 2, alíneas a), c), e e) do CPT).

No presente estudo, interessa-nos averiguar em que medida a alteração do regime jurídico da acção executiva, materializada no Decreto-Lei n.º 38/2003, de 8 de Março[3] e complementada por outros diplomas – é o caso dos Decretos-Leis n.ºs 88/2003, de 26 de Abril[4], 200/2003, de 10 de Setembro[5], 201/2003, de 10 de Setembro[6] e 202/2003, de 10 de Setembro[7], ou das Portarias n.ºs 700/2003, de 31 de Julho[8], 708/2003, de 4 de Agosto[9], 941/2003, de 5 de Setembro[10], 946/2003, de 6 de Setembro[11] e 985-A/2003, de 15 de Setembro[12] –, se reflectiu no regime da execução laboral.

Alguns preceitos legais relativos à execução laboral foram, como veremos, objecto de alteração expressa pelo mencionado Decreto-Lei n.º 38/2003, de 8 de Março, pelo que a eles necessariamente nos referire-

---

[3] O Decreto-Lei n.º 38/2003, de 8 de Março foi entretanto objecto de rectificação pela Declaração de Rectificação n.º 5-C/2003, de 30 de Abril e de alterações pelo Decreto-Lei n.º 199/2003, de 10 de Setembro (rectificado pela Declaração de Rectificação n.º 16--B/2003, de 31 de Outubro) e pelo Decreto-Lei n.º 53/2004, de 18 de Março.

[4] O Decreto-Lei n.º 88/2003, de 26 de Abril aprovou o Estatuto da Câmara dos Solicitadores, tendo criado e regulado a figura do *solicitador de execução* (cfr. artigos 116.º a 131.º). Foi entretanto alterado pela Lei n.º 49/2004, de 24 de Agosto.

[5] O Decreto-Lei n.º 200/2003, de 10 de Setembro (entretanto alterado pelo Decreto-Lei n.º 324/2003, de 27 de Dezembro) aprovou o modelo de requerimento executivo previsto no CPC e previu as respectivas formas de entrega.

[6] O Decreto-Lei n.º 201/2003, de 10 de Setembro (entretanto alterado pelo Decreto-Lei n.º 53/2004, de 18 de Março) regulou o registo informático de execuções previsto no CPC.

[7] O Decreto-Lei n.º 202/2003, de 10 de Setembro regulou o regime das comunicações por meios telemáticos entre a secretaria judicial e o solicitador de execução, no âmbito das competências a exercer por este como agente de execução em sede de processo executivo (artigo 1.º).

[8] Esta portaria aprova os modelos do auto de penhora, do edital de penhora de imóveis e dos selos de penhora de veículos automóveis.

[9] Esta portaria estabelece a remuneração e o reembolso das despesas do solicitador de execução no exercício da actividade de agente de execução (artigo 1.º).

[10] Esta portaria estabelece os procedimentos e condições em que se processa a venda em depósitos públicos de bens penhorados, nos termos do artigo 907.º-A do CPC.

[11] Esta portaria define que o agente de execução é o escrivão de direito, titular da secção onde corre termos o processo de execução.

[12] Esta portaria define a forma de entrega do requerimento executivo em formato digital.

mos. Mas prender-nos-á sobretudo a atenção a articulação entre o novo regime da execução comum – e a alteração do regime jurídico da acção executiva, a que fizemos referência, visou-a prioritariamente – e a execução laboral, atendendo a que, como já salientámos, a esta se aplicam subsidiariamente as normas próprias daquela.

Já em anterior estudo[13] observámos algumas desarmonias entre o processo civil comum e o processo civil laboral, muitas vezes originadas pela circunstância de as reformas de um e de outro não tomarem em devida conta a aplicação subsidiária da legislação processual civil comum ao processo do trabalho: essencialmente, assinalámos certas injustificáveis especificidades na área do processo civil laboral e certas repetições existentes na legislação que lhe é aplicável. Veremos agora se tal tendência se manteve com a mais recente reforma da acção executiva, que percorreremos de forma necessariamente perfunctória e seguindo, tanto quanto possível, a respectiva sistematização.

II – ELENCO DE TÍTULOS EXECUTIVOS

O Decreto-Lei n.º 38/2003, de 8 de Março, não alterou o elenco de títulos executivos, constante do artigo 46.º do CPC, mas passou a prever, no n.º 2 deste preceito, que se consideram abrangidos pelo título executivo os juros de mora, à taxa legal, da obrigação dele constante.

O artigo 88.º do CPT, que trata das espécies de títulos executivos, não foi modificado por aquele diploma legal. Continua a dispor que, além dos autos de conciliação, podem servir de base à execução laboral todos os títulos a que o CPC ou lei especial atribuam força executiva: todavia, não responde à questão de saber se o mencionado n.º 2 do artigo 46.º do CPC se aplica à execução laboral, isto é, se qualquer título que possa servir de base à execução laboral abrange os juros de mora, à taxa legal, da obrigação dele constante.

Atendendo a que a aplicação subsidiária do n.º 2 do artigo 46.º do CPC não parece incompatível com a índole do processo do trabalho (cfr.

---

[13] Isabel Alexandre, "Princípios gerais do processo do trabalho", in *Estudos do Instituto do Direito do Trabalho*, Coimbra, Almedina, 2002, págs. 289-442 (= *Estudos em homenagem ao Prof. Doutor Raúl Ventura*, vol. II, Faculdade de Direito da Universidade de Lisboa, 2003, págs. 849-897).

artigo 1.º, n.º 2, alínea a) e n.º 3 do CPT), julga-se que a tal questão deve responder-se afirmativamente.

III – EXECUÇÃO DE SENTENÇA PENDENTE DE RECURSO

1. O artigo 47.º, n.º 4, do CPC (que conheceu nova redacção com o Decreto-Lei n.º 38/2003, de 8 de Março) regula a suspensão da execução de sentença pendente de recurso com efeito meramente devolutivo, mediante prestação de caução pelo executado.

Tal preceito aplica-se apenas quando não seja aplicável o regime do n.º 3 do artigo 692.º ou o do n.º 2 do artigo 693.º do mesmo Código: isto é, aplica-se quando o recorrente (executado) não tenha requerido, ao interpor o recurso, o efeito suspensivo do recurso, oferecendo-se para prestar caução, ou quando o recorrido (exequente), numa situação em que não se verifica a execução provisória da sentença, não tenha requerido a prestação de caução pelo recorrente.

Não teria, de facto, sentido aplicar o regime do artigo 47.º, n.º 4, do CPC (que visa possibilitar ao executado a suspensão da execução mediante prestação de caução), quando, como no caso do n.º 3 do artigo 692.º, o executado já requereu tal suspensão e já se ofereceu para prestar a caução, ou quando, como no caso do n.º 2 do artigo 693.º, não se verifique execução provisória da sentença e a prestação da caução já tenha sido requerida pela parte contrária. Em ambos estes casos, na verdade, já foi obtido o efeito (suspensivo da execução) que o artigo 47.º, n.º 4 permite ao executado obter.

O que se pode perguntar é, então, se o artigo 47.º, n.º 4, do CPC tem alguma utilidade, particularmente se tal disposição não se limita a repetir aquilo que já resulta do n.º 3 do artigo 692.º do CPC, embora sem exigir a demonstração de que a execução causaria ao executado prejuízo considerável (exigência que consta deste último preceito). E a resposta parece ser a de que a utilidade do artigo 47.º, n.º 4, do CPC é a da sua aplicação num momento processual posterior ao da interposição do recurso[14] e,

---

[14] Segundo José Lebre de Freitas, João Redinha e Rui Pinto (*Código de Processo Civil anotado*, vol. 1.º, Coimbra, Coimbra Editora, 1999, p. 95), a justificação para a inclusão do artigo 47.º, n.º 4 no CPC seria a de que "não fazia, de facto, muito sentido que a suspensão pudesse ser obtida quando fossem opostos embargos à execução de sentença, nomeadamente quando já transitada, e não pudesse sê-lo quando ainda não tivesse ocorrido o trânsito em julgado, por via de recurso interposto".

eventualmente, o esclarecimento de que a possibilidade, conferida ao executado, de suspensão da execução mediante prestação de caução não depende da circunstância de o recurso interposto ser de apelação (recorde-se que tanto o n.° 3 do artigo 692.° como o n.° 2 do artigo 693.° do CPC se inserem nas disposições próprias da apelação). De qualquer modo, não se compreende por que motivo o n.° 3 do artigo 692.° do CPC exige a demonstração de que a execução causaria ao executado prejuízo considerável e o artigo 47.°, n.° 4, do CPC não formula idêntica exigência.

2. Não existe, no CPT, preceito equivalente ao do artigo 47.°, n.° 4, do CPC, pois que aquele Código apenas regula os efeitos da apelação e do agravo – apesar de o seu artigo 83.° ter a genérica epígrafe "efeito dos recursos" – e a suspensão da execução em virtude de pagamento (cfr. artigo 95.° do CPT). Será, todavia, de aplicar subsidiariamente o artigo 47.°, n.° 4, do CPC ao processo laboral?

Julga-se que, quanto à *apelação* e ao *agravo*, não é de aplicar subsidiariamente o regime do artigo 47.°, n.° 4, do CPC ao processo do trabalho: a obtenção do efeito suspensivo pelo recorrente (executado) deverá ser regulada apenas pelo artigo 83.°, n.° 1, do CPT. E isto porque, como se viu, a única utilidade da aplicação do artigo 47.°, n.° 4, do CPC seria a de possibilitar ao recorrente (executado) requerer a suspensão da execução num momento posterior ao da interposição do recurso, possibilidade que nos parece conflituar com o princípio da celeridade processual (que, apesar dos muitos desvios que sofre, tem justificado a existência do próprio processo do trabalho[15]) e, desse modo, com o disposto no artigo 1.°, n.° 3, do CPT.

Quanto à *revista*, os artigos 81.°, n.° 5, e 87.° do CPT mandam aplicar o regime estabelecido no CPC, quanto à respectiva interposição, alegação e julgamento. No que diz respeito ao efeito da revista, não há disposição expressa no CPT, mas não faria sentido que a revista tivesse, no processo laboral (que se pretende mais célere), efeito suspensivo, quando no processo comum tem, em regra, efeito meramente devolutivo (cfr. artigo 723.° do CPC). Por outro lado, não se compreenderia que, no processo laboral, a apelação tivesse efeito meramente devolutivo (cfr. o já

---

[15] Sobre o princípio da celeridade processual como princípio do processo do trabalho, ver Raul Ventura ("Princípios gerais de direito processual do trabalho", in *Curso de direito processual do trabalho*, suplemento da *RFDUL*, Lisboa, 1964, pp. 35-36 e 49-50) e Isabel Alexandre ("Princípios…", ob. cit., pp. 406 e ss. e 438-440).

analisado artigo 83.°, n.° 1, do CPT) e a revista (interposta de uma decisão de um tribunal superior) efeito suspensivo. Finalmente, a remissão do artigo 81.°, n.° 5, do CPT para o regime do CPC parece-nos uma remissão, em bloco, para os artigos 721.° e seguintes deste Código, que apesar de sistematicamente inseridos numa subsecção dedicada à interposição e expedição do recurso de revista, contêm disposições sobre o efeito deste recurso.

Portanto, a revista em processo laboral terá efeito meramente devolutivo, apenas competindo saber se o executado pode requerer a suspensão da execução mediante prestação de caução e em que termos.

Para resolver esta questão, interessa começar por analisar o que sucede no âmbito do processo civil comum. Neste, não há disposição prevendo a aplicabilidade, à revista, do artigo 692.°, n.° 3, do CPC: que, como se viu, regula a possibilidade de o apelante (executado) requerer, ao interpor o recurso, o efeito suspensivo, quando a execução lhe cause prejuízo considerável e se ofereça para prestar caução. Na verdade, nas disposições próprias da revista apenas se encontra uma remissão (no artigo 724.°, n.° 2, 1ª parte, do CPC) para o n.° 2 do artigo 693.° do mesmo Código (que pressupõe que a sentença não seja objecto de execução provisória); e, nos casos em que a revista tem efeito meramente devolutivo, só se contempla a hipótese de o recorrido (exequente) requerer que se extraia traslado para a promoção da execução (cfr. artigo 724.°, n.° 2, 2ª parte, do CPC).

Assim sendo, parece-nos que, na revista em processo civil comum, não vigora regime semelhante ao do artigo 692.°, n.° 3, do CPC, não podendo portanto o recorrente (executado) requerer, ao interpor o recurso, o efeito suspensivo, quando a execução lhe cause prejuízo considerável e se ofereça para prestar caução.

Esta conclusão articula-se mal, todavia, com o disposto no já mencionado artigo 47.°, n.° 4, do CPC, que prevê a possibilidade de, em qualquer execução de sentença pendente de recurso com efeito meramente devolutivo, o executado obter a suspensão da execução mediante prestação de caução. Terá algum sentido que, na revista em processo civil comum, se aplique o disposto no artigo 47.°, n.° 4, do CPC, mas já não se possa aplicar (subsidiariamente) o disposto no artigo 692.°, n.° 3, do mesmo Código? Não tem, desde logo porque aquele primeiro preceito não exige a demonstração do prejuízo considerável para a parte vencida (executado). Mas não vemos como pode negar-se a aplicabilidade do artigo 47.°, n.° 4, do CPC à execução pendente de revista, atendendo a que tal preceito não distingue em função do recurso concretamente interposto.

O problema agrava-se quando consideramos o processo laboral. É que à revista em processo laboral é aplicável, por força do artigo 81.º, n.º 5, do CPT, o regime do CPC relativo à interposição da revista. E este regime, como dissemos, contém disposições relacionadas, não com a interposição do recurso propriamente dita, mas com os efeitos de tal recurso. Será o artigo 47.º, n.º 4, do CPC aplicável ao processo laboral, quando se pretenda executar sentença pendente de revista?

Explicámos atrás por que motivo este preceito não é subsidiariamente aplicável à apelação e ao agravo em processo laboral. Ora, não o sendo, seria totalmente incongruente aceitar a sua aplicação à revista, pois que se permitiria ao executado suspender mais facilmente a execução de uma sentença de um tribunal superior do que a de uma sentença de um tribunal de 1ª instância. O regime do CPC para o qual remete o artigo 81.º, n.º 5, do CPT não abrangerá, pois, todas as disposições deste Código que, por serem aplicáveis a qualquer recurso, o sejam também à revista (como é o caso do seu artigo 47.º, n.º 4).

Finalizando, diremos que, no âmbito do processo laboral, nenhum preceito existe que permita a suspensão da execução de sentença pendente de revista mediante prestação de caução.

IV – PATROCÍNIO JUDICIÁRIO

O Decreto-Lei n.º 38/2003, de 8 de Março alterou as regras relativas ao patrocínio judiciário obrigatório em matéria de execuções, contidas no artigo 60.º do CPC, havendo a registar, pela sua importância, o regime do novo n.º 3 deste preceito: as partes têm de se fazer representar por advogado, advogado estagiário ou solicitador nas execuções de valor superior à alçada do tribunal de primeira instância não abrangidas pelos números anteriores.

No CPT, o patrocínio judiciário encontra-se tratado nos artigos 7.º a 9.º, não havendo porém qualquer norma correspondente ao artigo 60.º do CPC. Na verdade, o CPT limita-se a regular o patrocínio de certas pessoas (por exemplo, trabalhadores e seus familiares) pelo Ministério Público (artigo 7.º do CPT), bem como a prever a possibilidade de nomeação de advogado oficioso (artigo 7.º do CPT) e a constituição de mandatário judicial (artigo 9.º do CPT): nada estabelece a propósito da intervenção obrigatória de advogado, advogado estagiário ou solicitador.

Assim sendo, o regime relativo ao patrocínio judiciário obrigatório contido no artigo 60.º do CPC só será subsidiariamente aplicável às execuções laborais quanto às entidades não patrocinadas oficiosamente pelo Ministério Público (ou não representadas pelo Ministério Público: cfr. artigo 6.º do CPT). As alternativas seriam, de facto, entender que nunca existiria patrocínio judiciário obrigatório (por advogado, advogado estagiário ou solicitador) nas execuções laborais, ou que mesmo nos casos de representação ou patrocínio pelo Ministério Público ele se verificaria, alternativas que nos parecem de rejeitar.

V – COMPETÊNCIA INTERNACIONAL DOS TRIBUNAIS DO TRABALHO

As normas reguladoras da competência internacional constantes do CPT (artigos 10.º e 11.º) contêm algumas especificidades face às correspondentes normas do CPC, que tradicionalmente se explicam pelo objectivo da implementação do princípio da justiça completa (na sua vertente de procura da igualdade real das partes)[16].

No entanto, o CPT não contém qualquer norma que atribua competência internacional exclusiva aos tribunais do trabalho: a competência internacional definida no seu artigo 10.º apenas não pode ser afastada por pactos privativos de jurisdição e, ainda assim, só se não for outra a solução estabelecida em convenções internacionais (cfr. artigo 11.º). Quer isto dizer que, numa situação de conflito positivo de jurisdições, nunca os tribunais do trabalho se consideram exclusivamente competentes.

Um problema que se coloca neste domínio é o de saber se a alínea e) do artigo 65.º-A do CPC, introduzida pelo Decreto-Lei n.º 38/2003, de 8 de Março, se aplica também às execuções laborais. De acordo com aquele preceito, os tribunais portugueses têm competência exclusiva para as execuções sobre bens existentes em território português, sem prejuízo do que se ache estabelecido em tratados, convenções, regulamentos comunitários e leis especiais.

Problema idêntico já se podia, aliás, colocar antes da publicação do citado Decreto-Lei n.º 38/2003, de 8 de Março: não tanto a propósito da competência exclusiva dos tribunais do trabalho (pois que o artigo 65.º-A do CPC, na redacção anterior, dificilmente se poderia aplicar às acções da

---

[16] Sobre este ponto, ver Isabel Alexandre, *idem*, págs. 428-430.

competência dos tribunais do trabalho), mas sobretudo quanto à aplicação subsidiária do artigo 65.º do CPC ao processo do trabalho. Na verdade, os factores de atribuição da competência internacional aos tribunais portugueses constantes do CPC são mais amplos do que os previstos no CPT, pelo que, caso se sustente a sua aplicação subsidiária ao processo do trabalho (e nenhuma razão se vislumbra para que assim não seja), afigura-se inútil o preceituado no artigo 10.º do CPT.

Mas retornando à questão da aplicabilidade da alínea e) do artigo 65.º-A do CPC às execuções laborais, cumpre salientar que a sua introdução neste Código se deveu ao propósito do legislador de harmonizar as regras nacionais com o regime do Regulamento (CE) n.º 44/2001, de 22 de Dezembro de 2000: é o que se refere no próprio preâmbulo do Decreto-Lei n.º 38/2003, de 8 de Março.

Ter-se-á tido em vista, certamente, o disposto no artigo 22.º, n.º 5, desse Regulamento – que determina que, em matéria de execução de decisões, têm competência exclusiva, qualquer que seja o domicílio, os tribunais do Estado-Membro do lugar da execução –, uma vez que mais nenhum outro preceito de tal diploma regula matéria conexionada com a acção executiva.

Contudo, a redacção deste artigo 22.º, n.º 5, não apresenta uma total correspondência com a da alínea e) do artigo 65.º-A do CPC, pois que, em matéria de execução de decisões, confere competência exclusiva aos tribunais do Estado-Membro do *lugar da execução* e não aos tribunais do Estado-Membro do *lugar onde se situem os bens sujeitos à execução*.

Aliás, é muito duvidoso que o artigo 22.º, n.º 5, do Regulamento (CE) n.º 44/2001, de 22 de Dezembro de 2000 tenha pretendido dispor sobre a competência para propor uma acção executiva: como já a propósito de idêntico preceito da Convenção de Bruxelas (o artigo 16.º, n.º 5) observavam MIGUEL TEIXEIRA DE SOUSA e DÁRIO MOURA VICENTE, tal artigo terá tido antes em vista regular a competência para as acções de oposição à execução, movidas pelo executado ou por um terceiro[17].

---

[17] Miguel Teixeira de Sousa e Dário Moura Vicente, *Comentário à Convenção de Bruxelas*, Lisboa, Lex, 1994, págs. 117-118. Mais recentemente, Miguel Teixeira de Sousa (*A reforma da acção executiva*, Lisboa, Lex, 2004, p. 81) afirma: "O que o art.º 22.º Rgl 44/2001 determina é a competência exclusiva do tribunal da execução para os actos de execução e para os processos que possuem uma ligação directa com a execução, como é o caso, por exemplo, dos incidentes de oposição à execução ou à penhora (cfr. art.ºs 813.º, n.º 1, e 863.º-A, n.º 1) e dos embargos de terceiro (cfr. art.º 351.º, n.º 1)".

De qualquer modo, e mesmo considerando que do Regulamento (CE) n.º 44/2001, de 22 de Dezembro de 2000 não decorreria a necessidade ou até a conveniência da introdução, no CPC português, de um preceito como o da alínea e) do artigo 65.º-A do CPC[18], uma coisa é certa: tal Regulamento aplica-se também em matéria laboral, como claramente resulta da circunstância de nele se encontrarem regras relativas à competência em matéria de contratos individuais de trabalho (cfr. artigos 18.º a 21.º).

Ora, aplicando-se tal Regulamento também em matéria laboral, não se vê motivo para que o propósito que norteou o legislador ao inserir no CPC a norma da alínea e) do artigo 65.º-A não seja encarado como extensivo às execuções laborais. Dito de outro modo, esta norma há-de valer para as execuções laborais, pois que a razão da sua inserção no CPC não é privativa das execuções reguladas neste Código.

VI – COMPETÊNCIA EM RAZÃO DA MATÉRIA DOS TRIBUNAIS DO TRABALHO

1. A LOFTJ prevê, no seu artigo 78.º, alínea d), a possibilidade de serem criados tribunais do trabalho, como tribunais de competência especializada. As matérias de natureza cível da competência dos tribunais do trabalho vêm elencadas no artigo 85.º; as de natureza contravencional no artigo 86.º; as de natureza contra-ordenacional, finalmente, no artigo 87.º. A constituição do tribunal colectivo, em certas causas da competência dos tribunais do trabalho, aparece depois regulada no artigo 88.º.

Quanto à competência para as execuções laborais, o artigo 85.º, alínea n), da LOFTJ dispõe especialmente que aos tribunais do trabalho cumpre conhecer, em matéria cível, das execuções fundadas nas suas decisões ou noutros títulos executivos, ressalvada a competência atribuída a outros tribunais.

Este preceito manteve-se inalterado com o já várias vezes referido Decreto-Lei n.º 38/2003, de 8 de Março, que modificou o regime jurídico da acção executiva.

---

[18] Aliás, ainda que se entenda que o mencionado Regulamento contém, no seu artigo 22.º, n.º 5, uma norma de competência dirigida à acção executiva, a verdade é que essa norma nunca se aplicaria à execução de títulos extrajudiciais, mas apenas à execução de sentenças: neste sentido, José Lebre de Freitas, *A acção executiva depois da reforma*, 4ª ed., Coimbra, Coimbra Editora, 2004, pág. 117.

De tal circunstância deduz-se que o legislador da reforma não terá pretendido estender aos tribunais do trabalho a nova regra do artigo 103.º da LOFTJ e, desse modo, delimitar a competência dos tribunais do trabalho, no âmbito da *execução das suas próprias decisões*, em função da competência dos juízos de execução. Na verdade, poderia pensar-se que, sendo tribunais de competência especializada, aos tribunais do trabalho se aplicaria o disposto no artigo 103.º da LOFTJ, na redacção introduzida pelo Decreto-Lei n.º 38/2003, de 8 de Março: a de que nas circunscrições não abrangidas pela competência dos juízos de execução, seriam competentes para exercer, no âmbito do processo de execução, as competências previstas no CPC, quanto às decisões que tivessem proferido.

Aliás, o artigo 103.º da LOFTJ, já mesmo antes da redacção que lhe foi dada pelo Decreto-Lei n.º 38/2003, de 8 de Março, dificilmente se aplicaria aos tribunais do trabalho. Tal preceito surgiu na sequência dos artigos 71.º e 78.º da Lei n.º 38/87, de 23 de Dezembro (a anterior Lei Orgânica dos Tribunais Judiciais), que dispunham sobre a competência para a execução das próprias decisões, relativamente a tribunais de competência especializada e de competência específica, sendo que, para os tribunais do trabalho, essa Lei continha uma regra especial de atribuição de competência nesse domínio (a do artigo 64.º, alínea n), correspondente ao actual artigo 85.º, alínea n), da LOFTJ).

A competência dos tribunais do trabalho para a execução das suas próprias decisões, definida no artigo 85.º, alínea n), da LOFTJ, não é, assim, residual face à competência dos juízos de execução. O mesmo é dizer que a reforma da acção executiva, materializada no Decreto-Lei n.º 38/2003, de 8 de Março, não terá efectivamente querido atribuir competência em matéria de execução de decisões proferidas por tribunais do trabalho aos juízos de execução[19]. Saliente-se, ainda, que a posição contrária

---

[19] José Lebre de Freitas (*A acção executiva* ..., ob. cit., pág. 107) trata da competência dos juízos de execução a propósito da *competência em razão do valor*, assinalando que estes possuem *competência específica*. Todavia, a LOFTJ faz referência aos tribunais de competência específica quando regula a competência em razão da matéria (cfr. artigos 18.º, n.º 2, 64.º, n.º 2) e alude aos juízos de execução quando reparte a competência em razão da matéria entre diversos tribunais judiciais de 1ª instância (cfr., por exemplo, o artigo 77.º, n.º 1, alínea c)). A determinação da competência em razão do valor é remetida, na LOFTJ, para a lei de processo (cfr. artigo 20.º), sendo que o CPC não regula a questão de saber qual o tribunal de competência específica concretamente competente para a execução. Assim sendo, parece-nos que o problema que nos vinha ocupando – o da demarcação de competências entre tribunais do trabalho e juízos de execução – não é um problema de competência em razão do valor, mas de *competência em razão da matéria*. Também

não se harmonizaria com o teor literal do referido artigo 103.º da LOFTJ: com efeito, este preceito apenas faz referência às *competências previstas no Código de Processo Civil*, nada dispondo quanto às competências previstas no Código de Processo do Trabalho[20].

2. Todavia, como interpretar a ressalva contida na parte final do artigo 85.º, alínea n), da LOFTJ? Este preceito, recorde-se, dispõe que aos tribunais do trabalho cumpre conhecer, em matéria cível, das execuções fundadas nas suas decisões ou noutros títulos executivos, *ressalvada a competência atribuída a outros tribunais*.

Assinala ÁLVARO LOPES-CARDOSO[21] que não terá sido evidentemente propósito do legislador conferir aos tribunais do trabalho competência residual em matéria de execuções, isto é, atribuir-lhes competência para

---

o problema da demarcação de competências entre os vários tribunais de competência específica – por exemplo, varas cíveis e juízos de execução – não nos parece ser um problema de competência em razão do valor (igualmente pelo motivo de que o CPC nada dispõe a propósito). E temos muitas dúvidas de que seja até um problema de *competência em razão da forma de processo* aplicável, susceptível de fazer funcionar as regras dos artigos 108.º e seguintes do CPC (incompetência relativa), pois que o processo de execução comum segue hoje uma *forma única*. Será então que a propositura de uma acção executiva numa vara cível, mediante preterição do juízo de execução para ela competente, gera a incompetência em razão da matéria dessa vara? É a solução que estranhamente nos parece decorrer da LOFTJ e do CPC. No sentido de que a violação das regras da competência específica, no âmbito da acção executiva, origina a incompetência relativa do tribunal, consulte-se, porém, Miguel Teixeira de Sousa (*A reforma...*, ob. cit., p. 88).

[20] Competência residual face aos juízos de execução (para a execução das próprias decisões) possuem inequivocamente (além dos tribunais de competência genérica: cfr. artigo 77.º, n.º 1, alínea c), da LOFTJ) apenas os tribunais de família (cfr. artigos 81.º, alínea f), 82.º, n.º 1, alínea e) e 103.º da LOFTJ). Coloca-se, porém, o problema de saber se, para além dos tribunais de família, outros tribunais de competência especializada (por exemplo, tribunais de comércio ou marítimos) possuirão tal competência residual face aos juízos de execução, já que o artigo 103.º da LOFTJ a atribui a qualquer tribunal de competência especializada. Julga-se que, *se à execução em causa for aplicável o CPC*, a resposta deve ser afirmativa. O artigo 103.º da LOFTJ suscita ainda a questão de saber quais os tribunais de competência específica a que se aplica: aplicar-se-á, por exemplo, às varas cíveis, considerando que o artigo 97.º, n.º 1, alínea b), apenas prevê a competência destas varas para as execuções fundadas em título diverso de decisão judicial? A resposta deve ser também afirmativa: este preceito apenas visa alargar a competência das varas cíveis a certas execuções fundadas em título diverso de decisão judicial e não restringir a competência que, para estes tribunais, resulta da regra do artigo 103.º da LOFTJ.

[21] Álvaro Lopes-Cardoso, *Manual de processo do trabalho*, 3ª ed., Lisboa, Petrony, 2000, págs. 105-106.

todas as execuções que não coubessem a outros tribunais. Assim sendo, a mencionada ressalva significará apenas que, em matéria de *execuções fundadas em títulos executivos diversos de decisões proferidas por tribunais do trabalho*, a competência destes tribunais se restringe a "títulos executivos relativos a um direito da natureza dos que cabem na sua esfera de competência para as acções declarativas laborais": é o caso das "execuções de títulos cambiários, emitidos para pagamento de débitos laborais".

Mas será que, para as *execuções fundadas em títulos executivos diversos de decisões proferidas por tribunais do trabalho*, que "por natureza" caibam na competência destes tribunais, pode ser também competente um juízo de execução? Por outras palavras, a ressalva compreendida na parte final do artigo 85.°, alínea n), da LOFTJ, significará também a competência residual dos tribunais do trabalho, face aos juízos de execução, quando estejam em causa execuções desse tipo?

A resposta parece ser negativa: é que o artigo 102.°-A, da LOFTJ nada dispõe quanto às competências previstas no Código de Processo do Trabalho, limitando-se a determinar que aos juízos de execução compete "exercer, no âmbito do processo de execução, as competências previstas no Código de Processo Civil". Com a introdução de tal preceito não se terá, portanto, querido atribuir aos juízos de execução competência primária em matéria de execuções laborais.

No entanto, pode dar-se a eventualidade (certamente rara) de, no círculo judicial, não haver tribunal do trabalho. Na verdade, consultando o Mapa VI do Decreto-Lei n.° 186-A/99, de 31 de Maio (que regulamentou a LOFTJ)[22], constata-se que, pelo menos em relação ao círculo judicial de Angra do Heroísmo (mencionado no Mapa II do mesmo diploma), não existe um tribunal do trabalho competente.

Neste caso, a solução só pode ser a de reconhecer competência a um juízo de execução ou, na sua falta, a um tribunal de competência genérica, por aplicação das regras dos artigos 77.°, n.° 1, alínea c) e 102.°-A da LOFTJ. É que mesmo não tendo o legislador pretendido atribuir-lhes competência para as execuções laborais, não pode aceitar-se a possibilidade de nenhum tribunal ser competente para o efeito.

Contudo, esta solução articula-se mal com o teor literal dos artigos 77.°, n.° 1, alínea c) e 102.°-A da LOFTJ, dado que estes preceitos aludem

---

[22] O Decreto-Lei n.° 186-A/99, de 31 de Maio foi alterado pelos Decretos-Leis n.°s 290/99, de 30 de Julho, 27-B/2000, de 3 de Março, 178/2000, de 9 de Agosto, 246-A/2001, de 14 de Setembro, 74/2002, de 26 de Março, e 148/2004, de 21 de Junho.

apenas ao exercício das competências previstas no Código de Processo Civil pelos tribunais de competência genérica e pelos juízos de execução, omitindo qualquer referência às competências previstas no CPT.

Se no círculo judicial não houver tribunal do trabalho, pode colocar-se ainda o problema da determinação da competência para a *execução de uma decisão (em matéria laboral) proferida por um tribunal de competência genérica*. A solução lógica parece ser a de atribuir tal competência a esse tribunal de competência genérica, embora o teor literal dos artigos 77.°, n.° 1, alínea c) e 102.°-A da LOFTJ também não aponte nesse sentido[23].

VII – COMPETÊNCIA EM RAZÃO DO TERRITÓRIO DOS TRIBUNAIS DO TRABALHO

1. Relacionada com a questão, atrás tratada (*supra*, V.), da aplicabilidade da alínea e) do artigo 65.°-A do CPC (introduzida pelo Decreto-Lei n.° 38/2003, de 8 de Março) às execuções laborais, está a do tribunal territorialmente competente para instaurar a execução laboral, quando a competência internacional dos tribunais portugueses tenha sido determinada à luz daquela alínea e).

O n.° 4 do artigo 94.° do CPC (também introduzido pelo Decreto-Lei n.° 38/2003, de 8 de Março) considera que, quando a execução haja de ser instaurada em tribunal português, em virtude do disposto na alínea e) do artigo 65.°-A do mesmo Código, é competente o tribunal da situação dos bens a executar, *desde que não ocorra nenhuma das situações previstas*

---

[23] Relativamente às secretarias de execução, o artigo 121.°-A da LOFTJ – introduzido pelo Decreto-Lei n.° 38/2003, de 8 de Março – pode igualmente colocar o problema de saber quais as execuções para as quais tais secretarias são competentes. Com efeito, ao prever-se a sua competência apenas para efectuar as diligências necessárias à tramitação do *processo comum de execução*, pode ter-se querido excluir apenas as execuções especiais previstas no CPC e não aquelas às quais se aplique o disposto no CPC para o processo comum de execução (como será o caso das execuções laborais: cfr. artigos 91.°, n.° 7 e 97.°, n.° 1, do CPC). Mas não nos parece que o legislador tenha pretendido alargar a competência das secretarias de execução às execuções laborais: aparentemente, a sua competência será até mais limitada do que a dos juízos de execução, atendendo a que estes podem exercer "as competências previstas no Código de Processo Civil" (cfr. artigo 102.°-A da LOFTJ) e, para aquelas, apenas ficam reservadas as diligências relacionadas com um dos processos previstos neste Código: o processo comum de execução (cfr. artigo 121.°-A da LOFTJ).

nos artigos anteriores (ou seja, nos artigos 90.° e seguintes) e nos números anteriores do próprio artigo 94.°. Isto significa, como salienta PAULA COSTA E SILVA, que "[s]endo aplicável qualquer um dos critérios referidos nos arts. 90 a 94/1 a 3 [do CPC], a competência interna será conferida ao tribunal que resulte determinado por estes critérios, apesar de a competência internacional resultar de critério com aqueles possivelmente não coincidente"[24].

No CPT, não existe qualquer preceito equivalente ao n.° 4 do artigo 94.° do CPC. Será a correspondente norma subsidiariamente aplicável à execução laboral?

2. Antes de responder a esta questão, cumpre observar, em primeiro lugar, que os critérios de determinação da competência territorial constantes dos artigos 13.° e seguintes do CPT não versam explicitamente as execuções laborais.

E é seguro que tais critérios não se aplicam às execuções de sentenças proferidas por tribunais do trabalho, pois que para este tipo de execuções existe uma regra específica de atribuição de competência em razão da matéria – a do artigo 85.°, alínea n), da LOFTJ, já atrás analisada, segundo a qual aos tribunais do trabalho cumpre conhecer, em matéria cível, das execuções fundadas nas suas decisões –, que nos parece valer também para a determinação da competência em razão do território: se um determinado tribunal do trabalho proferiu uma sentença condenatória, deverá ser esse mesmo tribunal do trabalho o competente para a execução dessa sentença. A confirmar este entendimento, encontra-se o artigo 90.°, n.° 1, do CPC, que contém uma regra paralela, aplicável às execuções comuns.

Solução semelhante parece-nos dever valer para os casos em que a decisão a executar provenha de um tribunal de competência genérica, por não haver tribunal do trabalho no círculo judicial.

Quanto às execuções laborais fundadas em títulos executivos diversos de decisões de tribunais do trabalho (ou de tribunais de competência genérica) e para as quais sejam competentes os tribunais do trabalho – também por força do mencionado artigo 85.°, alínea n), da LOFTJ, segundo o qual aos tribunais do trabalho cumpre conhecer, em matéria cível, das execuções fundadas em títulos executivos diversos das suas decisões, ressalvada a competência atribuída a outros tribunais – ou,

---

[24] Paula Costa e Silva, *A reforma da acção executiva*, 3ª ed., Coimbra, Coimbra Editora, 2003, pág. 23.

excepcionalmente, um juízo de execução ou um tribunal de competência genérica[25], parece-nos que as regras dos artigos 13.º e seguintes do CPT (embora, como dissemos, não as versem explicitamente) devem ser aplicadas, prevalecendo sobre as disposições especiais sobre execuções constantes dos artigos 90.º e seguintes do CPC: assim, por exemplo, uma execução emergente de contrato de trabalho e fundada num título extrajudicial, instaurada por um trabalhador contra a entidade patronal, poderá ser proposta no tribunal do lugar da prestação de trabalho ou do domicílio do autor (artigo 14.º, n.º 1, do CPT), não sendo portanto a competência territorial determinada de acordo com o critério estabelecido no artigo 94.º, n.º 1, do CPC (o do tribunal do lugar onde a obrigação deva ser cumprida). E isto porque a aplicação subsidiária das regras do CPC normalmente não se coadunaria com o princípio da justiça completa, na sua vertente de procura da igualdade real das partes, que informa as regras sobre competência territorial em matéria laboral[26].

3. Também ainda antes de responder à questão que acima ficou colocada (*supra*, VII, 1.), importa salientar, em segundo lugar, que quando a competência internacional dos tribunais do trabalho tenha sido determinada, não em função do princípio da coincidência (com as regras de competência territorial estabelecidas no CPT) – consagrado na 1ª parte do artigo 10.º do CPT –, mas em função do princípio da causalidade – consagrado na 2ª parte do mesmo preceito –, porque foram praticados em território português, no todo ou em parte, os factos que integram a causa de pedir na acção, o CPT não contém qualquer norma de aferição da competência territorial, semelhante às contidas no artigo 85.º, n.º 3, do CPC[27].

Assim, por exemplo, se numa acção emergente de contrato de trabalho, intentada por um trabalhador contra a entidade patronal, o contrato de trabalho tenha sido celebrado em Portugal, mas seja no estrangeiro o lugar da prestação do trabalho, do domicílio do autor e do domicílio do réu, não é possível reconhecer competência internacional aos tribunais portugueses à luz do princípio da coincidência (pois que tanto o artigo 13.º como o

---

[25] Sobre esta possibilidade: *supra*, VI, 2.
[26] Sobre este ponto, ver Isabel Alexandre, "Princípios gerais...", ob. cit., págs. 428-430.
[27] Sobre a aplicação do artigo 85.º, n.º 3, do CPC na determinação da competência em razão do território, quando a competência internacional dos tribunais portugueses resulte do princípio da causalidade, consulte-se Miguel Teixeira de Sousa, *Estudos sobre o novo processo civil*, 2ª ed., Lisboa, Lex, 1997, p. 122.

artigo 14.º do CPT – os únicos preceitos que poderiam regular a situação – não indicariam como competente um tribunal português), mas é possível reconhecê-la recorrendo ao princípio da causalidade. Contudo, se posteriormente se pretender determinar o tribunal concretamente competente em razão do território, nenhum dos critérios dos artigos 13.º e seguintes do CPT funciona (o que é óbvio, uma vez que já nenhum deles permitiu afirmar a competência internacional dos tribunais portugueses em virtude do princípio da coincidência).

Deste modo, parece-nos que a solução deste problema só pode consistir na aplicação da norma do artigo 85.º, n.º 3, do CPC ao processo laboral: em última análise, será competente o tribunal do trabalho de Lisboa. A alternativa (evidentemente a rejeitar) seria admitir a possibilidade de os tribunais portugueses serem internacionalmente competentes, sem que, em concreto, nenhum tribunal português fosse competente.

Portanto, e em síntese: o CPT não contém normas de aferição da competência em razão do território dirigidas às execuções, embora as normas dos seus artigos 13.º e seguintes a elas possam ser aplicadas, prevalecendo sobre as do CPC; o CPT não contém também normas de aferição da competência em razão do território, quando a competência internacional tenha sido determinada em função do princípio da causalidade, sendo neste caso necessário recorrer ao disposto no artigo 85.º, n.º 3, do CPC.

4. Retomando agora a questão da aplicabilidade do n.º 4 do artigo 94.º do CPC às execuções laborais – preceito que, recorde-se, determina que, quando a execução haja de ser instaurada em tribunal português, em virtude do disposto na alínea e) do artigo 65.º-A do mesmo Código, é competente o tribunal da situação dos bens a executar, desde que não ocorra nenhuma das situações previstas nos artigos 90.º e seguintes e nos números anteriores do artigo 94.º –, parece-nos, por um lado, que a remissão para os artigos 90.º e seguintes e para os n.º s 1 a 3 do artigo 94.º, contida naquele preceito[28], não deve valer para as execuções laborais. E isto porque, como vimos, as normas constantes dos artigos 13.º e seguintes do CPT, embora não directamente versando as execuções laborais, devem prevalecer sobre as disposições especiais sobre execuções do CPC.

---

[28] Segundo Miguel Teixeira de Sousa (*A reforma...*, ob. cit., p. 86), "o novo art.º 94.º, n.º 4, ao contrário do que dá a entender a parte final deste preceito, torna inútil o art.º 94.º, n.ºs 2 e 3, porque ele consome a previsão destes últimos preceitos, já que neles a competência territorial também é definida em função da localização de bens (naturalmente em Portugal)".

Por outro lado, julgamos que, resultando a competência internacional dos tribunais portugueses para a execução laboral unicamente do disposto na alínea e) do artigo 65.°-A do CPC, não teria sentido aferir depois a competência em razão do território através da aplicação subsidiária do artigo 85.°, n.° 3, do CPC (que, como também verificámos, é aplicável ao processo laboral, quando a competência internacional resulte do princípio da causalidade). Se a razão justificativa da competência internacional (neste caso, exclusiva) dos tribunais portugueses consiste na circunstância de os bens a executar se situarem em território português, ela deve valer também para a determinação do tribunal territorialmente competente, não sendo de preterir pelos critérios residuais do artigo 85.°, n.° 3, do CPC. Por outro lado, o próprio CPC unicamente atende ao critério do lugar da situação dos bens a executar, desconsiderando os critérios constantes do seu artigo 85.°, n.° 3, quando o executado não tenha domicílio em Portugal (cfr. artigo 94.°, n.° 3, do CPC): se assim é, não se compreenderia que, no domínio das execuções laborais, se aplicasse subsidiariamente, na hipótese que nos ocupa, o artigo 85.°, n.° 3, do CPC.

Concluímos assim que o artigo 94.°, n.° 4, do CPC é subsidiariamente aplicável às execuções laborais, embora a ressalva nele contida deva ser, nessas hipóteses, entendida como respeitante aos critérios de competência territorial constantes do CPT (artigos 13.° e seguintes) e não aos estabelecidos nos artigos 90.° e seguintes do CPC.

VIII – O AGENTE DE EXECUÇÃO NA EXECUÇÃO LABORAL

De algum modo relacionada com a matéria, atrás analisada, do patrocínio judiciário nas execuções – na medida em que pressupõe, como regra, uma designação pelo exequente (cfr. artigos 808.°, n.° 2, 810.°, n.° 3, alínea e), e 811.°-A, do CPC) –, encontra-se a intervenção do agente de execução.

O agente de execução foi uma figura introduzida pelo Decreto-Lei n.° 38/2003, de 8 de Março e é, em princípio, um solicitador de execução, embora possa ser também um oficial de justiça, de acordo com o disposto no artigo 808.°, n.° 2, do CPC[29].

---

[29] Sobre o agente de execução, consulte-se Carlos Lopes do Rego, "As funções e o estatuto processual do agente de execução e seu reflexo no papel dos demais intervenientes no processo executivo", in *Themis*, ano V, n.° 9, 2004 (vol. II), pp. 43-54; deste autor, ver também *Comentários ao Código de Processo Civil*, vol. II, Coimbra, Almedina, 2004, pp. 16-21.

Será que o agente de execução intervém na execução laboral, por aplicação subsidiária das normas do CPC, já que o CPT não lhe faz qualquer referência?

Quanto a este aspecto saliente-se, em primeiro lugar, que o Estatuto da Câmara dos Solicitadores, aprovado pelo Decreto-Lei n.º 88/2003, de 26 de Abril[30], não restringe a competência do solicitador de execução às execuções comuns (cfr. artigos 116.º e seguintes). E o facto de o artigo 120.º, n.º 1, alínea b), desse diploma estabelecer que é incompatível com o exercício das funções de solicitador de execução "o exercício das funções próprias de solicitador de execução por conta da entidade empregadora, no âmbito de contrato de trabalho" não destrói evidentemente tal conclusão.

Por outro lado, a Lei n.º 23/2002, de 21 de Agosto, que autorizou o Governo a alterar o CPC no que respeita à acção executiva, e ao abrigo da qual foi emitido o Decreto-Lei n.º 38/2003, de 8 de Março, não fez referência à circunstância – prevista no artigo 4.º, n.º 1, da anterior Lei (de autorização legislativa) n.º 2/2002, de 2 de Janeiro – de a competência do solicitador de execução se reportar aos *processos comuns de execução*. Com efeito, o artigo 4.º daquela Lei n.º 23/2002, de 21 de Agosto limita-se a definir genericamente a competência do solicitador de execução no âmbito do *processo executivo*. Assim sendo, o seu propósito parece ter sido o de alargar a intervenção do solicitador de execução aos processos de execução não directamente regulados no CPC (de que será exemplo o processo de execução laboral), embora não seja claro se tal intervenção terá lugar em qualquer execução especial.

Parece, portanto, que nem o Estatuto da Câmara dos Solicitadores, nem a Lei n.º 23/2002, de 21 de Agosto, vedam a intervenção do solicitador de execução na execução laboral. Aliás, se ela fosse vedada, criar-se-iam graves lacunas na regulação da tramitação do processo de execução do trabalho, atendendo a que o CPT poucas normas contém em matéria de competência funcional neste domínio, havendo consequentemente de recorrer à legislação subsidiária.

Todavia, a intervenção do solicitador de execução (ou, na sua falta, do oficial de justiça) na execução laboral levanta alguns problemas, a que nos referiremos adiante, essencialmente ocasionados pela circunstância de as suas funções terem sido concebidas à luz de um modelo diverso: o do processo comum de execução.

---

[30] O artigo 104.º do Estatuto da Câmara dos Solicitadores foi entretanto revogado pelo artigo 12.º, alínea b), da Lei n.º 49/2004, de 24 de Agosto.

IX – DUALIDADE DAS FORMAS DE EXECUÇÃO

O processo executivo laboral conhece formas diferentes, conforme a execução se baseie em decisão judicial de condenação em quantia certa ou noutro título (artigo 50.º do CPT). Os artigos 89.º e seguintes do CPT regulam depois a execução baseada em sentença e os artigos 97.º e seguintes do mesmo Código a execução baseada em outro título.

Dentro da execução laboral baseada em outro título (ou seja, em título diverso de sentença condenatória em quantia certa), há ainda formas diferenciadas, consoante esse outro título seja ou não um auto de conciliação efectuado em audiência do qual conste uma obrigação de pagamento de quantia certa: se o for, a forma de processo aplicável é, *com adaptações*, ainda a da execução baseada em sentença de condenação em quantia certa (cfr. artigos 97.º, n.º 3, e 89.º e seguintes do CPT).

Verifica-se, no domínio das formas de processo, uma desarmonia entre o processo executivo laboral e o processo executivo comum. Na verdade, o artigo 465.º do CPC prevê hoje, na sequência da redacção introduzida pelo Decreto-Lei n.º 38/2003, de 8 de Março, uma forma única para o processo comum de execução. Tal significa uma maior simplificação processual do processo executivo comum em relação ao processo executivo laboral e, consequentemente, uma menor celeridade deste comparativamente àquele.

O princípio da justiça célere, na modalidade da simplificação processual, que segundo RAUL VENTURA caracterizaria (a par dos princípios da justiça pacificadora e da justiça completa) o processo do trabalho[31], sofre assim (mais) um desvio.

Tal desvio é ainda menos compreensível quando se constata que, no domínio da acção declarativa comum, o CPT prevê uma única forma de processo (cfr. artigos 51.º e seguintes), enquanto que o CPC continua a prever, mesmo depois das alterações introduzidas pelo Decreto-Lei n.º 38/2003, de 8 de Março, três formas de processo: ordinária, sumária e sumaríssima (cfr. artigos 462.º a 464.º).

Em suma: a simplificação processual é maior na execução comum do que na execução laboral; já ao nível da acção declarativa, é maior a simplificação processual na acção laboral. Não se alcançam as razões desta diferenciação.

---

[31] Raul Ventura, "Princípios gerais ...", ob. cit., pp. 35-36 e 49-50.

De qualquer modo, quando dizemos que a simplificação processual é maior na execução comum do que na execução laboral, não queremos com tal afirmação negar a complexidade do regime introduzido pelo Decreto-Lei n.º 38/2003, de 8 de Março. Nem esquecemos que a forma única seguida pelo processo comum de execução é várias vezes mitigada por particularidades de regime, decorrentes do título em que se funda a execução (cfr. artigos 812.º-A, n.º 1, alínea a), 812.º-B, n.º 1 e 818.º, n.ºs 1 e 2 do CPC)[32]. Tão-pouco pretendemos afirmar que os vários tipos de execução (para pagamento de quantia certa, entrega de coisa certa e prestação de facto) seguem a mesma forma: na verdade, quando no artigo 465.º do CPC se afirma que o processo comum de execução segue forma única, visa-se salientar a unicidade de forma dentro de cada tipo de execução (particularmente, no âmbito da execução para pagamento de quantia certa).

Apenas queremos assinalar que, pelo menos tendencialmente, a forma única da execução será um ponto a favor da execução comum: a execução laboral não só não o possui, como também a determinação da respectiva tramitação conhece dificuldades originadas pela aplicação subsidiária do regime da execução comum (ou, no caso de a execução se fundar em auto de conciliação, nos termos do artigo 97.º, n.º 3, do CPT, pela aplicação, com adaptações, do regime da execução baseada em sentença de condenação em quantia certa[33]).

É essa tramitação que veremos de seguida.

X – TRAMITAÇÃO DA EXECUÇÃO BASEADA EM SENTENÇA DE CONDENAÇÃO EM QUANTIA CERTA

1. Na execução laboral baseada em sentença de condenação em quantia certa (cfr. artigos 89.º e seguintes do CPT), o primeiro acto processual a considerar – caso não se verifique alguma das situações excepcionais elencadas na lei – é a notificação do credor, pela secretaria, para nomear bens à penhora (artigo 89.º, n.º 1, do CPT).

---

[32] Rui Pinto (*A acção executiva depois da reforma*, Lisboa, Lex, 2004, p. 18), mais do que em unificação de formas de processo, prefere falar em generalização de soluções do processo sumário.

[33] Acresce que à execução prevista no artigo 97.º, n.º 3, do CPT continua ainda, nos termos gerais, a aplicar-se subsidiariamente o regime da execução comum.

No entanto, o CPT considera que *a execução só se inicia* com a nomeação de bens à penhora pelo credor ou com o requerimento deste para que o tribunal proceda a diligências de identificação ou localização de bens suficientes (artigos 89.°, n.° 2, e 90.°, n.° s 1 e 2, do CPT)[34]. E este aspecto diferencia aparentemente a execução laboral da execução comum.

Com efeito, na execução comum, o início da execução coincide com o momento da entrega do requerimento executivo na secretaria (artigos 810.° e 811.° do CPC), sendo que após a entrada em vigor da Portaria n.° 985-A/2003, de 15 de Setembro, esse momento coincidirá, em regra, com o do envio desse requerimento, através de correio electrónico[35].

Na execução laboral, e de acordo com a letra da lei, não basta este acto do credor para que a execução se tenha por iniciada. Se, por qualquer motivo, ao entregar o requerimento executivo na secretaria, o credor não nomear simultaneamente bens à penhora ou requerer ao tribunal que proceda a diligências de identificação ou localização de bens suficientes, terá havido, segundo o disposto no artigo 89.°, n.° 2, do CPT, uma actividade processual sem acção (executiva) propriamente dita.

O regime consagrado no artigo 89.°, n.° 2, do CPT é, porém, estranho. Não só pela eventualidade de um tal processo sem acção, como também porque, logo depois, o n.° 4 do artigo 90.° admite, no caso de direitos irrenunciáveis, que o tribunal proceda oficiosamente a diligências de identificação ou localização de bens suficientes, o que suscita a dúvida sobre a efectiva necessidade de iniciativa do credor para que a execução se tenha por iniciada. Além do mais – e este aspecto parece-nos o mais significativo –, os n.°s 4 e 5 do artigo 90.° do CPT prevêem a possibilidade de, após o arquivamento do processo (quer por não serem encontrados bens, no caso de direitos irrenunciáveis, quer em virtude do comportamento omissivo do autor, no caso de direitos renunciáveis), ter lugar a *renovação da instância* (oficiosamente ou a requerimento do exequente).

Ora, como poderá renovar-se a instância que a própria lei (no artigo 89.°, n.° 2, do CPT) considera não se ter iniciado?

Para evitar esta incongruência, julgamos que o artigo 89.°, n.° 2, do CPT deve ser interpretado no sentido de que a execução a que se refere não é a acção executiva (ou a instância executiva), mas a execução enquanto

---

[34] Os restantes números do artigo 90.° do CPT contemplam depois as situações em que o autor não nomeia bens à penhora.

[35] Sobre este aspecto, consulte-se Paula Costa e Silva (*A reforma* ..., ob. cit., pág. 44) e Rui Pinto (*A acção executiva* ..., ob. cit., pp. 26-28).

actividade material de apreensão de bens. Basicamente, tal preceito pretende salientar que, não obstante a secretaria, após o trânsito em julgado da sentença de condenação em quantia certa, promover oficiosamente a execução, é necessário que o credor manifeste, no processo, a sua vontade de que certos bens do devedor sejam apreendidos, para que a apreensão se inicie.

Assim interpretado, o artigo 89.º, n.º 2, do CPT não obsta a que se considere que a acção executiva se iniciou com o acto da secretaria previsto no artigo 89.º, n.º 1.

De qualquer modo, a interpretação que propomos enfrenta uma dificuldade de outro nível. É que, em certos casos, a lei prescinde mesmo da vontade do credor para que a execução, enquanto actividade material de apreensão de bens, tenha lugar: tratando-se de direitos irrenunciáveis, como vimos, o tribunal procede oficiosamente a diligências de identificação ou localização de bens suficientes, nos termos do artigo 90.º, n.º 4, do CPT. Ora, se assim é, o artigo 89.º, n.º 2, do CPT não contempla todas as causas possíveis de início da referida actividade material. Para além da nomeação de bens à penhora e do requerimento previsto no n.º 2 do artigo 90.º, haverá também a considerar o procedimento oficioso de tribunal de identificação ou localização de bens como causa possível dessa actividade[36].

Concluindo quanto a este ponto, verifica-se ou não uma especialidade da execução laboral relativamente à execução comum, no que diz respeito ao início da execução?

Diríamos que sim. Não por causa do que se dispõe no artigo 89.º, n.º 2, do CPT (que, como vimos, não se refere efectivamente ao início da acção executiva, mas ao início da actividade material de apreensão de bens), mas por causa do regime instituído no n.º 1 deste preceito: na verdade, ao contrário do que sucede com a execução comum, a execução laboral inicia-se, em regra, oficiosamente, com o acto da secretaria de notificação do credor para nomear à penhora bens do devedor.

---

[36] Como já a propósito do CPT de 1963 salientava Américo Sáragga Leal ("O processo executivo no Código de Processo do Trabalho", in *Curso de direito processual do trabalho*, suplemento da *RFDUL*, Lisboa, 1964, p. 209), a natureza oficiosa do processo de execução baseada em sentença de condenação em quantia certa "traduz-se não só no facto de a iniciativa processual partir do próprio tribunal, mas na participação deste nas diligências para averiguar da existência de bens penhoráveis e no prosseguimento da execução, mesmo sem a colaboração do credor, quando a condenação se referir a direitos irrenunciáveis".

2. Seguidamente à nomeação de bens à penhora pelo credor, ao requerimento deste para que o tribunal proceda a diligências de identificação ou localização de bens suficientes, ou às diligências oficiosas do tribunal destinadas a identificar ou localizar esses bens, o CPT prevê os seguintes actos:
– o juiz ordena a penhora (artigo 90.°, n.° 3, do CPT);
– a penhora é efectuada (artigo 91.°, n.° 1, primeira parte, do CPT);
– o executado é notificado para deduzir oposição à penhora e à execução (artigo 91.°, n.° 1, do CPT);
– possibilidade de oposição do executado e tramitação do correspondente incidente (artigo 91.°, n.° s 2 a 6, do CPT).

Cada um destes actos não se encontra exaustivamente regulado no CPT.

Mesmo a oposição, que conhece um regime um pouco mais pormenorizado, não dispensa a aplicação subsidiária das normas do CPC: assim, por exemplo, é subsidiariamente aplicável à execução laboral o disposto no artigo 813.°, n.° 3, do CPC, que regula a contagem do prazo para a dedução da oposição, quando a matéria da oposição seja superveniente[37]. O mesmo se diga do estatuído no artigo 817.°, n.° 4, do CPC, que determina que a procedência da oposição à execução extingue a execução, no todo ou em parte.

Mas essa aplicação subsidiária das normas do CPC à oposição origina dificuldades. Assim, por exemplo, será aplicável à execução laboral o artigo 819.° do CPC (na redacção introduzida pelo Decreto-Lei n.° 38/2003, de 8 de Março), que prevê a responsabilidade do exequente, quando proceda a oposição à execução sem que tenha tido lugar a citação prévia do executado? A resposta parece-nos ser afirmativa, dado que não se vê em que medida tal norma possa ser incompatível com a índole do processo laboral (cfr. artigo 1.°, n.° 3, do CPT), que não visa certamente uma menor responsabilização das partes.

Também julgamos aplicável à execução laboral o regime constante do artigo 818.°, n.° s 3 e 4, do CPC, relativo ao prosseguimento da exe-

---

[37] No sentido da aplicação do anterior artigo 816.°, n.° 2, do CPC (correspondente ao actual artigo 813.°, n.° 3) ao processo laboral, veja-se o acórdão do Tribunal da Relação de Lisboa de 5 de Novembro de 1997 (Colectânea de Jurisprudência, Ano XXII, Tomo V, 1997, pp. 160-161).

cução suspensa e ao pagamento na pendência da oposição, pois que nenhum dos princípios tradicionalmente considerados próprios do processo do trabalho impõe solução diversa.

3. Depois de regular a oposição, a lei manda observar *os termos do processo de execução regulados no CPC* (artigo 91.°, n.° 7, do CPT).

Que termos são esses? Tratar-se-á da tramitação constante dos artigos 864.° e seguintes do CPC?

Admitindo que assim é, os actos subsequentes serão, em síntese, os seguintes:

– citação dos credores e outras entidades previstas no artigo 864.°, n.° 3, do CPC, pelo agente de execução;
– reclamação dos créditos (artigos 865.° e seguintes do CPC)[38];
– verificação e graduação dos créditos (artigos 868.° e 869.° do CPC);
– pagamento (artigos 872.° e seguintes do CPC), podendo neste domínio haver intervenção do agente de execução (*vide* nomeadamente os artigos 875.°, n.° 4, 879.°, n.° 1, 886.°-A, n.° s 1 e 3, 886.°--C, n.° 3, 888.°, 897.°, 898.° e 899.°, todos do CPC).

Da remissão operada pelo artigo 91.°, n.° 7, do CPT para a tramitação constante do CPC parece resultar que o agente de execução intervém na execução laboral, mas apenas nas fases posteriores à eventual oposição e, portanto, à penhora. Nas fases anteriores – atendendo à inexistência de remissão para a tramitação do CPC –, apenas interviria a secretaria, e com o objectivo de notificar o credor para nomear bens à penhora.

Mas não parece fazer sentido a intervenção do agente de execução apenas nas fases posteriores à eventual oposição, já que é na fase da penhora que ela se justifica particularmente (cfr., por exemplo, os artigos 832.°, 833.° e 837.° do CPC). Por outro lado, a aplicação do regime do CPC respeitante ao agente de execução apenas nas fases posteriores à eventual oposição criaria uma lacuna no âmbito do regime da execução laboral, já que o CPT nada dispõe em matéria de competência funcional para a realização dos actos materiais que necessariamente têm lugar nas fases anteriores.

---

[38] Há todavia um regime privativo do processo de execução laboral, em matéria de reclamação de créditos (cfr. artigo 98.° do CPT).

Portanto, julgamos poder concluir que, não obstante o CPT remeter para a tramitação do CPC apenas no que diz respeito às fases posteriores à eventual oposição, também se aplicam subsidiariamente as regras do CPC que dispõem sobre a competência do agente de execução para as fases anteriores. À semelhança, aliás, do que vimos suceder a propósito da matéria da oposição: também a esta, não obstante a inexistência de norma expressa, serão aplicáveis subsidiariamente certos preceitos próprios da execução comum.

4. Além do que já tivemos oportunidade de referir, verificam-se alguns pontos obscuros no regime do processo laboral, após a alteração do regime jurídico da acção executiva pelo Decreto-Lei n.º 38/2003, de 8 de Março, no que diz respeito à intervenção do agente de execução.

Assim, por exemplo, não é facilmente perceptível o *momento em que o exequente designa o solicitador de execução*. Se se entender que é aplicável a regra do artigo 810.º, n.º 3, alínea e), do CPC, tal designação deverá ter lugar no requerimento executivo. No entanto, o CPT não regula o requerimento executivo (em particular, o momento da sua apresentação em juízo), aparecendo este apenas vagamente referido no seu artigo 91.º, n.º 1.

Julga-se, todavia, que o requerimento executivo só poderá ser apresentado no momento da nomeação de bens à penhora (mencionado no artigo 90.º, n.º 1, do CPT) ou no momento da apresentação do requerimento para que o tribunal proceda às diligências de identificação ou localização de bens suficientes, previsto no artigo 90.º, n.º 2, do CPT: o regime não é, assim, muito diverso do da execução comum (cfr. artigo 810.º, n.º 5, do CPC).

Será nesse momento que o exequente designa também o solicitador de execução.

Pode, todavia, dar-se o caso de não haver requerimento executivo. Se assim for e se a execução disser respeito a direitos irrenunciáveis, deduz-se, do regime consagrado no artigo 90.º, n.º 4, do CPT, que a execução prossegue. E, assim sendo, em que momento se designa o solicitador de execução? Julgamos que, em tal hipótese, será de aplicar o disposto no artigo 811.º-A do CPC quanto à designação do solicitador de execução pela secretaria.

E poderá o agente de execução penhorar bens diversos dos indicados pelo exequente, tal como parece hoje suceder na execução comum? Julgamos que não: os artigos 89.º e 90.º do CPT continuam, mesmo depois da reforma da acção executiva operada pelo Decreto-Lei n.º 38/2003, de 8 de Março, a mencionar a existência de *nomeação de bens à penhora* pelo exequente, não havendo consequentemente uma mera indicação de bens para penhorar[39]. Por outro lado, a manutenção do despacho do juiz a ordenar a penhora dos bens nomeados (cfr. artigo 90.º, n.º 3, do CPT) – na execução comum, pelo contrário, não existe actualmente um despacho desse teor – não parece conciliável com uma tal liberdade do agente de execução.

5. Também coloca problemas a determinação dos preceitos do CPC que regulam fases anteriores à oposição e que serão aplicáveis à execução laboral.

Por exemplo, será aplicável o artigo 811.º do CPC, relativo à recusa de recebimento do requerimento executivo pela secretaria?

A resposta afirmativa parece, desde logo, contraditória com o que se dispõe no artigo 89.º, n.º 1, do CPT, que apenas determina à secretaria que notifique o credor para nomear à penhora bens do devedor, nada estabelecendo quanto à apresentação do requerimento executivo.

Ora, realizando a secretaria tal notificação e procedendo o credor à nomeação de bens à penhora, parece que a execução está em condições de prosseguir – o artigo 89.º, n.º 2, do CPT considera mesmo, como vimos, que ela se inicia com tal nomeação –, não se vendo como poderá a secretaria paralisá-la, mediante a recusa de recebimento do requerimento executivo.

A menos que se entenda que o artigo 89.º, n.º 2, do CPT deve ser objecto de nova interpretação correctiva: o início da execução previsto em tal preceito só se efectivará se a secretaria não tiver recusado o recebimento do requerimento executivo.

De qualquer modo, esta frágil conclusão nunca poderia valer nas hipóteses de direitos irrenunciáveis. Se o comportamento omissivo do credor não obsta a que o tribunal proceda oficiosamente a diligências de identificação ou localização de bens (cfr. artigo 90.º, n.º 4), não faria sentido que a secretaria pudesse, perante um tal comportamento omissivo ou uma qualquer falha no requerimento executivo, obstar ao início da execução.

6. Um outro problema relacionado com a aplicação subsidiária do CPC prende-se com o sentido da revogação, operada pelo artigo 9.º do Decreto-Lei n.º 38/2003, de 8 de Março, do artigo 96.º do CPT, que dispunha não haver lugar à publicação de anúncios nas execuções de valor não superior à alçada do tribunal de 1ª instância. Provavelmente, ter-se-á pretendido eliminar uma especialidade da execução laboral e fazer funcionar aqui a regra geral do artigo 248.°, n.° 4, parte final, do CPC, que atribui ao juiz o poder discricionário para, nos casos de diminuta importância, os dispensar.

7. Finalmente, a remissão do artigo 91.°, n.° 7, do CPT para os termos do processo de execução (subsequentes à oposição) regulados no CPC levanta a dúvida sobre a aplicabilidade subsidiária de normas que não possuem natureza procedimental. É o caso das normas dos artigos 873.°, n.° s 3 e 4 do CPC, que garantem ao exequente, excepto quando o seu crédito seja confrontado com créditos de trabalhadores que gozem de privilégios creditórios, um montante equivalente a 250 UC. Sendo o exequente um trabalhador, poderia entender-se que, pelo menos, a referida excepção não valeria: mas tal significaria discriminar positivamente o exequente que fosse trabalhador relativamente a outros exequentes eventualmente mais carenciados economicamente, o que não teria justificação.

XI – TRAMITAÇÃO DA EXECUÇÃO BASEADA EM OUTROS TÍTULOS

1. O artigo 97.°, n.° 1, do CPT manda aplicar à execução baseada em título diverso de sentença condenatória em quantia certa as regras do CPC relativas à *execução na forma ordinária* (para pagamento de quantia certa, entrega de coisa certa ou prestação de facto, conforme os casos).

Ora, tendo o Decreto-Lei n.° 38/2003, de 8 de Março abolido, no âmbito da execução comum, a distinção entre forma de processo ordinária e sumária, o problema que aqui se coloca é o do sentido da remissão daquele artigo 97.°, n.° 1, do CPT. Parece, de qualquer modo, isento de dúvida que constituiu lapso do legislador a não alteração deste preceito: lapso pouco compreensível, aliás, uma vez que houve a preocupação de alterar e até revogar outros preceitos do CPT.

Uma primeira solução para tal problema será entender que a remissão para as regras do CPC relativas à execução na forma ordinária é uma remissão para as regras do CPC respeitantes ao processo comum de execução, excepto para aquelas que pressuponham uma sentença como título executivo. Por exemplo, não seria subsidiariamente aplicável, ao processo laboral, o disposto no artigo 812.º-A, n.º 1, alínea a), do CPC, que estabelece a regra da dispensa do despacho liminar.

No entanto, esta solução esquece que a execução baseada em título diverso de sentença condenatória em quantia certa, a que alude o artigo 97.º, n.º 1, do CPT, pode ser também uma execução fundada em sentença. Na verdade, decorre do disposto no artigo 75.º do CPT – nos termos do qual "sempre que a acção tenha por objecto o cumprimento de obrigação pecuniária, o juiz deve orientá-la por forma que a sentença, quando for condenatória, possa fixar em quantia certa a importância devida" – que pode não ser possível ao juiz, ao proferir a sentença condenatória, fixar uma quantia certa (sem que com isso, evidentemente, o título executivo deixe de ser tal sentença). Ora, pelo menos neste caso, não faria sentido negar a aplicação, à execução laboral, das regras do processo comum de execução que pressupõem uma sentença como título executivo.

Assim sendo, parece-nos que a remissão para as regras do CPC relativas à execução na forma ordinária, constante do artigo 97.º, n.º 1, do CPT, é uma simples remissão para o que se dispõe no CPC quanto ao processo comum de execução. Em princípio, portanto, a execução laboral não apresentará especialidades face à execução comum, quando o título executivo seja diverso de sentença condenatória em quantia certa; e, se na própria execução comum houver desvios a assinalar, consoante o título em que se funde a execução, idênticos desvios haverá na execução laboral.

2. De qualquer modo, não é claro que se tenha pretendido aplicar subsidiariamente as regras do CPC que, embora sistematicamente inseridas no título relativo ao processo de execução, não dizem respeito à execução propriamente dita: é o caso das diligências, a requerer pelo exequente, destinadas a tornar a obrigação certa, exigível e líquida, reguladas nos artigos 801.º e seguintes do CPC. Este problema pode, aliás, colocar-se também no âmbito da execução baseada em sentença de condenação em quantia certa, à qual são igualmente aplicáveis, como vimos, certos aspectos do regime da execução comum.

Porém, e em particular no que diz respeito às diligências destinadas a tornar a obrigação líquida, é perfeitamente possível que elas sejam necessárias, mesmo que o título executivo seja uma sentença (como, aliás, resulta do já mencionado artigo 75.º do CPT). Nestes casos, parece que a única solução será a da aplicação subsidiária das regras dos artigos 801.º e seguintes do CPC à execução laboral, uma vez que o CPT não contém regulação nesse domínio.

3. Suscita-se, aliás, a este propósito, o problema da aplicação subsidiária ao processo laboral das novas regras do CPC relativas à liquidação do pedido genérico no âmbito do processo declarativo. Como refere LOPES DO REGO, a mais importante das alterações introduzidas pelo Decreto-Lei n.º 38/2003, de 8 de Março na matéria da liquidação do débito exequendo "traduziu-se em deslocar obrigatoriamente para o âmbito do processo declaratório a liquidação da condenação genérica (salvo se depender de simples cálculo aritmético), criando uma espécie de incidente posterior ou subsequente a tal decisão judicial, enxertado no processo declaratório que nela culminou – e determinando a renovação da instância extinta (...)"[40].

Será que à liquidação da condenação genérica, que não dependa de simples cálculo aritmético e que deva ter lugar no processo laboral, se aplica, então, idêntico regime, essencialmente consagrado nos artigos 378.º, n.º 2, 380.º, n.º 3, 471.º, n.º 2 e 661.º, n.º 2, todos do CPC?

O artigo 75.º do CPT dá a entender que não, isto é, que a liquidação do débito terá lugar em execução de sentença e não num incidente posterior, enxertado no processo declarativo. E isto porque o dever do juiz da acção, no que à liquidação da obrigação diz respeito, se parece esgotar na orientação da acção "por forma que a sentença, quando for condenatória, possa fixar em quantia certa a importância devida": cumprindo o juiz da acção tal dever, e não sendo apesar disso possível fixar em quantia certa a importância devida, parece que a sua intervenção na acção cessa, competindo ao juiz da execução providenciar posteriormente no sentido da liquidação.

Contudo, esta solução – que aponta para a aplicação subsidiária do regime do artigo 805.º do CPC à execução da sentença laboral – enfrenta uma dificuldade. Como salienta LOPES DO REGO, tal regime foi estabelecido para a liquidação de títulos extrajudiciais e para a liquidação de sentença que contenha condenação genérica, quando a liquidação da obrigação dependa de simples cálculo aritmético, não abrangendo a liquidação da condenação genérica que não dependa de simples cálculo aritmético[41].

Assim sendo, apenas é possível aplicar *analogicamente*, à liquidação da condenação genérica que tenha lugar no processo de declaração laboral

---

[39] Sobre a faculdade do agente de execução, na execução comum, de penhorar bens diversos dos indicados, veja-se José Lebre de Freitas, *A acção executiva...*, ob. cit., pág. 243.

[40] Carlos Francisco de Oliveira Lopes do Rego, *Comentários ao Código de Processo Civil*, vol. I, Coimbra, Almedina, 2004, p. 337.

[41] Carlos Francisco de Oliveira Lopes do Rego, *Comentários ...*, vol. II, ob. cit., pp. 10-11.

e que não dependa de simples cálculo aritmético, o que hoje se dispõe no artigo 805.º do CPC (concretamente, nos seus n.º s 1 e 4).

4. O artigo 97.º, n.º 2, do CPT – mesmo depois da entrada em vigor do Decreto-Lei n.º 38/2003, de 8 de Março – manda ainda aplicar à execução baseada em título diverso de sentença condenatória em quantia certa o preceituado nos artigos 91.º a 96.º do mesmo Código.

Sucede, em primeiro lugar, que o artigo 96.º foi expressamente revogado pelo próprio Decreto–Lei n.º 38/2003, de 8 de Março (mais precisamente, pelo seu artigo 10.º), sendo, assim, tal aplicação impossível.

Em segundo lugar, a remissão para o artigo 91.º do CPT – que regula os termos a seguir em caso de oposição – significa que para a tramitação da oposição do executado se quis instituir um regime único e distinto do aplicável à oposição na execução comum. Contudo, e como vimos atrás, apesar de a oposição do executado na execução laboral dispor de um regime relativamente pormenorizado, continua a ser necessário aplicar-lhe subsidiariamente certas normas do CPC.

5. O artigo 97.º, n.º 3, do CPT determina ainda – como, aliás, já se referiu (*supra*, IX) – que à execução para pagamento de quantia certa, baseada em auto de conciliação efectuado em audiência, se aplica, *com as necessárias adaptações*, o regime da execução baseada em sentença de condenação em quantia certa, constante dos artigos 89.º e seguintes do CPT.

Deste preceito resulta que a execução laboral dispõe verdadeiramente, não de duas, mas de três formas diferentes, o que ainda mais acentua a sua desarmonia face ao actual regime da execução comum, que conhece forma única.

XII – CONCLUSÃO

O novo regime jurídico da acção executiva, essencialmente contido no Decreto-Lei n.º 38/2003, de 8 de Março, alterou algumas disposições do CPT, mas não atentou na aplicação subsidiária, à execução laboral, das disposições próprias da execução comum, nem na repercussão que a instituição dos juízos de execução e do agente de execução teria na execução laboral.

Não é, assim, isenta de dificuldades a determinação do regime hoje aplicável a esta execução nem a identificação dos princípios que o regem, oferecendo, por exemplo, muitas dúvidas a possibilidade de suspensão da execução (laboral) de sentença pendente de recurso mediante prestação de caução, a articulação entre a competência dos tribunais do trabalho, dos juízos de execução e dos tribunais de competência genérica, os termos da intervenção do agente de execução na execução laboral e a tramitação aplicável à liquidação da condenação (laboral) genérica que não dependa de simples cálculo aritmético. E mesmo que algumas dessas dúvidas possam vir a ser dissipadas pelo labor da jurisprudência e da doutrina, sempre resultará inexplicável a maior complexidade da execução laboral face à execução comum e evidente a falta de coerência do actual sistema.

Consideramos, portanto, que a manter-se a execução laboral como execução especial, é urgente a harmonização do respectivo regime com o da execução comum.

Outubro de 2004

O CÓDIGO DA INSOLVÊNCIA E DA RECUPERAÇÃO DE EMPRESAS NA EVOLUÇÃO DO REGIME DA FALÊNCIA NO DIREITO PORTUGUÊS

LUÍS CARVALHO FERNANDES
Professor da Faculdade de Direito da Universidade Católica Portuguesa

I. INTRODUÇÃO

1. Justificação do tema do estudo; sequência

I. O Código da Insolvência e da Recuperação de Empresas[1], aprovado pelo Decreto-Lei n.° 53/2004, de 18 de Março[2], ao abrigo da autorização legislativa concedida ao Governo pela Assembleia da República – através da Lei n.° 39/2003, de 22 de Agosto –, veio substituir, pouco mais de 11 anos sobre o início da sua vigência, o Código dos Processos Especiais de Recuperação da Empresa e de Falência[3], aprovado pelo Decreto-Lei n.° 132/93, de 23 de Abril.

Insere-se, assim, o CIRE num *movimento* de reformas, iniciado no último quartel do Séc. XX, de que, após várias décadas de imobilismo, foi alvo o regime da falência no sistema jurídico português. Tais reformas, que alteraram substancialmente o seu tratamento jurídico clássico, dominadas pela ideia de recuperação da empresa que culminou na publicação do CPEREF, mudaram de rumo com o CIRE, como adiante se demonstrará.

---

[1] Adiante designado por CIRE ou por *Código*.
[2] Adiante designado por *decreto preambular*.
[3] De seguida identificado, *brevitatis causa*, por CPEREF.

A compreensão desta inflexão do percurso da referida evolução é facilitada pelo seu enquadramento histórico, que dê a conhecer as sucessivas etapas do tratamento legislativo, no Direito português, da falência, como o instituto era tradicional e correntemente designado.

II. A evolução desse regime deu-se, até o CIRE, do sistema de *falência-liquidação* para o de *falência-saneamento*. Por correspondência a cada um deles identificam-se duas grandes fases na história da falência em Portugal, ainda que, para melhor clarificação, em cada uma delas se possam demarcar subperíodos.

A primeira fase iniciou-se com a codificação da matéria da falência no Código Comercial de 1833 e estendeu-se até a entrada em vigor do terceiro Código de Processo Civil. Nela convém distinguir dois subperíodos tomando como ponto de referência, para os demarcar, o Código de Processo Civil de 1939, pelo que este representou na modernização do regime da falência e pela sua longa vigência. O subperíodo anterior a 1939 corresponde ao que designamos como *primórdios* do tratamento global da falência, caracterizado, nos seus últimos anos, por uma acentuada instabilidade legislativa.

Com o Código de Processo Civil de 1961 abriu-se uma nova fase, porquanto neste diploma legal, mantendo-se embora em larga medida o regime da lei processual anterior, surgiram os primeiros elementos do sistema de falência-saneamento que, como oportunamente se demonstrará, vão subsistir até a entrada em vigor do CIRE. Nesta fase, podem demarcar-se três subperíodos, em que progressivamente se acentuaram as notas caracterizadoras de um regime que deu maior atenção à recuperação da empresa. O primeiro vai da entrada em vigor do Código de Processo Civil de 1961 até pouco tempo após o movimento revolucionário de 1974, quando, sucessivamente, surgiram vários diplomas legais que instituíram uma via administrativa de recuperação da empresa. O primeiro processo judicial de recuperação foi criado em 1986, e com ele se iniciou um subperíodo que terminou com a plena consagração do sistema de falência-saneamento no CPEREF.

III. Destes vários períodos de evolução do regime da falência no sistema jurídico português, na análise de diferentes soluções de direito positivo, faremos incidir a nossa atenção mais demoradamente no CPEREF, para abrir caminho à mais fácil compreensão das novas soluções introduzidas pelo CIRE.

II. SISTEMA DE FALÊNCIA-LIQUIDAÇÃO

2. Os primórdios do tratamento global da falência[4]

I. O tratamento global e sistematizado da falência ocorre, no Direito português, com a publicação do Código Comercial de 1833, conhecido por Código de Ferreira Borges, em homenagem ao seu autor, aprovado por Decreto de 18 de Setembro desse ano. Importa, contudo, recordar que a falência não tinha sido ignorada pelo Direito anterior, encontrando-se várias normas sobre a matéria nas sucessivas *Ordenações*, em particular nas últimas, as Filipinas[5], que, com leis extravagantes, ainda vigoravam quando surgiu o primeiro Código Comercial.

A circunstância de este ter sido o primeiro Código português, precedendo, nomeadamente, a codificação civil, processual e penal, justifica que nele se contivesse uma regulamentação algo extensa da falência, nos seus aspectos substantivos, processuais e penais. Em três títulos (XI a XIII) do Livro III da sua Parte I, o Código Comercial de 1833 ocupava-se, em mais de uma centena e meia de artigos, das *quebras*, da reabilitação do falido e das moratórias.

Uma vez declarada a falência, por apresentação do falido, a requerimento de credores ou por iniciativa do tribunal, quando notória, o processo orientava-se para a liquidação do activo, com o objectivo de, à sua custa, serem pagos os credores. Esta solução podia ser evitada, caso fosse obtida *concordata*, que dependia da aceitação de uma maioria de dois terços dos credores, que deviam, contudo, representar três quartos dos credores comuns.

II. No Código Comercial de 1888 – Código de Veiga Beirão –, aprovado por Carta de Lei de 28 de Junho de 1888 e mandado publicar por Decreto n.° 23 do mesmo ano, a falência vinha regulada no último dos seus Livros (Livro Quarto), compreendendo sete títulos (art.°s 692.° a 749.°). Os primeiros seis títulos definiam o regime geral da falência, no domínio substantivo, processual e penal, contendo-se no último «disposições especiais às falências das sociedades». Os títulos que continham o

---

[4] Sobre a matéria deste número, *vd.* Pedro de Sousa Macedo, *Manual de Direito das Falências*, vol. I, Almedina, Coimbra, 1964, págs. 42 e segs..

[5] Sobre o tratamento da falência nas *Ordenações*, *vd.* Pedro de Sousa Macedo, ob. e vol. cits., págs. 33 a 42.

regime geral da falência tratavam, sucessivamente, da quebra e da sua declaração, da verificação do passivo, da valorização e liquidação do activo, da suspensão da falência, da sua classificação e do fim da interdição e da reabilitação do falido.

A declaração judicial da abertura da quebra podia fazer-se por declaração do falido e a requerimento dos credores e ocorria, em princípio[6], uma vez verificada a cessação de pagamentos. O fim do processo manteve-se: pela liquidação do activo realizavam-se meios para pagamento do passivo verificado no processo.

Antes da declaração da quebra ou, depois dela, em qualquer fase do processo, a lei previa dois meios para obviar às suas consequências, identificando-os genericamente como «suspensão da falência»: a *moratória* e a *concordata*. Qualquer deles era uma concessão dos credores, devendo ser aprovados por dois terços dos credores comuns, representando, pelo menos, igual valor do total desses créditos.

III. O facto de a regulamentação da falência se conter em ambos os Códigos Comerciais explica que nem o Código de Processo Civil de 1876, nem o Código de Processo Comercial de 1895 se tivessem ocupado do instituto.

Todavia, logo no ano imediato à publicação deste segundo Código, a Lei de 13 de Maio de 1896 concedeu ao Governo autorização para legislar sobre o processo de falência. No exercício da autorização assim concedida, foi aprovado, por Decreto de 26 de Julho de 1899, o Código de Falências. Aconteceu, porém, que por força do art.° 3.° deste diploma legal o Governo ficava autorizado a publicar, novamente, o Código de Processo Comercial de 1895, incluindo neste o Código das Falências. A junção destes dois diplomas legais veio efectivamente a ser feita e, assim, surgiu novo Código de Processo Comercial, aprovado por Decreto de 14 de Dezembro de 1905.

IV. Nos traços fundamentais que relevam para este estudo, com a entrada em vigor do Código de Processo Comercial de 1905 não se verificaram desvios significativos em relação ao regime anterior. Ainda assim, podem assinalar-se os seguintes pontos:

---

[6] Antes da cessação de pagamentos, sendo verificada a manifesta insuficiência do activo para satisfação do passivo, podia também ser declarada a quebra, com audiência do falido.

a) a declaração de falência podia resultar também de requerimento do Ministério Público, com fundamento na fuga do falido ou no abandono do estabelecimento;

b) as *concordatas*, consoante antecedessem a declaração da falência ou a ela sucedessem, eram preventivas ou suspensivas.

V. Em 1935, foi aprovado pelo Decreto-Lei n.º 25981, de 26 de Outubro, novo Código dedicado à matéria da falência (Código de Falências).

A sua vigência foi, porém, efémera, porquanto logo em 1939 foi absorvido pelo segundo Código de Processo Civil, de que de seguida nos iremos ocupar. Não justifica, pois, o Código de 1935 referência autónoma, não tanto pela sua curta vida, como por o regime nele fixado ter transitado para o Código de Processo Civil.

3. O regime da falência-liquidação no Código de Processo Civil de 1939

I. O Código de Processo Civil de 1939[7], aprovado pelo Decreto-Lei n.º 29637, de 28 de Maio desse ano, representou um marco relevante na modernização do direito processual civil português[8]. Nele foi inserida a matéria relativa às situações de insuficiência patrimonial das pessoas (singulares ou colectivas, comerciantes ou não comerciantes), a qual aparecia tratada em sede de processos especiais, no Título IV do seu Livro III; no conjunto destes processos, a falência constituía uma das modalidades da liquidação de patrimónios – *liquidação em benefício de credores*[9].

II. A primeira nota identificadora do regime da insuficiência patrimonial das pessoas no novo diploma legal, que vai perdurar por largo tempo, é a de ele assentar na distinção de dois institutos – a *falência* e a

---

[7] Adiante designado *C.P.Civ.39*.
[8] Sobre o regime da falência e da insolvência na vigência do *C.P.Civ.39*, vd. J. Alberto dos Reis, *Processos Especiais*, vol. II (obra póstuma), Coimbra Editora, Coimbra, 1956, págs. 310 e segs..
[9] Ao lado da liquidação em benefício dos sócios e da liquidação em benefício do Estado.

insolvência[10] – estabelecida com base em elementos de natureza diferente, que a doutrina corrente identificava como subjectivos e objectivos.

A nota subjectiva consistia em a falência ser própria dos comerciantes – sociedades comerciais e comerciantes em nome individual – e a insolvência reservada aos não comerciantes, fossem pessoas singulares ou colectivas (art.º 1355.º do *C.P.Civ.39*)[11].

Mas, para além desta diferente qualidade das pessoas, a destrinça entre falência e insolvência assentava ainda numa nota de carácter objectivo. Segundo o preceito acima citado, a situação de insolvência traduzia-se, pura e simplesmente, na verificação de uma situação patrimonial liquida passiva: um não comerciante era considerado insolvente «quando o activo do seu património seja inferior ao passivo». Quanto aos comerciantes, levando em conta o relevante papel reservado ao crédito na actividade comercial, o estado de falência verificava-se quando estivesse «impossibilitado de solver os seus compromissos» (art.º 1135.º). Dando expressão à diferença, era corrente dizer-se que um comerciante podia ter uma situação patrimonial líquida negativa e não estar falido e ter uma situação patrimonial líquida positiva e estar falido.

III. Em matéria de falência *stricto sensu*, havia ainda a assinalar que o Código em análise, para além de um regime geral para os comerciantes, independentemente de serem pessoas singulares ou colectivas, fixava regras especiais para os *pequenos comerciantes* (art.ºs 1337.º a 1350.º).

No fundo, atendendo ao critério fixado no art.º 1337.º – valor do activo do comerciante –, tratava-se de um regime simplificado para falências de valor patrominal reduzido.

IV. As linhas fundamentais do regime substantivo e adjectivo da falência no *C.P.Civ.39* reconduziam-se aos pontos a seguir enumerados.

A declaração da falência podia resultar de apresentação do comerciante ou de requerimento dos credores ou do Ministério Público, neste

---

[10] Sobre esta distinção entre falência e insolvência, *vd.* J. Alberto dos Reis, ob. e vol. cits., págs. 349-350, Pedro de Sousa Macedo, ob. e vol. cit., págs. 55-58, e Luis A. Carvalho Fernandes, *Teoria Geral do Direito Civil*, 1ª ed., vol. I, T. I, AAFDL, Lisboa, 1983, págs. 347-349.

O instituto da insolvência tinha sido introduzido pelo Dec. n.º 21758, de 22 de Outubro de 1932, cujo regime passou, em larga medida, para a lei processual de 1939.

[11] São do *C.P.Civ.39* os preceitos citados neste número sem menção expressa de origem, salvo se o contrário resultar do contexto.

caso, havendo fuga do comerciante ou ausência do estabelecimento sem deixar representante para a sua gestão (art.º 1138.º). Para o efeito eram competentes os tribunais comuns, uma vez que não existiam, ao tempo, tribunais de comércio.

Uma vez declarada a falência, eram apreendidos todos os bens do falido, passando estes a constituir a *massa falida*, cuja administração cabia ao administrador da falência, sob orientação do síndico (art.ºs 1153.º e 1173.º).

Pelo que respeitava à pessoa do falido, a declaração da falência determinava a sua inibição para:

a) administrar e dispor dos seus bens, presentes e futuros;

b) o exercício do comércio e o desempenho de funções de gerente, administrador ou director de sociedades comerciais ou civis.

O falido era representado pelo administrador da falência, salvo quanto a actos exclusivamente pessoais ou estranhos à falência (art.º 1158.º, § 2.º).

V. O processo de falência desenvolvia-se em duas fases essenciais – verificação do passivo e valorização e liquidação do activo – dirigidas a um fim comum: pagamento aos credores (art.ºs 1224.º a 1229.º).

A verificação do passivo (art.ºs 1180.º a 1204.º) fazia-se mediante a convocação de todos os credores do falido, comuns ou preferenciais, para reclamarem os seus créditos, o que implicava um incidente declarativo no processo de falência. Cabia ao juiz da falência, por sentença, verificar e graduar os créditos reclamados (art.º 1194.º).

A liquidação do activo (art.ºs 1205.º a 1223.º) seguia-se à verificação do passivo e consistia fundamentalmente na cobrança de créditos do falido sobre terceiros e na venda dos bens da massa falida.

VI. No sentido de afastar as consequências da falência, o *C.P.Civ.39* previa «meios preventivos e suspensivos da falência», consoante a eles se recorria antes ou depois de ela ser declarada (art.ºs 1236.º e seguintes). Estes meios podiam ser da iniciativa do falido ou dos credores e revestiam três modalidades: *concordata, acordo de credores* e *moratória*.

A *concordata* (art.ºs 1236.º e seguintes) consistia no pagamento parcelar dos créditos, influindo o valor da percentagem oferecida no seu regime de aceitação. Exigia-se sempre a maioria absoluta dos credores, mas estes deviam representar dois terços dos créditos, sendo o valor a pagar igual ou superior a 50%; sendo inferior, o valor dos créditos representados devia ser de três quartos.

O *acordo de credores* (art.ºs 1286.º e seguintes) envolvia a constituição, pelos credores que o subscrevessem ou aceitassem, de uma sociedade por quotas na qual era admitida a entrada de outras pessoas, além daqueles. O capital da sociedade seria formado pelos respectivos créditos e pelas entradas de terceiros, se as houvesse. A sociedade recebia o activo do comerciante, cabendo-lhe pagar aos credores comuns a percentagem dos créditos fixada no acordo e no prazo também nele estabelecido (art.º 1286.º). Participava, assim, este meio, de certas características da concordata e da moratória. O acordo devia ser aceite pela maioria absoluta dos credores comuns, representando dois terços desses créditos.

A *moratória* (art.ºs 1297.º e seguintes), como a sua designação evidencia, consistia na fixação de um prazo para pagamento aos credores comuns. A duração do prazo – que não podia exceder três anos – interferia com o regime de aprovação da moratória, quanto à percentagem dos credores aceitantes. Era sempre exigida a aceitação da maioria dos credores, mas estes deviam representar dois terços dos credores quirografários, se o prazo de pagamento fosse de um ano, ou três quartos, se fosse superior.

III. O SISTEMA DE FALÊNCIA-SANEAMENTO

4. Primeiros sintomas no Código de Processo Civil de 1961

I. O terceiro Código de Processo Civil[12], aprovado pelo Decreto-Lei n.º 44129, de 28 de Dezembro de 1961, seguiu, em múltiplos aspectos, nas suas linhas fundamentais, o regime estatuído pelo de 1939, nomeadamente quanto à distinção entre falência e insolvência e à existência de regras especiais para os *pequenos comerciantes*. De igual modo, o critério de definição do campo de aplicação destas regras especiais era o do valor do activo do comerciante. Não há também particularidades a assinalar quanto à situação jurídica do falido e à sua inibição, bem como aos poderes de representação do falido pelo administrador da falência, que este exercia sob orientação do síndico[13].

---

[12] De seguida identificado por *C.P.Civ.61*.
[13] Sobre o regime da falência no *C.P.Civ.61*, vd. Pedro de Sousa Macedo, ob. cit., 2 vls..

Uma vez declarada a falência, o desenvolvimento do processo não se afastava, de igual modo, do modelo da lei anterior, quanto à verificação do passivo, à liquidação do activo e ao pagamento aos credores. Já quanto ao fim do processo surgem algumas novidades, que são os primeiros sinais, embora tímidos, de um novo sistema.

II. A inovação relevante, quanto ao fim do processo, que separa o diploma processual em análise do anterior, surge a respeito do regime de introdução em juízo do processo de falência, de que resultou a alteração do significado dos meios preventivos da falência. Importa, por isso, ainda que sumariamente, descrever a solução consagrada no *C.P.Civ.61*.

Nos termos do n.º 1 do seu art.º 1140.º[14], todo o comerciante que se encontrasse impossibilitado de cumprir as suas obrigações comerciais [leia-se: em estado de falência (art.º 1135.º)], devia, antes de cessar pagamentos, ou nos dez dias imediatos à cessação, apresentar-se à falência, requerendo a convocação dos credores.

Para o efeito, entre outros documentos, o comerciante devia instruir o requerimento com a relação de todos os seus credores e os elementos necessários para eles serem convocados para uma assembleia destinada à aprovação provisória dos créditos [art.ºs 1141.º, n.º 2, al. b), e 1149.º]. Finda a aprovação dos créditos, a assembleia passava a funcionar como definitiva, para o efeito de se pronunciar sobre a concordata apresentada pelo comerciante ou proposta pelos credores (art.º 1152.º). Não havendo concordata, ou não sendo aceites as propostas do comerciante ou dos credores, podiam estes deliberar no sentido de ser feito um acordo de credores, mediante a constituição de uma sociedade por quotas (art.º 1167.º), em termos equivalentes aos previstos no *C.P.Civ.39*, já descritos.

A aprovação e homologação da concordata ou do acordo de credores[15] impedia a declaração da falência, salvo casos muito particulares (art.ºs 1164.º e 1168.º), regime que justificava a sua identificação como meios *preventivos da declaração de falência*.

Na pendência do processo de apresentação – e até a falência ser declarada –, o comerciante conservava a administração dos seus bens e a gestão do seu comércio, embora com o concurso e sob a fiscalização do

---

[14] São do *C.P.Civ.61* os preceitos citados neste número, sem indicação de origem, salvo se o contrário resultar do contexto.

[15] Estes meios suspensivos da falência, para serem aceites, tinham de obter a concordância da maioria dos credores com direito a voto, representando, pelo menos, 75% dos créditos correspondentes (art.ºs 1153.º, n.º 1, e 1167.º, n.º 2).

administrador da falência e de credores nomeados para o auxiliarem (art.ºs 1143.º, n.ºs 1 e 2, e 1144.º). Não era, porém, o devedor admitido a praticar actos que diminuíssem o activo ou modificassem a situação dos credores.

Esta nova configuração dos meios preventivos da falência foi intencionalmente introduzida no *C.P.Civ.61* e dirigida à alteração do regime anterior, como alternativa à declaração da falência e à liquidação do património do falido. Na verdade, isso está claramente anunciado no n.º 32 do Relatório do Decreto-Lei que o aprovou, onde se manifestava a intenção de dar a esses meios não apenas uma prioridade formal, mas real, por a concordata ou o acordo ser «sempre preferível, em regra, à ruinosa liquidação judicial». Por isso, deu-se «primazia aos meios preventivos». Tratava-se, porém, de uma modificação incipiente, o que se revelava até no facto de, no mesmo número do Relatório, o legislador a identificar como «tentativa de conciliação com os credores».

De qualquer modo, este *ensaio* de mudança não resultou, na prática; e não pode deixar de reconhecer-se que a tentativa do legislador, além de tímida, sofria de vícios que lhe limitavam a eficácia. Estamos a referir-nos ao facto de a prioridade dada aos meios preventivos da declaração de falência depender, afinal, da iniciativa do comerciante. E, para além disso, eles só eram admitidos se o comerciante se apresentasse antes de cessar pagamentos ou, no máximo, nos dez dias seguintes à cessação. Não se verificando nenhum destes requisitos, só restava a declaração de falência.

Gorou-se, assim, a boa intenção do legislador.

III. A declaração de falência, para além de poder resultar do processo acabado de definir[16], podia ser requerida por qualquer credor, uma vez verificados certos indícios previstos no n.º 1 do art.º 1174.º. Também o Ministério Público a podia requerer, havendo fuga do comerciante ou ausência do estabelecimento sem deixar representante. Finalmente, era ainda admitida a apresentação do comerciante, que o não tivesse oportunamente feito. Todo este regime constava do art.º 1176.º.

Declarada a falência, e após a sentença de verificação dos créditos, por iniciativa do falido, seus herdeiros ou representantes, mas também dos credores, o art.º 1266.º admitia que fosse requerida a convocação de

---

[16] Não sendo aprovada concordata nem acordo de credores, ou se estes fossem rejeitados pelo tribunal, devia ser declarada imediatamente a falência (art.º 1173.º).

uma assembleia de credores para deliberar sobre a conveniência de ser aprovada concordata ou acordo, mas agora como *meios suspensivos da falência*.

5. As vias administrativas de recuperação da empresa

I. A ruptura económico-social decorrente da Revolução de Abril de 1974 criou um condicionalismo que chamou a atenção do legislador para a necessidade de intervir na resolução dos problemas decorrentes da situação de crise económico-financeira, em que se encontravam múltiplas empresas. É, de resto, sintomático o facto de as primeiras medidas da evolução legislativa que então veio a desenvolver-se datarem de 1976 e serem dirigidas à recuperação da empresa, a partir de duas figuras fundamentais: a declaração de empresas «em situação económica difícil» e os «contratos de viabilização»[17].

O regime da insuficiência do património do devedor para garantir a satisfação dos interesses dos credores[18], tal como então figurava na lei, era dominado, na prática, dada a insuficiência e a ineficácia do regime preventivo do *C.P.Civ.61*, por uma ideia de tutela desses interesses, mediante a liquidação universal dos bens do devedor, dirigida à realização, quanto possível, dos créditos. Esta solução, sob as vestes da falência ou da insolvência, conduzia a uma sistemática destruição da actividade económica do devedor – da sua empresa. É neste contexto que se deve entender a preocupação de se alcançar a recuperação da empresa como alternativa à sua liquidação, em processo de falência.

II. A preocupação com o saneamento de empresas com dificuldades económico-financeiras, que podiam ser declaradas em «situação de crise económica», manifestava-se já no Decreto-Lei n.º 864/76, de 23 de Dezembro, que, todavia, continha medidas de natureza laboral. A imperfeição técnica deste diploma legal foi reconhecida pelo próprio legislador, que no Decreto-Lei n.º 353-H/77, de 29 de Agosto, corrigiu deficiências nele verificadas, resolvendo algumas das dificuldades surgidas na sua aplicação.

---

[17] Sobre os contratos de viabilização, *vd*. A. Menezes Cordeiro, *Saneamento financeiro: os deveres de viabilização das empresas e a autonomia privada*, sep. *Novas Perspectivas do Direito Comercial*, Almedina.

[18] Usa-se este circunlóquio para evitar o recurso à expressão "insolvência", então com um sentido técnico diferente do actual.

Previam-se, no Decreto-Lei de 1977, medidas tendentes à superação da *difícil situação económica* das empresas, situação que, a manter-se, implicava a obrigação de apresentação de uma proposta de *contrato de viabilização*[19], a celebrar com as instituições de crédito credoras. Através desses contratos, verificados os necessários requisitos, visava-se o saneamento financeiro das empresas, mediante a concessão, pelas instituições de crédito, de alguns benefícios. Na vigência dos referidos contratos não era possível a declaração de falência das empresas em "situação económica difícil"[20-21].

É fácil identificar alguns vícios deste regime.

Em primeiro lugar, a declaração da empresa em "situação económica difícil" fazia-se por via administrativa e à revelia da generalidade dos seus credores, vício não sanado, plenamente, através do contrato de viabilização que na sua sequência seria celebrado.

Com efeito – e este é o segundo mal –, no contrato de viabilização intervinham apenas instituições de crédito, lideradas pela que tivesse a posição de maior credora. Mas, por outro lado, admitia-se, neste domínio, larga intervenção do Estado, que podia ir ao ponto de assegurar, a empresas inviáveis, "os meios necessários à sua viabilização", por se revestirem de particular relevância económico-social.

III. Inserindo-se no espírito criado pelos instrumentos legislativos referidos na alínea anterior, como antecedente legislativo do CPEREF, deve mencionar-se a subsequente criação de uma sociedade anónima – a PAREMPRESA, Sociedade Parabancária para a Recuperação de Empresas, S.A.R.L.[22] –, com capitais subscritos por instituições de crédito, tendo

---

[19] O regime do contrato de viabilização foi estabelecido pelo Dec.-Lei n.º 124/77, de 1 de Abril, mais tarde alterado pelo Dec.-Lei n.º 112/83, de 22 de Fevereiro. Vd., também, Decs.-Lei n.ºs 120/78, de 1 de Junho, e 23/81, de 29 de Janeiro.

[20] O Dec.-Lei n.º 112/83 introduziu um importante desvio no regime descrito no texto, ao permitir às instituições de crédito, que fossem partes no contrato de viabilização, requerer a falência na vigência daquele contrato.

[21] Para maiores pormenores deste regime, *vd.* Abílio M. Almeida Morgado, *Processos Especiais de Recuperação da Empresa e de Falência. Uma apreciação do novo regime*, in Estudos efectuados por ocasião do XXX Aniversário do Centro de Estudos Fiscais, Lisboa, 1993, págs. 14-17.

[22] Esta denominação da empresa foi estabelecida pelo Dec.-Lei n.º 310/79, de 20 de Agosto, mas a sua criação vem do Dec.-Lei n.º 125/79, de 10 de Maio (reformulado pelo Dec.-Lei n.º 120/83, de 1 de Março), sendo então designada PARAGESTE, Sociedade Parabancária para a Recuperação de Empresas, S.A.R.L..

por objecto "a recuperação de empresas de estatuto privado em dificuldades financeiras, mas economicamente viáveis".

A ideia que presidiu a esta nova solução legislativa foi a de circunscrever a recuperação às empresas efectivamente viáveis e não eternizar situações de dificuldade económica sem remédio. Assim se pretendeu corrigir a mão em relação a soluções anteriormente citadas.

Na versão inicial do regime da PAREMPRESA, no domínio de recuperação de empresas, verificava-se uma significativa intervenção do Estado, condicionante das medidas a adoptar e da celebração de *acordos de assistência*[23]. Do ponto de vista que agora mais interessa, à semelhança dos contratos de viabilização, a vigência do acordo de assistência da PAREMPRESA afastava a declaração de falência da empresa beneficiária de tais medidas[24].

IV. Estavam assim lançadas as bases de um sistema em que a recuperação de empresas com dificuldades financeiras, mas viáveis, tinha precedência, quanto possível, sobre a declaração de falência.

Continuavam, porém, os credores em geral a ser mantidos à margem do regime de recuperação. Com efeito, salvo a intervenção das instituições de crédito, através dos meios sumariamente descritos, é manifesta a sua posição subalterna, pecha só corrigida bastante mais tarde. O primeiro passo foi aqui dado pelo Decreto-Lei n.º 120/83, de 1 de Março, que lhes reconheceu algum papel na verificação das situações de inviabilidade económica da empresa. Mas a alteração mais relevante resultou da nova redacção dada ao art.º 15.º do Decreto-Lei n.º 125/79, de 10 de Maio, pelo Decreto-Lei n.º 231/85, de 4 de Julho. Passou então a exigir-se, aquando da celebração do acordo de assistência com a PAREMPRESA, a audição de credores representativos de, pelo menos, 75% do valor dos créditos. Não concordando estes com a celebração do acordo, era possível a declaração de falência, por iniciativa do maior credor, ou de qualquer dos demais.

V. As medidas legislativas atrás descritas surgem manifestamente como soluções avulso, em larga medida determinadas por circunstâncias

---

[23] Este regime sofreu subsequentes alterações, umas vezes atenuando, outras realçando a intervenção do Estado (*vd.* Decs.-Lei n.ºs 251/81, de 29 de Agosto, 120/83, de 1 de Março, e 231/85, de 4 de Julho).

[24] Para maiores desenvolvimentos, *vd.* Abílio M. Almeida Morgado, est. e loc. cits., págs. 17-19.

conjunturais. Por esta mesma razão, foram sendo adoptadas ao lado do regime consagrado no *C.P.Civ.61*, que se manteve em vigor.

Criou-se, assim, um quadro legislativo que, nas suas implicações com o regime da falência, tal como fixado nesse Código, se pode sintetizar nos seguintes pontos:

    a) consagração da via de recuperação da empresa em dificuldades económico-financeiras, como alternativa à declaração de falência;

    b) carácter não judicial das decisões conducentes à recuperação da empresa e ausência de controlo judicial das correspondentes medidas;

    c) limitada intervenção dos credores;

    d) manutenção, no geral, das características e finalidade do processo de falência.

6. A criação da via judicial de recuperação da empresa

I. A situação sintetizada na última alínea do número anterior sofreu uma radical alteração com a publicação do Decreto-Lei n.º 177/86, de 2 de Julho[25].

A primeira nota a assinalar, neste novo regime, é, sem dúvida, a de, pela primeira vez, a apreciação da viabilidade da empresa e a fixação das providências adequadas à sua recuperação serem feitas num processo judicial próprio e não por uma via extrajudicial, com maior ou menor controlo administrativo do Estado. Do mesmo passo, surge, ao lado do processo de falência, uma via judicial alternativa.

Para além disso, e atendo-nos às suas linhas mestras, por referência aos reparos acima feitos ao regime anterior, o novo diploma introduziu alterações significativas, ao:

    a) criar mecanismos que colocavam nas mãos dos credores a responsabilidade primária da opção entre as vias de recuperação e de falência da empresa que se encontrasse em situação económico-financeira precária;

---

[25] Para uma análise do regime introduzido pelo Dec.-Lei n.º 177/86, *vd.* A. Ribeiro Mendes, *Processo de Recuperação de Empresas em Situação de Falência*, *in* Revista da Banca, n.º 1 (1987), págs. 67 e segs.; António Campos, *Sistema Bancário e a Recuperação de Empresas*, **idem**, n.º 13 (1990), págs. 57 e segs.; e J. Pinto Furtado, *Perspectivas e Tendências do Moderno Direito da Falência*, *in* Revista da Banca, ano 11 (1989), págs. 78 e segs..

b) atribuir aos credores um papel decisivo, para além da caracterização da viabilidade ou inviabilidade da empresa, na fixação dos meios adequados à sua recuperação;

c) estabelecer, embora de modo ainda não substancial, alguns pontos de articulação entre o processo de recuperação e o de falência, configurando-se aquele como um meio judicial prévio;

d) criar mecanismos determinantes da progressiva eliminação dos contratos de viabilização e dos acordos de assistência[26-27].

Como meios de recuperação, além da concordata e do acordo de credores, que retomam o *figurino* dos meios preventivos do *C.P.Civ.61*, surge, como novidade, a *gestão controlada*, que consiste num plano de recuperação económica da unidade empresarial, a executar por nova administração, eventualmente fiscalizada por uma comissão designada, para o efeito, pela assembleia de credores (art.ºs 33.º e 34.º).

As alterações introduzidas, no regime instituído pelo Decreto-Lei n.º 177/86, pelo Decreto-Lei n.º 10/90, de 5 de Janeiro, vieram acentuar as notas referidas nas als. a) e c), alargando, por um lado, o papel de intervenção dos credores na opção entre a falência e a recuperação, ao vincular o juiz à posição por eles assumida, e, por outro, tornando mais expedita a passagem do processo de recuperação ao de falência, quando um número significativo de credores se pronunciasse nesse sentido.

II. Cabe, porém, reconhecer que, salvo alguns acertos, sem dúvida relevantes, mas ainda assim de pequeno vulto no conjunto do sistema, se manteve quase intocado o processo de falência regulado no *C.P.Civ.61*, *qua tale*. Significativo era sobretudo o facto de se terem conservado, com a sua feição própria, os meios preventivos da falência – a concordata e o acordo de credores –, muito embora eles deixassem de ser justificados perante o novo regime judicial da recuperação.

Não deve, contudo, retirar-se desta afirmação a ilação de não se terem verificado alterações que prenunciavam o CPEREF, e que adiante se

---

[26] Cfr. art.ºs 53.º a 55.º do Dec.-Lei n.º 177/86, que constituíam como que normas de direito transitório do regime anterior.

[27] A extinção da intervenção da PAREMPRESA, bem como dos anteriores instrumentos de recuperação, resulta da acção conjugada do Dec.-Lei n.º 338/87, de 21 de Outubro, que extinguiu o *fundo de compensação*, e do Dec.-Lei n.º 26/90, de 24 de Janeiro, que desactivou a PAREMPRESA. Fez-se cessar a faculdade de recurso aos acordos de assistência e aos contratos de viabilização a partir de 13 de Fevereiro de 1990.

referirão. Estas respeitavam, porém, sobretudo, à forma como o instituto da falência era concebido e não propriamente ao faseamento do respectivo processo. Com efeito, numa interpretação actualista do direito anterior, à luz do quadro do processo de recuperação introduzido pelo Decreto-Lei n.º 177/86, a falência passou a surgir agora circunscrita aos casos de empresas previamente reconhecidas como inviáveis em processo judicial próprio. Tendencialmente, pelo menos, o processo de falência passava a estar votado exclusivamente à liquidação do património do devedor, com a satisfação possível do interesse dos credores.

7. O CPEREF e a consagração plena do sistema de falência-saneamento; preliminares

I. A situação legislativa descrita no número anterior, de subsistência simultânea de diplomas dominados por *ideias* diferentes – o do *C.P.Civ.61* e o dos Decretos-Lei de 1986 e 1990 –, dificilmente poderia manter-se.

Impunha-se condensar num único diploma legal o regime jurídico – substantivo e adjectivo – da recuperação de empresas e da falência, a fim de se alcançar mais adequadas arrumação e regulamentação da matéria[28]: ou integrando a recuperação no Código do Processo Civil, fazendo no processo de falência os ajustamentos necessários; ou optando por um diploma autónomo, solução escolhida pelo legislador, de certo por se configurar como mais maleável, enquanto liberta do *espartilho* sistemático do *C.P.Civ.61*[29].

Foi então aprovado o CPEREF, que, além de outros acertos de pormenor, veio a ser significativamente revisto pelo Decreto-Lei n.º 315/98, de 20 de Outubro[30]. Na exposição subsequente será tida em conta a ver-

---

[28] As vantagens da inserção do regime da recuperação da empresa e da falência num único diploma legal haviam sido assinaladas pela doutrina [cfr. J. Pinto Furtado, ob. cit. na nota (25), pág. 80].

[29] Sobre o projecto do CPEREF, *vd.* António Campos, ob. cit. na nota (25), págs. 59 e segs., e *Projecto do novo diploma regulador dos "Processos Especiais de Recuperação da Empresa e de Falência"*, in Revista da Banca, n.º 22 (1992), págs. 73 e segs.; e Abílio M. Almeida Morgado, *Aspectos mais Significativos do Projecto de Diploma Regulador dos Processos Especiais de Recuperação de Empresa e de Falência*, in Competir, n.º 2 (1992), págs.13 e segs..

[30] Sobre a *Reforma de 1998*, *vd.* Catarina Serra, *Alguns Aspectos da Revisão do Regime de Falência pelo DL n.º 315/98, de 20 de Outubro*, in Scientia Ivridica, T. XLVIII, 1999, págs. 183 e segs..

são desta reforma, salvo quando a referência à primitiva se mostre relevante para a compreensão dos regimes jurídicos em análise.

Nessa mesma data foi promulgado o Decreto-Lei n.º 316/98 que instituiu, ao lado do processo judicial de recuperação, uma medida de natureza administrativa – o *procedimento de conciliação* –, também dirigida à recuperação de empresas, com intervenção de uma entidade pública, o Instituto de Apoio às Pequenas e Médias Empresas e ao Investimento (IAPMEI). O instrumento através do qual este meio de recuperação opera é um acordo celebrado entre a empresa e todos ou alguns credores.

II. O regime consagrado no CPEREF afastou-se em múltiplos aspectos dos anteriores, merecendo destaque a eliminação da clássica distinção entre falência e insolvência, a precedência da recuperação da empresa sobre a declaração de falência, a coordenação sistemática dos processos de recuperação da empresa e de falência, o enriquecimento das medidas de recuperação da empresa, a posição de relevo reservada aos credores na definição do destino da empresa insolvente e a preocupação de celeridade e transparência da liquidação do património do falido.

Este Código não foi, por certo, totalmente inovador em todos estes pontos, mas, além de ter desenvolvido, repensado ou corrigido o regime anterior, a sua consagração conjunta imprimiu um novo sentido ao sistema falimentar português.

Passamos a uma sucinta explanação daqueles dos aspectos assinalados que mais relevam para o enquadramento do novo regime introduzido pelo CIRE: relações entre a recuperação da empresa e a declaração de falência[31].

III. A prevalência da recuperação das empresas economicamente viáveis sobre a declaração da sua falência [art.º 1.º, n.º 2[32]] revelava uma nova dimensão da empresa que passou a ser considerada na sua projecção social, enquanto veículo de produção de riqueza e de emprego, que importava preservar, quando possível, afastando as inviáveis.

---

[31] Quanto aos demais pontos referenciados no texto, *vd.* os nossos *Sentido Geral dos Novos Regimes de Recuperação da Empresa e de Falência*, sep. *Direito e Justiça*, vol. IX, T. 1, 1995, págs. 17 e segs., e *O regime das empresas em crise no Direito Português*, in *Il Diritto Fallimentare e delle società Commerciali*, Annata LXXIV – Novembre-Dicembre 1999 – n.º 6, págs. 1134 e segs..

[32] Os artigos citados sem indicação de origem, neste número e no seguinte, são do CPEREF, a menos que algo diferente resulte do contexto.

Para propiciar a sua realização prática, as medidas mais significativas do regime instituido pelo CPEREF consistiram na maior coordenação entre os processos de recuperação e de falência, e no reforço das medidas de recuperação.

A coordenação entre a via da recuperação e a da falência exigia, no plano processual, como se diz no Relatório do diploma preambular, uma fácil *circulação* entre os dois processos[33], tarefa facilitada pela eliminação da distinção entre falência e insolvência. De facto, isso permitiu a unificação dos trâmites do processo de falência – e este nem era sequer o entrave mais significativo[34] –, pôs termo à diversidade dos respectivos pressupostos e índices e conduziu à existência de uma fase processual preliminar (em particular, art.ºs 5.º a 10.º e 14.º a 25.º), comum às acções de recuperação e de falência, cujos actos podiam aproveitar a qualquer delas[35].

Mas, para além disso, o regime da falência passou a ser comum aos comerciantes e aos não comerciantes (pessoas singulares ou colectivas), centrando-se agora em função da *empresa*, como resultava claramente do n.º 1 do seu art.º 1.º[36]. Daí, salvo exclusão expressa da lei[37], qualquer entidade titular de uma empresa podia ser parte num processo de recuperação ou de falência[38], facilitando a articulação entre os dois processos[39].

---

[33] Penúltimo parágrafo do seu n.º 2.

[34] Na verdade, o art.º 1315.º do *C.P.Civ.61*, em tudo quanto não fosse especialmente regulado para o processo de insolvência ou relativo ao exercício da profissão de comerciante, mandava seguir, no processo de insolvência, o regime da falência.

[35] Assim, não era definitiva a opção inicial do requerente do processo, independentemente de quem fosse, pelo processo de recuperação ou de falência. Tornava-se sempre possível (*vd.* art.ºs 23.º, 25.º, 53.º, 56.º, n.º 4, e 122.º) que o processo viesse a ter seguimento em sentido diverso do requerido, conforme se apresentasse mais adequado. Só com o despacho do juiz que encerrava a fase preliminar – o chamado *despacho de prosseguimento* – se determinava se o processo prosseguia pela via da recuperação ou da falência, atendendo fundamentalmente à posição assumida no processo pelos credores (art.º 25.º).

[36] Os artigos citados sem indicação de origem neste número são do CPEREF, salvo se o contrário resultar do contexto.

[37] *Vd.*, desde logo, as exclusões previstas no art.º 2.º do diploma preambular, quanto às pessoas colectivas públicas, e os regimes especiais nele ressalvados (empresas públicas, instituições de crédito ou financeiras e sociedades seguradoras).

Sobre o âmbito do processo e os seus pressupostos, *vd.* C. Ferreira de Almeida, *O Âmbito de Aplicação dos Processos de Recuperação da Empresa e de Falência: Pressupostos Objectivos e Subjectivos*, sep. Revista da Faculdade de Direito da Universidade de Lisboa, vol. XXXVI, Lex, 1995. Para maior desenvolvimento, Catarina Serra, *Falências Derivadas e Âmbito Subjectivo da Falência*, Universidade de Coimbra, Coimbra Editora, 1999.

[38] É certo que, prenunciando o regime plenamente conseguido no CPEREF, o Dec.--Lei n.º 177/86 permitia já a aplicação de medidas de recuperação a "toda a empresa que

Por *empresa*, segundo a noção *ad hoc* do CPEREF, entendia-se «toda a organização dos factores de produção destinada ao exercício de qualquer actividade agrícola, comercial ou industrial ou de prestação de serviços» [art.º 2.º[40]].

A existência de *empresa* era um pressuposto necessário do processo de recuperação. Como claramente dispunha o art.º 27.º, n.º 1, o devedor que não fosse titular de empresa podia ser declarado falido, mas não beneficiava do processo de recuperação. Todavia, esta limitação era atenuada por ao devedor não titular de empresa estar aberta a possibilidade de evitar a declaração de falência mediante um meio sucedâneo da recuperação: a *concordata particular*, regulada nos art.ºs 240.º a 245.º[41]. Esta medida, a que eram aplicáveis as disposições da concordata, tanto podia anteceder o processo de falência como ocorrer na pendência dele, era da iniciativa do insolvente ou dos credores, mas tinha de ter a aceitação destes e ser homologada pelo juiz.

A articulação dos processos de recuperação e de falência assentava, como não podia deixar de ser, numa noção comum de insolvência, que o CPEREF nunca fixou em termos muito felizes, no art.º 3.º, na sua versão inicial, como na redacção introduzida em 1998[42].

IV. A preferência do legislador pela recuperação manifestava-se ainda no enriquecimento do elenco das respectivas providências, ao ser

---

se encontre impossibilitada de cumprir as suas obrigações" (art.º 1.º, n.º 1) e previa expressamente a aplicação desse processo às sociedades civis sob forma comercial e às cooperativas (art.º 2.º). Contudo, mesmo após a reforma de 1990, não havendo lugar à recuperação, a distinção entre falência e insolvência prevalecia, devendo seguir-se o meio processual correspondente à qualidade das pessoas envolvidas (art.ºs 6.º, n.º 1, e 18.º deste último diploma legal).

[39] Sobre as implicações desta nova relação entre os dois processos na aplicação do novo Código no tempo, *vd*. Luis A. Carvalho Fernandes e João Labareda, *Código dos Processos Especiais de Recuperação da Empresa e de Falência Anotado*, 3ª ed., 2ª reimp., Quid Juris, Lisboa, 2000, notas 5 a 7 ao art.º 5.º, págs. 75-76, e também notas aos art.ºs 23.º a 25.º, págs. 120 e segs..

[40] Sobre esta noção *ad hoc* de empresa, *vd*. Luis A. Carvalho Fernandes e João Labareda, *Código dos Processos Especiais*, 3ª ed. cit., págs. 65-67.

[41] Cfr., sobre este instituto, Luis A. Carvalho Fernandes e João Labareda, *Código dos Processos Especiais*, 3ª ed. cit., notas aos art.ºs 240.º a 245.º, págs. 539 e segs..

[42] Para notas críticas à redacção desta norma, *vd*. Luis A. Carvalho Fernandes e João Labareda, *Código dos Processos Especiais*, cit., 1ª ed., Quid Juris, Lisboa, 1994, págs. 57--58, e 3ª ed., 2ª reimp., págs. 69-71.

criada a reestruturação financeira (art.ºs 87.º e seguintes), que acresceu aos meios já previstos no Decreto-Lei n.º 177/86 – concordata, acordo de credores[43] e gestão controlada. Embora, na sua grande maioria, os meios da nova providência (art.º 88.º) estivessem já previstos na legislação anterior, em sede de concordata ou de gestão controlada[44], havia de novo "o modo como essas medidas se acham articuladas entre si e os objectivos imediatos que a sua adopção isolada ou conjugadamente tem de alcançar para estarmos em presença da providência de reestruturação. Era, de resto, precisamente pelas consequências imediatas que implicava para a empresa, em termos da relação activo-passivo, e no que respeitava à disponibilidade de fundo de maneio, que a reestruturação assentava as bases da sua autonomia prática e conceptual"[45-46].

8. O CPEREF e a consagração plena do sistema de falência-saneamento; balanço

I. Em termos gerais, tem de se reconhecer que o CPEREF não conseguiu resolver, satisfatoriamente, dois dos principais males que correntemente, e desde há muito, afectam o processo de falência: excessiva duração[47] e carácter ruinoso da liquidação judicial da massa falida. Mas também o princípio da prevalência da recuperação da empresa sobre a sua

---

[43] A reforma de 1998 introduziu alterações no elenco das providências de recuperação, redenominando o velho *acordo de credores*, que passou a identificar como *reconstituição enpresarial*, com algumas mudanças de regime.

[44] A verdadeira novidade existia em matéria de redução do capital social.

[45] Luis A. Carvalho Fernandes e João Labareda, *Código dos Processos Especiais*, 3ª ed. cit., nota 2. ao art.º 87.º, pág. 260.

[46] Sobre as providências de recuperação da empresa, *vd*. J. M. Coutinho de Abreu, *Providências de Recuperação de Empresas e Falência*, in Boletim da Faculdade de Direito da Universidade de Coimbra, LXXIV (1998), págs. 107 e segs., João Labareda, *Providências de recuperação de empresas*, in Direito e Justiça, vol. IV, T. 2, 1995, págs. 51 e segs., e J. Robin de Andrade, *Reestruturação Financeira e Gestão Controlada como Providências de Recuperação*, sep. Revista da Banca, n.º 27, Julho/Setembro, 1993.

[47] A melhoria resultante da generalizada redução dos prazos operada em 1998 e de o processo passar a correr em tribunais de competência especializada não foi, por certo, significativa. Estamos a referir-nos, primeiramente, aos *tribunais de recuperação da empresa e de falência*, criados pelo Dec.-Lei n.º 37/96, de 31 de Agosto; de seguida, aos *tribunais de comércio* [art.ºs 89.º, n.º 1, al. a), e 137.º da Lei n.º 3/99, de 13 de Janeiro].

liquidação falimentar não alcançou a concretização esperada[48], ao que não foi estranho o excessivo alongamento, no tempo, do processo de recuperação, resultante da simples conjugação dos vários prazos que nele interferiam, vício só em parte corrigido na reforma de 1998.

O *procedimento de conciliação* criado pelo Decreto-Lei n.º 316/98 não melhorou este quadro. Nem podia melhorar, porquanto a sua natureza administrativa limitou significativamente a sua eficácia: o acordo que nele viesse a ser obtido só podia vincular os credores subscritores, ficando os restantes livres para requererem a declaração da falência.

II. Não é, por certo, fácil – e em qualquer caso ultrapassaria largamente os limites naturais deste estudo – estabelecer a causa deste *insucesso*, sobretudo por, a nosso ver, ela ser complexa, derivando de algumas imperfeições da própria lei, mas também das circunstâncias económicas, nem sempre favoráveis, em que o seu funcionamento por vezes operou, sem deixar de contar com o irremediável *factor humano* que sempre interfere com a aplicação da lei. Neste plano, segundo cremos, o mal residiu sobretudo na *escassa* intervenção dos credores, que não atingiu, em geral, a relevância que seria desejável. Verificou-se, pelo contrário, algum alheamento ou menos interesse no exercício dos poderes que lhes eram atribuídos, tanto no processo de recuperação da empresa, como no de falência, nomeadamente através da comissão de credores.

Neste sentido nos pronunciámos tempos atrás[49]; não vemos hoje razões para alterar substancialmente o diagnóstico então feito.

IV. O CÓDIGO DA INSOLVÊNCIA E DA RECUPERAÇÃO DE EMPRESAS. REGRESSO AO PASSADO

9. Preliminares

O CIRE, quando globalmente confrontado com o diploma legal a que sucedeu, afasta-se dele significativamente, nomeadamente na sua

---

[48] Os dados relativos aos processos de recuperação revelam que nunca foi muito relevante o número daqueles que conduziram à aprovação e homologação de medidas de recuperação, tendo ele sido sempre reduzido.

[49] *O Código dos Processos Especiais de Recuperação da Empresa e de Falência; Balanço e Perspectivas, in* Revista de Direito e de Estudos Sociais, Janeiro-Setembro, 1997, Ano XXXIX (XII da 2ª Série), n.ºs 1-2-3, págs. 5 e segs..

sistematização. É, pois, um Código *novo*, não uma simples revisão da lei anterior[50-51].

São, assim, muito reduzidos os pontos de contacto entre os dois Códigos e não muito abundantes os preceitos em relação aos quais se verifica coincidência – ou mesmo proximidade – de conteúdo. Mas, ainda quando tal acontece, o seu diferente enquadramento atribui-lhes, por vezes, significado diverso.

---

[50] Sobre o Projecto do CIRE, *vd*. José Lebre de Freitas, *Pedido de declaração de insolvência, in Código da Insolvência e da Recuperação de Empresas*, Ministério da Justiça, Gabinete de Política Legislativa e Planeamento, Coimbra Editora, 2004, págs. 11 e segs., Catarina Serra, *As novas tendências do direito português da insolvência – Comentário ao regime dos efeitos da insolvência sobre o devedor no projecto do Código da Insolvência, in Código da Insolvência e da Recuperação de Empresas*, Ministério da Justiça, Gabinete de Política Legislativa e Planeamento, Coimbra Editora, 2004, págs. 21 e segs., Rui Pinto Duarte, *Classificação dos créditos sobre a massa insolvente no projecto de Código da Insolvência e Recuperação de Empresas, in Código da Insolvência e da Recuperação de Empresas*, Ministério da Justiça, Gabinete de Política Legislativa e Planeamento, Coimbra Editora, 2004, págs. 51 e segs., Luís Menezes Leitão, *Os efeitos da declaração de insolvência sobre os negócios em curso, in Código da Insolvência e da Recuperação de Empresas*, Ministério da Justiça, Gabinete de Política Legislativa e Planeamento, Coimbra Editora, 2004, págs. 61 e segs., Maria José Costeira, *Verificação e graduação de créditos, in Código da Insolvência e da Recuperação de Empresas*, Ministério da Justiça, Gabinete de Política Legislativa e Planeamento, Coimbra Editora, 2004, págs. 69 e segs., M.ª Manuel Leitão Marques e Catarina Frade, *Regular o Sobreendividamento, in Código da Insolvência e da Recuperação de Empresas*, Ministério da Justiça, Gabinete de Política Legislativa e Planeamento, Coimbra Editora, 2004, págs. 79 e segs., João Labareda, *O Novo Código da Insolvência e da Recuperação de Empresas. Alguns aspectos mais controversos*, IDET, Miscelânea, n.º 2, Almedina, 2004, págs. 7 e segs., e Fátima Reis Silva, *Algumas Questões Processuais no Código da Insolvência e da Recuperação de Empresas*, IDET, Miscelânea, n.º 2, Almedina, 2004, págs. 51 e segs.

[51] Para uma apreciação global do *Código*, *vd* Javier Gutiérrez Gilsanz, *La Reforma del Derecho Concursal Portugués: el Decreto-Ley Num. 53/2004, de 18 de Marzo, por que se Aprueba el Código de Insolvência y Recuperación de Empresa, in* Revista de Derecho Concursal y Paraconcursal, n.º 1/2004, La Ley, 2004, págs. 360 e segs., Luís A. Carvalho Fernandes, *Profili generali del nuovo regime dell'insolvenza nel diritto portoghese*, sep. «Il Diritto Fallimentare e delle Società Commerciale», Annata LXXIXª – Novembre-Dicembre, 2004, n.º 6, Catarina Serra, *O Novo Regime Português da Insolvência. Uma Introdução*, 2.ª ed., Almedina, 2005, Maria do Rosário Epifânio, *El nuevo Derecho Concursal Portugués, in* Revista de Derecho Concursal y Paraconcursal, La Ley, n.º 2, 2005, págs. 385 e segs., Maria Isabel Candelario e Luísa E. Rodriguez, *Apuntes sobre el nuevo código de la insolvência y de la recuperación de empresas de Portugal, ibidem*, págs. 395 e segs., Salvador Casanova, *Abordagem judiciária do Código da Insolvência e da Recuperação de Empresas, in* Boletim Informação & Debate, IV.ª Série, n.º 4, Outubro 2004, Associação Sindical dos Juízes Portugueses, págs. 17 e segs..

Perante este quadro, já se deixa ver que é muito extenso o elenco de soluções em que o CIRE se demarca do CPEREF, situação que se *agrava* quando se desce ao pormenor dos correspondentes regimes jurídicos.

Não seria, portanto, viável referi-los todos, mesmo em exposição sucinta. Todavia, sendo a preocupação deste estudo fixar o sentido geral do novo Código, quando visto na evolução do regime da insolvência no Direito português, podemos limitar-nos às matérias mais significativas. E essas são as respeitantes:

a) ao fim que preside ao processo de insolvência e que acarreta a sua unificação;

b) aos pressupostos objectivos e subjectivos da insolvência;

c) às categorias de credores;

d) ao reforço do papel dos credores;

e) à desjudicialização do processo;

f) aos efeitos da declaração de insolvência;

g) e à celeridade processual.

10. Objectivo do processo e sua unificação

I. O CIRE modifica declarada e intencionalmente o regime de prevalência da recuperação da empresa sobre a falência estabelecido no CPEREF e a consequente existência de dois processos especiais distintos. Assim resulta do Relatório do *decreto preambular*, onde se afirma ser «errónea» a «suposta prevalência da via de recuperação» (n.º 6). Em coerência com esta concepção, o n.º 3 do mesmo Relatório define como «objectivo precípuo» do processo de insolvência «a satisfação, pela forma mais eficiente possível, dos direitos dos credores ...»

O art.º 1.º do CIRE dá consistência normativa a estas ideias, quando estatui que «o processo de insolvência é um processo de execução universal que tem como finalidade a liquidação do património de um devedor insolvente e a repartição do produto obtido pelos credores»[52].

Este fim de satisfação do interesse dos credores pode, porém, ser prosseguido por duas vias, como se deduz do art.º 1.º:

a) seguindo os trâmites processuais de liquidação estabelecidos pelo *Código*;

---

[52] São do CIRE os preceitos citados neste Capítulo IV, sem indicação de fonte, salvo se o contrário resultar do contexto.

b) mediante um plano de insolvência aprovado pelos credores e homologado pelo juiz, que conduza, nomeadamente, à recuperação da empresa.

Deste modo, o regime de liquidação estabelecido no *Código* assume, no seu conjunto, carácter supletivo[53], porquanto os credores podem optar por outra solução, através do plano de insolvência, regulado nos art.ºs 192.º e seguintes.

Embora o Relatório do *decreto preambular* atribua grande significado ao papel que, no CIRE, aos credores é reservado[54], quanto ao destino da empresa, à sua manutenção e ao modo como o seu interesse vai ser satisfeito, e acentue algumas medidas que, mesmo no regime *supletivo* de liquidação, são dirigidas à recuperação, o certo é que, globalmente considerado, o regime do *Código* é dominado pela finalidade de liquidação da massa insolvente. A confirmá-lo está o facto significativo de o n.º 1 do art.º 192.º, quando *descreve* genericamente o conteúdo do plano de insolvência, não referir, sequer, a recuperação da empresa, ao contrário do que seria legítimo esperar, em face do art.º 1.º.

De resto, o plano de insolvência pode nem sequer conter medidas de recuperação da empresa e não ser mais do que um meio alternativo de liquidação da massa insolvente e da empresa que nessa se integre[55].

Mas releva também, na avaliação do regime do CIRE, a circunstância de as medidas de recuperação que podem ser adoptadas pelos credores se seguirem sempre à declaração de insolvência.

Em suma, deste ponto de vista o CIRE representa o regresso a um sistema de *falência-liquidação*, que dominou no sistema jurídico português durante um longo período de tempo e só começou a evoluir para um sistema de *falência-saneamento* com o *C.P.Civ.61*.

II. A nova configuração do objectivo que preside ao processo de insolvência conduz à desnecessidade da existência de dois processos especiais, aspecto de que também o Relatório do *decreto preambular* dá conta

---

[53] É assim que o identifica o Relatório do *decreto preambular* (n.º 6).

[54] Em termos, a nosso ver, excessivos e, como tais, menos correctos, porquanto já no regime do CPEREF eram os credores que fundamentalmente decidiam do destino da empresa (cfr., nomeadamente, art.º 25.º do CPEREF).

[55] Sobre o sentido do plano de insolvência e as medidas de recuperação que nele se podem conter, vd. J. M. Coutinho de Abreu, *Curso de Direito Comercial*, vol. I, 5ª ed., Almedina, 2004, págs. 322 e segs. e 326 e segs..

(n.º 7). Assim, o CIRE consagra um só processo – dito de insolvência –, embora este se possa desenvolver pelas duas diferentes vias acima assinaladas. Também neste domínio, ao unificar o processo de insolvência, o novo Código retoma uma solução que, embora referida à falência, vigorou no sistema jurídico português até 1986[56].

Esta unificação do processo não pode, porém, ser entendida em termos absolutos, por duas ordens de razões.

Por um lado, para além de aspectos que se prendem com o seu pressuposto subjectivo – e nessa sede serão referidos –, o CIRE ressalva, no seu art.º 16.º:

a) a legislação especial sobre o consumidor, quanto a procedimentos de reestruturação do passivo;

b) o procedimento de conciliação do Decreto-Lei n.º 315/98, que se mantém em vigor, embora com alterações[57];

c) a legislação especial relativa a contratos de garantia financeira.

Por outro lado, no que respeita ao regime *supletivo* fixado no próprio CIRE, várias especialidades se verificam, decorrentes, nomeadamente, da qualidade jurídica dos devedores insolventes, sendo as mais relevantes as relativas aos que sejam pessoas singulares, às quais é dedicado um Título específico (art.ºs 235.º e seguintes). Mas há também normas especialmente dirigidas às sociedades comerciais, como sejam as dos art.º 198.º, quanto a providências do plano de insolvência, e art.º 234.º, quanto ao encerramento do processo.

Noutro domínio, cumpre salientar que o CIRE contém ainda normas de execução do Regulamento (CE) n.º 1346/2000, do Conselho, de 29 de Maio (art.ºs 271.º a 274.º), e disposições que regulam o processo de insolvência estrangeiro (art.ºs 288.º a 293.º) e o processo particular de insolvência (art.ºs 294.º a 296.º).

11. Pressupostos do processo de insolvência

I. É pressuposto objectivo do processo a situação de insolvência, podendo esta assumir duas modalidades: *actual* ou *iminente*.

---

[56] Cfr., *supra*, n.º 6.I.
[57] Introduzidas pelo Dec.-Lei n.º 201/2004, de 18 de Agosto.

Em geral, como resulta do n.º 1 do art.º 3.º, a situação de *insolvência actual* verifica-se quando «o devedor se encontre impossibilitado de cumprir as suas obrigações vencidas». A letra deste preceito revela, só por si, que não está aqui em causa uma relação quantitativa entre o activo e o passivo do devedor, mas uma situação financeira que o impede de pagar, pontualmente, os seus débitos. O n.º 2 do mesmo art.º 3.º confirma este entendimento, quanto estabelece desvios em relação a certos insolventes. Com efeito, as pessoas colectivas e os patrimónios autónomos, por cujas dívidas não responda qualquer pessoa singular, pessoal e ilimitadamente, por forma directa ou indirecta, estão em situação de insolvência «quando o seu passivo seja manifestamente superior ao activo, avaliados segundo as normas contabilísticas aplicáveis»[58-59].

Nos termos do n.º 4 do art.º 3.º, a situação de *insolvência iminente* releva para efeito de apresentação à insolvência pelo devedor. A iminência afere-se em função de circunstâncias que levem a admitir, com toda a probabilidade, a verificação da insuficiência do activo para satisfação do passivo, segundo um critério de normalidade.

II. No plano subjectivo, o CIRE insere-se numa evolução que progressivamente alargou o campo de aplicação do instituto, desde os tempos, já remotos, em que a falência era privativa dos comerciantes.

Segundo o n.º 1 do seu art.º 2.º, o processo de insolvência aplica-se a todas as pessoas singulares ou colectivas e às sociedades civis[60]; mas também a entidades não personificadas:

 a) associações sem personalidade e comissões especiais, reguladas, respectivamente, nos art.ºs 195.º e seguintes e 199.º e seguintes do Código Civil;

 b) estabelecimento individual de responsabilidade limitada;

 c) sociedades comerciais, sociedades civis sob forma comercial e cooperativas, antes de registadas;

 d) heranças jacentes;

 e) outros patrimónios autónomos.

---

[58] Retoma-se, assim, a nota objectiva que, antes, presidia à caracterização da insolvência dos não-comerciantes (cfr., *supra*, 3.II).

[59] Cfr., porém, no n.º 3 do preceito citado no texto, regras de avaliação do passivo e activo que relevam para fixar a relação que entre eles existe e podem afastar o disposto no n.º 2.

[60] A referência autónoma às sociedades civis justifica-se pela polémica que divide a doutrina quanto à personalidade jurídica das que não revistam forma comercial.

Em face deste quadro, tem de se considerar que a personalidade jurídica não é o critério relevante na fixação do âmbito subjectivo da insolvência, mas sim o da autonomia patrimonial.

III. Este vasto âmbito subjectivo do processo de insolvência – positivo, digamos – é confirmado, pela negativa, se atendermos aos limitados casos a que o *Código* se não aplica.

Assim, *em absoluto*, não podem ser sujeitas a processo de insolvência as pessoas colectivas públicas e as entidades públicas empresariais [al. a) do n.º 2 do art.º 2.º].

Noutro plano, o processo de insolvência não se aplica, *no que seja incompatível com os respectivos regimes especiais* [al. b) do mesmo preceito], a:

a) empresas de seguros, definidas no art.º 2.º, al. b), do Decreto-Lei n.º 94-B/98, de 17 de Abril;

b) instituições de crédito, definidas no art.º 2.º, n.º 1, do Regime Geral das Instituições de Crédito e Sociedades Financeiras, aprovado pelo Decreto-Lei n.º 298/92, de 31 de Dezembro;

c) sociedades financeiras, definidas no art.º 13.º, n.º 4, do Regime Geral citado;

d) empresas de investimento (definidas no art.º 293.º, n.º 2, do Código dos Valores Mobiliários, aprovado pelo Decreto-Lei n.º 486//99, de 13 de Novembro) que prestem serviços que impliquem a detenção de fundos ou de valores imobiliários de terceiros;

e) organismos de investimento colectivo, definidos no art.º 1.º do Decreto-Lei n.º 252/2003, de 17 de Outubro.

IV. Não constitui requisito da sujeição à insolvência a titularidade de uma empresa. De resto, a empresa não é tratada, no processo de insolvência, enquanto parte em si mesma, mas em função da entidade que dela seja titular.

Tal não significa, porém, que a existência de uma empresa não interfira com o regime do processo, em muitos aspectos relevantes, nomeadamente, como é manifesto, para efeito de recuperação.

Ainda assim, importa ter presente que o CIRE, à semelhança, de resto, do CPEREF, e em termos que não são substancialmente diferentes da lei anterior, estabelece uma noção de empresa *ad hoc*. Nos termos do art.º 5.º, para os efeitos do *Código*, por empresa entende-se «toda a organização de capital e de trabalho destinada ao exercício de qualquer actividade económica»: industrial, comercial, agrícola, de serviços, de artesanato, etc.[61].

12. As classes de credores

I. Além da clássica distinção entre credores comuns e privilegiados, o CIRE estabelece outras, com relevantes efeitos no regime de satisfação dos seus direitos, como se verifica dos art.ºs 172.º a 177.º, mas também quanto a outros aspectos do processo[62].

A delimitação das várias classes de créditos vem estabelecida nos art.ºs 47.º a 51.º, em termos que não primam pela clareza. Para se usar de rigor, da articulação dos art.ºs 47.º e 51.º resulta que se devem demarcar, num primeiro momento, duas categorias: os *créditos sobre a insolvência* e os *créditos sobre a massa insolvente*. Na primeira, tendo em conta o n.º 4 do art.º 47.º, os créditos repartem-se por: *garantidos, privilegiados, subordinados* e *comuns*.

II. Dos *créditos sobre a insolvência*, não exigem particulares referências os garantidos, os privilegiados e os comuns, pois os dois primeiros se identificam por critérios evidenciados nas suas próprias designações[63] e os últimos por exclusão de partes – os que não são garantidos, privilegiados ou subordinados. Quanto aos garantidos e privilegiados há apenas que elucidar, com base na al. a) do n.º 4 do art.º 47.º, que eles são como tais considerados pelo montante correspondente «ao valor dos bens objecto das garantias [reais] ou dos privilégios gerais» respectivos. Daqui resulta que pelo excedente a esse valor são tratados como comuns.

Os *créditos subordinados*, que se encontram no escalão inferior da graduação dos créditos sobre a insolvência, para efeito de pagamento (art.º 177.º), compreendem várias situações, casuisticamente enumeradas nos

---

[61] Sobre esta noção de empresa e o seu papel no CIRE, *vd*. J. M. Coutinho de Abreu, *Curso de Direito Comercial*, vol. I, págs. 324-326.

[62] Cfr., por exemplo, quanto aos créditos garantidos e privilegiados, no plano de insolvência, o art.º 197.º, al. a), e, quanto aos créditos subordinados, relativamente à participação e votação na assembleia de credores, os art.ºs 72.º, n.º 2, e 73.º, n.º 3, e 212.º, n.º 2, al. b).

[63] A diferença entre os créditos garantidos e os privilegiados estabelece-se em função da modalidde da garantia real de que beneficiam [cfr. al. a) do n.º 4 do art.º 47.º].

art.ºs 48.º e 49.º. Em termos gerais, e para além da hipótese de serem as partes que como tais os qualificam [al. c) do art.º 48.º], os créditos subordinados podem identificar-se como aqueles que, pela sua titularidade, pela sua natureza, ou por circunstâncias ligadas à sua constituição, justificam um tratamento menos favorável em várias fases do processo e, em especial, no seu pagamento pela massa insolvente.

Pelo que respeita à sua titularidade, segundo um critério a que anda ligada alguma *suspeição* do legislador, são subordinados os créditos de pessoas especialmente relacionadas com o devedor [al. a) do art.º 48.º], sendo como tal havidas as que os três números do art.º 49.º de seguida identificam:

a) quanto às pessoas singulares, em geral, familiares próximos do devedor ou que com ele habitualmente convivam em regime de economia comum;

b) quanto às pessoas colectivas, os sócios, membros ou associados que respondam legalmente pelas suas dívidas, os administradores de facto ou de direito e as pessoas que com eles tenham relação de domínio ou de grupo[64] e as pessoas que, quanto a quaisquer destes, tenham relações que são relevantes para qualificar como subordinados os créditos das pessoas singulares[65];

c) quanto à herança jacente, as pessoas que com o autor da sucessão tenham ligação equivalente à relevante para efeito das pessoas singulares;

d) quanto a outros patrimónios autónomos, os seus titulares e administradores e ainda as pessoas que com estes tenham ligações equivalentes às previstas para as pessoas singulares ou colectivas.

O *Código* não se ocupa das pessoas especialmente ligadas com o devedor quando este seja uma entidade sem personalidade jurídica, mas deve entender-se ser de aplicar, correspondentemente, o regime daquele dos três números do art.º 49.º que se adeque à sua natureza.

III. Os *créditos sobre a massa insolvente* são identificados no art.º 51.º a partir do seu lado passivo, como *dívidas da massa insolvente*. Genericamente, para além das custas do processo, compreendem-se nesta cate-

---

[64] Nos termos do art.º 21.º do Código dos Valores Mobiliários.
[65] Atende-se, para este efeito, não só às pessoas que tenham a qualidade indicada no momento da declaração de insolvência, mas ainda às que a tenham tido nos dois anos a ela anteriores.

goria, segundo o n.° 1 daquele artigo, dívidas ligadas com a administração, liquidação e partilha da massa insolvente [als. b) a d) e h)[66]], com o destino de negócios em curso no momento da declaração da insolvência [als. e) a g)[67]], decorrentes do enriquecimento sem causa da massa insolvente [al. i)] e da prestação de alimentos a cargo do insolvente [al. j)[68]].

13. Intervenção dos credores no processo

A intervenção dos credores no processo de insolvência tem de ser considerada de dois pontos de vista, consoante eles agem a título individual, na defesa dos seus interesses *egoístas*, ou a *título colectivo*, na defesa dos seus interesses *comuns*. É esta segunda modalidade de intervenção que releva para efeitos da caracterização do regime do CIRE.

O CIRE alterou por duas vias o regime de tutela dos interesses comuns dos credores fixado no CPEREF, sem pôr em causa o relevante papel que este lhes reservava, no plano dos órgãos da falência.

Assim, passou a existir, além da comissão de credores (art.°s 66.° e seguintes), outro órgão, a assembleia de credores (art.° 72.° e seguintes), que no CPEREF intervinha apenas – e incidentalmente – no processo de recuperação. Todavia, a comissão de credores deixou de ser um órgão de existência obrigatória, pois pode ser dispensada pelo juiz, em casos devidamente justificados, taxativamente enumerados (art.° 66.°, n.° 2), ou pela assembleia de credores, mesmo que o juiz a tenha nomeado[69].

Em face deste quadro, fácil é concluir que destes dois órgãos o prevalente é a assembleia de credores, entendimento que vem confirmado, a dois títulos, no art.° 80.°. Assim, a assembleia de credores pode revogar todas as deliberações da comissão de credores. Noutro plano, sempre que o *Código* faça depender a prática de qualquer acto de autorização da comissão de credores, este requisito considera-se preenchido se existir, nesse sentido, uma deliberação da assembleia de credores.

---

[66] Compreendem, por exemplo, os honorários do administrador da insolvência, as suas despesas e as da comissão de credores e dívidas resultantes do exercício de funções do administrador judicial provisório e do administrador da insolvência.

[67] Nos termos dos art.°s 102.° e segs..

[68] Quando devidos pela massa insolvente, nos termos do art.° 93.°.

[69] Por outro lado, a assembleia de credores pode criar uma comissão de credores, se o juiz não o tiver feito, bem como alterar o número dos seus membros e substituir os nomeados pelo juiz (art.° 67.°, n.° 1).

Em suma – e esta é a segunda via acima enunciada –, a tutela dos interesses comuns dos credores passou a estar confiada, fundamentalmente, à assembleia de credores, à qual cabe formar e manifestar a sua vontade no processo. É, assim, um órgão deliberativo, enquanto as funções da comissão de credores são predominantemente consultivas.

14. Desjudicialização do processo

I. Uma das notas que demarca o CIRE do CPEREF manifesta-se na redução da intervenção do juiz no processo, o que se traduz numa desjudicialização parcial. Daqui resulta, como contrapartida, um acréscimo das atribuições dos órgãos da insolvência: administrador da insolvência, comissão de credores e assembleia de credores, e não apenas dos credores, como se afirma no Relatório do *decreto preambular* (n.º 10).

Em particular, neste domínio, a deslocação de poderes dá-se para o administrador da insolvência, cuja competência se estende às mais diversas fases e actos do processo, cabendo-lhe as operações de administração, liquidação e partilha da massa insolvente, mas, também, como de seguida se dirá, uma muito importante intervenção na verificação dos créditos.

As soluções adoptadas nesta sede pelo *Código* nem sempre se podem considerar incontroversas, como se verifica das duas mais significativas que passamos a referir.

II. A redução dos poderes do juiz manifesta-se na fase de verificação dos créditos, porquanto a sua reclamação passa a ser feita por via de requerimento endereçado ao administrador da insolvência e dirigido, mesmo, para o seu domicílio profissional (art.º 128.º, n.º 2).

Na sequência do correspondente processo[70], se não houver impugnação dos créditos reconhecidos pelo administrador, o juiz limita-se a homologar a lista por aquele elaborada, por sentença em que os verifica e gradua, salvo se houver erro manifesto (art.º 130.º, n.º 3). Só se houver impugnações se abre no processo de insolvência um incidente processual

---

[70] Terminado o prazo das reclamações, o administrador deve elaborar, no prazo de 15 dias, uma lista dos créditos por ele reconhecidos e outra dos não reconhecidos, tendo por base as reclamações deduzidas pelos credores, mas, também, elementos que constem da contabilidade do devedor ou que sejam por outra forma do seu conhecimento (art.º 129.º, n.º 1).

de natureza declarativa, que normalmente culmina numa audiência de julgamento e numa sentença do juiz (art.ºs 131.º a 140.º).

Temos por excessiva a competência assim atribuída ao administrador da insolvência numa matéria em que, em geral, estão envolvidas questões jurídicas complexas, não só pelo que respeita à verificação dos créditos como à sua graduação, para ser exercida nos termos regulados no CIRE. E aqui não são de somenos importância os curtos prazos fixados, ao administrador da insolvência, para reconhecer ou não créditos, mas também aos credores, para a sua impugnação; não só pelo prazo em si mesmo, mas pelo grande volume de créditos que frequentemente estão envolvidos no processo e pelo número e complexidade dos documentos ou outros elementos que instruem as reclamações.

Assim, o simples facto de não haver impugnações não constitui garantia segura da correcção da lista de créditos reconhecidos elaborada pelo administrador, tanto mais que a homologação judicial só não deve verificar-se em caso de *erro manifesto*.

III. A desjudicialização manifesta-se ainda, como o Relatório do *decreto preambular* destaca (último parágrafo do n.º 10), na inexistência de reclamação, para o juiz, dos actos do administrador da insolvência e das deliberações da comissão de credores. Podemos acrescentar que só das deliberações da assembleia de credores é admitida essa reclamação, mas, ainda assim, em termos restritivos, pois as deliberações têm de ser «contrárias ao interesse comum dos credores» (art.º 78.º, n.º 1)[71].

O Relatório, no ponto acima citado, procura justificar este regime, quanto à comissão de credores, com a possibilidade de as suas deliberações serem revogadas pela assembleia de credores (art.º 80.º), e, quanto ao administrador da insolvência, com os poderes, do juiz, de fiscalização da sua actividade e de destituição com justa causa [art.ºs 58.º[72], e 56.º, n.º 1, respectivamente]. Sem deixar de reconhecer que estas medidas atenuam as consequências negativas da inexistência de reclamação, têmo-las por insuficientes, sobretudo, quanto ao administrador, dada a extensão e a importância das suas atribuições.

Mas também no regime do plano de insolvência a desjudicialização se manifesta, em particular no art.º 207.º, quanto à não admissão de propostas, mas ainda no art.º 215.º, quanto à sua não homologação oficiosa.

---

[71] Da decisão do juiz, proferida sobre a reclamação, cabe recurso judicial (art.º 78.º, n.º 2).

[72] Cfr., ainda, art.º 55.º, n.º 1, quanto à fiscalização pela comissão de credores.

15. Efeitos da declaração da insolvência

I. A complexa e extensa matéria dos efeitos da insolvência, que o *Código* regula longamente num Título que compreende os art.ºs 81.º a 127.º, é sem dúvida uma das que contêm muitas inovações em relação ao regime do CPEREF.

As mais significativas são as relativas aos efeitos quanto à pessoa do insolvente, aos créditos, aos negócios em curso de execução no momento da declaração da insolvência e à resolução de actos a ela anteriores que se mostrem prejudiciais à massa insolvente.

II. Em relação aos efeitos sobre a pessoa do insolvente, uma das mudanças mais significativas do CIRE, em relação ao CPEREF, consiste, sem dúvida, na relevância atribuída à qualificação da insolvência como fortuita ou culposa (n.º 1 do art.º 189.º).

Na verdade, quando a falência é culposa, daí resultam (n.º 2 do art.º 189.º):

a) a inabilitação do insolvente;

b) a sua inibição para o exercício do comércio e para ocupar qualquer cargo de titular de órgãos de sociedade comercial ou civil, associação ou fundação privada de actividade económica, empresa pública ou cooperativa[73-74].

Tal significa que, havendo inabilitação, se verifica uma verdadeira incapacidade do insolvente, genericamente regulada nos art.ºs 152.º a 156.º do Código Civil.

Se a insolvência for fortuita, são impostas limitações à actuação jurídica do insolvente. Neste caso, tais limitações consistem, no que é fundamental, *e em princípio*, na privação dos poderes de administrar e dispor dos bens da massa insolvente (art.º 81.º, n.º 1), atribuídos ao administrador da insolvência que age como representante do insolvente para todos os efeitos de ordem patrimonial que interessam para a insolvência (n.º 4 do art.º 81.º).

---

[73] A qualificação da insolvência como culposa tem ainda outras consequências desfavoráveis, no plano patrimonial: perda de créditos e condenação do insolvente a restituir, à massa insolvente, o que em seu pagamento tenha já recebido [art.º 189.º, n.º 2, al. c)].

[74] Segundo esse mesmo preceito, tanto a inabilitação como a inibição terão a duração que o juiz fixar, entre 2 a 10 anos.

A ressalva acima feita quanto às consequências da insolvência fortuita justifica-se pelo facto de a administração da massa insolvente, verificados certos requisitos, poder ser confiada, pelo juiz ou pela assembleia de credores, ao próprio insolvente (art.º 224.º). Contudo, a sua administração é exercida sob a fiscalização do administrador da insolvência (art.º 226.º, n.º 1); podem, ainda, ser impostas limitações à administração do insolvente, traduzidas numa intervenção do administrador, a mais de um título, nos actos em que a sua actuação se concretiza (n.ºs 2 a 4 do mesmo artigo).

Este distinto tratamento dos efeitos da declaração de insolvência, relativamente ao insolvente, introduz, do nosso ponto de vista, um relevante elemento novo na *vexata quaestio* da sua situação jurídica. O facto de, no CIRE, se identificar, na insolvência culposa, uma verdadeira situação de incapacidade, só pode razoavelmente afastar essa caracterização na falência fortuita.

III. Em relação aos créditos, também o CIRE introduz algumas alterações nos efeitos que a declaração da insolvência para eles acarreta. São de mencionar, neste domínio, os regimes da compensação e da extinção de privilégios creditórios e garantias reais.

O CPEREF, após a declaração da falência, não admitia a compensação entre créditos sobre o falido e créditos do falido (art.º 153.º). O art.º 99 do CIRE, diferentemente, permite-a, embora a faça depender de requisitos bastante exigentes, como resulta dos seus vários números, em particular dos n.ºs 1 e 4.

Temos esta solução por discutível, porquanto a compensação, mesmo com as limitações que o art.º 99.º lhe impõe, não é, por certo, a solução mais ajustada ao princípio da igualdade dos credores, que deve dominar após a declaração da insolvência.

Em matéria de privilégios creditórios, a solução consagrada no art.º 97.º do CIRE, quando confrontada com a do CPEREF, é mais restritiva, no que respeita à extinção dos privilégios de que sejam titulares o Estado, as autarquias locais e a segurança social. A sua extinção só se verifica, agora, em relação aos que sejam acessórios de créditos constituídos ou vencidos mais de 12 meses antes da data de início do processo de insolvência, consoante os privilégios sejam gerais ou especiais [als. a) e b) do n.º 1 do citado preceito].

Em contrapartida, o *Código* veio esclarecer, no sentido mais correcto, segundo o nosso entendimento, o destino das hipotecas legais de que essas mesmas entidades sejam titulares, por créditos que também beneficiem de privilégios[75]. Segundo o n.º 4 do art.º 97.º, essas hipotecas extinguem-se, se o seu registo tiver sido requerido dentro de dois meses anteriores à data do início do processo de insolvência.

O art.º 97.º estabelece, porém, sem mais requisitos, a extinção de garantias reais sobre os bens da massa insolvente que sejam acessórias de créditos subordinados [al. e) do seu n.º 1], o que constitui uma manifestação do tratamento desfavorável reservado a estes créditos.

Finalmente, a al. d) do preceito que vimos citando rege quanto às garantias reais que dependam de registo e que incidam sobre imóveis ou móveis sujeitos a registo, acessórias de créditos sobre a insolvência. Tais garantias, já contituídas à data da declaração da insolvência, extinguem-se se nesse momento ainda não estiverem registadas, nem tiver sido requerido o seu registo.

No seu conjunto, este regime favorece os credores comuns, pois vem equiparar-lhes outros credores que seriam garantidos ou privilegiados.

IV. O destino de negócios celebrados pelo devedor antes da declaração da insolvência, que nesse momento não estejam ainda totalmente cumpridos, é uma questão complexa com que o legislador de há muito se preocupa, como não podia deixar de ser. Nem sempre, porém, adoptou para o efeito, o mesmo critério.

Afastando-se do tratamento casuístico que o CPEREF dava a esta matéria (art.ºs 161.º a 170.º), o CIRE optou por uma solução mista, porquanto, sem prejuízo de regras particulares dirigidas a várias categorias de contratos [art.ºs 103.º a 118.º[76]], começa por estabelecer uma regra geral no art.º 102.º, sob manifesta influência do § 103 da *Insolvenzordnung* alemã, de 5 de Outubro de 1994. Cabe, porém, assinalar que à solução deste preceito se pode apontar, como antecedente, no Direito português, o art.º 1197.º do *C.P.Civ.61*.

O art.º 102.º refere-se a contratos bilaterais não totalmente cumpridos por ambas as partes; muito embora o legislador tenha pretendido instituir nele um princípio geral – a fazer fé na sua epígrafe –, o seu alcance

---

[75] Na vigência do art.º 152.º do CPEREF, em qualquer das suas versões, dado o silêncio da lei, não era pacífico se a extinção dos privilégios creditórios de que beneficiam essas entidades implicava a das hipotecas legais que também lhes estavam atribuídas (cfr. Luís A. Carvalho Fernandes e João Labareda, *Código dos Processos Especiais*, 3ª ed., em particular notas 6 e 7 ao art.º 152.º, págs. 404-405).

[76] Essas categorias não se afastam sensivelmente das que eram reguladas no CPEREF.

é muito menos significativo do que à primeira vista se poderia supor. Tal resulta, desde logo, do referido tratamento específico dedicado a certos contratos, perante o qual cede o art.º 102.º. Para além disso, o requisito de que depende a aplicação do regime nele instituído – não execução total do contrato por nenhuma das partes, no momento da declaração da insolvência –, não corresponde na prática à situação mais corrente.

V. Quanto aos negócios celebrados pelo devedor antes da declaração da insolvência, prejudiciais à massa falida, o CIRE limitou significativamente a possibilidade de os credores recorrerem à impugnação pauliana (art.º 127.º)[77].

Deste modo, é ao administrador da insolvência que a lei faculta a resolução em benefício da massa insolvente, regulada nos art.ºs 120.º a 126.º, como meio de atingir actos do devedor, anteriores à insolvência, prejudiciais à massa insolvente. Esta solução explica o facto de certos requisitos da impugnação pauliana colectiva, prevista no CPEREF (art.º 157.º), passarem a figurar, por vezes, como requisitos da resolução (como exemplo, a má fé de terceiros – cfr. n.ºs 4 e 5 do art.º 120.º).

16. A celeridade processual

I. O Relatório do *decreto preambular* (n.ºs 12 e seguintes) revela que o legislador esteve atento ao insucesso das medidas do CPEREF, no combate à morosidade do processo, e procurou novas soluções no sentido de garantir a sua celeridade. Sendo esta, também, uma preocupação da lei anterior, só importa dar aqui conta das principais novidades nesta matéria. Sem pôr em causa a boa intenção que a elas preside, não nos atrevemos a pronunciar-nos sobre o seu êxito, porquanto não é a primeira vez que vemos falhar, na prática, soluções aparentemente propiciadoras de um andamento mais rápido e eficiente do processo.

II. A eficiência do processo, na perspectiva da sua celeridade, depende, desde logo, de ele ser proposto atempadamente, entenda-se, em

---

[77] Assim, no n.º 1 do art.º 127.º, vedou a instauração de novas acções de impugnação pauliana – após a declaração de insolvência, entenda-se – de actos praticados pelo devedor cuja resolução haja sido decretada pelo administrador da insolvência (n.º 2 do art.º 127.º).

relação ao momento da verificação da situação de insolvência. Neste plano, identificam-se, no *Código*, duas medidas, de relevância diferente.

Na apresentação à insolvência do devedor, mantendo-se embora o prazo em que a insolvência deve ser requerida – 60 dias (art.º 18.º, n.º 1) –, estabeleceu-se uma sanção quando ele não seja respeitado. Se o devedor não for uma pessoa singular, se os seus administradores, de direito ou de facto, não cumprirem o dever de requerer a declaração da insolvência, presume-se a existência de culpa grave, o que releva para o efeito de qualificar a insolvência como culposa (art.º 187.º, n.º 3). A *ratio legis* desta presunção é nítida: criar um estímulo ao cumprimento do dever de apresentação.

Quanto aos credores, o art.º 98.º, n.º 1, estatui que o requerente da insolvência passa a beneficiar, quanto a créditos não subordinados, de um privilégio creditório geral, graduado em último lugar, sobre todos os bens móveis da massa insolvente, relativamente a um quarto do valor dos seus créditos, mas com o limite máximo de 500 unidades de conta, ou seja, o correspondente a ¤ 44.500,00. Tem de se reconhecer que, quer pela sua graduação, quer pelo seu valor, não será, por certo, este privilégio um grande estímulo para os credores adoptarem comportamento mais diligente.

III. Das medidas dirigidas à celeridade do processo, mas relativas, agora, ao seu próprio andamento, são ainda de identificar:

a) declaração imediata da insolvência[78], no caso de apresentação do devedor (art.º 28.º);

b) declaração do carácter urgente, não só do processo – solução já antes consagrada (art.º 10.º do CPEREF) –, mas de todos os seus incidentes, apensos e recursos e dos registos dos actos praticados no processo (art.º 9.º, n.ºs 1 e 5);

c) limitação das vias de reclamação e recurso dos actos do administrador da insolvência e da comissão de credores, já referida;

d) limitação do recurso dos actos do juiz a uma instância – Tribunal da Relação –, salvo em casos excepcionais (art.º 14.º, n.º 1)[79].

---

[78] O prazo é de 3 dias úteis a contar da distribuição do processo ou do suprimento de vícios corrigíveis da respectiva petição inicial, consoante o caso.

[79] Só é admitido recurso do acórdão do Tribunal da Relação para o Supremo Tribunal de Justiça quando o recorrente demonstre que aquele está em oposição com outro acórdão, do mesmo ou de outros tribunais da Relação ou do Supremo Tribunal de Justiça, proferido no domínio da mesma legislação sobre a mesma questão fundamental de direito, sem que o Supremo tenha fixado a jurisprudência no sentido do acórdão de que se pretende recorrer.

Cabe ainda referir que o CIRE manteve a política legislativa que dominava já a reforma, em 1998, do CPEREF, ao estabelecer, em geral, prazos relativamente curtos para a prática de actos processuais, quer pelo juiz, quer pelos órgãos da insolvência e demais intervenientes no processo (credores, a título individual, comissão de trabalhadores, Ministério Público).

17. Súmula

Estão decorridos mais de cento e setenta anos[80], desde que no Direito português a falência recebeu um tratamento global e sistematizado no primeiro Código Comercial. Ao longo de todo este período multiplicaram-se os diplomas legais que regularam o instituto: vários Códigos e inúmeros diplomas que os alteraram ou complementaram. A um ritmo, pois, que não se verifica em muitos outros ramos de Direito[81].

Traduz esta multiplicidade de fontes a necessidade que o legislador sentiu, com frequência, de introduzir alterações no regime do instituto, umas mais significativas do que outras, sem prejuízo de alguns traços se terem mantido, no essencial, ao longo do tempo.

II. Procurando fixar ambos estes aspectos, no percurso já percorrido, começamos por assinalar um progressivo alargamento do âmbito subjectivo de aplicação do instituto.

Dirigido, nos seus primórdios, aos comerciantes e à sua situação de *quebra*, o tratamento jurídico da crise patrimonial alargou-se às pessoas civis, embora, num primeiro momento, com tratamento diferenciado para cada uma dessas categorias. De seguida, unificado ou não, o regime da falência passou também a abranger entidades não personificadas, tendência que hoje se acentua.

Esta sucessiva ampliação do seu campo de aplicação não lhe fez perder algumas das características iniciais. Delas[82] destacamos a sua natureza de execução universal com liquidação do património do falido para satis-

---

[80] Por referência ao tempo em que escrevemos: Dezembro de 2004.

[81] Sobretudo se tivermos presente que o primeiro Código vigorou mais de cinquenta anos e o regime da falência, em dois outros – *C.P.Civ.39* e *C.P.Civ.61* –, mais de vinte anos, no primeiro, e de trinta no segundo. O que revela, por outro lado, a alternância de períodos de alguma estabilidade com outros de maior agitação.

[82] Exemplo de outras são as limitações que a sua declaração acarreta à actuação patrimonial do devedor e a punição, como crime, de certas situações de insolvência.

fação, quanto possível, do interesse dos credores. A questão que de há muito se vem levantando – e tem recebido soluções opostas – é a de saber se este deve ser o objectivo precípuo da falência, ou se deve ceder perante o interesse sócio-económico de que as empresas se revestem e que aconselha uma *aposta* na sua recuperação, enquanto viável.

No Direito português, esta segunda via, que ganhou progressivamente força desde o *C.P.Civ.61* e foi integralmente acolhida no CPEREF, cede agora, com o CIRE, perante aquela clássica finalidade.

III. Mas uma última observação vem ainda a *talho de foice*, quando se considera o volume das soluções legislativas que vão sendo escogitadas para resolver o problema das situações de crise patrimonial das pessoas. Referimo-nos à *instabilidade* do regime jurídico do instituto.

Neste sentido, só pode considerar-se acertado o *diagnóstico* do legislador, quando, no Relatório do Código de Falências de 1899, escreveu:

> «Em matéria de falência não há previsões legislativas que bastem, nem reformas que muito durem. Por outro lado, a extrema mobilidade e susceptibilidade do crédito, cuja segurança a lei de falências se propõe tutelar, desorientam e amesquinham as mais completas e adequadas providências, e obrigam o legislador a seguir nas suas constantes transformações os caprichosos movimentos desse maravilhoso Proteu.
>
> Por outro lado, a astúcia dos interesses penetra e desconcerta as mais finas malhas da urdidura legislativa, e o dolo e a fraude, tantas vezes auxiliadas pelo desleixo ou complacências dos próprios executantes da lei, a breve trecho fazem do descrédito desta o pedestal dos seus triunfos»[83].

---

[83] Citado por Pedro de Sousa Macedo, ob. cit., vol. I, pág. 50.

EXECUÇÃO PROVISÓRIA NO ACTO UNIFORME PARA A ORGANIZAÇÃO DOS PROCESSOS SIMPLIFICADOS DE COBRANÇA E DAS VIAS DE EXECUÇÃO
UMA MATÉRIA ACTUAL NO DIREITO DA OHADA

Rui Pinto[1]
Assistente da Faculdade de Direito da Universidade do Lisboa

SUMÁRIO. *Introdução. § 1.º Delimitação do tema. Metodologia adoptada.* 1. Delimitação e enunciação do tema. 2. Metodologia adoptada. *§ 2.º A concessão provisória de exequibilidade.* 1. Normas em vigor. 2. Âmbito – título executivo provisório. 2.1. Sentença pendente de recurso com efeito meramente devolutivo. 2.2. Providências cautelares. 2.3. Conclusão. *§ 3.º Regime.* 1. Exclusão da venda de imóveis. 2. Inclusão das medidas conservatórias. 3. Tutela da posição do executado. 3.1. Impugnação da concessão de efeito executório provisório. A) Sistema dos arts. 692.º-694.º CPC/G-B. B) O arrêt KARNIB – pertinência e posição pessoal. 3.2. Propositura da execução; sujeição a caução. 3.3. Extinção ou modificação da execução; responsabilidade objectiva do exequente; não represtinação

---

[1] Assistente da Faculdade de Direito da Universidade de Lisboa.

INTRODUÇÃO

§ 1.º Delimitação do tema. Metodologia adoptada

1. Delimitação e enunciação do tema

Reservámos a nossa segunda comunicação nestas Jornadas Jurídica[2] para um tema que é, como o primeiro, dedicado à execução de pessoas colectivas públicas, relevante e adequado a ser tratado no espaço de meia hora: a *execução provisória* no direito do Acto Uniforme, adoptado em 10 de Abril de 1998, Respeitante à Organização dos Processos Simplificados de Cobrança e de Execução (AU/PSEx[3]).

Trata-se de matéria sobre a qual têm existido recentes apreciações doutrinais, bem como importantes decisões do Tribunal Comum de Justiça e Arbitragem da OHADA[4].

A sua sede legal é o art. 32.º do Acto Uniforme cujo conteúdo é o seguinte:

> "Com excepção da adjudicação de imóveis, a execução forçada pode ser levada a termo com base num título executivo provisório. A execução é então efectuada devendo o credor suportar o risco e sendo obrigado, caso o título seja posteriormente modificado, a reparar integralmente o prejuízo causado por essa execução sem para tal ser necessário provar-se que há culpa da sua parte"[5].

---

[2] O presente texto serviu de base à segunda comunicação que se apresentou em 7 de Maio de 2003 na Faculdade de Direito de Bissau, nas V Jornadas Jurídicas organizadas pelo Centro de Estudos e Apoio às Reformas Legislativas da Faculdade de Direito de Bissau.

[3] Publicado no JO / Ohada n.º 6, de 1 de Julho de 1998 e em vigor na Guiné-Bissau desde 10 de Julho do mesmo ano.

[4] Referimo-nos, nomeadamente, ao acórdão TCJA n.º 002/2001, de 11 de Outubro de 2001 (Arrêt KARNIB).

[5] Na versão francesa "A l'exception de l'adjudication des imeubles, l'exécution forcée peut être poursuivie jusqu'à son terme en vertu d'un titre exécutoire par provision. L'exécution est alors poursuivie aux risques du créancier, à charge pour celui-ci, si le titre est ultérieurement modifié, de réparer intégralement le préjudice causé par cette exécution sans qu'il y ait lieu de relever de faute de sa part»... Há uma clara necessidade de se proceder a uma tradução jurídica rigorosa, sendo certo que a versão portuguesa apud www.ohada.com não tem valor legal dado não ter sido objecto de publicação no Boletim Oficial da Guiné-Bissau.

A nossa reflexão procurará determinar o âmbito objectivo da exequibilidade provisória, *i. e.*, que títulos a suportam; a especificidade de procedimento; a protecção do executado; o efeito da superveniência de executoriedade definitiva ou de total ou parcial falta de executoriedade. Por último, o regime da responsabilidade do credor exequente.

2. *Metodologia adoptada*

Agora algumas notas sobre o método utilizado neste trabalho e a sua estrutura. A nossa exposição vai acompanhar de perto o desenvolvimentos da duas normas do art. 32.º AU/PSVEx., ilustradas com apoio na jurisprudência.

Tanto quanto seja pertinente faremos apelo ao direito comparado, trazendo as soluções portuguesa e francesa.

A bibliografia junta suprirá eventuais lacunas de teorização, desenvolvimento e fundamentação.

§ 2.º **A concessão provisória de exequibilidade**

1. *Normas em vigor*

1. No Código de Processo Civil da Guiné-Bissau a matéria da execução provisória de sentença estava regulada nos arts. 47.º, 692.º, 693.º e 792.º[6].

Assim, antes sabia-se que além das sentenças e decisões equiparadas transitadas em julgado, poderiam ser executadas sentenças pendentes de recurso desde que a interposição deste tivesse efeito meramente devolutivo, *i. e.*, não suspensivo dos efeitos da sentença, nomeadamente, a sua exequibilidade – n.º 1 do art. 47.º. Decorria ainda do n.º 3 do mesmo artigo que em nenhum caso poderia credor exequente ou reclamante ser pago sem prestar caução.

Terá o art. 47.º sido afastado pelo novo regime do art. 32.º AU//PSVEx? É questão a que daremos resposta mais adiante, pois de momentos carecemos de elementos.

---

[6] Quando nada se diga pertencem a esse Código as normas citadas ou referidas.

2. Já os arts. 692.º, 693.º e 792.º continuam seguramente em vigor. Tratam da matéria dos efeitos da interposição do recurso de apelação, claramente fora do âmbito do Acto Uniforme e mantida na reserva do direito interno.

Isto significa que se terá de fazer a *compatibilização* entre estes artigos do Código de Processo Civil e, e art. 32.º AU/PSVEx. Em que termos e com que implicações veremos mais adiante.

2. Âmbito – o título executivo provisório

2.1. *Sentença pendente de recurso com efeito meramente devolutivo*

1. Passemos agora a delimitar o âmbito de art. 32.º AU/PSVEx no seio do próprio sistema de execução constante do Livro II do Acto Uniforme. Em primeiro lugar, fala-se em "título executivo provisório" – o que pode ser este título?

A resposta não pode ser imediata. É que o art. 32.º nasceu, tal como o restante sistema de execução, num contexto de normas processuais de matriz francesa[7], algo diferentes das do processo de matriz portuguesa//italiana, como são as do Código de Processo Civil da Guiné-Bissau. Ora naquela matriz a execução provisória ocorre

    a) seja porque a sentença está pendente de recurso – de *appel* ou de *opposition* – art. 515.º do Code de Procedure Civile – caso em que depende do deferimento de requerimento feito ao juiz;

    b) seja porque se funda num despacho (*ordonnance*) proferida em processo de *référé*, maxime, *referé-provison*, e, em geral, em qualquer outra medida provisória ou conservatória – art. 514.º, 2ª alínea do mesmo Code[8].

Daqui resulta ser seguro que caberia, *prima facie*, no art. 32.º AU/PSEx a execução de sentença condenatória pendente de recurso com

---

[7] Tem como "parentes" os arts. 514, 515.º e 517.º do Code de Procedure Civile, e o art. 2215.º do Code Civil.

[8] Assim se compreende que na versão em francês se leia «titres exécutoires par provison». Ver NORMAND, *Les fonctions des référés*, in *Les mesures provisoires en droit belge, français et italien. Étude de droit comparé*, Bruxelles, Bruylant, 1998, 73-87, e *L'exécution des mesures provisoires, ibidem,* 307-314.

efeito não suspensivo (ou meramente devolutivo), matéria até há pouco regulada pelo art. 47.º. Mas já não é seguro se cabe a execução de uma providência cautelar nominada ou comum que haja imposto a entrega de quantia certa ou de coisa móvel.

2. Começando, pela sentença pendente de recurso, importa não esquecer que o art. 46.º foi afastado pelo art. 33.º AU/PSEx, como já dissemos na nossa outra comunicação relativa à execução de pessoas colectivas.

Na segunda metade da alínea primeira deste artigo encontramos uma referência indirecta à sentença pendente de recurso, quando se diz que constituem títulos executivos as: *"decisões judiciais (...) que se tornam executivas por requerimento"*.

Nada impede que, sendo o caso, essas decisões, pendentes de recurso, sejam também

a) sentenças arbitrais declaradas executivas, não susceptíveis de recurso suspensivo de execução[9] (alínea segunda; cfr., art. 1522.º CPC/G-B)[10];

b) autos de conciliação assinados pelo juiz e pelas partes (alínea terceira), *maxime*, a sentença homologatória de transacção.

c) decisões às quais a lei nacional atribui efeitos de decisão judicial, e que parecem ser "os despachos e quaisquer outras decisões ou actos de autoridade judicial que condenem no cumprimento de uma obrigação", segundo o art. 48.º, n.º 1 CPC/G-B.

3. Para se saber se uma decisão ou acto judicial pendentes de impugnação têm força executiva há que aplicar as normas do Código de Processo Civil sobre reclamação, aclaração ou reforma de sentença ou despacho dos arts. 668.º e 669.º CPC/G-B, e sobre recursos dos arts. 692.º, 693.º e 792.º CPC/G-B. Só aquele direito positivo pode dizer se uma concreta decisão, ainda não transitada em julgado, é um "título executivo provisório" para efeitos do art. 33.º AU/PSVEx ou não.

---

[9] Isto quer dizer que podem estar pendentes de recurso com efeito meramente devolutivo.

[10] Já as sentenças estrangeira, referidas na mesma alínea segunda, não podem ser "importados" directamente para uma execução na Guiné-Bissau, pois devem, primeiramente, ser sujeitas a um processo de revisão e confirmação nos termos dos arts. 1094.º ss. Ora a concessão dessa confirmação dependente precisamente, entre outros requisitos, de a sentença haver transitado em julgado segundo a lei do país em que foi proferida – cfr., al. b) do art. 1096.º CPC.

Da análise daqueles preceitos pode-se concluir que uma sentença pendente de recurso de apelação poderá ter força executiva provisória, em resultado do recurso ter efeito meramente devolutivo

    a) no *processo declarativo comum sumário*, em qualquer circunstância e *ex lege–* cfr. art. 792.°, n.° 1CPC/G-B;

    b) no *processo declarativo comum ordinário*[11], mediante deferimento de requerimento ao tribunal (art. 693.°, n.° 1 CPC/G-B) suportado em alegação e, se necessário, demonstração da verificação de alguma alínea do n.° 2 do art. 692.° CPC/G-B.

Mas também pode ser exequível *nos mesmos termos* uma sentença objecto de reclamação ou de requerimento de aclaração ou de rectificação, nos termos, respectivamente dos arts. 668.° e 669.° CPC/G-B. Seguimos, sobre o ponto, TEIXEIRA DE SOUSA quando justifica esse paralelismo de efeitos com "seria ilógico que uma decisão, recorrível ou enquanto contra ela estiver pendente recurso ordinário, seja imediatamente exequível e o mesmo não suceda se ela for impugnável ou tiver sido impugnada mediante reclamação"[12].

2.2. *Providências cautelares*

1. A nosso ver também se deve incluir no âmbito do artigo a execução de providências cautelares. A similitude com a sentença pendente de recurso reside em que as providência cautelares são também uma regulação provisória, embora por razões muito diversas. E se aquela sentença pode ser revogada total ou parcialmente pelo recurso e, com ela, levantada a execução, também a providência cautelar pode caducar (cfr. art. 382.° CPC//G-B) e ser ulteriormente levantada nos termos do art. 383.° CPC/ G-B).

Diferentemente, a providência cautelar pode vir a extinguir-se sem que os efeitos da execução tenham de ser afastados – no caso de ser proferida sentença posterior concordante.

2. Em caso de caducidade, *v.g.*, por sentença posterior discordante (cfr. art. 382, n.° 1, al. b).° CPC/G-B), o regime mais adequado para lidar

---

[11] Já da sentença proferida em processo sumaríssimo não cabe recurso, salvo nos casos abrangidos pelo art. 678.°, n.° 2, segundo o art. 800.°.

[12] *Acção executiva singular*, Lisboa, Lex, 1997, 81.

com os efeitos negativos que o requerido sofreu na execução da providência encerra quer a responsabilidade civil do requerente (cfr. art. 387.º CPC/ G-B), quer o direito à restituição de bens penhorados ou apreendidos, nos termos do art. 909.º.

De igual modo, o que agora se dispõe para a execução provisória de decisão judicial no art. 32.º deve ser aplicado à providência cautelar, sem prejuízo do art. 387.º CPC/ G-B).

2.3. Conclusão

Perante o exposto, deve-se concluir que para efeitos do art. 32.º AU/PSVEx, um "título executivo provisório", no processo executivo da Guiné-Bissau é,

a) uma *sentença*, ainda que arbitral ou homologatória, ou uma decisão equiparada, que esteja pendente de recurso de apelação, com efeito meramente devolutivo ou pendente de reclamação ou requerimento de aclaração ou rectificação em termos semelhantes.

b) o *despacho que decreta uma providência cautelar*, por analogia.

§ 3.º **Regime**

1. *Exclusão da venda de bens imóveis*

1. Delimitado o que pode constituir título executivo provisório, pergunta-se, de seguida, que execuções podem ser, naquela base, realizadas? O art. 32.º AU/PSVEx fala em "execução forçada", mas "com excepção da adjudicação de imóveis". Devemos, por isso, virarmo-nos mais para o próprio Acto Uniforme para apurar se todas as medidas e procedimentos nele constantes são passíveis de se serem provisórios.

Prima facie, o Acto Uniforme exclui, como acabámos de dizer, a "adjudicação de imóveis" (*saisies immobiliaires*). Sobre o assunto SYLVAIN SOUOP[13] defendeu recentemente que o art. 32.º AU/PSVEx excluía, deste modo, do seu âmbito as "saisies immobiliaires" dos arts. 246.º

---

[13] *Pour qui sonne le glas de l'exécution provisoire? A propos du 2ème arrêt de la CCJA (CCJA, 002/2001 du 11 Octobre 2001)*, Ohadata D-02-06 (apud www.ohada.com), 3.

ss AU/PSVEx. Trata-se das execuções em que o pagamento é realizado com o produto obtido na venda de bens imóveis do devedor, após a sua penhora.

Com o devido respeito, discordamos. O que o art. 32.° AU/PSVEx não admite é a adjudicação, *i.e.*, a atribuição do bem vendido ao proponente vitorioso, mas já admite a respectiva execução com penhora. Tal é dito expressamente no segundo inciso do art. 247.° AU/PSVEx, em sede de condições desta penhora imobiliária: a "venda forçada pode igualmente fazer-se em virtude de título com força executiva provisória (...); no entanto, a adjudicação só pode ser efectuada havendo um título *definitivamente* executivo".

2. Portanto, o bem até pode ser vendido, mas não atribuído ao adquirente: não se pode emitir o título de adjudicação. Uma vez que a propriedade ou outro direito apenas se transmite com a emissão daquele título, o executado não chega a perder o bem da sua esfera jurídica[14].

2. *Inclusão das medidas conservatórias.*

1. Além da exclusão de transmissão de imóveis, pergunta-se as medidas ou providências conservatórias – cfr. arts. 54.° ss AU/PSVEx – já de si provisórias, não podem também ser decretadas com base num título provisoriamente executivo? Assim, poderá um arresto ou medida de função equivalente (cfr. art. 54.° AU/PSVEx) ser decretado com base numa sentença pendente de recurso? Aparentemente a resposta seria de sentido negativo.

Segundo Sylvan Souop [15] o art. 32.° AU/PSVEx ao usar a expressão "execução forçada" pretende, desse modo, afastar procedimentos de finalidade não executiva. Na doutrina francesa, é essa a posição de Vincent//Prévault[16], para quem essas medidas não são abrangidas, "em razão da sua natureza precária e provisória".

2. Temos dúvidas sobre a bondade destes entendimentos. É que se um título executivo pode firmar uma penhora para posterior venda, no seio

---

[14] Neste sentido, Teixeira de Sousa, *ob. cit.*, 384-385 XX et alia XXXX

[15] Também Sylvain Souop, *ob. cit.*, 3. No mesmo sentido, Assi-Esso/Diouf, *Recouvrement des créances*, Bruxelles, Bruylant, 2002, 55.

[16] *Voies d'exécution et procédures de distribution*, Paris, Dalloz, (1984 XX??), 21.

de uma execução, por maioria de razão pode firmar uma medida menos agressiva do património como é uma mediada conservatória que torna indisponíveis os bens nos termos do art. 56.º AU/PSVEx.

Poder-se-ia dizer que não haveria interesse processual em usar esse meio: porque não avançar-se logo para a execução provisória? Sucede que as disposições dos arts. 55.º e 61.º AU/PSVEx mostram que há sempre interesse processual quando a necessidade de imediata tutela não possa ser satisfeita pela acção executiva, e ainda que o credor tenha um título executivo definitivo. Assim, o art. 61.º AU/PSVEx estatui que a medida conservatória pode ser decretada "com base num título executivo" ou, sem ele, desde que no prazo de um mês seja intentada acção destinada à obtenção título executivo.

Se assim não fosse ficaria o autor que obtivera procedência numa acção condenatória, mas da qual o réu devedor havia interposto recurso com efeito meramente devolutivo, em situação desigual de se o réu não tivesse interposto tal recurso. Na verdade, se neste caso já poderia usar do meio de tutela provisória do crédito, com base na sentença transitada em julgado, já no caso da pendência de recurso ficaria impossibilitado de se defender de actos de disposição do devedor.

3. Deste modo, pode-se concluir que todo o procedimento que vise *acautelar* o direito de execução do credor ou *exercer* esse direito de execução pode ser provisório.

3. **Tutela da posição do executado**

3.1. *Impugnação da concessão de efeito executório provisório*

A) *Sistema dos arts. 692.º-694.º CPC/G-B.*

1. A execução imediata de um direito cuja existência ainda não é absolutamente segura em face do processo levanta o problema sensível da tutela da posição do devedor executado. A questão pode, em abstracto, colocar-se em diferentes momentos: aquando da *concessão* de exequibilidade provisória à decisão judicial, aquando da *propositura* da execução e, finalmente, quando a sentença vem a ser total ou parcialmente revogada pela decisão de recurso levando à *extinção* da execução.

Concentremos sucessivamente o nosso estudo sobre cada um daqueles momentos, tendo em conta o direito do Código de Processo Civil da Guiné-Bissau e o novo regime trazido pelo Acto Uniforme.

2. No primeiro momento, há a possibilidade do devedor recorrente impugnar a concessão da exequibilidade provisória. Assim, no art. 693.º CPC/ G-B, se o fundamento alegado pelo apelado para a obtenção de efeito meramente devolutivo, cabe nas das als. a) a c) do n.º 2 daquele artigo, o apelante pode recorrer do despacho que deferiu o requerimento nas respectivas alegações de recurso – n.º 1 do art. 694.º CPC/G-B – o que quer dizer que poderá conseguir o levantamento da eventual execução já em momento tardio e juntamente com a apreciação do recurso.

Diferentemente, se o fundamento alegado pelo apelado couber na al. d) do n.º 2 do mesmo artigo, ou seja, que "a suspensão da execução seja susceptível de causar à parte vencedora prejuízo considerável", a parte vencida (o réu) pode evitar a execução desde que declare, quando ouvida, nos termos do art. 694.º, n.º 1 CPC/ G-B, que "está pronta a prestar caução" – al. d) do n.º 2 do art. 692.º CPC/ G-B[17].

3. Neste último caso, *deve o tribunal fazer um balanceamento entre os interesses das partes, em termos de que a execução não causem ao executado dano maior do que ao exequente a quem fosse negada a concessão de executoriedade.* Se o saldo for consideravelmente negativo para o devedor não pode ser concedido efeito meramente devolutivo ao recurso e, por conseguinte, não há execução provisória.

B) *O arrêt KARNIB – pertinência e posição pessoal*

1. Pergunta-se se este regime guineense não terá sido afastado pelo art. 33.º AU/PSVEx, e pelo direito da OHADA.

Assim, o acórdão TCJA n.º 002/2001, de 11 de Outubro de 2001 (Arrêt KARNIB) entendeu que não era possível interromper ou suspender uma execução provisória no âmbito material do direito da OHADA, mesmo que o credor provisoriamente exequente fosse insolvente, sob pena de violação do art. 10.º T/OHADA.

Na origem da apreciação do Tribunal Comum de Justiça e de Arbitragem está uma decisão dotada de força executiva provisória a favor de

---

[17] A caução é fixada nos termos dos arts. 695.º e 696.º CPC/G-B.

um casal de nome KARNIB executada contra o aparente devedor, a Sociétè Génerale de Banques en Côte d'Ivoire (SGBCI). A situação de insolvência do casal teria justificado a concessão a título provisório de uma condenação da SGBCI.

A ré, invocando os arts. 180 e 181 do Código de Processo Civil da Costa do Marfim, obteve a suspensão da execução, junto do Presidente do Tribunal de Apelação de Abijan, até à decisão de recurso ser produzida. Sucede que o casal recorreu para o Tribunal Comum de Justiça e Arbitragem o qual veio a anular o despacho daquele Presidente do Tribunal de Apelação e a autorizar os recorrentes a continuar com a execução. Mais tarde veio a ser anulada a condenação, pura e simplesmente.

2. Esta jurisprudência vem ao encontro de certas posições doutrinais que entendem que a execução provisória permitida pelo art. 32.° AU/ /PDVEx não pode ser afastada ou suspensa por normas de direito interno[18]. Na Costa do Marfim o Ministério da Justiça exprimiu essa mesma opinião em Circular[19].

Contra, outra doutrina, restritiva, aponta o carácter excepcional da execução de decisão cuja validade ainda não é certa e, por conseguinte, a maior necessidade de se poder lançar mão dos meios de defesa adequados a obter a suspensão da instância executiva[20]. A prática judiciária do Senegal, do Niger, do Burkina Faso, do Mali, e do Togo vai nesse sentido.

No caso do Mali o novo Código de Processo Civil prevê meios de defesa contra a execução provisória.

3. Se esse aplicássemos o primeiro entendimento ao direito processual da Guiné-Bissau deveríamos concluir que deixaria de ser possível ao apelante quer prestar caução para obstar ao efeito devolutivo (art. 693.°, n.° 1, al. d), segunda parte, CPC/ G-B), quer impugnar o despacho que decretou o efeito meramente devolutivo, ao abrigo do art. 694.°, n.° 2 CPC/ G-B. Ora, esta posição é de rejeitar pelas razões aduzidas pela doutrina referida em segundo lugar.

Na verdade *o art. 33.° permite a execução provisória, não a garante sempre*. A executoriedade provisória tem que ser viável, ou seja, não ter sido impugnada de modo procedente nos termos que só o direito interno

---

[18] Assim, SYLVAIN SOUOP, *ob. cit*, 5.
[19] Ver referência apud SYLVAIN SOUOP, *ibidem*.
[20] Assim, CHARLES DOGUE, *Actualités Juridiques*, 28 (Junho /2002), 5.

define. Não nos esquecemos que *a matéria dos efeitos dos recursos cai pura e simplesmente fora do âmbito do Tratado da OHADA* – cfr. o respectivo art. 2.º – já que se trata de uma oposição à concessão de um dado valor à decisão e não de uma oposição à própria execução.

3.2. Propositura da execução; sujeição a caução

1. A *provisoriedade*, uma vez que significa a prevalência do interesse de um aparente titular do direito a uma prestação em face do interesse de um aparente titular da obrigação, *só deveria poder ter lugar quando os efeitos patrimoniais concretos do procedimento executivo sejam reversíveis*. Caso contrário, a decisão de recurso seria esvaziada de utilidade, enquanto ela nega a que o autor tenha o direito à prestação, o mesmo autor já obteve a prestação.

No entanto, e como veremos adiante, esta reversibilidade não é assegurada no sistema do Acto Uniforme, o qual prefere um solução de responsabilidade civil do executado pelos danos resultantes da execução provisória injusta – art. 32.º, segundo parágrafo.

Deverá por isso o juiz condicionar a execução provisória à prestação de caução que assegure a responsabilidade futura. Note-se que, no n.º 2 do art. 47.º CPC/G-B, fazia-se precisamente depender o pagamento da prestação de caução.

Se essa caução não for prestada, poderá o credor requerer uma medida conservatória do crédito, verificados os respectivos pressupostos, como aparência de direito e a ameaça à cobrança (art. 54.º).

2. Uma vez que é assim, então se o credor aparente estiver manifesta e objectivamente falido logo à partida, dificilmente irá pagar a indemnização, não devendo ser concedida a exequibilidade provisória, ao contrário do que decidiu o Arrêt KARNIB.

3.3. Extinção ou modificação da execução; responsabilidade objectiva do exequente; não represtinação.

1. Apuremos agora as consequências jurídicas para o executado e exequente caso a sentença ou despacho executados venham a ser revogados ou modificados em sede de impugnação.

Importa distinguir, consoante a decisão de recurso é anterior ou posterior à venda dos bens penhorados. *Se a revogação ocorrer antes da venda* naturalmente que a instância executiva ou se extingue ou vê restringido o seu âmbito. A penhora será levantada e não poderá haver venda dos bens.

Neste caso execução perde a sua causa e funciona o mecanismo de responsabilidade objectiva do exequente, constante do segundo inciso do art. 32.º AU/PDVEx. Este impõe uma obrigação de reparação integral do prejuízo causado pela execução. A doutrina aponta o carácter objectivo desta responsabilidade civil, a natureza eventualmente material e moral do dano, podendo este ser actual ou futuro, emergente ou lucro cessante[21].

2. *Se a revogação ocorrer depois da venda e adjudicação dos bens* o problema é diverso uma vez que estes já estão na esfera jurídica e, eventualmente, na posse do terceiro adquirente. A execução até já pode ter terminado com o pagamento.

Deverá ou não ser anulada a venda dos bens, *i.e.*, represtinar a situação patrimonial do executado anterior à execução, Ou deve o bem estar definitivamente alienado a terceiro e o seu valor ser levado à responsabilidade do exequente?

No direito do Código de Processo Civil da Guiné-Bissau a extinção ou modificação do âmbito da execução, por anulação ou revogação total ou parcial da sentença executada, importa com a ineficácia da venda nos termos do art. 909.º, n.º 1, al. a) e possibilidade de devolução dos bens – cfr., n.º 2 do art. 909.º CPC/G-B. Em alternativa, pode o exequente ficar com a caução prestada nos termos do n.º 2 do art. 47.º do mesmo Código.

O sistema do Acto Uniforme é diferente. O bem alienado está perdido, não pode ser recuperado, já quer a sua alienação não se torna ineficaz. Deste modo, o respectivo valor terá de ser indemnizado pelo exequente ao executado. Aliás, é esta impossibilidade de respristrinação que leva o art. 33.º AU/PSVEx a impedir a adjudicação de imóveis.

---

[21] Sylvain Souop, *ob. cit*, 7 ss.

COLABORADORES DA OBRA

Adelaide Menezes Leitão
Alfonso-Luis Calvo Caravaca
Ana Maria Guerra Martins
Anabela de Sousa Gonçalves
António Avelãs Nunes
António Cândido de Oliveira
Antonio Ortiz-Arce de la Fuente
António Menezes Cordeiro
Carla Amado Gomes
Carlos Ferreira de Almeida
Carlos Oliveira Coelho
Carmo D'Souza
Cláudia Lima Marques
Daniela Corrêa Jacques
Dário Moura Vicente
Eduardo dos Santos Júnior
Eduardo Paz Ferreira
Eugénia Galvão Teles
Fernando Araújo
Fernando Loureiro Bastos
Florbela Pires
Helena Mota
Isabel Alexandre
Isabel Graes
Ivo Miguel Barroso
Javier Carrascosa González
João Zenha Martins
Jorge Duarte Pinheiro
Jorge Miranda
José Alberto Vieira
José de Oliveira Ascensão
José João Abrantes

Luís Carvalho Fernandes
Luís de Lima Pinheiro
Luís M. Couto Gonçalves
Luís Manuel Teles de Menezes Leitão
Manuel Januário da Costa Gomes
Manuel Pires
Maria do Rosário Palma Ramalho
Maria Helena Brito
Maria João Palma
Maria Luísa Duarte
Marshall J. Breger
Mercedes Sabido Rodríguez
Miguel Gardeñes Santiago
Miguel Teixeira de Sousa
Nazaré da Costa Cabral
Nuno Gonçalo da Ascensão Silva
Nuno Oliveira
Paula Costa e Silva
Paulo Câmara
Paulo Otero
Pedro Caridade de Freitas
Pedro Delgado Alves
Pedro Romano Martinez
Ricardo Branco
Rui de Figueiredo Marcos
Rui Manuel de Moura Ramos
Rui Pinto
Rute Saraiva
Tiago Antunes
Vitalino Canas